Praxisbuch für KÜNSTLER

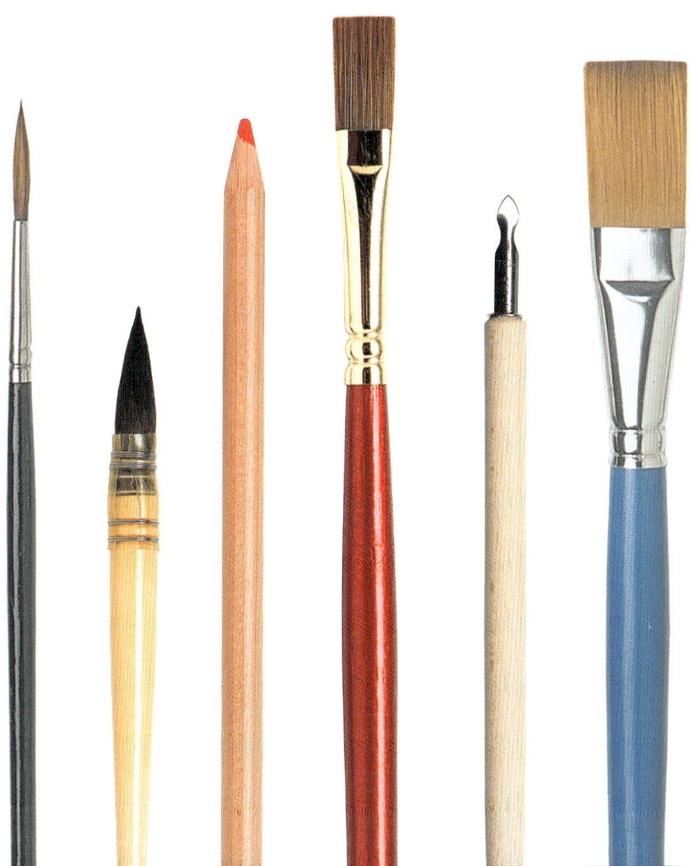

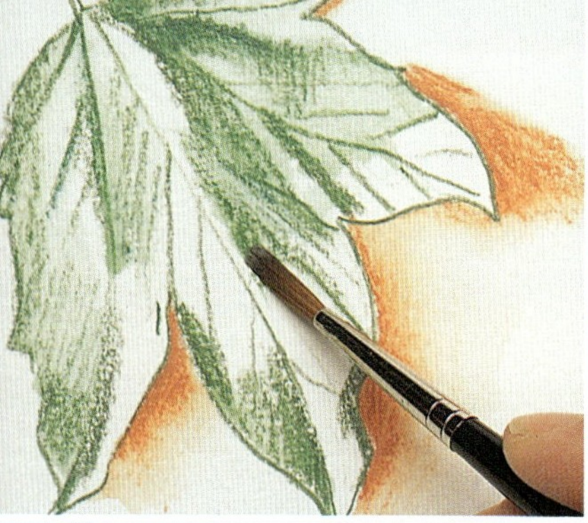
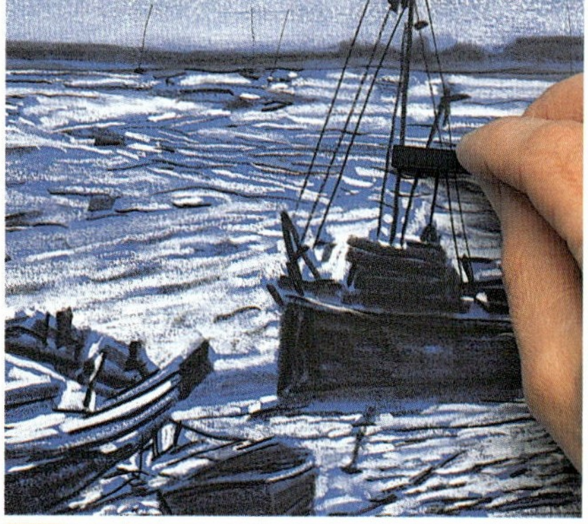
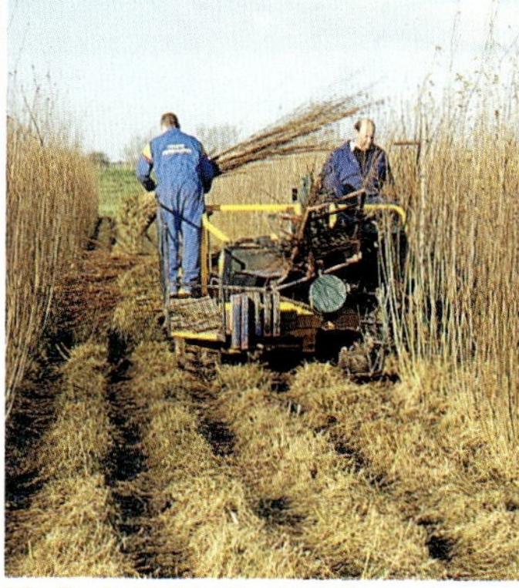
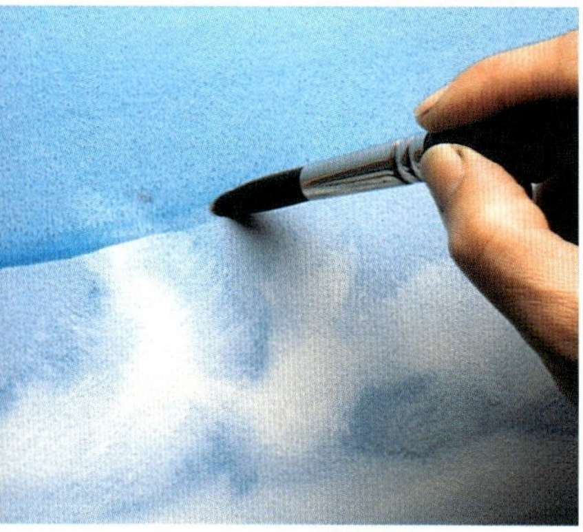
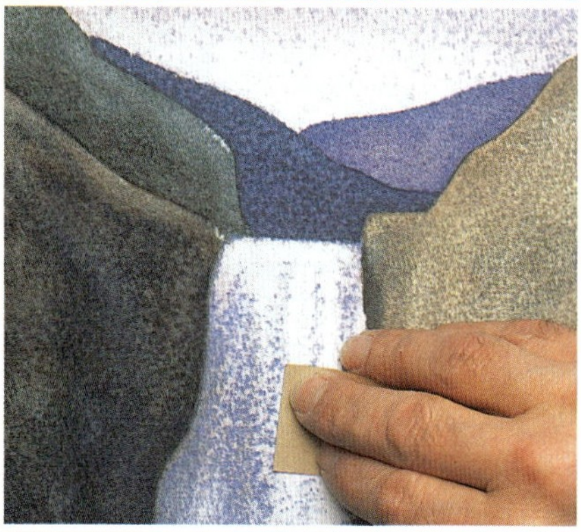
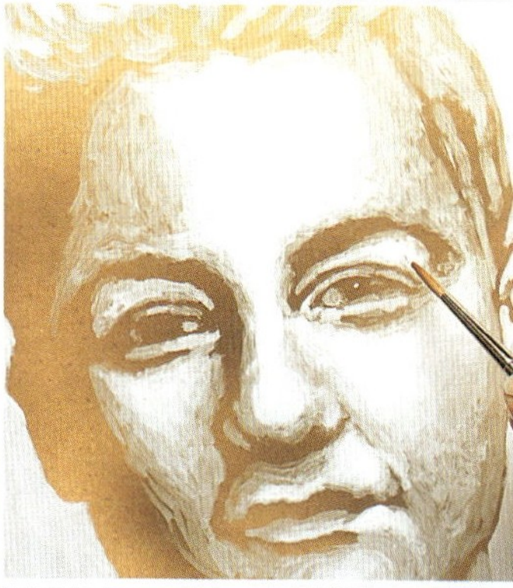
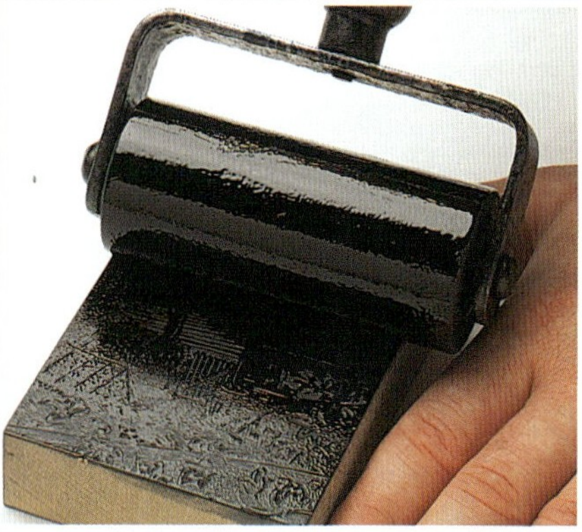

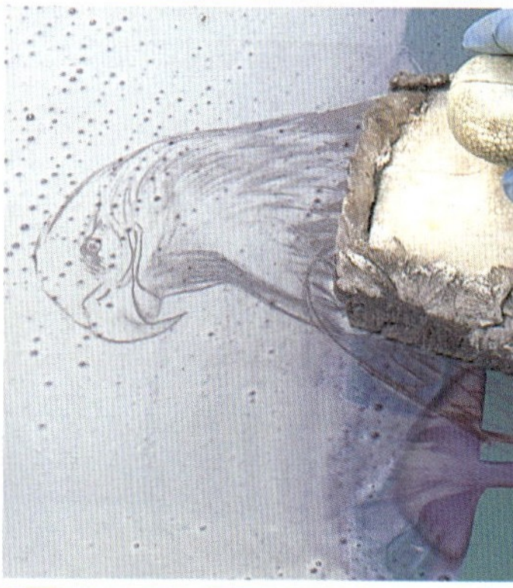
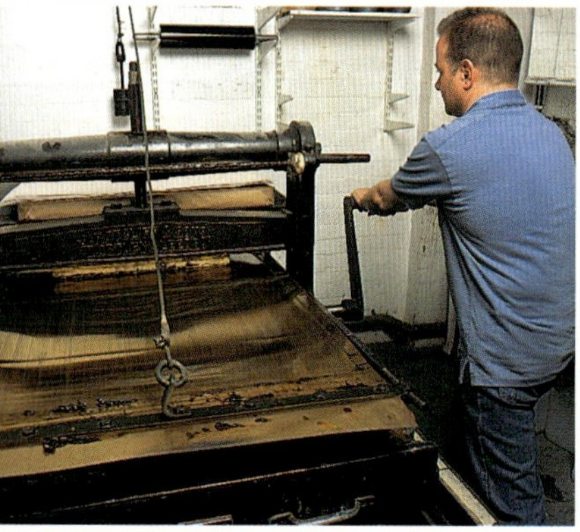
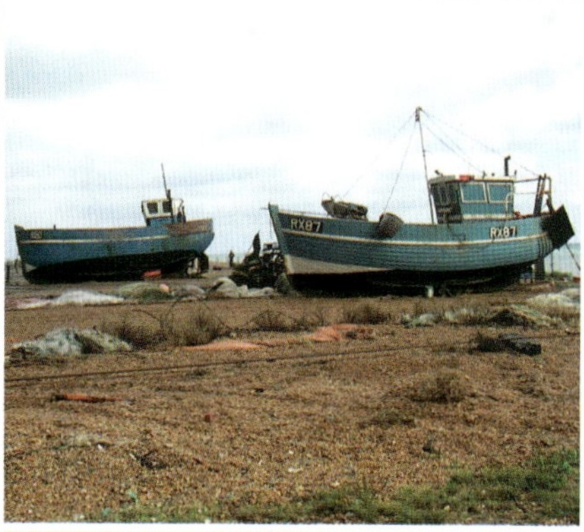
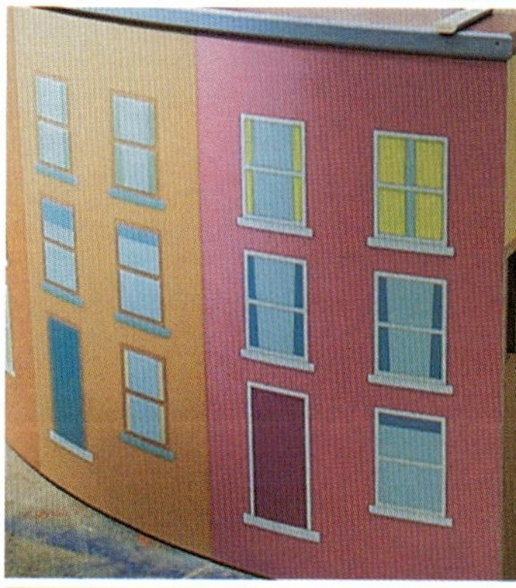
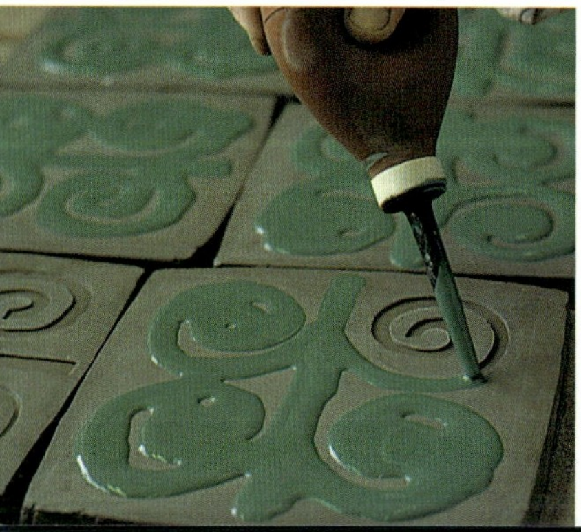
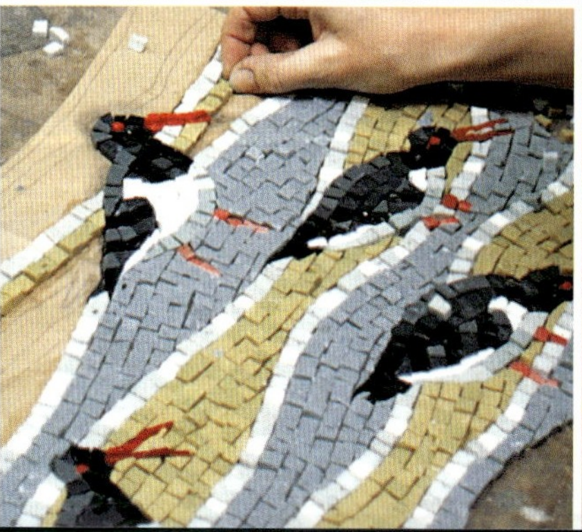

Praxisbuch für KÜNSTLER

MATERIALIEN | TECHNIKEN | STILE

RAY SMITH

DK

DK | Penguin Random House

Überarbeitete und aktualisierte Neuausgabe 2009
Redaktion Barbara Dixon
Bildbetreuung Kelly Meyer
Projektbildbetreuung Caroline Hill
Lektorat Caroline Hunt
Bildredaktion Mandy Earey
Cheflektorat Maxine Lewis, Julie Oughton
Chefbildlektorat Heather McCarry
Artdirector Carole Ash
Lektoratsleitung Andrew Heritage, Jackie Douglas
Herstellung Joanna Bull
DTP-Design Mike Grigoletti
Bildrecherche Anna Grapes
Bildarchiv Richard Dabb
Umschlaggestaltung Nicky Powling
Umschlagtext Caroline Reed
Wissenschaftliche Beratung Alun Foster

Für die deutsche und aktualisierte Ausgabe 2019
Programmleitung Monika Schlitzer
Redaktionsleitung Anne Heinel
Projektbetreuung Doreen Wolff
Herstellungsleitung Dorothee Whittaker
Herstellungskoordination Claudia Rode
Herstellung Inga Reinke

Übersetzung Erwin Peters (unter Mitarbeit von Stephan Limroth und Hajo Düchting)
Bearbeitung und zusätzliche Übersetzung Hajo Düchting, Manfred Mothes, Susanne Ochs
Redaktion alpha & bet VERLAGSSERVICE, Dr. Willfried Baatz
Aktualisierung 2019 Dr. Willfried Baatz

ISBN 978-3-8310-3871-8

Druck und Bindung L.E.G.O. S.p.A., Italien

MIX
Papier aus verantwortungsvollen Quellen
FSC www.fsc.org FSC® C023419

Besuchen Sie uns im Internet
www.dorlingkindersley.de

Inhalt

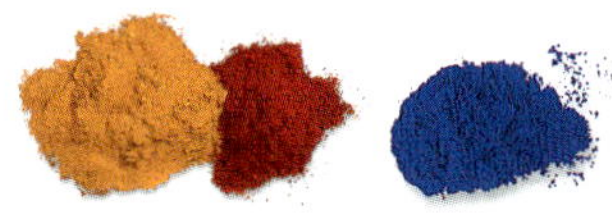

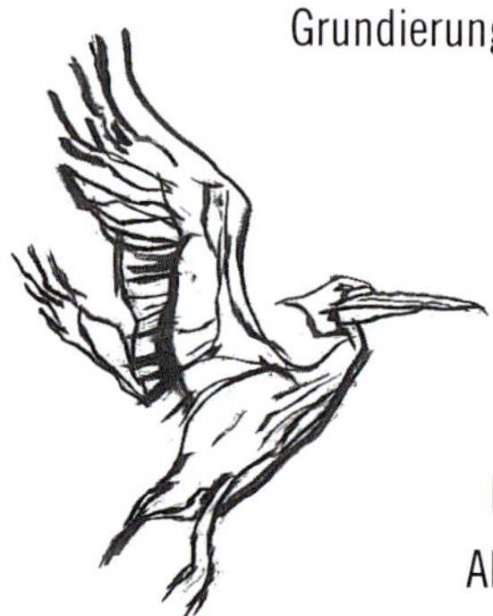

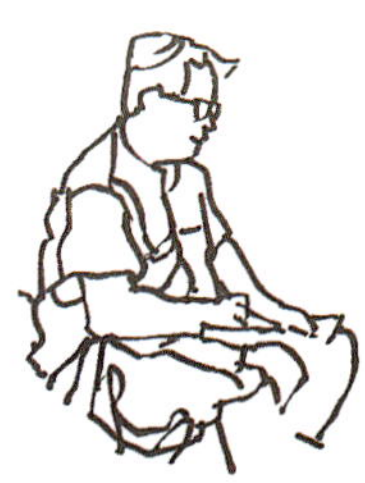

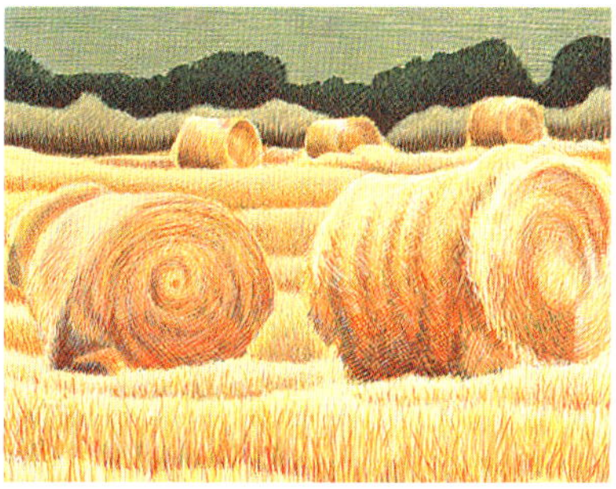

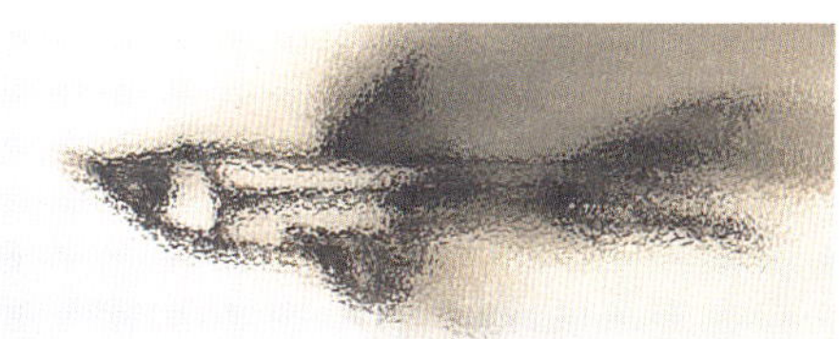

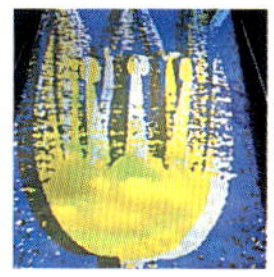
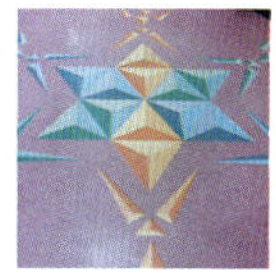
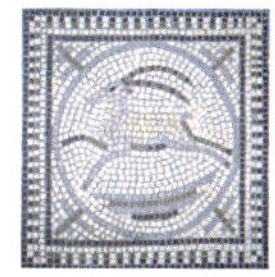

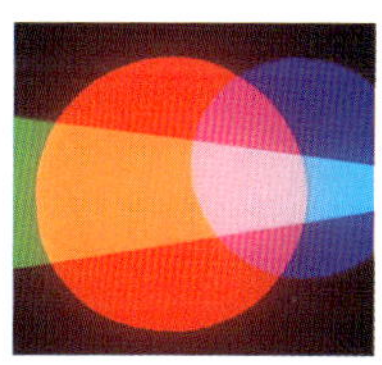
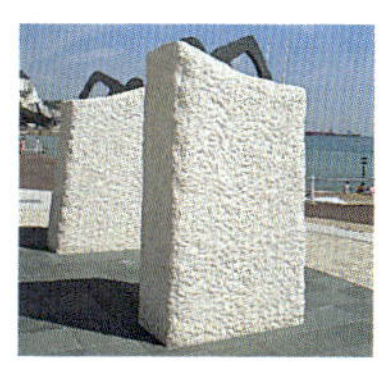

Einführung

Die meisten Künstler, ganz gleich in welchem Alter oder in welcher Phase ihrer Laufbahn sie sich befinden, werden sich noch gut an die Aufregung erinnern, als sie zum ersten Mal ihre Materialien vor sich sahen. Der besondere Geruch, die unterschiedlichen Formen und Farben jener Borstenpinsel und Ölfarben zum Beispiel und die Vorfreude auf die darin verborgenen künstlerischen Möglichkeiten blieben den meisten im Gedächtnis haften. Diese freudige Erregung war meist mit einer Ahnung davon verbunden, was man alles mit diesen neuen Materialien machen könnte.

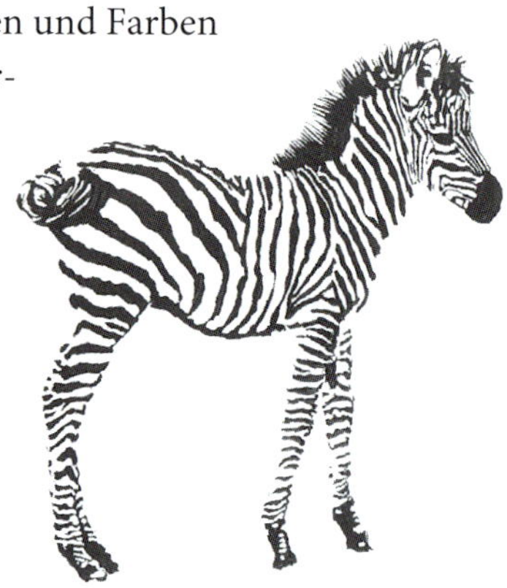

In diesem Praxisbuch für Künstler habe ich versucht, etwas von der Freude und Anregung wiederzugeben, die Künstlermaterialien auslösen können. Ich habe mich dabei hauptsächlich auf das bildnerische Gestalten konzentriert, also auf das Zeichnen, Malen, Drucken und die Computerkunst. Das breit angelegte Buch umfasst aber auch viele Bereiche der angewandten Künste, darunter traditionelle Gebiete, wie Glasmalerei oder Keramikfliesen, aber auch neuere Techniken wie Laminate und Vinylfarben. Auf jedem dieser Arbeitsfelder habe ich bei den Grundlagen angefangen, aber so umfassend informiert, wie es der begrenzte Platz im Buch zuließ. Zusammen mit meinen Künstlerkollegen und Freunden bin ich der Meinung, dass die reichhaltige Erfahrung im Umgang mit bestimmten Materialien helfen kann, die wichtigsten Informationen zusammenzufassen und zu vermitteln. So würde ich zum Beispiel sagen, dass es im Grunde nur zwei Möglichkeiten gibt, Farben aufzutragen: entweder transparent (lasierend) oder opak (deckend). Nachdem diese Basisinformationen erst einmal geklärt wurden, sind die unendlichen Abwandlungen der Grade von Transparenz oder Pastosität (Opazität), oder auch die Möglichkeiten der Schichtmalerei viel leichter zu erläutern.

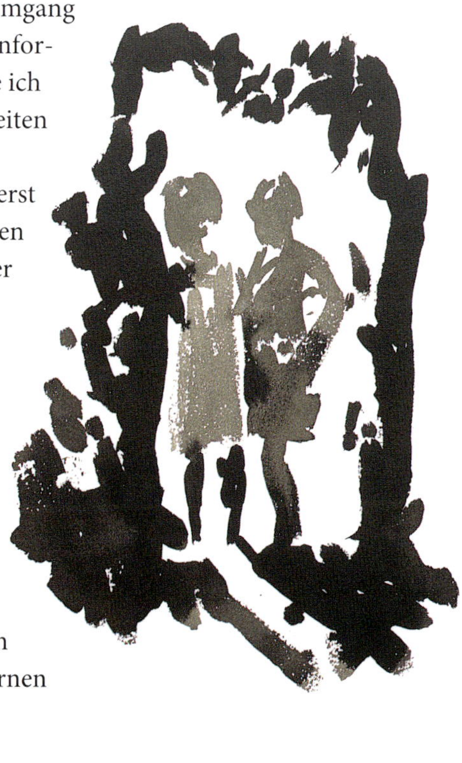

Man kann solche Techniken auch anhand des zunehmenden Wissens über die Malerei älterer Künstler und ihrer maltechnischen Kenntnisse erklären. Vieles blieb bisher spekulativ, doch in den letzten Jahren haben die Restaurierungsabteilungen großer Museen den Aufbau alter Bilder genauer untersuchen können. Man muss aber deshalb heute nicht mehr unbedingt wie die Alten Meister malen. Vielleicht lässt man sich einfach nur von der älteren Malerei anregen und setzt diese Ideen dann mit den modernen

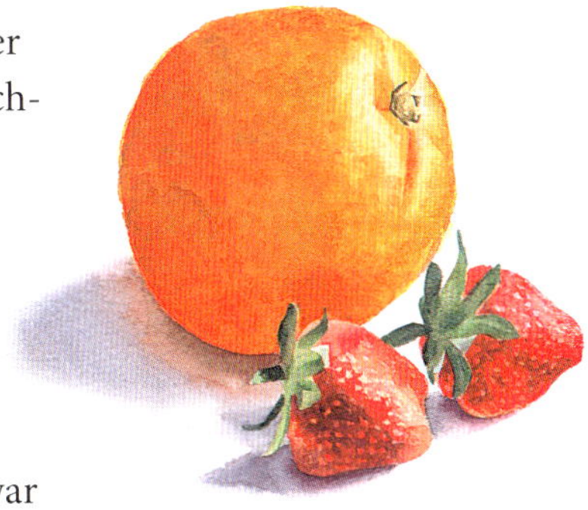

Malmaterialien um, die es damals noch nicht gab. Viele dieser neuen Materialien werden hier zum ersten Mal in einem Nachschlagewerk aufgenommen und besprochen.

Seit der ersten Ausgabe dieses Buches hat sich wohl am meisten auf dem Gebiet des Computers entwickelt. Die Benutzung der Computertechnologie ist allgemein verbreitet, und die Technik hatte einen großen Einfluss auf die Kunstpraxis. Ich habe einige Möglichkeiten erläutert, wie man mit dem Computer als Künstler umgehen kann, und zwar nicht nur zur Vorarbeit für Kunstwerke, die in anderen Techniken ausgearbeitet werden sollen, sondern auch um eigenständige digitale Werke schaffen zu können.

In den letzten Jahren wurden auch viele neue Möglichkeiten des Zugangs und der Reichweite von Kunst geschaffen. Galerien und Museen geben weiterhin den aufregendsten Rahmen für Ausstellungen und Installationen ab. Viele wichtige Arbeiten werden aber auch zunehmend von Institutionen außerhalb des Galeriensystems in Auftrag gegeben und gezeigt. Die Künstler sind mehr als früher daran interessiert, eigene Ausstellungsmöglichkeiten zu suchen. Es gibt eine Art roten Faden, der sich durch die Neuauflage dieses Buches zieht und der einen praktischen Nutzen haben soll. Wer in einem bestimmten künstlerischen Medium Fähigkeiten erworben hat, die sich aber in einem bestimmten Kontext nicht anwenden lassen, kann hier lernen, wie man diese Fähigkeiten auf ein anderes Medium überträgt, das für diesen Zweck besser geeignet ist. Das eröffnet neue Möglichkeiten und gibt dem Künstler auf einem sich rasant verändernden Kunstmarkt größere Flexibilität.

Während der Recherche und Vorbereitung dieser Neuauflage habe ich sehr viel praktische Hilfe und Rückhalt von zahlreichen Künstlern, Experten, Kollegen und Freunden erhalten, denen ich für ihren großzügigen Unterstützung danken möchte.

Ray Smith

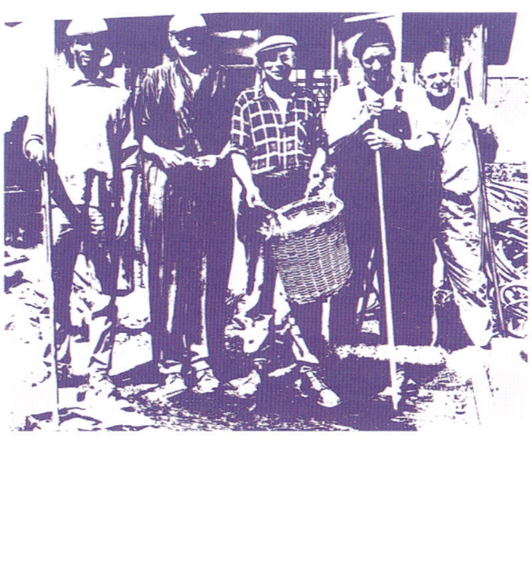

MATERIAL

Viele der Grundmaterialien für die Malerei sind heute noch dieselben wie vor Hunderten von Jahren. Die natürlichen Erden sind immer noch wie zur Zeit der Anfänge der Malerei die dauerhaftesten Pigmente. Heute verwenden wir ganz selbstverständlich die Produkte der Farbenchemie, die ein breites Angebot an reinen und lichtechten Farben bereithalten. Und doch können wir uns zum Glück auch noch an den intensiven und samtigen Zeichenspuren eines einfachen Kohlestifts erfreuen.

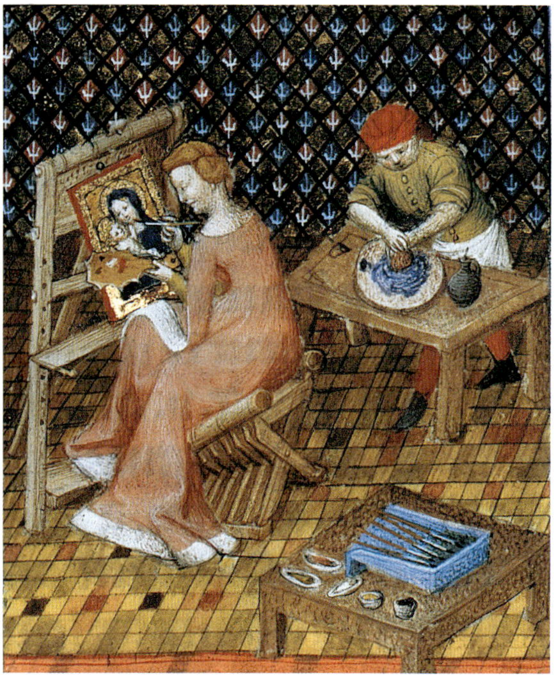

***Abbildung aus dem Buch des Boccaccio* De Claris Mulieribus** *(um 1362)*

Diese Abbildung aus dem späten 14. Jahrhundert wurde einer französischen Kopie von Boccaccios *De Claris Mulieribus* entnommen, einem Buch mit Biografien berühmter Frauen. Die Abbildung zeigt eine Künstlerin bei der Arbeit an einer vergoldeten Votivtafel. Rechts reibt ein Geselle Pigmente an, vielleicht den kostbaren Lapislazuli, der das Ultramarinblau für die letzte Schicht auf dem Mantel der Madonna ergab. Sie hält eine Palette, auf der die Farben wie ein Gesicht ausgelegt sind, mit zwei dunklen Augen, einer weißen Nase und einem roten Mund. Hinter ihr steht ein Tisch mit fertig angeriebenen Farben in Muscheln.

Pigmente

Malen ist die Kunst, Pigmente auf der Fläche eines Malgrundes zu verteilen. Somit sind die Partikel des Pigments in jeder Hinsicht die wichtigsten Elemente beim Malen. Das Aussehen des Pigments kann durch die Art des Bindemittels verändert werden, in dem die Partikel verteilt sind und das sie an den Bildträger bindet, ferner durch die Art und Beschaffenheit des Bildträgers oder durch die Grundierung, auf der es haftet, sowie durch den wechselnden Einfluss des Lichts auf die Wirkung der Farben.

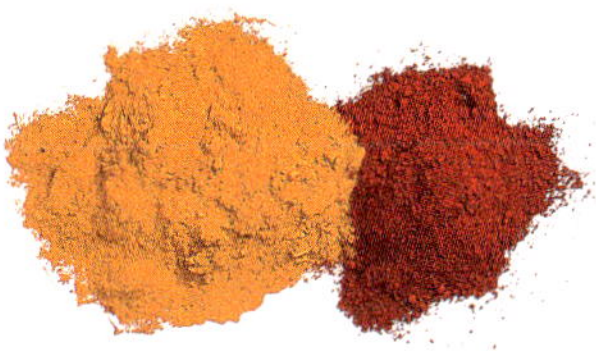

Gelbocker und roter Ocker

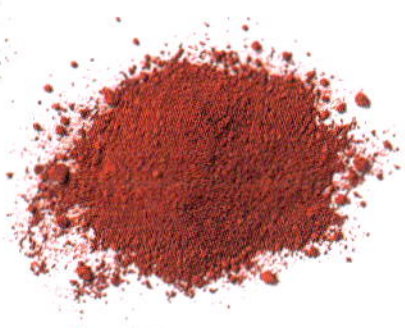

Zinnober

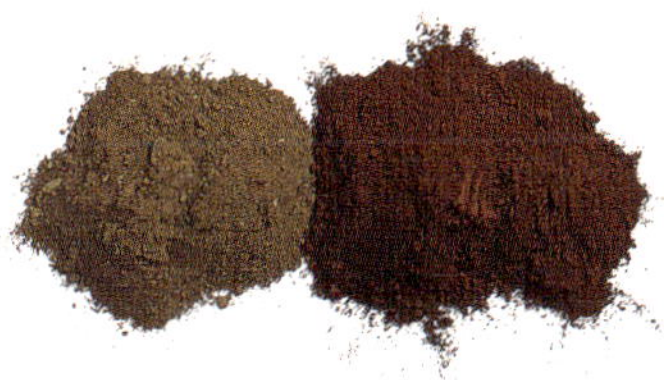

Umbra natur und gebrannt

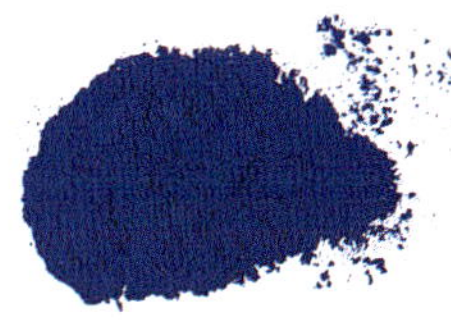

Ultramarin (Lapislazuli)

Eigenschaften der Pigmente

Ein Pigment ist ein fester Stoff in der Gestalt winziger loser Partikel. In trockenem Zustand treten diese Partikel v.a. in zwei Formen auf: als Massen, in denen sich Primärpartikel oder Kristalle an der Kristalloberfläche vereinigen, und als Agglomerate, die lockere Strukturen von Massen darstellen.

Partikel – Größe und Form

Größe und Form der Pigmentteilchen haben Einfluss auf das Erscheinungsbild von Farben (große Partikel neigen dazu, eine matte, körnige Textur hervorzurufen) sowie auf Eigenschaften wie Lichtbeständigkeit, Lichtundurchlässigkeit, Konsistenz, Fluss und Eignung zur Verarbeitung mit dem Pinsel. Ferner kann die Größe der Partikel die Festigkeit beeinflussen: Je kleiner die Teilchen, desto länger dauert das Antrocknen in der flüssigen Farbe. Das bedeutet für die Praxis, dass bestimmte Pigmente mit großen Partikeln in Acrylemulsionen (siehe S. 203) nicht verwendet werden können. Verschiedene Pigmente haben (je nach ihrer chemischen Zugehörigkeit) recht unterschiedliche Partikeleigenschaften, sodass natürlicher mineralischer Zinnober Kristallteilchen aufweist, während seine künstliche Variante sechseckige Körnchen und Prismen zeigt. Lampenschwarz lässt winzige, runde Partikel erkennen, Elfenbeinschwarz dagegen eine unregelmäßige, grobe Körnung.

Netzmittel und Dispersion

Bevor das Pigment aufgetragen oder verarbeitet werden kann, muss es in einem Bindemittel dispergiert werden. Eine Farbe sollte aus einer vollständigen und gleichmäßigen Pigmentsuspension im Mal- oder Bindemittel bestehen. Bei einem ideal dispergierten Pigment ist jedes einzelne Pigmentteilchen völlig vom netzenden Film des Bindemittels umgeben. Pigmentpartikel sind im Malmittel unlöslich. Der Prozess der Dispersion schließt das Aufspalten der Agglomerate ein, doch wird dabei die Pigmentmasse normalerweise nicht gespalten. Die Größe der Pigmentteilchen entscheidet darüber, ob die Farbe grob oder fein ist. Zu einer guten Dispersion müssen Farbe und Malmittel verrieben werden. Wenn die Maler früher ihre Farben selbst anrieben, so wurde das von Hand gemacht, wobei sie eine angeraute Platte und einen Spachtel verwendeten. Die so hergestellten Farben waren aber im Allgemeinen unstabil und spalteten sich schon bald bei längerer Lagerung. Ehe man sie wieder verwendete, mussten sie daher erneut dispergiert werden. Heute ist es in der Regel der Farbenhersteller, der eine gleichmäßige Dispersion garantiert und den Gehalt an Malmittel erheblich besser bestimmen kann als der Künstler in seinem Atelier. Dennoch wird die Herstellung eigener Farben noch immer praktiziert, vor allem bei speziellen künstlerischen Techniken wie dem Malen mit Eitempera.

Ölabsorption

Unter Ölabsorption eines Pigments versteht man die Mindestmenge an Leinöl, die einem bestimmten Pigmentgewicht (100 g) beigemischt werden kann, um eine gerade noch kohärente Farbmasse herzustellen. Dabei gibt es von einem Pigment zum anderen erhebliche Unterschiede, je nachdem wie das Öl die Pigmentmasse durchdringt. Der Zwischenraum der Partikel, die zum Teil eine unregelmäßige Form haben, muss geschlossen werden, damit die Farbschicht zusammenhängt. Die so entstandene Farbpaste ähnelt einer Spachtelmasse, und die Menge an Öl oder Malmittel, deren es bedarf, um sie in diesen Zustand zu versetzen, hat nicht viel mit der Menge zu tun, die man braucht, um sie für den Kunstmaler geeignet zu machen. Zahlreiche Faktoren bestimmen die Ölabsorption, darunter die Partikelform, das spezifische Gewicht des Pigments sowie der Umstand, dass das Volumen von 100 g bei den verschiedenen Pigmenten recht unterschiedlich sein kann. Obwohl die Ölabsorption eines Pigments also ein wertvoller Hinweis sein kann, wenn Sie Ihre Farben selbst herstellen, sollte sie nur als unverbindliche Angabe hinsichtlich der Beständigkeit des Gemäldes angesehen werden (siehe auch S. 172).

Farbe

Die Farbe eines Pigments hängt von seiner Lichtabsorption ab (siehe S. 346). Ein gelbes Pigment absorbiert z. B. den größten Teil des blauvioletten Lichts und reflektiert grünes und rotes Licht. Diese Kombination grüner und roter Lichtwellen verursacht den gelben Farbeffekt. Die Atomgruppen, welche die Farbe des Pigments bestimmen, nennt man Chromophore; Sekundärgruppen, welche die Farbe verstärken, nennt man Auxochrome.

Deckfähigkeit

Lichtstrahlen, die auf einen transparenten Gegenstand treffen, werden gebeugt oder in verschiedenen Winkeln reflektiert. Diese Eigenschaft bezeichnet man als Brechungsindex im Verhältnis zur Luft. Die Deckfähigkeit einer Farbe wächst mit dem Brechungsindex, d. h. sie nimmt mit der Differenz zwischen den Indexen des Pigments und des Malmittels zu. Demgegenüber nimmt die Transparenz einer Farbe zu, je kleiner die Differenz zwischen den Brechungsindexen ist. Nehmen wir z. B. Kreide mit einem Brechungsindex von 1,57. In Öl gelöste Kreide ergibt eine weißgraue Farbschicht, weil das Öl einen Brechungsindex von 1,48 hat. Wasser hat den viel niedrigeren Brechungsindex von 1,33, und da die Differenz zwischen den Brechungsindexen größer als bei Öl ist, hat Kreide in einer Leimlösung wesentlich mehr Deckkraft – wie z. B. bei einer Kreidegrundierung (siehe S. 59).

> **Farbtabellen**
>
> Die einzige Bezeichnung, welche die Zusammensetzung eines Pigments einigermaßen zuverlässig definiert, ist die nach DIN 6164. International eingebürgert (in Deutschland nur zögerlich) hat sich die Klassifizierung der Pigmente nach dem sogenannten »Colour Index«, dessen Kennnummern wir in diesem Buch verwenden.

Lichtbeständigkeit

Die Lichtbeständigkeit oder Lichtechtheit eines Pigments ist sein Widerstand gegen Veränderungen unter dem Einfluss von Licht (insbesondere UV-Licht). Sie ist abhängig von der chemischen Zusammensetzung des Pigments, von seiner Konzentration und vom Malmittel, in dem es dispergiert ist. In Wasserfarben ist die Pigmentkonzentration geringer als in Ölfarben, und deshalb ist der Farbfilm generell dünner. Darüber hinaus bietet das Malmittel auf Wasserbasis dem Pigment weniger Schutz als ein Malöl. Pigmente in Aquarellfarben sind daher nicht so beständig wie die in Ölfarben, weshalb Aquarellfarben vor direkter Lichteinwirkung zu schützen sind.

Viele Pigmente, die in reinem Zustand sehr lichtbeständig sind, verlieren beim Mischen mit Weißfarben an Lichtechtheit.

Normen der Lichtbeständigkeit

Die Hersteller von Künstlerfarben teilen ihre Farben meist nach einer recht willkürlichen Skala ein, doch gibt es zwischen den einzelnen Bezeichnungen einen gewissen Zusammenhang. Im Allgemeinen wird die Lichtechtheit durch ein + oder * angegeben, wobei z. B. *** höchste Lichtechtheit, ** gute Lichtechtheit, * befriedigende Lichtechtheit und ° geringe Lichtechtheit bedeuten kann. Druckfarben und Pigmente werden von 1 bis 8 abgestuft, wobei 8 die höchste Lichtechtheit bezeichnet (nach DIN 54003).

Im Jahre 1977 legte die American Society for Testing and Materials (ASTM) vier Qualitätsstandards für Künstlerfarben fest: D4302 für Öl-, Harzöl- und Alkydfarben, D5067 für Aquarellfarben, D5098 für Acryl- und D5724 für Gouachefarben. Darin eingeschlossen ist auch die Lichtechtheit. Zur Prüfung gibt es eine Reihe von Methoden. Mit Ausnahme der Aquarellfarben werden die Farben mit Weiß abgedämpft und einer bestimmten Lichtmenge ausgesetzt, die entweder durch eine Bogenlampe, eine Leuchtstoffröhre oder einfach durch Tageslicht erzeugt wird, wobei Florida und Arizona die vorgeschriebenen Testgebiete sind. Die Grade des Verblassens der Farbintensität werden fotometrisch gemessen. Pigmente werden mit I, II oder III usw. je nach Grad der Veränderung eingestuft. Nur die mit I und II eingestuften Pigmente werden zugelassen. Dieser Standard wird heute von Künstlern und Herstellern akzeptiert und führte zu einer Neubewertung einiger traditioneller Farben. Alizarinkarmesin ist z. B. nur Stufe III.

Anorganische Pigmente

Anorganische Pigmente werden aus nicht kohlenstoffhaltigen chemischen Elementen hergestellt, wobei einfache Kohlebestandteile – wie Karbonate – oft als anorganisch angesehen werden. Es gibt drei Arten von anorganischen Pigmenten: Erd-, Mineral- und synthetische Pigmente.

Erdpigmente

Zu diesen gehören die natürlichen Verwitterungsprodukte der Eisen- und Manganerze sowie Feldspat (der Aluminium und Silizium enthält).

Ocker Ocker sind Aluminiumsilikaterden mit dem Farbbestandteil Eisenoxidhydrat. Französische Ocker sind farbreiner und weniger transparent als die italienischen »Sienas«. Durch Erhitzen wird das Eisenoxidhydrat zu Eisenoxid, das bräunlich rote Pigmente ergibt. Rote Ocker, wie Caput mortuum und Venezianischrot, können auch durch natürliche Dehydration hergestellt werden

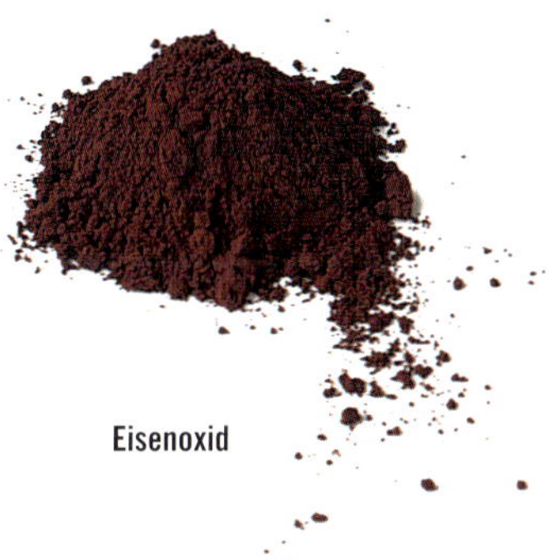

Eisenoxid

Umbra Es gibt auch Aluminiumsilikaterden, die 45–55 % Eisenoxid und 8–16 % Manganoxid enthalten. Die beste Qualität, eine warme braunrote Farbe, kommt aus Zypern. Norditalienische und deutsche Umbra sind heller getönt. Durch Brennen gewinnt man die wärmeren rötlichen Farben, die gebrannten Umbra.

Weitere Erdfarben Grüne Erde enthält Silikate mit Eisenoxid. Gebrannt bekommt sie eine rotbraune Farbe. Vandyck-Braun ist eine braune Erde variabler Zusammensetzung und daher nicht von zuverlässiger Beständigkeit. Sie ist teilweise organisch.

Mineralpigmente

Manche für die früheren Maler wichtigen Pigmente gibt es als natürliche Mineralien.

Zinnober Dieses aus Quecksilber und Schwefel synthetisierte kräftige Orangerot war schon im prähistorischen China bekannt, wird aber nicht mehr verwendet, da es hochgiftig ist.

Lapislazuli (Ultramarin) Dieses natürliche Blau wurde als Pigment erstmals im 6. Jahrhundert verwendet. Das künstliche Ultramarin wurde zuerst in Frankreich Anfang des 19. Jahrhunderts hergestellt.

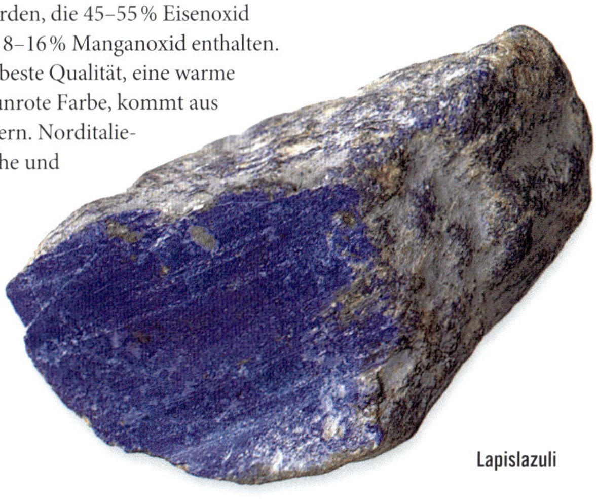

Lapislazuli

Weißpigmente Kaolin, Kreide, Gips und Barytweiß sind in Ölfarben transparent, aber wichtig für Untergrund und Kreidegrundierung.

Synthetische Anorganische Pigmente

Diese Pigmente kommen nicht natürlich vor, sondern werden chemisch hergestellt. Es gibt heute zahlreiche neue Metalloxide, wie Nickeltitanate und Mischungen aus Kobalt und Nickel.

Weißfarben Bleiweiß (Kremserweiß) wurde erstmals im 4. Jh. v. Chr. hergestellt (seine Giftigkeit beschränkt z.T. die Verwendungsmöglichkeiten), Zinkweiß 1834, und Titanweiß gibt es seit 1918.

Gelb- und Rotpigmente Neapelgelb (Bleiantimon) kam im 18. Jahrhundert in Mode, wird aber heutzutage weitgehend durch andere Farben ersetzt. Jetzt gibt es speziell behandelte Sorten von Bleichromaten (und -molybdaten), die ein relativ preiswertes deckendes Gelb bieten; ihr Hauptnachteil ist die Giftigkeit. Kadmiumsulfid- und -selenidpigmente gibt es seit 1910; sie bieten einen Alternativbereich an deckenden Gelb- bis Rotpigmenten, die verhältnismäßig ungefährlich sind.

Blaupigmente Preußischblau, 1704 durch Zufall entdeckt, wurde inzwischen weitgehend durch das synthetische organische Phthalocyaninblau ersetzt. Weitere beliebte synthetische Mineralpigmente, die im 19. Jahrhundert aufkamen, sind Kobaltblau und Coelinblau.

Grünpigmente Kobaltgrün ist ein mit Zink vermischtes Kobaltoxid. Chromoxidgrün stumpf und feurig sind seit 1850 erhältlich.

Natürliche organische Pigmente

Organische Pigmente sind jene, die aus Kohlenstoffbestandteilen aufgebaut sind. Die Pigmente natürlichen Ursprungs können von Pflanzen oder Tieren stammen. Viele treten als lösliche Farbstoffe auf, die zur Verwendung als Pigmente zunächst unlöslich gemacht werden müssen. Man erreicht dies durch Fixieren auf eine neutrale Trägersubstanz, ein Substrat.

Ein Rotpigment pflanzlichen Ursprungs, das heute noch verwendet wird, ist Krapplack, hergestellt aus Alizarin und Purpurin, die aus den Wurzeln von Rötegewächsen stammen. Karmin, seit der Mitte des 16. Jahrhunderts in Europa bekannt, wird aus der Cochenilleschildlaus gewonnen. Gummigutt, das Harz des *Garcinia hanburyi*, wird trotz seiner dürftigen Lichtbeständigkeit noch als Aquarellpigment verwendet.

Zu den veralteten natürlichen organischen Pigmenten gehören:

- Indischgelb – hergestellt aus dem Urin von Kühen, die mit Mangoblättern gefüttert wurden
- Sepia – gewonnen aus dem Tintenbeutel des Tintenfischs
- Drachenblut – ein rotes Harz aus der Frucht der Schilfpalme
- Mumie – ein Pechpigment, das man früher aus den Resten ägyptischer Mumien, die mit Pech einbalsamiert waren, herstellte.

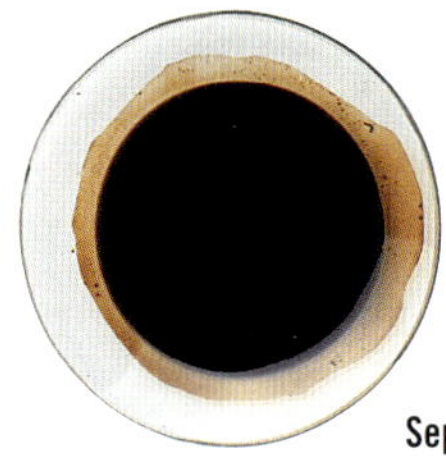

Sepia

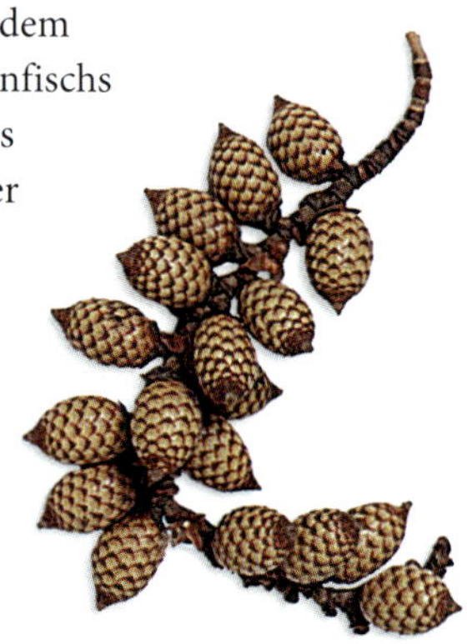

Frucht der Schilfpalme

Synthetische organische Pigmente

Diese wichtige Pigmentgruppe besteht aus komplizierten Kohlenstoffverbindungen, die nicht in der Natur auftreten, sondern chemisch hergestellt werden.

Beständige synthetische organische Pigmente gibt es seit der Erfindung des Phthalocyaninblau und -grün im Jahre 1935. Diese lassen sich verhältnismäßig preisgünstig herstellen, sind lichtecht, stark deckend und hoch färbend. Jüngere Pigmente ähnlicher Beständigkeit sind die Chinacridone, Isoindolinone, Dioxazine und viele weitere Pigmente des Azo-Typs (siehe S. 13). Abgesehen von Alizarin und Indigo haben diese synthetischen Pigmente nichts mit den natürlichen Farbstoffen zu tun. Frühere aus Steinkohlenteer gewonnene Pigmente wurden durch Pigmente auf Erdölbasis ersetzt.

Eigenschaften synthetischer organischer Pigmente

Organische Pigmente lassen sich in drei Gruppen gliedern:

- Unlösliche Farbstoffe
- Substratpigmente – Pigmente, die durch Fixieren eines löslichen Farbstoffs auf eine Trägersubstanz entstehen
- Töner – Metallsalze organischer Farbstoffe.

Sie werden auf synthetischem Wege durch verschiedene chemische Reaktionen hergestellt, wobei Zwischenprodukte zu einem Farbstoff führen. Dabei treten vier Arten der Reaktion auf:

1. Zwischenprodukt A + Zwischenprodukt B = unlöslicher Farbstoff;
2. Zwischenprodukt A + Zwischenprodukt B = löslicher Farbstoff;
3. Löslicher Farbstoff + Fällungsmittel + Trägerstoff = Substratpigment;
4. Löslicher Farbstoff + Fällungsmittel = Töner.

Die meisten modernen synthetischen Pigmente sind deckender, färbender, beständiger und flexibler als die traditionellen Pigmente. Es gibt viele Produkte, die trotz Ähnlichkeit im Aussehen und in der chemischen Struktur völlig andere Qualitäten haben. Die Pigmente Yellow 12 und Yellow 13 sehen z. B. fast gleich aus; beide sind Diaryle, aber während das erste nur gering lichtecht ist, ist das zweite mittel bis gut. Wenn Sie sich auf die Farbenhersteller verlassen, dann brauchen Sie genaue chemische Angaben über das Pigment, dessen Lichtechtheit nach einem Standard angegeben wird.

Die Farbenhersteller kaufen ihre synthetischen organischen Pigmente bei der chemischen Industrie, deren Hauptabnehmer Lackfabriken, Kunststoff- und Druckfarbenhersteller sind. Die Produkte sollen in erster Linie deren Anforderungen erfüllen und sind nicht speziell für Künstlerfarben vorgesehen – diese haben ja nur einen winzigen Marktanteil! Die Druckfarbenhersteller wünschen leuchtende Farben ohne Rücksicht auf die Lichtechtheit. Die Kraftfahrzeugindustrie dagegen braucht beständige, lichtechte Pigmente und testet diese gründlich. Pigmente, die sich in diesen Versuchen bewähren, müssen extrem witterungs- und lichtbeständig sein, und deshalb eignen sich diese Pigmente auch gut für unsere Künstlerfarben.

Beständigkeit Obwohl sich die Chemiker hinsichtlich der Beständigkeit der synthetischen organischen Pigmente recht sicher sind, kann das nur die Zeit bestätigen. Schließlich gibt es diese Pigmente ja nicht seit Millionen Jahren wie die natürlichen Erdfarben.

Bindemittel und Dispersion Sie können mithilfe synthetischer organischer Pigmente Ihre eigenen Künstlerfarben herstellen. Dies kann sich aber u.U. als schwierig erweisen, da Pigmente in Pulverform im Unterschied zu den älteren, schweren Pigmenten leicht und flockig sind. Das feine Pulver erzeugt einen Staub, der überall eindringt, weshalb man einen geschlossenen, gut zu lüftenden Arbeitsraum benötigt. Die Pigmente sind Chemikalien, und auch wenn die meisten nicht giftig sind, sollte man sie weder einatmen noch mit Haut und Augen in Kontakt bringen (siehe S. 371).

Die neuen Ciba-patentierten »IRGALITE Kristalle« entwickeln nur geringfügig Staub, ohne die Netz- und Dispergierfähigkeit zu beeinträchtigen. Sie wurden speziell für die Tintenherstellung entwickelt, sind aber auch für Künstler einzusetzen.

Das Anreiben moderner synthetischer Pigmente in der herkömmlichen Weise ist nicht sehr ergiebig. Man sollte eher zu Pigmenten greifen, die bereits zu einer Paste in wässriger Lösung angerieben sind, wie sie heute von manchen Farbenherstellern geliefert werden.

Diese vordispergierten Acrylfarbensortimente können das Herstellen bestimmter Malfarben erleichtern, da Bindemittel, Verdünner und Streckungsmittel lediglich hinzugegeben werden müssen. Allerdings liefern die meisten Pigmenthersteller nur geringe Mengen zu relativ hohen Preisen, sodass sich das Verfahren kaum bezahlt macht.

Färbevermögen Das Färbevermögen hängt weitgehend von der Teilchengröße des Pigments ab. Synthetische Pigmente haben im Allgemeinen eine Partikelgröße von 0,05 bis 0,5 Mikrometer; wenn sie in festem Zustand geliefert werden, können die Teilchen zwischen 50 und 100 Mikrometer groß sein. Falls Deckfähigkeit erwünscht ist, wird etwas vom Färbevermögen für größere Partikel geopfert; falls es auf Lasierfähigkeit ankommt, müssen die Partikel sehr klein sein.

Käme das höchste Färbevermögen bei derselben Partikelgröße zustande, die auch die beste Lichtbeständigkeit ergibt, so könnte man leicht ein dauerhaft leuchtendes Pigment herstellen, aber leider ist dem nicht so; daher sind die Farbenhersteller zu einem Kompromiss zwischen Färbevermögen und Lichtbeständigkeit gezwungen. Hochwertige lichtechte Pigmente, die zu fein gemahlen sind, können ihre Lichtechtheit völlig verlieren.

Pigmentreinheit Die Hersteller überwachen die Partikelgröße unabhängig von den einfachen Zerkleinerungsprozessen. So fügen sie z. B. manchmal einen Farbstoff hinzu, um das Wachsen der Kristalle zu stoppen, oder erhitzen die Pigmente, um die Kristalle zu verstärken und die Eigenschaften der Lichtreflektion zu verbessern.

Pigmente hoher Qualität werden meist als reine Pulverpigmente angeboten. Es gibt sie aber auch mit Harzen, Streckungsmitteln und anderen Zusätzen. Man weiß vor allem bei preiswerten Produkten nie genau, was man da eigentlich einkauft.

Arten synthetischer organischer Pigmente Grob gesehen kann man zwei Hauptarten synthetischer organischer Pigmente unterscheiden – ältere und neuere. Die für Künstlerfarben verwendeten Pigmente entstammen beiden Hauptarten.

Ältere Pigmente Ältere Pigmente sind jene, deren chemische Grundstrukturen seit vielen Jahren bekannt sind; sie werden relativ preisgünstig in Massen hergestellt und in Bereichen verwendet, die keine große Licht- oder Wetterbeständigkeit bedingen (z. B. Druck- und Dekorationsfarben). Beispiele sind die einfachen Mono- und Di-Azopigmente sowie die Kupferphthalocyanine, obwohl die Letzteren auch in viel anspruchsvolleren Bereichen verwendet werden.

Azopigmente Die älteren Azopigmente haben miteinander gemeinsam, dass sie wenigstens eine »Azo«-Gruppe enthalten, in der zwei Stickstoffatome so miteinander verbunden sind (-N=N-), dass sie zwei andere chemische Gruppen binden können – ein aromatisches Amin und ein Bindeglied. Mono-Azopigmentmoleküle enthalten eine Azo-Gruppe und Di-Azos deren zwei.

Die chemischen Reaktionen bei der Herstellung führen leicht zum Entstehen amorpher Pigmente, die »nachbehandelt« werden müssen, damit sie Kristalle bilden, die das Licht wirkungsvoller beugen.

Häufig verwendet man dazu Harzadditive, insbesondere Kiefernharze. Sie fördern das Dispergieren des Pigments in der Druck- oder Malfarbe und verstärken die optischen Effekte wie Glanz, Transparenz und Farbton.

Azopigmente sind im Allgemeinen Formen von Gelb, Orange und Rot. Die Farbe, die man dann erhält, ist abhängig von der Struktur der aromatischen Amine, der Struktur des Bindeglieds, der Art des entstandenen Kristalls. Bekannte Mono-Azopigmente sind Pigment Yellow 1, Pigment Orange 5 (siehe S. 16–29) und Pigment Red 57:1.

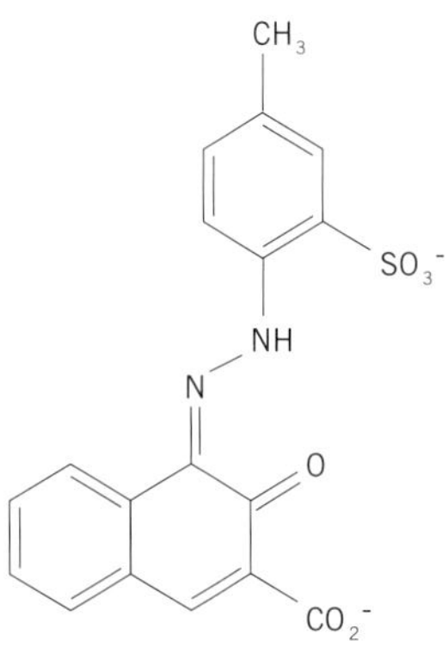

Pigment-Red-57:1-Molekül

Pigment Red 57:1 wird hauptsächlich für die Magentatöne beim Dreifarbendruck verwendet (siehe S. 347). Dabei wird ein Metall (Kalzium) hinzugefügt, um die Säuregruppen im Amin und Bindeglied zu fixieren, sodass ein unlösliches Pigment entsteht. Ohne Metallzusatz wäre das Ergebnis ein löslicher Farbstoff, der in der Mal- oder Druckfarbe zerlaufen würde.

Kräftigere Gelbfarben erhält man durch Di-Azos, in denen das Molekulargewicht des Mono-Azopigments praktisch verdoppelt wird. Häufig verwendete Beispiele sind die Pigmente Yellow 12, 13 und 14. Diese werden in großen Mengen für die Druckfarbenindustrie hergestellt.

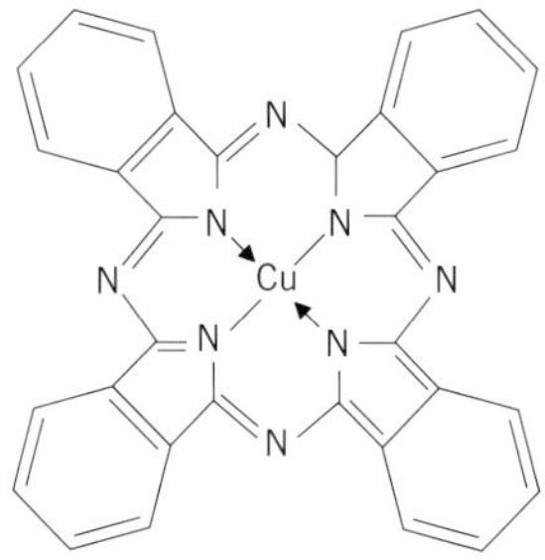

Kupfer-Phthalocyanin-Molekül

Phthalocyanine Bei den blauen und grünen Pigmenten dominieren die Kupfer-Phthalocyanine, die 1928 durch Zufall entdeckt wurden. Kupfer-Phthalocyanin ist ein »klassisches« Pigment, weil es aus billigen, leicht erhältlichen Rohstoffen hergestellt wird; aufgrund seiner Eigenschaften könnte es jedoch auch unter die teuren »nichtklassischen« Pigmente eingeordnet werden. Daher verwendet man es nicht nur in billigen Druck- und Malfarben, sondern auch in Bereichen, in denen große Wärme-, Licht- und Wetterbeständigkeit erforderlich sind. Diese hervorragenden Eigenschaften verdankt das Phthalocyaninkristall der Stabilität der Moleküle.

Die chemische Struktur des synthetischen Kupfer-Phthalocyanins basiert auf einem Ringsystem (Porphin genannt), für das es in der Natur Parallelen gibt – z. B. Chlorophyll, das lichtabsorbierende grüne Pflanzenpigment (das Magnesium statt Kupfer enthält), und Hämoglobin, das rote Chromoprotein des Bluts (mit Eisen als Metall).

Kupfer-Phthalocyanin gibt es in verschiedenen Formen, deren gebräuchlichste Rötlichblau-Alpha und Grünlichblau-Beta sind, von Künstlern häufig als sehr starkes Preußischblau verwendet. Man kann sie vertauschen oder mischen, um durch verschiedene chemische Verfahren den gewünschten Farbton zu erzielen, indem man sie z. B. auflöst, mit zusätzlichen Salzen verreibt oder in einer starken Säure löst und dann wieder bindet. Obwohl die α-Form die gleiche Struktur hat, ist sie weniger stabil als die β-Form (in die sie sich in organischen Lösungsmitteln leicht verwandeln kann), doch kann sie durch Vermischen mit speziellen Zusätzen stabilisiert werden.

Grüne Pigmente erhält man aus Kupfer-Phthalocyanin durch eine Chlor- und/oder Brombehandlung. Das leuchtendste Grün (PG 7) entsteht, wenn praktisch alle äußeren Ring-Wasserstoffatome durch Chlor ersetzt werden. Dieses Grün ist farblich intensiver und klarer als die traditionelle Grünerde. Das gelblichste Grün (PG 36) erhält man durch Verwendung einer Mischung von Chlor und Brom.

Neuere Pigmente Neuere Pigmente sind jene, deren chemische Strukturen vielfältiger, komplizierter und schwieriger herzustellen sind; sie werden in kleinen Mengen produziert und für Bereiche verwendet, in denen es auf besondere Qualität ankommt, z. B. hinsichtlich der Wärmebeständigkeit (u.a. in Kunststoffen) und der Licht-/Wetterbeständigkeit (u. a. in Autolacken).

Nach 1950 hat man der Erforschung und Entwicklung neuer Chromophore als Pigmente besondere Aufmerksamkeit gewidmet. Manche wurden aus einer bereits bekannten chemischen Struktur entwickelt, andere entstanden aus völlig neuen chemischen Substanzen. Sie alle zeichnen sich durch ihre sehr guten praktischen Eigenschaften aus, sodass die im Verhältnis zu den klassischen Pigmenten höheren Kosten dadurch ausgeglichen werden. Vor Gebrauch müssen sie »konditioniert« (z. B. zermahlen, gelöst oder unter Druck erhitzt) werden. Die nichtklassischen Pigmente werden entsprechend ihrer chemischen Struktur in Gruppen gegliedert.

Neue Azopigmente Die Eigenschaften der Azopigmente wurden auf zweierlei Weise verbessert:

Erstens durch Verdoppelung des Molekulargewichts; um die »Azo-Kondensationspigmente« zu erhalten (z. B. Pigment Red 166), womit die Lichtechtheit und die Zerlaufeigenschaften verbessert wurden.

Zweitens durch Einbau passender Amid-Gruppen (-CO-NH-), wodurch eine stärkere Wasserstoffbindung möglich wird; so entstanden die Benzimidazolon-Pigmente (z. B. Pigment Yellow 156) größerer Stabilität und Unlöslichkeit.

Azomethin-Metallkomplexverbindungen Diese sehr harten Pigmente, hauptsächlich für Auto-Metallic-Lacke verwendet, basieren mehr auf der Azomethin-Gruppe (-CH=N-) als die Azo(-N=N-) Gruppe (siehe oben).

Chinacridone Diese roten bis violetten Pigmente (z. B. Pigment Violet 19) werden häufig für Künstlerfarben verwendet und sind sehr lichtecht. Ihre Struktur ist polyzyklisch; jedes Molekül besteht aus einer Anzahl sechsgliedriger Ringe, die in gerader Linie verbunden sind. Die Eigenschaften der kommerziellen Produkte sind von der Art der Nachbehandlung des Rohmaterials abhängig.

Anthrachinone Ihre Hauptverwendung finden die Anthrachinone als Küpenfarbstoffe zum Färben von Textilfasern, aber mehrere dienen auch als Pigmente für hochwertige Farben und Kunststoffe. Das Anthrachinon-Molekül wird meist verdoppelt, um das Molekulargewicht zu erhöhen und die Löslichkeit zu reduzieren. Beispiele sind u.a. Pigment Red 177 und Pigment Yellow 23. Weitere Verfahren zur Verbindung zweier Anthrachinon-Moleküle liefern Indanthron (blau), Flavanthron (gelb), Pyranthron (orange) und Anthranthron (rot). Alle sind teuer und schwer herstellbar.

Thioindigo Indigo wird seit Jahrtausenden als tiefblaues Färbemittel für Textilien verwendet. Der Ersatz der Stickstoffatome im Indigo-Molekül durch Schwefel führt zu roten bis violetten Thioindigo-Pigmenten. In hochwertigen Farben verwendet man sie jetzt nicht mehr so oft, weil die Schwefelverbindungen bei ihrer Herstellung Umweltprobleme verursachen. Pigment Red 88 ist ein Thioindigo.

Perylene Das sind hochwertige polyzyklische rote Pigmente mit hoher Wetterbeständigkeit, die für Autolacke verwendet werden. Die Abbildung zeigt die Struktur der Pigmente, dabei kann für das X Sauerstoff stehen, wie im Pigment Red 224, oder Stickstoff, wie in den Pigmenten Red 88 oder 190.

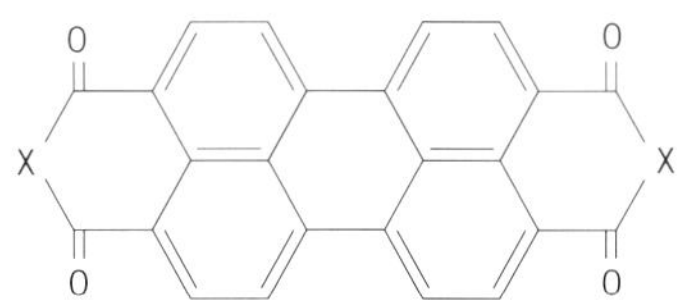

Perylen-Molekül

Isoindolinone Viele neue Pigmente, im Allgemeinen gelbe, basieren auf dem Isoindolinon-System.

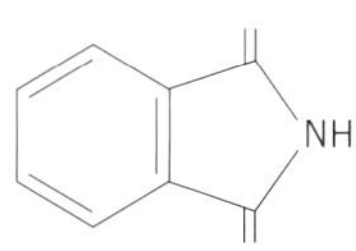

Isoindolinon-Molekül

Beispiele sind die Tetrachlorisoindolinone wie Pigment Yellow 110. Diese sind besonders lichtecht sowie hitzebeständig und deshalb gut für Hochtemperaturkunststoffe (z. B. für farbige Fensterrahmen) und Kunststofffasern, aber auch für Farben geeignet.

Dioxazine Dies ist eine weitere polyzyklische Pigmentklasse mit vielen Verwendungsmöglichkeiten, einschließlich der Künstlerfarben, sofern es auf Beständigkeit ankommt. Das bekannteste Produkt aus dieser Pigmentklasse ist Pigment Violet 23.

Dioxopyrrolopyrrole Neue hochwertige Pigmente, die auf einer neuartigen chemischen Struktur basieren, entstehen nur noch selten. Eine dieser jüngeren Gruppen ist die der roten Pigmente mit einer sehr einfachen Struktur: 1,4-Dioxopyrrolo (3,4-Pyrrol), abgekürzt D.P.P.

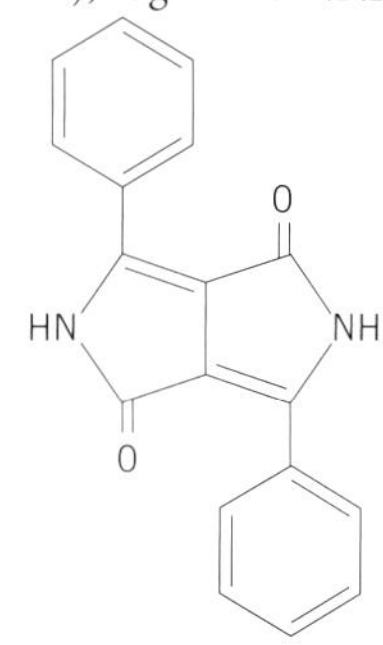

D.P.P.-Molekül (Beispiel)

Diese Pigmente bieten eine überragende Hitzestabilität, hohe Farb- und Deckkraft sowie ausgezeichnete Licht- und Wetterbeständigkeit. Voraussichtlich werden sie bald bei den hochwertigen Rotpigmenten dominieren.

Zusammenfassung Seit einiger Zeit ist die Reihe heller, lichtechter Farben wesentlich erweitert worden.

Bei den stabilen lichtfesten blauen und grünen Pigmenten sind Kupfer-Phthalocyanin und seine Derivate unübertroffen, infolge der industriellen Massenproduktion sind die Preise so niedrig, dass sie von kaum einem anderen Pigment verdrängt werden können.

Im Bereich der gelben bis roten Pigmente gibt es kein derartiges Monopol, obwohl die Forschung ständig neue Strukturen entdeckt, die gegenüber den vorhandenen leichte Vorteile bieten. Die einfachen Azopigmente wurden mit haltbareren Azo-Kondensationspigmenten (von Ciba-Geigy) und Benzimidazolon-Azopigmenten (von Hoechst) ergänzt. Die Vielzahl der polyzyklischen hochwertigen Pigmente (von Ciba-Geigy) erschließt neue Horizonte hinsichtlich Glanz, Leuchtkraft, Beständigkeit, Hitzebeständigkeit und Lichtechtheit.

Pigmenttabelle

Die folgenden Seiten enthalten Angaben über zuverlässige Pigmente, die der Fachhandel meist in verschiedenen Formen anbietet. Nicht aufgenommen wurden sehr giftige Pigmente (Ausnahme: Kremserweiß) und solche mit geringer Lichtechtheit, auch nicht jene, die zwar von historischem Interesse sind, aber im Allgemeinen nicht mehr verwendet werden. Dafür sind viele synthetische organische Pigmente aufgeführt, zumal die Pigmenthersteller jetzt beständigere und zuverlässige Farben herstellen, denen der Kunstmaler vertrauen kann.

Beständigkeit

Manche weniger lichtechte synthetische organische Pigmente werden für Studienfarben und ähnliche Zwecke verwendet, bei denen es auf die Beständigkeit nicht ankommt. Sie können andere Eigenschaften haben, deretwegen sich ihre Verwendung empfiehlt; wenn es Ihnen auf die Beständigkeit ankommt, sollten Sie jedoch auf folgende verzichten:

PIGMENTE	Alternative Bezeichnungen	Chemischer Typ	Chemischer Aufbau/ Formel	Colour-Index-Name	Farbbeschreibung
Arylamidgelb 10G	Arylidgelb, Hansagelb	Azo	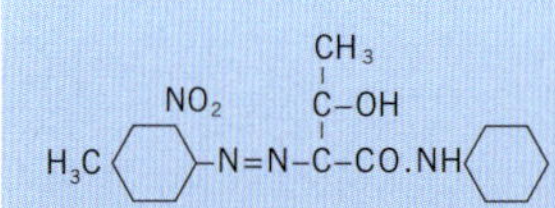	Pigment Yellow 3	Kräftiges Grüngelb
Arylidgelb RN	Arylamidgelb	Monoazo	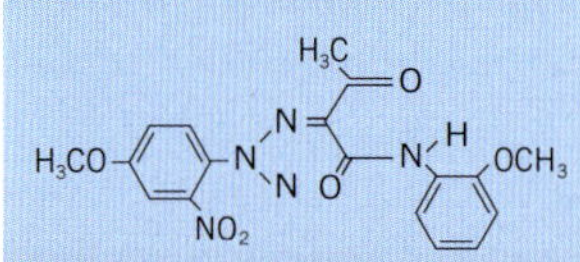	Pigment Yellow 65	Kräftiges rötliches Gelb
Azomethingelb	Grüngold	Azomethin-Kupfer-verbindung	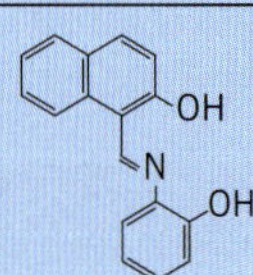	Pigment Yellow 129	Grünliches Gelb
Nickelazogelb		Monoazo, Nickel-verbindung	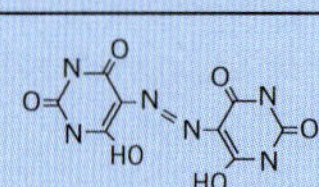	Pigment Yellow 150	Gelb
Nickeldioximgelb		Dioxim	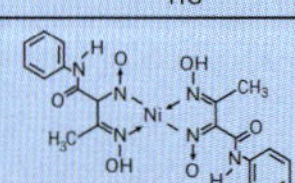	Pigment Yellow 153	Mittleres Gelb
Benzimidazolongelb		Benzimidazolon	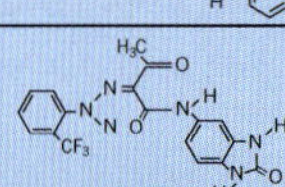	Pigment Yellow 154	Helles Gelb
Benzimidazolongelb			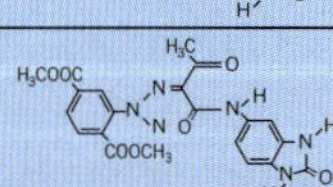	Pigment Yellow 175	Grünliches Gelb
Wismutvanadat	Wismutgelb, Vanadiumgelb	Wismut-vanadat	(nicht bekannt)	Pigment Yellow 184	Helles Gelb

Arylamidgelb (PY 1)
Benzidingelb (PY 13)
Dinitranilinorange (PO 5)
Tartrazingelb (PY 100)
Benzidinorange (PO 13)
Lithol Red (PR 49)
Litholrubin (PR 57)
Magentarot (PV 1)
Grundviolett I (PV 3)
Grundviolett II (PV 2)
Grundviolett IV (PV 4)
Pigmentgrün B (PG 8)

Giftigkeit

Die Klassifizierung der Giftigkeit basiert auf den Abstufungen der Hersteller von Künstlerfarben, die oftmals große Mengen toxischer Chemikalien verwenden. Das Risiko für den Kunstmaler, der nur geringe Farbmengen benutzt, ist vergleichsweise gering.

Klasse A
Nicht gefährlich.
Klasse B
Relativ harmlos – gelegentlicher Kontakt birgt keine große Gefahr.
Klasse C
Sehr geringe toxische Gefährlichkeit – beim Gebrauch einige Vorsicht angebracht.
Klasse D
Deutlich physisch gefährlich – angemessene Vorsicht erforderlich.

Lichtechtheit	Ölabsorption	Deckfähigkeit	Farbkraft	Giftigkeit	Verwendungsmöglichkeiten	Herkunft/Bemerkung
BS1006 7 ASTM II	32	Halbtransparent	Gut	B	Ölfarben, Aquarellfarben, Acryl. Kann in Kunststoff, Lacklösern zerlaufen; stabil bis 150°C	Acrlyamidgelb war 1911 eines der ersten Azopigmente, die als Künstlerfarbe anerkannt wurden.
BS1006 8 ASTM I	30–40	Halbtransparent	Gut	A	Ölfarben, Aquarellfarben; stabil bis zu 150 °C. Neigt zu Ausbluten in NC-Lösungsmitteln wie Xylon.	Wird als lichtechte Alternative für das Pigment Yellow 1 verwendet.
BS1006 7–8 ASTM I	49	Transparent	Mittel	C	Ölfarben, Aquarell- und Acrylfarben; stabil bis 180 °C. Gute Lösungsmittelbeständigkeit	
BS1006 8 ASTM I	35–40	Halbtransparent	Ziemlich schwach	C	Ölfarben, Aquarellfarben	
BS1006 7–8 ASTM I	50	Transparent	Mittel	C	Aquarellfarben	Als lichtechter Ersatz für Indischgelb und Gummigutt geeignet.
BS1006 8 ASTM I	60	Halbdeckend	Mittel	A		Relativ neues Pigment, kann in Acrylfarben vorkommen.
BS1006 7–8 ASTM I	70	Halbdeckend	Mittel	A	Öl- und Acrylfarben	Relativ neues Pigment, kann in Acrylfarben vorkommen.
BS1006 8 ASTM I	30	Deckend	Mittel	A	Aquarell-, Acrylfarben	Neues Pigment; in der Deckkraft Alternative zu Kadmiumfarben

PIGMENTE	Alternative Bezeichnungen	Chemischer Typ	Chemischer Aufbau/ Formel	Colour-Index-Name	Farbbeschreibung
Kadmiumgelb		Anorganisch	Kadmiumzinksulfid CdS	Pigment Yellow 35	Grünliches Gelb bis rötliches Gelb
Aureolin	Kobaltgelb	Anorganisch	Kaliumcobaltnitrat $2K_3(Co(NO_2)_6).3H_2O$	Pigment Yellow 40	Mittleres Gelb
Neapelgelb	Bleiantimon, Antimongelb	Anorganisch	Bleiantimon $Pb_3(SbO_4)_2$ $Pb(Sb)_3)_2$	Pigment Yellow 41	Grünliches Gelb bis rötliches Gelb
Nickeltitanat	Titangelb	Anorganisch	Oxidgemisch von Antimon, Nickel und Titan	Pigment Yellow 53	Grünliches Gelb
Arylamidgelb GX	Arylidgelb GX, Hansagelb GX	Azo	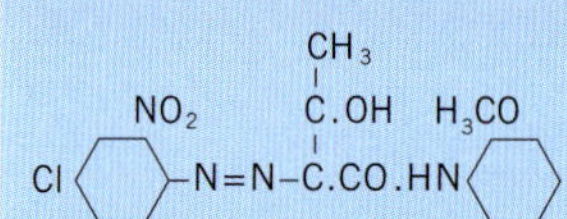	Pigment Yellow 73	Mittleres Gelb
Diarylidgelb		Di-Azo	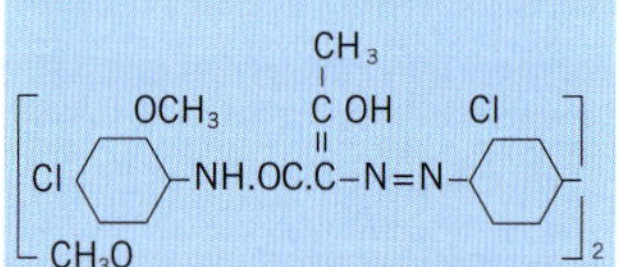	Pigment Yellow 83	Rötliches Gelb
Isoindolinongelb	Tetrachlor-isoindolinon		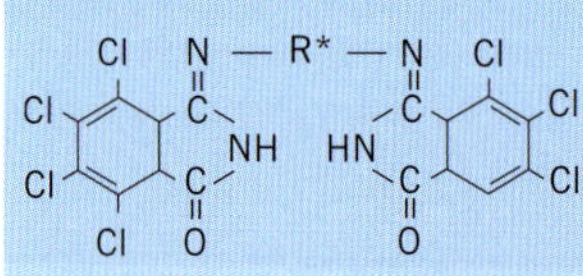	Pigment Yellow 109/110	Grünliches Gelb bis rötliches Gelb
Flavanthrongelb	Anthrachinon		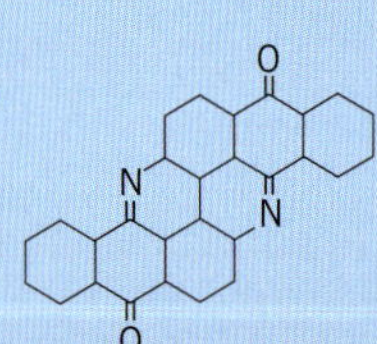	Pigment Yellow 112 oder PY 24	Rötliches Gelb
(keine übliche Bezeichnung)	Chromophytalgelb 8GN (Ciba-Geigy)	Azo-kondensat	(nicht bekannt)	Pigment Yellow 128	Leuchtendes Transparent-gelb

Lichtechtheit	Ölabsorption	Deckfähigkeit	Farbkraft	Giftigkeit	Verwendungsmöglichkeiten	Herkunft/Bemerkung
BS1006 7 ASTM I	17–21	Deckend	Gut	B/C*	Öl-, Aquarellfarben, Acryl. Bei Feuchtigkeit kann es durch Oxidieren des Sulfats verblassen. Säurelöslich; in den meisten organischen Lösungsmitteln stabil	Gewonnen durch Erhitzen von Kadmiumoxid oder -karbonat mit Schwefel oder als Fällungprodukt aus Kadmiumsalzlösung. Grüngelbe Töne können Kadmiumzinksulfid PY 35 sein. Oft mit Bariumsulfat zusammen gefällt als Kadmiumlithophon PY 37:1. * Lösliches Kadmiumniveau bis zu 1000 ppm gilt normalerweise als nicht giftig.
BS1006 6 ASTM II	30–35	Transparent	Schwach	C*	Öl-, Aquarellfarben. Nicht hitzebeständig, zersetzt durch Säuren und Laugen.	1848: hergestellt durch Reaktion von gesäuertem Kobaltnitrat mit Kaliumnitrat. * Lösliches Kobalt kann chronische toxische Effekte haben.
BS1006 7–8 ASTM I	10–15	Deckend	Schwach	D*	Ölfarben, Fresko, Keramik, Glas. In organischen Lösungen stabil; durch Säure zersetzt.	Hochtemperaturkalzination der Oxide von Blei und Antimon oder Reaktionen von Metallsalzen. Neapelgelb ist oft eine Pigmentmischung auf Basis von Bleiweiß oder Titandioxid.* Blei- und Antimonvergiftung
BS1006 8 ASTM I	15	Deckend	Schwach	B	Ölfarben, Acryl. Stabil bis 950 °C	Gewonnen aus kalzinierten Antimon-, Nickel- und Titanoxiden bei hoher Temperatur. Ersatz für Bariumchromat (Zitrongelb)
BS1006 7 ASTM I	35–50	Halbtransparent	Gut	B	Öl-, Aquarellfarben, Acryl. Ungeeignet in Lacklösern, Xylolen.	Lichtechtes Pigment mit Farbton ähnlich Arylamidgelb G; neu für Künstlerfarben.
BS1006 7 ASTM I	57	Transparent	Gut	B	Öl-, Aquarellfarben. Stabil bis 200 °C. Beständig bei den meisten Lösungsmitteln.	
BS1006 7–8 ASTM I	31–42	Halbtransparent	Gut	B	Ölfarben, Alkyd	Eine beständige Farbe, aber wegen Preis und kreideartigen Aussehens selten verwendet.
BS1006 6* ASTM I	35	Transparent	Gut	B	Ölfarben, Kunststoffe. Hitzebeständig bis 260 °C; unlöslich in den meisten organischen Lösungsmitteln.	Obwohl zu den frühesten Indigofarbstoffen mit größerer Lichtechtheit bei organischem Gelb gehörig, setzt es sich als Künstlerfarbenpigment nicht durch. * Dunkelt nach bei reiner Verwendung; 7–8 sehr blass.
BS1006 7–8	41	Transparent	Mittel	A*	Ölfarben, Acryl. Stabil bis 180 °C; gute Lösungsbeständigkeit	Mögliche beständige Alternative zu Aureolin, Indischgelb. * Keine Giftigkeit bekannt.

PIGMENTE	Alternative Bezeichnungen	Chemischer Typ	Chemischer Aufbau/ Formel	Colour-Index-Name	Farbbeschreibung
Benzimidazolon-orange		Benzimida-zolon	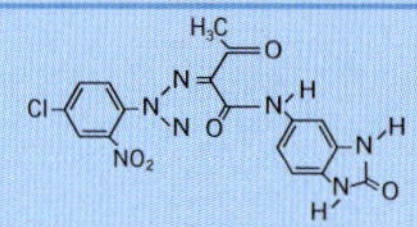	Pigment Orange 36	Rötliches Orange
Chinacridonorange	Chinacridongold	Chinacridon	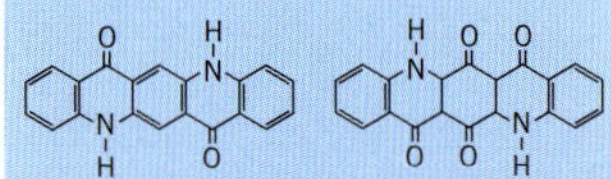	Pigment Orange 48	Gelbliches Orange
Benzimidazolon-orange		Benzimida-zolon	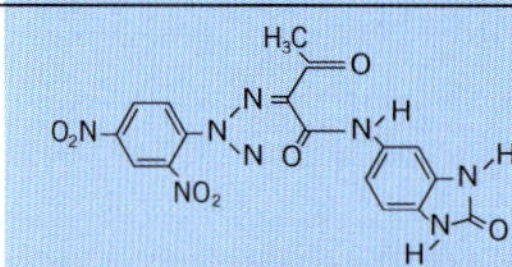	Pigment Orange 62	Orange
Perinon-Orange	Anthrachinon-Orange	Organisch	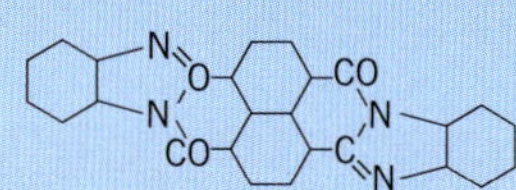	Pigment Orange 43	Orange
(keine übliche Bezeichnung)	Irgazin-Orange 3GL (Ciba-Geigy)	Isoindolinon	(nicht bekannt)	Pigment Orange 66	Rötliches Orange
Chinacridon-magenta		Chinacridon	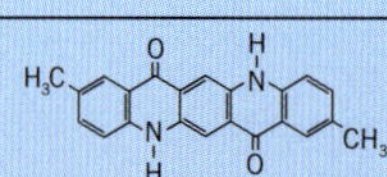	Pigment Red 122	Intensives bläuliches Rot
Perylenrot		Perylen	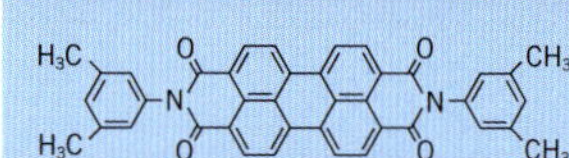	Pigment Red 149	Bläuliches Rot
Chinacridon-rotbraun	Gebranntes Chinacridonorange	Misch-phasen-Chinacridon	siehe Pigment Orange 48	Pigment Orange 206	Dunkles Rotbraun
Pyrrolrot		Diketopyrrol-Opyrrol	Di-chloriniertes PR 255	Pigment Red 254	Kräftiges Rot
Pyrrolrot Hell	Pyrrol-Scharlachrot	Diketopyrrol-Opyrrol	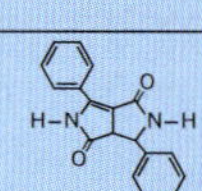	Pigment Red 255	Gelbliches Rot
Chinacridonrot	Permanent Rosa	Organisch	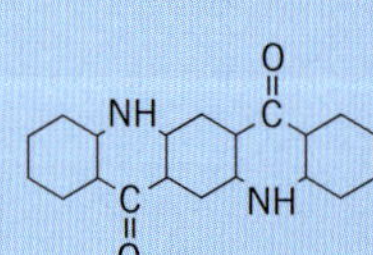	Pigment Violet 19	Bläuliches Rot
Permanent-Karminrot	Naphthol AS-TR*, Naphthol Karmin-rot, Rot F4RH	Organisch	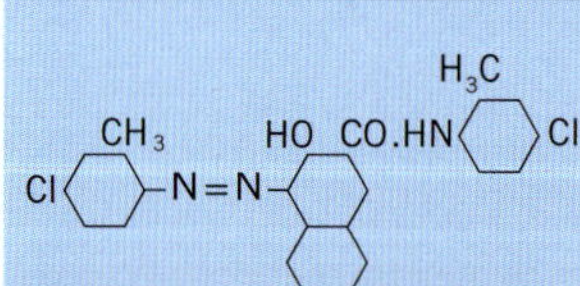	Pigment Red 7	Blaurot

Lichtechtheit	Ölabsorption	Deckfähigkeit	Farbkraft	Giftigkeit	Verwendungsmöglichkeiten	Herkunft/Bemerkung
ASTM I	72	Transparent	Mittel	A	Gute Lösungsmittelbeständigkeit, außer u. U. bei Alkoholen	Relativ neues Pigment, vor allem in Acrylfarben vorkommend.
BS1006 7–8 ASTM I	40–50	Transparent	Mäßig	A	Ölfarben, Acryl	Kommt als Einzelpigment in Acrylfarben vor; wird in traditionellen Sortimenten für transparente Grüntöne verwendet, wie Oliv- und Saftgrün.
BS1006 8 ASTM I	65	Transparent	Mittel	A	Acrylfarben; stabil bis 180 °C	
BS1006 7–8 ASTM I	48	Halbdeckend	Gut	B	Stabil bis 200 °C; beständig gegen meiste Lösungsmittel	1924: ursprünglich bekannt als Indigo-Orange 7. Bei Künstlerfarben relativ neu, häufiger für Acrylfarben verwendet.
BS1006 7–8	37	Deckend	Mittel	A*	Ölfarben, Acryl (kein bekannter Anwender). Stabil bis 200 °C	Evtl. als beständiges Mittelorange brauchbar, sonst nur als Mischungen oder mit Kadmium erhältlich. * Keine Giftigkeit bekannt.
BS1006 7–8 ASTM I	65	Transparent	Mittel	A	Öl-, Aquarellfarben, Acryl	Ersetzt zunehmend PV 19 bei den rotvioletten Farbtönen.
BS1006 7–8 ASTM I	40–50	Halbtransparent	Mittel	A	Öl-, Aquarellfarben, Acryl; stabil bis 200 °C	Ersetzt zunehmend die weniger lichtechten Azo-Rots.
BS1006 7–8 ASTM I	40	Transparent	Mittel	A	Acrylfarben; kommt auch in traditionelleren Farbmitteln vor.	Alternative zum Alizarin-Krapplack
BS1006 ASTM I	44	Deckend	Sehr gut	A	Öl-, Aquarellfarben, Acryl	
ASTM I	40	Deckend	Sehr gut	A	Öl-, Aquarellfarben, Acryl	Relativ neu eingeführte Alternative zu weniger lichtechten Azofarben.
BS1006 7–8 ASTM I	60–80	Transparent	Gut*	B	Öl-, Aquarellfarben, Acryl. Sehr gut zum Mischen geeignet.	β-Form bekannt als Chinacridonviolett, bei Künstlerfarben oft als Permanentmagenta bezeichnet. * Der hohen Kosten wegen bei kommerziellen Farben meist stark verdünnt.
BS1006 7–8 ASTM I	40	Halbtransparent	Gut	B	Schwach lösungsmittelbeständig. Eines der stabileren Azopigmente, meist in Acrylfarben als Permanent-Karminrot angetroffen.	1921: *Naphthol AS-TR-Bezeichnung (in den USA üblich) nennt nur eines der Verbindungselemente. C.I.-Nummer des Pigments prüfen; die Bezeichnung Naphthol kann täuschen, weil es unter derselben Bezeichnung mehrere Pigmente unterschiedlicher Lichtechtheit gibt.

PIGMENTE	Alternative Bezeichnungen	Chemischer Typ	Chemischer Aufbau/ Formel	Colour-Index-Name	Farbbeschreibung
Krapplack-Rosa (rein)	Krapplack-Rot	Natürlich Rot	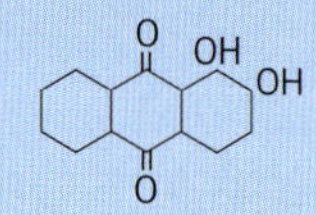	Natural Red 9	Blassrosa Krapplack
Alizarin-Karminrot	Krapplack-Rot	Organisches Rot	Alizarin-Metallkomplex; Farbton hängt von Metallsalzen ab: Aluminium = Rot, Kalzium = Bläuliches Rot, Eisen = Kastanienbraun, Molekularaufbau siehe Krapplack-Rosa (oben).	Pigment Red 83	Blaurot
Kadmiumrot		Anorganisch	Kadmiumsulfoselenid $CdS.xCdSe$	Pigment Red 108	Orange-Rot bis Tiefrot (je mehr Selenid, desto röter)
Permanentrot FGR	Naphthol AS-D	Organisch	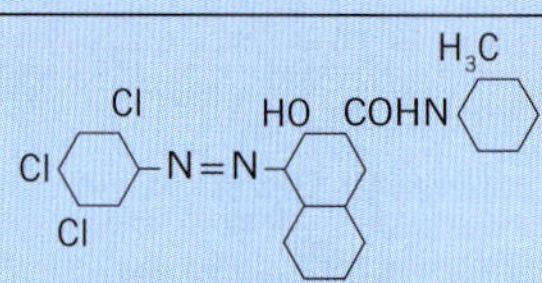	Pigment Red 112	Leuchtendrot
(keine übliche Bezeichnung)	Chromophthalrot BRN (Ciba-Geigy)	Azo-Kondensat	(nicht bekannt)	Pigment Red 144	Mittleres Rot
Bromiertes Anthranthron			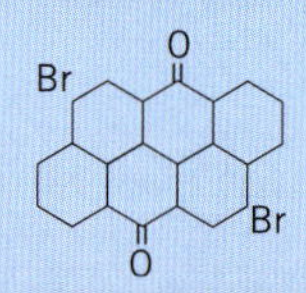	Pigment Red 168	Leuchtendes Gelbrot
Naphtholcarbamid	Naphtholkarmin	Organisch	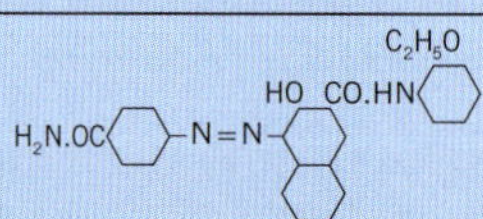	Pigment Red 160	Blaurot
Anthrachinonrot	Anthrachinoid		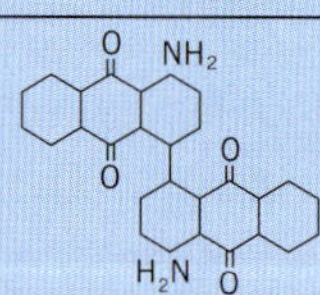	Pigment Red 177	Blaugetöntes Rot
Naphtholrot	Naphtholrot AS, B.O.N.-Arylamid	Organisch	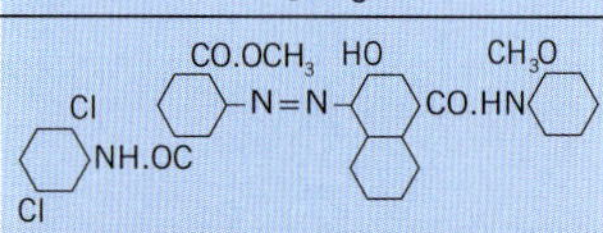	Pigment Red 170	Gelbliches Rot
Perylenrot	Perylen		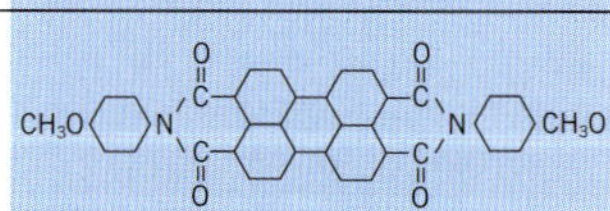	Pigment Red 190	Mittleres Rot
Chinacridonrot	Permanent Rosa	Organisch	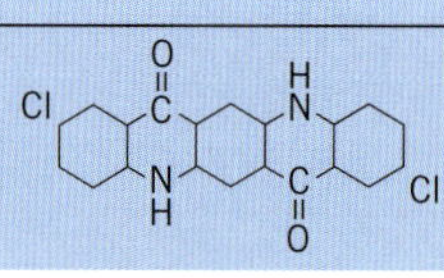	Pigment Red 207/209	Gelberes Rot als PV 19

Lichtechtheit	Ölabsorption	Deckfähigkeit	Farbkraft	Giftigkeit	Verwendungsmöglichkeiten	Herkunft/Bemerkung
BS1006 6 ASTM II	80	Transparent	Schwach	B	Öl-, Aquarellfarben	Alizarinrot, gewonnen durch Farbstoffextrakt der Rötegewächse mit Alaun, mit anschließender Alkalifällung auf Aluminiumhydroxidbasis.
BS1006 7* ASTM II	76	Transparent	Relativ gut**	B	Ölfarbenlasuren, Aquarellfarben. Sollte nicht mit Weiß abgeschwächt werden.	1826: Alizarin aus Rötegewächsen gewonnen. 1888/89: synthetischer Farbstoff (Mauvein). Galt früher als Standard für Künstlerfarben; jetzt als ungenügend lichtecht bewertet.
BS1006 7 ASTM I	17–21	Deckend	Gut	B/C*	Ölfarben, Acryl, Aquarellfarben, säurelöslich, stabil gegen organische Lösungsmittel	*Lösliches Kadmiumniveau meist unterhalb 1000 ppm. Dies gilt bei normalen Bedingungen nicht als giftig. Verwendung sollte begrenzt sein.
BS1006 7–8	54	Halbtransparent	Gut	B	Ölfarben, Acryl	
BS1006 7–8	55	Halbtransparent	Mittel	A*	Ölfarben, Acryl (keine Anwender bekannt). Stabil bis 180 °C	* Keine Giftigkeit bekannt.
BS1006 7–8 ASTM II (Öl), I (Acryl)	74	Halbtransparent	Gut	B	Ölfarben, Acryl. Löslich in sehr starken organischen Lösern und Xylolen; unlöslich in Aceton, Alkohol, Toluol; beständig bis 400 °C	1913: als Indigo-Orange 3. Gewonnen durch Bromierung von Anthranthron oder Ringabschluss in Schwefelsäure der (1,1'-binaphthalen)8,8'-Dicarbonsäure. Aufgrund größerer Echtheit besser in Acryl als in Öl.
BS1006 7–8 ASTM II (Öl), I (Acryl)	65	Halbtransparent	Gut	B	Ölfarben, Acryl	Kommerziell bei Druckfarben verwendet, wo es nicht so sehr auf Lichtechtheit ankommt.
BS1006 7–8	55	Transparent	Gut	B	Ölfarben	Möglicher Ersatz für Alizarin-Karminrot.
BS1006 7 ASTM I	70	Ziemlich deckend	Gut	B	Öl-, Aquarellfarben, Acryl	Brauchbar in Ölen, weil es in Weißlasuren nicht blutet und mit Bleiweiß nicht verblasst.
BS1006 7–8 ASTM I	32	Transparent	Sehr gut	B	Ölfarben, Acryl. Stabil bis 450 °C	Ähnliche Pigmente: PR 224 – blauer Farb-, aber gelber Unterton; PR 179 – stumpfes Gelblichrot (Perylen-Zinnober).
BS1006 8 ASTM I	60	Transparent	Mittel	B	Hauptsächlich in Acryl, da jüngeren Datums	Die erst vor Kurzem eingeführten Chinacridon-Pigmente setzen sich allmählich bei Künstlerfarben durch.

PIGMENTE	Alternative Bezeichnungen	Chemischer Typ	Chemischer Aufbau/ Formel	Colour-Index-Name	Farbbeschreibung
Kobaltviolett		Anorganisch	$CO_3(PO_4)_2 . 8H_2O$ rosa $CO_3(PO_4)_2 . 4H_2O$ dunkelviolett $CO_3(PO_4)_2$ violett	Pigment Violet 14	Rot- bis Blauviolett
Ultramarinviolett	Ultramarinrosa	Anorganisch	Polysulfid von Natrium-Aluminiumsilikat (komplexe Struktur)	Pigment Violet 15	Rosa oder Violett
Manganviolett	Permanent-Mauve	Anorganisch	$Mn'''NH_4P_2O_7$ Mangan-Ammonium-pyrophosphat	Pigment Violet 16	Violett
Chinacridon-magenta	Chinacridonviolett, Permanent-Magenta	Organisch	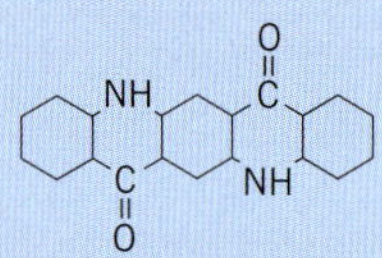	Pigment Violet 19 (ß-form)	Transparentes Rotviolett
Dioxazinviolett	Dioxazinpurpur, Karbazolviolett	Organisch	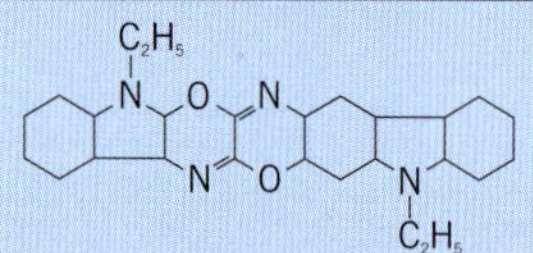	Pigment Violet 23	Blauviolett
Phthalocyaninblau	(Häufig unter dem Markennamen des Herstellers verkauft)	Organisch	siehe S. 14	Pigment Blue 15	Leuchtendes Grünlichblau bis Rötlichblau
Preußischblau	Eisenblau, Miloriblau, Bronzeblau	Anorganisch	$MFe''' [Fe'''(CN)_6].xH_2O.$ M = K, Na oder NH_4 Alkaliferriferrocyanid	Pigment Blue 27	Blau
Kobaltchromitblau	Coelinblau, Chromblau, Kobalttürkis	Anorganisch	$Co(Al,Cr)_2O_4$	Pigment Blue 36	Grünliches Blau
Kobaltsilikatblau	Kobaltdunkelblau	Anorganisch	Co_2SiO_4	Pigment Blue 73	Dunkel-marinblau
Kobaltzinksilikat	Kobaltdunkelblau	Anorganisch	$(Co,Zn)_2SiO_4$	Pigment Blue 74	Dunkelblau
Bromiertes Phthalocyanin		Phthalo-cyanin	Bromiertes Kupferphthalocyanin	Pigment Blue 36	Gelbliches Grün
Chromtitanat		Anorganisch	Mischung von Oxiden aus Chrom, Antimon und Titan	Pigment Blue 24	Gelbliches Braun
Kobaltblau	Königsblau	Anorganisch	$CoO.Al_2O_3$. Blau $4CoO.3Al_2O_3$. Grün Kobaltaluminat	Pigment Blue 28	Grünblau bis Blau

Lichtechtheit	Ölabsorption	Deckfähigkeit	Farbkraft	Giftigkeit	Verwendungs-möglichkeiten	Herkunft/Bemerkung
BS1006 7–8 ASTM I	10	Halb-deckend	Gut	C*	Öl-, Aquarellfarben, Acryl, Keramik	*Kobalt kann eine Vergiftung der Atemwege verursachen.
BS1006 7–8	35	Halb-transparent	Relativ schwach	B	Öl-, Aquarellfarben, Acryl. Säurehaltige Malmittel bleichen.	Hergestellt aus Ultramarinblau durch Erhitzen mit Ammoniumchlorid oder Chlor und Salzsäure.
ASTM I	25	Halb-transparent	Schwach	C*	Öl-, Aquarellfarben. Wärmeempfindlich	In Studienfarben oft als Ersatz für Kobaltviolett verwendet. *Mangan kann zu chronischer Vergiftung führen.
BS1006 7–8 ASTM I	68	Transparent	Gut	B	Tönungsfarbe für Violett oder für Lasuren. β-Form Chinacridonviolett heißt im Handel oft Permanent-Magenta.	Der hohen Kosten wegen bei kommerziellen Farben meist stark verdünnt.
BS1006 7–8 ASTM I	40–60	Transparent	Sehr gut	B	Öl-, Aquarellfarben, Acryl	Aufgrund der Beständigkeit setzt es sich als Standard-Violettpigment durch, wobei es weniger beständige Krapplackpigmente ersetzt.
BS1006 7–8 ASTM I	40–50	Transparent	Sehr gut	B	Ölfarben, Acryl. Recht beständig gegen Lösungsmittel und Chemikalien in bestimmten Formen; stabil bis 150 °C	Neigt zum Ausflocken, wenn nicht behandelt; die meisten neueren Formen sind gegen Ausflocken beständig.
BS1006 7–8 ASTM I	35	Transparent	Gut	C	Öl-, Aquarellfarben	Obwohl als »traditionelle« Farbe noch immer beliebt, häufig durch Phthalocyaninblau ersetzt.
BS1006 8 ASTM I	15–40	Deckend	Schwach	B	Ölfarben, Aquarell-, Acrylfarben; gebräuchlich in amerikanischen Malfarben	Alternative zu dem herkömmlichen PB-35-Kobaltstannat, das immer weniger erhältlich ist. Grünliche Schattierungen in Kobalttürkis und Kobaltblau.
BS1006 8	25–30	Halb-transparent	Relativ schwach	C	Öl-, Aquarellfarben	Dunkleres Blau als das herkömmliche PB-28-Kobaltaluminat, aber nicht häufig anzutreffen.
BS1006 8	25–30	Transparent	Relativ schwach	C	Öl-, Aquarellfarben	Ähnlich wie PB 73.
BS1006 7–8 ASTM I	24	Transparent	Sehr gut	B	Öl-, Aquarellfarben, Acryl. Brauchbar, um helle gelbgrüne Töne aus Gelb zu mischen.	Gelblichere Alternative zu dem gebräuchlicheren PG 7, in dem die Cl-Atome teilweise durch Br ersetzt sind.
BS1006 8	25	Deckend	Schwach	B	Öl-, Aquarellfarben, Acryl	Brauchbare Grundfarbe für Neapelgelb-Ersatztöne.
BS1006 7–8 ASTM I	20–30	Halb-transparent	Relativ schwach	C	Öl-, Aquarellfarben, Acryl, Keramik	Unterschiedlich, z. B. Hochtemperaturkalzinierung einer Mischung von Kobalt- und Aluminiumoxiden

PIGMENTE	Alternative Bezeichnungen	Chemischer Typ	Chemischer Aufbau/ Formel	Colour-Index-Name	Farbbeschreibung
Ultramarinblau		Anorganisch	Komplexes Polysulfid von Natrium-Aluminiumsilikat	Pigment Blue 29	Grünlich-rötlichblau
Manganblau		Anorganisch	Kristallmischung: 11 % Bariummanganat $BaMnO_4$, 89 % Bariumsulfat $BaSO_4$	Pigment Blue 33	Leuchtendes Grünlichblau
Coelinblau		Anorganisch	CoO.SnO Kobaltstannat. Kommerzielles Produkt meist 18 % CoO, 50 % SnO_2, 32 % $CaSO_4$	Pigment Blue 35	Grünlichblau
Indanthrenblau	Indanthron	Anthrachinonoid	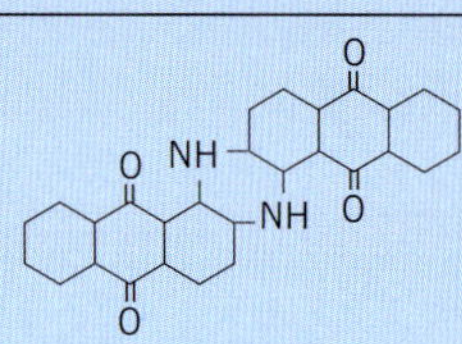	Pigment Blue 60	Violettblau
Phthalocyaningrün		Organisch	Chloriertes Kupferphthalocyanin	Pigment Green 7	Leuchtendes Blaugrün
Chromoxid	Chromoxidgrün	Anorganisch	Cr_2O_3 Chromsesquioxid	Pigment Green 17	Stumpfes Gelbgrün bis Grün
Chromoxidhydratgrün	Viridian	Anorganisch	$Cr_2O(OH)_4$ oder Mischung $Cr_4O_3(OH)_6$ + $Cr4O(OH)_{10}$ mit 0,5–10 % Borsäure	Pigment Green 18	Grün bis Blaugrün
Kobaltgrün		Anorganisch	Oxide von Kobalt und Zink CoO.ZnO	Pigment Green 19	Blasses bis dunkles Gelblichgrün
Grüne Erde	Veroneser Grün	Anorganisch (natürlich)	Chrom-, Eisen-, Aluminium- und Magnesium-Silikate in unterschiedlicher Zusammenstellung	Pigment Green 23	Bläuliches Graugrün bis Olivgrün
Nickel-Azogelb	Grüngold	Organische Nickelverbindung	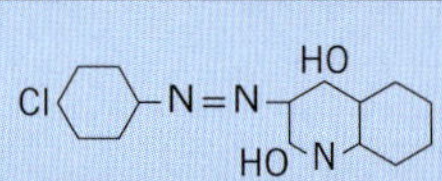	Pigment Green 10	Grünliches Gelb
Hellgrün-Oxid	Kobalttitangrün	Anorganisch	Oxide von Kobalt, Titan und anderen Metallen, z. B. Nickel Co_2TiO_4	Pigment Green 50	Leuchtendgrün

Lichtechtheit	Ölabsorption	Deckfähigkeit	Farbkraft	Giftigkeit	Verwendungs-möglichkeiten	Herkunft/Bemerkung
BS1006 8 ASTM I	25–40	Halb-transparent	Gut	B	Öl-, Aquarellfarben, Acryl. Stabil bis 300 °C	Fusion von Kaolin, Soda-Asche, Glaubersalz, Schwefel, Kohlenstoff und Kieselgur.
BS1006 7 ASTM I	30	Transparent	Schwach	C*	Öl-, Aquarellfarben, Acryl	Hervorragende, aber seltene Farbe. * Körper-Aufnahme kann zur Bariumvergiftung führen.
BS1006 7 ASTM I	15–25	Halb-transparent	Schwach	B	Öl-, Aquarellfarben, Acryl, Keramik	Häufig ersetzt (besonders in Studienfarben) durch Mischung aus Phthalocyaninblau und -grün mit Titanweiß.
BS1006 7–8 ASTM I	37	Transparent	Sehr gut	B	Ölfarben, Acryl	Mögliche Alternative für Indigo (meist haben Mischungen die natürlichen Farben ersetzt).
BS1006 7–8 ASTM I	35	Transparent	Sehr gut	B	Öl-, Aquarellfarben, Acryl. Spezielle Töne bei Aquarell nötig; stabil bis 150 °C und ggb. den meisten Chemikalien.	1935: hergestellt durch Chlorieren von Kupferphthalocyanin unter katalytischen Bedingungen. Ein Gelbton (PG 36) entsteht durch den Ersatz einer Chlormenge durch Brom.
BS1006 8 ASTM I	15	Deckend	Schwach	B	Öl-, Aquarellfarben. Stabil bis 900 °C; unlöslich in den meisten Lösungsmitteln	Hergestellt durch Reduktion von Kaliumdichromat bei hohen Temperaturen.
BS1006 7 ASTM I	90	Transparent	Relativ schwach	B	Öl-, Aquarellfarben, »traditionelle« Lasurfarbe	Häufig mit Kadmiumgelb gemischt zum Erhalt von Kadmiumgrün oder mit Zinkgelb zum Erhalt von Permanentgrün. Oft dient Phthalocyaningrün als Ersatz.
BS1006 7–8	20	Halb-transparent	Schwach	C	Öl-, Aquarellfarben, Acryl	Durch Mischen schwer anpassbar. Eine neuere Art in Acrylfarben enthält auch Chromoxid.
BS1006 7–8 ASTM I	20–30	Transparent	Sehr schwach	B	Öl-, Aquarellfarben	Schon in der röm. Antike verwendet. Wird beim Erhitzen rot und ergibt Grüne Erde gebrannt.
BS1006 7–8 ASTM I	47	Halb-transparent	Sehr gut	C	Ölfarben, Acryl. Zerläuft in organischen Lösungsmitteln.	1905: keine beliebige Farbe. Auffälliger Farbton, aber von geringem künstlerischem Wert.
BS1006 8 ASTM I	20	Deckend	Recht gut	B	Keramik, stabil oberhalb 1000 °C; unlöslich in den meisten Lösungsmitteln	Gewonnen durch Hochtemperaturkalzinierung einer Mischung von Metalloxiden. Neueres Pigment, in Acryl- häufiger verwendet als in traditionellen Techniken.

PIGMENTE	Alternative Bezeichnungen	Chemischer Typ	Chemischer Aufbau/ Formel	Colour-Index-Name	Farbbeschreibung
Siena natur, Siena gebrannt		Anorganisch	FeO(OH) mit Aluminiumsilikaten und Magnesiumdioxid (0,6–1,5 %)	Pigment Brown 7	Kräftiges Gelb- (natur) oder Rötlichbraun (gebrannt)
Gelbocker	Natürlich hydratisiertes Eisenoxid	Anorganisch	$FeO(OH).nH_2O$	Pigment Yellow 43	Gelb bis Orangegelb
Hellrot (eher gelb), Indischrot (eher blau), Venezianischrot	Rotes Eisenoxid, roter Ocker	Anorganisch	Eisenoxid Fe_2O_3	Pigment Red 102	Gelbrot bis tiefes Bläulichrot
Umbra natur, Umbra gebrannt		Anorganisch	FeO(OH) mit Mangandioxid	Pigment Brown 7	Grünliches bis rötliches Braun
Marsschwarz	Schwarzes Eisenoxid	Anorganisch	$FeO.Fe_2O_3$	Pigment Black 11	Bläuliches Grau-Schwarz
Elfenbeinschwarz	Knochenschwarz	Anorganisch	10 % Kohlenstoff, 78 % Kalziumphosphat, 8 % Kalziumkarbonat	Pigment Black 9	Schwarz mit bräunlichem Unterton
Lampenschwarz	Kohlenschwarz	Anorganisch	Fast reiner Kohlenstoff	Pigment Black 6/7	Schwarz mit bläulichem (P BK 6) oder bräunlichem Unterton (P BK 7)
Zinkweiß		Anorganisch	Zinkoxid ZnO	Pigment White 4	Bläuliches Weiß
Titanweiß		Anorganisch	Titandioxid TiO. Zwei kristalline Formen: Rutil und Anates (mehr Blau, neigt durch UV-Absorption nach Weiß)	Pigment White 6	Bläuliches Weiß
Kremserweiß	Bleiweiß	Anorganisch	Basisches Bleikarbonat $PbCO_3.Pb(OH)_2$	Pigment White 1	Leicht gelbliches Weiß

Lichtechtheit	Ölabsorption	Deckfähigkeit	Farbkraft	Giftigkeit	Verwendungsmöglichkeiten	Herkunft/Bemerkung
BS1006 8 ASTM I	60–80	Transparent	Variabel	B	Alle Farben	Gebrannte Siena, meist kalzinierte Siena natur. Transparentere Arten von Siena natur oft als PY 43 klassifiziert.
BS1006 8 ASTM I	30–35*	Deckend	Gut	B	Alle Farben. Oberhalb 100 °C rötlich; säurelöslich	Synthetischer Ersatz PY 42 in manchen Farben, besonders Acryl. Das synthetische Pigment ist leuchtender, kräftiger und deckt besser.
BS1006 8 ASTM I	15–30	Unterschiedlich	Gut	B	Alle Farben	Synthetische Eisenoxide (PR 101) ersetzen allmählich die natürlichen, weil sie stärker und klarer sind. Beim Mischen mit Weiß ergibt Hellrot lachsrosa und Indischrot rosa Farbtöne.
BS1006 8 ASTM I	40–50	Transparent	Gut	B	Alle Farben	Stärkere Rot-Farbtöne durch Erhitzen in offenem Ofenfeuer erzeugt.
BS1006 8 ASTM I	15	Halbdeckend	Relativ schwach	B	Ölfarben (selten), Acryl. In organischen Lösungsmitteln unlöslich; stabil bis 150 °C	Oxidation von Eisenhydroxid mit anschließender Kalzinierung. Übliches Schwarz für Acryle, da stabiler als andere Schwarzpigmente
BS1006 8 ASTM I	50	Transparent*	Relativ schwach	B	Öl-, Aquarellfarben	Karbonisierung von Tierknochen (ursprünglich von Elfenbein). * Optisch sind alle Schwarzpigmente deckend.
BS1006 8 ASTM I	80–100	Deckend	Gut	B	Alle Farben. Neigt in Ölfarben zur Trocknungsverzögerung; in organischen Lösungsmitteln unlöslich	Lampenschwarz ist gebräuchlicher als das reinere und intensivere Kohlenschwarz (P BK 7). Dieses ergibt glänzende Aquarellfarben, wird aber häufig in gestreckten Produkten verwendet.
BS1006 8 ASTM I	20	Halbdeckend	Akzeptabel	B	Öl-, Aquarellfarben. Ungeeignet in säurehaltigen Malmitteln.	1751: Verbrennung von Zink bei 300 °C. Kommerziell hergestellt ab 1850.
BS1006 8 ASTM I	18–22	Deckend	Höchster Farbton, beständiges Weiß	B	Alle Farben	Anfangs verursachte das Pigment Probleme hinsichtlich der Filmstärke und wurde deshalb mit Zinkoxid verwendet. Die jetzigen Pigmente besitzen größere Filmstabilität.
BS1006 7 ASTM I	10–15	Deckend	Gute Farbtonbeständigkeit	D*	Ölfarben; stabil bis 230 °C	Trotz Giftigkeit noch immer die beliebteste weiße Ölfarbe, was sie mehr der Popularität als ihren chemischen Eigenschaften verdankt. Modernes Kremserweiß reagiert nicht wie das frühere. * Bleivergiftung (sich steigernd).

Öle

Natürliche Öle zur Ölmalerei werden aus Samen und Nüssen bestimmter Pflanzen gewonnen. Man zählt sie zu den Pflanzenölen und klassifiziert sie als trocknende, halbtrocknende oder nichttrocknende Öle entsprechend ihrer Fähigkeit, unter normalen Bedingungen zu trocknen, wenn sie als dünner Film aufgetragen werden. Nur die beiden erstgenannten verwendet man im Allgemeinen zum Malen. Die typischen Pflanzendüfte treten fast immer bei den ätherischen (flüchtigen) Ölen auf. Diese unterscheiden sich von fetten (pflanzlichen) Ölen durch rasches, rückstandsfreies Verdunsten. Für den Kunstmaler ist Terpentinöl das wichtigste ätherische Öl, das vielfache Verwendung findet (siehe S. 39).

Pflanzenöle

Pflanzenöle benutzt man zum Anreiben von Farben und in Malmitteln. Die wichtigsten sind Leinöl, ein schnell trocknendes Öl, sowie Safloröl, Sonnenblumenöl und Mohnöl, die nur langsam abtrocknen. Letztere sind im Allgemeinen heller und gilben nicht so schnell. Leinöl wird aus Flachssamen gewonnen. Safloröl liefert die Saflorpflanze, deren Heimat am Fuß des Himalaya ist. Die Namen besagen ferner, dass Sonnenblumenöl aus Sonnenblumen und Mohnöl aus Mohn gewonnen wird. Walnussöl entsteht durch Auspressen frischer Walnüsse; es war früher vor allem wegen seiner trocknenden und nicht gilbenden Eigenschaften beliebt. Helle Farben wurden fast immer damit angerieben. Heute hat es an Beliebtheit verloren, weil es schnell ranzig wird und stinkt, wenn es nicht frisch hergestellt verwendet wird.

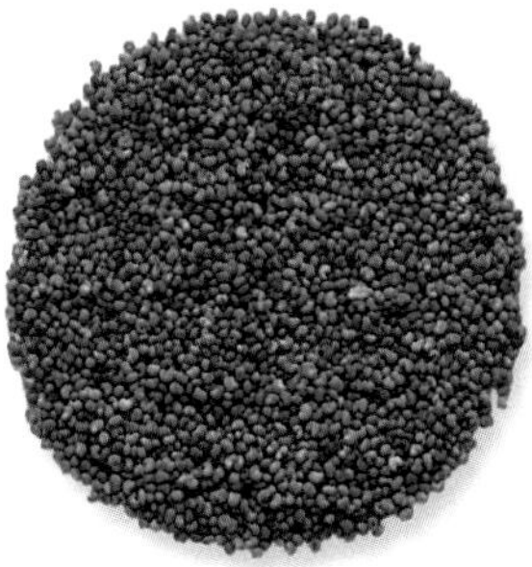

Mohnsamen

Die Öle trocknen nicht durch Verdunsten, sondern bilden trockene, feste Filme, indem sie Sauerstoff aus der Luft absorbieren. Die komplizierten Reaktionen beim Trocknungsprozess verändern die chemischen und physikalischen Eigenschaften des Öls; nachdem der Ölfilm einmal getrocknet ist, kann er nicht mehr in seinen ursprünglichen flüssigen Zustand zurückversetzt werden.

Die Öle dienen vier Zwecken. Erstens schützen sie die Pigmentpartikel durch Bindung in einem sie umgebenden Film; zweitens enthalten sie das Malmittel zum Auftragen der Ölfarben; drittens fungieren sie als Haftmittel, indem sie das Pigment an den Untergrund binden, und viertens tragen sie zur optischen Wirkung des Gemäldes bei, indem sie Tiefe und Töne der Farbe verstärken.

Zusammensetzung der Pflanzenöle

Pflanzenöle haben gleiche chemische Eigenschaften wie Fette und gehören zu den chemischen Verbindungen, die man als Ester bezeichnet. Sie bestehen aus Triglyceriden von Fettsäuren und geringen Anteilen natürlicher Verunreinigungen, die durch Raffinieren weitgehend beseitigt werden.

Einige der häufig in Pflanzenölen auftretenden Säuren sind:
- Stearinsäure
- Ölsäure
- Linolsäure
- Linolensäure.

Die Linolensäure sorgt für die besseren Trockeneigenschaften des Leinöls, aber auch für das Nachgilben.

Alle diese Fettsäuren enthalten 18 Kohlenstoffatome und sind als C 18-Fettsäuren bekannt; sie unterscheiden sich voneinander durch die Bindung des Kohlenstoffs. Die Trocknungseigenschaften des Öls hängen von der Zahl der Kohlenstoffdoppelbindungen (C=C) ab. Stearinsäure hat keine Doppelbindung und wird als gesättigt bezeichnet; sie ist nicht trocknend. Linolensäure dagegen enthält drei Doppelbindungen, die das Leinöl so gut trocknen lassen.

Veredlung von Pflanzenölen

Das Öl wird durch Pressen der Samen gewonnen. Moderne Öle werden im Allgemeinen mit Hilfe von Dampf heiß gepresst, aber es gibt auch kalt gepresste Öle, die manche für besser halten.

Anschließend wird das Öl zur Beseitigung von Unreinheiten veredelt. Das kann auf natürliche Weise geschehen, indem man die Teilchen sich absetzen lässt, durch Auswaschen oder auf chemischem Wege, z. B. durch Säuren- oder Laugenraffinierung.

Öle enthalten freie Fettsäuren, die als Netzmittel dienen, wobei ein hoher Anteil an Fettsäuren bei der Dispersion der Pigmente hilfreich ist. Laugenraffinierung setzt den Säurengehalt herunter und erschwert die Dispersion der Pigmente, ergibt aber ein helleres Öl. Die Säurenraffinierung lässt das Öl leider auf einige Pigmente sehr stark reagieren und macht es dicker. Daher wird es von Künstlern selten benutzt.

Arten von Pflanzenöl

Die Einteilung der Pflanzenöle hängt vom Veredelungsverfahren ab.

Polymerisiertes Öl (Standöl)
Die Viskosität eines Öls kann durch Erhitzen auf eine vorbestimmte Temperatur unter Ausschluss von Luft erhöht werden, bis die erwünschte Viskosität erreicht ist. Das Öl erfährt eine molekulare Veränderung, die zur Polymerisierung führt. Solch ein Öl nennt man Standöl. Leinöl-Standöl bewährt sich besonders gut in Malmitteln. Verdünnt mit Terpentinöl oder Terpentinersatz macht es Ölfarben sehr fließend und geschmeidig. Diese Eigenschaften können mit rohem Öl nicht erzielt werden. Standöl trocknet langsam, weil die Polymerisation ohne Oxidation erfolgte, doch nach dem Trocknen gilbt es weniger und ist geschmeidiger als rohes Öl. Zur Verbesserung der Trockenzeit des Öls können Metallseifen, sog. »Sikkative«, hinzugefügt werden; üblich sind Blei, Mangan und Kobalt. Solche Trockner beschleunigen den Oxidationsprozess, aber sie müssen sorgfältig bemessen werden, denn ein Zuviel kann zum Runzeln und Reißen des Ölfilms führen.

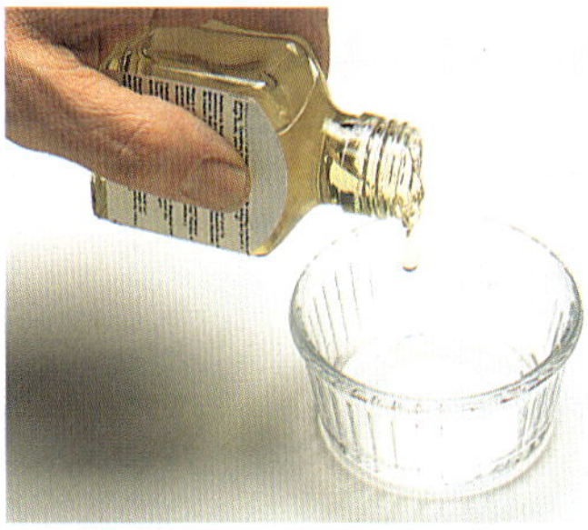

Standöl Das Öl hat eine zähflüssige Konsistenz.

Sonnengebleichte und sonnenverdickte Öle Diese wurden der Polymerisation mit Oxidation unterworfen, sodass sie schneller trocknen als Standöle. Sie werden von Kunstmalern seit Jahrhunderten verwendet. Zur Herstellung mischt man das Öl mit derselben Menge Wasser und setzt diese Emulsion dem Sonnenlicht aus. Öl und Wasser werden eine Woche lang täglich gründlich vermischt und anschließend einige Wochen stehen gelassen, bis die erwünschte Viskosität erreicht ist. Danach wird das Öl durch Filtern vom Wasser getrennt, woraufhin es gebrauchsfertig ist. Die Sonnenbleichung soll nur einen zeitweiligen Effekt haben, der die Farbe des Öls vertieft, wenn es später trocknet und härtet. Die Sonne bleicht lediglich den flüchtigen Pflanzenfarbstoff, beeinflusst aber nicht das Gilben.

Gekochte und geschlagene Öle
Gekochte Öle, also Öle, die mit Trocknungsmitteln (Sikkativen) erhitzt werden, haben bei älteren Gemälden Schaden angerichtet und können daher nicht empfohlen werden. Will man sie doch einsetzen, um das Trocken zu beschleunigen, sollte man sie vorsichtig dosieren. Geschlagene Öle, denen während des Erhitzens Luft zugeführt wird, werden manchmal bei mangelnder Sonne als Alternative zu sonnengebleichten Ölen verwendet. Es sind schneller trocknende Öle als Standöle, die ohne Luftzufuhr erhitzt werden, haben aber ähnliche Eigenschaften.

Der Trocknungsprozess des Ölfilms

Der Trocknungsprozess entscheidet darüber, wie man Ölfarben am besten aufträgt.

Nach dem Auftragen absorbiert die Farbe Sauerstoff aus der Luft, und dadurch wird aus der flüssigen Farbpaste ein fester Film. In diesem komplexen Prozess, Autoxidation genannt, verbinden sich die Ölmoleküle zu einer polymeren Struktur.

Der Ölfilm absorbiert nicht nur Sauerstoff, der ihn schwerer macht, sondern gibt auch flüchtige Nebenprodukte ab, die entweichen können müssen, wenn die Schicht einwandfrei trocknen soll. Aus diesem Grunde muss der Maler das »Fett-über-Mager-Prinzip« anwenden: Jede weitere aufgetragene Farbschicht muss etwas mehr Öl (Fett) enthalten als die untere. Jede Schicht muss trocknen, bevor eine neue aufgetragen wird, und das Bild darf nicht zu früh gefirnisst werden.
Die wichtigsten Trocknungsstufen einer Leinölschicht sind: leichte Konsistenzveränderung; deutliche Veränderung von flüssig nach gallertig; erneute leichte Konsistenzveränderung beim Härten.
Weitere Veränderungen beim Altern hängen vom Licht ab:

- Diffuses Licht – langsames Härten, relativ geringe Aufspaltung und leichtes Gilben
- UV-Licht – rasches Härten und Verspröden, gefolgt von starker Aufspaltung
- Sonnenschein – recht schnelles Härten mit Versprödung und starker Aufspaltung
- Dunkelheit – langsames Erweichen und beachtliches Gilben

Balsame

Andere von Künstlern verwendete Pflanzenderivate heißen »Balsame«. Es sind die dickflüssigen Absonderungen von Koniferen. Sie setzen sich aus flüchtigen (oder »ätherischen«) Ölen und Harzen zusammen. Einige Pinienarten produzieren einen Balsam, aus dem das ätherische Terpentinöl und das Kolophoniumharz destilliert werden. Balsame wurden als reine Naturprodukte in Malmitteln verwendet. Heute sind sie nur noch von historischem Interesse.

Verwendung

Man sagt Balsamen nach, dass sie Ölfarben besonders gute Fließeigenschaften verleihen. Venezianisches und Straßburger Terpentin wurden in der Vergangenheit häufig in Ölmalmitteln und Eitempera-Emulsionen verwendet.

Meiner Meinung nach schwächt der Zusatz irgendwelcher natürlicher Harze zur Ölfarbschicht dessen Struktur und Elastizität, und wenn dem Malmittel mehr als nur winzige Mengen hinzugefügt werden, kann sich die Farbschicht beim Firnissen auflösen.

Balsam-Arten

Es gibt vier Arten von Balsamen oder Fettharzen, wie sie auch genannt werden. Im Gegensatz zu Harzölfarben, die künstliche Gemische aus Harzen und Ölen sind, sind es Naturgemische von Harzen und ätherischen Ölen.

Venezianisches Terpentin Dieses aus der Lärche *Larix europea* bzw. *Larix decidua* gewonnene Terpentin ist eine zähe gelbe Flüssigkeit, aus der keine Harzsäuren kristallisiert werden können; in dieser Hinsicht unterscheidet es sich vom üblichen Terpentin. Es ist löslich in Alkohol, Äther, Aceton und Terpentin, aber nur teilweise löslich in Erdöl-Kohlenwasserstoffen. In gereinigtem Zustand verliert es seine natürliche Neigung zum Nachdunkeln von Farben und zur Rissbildung; es hat ein großes Bindevermögen, wenn es mit einem nichtflüchtigen Öl oder einer Erdölsubstanz gemischt wird.

Straßburger Terpentin Dieses aus der Weißtanne *Abies pectinata* gewonnene Terpentin ist heller als das Venezianische Terpentin und sehr schwer erhältlich. Es soll gute schützende Eigenschaften haben, indem es Pigmente, die sich leicht zersetzen können, wie z. B. Kupfergrün, einschließt. Diese Eigenschaften sind bei den modernen Pigmenten kaum mehr erforderlich.

Kanadabalsam Kanadabalsam, der dem Straßburger Terpentin sehr ähnlich sein soll, ist verhältnismäßig rein und wird seiner Transparenz wegen besonders geschätzt; außerdem hat er einen hohen Brechungsindex (siehe S. 10).

Kopaivabalsam Dieser Balsam unterschiedlicher Zusammensetzung und Viskosität besteht weitgehend aus freien Harzsäuren und hat deshalb eine hohe Säurezahl. Früher verwendeten ihn Gemälderestauratoren zur Regenerierung trüber oder verblasster Ölfarben. Wegen sehr starkem Nachdunkeln und Schrumpfen vermeidet man ihn heutzutage.

Ätherische Öle

Viele ätherische Öle sind Mischungen aus flüchtigen Bestandteilen mit nichtflüchtigen, die durch Destillation übertragen werden. Als frische Produkte sind sie farblos oder gelb, dunkeln aber im Licht und in der Luft oftmals unter Harzbildung nach. Deshalb sollte man zum Beispiel Terpentinöl in einer dunklen oder beklebten Flasche aufbewahren. Wenn der Pegel in der Flasche nach Gebrauch sinkt, sollte man ihn durch saubere Glasperlen wieder anheben. So enthält die Flasche immer nur wenig Luft.

Ätherische Öle werden hauptsächlich als Verdünner verwendet. Manche können aber auch zur Trocknungsverzögerung von Ölfarben oder zur Verhinderung von Schimmelbildung dienen.

Zusammensetzung

Ätherische Öle haben eine komplexe Zusammensetzung. Ihre Haupteigenschaften hängen vornehmlich vom Vorhandensein verschiedener Kohlenwasserstoffe und Alkohole ab. Die Zusammensetzung eines Öls kann je nach seiner Herkunft recht unterschiedlich sein. So kann englisches Lavendelöl 10 % Ester enthalten, während solches aus Frankreich 35 % haben kann. Ätherische Öle werden auf unterschiedliche Weise gewonnen, z. B. durch einfaches Auspressen und Gären. Die meisten üblichen Öle werden mit Wasser oder Dampf destilliert.

Arten ätherischer Öle

Für den Kunstmaler sind sechs der ätherischen Öle wichtig.

Terpentinöl Terpentinöl wird durch Destillation aus dem Pech von Nadelhölzern gewonnen. Das Ölharz ist als Rohterpentin bekannt, und das nichtflüchtige Harz ist Kolophonium (siehe S. 32).

Die gebräuchlichsten Terpentinlieferanten sind die nordamerikanische Sumpfkiefer (*Pinus palustris*), die französische und portugiesische Strandkiefer (*Pinus pinaster*) sowie die russische Föhre (*Pinus sylvestris*). Das beste Terpentinöl erhält man durch wässrige Destillation. Das weniger gute dampfdestillierte Produkt aus Wurzeln oder Stämmen ist als Holzterpentin bekannt; es hat einen beißenden Geruch. Die Giftigkeit des Öls hängt von seinen Bestandteilen und seiner Herkunft ab. Hauptbestandteil ist Pinen. Wiederholte Destillation (Rektifizierung) dient oft der Beseitigung von Harzrückständen.

Terpentinöl kann man als reinen Terpentinölgummi, Terpentinöl, rektifiziertes Terpentinöl oder destilliertes Terpentinöl kaufen. Es dient zum Verdünnen von Ölfarben und als Lösungsmittel zur Herstellung von Harzfirnissen.

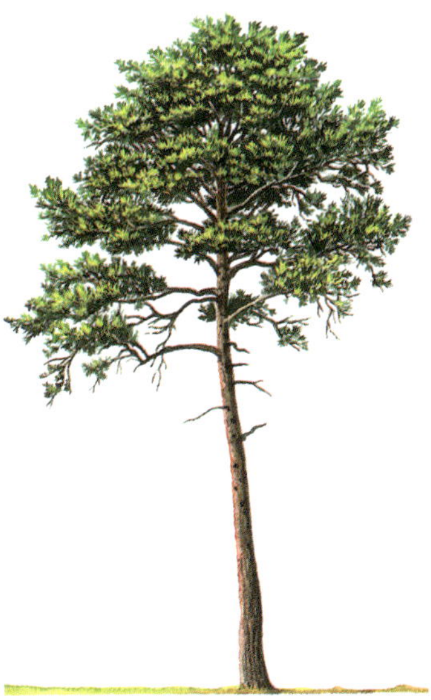

Strandkiefer

Lavendel-Spiköl Das aus einer speziellen Lavendelart (*Lavendula spica*) gewonnene Öl ist eine komplexe Mischung aus Linalool, Cineol, d-Pinen, d-Camphen und Kampfer. Früher wurde es häufig als Verdünnungsmittel gebraucht (siehe S. 39), obwohl es weniger flüchtig als Terpentin ist und mehrere Tage zum Trocknen brauchen kann. Im 17. Jahrhundert behauptete man, dass etwas Lavendel-Spiköl als Zusatz zu weißen und blauen, mit Mohnöl angeriebenen Pigmenten ein Verblassen der Farben verhindere. Auch verwendete man es in weichen Harzfirnissen, als Lösungsmittel für Wachs und als Verdünnung für Maler, die den Terpentingeruch nicht vertragen.

Ein Wachs-Spiköl-Malmittel kann für Ölfarben verwendet werden, wenn diese matt wirken sollen. Manche Tempera-Rezepte empfehlen den Gebrauch von Spiköl.

Nelkenöl Das aus Knospen und Stielen der *Eugenia carophyllata* destillierte Nelkenöl hat keimtötende Eigenschaften und dient als Konservierungsmittel sowie als Duftstoff in Farben auf Wasserbasis. Es wird auch als Trocknungsverzögerer für Ölfarben benutzt, was die Weiterarbeit am nächsten Tag ermöglicht. Manche behaupten aber, dass das Öl die unteren Schichten löst und Nachdunkeln verursacht.

Zitronenöl Zitronenöl wird durch das Auspressen frischer Fruchtschalen gewonnen. Es gehört zu den

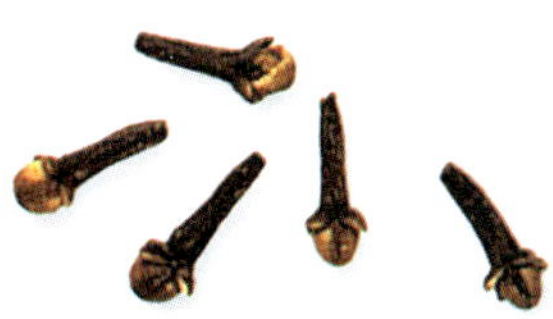

Nelken

komplexesten ätherischen Ölen und enthält unter anderem α-Pinen, β-Pinen, Camphen und β-Phellandren. Zuweilen wird es Lösungsmitteln als Duftverbesserer beigegeben.

Pinienöl Das flüchtige Öl, das aus den Nadeln und jungen Trieben vieler Kiefernarten gewonnen wird,

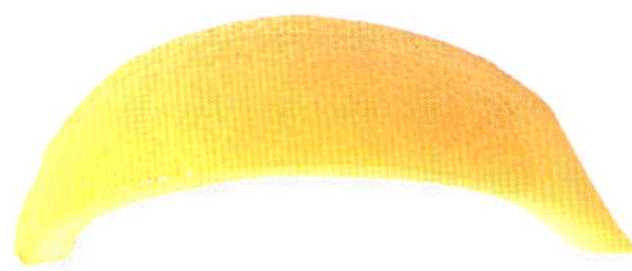

Zitronenschale

enthält Terpene, d-Pinen, Dipenten und Sylvestren. Es dient zur Trocknungsverzögerung von Ölen und kann Kaseinfarben oder Tempera-Gummi-Emulsionen als Konservierungsmittel bzw. Duftstoff beigemischt werden.

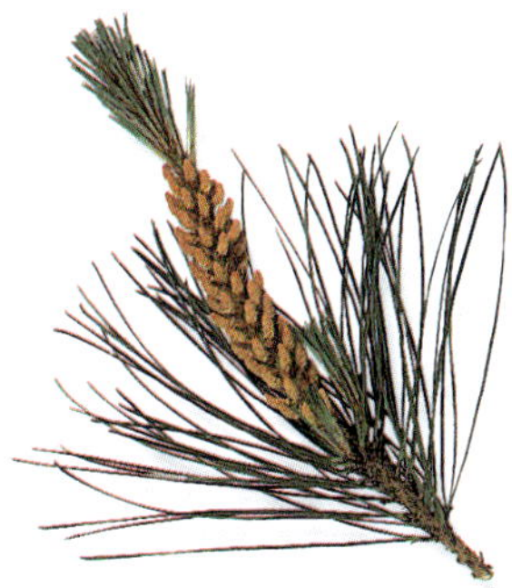

Kiefernnadeln

Thymianöl Das aus *Thymus vulgaris* gewonnene Thymianöl enthält 20 % Thymol, das als Konservierungsmittel für manche Aquarellfarben und zur Verhinderung von Schimmelbildung auf der Unterseite gerahmter Zeichnungen dient.

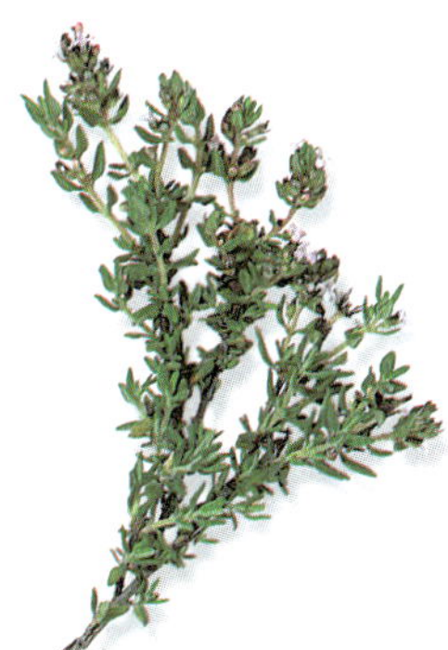

Thymian

Harze

Harze erhält man auf natürliche Weise aus den Säften bestimmter lebender oder (im Falle von fossilen Harzen) toter Bäume. Sie dienen zur Herstellung von Firnissen für fertige Gemälde und von Malmitteln, obwohl sie zum Nachdunkeln neigen und im Allgemeinen weniger haltbar sind. Heute verwendet man vielfach auch synthetisch hergestellte Harze.

Harze sind harte, glasartige, nichtkristalline Massen mit amorpher Struktur. Sie werden durch Erhitzen weich, schmelzen zu einer klebrigen Flüssigkeit und verbrennen unter starker Rauchabsonderung. In Wasser sind sie unlöslich, aber in organischen Lösungsmitteln teilweise oder ganz löslich (siehe S. 38). Man darf sie nicht mit Gummiharzen verwechseln.

Natürliche Harze

Natürliche Harze (ausgenommen Schellack) gewinnt man durch Kontakt mit der Luft, durch Eindampfen, Oxidation oder durch Polymerisation von Balsamen (siehe S. 32). Die beiden Sorten natürlicher Harze, weich und hart, haben jeweils ihre besonderen Eigenschaften.

Weichharze

Weiche oder »junge« Harze erhält man von lebenden Pflanzen. Man bezeichnet sie auch als Alkoholfirnisse, da sie in Alkohol und Kohlenwasserstoffen löslich sind.

Dammar Dammar ist das einzige für Künstler wirklich interessante natürliche Harz. In seiner reinsten Form gilt es als das beste Weichharz zur Verwendung als Firnis, wozu es im Allgemeinen in Terpentinöl gelöst wird. In unreiner Form kann es sich aber verfärben, was zum »Museumsfarbton« von Gemälden führen kann. Dammar wird außerdem im Lauf der Zeit weniger löslich, sodass man zur Beseitigung starke Lösungsmittel benötigt. Die Herstellung von Dammarfirnis wird auf S. 176 beschrieben.

Dammar kann auch in Ölmalmitteln verwendet werden, wo es das Trocknen der Farben beschleunigt, allerdings nicht bei Lösung in Terpentinersatz. Außer in extrem kleinen Mengen ist dies jedoch nicht empfehlenswert.

Mastix Mastixharz ist löslich in Terpentinöl, Alkohol und aromatischen Kohlenwasserstoffen; es lässt sich gut auftragen und dient als Schlussfirnis für Gemälde. Es gilbt aber stark und dunkelt beim Altern. In Ölmalmitteln wird Mastix heute nicht mehr verwendet. Die »Retuschierfirnissubstanz«, die besonders von Malern des 19. Jahrhunderts mit katastrophalen Folgen verwendet wurde, war eine Mischung aus Leinöl und Mastixfirnis.

Sandarak Sandarakharz hat ähnliche Eigenschaften wie Mastix, ist aber härter. Es wurde in Alkohol gelöst als Retuschierfirnis verwendet, ist jedoch extrem spröde und wird im Lauf der Zeit dunkel und rot. Vom Gebrauch ist abzuraten!

Schellack Schellack ist ein Harzprodukt, das von der auf Bäumen lebenden Lackschildlaus erzeugt wird. Das getrocknete Harz ist dunkel gefärbt und wird für einige Zwecke gebleicht.

Meist ist Schellack in Alkohol gelöst und dient als Möbelpolitur, Metalllack usw. In Terpentinöl ist er nicht löslich, weshalb er früher als Grundierung von Wänden diente. Auch verwendete man ihn zur Reduzierung des Absorptionsvermögens von Gipspaneelen, als Pastellfixativ und als Isolierung bei der Temperamalerei. Durch alkalische Behandlung kann er wasserlöslich gemacht und so als Bindemittel für Zeichentuschen benutzt werden.

Harte Harze

Die harten oder »fossilen« Harze werden oft als Kopale bezeichnet, obwohl dies irreführend sein kann, weil es auch weiche Kopale (wie Manilla) in Alkoholfirnissen gibt. Es handelt sich um fossile Absonderungen zersetzter Bäume. Harte Harze sind in Ölen und organischen Lösungsmitteln fast unlösbar; nur durch Erhitzen können sie öllöslich gemacht werden, wenn sie mit heißen trocknenden Ölen zu Ölfirnissen verschmelzen. Diese Schmelzfirnisse wurden zur Basis für die meisten Mehrzweckfirnisse im Industriebereich, während sie für den Kunstmaler wegen der Neigung zum Nachdunkeln und Reißen unbrauchbar waren.

Synthetische Harze

Viele natürliche Harze wurden von synthetisch hergestellten Harzen ersetzt. Diese Produkte liefern eine breite Palette von künstlerischen Anwendungsmöglichkeiten, darunter Firnisse oder Schutzüberzüge für Außenarbeiten. Die Acrylpolymere haben sich unter den thermoplastischen Kunstharzen in besonderem Maße als Bindemittel für die Acrylmalerei durchgesetzt.

Öllösliche Phenolharze Sie basieren meist auf einer Mischung aus Leinöl und Wolfram-Öl. Phenol enthaltende Firnisse sind ziemlich gelb, aber zweckmäßig, wenn eine wärmebeständige Oberfläche benötigt wird oder bei Verwendung im Freien, etwa bei Laminaten.

Ölmodifizierte Alkydharze Alkydharze sind in Kohlenwasserstoffen unlöslich. Deshalb können sie keine Haut bilden und benötigen einen Ölzusatz, damit sie zu fetten Malmitteln für Oberflächenschichten werden – daher der Name. Die zur Herstellung verwendeten Öle können Leinöl oder ein langsamer trocknendes Öl sein wie Saflor- oder Sojabohnenöl (siehe S. 30). Die letzteren bilden hellere Harze und werden in Künstlermalmitteln verwendet. Die meisten bedürfen eines Trocknerzusatzes (siehe S. 40) und sorgen dann für eine lufttrocknende Oberfläche.

Epoxidharze Epoxidharze sind sehr stabil und werden meist mit anderen Harzen zusammen als Oberflächenbeschichtung benutzt.

Polyamidharze Die Polyamide haften besonders gut und werden zur Beschichtung von Tuben sowie als Härter für Epoxidharze verwendet. Sie kommen auch in Schlussfirnissen zur Anwendung, um Tropfenbildung zu verhindern.

Ungesättigte Polyesterharze Sie werden erst seit Kurzem als Harze zur Oberflächenbeschichtung verwendet.

Polyurethane Diese richtiger als Polyisocyanate bezeichneten Beschichtungen werden für Holz- und Metallüberzüge verwendet. Die so genannten Polyurethan-Dekorationsfarben sind im Grunde Urethanöle oder Urethanalkyde.

Nitrocellulose Celluloseäther dienen als Verdicker für Farben auf Wasserbasis. Cellulosenitrat (Nitrocellulose) dient als Bindemittel, seine Eigenschaften werden von Weichmachern und Lösungsmitteln beeinflusst.

Thermoplastische Harze

Thermoplastisch (linear-polymer) sind solche Harze, die bei Hitze weich werden und sich auflösen; zu ihnen gehören die Acryl-Polymere, die das Bindemittel für Künstler-Acrylfarben liefern (siehe S. 203).

Sehr weiche Harze können bei der Verarbeitungswärme noch weicher werden und Schmutz aufnehmen; wenn die Harze zu hart sind, können sie eine spröde Farbschicht verursachen. Die Harze werden aus Chemikalien hergestellt, die man als Monomere bezeichnet – üblicherweise leichtflüchtige Flüssigkeiten, die der Polymerisation unterworfen werden. Die Härte des Harzes wird durch die polymerisierenden chemischen Zutaten beeinflusst.

Polyvinylchlorid (PVC) PVC hat eine geringe Wärme-/Lichtbeständigkeit und ist spröde, sodass es weich gemacht werden muss. Für künstlerische Zwecke ist es bedeutungslos, außer eventuell zur Herstellung von Abgüssen.

Polyvinylacetat (PVA) Dies ist das übliche Bindemittel für PVA-Farben, die unter den Polymerfarben die billigsten sind (siehe S. 203). Das Harz ist erheblich lichtbeständiger als z. B. PVC und auch geschmeidiger, obwohl Weichmacher zugesetzt werden müssen, die oft nur eine begrenzte Beständigkeit haben. Infolgedessen neigt der PVA-Film im Lauf der Zeit zum Reißen, und er ist weniger dauerhaft als der von Acrylharzen. PVA wird häufig als Klebemittel gebraucht und auch oft mit Pulverfarben vermischt, um so eine dauerhafte Farbschicht zu liefern. Falls das PVA als »abwaschbar« bezeichnet ist, kann es sich um Polyvinylalkohol handeln, der löslich ist.

Acrylpolymere Acrylester können mit unterschiedlichen Flexibilitätsgraden hergestellt werden, so ist z. B. Polyäthylacrylat sehr flexibel, während Polymethylmethacrylat härter ist. Durch Herstellung gemischter Polymere, Copolymere genannt, können die Eigenschaften ohne den Zusatz von Weichmachern modifiziert werden. Deshalb sind Acrylpolymere stabiler als PVA.

Acryl-Copolymere sind für künstlerische Zwecke sehr brauchbar und werden sowohl in gelöster als auch in dispergierter Form verwendet. In letzterer begegnet man den Polymerharzen am häufigsten, man bezeichnet sie dann als »polymere Emulsionen«. Gelöste Polymere werden häufig von Restauratoren benutzt.

Polymere Emulsionen Dies sind in Wasser suspendierte Polymerpartikel, die durch Verdunsten trocknen. Acrylemulsionen sind oft alkalisch, sodass sie nicht zusammen mit laugenempfindlichen Pigmenten verwendet werden können.

Sie sind wohl die stabilsten aller Malmittel, denn nachdem sie auf dem fertigen Gemälde getrocknet sind, erfolgt keine chemische Veränderung mehr.

Wasserlösliche Bindemittel

Neben den trocknenden Ölen gibt es weitere natürliche Bindemittel: wasserlösliche Stoffe tierischer (Proteine wie Leim, Gelatine und Kasein) und pflanzlicher Herkunft (Kohlenhydrate wie Stärke, Dextrin und Gummiarabikum). In Wasser bilden sie kolloidale Dispersionen (Dispersionen von Partikeln in der Größe zwischen denen einer Suspension und einer Lösung) von flüssiger bis gelartiger Konsistenz.

Proteine und Kohlenhydrate

Proteine sind Polymere, die aus Aminosäureketten bestehen. Für den Kunstmaler spielen sie meist als Grundierungen oder Bindemittel eine Rolle. Bestimmte Kohlenhydrate werden als Bindemittel, Verdicker und Weichmacher in Aquarellfarben verwendet.

Proteine

Von Bedeutung für den Künstler sind insbesondere die Albumine (aus Eidotter), die Globuline (aus Eiweiß), das Kollagen (in Knochenleim), die aus Fischen gewonnene Hausenblase und die Phosphoproteine, die man im Kasein findet.

Glutinleime und Gelatine Glutinleim ist eine organische kolloidale Substanz. Man gewinnt sie, indem man Tierhäute und -knochen verkocht und die Lösung trocknen lässt. Die Zusammensetzung variiert je nach Ausgangsmaterial. Gelatine ist den Glutinleimen ähnlich, doch von größerer Reinheit und Viskosität. Für künstlerische Zwecke wird ein kräftiges Gel benötigt. Gelatine wird meist zur Herstellung von Leinwandgrundierungen benutzt (siehe S. 58).

Kasein Kasein ist eine komplexe Mischung aus mehreren Proteinen. Es wird aus Magermilch durch Hinzufügen von Säure gewonnen und als Pulver verkauft. Es absorbiert Wasser und quillt stark, löst sich aber erst, wenn man Laugen hinzufügt. Zum Mischen mit Wasser weicht man es über Nacht in einer Ammoniaklösung ein. Kasein wird in Trockenleimen, als Bindemittel für wasserfeste Plakatfarben sowie als Emulgiermittel in Öl-/Wasser-Emulsionen verwendet. Es kann als Leimkomponente in der Kreide- oder Gipsgrundierung dienen.

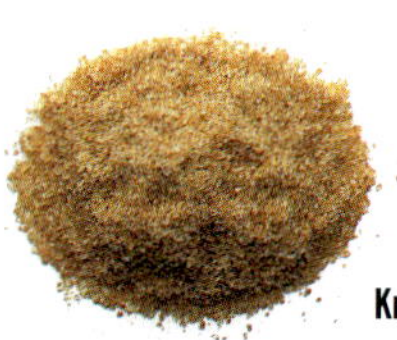

Knochenleim

Kohlenhydrate

Zucker und Sorbit werden zuweilen als Weichmacher in Aquarellfarben verwendet. Natriumalginat kann als Verdicker in einigen Aquarellfarben dienen. Stärke wird zur Herstellung klebender Pasten und als Bindemittel für bestimmte Pigmente in Aquarellfarben benutzt. Gummiarabikum dient als Verdickungs-, Binde- und Stabilisierungsmittel in Aquarellfarben sowie als Bindemittel für weiche Pastellfarben.

Stärke Stärke und das durch Erhitzen trockener Stärke gewonnene Dextrin dienen als Bindemittel für Plakat-, Gouache- und Aquarellfarben. Stärke benutzt man auch zum Verleimen von Papier. Beim Altern werden Stärkelösungen weniger löslich. Dem kann man durch Dextrinieren vorbeugen. Mais und Kartoffeln werden am häufigsten zur Dextrinherstellung verwendet. Dextrin ist eine preiswerte Alternative zum Gummiarabikum und wird für Pigmente verwendet, die auf letzteres abweisend reagieren. Es ist recht stabil.

Gummiarabikum Es tritt aus den Stämmen afrikanischer Akazien aus. Die Qualität variiert stark, man sollte nur die beste und klare verwenden. Seine Eigenschaften hängen auch von der Jahreszeit der Gewinnung ab. Das zwischen Dezember und Februar gewonnene Gummiarabikum ist hart und schwer spaltbar. Für Aquarellfarben stellt man gewöhnlich eine 30–40 %ige Lösung her.

Tragant Tragantgummi wird sowohl als Verdickungsmittel/Stabilisierer in Aquarellfarben als auch zum Binden der Emailfarben für Emailglas-Glasmalerei verwendet, ebenso als Bindemittel für weiche Pastellfarben.

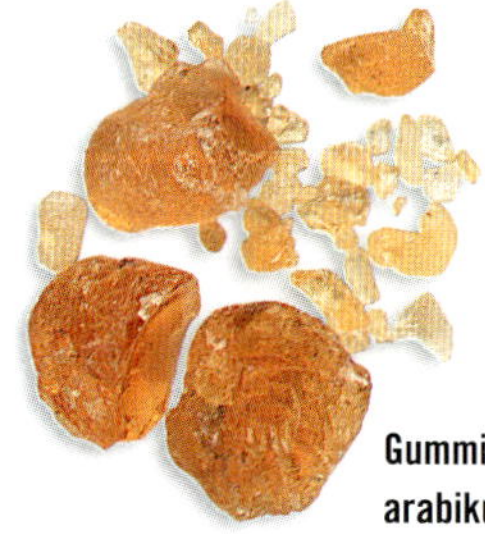

Gummiarabikum

Wachse

Wachse sind zwar chemisch komplex, doch handelt es sich meist um Ester höherer Fettsäuren und Fettalkohole, die oftmals freie Säuren, Alkohole und Kohlenwasserstoffe enthalten. Sie sind sämtlich reaktionsträge, beständig und dauerhaft, sofern sie vor mechanischer Einwirkung und vor Hitze geschützt werden. Wachs ist sehr feuchtigkeitsbeständig und schmilzt unterhalb des Siedepunkts von Wasser.

Verwendung von Wachsen

Wachse werden hauptsächlich als Schutzschicht, zum Mattieren bestimmter Firnisse, als Bindemittel für Wachsfarbstifte und Ölpastellfarben (diese enthalten auch tierische Fette), als Bestandteil bei der Bleistift- und Kreideherstellung sowie in wachsbeständigen Malverfahren verwendet. Sie dienen zum Stabilisieren von Ölfarben, als Bindemittel in Wachs-Harz-Verbindungen zur Konservierung, als Teile der Wachsemulsion zur Temperamalerei, zum Modellieren und als Bindemittel bei der enkaustischen Malerei. Die jeweiligen Verwendungsarten kommen in den entsprechenden Kapiteln zur Sprache.

Wachsarten

Für den Kunstmaler sind die wichtigsten Arten Bienenwachs, Karnaubawachs und einige Paraffinwachse. Außerdem wird zuweilen Candelillawachs als etwas weichere Alternative zum Karnaubawachs verwendet.

Bienenwachs Für künstlerische Zwecke das wichtigste Wachs. Es ist naturgelb, wenngleich Wachs aus neugebauten Honigwaben weiß sein soll. Reines raffiniertes gelbes Bienenwachs, das anschließend in flachen Laden in der Sonne gebleicht wurde, soll dem fabrikmäßig gebleichten überlegen sein, weil sich dessen chemische Zusammensetzung geändert haben kann, sodass es weich und fettig wird. Allgemein wird davor gewarnt, Bienenwachs wesentlich über seinen natürlichen Schmelzpunkt von etwa 63 °C hinaus zu erhitzen, weil es dann dunkel wird. Bienenwachs liefert einen weichen Überzug; deshalb wird es in Firnissen in Verbindung mit Harzen und gemischt mit Karnaubawachs verwendet.

Bienenwachs

Karnaubawachs Karnaubawachs ist die Beschichtung der Blätter einer brasilianischen Palme (*Copernicia cerifera*). Es ist ein hartes, sprödes Wachs mit einem Schmelzpunkt von etwa 85 °C, beständiger gegen Einkerbungen als Bienenwachs und deshalb dauerhafter. Seine Hauptverwendung findet es in Beschichtungen.

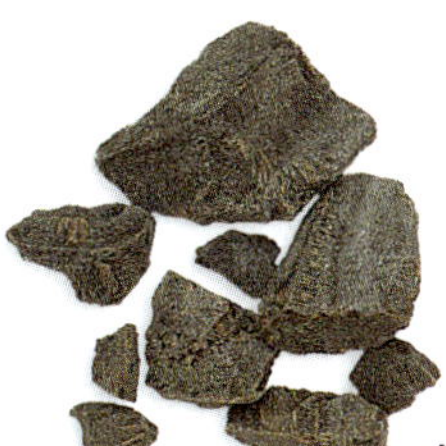

Karnaubawachs

Paraffinwachse Die Paraffin- oder Kohlenwasserstoffwachse sind besonders stabil. Ihre Härte lässt sich je nach Molekulargewicht verändern, sodass man einen breiten Bereich an Schmelzpunkten erhält. Dadurch können die Farbenhersteller den jeweiligen Wachstyp an das angestrebte Produkt anpassen. Zum Modellieren beispielsweise braucht man Wachse, die bei Berührung weicher werden, sodass hierzu Wachse mit relativ niedrigem Schmelzpunkt benötigt werden. Für Wachskreiden dagegen wäre ein Wachs, das bei Berührung weich wird, ungeeignet, sodass man hierfür ein härteres Wachs benutzt; es darf andererseits nicht so hart sein, dass es beim Herstellungsprozess einer sehr hohen Schmelztemperatur bedarf. Wachskreiden und Ölpastelle werden im Allgemeinen aus Kohlenwasserstoffwachsen gefertigt, obwohl diese ein nichttrocknendes Öl, z. B. Talg, enthalten, das sie weniger beständig als beispielsweise Pigment auf Leinölbasis macht; es vermittelt ihnen jedoch eine bessere Haftung auf dem Bildträger als reine Wachskreiden.

Candelillawachs Candelillawachs ist die Absonderung der mexikanischen Pflanze *Pedilanthus pevonis*. Es besteht hauptsächlich aus paraffinischen Kohlenwasserstoffen und hat einen Schmelzpunkt zwischen 56 und 70 °C, der also etwas niedriger liegt als beim Karnaubawachs, für den es ein ziemlich dürftiger Ersatz ist.

Lösungsmittel

Ein Lösungsmittel ist jede Flüssigkeit, in der ein fester Stoff zur Bildung einer Lösung dispergiert werden kann. Die Löslichkeit hängt von elektrischen Eigenschaften und von der Molekülgröße ab; kleine Moleküle sind leichter löslich als große. Moleküle sind elektrisch neutral, weil ihre positiven und negativen Ladungen ausgeglichen sind. Sind die Ladungen symmetrisch angeordnet, so bezeichnet man das Molekül als »nichtpolar«, andernfalls als »polar«. Im Allgemeinen sind nichtpolare Stoffe in nichtpolaren Lösungsmitteln und polare Stoffe in polaren löslich.

Für den Kunstmaler sind Lösungsmittel wegen ihrer Fähigkeit wichtig, aus einer Festsubstanz wie Leim oder Harz eine stabile Lösung zu machen, die es ermöglicht, den Stoff frei und gezielt auf der Bildfläche zu verteilen, während das Lösungsmittel allmählich rückstandsfrei verdunstet. Wichtiger wohl noch ist die Verwendung von Lösungsmitteln als Verdünner. Diese dienen dazu, die Viskosität einer Farbe oder eines Firnisses herabzusetzen, damit ein dünner Auftrag möglich ist. Ein Harz kann in einem Lösungsmittel gelöst und mit einem anderen verdünnt werden.

Beim Anreiben von Farben kann der Zusatz von mehr als nur einem Lösungsmittel erforderlich sein, um die erwünschten Farbeigenschaften zu erhalten. Die verschiedenen Lösungsmittel müssen also ausgewogen sein; die richtige Mischung findet man auf experimentellem Weg heraus.

Verwendung von Lösungsmitteln

Wasser ist das gebräuchlichste und bei Weitem sicherste Lösungsmittel. In der Kunstpraxis fand es vor allem mit Eitempera und Aquarellfarben Verwendung, in jüngerer Zeit auch mit Acrylfarben und den neuen wasserlöslichen Ölfarben. Flüchtige organische Lösungsmittel werden heute wegen der Gesundheits- und Umweltrisiken nach Möglichkeit vermieden.

Wasser als Lösungsmittel

Ein hoher Gehalt an löslichen Salzen im Leitungswasser kann auf Aquarellfarben, Tuschen und Acryle verheerenden Einfluss haben. Deshalb verwendet man zu deren Herstellung destilliertes Wasser. Zum Verdünnen von Aquarell- und Acrylfarben ist dies nicht erforderlich, für Tuschen wird es jedoch empfohlen. Für Temperaemulsionen sollte man destilliertes Wasser benutzen.

Eigenschaften der Lösungsmittel

Der Nutzen eines Lösungsmittels wird bestimmt durch:

Lösungskraft Das ist die Fähigkeit des Lösungsmittels, einen Stoff zu dispergieren. Sie wird auf unterschiedliche Weise gemessen:

- Kauri-Butanol-Wert (oder KB) – die Menge einer Lösung von Kauriharz in Butanol, welche man benötigt, um eine gegebene Menge des getesteten Lösungsmittels trübe oder schlammig zu machen;
- Anilinpunkt – die Temperatur, bei der in einer Mischung des Lösungsmittels mit Anilin (einer farblosen öligen Flüssigkeit) eine Trübung auftritt.

Siedepunkt Dies ist die Temperatur, bei der das Lösungsmittel verdampft. Eine reine Flüssigkeit von einfacher chemischer Zusammensetzung hat einen charakteristischen Siedepunkt. Eine Mischung wie Terpentinersatz hat einen Siedebereich, weil verschiedene Bestandteile bei unterschiedlichen Temperaturen verdampfen. Man spricht hier auch vom Destillationsbereich, welcher aus dem ersten Siedepunkt, der Destillation gegebener Anteile, dem Trockenpunkt und dem Endpunkt besteht.

Verdunstungszahl Eine für den Kunstmaler wesentliche Maßangabe ist die Verhältniszahl, bei der ein flüchtiges Lösungsmittel die Farb-

oder Firnisschicht verlässt. Besonders wichtig ist dies bei einer Schicht, die ausschließlich durch Verdunsten des Lösungsmittels trocknet. Die Verdunstungszahlen sind relativ; man hat Äther als Norm die Zahl 100 gegeben; Xylol mit 68 verdunstet langsamer als Äthylalkohol mit der Verdunstungszahl 203.

Flammpunkt/Flammbarkeit Dies ist die Temperatur, bei welcher sich der Flüssigkeitsdampf entzündet, sobald eine Zündquelle vorhanden ist. Wichtig zum sicheren Umgang mit Lösungsmitteln.

Geruch Der Geruch kann auf Verunreinigungen hinweisen. Zum Beispiel geht der Geruch von Terpentinersatz auf aromatische Kohlenwasserstoffe zurück. Geruchfreie Lösungsmittel haben diese entfernt, doch wurde dadurch die Lösungskraft herabgesetzt, und sie könnten weniger Harz aufnehmen.

Arten von Lösungsmitteln

Außer Wasser gibt es sieben Gruppen von Lösungsmitteln, die von Künstlern benutzt werden:

Terpenlösungsmittel Dies sind die ältesten Lösungsmittel zur Farbenherstellung. Sie wurden bereits bei den Balsamen und flüchtigen Ölen erwähnt (siehe S. 32); zu ihnen gehören Terpentin, Dipenten und Pinienöl. Terpentin dient zur Herstellung von Harzfirnissen, z. B. Dammarfirnis, Dipentene und Terpentinöl hemmen die Hautbildung; letzteres kann auch als Gegenmittel zur Schaumbildung dienen und wirkt Bakterien tötend.

Giftigkeit

Flüchtige Stoffe können leicht durch Einatmen in den Körper gelangen. Sie können auch schon bei Hautkontakt zu Vergiftungen führen. Die Giftigkeit ist unterschiedlich. Viele Lösungsmittel wirken betäubend und dürfen nur bei angemessener Entlüftung gebraucht werden. Notfalls sollte man, vor allem beim Versprühen, eine Schutzmaske tragen und Schutzcreme verwenden (siehe S. 371).

Verdünnungsmittel

Um die Fließbarkeit oder die Verdunstungszahl zu regulieren, werden Harzlösungen oft mit einer Flüssigkeit verdünnt, die kein Lösungsmittel für das jeweilige Harz ist. Man bezeichnet die Flüssigkeit dann als Verdünner; ihr Zusatz muss sorgfältig abgewogen sein, weil das Harz sonst aus der Lösung ausgefällt wird. Andererseits können Verdünner einer Harzlösung beigegeben werden, um die erforderliche Konsistenz zu erhalten. Sie führen nicht zum Ausfällen aus der Lösung.

Kohlenwasserstofflösungsmittel (nichtpolar) Sie wurden weitgehend durch Terpene als übliche Lösungsmittel für die aufgetragenen Farbschichten ersetzt. Die kommerziellen Kohlenwasserstofflöser, die man durch Erdöldestillation gewinnt, sind im Allgemeinen Mischungen eng miteinander verwandter Verbindungen. Die Kohlenwasserstofflösungsmittel gliedern sich in drei Klassen:

- Aliphatische Verbindungen: Dies sind direkte, offenkettige Kohlenwasserstoffe, meist als Paraffine bekannt (aber nicht zu verwechseln mit dem Paraffin-Heizöl). Dazu gehören Erdöl, Paraffin, Vaseline und Wachs. Terpentinersatz ist eine Mischung aus aliphatischen und aromatischen Kohlenwasserstoffen.
- Naphthene: Zyklische Kohlenwasserstoff-Verbindungen, die mehr geschlossene Ringe als offenkettige Moleküle enthalten. Geruchlose Lösungsmittel können hohe Naphthenanteile haben, wenn Aromate durch Hydrierung umgewandelt wurden.
- Aromate: Zyklische Kohlenwasserstoffe, die einen Benzolring enthalten. Beispiele sind Toluol und Xylol, die häufig zur Konservierung benutzt wurden.

Oxidierte Lösungsmittel (polar) Dies sind bessere Lösungsmittel für polare filmbildende Stoffe wie Schellack, Zellulose-Ester, Urea-/Formaldehyd- (U/F) und Melamin-/Formaldehyd- (M/F) Harze sowie die Vinylharze.

Alkohole Beispiele für Alkohole sind Methanol (CH_3OH), Äthylalkohol (C_2H_5OH), Isopropanol ($CH_3CH_2(OH)CH_3$), und Butanol ($CH_3CH_2CH_2OH$).

Diese kann der Kunstmaler als Lösungsmittel für Schellack, Mastix und entwachsende Dammarharze antreffen (siehe S. 34). Brennspiritus ist Äthanol mit bis zu 4 % Methanol; er kann als Lösungsmittel für Polyvinylacetat in Zeichenkohle-Fixativen verwendet werden.

Ester Sie haben einen charakteristischen Geruch. Der bekannteste Ester ist wohl Amylacetat – der »Dropsgeruch« in Klebstoffen und Nagellack. Besonders interessant für den Kunstmaler sind Äthylacetat und Butylacetat, die sich in Aerosolfixativen und Zelluloselacken finden. Sie sind hochentzündlich.

Ketone Ketone, z. B. Aceton, werden von Restauratoren oft zum Entfernen von Firnissen verwendet, die in Kohlenwasserstoffen nicht mehr löslich sind. In diesem Fall wird meist Terpentinersatz als Verdünner gebraucht.

Aceton hat viele Anwendungsbereiche. Es ist nicht nur der Hauptbestandteil der meisten kommerziellen Farbentferner, sondern mischt sich auch gut in allen Verhältnissen mit Wasser, Ölen und vielen anderen Lösungsmitteln und ist in vielen Mischungen enthalten.

Glykole Diese Gruppe von Lösungsmitteln, die 1-Äthoxiäthanol enthält, lässt sich in speziellen Lacken auf Naturharzbasis, in Nitrozellulose und synthetischen Harzen finden. Man sollte sie nach Möglichkeit vermeiden, da die Glykole leicht durch die Haut absorbiert werden, was unabänderliche toxische Effekte zur Folge hat.

Zusätze

Es gibt weitere Bestandteile von Farben, Firnissen, Malmitteln und sonstigem Künstlerbedarf, die auf den vorausgegangenen Seiten noch nicht angesprochen wurden, zum Beispiel Konservierungsmittel, Weichmacher, Trocknungsmittel, Verlauf- und Netzmittel, Verschnitt- und Verdickungsmittel. Trocknungsmittel werden fast nur in Ölfarben, Ölmalmitteln und Firnissen verwendet. Die jeweiligen Zusätze werden noch erläutert.

Verwendung von Zusätzen

Die nachfolgend beschriebenen Zusatzstoffe werden normalerweise nicht von den Künstlern selbst verwendet (mit Ausnahme bestimmter Trocknungsmittel oder des Netzmittels Ochsengalle), sondern von den Herstellern, die ihren Produkten Haltbarkeit und gleichbleibende Konsistenz geben müssen.

Konservierungsmittel

Konservierungsmittel werden Aquarell- und Acrylfarben sowie Malmitteln beigemischt, um möglicher Schimmelbildung und Bakterienausbreitung vorzubeugen. Manche Bakterien können die Lebensdauer von Farben verkürzen, vor allem von Aquarellfarben, bei denen das Gummiarabikum angegriffen werden kann, was die Farbe schwächt.

Traditionell wurden Kampfer, Thymol, Eugenol, Phenol und Formaldehyd als Antiseptika und Desinfektionsmittel verwendet. Phenol und Formaldehyd werden noch immer in Aquarellfarben gebraucht. Stark konzentriert sind sie äußerst giftig, und deshalb beschränken strenge gesetzliche Vorschriften die zulässige Menge.

Mit zunehmendem Bewusstsein für die Gesundheitsrisiken suchen die Farbenhersteller nach alternativen Konservierungsmitteln, die ebenso wirkungsvoll wie die traditionellen sind, aber bei niedrigerer Konzentration. Zu diesen gehören die Phenolderivate PCMC und PCMX in Schulfarben.

> **Achtung**
>
> Konservierungsmittel fallen unter die Gefahrstoffverordnung der EU. Sie können als giftig, gesundheitsschädlich oder reizend eingestuft sein.

Weichmacher

Weichmacher werden Bindemitteln hinzugefügt, um die Farbschicht geschmeidig zu machen. In Aquarellfarben ist Glyzerin der übliche Weichmacher; die billigeren Sorten enthalten Sorbit. Tubenfarben brauchen mehr Glyzerin als Farben in Näpfchen (siehe S. 128).

Glyzerin wird auch für Plakat- und Gouachefarben verwendet, weil die dickere Farbschicht flexibler sein muss. Chemische Weichmacher wie Dibutylphthalat finden sich in Alkyden, Zellulosen und einigen synthetischen Harzen wie PVA. Acryle sind durch den Einbau weicher Polymere aufgeweicht, was für eine beständigere, flexible Farbschicht sorgt.

Trocknungsmittel/Sikkative

Sie sind in bestimmten Ölfarben, Ölmalmitteln und einigen Firnissen enthalten. Es handelt sich überwiegend um metallische Salze von Blei, Kobalt oder Mangan. Man kann sie als Oberflächentrockner (Kobalt) oder Durchtrockner (Blei) beschreiben. Die ersteren trocknen zuerst an der Oberfläche, während darunter eine weiche Schicht bleibt; die letzteren trocknen von innen her durch die Schicht. Die Hersteller gehen davon aus, dass eine aufgetragene Farbschicht innerhalb von zwei bis 14 Tagen berührungstrocken sein sollte. Besonders langsam trocknende Pigmente werden durch Trocknungsbeschleuniger modifiziert, damit sie etwa auf die übliche Trocknungsdauer kommen.

Sie werden in Malmitteln gewöhnlich nur bei der Arbeit mit dünner Farbe verwendet, zum Beispiel beim Lasieren. Hauptsächlich wird eine Kombination von Blei, Kobalt und Kalzium benutzt, wobei letzteres an sich nicht zum Trocknen dient, sondern in transparenten Schichten einen Flaum verhindern soll. Heutzutage ersetzt man das zum Nachdunkeln neigende Blei durch Cer und Zirkonium.

In Firnissen werden Trocknungsbeschleuniger immer weniger verwendet, weil die modernen Firnisse auf Keton- oder Acrylbasis durch Verdunsten statt durch Oxidation trocknen.

Verlauf- und Netzmittel

Diese Zusätze sollen die Oberflächenspannung an der Grenze zwischen zwei Oberflächen verringern (z. B. der zwischen dem Pigment und dem Bindemittel oder der flüssigen Farbe und dem Farbträger). Verlauf- und Netzmittel führen zu Änderungen der Eigenschaften wie dem Verflüssigen, Emulgieren, Herabsetzen der Oberflächenspannung und Schaumbildung. Netzmittel dienen in Aquarell- und Acrylfarben als Hilfsmittel zur Pigmentdispersion; in Aquarellfarben haben sie vor allem auch die Aufgabe, der Farbe bessere Fließeigenschaften zu vermitteln.

Manche Pigmente reagieren träge auf Netzmittel, sodass man mehr als nur ein Netzmittel braucht. Aber auch die anderen bedürfen eines Netzmittels zur Minderung der Oberflächenspannung und zur Verbesserung des Farbflusses.

Netzmittel in Ölfarben ersetzen den Säuregehalt des alkalisch raffinierten Öls, das beim Zermahlen des Pigments verwendet wird. Damit werden die Fließeigenschaften verbessert, die während des Raffinierens vermindert wurden.

Die üblichen Verlauf- und Netzmittel sind:

- Alkylarylsulfonate wie Natriumdodecylbenzensulfonat, verwendet bei der Emulsionspolymerisierung (siehe S. 35) sowie als Netz- und Dispersionsmittel für Aquarellfarben.
- Äthersulfate, darunter Natriumlauryläthersulfat, ebenfalls zur Emulsionspolymerisierung verwendet.
- Sulfosuccinate wie Natriumdioctylsulfosuccinat, verwendet als Netz- und Dispersionsmittel in Aquarell- und Acrylfarben.
- Alkylphenoläthoxilate wie Nonylphenoläthoxilat, verwendet als Dispersionsmittel in Ölfarben und als Netzmittel in Acrylfarben.
- Alkohol-Äthoxilate, wie die Fettsäure Äthoxilat, verwendet als Dispersionsmittel in Ölfarben und als Netzmittel in Acrylfarben.
- Polyäthylenglykolstearat, ein Netzmittel zur Förderung der Pigmentdispersion in Wachsmalstiften.

Zu weiteren vorhandenen Substanzen gehören die Polycarboxilate, die als Pigmentdispergierer und in Emulsionen verwendet werden. Verlauf- und Netzmittel auf Mineralölbasis dienen als Antischaummittel in Emulsionen; die Kondensatprodukte von Formaldehyd- und Naphthasulfonaten kommen gewöhnlich in billigeren Farben auf Wasserbasis zum Einsatz. In Pulverform werden sie auch in Pulverfarben und in Farbwürfeln verwendet.

Abgesehen von den vorgenannten ist das wichtigste Netzmittel für Künstler-Aquarellfarben Ochsengalle. Die handelsübliche enthält nur eine 0,4%ige Ochsengallenlösung, aber schon ein Tropfen davon als Zusatz zur Farbe, zum Wasser oder zur Farbmischung genügt, um den Verlauf der Farbe zu verbessern.

Verschnittmittel

Verschnittmittel, auch Extender genannt, dienen zur Beeinflussung von Pigmentkraft und -konsistenz jener Farben, die von sich aus zu kräftig sind, um rein verwendet zu werden. So werden zum Beispiel beim Phthalocyaninblau vor Gebrauch bis zu 50 % eines Verschnittmittels hinzugefügt. Zu den üblichen Verschnittmitteln gehören verflüssigte Kreiden, Magnesiumkarbonat, Aluminiumoxihydrat (für transparente Farben), Bariumsulfat (Barytweiß) und Porzellanerde (Kaolin) (siehe S. 172). Man verwendet sie in Acryl- und Ölfarben sowie in Wasserdeckfarben – aber nur, wenn sie unbedingt notwendig sind, da sie einen Farbstich ins Weiße verursachen und keine klaren Lasuren ermöglichen.

Verdickungsmittel

Man gebraucht sie für Öl-, Acryl- und Aquarellfarben, um die Farbe anzudicken, ihr mehr Stabilität in der Tube zu verleihen und eine tubenbeständige Farbe zu erhalten. Einige Pigmente ergeben in Aquarellfarben eine dünne Lösung, zum Beispiel mit Gummiarabikum, sodass sie verdickt werden müssen. Die gröberen Naturerden würden sich in den Tuben absondern, wenn kein Verdickungsmittel beigegeben wäre. Aluminiumstearate verwendet man bei hochwertigen Künstlerölfarben im Verhältnis bis zu 2 %, doch sind sie nur zusammen mit bestimmten Pigmenten effektiv. Die modernen Alternativen sind hydrierte Rizinusölderivate, die man vornehmlich in zweitklassigen Tubenfarben verwendet. Andere neue Silikate oder Verdickererden, die man zur Öldispersion modifiziert, werden in begrenzten Mengen verwendet. Zuweilen benutzt man auch Wachse, doch werden diese durch die spätere Verwendung von Lösungsmitteln aufgeweicht. Bei Acrylfarben gebraucht man Polyacrylat- oder Zelluloseprodukte als Verdickungsmittel.

Aquarellfarben, die ja transparent sein müssen, können nicht so wie Ölfarben verdickt werden. Hier verwendet man Tragantgummi, aber auch Stärke oder Dextrin. Außerdem benutzt man Verdickererden wie Bentonit. In Näpfchenfarben finden sich im Allgemeinen keine Verdicker.

Andere Zusatzstoffe

Acrylfarben können zusätzlich auch noch folgende Mittel enthalten:

- Frostschutzmittel, um die Farbe während des Transports zu schützen. Dies wirkt sich aber nicht auf die Maleigenschaften aus. Am gebräuchlichsten ist Propylenglykol.
- Verlaufmittel, die die Temperatur der Filmbildung in Acrylemulsionen heruntersetzen. Dazu werden aromatische Glykole, wie Phenoxiäthanol verwendet.
- Entschäumungsmittel – sie verhindern das Schäumen der Acrylfarben.

Es sind Substanzen auf der Basis von Mineralölen.

MALGRÜNDE UND GRUNDIERUNGEN

Das Thema dieses Kapitels sind Malgründe und ihre Grundierungen. Im Laufe der Jahrhunderte haben Maler auf allen möglichen Gründen gemalt, darunter Stein, Glas, Holz und Leinwand. Man sollte auf jeden Fall im Kapitel über die Restaurierung die Angaben über die möglichen Schäden bei Malgründen lesen (siehe S. 328), um einige Fehler beim Vorbereiten der Malgründe zu vermeiden.

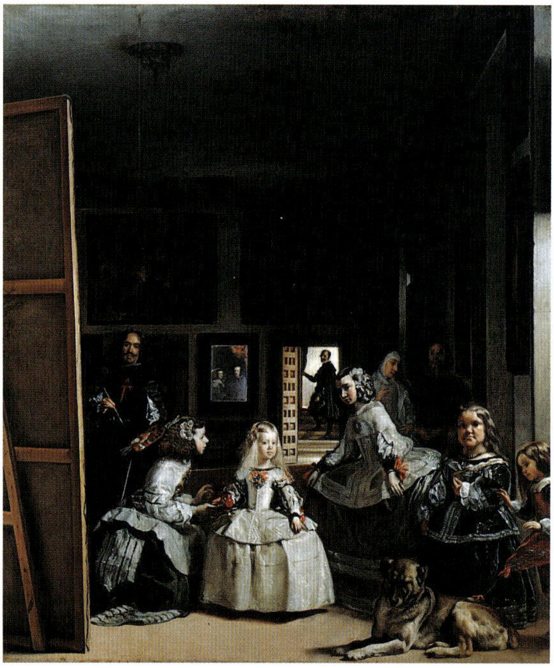

Las Meninas *(um 1656)*, Diego Velázquez

In dem Gemälde *Las Meninas* kehrt Velázquez die herkömmlichen Regeln der Porträtmalerei um. Hier werden die Betrachter des Bildes zu den Modellen des Malers. Wir stehen anstelle des Königs und der Königin von Spanien und werden von der Infantin Margarita mit ihren Hoffräulein (Meninas) an ihrer Seite, sowie von Velázquez selbst und den Mitgliedern des Hofes beobachtet. Durch diesen Spiegeltrick können wir auch links im Bild die Leinwand auf dem Keilrahmen sehen. Holz und Leinwand bringen eine fast schon alltägliche Note in diese komplexe Welt der Illusion.

Starre Malgründe

Der Malgrund ist der Untergrund, auf dem die Grundierung und die Farben des Bildes haften. Er kann sowohl starr sein, wie Holz, Pappe, Glas oder Aluminium, als auch flexibel, wie Papier oder Leinwand. Wenn die aufgetragenen Farbschichten eine lange Lebensdauer haben sollen, muss der Malgrund maßstabil und beständig sein.

Starre Malgründe bieten vor allem den Vorteil, dass sie die aufgetragenen Farbschichten nicht verformen. Somit muss man sich nur um das Dehnen und Schrumpfen der Farben sorgen, nicht aber um derartige Bewegungen des Bildträgers. Dies vermindert das Risiko der Haarrissbildung und gestattet mehr Freiheit beim Handhaben der Farben, da der Malgrund seine ursprüngliche Form beibehält. Auf einem starren Malgrund lassen sich auch für flexible Gründe zu spröde Farbsorten wie Eitempera oder Kaseinfarben verarbeiten.

Holz

Der Vorteil eines starren Malgrundes trifft für Holz nur eingeschränkt zu. Holz neigt zur Schrumpfung, Dehnung und Verformung, weil es die Luftfeuchtigkeit aufnimmt und wieder abgibt. Es gibt zwei Hauptarten von Holz:

- Weichholz – hauptsächlich Nadelbäume der Gruppe der Gymnospermen. Diese haben verhältnismäßig lange Zellen, sind oft sehr harzhaltig und können schnell unbrauchbar werden.
- Hartholz – von Laubbäumen. Diese können laubwechselnd oder immergrün sein und gehören zur Gruppe der Angiospermen. Sie haben kürzere Fasern als Weichhölzer, sind aber beständiger.

Das Holz für Malpaneele stammt im Allgemeinen von Harthölzern aus gemäßigten oder tropischen Zonen, manchmal von Weichhölzern.

Der Ablagerungsprozess

Die Gefahr des Schrumpfens und der Verformung wird durch das Ablagern verringert, einen Prozess, bei dem der Feuchtigkeitsgehalt des Holzes auf das Niveau der Umgebung verringert wird. Es gibt zwei Verfahren:

- Lufttrocknung, bei der die Bretter horizontal auf dünnen Querlatten gestapelt werden, damit die Luft die einzelnen Bretter frei umspielen kann,
- Heißdampftrocknung, bei der dem Holz die Feuchtigkeit durch überhitzten Dampf schneller entzogen wird; die Eigenschaften dieses Holzes sind denen des luftgetrockneten unterlegen.

Holz gibt es in sehr unterschiedlichen Strukturen, und die Feuchtigkeitsabsorption kann schon bei einem einzelnen Brett sehr verschieden sein, was auf die Unterschiede zwischen Früh- und Spätholz, Splint- und Kernholz sowie auf die Maserung zurückzuführen ist.

Bretter

Die meisten Bretter sind plan, also flach der Länge des Baumstamms nach gesägt. So zersägte Stämme neigen aber zum Verwinden. Radial gesägte Bretter dagegen sind die stabilsten. Das alte Verfahren des radialen Zersägens in Viertel erbrachte die besten Bretter, jedoch mit viel Abfall. Das moderne Verfahren stellt einen optimalen Kompromiss dar. Beim Zusammenleimen von Paneelen zum Bemalen sollte man immer so gesägte Bretter verwenden.

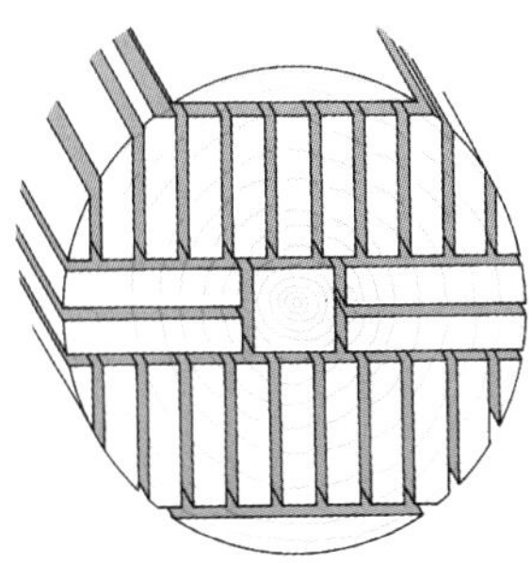

Modern viertelgesägt

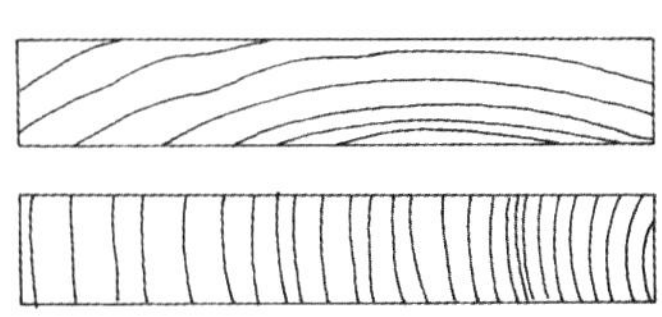

Wirkung der Maserung Beim plangesägten Brett (oben) steht die Endmaserung schräg zur Fläche. So verformt es sich leichter als das viertelgesägte.

Verwendung alter Bretter

Da der natürliche Trocknungsprozess jahrelang dauern kann, bevorzugen manche Maler alte Bretter, vorausgesetzt, dass diese wurm- und fäulnisfrei sind. Aber auch gründlich trockenes Holz arbeitet noch, und wenngleich die Bewegung längs der Maserung unbedeutend ist, so kann sich die Querbewegung doch als recht unheilvoll erweisen. Es können sich radiale Spalte oder Risse entwickeln, die zu den häufigsten Problemen bei alten Brettern zählen. Die Bewegung des Holzes verursacht Risse in der spröden Farbschicht (siehe *Konservierung und Rahmung*, S. 327–343). Aber in den meisten Fällen ist die Farbschicht nicht völlig starr und das Holz weicher und weniger aktiv als junges, ungetrocknetes Holz, vor allem bei gleichmäßiger Temperatur und Luftfeuchtigkeit.

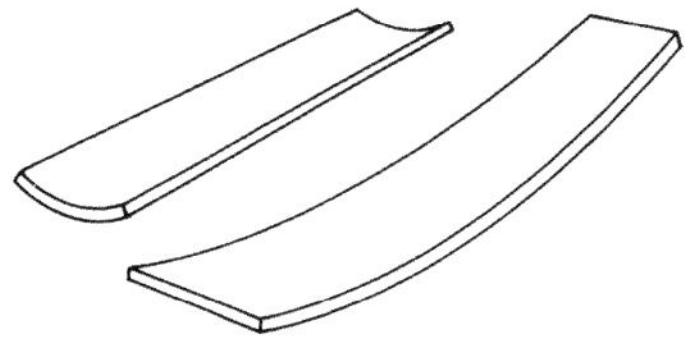

Verbiegen und Wölben Das Brett kann sich längs der Maserung biegen (unten) und sich quer zu ihr wölben (oben), wodurch es sich verformt.

Geschichte des Malens auf Holz

In der Vergangenheit verwendete man eine Vielzahl von Holzarten. Ägyptische Gemälde auf Zedernpaneelen blieben gut erhalten, und auch in Italien verwendete man bis zum 14. Jahrhundert fast immer Holz als Malgrund. Cennini empfahl im 15. Jahrhundert in *Il Libro dell' Arte* Pappelholz, das ebenso wie Linden- und Weidenholz sehr beliebt war. Weitere Holzarten waren Buche, Kastanie und Walnuss. In Holland wie im übrigen nördlichen Europa bevorzugte man insbesondere Eiche wegen ihrer Stärke und Witterungsbeständigkeit. Eine Prüfung von 1100 europäischen Gemälden der Frührenaissance zeigte, dass 560 flämische und 80 deutsche Gemälde auf Holzpaneelen Eiche als Malgrund hatten. Ein Eichenpaneel von Van Eyck, das auf der Rückseite gut mit Gipsleim und Werg beschichtet war, ist noch immer frei vom Holzwurm und in hervorragendem Zustand.

Zu den Holzarten, die für die Maler der Renaissance kaum verfügbar waren, zählt Mahagoni, das in jeder Hinsicht empfehlenswert ist. Es ist extrem haltbar, hat mittlere bis gute Verarbeitungseigenschaften, wenig Feuchtigkeitsgehalt und einen mittleren Preis, sollte aber stets aus nachhaltiger Forstwirtschaft stammen. Ein weiteres gutes Vielzweckholz ist Zeder, insbesondere die Rote Zeder.

Technik

Herstellung eines Paneels

Man kann Bretter auf verschiedene Art zu einem Paneel zusammenfügen. Nut- und Feder- oder Zickzackverbindungen sind möglich, doch kann man die einzelnen Bretter auch mit Dübeln oder schmetterlingsförmigen Einsatzstücken zusammenfügen. Die Bretter werden nach dem Verleimen mit einem geeigneten Holzleim flach zusammengespannt. Früher verwendete man einen Klebstoff aus Käse und Kalk, und so zusammengeleimte Paneele sind bis heute stabil geblieben. Cenninis Rat: Die Holztafel zum Entfetten abhobeln, Astlöcher mit Sägemehl und Leim schließen und Nägel (in alten Tafeln) mit Zinnfolie bekleben.

Gut getrocknete, aus Stammvierteln gesägte Bretter sind am besten, aber wenn Sie plan gesägte Bretter (siehe S. 43) nehmen, dann sollte die Richtung der Maserungskurven entgegengesetzt sein, damit sich große Paneelteile nicht wölben können.

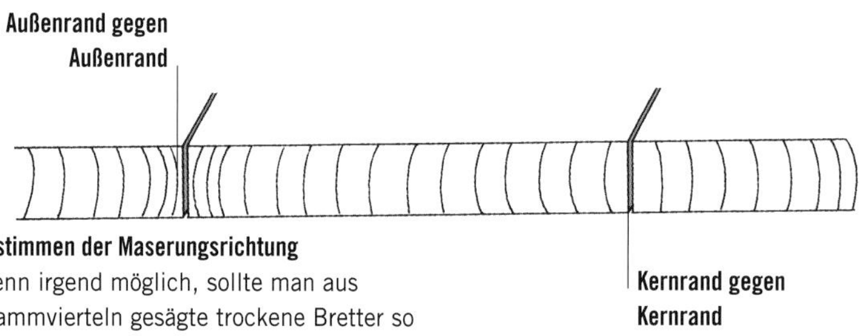

Abstimmen der Maserungsrichtung
Wenn irgend möglich, sollte man aus Stammvierteln gesägte trockene Bretter so zusammensetzen, dass außen gegen außen und innen gegen innen liegt (siehe Abb.)

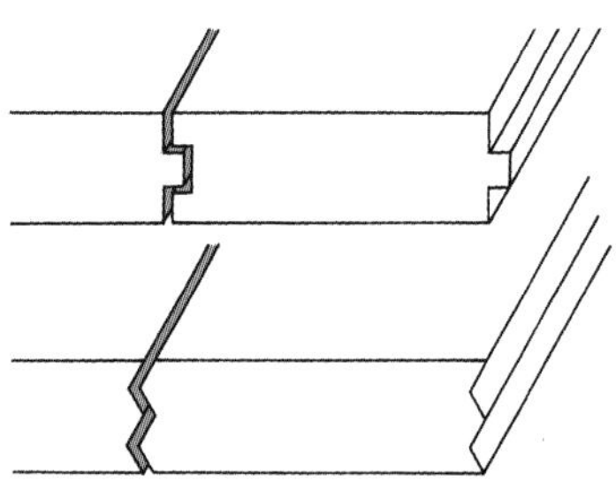

Verstärkung des Paneels Je größer die Kontaktfläche, desto stärker ist die Verbindung. Der Zickzackschnitt (unten) bietet mehr Fläche als die Nut- und Federverbindung (oben).

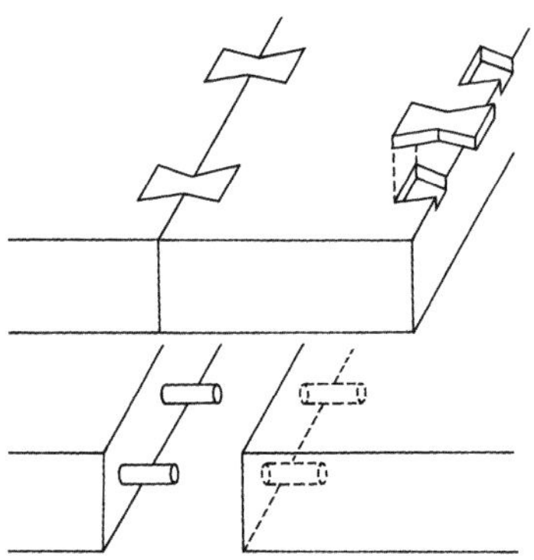

Zusätzliche Verstärkung Bretter kann man mit Holzdübeln (unten) verbinden oder mit schmetterlingsförmigen Einsätzen (oben), die auf der Rückseite des Paneels eingelassen werden.

Künstliche Holz-Malgründe

Es gibt eine zunehmende Zahl Verbundplatten aus Holz im Fachhandel, die wegen ihrer großen Stabilität auch als Malgründe geeignet sind. Sie sind jedoch recht schwer. Dass sie in einigen Fällen auch Säuren enthalten, stellt darüber hinaus auch ihre Haltbarkeit auf lange Sicht infrage.

Sperrholz

Sperrholzbretter bestehen aus einer Mittellage und einer Anzahl dünner Furnierplatten, die zusammengeleimt sind. Viele Schichten machen eine Platte zwar stärker, aber nicht unbedingt stabiler, weil solch eine Platte eine größere inhärente Spannung hat. Weniger Schichten machen die Platte aber anfälliger für Feuchtigkeit und Insektenbefall.

Unter den vielen Holzsorten, die zur Sperrholzherstellung verwendet werden, gehören Pappel und Birke zu den beliebtesten. Das beste Sperrholz ist ein wasser- und hitzebeständiges, bei dem ein Leim auf Phenolharzbasis verwendet wird. Eine spezielle Qualität wird für den Bootsbau und die Verwendung im Freien angeboten. Solche Platten sind oftmals ganz aus Mahagoniholz gefertigt, sodass sie besonders beständig sind. Birkensperrholz bietet eine gute, feinmaserige Struktur, welche die Grundierung sehr gut aufnimmt. Vorleimen und grundieren sollte man die Platten auf Vorder- und Rückseite, aber auch auf den vier Randflächen, um einem späteren Verziehen vorzubeugen.

Sperrholz hat den Vorteil, dass es aufgrund der Schichtenverleimung relativ stabil und starr ist; es wird auch kaum reißen.

Tischlerplatte

Die Tischerplatte besteht aus schmalen parallelen Weichholzleisten oder seltener aus Hartholzleisten, dem Blindholz, die ähnlich dem Sperrholz mit dünnem Furnier überklebt sind. Beim Dreilagenholz ist das Blindholz beiderseits nur mit einer, beim Fünflagenholz mit je zwei Furnierschichten überdeckt. Letzteres eignet sich besonders gut zum Bemalen, denn es ist haltbarer und sehr starr. Leider sind Tischlerplatten aber von sehr unterschiedlicher Qualität.

Spanplatten

Bei der Herstellung dieser schweren Platten werden dünne Holzschnitzel mit synthetischen Harzleimen vermischt, zusammengepresst und getrocknet. Im Allgemeinen verwendet man sie in der modernen Möbelfabrikation als Ersatz für Bretter und in stärkerer Verdichtung als Bodenbelag. Die letzteren eignen sich besser zum Bemalen, weil sie von gleichmäßigerer Konsistenz und sehr haltbar sind.

Verbundplatten

Die Verbundplatten sind für den Kunstmaler als harter Malgrund sehr interessant. Sie bestehen aus Holzfasern, die mit Hilfe verschiedener synthetischer Harzleime unter Druck zu Platten geformt werden.

Hartfaserplatten Die homogene Struktur der Hartfaserplatte ist stabiler als die von normalem Holz, Sperrholz oder Tischlerplatte. Hergestellt wird sie durch Zusammenpressen von Holzfasern mit etwas Harz, wobei das natürliche Lignin des Holzes eine wichtige Haftfunktion erfüllt. Üblich sind Plattenstärken von 3,2 bis 6 mm. Große Platten müssen hinten mit einem starren aufgeklebten Rahmen verstärkt werden, kleinere nicht.

Hartfaserplatten haben eine glatte und eine raue Seite; beide können bemalt werden. Die glatte Seite sollte entfettet, aber nicht geschmirgelt werden, denn das könnte zu einem unerwünschten Quellen der Fläche führen, wenn Leim oder eine Grundierung auf Wasserbasis aufgetragen wird.

Künstliche Holzplatten

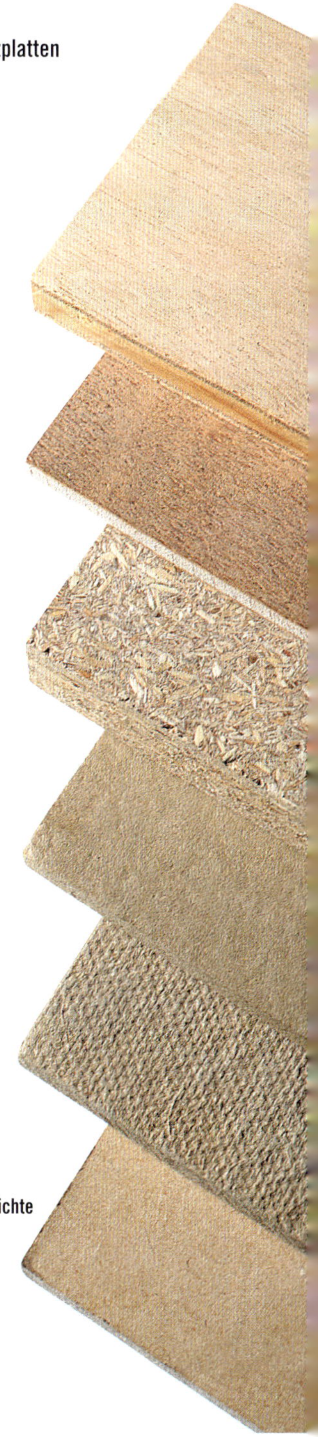

Platten mittlerer Dichte Es gibt auch Faserplatten mittlerer Dichte. Hergestellt werden sie ähnlich wie Hartfaserplatten, aber gebunden werden sie durch Aminharze. Ein Holzfaserbrei wird unter Dampfdruck in einen schmalen Spalt zwischen rotierenden Walzen gepresst und mit Ureaformaldehydharz besprüht, das sich in die nassen Fasern dispergiert, wenn sie zu trocknen beginnen. Diese Platten haben glatte Vorder- und Hinterfronten und gehören zu den derzeit stabilsten Holzplatten im Handel. Sie haben heute zudem einen geringeren Formaldehyd-Gehalt als früher und werden daher mit A klassifiziert. Es werden aber auch Verbundplatten ganz ohne Formaldehyd-Emission angeboten. Als Binder wird hier ein Polyurethan-Harz verwendet. Inzwischen gibt es aber auch Verbundplatten, denen noch mehr Harz zur Erhöhung der Stabilität und Haltbarkeit hinzugefügt wurde. Aus Gesundheits- und Sicherheitsgründen sollten Sie auf diese Platten zurückgreifen.

Obwohl Faserplatten sehr feuchtigkeitsbeständig sind, absorbieren ihre Ränder viel mehr Luftfeuchtigkeit als die Flächen; die Ränder müssen also isoliert werden.

Die mitteldichten Hartfaserplatten sind starr und leicht und werden von Malern gern benutzt. Einzelprodukte, die Wasser gegenüber einigermaßen beständig sind, eignen sich am besten zum Bemalen. Die Platten sind relativ haltbar und haben eine weniger harte und glänzende Rück- und Vorderseite als die Standard-Hartfaserplatten. Diese Oberfläche mit einer gewissen Porosität bietet dem Vorleim oder dem Grundiermittel eine akzeptable Haftung.

Weitere starre Malgründe

Es gibt eine Reihe von Alternativen zu starren Holzplatten, wie zum Beispiel Kupferplatten, die im 16. Jahrhundert als Malgrund verwendet wurden. Metallplatten können allerdings sehr schwer sein, was die Handhabung problematisch macht. Eine andere Möglichkeit wären Aluminiumplatten. In der Luftfahrt- und Eisenbahnindustrie wurden im 20. Jahrhundert Platten aus Waben-Aluminium hergestellt, die Stabilität mit Haltbarkeit und Leichtigkeit verbinden. Sie sind als Malgrund für die Acryl- oder Vinylmalerei wie auch für großformatige Fotoarbeiten hervorragend geeignet.

Aluminiumplatten mit Wabenmuster
Sie sind erheblich leichter als Sperrholz, aber stark und dimensionsbeständig. Als Malgrund eignen sie sich gut und bedürfen keiner zusätzlichen Versteifung. Entfetten und Schmirgeln genügen, um der konventionellen Malgrundierung genug Haftung zu geben. Eine titanpigmentierte, ölmodifizierte Alkydharzgrundierung ist haltbar, sowohl für Alu- als auch für glasfaserverstärkte Kunststoffplatten. Man kann die Aluplatte aber auch direkt mit zwei Schichten Acrylgrundierung versehen. Wünscht man eine Leinwandstruktur der Malfläche, so kann man die Aluplatte mit einem leichten, locker gewebten Stoff bekleben, der mit einem handelsüblichen Markenleim befestigt wird, bevor man die Grundierung aufträgt.

Aluplatten mit Wabenmuster werden von Museumskonservatoren als Rückenversteifung für alte Paneelgemälde verwendet.

Aluminiumplatten
Obwohl die vorher erwähnten Aluplatten mit Wabenmuster die beste Fläche zum Bemalen bieten, bevorzugen manche Künstler glatte Aluplatten. Diese müssen dann aber besonders sorgfältig präpariert werden.

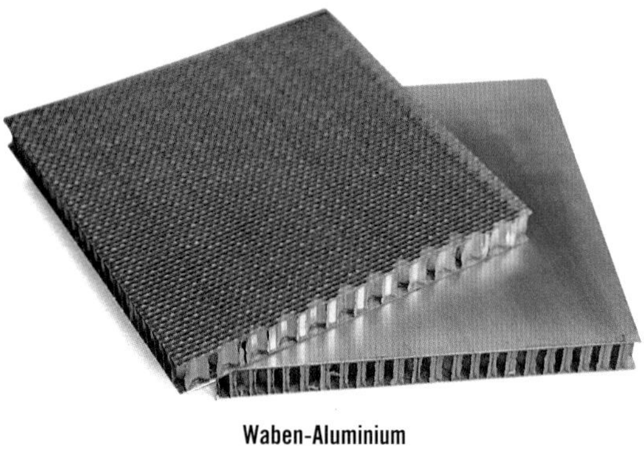

Waben-Aluminium
Die oben abgebildeten Beispiele zeigen ein Stück glasfaserbeschichtetes Waben-Aluminium auf einer alubeschichteten Metallprobe. Rechts daneben sind dieselben Materialproben mit Titanweiß und einem ölmodifizierten Alkydharz grundiert worden.

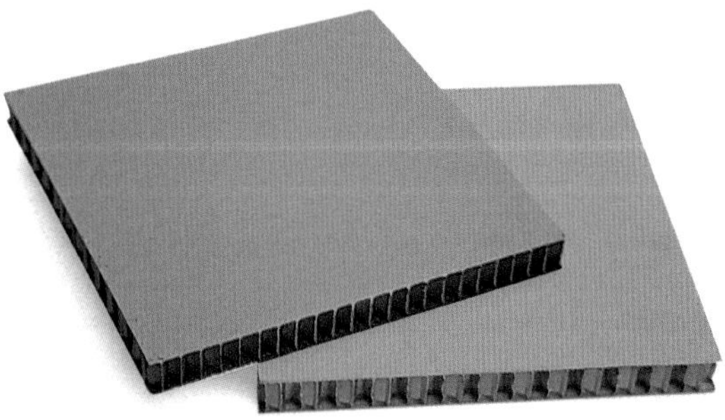

Zunächst wird die Platte mit Terpentinersatz, Spiritus oder einer entsprechenden Entfettungsflüssigkeit gesäubert. Nach dem Abreiben lässt man die Platte trocknen. Benutzen Sie keine Spülmittel, da diese das Aluminium angreifen können.

Die entfettete Platte sollte dann mit verdünnter Phosphorsäure abgewaschen oder gründlich mit feinem Schmirgelpapier abgerieben werden, um für gutes Haften zu sorgen. Danach wird eine sehr dünne Schicht selbstätzender Grundierung aufgetragen, die für gute Bindung zwischen dem Metall und den folgenden Schichten sorgt. Ein roter Oxidprimer reicht für interne Verwendung aus; für die externe Verwendung wird der haltbarere Tetroxichromat-Ätzprimer empfohlen. Danach werden zwei Schichten Ölgrundierung aufgetragen.

Ein alternatives Verfahren ist der Auftrag einer zweiteiligen Polyurethan-Unterschicht innerhalb von 24 Stunden nach Auftrag der weichen Ätzschicht. Die »A«-Komponente der Polyurethanschicht besteht aus gesättigten Polyesterharzen, die »B«-Komponente aus Isocyanatharzen, entweder aromatisch oder alphatisch. (Die letzteren sollten in weißen Pigmenten verwendet werden, weil sie weniger gilben.) Die erste Schicht wird mit 15 % Verdünner aufgetragen, die unverdünnte Schicht zwischen sechs und 24 Stunden später. Danach wird das getrocknete Polyurethan nass und trocken geschmirgelt, um für gutes Haften zu sorgen.

Glasfasern

Glasfasern im harten Malgrund sind kein üblicher Untergrund für die Paneelmalerei; die Künstler verwenden sie im Allgemeinen zum Formen von flachen Reliefs.

Das Aufkommen der Aluplatten mit Wabenmuster und glasfaserverstärktem Kunststoff (siehe oben) sorgte für einen neuen Malgrund, der zum Bemalen recht gut grundiert werden kann. Die Oberfläche muss zuerst entfettet, trocken und nass geschmirgelt und danach mit einer Glasfasergrundierung beschichtet werden. Diese verdunstet rasch und weicht die Oberfläche auf, sodass sie die Grundierung aufnimmt. Eine konventionelle weiße Grundierung auf Öl-/Harzbasis haftet gut auf der Fläche. Man kann auch die vorgeschriebene Polyurethanbeschichtung auftragen. Solche Schichten enthalten Härter, die mit den Hydroxylgruppen der Glasfaserschicht reagieren, was für eine haltbare Bindung sorgt. Glasfasern zersetzen sich im UV-Licht: also vor Sonnenstrahlen schützen.

Stahlplatten

Stahlplatten müssen sandgestrahlt werden, um alle Rostspuren zu beseitigen. Dann wird eine Schicht Zink-Phosphat-Grundierung aufgetragen, darauf eine Schicht Antirostfarbe (Epoxyd- oder Eisenglimmer-Farbe), zuletzt eine Polyurethan-Beschichtung zum Schutz gegen Witterungseinflüsse. Nach dem Sandstrahlen kann man auch Zink aufsprühen und mit einem Epoxydharz vor der Schlussbeschichtung grundieren. Galvanisierter Stahl benötigt außerdem ein Ätzbad vor der Grundierung und Bemalung.

Kupfer

Kupfer ist weich, sodass es leicht verbeult und verbiegt. Es hat einen hohen Dehnungskoeffizienten, was die Haftung der Farben beeinträchtigen kann, aber bei Zimmertemperaturen ist es recht stabil.

Vor dem Grundieren wird das Kupfer mit Schmirgelpapier 180–200 gescheuert, und dann kann sofort Titan in ölmodifiziertem Alkyd aufgetragen werden. Die erste dünne Grundierschicht kann in Tupftechnik aufgebracht werden.

Jede folgende Schicht muss gründlich durchtrocknen, ehe die nächste aufgetragen wird. Vor dem Bemalen sollte die Grundierung durch gründliches Schleifen abgestumpft werden.

Verschiedene starre Malgründe

Kupferplatte

Aluplatte

Stahlplatte

Flexible Malgründe

Aus Gründen der längeren Haltbarkeit sind Künstler vielleicht an starren Malgründen stärker interessiert. Aber auch die verschiedenen Papiersorten und die Flexibilität von Gewebegründen haben ihren Reiz. Für große Formate sind Leinwände aber vorzuziehen.

Papier

Die große Auswahl an Papiersorten, die verschiedenen Oberflächentexturen, Gewichte, Größen und Färbungen, die man heute im Fachhandel finden kann, bieten dem Künstler eine unerschöpfliche Materialquelle. Was zunächst unüberschaubar erscheint, lässt sich aber in bestimmte Kategorien einordnen.

Rohstoffe

Grundstoff des Papiers ist Cellulosefaser, die von Holz oder verschiedenen Pflanzen stammen kann. Die Fasern werden zu einem Papierbrei zermahlen, und ehe Papier daraus gemacht wird, entfernt man noch einige cellulosenfremde, möglicherweise schädliche Substanzen.

Verschiedene Holz- und Pflanzenfasern haben recht unterschiedliche Eigenschaften, welche Qualität und Aussehen des Papiers beeinflussen. In Europa stellte man die besten Zeichen- und Malpapiere traditionell aus Leinenlumpen her. Leinenfasern sollen stärker als Baumwoll- oder sonstige Pflanzenfasern sein, aber heutzutage ist reines Leinenpapier mit seiner natürlichen Flachsfarbe nur schwer erhältlich. Einige Papierhersteller setzen bei der Herstellung Baumwolle ein. Während früher Baumwolle von Abfällen der Bekleidungsindustrie oder (knopfloser) Baumwollkleidung verwendet wurde, hat das Aufkommen der künstlichen Fasern, wie Nylon und Rayon, die Verwendung von Lumpen unmöglich gemacht, weil diese Kunstfasern das Papier fleckig wirken lassen.

Heutzutage verwendet man statt Baumwolle Linters, das sind Haare der Samengrundwolle, die zum Verspinnen zu kurz sind. Ihre Länge variiert zwischen etwa 2 und 6 mm. Je länger die Faser, desto stärker ist das Papier. Die besten Linters stammen aus den USA und Ägypten, und die Papierhersteller kaufen sie im Allgemeinen in gebleichter Form (wie auch den Zellstoff). Das Bleichmittel ist zu diesem Zeitpunkt gründlich herausgewaschen, aber um Verunreinigungen aufzuspüren, testen die Papierhersteller jede neue Lieferung mithilfe von Xenonlampen.

Das andere übliche Rohmaterial ist Holzstoff. In der Vergangenheit wurde von diesem als geeignetem Material für Zeichen- und Malpapier abgeraten, da es nachteilige Gilbstoffe, wie Lignin, enthält. Aber mit dem Aufkommen der Fotopapiere brauchte man einen wesentlich reineren Holzstoff, und so stehen die heutigen sogenannten holzfreien Papiere aus Zellstoff in der Haltbarkeit nicht mehr weit hinter den Baumwollpapieren zurück; es gibt daher auch außerordentlich reine Aquarellpapiere, die aus Zellstoff gefertigt werden. Für manche Aquarellpapiere verwendet man eine Mischung aus Baumwoll-Linters mit dem reinen, langfaserigen Abfall der Baumwollspinnereien. Manche Hersteller von handgeschöpften Papieren verwenden als Faserstoffmischung auch Flachs-/Baumwollmischungen.

Für orientalische Papiere verwendete man vielerlei Pflanzenfasern, von der kurzfaserigen »Gampi« (*Wickstroemia shikokiana*), die ein dünnes transparentes Papier mit feiner, glatter Oberfläche ergibt, bis hin zum längerfaserigen, stärkeren »Mitsumata«-Papier (*Edgeworthia papyrifera*). Die orientalischen Papiere enthalten einen Pflanzenleim, der aus einem Gemüsebrei gewonnen und unterirdisch gelagert wird.

Die Herstellung

Bei der Papierherstellung spielt Wasser eine große Rolle, und deshalb befinden sich viele Papierfabriken an Gewässern. Das Flusswasser von Kalksteinbergen ist sehr rein und bedarf vor der Verwendung nur einer mechanischen Filterung.

Der Mahlprozess Baumwoll-Linters oder Zellstoff kommt in Pulpen und wird zu einer Suspension aus Fasern und Wasser verarbeitet. Diese wird in Vorratsbehälter gepumpt und dann in Refinern mit festem Außenkonus und Metallstäben auf der Innenfläche gemahlen. Der Innenkonus rotiert und kann sich nach innen und außen bewegen, sodass der Abstand zwischen den rotierenden Stäben an der Außenfläche und den festen Stäben im Außenkonus präzise gesteuert werden kann. Die Fasersuspension wird zwischen den Stäben des Refiners hindurchgeführt und leichter oder stärker gemahlen, je nach erwünschtem Endprodukt. Der Mahlprozess bestimmt die Faserlänge und den Umfang, in dem eine Faser in einzelne kleine Fäserchen gespalten wird. Diese winzigen Faserenden, die aus jeder Hauptfaser gezupft werden, verbinden sich mit anderen Faserenden und geben dem Papier Festigkeit.

Bei handgeschöpften Papieren werden die verschiedenen Schöpf- und Mahlvorgänge kombiniert. Mit »Holländern« (Mahlwerkzeugen) werden die Pulpe gemahlen und die Fasern gespalten. Der Herstellungsprozess kann so besser kontrolliert werden.

Das Verleimen Von den Refinern wird der Papierfaserstoff in Sammelbehälter des konstanten Teils der Papiermaschine und von dort zur Papiermaschine selbst gepumpt. Zum Leimen des Papiers verwendeten die Hersteller früher Kolophonium mit Alaun, die beide nachteilig für die Haltbarkeit des Papiers sind – das erstere dunkelt nach und wird spröde, das zweite ist säurehaltig. Heute verwenden viele Hersteller einen synthetischen Leim mit neutralem pH-Wert. Der neuzeitige Leim ist ein Alkylketendimer, der die Nachteile der früheren Kolophonium-/Alaun-Leime nicht mehr hat. Man spricht hier von neutraler Leimung und nennt das ganze Verfahren »neutrale bzw. leicht alkalische Papiererzeugung«.

Das eine Ende des Alkylketendimer-Moleküls ist hydrophil, das andere zieht Öl an. Das hydrophile Ende hängt sich durch Wasserstoffbrücken an die Cellulose – diese ist natürlich hydrophil –, während das andere Molekülende einen Wasser abstoßenden Punkt auf der Cellulose zurücklässt. Der Grad des Wasserabstoßens kann je nach Verwendungszweck variiert werden. Während die übliche Leimung zwecks Beschreibbarkeit des Papiers für eine »wasserfeste« Schicht auf dem Papier sorgt, führt der Alkylketendimer zu einem Verleimungseffekt, ohne die Poren des Papiers oder die Porosität der Fasern zu blockieren.

Die Masseleimung regelt das Absorptionsvermögen des Blattes und sorgt für eine kontrollierte Gelatineaufnahme, wenn das Papier nach der Blattbildung büttenverleimt wird. Auf einem maschinengefertigten, nur massegeleimten Papier wird die Wasserfarbe vom Papier aufgesaugt, sodass man den Farbton nicht so leicht bestimmen kann wie beim oberflächengeleimten Papier. Bei handgeschöpften Papieren, die meist massegeleimt sind, ist die Masseleimung weitaus stärker als bei Maschinenpapieren, die evtl. mit einer weiteren Oberflächenleimung behandelt werden.

Aquarell- und Zeichenpapier Diese Papiere werden auf einer langsamer laufenden Papiermaschine hergestellt. Dabei wird der Ganzstoff zu einem Blattbildner, auch Former genannt, gepumpt. Die Oberfläche des Formers besteht aus einem feinen Sieb, auf dem sich aus dem Papierfaserstoff durch Saugentwässerung eine Papierbahn bildet. Hier sammeln sich die Fasern auf dem Sieb in Maschinenrichtung, jedoch etwas weniger geordnet als an den üblichen, schneller laufenden Papiermaschinen. Diese etwas weniger geordnete Anordnung verleiht dem Blatt eine etwas größere Festigkeit und gleichmäßigere Dehnungseigenschaften in alle Richtungen. Dieses Papier ist daher etwas dimensionsstabiler als das handelsübliche Maschinenpapier. Handgeschöpfte Papiere, in denen die Fasern völlig ungeordnet liegen, sind in dieser Hinsicht die besten von allen Papiersorten.

Der Schöpfrand des Papiers entsteht in natürlicher Weise zu beiden Seiten der Walze. Er wird durch Verwendung eines rechtwinklig angebrachten Terylene-Bandes zum Weiterreißen eingekerbt, um einen glatten Abschluss zu ergeben, wenn die Papierrolle zu Bogen ausgerüstet wird. Das Papier wird dann durch die Presspartie über einen Wollfilz geleitet, der dem Papier seine charakteristische Narbung gibt. Für raues Papier verwendet man einen Filz mit grober Textur. Für kalt gepresstes Papier verwendet man einen schwammigeren, aufgerauten

Maschinengefertigte Künstlerpapiere

Fabriano Artistico HP (heißsatiniert), Velinpapier, 200 g/m²

Saunders Waterford NOT (kaltsatiniert), Velinpapier, 300 g/m²

Arches Aquarelle (rau), Velinpapier, 300 g/m²

Handgeschöpfte Papiere

Two Rivers Watercolour, weiß, Velinpapier, 410 g/m²

Khadi handgeschöpft Gunny (rau), 210 g/m²

Japanpapiere

Kawasake, naturfarben, 29 g/m²

Hosho, weiß geleimt, 73 g/m²

Druckpapier

Bockingford Inkjet-Papier, 190 g/m²

Somerset Velvet, rein weiß, 250 g/m²

Getöntes Papier

Bockingford, gelblich, 300 g/m²

Bockingford, blau, 300 g/m²

Filz mit Noppen. Papier und Filz durchlaufen die Presspartie, in der das Wasser aus der Papierbahn mechanisch herausgepresst wird. Anschließend läuft das Papier – noch mit 65 % Wassergehalt – auf

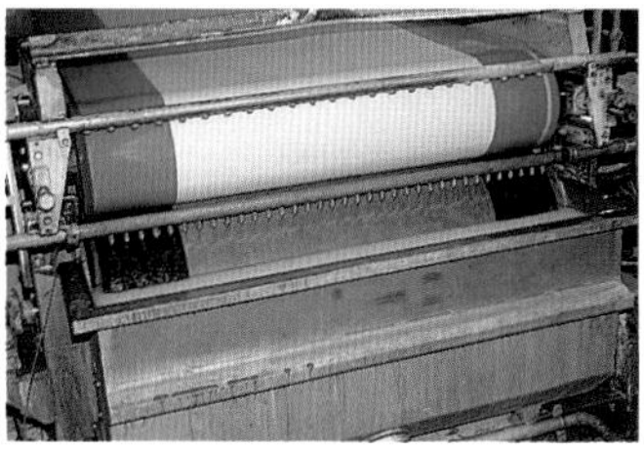

Papiermaschine im Papierwerk St. Cuthbert's Mill in Somerset, England

einem Sieb über dampfgeheizte Trockenzylinder, wobei das Sieb das Papier mit den Zylindern in Kontakt hält, um das restliche Wasser zu entfernen.

Tauch-Leimung Als Nächstes wird das Papier an der Leimpresse in eine warme Leimlösung getaucht. Durch diesen Leimungsprozess wird das Aquarellpapier beschreib- bzw. bemalbar, d. h. imstande, eine Anzahl nasser Farbaufträge und sonstiger Bearbeitungen auf der Oberfläche zu tragen.

Das Papier nimmt sein Eigengewicht an Leim auf, ehe es durch Quetschwalzen läuft, welche die überschüssige Flüssigkeit herausdrücken; danach durchläuft es dampfgeheizte Trockenzylinder. Obwohl an der Leimpresse die Leimaufnahme weitaus größer ist als bei der Masseleimung bei den üblichen Papiermaschinen zur Herstellung von Druck- und Schreibmaschinenpapieren ohne Leimpresse, hält das Papier hinsichtlich der Verleimung dennoch keinem Vergleich mit den früheren handgeschöpften Büttenpapieren stand. Ungeleimtes Büttenpapier wurde dabei in Leim eingetaucht, der die einzelnen Bogen gründlich durchtränkte, ehe das Papier ausgequetscht wurde, zwölf Stunden lang ruhte und dann eine Woche lang luftgetrocknet wurde. Die Vorderseite des Papiers war an der Oberflächenstruktur und am Wasserzeichen zu erkennen, wenn man es gegen das Licht hielt.

Bei maschinengefertigten Papieren lässt sich die Vorderseite spüren, da sie etwas mehr Textur aufweist. Man kann aber beide Seiten eines mit Gelatine geleimten Aquarellpapiers verwenden, da kaum ein Unterschied zwischen ihnen besteht. Herkömmliche maschinengefertigte Papiere erhalten keine Tauchleimung. Die neuen Inkjet-Druckpapiere haben jedoch eine Oberflächenleimung.

Satiniertes Papier Beim maschinengefertigten Papier erhält man eine heißgepresste Oberfläche, indem man das Papier durch Satinierkalander laufen lässt, welche die Dicke und die Glätte des Papiers regeln. Handgeschöpfte Papiere wurden in den letzten hundert Jahren auch einem Satinageverfahren unterworfen, wobei die einzelnen Papierbogen zwischen Zinkplatten gelegt und durch schwere Rollen hindurch geschoben wurden. Die Kombination von Druck und Schlupf sorgt dabei für die typische glatte Oberfläche.

Papiereigenschaften

Die drei Hauptsorten für europäisches Zeichen- und Aquarellpapier sind:

- Raues Papier
- Kaltsatiniertes Papier
- Heißsatiniertes Papier

Innerhalb dieser Kategorien gibt es zahlreiche Oberflächenstrukturen, welche die Papierhersteller durch Verwendung unterschiedlicher Walzenauflagen und diverser Verfahren bei der Ausrüstung erzielen.

Es gibt heißsatinierte Papiere mit glatter Oberfläche und andere, deren Oberfläche eher der eines kaltkalandrierten Papiers gleicht. Manche rauen Papiere haben eine so gleichmäßige Oberflächenstruktur, dass sie wie Teile sich endlos wiederholenden Tapetenpapiers aussehen, während andere wieder viel mehr wechselnde und zufällig wirkende Strukturen haben.

Auch für Druckpapiere gibt es ähnliche Bezeichnungen. Hier heißt Rau »Textured«, NOT würde »Velvet« heißen und HP »Satin«.

Absorptionsvermögen Die Eigenart des Papiers wird nicht nur durch seine Struktur bestimmt, sondern auch durch den Grad des Absorptionsvermögens. Ungeleimte Papiere werden nur durch die Fasern selbst zusammengehalten. Solche Papiere werden häufig für den Reliefdruck verwendet. Andere Papiere enthalten nur wenig Leim und sind als schwachgeleimte Papiere bekannt. Auch diese sind für Druckzwecke von Bedeutung. Die masse- und neutralgeleimten Papiere wurden bereits erwähnt, ebenso wie das Verfahren der Bütten- und Oberflächenleimung. Viele handgeschöpfte Zeichen- und Aquarellpapiere sind heute nur noch massegeleimt, wobei das neue Verfahren der neutralen Leimung angewandt wird. Dieses eignet sich für die meisten Aquarelltechniken, außer bei Verwendung von Abdeckflüssigkeit, die beim Abreiben dazu neigt, die Papieroberfläche mit abzuziehen. Will man diese Abdeckflüssigkeit in größerem Umfang gebrauchen, so eignet sich ein Papier mit Oberflächenleimung besser. Zur Aquarellmalerei verwendet man meist solche Papiere. Manche Künstler, wie Emil Nolde und Jackson Pollock, bevorzugten dagegen das stark absorbierende japanische Maulbeerpapier für den direkten Farbauftrag.

Gewicht Das Papiergewicht wird in Gramm pro Quadratmeter angegeben. Es variiert zwischen 12 g bei japanischem Maulbeerpapier und 640 g bei einem sehr schweren Aquarellpapier. Beim maschinengefertigten Papier wird das Gewicht durch das Verhältnis der Fasern zum Wasser geregelt und außerdem durch die Laufgeschwindigkeit der Maschine.

pH-Neutralität Hochwertige Zeichen- und Malpapiere aus reinen »Hadern« oder aus Cellulosefasern sollten einen neutralen pH-Wert von etwa 7 haben. Die normale Zugabe von Kalziumkarbonat als Säurepuffer ergibt in der Regel einen pH-Wert von 7 bis 9.

Verantwortungsbewusste Papierhersteller sorgen für die Reinheit der Cellulosefasern. Die Zusätze zu den Fasern können die Haltbarkeit beeinträchtigen, und deshalb vermeidet man heute die Kolophonium-/Alaun-Leimungen zugunsten moderner, neutraler Leimungen.

Geripptes Papier/Velinpapier Das Rippenmuster bezieht sich auf das waagerechte und senkrechte Linienmuster, das durch das Siebgewebe bei der Papierherstellung entsteht. Die Sieblinienspuren in Maschinenrichtung stehen am weitesten auseinander, während die feinen Querlinienspuren enger zusammenstehen. Ein gewebtes Sieb, das eher der Leinwand ähnelt, dient dazu, eine gleichmäßigere Papier-Oberflächenstruktur entstehen zu lassen. Man spricht bei dieser Papiersorte von Velinpapier.

Qualitätspapiere für Tintenstrahl-Drucke Die Papierhersteller haben die Bedürfnisse von Künstlern, Grafikern und Fotografen, die mit Tintenstrahl-Druckern kleine Auflagen herstellen wollen, erkannt. Die früher eingesetzten, schnell verblassenden und nicht lichtechten Tinten machten solche Arbeiten zu einem Problem. Heute gibt es die neuen Lysonic Archival Inks, die eine größere Haltbarkeit versprechen. Mit einer speziellen Beschichtung dieser Papiere wird das Einsickern der Tinten in die Fasern verhindert.

Pigmentiertes Papier

Hochwertiges, pigmentiertes, säurefreies reines Hadernpapier, das im Ganzstoffstadium durch Zusatz lichtbeständiger Pigmente getönt wird, ist nur schwer herzustellen.

Eine größere Auswahl zuverlässiger Papiere mittlerer bis heller Tönung könnte hervorragende Bildträger für Pastellmalerei, Kreide-, Kohle- und Gouache-Arbeiten liefern, aber leider sind die meisten erhältlichen getönten Aquarellpapiere nur von dürftiger Qualität, da sie mit Farbstoffen getönt sind, die im Licht bald verblassen.

Verfahren zum Papiertönen
Grundsätzlich sollte man das Papier zunächst einmal aufspannen (siehe unten), ehe man es nass tönt. Ein Verfahren zur Nasstönung besteht darin, eine gleichmäßige Wasserfarbenlösung auf der ganzen Fläche anzubringen (siehe S. 137). Das empfiehlt sich, wenn trockene Schichten übermalt werden sollen, denn je nach Absorptionsvermögen des Papiers ist es wahrscheinlich, dass beim Malen etwas von der Untergrundfarbe aufgenommen wird.

Ich bevorzuge eine transparente Acryl-Lavierung, die nach dem Trocknen unlöslich ist. Man kann dann darüber mit allen anderen Zeichen- und Malmitteln weiterarbeiten. Eine transparente Lavierung ergibt den gewünschten Farbton und lässt trotzdem das weiße Papier durch die Farbschicht scheinen.

Technik

Papier aufspannen

Papier lässt sich auf fast jede flache, saubere, nicht absorbierende Oberfläche aufspannen, von einem Stück Plastik bis zu einem lackierten Zeichenbrett oder einer dicken Glasscheibe. Die Unterlage muss an allen Seiten etwas größer als das Papier sein.

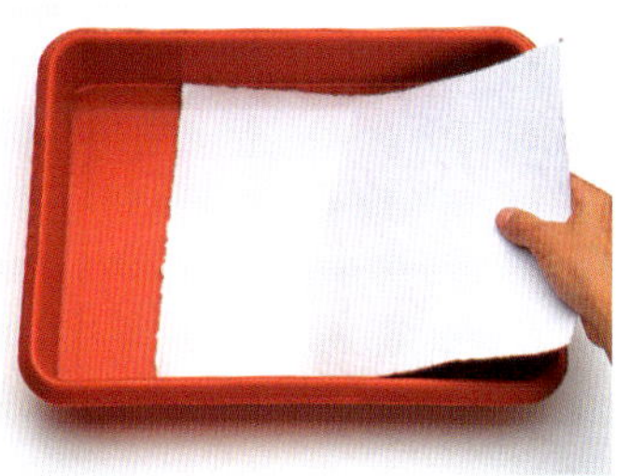

1 Das Papier wird durch Eintauchen in kaltes Wasser gut durchnässt. Überschüssiges Wasser lässt man abtropfen.

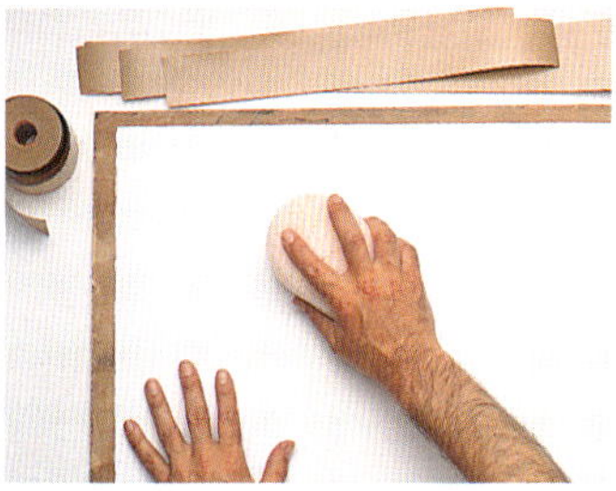

2 Vier Klebestreifen schneiden. Feuchtes Papier auf Brett legen, mit Schwamm Wasser von Mitte nach außen drücken, bis Blatt flach liegt.

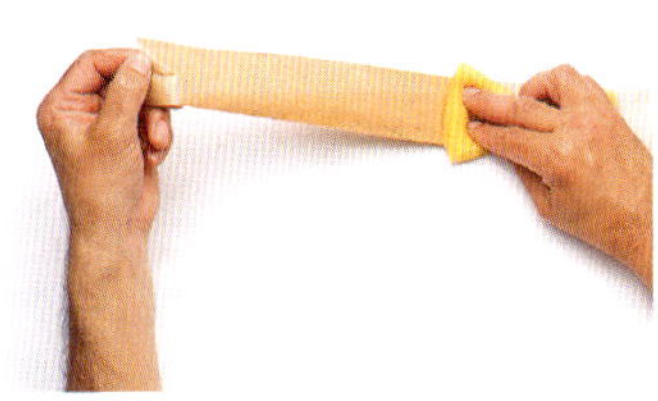

3 Mit einem feuchten Schwamm wird jeweils ein Klebestreifen befeuchtet.

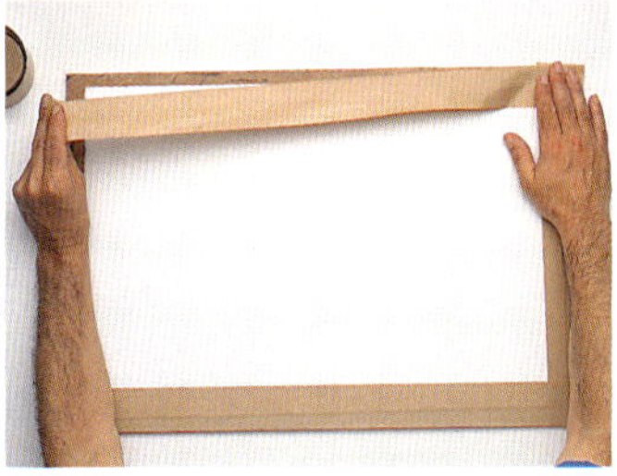

4 Man klebt das Band gleichmäßig über den einen Rand des Papiers und wiederholt das an den drei anderen Rändern.

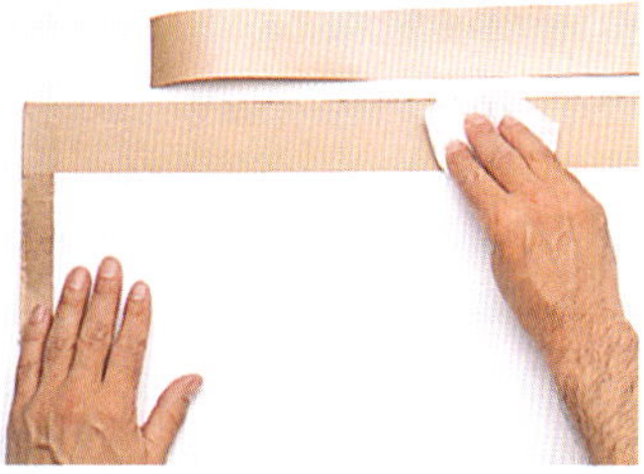

5 Das restliche Wasser wird mit einem Schwamm entfernt und das Papier in einem warmen Raum trocknen gelassen.

Leinwand

Die Bezeichnung »Leinwand« verwendet man heute für alle Gewebesorten, die als Malgrund dienen, also für Leinen, Baumwollgewebe und künstliches Material wie Polyester. Die Leinwand ist seit dem 15. Jahrhundert bis zur Gegenwart ein beliebter Malgrund, obwohl ihre Vorbereitung sorgfältiger geschehen muss und zeitraubender ist als bei den meisten anderen Materialien.

Leinen

Leinen wird aus den Fasern des Flachses *(Linum usitatissimum)* hergestellt. Die Art, deren Fasern verwendet werden, hat einen langen, relativ unverzweigten Stiel im Gegensatz zum Flachs, aus dem Leinöl gewonnen wird; dieser ist kürzer, hat mehr Zweige und größere Samen. Textilflachs wird überall angebaut, Russland ist der Hauptlieferant. Der beste westeuropäische Flachs kommt aus dem 200 km breiten Landstreifen, der sich von der Normandie und der Picardie bis nach Flandern und Holland erstreckt, wo es eine große Flachsanbautradition gibt.

Das Wachstum dauert ungefähr 100 Tage; die Saat erfolgt Ende April, die Ernte ist im Juli und August. Der Flachs wird nicht geschnitten, sondern aus dem Boden gezogen, damit man die langen Fasern nicht beschädigt, die bis in die Wurzeln hineinreichen. Die Pflanze reift von Grün über Gelb nach Dunkelgrün oder Braun; die besten Fasern liefert der Flachs, wenn er gelb ist.

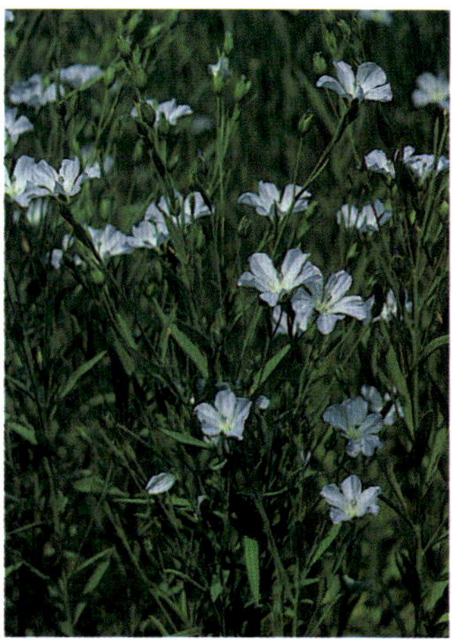

Flachs

Der Herstellungsprozess Nachdem die Samen abgestreift sind – man nennt dies »Riffeln« –, lässt man den Flachs rotten, d. h. durch Faulung wird der Bast von Rinde und Holzkern gelöst. Beim Bodenrotten lässt man den Flachs auf den Feldern liegen, damit er sich durch die Bodennässe und die warmen Sonnenstrahlen auf natürliche Weise zersetzen kann. Das dauert drei bis sechs Wochen. Beim Wasserrotten wird der Flachs drei bis fünf Tage lang in Kübeln mit 37 °C warmem Wasser aufgeweicht. Nach 8- bis 14-tägigem Trocknen wird der Flachs gebrochen oder geknickt, wobei die Holzteile zerstört und von den Fasern getrennt werden. Beim »Schwingen« durchläuft das Flachsstroh hölzerne Brechwalzen. Dabei gewinnt man lange Flachsfasern, die »Leinenfasern«, die zwischen 60 und 90 cm lang sind, und kurze Fasern oder »Werg«, deren Länge zwischen 10 und 15 cm liegt. Jetzt wird der Flachs gehechelt, wobei die langen von den kurzen Fasern getrennt und die langen Fasern zugleich parallel gelegt werden. Außerdem fallen dabei noch alle verbliebenen Abfälle heraus. Die Leinenfaser wird dann mehrmals gezupft oder gezogen, bis sich eine Strähne bildet, die auf Spulen gewickelt wird. Dieses Vorgarn ist ein sehr feiner, leicht verdrillter Flachsfaden, der zu Garn versponnen wird.

Strukturvarianten Es gibt zwei Spinnverfahren: Nass- und Trockenspinnen, und diese beeinflussen die Natur der gewebten Leinenoberflächen wesentlich. Sowohl Leinen- als auch Wergflachs können nass oder trocken versponnen werden. Der Nassspinnprozess, bei dem das Vorgarn während des Spinnens in warmem Wasser (60–70 °C) eingeweicht wird, weicht auch die Pektine auf, die sich zwischen den Fibrillen der kürzeren Fasern (6–60 mm) befinden. Diese winzigen Faserteile winden sich beim Zupfen und Verdrillen während des Spinnens um die Hauptfasern, wodurch das Garn stark, geschmeidig und glänzend wird. Der Trockenspinnprozess führt zu einem raueren Garn. Trockengesponnener Leinenflachs ist weniger fusselig als trockengesponnener Wergflachs.

Viele Unterschiede lassen sich während des Webens dadurch hervorrufen, dass man verschiedene Garne für den Kettfaden (den Längsfaden des Gewebes) und für den Schussfaden (den Querfaden) verwendet. Bei Malleinwänden, bei denen es sehr auf die Haltbarkeit ankommt, sollten beide Fäden aus demselben Garn bestehen. Das stärkste und haltbarste Leinen enthält für beide Fadenrichtungen nassgesponnenen Flachs. Das ergibt eine geschmeidige »harte« Oberfläche, die nicht fusselt; die Struktur wird durch Dicke oder Gewicht des Garns bestimmt.

Während des Webens ist der Kettfaden ständig straff gespannt, der hindurch gewebte Schussfaden weniger. Wenn der Kettfaden entspannt ist, kräuselt er, wodurch er erheblich dehnbarer als der Schussfaden wird, wenn die Leinwand aufgespannt wird. Um diese Kräuselung zu beheben und das Garn zu strecken, sollte das Leinen »entkräuselt« werden, das heißt aufgespannt, nass gemacht und wieder getrocknet werden. Dann sollte es vom Keilrahmen heruntergenommen und anschließend wieder aufgezogen werden, ehe der Grundleim und/oder die Grundierung aufgetragen wird. Diese Mühe lohnt sich, denn die Leinwand ist anschließend viel dimensionsstabiler, und beim zweiten Aufziehen hat sie rundum erheblich mehr Spannung. Das ist eine Gegenmaßnahme zum allmählichen Nachlassen der Gewebespannung, die bei der Leinwand häufig auftritt. Beim Auftrag von Ölfarben tritt dies nicht so sehr in Erscheinung, weil die sich zusammenziehende Ölfarbschicht der Erschlaffung der Leinwand entgegenwirkt; wenn man mit Acrylfarben auf Leinwand malt, macht sich das Nachlassen sehr bemerkbar.

Baumwollgewebe

Die Verwendung von Baumwollgewebe als »Leinwand« hat sich erst seit etwa 50 Jahren eingebürgert. Obwohl es nicht so beliebt wie das traditionelle Leinen ist, gibt auch ein hochwertiges Baumwollgewebe einen hervorragenden Malgrund ab. Baumwolle stammt vornehmlich von zwei Arten der Baumwollpflanze – *Gossypium hirsutum* und *Gossypium barbadense*. Die Pflanzen werden jährlich in einem 175–225-Tage-Zyklus angebaut und erreichen eine Höhe zwischen 25 cm und 2 m. Die Baumwollfasern sind Samenhaarfasern, die gepflückt werden, wenn die Samenkapseln aufspringen. Im Gegensatz zu den langen Bastfasern des Flachses, die im Stängel durch Pektine zusammengehalten werden, müssen die Baumwollfasern nur mechanisch von den Samen getrennt werden; danach werden sie zu Ballen gepresst und gehen zur Spinnerei.

Die beste Baumwolle ist die Sea-Island-Baumwolle aus den USA; sie hat die längsten Fasern, die 40 bis 55 mm lang sein können. Die durchschnittliche mittlere Faserlänge, wie sie in den USA produziert wird, ist zwischen 25 und 30 mm.

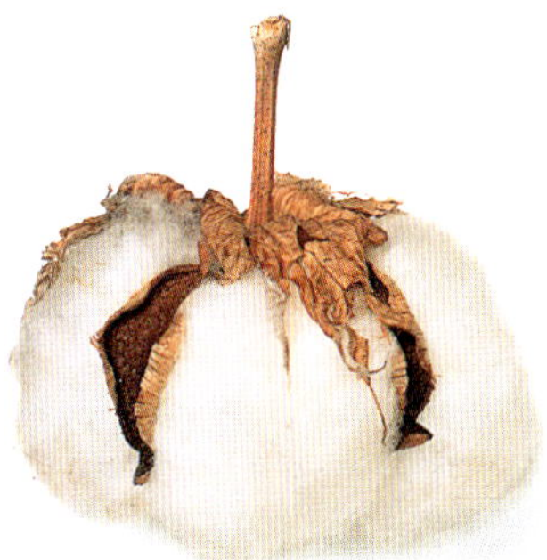

Baumwolle

Der Herstellungsprozess Das beste Baumwollgewebe kommt direkt vom Webstuhl, das heißt, es ist nicht so behandelt wie die meisten Gewebe für Bekleidungs- und Industriezwecke. Solche Behandlungen fasst man unter dem Begriff »Appretur« zusammen, wobei hauptsächlich Füllstoffe und Stärke in das Gewebe eingebracht werden. Sie haben vor allem den Zweck, die Stoffe vor Knittern und Einlaufen zu bewahren, damit sie mit den Geweben aus synthetischen Fasern konkurrieren können. Die beiden Hauptverfahren zur Behandlung der natürlichen Fasern sind die Ablagerung von Chemikalien auf die Faser durch Polykondensation und die Verwendung einer Chemikalie, die direkt mit der Cellulosefaser reagiert. Der Vorteil der Knitterfreiheit und der Formtreue wird mit größerer Sprödigkeit der Fasern und einem Verlust an Dehn- und Verschleißfestigkeit erkauft. Obwohl diese Nachteile durch weitere Chemikalienverwendung verringert werden, gibt es genug physikalische und chemische Gründe, solcherart behandelte Gewebe nicht als Malgrund zu benutzen.

Baumwollsorten Das Gewicht der Leinwand spielt eine große Rolle; man misst es in Gramm pro Quadratmeter. Die meistverwendete Baumwolle zu Malzwecken ist Baumwollgewebe mit 410 g/m^2 oder 510 g/m^2, obwohl man bis auf 340 g/m^2 heruntergehen kann und dennoch ein gutes Gewebe bekommt. Unterhalb dessen hat man Dekorstoffe u. Ä., die z. B. für Theaterkulissen brauchbar sind, mit sehr lockerem Gewebe. Um diese steifer und schwerer zu machen, verwenden die Hersteller oftmals Garne mit Stärke o. Ä. Von solchen Geweben ist abzuraten.

Leinen- und Baumwollsorten

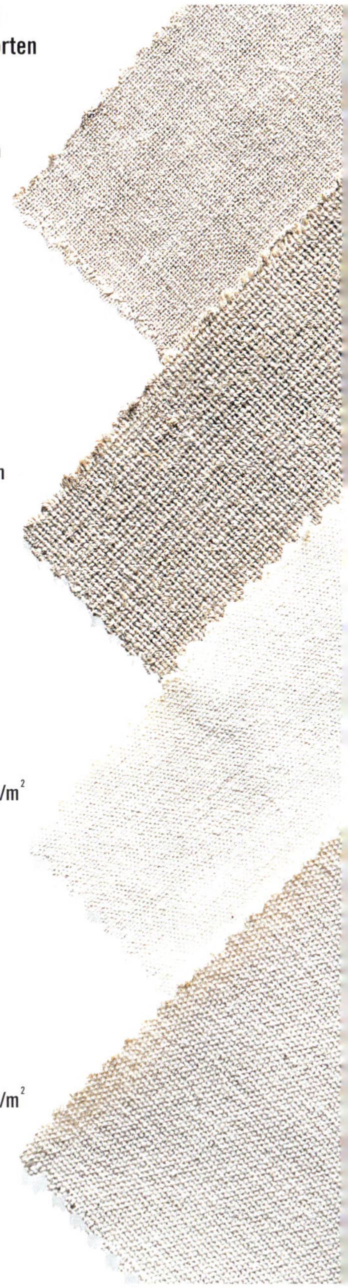

Feines Leinen

Grobes Leinen

Baumwollgewebe 410 g/m^2

Baumwollgewebe 510 g/m^2

Beulenbeseitigung

Baumwolle ist nicht sehr elastisch, und deshalb kann es schwierig sein, Dellen aus solch einer Leinwand zu beseitigen. Im Atelier kann der Maler versuchen, kleinere Beulen zu beheben, indem er die Rückseite der Leinwand ganz leicht mit Wasser anfeuchtet, sodass die Delle hochgezogen wird.

Baumwolle und Leinen

Es wurde oft behauptet, dass Baumwolle dem Leinen weit unterlegen ist, sodass Maler, denen es auf Qualität ankommt, Baumwollgewebe nicht als Malgrund verwenden sollten. Im Grunde gibt es dafür kaum einen Beweis. Zweifellos ist es richtig, dass die Flachsfasern des Leinens länger und stärker als die Baumwollfasern sind, dass Leinen dimensionsstabiler und weniger verformbar ist als Baumwolle und dass ein Maler, der nach der besten Qualität sucht, sich deshalb für das beste rohe Leinengewebe entscheidet. Aber es ist auch eine Tatsache, dass sich Baumwollgewebe entsprechender Qualität ebenso gut als haltbarer Malgrund bewährt. Leider haben die Hersteller grundierter Leinwände oftmals minderwertigeres Baumwollgewebe für zweitklassige Produkte verwendet. Damit wurde der Qualitätsabstand zwischen Leinen- und Baumwollgewebe noch vergrößert, und viele Maler bekamen einen falschen Eindruck von Baumwollgewebe als Malgrund, was sie davon abhielt, weitere Versuche zu wagen.

Chemische und physikalische Vergleiche Die Ähnlichkeiten zwischen Baumwolle und Leinen wurden bereits beschrieben. Die Grundbestandteile der Materialien sind identisch. Chemisch bestehen sie

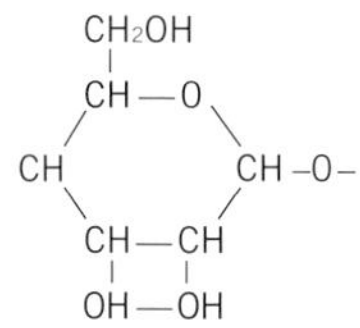

Cellulosemolekül

aus Cellulose. Beide haben ähnliche Nass- und Trockenkraft und zeichnen sich durch rasche Feuchtigkeitsabsorption aus. Der größte Unterschied der Fasern besteht in der Ausrichtung der Cellulosekristalliten. Die stärkere Ausrichtung in den Flachsfasern macht das Leinen stärker und geschmeidiger, doch werden diese Vorteile durch größere Empfindlichkeit gegen Abrieb wieder ausgeglichen.

Struktur und Stärke Von den unpräparierten Geweben, die als Malgrund dienen, unterscheiden sich Leinen und Baumwolle durch recht unterschiedliche Oberflächenstrukturen; die des Leinens ist je nach Gewicht und Webdichte sowie der Länge der Faser recht charakteristisch und variabler als die der Baumwolle. Baumwollgewebe hat eine einheitlichere Struktur, die für Malzwecke fester gewebt ist, weil sie schwerer ist.

Ein leichtes Baumwollgewebe ist nicht so stark wie ein leichtes Leinengewebe. Leinen verwendet man im Allgemeinen jedoch in viel leichterer Ausführung als Baumwollgewebe, sodass ein schweres Baumwollgewebe wahrscheinlich ebenso haltbar wie Leinen ist. Dickere Garne, wie sie für Baumwolltuch verwendet werden, zerfallen langsamer als dünnere.

Zerfall Baumwolle zerfällt unter dem Einfluss von Licht tatsächlich langsamer als Leinen. Bei einem Gemälde, dessen Leinwand mit deckenden Farben überzogen und das an einer Wand aufgehängt ist, hat der Zerfall jedoch hauptsächlich Ursachen, die auf Temperatur- und Umgebungsbedingungen im Raum zurückzuführen sind (siehe S. 331).

Weitere flexible Malgründe

Die früher verwendeten flexiblen Malgründe aus Tierhäuten – Pergament, Velin und Leder – spielen heute kaum mehr eine Rolle. Stattdessen gibt es neue synthetische Materialien, mit denen sich hervorragend arbeiten lässt, darunter z. B. Polyestersegeltuch.

Polyestergewebe

Zur Herstellung von Malleinwänden wurde auch eine Reihe synthetischer Gewebe verwendet, darunter Polypropylen, Nylon und Polyester. Von diesen erschien Polyester am brauchbarsten, da er überragende Hafteigenschaften für Farben aufweist. Es gibt ihn in vielen Gewichtsklassen von 20 g/m^2 bis 540 g/m^2. Die normale Breite ist 90 cm; 2 m breites Gewebe kann man beim Segelmacher kaufen. Polyestersegeltuch ist außerordentlich dicht gewebt, was zu einem sehr steifen Material führt. Nach dem Weben wird das Tuch zunächst einmal erhitzt, wodurch alle Garne schrumpfen, was das Tuch fester und dimensionsstabiler macht. Werden solche Tuche als Segel verwendet, bekommen sie eine Harzbeschichtung; zur Verwendung als Malgrund muss man natürlich unpräpariertes Material kaufen.

Eigenschaften des Polyesters Er ist weitaus haltbarer als Leinen und Baumwolle, zugleich sehr säurebeständig. Zweitens absorbiert Polyester sehr wenig Feuchtigkeit; während Leinen aus 65 % relativer Luftfeuchtigkeit 12 % absorbiert, ist dies bei Polyester nur 0,4 %. Drittens ist Polyester außergewöhnlich dimensionsstabil, und viertens hat er eine große Spannkraft.

Eine nicht dehnbare Leinwand eignet sich am besten als Malgrund; in dieser Hinsicht ist Polyester der traditionellen Leinwand weit überlegen. Er ist dehnungsbeständig, bleibt aber dennoch flexibel. Dies ist eine wünschenswerte Eigenschaft, denn man braucht für ein steifes Material wie Polyester weniger Spannung als für ein nicht so steifes wie Leinen oder Baumwolle, um die Leinwand so straff aufzuziehen, wie dies beim Malgrund erforderlich ist. Das hat zur Folge, dass weniger Spannung in den Farbschichten entsteht und dass sich auch weniger Spannung in der Grundierung bzw. den Ölschichten aufbaut, wenn die relative Luftfeuchtigkeit zurückgeht. Der einzige Grund, der die Malgrundhersteller bisher davon abgehalten hat, Polyestergewebe als Leinwand zu verwenden, besteht darin, dass die Textur des Polyestergewebes der einer traditionellen Leinwand überhaupt nicht ähnlich ist. Manche Gewebe haben einen Oberflächenflaum, der sich als hilfreich für das Haften dick aufgetragener Impastoschichten erweisen kann, aber er kann zwischen den Grundierungsabschnitten auch geglättet werden.

Polyestergewebe aufspannen Polyestergewebe lässt sich genauso wie Leinen- oder Baumwollgewebe aufspannen. Es ist jedoch ratsam, die Nieten enger zu setzen (siehe S. 56).

Vorbereitung flexibler Malgründe

Zweck des Aufziehens ist es, einen straffen Malgrund mit gleichmäßiger Spannung zu erhalten, bei dem die Kett- und Schussfäden der Leinwand parallel zu den Leisten des Keilrahmens verlaufen. Die Stabilität des Rahmens spielt dabei ebenfalls eine Rolle. Moderne Keilrahmen werden im Allgemeinen fabrikmäßig hergestellt. An den Ecken sind sie auf Gehrung zugerichtet; hier werden auch Keile in die Nuten geschlagen, durch die man die Leinwand später erforderlichenfalls nachspannen kann. Die Keilrahmen werden im Allgemeinen aus Weichholz hergestellt; Breite und Dicke richten sich nach den Abmessungen des Gemäldes. Die Vorderseite der Keilrahmenleiste ist abgeschrägt, damit die Innenseite des Rahmens keine ungewollten Linien im Gemälde verursacht.

Große Rahmen bekommen in der Mitte noch eine Querleiste. Damit beugt man der Gefahr vor, dass sich der Rahmen unter der Spannung der Leinwand allmählich nach innen verzieht.

Probleme mit Keilrahmen

Die drei Hauptprobleme bei der Verwendung konventioneller Keilrahmen sind Spannung, Rissbildung und Schrumpfen.

Spannung Der Hauptnachteil des konventionellen Keilrahmens ist die Spannung, die er auf die Leinwand ausübt. Obwohl der Rand des Keilrahmens im Allgemeinen leicht abgerundet ist, unterliegt das Garn doch einer Zerrung, und das Gewebe ist einer konzentrierten Spannung ausgesetzt, da es um den Keilrahmen herumgezogen wurde.

Diese fortgesetzte Spannung führt zum Reißen des Gewebes entlang dem Rand, der Heftrand löst sich ab, und das Ganze muss wieder neu befestigt werden. Die Museumswerkstätten sind ständig mit Reparaturen von Leinwänden beschäftigt, die so beschädigt wurden.

Die Nägel oder Heftnieten, mit denen die Leinwand befestigt ist, verschlimmern dies noch, weil sie die Spannung auf einzelne Punkte konzentrieren. Dicke Krampen sind in dieser Hinsicht besser als Nieten; sie sollten in sehr kurzen Abständen in den Keilrahmen getrieben werden. Eine Neuprofilierung des Keilrahmens, wie hier gezeigt, kann die Lebensdauer der Leinwand verlängern, obwohl der Bildrahmen dann angepasst werden muss; er braucht eine tiefere Fuge.

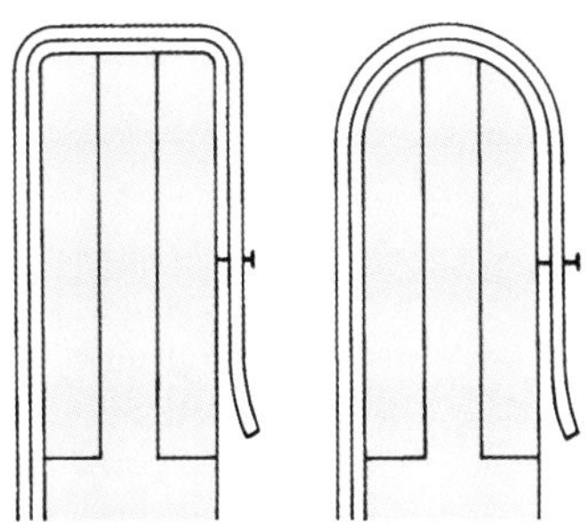

Gleichmäßige Spannung Das Spannungsproblem lässt sich beheben, indem man die Außenseite des Keilrahmens rund macht. Damit wird die starke Zerrung des Garns an den scharfen Leistenrändern vermindert; die Zugspannung ist jetzt gleichmäßig.

Rissbildung Konventionelle Keilrahmen verursachen an den Ecken leicht Schäden, die sich in Winkeln von 45° zu den Leisten zeigen. Wenn die Leinwand zu straff aufgezogen wurde, führt dies hier zu Rissen in der Farbschicht. Das kann man bei vielen alten Gemälden sehen, bei denen solche schrägen Risse von den Ecken aus zur Mitte hin verlaufen, wo sie schwächer werden. Dieses Problem lässt sich verringern, indem man die Leinwand an den Ecken weniger straff spannt.

Schrumpfen Wenn ein Gemälde mit stark verleimter Leinwand einer sehr trockenen Umgebung ausgesetzt ist, neigt es zum Schrumpfen. Der starre Keilrahmen gibt nicht nach, sodass die Farbe allmählich Risse bekommen kann. Es hilft, wenn ein nicht zu starker Vorleim (siehe S. 58) warm aufgetragen wird.

Vorbereitung Zusammensetzen des Keilrahmens und Aufziehen der Leinwand

Viele Künstler kaufen ganze Ballen ungrundierter Leinwand und Keilrahmen in der gewünschten Größe, um ihre Bilder selbst aufziehen zu können. Die Dicke der Keilrahmen sollte der Größe der Leinwand angepasst sein, bei größeren Formaten ist das Einfügen eines Kreuzes ratsam.

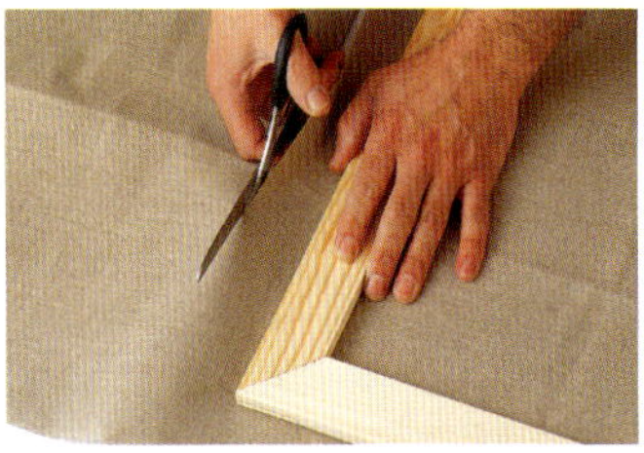

1 Der Keilrahmen wird zusammengesteckt und die Leinwand etwas größer als der Keilrahmen zugeschnitten.

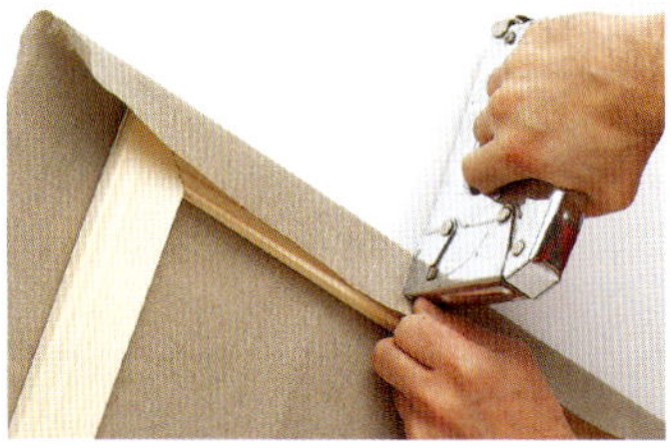

2 Die Leinwand wird mit drei Klammern in der Mitte der langen Seite des Keilrahmens befestigt.

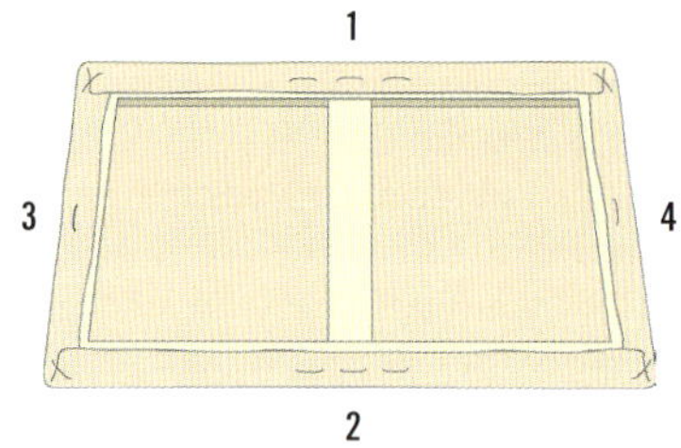

3 Auf der gegenüberliegenden Seite werden ebenfalls die Nieten eingetackert (danach auf den beiden Seiten, wieder jeweils in der Mitte). Die Ecken erhalten je eine provisorische Niete.

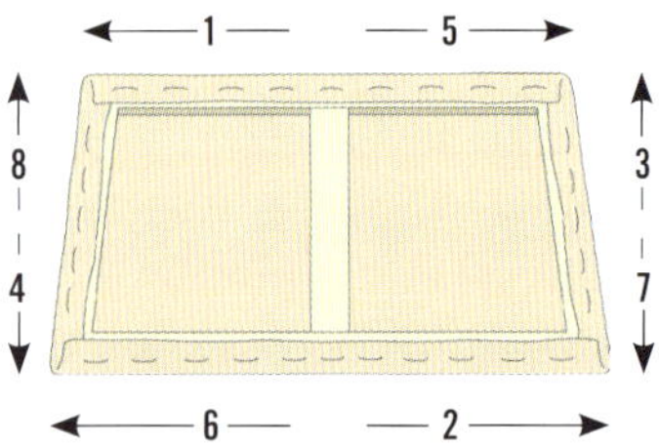

4 Nun werden von der Mitte aus bis zu den Ecken auf jeder Seite weitere Nieten befestigt. Die provisorischen Nieten in den Ecken werden wieder entfernt.

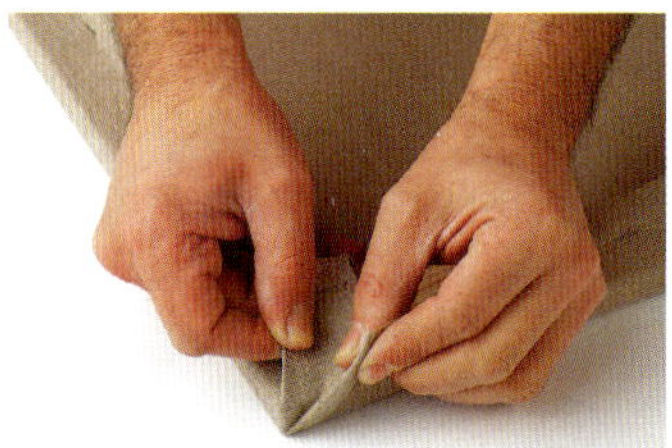

5 An jeder Ecke wird die Leinwand doppelt gefaltet; eine Falte wird über die andere gezogen und dann auf den Keilrahmen getackert. Dies sorgt für gleichmäßige Spannung.

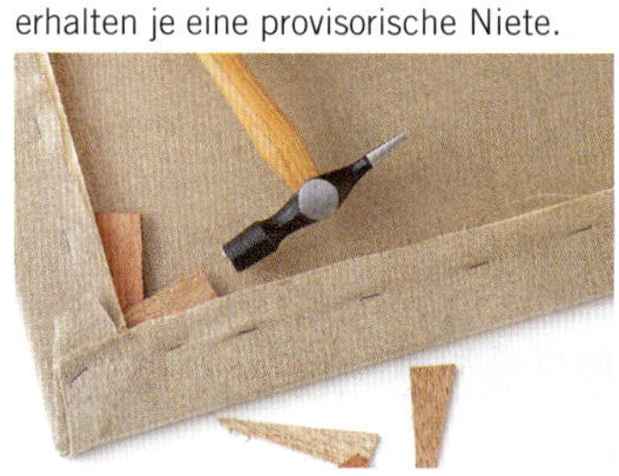

6 Dann werden die Keile eingetrieben, wobei deren Maserung nicht parallel zu der des Keilrahmens verlaufen darf.

Vorbereitung

Entsäuern

Es wurde bereits erwähnt, dass man eine Leinwand vor dem Grundieren »entkräuseln« sollte, das heißt aufspannen, nass machen und wieder trocknen (siehe S. 52).

Eine weitere sinnvolle Maßnahme, die ihre Lebensdauer mindestens verdoppeln kann, ist das Entsäuern der Leinwand.

Es gibt Markenerzeugnisse zum Entsäuern, die aber bei großen Flächen recht teuer kommen. Eine simple Alternative ist das Abbürsten, Besprühen oder Benetzen der Leinwand mit Kalziumhydroxid- oder Magnesiumbikarbonatlösungen. Diese sind ungiftig und leicht erhältlich.

Mit Kalziumhydroxid

Man mischt 2 g frisches Kalziumhydroxid mit 1 l destilliertem Wasser und lässt es sich absetzen, filtert die Lösung und gießt sie ab. Sie hält sich in einer luftdichten Glas- oder Polyäthylenflasche etwa eine Woche.

Mit Magnesiumkarbonat

Man mischt 9 g Magnesiumhydroxid – oder (weniger gut) 15 g weißes Magnesiumkarbonat – mit einer Teilmenge von 1 l destilliertem Wasser und schüttet dies in einen Siphon. Dann wird das restliche Wasser hinzugefügt und der Siphon geschüttelt. Jetzt gibt man den Inhalt von zwei Kohlensäurepatronen hinzu und schüttelt im Abstand von fünf Minuten etwa eine Stunde lang. Dann in eine Glasflasche umfüllen und vor Gebrauch filtern.

Vorbereitung

Grundieren der Leinwand

Nachdem die Leinwand aufgezogen ist, muss sie grundiert werden. Diese Reihenfolge ist wichtig, denn würde man sie bereits vor dem Aufziehen grundieren, bekäme die Grundierschicht eine Spannung, die im trockenen Zustand noch zunehmen würde. Beim Grundieren der aufgezogenen Leinwand dagegen wird die Grundierschicht nicht beeinflusst, denn die dann übliche Spannung beschränkt sich auf etwa 0,2 %. Der Grundiervorgang zur Ölmalerei lässt sich in zwei Stufen gliedern: die Vorleimung und den Auftrag der eigentlichen Grundierung (siehe nächste Seite).

Vorbereitung Vorleimen

Durch Vorleimen (siehe S. 58) soll die Leinwand vor den schädlichen Oxidationseinflüssen der Öle in den Grundier- und Farbschichten geschützt werden. Der Ölgehalt einer Ölgrundierung beträgt allerdings nur etwa 12 % und dürfte daher nicht so problematisch sein. Jedenfalls zersetzt sich Leinwand durch Oxidation im Hellen wie im Dunkeln, und es gibt keinen Beweis dafür, dass die Vorleimung diesen Prozess wesentlich verzögert. Es wird auch behauptet, sie verhindere, dass die Grundierung bis zur Leinwandrückseite durchdringe – was aber eher nützlich sein kann, weil die Grundierung dann jedenfalls gut auf dem Malgrund haftet.

Die Temperatur des Vorleims

Als die Farbverkäufer im 19. Jahrhundert die Vorbereitung der Leinwände für die Maler übernahmen, trugen sie den Vorleim als kalte Masse auf, die das Tuch wirksam versiegelte und es möglich machte, die Bleiweiß- und Kreidegrundierung sehr dünn aufzutragen. Wenn das Bild feucht wurde, löste sich jedoch die Grundierung – zusammen mit den Farben – von der Leimschicht.

Es wurde empfohlen, den Vorleim kalt oder lauwarm, nicht aber heiß aufzutragen, damit er nicht in die Fasern der Leinwand eindringen kann. Auch hier gibt es keine schlüssigen Beweise dafür, dass heißer Leim Schaden verursacht. Tatsächlich gibt es Fälle, in denen das Verhalten des Leims Veränderungen kompensiert, denen die Leinwand bei schwankender Luftfeuchtigkeit unterliegt. Mit zunehmender Luftfeuchtigkeit entspannt sich der Leim und quillt; wenn die Leinwand bei relativer Luftfeuchtigkeit von etwa 85 % einläuft, beginnt der Vorleim in den Fasern dem entgegenzuwirken.

Schrumpfen

Das Hauptproblem des Vorleims unter einem Gemälde ergibt sich bei Trockenheit (die häufiger ist als Feuchtigkeit). Wenn sich viel Leim auf der Leinwand befindet, sodass er als selbstständige Schicht fungiert, wird er zum entscheidenden Faktor innerhalb des Systems. Unter solchen Bedingungen ist die Leinwand entspannt, die Leimschicht extrem straff und die Farbschicht nur leicht gespannt. Die Folge ist, dass die schrumpfende Leimschicht die Leinwand und die Farbe zusammenzieht, was zu Rissen und zum Abblättern der Farben führen kann. Diese Probleme zeigen sich deutlich bei vielen Gemälden aus dem 19. Jahrhundert. (Eine Alternative zum Vorleim findet sich auf S. 59.) Man sollte daher möglichst wenig Vorleim auftragen, diesen aber heiß. Polyestergewebe brauchen bei Ölgrundierung überhaupt keinen Vorleim, da sie säuren- und laugenbeständig sind.

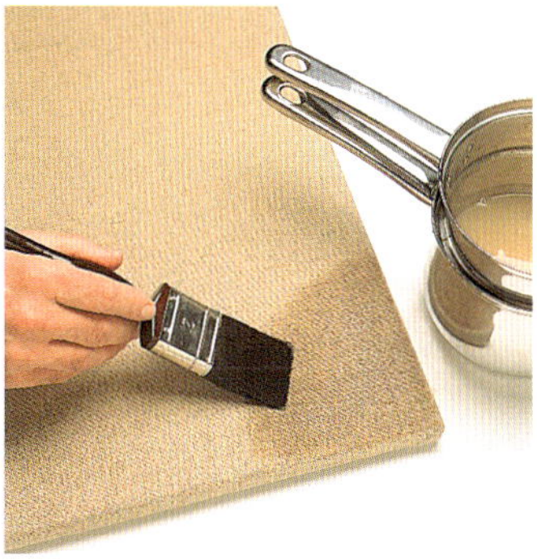

Vorleimen der Leinwand Mit einem breiten Haushaltspinsel wird der warme Leim auf die Leinwand aufgetragen.

Vorbereitung

Rückwärtiger Schutz der Leinwand

Alles, was verhindert, dass die Rückseite der Leinwand mit Schmutz in Kontakt kommt, trägt dazu bei, die Lebensdauer des Gewebes zu verlängern. Eine doppelte Leinwandschicht aus dem 19. Jahrhundert, deren untere Lage nach außen hin grundiert wurde, hat erwiesen, dass die so geschützte Leinwand weitaus weniger zersetzt war als zeitgenössische konventionelle Leinwände. Ein engmaschig gewebtes Polyestertuch kann zuerst auf den Keilrahmen gespannt werden, während die Leinwand dann darüber aufgezogen wird.

Eine hinten aufgesetzte Platte kann vor versehentlichen Stoßbeschädigungen schützen. Sie sollte keine Löcher haben, da diese nur die Luftfeuchtigkeit durchlassen. Das Klischee, ein Bild müsse »atmen« können, ist falsch. Ein völliges Einschließen der Leinwand würde zwar den besten Schutz bieten; da aber eine Glasschicht das Betrachten stört, trägt man lieber Firnis auf.

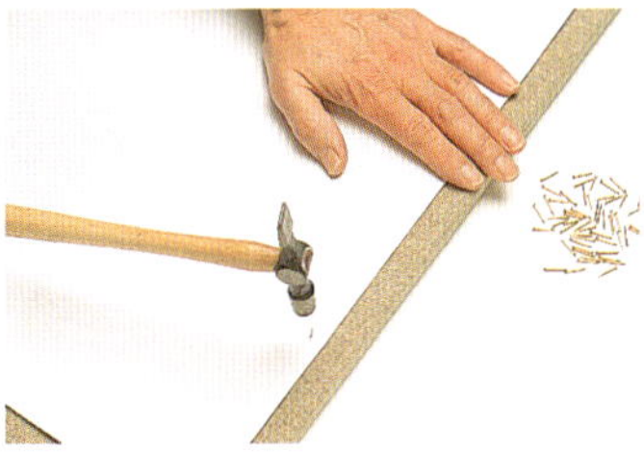

Schutz durch Platte Eine Hartfaserplatte oder auch schon ein Karton schützt die Rückseite der Leinwand gegen äußere Einflüsse. Man kann sie festnieten.

Spannung/Flexibilität

Die verschiedenen Materialien zum Grundieren der Leinwand können unterschiedlich auf ihr Altern und auf den Malgrund reagieren, was Probleme hinsichtlich Spannung und Flexibilität verursacht.

- Ölgrundierungen werden sehr spröde, entwickeln aber nicht die gleichen Spannungen wie Leim (siehe oben).
- Weiche Acrylgrundierungen auf Gewebe sind an sich nicht zu flexibel für Ölmalerei, machen aber die Struktur zu flexibel für die Ölschicht. Sie dürften sich besser für Ölmalerei auf steiferem Segeltuch-Polyestergewebe eignen. Geeignete Grundierungen für flexible Malgründe finden sich auf S. 61.

Grundierungen

Die Grundierung besteht aus der Vorleimung und der pigmentierten Grundierung, die auf den Malgrund aufgetragen wird, damit sich dieser als Malfläche eignet. Sie kann von einer dünnen Schicht pigmentierter Acrylemulsion bis hin zum dicken Gipsgrund reichen. Unterschiedliche Maltechniken und verschiedenartige Farben bedingen auch andersartige Grundierungen.

Die Grundierung hat drei Hauptfunktionen: Zunächst einmal isoliert sie den Malgrund von möglicherweise zerstörerischen Bestandteilen der Farbe. Das ist bei der Ölmalerei besonders wichtig, bei der ein Überschuss an Öl, der aus der Farbe in die Leinwandfasern eindringt, die darin enthaltene Cellulose oxidiert und spröde macht, was zum Zerfall des Gewebes führen kann. Die Bedeutung dieses Problems wurde aber in der Vergangenheit weit überschätzt.

Zweitens sorgt die Grundierung für eine Malfläche, welche die Farben annimmt und gleichmäßig haften lässt. Die Malfläche muss zu einem gewissen Grad griffig sein, damit die Farben gut haften, und sie muss leicht absorptionsfähig sein. Bei zu starker Absorption würde die Grundierung zu viel Öl aus der Farbe aufsaugen, und die derart ausgetrocknete Farbe könnte dann brüchig werden und abbröckeln. Würde die Grundierung dagegen gar nicht absorbieren, könnte die Farbe leicht abblättern.

Und schließlich verstärkt die Grundierung bei transparenten und halbtransparenten Maltechniken die Farben des Gemäldes. Deshalb muss man für die Grundierung haltbare Materialien verwenden. Würde ein Maler zum Beispiel eine billige Haushaltsemulsion als Grundierung verwenden und dann mit transparenten Farben darauf malen, die durch das Weiß der Grundierung ihre Leuchtkraft bekommen, so würde das Bild schon bald trübe werden.

Leim-Kreide-Grundierung

Diese Art der Grundierung besteht aus einer Leim- und einer Kreide- oder Gipsschicht; dabei wird Kreide mit Leim gemischt, um den Untergrund für das Gemälde zu bilden.

Es gibt verschiedene Methoden, die Grundierung herzustellen und aufzutragen. Hier wird eine heutzutage gängige Methode beschrieben, die auf der althergebrachten Praxis basiert (obwohl früher statt Kreide eher Gips verwendet wurde).

Leim-Kreide-Grundierungen werden oft für Eitempera- und Ölmalerei auf starren Malgründen verwendet. Für flexible Malgründe sind sie zu spröde. Weitere Grundierungen werden auf S. 61 vorgestellt.

Vorbereitung Der Vorleim

Vorleim stellt man her, indem man Trockenleim mit Wasser mischt. Leime, die aus Kaninchenfell oder sonstigen Tierhäuten gewonnen sind, werden grundsätzlich für den Kreidegrund empfohlen. Kaninchenleim ist flexibel und trocknet mit relativ geringer Spannung. Man kann auch den reineren Knochenleim verwenden, doch ist dieser weniger gut und spröder. Das Verhältnis zwischen Trockenleim und Wasser ist ausschlaggebend für die

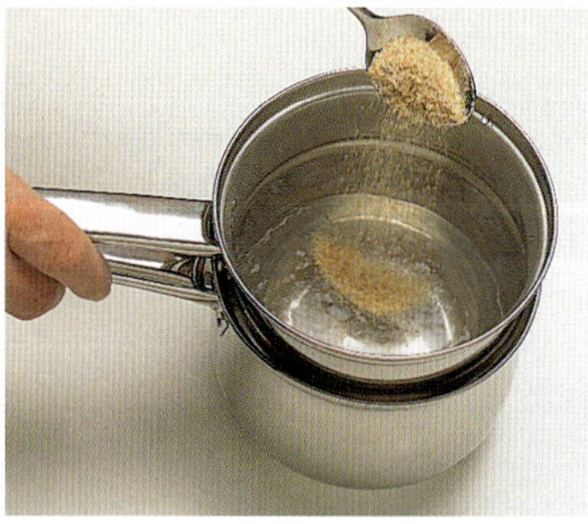

Herstellung des Vorleims Kaninchenleimkristalle werden mit Wasser gemischt und behutsam im Wasserbad erwärmt.

Dicke des Leims. Ein zu dicker Leim verursacht starke Spannung und Haarrisse; ein zu dünner Leim dagegen sorgt für eine schwache, weiche Schicht. Poröser Malgrund braucht eine dickere Lösung als der weniger poröse. Ich persönlich benutze 75–80 g Leim auf einen Liter Wasser für starre Malpaneele. Als Isolierschicht auf Leinwand verwendet man eine dünnere Lösung von 30–35 g/l.

Der Leim wird über Nacht in kaltem Wasser eingeweicht. Dann wird die Mischung im Wasserbad erwärmt (nicht kochen, denn dadurch verliert der Leim an Klebekraft).

Auftragen des Vorleims
Tragen Sie den Vorleim nicht nur auf der Vorderseite der Leinwand, sondern auch hinten und seitlich auf. Die erste Lage sollte leicht verdünnt werden, während die folgenden unverdünnt aufgetragen werden. Nach dem Auftrag mit dem Borstenpinsel muss jede Schicht gründlich trocknen, ehe die Kreidegrundierung erfolgt (siehe S. 60).

Vorleim auf flexiblem Malgrund
Obwohl eine Leim-Kreide-Grundierung auf flexiblem Malgrund nicht aufgetragen werden sollte, kann Leim als Isolierschicht auf Baumwoll- oder Leinenstoff dienen; der Leim braucht dabei nicht so dickflüssig zu sein wie bei einem starren Malgrund. Der Vorleim hat sich als verantwortlich für Rissbildungen erwiesen, den Ölgemälde auf flexiblem Malgrund oftmals zeigen. Das liegt an den Änderungen in der Steifheit, denen die Leimschicht infolge Luftfeuchtigkeitsschwankungen unterliegt. Dennoch bleibt Vorleimen das üblichste Verfahren zum Isolieren der Leinwand vom Öl der Farbe und der Grundierung. Der Leim sollte stark verdünnt sein, etwa 35–45 g/l, und einigermaßen heiß aufgetragen werden.

Natriumcarboximethylcellulose als Alternative zum Vorleim

Eine mögliche Alternative zur Verwendung des traditionellen Vorleims auf flexiblem Malgrund ist Carboximethylcellulose (CMC), ein Celluloseäther, der durch Reaktion von Alkalicellulose mit Natriummonochloracetat entsteht. Es ist als weißes Pulver oder Granulat erhältlich, das in Wasser gelöst eine leimähnliche Form annimmt. Die Viskosität richtet sich nach der Menge des beigemischten Wassers; zur Verwendung auf Leinwand empfiehlt sich eine relativ dünnflüssige Lösung. So kann man eine flexible Schicht auftragen, die Ölen und organischen Lösungsmitteln gegenüber beständig ist. Die Verwendung als Vorleim auf Baumwoll- oder Leinengewebe verringert die Probleme, die der traditionelle Vorleim verursacht. Jede Dehnung infolge Änderung der relativen Luftfeuchtigkeit erfolgt nunmehr völlig gleichmäßig in der Leinwand wie im Celluloseleim, sodass es nicht mehr zur Rissbildung kommt. Obwohl die Beschichtung, genau wie der sonst übliche Vorleim, die Leinwand steift, blättert oder reißt die Cellulose nicht, wie dies beim Leim unter trockenen Bedingungen geschehen kann. Eine etwa 8%ige Lösung in kaltem Wasser ist zum Auftrag auf Leinwand üblich. Man rührt die Lösung um und lässt sie quellen; danach wird sie noch einmal gründlich umgerührt und mit einem Borstenpinsel aufgetragen. Sie beschichtet die Fasern vornehmlich von außen. Zwei Schichten können aufgetragen werden. Genau wie beim Vorleim sollte man keine Grundierung auftragen, ehe der Celluloseleim nicht trocken ist. Erhält man CMC nicht in reiner Form, kann man methylcellulosehaltigen Tapetenkleister verwenden. Per Fingerspitzentest lässt sich feststellen, ob die Leinwand richtig geleimt wurde. Vor dem Leimen fühlt man Fasern aus der Leinwand hochstehen. Nach dem Leimen sollte sie sich glatt anfühlen.

Vorbereitung

Der Kreidegrund

Die Kreideschicht sorgt für die Hintergrundfarbe und Textur, auf denen das Gemälde entsteht. Kreidegrund stellt man her, indem man heißen Leim allmählich in trockene Kreide gießt und intensiv umrührt, bis die Mischung leicht cremig ist. Einige Minuten lang stehen lassen, damit sich eingeschlossene Luftbläschen befreien können, ehe die Grundierung aufgetragen wird.

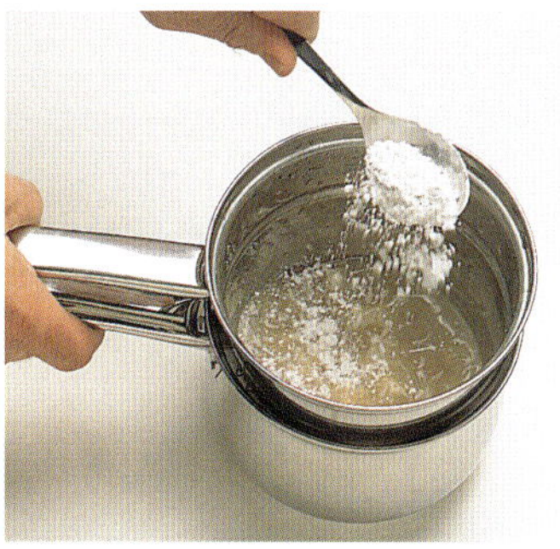

Geben Sie die Kreide mit einem Löffel in den Vorleim und rühren Sie kräftig um.

Pigmente und sonstige Zusätze im Kreidegrund
Die vielen Rezepte für Kreidegrundierungen basieren eigentlich alle auf chemisch inaktiven Weißpigmenten, die in einer wässrigen Leimlösung gebunden sind, aber es werden auch noch viele Zusätze empfohlen. Die beiden Hauptfaktoren, die für Ihre Wahl entscheidend sein sollten, sind Weiße und Textur.

Als Erstes sollten Sie entscheiden, wie wichtig ein brillantes Weiß für den Malgrund ist. Für dünne, transparente Farbschichten, die durch das Weiß der Grundierung ihre Leuchtkraft bekommen, ist dies ein wichtiger Faktor, sodass eine gewisse Menge weißen Pigments hinzugefügt werden kann. Titanweiß wird wegen seiner Deckkraft empfohlen. Ich mische einen Teil mit neun Teilen trockener Schlämmkreide.

Als Zweites spielt die Härte, Geschmeidigkeit oder Rauheit der Grundierung eine Rolle. Wenn ein sehr geschmeidiger Grund erwünscht ist, kann traditioneller roter oder weißer Bolus mit der Kreide vermischt werden. Kaolin ist eine fast gleichwertige Erde, die denselben Effekt ergibt. Für eine raue Grundierung mit guter Haftung sind feines Bimspulver, Sand, Marmor- oder Kalksteinpulver brauchbar. Sie können ohne Weiteres mit verschiedenen Mischungen experimentieren und Grundierungen nach eigenem Rezept herstellen. Da diese Zusätze chemisch inaktiv sind, beeinflussen sie die Farbschicht nicht, vorausgesetzt, dass sie im Kreidegrund gut gebunden sind; auf einem starren Malgrund sind sie beständig. (Natürlich können auch Acrylgrundierungen hinzugefügt werden.)

Technik

Kreide auftragen

Die Zahl der aufgetragenen Kreideschichten hängt von der persönlichen Vorliebe des Malers ab. Wichtig ist, dass die Grundierung für eine geschmeidige, gleichmäßige Fläche mit brillantem Weiß sorgt. Die meisten Maler tragen zwischen drei und sieben Lagen auf. Dickere Grundierungen absorbieren stärker, haben aber auch mehr Spannung. Um die nachteiligen Auswirkungen der Grundierspannung zu verringern, kann man die oberen Schichten etwas schwächer binden als die unteren. Zur Verringerung des Risikos eines nachträglichen Verziehens sollte die Grundierung beiderseits des Paneels und auf den Seiten aufgetragen werden.

Isolieren des Kreidegrunds

Die soeben beschriebene Grundierung absorbiert sehr stark, und diese negative Eigenschaft kann man durch Isolieren mindern. Eine völlig absorbierende Grundierung saugt alles Öl der Ölfarben auf, sodass das Pigment staubartig trocken wird und viel zu schwach gebunden ist. Ein gutes Isoliermittel ist das Normalisoliermittel von Schmincke, aber man kann auch eine Schellack-Alkohol-Lösung auftragen.

Das Isoliermittel sollte den Lösungsmitteln gegenüber beständig sein, die in dünnen, darauf aufgetragenen Ölfarbschichten enthalten sind.

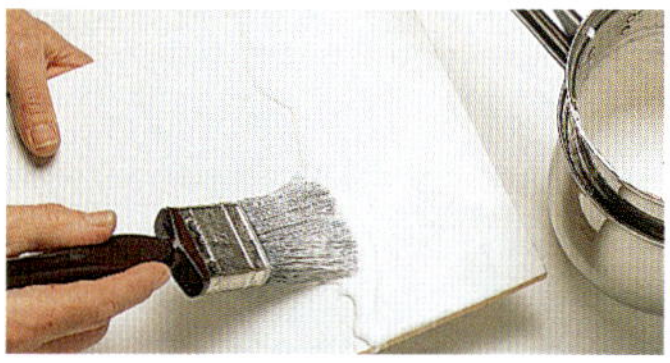

1 Lassen Sie jede Schicht der Grundierung trocknen, bevor Sie die nächste auftragen.

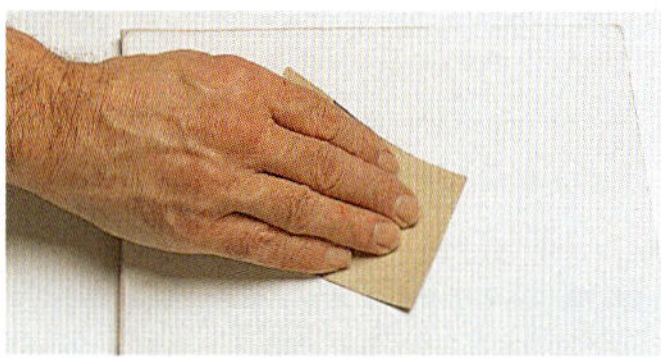

2 Die ganz trockene Grundierung wird mit nassem und trockenem feinen Schmirgelpapier glatt geschliffen.

Technik Traditionelle Leim-Gips-Grundierung

Diese Art der bereits beschriebenen Grundierung wurde schon von Cennino Cennini im 15. Jahrhundert empfohlen. Bei Cenninis Verfahren werden zwei Gipsarten verwendet:

- *Gesso grosso* – Naturgips (nicht Modellgips!) wird mit Grundierleim verrührt und verspachtelt.
- *Gesso sottile* – hier wird der Naturgips einen Monat lang in Wasser eingeweicht, wobei die Mischung täglich umgerührt wird; dann wird das Wasser herausgepresst und der Gips heißem, aber nicht kochendem Leim hinzugefügt. Mehrere Schichten werden rechtwinklig zueinander aufgetragen.

Technik Verwendung von Gewebe

Cennini empfahl, das grundierte Paneel mit dünnen Leinenstreifen zu bedecken. Diese sollten mit Leim getränkt und dann über die Holzplatte gelegt sowie geglättet werden. Das machte man im Allgemeinen über der Verbindungsstelle zwischen den einzelnen Brettern des Paneels, um das Risiko des Reißens zu verringern. Durch Überdecken des ganzen Paneels mit kleinen Gewebestreifen sollte die Spannung verringert werden, die ein durchgehender Stoff durch Zusammenziehen auf das Paneel ausüben kann. Wenn man jedoch ein leichtes, locker gewebtes Leinen verwendet, ist diese Gefahr gering. Durch eine Gipsgrundierung wird das Tuch beim fertig präparierten Paneel nicht mehr sichtbar sein. Beschichtet man das Paneel mit einer modernen Acryl- oder ölmodifizierten Alkydharzgrundierung, dann wird die Gewebestruktur zum integralen Bestandteil im Aussehen des Paneels, sodass man eine durchgehende Leinwand auflegen muss. Ist der Untergrund eine starre Hartfaserplatte, besteht natürlich keine Rissgefahr.

Manche Autoren erklären, dass Stoff auf einem Malpaneel ein zusätzliches, aber überflüssiges Element sei, welches das Risiko erhöhe, z. B. durch Blasenbildung. Wenn das Tuch jedoch leicht genug ist, dann ist diese Gefahr gering. Es geht aber auch ganz ohne Tuch.

Weitere Grundierungen

Es gibt im Fachhandel zwei Hauptsorten von Grundierungsmitteln. Die wässrigen Acrylgrundiermittel lassen sich für Acrylfarben auf Leinwand wie für Acryl- und Ölfarben auf starren Bildträgern verwenden. Die Ölmalgrundiermittel für Leinwand basieren meist auf pigmentierten, ölmodifizierten Alkydharzen, die in Terpentinersatz löslich sind. Man sollte sie sparsam verwenden.

Die traditionelle Emulsionsgrundierung

Ein Teil Leinöl (wenigstens 25% Gewichtsanteil) tropfenweise einer heißen Gipsmischung unter starkem Umrühren beigemischt, ergibt eine Emulsion. Die so entstandene Grundierung absorbiert weitaus weniger als die zuvor beschriebene Gipsgrundierung und ist auch viel flexibler. Sie neigt aber zum Gilben und kann spröde werden. Doch ist sie eine gut haftende Basis für starre Malgründe.

Die traditionelle Ölgrundierung

Dies ist ein traditionelles Verfahren zum Präparieren starrer Malgründe mit nichtabsorbierender Ölgrundierung, von dem jedoch heute wegen Gefahr des Vergilbens abgeraten wird. Das Paneel wird mit Leinöl bestrichen, das man trocknen lässt, dann mit einer Bleiweißgrundierung in Leinöl beschichtet, und nachdem diese trocken ist – was einige Tage dauern kann –, wird die Grundierung glatt geschliffen. Der Prozess wird mit langen Pausen zum Trocknen wiederholt.

Bleiweiß in Öl wird heutzutage meist über eine Vorleimschicht aufgetragen. Zwei Schichten genügen im Allgemeinen, und jede sollte gründlich trocken sein, ehe sie übermalt wird. Vor dem Bemalen lässt man die Paneele sechs Monate lang stehen. Der Auftrag frischer nasser Ölfarbe auf halbtrockenem Ölgrund hätte nämlich Rissbildung und schlechtes Haften zur Folge.

Moderne »Öl«-Grundierungen

Die Bleiweiß-Öl-Grundierung lässt sich in akzeptabler Weise durch eine andere Grundierung ersetzen; sie besteht aus Titandioxid in ölmodifiziertem Alkydharz. Das synthetische Harzmalmittel ist extrem haltbar und gilbt nicht. Die einzelnen Schichten sollten gründlich trocknen; dies geschieht weitaus schneller als bei der entsprechenden Grundierung auf Leinölbasis. Genau wie bei den übrigen Grundierungen sollten auch die Ränder und die Rückseite des Paneels bestrichen werden, um einer Feuchtigkeitsaufnahme und dem Wölben vorzubeugen. Im Gegensatz zu den Bleiweiß-Öl-Grundierungen kann diese direkt aufgetragen werden; Leinwände erhalten zuvor ein oder zwei dünne Vorleimbeschichtungen.

Andere Grundierungen auf Syntheseharz-Basis

Die sogenannten »Acryl-Gips-Grundierungen« enthalten überhaupt keinen Gips; es handelt sich dabei nur um pigmentierte Acrylharzdispersionen. Als solche gilben und reißen sie nicht und haften auch gut auf den meisten Flächen, ohne dass eine Vorleimung erforderlich ist. Sie sind extrem flexibel und eignen sich zur Arbeit mit Acrylfarben auf Leinwand. Man kann sie auch zur Grundierung starrer Malgründe bei der Ölmalerei verwenden. Zur Grundierung von Leinwand für Ölmalerei sind sie aber zu flexibel – die Ölfarbschicht wäre weniger flexibel als die Grundierung und daher sehr leicht verletzbar. Es gibt zwar auch härtere Acrylharze, die sich für Ölmalerei auf Leinwand eignen würden, aber diese sind nur schwer erhältlich. Die Marken-Acrylgrundierungen kann man etwas rauer machen, indem man ihnen geringe Mengen eines Füllstoffs beimischt, wie etwa feines Bimssteinoder Marmorpulver, allerdings nur so viel, dass das Harz noch einen zusammenhängenden Film bilden kann.

Die Acryldispersionen (Emulsionen genannt), die das weiße Pigmentpulver binden, gibt es in nichtpigmentierter Form als Acrylbindemittel. Sie haben das charakteristisch milchige Aussehen von Harzdispersionen und trocknen transparent. Man kann sie direkt als Grundierung für flexible oder starre Malgründe verwenden, wenn der Maler die Farbe der Leinwand oder des Holzes in das Bild einbeziehen will.

Haushaltsfarben als Grundierung

Die meisten Emulsionsfarben auf Wasserbasis zum Anstreichen basieren auf Vinylharzen und wurden von Kunstmalern verwendet, die einen stärker absorbierenden Untergrund brauchten. Darüber hinaus gibt es jetzt halbglänzende Farben auf Acrylbasis, die erheblich haltbarer sein sollen als jene auf Alkydbasis und die von einigen Malern (nachdem die trockene Oberfläche geschmirgelt wurde, um sie besser haftend zu machen) als halb- oder nichtabsorbierende Grundierung verwendet werden. Manche Maler haben auch die kommerziellen mattweißen Grundierfarben auf Ölbasis über dem Vorleim zur Ölmalerei aufgetragen. Doch sollte man daran denken, dass diese Farben eine maximale Lebensdauer von nur zehn Jahren haben. Vor allem in den letzten Jahren mischte man den Anstrichfarben sehr viel Kolophonium oder Terpentinharz bei. Doch besteht hier die Gefahr des Verblassens und des Abbröckelns der Farbschicht. Solche Beschichtungen sind auf starren Malgründen sicherer, vorausgesetzt, dass eine völlig deckende Maltechnik angewandt wird, sodass das Weiß der Grundierung nicht in den aufgetragenen Farben mitwirkt.

ZEICHNEN

Zeichnen ist eine der unmittelbarsten und spontansten künstlerischen Ausdrucksmöglichkeiten. Man kann mit den einfachsten Materialien, etwa einem Stück Kreide oder einem Bleistift auf einem Fetzen Papier visuelle Notizen machen, eine Szene, eine Idee oder einen Eindruck skizzieren, und eine Atmosphäre in wenigen Augenblicken einfangen.

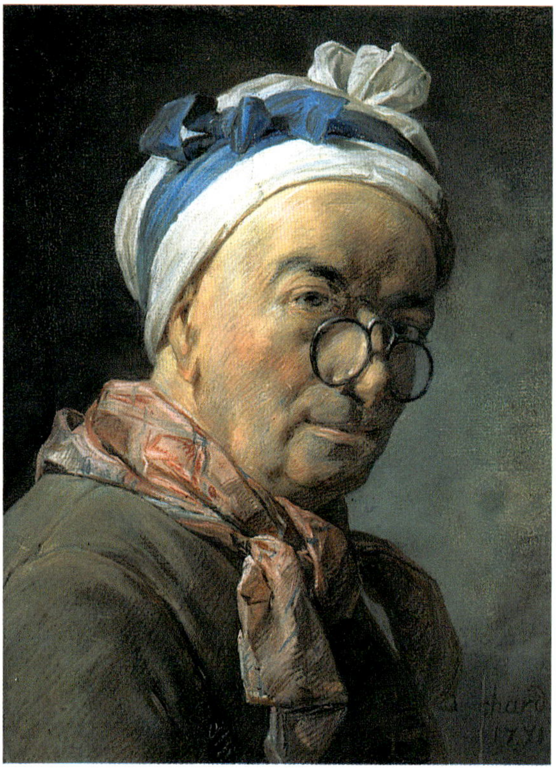

Selbstbildnis mit Brille *(1771)*, JEAN-BAPTISTE-SIMÉON CHARDIN

Chardin schuf diese großartige Pastellstudie vier Jahre vor seinem Tod. Ihre Qualität ist das Ergebnis von jahrelanger Erfahrung und einer in diesen Jahren gewachsenen Selbstkenntnis. Chardin zeigt sich so, wie er ist: Sein Turban ist mit einem blauen Band zusammengebunden, ein rosa Schal liegt um seinen Hals und auf seiner Nasenspitze sitzt die Brille. Er macht sich über sein Aussehen keine Illusionen, doch hat er ein würdevolles und beeindruckendes Selbstporträt geschaffen, in dem wir Chardin so erleben, wie er sich selbst sah. Hier ist ein wacher, fragender Geist am Werk, ein Künstler, der auf bemerkenswerte Weise die volle Bedeutung seines Themas erfasst hat.

Bleistift

Der sogenannte »Bleistift« wird in Wirklichkeit aus Graphit hergestellt. Zur irrtümlichen Bezeichnung kam es im 16. Jahrhundert, als man eine Graphitfundstätte in England zunächst für eine Bleigrube ansah. Graphit ist eine Art von natürlichem Kohlenstoff, der sich ähnlich wie die Kohle aus ehemaligen Wäldern bildete. Kohle entsteht durch den Druck der Erdschichten; eine Kombination von Druck und Hitze rekristallisiert den amorphen Kohlenstoff in die schuppenförmigen Kristalle des Graphits. Diese sind locker gebunden, wodurch der Graphit seine Geschmeidigkeit bekommt.

Die übliche Form des natürlich gewonnenen Graphits ist die amorphe; er ist zwar kristallin, aber bröckelig, sodass er sich nicht direkt als Zeichenmaterial eignet. Fester Graphit wurde um 1500 in England entdeckt. Hauptverwendungszweck war in der Waffenindustrie die Formenherstellung für Kanonenkugeln.

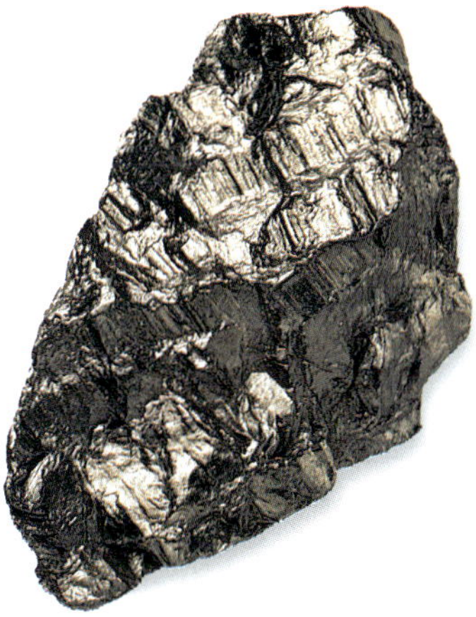

Massiver Graphit
Dieses Material zur Formenherstellung für Kanonenkugeln widerstand der Hitze des geschmolzenen Metalls, da es vulkanisch war.

Geschichte des Graphitstifts

Die Mine von Cumberland, in der man den Graphit entdeckte, war zunächst die einzige, und deshalb war das Material sehr teuer. Man fand heraus, dass fester Graphit sich gut zum Markieren eignete, und so wickelte man Graphitstücke in Schafsfell, um sie zum Zeichnen zu verwenden.

Die ersten in Holz gebetteten Bleistifte
Im 16. Jahrhundert entwickelte sich die Bleistiftherstellung nur langsam. Man zersägte den Graphit in dünne Scheiben, und eine Scheibe wurde in die Aushöhlung eines Holzstücks gezwängt. Dann wurde der Graphit entlang der Furche geritzt und abgebrochen, und darüber wurde ein anderes Holzstück geklebt. Dieser »viereckige« Bleistift wurde anschließend rund gemacht. Napoleon forderte seine Wissenschaftler auf, nach einer Alternative zum massiven Graphit zu suchen, und im Jahre 1795 entdeckte der französische Chemiker Conté ein Verfahren, den amorphen Graphit mit Ton zu mischen und diese Mischung dann bei hoher Temperatur zu brennen, um einen »festen« Graphit zu erhalten. Auf diesem Verfahren beruht bis heute die Technik der Bleistiftherstellung.

Material Moderne Bleistiftherstellung

Der reinste und beste Graphit ist der mit dem höchsten Kohlenstoffgehalt. Sehr reine Formen mit 98–99 % Kohlenstoff kommen aus Sri Lanka, aber die Herkunftsländer reichen weltweit von Mexiko bis Korea. Der Graphit wird zu einem sehr feinen Pulver zermahlen, ehe er in die Bleistiftfabrik kommt. Der Grad der Härte oder Weichheit hängt vom Mischungsverhältnis zwischen Graphit und Ton ab. Je mehr Ton, desto härter der Bleistift.

Der Ton hat zwei Funktionen: Vor dem Brennen hält er die Mischung zusammen, danach wirkt er als Härtesubstanz zum Binden des Graphits.

Die Fabrikation von Bleistiften

Zur Bleistiftherstellung verwendet man hochplastische Tonerden verschiedener Ablagerungen. Es handelt sich dabei vornehmlich um kolloidale Silikate. Ton und Graphit werden mit Wasser zu einem Gemenge angerührt und in eine Mühle gegeben, die den Graphit in winzige Partikel zermahlt und für intensive Vermischung sorgt. Dann wird das Wasser herausgefiltert, und es verbleibt ein sogenannter »Kuchen« aus Graphit und Ton. Dieser Kuchen wird zu einem feinen Pulver zermahlen. Eine bestimmte Menge Wasser wird hinzugefügt, und die Masse kommt in einen Zylinder, etwa 37,5 cm lang und 15–17,5 cm im Durchmesser. Ein Vakuumsystem saugt die verbliebene Luft heraus, und ein Druckkolben schiebt die Masse in eine Minenpresse, aus der die noch nassen Minen herauskommen. Diese werden dann auf Bleistiftlänge gehackt und getrocknet. Die Struktur hat Löcher an den Stellen, an denen zuvor Wasser war. Jetzt werden die Minen bei ca. 1000 °C gebrannt, wodurch der Ton weich wird und sein chemisch gebundenes Wasser verliert. Die richtige Temperatur setzt entsprechende Erfahrung voraus.

In diesem Stadium wären die Minen zu hart zum Schreiben, und deshalb werden sie mit geschmolzenem Wachs imprägniert – weich oder hart, je nach gewünschter Härte oder Weichheit des Bleistifts. Wenn die Minen in das Wachsbad getaucht werden, werden die Löcher, die beim Trocknen durch das entwichene Wasser entstanden sind, mit Wachs gefüllt. Schließlich wird das überschüssige Wachs herausgeschleudert.

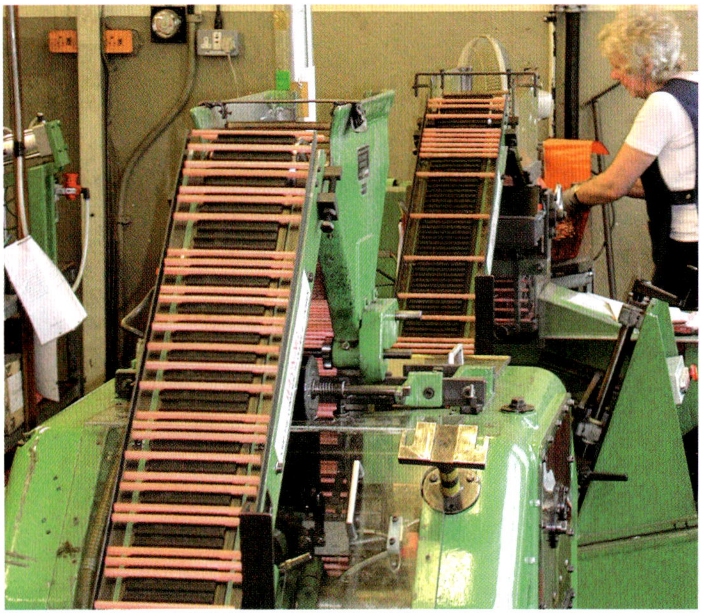

Bleistiftherstellung Alle Produktionsphasen sind voll automatisiert. Hier werden die Bleistifte gerade mit dem Prägestempel der Herstellerfirma versehen.

Der Holzkörper des Bleistifts

Das erste »maßgeschneiderte« Holz für Bleistifte war Zedernholz aus Florida von alten Eisenbahnschwellen, das von Öl durchsetzt war. Später verwendete man Zedernholz aus Kenia, dessen Leisten zur Öl-Imprägnierung in Druckkammern kamen. Das Öl sorgt für eine glatte Schnittfläche beim Bleistiftspitzen. Ferner dienen heute Linden-, Espen-, Pappel- und Föhrenholz als Bleistiftkörper.

Material

Stiftgrößen und -formen

Obwohl die meisten Bleistifte eine Standardlänge haben (17,5 cm), können Form und Durchmesser der Mine und des Gehäuses unterschiedlich sein. Abgesehen vom flachen Zimmermannsstift sind Bleistifte im Allgemeinen sechseckig oder rund. Ein Spezialbleistift mit dünnem Holzkörper ermüdet die Hand schnell.

Der sechseckige Bleistift

Er liegt fest in der Hand, wobei der Zeigefinger auf der oberen Fläche ruht und Daumen und Mittelfinger zwei Seitenflächen halten. Dadurch ist diese Bleistiftform sehr griffig.

Der runde Bleistift

Zur Beweglichkeit an der Spitze oder der Seite der Mine kann sich ein runder Bleistift besser eignen, weil man ihn leicht um jeden Grad drehen kann.

Die dicksten Minen (4 mm) findet man im Allgemeinen in sehr weichen Graphitstiften, bei denen die Seitenfläche der Mine eine ebenso große Rolle wie die Spitze spielt. Bei einem Standard-Graphitstift, der immer gut gespitzt ist, werden nur etwa 5–10 % der Mine tatsächlich genutzt, und hier ist eine dünnere Mine besser.

Gleichmäßige Wirkung

Zum gleichmäßigen Schattieren großer Flächen verwendet man die abgeplattete schräge Fläche der Mine. Wenn Sie dabei mit der Hand einen konstanten Druck ausüben, entsteht ein gleichmäßiger Ton. Wenn Sie aber den Bleistift rollen, sodass nur ein Teil seiner Minenfläche das Papier berührt, entsteht ein Strich.

In der Praxis werden Sie den Bleistift beim Schattieren wahrscheinlich nicht ständig zwischen den Fingern rollen, aber das Problem kann auftreten.

Material Zeichenstifte

Der übliche Bleistift ist sechseckig und hat eine Länge von 17,5 cm; die Mine im Holzkörper ist rund und 2 mm dick. Die runden Stifte werden etwas seltener gebraucht. Manche Hersteller bieten Graphitstifte mit dickeren Minen an, nämlich 4 bis 5,7 mm. Andere liefern eine Reihe runder oder sechseckiger »reiner« Graphitstifte, 7, 8 oder gar 12 mm dick. Ferner gibt es die mechanischen Druckstifte mit Minen zwischen 0,3 und 2 mm Durchmesser.

Die Graphitmine ist eigentlich immer das gleiche Produkt. Ein Bereich von dünn bis fett zwischen 0,3 und 12 mm und 20 Härtegrade von 10H (ganz hart) bis 8B (ganz weich) ermöglichen eine Vielzahl von Manipulationen und Techniken.

Bleistift spitzen

Bleistifte spitzt man am besten mit einem scharfen Messer. Obwohl Bleistiftspitzer anfangs recht gut funktionieren, werden sie schon bald stumpf. Damit sie den Anforderungen der künstlerischen Arbeit weiterhin genügen, muss man den Spitzer dann entweder schärfen oder ersetzen, denn ein stumpfer Spitzer schneidet das Holz unregelmäßig, und die Minen brechen häufig ab.

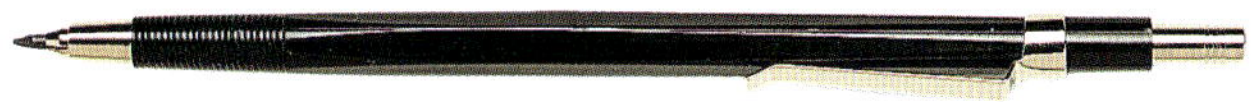

Mechanischer Druckbleistift

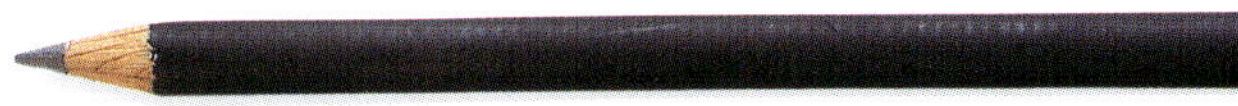

Wasserlöslicher Bleistift

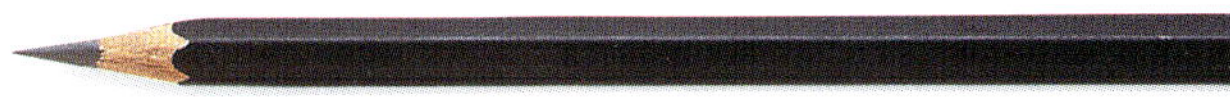

Sechseckiger Bleistift 2B

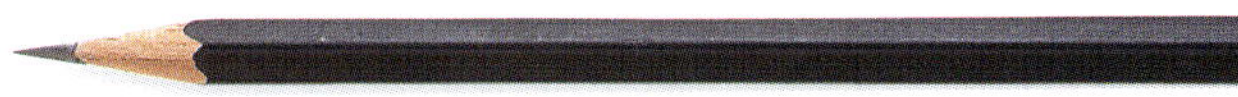

Sechseckiger Bleistift 4B

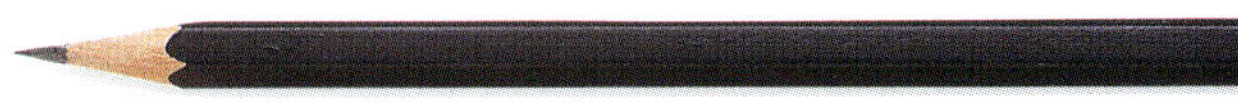

Sechseckiger Bleistift 6B

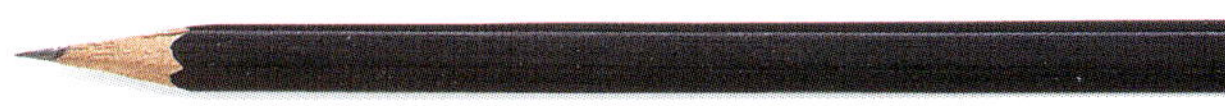

Sechseckiger Bleistift 8B

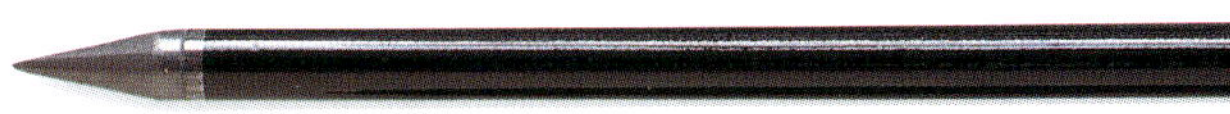

Runder Graphitstab 6B

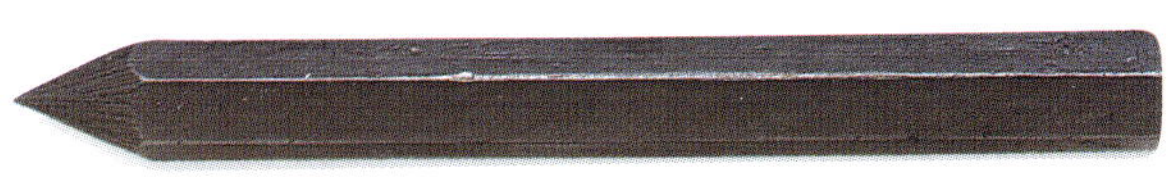

Dicker Graphitstab 6B

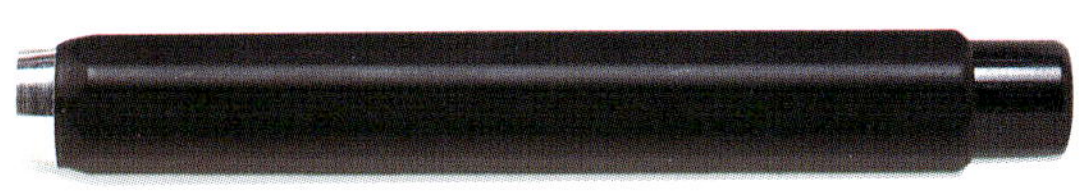

Graphitstabhalter

Material Bildträger für Bleistiftzeichnung

Weißes oder cremefarbiges Papier wird für Bleistiftzeichnungen am häufigsten verwendet, aber man kann auch andere leicht getönte Papiere benutzen. Manche Maler machen Bleistift-Vorzeichnungen zu Gemälden auf Holzplatten oder Leinwand. Matte Polyester-Zeichenfolie ist ein relativ neuer Bildträger, dessen Oberfläche Graphit besonders gut aufnimmt.

Für bleibende Zeichnungen auf weißem Papier wähle man ein säurefreies reines Hadernpapier; selbst hochwertiges Zeichenpapier gilbt mit der Zeit. Der Graphitauftrag ist, sofern er nicht ausradiert wird, absolut haltbar.

Material Radierer

Einer der Vorteile der Bleistiftzeichnung besteht darin, dass man Striche und Schatten leicht wieder ausradieren und neu auftragen kann. Der Fachhandel bietet eine Vielzahl guter Radierer an, darunter den konventionellen Radiergummi, den weichen Knetgummi, den Kunstgummiradierer und den (vielleicht besten von allen) relativ neuen Plastik- oder Vinylradierer. Die weißen eignen sich für Zeichenarbeiten am besten, denn sie beschädigen die Oberfläche des Papiers nicht. Zum präzisen Arbeiten kann man sie leicht spitz zuschneiden.

Radierersorten

1 Kunstgummiradierer
2 Knetgummi
3 Standard-Radiergummi
4 Plastikradierer

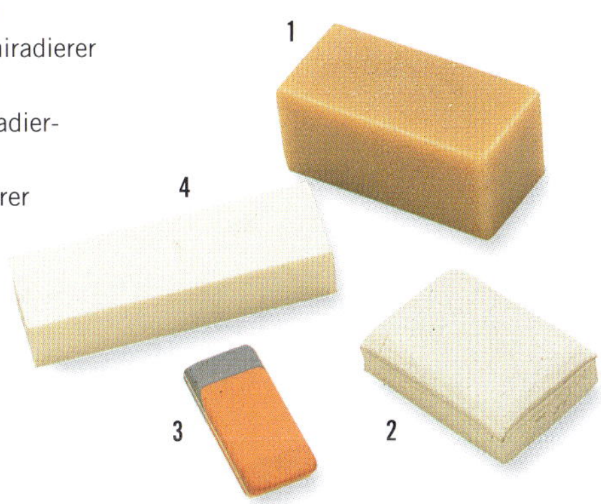

Linientechniken

Graphitzeichnungen sind bleibend, aber doch in anderer Weise korrigierbar als anderes Zeichenmaterial. Der Zeichner kann seine Linien kontrollieren, d. h. er kann sie zeichnen, ausradieren und wieder auftragen. Sie können samtartig weich oder ganz hart sein. Man kann zart oder energisch zeichnen. Der Graphitstift ist ein wirtschaftliches, wirkungsvolles und sauberes Medium.

Technik Die Eigenart der Bleistiftlinie

Die Eigenart einer Bleistiftlinie kann mit zwei auf glattem oder rauem Papier gezogenen Wellenlinien mit zwei verschiedenen Graphitstiften demonstriert werden. Eine flüssig gezogene, einfache Bleistiftlinie hat die energische und samtige Unmittelbarkeit, die für die Bleistiftzeichnung typisch ist. Auf glattem Papier ist die Bleistiftlinie glatt und fortlaufend. Auf rauem Papier wird der Graphitstaub nur von der Körnung aufgenommen und ergibt so eine deutliche Textur.

Übt man mit der Hand unterschiedlich starken Druck auf die Bleistiftmine aus, so erhält man unterschiedliche Tonwerte im Linienverlauf. Die so subtil reagierende Bleistiftlinie hebt den Bleistift von anderen gleichmäßiger verlaufenden Zeichenmitteln, wie der Tusche, ab. So kann man in einer einfachen Linienzeichnung dennoch Tonwerte erzeugen; tiefere, dunklere Linien für stärkere Kontraste des Motivs und helle Linien für angrenzende Tonwerte.

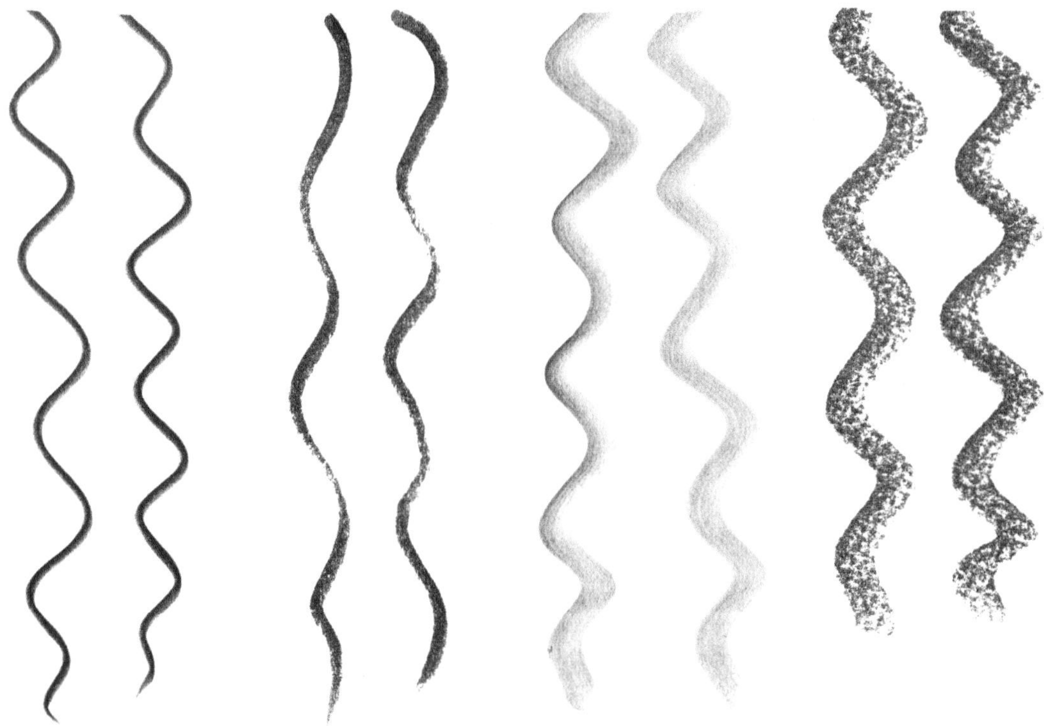

Graphitstab 6B glattes Papier
Das glatte Papier fördert den Linienfluss und die gleichmäßige Tönung der Linien, die einen scharfen Rand haben.

Graphitstab 6B raues Papier
Der Handdruck schwankt entlang den Linien von fest nach schwach. Diese Linien wirken wie »Bänder« und fast dreidimensional.

Weicher, flacher Skizzierbleistift auf glattem Papier
Die Breitseite dieses rechteckigen Graphitstifts schafft eine flüssig verlaufende Linie.

Weicher, flacher Skizzierbleistift auf rauem Papier
Die gleichen Linien auf einem rauen Papier ergeben eine aufgeraute Wirkung. Durch die Körnung zeigt sich eine starke Textur.

Technik

Unterschiedliche Zeichentechniken

Für die erste Porträtskizze (links) habe ich einen Druckbleistift mit einer Mine 0,5 mm B verwendet. Rechts habe ich einen normalen ungespitzten HB-Bleistift eingesetzt. Beide Porträts entstanden direkt nach dem Leben, ohne zu radieren. Der Stil der Porträtzeichnung links entspringt nicht nur der Konzentration und Intensität einer Porträtzeichnung nach dem Leben, sondern auch der Erkenntnis, dass es in der Natur eine Beständigkeit gibt, die man mit einer fortlaufenden Bleistiftlinie wiedergeben kann.

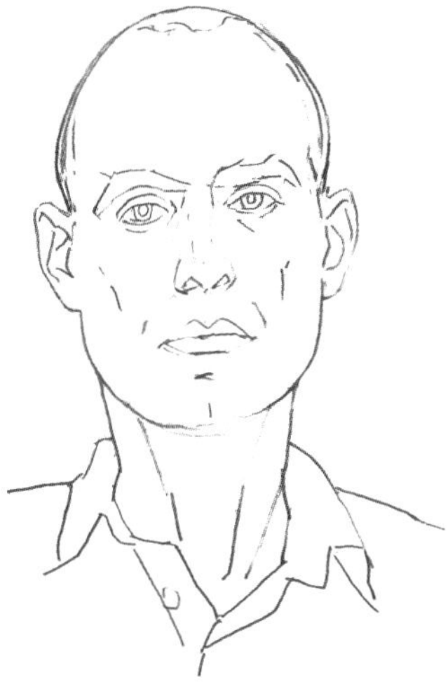

Druckbleistift, Mine 0,5 mm B Es darf maximal ein Millimeter der Mine aus dem Stift herausragen, sonst bricht sie.

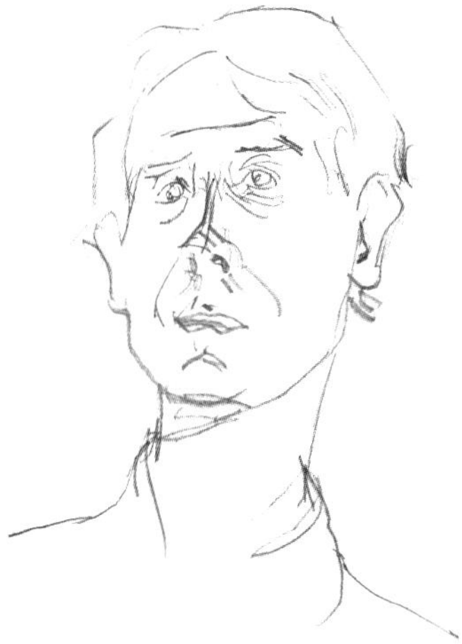

Ungespitzter HB-Bleistift Der abgerundete Bleistift ergibt eine weichere, sensiblere Porträtzeichnung.

Der Bleistift als Skizziermittel

Kleinformatige, nach dem Leben gezeichnete Figurenstudien in Bleistift, wie die unten abgebildete, die nur durch Beobachten und Zeichnen des Motivs ohne Radieren entstanden ist, sind gute Übungen zur Vorbereitung eines größeren Bildes oder zur Umsetzung in eine andere Technik.

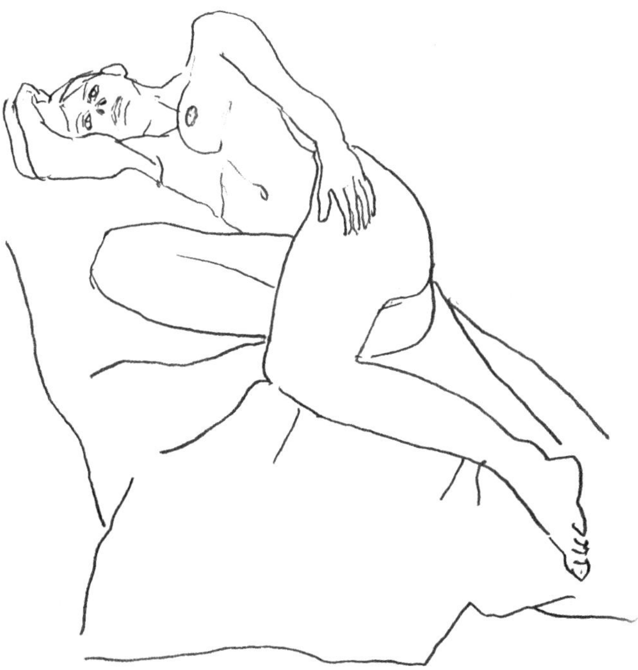

Kleinformatige Bleistiftskizze Sie ist eine gute Anschauungshilfe für eine großformatigere Arbeit.

Kontrolle des Liniencharakters

Die Wahl des richtigen Zeichenstifts spielt hier eine große Rolle. Z. B. eignet sich für schnelle kleine Skizzenbuchzeichnungen, die Sie spontan machen wollen, ein spitzer, harter bis mittelharter Bleistift (H, HB oder B) sehr gut. Als Kontrast erzeugt ein weicher Bleistift (3B bis 7B) tiefe, dickere und weiche Linien. Die Graphitlinie kann im Ton während des Strichs beachtlich variieren und zeichnet sich durch eine Wärme und Ansprache, wie man sie durch andere Medien kaum erzielt.

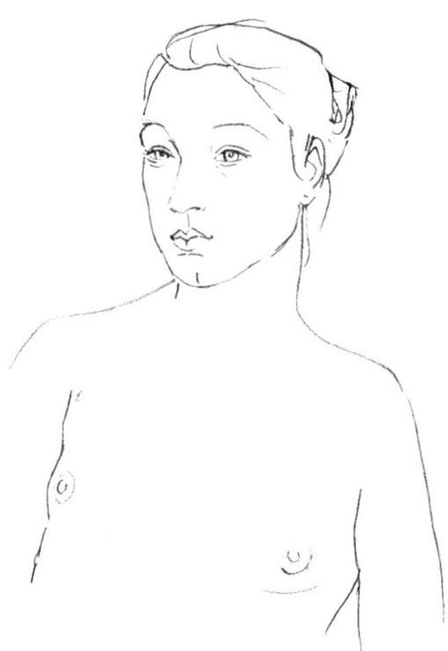

4B-Linie mit unterschiedlicher Schwärze Dieselbe Zeichnung als gleichtönige Tuschzeichnung würde flacher und weniger gefühlsmäßig wirken.

Schattierungstechniken

Es gibt mehrere Methoden, eine Bleistiftzeichnung durch Schattieren zu tönen. Die Techniken hängen in ihrer speziellen Wirkung weitgehend von der Art des Zeichengrundes ab. Die Beispiele zeigen drei der beliebtesten und effektivsten Methoden: Kreuzschraffierung, Schattierung und verwischte Schattierung. Ein weiteres Verfahren besteht darin, dicht neben den Konturen eines Bildes parallele Linien zu ziehen.

Kreuzschraffierung

Bei Kreuzschraffierungen zeichnet man durchlaufende Linien in zwei oder mehr Richtungen. Je rauer die Oberfläche ist, desto mehr wird die Kreuzschraffur aufgebrochen. Nur auf glattem Papier stehen die Linien scharf. Eine raue Zeichenfläche, die die Linien stärker aufnimmt, lässt die Schraffierung weniger technisch aussehen. Mit dieser Standardmethode der Tonwertwiedergabe ergibt jede neue Schicht kreuzschraffierter Linien einen tieferen Tonwert.

Schattierung

Eine einfache Methode, um Tonwerte aufzubauen. Man schraffiert mit der Bewegung des Arms oder aus dem Handgelenk, der Ellbogen stützt sich dabei auf dem Zeichenbrett ab. Das Beispiel unten zeigt eine enge, einseitige Schattierung. Auf rauem Papier wird die Schattierung zu einer gleichmäßigen Halbtonfläche, da das Graphit nur auf der Körnung sitzen bleibt und die Vertiefungen im Papier weiß bleiben. Auf glattem Papier ergibt sich eine dunklere, geschlossenere Fläche.

Verwischte Schattierung

Wenn man eine Kreuzschraffur oder Schattierung verreibt, erhält man eine verwischte Schattierung mit weichen Rändern. Auch die weißen, nicht ausgefüllten Stellen auf rauem Papier füllen sich dann mit einem weichen, grauen Ton. Je dünner der verwendete Bleistift, desto feiner der Ton; der Unterschied zwischen Flächen in Graphit- und Druckbleistift ist groß. Fährt man mit dem Schraffieren und Verwischen fort, erhält man zahlreiche Tonwerte.

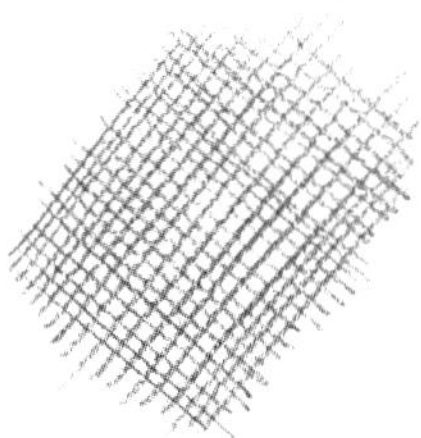

Kreuzschraffierung Kreuz und quer überlagerte Linien, Druckbleistift 0,5 mm.

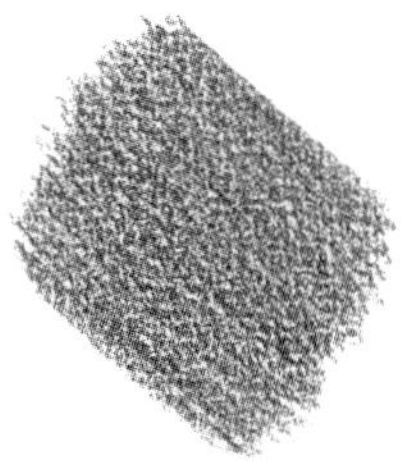

Einseitiges Schattieren Die Linienführung ist eng und erfolgt in einer Richtung.

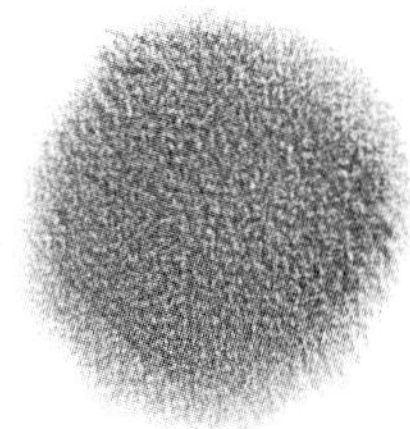

Verwischte Schattierung Wie links angelegt, dann mit dem Finger verwischt.

Tonwerte mit dem Bleistift schaffen Für die ersten beiden Beispiele wurde eine 0,5 mm-B-Mine auf glattem wie auf rauem Papier genommen. Das dritte Beispiel wurde mit einem Graphitstift auf rauem Papier gezeichnet.

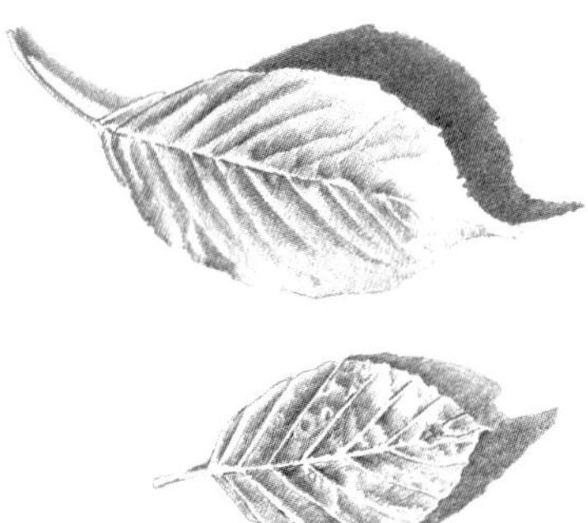

Druckbleistift mit B-Mine auf glattem HP-Papier Mit der 0,5 mm-Mine lassen sich feine Schattierungen und die plastische Erscheinung der Blätter mit feinen Tonwertabstufungen wiedergeben.

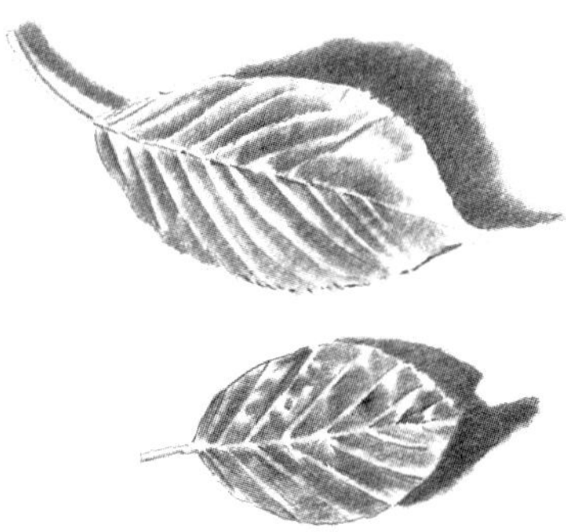

Druckbleistift mit B-Mine auf rauem Papier, mit dem Torchon verwischt Hier wurde auf raues Papier gezeichnet und mit einem Torchon verwischt, was die Töne vertieft, vermischt und weicher macht.

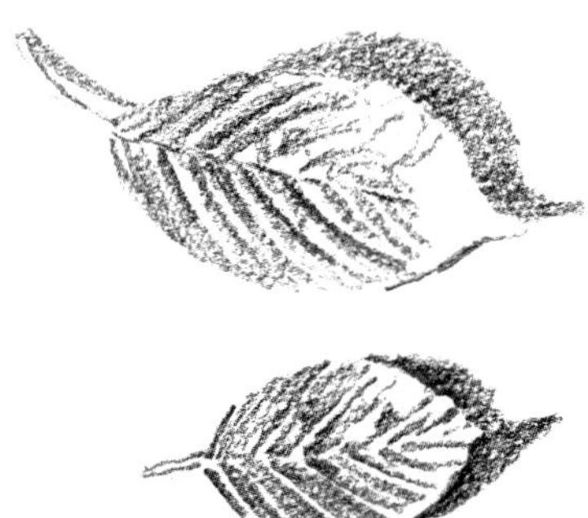

Graphitstift auf rauem Papier Hier wurde die Zeichnung mit einem größeren 4B Graphitstift ausgeführt. Die Zeichnung wirkt gröber und skizzenhafter. Die Textur entsteht durch die Papierkörnung.

Technik

Perfekte Zeichnungen

Diese Zeichnung des Gesichts der Maria aus Michelangelos *Pietà* von 1501 erfordert eine besondere Technik, um die Wirkung des polierten Marmors des Originals wiederzugeben.

Die gesamte Zeichnung wurde diagonal mit einem 4B-Bleistift schattiert. Die Schattierung folgt der natürlichen Bewegung des Handgelenks eines rechtshändigen Künstlers (von unten links nach oben rechts). Dann wurden Teile der Zeichnung mit den Fingerspitzen, mit einem Torchon oder einem Baumwollstäbchen (Q-Tip) verwischt. Die Lichter wurden sorgfältig mit einem Vinylradierer herausgenommen.

In dieser Zeichnung dienen die Linien des Bleistifts ausschließlich der Wiedergabe des Motivs, ohne selbst expressiv zu sein. Der Bleistift wird eingesetzt, um den Eindruck des glatten, festen Marmors der Skulptur zu schaffen und so das Motiv lebendig werden zu lassen.

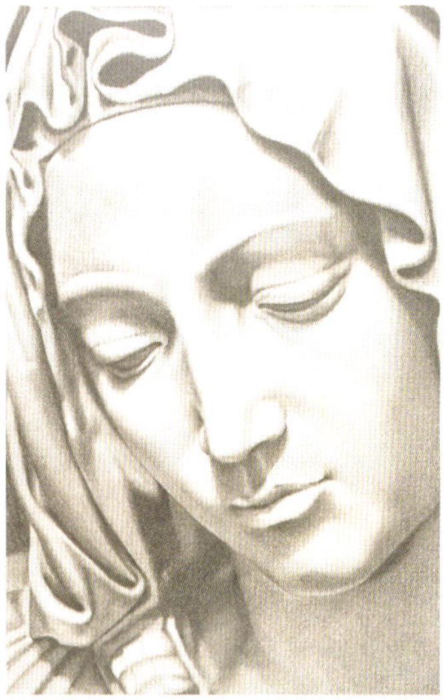

Diagonales Schattieren Die sorgfältige Bleistiftschattierung will die ruhige Haltung und Würde der Marienfigur zum Ausdruck bringen.

Technik

Schattiertes Linienzeichnen

Diese Studie auf reinem Hadernpapier illustriert einige recht unkonventionelle Schattiertechniken. Es wurde eine Reihe langer und kurzer kräftiger Aufwärtsstriche mit zwei Zeichenstiften mit flachen Minen gemacht – einem weichen 4B und einem harten H. Die flachen Kanten dieser Stifte erzeugen breite konische Linien. Werden sie um 90° gedreht, so liefern sie scharfe dünne Linien für Details.

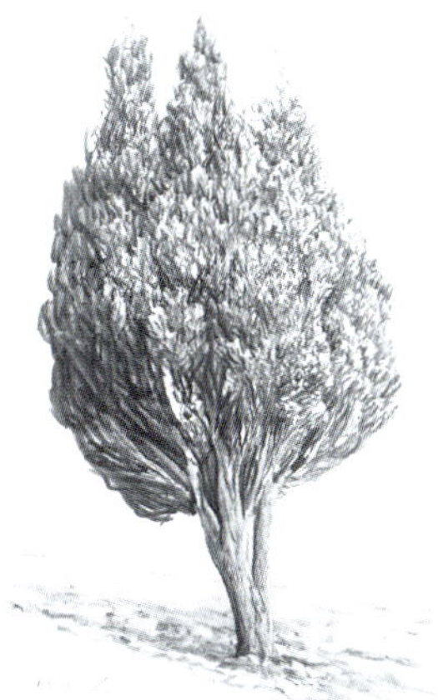

Schattiertechniken Struktur und Ausrichtung der Bleistiftlinien unterstreichen die nach oben strebende Form des Baumes.

Technik Bleistiftzeichnung mit Farbüberzug

Eine Bleistiftzeichnung kann als eine Art von Grisaille oder einfarbigem Untergrund dienen, auf dem man Aquarell- oder Acrylfarben aufträgt, um dem Bild Farbe zu geben. Das ist ähnlich wie das nachträgliche Kolorieren eines Schwarzweißfotos. Bei der Grisaille-Untermalung sind die Töne im Allgemeinen heller, als sie im fertigen Bild erscheinen (damit dunkle, transparente Pigmente Tiefe in den Schatten bekommen). Bei diesem Beispiel wurde das Porträt als voll ausgearbeitete Zeichnung mit allen Schattierungen gemacht, ehe die Farbe aufgetragen wurde.

Koloriertes Porträt Ursprünglich wurde es für eine Schallplattenhülle gezeichnet und dann mit der Airbrush mithilfe von Abdeckfolien koloriert. Etwas Farbe wurde auch mit Marderhaarpinseln von Hand aufgetragen.

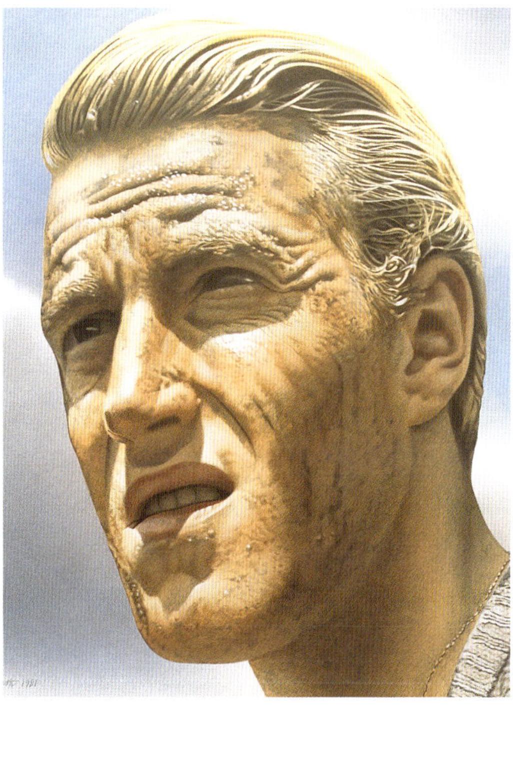

Technik

Kleine Gegenstände als Modelle für Tonwertzeichnungen

Gegenstände wie der Eierbecher unten bieten gutes Anschauungsmaterial, um die Wahrnehmung von Tonwerten zu schärfen. Eine gute Methode ist es, beim Erfassen der Tonwerte die Augen halb zu schließen. Dadurch werden Details unterdrückt und die Tonwerte besser erkennbar. In dieser Zeichnung zeigt die runde Eiform eine Vielfalt von Tonwerten von Dunkel nach Hell. Dies wurde durch sorgfältiges diagonales Schattieren und langsames Aufbauen der Tonwerte erzielt. Wichtig ist, nicht gleich den dunkelsten Tonwert anzulegen, sondern ganz allmählich die Tonwerte abstufend aufzubauen.

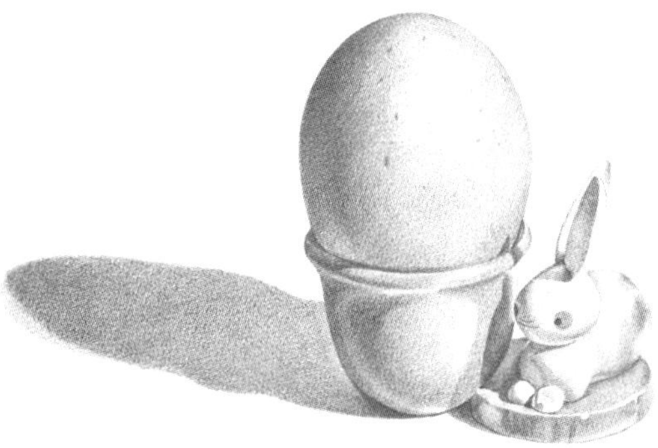

Tonwerte Durch allmähliches Aufbauen entsteht das Bild.

Technik

Bleistiftzeichnung mit anderen Medien

Dieses Porträt zeigt die erfolgreiche Vermischung zweier sehr unterschiedlicher Zeichenmedien. Augen, Nase, Mund, Ohr und der Umriss des Kopfes wurden mit einem HB- oder B-Bleistift gezeichnet. Die Striche der Augenbrauen, des Nasenlochs und des Mundes wurden kräftiger in das Papier gedrückt. Andere Linien sind heller, aber alle zeigen die bewusste Handhabung des Bleistifts. Daneben wurden dicke schwarze und blassgraue Ölpastelle verwendet. Das Nebeneinander von Bleistift und Pastell führt zu einer Einheit, in der beide einander ergänzen.

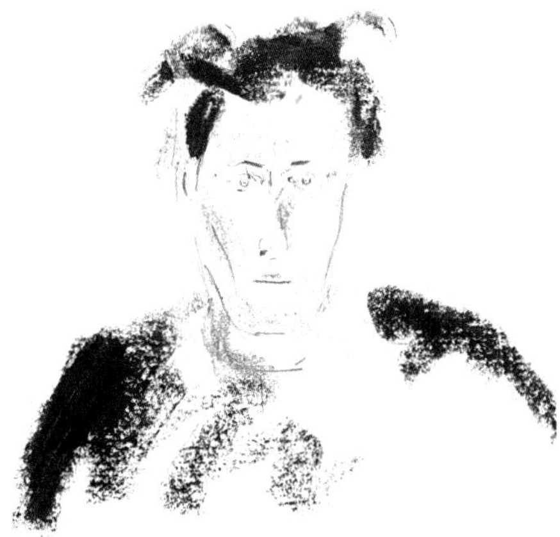

***Ray Smith** (1980),* DAVID NASH

Technik Zeichnen mit dem Radierer

Radierer können auch selbst als Zeichengerät dienen, indem man mit ihnen die Linien oder die Töne einer Zeichnung bearbeitet oder sogar in einer auf das Papier aufgetragenen gleichmäßigen Tönung radiert, um so das Bild entstehen zu lassen. Diese Technik eignet sich gut, wenn man mit verwischten, breiten und freien Formen arbeiten will. Nachdem das Papier mit einer gleichmäßigen Tönung bedeckt ist, hebt man die gewünschte Form mit dem Radierer heraus, und alle hellen Flächen werden mit breitem Strich wegradiert. Die Lichter werden herausgehoben, und alle anderen hellen Stellen werden durch teilweises Radieren angedeutet. Durch sanftes Überstreichen der Tönung mit dem Radierer bekommt diese einen leichten Schmutzeffekt. Es lassen sich mittlere bis dunkle Tönungen andeuten.

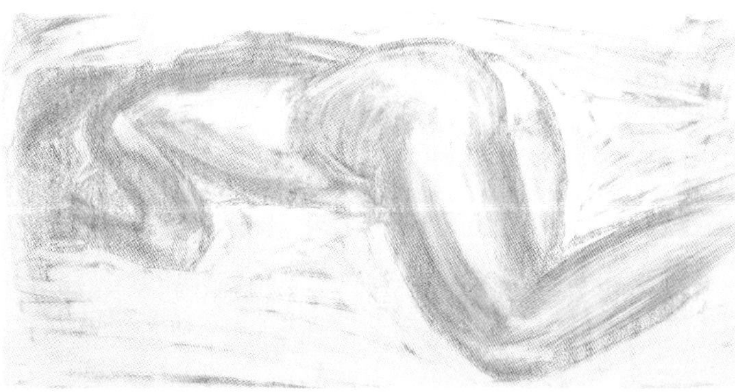

Aktstudie mit dem Radierer Diese Zeichnung entstand gänzlich mithilfe eines Vinylradierers aus einer gleichmäßig grauen Tönung auf weißem Zeichenpapier.

All-Stift

Der Allzweck-Wachsstift wurde ursprünglich zum Beschriften von Kunststoff-, Porzellan-, Metall- oder Glasflächen entwickelt, auf denen der normale Bleistift nicht greift. Insbesondere aber ist er ein wirkungsvoller Zeichenstift, mit dem man auf Papier hervorragende Effekte erzielen kann. Dieser Stift, dessen Ausführungen je nach Hersteller leichte Abweichungen aufweisen können, enthält sehr viel Wachs mit einer geringen Menge an Füllstoff und sehr viel Pigment. Das Wachs sorgt für eine weiche, fast klebrige Haftung auf dem Papier und kann dazu dienen, blasse sanfte oder tiefe samtartige Tönungen hervorzurufen. Die Wirkung ist der von Ölpastell ähnlich, und so kann man den All-Stift für die Überlagerungs- und Kratztechniken dieses Mediums verwenden (siehe S. 83). Der Allzweck-Stift eignet sich zur präziseren Arbeit, da er Bleistiftform hat und leicht gespitzt werden kann.

Technik Linienzeichnung mit dem All-Stift

Kräftige grobe Linien sind eines der Merkmale dieses Stifts. Nachdem die Striche aufgetragen sind, können sie nicht mehr ausradiert werden; deshalb müssen die Linien geradeheraus und sicher aufgetragen werden. Besonders geeignet für spontane Modellskizzen.

Ebenso wie stark pigmentierte schwarze Linien kann man auch weicher getönte zeichnen. Der Stift sucht die Konturen in einer eher zögernden Weise, indem er zu gebrochenen Linien neigt.

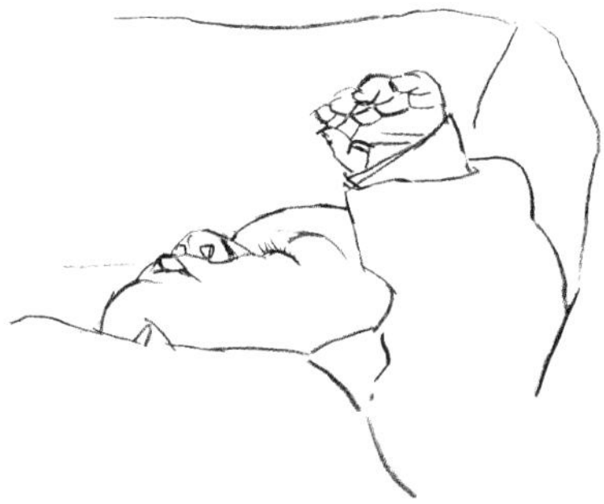

Schnellskizze Der Allzweck-Stift ist für rasche und spontane Arbeiten ideal. Kinder müssen zum Beispiel schnell skizziert werden. Hier wurden die wichtigsten Züge eines Säuglings in nur wenigen Augenblicken festgehalten.

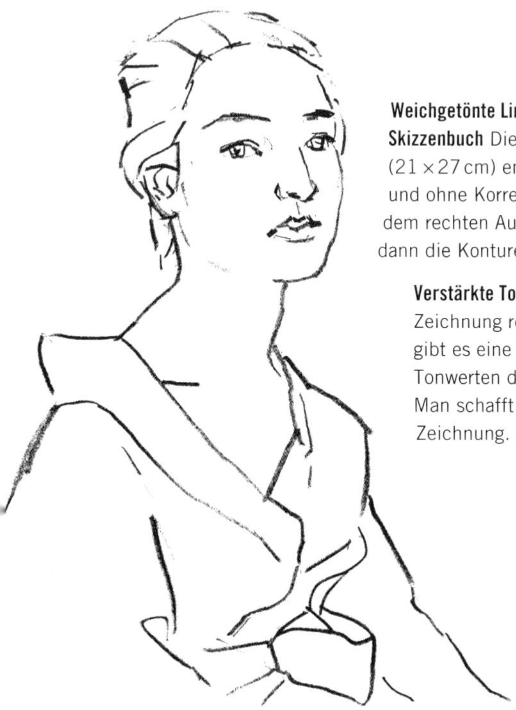

Weichgetönte Linienzeichnung aus dem Skizzenbuch Diese größere Arbeit (21 × 27 cm) entstand auf einen Satz und ohne Korrekturen. Beginnend mit dem rechten Auge des Modells wurden dann die Konturen gezeichnet.

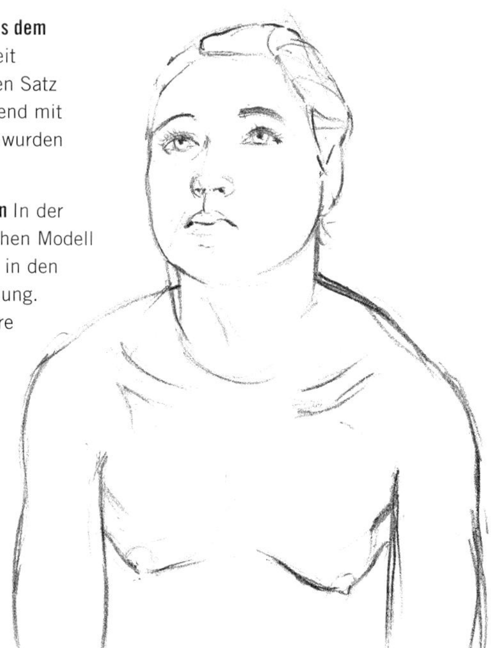

Verstärkte Tonwertabstufungen In der Zeichnung rechts vom gleichen Modell gibt es eine größere Vielfalt in den Tonwerten der Linienzeichnung. Man schafft so eine weichere Zeichnung.

Technik Tönung mit dem All-Stift

Zart vermischte Tönungseffekte erhält man durch zunehmend stärkere Schattierung. Man kann die Tönung durch Reiben mit dem Finger weicher machen, wie beim Bleistift, aber man muss stark reiben, und die Zeichnung kann schmieren. Die meisten Künstler nutzen zu Halbtoneffekten lieber die Papierkörnung. Feinere Schattierungen unter Anwendung eines zarten Strichs auf dem Papier ergeben einen wirkungsvollen Tonwertumfang. Die leichte Berührung des Papiers mit dem Stift genügt schon. Bei dieser Technik ist der Gegendruck des Mittelfingers (der kräftige Tönungen verhindert) ebenso wichtig wie der Druck des Zeigefingers. Wenn der Stift durch mehrmaliges Spitzen allmählich kürzer wird und Ihre Finger der Spitze näher rücken, wird das Wachs wärmer, klebriger, zäher und in den leichten Tönungen schwerer kontrollierbar.

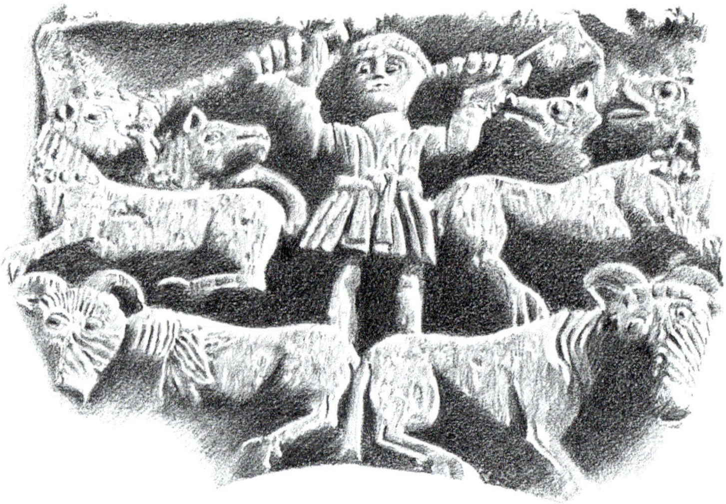

Reine Tönungsverwendung des Stifts Diese Zeichnung enthält nur wenige Linien. Unterschiedliche Dichten des All-Stifts bewirken die Tönungen.

Arbeit auf mittelgetöntem Papier

Die Verwendung von schwarzen und weißen All-Stiften auf getöntem Untergrund steigert den Tönungsbereich des Mediums; Weiß setzt die Lichter auf, Schwarz liefert die dunklen Töne. Halbtoneffekte erzielt man, indem man schwarze und weiße Linien auf die mittlere Tönung des Papiers setzt.

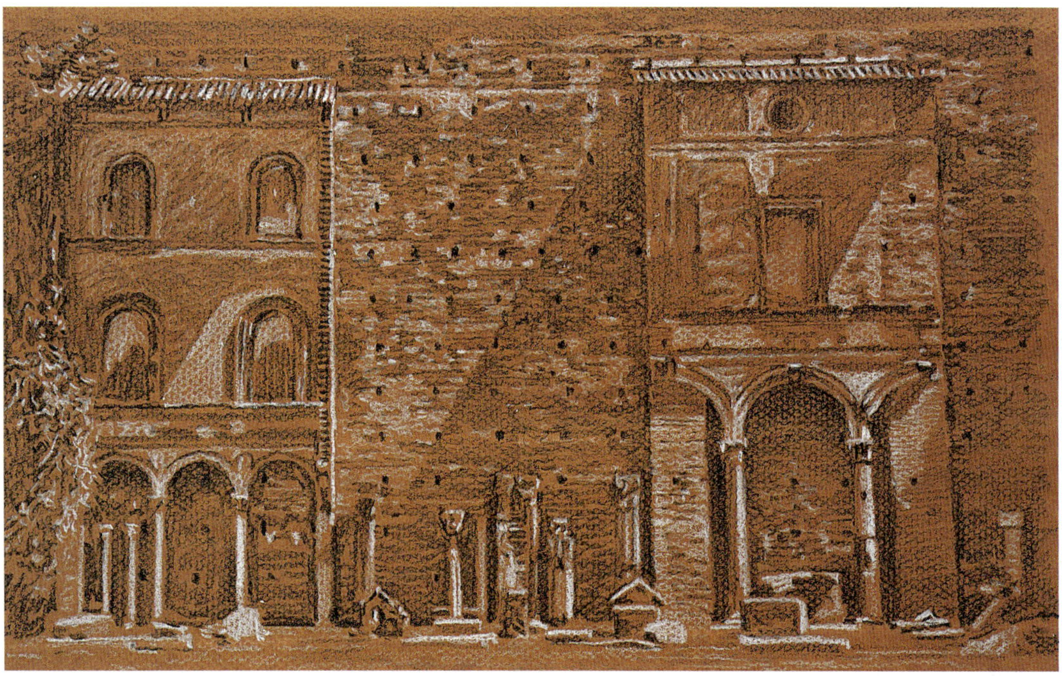

Zeichnung auf einem braunen, mitteltonigen Papier Das seitlich einfallende Licht wirft Schatten auf die Steinmauer und schafft so eine Textur, die ideal für eine Zeichnung auf einem mitteltonigen Grund ist. Mit dem weißen Stift wurden die Lichter gegeben und mit einem schwarzen die Schatten. So wurde die ganze Tonwertskala erzielt. Die Textur des Papiers gibt den tonalen Grund für die Schatten und das Mauerwerk. Der leicht klebrige Wachsstift hat eine besondere taktile Qualität. Man kann so mit geringem Aufwand ein Bild in Tonwerten zeichnen.

Farbstift

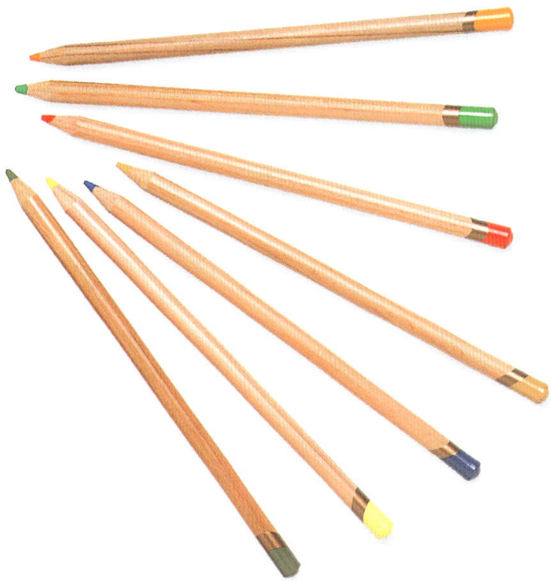

In der Vergangenheit waren die Künstler zu Recht den Fabrikfarbstiften gegenüber misstrauisch, weil diese zuweilen nicht die erforderliche Lichtechtheit hatten. Allmählich kümmern sich die Hersteller aber zunehmend um dieses Problem und stellen lichtbeständigere Stifte her. Bei den guten Fabrikaten wird angegeben, welche Pigmente sie enthalten und wie lichtfest sie in reinem und in abgeschwächtem Zustand sind (die meisten Farbstifte werden mit Weiß aufgehellt). Man kann sich deshalb zum Beispiel entscheiden, nur mit solchen Farben zu arbeiten, die in die Kategorie 7–8 fallen. Das Angebot des Handels ist in letzter Zeit erheblich ausgedehnt, seit sowohl wasser- als auch terpentinlösliche Farbstifte erhältlich sind. Dadurch hat sich auch der Bereich der möglichen Anwendungen und Techniken erweitert. Das Medium an sich ist so reichhaltig und vielseitig, dass man nur bedauern kann, dass einige Hersteller in gewissen Teilen des Farbspektrums noch immer die Beständigkeit zugunsten der Leuchtkraft opfern.

Derzeit decken die wasserlöslichen Farbstifte noch nicht das ganze Spektrum der herkömmlichen terpentinlöslichen Stifte ab, aber meines Erachtens dürfte es nur eine Frage der Zeit sein, bis sich das ändert. Mit wasserlöslichen Stiften kann man problemlos verschiedene Lavierungseffekte erzielen. Spezialeffekte mit herkömmlichen Stiften lassen sich erzielen, indem das Terpentin das Wachs auflöst, das die Pigmente verbindet.

Die Eigenart des Farbstifts

Farbstifte werden genauso hergestellt wie Graphitstifte (siehe S. 63f.), nur dass die Minen nicht im Ofen gebrannt werden, denn dadurch würden die Pigmente zerstört. Farbstifte enthalten ein Pigment, einen Füllstoff (Kreide, Talkum oder Kaolin) und ein Bindemittel (meist einen Zellulosegummi wie Hydroxipropylmethylzellulose).

Ebenso wie bei den Graphitstiften werden die Pigmentminen in geschmolzenes Wachs getaucht, damit sie gleitfähig werden. Bei der Herstellung berücksichtigt man strenge Vorschriften, denn die Stifte sind auch bei Kindern beliebt, die sie zuweilen in den Mund nehmen; deshalb verwendet man grundsätzlich keine Pigmente, die Spuren von Schwermetallen enthalten. Das schließt Chrom und Kadmium von vornherein aus, aber auch Erdpigmente, die toxische Schwermetalle enthalten könnten. Im Allgemeinen verwendet man Eisenoxide anstelle der Erdfarben und statt der grünen und blauen neuere organische Pigmente wie Phthalocyaninblau und -grün. Die Hersteller haben sich für weniger lichtechte Rot/Purpur entschieden, die im Farbkasten leuchtend wirken, aber leicht flüchtig sind, vor allem in Tönungen. Ich empfehle Kreiden mit voller Pigmentstärke. Bei roten/violetten Farbstiften sollte man vorsichtig sein, wenn man das verwendete Pigment nicht genau kennt.

Technik Farbstifteffekte

Mit Farbstiften kann man zahlreiche unterschiedliche Effekte erzielen. Werden sie ohne Lösungsmittel verwendet, sind sie, ungeachtet der Tiefe des Tones, durch eine gewisse Zartheit charakterisiert, die durch die Papierkörnung hervorgerufen wird. Selbst auf glatten Papieren hinterlassen die Stifte ein Netz winziger weißer Faserspuren, die das Pigment nicht füllen konnte – gewissermaßen ein »Weichzeichner«, vor allem auf mittel- bis hellgetönten Flächen.

Verwendung von Lösungsmitteln

Der gezielte Einsatz von Wasser oder Terpentin (je nach Art des Farbstifts) kann den weißgebliebenen Stellen des Papiers einen typischen »Aquarellcharakter« verleihen.

Optische Farbmischung

Die auffälligste Eigenschaft des Mediums ist seine Verwendung zur subtilen optischen Farbmischung. Die Farben vermischen sich optisch auf dem Malgrund, indem sie diagonal nebeneinander schattiert aufgetragen oder durch Kreuzschraffuren überlagert werden. Da die Mine zu einem feinen Punkt gespitzt werden kann, lassen sich ganz gezielt Übergänge zwischen Farben oder Tönungen herstellen.

Die Wahl des Bildträgers

Farbstifte sind der Oberfläche des Bildträgers gegenüber besonders empfindlich. Der Strich auf einem kalt gepressten Papier wirkt völlig anders als auf glattem. Legt man Wert auf Dauer, so ist ein reines Hadern-Zeichenpapier am besten; glattes Papier ermöglicht subtilste Techniken.

Farbstifttechniken

Mit Farbstiften lässt sich ein weiter Effektbereich erzielen: von der zarten hellgetönten Zeichnung bis hin zu hochaufgelösten Bildern mit allen Zwischentönen. Es gibt verschiedene Möglichkeiten, die Stifte zum Farbauftrag auf Papier zu verwenden. Man kann sie z. B. nass und trocken auftragen.

Technik

Verwendung wasserlöslicher Farbstifte

»Gezeichnet gemalte« Bilder wirken überaus eindrucksvoll. Mit wasserlöslichen Farbstiften ist der Effekt leicht und schnell zu bewirken. Trocken verwendete wasserlösliche Farbstifte wirken etwas zarter als die normalen – sie geben ihr Pigment leichter an das Papier ab.

Um den »Aquarell«-Eindruck zu erhalten, übermalt man das Bild mit Hilfe eines feuchten oder nassen Marderhaarpinsels mit reinem Wasser. Am besten übermalt man die Striche zügig und sicher. Dadurch werden die Farben nicht zu schmuddelig, und die ursprünglichen Striche bleiben erhalten. Natürlich ändert sich dabei der Charakter der »trockenen« Zeichnung vollständig, aber er wird durch etwas ebenso Interessantes ersetzt, vor allem auf texturiertem Papier. Bei zu nassem Pinsel kann die Farbe völlig verschwinden, und wenn Sie die Fläche zu stark bearbeiten, wird der optische Effekt zerstört.

1 Malen Sie über die Bleistiftstriche rasch mit einem feuchten Pinsel. Achten Sie aber darauf, die Linien nicht zu sehr zu verwischen.

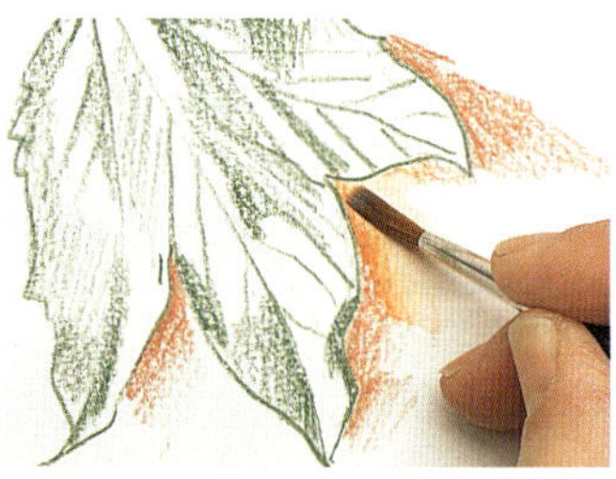

2 Um präzisere Linien stehen zu lassen, verwendet man weniger Wasser im Pinsel.

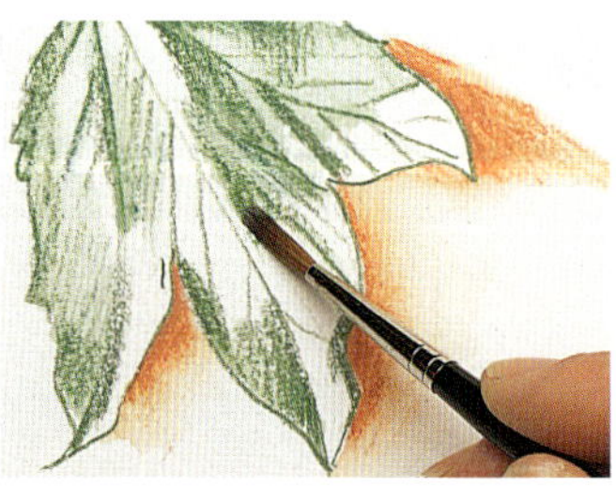

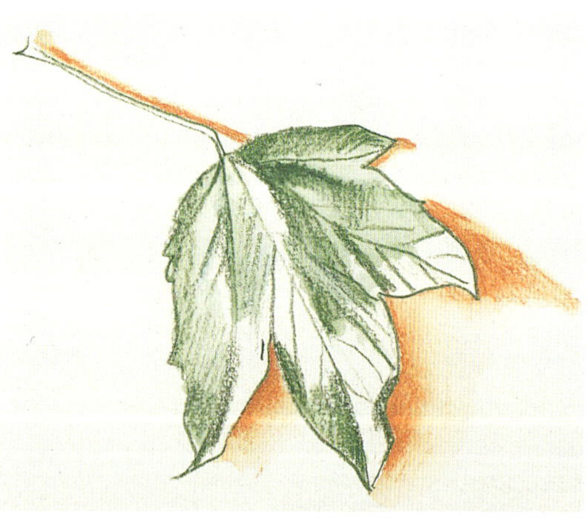

Fertige Zeichnung Diese kleine Studie wurde in wenigen Minuten vollendet, zeigt aber gut die Spontaneität und Frische von wasserlöslichen Farbstiften.

Überlagern von Tonwerten

Die Lilien wurden mit den neuen, lichtechten Farbstiften auf kalt gepresstem (NOT) Papier gezeichnet. Die bereits sehr helle Tonwertskala der Stifte wird noch zusätzlich durch die Textur des Papiers gebrochen. Die Tonwerte werden durch Überlagern von helleren Schattierungen über dunkleren Tonwerten ähnlicher Farbtöne erzielt. Die Vase wurde zum Beispiel in Blau und Lila angelegt und dann mit einem weißen Stift übergangen. Dadurch wurden die Farben nicht weiß, sondern verschmolzen zu weichem Lila.

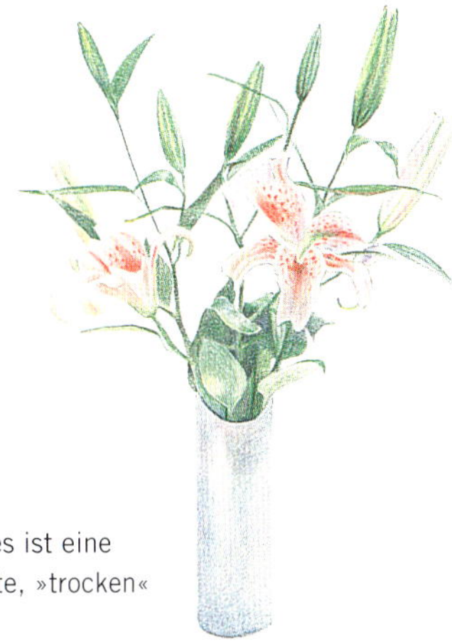

Farben verschmelzen Dies ist eine sorgfältig ausgearbeitete, »trocken« gezeichnete Studie.

Technik Schattieren und Kombinieren von Farben

Für die Beispielserie unten, welche die Eigenschaften trockener und wasserlöslicher Farbstifte demonstrieren soll, diente eine einfache Hausform; die drei sichtbaren Flächen zeigen helle, mittlere und dunkle Farbtöne. Zum Schattieren bis zu den geraden Rändern diente ein Lineal als Begrenzung. Zwei verschiedene Papiersorten wurden benutzt – glattes und feinkörniges Papier.

1

2
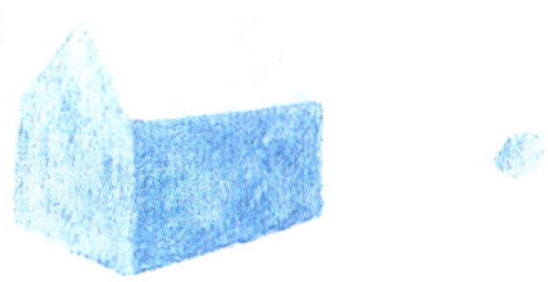
3
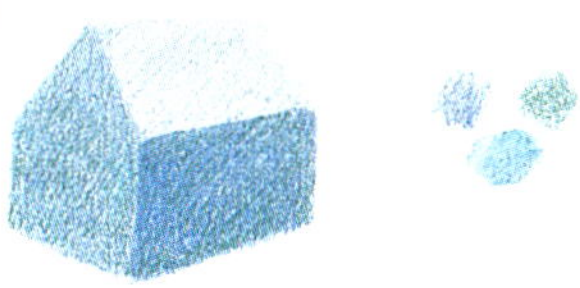
4
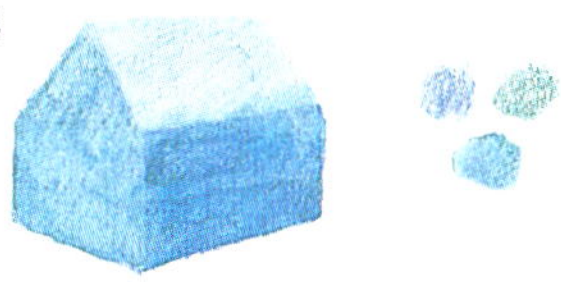
5
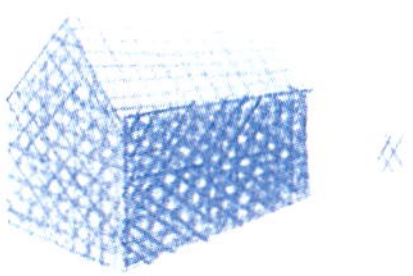
6
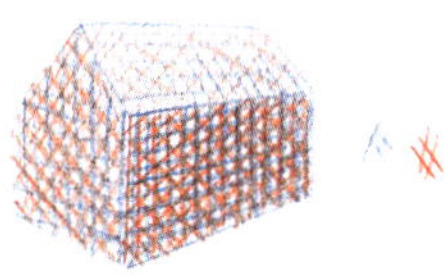
7
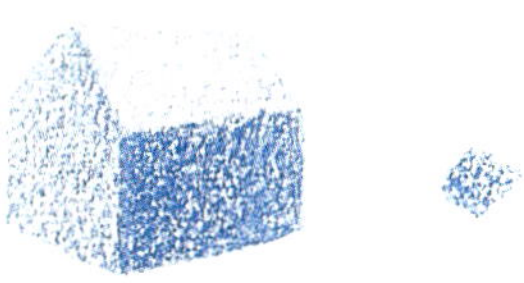
8
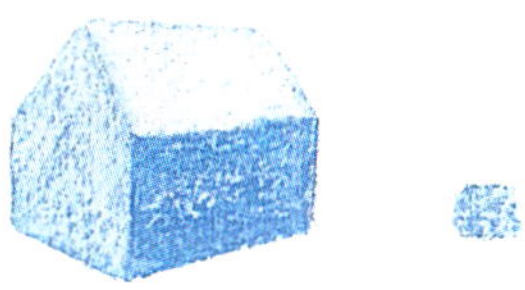
9
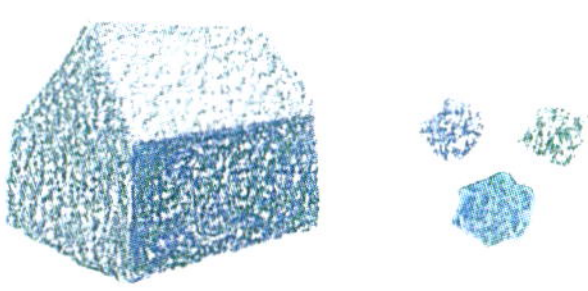
10
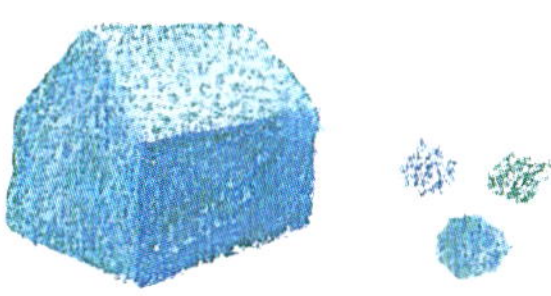
11
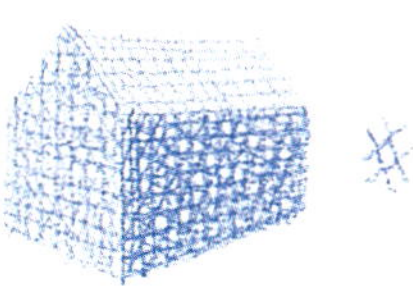
12
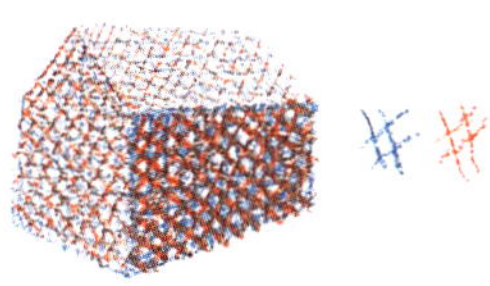

Beispiele von Schattierungen und Farbkombinationen

1 Regelmäßiges Schattieren »in eine Richtung« auf glattem Papier. Die Bleistiftlinien und die Tonwertskala sind auf der glatten Fläche sichtbar.

2 Das gleiche Bild wie in **1** wurde mit sauberem Wasser übergangen. Dies ergibt den typischen halb gezeichneten, halb gemalten Eindruck.

3 Eine grüne Farbe wurde über die ursprüngliche blaue Farbe schattiert. Das zeigt, wie man interessante Farbtöne durch einfaches Überzeichnen mit einer anderen Farbe in einem angrenzenden Farbton erzielen kann.

4 Das gleiche Bild wie in **2** mit Pinsel und sauberem Wasser übermalt.

5 Hier wurde eine Kreuzschraffur im rechten Winkel ausgeführt, um Tonwerte in einer Farbe aufzubauen.

6 Eine ähnliche Kreuzschraffur wie in **5** wurde angelegt, um Rot über Blau zu zeichnen.

7, 8, 9, 10, 11 & 12 Die gleichen Bilder wie die sechs oberen wurden auf einem kalt gepressten (NOT) Papier gezeichnet. Die Schattierung wurde auf die gleiche Weise wie auf dem glatten Papier ausgeführt. Das typische körnige Aussehen des rauen Papiers wurde durch eine Übermalung mit sauberem Wasser (**8** und **10**) erhalten. Wo die ursprüngliche Textur ausgewaschen wurde, ergibt das eine besondere Wirkung. Man kann diese Farbstifte aber nicht zu oft überzeichnen. Am besten verwendet man nur zwei oder drei Überlagerungen.

Technik

Zarte Flächentönungen mit Farbstift

Das Überarbeiten einer gleichmäßigen Tonfläche kann lange Zeit in Anspruch nehmen, da es diese Technik erfordert, ganz allmählich die Farbe aufzubauen.

Bei diesem Beispiel wurde eine parallele Diagonalschattierung in zwei Farben angewendet – Blau und Blau/Grün –, um eine zarte, gleichmäßig abgestufte Tönung zu erzielen. Eine Tönung wie diese sollte wenigstens zweimal überarbeitet werden. Keinesfalls darf der Stift stark aufgedrückt werden, sondern die Schattierung muss stufenweise vertieft werden. Unter Nutzung der natürlichen Hin- und Herbewegung des Arms kann relativ schnell gearbeitet werden, wobei der Stift in den Fingern ständig etwas gedreht wird, um die beste Schattierungsfläche zu nutzen und die Spitze je nach Bedarf flacher oder schärfer zu machen.

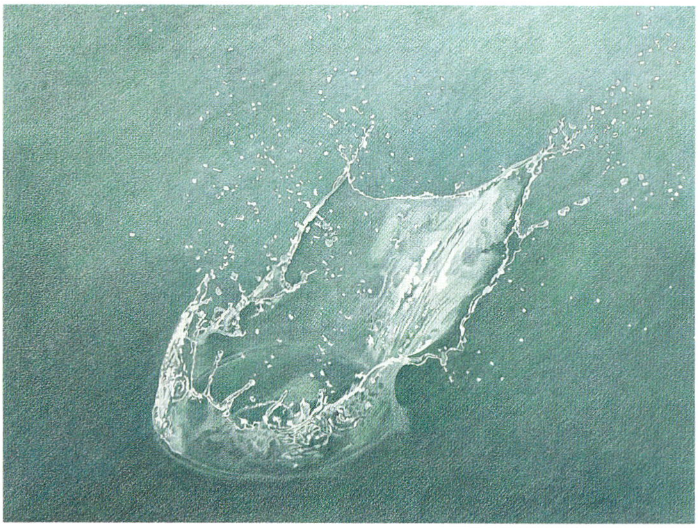

»Platsch!« mit abgestuftem Hintergrund gezeichnet Nach einem Foto wurden die Umrisse des Platschers auf kalt gepresstem Papier angedeutet. Die Zeichnung wurde durch Schattieren von oben links nach unten rechts aufgebaut.

Schattierung mit zwei Farben

Diese Arbeitsweise mit zwei Farben verleiht der Zeichnung Eigenschaften, die sie in einfarbiger Ausführung nie bekommen könnte. Es entsteht eine zusätzliche Tiefe und Reichhaltigkeit der Textur, in der subtile Farbschwankungen die Eintönigkeit der Fläche ändern und beleben. Diesen Effekt erkennt man im Wasser hinter dem »Platsch«. Die Tiefe von Tönung und Farben führt die Zeichnung weit über die Pastelltöne hinaus, die man oftmals mit Farbstiftarbeiten assoziiert. Ungeachtet dessen blieb das Zarte erhalten, das dieses Medium kennzeichnet.

Beibehalten weißer Flächen

Um einen Teil des Wasserspritzers und der vielen winzigen Tropfen weiß zu lassen, musste das Papier an diesen Stellen frei von Farben bleiben. Ein Äquivalent zur Abdeckflüssigkeit muss für Farbstifte noch erfunden werden. Dennoch ist bemerkenswert, wie Hand und Auge beim schnellen Schattieren fast automatisch zusammenwirken und der Stift automatisch am Rand der Flächen, die weiß bleiben sollen, anhält. Und wo das Auge Lücken oder Ungleichmäßigkeiten in der Tönung entdeckt, bewegt sich der Stift fast automatisch, um sie zu füllen.

Technik

Auf nassem Papier zeichnen

Das Zeichnen mit wasserlöslichen Farbstiften auf Papier, das bereits mit sauberem Wasser befeuchtet wurde, kann interessante Effekte ergeben. Man wendet diese Technik am besten für rasche Skizzen an, solange das Papier noch feucht ist. Es gibt auch wasserlösliche Farbkreiden, die etwas weicher und fetter als die wasserlöslichen Farbstifte sind, aber auf dieselbe Weise verwendet werden können (siehe die Zeichnung ganz rechts).

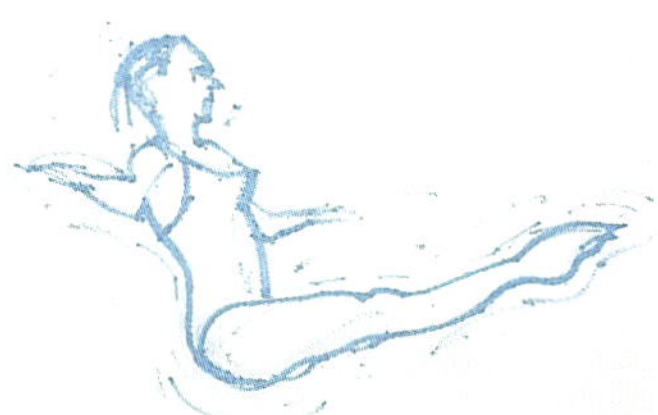

Mit einem wasserlöslichen Farbstift zeichnen Da das Papier für diese Technik sehr nass sein muss, arbeitet man besser auf einem aufgezogenen Papier oder auf einem Aquarellblock mit zugeklebten Ecken. Das Wasser lässt die Linien weich und samtig erscheinen. Die Farben laufen in den feuchten Grund aus und schaffen so »aquarellartige« Effekte um die Linienzeichnung.

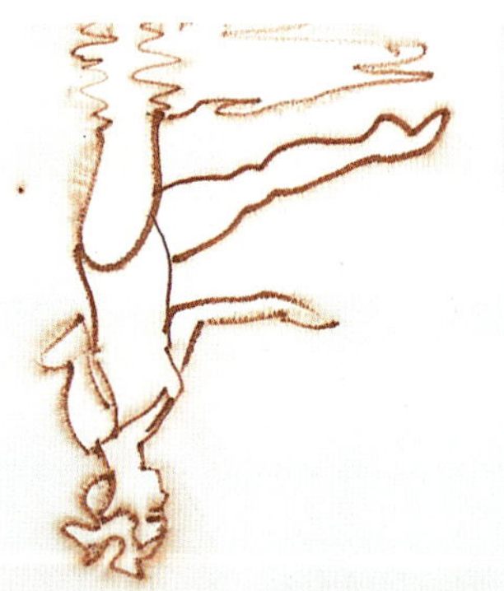

Zeichnen mit wasserlöslichen Farbkreiden Diese Kreiden sind noch löslicher als die wasserlöslichen Farbstifte und fließen daher mehr in das feuchte Papier aus.

Pastellkreiden

Obwohl schwach gebundene Pigmente schon im 15. und 16. Jahrhundert zum farbigen Zeichnen verwendet wurden, sollte es noch bis zum 18. Jahrhundert dauern, bis die Kunst der Pastellmalerei als eigene Gattung entstand. Die Porträts und Zeichnungen der venezianischen Künstlerin Rosalba Carriera waren außerordentlich beliebt, und schon bald beschäftigten sich Maler wie Maurice-Quentin de la Tour und Jean-Baptiste Chardin damit, die Möglichkeiten dieses Mediums zu erforschen. Der bedeutendste Pastellmaler war Edgar Degas, der nicht nur mit reinen, trockenen Pigmentstiften arbeitete, sondern auch mit gemischten Maltechniken experimentierte.

Die Oberfläche des Pastellgemäldes ist von allen gemalten oder gezeichneten Flächen die empfindlichste. Obwohl gerade das leicht »staubige« Aussehen dem Bild seinen besonderen Charakter verleiht, muss die Oberfläche durch eine Fixierung geschützt werden.

Pastellstifte als Zeichenmaterial

Pastellkreiden sind trockene Zeichenstifte aus pulverisiertem Pigment, die durch eine Lösung von Tragantgummi oder Methylcellulose schwach gebunden sind. Meist enthalten sie ein Konservierungs- und zuweilen auch ein Schimmelschutzmittel. Pastellkreiden gibt es in unterschiedlichen Härtegraden – hart, mittel oder weich (am traditionellsten) – und Formen (dünn oder dick, eckig oder rund). Man kann sie lose oder in zusammengestellten Farbkästen kaufen. Die Stifte mit Holzgehäuse sind etwas härter als die konventionellen Pastellstifte.

Farbtöne und Pigmente

Da es bei der Pastellmalerei darauf ankommt, gleich die richtigen Farbtöne aufzutragen, sollte der Pastell-Malkasten eine möglichst große Anzahl verschiedener Farbtöne enthalten. Ein französischer Hersteller bietet nicht weniger als 552 verschiedene Farben an, aber in der Regel reichen 50–100 Farbtöne aus.

Bei den meisten guten Markenfabrikaten werden auch die verwendeten Pigmente angegeben, und wenn Sie z. B. »Chromgrün« kaufen, wissen Sie, dass dies ein beständiges Pigment ist. Einige Hersteller liefern Pastelle mit Phantasiebezeichnungen, aus denen nichts über Art und Haltbarkeit des Pigments hervorgeht. Die Stifte eines Sortiments können von unterschiedlicher Härte sein, da einzelne Pigmente mit anderer Härte gebunden werden müssen; das kann von sehr schwach (Umbra Natur) bis sehr stark (Alizarinrot) reichen.

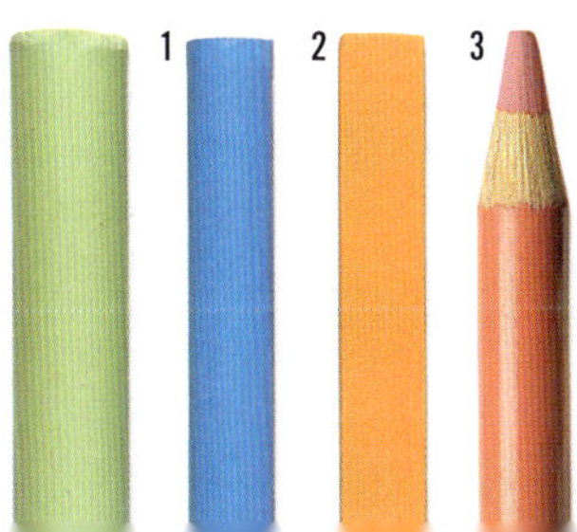

Verschiedene Pastellstifte
1 Runde Stifte
2 Quadratischer Stift
3 Holzgefasster Pastellstift

Pastellfixative

Bei einer locker aufgetragenen Zeichnung genügt schon ein leichtes Pusten, um viel Farbe wegzuwehen, und deshalb sind Fixative fast unerlässlich. Die modernen Markenfixative sind Lösungen von PVA (Polyvinylacetatharz) in Äthylalkohol. Sie sind ebenso gut wie die früheren Fixative auf Schellackbasis. Obwohl die Sorten aus Kasein/Ammoniak/Alkohol die Sattheit der Pastellfarben nicht steigern sollen, verändert im Grunde jedes Fixativ das Aussehen des Bildes. Bei einem PVA-Fixativ beschichtet das Harz die Oberfläche oder wird vom Pigment absorbiert, was den Brechungsindex ändert und die Farben dunkler sowie transparenter aussehen lässt. Manche Pigmente sind in dieser Hinsicht anfälliger als andere.

Wenn ein Pastellbild einwandfrei aufgezogen, unter Glas gerahmt und im Rahmen isoliert ist, so ist es genauso beständig wie ein fixiertes Pastellbild. Das Glas wird mit einem feuchten Tuch gereinigt; ein trockener Lappen kann statische Aufladung erzeugen, wodurch Pigmentpartikel von der Unterseite des Glases angezogen werden.

Material Malgrund und Grundieren

Pastell lässt sich gut auf handgeschöpftem, pH-neutralem Aquarell- oder Zeichenpapier auftragen. Kalt gepresstes oder raues Papier nimmt die Farben gut auf; auch heiß gepresstes Papier eignet sich, während glänzende Papiere keine Haftung geben. Soweit der Untergrund lose Fasern hat, an denen das Pigment gut haften kann, werden auch die Farben gut haften, wenn keine äußeren Einwirkungen das Bild beschädigen. Pastelle können ferner auf fast allen anderen Malgründen aufgetragen werden, wenn diese rau sind und das Pigment aufnehmen.

Getönte Malgründe

Während Aquarellpapiere im Allgemeinen weiß sind, sorgt ein Farbüberzug – Aquarellfarbe, Leim- oder Cellulosepastenfarbe, Tempera, dünne Acrylfarbe oder selbst lichtfeste Tusche – für die von Pastellmalern bevorzugte Tönung. Der Handel bietet auch speziell für Pastellmalerei getönte Papiere an. Die Pastellpapiere gibt es in vielen weichen Farbtönen. Eine andere Farbskala reicht von Hellgrau bis Schwarz. Zwischen den deckenden Pastellstrichen sorgt der farbige Untergrund für ein Netz warmer oder kühler Töne.

Leim der Pastellpapiere

Menge und Art des Leims in Hadernpapieren sind je nach Marke recht unterschiedlich. Manche Papiere sind gut verleimt, was der Oberfläche eine innere Härte gibt, auf die Pastelle gut reagieren. Andere sind weniger gut verleimt und absorbieren stärker; ihre Fasern lockern sich, wenn das Pastell in das Papier hineingerieben wird, und dieses kann sich während des Malens störend »aufreiben«. Eine solche Gefahr besteht bei den handelsüblichen getönten Pastellpapieren nicht, und bei Aquarellpapieren lässt sich dem durch einen dünnen Leimauftrag vorbeugen.

Velourspapier

Samt- oder Velourspapier besitzt eine Faserbeschichtung, die für das samtige Aussehen sorgt. Obwohl sich über Lichtechtheit und strukturelle Haltbarkeit kaum etwas sagen lässt, handelt es sich dabei dennoch um einen hervorragenden Pastellgrund. Auf ihm kann man zarte, samtige Linien oder weiche, gleichförmige Tönungen malen. Bei den meisten anderen Papieren muss die Pastellfarbe aufgelegt und eingerieben werden, während hier das Papier selbst für das Einreiben zu sorgen scheint, sobald der Pastellstift angesetzt wird.

Papiere für Pastellkreide

Ingres-Papier

Canson-Papier

Canson-Papier

100 %iges Hadernpapier

Feines Sandpapier

Velourspapier (Samtpapier)

Technik

Extra Papiertextur

Wenn Sie ein Papier nachleimen oder tönen, können Sie es durch Aufsieben eines inaktiven Pigments wie Bims- oder Marmorstaub auf die nasse Fläche noch etwas anrauen. So entsteht ein feines Sandpapier, welches das Pigment gut haften lässt und für lebendige satte Farben sorgt. Alternativ können Sie große Bogen sehr feinen Glaspapiers verwenden. Diese haben eine überaus gleichmäßige Textur und können mit Gouache- oder sehr dünner Acrylfarbe überstrichen werden, ehe man die Pastellfarben aufträgt.

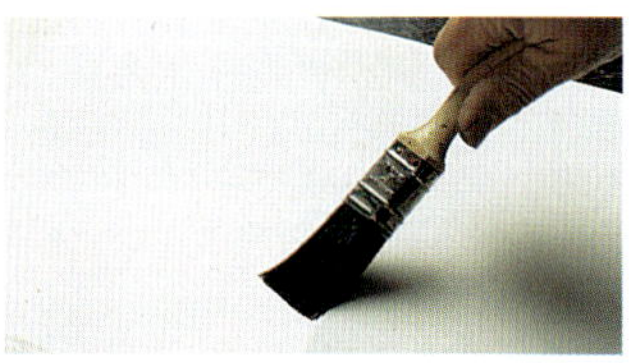

1 Das Papier wird mit Warmleim, Cellulosepaste oder Acrylmalmittel beschichtet.

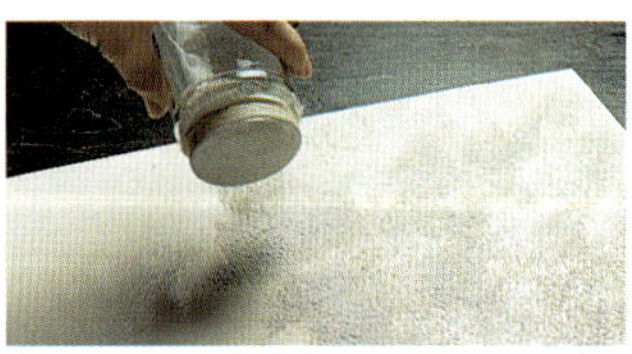

2 Gleich danach wird der Bims- oder Marmorstaub durch ein Sieb gleichmäßig dünn aufgeschüttet.

Pflege der Pastellzeichnung

Pastell muss immer trocken gehalten werden, um der Gefahr des Schimmelns vorzubeugen. Als Schutzmaßnahmen dienen das Rahmen mit einem absorbierenden Rückenkarton, imprägniert mit einer 25%igen desinfizierenden Thymollösung, und das Anbringen einer Wachsschicht zwischen diesem und der hinteren Abdeckung des Rahmens. Mit Cellulose gebundene Pastelle sind nicht so schimmelanfällig wie mit Naturgummi gebundene. Idealerweise fasst man Pastellzeichnungen so bald wie möglich in einen Glasrahmen.

Das Malen mit Pastellfarben

Wenn Sie mit einem Pastellstift über Papier oder einen anderen rauen Untergrund streichen, so zerbröckelt das Pigment und nistet sich in den Papierfasern oder der Oberflächenschicht ein. Die Verbreitung von Pigmentstaub in der Luft, auf dem Boden und auf Ihren Händen und Kleidern ist dabei unvermeidlich; deshalb sollte man bei Pastell grundsätzlich nur ungiftige Pigmente verwenden (siehe S. 16–29).

Technik Linieneffekte

Die Beispiele unten zeigen den Effekt von Pastelllinien auf verschiedenen Untergründen, von feinem Sandpapier und Velourspapier zu Papier mit einem aufgemalten Grund. Die Pastellzeichnung hat eine reiche, matte Qualität. Die Striche haben eine von keinem anderen Zeichenmittel erreichte Unmittelbarkeit. Man sieht eigentlich das reine Pigment.

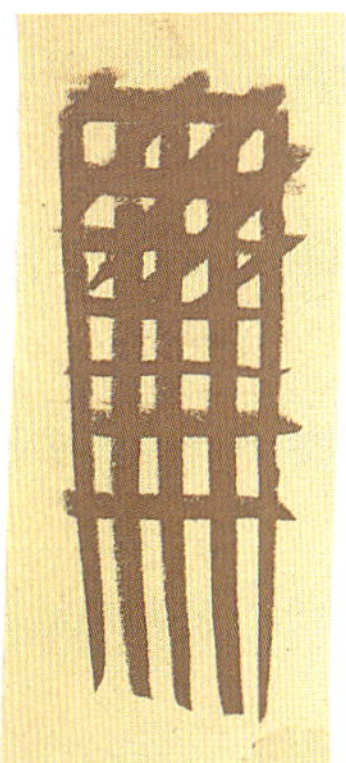

Feines Sandpapier Die Pastellstriche verankern sich fest in der rauen Struktur des Sandpapiers.

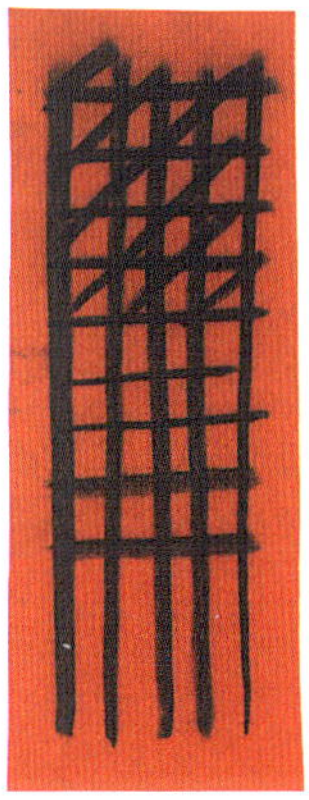

Velourspapier Die glatte Textur des Velourspapiers zeigt einen schönen Kontrast zu den satten Pastelllinien.

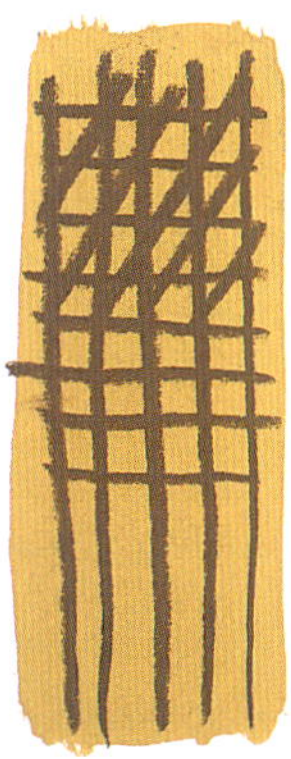

Gouachelavierung Eine deckende Gouachelavierung in lichtem Ocker ist ein guter Hintergrund für das Pastell.

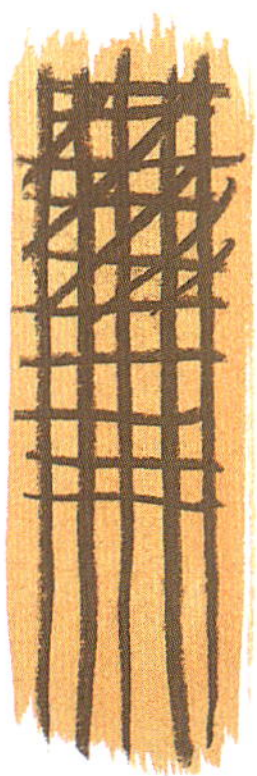

Lavierung in Siena gebrannt Die Linien des Pastells scheinen auf der transparenten Lavierung zu schweben.

Technik Farbeffekte

Behutsames Schattieren einer Farbe über eine andere und Reiben mit einem Papierwischer führt zum Vermischen zweier Farben. Dies ist besonders zweckmäßig, wenn eine reine Farbe abgestumpft oder abgeschwächt werden muss.

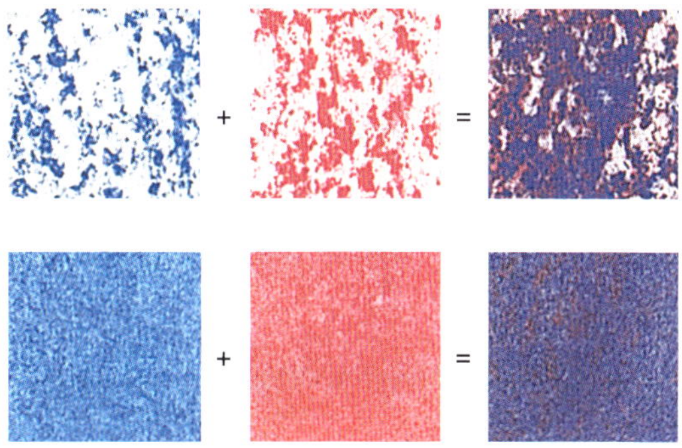

Blau und Rot ergibt Violett In den Beispielen der oberen Reihe sind Blau und Rot zunächst getrennt zu sehen und dann überlagert. Beide Reihen sind auf rauem Papier gezeichnet. In der unteren Reihe wurden sie mit einem Torchon verrieben. Die Vermischung der Farben ist in jedem Beispiel sehr unterschiedlich.

Farbübergänge

Zum Erhalt eines Übergangs zwischen zwei verschiedenen Farben oder Tönen wischt man mit Schattierungsstrichen parallel über die Farbstriche, sodass sie sich miteinander vermischen.

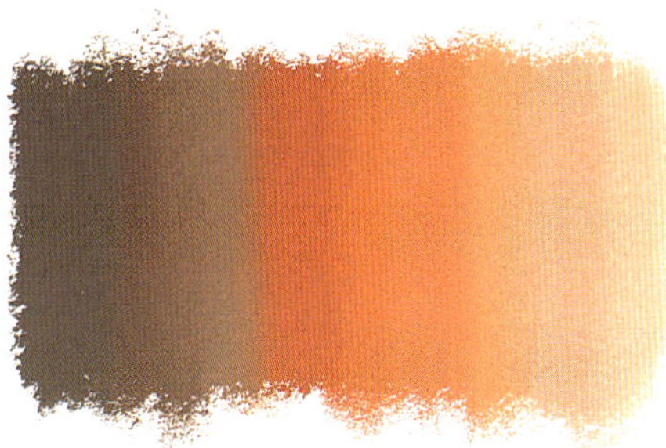

Vermischen Dieser Streifen von neun Farben, von Braun über Orange zu Rosa, wurde vertikal angelegt und dann mit einem Torchon vermischt. Nach jedem Vermischen muss der Torchon gesäubert werden.

Technik Kreuzschraffur-Effekte und Farbüberlagerungen

Probieren Sie die durch Überlagern und Vermischen möglichen Effekte in Ruhe aus! An den Beispielen unten erkennt man, wie die Textur des Papiers die Kreuzschraffur beeinflussen kann. Wenn die Farbe in den Grund eingerieben wurde, ist dieser Effekt weniger deutlich. Zu viele Farben sollte man nicht übereinander legen. Sprüht man das Pastell mit Fixativ ein, so verändert sich sein Aussehen beträchtlich.

Kreuzschraffur-Effekte

Farbeffekte kann man auch durch Kreuzschraffierung auf rauem Untergrund erzielen – eine reine Farbverwendung zur optischen Farbmischung.

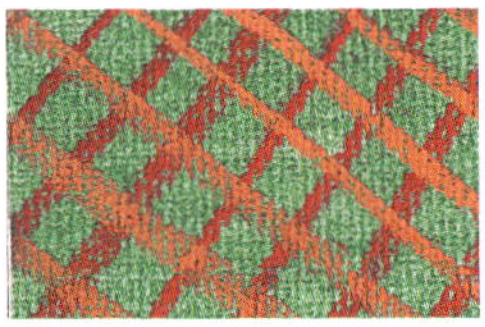

Zweifarbenschraffur Orange-/Rot-Schraffur auf grünem Grund

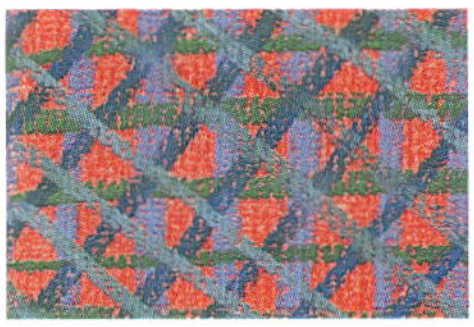

Vierfarbenschraffur Komplexere Schraffur auf orange/rotem Grund

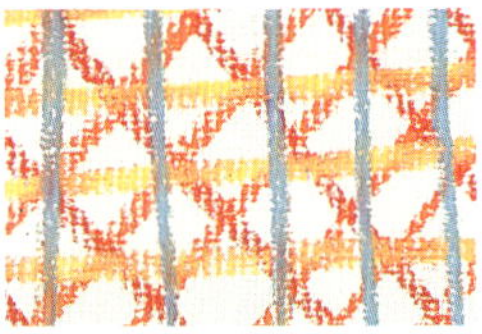

Reine Vierfarbenschraffur Vierfarbenschraffur ohne Mischung

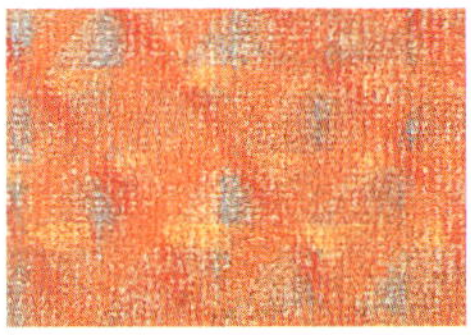

Schraffur mit Zeigefinger verwischt Resultat ist eine Farbfläche, die noch Striche erkennen lässt.

Farbüberlagerungen

Wenn Sie mit einer neuen Farbe in Pastellpigment zeichnen, bleibt die Reinheit der aufgelegten Farbe erhalten, doch nimmt der Untergrund nur geringe Pigmentmengen auf.

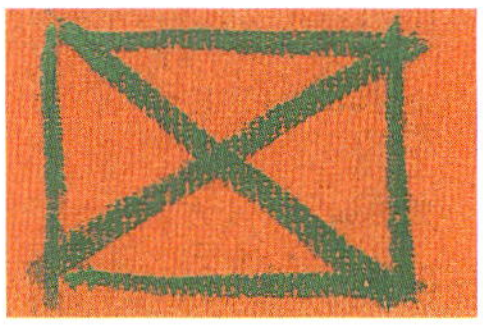

Farbüberlagerung bei verwischtem Pastellgrund

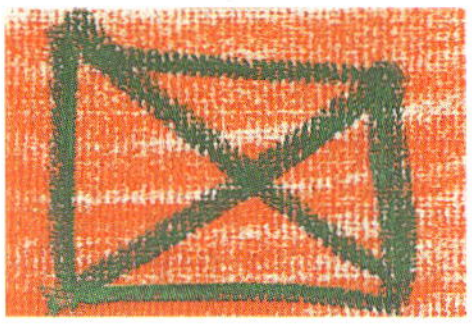

Anderer Effekt auf nicht verwischtem Pastellgrund

Zusatz von Binde- oder Fixiermittel

Überpinseln Sie hierzu jede Pastellschicht mit Cellulosepaste oder PVA-Emulsion. Die Farbe wirkt dadurch dunkler und satter.

Fixierte Farben Rot über Orange schraffiert, mit Cellulosepaste oder PVA-Emulsion überpinselt

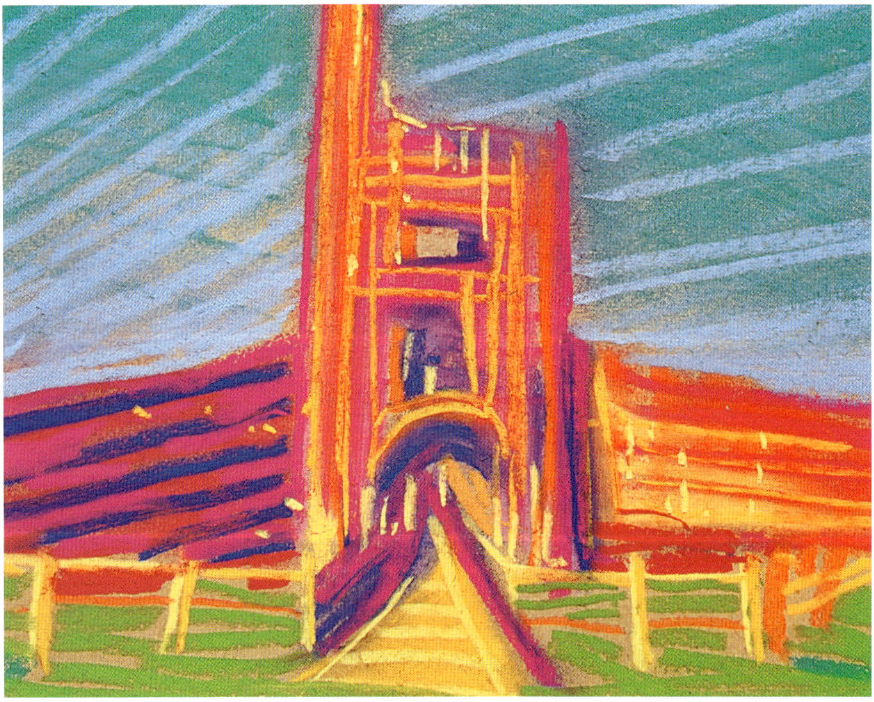

Praktische Umsetzung der Technik Diese Skizze setzt die oben besprochenen Techniken in einem Beispiel um. Der Himmel wurde mit einer Kreuzschraffur aus einem »grünlichen« Blau und einem »gelblichen« Blau aufgebaut und verrieben. Dann wurden Striche in »gelblichem« Blau überlagert. Die gleiche Technik wurde beim Schlosstor mit Farbtönen in Orange/Gelb und kühlem Rot angewendet und gegen die Komplementärfarben in der Komposition abgesetzt.

Technik Getönte Porträttechniken

Pastell eignet sich besonders gut zum Zeichnen von Porträts, weil es diesen eine Zartheit und Direktheit vermitteln kann, die anderen Medien fehlt. In der konventionellen Porträtzeichnung unten diente ein blaugrün getöntes Papier als Bildgrund, das einen deutlichen Kontrast zu den warmen Hauttönen des Pastells bildet. Dieser Kontrast wird durch die blaugrünen Pastellfarben noch verstärkt.

Aufbau des Pastellporträts

Zuerst wurden die Umrisse mit Bleistift oder Pastell schwach angedeutet. Dann wurden die Lichter der Stirn mit weißem Pastell gezeichnet, wobei die Tönung des Bildgrundes als Anhalt für den mittleren bis dunklen Tönungsbereich diente. Danach wurden die hellsten rosa und gelben Töne um die Lichter herum aufgelegt, und die ganze Stirnfläche wurde so aufgebaut. Ein sauberer Papierwischer diente dazu, nebeneinander liegende Farbtöne zu vermischen und das Pastell in das Papier hineinzureiben, wodurch die zarten Übergänge entstanden. Ein solcher Gebrauch von Pastell eignet sich gut zum Experimentieren mit dem Abstufen von Tönungen. Obwohl sich Pastelle am besten zur Arbeit im mittleren bis hellen Tonbereich eignen, wird hier ein Eindruck des vollen Tonumfangs demonstriert.

Von der Stirn aus wurde nach unten gezeichnet; bei Augen, Nase und Mund wurde durch nebeneinander aufgetragene Töne und Vermischen mit dem Wischer ebenso verfahren. Die Arbeit von oben nach unten verhinderte ein Verwischen mit der Hand. Nachdem das Bild skizziert war, wurde es nochmals überarbeitet: Farben und Tönungen wurden korrigiert, neu vermischt, die dunkelsten Striche hinzugefügt und dann die Lichter erneut aufgesetzt. Ein Knetgummi diente für kleinere Korrekturen.

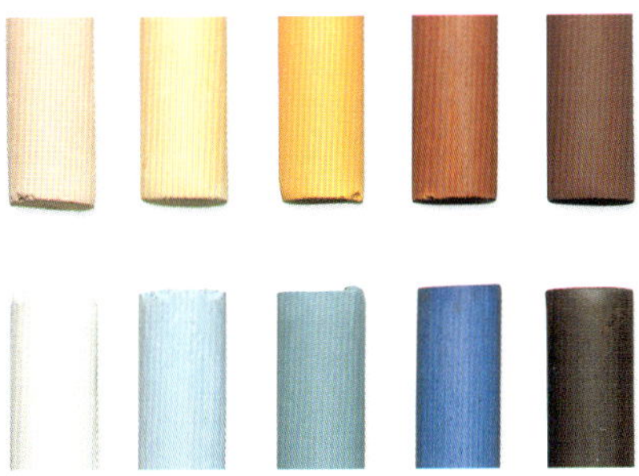

Die Pastellpalette Nur zehn Pastelle von Rosa bis Dunkelbraun genügten für den ganzen Tonwertumfang.

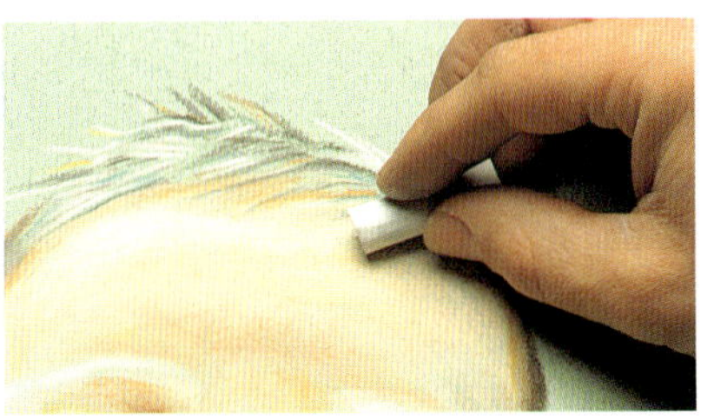

Anlegen der hellsten Tönungen

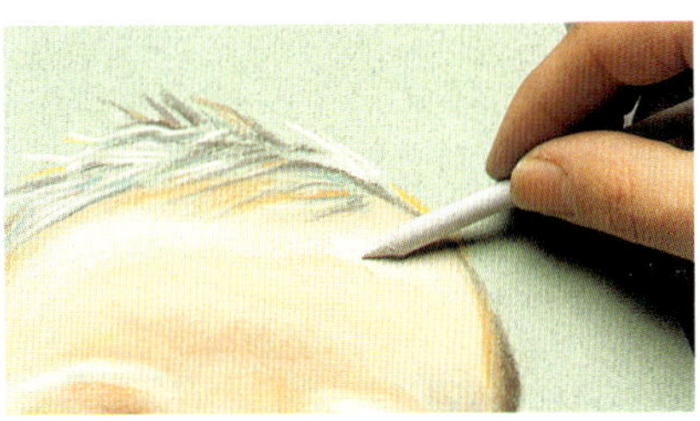

Vermischen benachbarter Tönungen Beginnend in der Mitte der Lichter, wurde mit dem Wischer behutsam kreisförmig gerieben.

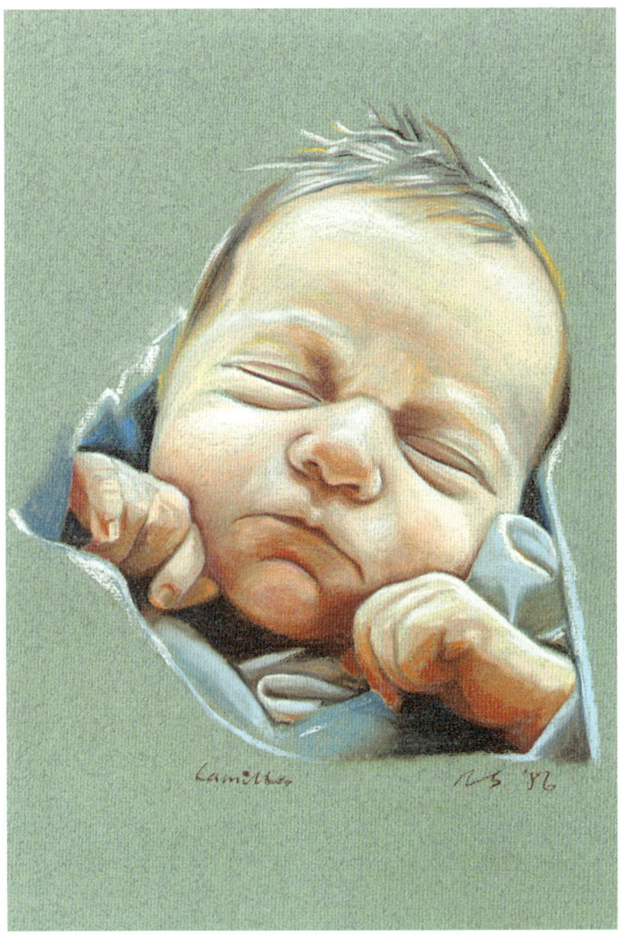

Pastellporträt Babys lassen sich meist sehr gut zeichnen, wenn sie schlafen. Hier wirkt das kühle Grün des Papiers als Kontrast zu den warmen Hauttönen des Babys.

Technik Landschaftstechniken

Das orangefarbene Papier bildet hier einen Kontrast zum Blau und Grün der Zeichnung. Um ungewolltes Verwischen zu vermeiden, wurde von oben nach unten gearbeitet. Zum Suggerieren der Perspektive wurde die Zeichnung in horizontalen Tönungsstreifen angelegt, die nach unten hin immer dunkler werden. Man kann einen Tönungsbereich viel leichter kontrollieren, wenn man immer nur jeweils einen Streifen zeichnet, als wenn man das Bild willkürlich aufbaut. Bei den fernen Bergen wurde die blaue Schattierung mit Rosa überlagert und dann mit den Fingern verwischt. Die Bäume wurden als Farbtupfer mit sanften Kreisbewegungen aufgetragen und dann mit dem Wischer von außen nach innen überarbeitet. Für die fernen Bäume wurde außer Blau Grün verwendet, bei den näheren war Braun die zweite Farbe. Die Felder wurden mit weißen, rosa oder gelbgrünen Pastellen gezeichnet. Die dunkleren Tonwerte wurden hinzugefügt und mit einem Torchon eingearbeitet.

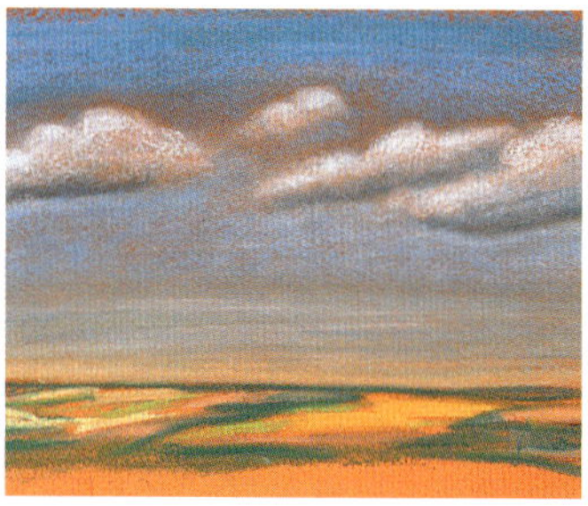

Vorzeichnung Diese Studie hat die Kraft und Unmittelbarkeit einer rasch gezeichneten Skizze.

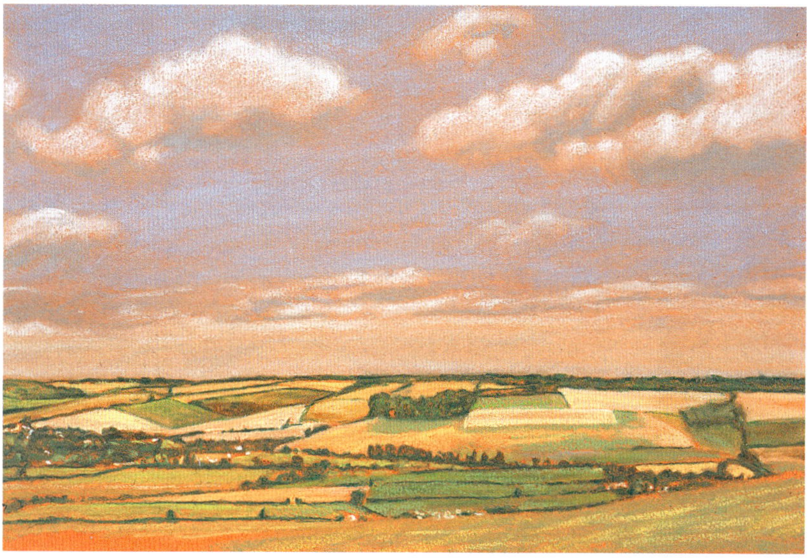

Fertige Zeichnung Die größere, genauer gezeichnete Fassung des Motivs hebt das Muster der Hecken deutlicher hervor, ohne aber den sanften Schwung der Hügel und den alles überspannenden Himmel zu vernachlässigen.

Technik Direkte Zeichenverfahren

Man kann weiche Pastellfarben auch ohne Schattierungs- oder Mischtechniken direkt auftragen.

Zeichnen auf Sandpapier

Diese Zeichnung wurde mittels einer Reihe kurzer, kräftiger Pastellstriche aufgebaut; dabei entstanden jene tiefen, satten Farben, die Sandpapier oder ähnliche Bildgründe Pastellen verleihen. Die helle Zone enthält gelbe und orangefarbene Pigmente mit mauvefarbenen, braunen und blauen Strichen, während die Schatten Dunkelblau, Violett, Purpur, Malve und Braun enthalten. Ein Objekt, das im Grunde nur ein weißer Stein ist, wird in eine Vielzahl von Farben transponiert, die ihre Effekte aus dem komplementären Gelb und Violett beziehen. Der monochrome Hintergrund bringt das Objekt gut zur Geltung.

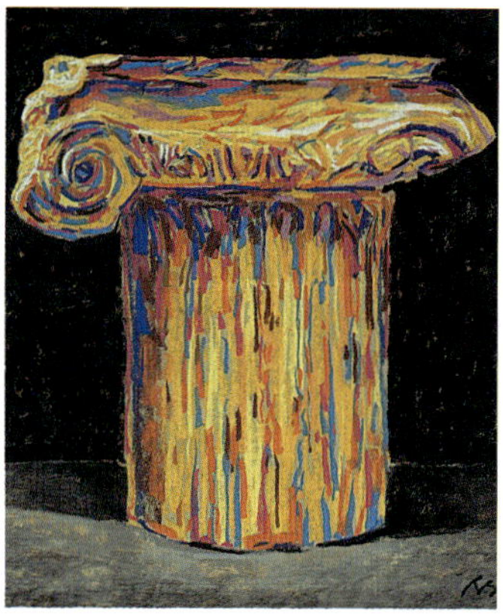

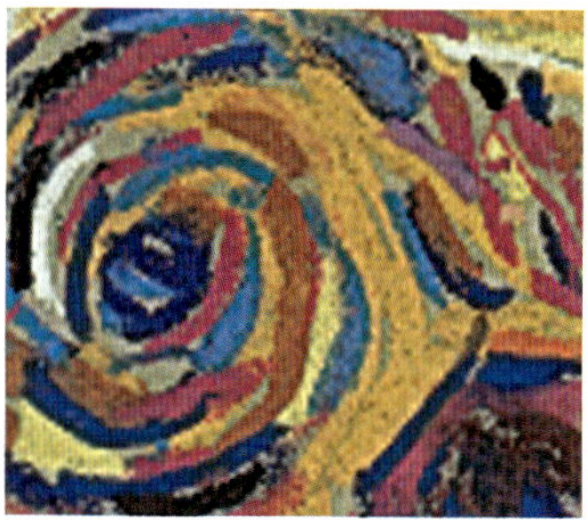

Farbkombinationen auf Sandpapier Auf Sandpapier haftet das Pigment intensiv, wodurch satte Tönungen und kräftige Farben entstehen.

Ölpastellkreiden

Ölpastellkreiden werden aus Pigment, Wachsen und tierischen Fetten hergestellt. Eigentlich sind sie den Wachsfarbstiften ähnlicher als den weichen Pastellfarben. Die besseren Marken enthalten mehr Pigment und sind flexibler als Wachsfarbstifte, die außerdem eine gewisse Härte haben. Bei höheren Temperaturen werden sie jedoch ziemlich weich, und wer einmal mit einem kurzen Stummel Ölpastellkreide zwischen warmen Fingern gezeichnet hat, kennt die Neigung des Kreidestifts, knetbar wie Wachs zu werden. Er ist dann schwerer zu kontrollieren, und es bleibt mehr Farbe auf dem Zeichengrund haften.

Da Ölpastelle viel Wachs enthalten, unterliegen sie während des Trocknungsprozesses keinen solchen Veränderungen wie zum Beispiel Ölfarben. Das Aussehen des Mediums bleibt unverändert, sofern es nicht mit Terpentinersatz überstrichen wird, der es löst, oder größerer Wärme ausgesetzt wird, durch die es schmilzt.

Mit Ölpastellkreiden lassen sich vollkommen andere Effekte als mit den übrigen Zeichenmitteln schaffen. Sie sind jedoch für ein dauerhaftes künstlerisches Werk nicht geeignet. Man kann sie zu Vorarbeiten für eine Reproduktion oder ein zu digitalisierendes Bild verwenden.

Zeichnen mit Ölpastellkreide

Die Ölpastellfläche kann auf unterschiedliche Weise bearbeitet werden, zum Beispiel mit strukturellen und aufgeriebenen Effekten, wobei die verschiedenen Farben übereinander aufgetragen und dann gerieben werden, um so Mischfarben zu erhalten. Interessante Farbkombinationen lassen sich durch behutsames Schattieren erzeugen; das Polieren der Farbe mit dem Fingernagel lässt sie satter erscheinen. Die Kombination mit Aquarell- oder Acrylfarben führt zur »Absprengtechnik« (siehe auch S. 152). Als Lösungsmittel für Ölpastell kann man Terpentin oder -ersatz verwenden. Diese Lösungsmittel sollten jedoch nur in kleinen Mengen und nur mit großer Vorsicht (siehe S. 371) verwendet werden.

Technik Farbmischungen durch Überlagerung und verwandte Farbtöne

Schattiert man eine reine Farbe über eine andere, so erhält man eine dritte Farbe. Das Aussehen dieser dritten Farbe hängt von dem ausgeübten Druck beim Schattieren ab. Es hängt aber auch davon ab, ob Sie daraufhin die Farbe noch mit einem Polierstab oder mit dem Rücken Ihres Fingernagels polieren.

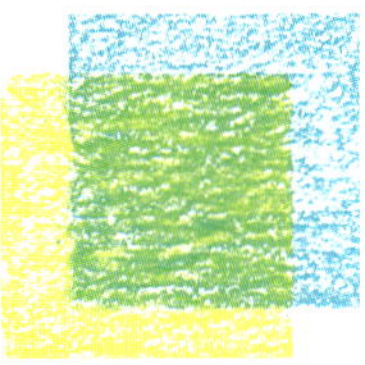

1 Die Textur des Papiers wird beim Schattieren mit Ölpastell deutlich sichtbar. Das Grün erscheint, wo sich die Farben überlappen.

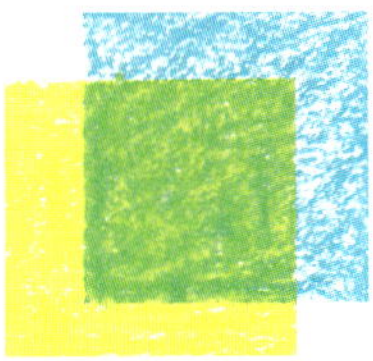

2 In dieser Fassung wurden die beiden Farben mit dem Rücken des Fingernagels verrieben.

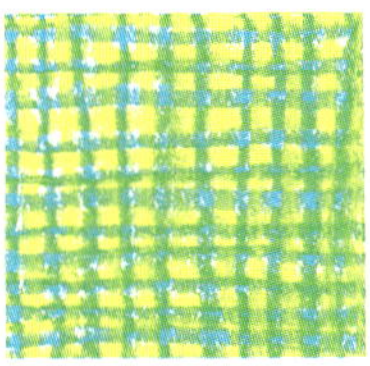

3 Bei dieser Schattierung in Kreuzschraffur wurden die Farben in Reihen im rechten Winkel zueinander gezeichnet und nicht verwischt.

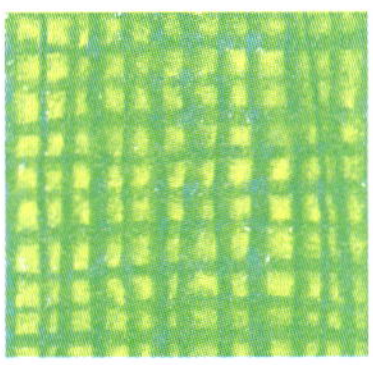

4 Diese Fassung von **3** wurde wie in **2** mit dem Fingernagel poliert.

5 Hier wurde die Ölpastellkreide mit einer Klinge abgekratzt und lässt ein Restbild auf dem Papier zurück.

Technik Schabetechnik

Bei dieser Technik, für die sich eine glatte Papierfläche gut eignet, wird ein gleichmäßiger, leuchtend heller Farbton (mit dem Fingernagel poliert) über die ganze Bildfläche verteilt. Darüber kommt Schwarz, das man dann teilweise mit einem Schaber oder einem anderen Metallgegenstand, z. B. Schraubenzieher oder Messerspitze, herauskratzt, sodass die untere Farbe wieder sichtbar wird. So lassen sich vielerlei Effekte erzielen, vom feinen Liniengitter bis hin zu Farbflächen mithilfe eines Schabers. Die Oberfläche ist sehr geschmeidig und leicht zu bearbeiten.

Beispiel Bäume

Beide Bilder wurden auf die gleiche Weise gezeichnet, eines jedoch auf glattem und das andere auf rauem Papier. Zuerst wird auf dem Papier ein Rahmen abgeklebt. Eine hellblaue Ölpastellkreide wird dann über die gesamte Zeichnung schattiert und mit dem Fingernagel poliert. Dann wird die Fläche mit schwarzem Ölpastell übermalt. Die Zeichnung entsteht durch Kratzen aus der schwarzen Farbe. Das Klebeband wird vorsichtig abgezogen und hinterlässt saubere Ränder. Durch die Textur des rauen Papiers sind zwar nicht alle Details sichtbar, dafür strahlt das Bild aber eine lebendige Wirkung aus. Auf glattem Papier kommt das Motiv deutlicher zum Tragen.

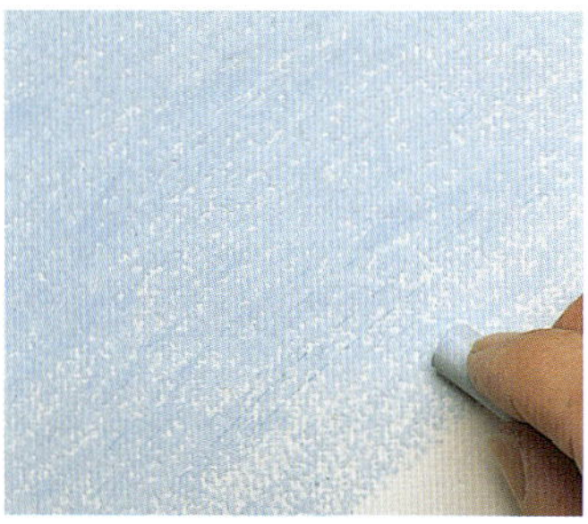

1 Die Papierfläche wird mit einem hellen Pastellton übermalt.

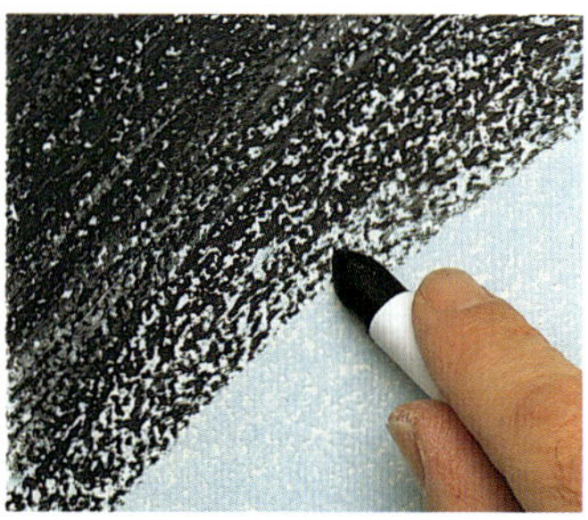

2 Darüber wird eine Schicht schwarzer Pastellfarbe gelegt.

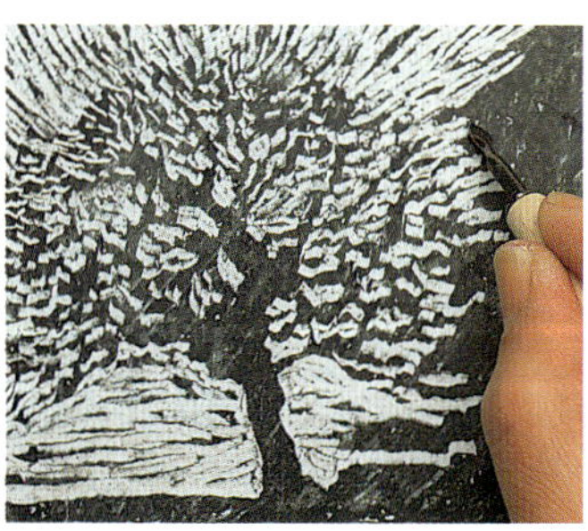

3 Mit Messer oder Schraubenzieher wird das Bild herausgekratzt.

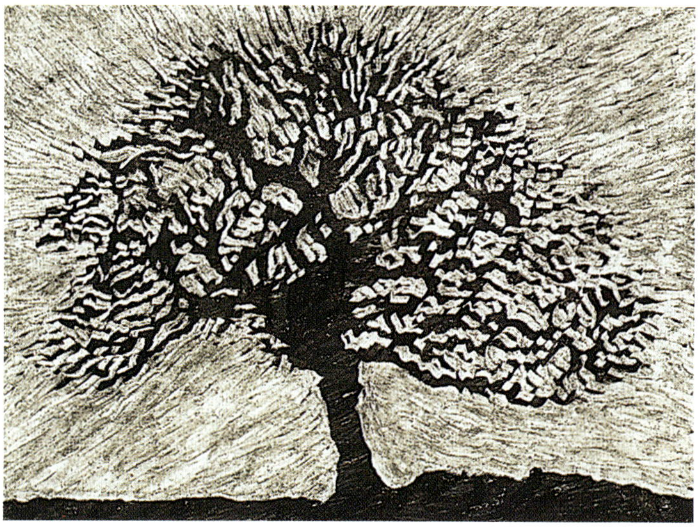

Baum 1 Dieses Bild wurde in Kratztechnik auf glattem Papier geschaffen.

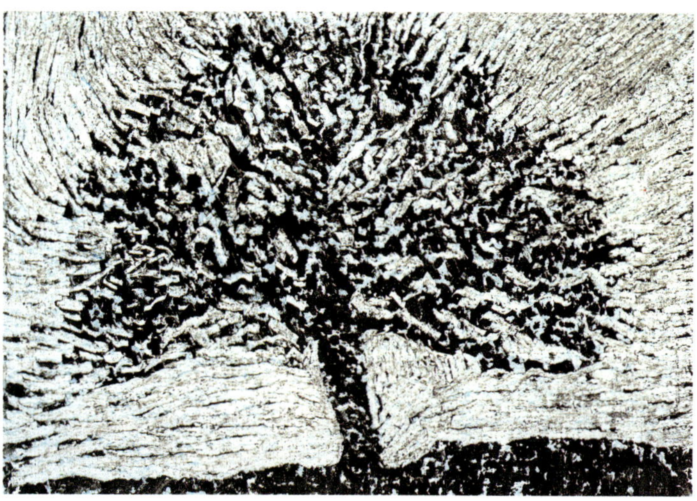

Baum 2 Das gleiche Bild entstand hier auf einem rauen Papier.

Technik

Untergelegte Linien

Man kann die Grundtechnik des Überlagerns von Dunkel auf Hell mit nachträglichem Herauskratzen noch verfeinern, indem man zuerst eine schwarze Linienzeichnung macht. Darüber kommen die helle Pastellschattierung und der schwarze Überzug. Wenn dieser abgeschabt wird, legt man die schwarze Linienzeichnung wieder frei, die nun in die Färbung des Hintergrundes einbezogen ist.

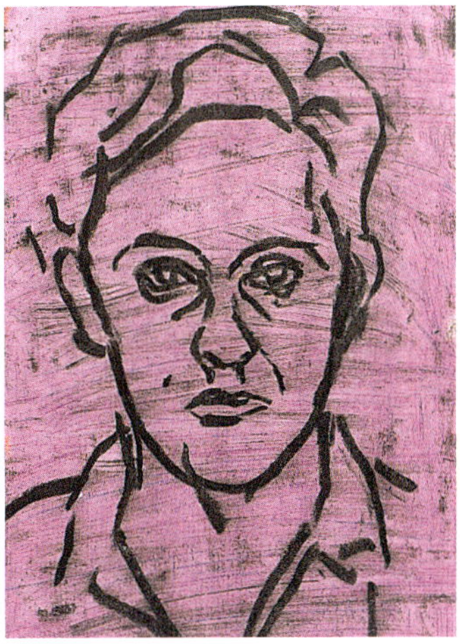

Porträtzeichnung auf rosafarbenem Grund Eine grobe Linienzeichnung wurde hier in schwarzem Pastell auf glattes weißes Papier gebracht. Die ganze Zeichnung wurde dann mit einem rosafarbenen Ton und anschließend mit einem Schwarz übermalt und mit der Klinge ausgekratzt. Die Verbindung des Motivs mit dem leicht texturierten Grund auf der glatten Papierfläche gibt dem Bild seinen besonderen Reiz.

Technik Zurückschaben auf rauem Papier

Auf strukturiertem Papier bedecken die überlagernden Ölpastellschichten die unteren Farben nur, indem sie auf den erhöhten Teilen der Papierfläche haften (auf denen auch die unteren Schichten haften). Werden weitere Schichten aufgebaut, dann füllen sich die Lücken allmählich mit Farbe. Schabt man nun die Oberfläche mit einem Messer, so werden die oberen Farbschichten in die Lücken geschoben, während die erhöhten Teile selbst zur ersten Farbschicht zurückgeführt werden, wodurch lebhaft wechselnde Farben und Strukturen entstehen.

Diese Technik eignet sich gut in Kombination mit Aquarell- oder Acrylfarben, wobei die Wasser abstoßende Eigenschaft dazu führt, dass diese Farben nur auf Teilen des Papiers haften, die nicht mit Ölpastell bedeckt sind (siehe S. 152). Die intensiven Farb- und Textureffekte, die man in dieser Technik auf rauem Papier erzielen kann, sieht man unten. Allerdings sollte man nicht mit allzu langer Haltbarkeit rechnen, da die Hersteller von Ölpastellkreiden die Lichtechtheit der Pigmente oder die Haltbarkeit anderer Inhaltsstoffe nicht angeben.

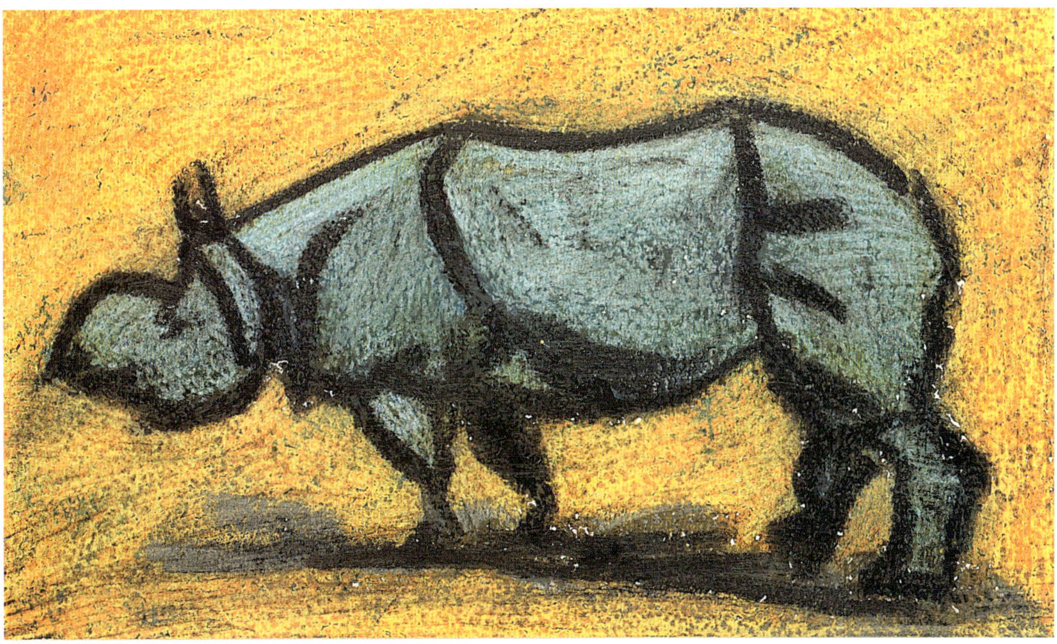

Rhinozeros Der schwarze Umriss wurde mit Blau/Grau ausgefüllt, der Hintergrund mit Gelb. Danach wurde das ganze Bild mit einem warmen Braun und mit Schwarz überzogen. Alles wurde mit einem schräg gehaltenen Messer geschabt. Die raue Struktur der Oberfläche, die so entsteht, passt gut zum Bildmotiv.

Technik Ölpastell mit Aquarell- oder Acrylfarben

Nach dem Prinzip des Wachsabdeckverfahrens (siehe S. 152) kann man Ölpastell auch in Verbindung mit Aquarellfarben verwenden, um meist auf rauem Papier eine bestimmte Textur für einen Tonwert oder eine Farbe zu unterlegen. Die Aquarellfarbe wird nur an den Stellen des Papiers angenommen, die nicht mit Pastellfarbe bearbeitet wurden.

Auch eine Schicht Acrylfarbe kann vorteilhaft mit Ölpastell kombiniert werden. Man kann zum Beispiel auf einem rauen Grund eine helle Pastellschicht anlegen, dann eine Schicht dunkle Acrylfarbe darüber malen (mit pastoser Konsistenz) und das Motiv aus der feuchten Acrylfarbe herauskratzen. In der Zeichnung unten wurde das raue Papier zuerst vollständig mit gelbem Ölpastell bestrichen, dann die Fläche mit blauer Acrylfarbe zugemalt. Die Form der Kirche wurde mit dem Messer aus der feuchten Farbe gekratzt. Die Umrisslinien wurden in die feuchte Farbe mit einem Schraubenzieher eingearbeitet.

1 Mit einer gelben Ölpastellkreide wird die gesamte Papierfläche eingerieben.

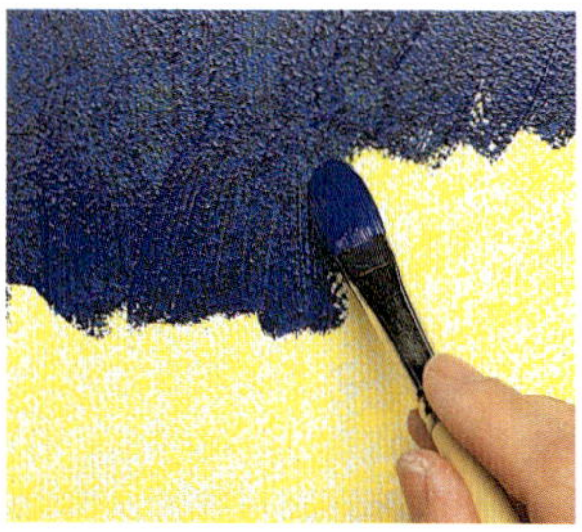

2 Eine Schicht mit wasserverdünnter blauer Acrylfarbe wird über die Pastellfarbe gemalt.

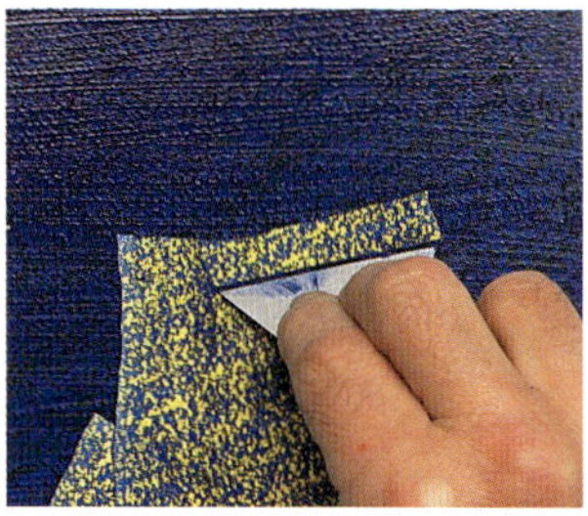

3 Das Papier wird umgedreht und die Farbe von der Himmelstextur gekratzt.

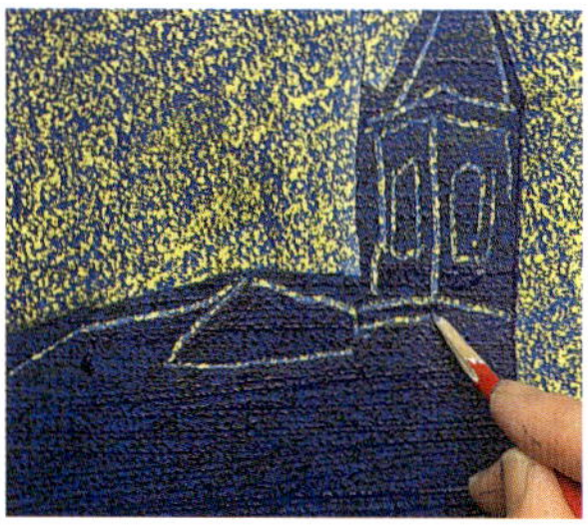

4 Mit einem zugespitzten Stock werden die Details der Kirche eingekratzt.

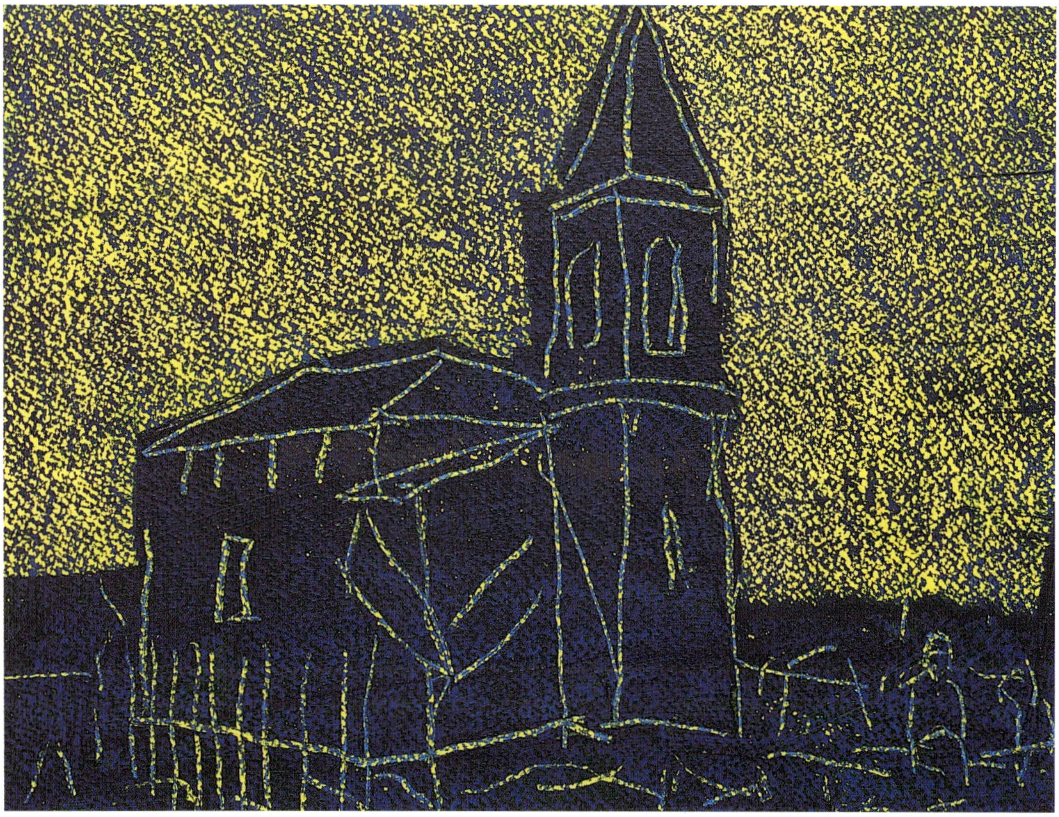

Fertige Zeichnung Die Kirche

Zeichenkreide (Conté-Kreide)

Das Zeichnen mit schwarzen und weißen Kreiden oder Pastellen auf mittelgetöntem Papier hat eine lange Tradition, vermutlich weil es ziemlich unaufwendig ist. Man kann mittlere bis helle Töne mit weißer und mittlere bis dunkle Töne mit schwarzer Kreide wiedergeben. In vieler Hinsicht gleicht diese Technik der monochromen Malerei.

Die Schwarzweißtechnik spielte zu allen Zeiten der Kunstgeschichte eine wesentliche Rolle. Tintoretto benutzte sie für seine Modellstudien, die von üppiger Geschmeidigkeit geprägt sind und bei denen Weiß nur für die Lichter verwendet wurde. Van Dyck zeichnete feinere Gestalten, deren Konturen einen klaren Fluss haben und deren Schatten die Form zart andeuten. Rote und braune Kreiden wurden ebenfalls zu allen Zeiten gern verwendet, vor allen zum Zeichnen von Landschaften und Porträts.

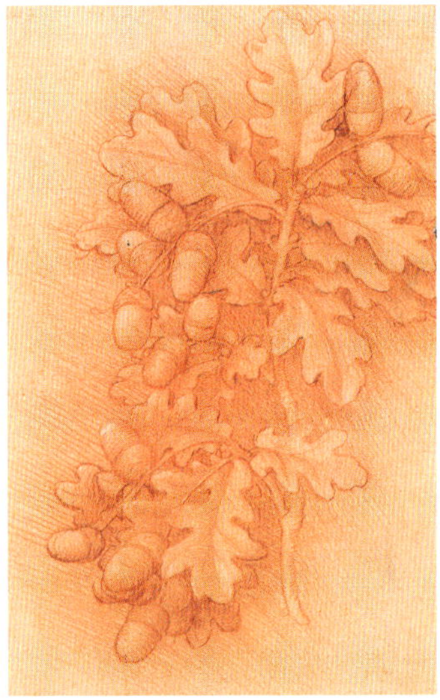

Ein kleiner Eichenzweig mit einem Zweiglein Färberginster *(um 1510),* LEONARDO DA VINCI
Diese wundervolle Zeichnung wurde auf einem warmen, hellen bis mitteltonigen Grund mit roter Kreide und weißen Höhungen ausgeführt. Die Zeichnung wirkt heute noch so lebendig wie vor 500 Jahren.

Traditionelle Farben

Naturvorkommen an rotem Eisenoxid waren als beständige und leicht erhältliche Farben seit vorgeschichtlichen Zeiten beliebt. Die »Sinopie«, die Unterzeichnung für Fresken, verdankt ihren Namen dem als »Sinopia« bekannten roten Oxidpigment, das man dafür benutzte (siehe S. 278). Das volle und warme Pigment eignet sich als Zeichenmaterial besonders gut und wurde als »Rötel« immer schon bevorzugt. Rötelstifte gibt es in verschiedenen Schattierungen, von gelblichen Tönen bis in dunkelrote, kühle oder violettstichige, und verschiedenen Formen. Das Beispiel einer Zeichnung unter Verwendung von Rötel sehen Sie auf S. 88.

Weitere farbige Kreiden sind Sepia (warmes Braun) und Bister (kaltes Braun). Die Bezeichnungen deuten die Herkunft der Pigmente an: Tintenfisch (Sepia) und Buchenholzruß, auch Bister genannt. Allerdings verwendet man heutzutage beim Herstellen von Kreiden mit dieser Bezeichnung lichtechtere Pigmente.

Auswahl von Conté-Kreiden

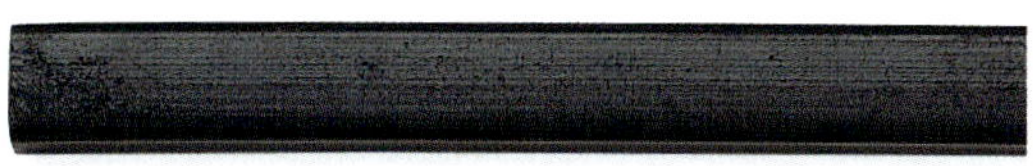

Schwarz

Weiß

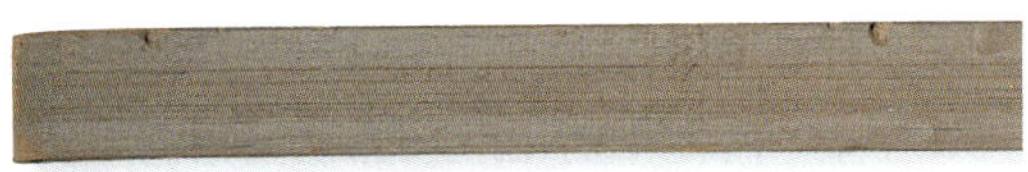

Sepia

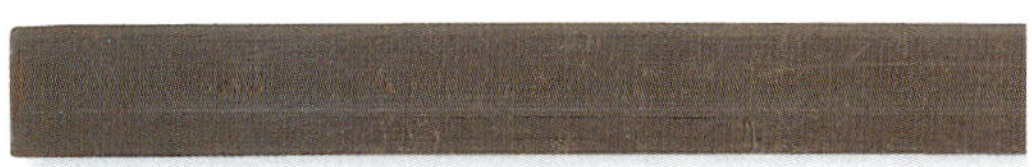

Bister

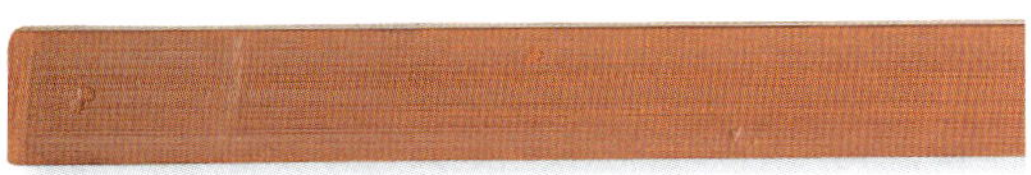

Rötel

Technik Dreifarbenzeichnung

Bei dieser Technik dienen drei Kreidefarben – Rötel, Schwarz und Weiß – zum Anfertigen einer Zeichnung, die den Eindruck eines vielfarbigen Bildes erweckt. Am häufigsten nutzt man diese Technik beim Porträtzeichnen. Allgemein lässt sich sagen, dass der Rötel das Gesicht und dessen Ausdruck bestimmt; Weiß dient für die Lichter auf Stirn, Nase, Wangen und Hals, und das Schwarz gibt dem Haar sowie den Augenbrauen die Farbe, aber es charakterisiert vor allem auch die Augen. Künstler wie Bernini oder François Le Moine nutzten die Kreide so; andere wie Watteau und Greuze verwendeten die schwarze Kreide mehr zum Schattieren und für den Gesichtsausdruck. Es gibt keine festen Regeln dafür. Wie auch immer – die Kombination dieser drei Farben hat sich bewährt, und man kann sie ebenso wirkungsvoll zum Porträt- wie zum Landschaftszeichnen verwenden.

Mattgehaltenes Porträt auf grauem Papier

Bei diesem Porträt einer jungen Frau auf mittelgrauem Papier diente der Rötel für das Gesicht, während der Rest des Kopfes mit Schwarz gezeichnet wurde. Die Tönung wurde mit einem Wischer (siehe S. 96) erzielt, der die Pigmente vermischte. Die dunklen Töne um die Augen sowie unter Nase und Lippen sind Mischungen von Rötel und Schwarz. Reines Weiß ist nur auf dem Reflextupfer der Augen zu sehen.

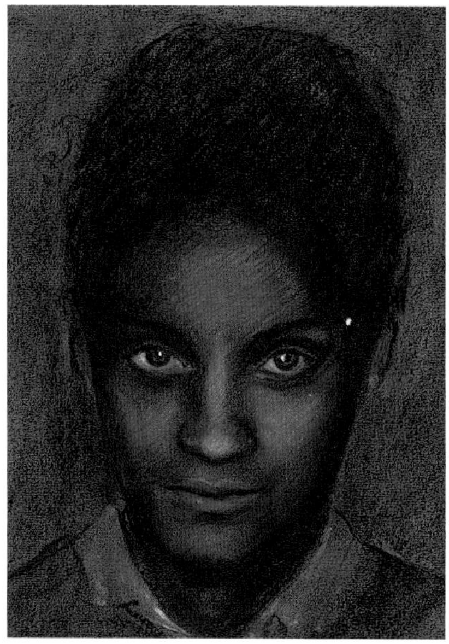

Mattgetönter Effekt Der Dunkeleffekt mit den helleren Tönungen auf Stirn, Nasenrücken und Wangen erweckt den Eindruck von Intimität und Unmittelbarkeit.

Schwarzweißtechnik

Die Praxis des Zeichnens mit schwarzer und weißer Conté-Kreide auf mittel- bis dunkelgetöntem Untergrund erweist, wie unmittelbar und rationell dieses Verfahren ist. Mit schwarzer und weißer Kreide kann man nicht nur große und grobe Zeichnungen machen, sondern auch sorgfältig ausgearbeitete mit feinsten Details. Die weiße Kreide sorgt auf getöntem Papier für Lichter mit großer plastischer Wirkung.

Technik Zeichnen auf mittelgrauem Papier

Mittelgrau getöntes Papier eignet sich zum schnellen Zeichnen. Tönungen und Formen können rasch ausgearbeitet werden.

Im Beispiel rechts diente ein Wischer zum gelegentlichen Aufweichen des Pigments, wenn sich die Tönungen mit dem grauen Papier vermischten. Das zeigt sich an den Tönungsübergängen, besonders beiderseits der Nase und des Gesichts. Das Haar blieb als fast gleichmäßiger Grauton erhalten, der durch kräftige Striche mit der flachen Seite der Kreide zustande kam. Einige diagonale Linien, mit der scharfen Kante des Stifts gezeichnet, deuten an, wie das Haar über die Stirn fällt. Das Modell sieht dem Künstler bzw. Betrachter ins Auge. Der direkte Blick wird dadurch hervorgehoben, dass die weiße Kreide nur für das Gesicht verwendet wurde, dessen Ausdruck fast streng wirkt. Zudem haben die Augen etwas mehr Detail als das übrige Gesicht, was dem Betrachter den Eindruck eines Blickkontakts vermittelt.

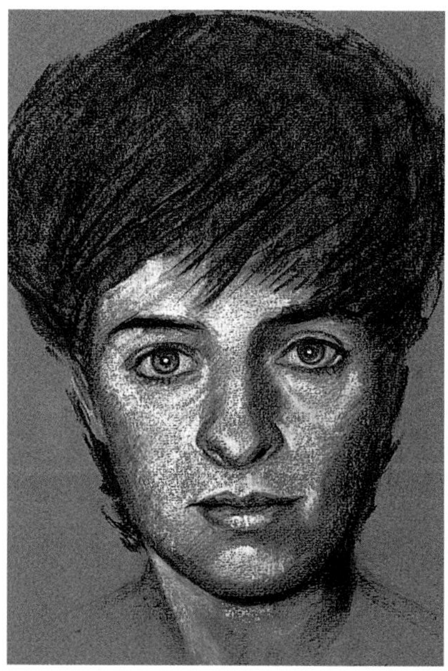

Porträt auf mittelgrauem Papier Obwohl das Porträt sehr detailliert wirkt, wurde es doch nur locker gezeichnet und demonstriert eine rationelle Technik.

Technik

Auf mittel- bis dunkeltonigem Papier arbeiten

Für diese Zeichnung wurde eine mitteltonige, deckende, blaue Acrylfarbe auf ein aufgezogenes Blatt weißes HP Aquarellpapier aufgetragen und trocknen gelassen.

Die weiße Conté-Kreide wurde nur für die Lichter verwendet, die schwarze Kreide für die dunklen Töne. Das Auge des Betrachters schafft die Zwischentöne des blauen Grundes selbst. Diese Zeichenmethode schafft eine scheinbar sehr detaillierte Zeichnung ohne großen Aufwand.

Am Horizont wurde die Kreide mit einem Torchon verrieben, um den Eindruck von Tiefe wiederzugeben. Kräftige Striche im Vordergrund verstärken die perspektivische Wirkung.

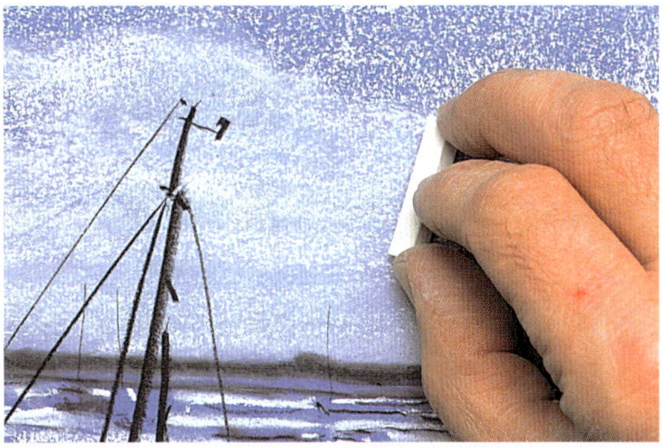

1 Mit weißer Conté-Kreide werden die Lichter in der Zeichnung gesetzt.

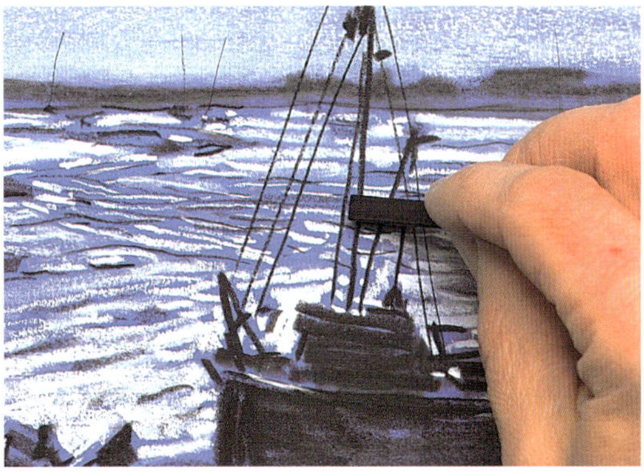

2 Mit der schwarzen Kreide werden die dunklen Töne eingetragen.

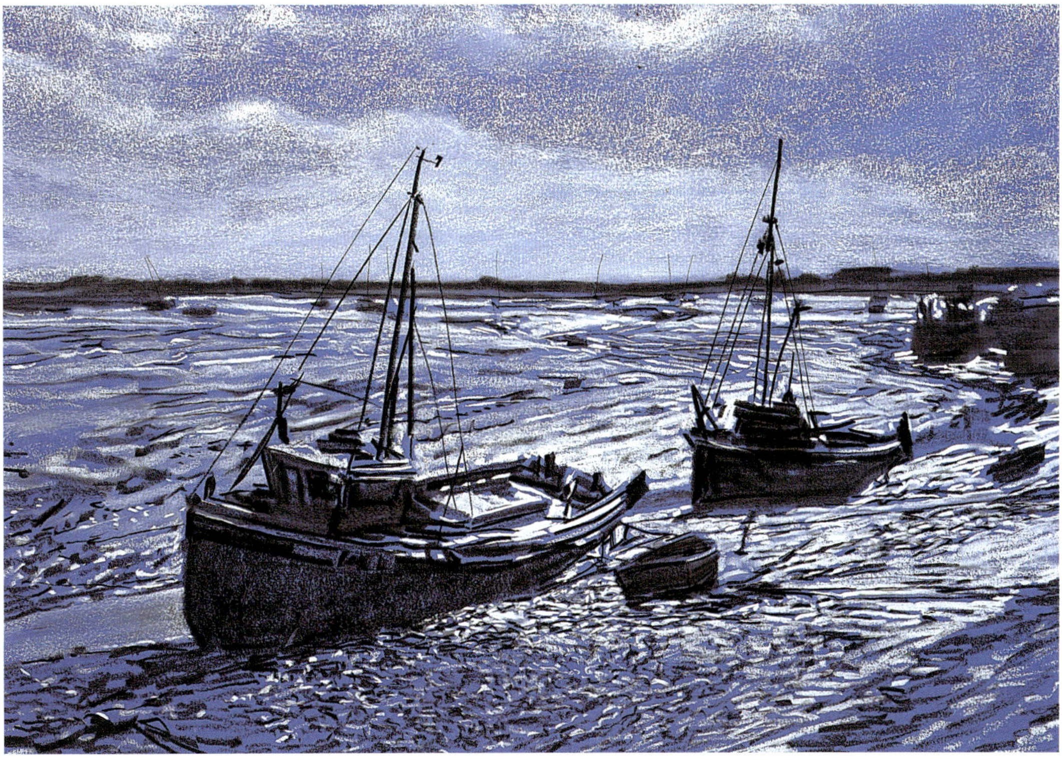

Fertige Zeichnung Die mit weißer Kreide herausgehobenen Lichter der Sonnenreflexe auf den Schlammflächen und den Booten, sowie die Schatten in Schwarz ergeben genügend visuelle Informationen für den vollständigen Eindruck des Motivs.

Technik Auf mitteltonigen Gründen arbeiten

Ein warmer brauner Grund gibt hier den mitteltonigen Hintergrund für die Zeichnung. Die weiße Conté-Kreide wurde für die mittleren bis hellen Töne und die schwarze Kreide für die mittleren bis dunklen Töne eingesetzt. Gedämpftere Töne wurden durch Verreiben mit dem Torchon geschaffen. Die Blütenblätter würden ihre Helligkeit und Fragilität bei einer Mischung aus schwarzen und weißen Farbtönen verlieren, wenn sie durch Mischen von schwarzen und weißen Kreiden entstanden wären. Die Schatten unterhalb der Blätter wurden mit einem Torchon gesetzt, der vorher mit schwarzer Kreide eingerieben wurde. So wurde die Plastizität der Blume erhöht.

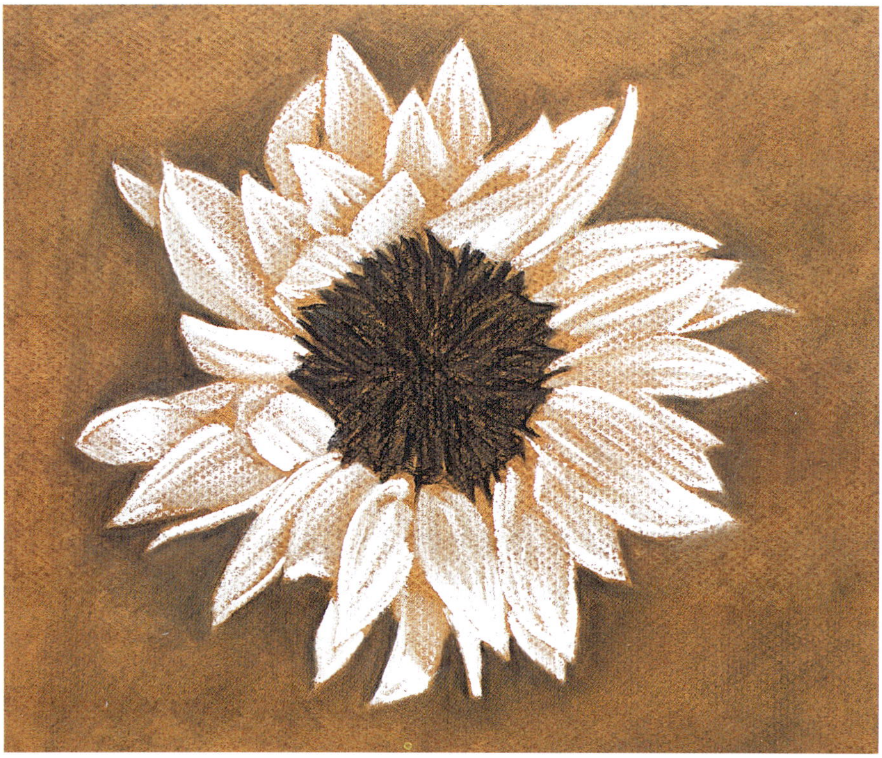

Schwarz- und Weißtechniken auf mitteltonigem Grund
Die Blütenblätter wurden in Weiß auf einem warmen braunen Grund gezeichnet und dann mit dem Torchon abgedämpft. Für die mittleren bis dunklen Töne wurde schwarze Kreide verwendet.

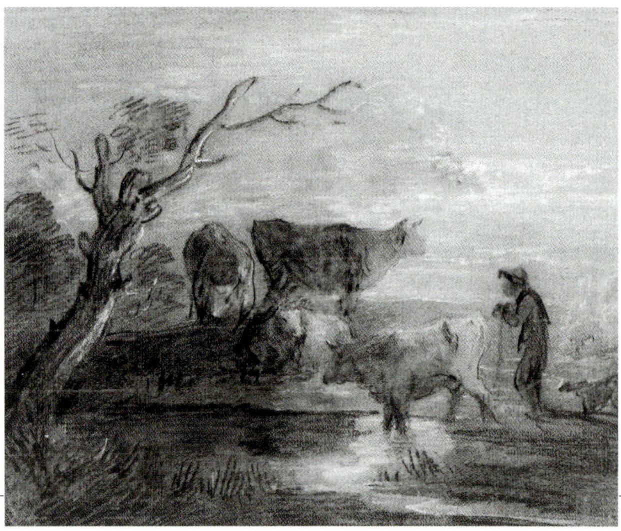

Thomas Gainsborough

Die Ökonomie von schwarzer und weißer Kreide
Diese Skizze zeigt die Ökonomie und zugleich den künstlerischen Reichtum einer Zeichnung nur in schwarzer und weißer Kreide auf einem mitteltonigen Papier. Die Abendsonne wurde mit weißen Strichen wiedergegeben, die den Kopf der Kuh gegen den Himmel abheben. Weiße Tupfen deuten den Rücken der Kuh im Wasser, Reflexe und Lichter an. Flüssig gesetzte Striche in schwarzer Kreide verstärken die dunklen Flächen.

Landschaft mit Vieh an einer Tränke
(um 1770), Thomas Gainsborough

Zeichenkohle

Holzkohle ist eines der ältesten Zeichenmaterialien. Man gewinnt sie durch Erhitzung von Weiden-, Reb- und anderen Zweigen in weitgehend luftdicht verschlossenen Behältern. Dadurch verkohlt das Holz, aber die einzelnen Zweige behalten ihre Form und können so als Zeichenstifte verwendet werden. Cennino Cennini beschrieb schon im 15. Jahrhundert die Technik so: Weidenzweige wurden gebündelt, in Tonkrügen luftdicht eingeschlossen und über Nacht in den Bäckerofen gestellt, bis sie völlig schwarz waren. Er wies auf die Bedeutung der richtigen Feuerung hin; durch Überhitzen bekomme man einen Stift, der beim Zeichnen zerbröckelt. Zwei Jahrhunderte später beschrieb Volpato, wie Holzstücke in ein Eisenrohr gestopft wurden, das mit heißer Asche versiegelt und rotglühend gemacht wurde und dann zum Abkühlen in kaltes Wasser kam. Zeitgenössische Quellen geben an, dass Holzkohle vornehmlich dazu diente, mit ihr Umrisse für Ölgemälde oder Fresken vorzuzeichnen. Heutzutage verwendet man sie lieber als eigenständiges Ausdrucksmittel zum künstlerischen Zeichnen. Den Renaissancemalern erschien die Zeichenkohle praktisch, weil sie einen Entwurf leicht durch Wegwischen mithilfe von Federn ändern konnten. Wenn die Zeichnung den Vorstellungen entsprach, wurde sie mit Pinsel, Silberstift oder Feder überarbeitet und die verbliebene Holzkohle abgebürstet.

Herstellung und Ausführung

Heutzutage werden die Weiden für Zeichenkohle in großen Pflanzungen angebaut, und die Gerten werden alljährlich während der Wintermonate geschnitten. Die beliebteste Art, *Salix triandra*, liefert die Standardstifte für Zeichenkohle. Ihre etwa 2 m lange Gerte wird zum Ende hin immer dünner, sodass aus ihr dicke, mittlere und dünne Stifte gewonnen werden können. Eine andere Art, *Salix viminalis*, wird alle zwei Jahre geschnitten und liefert dickere Stifte für Arbeiten größeren Umfangs.

Nach dem Sortieren werden die geschnittenen Weidengerten neun Stunden lang in Wasser gekocht, um die Rinde aufzuweichen. Diese wird anschließend entfernt, und die Weidengerten werden an der Luft getrocknet. Dann werden sie gebündelt, auf Standardlänge geschnitten und in eiserne Verkohlungsbehälter gepackt. Unter ständigem Rütteln wird Sand hinzugefügt, um Sauerstoff fernzuhalten. Die Stifte schrumpfen während des Verkohlens, und der Sand füllt den Zwischenraum. Nach einer Vorerwärmung zum Trocknen werden die Stifte in einem Ofen mehrere Stunden lang bei hoher Temperatur gebrannt. 24 Stunden später kann man sie verpacken. (Nimmt man sie zu früh aus dem Sand, fangen sie evtl. Feuer.)

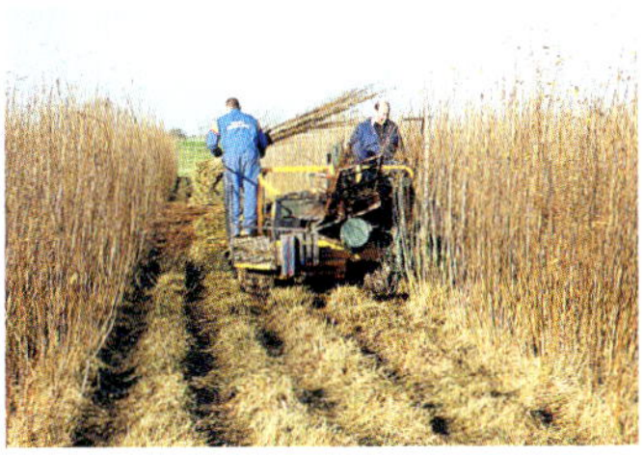

Ernten der Weidenzweige Die Ernte wird Mitte November von den Weidenbeständen in West Sedgemoor in Somerset eingefahren.

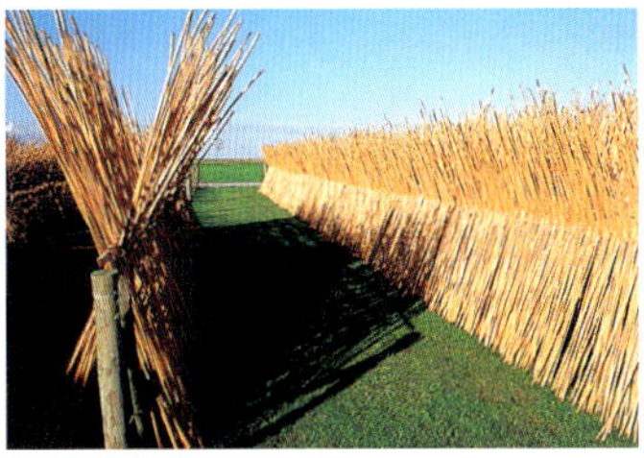

Weidengerten in der Trocknungsanlage Nach dem Kochen und Entrinden werden die Weidengerten einige Tage an der Luft getrocknet.

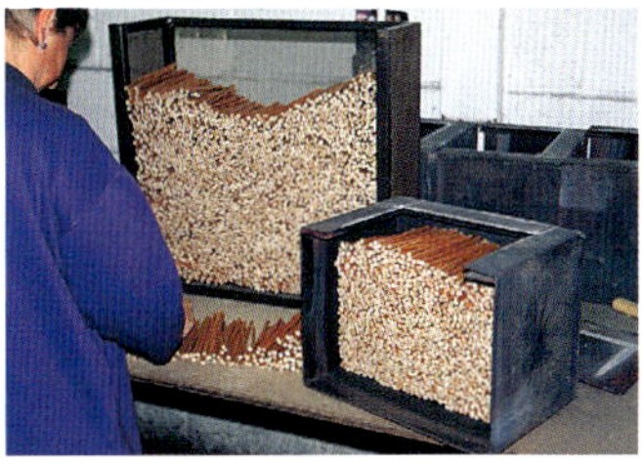

Schneiden und Verpacken Die trockenen Weidengerten werden gebündelt, geschnitten und in metallenen Verkohlungsbehältern im Ofen gebrannt.

Material Verschiedene Zeichenkohlen

Es gibt Zeichenkohle in verschiedenen Formen und aus unterschiedlichen Holzarten. Die feine Textur der Weide eignet sich besonders gut zur Herstellung von Zeichenkohle. Für Zeichnungen in Tafelbildgröße eignen sich am besten Zweige mit dem Durchmesser von 4 bis 10 mm, es gibt aber auch größere und dickere.

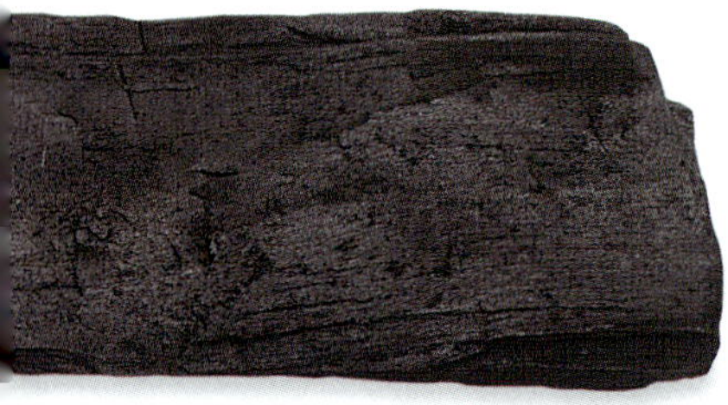

Holzkohle für Bühnenmalerei

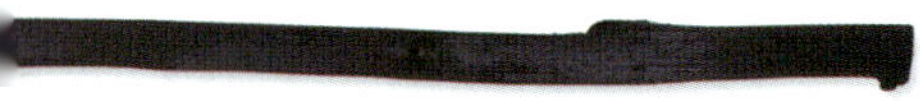

Dünner Holzkohlestift

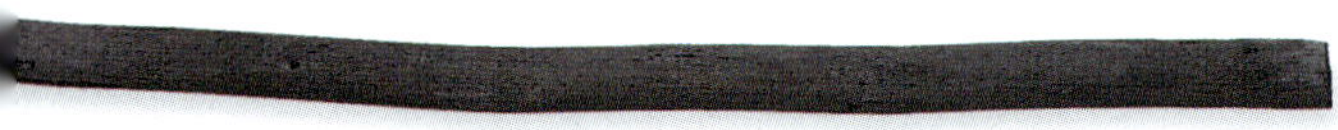

Mittlerer Holzkohlestift

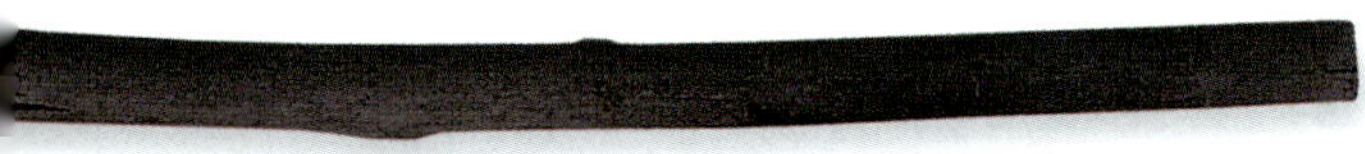

Dicker Holzkohlestift

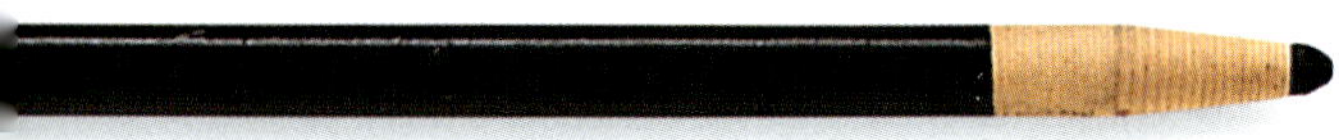

Zeichenkohle in Bleistiftform

Gepresste Zeichenkohle

Sie besteht aus Lampenschwarzpigment sowie einem Bindemittel und wird zu viereckigen oder runden Stiften gepresst. Man erhält sie auch in Bleistiftform. Im Vergleich zur Holzkohle aus Weidenzweigen ist diese Kohle dicht und schwer und erzeugt ein tiefes sattes und samtartiges Schwarz. Sie eignet sich nicht zum Vorzeichnen bei Ölmalerei, weil sie nur schwer abgewischt werden kann. Als eigenständiges Zeichenmedium ist sie jedoch ihrer satten schwarzen Linien und weichen dunklen Tönung wegen unübertrefflich. Ebenso wie Holzkohle kann man sie auf dem Papier mit den Fingern oder einem Wischer bearbeiten.

Herstellung von Ölzeichenkohle

Ölzeichenkohle gibt eine saubere, tiefschwarze Linie, ohne zu zerkrümeln oder zu viel Staub abzugeben. Zur Herstellung tränkt man Zeichenkohlestifte mit einem Pflanzenöl, z. B. Leinöl (ich habe mit Terpentin verdünntes Standöl verwendet). Dazu füllt man ein verschließbares Glas mit Kohlestiften, gießt das Öl auf und verschließt das Glas wieder. Es dauert einige Zeit, bis die Kohle das Öl aufgesaugt hat, das jedoch nie ganz absorbiert wird. Man lässt also die Kohlestifte im verschlossenen Glas stehen und verwendet sie nach Bedarf. Vor dem Zeichnen sollte man das überschüssige Öl von der Kohle mit einem Tuch abwischen.

Material

Fixative für Zeichenkohle

Früher benutzte man in Alkohol verdünnte Lösungen von Schellack, Mastix oder Kolophonium.

Moderne Markenfixative

Bei den modernen Fixativen, die man in Sprühdosen erhält, handelt es sich um Polyvinyllösungen in schnellverdampfendem Acetatlöser. Sie eignen sich gut für kleine Zeichnungen, doch für sehr große Arbeiten sind sie zu teuer und unsicher.

Acrylemulsion

Als Alternative sorgen zwei oder drei Schichten Acrylemulsion, mit der Spritzpistole aufgetragen, für bleibenden Schutz. Die Kohlezeichnung wird im ursprünglichen Zustand fixiert und nicht durch ungewollte Berührungen verändert. Jede Acrylschicht muss vor Auftrag der nächsten trocken sein. Vor dem Aufsprühen wird die Emulsion mit etwa 10 % Wasser verdünnt. Auch eine PVA-Emulsion ist brauchbar, kann aber mit der Zeit gilben.
Ich finde Acrylemulsion auf Leinwand ganz akzeptabel, allerdings kann sie bisweilen auch nach dem Trocken weich bleiben und Schmutz und Staub anziehen. Am sichersten ist es, man rahmt die Zeichnung hinter Glas.

Material

Bildträger für Kohlezeichnungen

Man kann Zeichenkohle auf ganz unterschiedlichen Bildgründen verwenden. Einer der großen Vorteile der Zeichenkohle ist eben jene Verwendbarkeit auf verschiedenen Zeichengründen. Die Oberfläche des Zeichengrunds darf allerdings nicht zu glatt sein, wie die sehr glatten Papiere zu Illustrationszwecken. Ansonsten kann man Kohle auf Leinwand, Holztafeln oder irgendeinem säurefreien Papier mit rauer, kalt oder heiß gepresster Oberfläche verwenden.

Linientechniken mit Zeichenkohle

Zeichenkohle ist ein unmittelbares Zeichenmedium. Sie erlegt die wenigsten Beschränkungen auf, weil sie den Zeichner aufgrund ihrer Eigenart zum sicheren Arbeiten zwingt. Die Kohle gibt den Linien zarte oder derbe Eigenschaften, die hinsichtlich ihrer Geschmeidigkeit und Ausdruckskraft unübertroffen sind, und sie spiegelt mehr als jedes andere Medium die Souveränität des Zeichners wider.

Technik

Zeichnen mit Holzkohle

Charakter und Wirkung der Linien sind abhängig von der Technik, mit der sie aufgetragen werden. Hält man den Kohlestift zwischen Daumen und Zeigefinger, um ihn auf dem Papier nach unten zu ziehen, so erhält man eine zügige klare Linie, doch unter Druck kann der Kohlestift abbrechen oder zerbröckeln. Schiebt man den Stift über das Papier, so entsteht eine vollere und kräftigere Linie, welche die Zeichnung grober wirken lässt. Sehr gut steht die tiefschwarze Linie der Zeichenkohle auf glattem Papier. Die Linie ist fortlaufend und von keiner Papiertextur gebrochen. Noch mehr als bei anderen Zeichenmitteln wird bei der Zeichenkohle die Kraft oder Feinheit der Stiftführung sofort auf die Zeichnung übertragen. Auf rauem Papier ergeben sich andere Effekte (siehe unten, links).

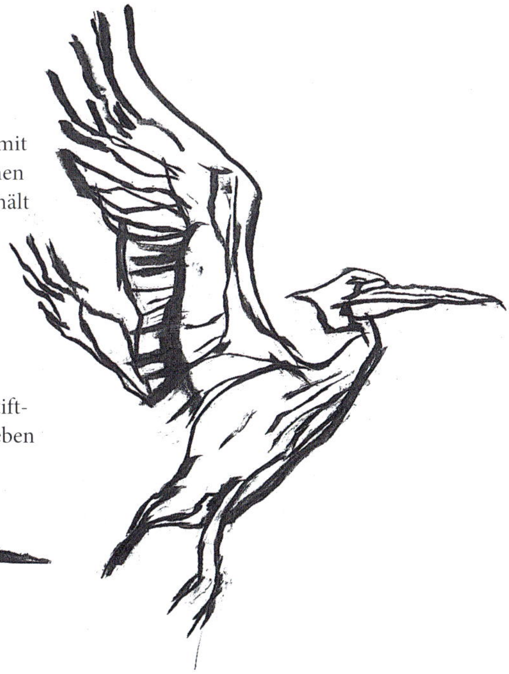

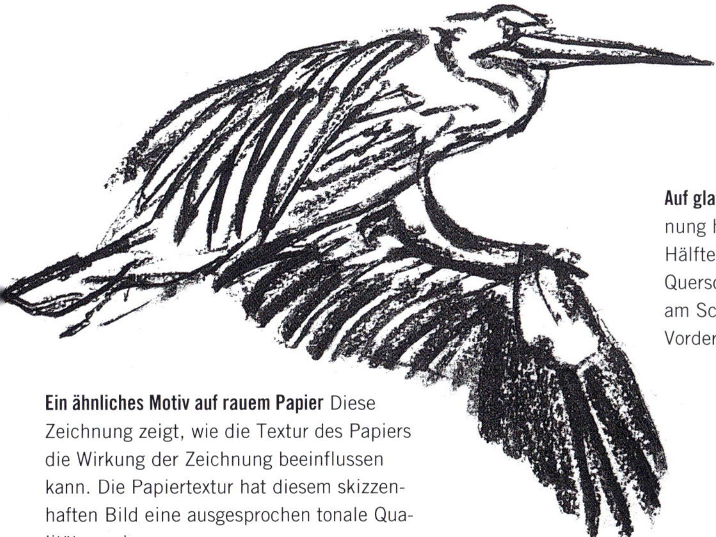

Auf glattem HP Waterfordpapier Für die obere Zeichnung habe ich einen Zeichenkohlestift in zwei Hälften gespalten. Mit diesem halbkreisförmigen Querschnitt konnte ich sowohl die dünnen Linien am Schnabel als auch die dickeren Linien an der Vorderfront und an den Flügeln zeichnen.

Ein ähnliches Motiv auf rauem Papier Diese Zeichnung zeigt, wie die Textur des Papiers die Wirkung der Zeichnung beeinflussen kann. Die Papiertextur hat diesem skizzenhaften Bild eine ausgesprochen tonale Qualität gegeben.

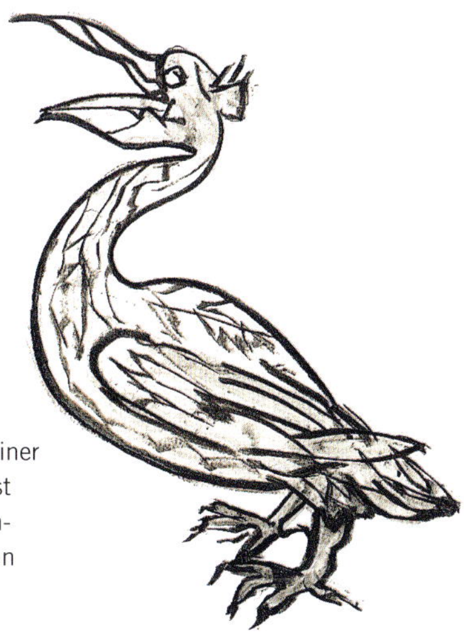

Eine tonale Lavierung anlegen Mit nur etwas sauberem Wasser und einem weichen Marderhaarpinsel lässt sich eine tonale Lavierung in einer Kohlezeichnung schaffen. Die Zeichenkohle löst sich zum Teil im Wasser auf und gibt der Zeichnung lavierte Tonwerte. Nach dem Trocken kann man die Zeichnung wie üblich fixieren.

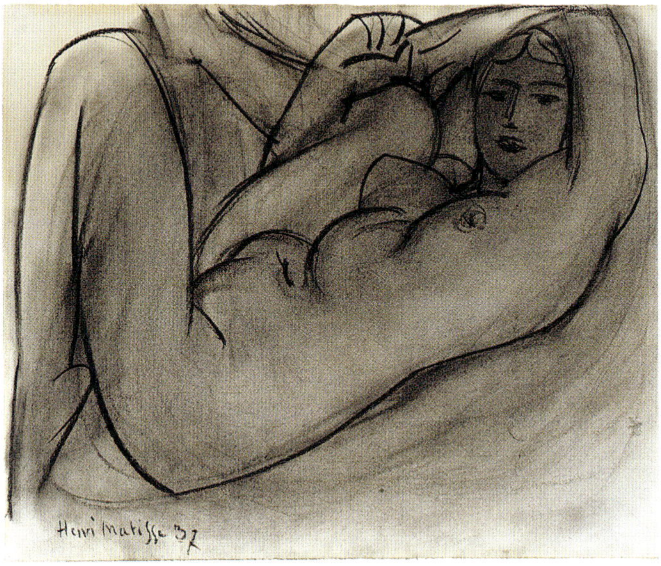

Henri Matisse

»Geisterlinien«
Kohlestriche können während des Zeichnens mit den Fingern ausgewischt werden. Dabei bleiben »Geisterlinien« zurück, aus denen sich ableiten lässt, wie das Bild zustande kam. Das führt dazu, dass sich wenige expressive schwarze Linien, die sparsam und sicher gezeichnet wurden, aus dem herausheben, was den tatsächlichen intensiven Prozess des Zeichnens und Überzeichnens ausmacht. Nirgends sieht man dies deutlicher als in den Kohlezeichnungen von Henri Matisse.

Ruhender Akt mit Arm hinter dem Kopf *(1937),* HENRI MATISSE

Technik

Kohlestift im Bambusrohr

Die Verwendung von Zeichenkohle in der von Renaissancemalern bevorzugten Weise eröffnet neue Wege zum Zeichnen. Das Stück Zeichenkohle, in ein Bambusrohr geklemmt, ist so weit von der zeichnenden Hand entfernt, dass die Arbeit damit wie von selbst zu gehen scheint. Bei dieser Technik hält man das Rohr in der Hand, wobei Daumen und Zeigefinger gestreckt am Rohr anliegen, während die übrigen Finger es gegen den Unterarm drücken, der den Stift steuert. Zur sicheren Handhabung drückt man das Rohrende mit dem Daumen der nicht zeichnenden Hand gegen den Unterarm. Die so gezeichneten Striche wirken zart und zögernd, doch trotz dieser scheinbaren Unsicherheit können sie sich zu einem ausdrucksvollen Bild vereinigen. Dieses Verfahren eignet sich zum Zeichnen auf Wänden und Zimmerdecken ebenso wie auf Papier oder Leinwand auf dem Fußboden.

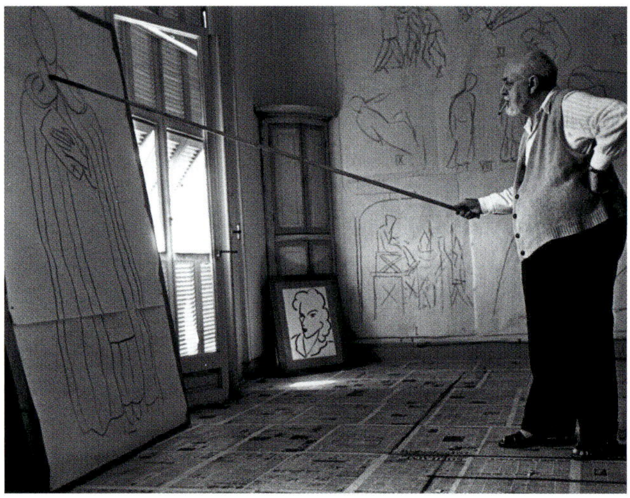

Kohlestift im Bambusrohr Dieses Foto von Matisse zeigt, wie man Zeichenkohle in einem Bambusrohr benutzen kann. Der größere Abstand zum Bild ermöglicht bei der Arbeit einen guten Überblick.

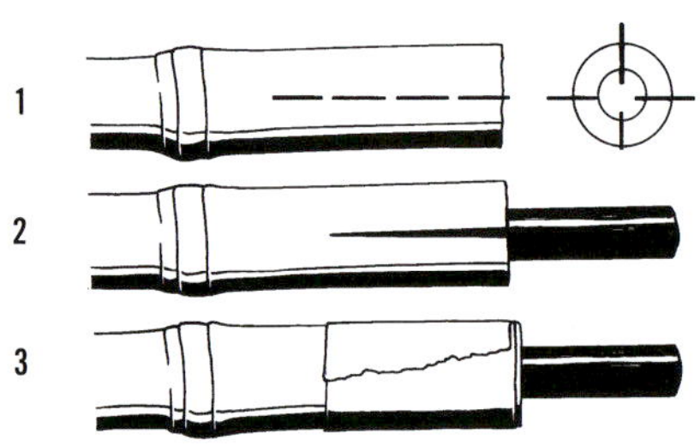

Festklemmen des Kohlestifts

1 Das Ende eines Bambusrohrs wird mit zwei Schnitten aufgeschlitzt.

2 Das Ende wird leicht gedehnt und die Kohle hinein geschoben.

3 Mit Klebeband wird das Rohrende zusammengepresst.

Tönungstechniken mit Zeichenkohle

Feine und deutliche Tönungseffekte lassen sich mit Zeichenkohle auf verschiedene Weisen erzielen. Die Kohle eignet sich hervorragend zum Nutzen der Papierkörnung beim Tönen, wobei oft die Seitenfläche der Kohle dazu dient, Flächen rasch aufzubauen. Ebenso kann man sie auf dünnem Papier, das auf gemasertem Holz oder Sandpapier liegt (Frottageverfahren), für andere strukturierte Effekte anwenden. Weiche Übergänge kommen zustande, wenn Linien oder Flächen durch Reiben mit dem Finger oder Wischer sanfter oder heller gemacht werden, und Lichter kann man aufsetzen, indem man Teile mit einem Radierer entfernt. Das tiefe Schwarz der Kohle ist zum Tönen ideal; ein Wischer lässt sich sogar als selbstständiges Zeicheninstrument verwenden, wenn man ihn mit dem Pulver der Zeichenkohle schwärzt (siehe S. 96).

Technik

Nutzen der Papierkörnung

Leichte, geschwungene Bewegungen mit dünnen Kohlestiften auf grobkörnigem Papier ergeben einen gleichmäßigen Halbtoneffekt. Durch Änderung des Drucks auf den Stift lässt sich der Schwärzungsgrad variieren. So kann man eine relativ große Fläche rasch einfärben – viel schneller als etwa mit Farbe oder Bleistift. Rechtshänder arbeiten dabei von links nach rechts, um mit der Hand keine Wischflecken zu verursachen; bei nachträglichen Änderungen ruht die Hand auf einem Malstock oder Pinselstiel, damit sie die Zeichnung nicht berührt.

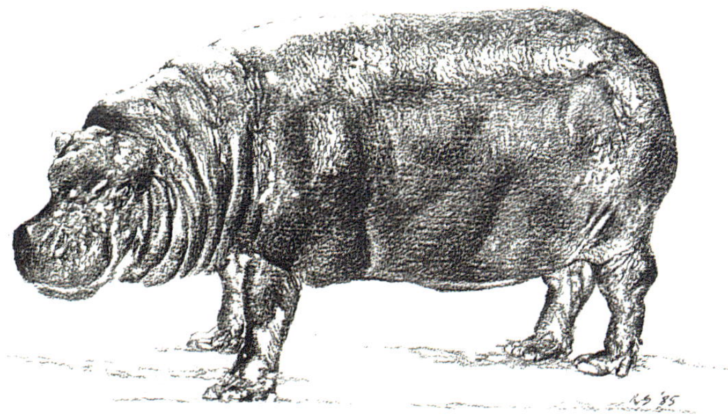

Getönte Zeichnung auf grobkörnigem Papier (Detail) Diese Zeichnung enthält keine Linien. Papiertextur und Druck auf die Kohle sorgen für alle Tönungen.

Technik

Tönungseffekte durch Reiben

Verhältnismäßig glatte Papiere kann man verwenden, um Tönungen hineinzureiben, doch muss das Papier noch rau genug sein, um dem Kohlepulver in den Zwischenräumen genügend Haftung zu bieten; bei zu glattem Papier gleitet die Kohle nur darüber. Lichter kann man mit dem Radierer herausheben, mit dem man die Zeichnung auch »säubern« kann. Als Kontrast zur körnigen Papiertönung kann man auch glatte Tönungen herstellen, indem man die Kohle stellenweise nachträglich mit den Fingern in das Papier hineinreibt.

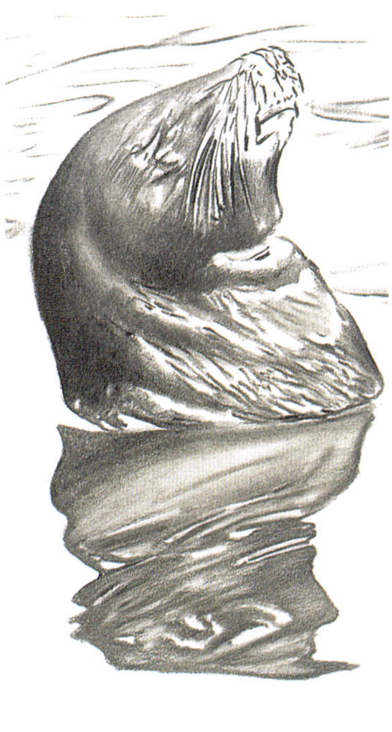

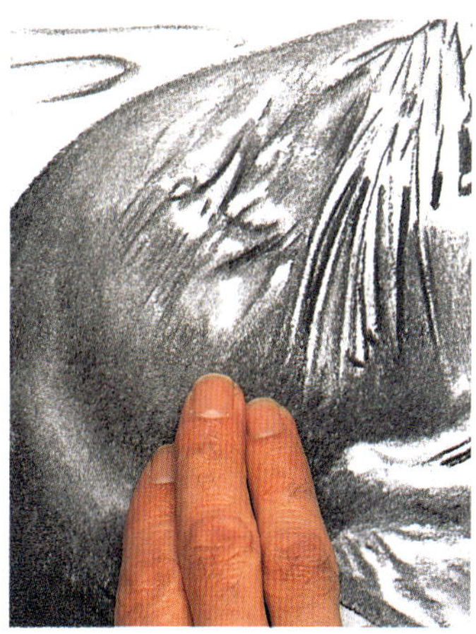

Glatte Tönung (Detail) Eine Zeichnung wie diese könnte als feste einfarbige »Untermalung« für transparente Farbüberzüge dienen, die das Bild zu einem vollfarbigen Gemälde aufbauen.

Technik Arbeiten mit dem Wischer

Einen Wischer oder kleineren Tortillon kann man sich selbst aus gerolltem Papier, Filz oder Leder herstellen. Wischer dienen zum Verteilen der Zeichenkohle auf dem Papier, um vermischte oder abgestufte Tönungen herzustellen. Man kann sie aber auch als eigenständiges Zeicheninstrument verwenden. Dazu reibt man das Wischerende über einen Stab gepresster Zeichenkohle, sodass der Wischer das Pigment aufnimmt, und wischt dann damit über das Papier. Die Stärke des Drucks bestimmt die Tonwerte.

Wischer

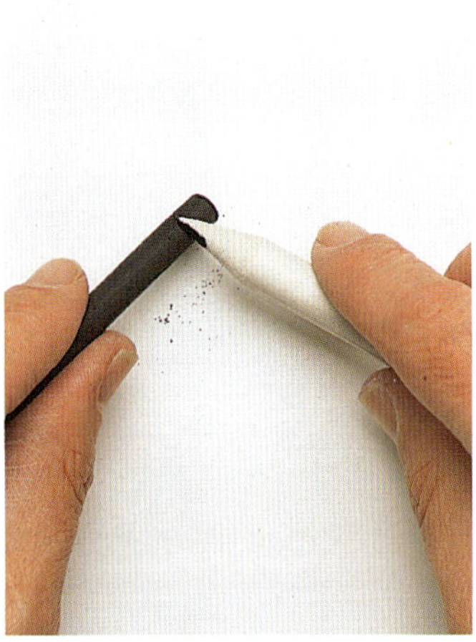

1 Der Wischer wird über die gepresste Zeichenkohle gerieben.

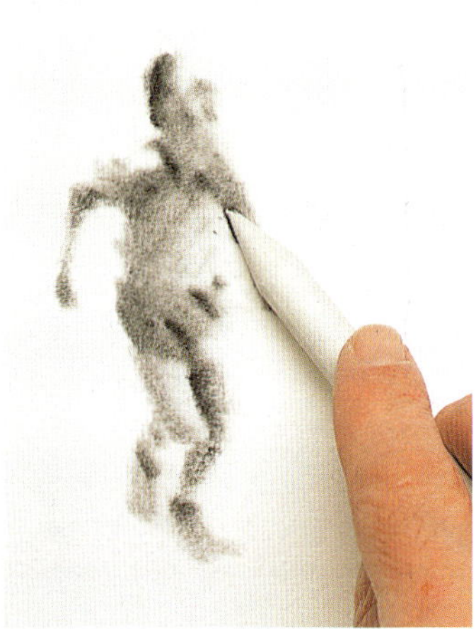

2 Je nach Tönung mehr oder weniger hart aufdrücken.

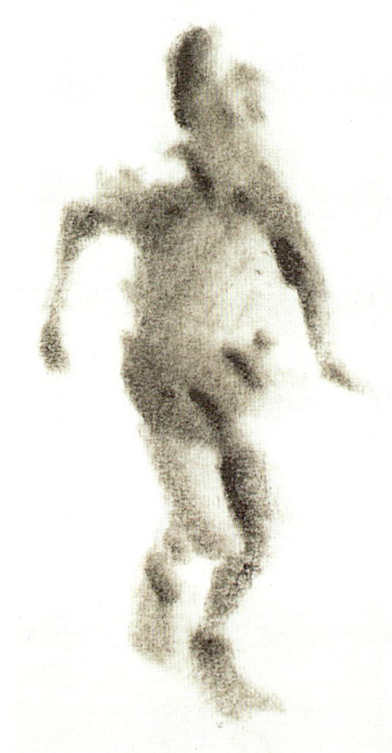

Zeichnung mit dem Wischer Dadurch kam die gefällige Zartheit zustande. Harte Ränder fehlen.

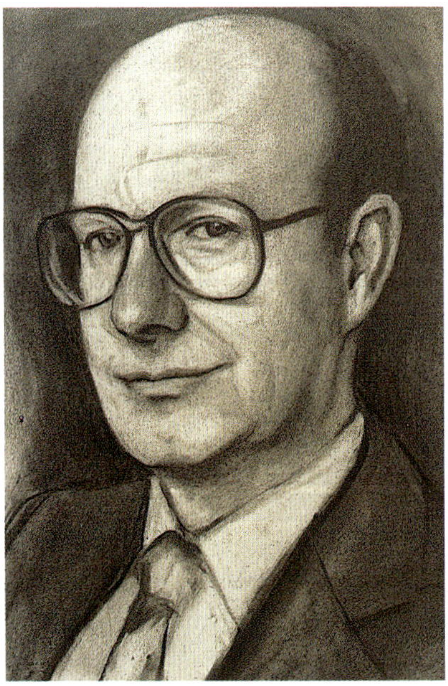

Technik

Zeichnen und Überarbeiten eines Bildes

Wiederholtes Zeichnen und Radieren auf einer getönten Zeichnung macht es möglich, die einfache »Oberflächenbehandlung« so weit zu steigern, dass die Wechselwirkung zwischen Papierfläche und Zeichenkohle noch verstärkt wird. Eine solche Zeichnung kann als Summe vieler überlagerter Radiervorgänge verstanden werden, von denen jeder seine Spur auf dem Papier hinterlässt und der folgenden Schicht Weichheit und Sättigung hinzufügt, während die Schlussstriche nur noch die wesentlichen Züge der Zeichnung betonen. Bei einer solchen Arbeit wird das eigentliche Bild während des Zeichenprozesses mehrfach verloren.

Mehrfach überarbeitete Porträtstudie Durch Wischen, erneutes Zeichnen, Radieren und Überarbeiten lässt sich eine voll entwickelte Zeichnung aufbauen.

Silberstift

Vor Einführung des Graphitstifts war der Silberstift sehr beliebt, aber er hat auch heute noch seine Freunde. Man verwendet ihn jetzt als Mine in einem Halter oder Druckstift und zeichnet damit auf beschichtetem Papier oder Karton. Der so erzeugte Strich ist äußerst zart. Das Zeichnen bedarf keiner großen Vorbereitung. Eine frische Silberstiftzeichnung ist von graublauer Farbe. Im Lauf der Zeit wird das Silber braun. Dieser Trübungseffekt ist für den Silberstift charakteristisch. Die Linien sind beständig und werden ansonsten nicht weiter durch Licht beeinflusst.

Eine Zeichnung mit diesem Medium wirkt samtweich und anders als die Graphitzeichnung; die zarten Linien wirken nicht selbstständig, sondern fügen sich ins Gesamtbild ein. Die Linien können nicht ausradiert werden.

Vorbereitung des Papiers

Vorbereitung

Vorbereitung des Papiers

Man spannt glattes, säurefreies Aquarell- oder Zeichenpapier auf und beschichtet es mit Zinkweiß-Gouache oder Aquarellfarbe. Der Silberstift zeichnet darauf feine Linien. Ein oder zwei dünne und gleichmäßige Gouachelagen reichen meist aus – eine zu dichte Schicht kann Risse bekommen.

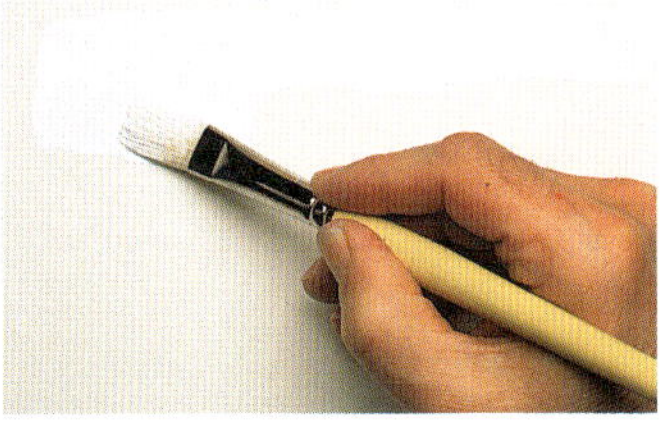

1 Dünne, cremige Gouache wird mit parallelem Strich eines flachen, breiten Pinsels aufgetragen.

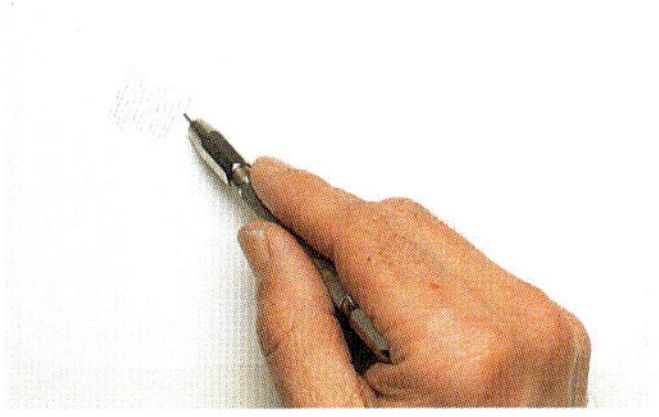

2 Nach dem Trocknen kann mit Silberstift gezeichnet werden.

Material Bildträger für Silberstift

Es gibt Papier mit einer speziellen Silberstiftoberfläche, aber es ist nicht sehr haltbar. Wenn Sie Ihren eigenen Bildträger durch Beschichten von Papier mit weißem Gouachegrund herstellen, so ist dies wesentlich besser (siehe links). Man kann auch einen schwach getönten Bildgrund durch Tönen der Gouache herstellen. Damit bekommt die Zeichnung einen wirkungsvollen Hintergrund; mit Farbe lassen sich weiße Lichter aufsetzen. Auch andere Beschichtungen sind möglich, darunter solche aus Knochenmehl, Gips und Kreide, mit Leim vermischt. Sie alle sind einigermaßen griffig, sodass das Silber haftet.

Technik

Verwendung des Stifts

Ehe Sie beginnen, muss die Spitze des Stifts gerundet werden (siehe unten), denn der abgekniffene Silberdraht ist zunächst noch zu scharf und könnte daher die Zeichenfläche beschädigen. Beim Zeichnen wird die Rundung der Minenspitze abgeflacht, wodurch relativ breite Striche entstehen. Benutzen Sie den Rand der Fläche dann für feinere Striche. Der Silberstift kommt in verhältnismäßig kleinen, fein ausgearbeiteten Zeichnungen wohl am besten zur Geltung, wenn die erwünschte Tönung durch behutsames Kreuzschraffieren aufgebaut wird. Stärkerer Druck der Hand vertieft die Tönung ein wenig.

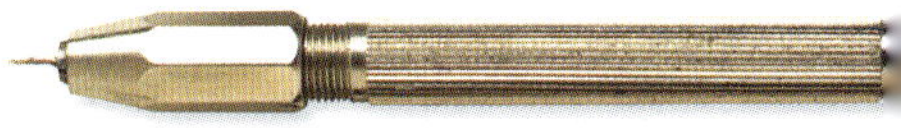

Silberstift-Mine im Halter

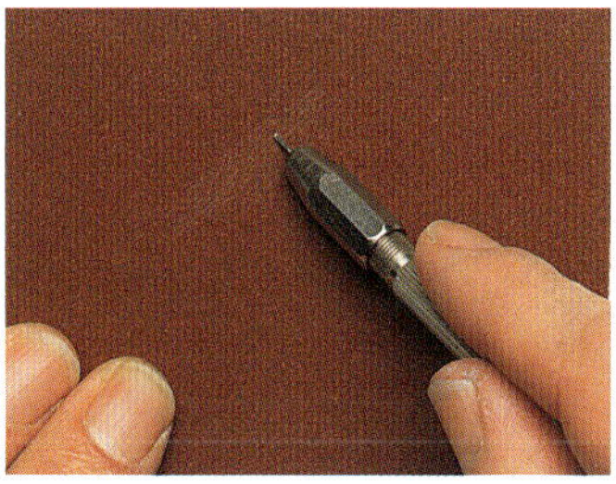

Abschleifen der Minenspitze Die Spitze wird auf sehr feinem Schmirgelpapier gerundet. Dadurch erhält man zarte Linien.

Silberstift-Techniken

Technik

Feine Linien

Mit dem Silberstift kann man ein Netz winziger Linien zeichnen, die zu plastisch wirkenden Bildern aufgebaut werden, in die sich Licht und Schatten recht naturgetreu einbringen lassen. Jede Linie ist visuell nur ein Bestandteil des ganzen Netzes.

In einer Zeichnung wie dem Porträt unten folgen die kreuzschraffierten Linien den Konturen des Gesichts. Viele der Linien entsprechen nicht der natürlichen Drehbewegung der Hand um Ellenbogen oder Handgelenk, und deshalb ist es wichtig, die Linien durchweg gleichmäßig zu zeichnen. Das ist leichter, wenn man entweder die Zeichenhaltung der Hand jeweils anpasst oder die Zeichenfläche ab und zu dreht.

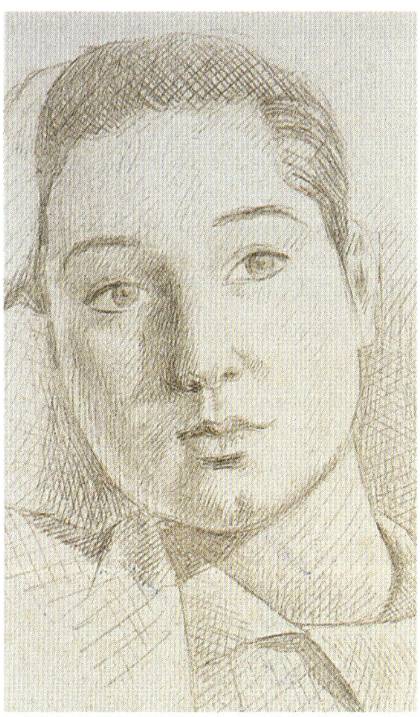

Schattierung Silberstiftzeichnungen wirken irgendwie zeitlos, vor allem wenn das Blau/Grau zu einem Sepiaton oxidiert ist. Die meist sehr sorgfältig angelegte Schattierung in einer Silberstiftzeichnung gibt dem Motiv eine gewisse Würde. In diesem Fall wird dies durch den gedankenverlorenen Ausdruck unterstützt.

Technik Lockere Zeichnung

Im Gegensatz zum präzisen Stil des Porträts kann man auch viel lockerer zeichnen. Für das Beispiel unten wurde eine 0,8-mm-Mine verwendet; durch das Netzwerk ineinander greifender Kreuzschraffierungen entstand eine ruhige Szene.

Zusätzlich zur Schattierung kleiner Flächen erkennt man eine großflächige Schattierung, die über die ganze Zeichnung besonderen Bewegungsmustern folgt. Hinter dem Tempel zum Beispiel belegt die Schattierung im ersten heckenartigen Baumhintergrund eine gleichmäßige Fläche von links nach rechts, unterbrochen nur vom Tempel. Der Rasen vor dem Tempel und das Wasser wurden horizontal schattiert, was zur Bewegung der übrigen Zeichnung einen ruhigen Kontrast bildet.

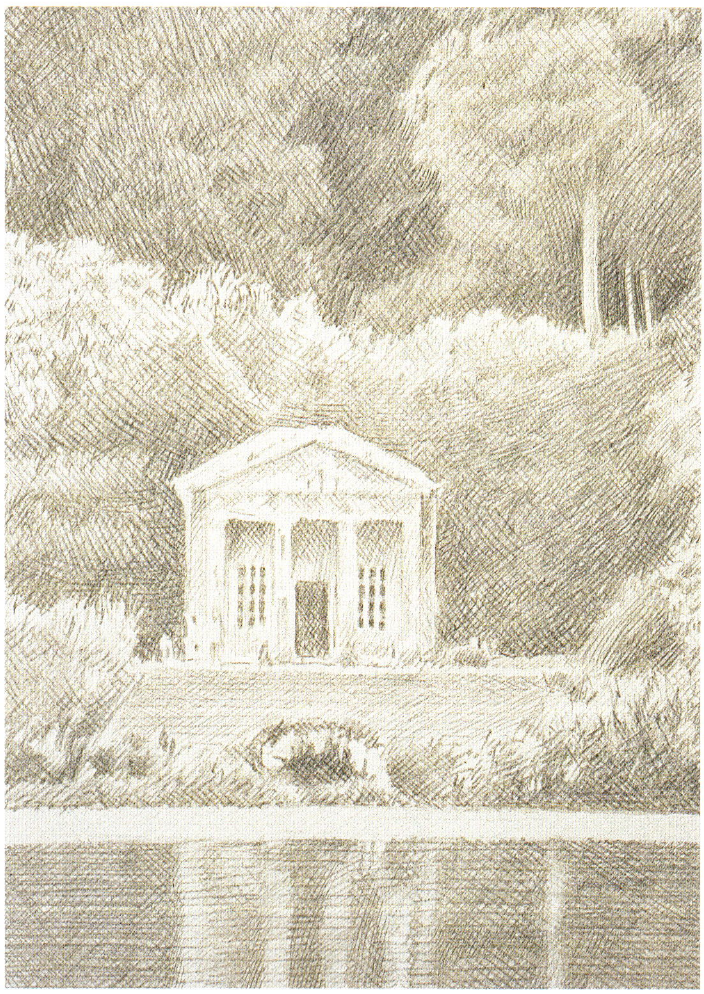

Drehen der Stiftspitze Durch Drehen der abgeflachten Silberstiftspitze berührt deren scharfer Rand das Papier, sodass dünnere, schärfere Linien entstehen, die einen Kontrast zur Textur der breiteren Linien ergeben.

Schabkarton

Die Schabkartontechnik ist dem Sgraffito (Kratzputz) verwandt (siehe S. 191). Mit scharfen Werkzeugen wird die weiche schwarze Oberfläche eines speziell beschichteten Kartons abgekratzt, wodurch eine weiße Ton- oder Kreideschicht freigelegt wird. So entstehen eindrucksvolle Schwarzweißbilder. Der Schabkarton war während der ersten Hälfte des 20. Jahrhunderts bei den Grafikern sehr beliebt, da man auf ihm durch Linien Halbtoneffekte erzielen konnte. Diese ließen sich in Zeitungen und Zeitschriften sehr leicht reproduzieren. Unter den Bildern, die so für Werbezwecke entstanden, gab es viele, die von geradezu virtuoser Technik der Linienhandhabung zeugten und einen fast fotografischen Realismus wiedergaben. Der Schabkarton ist noch immer ein selbstständiges, einzigartiges und expressives Medium, mit dem man auch Zeichnungen machen kann, die nicht zur Reproduktion vorgesehen sind.

Material und Handwerkzeug

Material

Bildträger

Die Bilder entstehen durch Herausschaben von Linien und Flächen aus schwarzem Schabkarton oder aus schwarzen Flächen, die auf weißem Schabkarton aufgetragen wurden. Der Karton wird industriell gefertigt. Er hat eine glatte Oberfläche, deren Kreide für ein leuchtendes Weiß sorgt. Die schwarze Oberfläche ist von halbmattem Glanz und gegen Fingerabdrücke sehr empfindlich. Teile, die nicht bearbeitet werden, sollte man daher durch eine Papierauflage schützen. Der Karton muss trocken sein, bevor man mit der Arbeit beginnt (wichtig, wenn Tusche auf weißen Karton aufgetragen wurde); auf feuchtem Karton bekommt man keine scharfen Linien. Ferner muss der Karton stets flach aufliegen, da er leicht bricht.

Einfache Linien lassen sich leicht ziehen. Sofern es sich um Tönungen handelt, werden grundsätzlich zuerst die großen weißen oder schwarzen Flächen angelegt, und dann werden die mittleren Tönungen durch Kreuzschraffur-, Schattierungs- oder Tüpfeltechniken angebracht. So lassen sich feine Details zeichnen. Schabkarton eignet sich auch sehr gut zu kraftvollen, gewissermaßen »expressionistischen« Arbeiten, die eher wie grobe Holz- oder Linolschnitte wirken.

Die Arbeit mit weißem Karton
Obwohl im Allgemeinen ein Karton mit schwarzer Oberfläche als Ausgangsmaterial für Schabkartonarbeiten angesehen wird, bevorzugen viele weißen Karton, den sie nur dort mit schwarzer Tusche beschichten, wo Formen herausgeschabt werden sollen. Dadurch ist eine Kombination von Schab- und Tuschzeichnung möglich. Die weiße Fläche ist ein hervorragender Bildträger für Feder- oder Pinselzeichnungen; sie hat genau die richtige Härte und Absorption für kräftige, fließende Striche.

Beim Auftrag der schwarzen Tusche auf weißem Karton verwendet man einen flachen weichen Pinsel zur dünnen und gleichmäßigen Beschichtung. Für die Umrisse benutzt man einen dünnen Marderhaarpinsel. Ist die Tusche trocken, werden Details und Lichter mit Schabern herausgehoben. Eventuelle Fehler können ausgekratzt werden.

Material

Schabwerkzeug

Es gibt drei Grundarten von konventionellen Schabern (siehe unten), die in einfache Federhalter passen. Mit einem Ölstein können sie nachgeschliffen werden; wenn die Präzision der geschabten Linien nachlässt, geht die Arbeit wesentlich langsamer voran.

Andere Werkzeuge – von Nadeln bis zu Klammern und Skalpellen – können entsprechende Effekte hervorrufen. Egal, was Sie benutzen, es muss scharf sein. Auch Gravierwerkzeuge sind nützlich, darunter die meißelförmigen Werkzeuge, mit denen man kreuzschraffierte Flächen aufbaut.

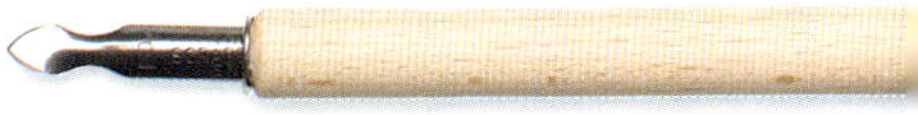

Rautenförmiges Messer mit flachen oder gebogenen Rändern

Skalpellartiges Messer mit gebogener Schnittfläche

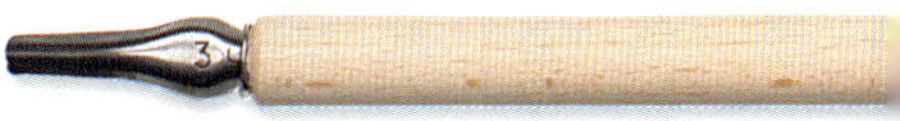

Hohleisen

Schabkartontechniken

Technik
Rautenmesser

Mit der Spitze des flachen oder abgerundeten Rautenmessers kann man feine Linien ziehen. Wenn Sie das Messer wie einen Spaten halten und Punkte ausheben, können Sie damit Tüpfeleffekte erzielen. Dicke, gerade, keilförmige Schnitte kommen zustande, wenn die flache Seite des Messers über den Karton gezogen wird; für dünnere, leicht gebogene Schnitte hält man es senkrecht.

Tüpfeleffekt Mit festem Griff und in relativ steilem Winkel wird die Messerspitze angesetzt, um die Punkte herauszuheben.

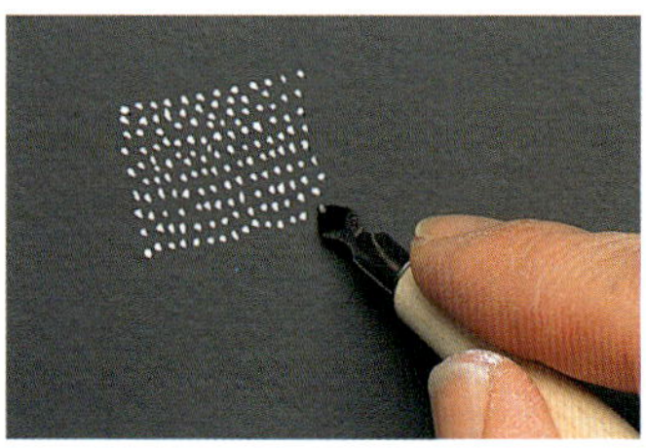

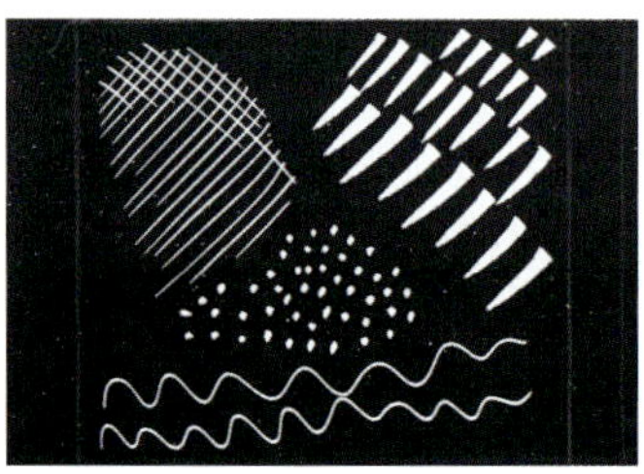

Effekte mit dem Rautenmesser

Technik
Skalpellmesser

Mit der Spitze dieses Messers kann man überaus feine Linien ziehen. Sehr präzises Arbeiten und äußerst feine Effekte werden dadurch ermöglicht. Durch Drehen der Schnittfläche lassen sich allmählich breiter werdende Linien herausholen. Der erfahrene Grafiker versteht es, die Breite einer Linie in einem einzelnen Strich zu variieren, indem er allmählich den Winkel der Schnittfläche ändert.

Breiter werdende Linien Durch Änderung des Schnittwinkels zum Karton während des Schneidens entsteht eine breiter werdende Linie.

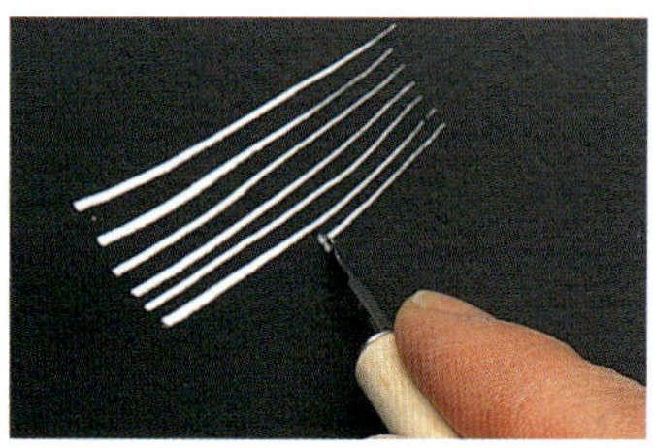

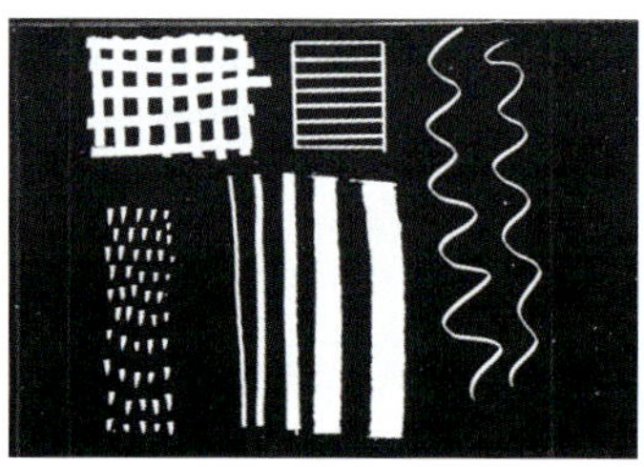

Effekte mit dem Skalpellmesser

Technik
Hohleisen

Das Messer wird flach angesetzt, um konische, muldenförmige Markierungen anzubringen, deren Größe und Form vom angewandten Druck abhängen. Halten Sie das Messer vertikal, um es über den Karton nach unten zu ziehen, so entstehen lange, rechtwinklige Schnitte. Ebenso kann man ähnliche Schnitte diagonal machen, indem man das Hohleisen seitwärts bewegt.

Muldenförmige Effekte Das Messer wird wie eine Schaufel gehalten und bewegt, um strukturelle Effekte zu erzielen.

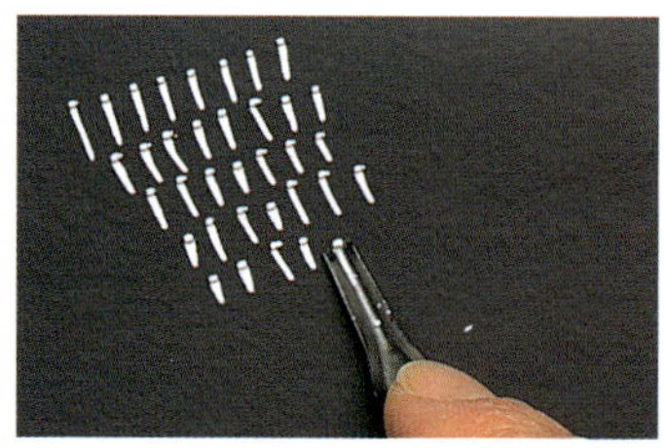

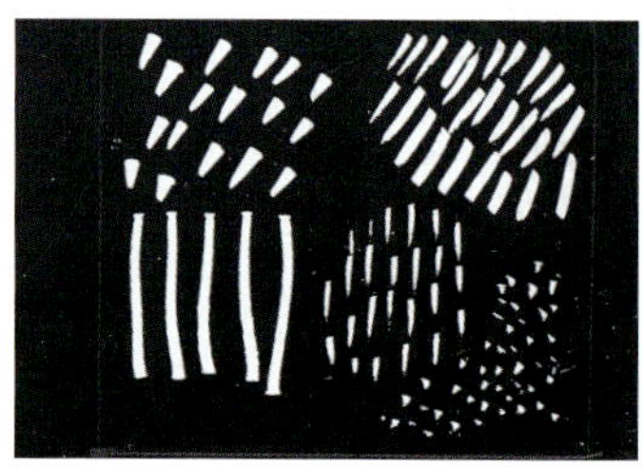

Effekte mit dem Hohleisen

Technik
Parallele Linienmuster

Eine Heftklammer ist ein ungewöhnliches Schabwerkzeug. Hier wurde sie öfter über den Karton gezogen, um einen Effekt zu erzielen, der mit Einzellinien nur schwer zu bewerkstelligen ist. So kann man rasch eine Flächenstruktur anbringen.

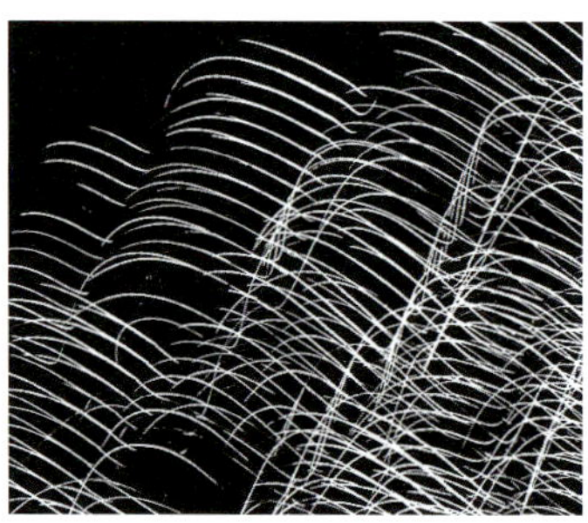

Überlappende Wellenlinienstruktur

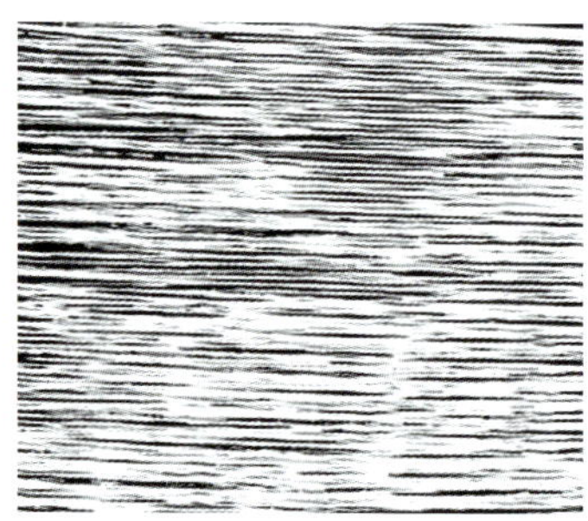

Komplexe gerade Linienstruktur

Technik Lineare Techniken im Kontext

Die Vielseitigkeit und Spontaneität dieses Zeichenmittels von raschen, flüssigen Linienzeichnungen bis zu komplexen, detaillierten Studien sieht man an den folgenden Beispielen. Die Bilder auf dieser Seite wurden alle auf schwarzem Schabkarton, die auf der folgenden Seite auf teilweise getuschtem, weißen Karton ausgeführt.

Reine Linienarbeit

Zu den einfachsten, befriedigendsten, wirkungsvollsten und dennoch schwierigsten Techniken gehört das unmittelbare Zeichnen eines Modells auf den Schabkarton. Bei dieser Linienarbeit muss alles auf Anhieb sitzen. Beim hier gezeigten Beispiel wurde am rechten Auge begonnen. Von da aus entwickelte sich die einfache Umrisszeichnung weiter: zunächst Kopf, dann Arme und Körper.

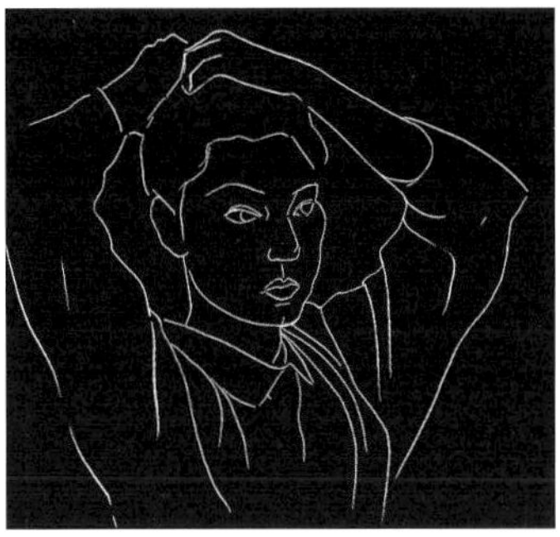

Schlichtes direktes Porträt Die dünne weiße Linie ergibt eine Wirkung, die nur mit Schabkarton möglich ist.

Einfluss der Linienrichtung

In dieser Skizze sind praktisch alle mit dem Schneidemesser (mit Ausnahme der S-Formen an den Balkonen) ausgeführten Linien vertikal oder fast vertikal geführt. Sie variieren jedoch in der Breite je nach Feinheit der Details. Die Bühnenvorhänge wurden mit breiten vertikalen Linien gezogen, während die Röcke der Chormädchen viel feiner ausgeführt sind. Dieses scharf kontrastierte Bild gibt den Eindruck einer Bühne wieder, die innerhalb des dunklen Theaterraums mit künstlichem Licht angestrahlt wird – typisch für diese Technik.

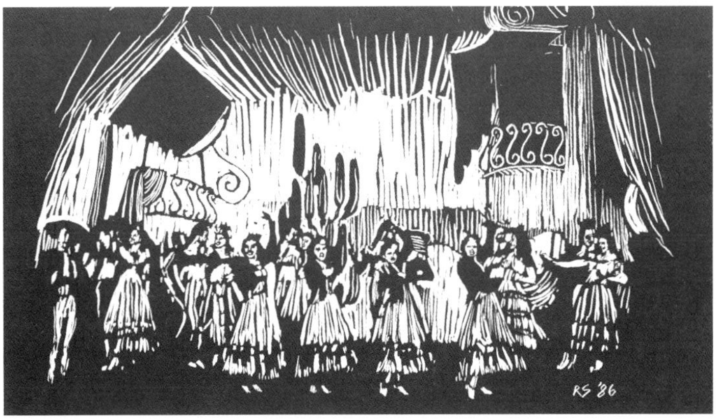

Effekte durch Linienführung Breite und feine Linien vermitteln Dynamik und Licht.

Textur, Vitalität und Tiefe

Das wieder aufgegriffene Motiv aus den 1950er-Jahren (unten) zeigt die streng graphische Qualität der Schabkartontechnik. Textur und Tonwert können damit einfach und wirkungsvoll geschaffen werden, wie das »weiße« Hemd des Jungen und das mitteltonige (gestreifte) Kleid des Mädchens. Auf den Hosen des Jungen liegt teilweise ein Schatten, teilweise sind sie von der Sonne beschienen, was durch eine Schattierung in parallelen Linien erreicht wurde. Ähnliche Schatten sieht man im Gras des Vordergrunds und bei den etwas entfernteren Hecken. Die diagonalen Linien im mittleren Teil des Himmels führen zu dem nach oben weisenden Arm des Mädchens und von dort wird das Auge zum Flugzeug im linken Teil des Bildes geleitet.

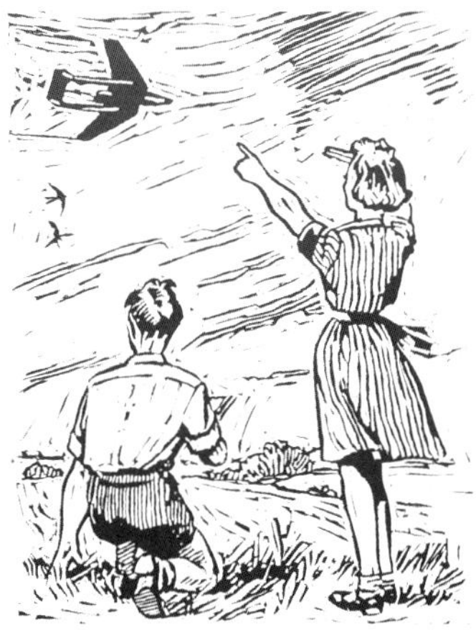

Textur und Ton angeben Die Schabkartontechnik hat eine starke graphische Wirkung.

Linien und Kreuzschraffur

In dieser Ballsaalszene wurde ein Rautenmesser mit flachen Rändern verwendet, um durch freihändig gezogene Linien und unregelmäßige Kreuzschraffur Licht- und Schatten-Effekte zu erzeugen. Dünne horizontale Striche über dem Tanzparkett umsäumen die Tänzer. Lange dickere Diagonalstreifen zeigen die Scheinwerferspiegelung auf dem Boden.

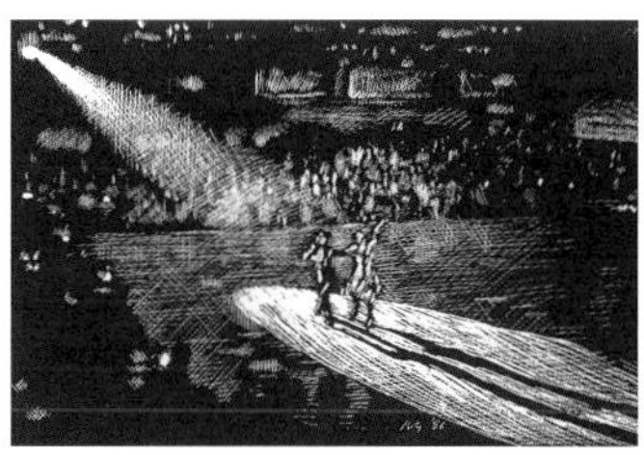

Lichter und Spiegelungen Die diagonalen Linien der Scheinwerferspiegelung verlaufen in der Verlängerung des Lampenlichts.

Technik

Schabkartontechnik für Vorzeichnungen

Mit der direkten und einfachen Schabkartontechnik lassen sich kleine, ausdrucksvolle Entwürfe für größerformatige Werke in anderen Medien ausführen.

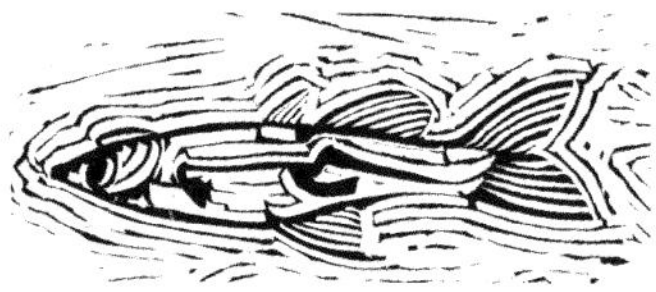

Kleine Vorzeichnung. Sie wurde in einem Arbeitsprozess für ein großformatiges Wandbild aus Keramikfliesen gefertigt.

Technik

Schnelle Arbeit auf weißem Karton

Die Figuren von Papagei und Ast sind mit schwarzer Tusche gezeichnet, die Details herausgeschabt. Bei der fernen Landschaft wurde die Tuschzeichnung zum Erzielen des Halbtoneffekts mit dem Messer überarbeitet; der Vordergrund kam mit Pinsel und Tusche zustande.

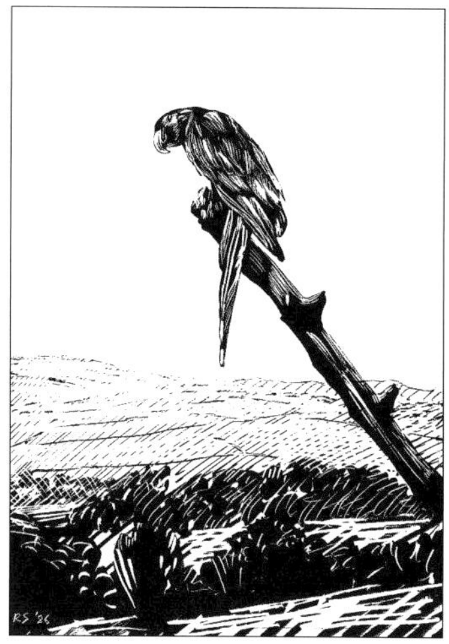

Papagei auf weißem Karton Diese relativ einfache Zeichnung wäre auf schwarzem Karton viel zeitraubender gewesen.

Technik An einem detaillierten Bild arbeiten

Es ist sinnvoll, weißen Schabkarton zu benutzen, wenn einige große Flächen auch in Weiß erscheinen sollen. Man bemalt in diesem Fall den Karton mit schwarzer wasserfester Zeichentusche (auf Schellack-Basis) an den Stellen, die bearbeitet werden sollen, und lässt den Rest des Kartons weiß. Bevor man mit dem Schaben beginnt, sollte der Karton ganz trocken sein. Die Form des kleinen Zebras wurde mit schwarzer Tusche gemalt und dann geschabt, um die charakteristische Zeichnung des Fells hervorzuheben. Die umgebende Fläche ist reinweiß und unbehandelt. Wenn man das Motiv auf einem schwarzen Schabkarton ausgeführt hätte, wäre der Zeitaufwand größer gewesen und die Arbeit sähe nicht so sauber aus.

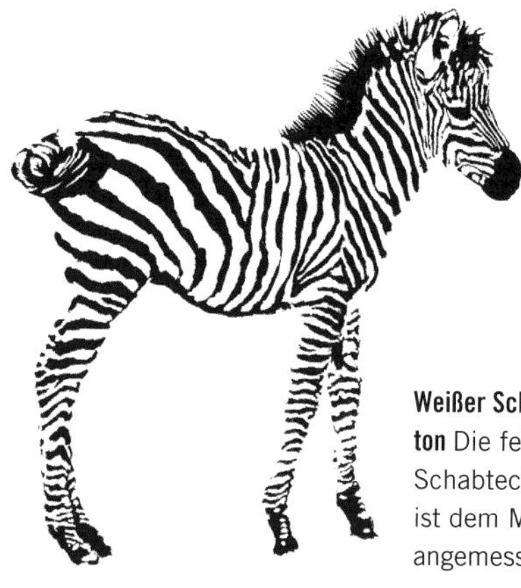

Weißer Schabkarton Die feine Schabtechnik ist dem Motiv angemessen.

Technik

Silhouetteneffekt auf weißem Karton

Durch die Kombination von Tusche und weißem Karton zeigen hier die weißen Zonen keine Schabspuren. Die Küstenlinie wurde auf dem weißen Karton umrissen und mit einem runden Marderhaarpinsel und Tusche eingezeichnet. Nach dem Trocknen wurde sie mit dem Skalpellmesser bearbeitet. Schnitte in die schwarzen Ränder bestimmen die Linien der Wellen, Boote und Personen und heben die Wirkung des Bildes, das aus dem Schwarz herausgeschabt wurde.

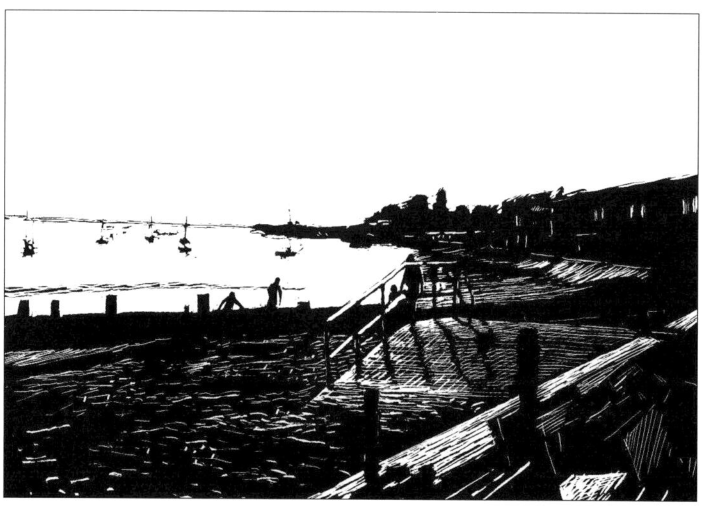

Abendliches Seestück Der Sonnenuntergang lässt das Bild fast zur reinen Silhouette werden, sodass es nur weniger Striche bedurfte, um die Uferformen anzudeuten.

Feder und Tusche

Ungeachtet des großen Angebots an Zeichenmaterial für künstlerische Tusch-Arbeiten sind ihre Grundlagen noch immer dieselben wie vor Jahrhunderten. Der Federstrich ist eine direkte, unmissverständliche Aussage, die fest fixiert ist, nachdem sie einmal steht. Obwohl es Tuscheradierer bzw. Tuschehobel gibt, lässt sich die Linie nicht annähernd so ändern oder korrigieren wie die der Bleistiftzeichnung. Es handelt sich also um eine definitive Zeichentechnik, welche die momentane Auffassung des Künstlers reflektiert, egal ob er sicher oder zögernd, nervös oder flüssig zeichnet. In diesem Zusammenhang ist Cenninis Empfehlung für Anfänger zur Renaissancezeit interessant, erst dann mit Tuschzeichnungen zu beginnen, wenn sie vorher wenigstens ein Jahr lang mit Zeichenkohle und Silberstift gearbeitet hätten.

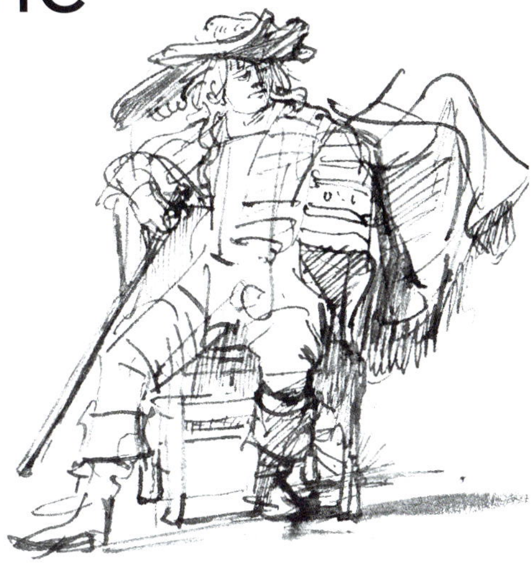

Studie eines sitzenden Schauspielers *(um 1630)*, REMBRANDT VAN RIJN
Die flüssige Leichtigkeit dieser ausdrucksvollen Zeichnung gibt das Selbstbewusstsein des Schauspielers gut wieder.

Material und Ausrüstung

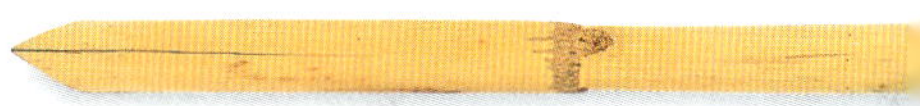

Rohrfeder

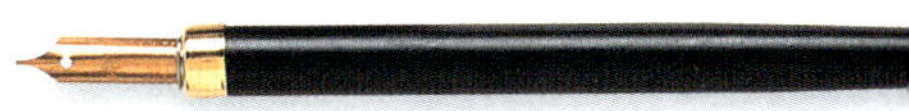

Tauchfeder

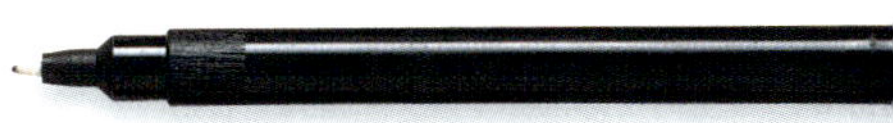

Faserschreiber

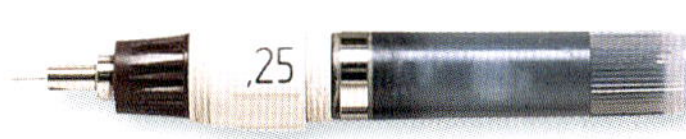

Tuschezeichner

Material Federn

Der Charakter des Striches wird generell durch Federspitze und Tuschefluss bestimmt.

Neben den herkömmlichen Federkielen, Rohr- und Stahlfedern gibt es heute neue Arten von Zeichenfedern, darunter die Tuschezeichner, die Linien bestimmter Dicken ziehen. Sie wurden vornehmlich für das technische Zeichnen entwickelt, eignen sich aber auch für künstlerische Zwecke sehr gut. Zu den neueren technischen Zeichengeräten gehören auch Füllhalter, die herkömmlichen Federn gleichmäßig Tusche zuführen.

Das Angebot an Faserschreibern wird ständig erweitert und im Bezug auf Liniendicke und Tintenfluss verbessert. Hinzu kommt noch die wachsende Zahl der Filzschreiber mit verschiedenen Arten von Nylon-, Acryl-, Woll- oder Polyesterfasern. Sie arbeiten mit Farben auf Wasser- oder Spiritusbasis; obwohl die letzteren haltbarer sein sollen, sind die Farbstoffe im Allgemeinen recht flüchtig, sodass man besser auf sie verzichtet – zumindest im Bereich der leuchtenderen Farben –, wenn die Zeichnung eine lange Lebensdauer haben soll.

Verschiedene Federn und ihre Striche

Manche Federn, insbesondere die aus Stahl, sind sehr flexibel und ermöglichen Striche variierender Breiten. Eine Feder mit breiter Spitze verbraucht mehr Tusche als eine schmale, und daher muss man jeweils bedenken, wie lang eine Linie beim einmaligen Eintauchen in die Tusche werden kann. Technische Tuschezeichner liefern gleichmäßig breite Striche; man muss sie erheblich steiler halten als die herkömmlichen Stahlfedern.

Rohrfedern sorgen für eine weiche, grobe Linie; die feine, unflexible Stahlfeder liefert scharfe Kratzlinien. Die außergewöhnliche Leichtigkeit des Federkiels hat zur Folge, dass der Zeichner besonders auf den Kontakt zwischen der Spitze und dem Papier achten muss. Bei den Filzschreibern zeichnet eine »meißelförmige« Spitze schärfere, eher winklige Linien, während eine »kugelförmige« Spitze für rundere, gleichförmigere Linien sorgt.

Material Tuschen

Abgesehen von schwarzen und weißen Zeichentuschen, die mehr auf Pigmenten als auf Farbstoffen basieren, können einige der kräftigeren Tuschfarben flüchtig sein. Die Hersteller haben nunmehr auch pigmentierte Farbtuschen herausgebracht, die in den meisten Farben sehr lichtecht sind.

Diese Tuschen sind transparent und sehr farbrein, sodass man spezielle Farben sehr genau mischen oder sie durch Lasur mit überlagerten Farben beeinflussen kann. Das Aufkommen dieser Tuschen dürfte wohl dazu führen, dass künftig mehr vielfarbige Federtuschzeichnungen entstehen statt der traditionellen Schwarz- oder Sepiazeichnungen.

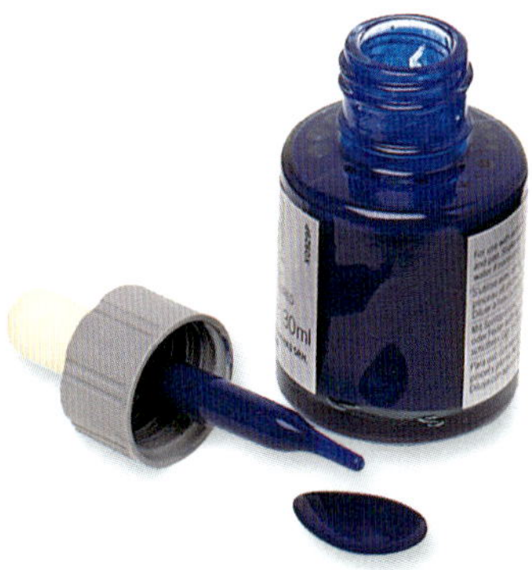

Pipette Sie ist nützlich, um die richtige Menge Tinte in die Feder zu füllen.

Material Bildträger

Herkömmlicher Bildträger für Federtuschzeichnungen ist verleimtes Papier. Absorbiert das Papier zu stark, so verlaufen die Strichränder. Hadernpapier ist ein haltbarer Bildgrund für die meisten Tuscharbeiten, vor allem, wenn es aufgezogen ist. Andere glatte Papiere mit beschichteten Flächen werden von den Herstellern zum Tuschzeichnen präpariert. Sie besitzen oftmals einen Kartongrund, damit sie nicht aufgezogen werden müssen. Damit hat man zwar einen brauchbaren Bildträger, doch muss dessen Beständigkeit bezweifelt werden.

Technik

Zeichnen mit verdünnter Tusche

Charakter und Aussehen eines Strichs ändern sich wesentlich, wenn er mit verdünnter Tusche gezogen wird. Hier wurde die Tusche in vier Stufen zunehmend verdünnt, um die Wellenlinien, ähnlich denen unten, zu zeichnen. Für die Striche wurden eine Rohrfeder (oben) und ein Gänsekiel (unten) verwendet.

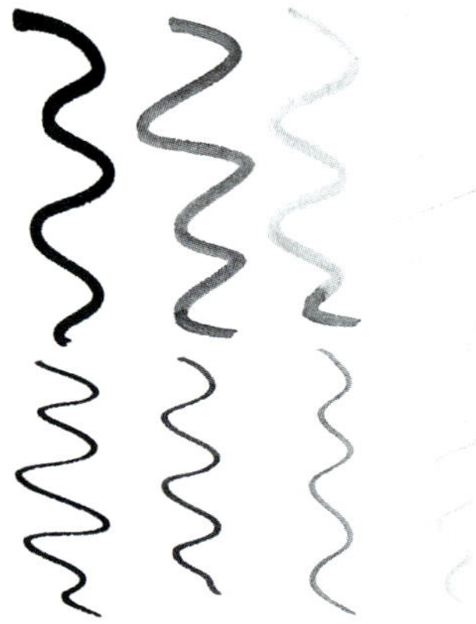

Technik Eigenschaften der Tuschlinie

Die Tönungsvarianten, die in einer einzelnen Linie möglich sind, und die besondere Ausdruckskraft der verdünnten Tuschlinie (siehe oben) sind wichtige Aspekte der Tuschzeichnung. Die Übersicht unten zeigt die vielfältigen Linieneigenschaften, die mit verschiedenen Federn auf trockenem bzw. feuchtem Papier möglich sind. Kalt gepresstes Papier, wenngleich verleimt, absorbiert noch recht stark, und die Linien verlaufen leicht, wenn auch der charakteristische Strich jeder Feder erhalten bleibt. Daneben sieht man gleiche Striche auf demselben, aber feuchten Papier. Der Effekt ist ein Verlaufen Nass-in-Nass.

Die drei Schreibfedern bieten hervorragende Alternativen zu den üblichen Zeichenfedern. Redisfedern gibt es in verschiedenen Stärken; mit ihnen kann man dicke kräftige Linien ziehen.

1 Gänsekiel
2 Rohrfeder
3 Tuschezeichner
4 Redisfeder
5 Flache Schreibfeder
6 Spitze Schreibfeder
7 Stahlfeder
8 Feine Tauchfeder

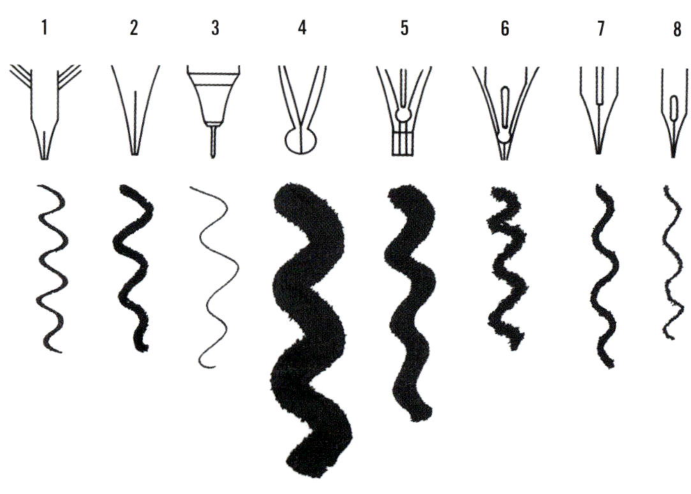

Wellenlinien auf aufgezogenem kalt gepresstem Papier

Techniken der Tuschzeichnung

Technik Linientechniken

Zu den angenehmsten Eigenschaften der traditionellen Tuschzeichnung gehört ihre spontane Ansprache. Will man vorsichtig an das Motiv herangehen, wird das durch eine feine, dünne Linie angezeigt; will man einen Eindruck schnell festhalten und erhöht den Druck auf die Feder, antwortet sie mit kräftigen, dicken Linien.

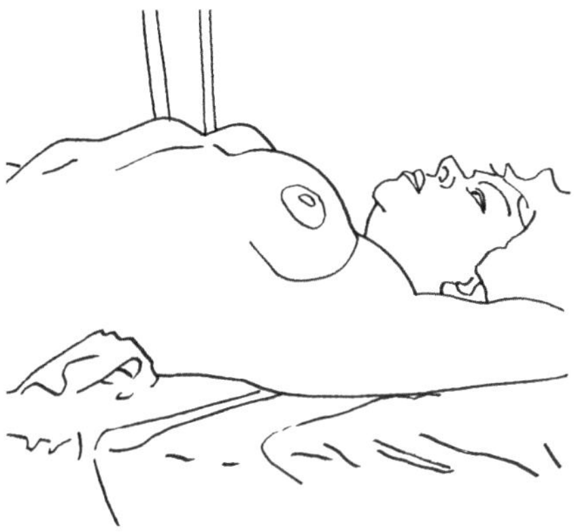

Feinliniger Faserschreiber Die relativ neuen, lichtechten feinlinigen Faserschreiber, bei denen sich eine Faser in einem Stahlgehäuse befindet, sind sehr gute Zeichenmittel. Es gibt sie in einer Breite von 0,1 bis 1 mm. Eine Aktstudie zeigt die Klarheit und Ausdruckskraft dieser Feder. Wenn man so zeichnet, muss man ganz seiner Hand vertrauen, denn man kann die Linien nicht wegradieren. Die Breite der Faserspitze beträgt 0,5 mm. Dies gibt der Zeichnung in dieser Größe einen weichen Strich.

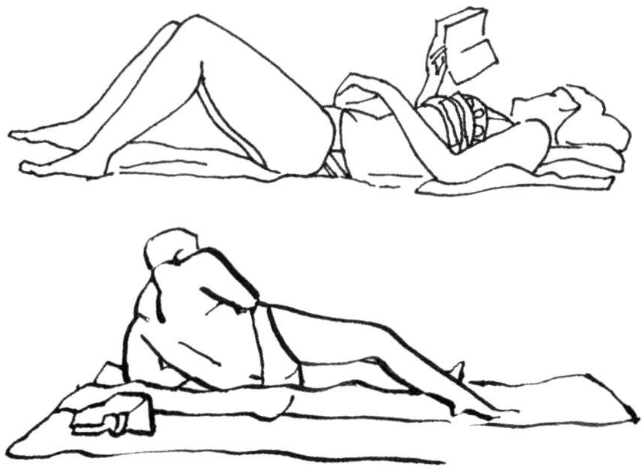

Faserschreiber und Zeichenfeder im Vergleich Die erste Skizze (Frau im Bikini) wurde mit der gleichen Feder gefertigt wie die Aktzeichnung oben, während die zweite (Lesender Mann) mit einer normalen Stahl-Zeichenfeder gezeichnet wurde. Der Unterschied ist verblüffend. Die erste Zeichnung zeigt eine fortlaufende Dicke in der Linienführung, während in der zweiten Zeichnung die Flexibilität der Feder die Linienstärke jeweils dicker oder dünner macht.

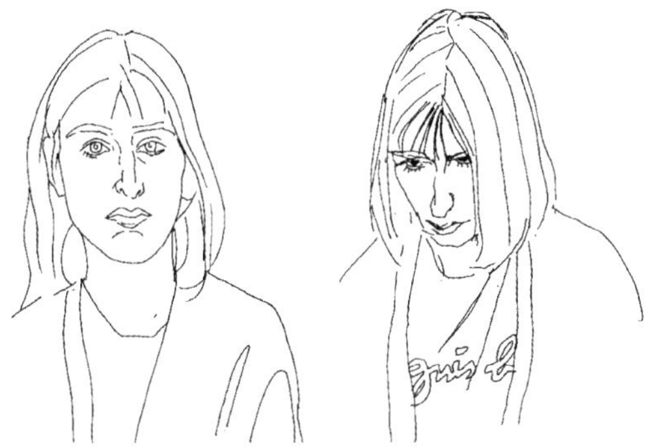

Handelsüblicher Faserschreiber Die beiden Skizzenbuchzeichnungen wurden direkt ohne eine Bleistiftvorzeichnung mit einem flüssigeren normalen Faserschreiber gezeichnet. Die Linienführung ist hier dünner und macht die Zeichnung klarer, aber auch zarter.

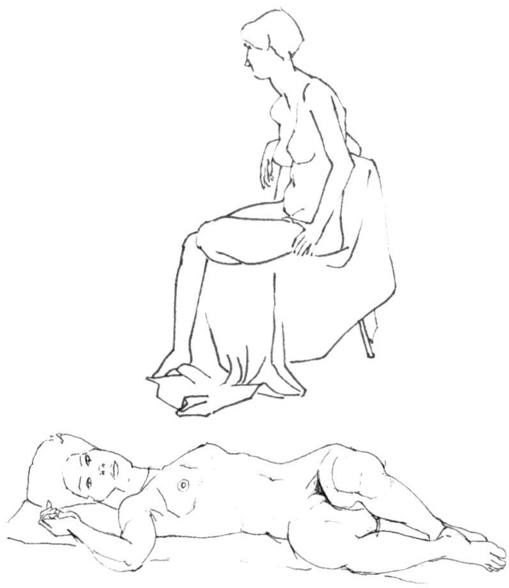

Tintenroller und Kugelschreiber im Vergleich Beide Skizzen tasten sich an die Form heran und jede Linie ist direkt gesetzt. Aber der Unterschied in der Linienqualität ist doch sichtbar – der Tintenroller (oben) erzeugt eine relativ dicke Linie, die jedoch transparenter wirkt. Der Kugelschreiber (unten) hat eine dünnere, aber festere Linie, da beim Absetzen von Zeit zu Zeit eine Verdickung in der Linie entsteht.

Verlauf auf sehr nassem Zeichengrund

Machen Sie das Papier vor dem Zeichnen gründlich nass, statt es nur anzufeuchten. Dadurch haben Sie einerseits weniger Kontrolle über das endgültige Aussehen, und der Zufall spielt eine gewisse Rolle, da Sie nie genau wissen können, wie und wohin die Tusche verlaufen wird. Andererseits aber charakterisiert gerade diese Freiheit der Tusche solche Arbeiten.

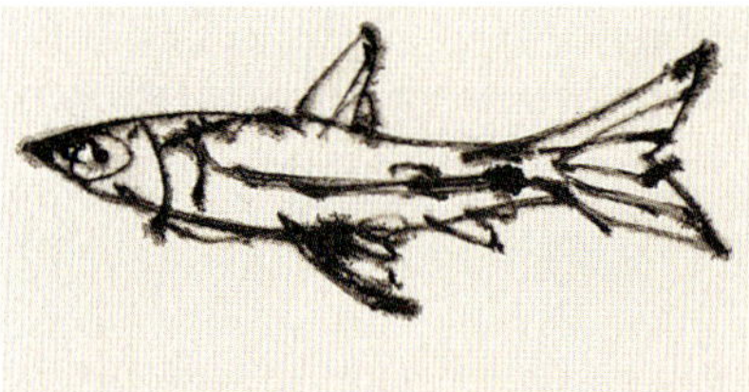

Auf feuchtem Papier zeichnen Diese rasche Skizze wurde mit unverdünnter Zeichentusche auf angefeuchtetem oder sogar getränktem Papier gezeichnet. Das nasse Papier lässt die Tusche auslaufen, und die Federstriche graben sich tief in das Papier ein.

Linie und Pinsel

Die gezielte Verwendung von Feder, Pinsel und unverdünnter Tusche kann dramatische Effekte von Licht und Schatten bewirken. Schwarze Flächen stehen im Kontrast zu den Linien der Feder.

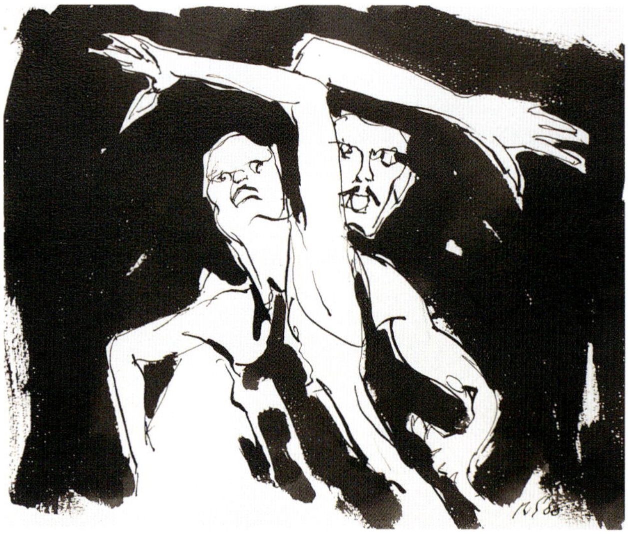

Linien neben schwarzer Fläche Die flüssigen Linien der Feder, welche die Figuren umreißen und ihren Ausdruck bestimmen, werden vom dunklen Hintergrund quasi in ein Scheinwerferlicht geschoben.

Technik

Wahl der Federn für einzelne Effekte

Die Kombination einer dünnen Linie mit einer groberen stellt oftmals die Lösung für ein Ausdrucksproblem dar, wenn Sie z. B. Objekt und Hintergrund voneinander trennen wollen.

Der Tuschezeichner liefert einen gleichmäßigen Strich, doch wenn Sie den Stift sehr schnell über das Papier ziehen, bleiben oft nur Punkte und Strichelungen zurück. Diese kurzen Strichmuster und gebrochenen Linien können beim Anlegen von Tönungen recht interessant wirken.

Jede Zeichenfeder hat ihre charakteristische Eigenschaft. Eine Möglichkeit, den Tonwert zu verändern, besteht darin, die Tusche je nach gewünschtem Ton zu verdünnen.

Mit selbst gemachtem Federkiel

Lange und kurze Striche in drei oder vier Tönungen folgen den Konturen eines Gesichtes und bauen ein Abbild mit Form und Volumen auf. Durch die Linien wird unser Blick um den Kopf herumgeführt, was einen lebendigen Effekt bewirkt.

Anspitzen eines Federkiels

Aus der Feder einer Gans eine Zeichenfeder zu schneiden, ist relativ einfach:

- Die Spitze des Kiels wird mit einem Skalpell schräg abgeschnitten.
- Ein weiterer Schnitt macht das Ende kellenförmig.
- Die Mitte bekommt einen kurzen Längsschlitz.
- Beiderseits des Schlitzes wird angeschrägt.
- Ein kleiner S-förmiger Metallstreifen (Spiralfeder) wird als Tuschreservoir eingeschoben.

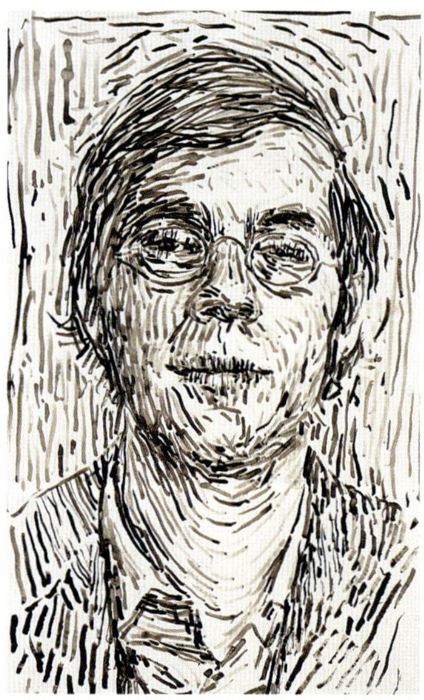

Porträt, mit breit und flach zugeschnittenem Federkiel gezeichnet.

Zeichnen mit der Rohrfeder

Der Kontakt zwischen Feder und Papier ist recht unterschiedlich, je nachdem, ob man die harte flexible Stahlfeder, den hornigen flexiblen Federkiel oder die weniger geschmeidige, aber dennoch sanftere Rohrfeder verwendet. Diese liegt weich auf, und ihr fester Ansatz auf dem Papier erleichtert das Zeichnen. In gewisser Hinsicht arbeitet man mit ihr ähnlich wie mit dem Filzschreiber, der allerdings gleichförmiger ist und elastisch.

Der Strich der Rohrfeder entspricht ihrer natürlichen groben Form. Sie eignet sich deshalb nicht für komplizierte Techniken. Am eindrucksvollsten wird die Rohrfederzeichnung, wenn sie mit glatten kurzen Strichen aufgebaut wird (die Rohrfeder kann nur wenig Tusche aufnehmen). Vincent van Gogh war wohl der hervorragendste Repräsentant dieser Gattung, und seine Arbeiten mit diesem Medium zeichnen sich durch unvergleichliche Klarheit und Intensität aus. Die Rohrfeder liefert charakteristische kurze, weiche Linien.

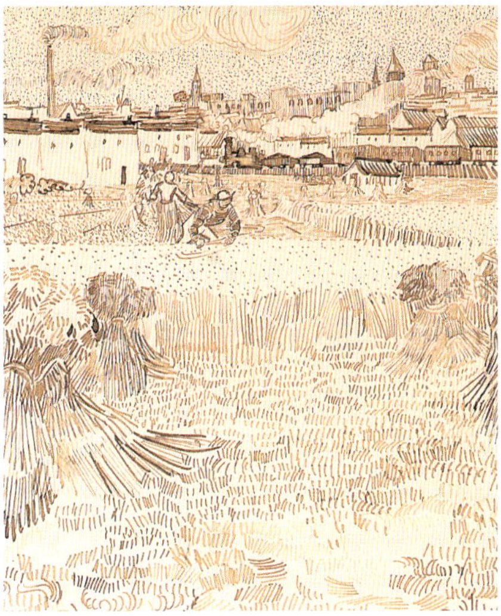

Vincent van Gogh

Rohrfederzeichnung

Die kurzen, breiten Striche der Rohrfeder geben die Stoppeln des gerade erst gemähten Weizens gut wieder. Van Gogh schafft eine Landschaft, die sich in langen, sich nahtlos aneinanderfügenden, reichhaltigen Strukturen über den Vordergrund, den Mittelgrund bis zum Hintergrund mit den fernen Umrissen der Stadt ausbreitet, wo Rauch aus den Fabrikschloten aufsteigt. Es ist eine Welt, wie sie auch in den mittelalterlichen Stundenbüchern zu finden ist, in denen eine ganze Jahreszeit oder auch der Lauf eines Lebens zusammengefasst sind. Die mit der Rohrfeder sicher und kräftig gesetzten Striche lassen uns an dieser Welt Anteil nehmen.

Arles, Blick über die Weizenfelder *(1888),*
VINCENT VAN GOGH

Eine Redisfeder verwenden

Die Schreibfeder ergibt einen glatten, satten Strich. Die sogenannte Redisfeder mit Tuschereservoir ist für Zeichenzwecke sehr gut geeignet – sie erzeugt eine Linie mit gleichmäßiger Breite und Festigkeit. Man kann mit dieser Feder einfache Studien machen, wie hier von einem skizzierenden Mann. In diesem Format kann man das Motiv genau genug wiedergeben, um es realistisch wirken zu lassen, ohne ins Detail zu gehen.

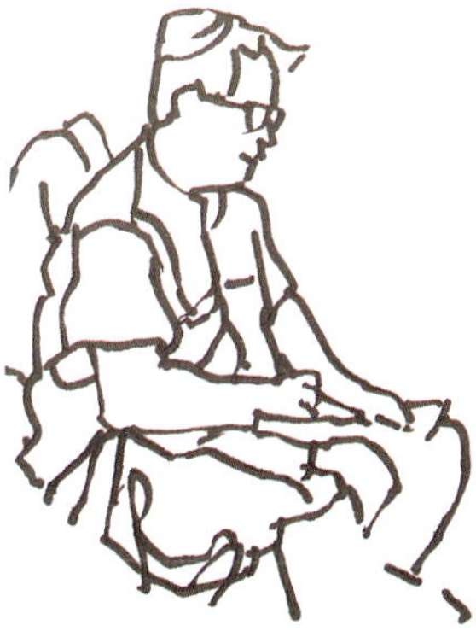

Einfache Skizze mit der Redisfeder Mit der hier gezeigten Linienstärke vereinfacht man die Zeichnung unweigerlich.

Eine spitze Schreibfeder verwenden

Mit den spitzen Schreibfedern, die über zwei Schlitze verfügen, lassen sich Linien ziehen, die je nach gewünschtem Effekt breiter laufen oder enger werden. Für diese Zeichnung mit den weichen Formen der Hundeköpfe, Ohren und Mäuler ist diese Feder wegen der variablen Stärke der Linie gut geeignet. Sie gibt der Zeichnung ihre weiche Wirkung.

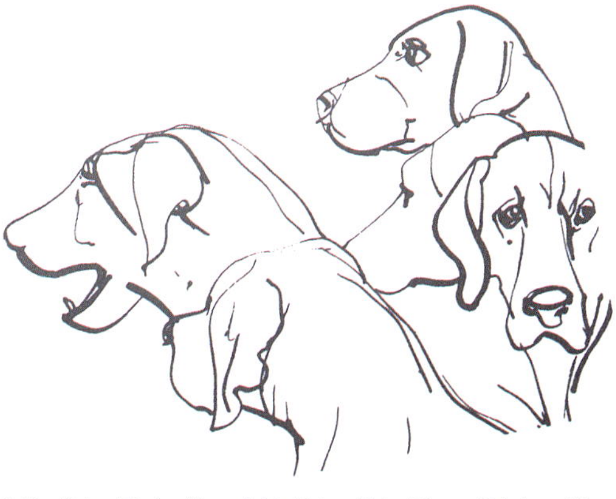

Spitze Schreibfeder für variable Linienstärke Dieser Zeichenstil erfordert etwas Übung, kann aber sehr ausdrucksvoll werden.

Pinsel und Tusche

Es ist unvorstellbar, etwas über Pinselzeichnungen zu schreiben, ohne dabei an die chinesischen und japanischen Traditionen auf diesem Gebiet zu denken. Fernöstliche Pinselzeichnungen, seien sie rein kalligraphisch oder darstellend, gehören zu einer Kunst, die in jahrhundertealter Lehre und Praxis wurzelt. Die schönsten Beispiele zeigen technische Virtuosität und ein großes Einfühlungsvermögen in die dargestellten Objekte. Über Jahrhunderte hinweg haben chinesische und japanische Handbücher praktisch jeden möglichen Strich mit jedem nur denkbaren Pinsel aufgelistet. Die fernöstliche Pinselzeichnung basiert auf der Beschäftigung mit der Natur der Linie. Im Westen, wo die Kunst der Darstellung andere Wege ging, gibt es keine solche Tradition der Handhabung, des Tempos und des Drucks des Pinselstrichs. Hier spielte der Pinsel mehr eine handwerkliche Rolle beim Farbauftrag und Korrigieren; er war nicht das feinfühlige Instrument, das seine Spur in so vielfältigen Weisen setzen kann.

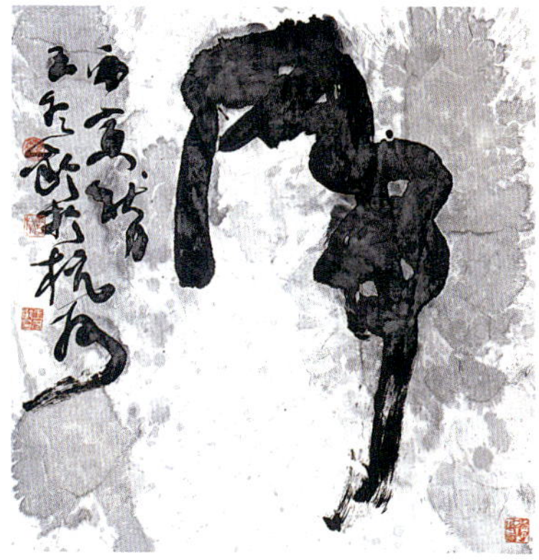

Tiger *(1986)*, WANG DONGLING
Die besten Beispiele der fernöstlichen Kalligraphie zeichnet eine besondere Flüssigkeit und Kontrolle der Linienführung aus. Jeder, der mit dem Pinsel umgeht, wird die Komplexität und Perfektion dieser Zeichnungen aus »einem Strich« erkennen.

Techniken des Ostens und des Westens

Die Pinselzeichnung ist jene Handschrift des Künstlers, die – wohl mehr als jedes andere Medium - seine Eigenart und seine Absichten offenbart. Das liegt daran, dass der gewählte Pinsel sehr empfindlich auf Druck und Bewegung reagiert. Seit etwa hundert Jahren beschäftigen sich europäische Maler zunehmend mit der fernöstlichen Pinselzeichnung und haben viele der dortigen traditionellen Techniken ihrem eigenen Werk einverleibt. Es würde den Rahmen dieses Buches sprengen, wollte ich eine derartig komplexe Disziplin eingehend behandeln, doch an den Hauptaspekten führt kein Weg vorbei.

Technik

Pinselhaltung

Die ungeheure Vielfalt der angebotenen Pinsel (siehe S. 119ff.) trägt wesentlich zur Anzahl der Möglichkeiten bei, welche die künstlerische Pinselzeichnung bietet. Pinsel gibt es von feinen Marderhaar- bis hin zu groben, hanfartigen Bambuspinseln. Die Art des Pinsels diktiert weitgehend die Natur des Strichs. Auch die Pinselhaltung spielt dabei eine große Rolle.

Generationen von Malern haben ihre eigenen Methoden der Pinselhaltung für spezielle Zwecke entwickelt, und manche haben, inspiriert von fernöstlichen Methoden, regelrechte Systeme ausgetüftelt. Durch Unterschiede in Haltung, Druck und Bewegung entstand eine eigene Sprache des Pinselzeichnens, die durch den ganzen Körper artikuliert wird.

Europäische Art

Im Westen neigt man automatisch dazu, den Pinsel wie einen Bleistift zu halten, also schräg und mit dem Stiel zwischen Daumen, Zeige- und Mittelfinger. Dabei bewegen sich die zusammengeklemmten Finger in gleicher Richtung wie der Pinsel.

Asiatische Art

Beim asiatischen Pinselzeichnen wird der Pinsel senkrecht gehalten, und der Malgrund liegt horizontal. Daumen und Zeigefinger geben einen festen Mittelgriff, der Bewegungen mit allen Fingern in vielen Richtungen zulässt. Der Pinsel wird

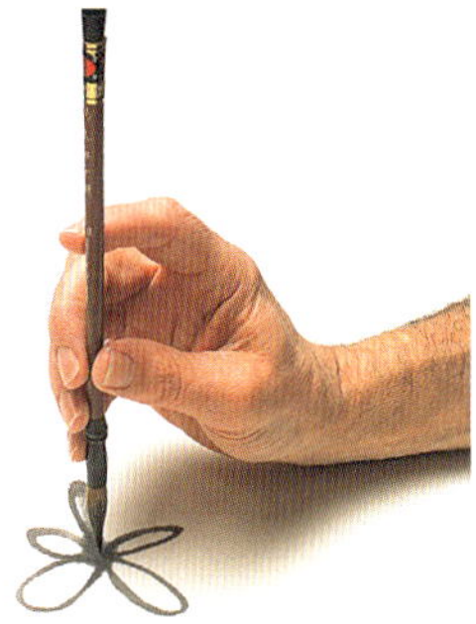

Aufgelegtes Handgelenk
Das Handgelenk ruht auf dem Papier. Die rechte Hand zeichnet, die linke ruht flach auf dem Tisch.

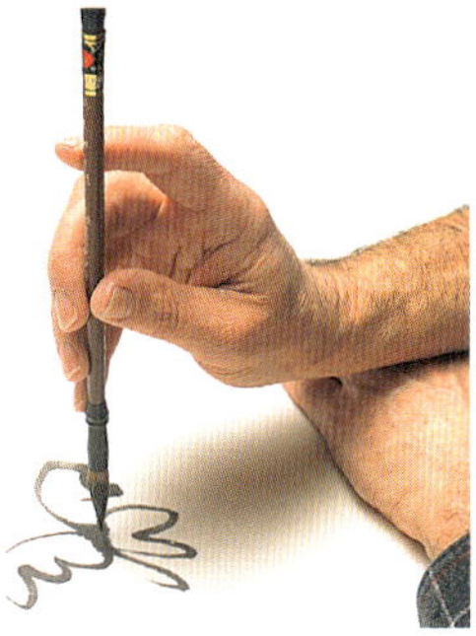

Gestütztes Handgelenk
Das Handgelenk ist leicht angehoben und ruht auf dem Rücken der flachen linken Hand.

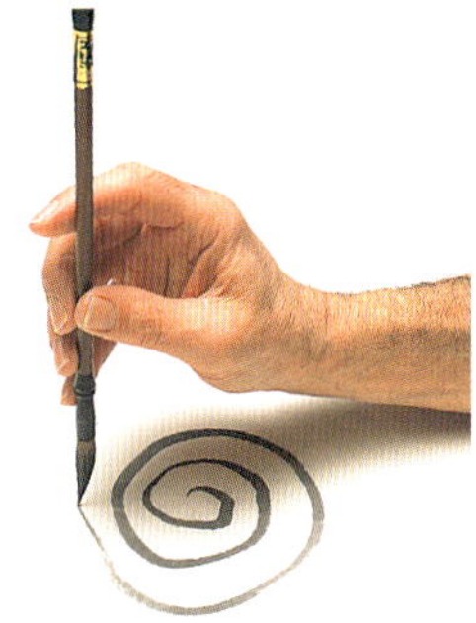

Gehobenes Handgelenk
Hier ruht der Ellenbogen auf dem Tisch, und der Unterarm ist angehoben.

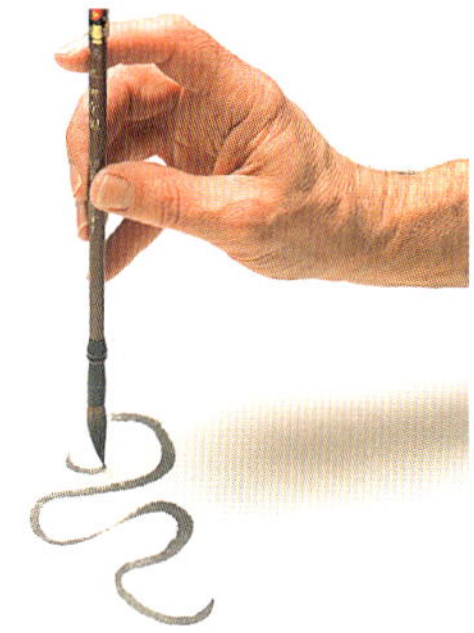

Freies Handgelenk
Handgelenk und Ellenbogen werden über dem Tisch gehalten, vor allem bei großen Arbeiten im Stehen.

von der Handfläche weggehalten, während die Fingerspitzen für Halten und Bewegen sorgen und den Pinsel sensibel, aber sicher führen. Das Aussehen des Strichs wird vor allem bestimmt durch:

- Festigkeit des Griffs
- Lage der Finger
- Lage von Handgelenk und Arm
- Druck auf die Borsten
- Geschwindigkeit des Strichs.

Feste Pinselhaltung ergibt kräftigere Striche; lockere Haltung führt zu mehr Geschmeidigkeit. Es gibt drei Grundpositionen für die Finger auf dem Stiel – tief, mittel und hoch. In hoher Position bewegt sich der Pinsel freier und fühlbarer als in niedriger, bei der die Bewegung etwas gehemmt wird. Auch der Abstand der Hand vom Bildgrund spielt eine Rolle. Der chinesische Kalligraph Chiang Yee beschrieb vier Hauptpositionen (siehe oben). Die Breite des Strichs wird durch den Druck auf die Haarspitzen bestimmt. Je nach Druckstärke erhält man feine, mittlere oder schwere breite Striche.

Während europäische Künstler zu bestimmten Zwecken oft die ganze Borste benutzen, kommt dies im Osten selten vor, erst recht nicht bei der Kalligraphie, bei der nur die halbe Borstenlänge verwendet werden darf. Die Spitze ist der wichtigste Teil, der Rest ein Tuschreservoir.

Tusche, Pinsel und Bildgründe

Die gleiche Spontaneität in der Linienführung kennzeichnet die Pinselzeichnung, sei sie mit westlichen oder östlichen Pinseln, Tuschen und Papieren ausgeführt. Man sollte daher nur Pinsel guter Qualität verwenden, sowie verschiedene Papiere ausprobieren und mit verschiedenen Tuschestärken experimentieren.

Material

Medien

Obwohl chinesische Tuschestäbchen und Zeichentusche die beliebtesten und traditionellen Medien zum Tuschzeichnen sind, kann auch jedes andere Medium verwendet werden, zum Beispiel Aquarell- oder Acryl- und sogar Ölfarbe.

Chinesische Tuschestäbchen
In Asien verwendet man Tusche als traditionelles Zeichenmedium in Stäbchenform. So wird sie schon seit über 2000 Jahren hergestellt. Sie enthält Lampenschwarzpigment, vermischt mit Leim und aromatisiert mit Moschus, Kampfer oder Rosenwasser. Der gesiebte gemahlene Ruß wird mit einer warmen Leimmischung aus Fischleim und Pergamentkleister vermengt. Die so entstehende Paste wird erwärmt und zu Stäbchen geformt. Diese werden gehämmert, aromatisiert und in hölzernen Formen gepresst, ehe sie getrocknet, gereinigt und poliert werden. Bevorzugte Farben sind Blau oder Violett-Schwarz. Reines braunes und gelbliches Schwarz sind ebenfalls beliebt.

Zeichentusche
Heutzutage sind Tuschen meist Suspensionen von Kohlepigment in Schellack oder einem Bindemittel auf Syntheseharzbasis, obwohl manche Markentuschen noch aus Tuschestäbchen hergestellt werden. Auch einige andere Tuschen eignen sich zum Tuschzeichnen. Sepia, aus Tintenfischen gewonnen, war gegen Ende des 18. Jahrhunderts die Modefarbe in der europäischen Tuschmalerei.

Material Pinsel für Linienarbeit

Die Stärke der Tusche oder eines anderen Zeichenmittels, die Art des Papiers oder eines anderen Bildträgers, ob es nass, feucht oder trocken ist, die Art des Pinsels und die Menge der Tusche im Pinsel beeinflussen die unzähligen Effekte, die in der Pinselzeichnung möglich sind.

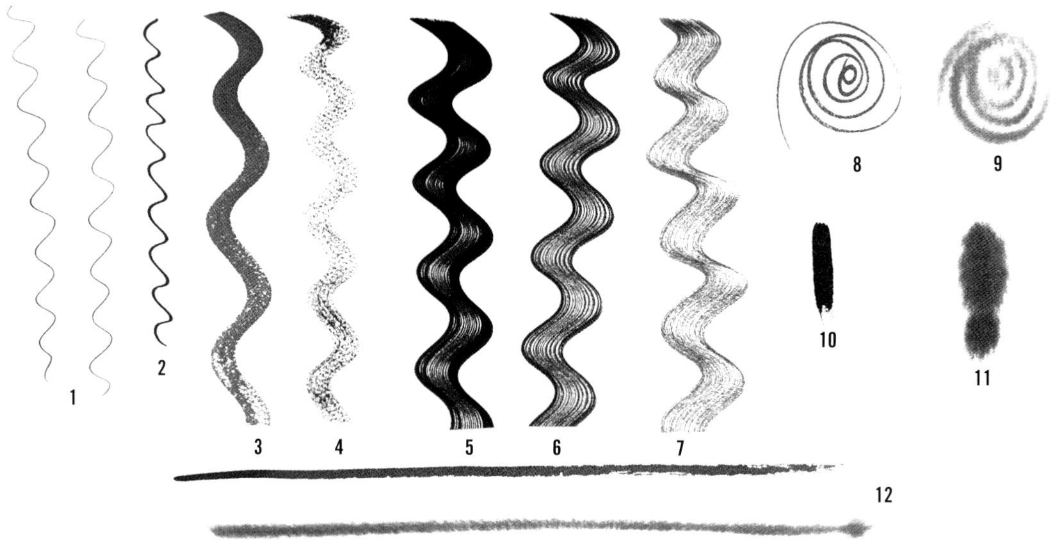

1 Hält man einen spitzen Marderhaarpinsel vertikal auf das Blatt und lässt die Hand beim Ziehen der Linie auf dem glatten Papier ruhen, erhält man einen sehr feinen und gleichmäßigen Strich.
2 Der gleiche Strich mit einem Flach-Marderhaarpinsel.
3 Rinderhaar-Flachpinsel 12 mm breit mit unverdünnter Tusche. Bei rascher Pinselführung steht die Tusche nur auf der Körnung des Papiers.
4 Wie **3** mit verdünnter Tusche auf rauem Papier.
5, 6 & 7 Nylonpinsel in 2,5 cm Breite auf glattem Papier. Der Strich wurde dreimal ohne Nachfüllen gezogen. Der Effekt ist jedesmal anders, da der Strich immer trockener wird.
8 Mit spitzem Marderhaarpinsel auf trockenem Papier.
9 Der gleiche Pinsel auf feuchtem Papier.
10 Mit großem Marderhaarpinsel auf trockenem Papier.
11 Der gleiche Pinselstrich auf feuchtem Papier.
12 Ein linearer Pinselstrich auf trockenem Papier und der gleiche Strich auf nassem Papier. Auf feuchtem Papier fällt der Strich in jedem Fall anders aus.

Material Bildträger zur Tuschmalerei

Traditioneller Malgrund ist Papier oder Seide, aber auch Leinwand oder Holz kann verwendet werden.

Die Vorzüge des Japanpapiers

Japanische und chinesische Papiere (siehe S. 48) kommen in der Tuschmalerei voll zu ihrem Recht. Sie sind meist dünner und absorbierender als europäische Papiere, und deshalb gibt es eine innigere Verbindung zwischen Pinsel, Tusche und Papier. Der Pinselstrich wird absorbiert und damit zum Bestandteil des Bildgrundes, statt nur auf der Oberfläche zu haften wie bei den stärker verleimten europäischen Papieren.

Japanpapier macht jeden Strich klar und deutlich und gibt ihn in einer Weise wieder, wie westliche Papiere es nicht vermögen, vor allem beim direkten Malen. Wird ein Bild dagegen mit Lasuren verschiedener Farben aufgebaut, sind die festeren europäischen Hadernpapiere besser.

Technik Verwendung verschiedener Papiere

Ein dicker spitzer chinesischer Pinsel in Kunststoffhülse, im Bambusrohr befestigt, wurde zu einer Reihe von Pinselstrichen auf verschiedenen Japanpapieren benutzt. Die Empfänglichkeit der Papiere für Nuancen von Druck und Strichgeschwindigkeit war bemerkenswert. Ein kurzes Zögern vergrößerte die Tuschabgabe und ergab eine dichtere Tönung. Hatte der Pinsel nur etwas zu wenig Tusche, so brach der Rand des Strichs aus, was einen »Trockenpinsel«-Effekt hervorrief. Bei verdünnter Tusche und zu nassem Pinsel kam es an den Rändern zum Fließen und Bluten. Die »Palme« mit leicht trockenem Pinsel zum Beispiel ergab ein trockeneres, körnigeres und expressiveres Bild als andere Figuren, die mit nassem Pinsel gezeichnet wurden.

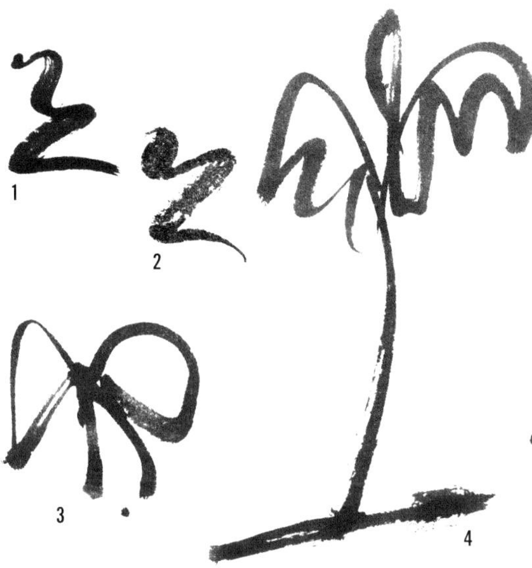

Einfache Striche auf Japanpapieren
1 Sekishu shi weiß, gerippt
2 Gifu shoji weiß, gerippt
3 Kawasaki cremefarben, gerippt
4 Kozo shi getönt, gerippt

Glattes beschichtetes Papier
Ähnliche Striche mit demselben Pinsel auf glattem Kartonpapier haben einen anderen Charakter als solche auf dünneren absorbierenden Japanpapieren. Die schärferen Ränder sind vom Tuschfluss innerhalb der Linien getrennt. Ein Tönungseffekt durch Halten des Pinsels am Stielende bei gleichzeitigem Schwingen ist ähnlich »getrennt« vom Papier.

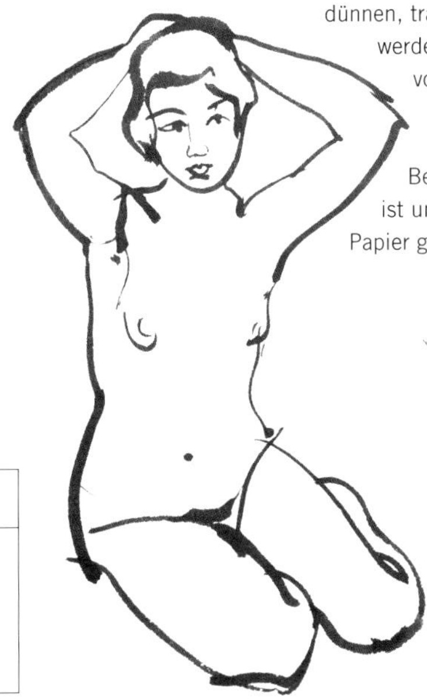

Transparentes Papier Auf diesem, dünnen, transparenten Papier werden die Pinselstriche vom Papier aufgesogen und schaffen eine Zeichnung, die ein Bestandteil des Materials ist und nicht nur auf das Papier gemalt wurde.

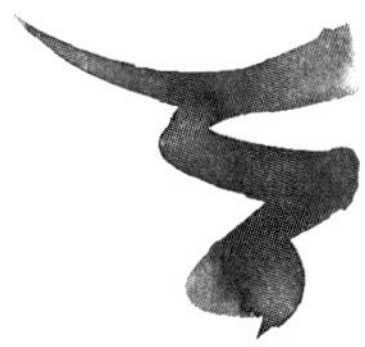

Glattes Papier Die Striche sind scharfrandiger als auf Japanpapier.

Absorption überschüssigen Wassers

Verdünnte Tusche verursacht einen weicheren grauen Effekt. Ist der Pinsel zu nass, blutet der Strichrand. Bei dünneren Papieren nimmt ein darunter gelegtes absorbierendes Papier das überschüssige Nass auf.

Technik

Auf glattem und körnigem Papier arbeiten

Die Art der Pinselzeichnung hängt vom Pinsel und vom Bildgrund ab. Diese beiden Zeichnungen wurden mit dem gleichen Pinsel, einem Marderhaar-Rundpinsel, auf zwei unterschiedlichen Flächen ausgeführt, einem glatten und einem körnigen Papier. Die Zeichnungen wurden mit schnellen, forschen Strichen gemacht, ein Stil mit hoher Fehlerrate. Im zweiten Beispiel wird die Härte der Linienführung von dem körnigen Papier aufgebrochen und erscheint dadurch weicher. Dazu sollte man den in Tusche getauchten Pinsel vor dem Zeichnen mit einem Tuch etwas abwischen.

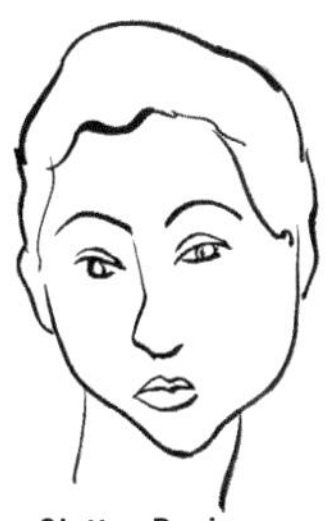

Glattes Papier Direkte Linienzeichnung

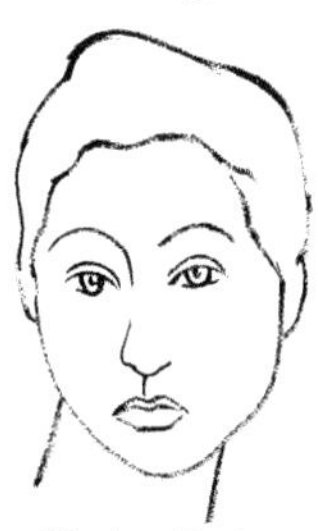

Körniges Papier Direkte Linienzeichnung

Technik

Feine Linienzeichnung auf glattem Papier

Diese Pinselzeichnung wurde mit der Spitze eines kleinen Marderhaar-Rundpinsels ausgeführt. Man könnte denken, es ist eine Federzeichnung. Die Linien variieren zwischen zögerlich und flüssig. Letztere kann man an der welligen Linie erkennen, die die linke Seite des zweiten Jungen von links wiedergibt.

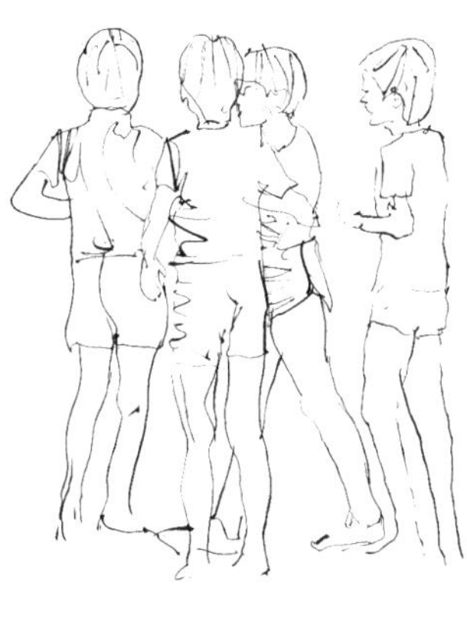

Feine Linien Mit einem spitzen Marderhaarpinsel kann man so feine Linien wie mit einer Feder ausführen.

Techniken der Pinselzeichnung

Der expressive Charakter der Pinselzeichnung mit Umrisslinien hat die Künstler seit vielen Jahrhunderten fasziniert. Die ägyptischen Zeichnungen (rechts) wurden mit roter und schwarzer Tusche auf Kalksteinflächen gesetzt, wahrscheinlich mit Rohrpinseln. Die flüssige und amüsante Zeichnung des Steinmetz wirkt authentisch. Auf einer Unterzeichnung in roter Tusche wurden kräftige, schwarze Tuschelinien gesetzt.

In der ausgefeilteren, aber immer noch flächigen Zeichnung eines Affen im Baum wurden mehrere Linien überlagert, um einen dunklen Tonwert und ein strenges ornamentales Muster zu schaffen.

Altägyptische Kunst

Diese Tuschezeichnungen auf Kalkstein entstanden zwischen 1310 v. Chr. und 1080 v. Chr. in Ägypten.

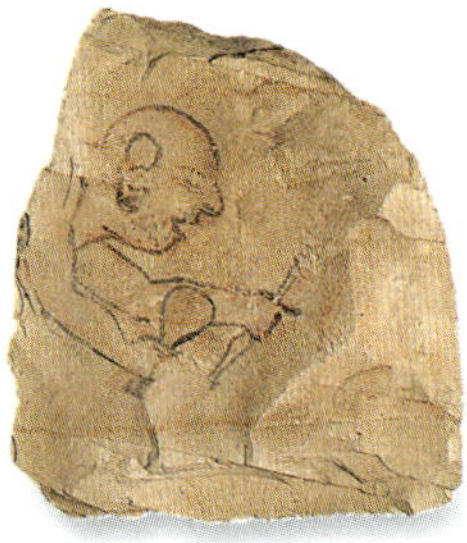

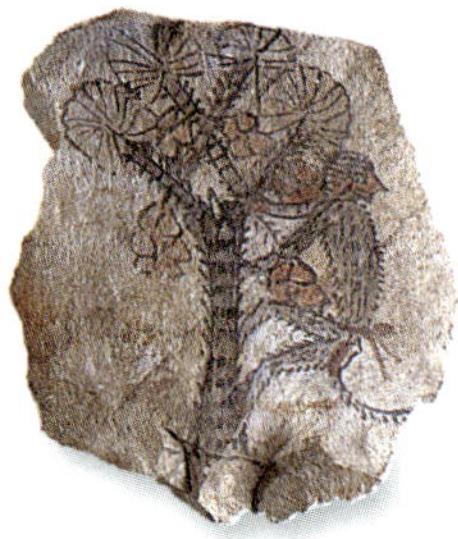

Technik

Studien in Tusche und Pinsel nach dem Leben

Diese einfache Linienstudie wurde mit einem runden Marderhaarpinsel und unverdünnter Zeichentusche ohne Vorzeichnung direkt nach dem Leben geschaffen. Hierbei ist sowohl das Sehen als auch das Zeichnen wichtig. Das heißt, man kann den einmal gesetzten Strich nicht mehr korrigieren. Das erfordert die wenigen Minuten bis zur Fertigstellung volle Konzentration. Man spürt diese Konzentration in den gelungenen Zeichnungen. Es kann aber auch bedeuten, das man zwischen vielen Zeichnungen nur eine oder zwei findet, die es aufzuheben lohnt.

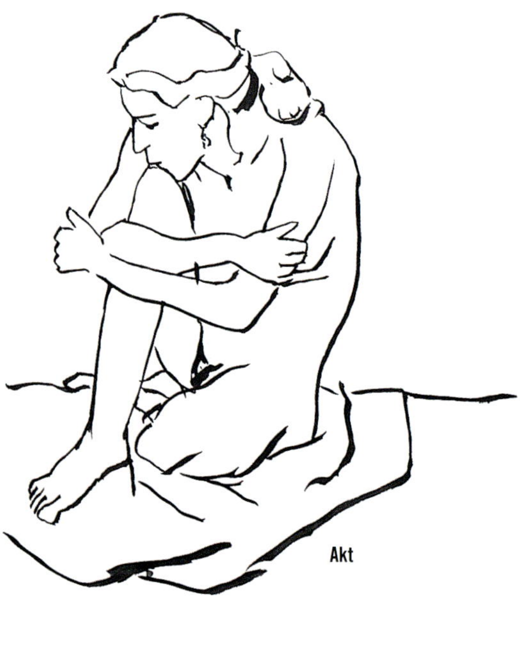

Akt

Technik

Pinselzeichnung in zwei Tonwerten

Die Hecke kann mit wenigen Strichen eines großen Verwaschpinsels und schwarzer Tusche sehr schnell skizziert werden. Dann wird die Tusche verdünnt, und die Figuren der Mädchen werden mit raschen Strichen eingetragen. Der hellere Ton der Figur links gibt den Lichteinfall an. Die Zeichnung wäre uninteressanter, wenn die Mädchen nur Silhouetten im Tonwert der Hecke wären.

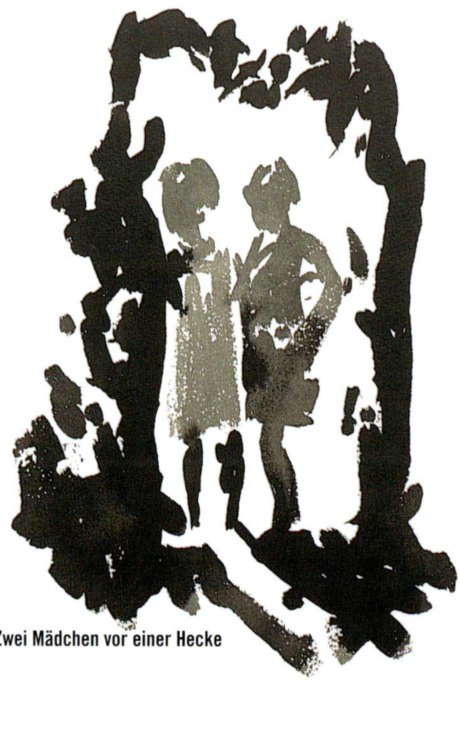

Zwei Mädchen vor einer Hecke

Technik
Schnelle Pinselskizze

Die einem Motiv innewohnende Dynamik, hier Vögel im Flug, kann durch das passende Zeichenmittel wiedergegeben werden. Ein solches Motiv ist ohne Foto- oder Bildvorlage unmöglich zu zeichnen, da man vorher Form und Bewegung der Vögel genau studieren muss. Diese kleinen Skizzen können vergrößert werden, um sich mehr auf die Energie und Geschmeidigkeit der Pinselstriche zu konzentrieren.

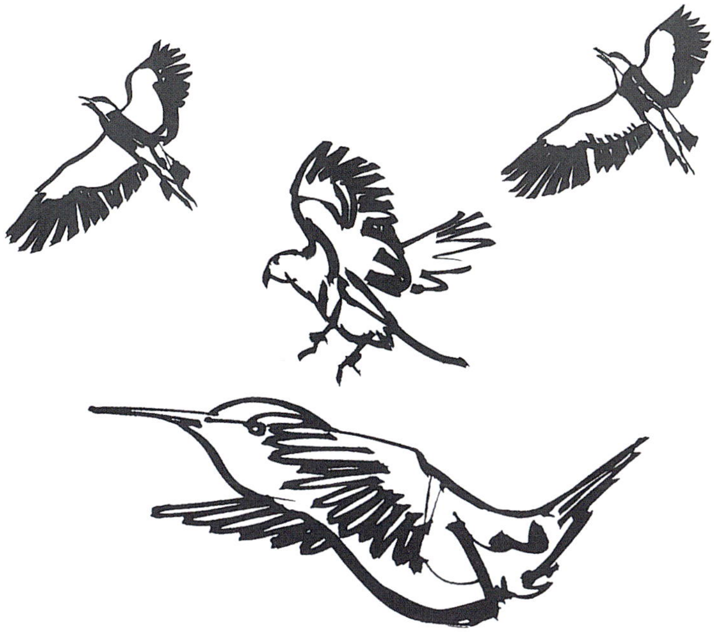

Technik Trockenpinseltechnik

Mit der Trockenpinseltechnik schafft man Halbtöne, indem man den Pinsel relativ trocken hält und die Farbe nur auf der Körnung des Papiers abstreift. Bei detaillierten Arbeiten muss man die Zeichnung sehr methodisch aufbauen. Diese Technik ist also nicht spontan, sondern erfordert genaue Überlegung.

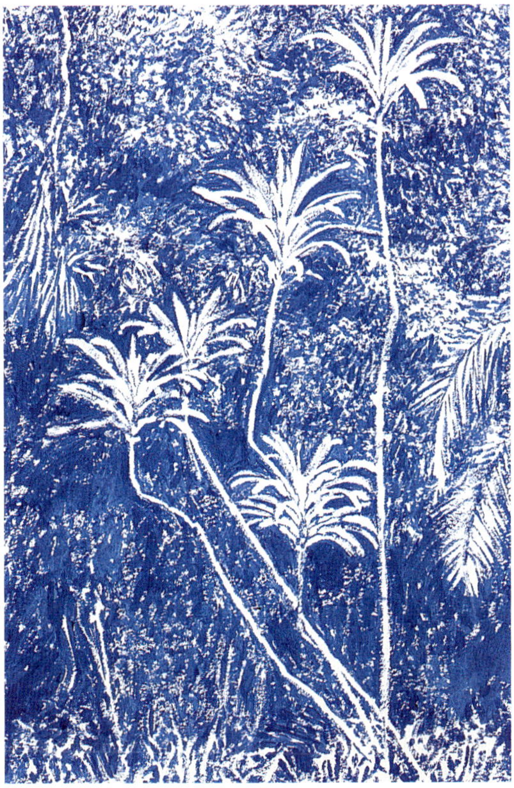

Einen Hintergrund aufbauen Dieses Motiv mit den im Sonnenlicht stehenden Pflanzen im Vordergrund und dem dunklen, dichten Laub im Hintergrund ist für die Trockenpinseltechnik gut geeignet. Die Textur des Hintergrunds kann langsam aufgebaut werden, die Pflanzen lässt man als weiße Silhouette stehen. Die Zeichnung wurde mit kleinen, sorgfältigen Strichen mit einem Marderhaarpinsel auf einem kalt gepressten Papier ausgeführt.

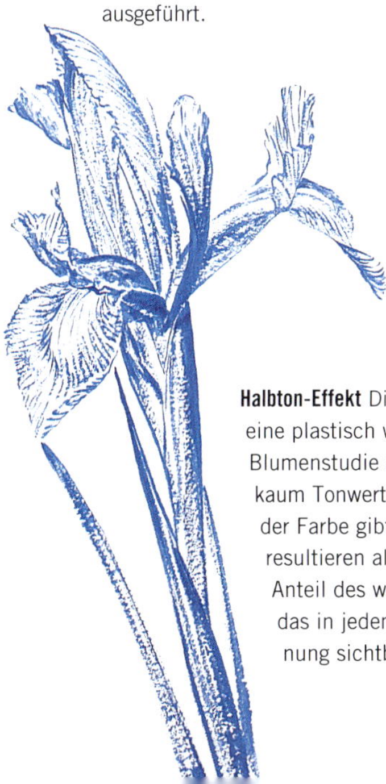

Halbton-Effekt Die Iris sieht wie eine plastisch wiedergegebene Blumenstudie aus, obwohl es kaum Tonwertunterschiede in der Farbe gibt. Die Tonwerte resultieren allein aus dem Anteil des weißen Papiers, das in jedem Teil der Zeichnung sichtbar wird.

Andere Zeichentechniken

Zeichnen wird oft als kleinformatige, intime Beschäftigung angesehen. Viele zeitgenössische Künstler machen jedoch Zeichnungen in großem Maßstab. Solche Arbeiten können auf einer geeigneten Wand in einer Galerie hängen oder aber als Außenarbeit konzipiert sein. In vielen Fällen verarbeiten die Künstler auch Materialien aus der Natur. Die hoch entwickelten modernen Zeichenmaterialien der Hersteller von Künstlerbedarf täuschen leicht über die Tatsache hinweg, dass ihre Grundstoffe weitgehend natürliche sind. Das Schaffen zahlreicher Künstler basiert auf ihrer unmittelbaren Beziehung zur Natur, und viele suchen lieber dort ihre Werkstoffe, statt sie im Fachgeschäft zu kaufen. Schlamm, Sand, Zweige, Laub, Wasser, Beerensäfte und Kreidestücke wurden allesamt verwendet, um Bilder zu erschaffen, die von der konventionellen »Zeichnung« auf Papier bis zum »Zeichnen« im Erdboden reichen. Überdies wurden die Einwirkungen von Sonne, Wind und Regen als Hilfsmittel genutzt.

Großflächiges Zeichnen

Eine großflächige Arbeit ist die hier als Beispiel wiedergegebene Wandzeichnung von Sol LeWitt. Bei diesem Typus ist das Konzept entscheidend, denn die Zeichnung selbst kann nach dem Plan des Künstlers auch von anderen angefertigt werden.

Sol LeWitt sagte dazu: »Der Künstler entwirft und plant das Wandbild. Ausgeführt wird es von Zeichnern. (Der Künstler kann auch selbst als Zeichner fungieren.) Der Plan (geschrieben oder mündlich mitgeteilt bzw. gezeichnet) wird durch den Zeichner interpretiert. ... Die Wandzeichnung ist ein Werk des Künstlers, solange der Plan nicht gewaltsam verändert wird.« Sol LeWitt schuf Hunderte von großformatigen Wandzeichnungen in Galerien auf der ganzen Welt. Seine letzten Arbeiten zeigen organische Formen in matter und glänzender schwarzer Farbe. Andere Arbeiten haben intensiv farbige, illusionistische Architekturformen.

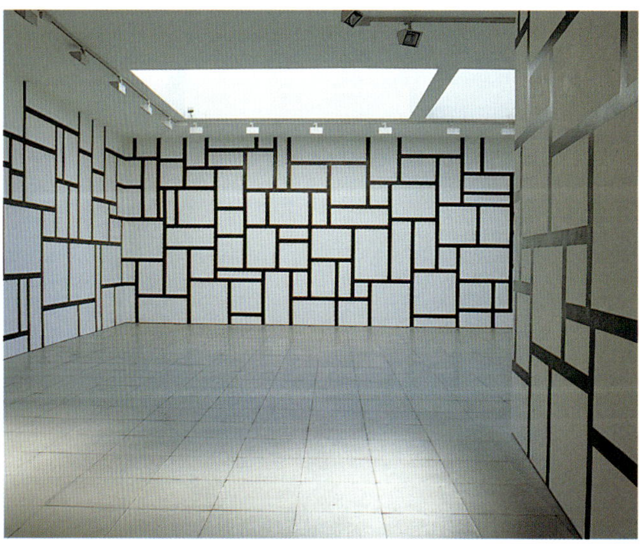

Sol LeWitt

Große Wandzeichnung
Große Wandzeichnungen wie die links abgebildete basieren auf einer geometrischen Ordnung und nutzen die gesamte verfügbare Fläche. Sol LeWitts Wandzeichnungen nutzen oft nicht nur eine Wand, sondern den gesamten verfügbaren Raum einer Galerie. Dadurch wird der Galerieraum vollkommen verändert. In diesem Beispiel schafft die Wandzeichnung eine kraftvolle Struktur, die fast dreidimensional wirkt, so als ob der Betrachter durch ein Gitterwerk in einen dahinter liegenden Raum blickt.

***Installation Jul–Sept** (1989)*, Sol LeWitt

Technik

Wandzeichnungen vergrößern

Man kann kleinformatige Zeichnungen durchaus auf die Wandgröße einer Galerie oder eines anderen Ortes vergrößern. Bei dieser Umsetzung kann man sich auf die graphischen Qualitäten der Zeichnung, auf die Gestik oder eine andere Qualität konzentrieren. Man kann aber auch einen neuen visuellen Aspekt herausarbeiten, der so in der Zeichnung nicht vorhanden war. »Vergrößern« kann man mittels Projektion, Maßgitter oder frei Hand, und natürlich nicht mit Originalmaterial.

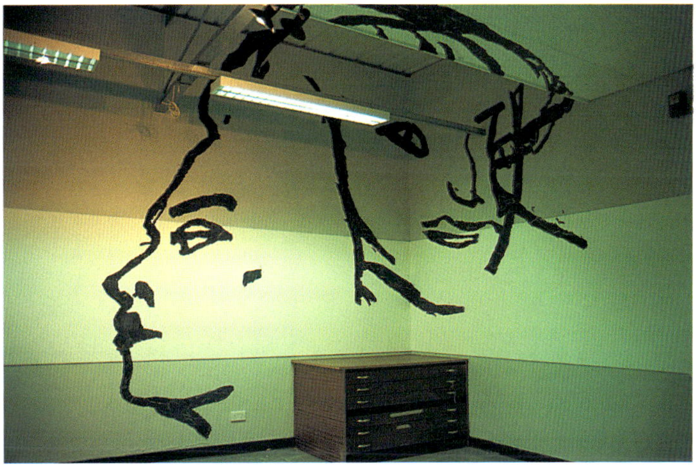

Großformatige Fassungen von Zeichnungen in Pinsel und Tusche Eine Reihe von schnellen Skizzen in Pinsel und Tusche wurde fotografiert und auf die Atelierwände projiziert. Die Umrisse wurden mit schwarzen Papierfetzen auf den Wänden nachgebildet.

Die Natur hilft mit

Einzelne Künstler haben das Wirken der Naturelemente in ihre Arbeit integriert. Oft hinterlässt der Regen nur zufällig seine Spuren; manche Künstler jedoch, wie zum Beispiel Julian Schnabel, haben ganze Folgen von Zeichnungen angefertigt, die auf Einwirkung des Regens auf Aquarellfarben oder Zeichenkohle basieren. Andere nutzen die Sonnenstrahlen. Roger Ackling benutzt ein starkes Vergrößerungsglas, um mit den gebündelten Sonnenstrahlen Linien in Treibholzstücke zu brennen. Diese langwierige und behutsame Arbeitsmethode passt hervorragend zu seinem Temperament.

Es gibt ferner Künstler, die Zeichnungen in die Landschaft selbst setzen; ihre Arbeiten werden in unterschiedlicher Weise dokumentiert, ehe sie vom Regen oder von den Gezeiten weggespült oder vom Wind weggefegt werden. So fertigte Beuys z. B. eine Reihe von Zeichnungen mit einem Stock in geglättetem Sand. Der New Yorker Künstler Walter de Maria zeichnete in größerem Maßstab, indem er Motorradspuren im Wüstensand hinterließ.

Das natürliche Zeichenmaterial kann direkt am Objekt, von dem es stammt, oder unabhängig davon verwendet werden.

Technik Arbeiten mit Schlamm oder Wasser

Manche Künstler verwenden Schlamm oder Wasser für ihre Arbeiten, die hier unter dem Thema »Zeichnen« behandelt werden, auch wenn sie keine Zeichnungen im konventionellen Sinn sind; sie kennzeichnen sich aber durch die Unmittelbarkeit und die Spontaneität der direkten und individuellen Gestaltung, durch Eigenschaften also, die man normalerweise mit dem Zeichnen assoziiert.

Die Schlamm-und-Wasser-Arbeiten von Richard Long (siehe S. 116) repräsentieren mehr den Schaffensprozess als die Nachschöpfung externer Erscheinungen. Die Schlammzeichnungen werden von Hand innerhalb eines Kreises gemacht oder beschränken sich auf einzelne Würfe oder Eimerladungen, die gegen die Galeriewand geklatscht werden. Long kreiert keine darstellenden Werke, sondern solche, die durch ihre Realität überraschen. Ihre Präsenz in einer Galerie bildet zum Beispiel einen starken Kontrast zu einem Acrylgemälde. Der matte Schlamm zeugt von sich selbst und von der Landschaft, der er entstammt. Die Arbeiten gewinnen ihre Klarheit von dem Material, das aus seinem natürlichen Umfeld entfernt und in die geometrische Ordnung des weißen Galerieraums verpflanzt wurde. Aber es ist kein bloßes Nebeneinander: Die Arbeiten transformieren den Raum und erschaffen eine Welt, die sich von jener der Galerie absondert. Sie wirken nicht gefällig oder betulich; es handelt sich um starke und aktive Kunstwerke.

Großformatig arbeiten

Die Kraft und Präsenz der auf Seite 115 beschriebenen Lehmarbeiten erkennt man in dem unten abgebildeten Beispiel, dem »White Water Circle« von 1994. Die Arbeit ist sehr groß und hat doch eine Leichtigkeit und Unmittelbarkeit, die den Kreis voller Energie zwischen dem Boden der Galerie und der Decke zu schweben lassen scheint. Die Energie stammt direkt aus dem Schaffensprozeß, in dem jede schnelle Geste des Künstlers in der Arbeit sichtbar wird. Innerhalb des Lehmkreises schaffen die sich verschränkenden Fingerabdrücke ein dichtes Netzwerk. Die Textur der Fingerspuren gibt aus der Entfernung betrachtet einen Eindruck von Tiefe wieder, aus der Nähe wird die Flächigkeit der Wand betont. Die gestischen Schlammspritzer rund um den Kreis spiegeln die Bewegung vom Eimer zur Wand wider und führen das Auge des Betrachters ins Zentrum der Arbeit.

Wie bei allen Lehmarbeiten ist der Galerieboden von Schlamm und Wasser, die während der Arbeit zurückblieben, gesäubert worden. Dies ist ein wesentlicher Bestandteil der Arbeit. Die Präsenz dieser Arbeiten hängt zum Teil davon ab, dass wir Lehm oder Schlamm meist auf dem Boden erwarten, nicht aber innerhalb einer konzeptuellen Arbeit an der Wand einer Galerie.

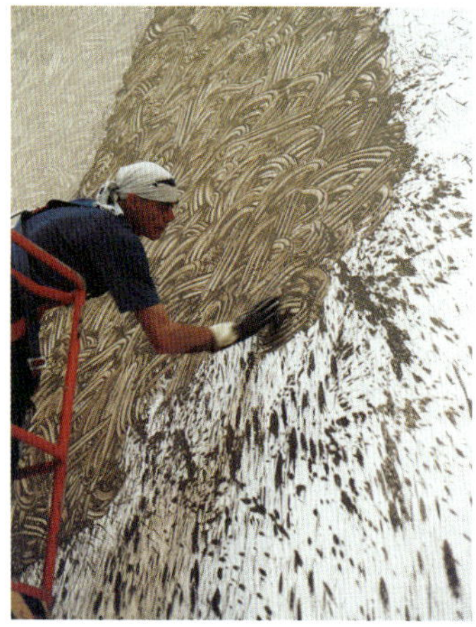

Richard Long bei der Herstellung des »River Avon Mud Arc« *(2000)* Dieses Foto des Künstlers bei der Arbeit gibt einen Eindruck von der Energie, die in die Arbeit einfließt und von ihr ausgestrahlt wird.

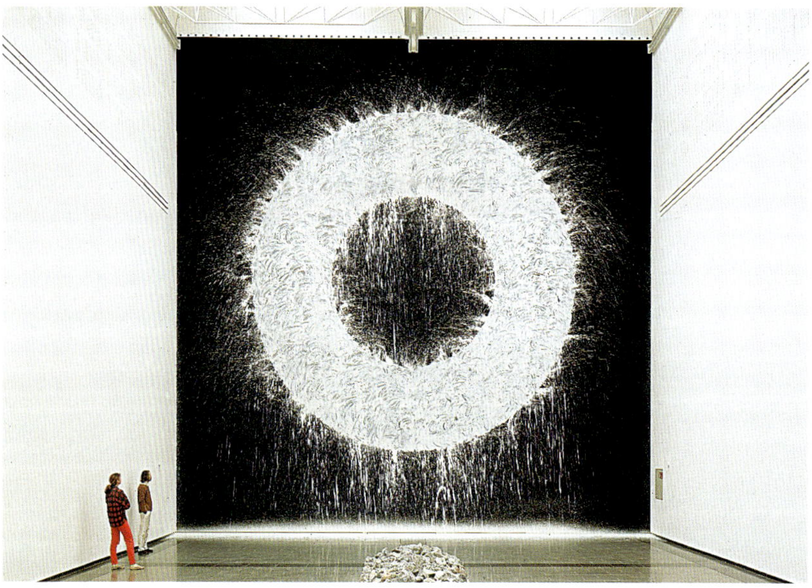

White Water Circle *(1994)*, Richard Long
Die Spuren der Schlammspritzer an den Rändern des Kreises zeigen die Bewegung des Schlamms vom Schlammkübel an die Wand und vermitteln dem ganzen Werk einen mobilen Eindruck.

Kleinformatig arbeiten

»Rock Drawing« ist im Maßstab das genaue Gegenstück zu »White Water Circle«. Es ist eine intime Arbeit, für die der Künstler eine Schieferplatte mit einem Bleistift auf ein Papier abgerieben hat. Diese kleine Zeichnung strahlt aber eine ähnliche Energie aus wie die große Wandarbeit. Die Bleistiftspuren zeigen hier die kraftvolle und andauernde Arbeit des Schattierens. Dies muss mit viel Hingabe geschehen und gibt der Arbeit eine eigene Stärke. Die Spuren offenbaren eine Oberfläche, die wie ein Lavafluss aussieht. Es könnte aber auch etwas viel Größeres darstellen. Wir erinnern uns in dieser Hinsicht an Leonardos Satz, dass man in einem kleinen Felsbrocken das ganze Gebirge sehen kann.

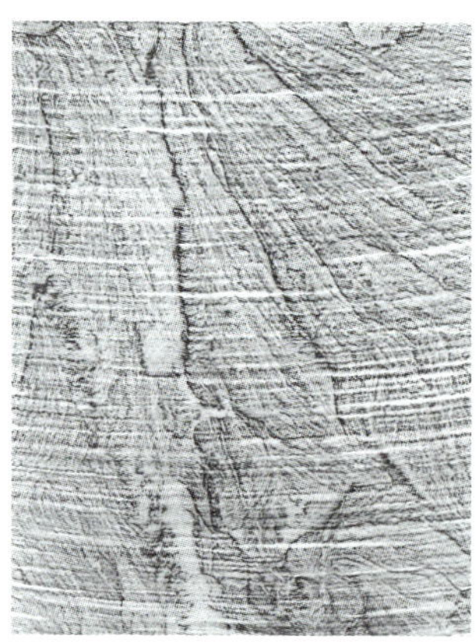

Rock Drawing *(2002)*, Richard Long
Diese kleine Zeichnung gibt die Oberfläche einer Schieferplatte wieder und beschwört damit eine Landschaft in viel größerem Maßstab.

Technik Material, das in Beziehung zum Objekt steht

Manche Künstler verwenden in ihren Arbeiten natürliches Material, das sie an Ort und Stelle finden und das eine unmittelbare Beziehung zum Thema hat. Zu ihnen gehört der Bildhauer David Nash. Seine Zeichnung »Eschen-Kuppel« wurde aus Blattmoder geschaffen, der neben der Skulptur der Eschen-Kuppel (siehe S. 322) gefunden wurde. Bei der Zeichnung »Schafsplätze« (rechts oben) verwendete er für den Felsen traditionelles Zeichenmaterial – Graphitstift, graues Pastell und Kreide –, während die Plätze, an denen sich die Schafe im Schutz der Felsen aufhalten, mit Material vom konkreten Boden dort in die Zeichnung hineingerieben sind. Auch Gras wurde in die Zeichnung hineingerieben. Es wird, wie man sieht, durch Lichteinwirkung rasch braun. Die Aktion der Schafe, die sich an die Felsen drücken, wird durch die dunkelbraunen Flecken angedeutet, die den Blick einfangen.

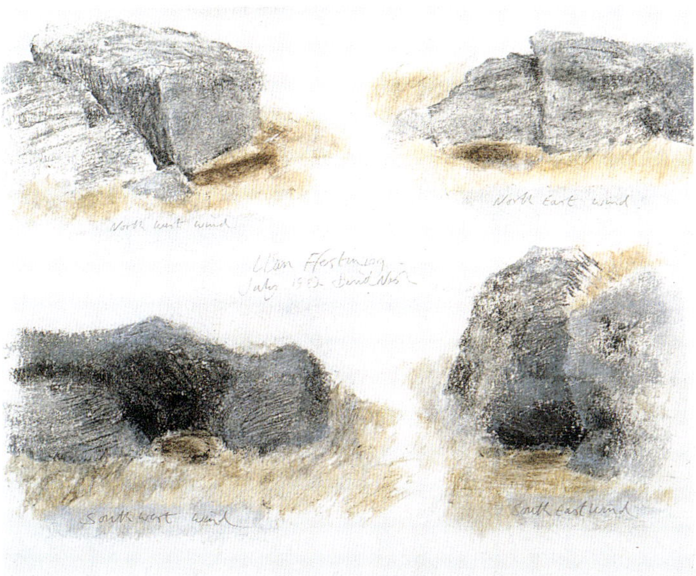

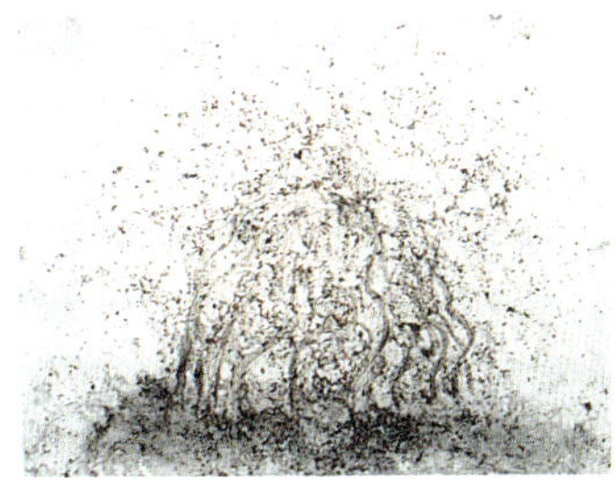

Eschen-Kuppel David Nash
In dieser Zeichnung seiner Skulptur (siehe S. 322) hat David Nash Laubabfall verwendet, um Assoziationen zum Material der Skulptur zu schaffen.

***Schafsplätze** (1980),* David Nash
Obwohl die Schafe nicht zu sehen sind, wird ihre Gegenwart durch das verwendete natürliche, der graubraunen Landschaft entnommene Material suggeriert.

Technik

Digitales Zeichnen

Für viele Zeichenmedien gibt es heute ein digitales Pendant. Auf einem Grafikboard oder -tablet kann man mit etwas Übung wie mit Bleistift, Feder, Kohle, Pastellkreide oder Pinsel »zeichnen«. Sie können zeichnen, schreiben oder skizzieren und brauchen dafür keine Skizzenbücher mehr. Smartphones oder Tablets haben die Größe eines kleineren bis mittleren Skizzenblocks, und können mit den entsprechenden Zeichen-Apps auch als solche benutzt werden. Es lassen sich damit die verschiedensten Werkzeuge und Materialien simulieren, die sonst, vor allem unterwegs, viel Platz einnehmen würden. Hinzu kommt, dass man diese Geräte auf kleinstem Raum und überall nutzen kann.

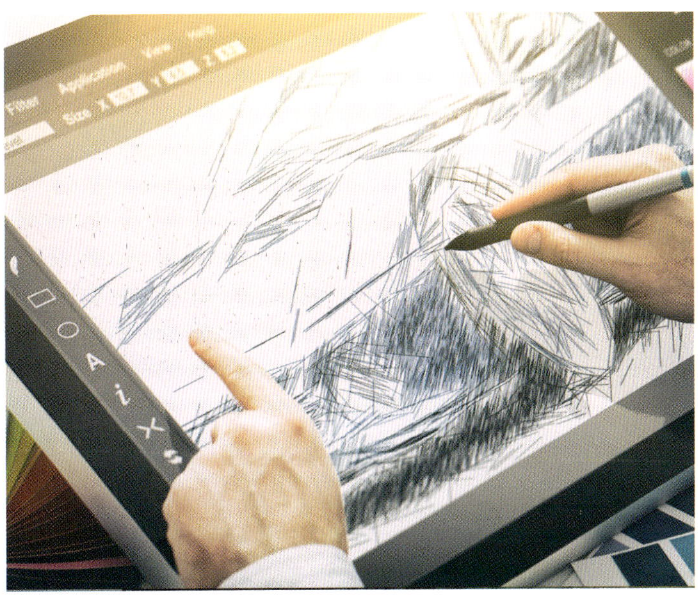

Zeichnerische Darstellungen können mit den richtigen digitalen Werkzeugen und den entsprechenden Zeichenprogrammen vielfältig erzeugt, einfach korrigiert und weiterbearbeitet werden.

MALEN

Jede Art von Malerei erfordert ein Bindemittel, um die Pigmentteilchen zu binden und auf der Leinwand oder der Tafel festzuhalten. Das Bindemittel kann bei Aquarellfarben Gummiarabikum sein, Eigelb bei Temperafarben, ein trocknendes Öl bei der Ölmalerei, Bienenwachs in der Enkaustik oder eine Acrylemulsion bei der Acrylmalerei. In jedem Fall sind die Zubereitungs- und Anwendungsarten der Malfarben unterschiedlich. Wir werden hier traditionelle und zeitgenössische Materialien und Techniken behandeln.

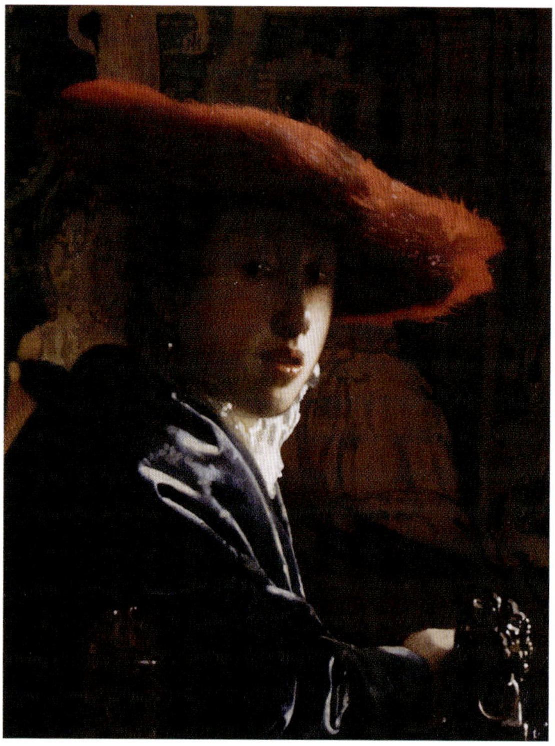

Das Mädchen mit dem roten Hut *(um 1665),* Jan Vermeer

Dieses Porträt in Öl auf Holz verbindet technische Kühnheit, etwa in den weichen flüssigen Pinselstrichen des roten Hutes und des blauen Kleides, mit großer Intimität in der Darstellung des Gesichts. Der gedämpfte Hintergrund mit den matten Blautönen und warmen Brauntönen gibt dem Bild eine weiche, warme Ausstrahlung. Das Licht konzentriert sich auf den weißen Kragen, der direkt zu den warmen Hauttönen in der unteren Partie des Gesichts mit den geöffneten und hellroten Lippen überleitet.

Ausrüstung

Es gibt viele Werkzeuge, mit denen man Farbe auftragen kann, darunter Schwämme, Spatel und Kratzer, Messer, Rollen, Airbrushgeräte und Sprühpistolen. Das wichtigste Werkzeug ist jedoch der Pinsel, deshalb sollten Sie Pinsel bester Qualität verwenden.

Pinsel

Malpinsel werden in zwei Hauptkategorien unterteilt: in weiche Haarpinsel wie Marder-, Eichhörnchen-, Rinder- oder synthetische Weichhaarpinsel und in härtere Borstenpinsel aus Schweineborsten oder synthetischen Fasern, die steifer und federnd sind. Ferner gibt es Pinsel wie zum Beispiel Vertreiber, mit denen man aufgetragene Farben auf dem Malgrund vermischt.

Pinselherstellung einst

Schon vor Urzeiten wurden Pinsel aus Tierborsten hergestellt, die man an einen Stock band, oder aus weichen Haaren, die man in einem Federkiel befestigte. Im alten Ägypten fertigte man Schilfrohrpinsel, indem man ein Ende des Schilfrohrs zerquetschte, die Fasern trennte und dieses Ende dann fest zusammenband. Auch stellte man Pinsel her, indem man Zweige unterschiedlicher Dicke zusammenband.

Für Weichhaarpinsel wurden Haarbüschel von gekochten Eichhörnchen- oder Kaninchenschwänzen ausgewählt, um in verschiedene Federkiele eingesetzt zu werden. Borstenpinsel stellte man her, indem man ein Pfund weißer Schweineborsten um einen Stock band, um damit die Wände zu tünchen, bis die Borsten geschmeidig waren. Danach wurde das Bündel gelöst und zu kleineren Pinseln der gewünschten Größen verarbeitet. Dieses Verfahren wandte man, mit einigen Abweichungen, bis zum 19. Jahrhundert an, als sich die Metallzwinge durchsetzte. Sie führte dazu, dass man neben den üblichen Rundpinseln nunmehr auch Flachpinsel herstellen konnte.Heutzutage kaufen die Pinselhersteller Haar, das ihnen von Spezialfirmen verarbeitungsfertig angeliefert wird, z. B. Marderhaar: Es ist direkt über dem Fell abgeschoren, Haarspitzen und -wurzeln sind entfernt, und die weiche Wolle an der Wurzel ist herausgekämmt, sodass nur die starken Haare verbleiben. Unter Dampfdruck wird das Haar gestreckt und nach der gewünschten Länge sortiert.

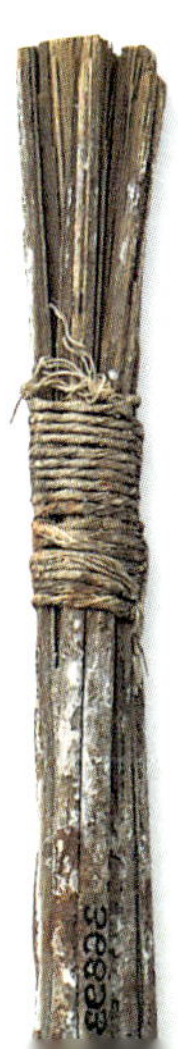

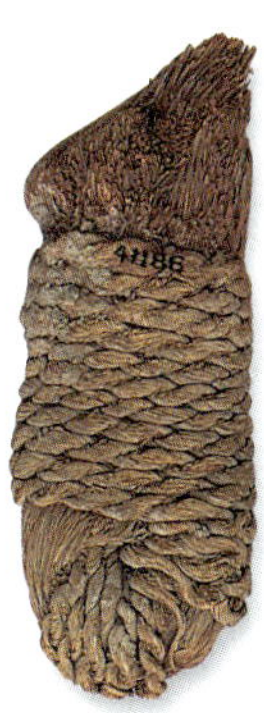

Schilfrohrpinsel ägyptischer Schreiber

Das Herstellungsverfahren Der Pinselmacher greift eine Portion Haare und legt sie in eine speziell geformte Metallhülse. Die Haare werden in der Hülse geklopft und geschüttelt, bis sie sich »gesetzt« haben. Danach werden sie herausgezogen und in die richtige Form gebracht. Stumpfe Haare – an der weißen Spitze erkennbar – werden mit der Messerspitze herausgelöst, zu kurze Haare ausgekämmt. Dann wird der verwendbare Kopf in die Zwinge geschoben, der passenden Metallhülse für die Pinselhaare.

Bei langen Borsten- und Nylonpinseln wird die Spitze geformt, indem das Haar in einer speziell geformten Hülse geklopft wird. Die Haare werden dann ohne weitere Formung direkt in die Zwinge gesteckt. Dicke Büschel von Marderhaar werden mit einem Baumwollfaden gebunden und in die Zwinge eingezogen. Zum Schluss wird das Haarbündel auf Gleichmäßigkeit geprüft. Katzenzungenpinsel (siehe S. 120) werden wie Rundpinsel hergestellt, nur wird die Zwinge mit einer Zange abgeflacht. Flachpinsel werden in einer flachbodigen Hülse geformt und in eine runde Zwinge geschoben, die ebenfalls mit der Zange flachgekniffen wird. Die fertigen Zwingen werden mit abwärts gerichteten Haaren in eine Halterung gesteckt, und dann wird ein Tropfen Leim (meist Epoxidharz) hinein gegeben, um die Stelle zu befestigen.

Schließlich werden die Zwingen auf einer Rändelmaschine noch einmal mit den Stielen fest verbunden. Lose Haare werden durch Schaben mit einem stumpfen Messer entfernt. Die Pinselspitzen werden in eine schwache Gummiarabikumlösung getaucht, um die Fasson zu bewahren.

Rundpinsel

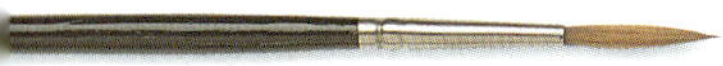

Spitzer Kunsthaarpinsel

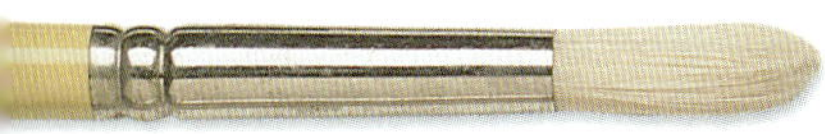

Borstenpinsel

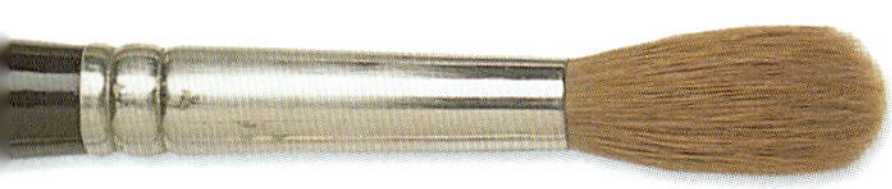

Marderhaar-Verwaschpinsel

Katzenzungenpinsel

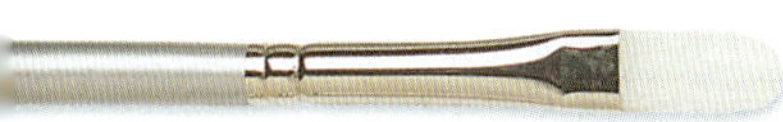

Kunsthaarpinsel

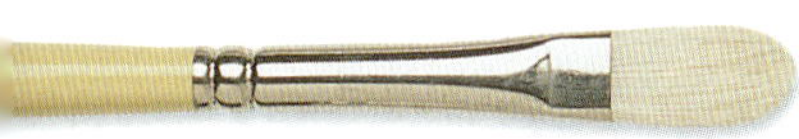

Borstenpinsel

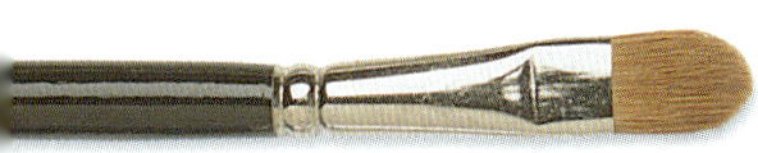

Marderhaarpinsel

Flachpinsel

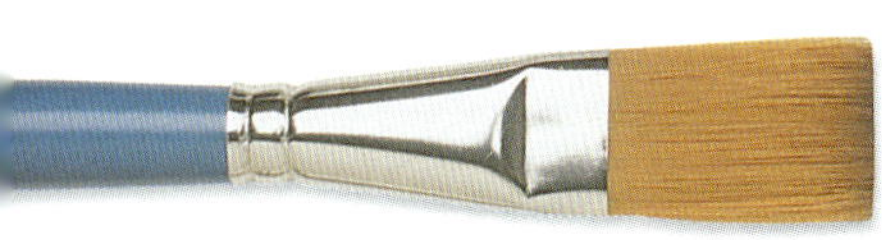

Plakatschreiber aus Kunsthaar

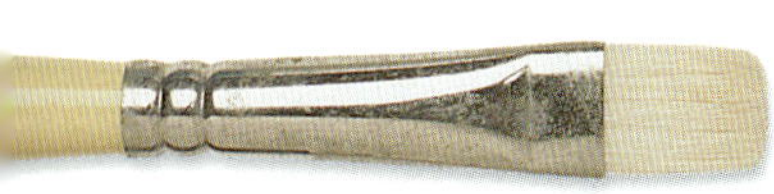

Kurzer flacher Borstenpinsel

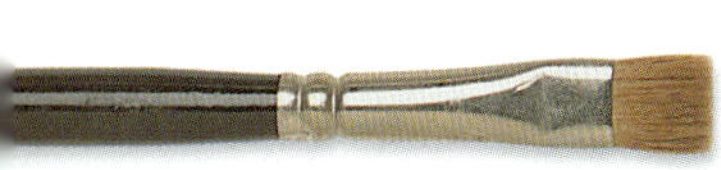

Kurzer flacher Marderhaarpinsel

Naturhaarpinsel

Die beiden Hauptarten der Pinsel dienen jeweils bestimmten Zwecken und können auf vielerlei Weise verwendet werden.

Weichhaarpinsel Dank ihrer präzisen Handhabung in dünnen Farblavierungen werden sie fast ausschließlich in der Aquarellmalerei verwendet, können aber auch in der Acryl- und Ölmalerei, vor allem für Lasuren und sehr genaues Malen eingesetzt werden. Man kann mit diesen Pinseln aber auch Schraffuren in Tempera und Freskomalerei, dekorative Arbeiten in Keramik, Malerei auf Glas und auf Flächen, die Feinheit und Kontrolle erfordern, malen.

Diese Pinsel können viel Farbe aufnehmen und behalten trotzdem ihre Form. Neben ihrer Verwendung für Laviereffekte im Aquarell sind sie auch für Details geeignet.

Borstenpinsel Borstenpinsel sind gröber als Weichhaarpinsel. Sie bestehen aus dicken Schweins- oder Rindsborsten, die viel pastose Farbe halten können und doch ihre Form behalten. Sie werden vor allem für die Öl- und Acrylmalerei verwendet und sind besonders für pastose, expressive Pinseltechniken und große Formate geeignet. Im Aquarell finden sie wenig Verwendung, es sei denn mit Wasser benetzt zum Abschaben und Auswaschen, oder mit Farbe getränkt, um bestimmte Texturen zu schaffen.

Mit Borstenpinseln lassen sich große Flächen zügig und gleichmäßig bemalen.

Pinselformen

Die beiden Hauptarten von Pinseln – Weichhaar- und Borstenpinsel – gibt es in zwei verschiedenen Formen: rund und flach. Sie werden durch den Querschnitt der Zwinge bestimmt, die Haare und Stiel miteinander verbindet.

Rundpinsel Zu den Rundpinseln gehören die spitzen Standardpinsel. Die weichhaarigen münden in einer feinen Spitze, und es gibt sie mit verschiedenen Haarlängen. Die kürzesten werden zur Miniaturmalerei verwendet. In den Standardlängen kosten die kurzhaarigen Marderhaarpinsel weniger als die längeren. Sie nehmen weniger Farbe auf, und ihre Spitzen sind nicht so geschmeidig.

Zu den längerhaarigen spitzen Marderhaarpinseln gehören die Schriftpinsel, auch Schlepper genannt. Sie werden von Schriftenmalern bevorzugt, die auch gerne stumpfe Schlepper verwenden – lange Rundpinsel mit stumpfem Ende, mit denen man Linien in gleichmäßiger Dicke zieht.

Von den übrigen Weichhaarpinseln sind die Verwaschpinsel zu nennen. Sie werden meist aus Eichhörnchenhaar oder dessen Imitation hergestellt und dienen zum Verwaschen großer Farbflächen oder zum Aufsaugen unerwünschter Farbe. Runde Borstenpinsel haben geschmeidige gebogene Seitenborsten und nehmen viel Farbe auf.

Katzenzungenpinsel Zwischen den flachen und den runden Pinseln liegen die Katzenzungenpinsel. Genau genommen handelt es sich auch bei ihnen um Flachpinsel, da sie flache Zwingen haben. Im Grunde werden sie aber als Rundpinsel hergestellt, deren Zwingen nachträglich etwas abgeflacht werden. Ihre Spitzen sind abgerundet und vereinigen in sich einige der besten Eigenschaften von Rund- und Flachpinseln.

Flachpinsel Pinsel mit mehr oder weniger eckigen Kanten in abgeflachten Zwingen bezeichnet man als Flachpinsel. Die Borstenpinsel mit sehr kurzem Haar wurden für die Primamalerei (man spricht auch von *alla-prima*-Technik) mit Ölfarben entwickelt, man trägt mit ihnen vornehmlich kleinere Farbtupfer auf.

Längere Flachpinsel mit weichem Haar werden auch als Plakatschreiber bezeichnet. Sie nehmen Farbe genug auf, um einen langen Strich mit sauberen Rändern aufzutragen. Mit der Schmalseite können dünne

Linien gezogen werden. Die Spannkraft der Borsten eines langhaarigen Borstenpinsels ermöglicht einen längeren, geschmeidigeren Pinselstrich, als dies mit dem kurzhaarigen möglich ist, aber er behält seine charakteristische »Rechteckform«.

Spitze Flachpinsel haben weiche Haare, die auseinander gehen, wenn sie farbgesättigt sind.

Pinselgrößen

Jede Pinselform gibt es in verschiedenen Größen von 00 (dem kleinsten) bis etwa 20. Die Dicke des Stiels ist der Pinselgröße angepasst. Das Stielholz ist direkt an der Zwinge etwas dicker, damit die Pinselhaare einander nicht berühren können, wenn mit mehreren Pinseln gleichzeitig gearbeitet wird und diese nebeneinander liegen.

Die Pinsellängen sind weitgehend genormt. Aquarellpinsel sind 17 bis 20 cm und Pinsel für Öl- oder Acrylfarben 30 bis 35 cm lang. Die Aquarellpinsel sind deshalb kürzer, weil dieses Verfahren meist auf einer viel kleineren Malfläche ausgeübt wird als die Öl- oder Acrylmalerei. Wählen Sie die Länge, die Ihnen liegt. Viele Künstler verlängern Pinsel, indem sie sie mit Klebeband an Stöcken befestigen.

Synthetische Pinsel

In den letzten Jahren wurden sowohl die weichen als auch die harten Kunststoffhaare für Pinsel erheblich verbessert; sie sind eine gute und preiswerte Alternative zu den Pinseln aus Naturhaar. Benutzt man sie jedoch zur Öl- oder Acrylmalerei, so kann auch gründlichstes Reinigen sie nicht davor bewahren, allmählich steif zu werden und immer mehr Farbe nahe der Zwinge anzusammeln. Dadurch spreizen sich die Haare, und der Pinsel verliert die Spitze. Meiner Erfahrung nach halten Naturhaarpinsel viel länger. Zum Anlegen von Aquarelltönungen eignen sich die synthetischen Flachpinsel vorzüglich und sind ein vollwertiger Ersatz für die teuren Haarpinsel.

Technik Verschiedene Pinselstriche

Die Beispiele unten zeigen eine Reihe von Pinselstrichen auf feuchtem Papier. Zuerst sind sie in transparenten Lavierungen mit einem Weichhaarpinsel ausgeführt, dann mit einem Borstenpinsel in deckender Farbe.

Synthetischer Flachpinsel (Weichhaar)

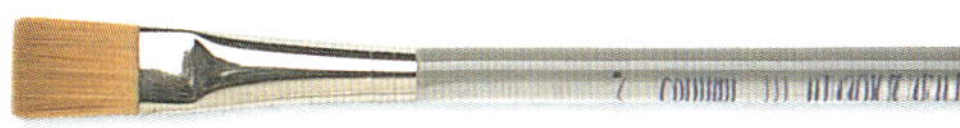

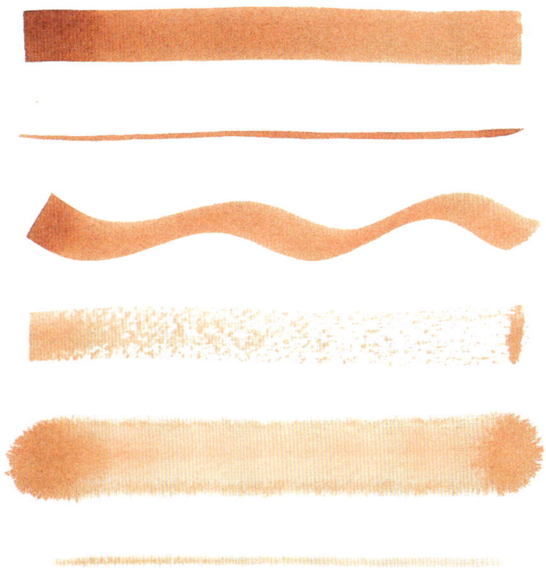

Strich mit flach aufgelegtem Pinsel

Strich mit der Spitze der Pinselkante

Welle mit flach aufgelegtem angewinkeltem Pinsel

Flacher Strich mit trockenem Pinsel

Flacher Strich auf feuchtem Papier

Strich mit der Pinselkante auf feuchtem Papier

Flacher Borstenpinsel

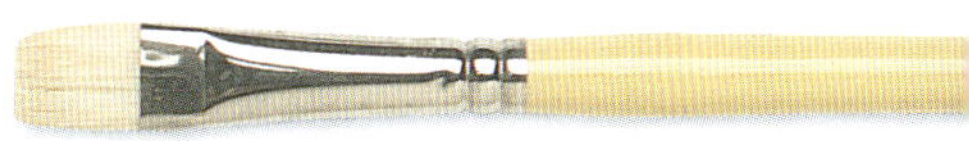

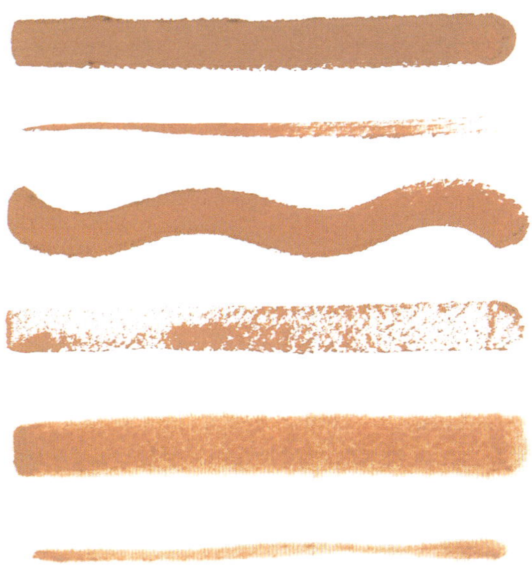

Strich mit flach aufgelegtem Pinsel

Strich mit der angewinkelten Pinselkante

Welle mit senkrecht aufgesetztem Pinsel

Strich mit halb trockenem Pinsel

Strich mit flach aufgelegtem Pinsel auf feuchtem Papier

Strich mit der Pinselkante auf feuchtem Papier

Spezielle Pinsel

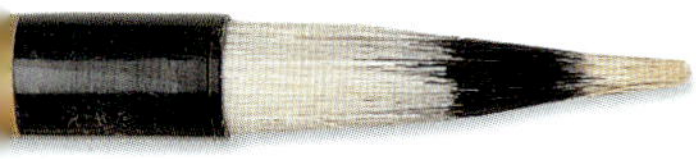

Runder chinesischer Pinsel

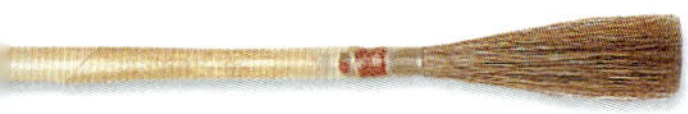

Stumpfer Marderhaar-Federkielpinsel

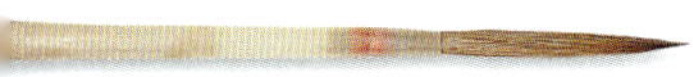

Spitzer Marderhaar-Federkielpinsel

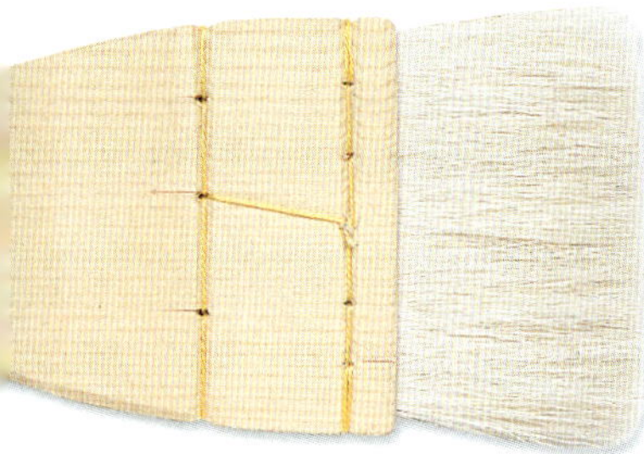

Hakepinsel

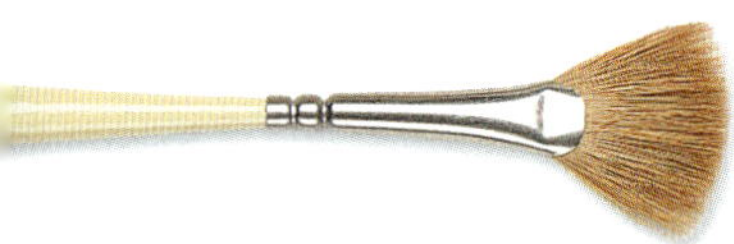

Fächerpinsel

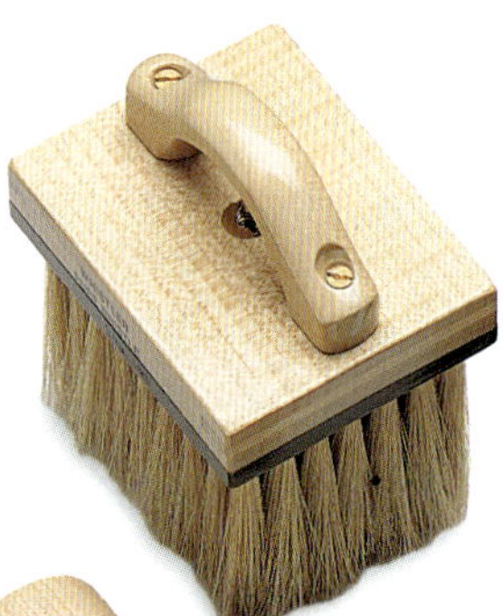

Stupfbürste

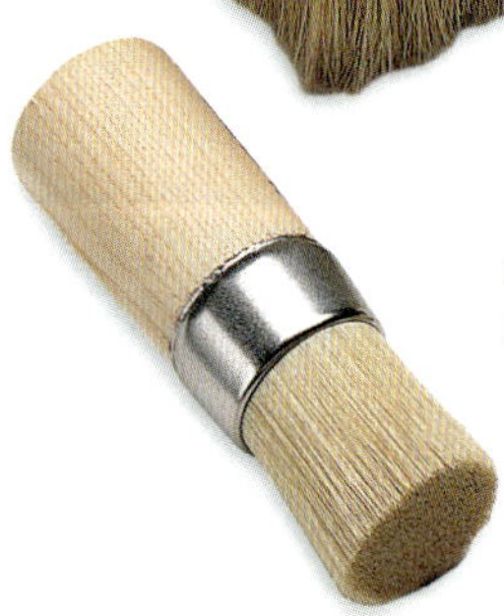

Schablonenpinsel

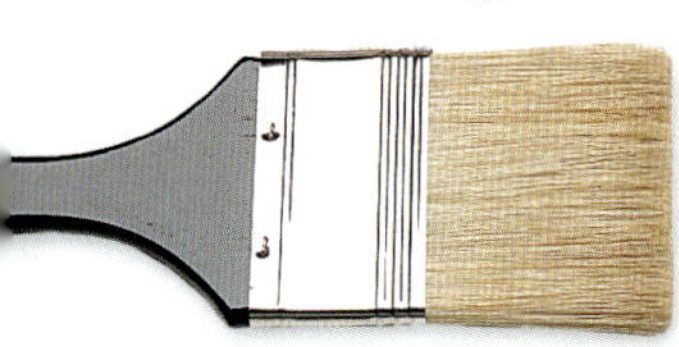

Firnispinsel

Pinsel für spezielle Zwecke

Neben den üblichen Malpinseln gibt es eine Reihe anderer, die speziellen Zwecken dienen.

Chinesische Pinsel Abgesehen vom Hakepinsel – einem Flachpinsel zum Lasieren oder Wegwischen von Zeichenkohlestaub – sind die meisten chinesischen Pinsel rund. Sie sind um einen Haarkern (Reh, Ziege, Kaninchen oder Wolf) herum aufgebaut, dem weitere Haare hinzugefügt werden, um für Stabilität zu sorgen. Selbst die dicksten dieser Pinsel haben eine sehr feine Spitze.

Marderhaar-Federkielpinsel Im traditionellen Verfahren hergestellte Weichhaarpinsel, wobei ein Haarbüschel in einen Federkiel geschoben wird, gibt es in mehreren Größen, je nachdem, von welchem Vogel die Feder stammt. Federkielpinsel sind runde langhaarige Marderhaarpinsel mit spitzem (Schriftpinsel) oder stumpfem Ende (Schlepper).

Fächerpinsel Fächerpinsel sind flache fächerförmige Pinsel zum Verteilen von Farben, die bereits aufgetragen sind. Sie werden trocken benutzt, um Farbränder abzuschwächen, Pinselstriche nachträglich zu glätten (wichtig z. B. bei der Porträtmalerei) oder um Farbübergänge herzustellen. Häufig dienen sie auch zum Aufsetzen feiner Lichter auf gemalten Haaren.

Stupfbürsten Eigentlich für Dekorateure vorgesehen, aber auch für Kunstmaler ein brauchbares Werkzeug. Es gibt sie in vielen Formen, vom »Rasierpinsel« bis hin zu großen rechteckigen Bürsten.

Schablonierpinsel Dicke runde Pinsel mit sehr steifem Haar und flachen Enden, mit denen man Farbe durch eine Schablone aufträgt.

Firnispinsel Flache breite langhaarige Borstenpinsel, mit denen man Firnis in weitausladenden Strichen aufträgt.

Technik

Reinigen der Pinsel

Bei schnell trocknenden Farben wie Acryl sollte man die Pinsel sofort nach jeder Benutzung säubern. Niemals heißes Wasser verwenden, denn es kann die Acrylfarbe härten. Wasser dient als Lösungsmittel für Acryl- und Wasserfarben, Terpentinersatz für Ölfarben (siehe S. 370). Man sollte zwei Gläser mit Lösungsmitteln bereithalten. Schmutzige Pinsel sollte man auswischen und dann in einem Glas auswaschen. Vor dem Aufnehmen neuer Farbe im anderen Glas spülen.

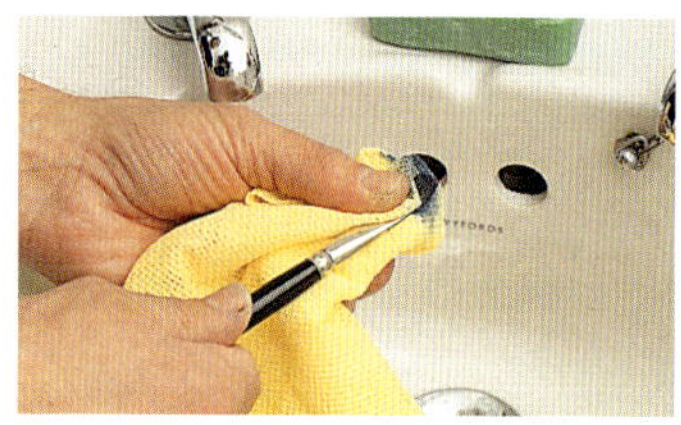

1 Pinsel abwischen und ausspülen, danach in reinem Lösungsmittel spülen. Dann in fließendes kaltes Wasser halten.

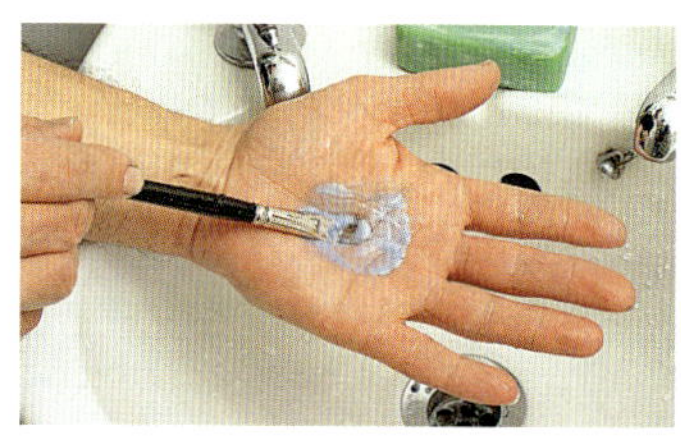

2 Den Pinsel leicht auf einem Stück Seife reiben, dann auf der Handfläche Schaum schlagen (die Farbe des letzten Pigments zeigt sich schon bald).

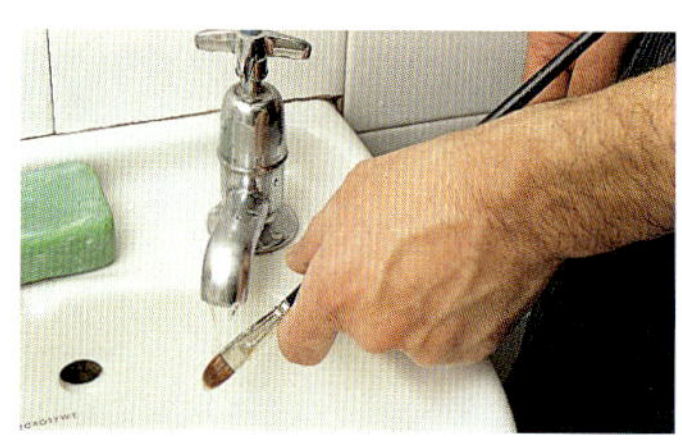

3 Pinsel in kaltem Wasser auswaschen und Einseifen wiederholen, bis Schaum völlig pigmentfrei ist. Wasser abschütteln, Pinselhaar mit den Fingern formen und Pinsel mit Haar nach oben in Glas stellen.

Weitere Mittel zum Farbauftrag

Neben den zahlreichen Malpinseln gibt es viele andere Mittel, mit denen man ebenfalls Farben auftragen kann.

Schwämme und Stempel

Naturschwämme gibt es in unterschiedlichen Größen; bei der Aquarellmalerei benutzt man sie zum Anfeuchten des Papiers, zum Verwaschen, Beseitigen von Farbe oder für Textureffekte. Auch bei der Acrylmalerei gibt es viele Verwendungsmöglichkeiten. Synthetische Malstempel wurden als Alternative zur Stupfbürste entwickelt. Da sie kleiner sind, bieten sie dem Kunstmaler recht interessante technische Effekte; sie ermöglichen ein Farbband von gleichmäßiger Konsistenz und Breite auf einer größeren Fläche, als dies mit einem Flachpinsel möglich ist.

Spachtel und Schaber

Palettmesser zum Farbmischen dienen im Allgemeinen nicht zum Auftragen von Farben; dafür verwendet man Malspachtel aus elastischem Stahl oder Kunststoffspachtel. Man kann mit ihnen sowohl Grundierung als auch Farben auftragen, wobei große ebene Farbflächen ohne Pinselstrich entstehen; auch kann man texturierte Effekte erzeugen, indem man mehrere Farben gleichzeitig verwendet. Dünne flexible Kunststoffstücke können ebenfalls nützlich sein – etwa alte Scheckkarten. Auch ein Auto-Fensterwischer mit Gummi- oder Plastikstreifen sorgt für Effekte, die man mit dem üblichen Malgerät nicht erzielen kann. Eiskratzer mit gezacktem Rand rufen ebenfalls interessante Texturierungen hervor.

Farbroller

Sie gibt es in vielen Ausführungen, vom reinen Lammwoll- bis zum Gummi- oder Kunststoffroller mit texturierter Oberfläche, die bei der Malerei für interessante Struktureffekte sorgt. Einige Sorten können auch zum Auftragen von Grundierung dienen, besonders wenn es nicht auf eine sehr glatte Fläche ankommt. Sie eignen sich besser für harte Malgründe als für Leinwand, sofern diese nicht auf hartem Untergrund aufgezogen ist. Mit dünnflüssiger Farbe kann ein Farbroller schnell eine Flächentextur erzeugen – ähnlich der mit einem Schwamm erzielten. Mit dicker Farbe erzeugt der Roller eine charakteristische Textur, die sich in vielerlei Weise ausdrucksvoll nutzen lässt. Will man mit dem Farbroller eine sehr große Fläche rasch überdecken, befestigt man ihn an einem Besenstiel. Die dadurch verbesserte Hebelwirkung macht es viel einfacher, die Farbe gleichmäßig auf großer Fläche zu verteilen.

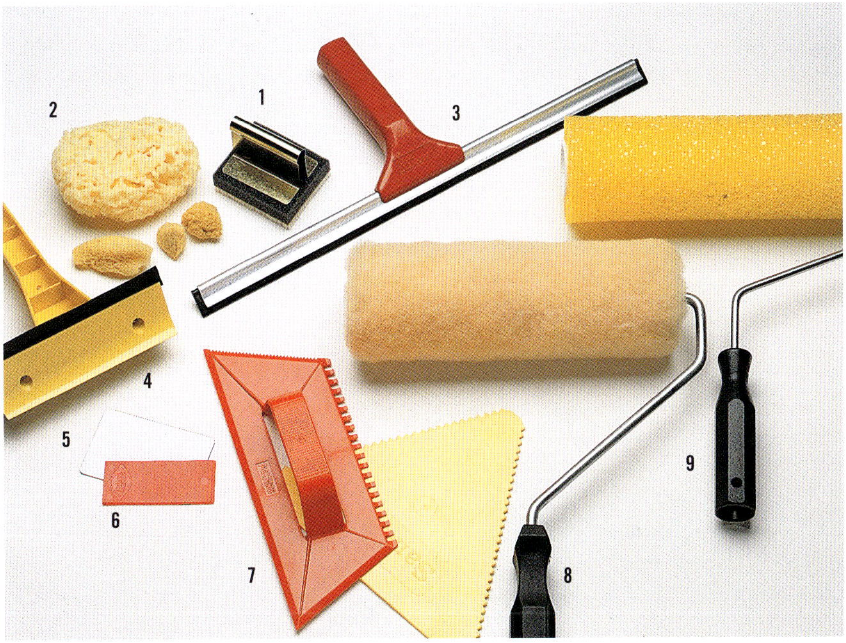

Alternatives Malzubehör

1 Synthetischer Malstempel
2 Naturschwämme
3 Fensterwischer
4 Auto-Fensterwischer
5 Scheckkarte
6 Kunststoffspachtel
7 Gezackter Eiskratzer
8 Lammwoll-Farbroller
9 Lammwoll-Farbroller

Malspachtel

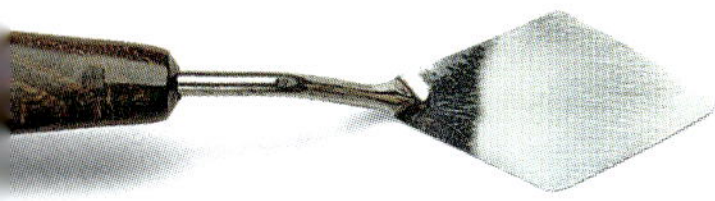

Rautenförmiger Malspachtel

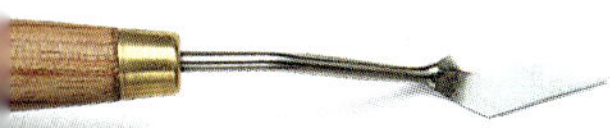

Kleiner rautenförmiger Malspachtel

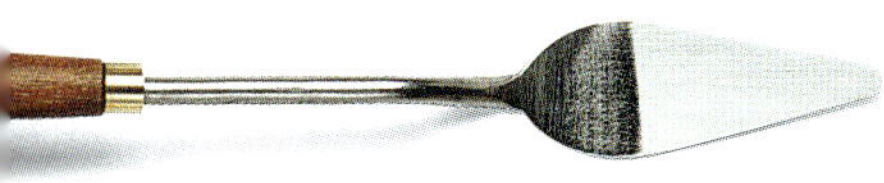

Kellenförmiger Malspachtel

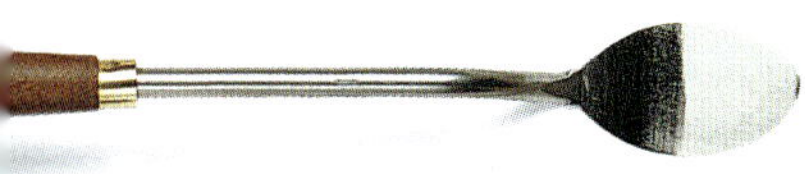

Birnenförmiger Malspachtel

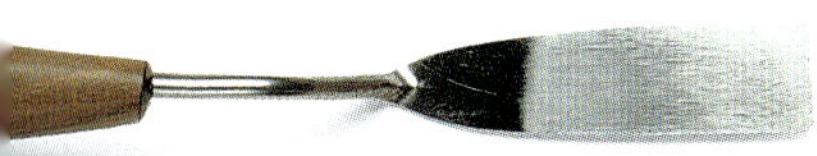

Schaufelförmiger Malspachtel

Palettmesser

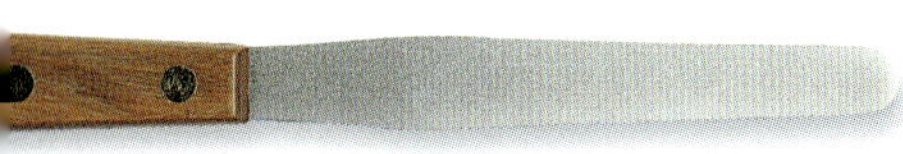

Gerades Palettmesser

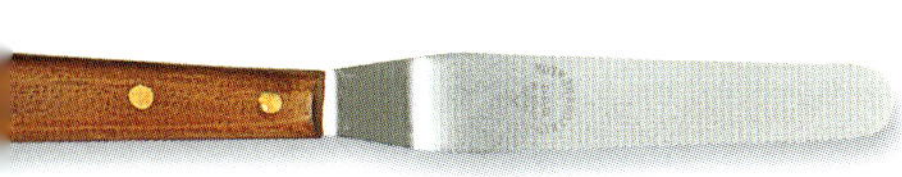

Gekröpftes Palettmesser

Malspachtel

Nicht zu verwechseln mit den härteren Malmessern; Malspachtel dienen, wie der Name sagt, zum Malen. Der Malspachtel hat einen langen geknickten Stahlschaft, der in die Klinge mündet. Durch den Knick im Schaft liegt die Klinge tiefer als der Griff, sodass die Hand während der Arbeit weit genug von der Malfläche entfernt ist. Die Klingen sind flexibel und federnd; es gibt sie in einer Vielzahl von Formen, Längen und Größen. Üblich sind rauten-, birnen- und kellenförmige Typen.

Palettmesser

Das sind gerade oder gekröpfte flexible Stahlklingen zum Verschieben und Mischen von Farben auf der Palette sowie zum Abkratzen nach getaner Arbeit. Man verwendet sie auch beim Anreiben von Farben auf einem Läuferstein vor dem Anreiben und um Farbe von den Rändern des Läufers abzuschaben.

Airbrush und Spritzpistole

Diese Geräte spritzen zerstäubte Farbe mittels komprimierter Luft auf den Bildträger. Die Airbrush ist eine kleine, kugelschreiberähnliche Spritzpistole, deren geringe Größe das Spritzen auf kleinsten Flächen wesentlich erleichtert.

Mit der normalen Spritzpistole können Sie gleichmäßige oder abgestufte Farbtöne auf große Flächen auftragen. Es gibt mehrere unterschiedliche Ausführungen, auch solche ohne Luftdruck. Am häufigsten verwendet man aber Spritzpistolen mit Luftdruck, bei denen der Farbbehälter entweder oben sitzt, sodass die Farbe durch ihre Schwerkraft zur Düse gelangt, oder aber unten, sodass die Farbe durch Unterdruck nach oben gesaugt wird. Damit verbraucht man nur wenig Farbe, die zudem relativ dünnflüssig sein kann.

Die Farbe wird in cremiger Konsistenz und frei von Klumpen, welche die Düse verstopfen können, eingefüllt. Am besten sollte man sie vorher durch ein Nylontuch filtern. Bei Öl- oder Acrylfarben muss die Spritzpistole sofort nach Gebrauch gereinigt werden. Dazu füllt man ein Lösungsmittel in den entleerten Farbbehälter und spritzt dieses durch; vor die Düse hält man dabei einen Lappen. Das wird so lange wiederholt, bis das Lösungsmittel völlig klar aus der Düse tritt.

Beim Spritzen muss unbedingt ein Atemschutz getragen werden; winzige Tröpfchen von Farbe und Lösungsmittel können auch nach dem Spritzen noch lange Zeit in der Luft schweben (siehe S. 371).

Druckluft für Airbrush und Spritzpistole Meist verwendet man einen kleinen Kompressor zum Spritzen, obwohl es für die Airbrush auch Pressluftflaschen gibt. Ein guter Kompressor liefert einen gleichmäßigen und regulierbaren Luftdruck sowohl für Spritzpistole als für Airbrush. Ein Luftkessel am Kompressor steigert die Gleichmäßigkeit des Luftdrucks.

Spritzausrüstung

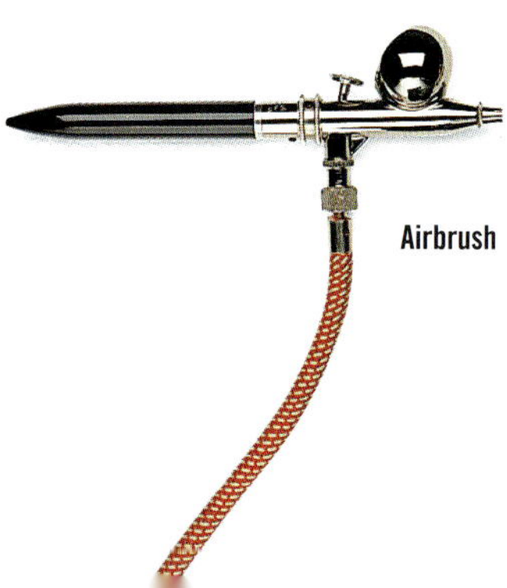

Airbrush

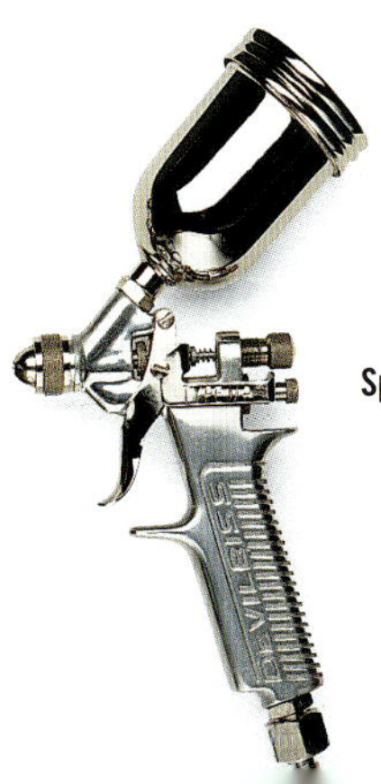

Spritzpistole

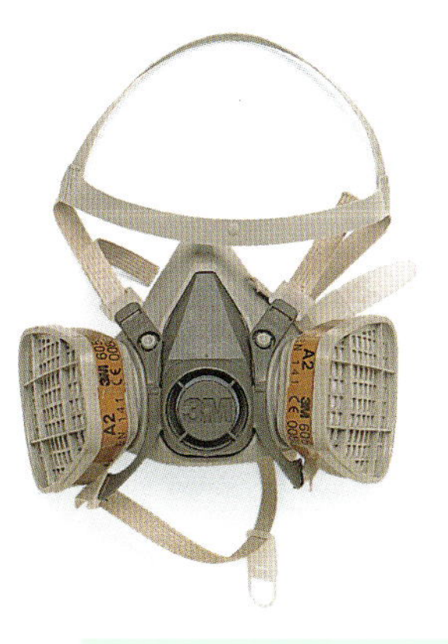

Atemschutz

Malutensilien

Das gut ausgerüstete Atelier und die Wahl der Staffelei werden auf den Seiten 362f. ausführlich beschrieben. Zusätzlich zu den hier genannten Gegenständen gibt es noch zahlreiche andere nützliche Dinge für den Künstler. Dazu gehören Paletten, Palettmesser, Palettstecker und Maltücher.

Paletten

Seit dem 15. Jahrhundert hat sich ihre Form geändert. Ursprünglich handelte es sich um ziemlich kleine viereckige Platten mit einem Griff. Im 19. Jahrhundert kamen große ovale oder nierenförmige Paletten mit Daumenloch nahe der Mitte in Mode. Sie wurden in Leinöl getränkt und vor dem Gebrauch getrocknet, damit das Holz kein Öl aus der Farbe absorbierte. Es gibt sie noch immer, meist aus Hartholz wie Mahagoni, und auch in länglicher Form. Heutzutage werden Paletten mit Polyurethanfirnissen oder Celluloselack versiegelt. Als die großen Holzpaletten noch beliebt waren, malte man oft auf rotbraunem Untergrund. Die Mahagonipalette zeigte bereits vorher, wie die Farben auf dem Grund wirkten. Das gilt auch für eine weiße Palette, wenn man auf weißem Grund malt. Weiße Paletten werden aus melaminierten Schichtplatten oder sonstigen Kunststoff-, Keramik- oder Emailmaterialien hergestellt. Nicht absorbierende Papierpaletten gibt es in Form von Abreißblöcken.

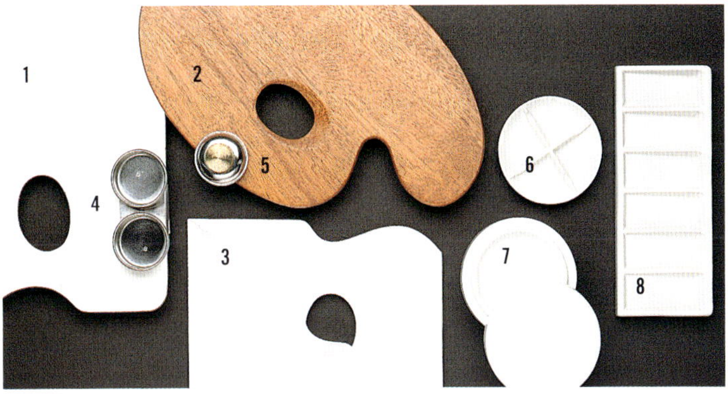

Paletten und Palettstecker
1 Weiße Kunststoffpalette
2 Holzpalette
3 Papier-Abreißpalette
4 Doppelpalettstecker
5 Einzelpalettstecker
6 Mischteller
7 Untertassen
8 Aquarellpalette

Alternative Mischutensilien Manche Maler mischen ihre Farben auf einer Glasplatte, die auf weißem Papier liegt; das Ganze ruht auf einem Beistelltisch. Teller und Schüsseln kann man ebenso zum Mischen verwenden wie alte Gläser, Becher oder Blechbüchsen. Bei Arbeitsunterbrechung überdeckt man sie mit Folie, damit die Farbe nicht austrocknet. Weiße Keramik-Wandfliesen oder Porzellan-Untertassen eignen sich gut zum Mischen von Aquarellfarben und Acryllasuren. Sie sind zwar nicht preiswert, halten dafür aber ewig. Mischpaletten aus Plastik eignen sich für Aquarell, Gouache und Pulverfarben.

Palettstecker

Diese kleinen Behälter kann man auf die Palette klammern; man verwendet sie meist paarweise – einen für Lösungs- oder Verdünnungsmittel, den anderen für Leinöl oder Malmittel. Die Palettstecker bestehen im Allgemeinen aus Blech oder Kunststoff und sind offen, breit und flach. Dadurch sind sie zwar leicht zu reinigen, doch verdunsten Lösungsmittel schnell. Deshalb gibt es andere mit schmalerer Öffnung und Deckel.

Lappen und Papiertaschentücher

Ein Vorrat an Lappen oder absorbierendem Papier ist ein wesentlicher Bestandteil der Malausrüstung. Vor allem muss überflüssige Farbe von den Pinseln abgewischt werden, ehe diese in Lösungsmitteln gereinigt werden. Lappen sind auch beim Malen wichtig, um Farben von der Leinwand abzuwischen.

Der Malstock

Dieser etwa 1,25 m lange leichte Bambus- oder Alustab hat einen Kugelaufsatz, der mit weichem Leder überzogen ist. Rechtshänder halten den Malstock mit der linken Hand und legen die Kugel so auf dem Malgrund auf, dass die rechte Hand während des Malens auf dem Stock ruhen kann.

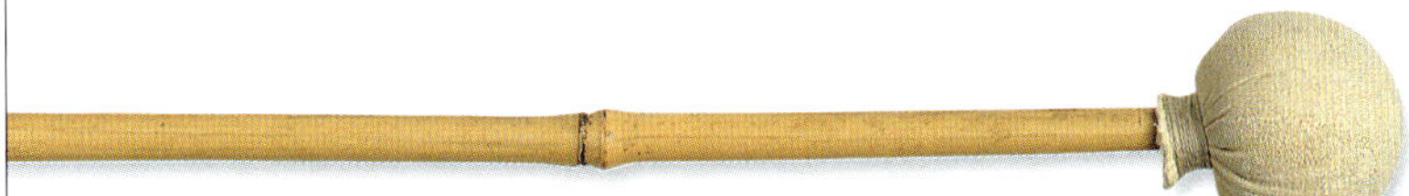

Malstock

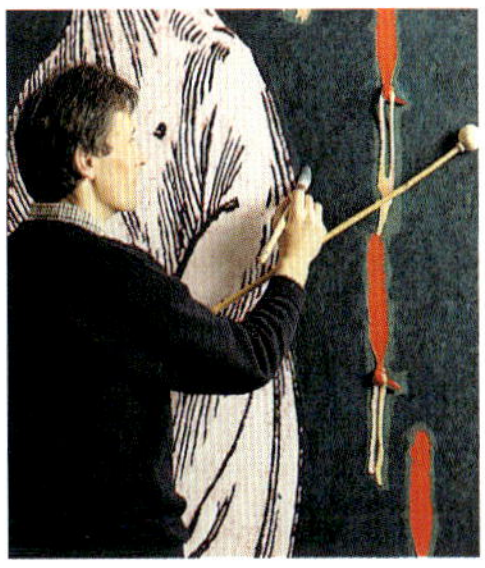

Aquarell

Wasserlösliche Bindemittel verschiedenster Art, mit Pigmenten vermischt, um als Farbträger zu fungieren, werden von den Malern seit Jahrhunderten verwendet. Jenes spezielle Medium, das heutzutage als Aquarellfarbe bekannt ist, wurde jedoch erst in der englischen Malschule der 2. Hälfte des 18. und der 1. Hälfte des 19. Jahrhunderts entwickelt und gelangte damals zur Blüte. Während dieser relativ kurzen Periode bedienten sich zahlreiche hervorragende Maler der Aquarelltechnik. Bis dahin wurden Aquarellfarben überwiegend zu topographischen Zwecken verwendet; man füllte damit Figuren aus, die zuvor sorgfältig und detailliert mit Feder und Tusche bzw. Bleistift gezeichnet worden waren. Jene Maler nun schufen die eigentliche Kunst der Aquarellmalerei im Sinne einer eigenständigen künstlerischen Gattung und begründeten eine neue Schule des Malens, welche die Kraft und die Feinheit des Mediums offenbarte und herrliche Bilder hervorbrachte.

Die ersten Aquarellmaler

Bereits Ende des 15. Jahrhunderts malte Albrecht Dürer (1471–1528) Landschaften in wasserlöslichen Farben auf Papier. Zu den Pionieren, welche die Möglichkeiten der Aquarellfarben erkannten und nutzten, zählen Paul Sandby (1731–1809), dessen detaillierte Arbeiten sowohl transparente als auch deckende Malverfahren umfassen, und J. R. Cozens (1752–1797), der überwiegend transparente Maltechniken anwandte und dessen großformatige Arbeiten mit einem außerordentlichen Gefühl für Stimmungen einhergehen. Thomas Girtin (1775–1802) bewies in seinem kurzen Leben Verständnis und Beherrschung dieser neuen Kunst; er schuf eine Reihe von Bildern, die von empfindsamen, locker gearbeiteten Landschaftsstudien bis hin zu Aquarellen größter Genauigkeit und Detaillierung reichen, welche bis auf den heutigen Tag nichts von ihrer Frische verloren haben. Girtins Zeitgenosse William Turner (1775–1851) war der Erste, der ahnte, was sein Kollege noch vollbracht hätte, wenn er nur länger gelebt hätte. So oblag es Turner, die Möglichkeiten dieser Kunstgattung weiterzuentwickeln.

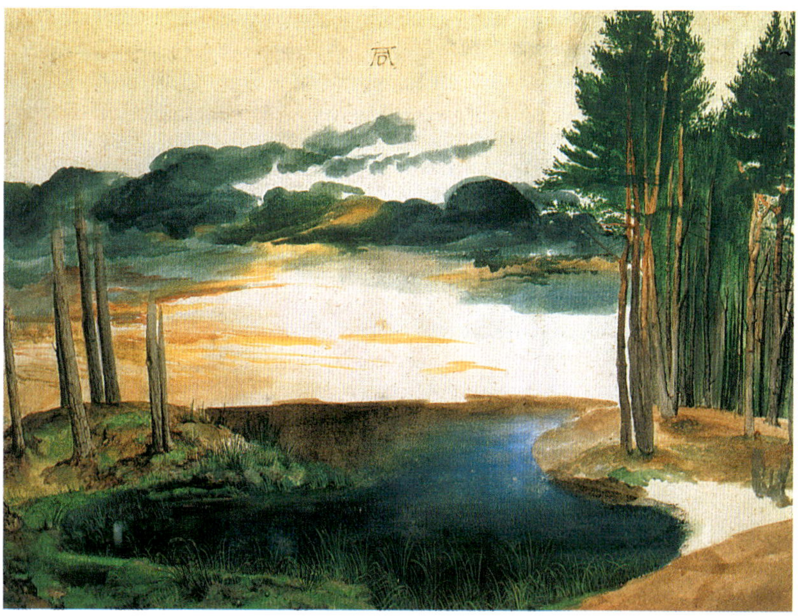

Weiher im Wald *(1495–1497)*
ALBRECHT DÜRER
Die gedämpfte Atmosphäre dieses berühmten frühen Landschaftsaquarells wirkt schon sehr modern. Die Bäume links scheinen wie vom Krieg verwüstet. Der Ort ist verlassen, als ob kein menschliches Wesen mehr hier lebt.

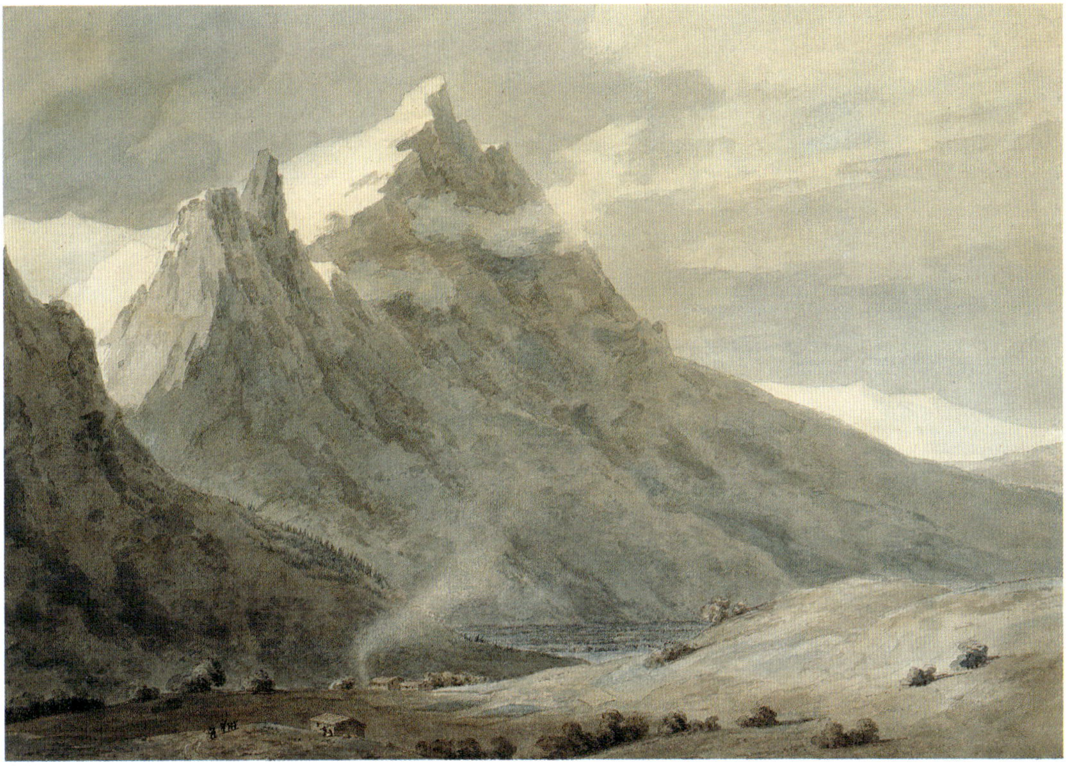

John Constable (1776–1837) machte Aquarellstudien im Freien nach der Natur, welche die Unmittelbarkeit seiner Eindrücke widerspiegeln, während John Sell Cotman (1782–1842) die Beherrschung der Technik und das Gefühl für Aufbau und Ordnung in seinen sorgfältig ausgearbeiteten Aquarellen auf damals einzigartige Weise zum Ausdruck brachte. David Cox (1783–1859) malte, vor allem im Spätwerk, eine Reihe von Bildern, die fast expressionistisch anmuten.

Im Kanton Unterwalden *(1790)*
JOHN ROBERT COZENS
Dieses Bild wurde sehr subtil gemalt, besonders hinsichtlich der Farbgebung. Auf den ersten Blick wirkt es fast einfarbig, doch dann zeigt sich, dass Graufarben sorgfältig mit Karmin- und Grünblautönen vermischt wurden, was dem Ganzen eine tiefere Atmosphäre verleiht. Das Bild ist überdies ein hervorragendes Beispiel für die Fähigkeit des Künstlers, ein relativ kleines Format geradezu monumental groß wirken zu lassen. Die winzigen Häuser am Fuß des Berges lassen ihn besonders massiv erscheinen.

Aquarelltechniken

Die traditionelle »transparente« Aquarelltechnik beinhaltet den Auftrag dünner durchsichtiger Farblagen, die ihren Effekt zum großen Teil aus dem durchscheinenden weißen Papier beziehen. Dessen Weiß sorgt für die Lichter, und je mehr Farbschichten oder Lasuren überlagert werden, desto satter werden Tönungen und Farben, weil mehr Licht absorbiert wird und der Untergrund weniger reflektiert. Da die Farbe wasserlöslich und in trockenem Zustand mehr oder weniger wiederlöslich ist, kann sie durch Zusatz oder Entnahme von Wasser ebenso wie durch Verwendung von Pinseln, Schwämmen oder Lappen auf verschiedene Weise beeinflusst werden.

Aquarellfarben sind außergewöhnlich vielseitig, und die Bilder sind ebenso beständig wie die mit anderen Medien gemalten, zumindest wenn lichtbeständige Pigmente und hochwertige säurefreie Papiere verwendet werden. Deckfarbentechniken, bei denen Gouache oder deckende Aquarellfarben verwendet werden und bei denen die Lichter bzw. hellen Farbtöne durch weißes Pigment erzeugt werden, kommen im Kapitel Gouache zur Sprache (siehe S. 156–159). Auch kombinierte Techniken mit transparenten und deckenden Farben werden oft angewandt. Sie wirken am besten, wenn sie ausgewogen eingesetzt werden.

Aquarellfarben

Aquarellfarben werden hergestellt, indem man zerriebene Pigmente mit einem wasserlöslichen Bindemittel mischt. Letzteres besteht hauptsächlich aus Gummiarabikum, enthält aber auch Glyzerin als Weichmacher, ein Netzmittel (Ochsengalle) und eventuell einen Verdicker wie Tragantgummi. Weitere Verdickungsmittel sind Stärke, Dextrin oder ein Quellton wie Bentonit. Ein Desinfektionsmittel gegen Bakterien- und Schimmelbefall kommt meist hinzu. Sofern zum Beeinflussen der Eigenschaften einer bestimmten Farbe unbedingt erforderlich, können auch noch Streckmittel beigefügt werden, die aber evtl. weißliches Verfärben verursachen.

Alle Pigmente stellen leicht unterschiedliche Anforderungen, wenn sie als Aquarellfarben fungieren sollen, und deshalb müssen die benötigten Zutaten im entsprechenden Verhältnis beigemischt werden. Die Herstellung von Aquarellfarben bedarf daher großer Erfahrung; Eigenproduktion ist Anfängern nicht zu empfehlen. Aquarellpinsel siehe S. 131.

Material Näpfchen- und Tubenfarben

Aquarellfarben werden in Näpfchen oder Tuben verkauft. Sie eignen sich für unterschiedliche Zwecke.

Näpfchenfarben

Sie sind für kleine Bilder nützlich oder zum Malen im Freien. Beim Anmischen können die Farben im Kasten verschmutzen. Sie müssen deshalb immer wieder mit einem Schwämmchen sauber gewischt werden.

Tubenfarben

Da sie mehr Glyzerin enthalten, sind sie theoretisch löslicher, obwohl man das in der Praxis kaum bemerkt. Sie eignen sich besser für großflächige Arbeiten, weil man leicht größere Mengen anmischen kann. Die Farben verschmutzen nicht so leicht, da man immer nur die jeweils benötigte Menge aus der Tube drückt. Wenn sie länger lagern, kann sich das Pigment absondern.

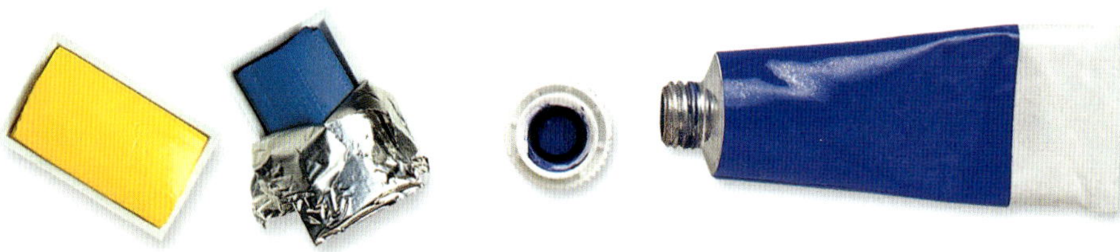

Kleine und große Näpfchen, Tube

Material Die Wahl der Pigmente für Aquarellfarben

Die meisten der lichtechten Pigmente, die für Ölfarben taugen, können auch für Aquarellfarben verwendet werden. Vor allem sei auf die synthetischen organischen Pigmente hingewiesen, deren Brillanz und Intensität sich hervorragend zur Aquarellmalerei eignen. Die große Breite moderner synthetischer Pigmente macht es schwierig, eine Farbe mit einem besonderen Namen zu empfehlen. »Alizarinkarmesin« wurde zum Beispiel früher aus der Krapplackpflanze gewonnen und war bei Künstlern wegen der dunklen Kühle beliebt, wird aber heute nicht als lichtecht eingestuft. Ein lichtechtes Alizarinkarmesin kann heute von einem Hersteller aus einem Anthrachinonoid, wie PR117, hergestellt werden, von einem anderen Hersteller hingegen aus einer Mischung von Chinacridon- und Pyrrolidon-Pigmenten. Man sollte sich auf bekannte Hersteller und Marken verlassen und auf die auf der Tube oder dem Näpfchen angegebene Lichtechtheit achten. Bilder, in denen Kadmiumfarben verwendet wurden, sollten nicht mehr feucht werden.

Rote Farben Für eine kleine Farbpalette sind Kadmiumrot und Chinacridon (Rosa) eine gute Wahl: ersteres ein sattes halbdeckendes Gelbrot, das zweite ein klares transparentes Blaurot, nützlich zum Mischen. Die synthetischen Alizarinkarmesinfarben haben eine hohe Lichtechtheit.

Gelbe Farbtöne Kadmiumgelb ist in den Variationen Kadmium Zitron bis Kadmium Orange ein intensives Pigment. Als transparentes Gelb stehen heute viele moderne synthetische Versionen des alten Indischgelb zur Verfügung. Nickel-Dioxin PY153 wird anstelle des nicht lichtechten Tartrazin verwendet. Es gibt aber sehr viele reine, lichtechte und sichere synthetische organische Gelbtöne unter den Arylamiden, den Diaryliden und den Azo-Kondensations-Pigmenten. Sie variieren je nach Pigment in der Lichtechtheit. Man sollte daher immer auf das Etikett der Tube oder des Näpfchens schauen.

Nickel-Titangelb ist ein lichtechtes, deckendes Gelb mit schwacher Färbekraft und wird manchmal als Ersatz für das giftige Bariumchromat (Zitrongelb) eingesetzt. Es hat in Lavierungen einen schönen gedämpften Farbton.

Blaue Farben Fünf Blaufarben können ohne Einschränkung empfohlen werden: Coelinblau, Kobaltblau (hervorragend für Lasuren), Phthalocyaninblau (eine reine transparente »Primärfarbe«, gut zum Mischen) und Ultramarin (ein strahlendes Blau mit großer Farbkraft und Neigung zum Granulieren).

Violette Farbtöne Man kann diese Farbtöne leicht aus den »roten« Blautönen und den »blauen« Rottönen mischen. Es gibt aber auch reine Chinacridon-Violetts und ein Dioxazion-Violett, das ein sehr transparentes Violett mit hoher Färbekraft ist. Ultramarinviolett ist nicht ganz so intensiv, aber gut in Lavierungen und hat eine hohe Lichtechtheit.

Grüne Farben Auch in permanenten Grünpigmenten gibt es eine reiche Auswahl. Dazu gehören Phthalocyaningrün (ein reines transparentes Grün, das mit Erdfarben wie Siena natur oder gebrannt gemischt werden oder in Lasuren für viele »Laubgrün« überlagert werden kann), Chromoxidgrün feurig (ähnlich, aber nicht so intensiv) und Chromoxidgrün stumpf.

Erdpigmente Alle Erdpigmente, auch die Marsfarben, sind beständig. Grüne Erde ist ein brauchbares Graugrün für dünne Lasuren. Siena natur und Gelber Ocker gehören zu den Gelbfarben, die erstere etwas transparenter und weniger granulierend als die letztere. Umbra natur ist ein transparentes Braun mit einem Stich ins Gelbliche. Umbra gebrannt ist erheblich dunkler. Siena gebrannt ist ein besonders schönes und brauchbares orangerotes Braun. Die Eisenoxidfarben – Indischrot, Hellrot und Venezianischrot – sind dickere, deckendere Farben. Hellrot neigt am stärksten zu Orange, Venezianischrot ist brauner, Indischrot eher hochrot.

Alle synthetischen Marsfarben sind ebenfalls geeignete Pigmente, werden von Herstellern aber wegen ihrer gegenüber natürlichen Erdpigmenten hohen Opazität weniger oft verwendet.

Schwarze und graue Farben Elfenbeinschwarz ist eine brauchbare transparente Farbe mit rußigem Aussehen. Holzkohlegrau ist für gleichmäßige Mitteltönung brauchbar und sieht ganz anders aus als dieselbe Tönung in Elfenbeinschwarz. Ebenfalls beständig ist Schiefergrau – eine blasse, leicht grünliche Farbe, aus Schiefer gewonnen. Paynesgrau, eine sehr beliebte Farbe, ist eine Pigmentkombination.

Weiße Farben Chinesischweiß (Zinkweiß) wird bei Aquarellfarben am häufigsten verwendet, aber auch Titanweiß ist beliebt.

Empfohlene Aquarellpalette

Eine individuelle Auswahl 25 guter beständiger Pigmente zur erfolgreichen Aquarellmalerei.

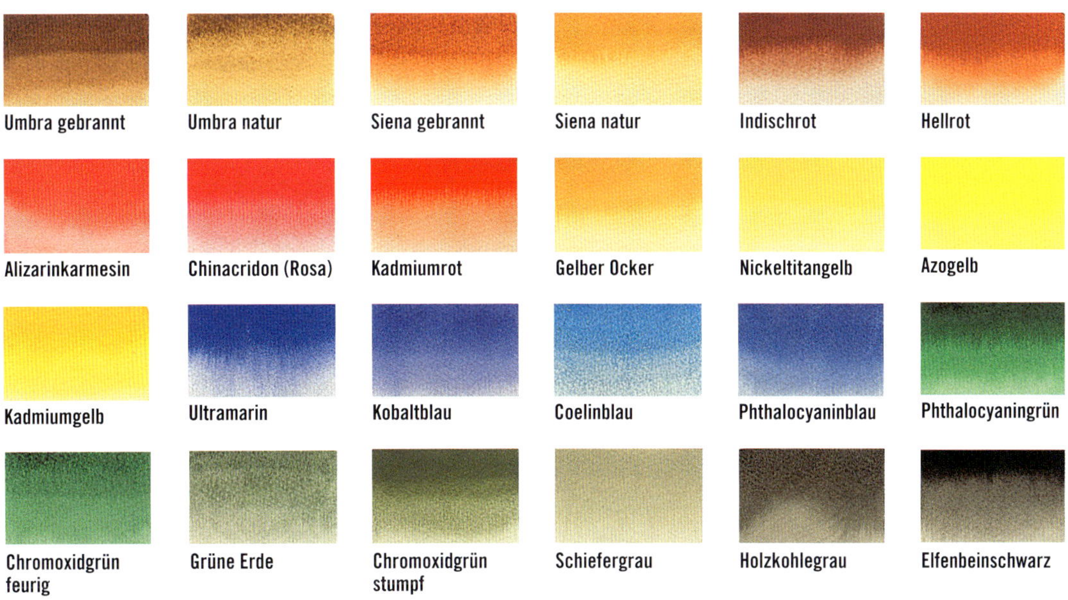

Material Merkmale von Aquarellpigmenten

Abgesehen von den sichtbaren Farbunterschieden reagieren die Aquarellpigmente unterschiedlich, wobei jedes seine eigenen Charakteristika hat. Bei Ölfarben werden diese Unterschiede bis zu einem gewissen Grad durch die in der Farbe enthaltenen trocknenden Öle, Streckmittel und Stabilisatoren ausgeglichen, doch bei Aquarellfarben äußern sich die Partikelmerkmale wesentlich deutlicher.

Granulation

Manche Pigmente neigen zum Granulieren, wobei die Art, in der sich die Pigmentpartikel auf dem Papier absetzen, zu einer Sprenkelung führt. Die Beispiele unten zeigen, wie sich zwei sehr ähnliche Farben recht unterschiedlich verhalten, wenn sie auf Papier ausgestrichen werden, sodass sie zu verschiedenen Effekten genutzt werden können.

Manganblau bietet hier das beste Beispiel für Granulation und Absetzen von Partikeln in Vertiefungen des Papiers. Obwohl es anders aussieht, neigt Coelinblau ebenfalls zum Absetzen, auch wenn dies bei Weitem nicht so deutlich ist wie beim Manganblau. Ultramarin ist ein weiteres Blaupigment mit Granulationsmerkmalen. Hier bewirkt die gleichmäßige kleine und runde Körnung eine feinere Pigmentverteilung.

Flockenbildung

Zuweilen ziehen sich getrennte Pigmentpartikel zusammen, statt gleichmäßig zu dispergieren, was zum selben Sprenkeleffekt führt, wie das Ablagern als Granulation in den Vertiefungen des Bildgrundes. Die Flockenbildung hat ihre Ursache meist in einer Reihe von Reaktionen in der elektrischen Ladung der Pigmentpartikel und nicht so sehr in der Neigung gröberer Pigmente, sich schneller abzusetzen.

Wichtig ist aber auch zu wissen, dass die Granulations-Effekte im Aquarell genauso viel mit der verwendeten Wassermenge zu tun haben wie mit der Charakteristik der Farbe.

Spezielle Charakteristik der Pigmente

Unter den natürlichen Erdfarben sehen Siena natur und Lichter Ocker im Farbton sehr ähnlich aus, sind aber in der Verwendung ganz unterschiedlich. Lichter Ocker ist deckend und hat eine satte cremige Konsistenz und hohe Färbekraft. Siena natur verläuft viel dünner und ist ein besonders lichtechtes, transparentes Gelb. Grüne Erde ist eine natürliche Erde mit einzigartigem Farbton und Textur. Es ist als Farbe nur schwach und hat aus der Tube eine fast ölige Qualität. Die beiden, hier gezeigten synthetischen Eisenoxide, Hellrot und Indischrot, sind recht unterschiedlich. Beides sind matte Farben mit guten Färbeeigenschaften. Schon ein wenig Farbe reicht für lange Passagen. Man kann sie sehr deckend anwenden, oder aber verdünnt in Lavierungen. Vorallem Indischrot, ein bläuliches Rot, ist eine einzigartige und feine Farbe. Unter den synthetisch anorganischen Pigmenten ist Coelinblau ein nützliches Pigment auf der grünlichen Seite. Es färbt wie Grüne Erde nur schwach. Aquarellmaler verwenden es als »gelbliches« Blau für den Himmel.

Die charakteristische Körnung der Erdpigmente im Vergleich zu den modernen synthetisch organischen Pigmenten wie Permanent Rosa und Phthalocyaningrün erkennt man deutlich in den unten gezeigten Beispielen. Bei diesen Pigmenten gibt es keine Granulation wie bei den Erdfarben, sondern eine glatte, fast samtartige Erscheinung. Dies hängt mit der Feinheit der Pigmentteilchen zusammen. Sie sind dennoch wegen ihrer Reinheit, ihrer Lichtechtheit und ihrer Mischfähigkeit mit anderen Farben sehr nützliche Ergänzungen zur Palette des Aquarellmalers. Man braucht jedoch etwas Geschick, um mit diesen Farben eine gleichmäßige Lavierung zu schaffen. Einige Phthalocyanin-Pigmente können »Flotations«-Effekte hervorrufen, wobei dunklere oder hellere Farbtöne an die Oberfläche der Lavierung steigen und Streifen verursachen. Hersteller verzichten meist auf Pigmente, die diesen Effekt hervorbringen, oder wirken dem bei der Herstellung entgegen.

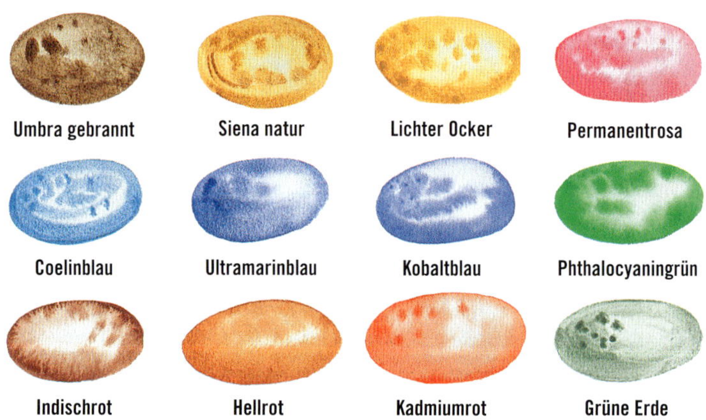

Eine Reihe von Pigmenten Hier sind neue synthetische organische Pigmente zu sehen sowie natürliche Erdfarben, die seit Jahrhunderten verwendet werden.

Pinsel für Aquarellmalerei

Da Aquarellfarben meist in dünnen Lavierungen verwendet werden, gehören Haarpinsel aus Rotmarderhaar, Rindshaar und Fehhaar zu den beliebtesten Pinseln dieser Technik. Heute werden auch synthetische Weichhaarpinsel verwendet, da sie billiger sind und ähnliche Eigenschaften haben. Sie werden im Allgemeinen aus Polyesterfasern hergestellt, die aber im Vergleich zu Marderhaaren nicht die gleiche Füllkapazität haben. Sie saugen die Farbe auf und lassen sie dann schneller als in Marderhaaren wieder los.

Die härteren Borstenpinsel werden außer für spezielle Effekte nicht für die Aquarellmalerei verwendet. Man kann mit ihnen aber sehr gut größere Mengen Farbe für eine Lavierung mischen.

Material Die wichtigsten Pinsel

Marderhaar-Rundpinsel Nr. 3 und Nr. 6 Die runden Kolinsky-Marderhaarpinsel sind die wichtigsten Aquarellpinsel. Die weichen, aber elastischen Haare haben eine schuppenartige Struktur, die ihnen eine natürliche Füllkapazität verleiht. Gute, runde Marderhaarpinsel bilden eine feine Spitze und können daher für Details und auch für größere Arbeiten verwendet werden.
Marderhaar-Rundpinsel Nr. 12/synthetische Mischung Die sehr großen, reinen Marderhaarpinsel (bis zur Größe 14) sind ausgezeichnete, aber sehr teure Pinsel. Daher greifen Künstler oft auf die billigeren Mischpinsel aus Marderhaar und Kunsthaar zurück, die für Lavierungen geeignet sind.
Verwaschpinsel aus reinem Fehhaar Nr. 6 Dieser Fehhaarpinsel wird meist für Lavierungen verwendet. Mit ihm kann man auch größere Flächen gleichmäßig anlegen, da seine weichen Haare leicht über die Papierfläche gleiten.
Fehhaar Imitation Nr. 14b Dieser weichhaarige Lavierpinsel ist gut geeignet, um breite Striche auf großen Flächen anzulegen.
Flachpinsel aus Mischhaaren (Marder/Kunsthaar) 25 mm Mit diesen breiten Pinseln legt man breite Farbstreifen auf das Papier, um eine gleichmäßig getönte Lavierung zu erzielen. Man kann (wie hier gezeigt wird) verschiedene Farben im Pinsel aufnehmen und dann aufs Papier bringen (siehe S. 140).
Synthetik-Lavierpinsel 50 mm Dieser Pinsel dient für sehr breite Farbstreifen, um große Flächen auf dem Papier zu füllen. Dieser extrabreite Pinsel hat künstliche Borsten mit guter Füllkapazität. Er ist daher für Lavierungen und zum Kontrollieren des Farbauftrags gut geeignet.
Japanpinsel Ein sehr vielseitiger Pinsel, der mit der Spitze sehr fein verwendet werden kann. Man kann aber auch mit der Breitseite Streifen anlegen.
Kurzer Borsten-Katzenzungenpinsel Dieser Schweinsborstenpinsel ist gut zum Mischen größerer Mengen Aquarellfarbe geeignet, etwa für eine Lavierung oder zum Ausschaben einer trockenen Fläche mit einem feuchten Pinsel.

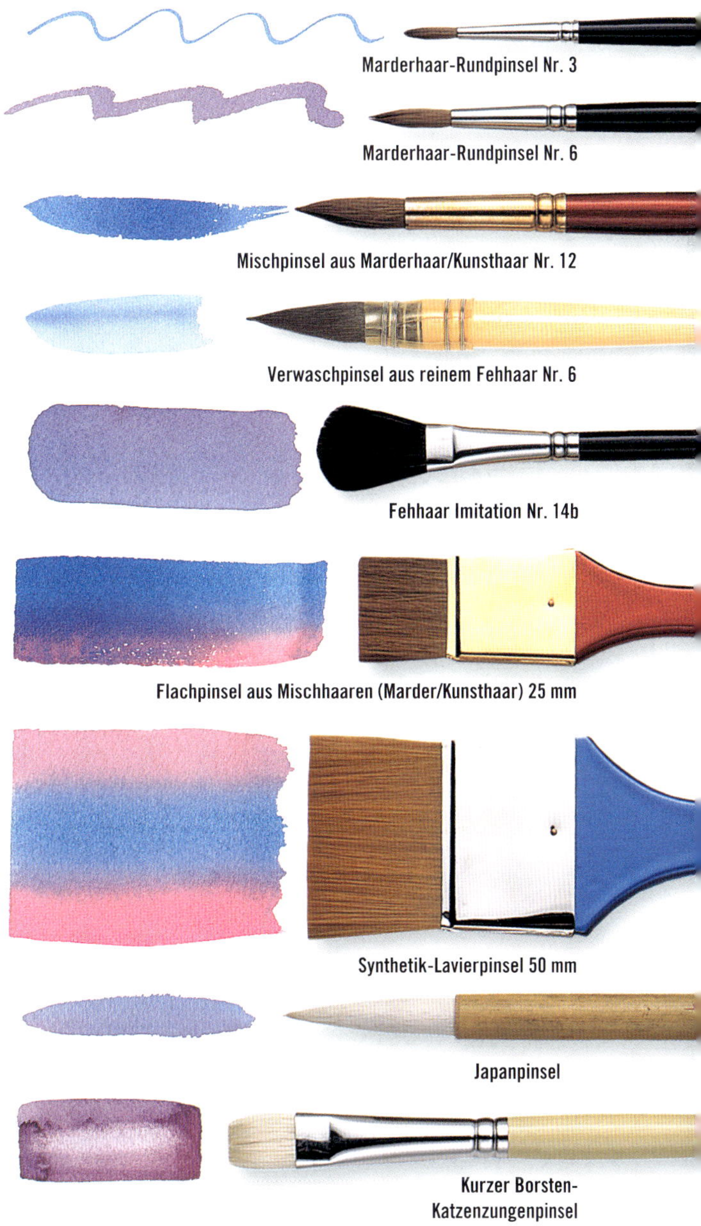

Mischen von Farben

Einer der wichtigsten Aspekte von Aquarellfarben, durch die sie sich von anderen Medien unterscheiden, ist ihre Fähigkeit, die individuellen Partikeleigenschaften der verschiedenen Pigmente zu reflektieren. Dies wurde bereits auf S. 130 erläutert; es handelt sich dabei um einen der positiven Gesichtspunkte.

Moderne synthetische Pigmente sind fein zermahlen und ergeben im Allgemeinen glatte, einander ähnliche Lavierungen. In diesem Sinn haben sie wohl etwas weniger »Charakter« als die älteren, traditionellen Pigmente. Andererseits sind sie besonders rein, und es ist ohne Weiteres möglich, mit nur sehr wenigen Farben eine Vielzahl von Tönungen anzumischen. Im Grunde kann man mit nur drei modernen synthetischen organischen Grundfarbenpigmenten – Rot, Gelb und Blau – jeden gewünschten Farbton erzeugen.

Technik Farbskala durch Mischen dreier Grundfarben

Diese 48 verschiedenen Farbtöne wurden sämtlich unter Verwendung von Chinacridon (Rosa), Azogelb und Phthalocyaninblau hergestellt. Die Farben wurden dazu auf der Aquarellpalette angemischt, ehe sie auf das Papier aufgetragen wurden. Im Prinzip kann man sie auch optisch erzeugen, indem man jeweils rein gelbe, rote und blaue transparente Lavierungen in der richtigen Tönung übereinander aufträgt.

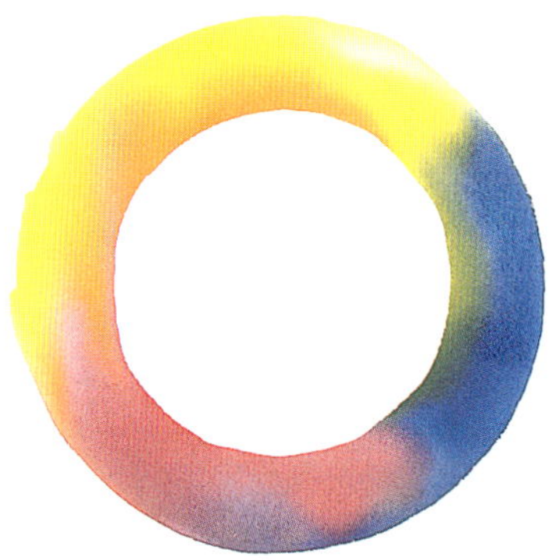

Der Farbkreis Wenn man die drei Primärfarben auf feuchtem Papier in einer Kreisform anlegt, ergeben sich an den fließenden Übergängen die Sekundärfarben.

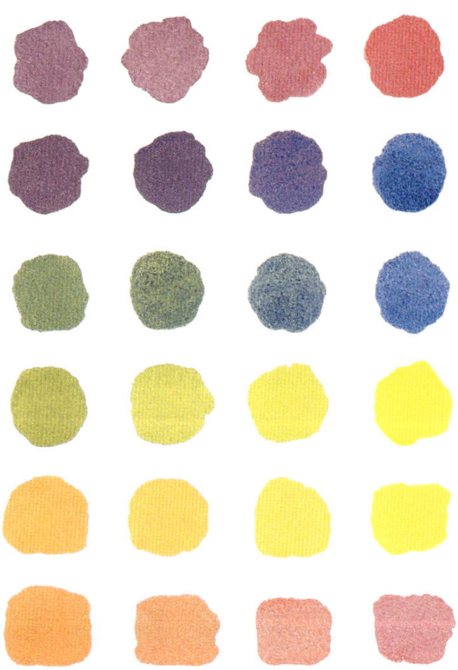

Sekundäre Farben Die Zweifarbenkombinationen von Blaugrün bis Gelbgrün, von Rot über Gelborange bis Dunkelgelb und von Blauviolett über Malve bis Rosa ergeben eine große Zahl sekundärer Farben.

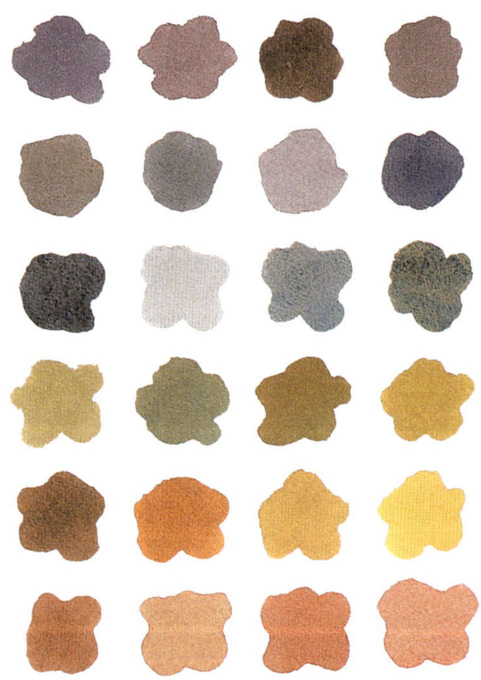

Tertiäre Farben Der Zusatz einer dritten Grundfarbe ergibt eine Skala von Erdfarbtönen – Graugrün und blaurote Grautöne –, die den Farbtönen sehr vieler traditioneller Pigmente äußerst nahe kommen.

Technik Eine Farbreihe aus hellen oder gedämpften Primärfarben mischen

Beide Stillleben wurden aus nur drei Primärfarben gemalt, die in einem Mischteller vor dem Auftragen auf das Papier gemischt wurden. Der Unterschied besteht darin, dass das obere Stillleben mit intensiven, gesättigten Farben und das untere mit gedämpften Farben gemalt wurde.

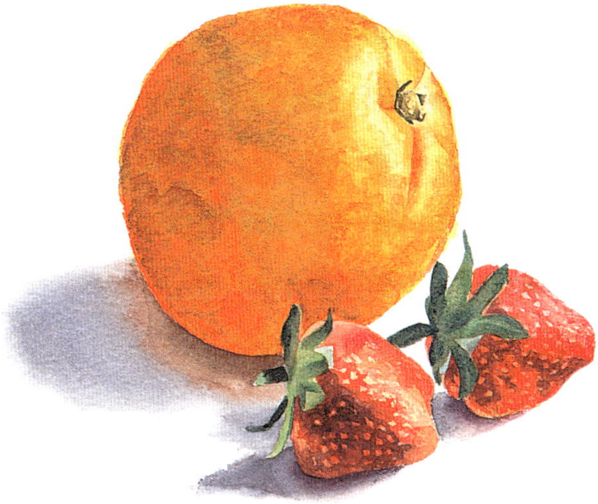

Farbreihe aus intensiven Primärfarben Alle Farben in diesem Stillleben wurden aus nur drei intensiven Primärfarben gemischt: Permanent Rosa, Windsorblau und Kadmium Zitron. Aus diesen Farben lässt sich eine große Anzahl schöner Farbtöne mischen. Die Farbproben unten sind nur eine Auswahl.

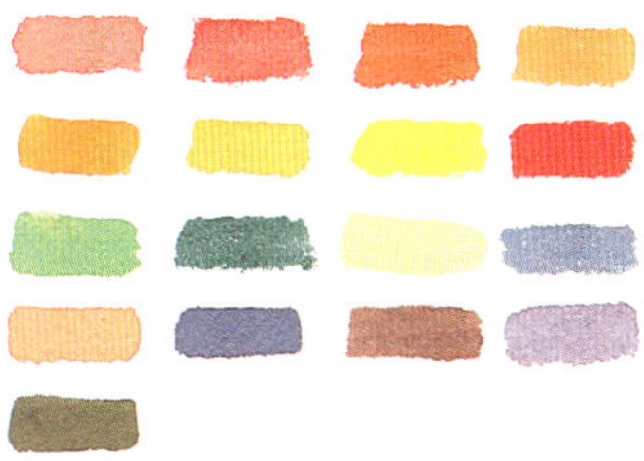

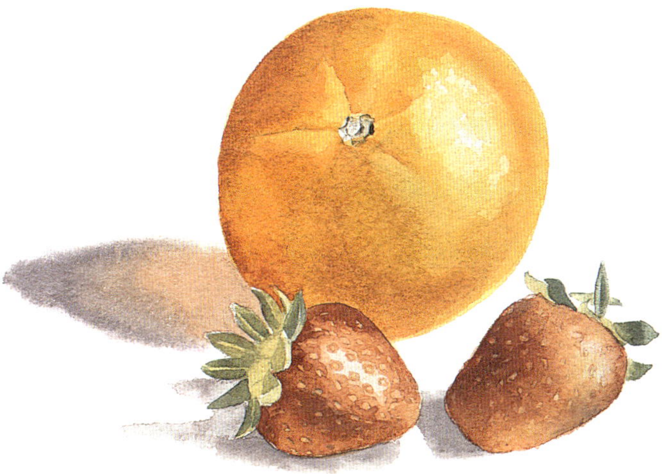

Farbreihe aus gedämpften Primärfarben Diese gedämpfte Farbstudie wurde aus folgende Farben gemischt: Indischrot, Kobaltblau und Zitrongelb. Die eher gedämpften Primärfarben lassen sich gut mischen und ergeben eine Reihe schöner Rot-, Orange-, Grün- und Grautöne. Die weißen Lichter entstanden durch das frei gelassene weiße Papier und nicht durch einen Farbauftrag.

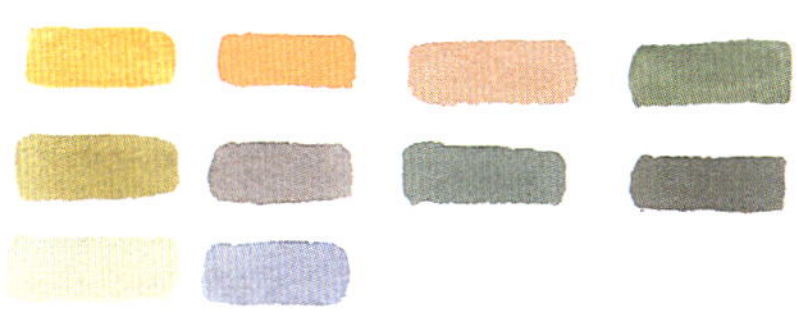

Technik

Farbmischen durch mehrfarbiges Lavieren

Aquarellfarben können optisch gemischt werden, indem man mehrere transparente Lavierungen übereinander legt. Will man diesen Effekt gezielt nutzen, muss man sich des Transparenzgrades der verschiedenen Pigmente und ihrer Wiederlöslichkeit bewusst sein.

Sowohl transparente als auch deckende Pigmente sind in sehr blassen Lavierungen gleichermaßen transparent; der Unterschied tritt erst bei stärkerer Mischung zutage. Ein ähnliches Problem kann beim Überlagern von Farben auftreten, meist aufgrund der Farbdicke.

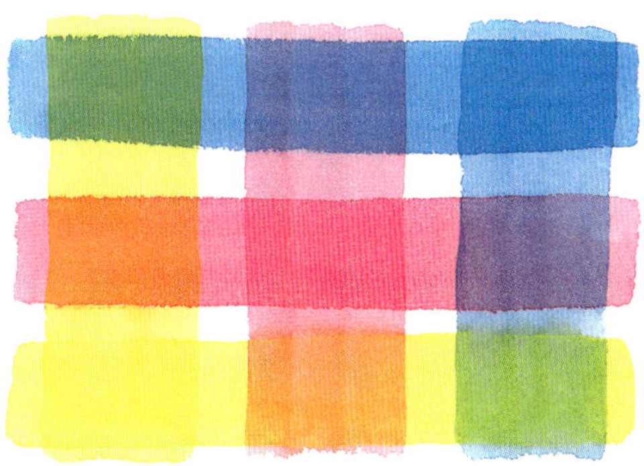

Lavierungen überlagern Die vertikalen Streifen schaffen über trockenen horizontalen Farbstreifen die Sekundärfarben.

Technik Lavierungen überlagern

In diesem Bild einer Iris wurde die violette Farbe der Blütenblätter in zwei Stufen gemalt. Die Blütenblätter erhielten erst eine kühle, rosafarbene, transparente Lavierung. Nach dem Trocknen wurden sie mit einer dünnen, transparenten blauen Lavierung übermalt. Der optische Effekt dieser Überlagerung ergibt eine violette Farbe, die viel schöner ist als ein einziger violetter Farbton.

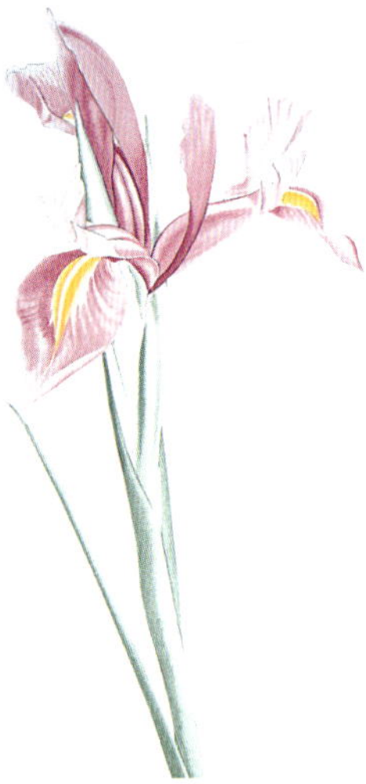

Malerei in zwei Phasen Die Blütenblätter wurden zuerst mit Permanent Rosa (Chinacridon) gemalt.

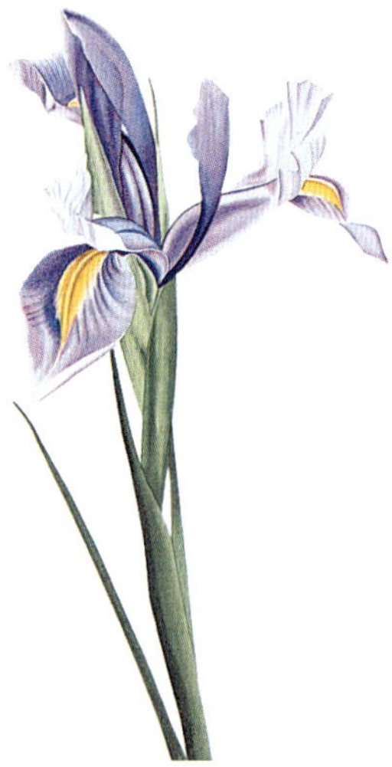

Zweite Phase Die violette Farbe wurde durch Übermalen des Rosa mit einem transparenten Phthalocyaninblau geschaffen.

Technik

Löslichkeit und Farbüberlagerung

Die Probleme der Löslichkeit in dick pigmentierten Lavierungen wurden auf S. 133 erörtert. Obwohl Wasserfarben nur selten sehr dickflüssig verwendet werden (außer bei Gouache), kann ihre Löslichkeit selbst bei dünnen Lavierungen problematisch bleiben. Die Proportionen der Bestandteile unterscheiden sich nur wenig. Manche Aquarellfarben sind derart löslich, dass man sie kaum übermalen kann. Die besseren Markenhersteller liefern Farben, die in dieser Hinsicht widerstandsfähig sind, und wenn der Maler beim Lavieren nicht geradezu »reibt«, gibt es kaum Probleme. Will man sämtliche Aquarelltechniken anwenden, müssen alle Farben abgerieben, laviert oder ausgetupft werden können, aber auch so fest sein, dass man sie überlagern kann, ohne dass sie sich auflösen. Die richtige Balance findet man durch Experimentieren heraus. Obwohl Tubenfarben mehr Glyzerin enthalten und sich daher unter Umständen leichter lösen als Näpfchenfarben, ist der Unterschied zwischen beiden nur gering.

Technik

Überlagerung mit zwei und drei Farben

Die Kreise zeigen das Ergebnis von zwei- oder dreifach überlagerten Farben mit beständigen Aquarellpigmenten. Der gleiche Dreier-Farbsatz ist sowohl in mittlerem bis hellem als auch in mittlerem bis dunklem Ton gemalt. Im oberen Kreis sind die zueinander gestellten Farben klar unterscheidbar, im unteren dunklen eher verschwommen.

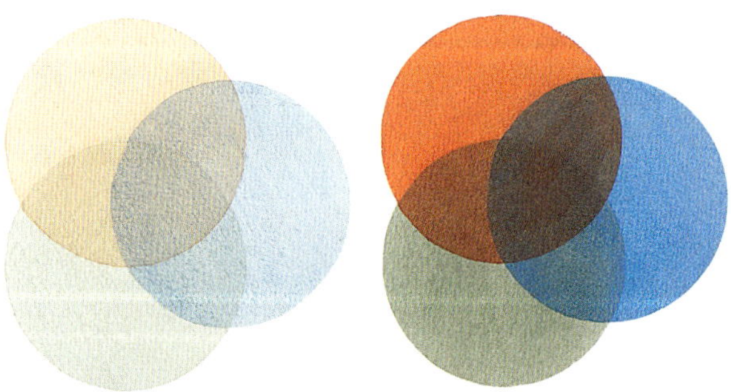

Muster von Farbüberlagerungen Beide Muster wurden mit Venezianischrot, Grüner Erde und Coelinblau gemalt. Sie zeigen jede Farbe einzeln, mit einer Farbe und deren zwei überlagert.

Technik

Der Wert des Überlavierens

Ein Vergleich zwischen zwei dunklen Tönen von Kobaltblau; der erste (links) mit dick angemischter Farbe, der zweite (Mitte) mit acht Überlagerungen einer blassen Kobaltblau-Lavierung (rechts). Das mittlere Muster hat eine gefälligere Textur und Farbe.

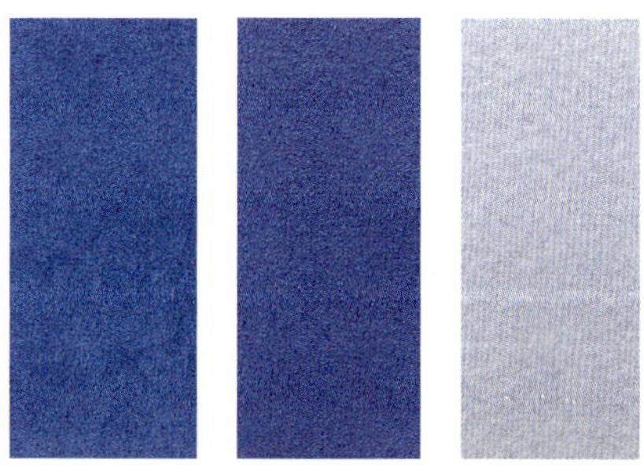

Dick angemischte Farbe — **Überlagerte Lavierung** — **Einzelne Lavierschicht**

Technik Subtile Farben durch optisches Mischen

Das zarte Aussehen von Farben, die nach der transparenten Methode gemischt wurden, gehört zu den positivsten Eigenschaften der Aquarellmalerei. Die Kombination blasser matter Farben mit der Papierstruktur sorgt für einen unmittelbaren und einzigartigen Kontakt zwischen Pigment und Malgrund. Keine dieser Farben hätte, zuvor vermischt und derart aufgetragen, jene lebendige Zartheit, wie sie hier offenbar wird.

Die Farbkarte zeigt einen Satz subtiler Rot-, Braun-, Blau-, Grün- und Gelbtöne, alle durch Übermalen auf rauem Arches-Papier miteinander vermischt. Mit einer Ausnahme sind alle Farben aus zwei anderen gebildet. Immer war die erste völlig trocken, ehe die zweite folgte.

Die komplementären bzw. nahezu komplementären Überlagerungen wie jene, bei denen Hellrot, Chromoxidgrün stumpf, Venezianischrot und Grüne Erde verwendet wurden, sind besonders interessant. Obwohl die Gesamterscheinung ein warmes oder kaltes Blassbraun ergibt, erkennt man bei näherer Betrachtung, dass die roten und grünen Pigmentpartikel die Fläche beleben. Ähnlich verhält es sich mit den Kombinationen Chromoxidgrün feurig/Siena gebrannt und Umbra natur/Phthalocyaningrün. Die Kombination Coelinblau/Venezianischrot erzeugt ein warmes Graurosa, wobei das Absondern des Blaus dazu führt, dass sie ihre charakteristische Farbe bekommt.

Optische Mischungen Die Farben wurden hier auf ein naturfarbenes, handgeschöpftes Hadernpapier Khadi aus Süd-Indien gemalt.

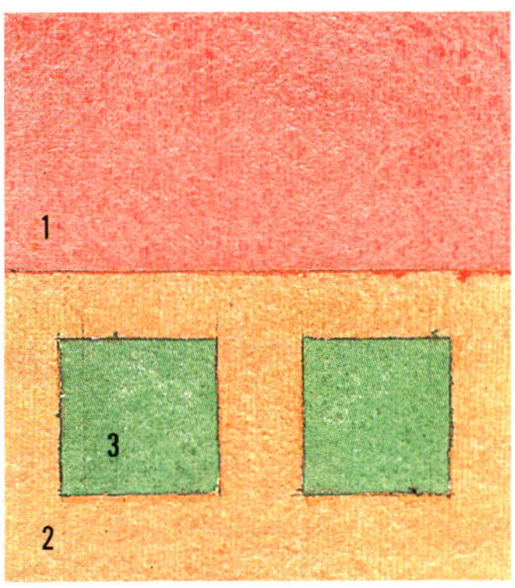

1 Kadmiumrot/Alizarinkarmesin
2 Siena natur/Krapplack rosa
3 Umbra natur/Phthalocyaningrün

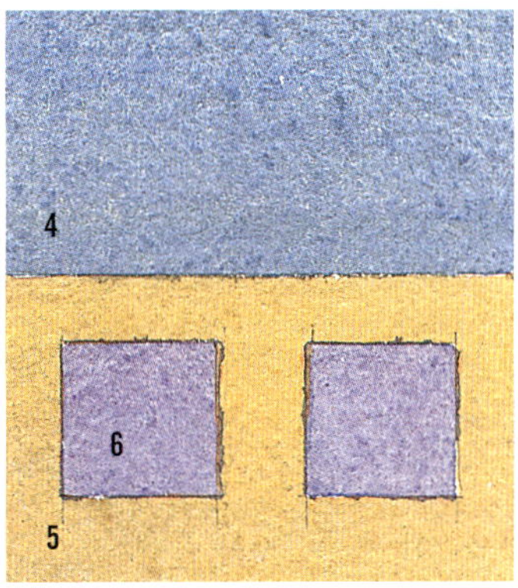

4 Phthalocyaninblau/Elfenbeinschwarz
5 Siena natur/Kobaltblau
6 Kobaltblau/Krapplack rosa

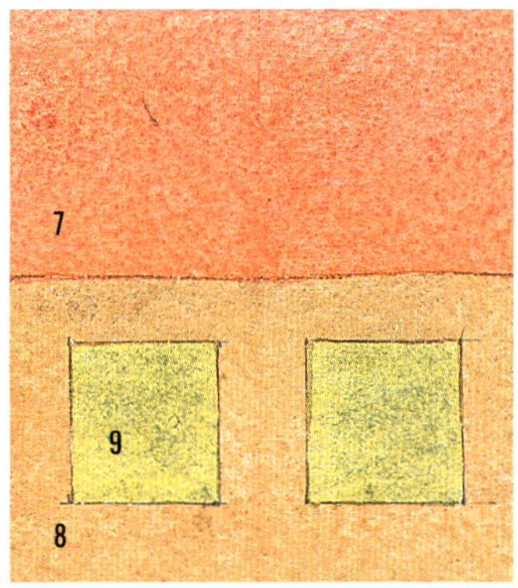

7 Umbra gebrannt/Chinacridon (Rosa)
8 Hellrot/Chromoxidgrün stumpf
9 Grüne Erde/Kadmiumgelb

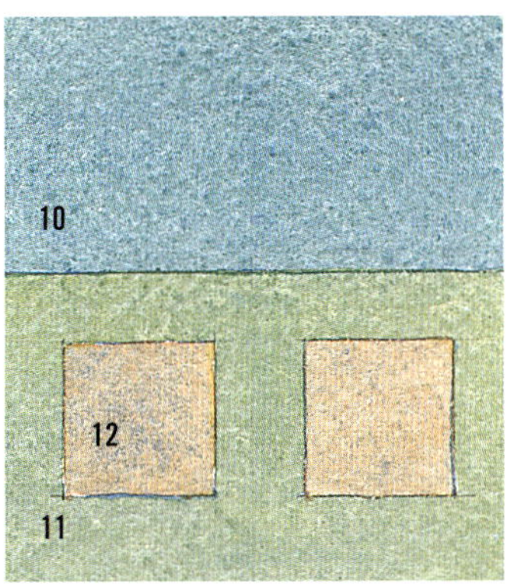

10 Chromoxidgrün feurig/Ultramarinblau
11 Phthalocyaninblau/Azogelb/Elfenbeinschwarz
12 Coelinblau/Venezianischrot

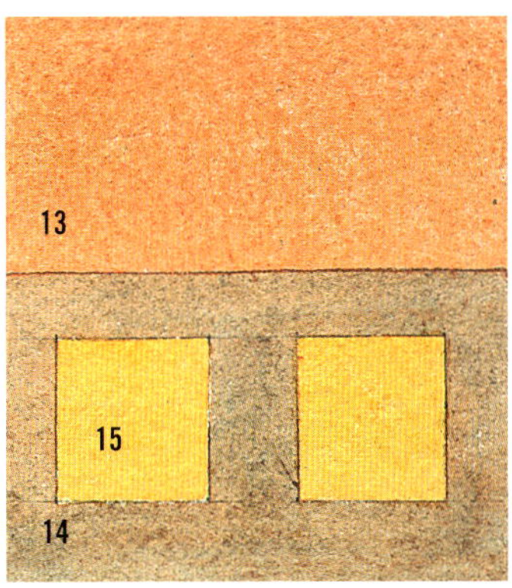

13 Umbra gebrannt/Kadmiumrot
14 Grüne Erde/Venezianischrot
15 Umbra natur/Aureolin

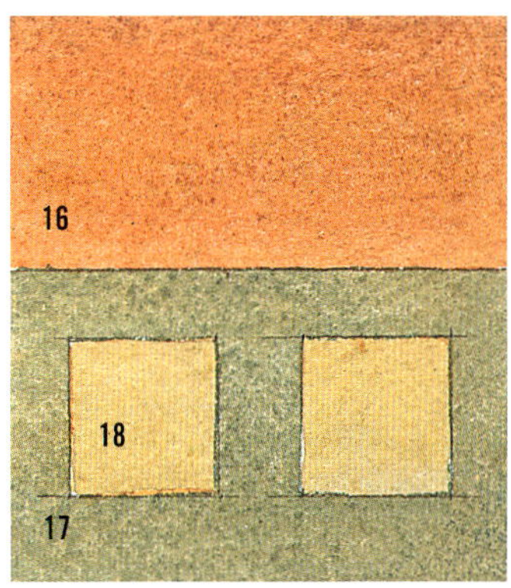

16 Siena natur/Indischrot
17 Chromoxidgrün feurig/Siena gebrannt
18 Siena natur/Kobaltblau

Effekte des Aquarellpapiers

Man sollte sich unbedingt einen Überblick über die enorme Auswahl an verschiedenen Aquarellpapieren und ihren Einfluss auf die Maltechnik verschaffen. Man sollte vor allem auf drei Punkte achten: Gewicht, Absorptionsfähigkeit und Oberfläche.

Das Gewicht eines Papiers reicht von den dünnsten orientalischen Papieren bis zu Hadernpapieren in Kartonstärke. Letztere Papiere sind für Maltechniken, die intensives Überarbeiten oder bestimmte Textureffekte erfordern, besser geeignet. Die Absorptionsfähigkeit der Papiere ist sehr unterschiedlich und hängt von dem Leimungsgrad ab. Ein Wasserpapier ohne Leimung absorbiert sofort jeden Pinselstrich, während ein Papier mit starker Oberflächenleimung einen Strich beinahe abweist. Die Textur der Oberfläche hat ebenfalls eine große Auswirkung auf die Aquarellfarbe. Auf einer heiß gepressten (HP) Oberfläche ist es wesentlich schwieriger, eine gleichmäßige Lavierung anzulegen, als auf einem Papier mit etwas Textur.

Technik Der Einfluss der Aquarellpapiere auf die Maltechniken

Aquarellpapiere (siehe S. 49) zeigen unterschiedliche Charakteristika, wenn man Farben aufträgt. Hier wurden sechs Papiere jeweils mit denselben drei Grundtechniken bemalt: Nass-in-Nass (siehe S. 142), Pinselstrich auf trockenem Papier (siehe S. 148) und Abdeckflüssigkeit (siehe S. 151).

Nass-in-Nass
Die feuchte Fläche ließ die Nass-in-Nass-Striche verlaufen. Auf den heiß gepressten Papieren (maschinen- wie handgefertigt) war das weniger effektvoll als auf den kalt gepressten bzw. rauen, wo der Farbfluss gleichmäßiger war. Die Neigung des Ultramarin zum Granulieren erkennt man dort, wo das Papier besonders nass war.

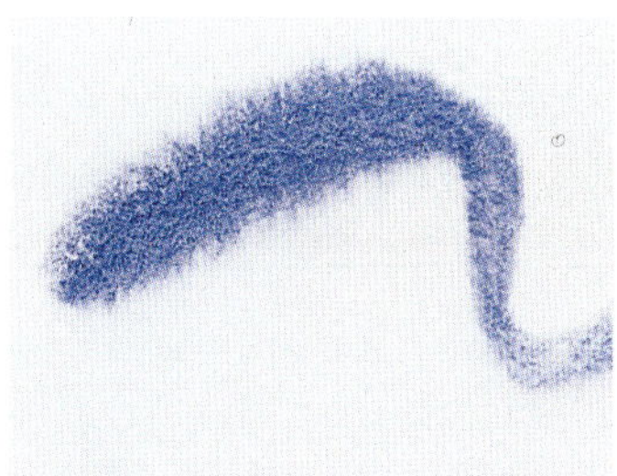

Heiß gepresst (hand- und maschinengefertigt)

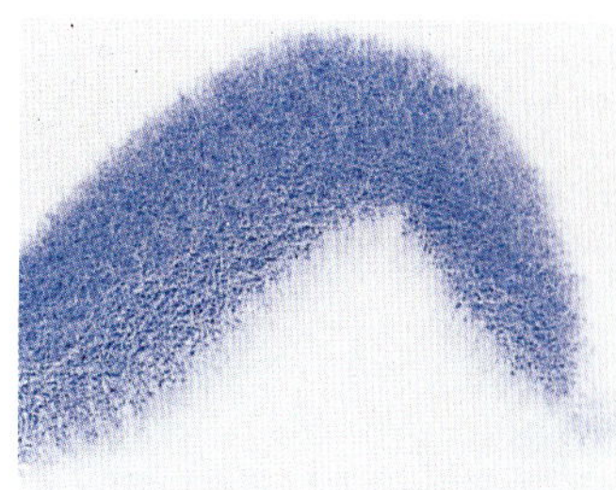

Kalt gepresst und rau

Trockenpinsel
Das handgefertigte raue Papier mit fast »pneumatischer« Eigenschaft zeigt an der Markierung, dass die Farbe nur von den höher liegenden Papierfasern aufgenommen wird. Auf dem maschinengefertigten rauen Papier hat der Strich eine konsistentere Tönung als beim heiß gepressten Papier. Im Allgemeinen verteilt sich das Pigment auf kalt gepressten und rauen Flächen gleichmäßiger.

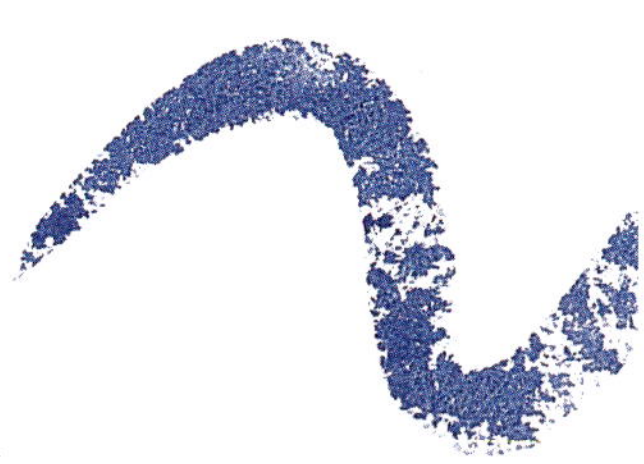

Handgefertigt, rau

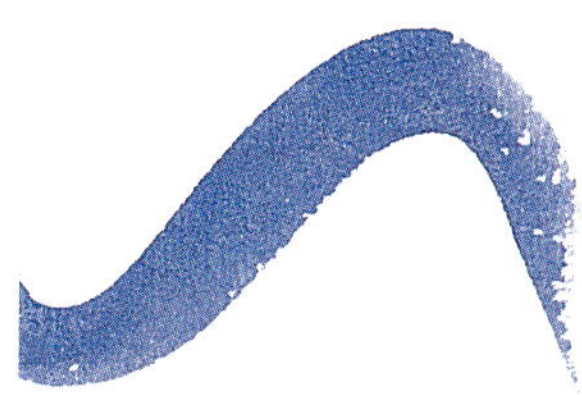

Maschinengefertigt, rau

Abdeckflüssigkeit
Die Abdeckflüssigkeit offenbart den Kontrast zwischen dem innenverleimten handgeschöpften Papier und dem oberflächenverleimten Maschinenpapier. Sie zog die Oberfläche der beiden handgefertigten Papiere ab und erschwerte weiteres Übermalen. Wenn Sie viel Abdeckflüssigkeit verwenden wollen, dann wählen Sie ein oberflächenverleimtes Papier.

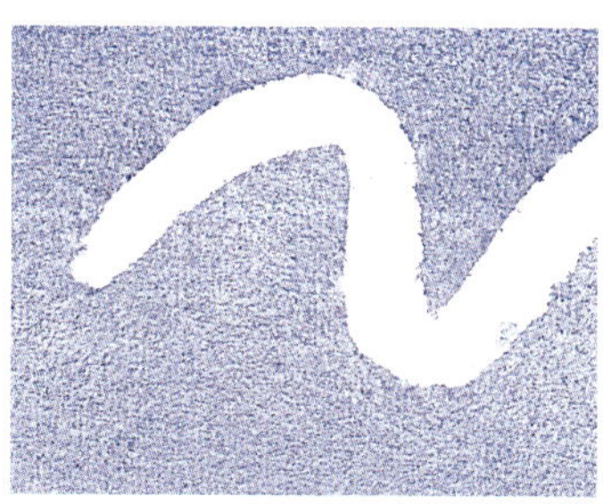

Handgefertigt, innenverleimt

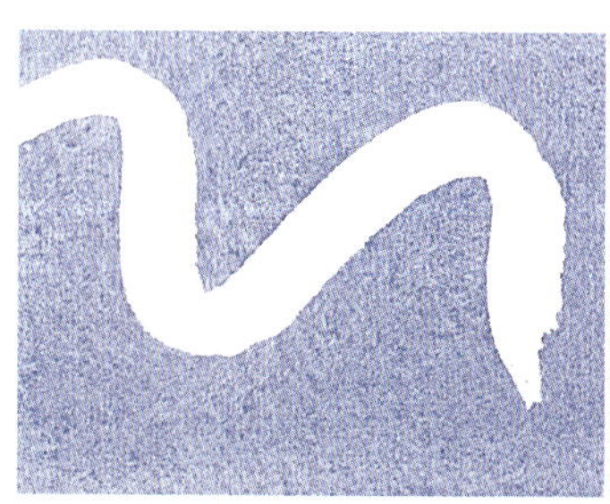

Aquarellpapier, oberflächenverleimt

Laviertechniken

Die Kunst der Aquarellmalerei beruht weitgehend auf der Fähigkeit des Künstlers, bewusst zu lavieren. Die Lavierung ist eine dünne Farbverwaschung, die man auf verschiedene Weisen auftragen kann.

Lavieren kann für eine kontinuierlich blasse Tönung der ganzen Papierfläche sorgen, sodass man einen gleichmäßigen Farbuntergrund für den anschließenden Farbauftrag bekommt. Alternativ kann die Lavierung im Ton von Hell nach Dunkel oder umgekehrt abgestuft werden. Lavierungen können durch nachträglichen Zusatz von klarem Wasser, mit einem Schwamm durch Aufsaugen oder durch Auftrag über ausmaskierte Flächen abgeändert werden. Das Aussehen der Lavierung hängt von mehreren Faktoren ab, z. B. vom verwendeten Pigment, der benutzten Wassermenge, dem Verfahren des Auftragens, der Art der Papierfläche und vom Umstand, ob diese vor dem Auftrag nass oder trocken war. Verschiedene Arten des Auftrags rufen unterschiedliche Effekte hervor.

Technik

Gleichmäßige Lavierung

Verwaschungen in gleichmäßigem Ton werden generell in einer Reihe von Strichen aufgetragen, wozu man einen großen runden Lavierpinsel (z. B. Eichhörnchenhaar Nr. 16), einen flachen Plakatschreiber (z. B. 25-mm-Nylon) oder ein Stückchen Naturschwamm verwendet. Die wichtigsten Faktoren zum Erhalt einer gleichmäßigen Lavierung sind Geschwindigkeit, Pinselhaltung, Farbmenge auf Pinsel oder Schwämmchen, der richtige Winkel zur Horizontalen des Malgrundes.

Dabei muss der Bildträger leicht schräg gehalten werden, sodass sich geringfügig Farbe am unteren Rand eines Pinselstrichs ansammelt und vom folgenden Strich übernommen werden kann.

Unbedingt beachten:

- Genug Farbe anmischen. Probleme entstehen, wenn die Farbe zu Ende geht, bevor die Fläche laviert ist.
- Pinselführung beachten. Obwohl die Geschwindigkeit beim Lavieren ein Grundfaktor ist, kommt es ebenso auf die Pinselführung an. Die Bewegung sollte rasch sein, aber nicht so schnell, dass sich winzige Lufttaschen bilden.
- Papiereigenschaft berücksichtigen. Je stärker das Papier geleimt ist, desto mehr »springt« die Farbe ab. Das kann man durch Zugabe eines Netzmittels wie Ochsengalle vermeiden.
- Nicht zu kräftig aufdrücken. Wenn der Pinselfuß das Papier berührt, wird der Farbton ungleichmäßig. Der Pinsel sollte das Papier nur leicht, aber in voller Breite berühren und immer voll mit Farbe geladen sein.

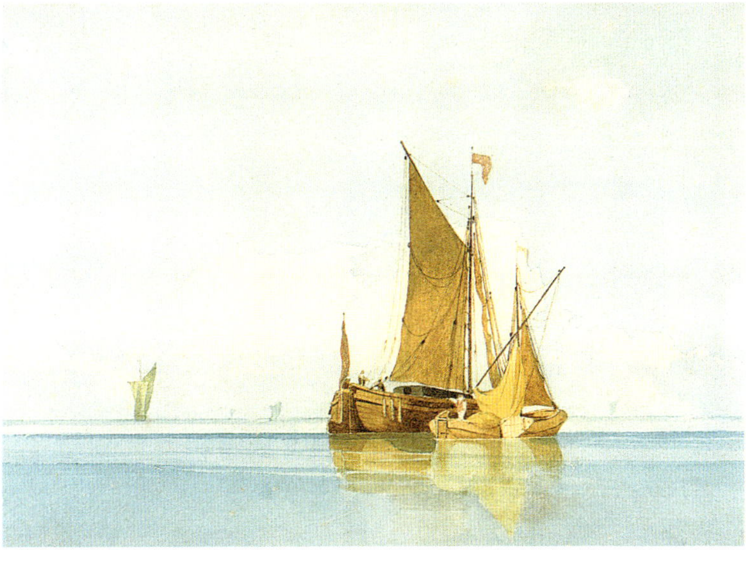

Miles E. Cotman

Lavierungen in gleichmäßigem Ton
Diese friedliche Szene zeigt die souveräne Beherrschung von Lavierungen. Der gleichmäßige Ton der Lavierung für den Himmel wird genau bis zu den Wolken gehalten. Es gibt keine expressiven Pinselsetzungen, nur das nötige Geschick, um das Bild selbst sprechen zu lassen.

Windstille *(um 1840–1849)*, Miles E. Cotman

Auf trockenem Papier

Erfahrungsgemäß ist eine große gleichmäßige Lavierung auf trockenem Papier leichter anzubringen als auf nassem oder feuchtem Papier. Unterschiedlich nasse Stellen oder ein leichtes Wellen des Papiers, selbst wenn es aufgezogen ist, kann nämlich zur Fleckenbildung führen. Natürlich können solche Folgen als effektive Bestandteile des Bildes erwünscht sein und genutzt werden, doch wenn man eine gleichmäßige Lavierung haben will, ist ihnen vorzubeugen.

Lavieren ist ein Bestandteil der Aquarellmalerei, der sich mit zunehmender Erfahrung perfektionieren lässt. Ob man nun einen weichen runden oder flachen Lavierpinsel verwendet, die Methode ist dieselbe. Die Farbe wird in der erforderlichen Konsistenz angemischt; grundsätzlich sollte man etwas mehr Farbe vorbereiten, als man zu brauchen glaubt. Denken Sie daran, dass Aquarellfarben nach dem Trocknen erheblich heller erscheinen als beim Auftrag. Der endgültige Farbton lässt sich bereits vor dem Lavieren abschätzen, indem man etwas Farbe auf Papier aufträgt und sie unter dem Fön schnell trocknet.

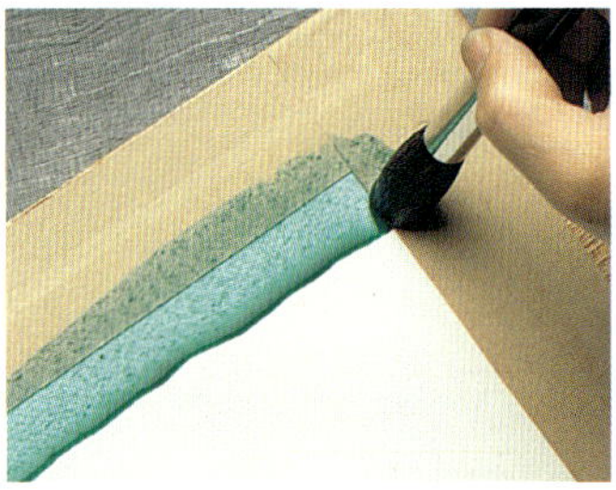

1 Beladen Sie den Pinsel mit Farbe. Mit der Pinselspitze wird eine Reihe horizontaler Striche aufgetragen. Die Farbe sammelt sich am unteren Strichrand.

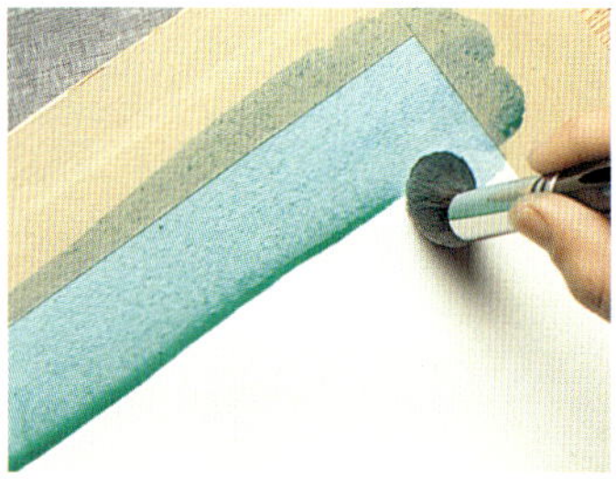

2 Der Pinsel sollte immer mit Farbe gesättigt sein. Sobald er trockener wird, taucht man ihn erneut ein, um das rasche Lavieren fortzusetzen.

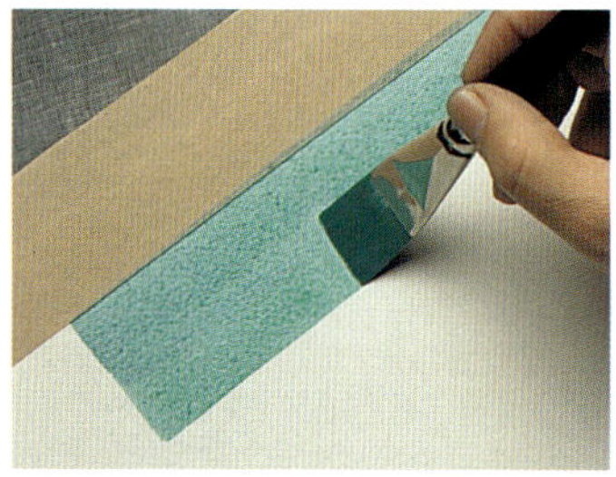

Streichrichtung Mit einem flachen Pinsel sollten Sie alle Striche von links nach rechts machen. Mit einem runden Pinsel können Sie von links nach rechts und dann zurück streichen.

Mit einem Schwämmchen

Ein kleines Stück Naturschwamm, mit Farbe gesättigt, eignet sich ebenfalls zum Auftrag einer gleichmäßigen Lavierung; vor allem kann man damit schnell eine große Fläche verwaschen. Dazu wird der Schwamm längs und quer über das Papier geführt.

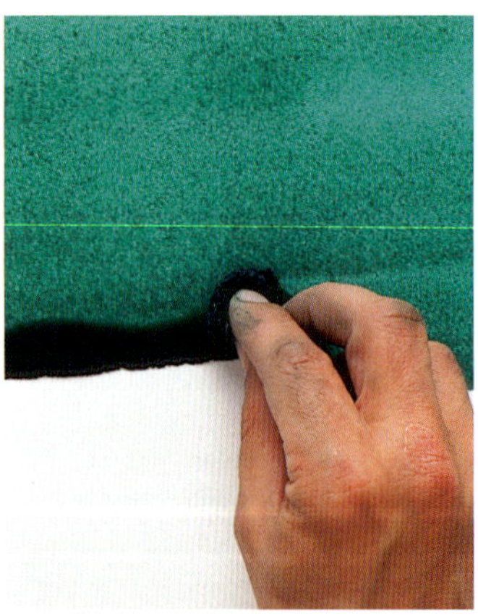

Gebrauch des Schwamms Man handhabt ihn, als würde man ein Fenster reinigen. Er eignet sich auch zum Anfeuchten von Papier.

Gleichmäßige Lavierung

Wenn das Papier vor dem Lavieren angefeuchtet wird, verteilt sich die Farbe auf natürliche Weise. Das Papier wird genauso mit einem Pinsel oder Schwamm angefeuchtet wie beim eigentlichen Lavieren. Beim Benetzen kann es ein wenig wellen, sodass die Farbe in die Vertiefungen läuft, was zu ungleichmäßiger Tönung führt, wenn sie in flacher Lage auftrocknet. Um dies zu vermeiden, trägt man die Lavierung so auf:

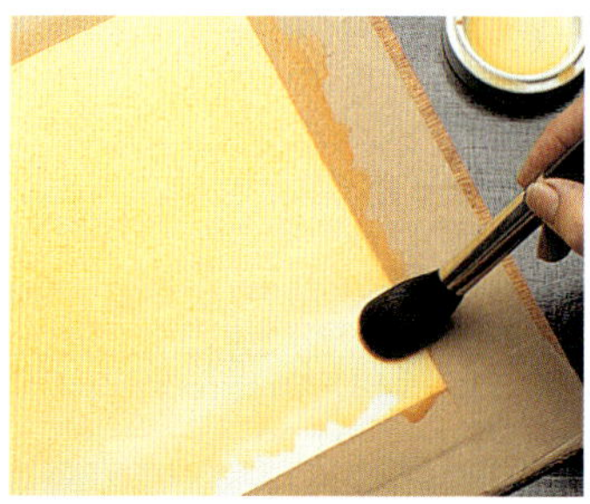

1 Farbe zügig auftragen. Darauf achten, dass sie sich nicht am unteren Strichrand ansammelt.

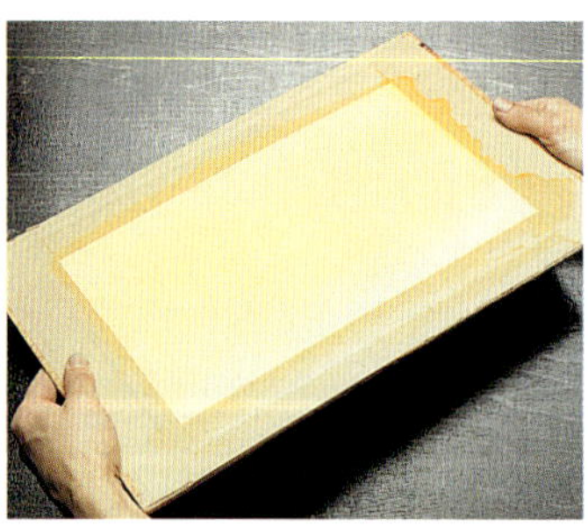

2 Nach dem Auftrag schwenkt man den Bildträger, sodass sich die Farbe in allen Richtungen verteilt.

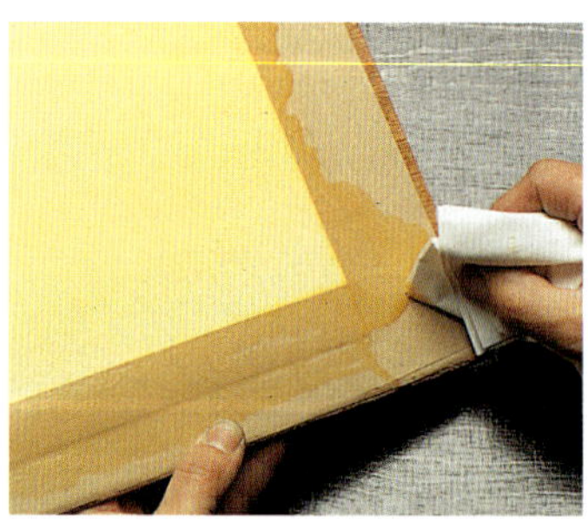

3 Überschüssige Farbe lässt man auf eine Seite laufen, um sie mit Fließpapier aufzusaugen.

Technik Abgestufte Lavierungen

Es ist recht schwierig, eine Lavierung anzubringen, die problemlos und gleichmäßig von dunklen über mittlere zu hellen Tönen verläuft. Das einfachste Verfahren besteht darin, drei gesonderte Töne derselben Farbe – hell, mittel, dunkel – in getrennten Behältern anzumischen und sie nacheinander aufzutragen.

Von Dunkel nach Hell

Bei leicht geneigtem Malgrund beginnt man mit dem Auftrag des dunklen Tons von oben nach unten, bis das obere Viertel fertig ist. Danach fährt man mit dem mittleren und hellen Ton und schließlich mit klarem Wasser fort. Wenn die Farbe relativ trocken aufgetragen wurde, bekommt man eine sogenannte »geschichtete« Lavierung, da die Töne kaum ineinander verlaufen können.

Wird dagegen »flüssigere« Farbe aufgetragen, so entsteht an der Stelle des helleren Farbauftrags eine Aufhellung der Lavierung, die sich dann aber wieder verdunkelt, bis man zum nächsten Tonwertstreifen kommt, an dem wieder eine Aufhellung eintritt. Das liegt daran, dass das Pigment durch die Neigung des Malgrundes herunter sinkt, bis es den Punkt erreicht, an dem in der helleren Lavierung mehr Wasser aufgetragen ist, das als Barriere sichtbare Linien erzeugt. Dies vermeidet man durch Drehen des Malgrundes bei nasser Farbe, vorheriges Anfeuchten des Papiers, Einlegen von Pigmentstreifen und, falls nötig, Zusatz einer dunkleren Tonlinie am oberen Rand mit gesättigtem Pinsel.

Von Hell nach Dunkel

Das zuverlässigste Verfahren ist die Arbeit von Hell nach Dunkel. Man beginnt mit klarem Wasser und arbeitet von oben nach unten zu den dunkleren Tönen. Hier werden ein sehr nasser Eichhörnchenhaarpinsel Nr. 16 und drei Tonwerte von Umbra gebrannt verwendet. Man kann so viele verschiedene Farbtöne ausmischen, bevor man eine abgestufte Lavierung anlegt. Man kann während der Lavierung auch neue Farbe der Mischung hinzugeben. Man muss dann aber sehr rasch arbeiten. Alternativ kann man weniger nasse Farbe auftragen und dann das Ganze behutsam mit einem feuchten sauberen Flachpinsel überstreichen. Damit werden die Farbtöne vermischt, sodass Tonübergänge gleichmäßig werden.

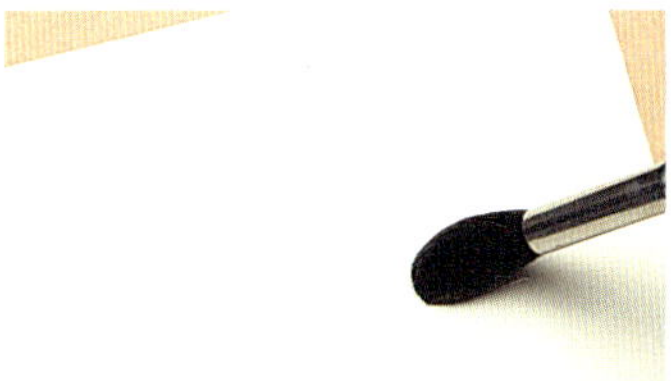

1 Bei geneigtem Malgrund wird das Papier oben mit klarem Wasser angefeuchtet.

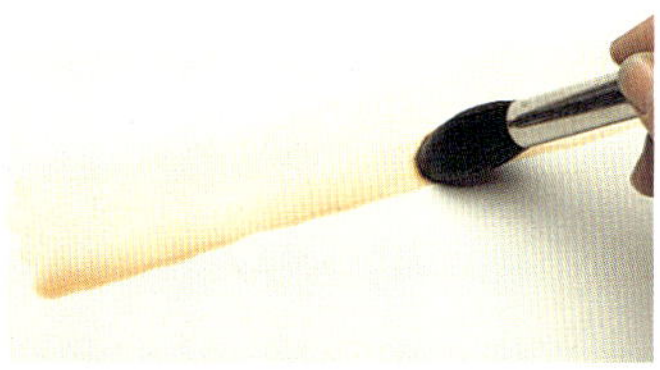

2 Mit dem hellsten Farbton werden Striche aufgetragen, wobei die Farbe die feuchte Fläche tangiert.

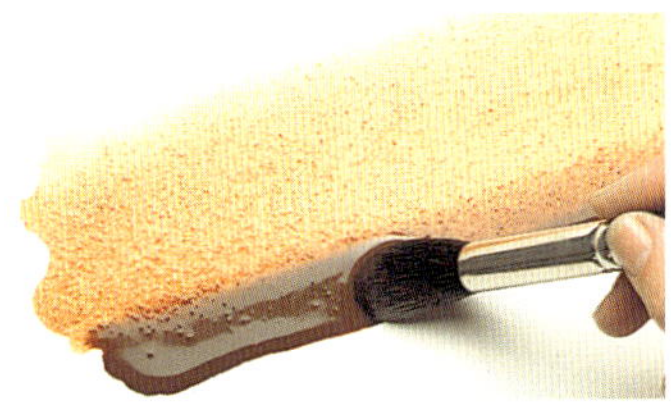

3 Nun kommen die mittleren und dunklen Farbtöne; die Farbe zum Vermischen muss nass bleiben.

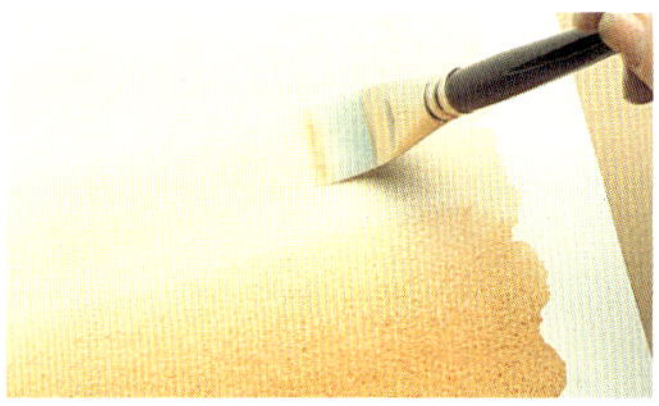

4 Oder man verwendet weniger nasse Farbe und überstreicht alles mit einem feuchten Flachpinsel.

Lavierung in nasses Papier fließen lassen

Eine beliebte Technik besteht darin, eine gleichgetönte Lavierung aufzutragen, die man eine Fläche des Papiers berühren lässt, welche zuvor mit klarem Wasser angefeuchtet wurde. Der Effekt hängt zum Teil vom Zufall ab, doch ist dennoch eine Steuerung relativ genau möglich. Man kann beliebig viele Farben überlagern, sofern die jeweils untere trocken ist. Das Ausmaß der »Interferenz« zwischen den Lagen lässt sich auf ein Minimum beschränken, wenn Wasser und Farbe schnell und in einmaligen Strichen aufgetragen werden. Wiederholt man einen Strich, so beginnt sich die Unterfarbe aufzulösen, und die Ränder des Strichs werden durch die Lavierung hindurch sichtbar.

Fließen lassen Keinen Pinselstrich doppelt ausführen, das würde die untere Farbe auflösen.

Lavierung in einem vielfarbigen Aufstrich

Man kann mit einem breiten Verwaschpinsel (siehe S. 131) Lavierungen in verschiedenen Farbtönen in nur einem Strich anlegen. Am besten eignen sich dafür chinesische Pinsel. Zuerst mischt man sich alle Farbtöne aus. Dann befeuchtet man den Pinsel und teilt die Haare in verschiedene Teile, je nach gewünschter Anzahl der Farben. Auf die Haare jeder Sektion werden mit einem Pinsel die jeweiligen Farben gegeben. Dann wird der Verwaschpinsel über das Papier gezogen und gibt eine vielfarbige Lavierung ab. Wenn nötig, kann man mit dem Pinsel noch einmal über die Fläche gehen, um die Farben zu vermalen.

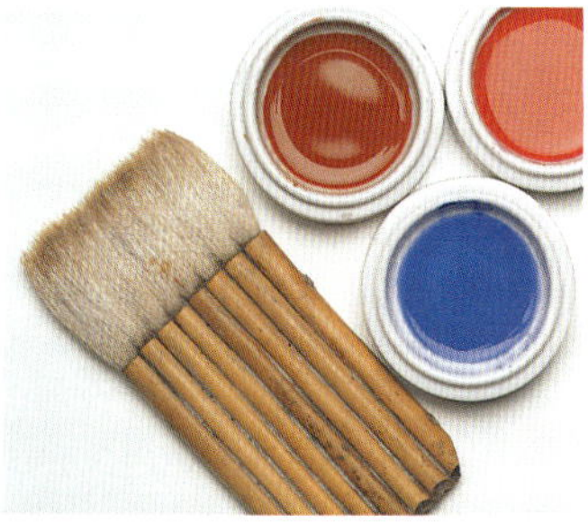

1 Mischen Sie alle Farbe aus, die Sie brauchen. Feuchten Sie den Verwaschpinsel an und teilen Sie die Haare in verschiedene Teile.

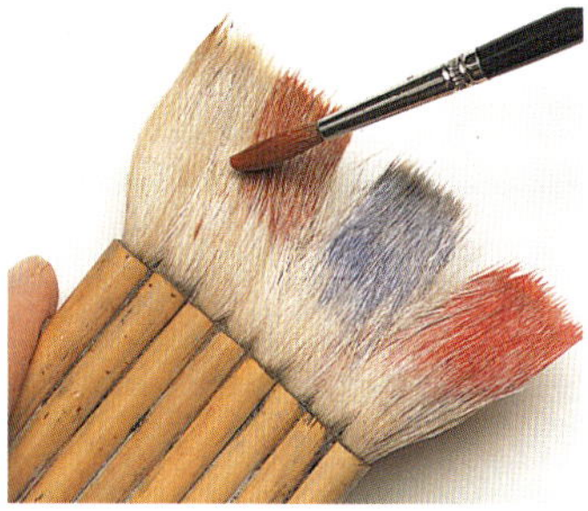

2 Mit einem kleinen weichen Pinsel wird die jeweilige Farbe auf die Sektion der Pinselhaare verteilt.

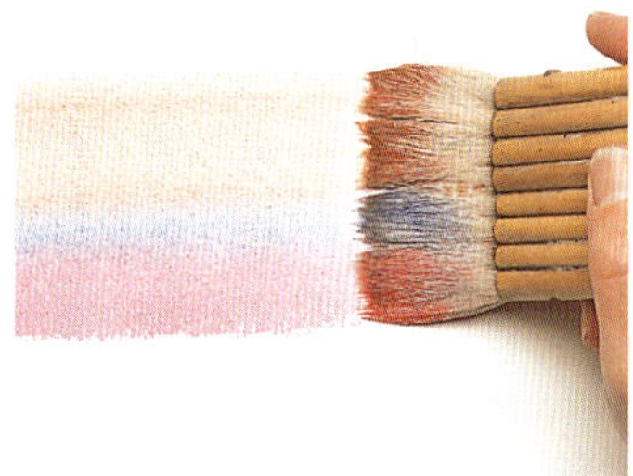

3 Streichen Sie den Pinsel über das Papier. Zum Vermalen ziehen Sie den Pinsel noch einmal über die Fläche.

Indischrot
Kobaltblau
Permanent Rosa

Mischung aus Permanent Rosa und Kadmium Zitron
Siena natur
Coelinblau
Kobaltblau
Ultramarinblau

Wasser in Lavierung fließen lassen

Lässt man Wasser auf eine trocknende abgestufte Lavierung tröpfeln, so kann dies zu interessanten Effekten führen, von dreidimensionalen bis hin zu wolkigen (rechts).

Natürlich ist diese Technik bis zu einem bestimmen Grad vom Zufall abhängig. Man kann sie durch die Wassermenge, die Farbstärke und den Feuchtigkeitsgrad der Lavierung etwas steuern.

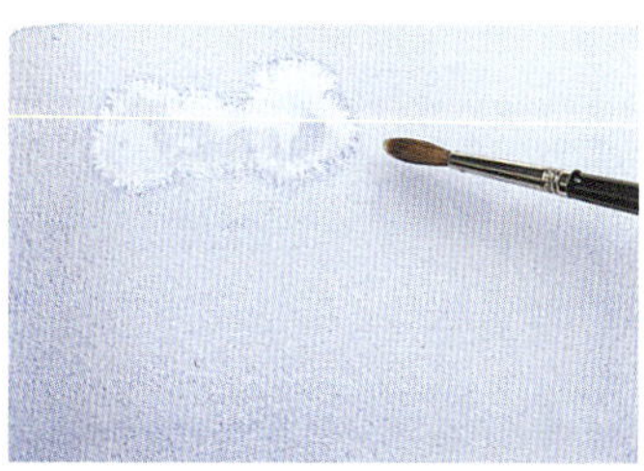

1 Nach dem Anlegen der Lavierung werden einige Tropfen Wasser mit einem sauberen Pinsel aufgetropft. Das Wasser verläuft sofort in der Farbe. Durch Bewegen des Malgrunds lässt sich dieser Effekt etwas steuern.

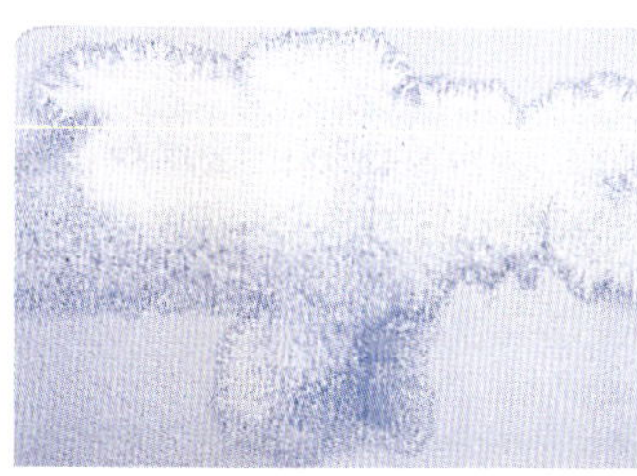

2 Es lassen sich mit dieser Technik verschiedene Effekte erzielen, wenn man mit dem Auftropfen des Wassers abwartet, bis die Lavierung schon etwas aufgetrocknet ist. Mit Hilfe eines Föhns können diese Effekte weiter kontrolliert werden.

Ausmalen eines Farbtons zu komplexem Umriss

Zuweilen haben einfarbig lavierte Flächen recht diffizile Umrisse. Die Abbildung unten rechts zeigt die Silhouetten eines Menschen mit Hund und weiterer, an einem Boot sitzender Personen. Alle diese Gestalten sind mit demselben dunklen Farbton ausgefüllt, der sich fortsetzt. Dazu wird eine spezielle Technik verwendet: Die Silhouetten werden zunächst mit klarem Wasser und einem feinen weichen Pinsel umrissen und gemalt sowie mit einem größeren Pinsel ausgefüllt. Dann wird eine relativ dicke Farbmischung in großen Tropfen auf die nassen Teile gegeben. Die Farbe verläuft darin und verteilt sich über die ganze Fläche. Unterstützend kann der Malgrund hin- und hergeneigt werden.

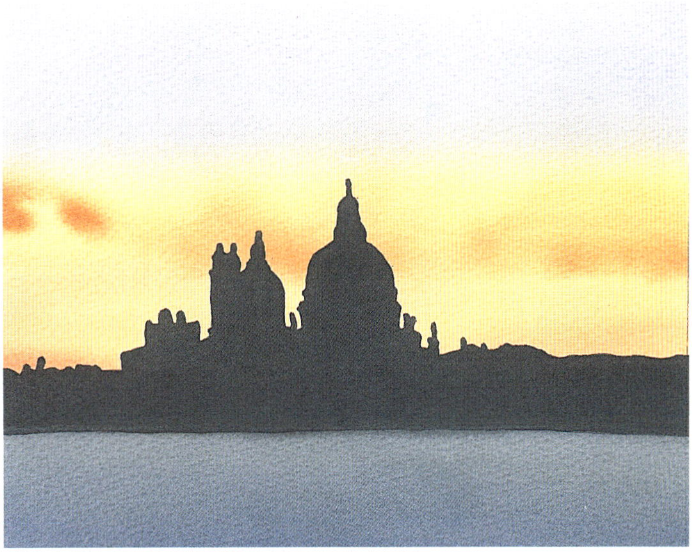

Ausmalen eines Farbtons bis zu einem Umriss Diese Technik ist besonders dann angebracht, wenn man eine komplizierte Fläche in einem Bild, das schon feine Lavierungen aufweist, ausfüllen muss, wie hier die Kirche Santa Maria della Salute.

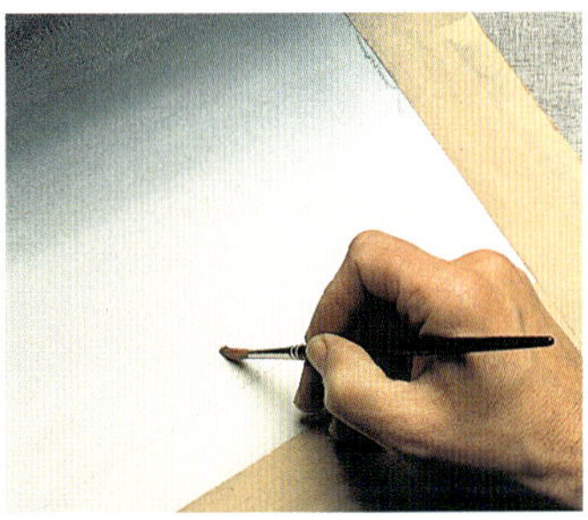

1 Die Umrisse werden mit klarem Wasser und einem runden Marderhaarpinsel Nr. 5 vorgezeichnet.

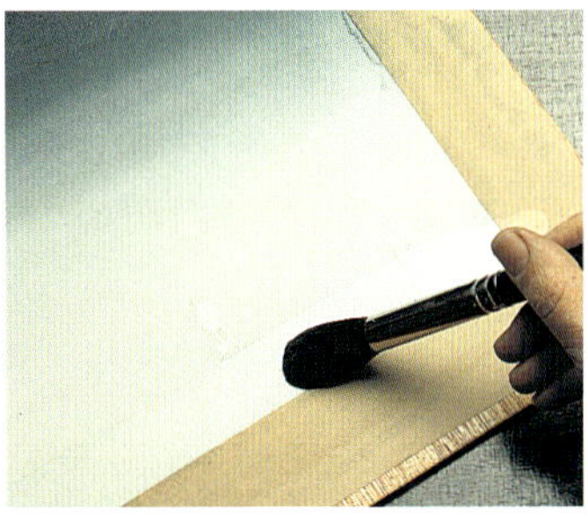

2 Mit einem größeren Eichhörnchenhaarpinsel wird die restliche Fläche mit Wasser ausgemalt.

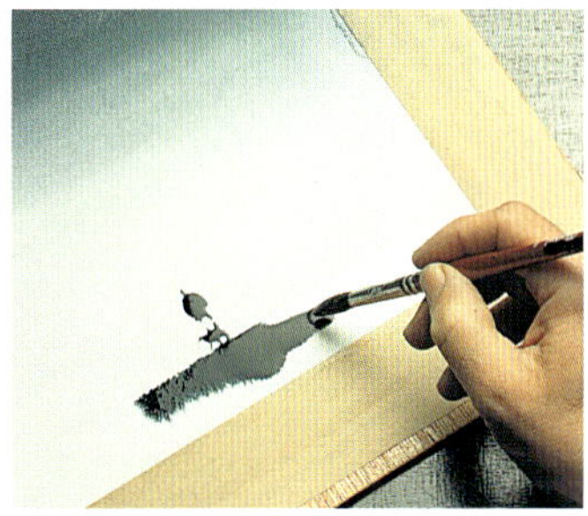

3 Eine Mischung von Phthalocyaninblau und Elfenbeinschwarz wird aufgetropft.

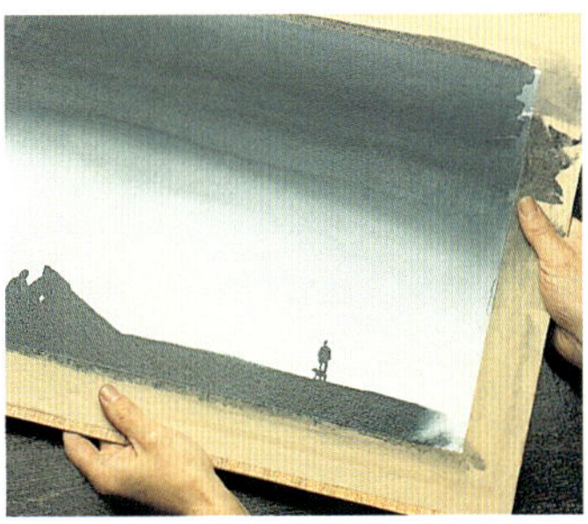

4 Durch Neigen in verschiedene Richtungen wird das Verlaufen der Farbe unterstützt.

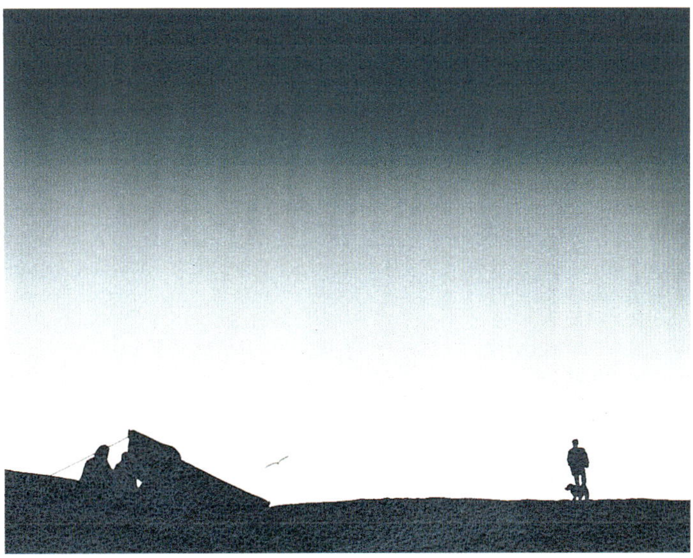

Fertiges Bild Der Kontrast zwischen dem wässrigen Himmel und den klaren Umrissen des Landes ist sehr eindrucksvoll.

Nass-in-Nass-Techniken

»Nass-in-Nass«-Malen heißt einfach: Farbe auf Papier auftragen, das zuvor nass gemacht wurde – sei es mit Wasser oder einer vorher aufgetragenen, noch nicht trockenen Farbe. Die dadurch erzielten Effekte (siehe S. 137) sind mit keinem anderen Medium möglich, außer vielleicht Acryl. Beim Nassmachen des Papiers geht man genauso vor, als ob man eine Lavierung mit Wasser macht.

Technik

Auftrag und Mischung von Farblavierungen

Nass-in-Nass-Techniken werden oft großflächig angewandt, um abgestufte Lavierungen zu erzielen (siehe S. 139). Sie ermöglichen auch eine natürliche Mischmethode zum Erhalt zarter Übergänge zwischen Farbbändern. Die Zahl der Überlagerungen ist nicht beschränkt, sofern die vorherige Farbschicht gründlich getrocknet ist, ehe sie erneut benetzt und bemalt wird. Auf diese Weise kann man sehr dunkle Töne herstellen. Um das Verlaufen der Farben zu steuern, bewegt man die Malunterlage während der Arbeit.

Über eine nasse Lavierung malen Das Papier wird mit verdünnter Siena natur bemalt. In die Lavierung wird Phthalogrün und Phthaloblau gemalt.

Lavierungen verlaufen lassen Auf nasses Papier wird Ultramarinviolett, Kobaltblau, Kadmium Zitron und Permanent Rosa aufgetragen und verlaufen gelassen.

Nass-in-Nass Coelinblau und Siena natur werden auf nasses Papier gemalt und dann mit Strichen in Kadmium Zitron übermalt.

Farben überlagern Ultramarinviolett, Permanent Rosa und Kadmium Zitron werden aufgetragen und dann in nassem Zustand übermalt.

Technik Zeichnen eines Nass-in-Nass-Bildes

Mit der Spitze eines feinen Marderhaarpinsels, sehr leicht und schnell bewegt, kann man Bilder und Figuren direkt auf feuchtes Papier zeichnen.

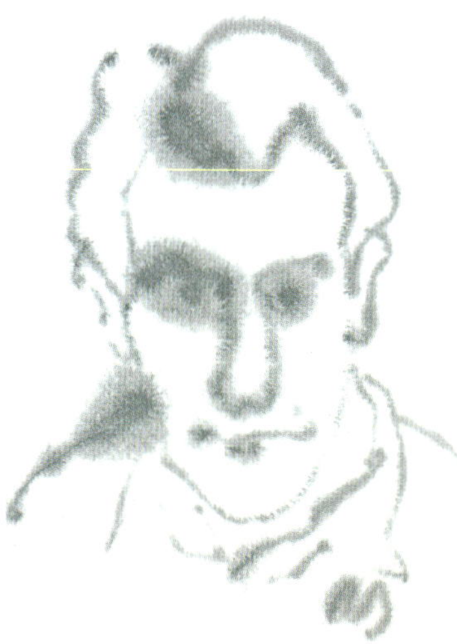

Nass-in-Nass-Zeichnung Beim Malen des Bildes sollte man das Malbrett horizontal halten. Das kalt gepresste Papier wurde vollkommen durchtränkt und abgewischt. Gezeichnet wurde dann auf die nasse Oberfläche mit einem spitzen Marderhaarpinsel und Farbe in Tubenkonsistenz.

Steuerung des Farbflusses

Obwohl das Nass-in-Nass-Malen spontane Effekte erzeugt, hängt der Erfolg dennoch oft von der angewandten Beeinflussung ab. Fluss und Verlauf der Farbe lassen sich auf verschiedene Weise steuern.

- Absorptionsfähigkeit des Papiers berücksichtigen. Auf stark verleimtem Papier verläuft die Farbe schneller.
- Wählen Sie das richtige Papier aus. Die Satiniermethode des Herstellers beeinflusst die Tauglichkeit für die Nass-in-Nass-Technik.
- Farbe auf richtige Konsistenz mischen. Dünne Farbe fließt leichter als dicke.
- Papier neigen und anheben, damit die Farbe in die gewünschte Richtung läuft.
- Versuchen, nur einen Teil des Papiers zu benetzen, um unerwünschte Effekte zu begrenzen.
- Mit einem Föhn kann man das Trocknen beschleunigen.

Technik »Spontane« Effekte mit Nass-in-Nass

Wenn das Papier gut aufgespannt und einheitlich befeuchtet ist, verläuft ein Tropfen Farbe von einem gesättigten Pinsel gleichmäßig auf dem Papier. Er dürfte ein hübsches Federmuster bilden, das nach außen hin heller wird, da sich dort die Farbe stärker verdünnt. Ist das Papier zu leicht aufgezogen, so wird es wellen; die Farbe läuft in die Wellentäler und bildet unerwünschte dunklere Flecken oder Streifen.

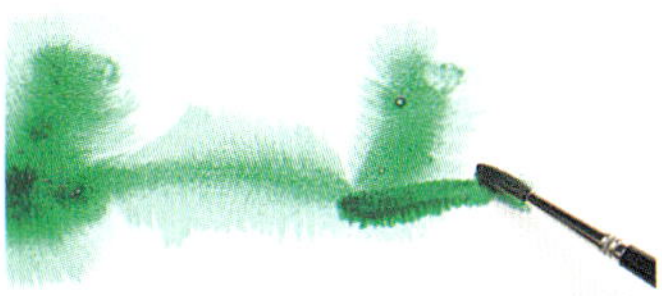

1 Mischen Sie die Farbe ziemlich dick an, da sie sich schnell auf dem Papier verdünnt und ausbreitet.

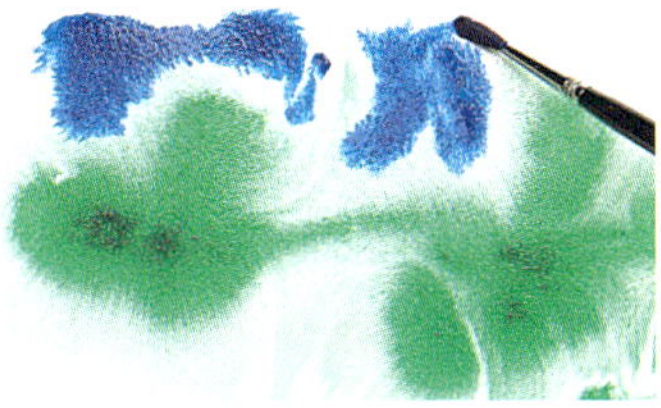

2 Halten Sie die Farben auf dem Papier getrennt, um den frischen Farbton jeder Farbe zu erhalten.

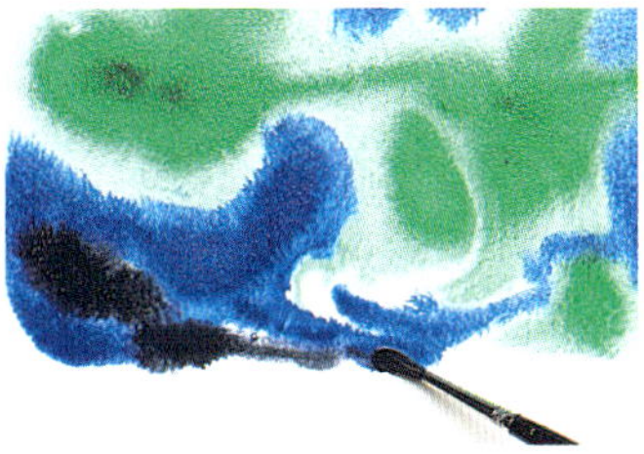

3 Arbeiten Sie vorsichtig um die zentrale Form.

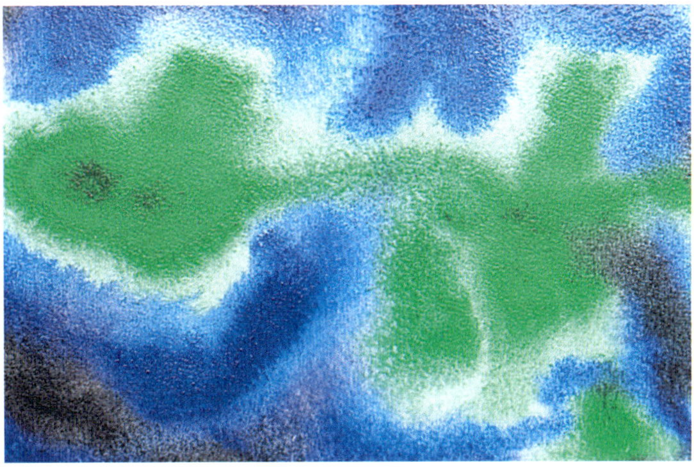

Fertiges Bild Dieses Beispiel zeigt die weiche, natürliche Diffusion und das Verlaufen der Farben auf dem Papier.

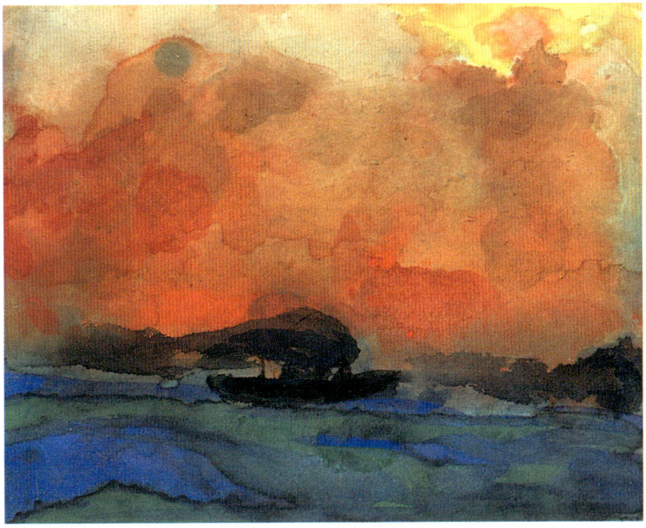

Emil Nolde

Landschaftsgemälde Nass-in-Nass
Emil Nolde (1867–1956) schuf überaus viele Aquarelle, wobei er im Winter oft im Freien arbeitete und Eis und Schnee ihre eigenen Effekte auf den noch nassen Flächen seiner Skizzen erzeugen ließ. Seine zügige und freie Malmethode bot viel Gelegenheit für Nass-in-Nass-Effekte, bei denen sich die Farben auf der Bildfläche zu bewegen und verschmelzen scheinen, um ihr eigenes Leben zu führen.

Leuchtender Abendhimmel mit Dampfer *(um 1940)*, Emil Nolde

Technik Nass-in-Nass-Effekte

Wie sehr man auch die Bedingungen einer Nass-in-Nass-Malerei über den Feuchtigkeitsgrad, die Farbmenge und die Pinselgröße zu kontrollieren versucht, so ist diese Technik doch zum großen Teil dem Zufall überlassen.

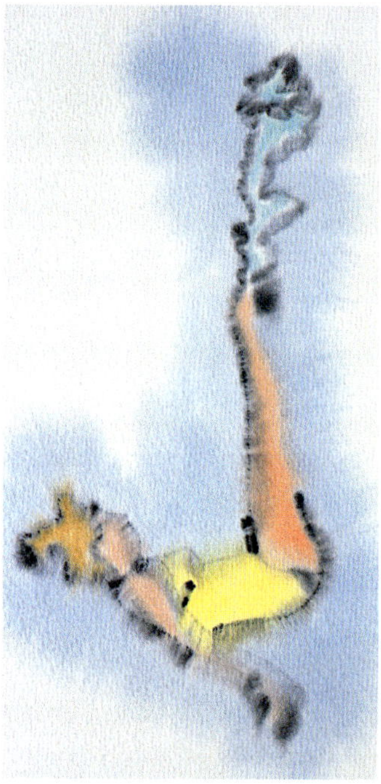

Schwimmerin 1 Nass-in-Nass gemalt Das Papier erhält eine gleichmäßige Lavierung mit sauberem Wasser und wird ein oder zwei Minuten so liegen gelassen. Dann wird der Umriss mit einem kleinen, spitzen Marderhaarpinsel und einer Mischung aus Paynes' Grau und Permanent Rosa in Tubenkonsistenz aufgezeichnet. Die Farben werden dann mit Marderhaarpinseln in die jeweiligen Stellen eingetupft, für den Körper sehr verdünntes Kadmiumrot, für das Kostüm Kadmium Zitron und für das Haar Siena gebrannt. Das Phthaloblau für das Wasser wird entlang des Umrisses der Figur angelegt. Das ganze Bild muss bei nassem Papier fertig gestellt werden.

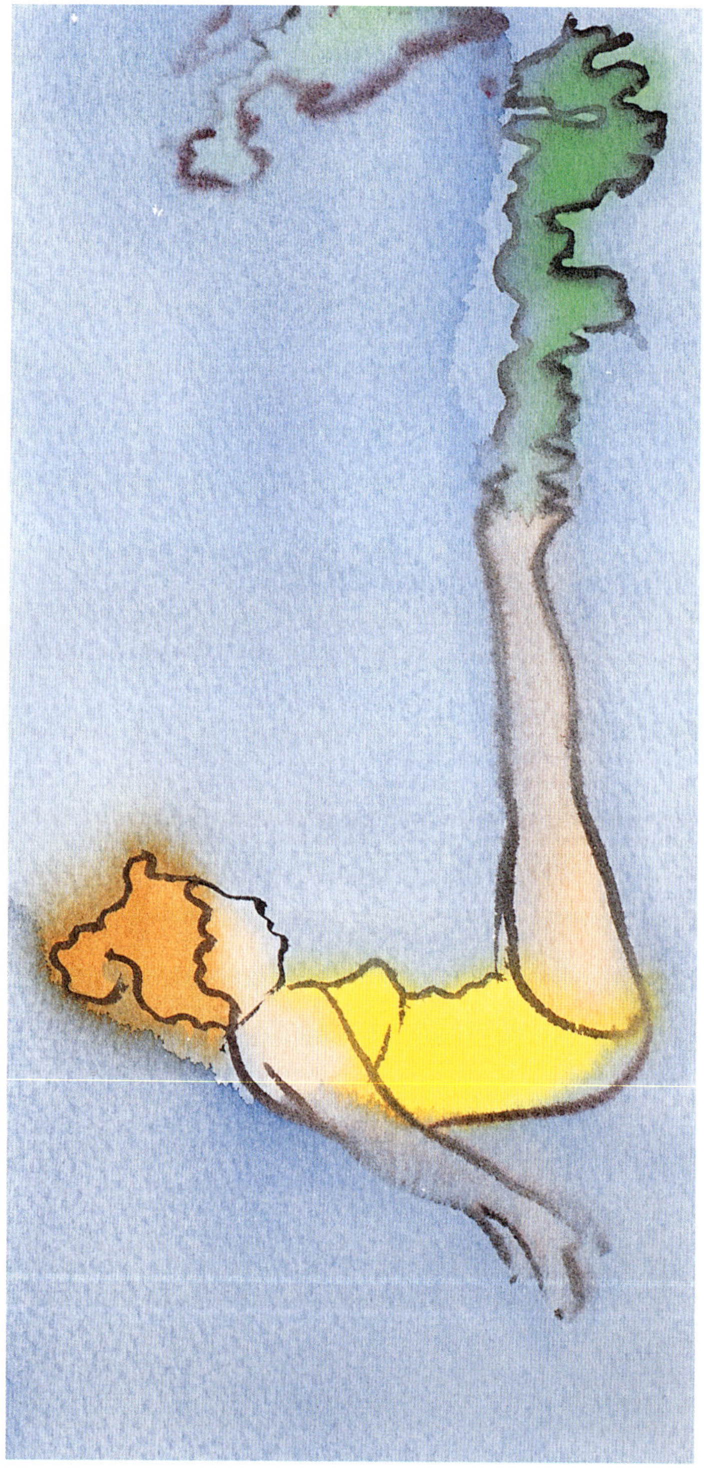

Schwimmerin 2 auf feuchtem Papier gemalt In dieser Fassung wurden die Formen des Körpers, des Kostüms und des Haars zuerst auf das feuchte Papier gemalt und dann die blauen und grünen Farbtöne für das Wasser um die Figur herum gemalt. Alle Farben beginnen auf dem feuchten Papier zu verlaufen. Dann wird der Umriss gezogen.

Abwaschen

Einige Aquarelltechniken schließen auch das Abwaschen von trockenem Pigment ein, das bereits aufgetragen wurde. Dies erzeugt vielfältige Effekte, die je nach verwendetem Papier, Pigment und Wassertemperatur variieren. Die meisten Papiere reagieren unterschiedlich auf das Abwaschen, ebenso wie die Farben. Die einzelnen Pigmente haften mehr oder weniger stark auf dem Papier.

Technik

Tonwert und Tiefe geben

Die Technik des Abwaschens wird oft mehrmals während des Malprozesses ausgeführt, um einem Aquarell Tonwert und Tiefe zu geben. Man macht dies auf einem relativ schweren Papier, das ständiges Nass-Machen, Reiben und Bemalen verträgt.

Das Bild wird ganz normal mit einer vollen Tonwertreihe gemalt. Nach dem Trocknen wird es befeuchtet und mit einem großen sauberen Borstenpinsel abgewaschen. Man nimmt dabei das Bild (auf ein Malbrett aufgezogen) am besten ins Badezimmer und lässt während des Abreibens mit dem Pinsel kaltes Wasser darüber laufen. Die Ergebnisse dieser Technik hängen ab: a) von der Papiersorte; b) den Aquarellfarben; c) der Wassertemperatur; d) dem ausgeübten Druck mit dem Pinsel. Man sollte also einige Tests auf kleineren Papierstücken durchführen, bevor man sich an ein wirkliches Aquarell traut (siehe Kasten unten).

Durch das Abwaschen wird die Farbe an der Oberfläche abgespült, lässt aber einige blassere Töne im Papier zurück. Dadurch wirkt das Bild wie ein Teil des Papiers. Auch die Ränder der Formen werden hierbei aufgeweicht. Dann wird das Bild getrocknet und neu bemalt. Man kann diesen Vorgang mehrmals wiederholen, bis man eine große Fülle an Tonwerten erreicht hat.

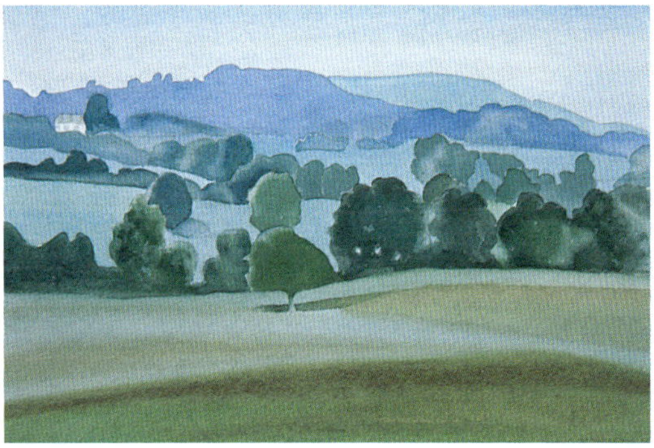

1 Im ersten Zustand ist der Tonwertkontrast besonders stark ausgeprägt.

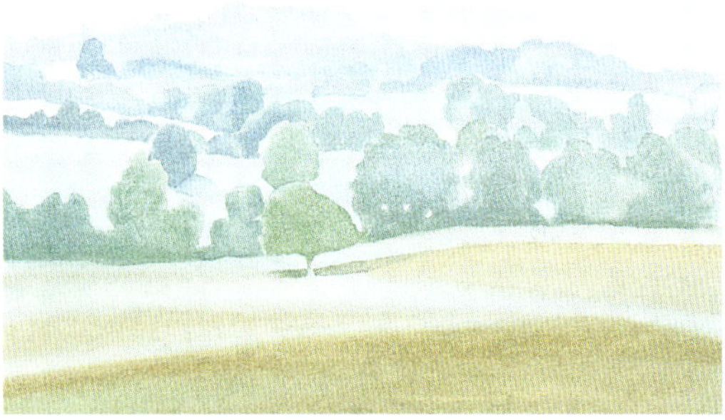

2 Nach dem Abwaschen sind die Tonwertkontraste weicher, und die Textur des Papiers wird sichtbar.

Abwaschtest

Papier unter warmes oder kaltes Wasser halten. Das obere Kreuz intakt lassen und den Wasserstrahl auf das mittlere richten, während das untere leicht geschabt wird (siehe unten).

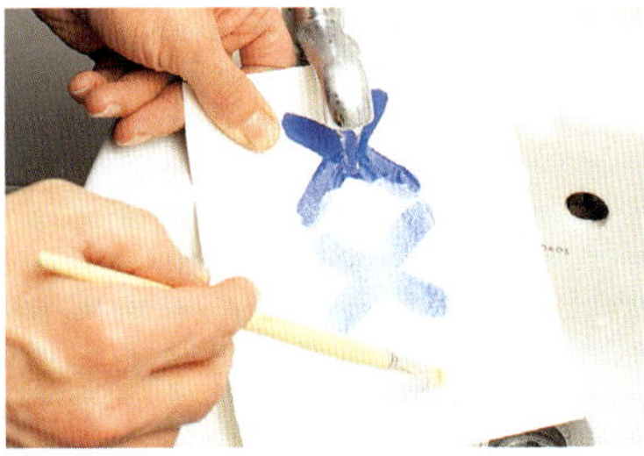

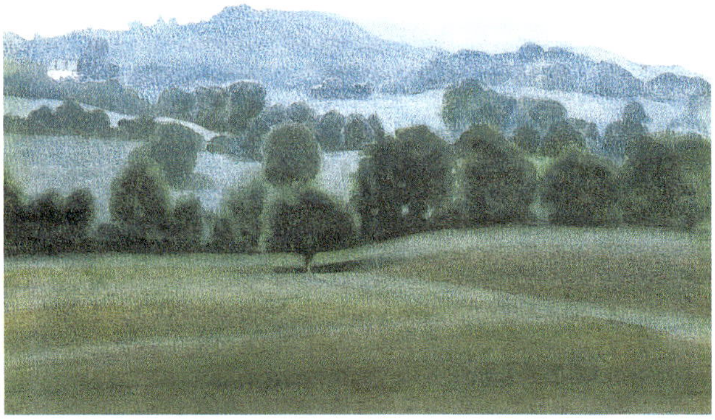

Fertiges Bild Die Tonwerte sind weicher und voller.

Auswischen mit dem Schwamm

Weitere Effekte erzielt man durch »Auswischen mit dem Schwamm«. Dabei wird die Farbe mit einem Schwämmchen, Tuch oder stark absorbierendem Papier aufgesaugt, solange sie noch nass ist. Dies ist eine beliebte Methode zum Erzeugen von Wolkeneffekten (siehe unten).

Technik Wolkenformen entstehen

Bei der Wolkenstudie wurde eine gleichmäßige Lavierung über die ganze Papierfläche gelegt und leicht eindringen gelassen. Die Wolkenformen wurden mit Pinsel und klarem Wasser in das halbnasse Bild gezeichnet und dann mit einem Schwamm aufgesaugt. Das Bild wurde mit einem Föhn getrocknet und erhielt eine hellere Lavierung. Die Wolkenformen wurden mit einem feuchten Schwamm herausgehoben.

1 Mit einem Schwämmchen wird das Wasser der Wolken aufgesaugt. Über das untere Drittel wischen, um den Ton aufzuhellen.

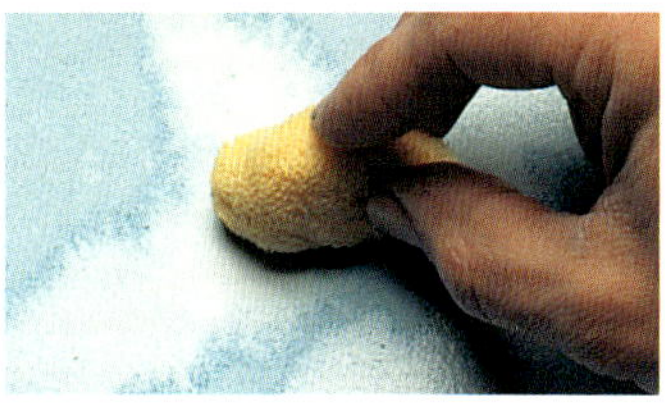

2 Die Farbe wird schnell mit dem Föhn getrocknet, dann wird mit einem helleren Farbton laviert.

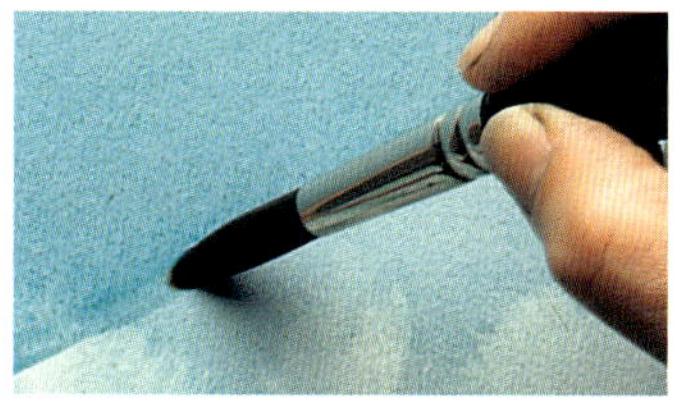

3 Die Wolkenformen werden mit einem feuchten Schwamm wieder herausgehoben.

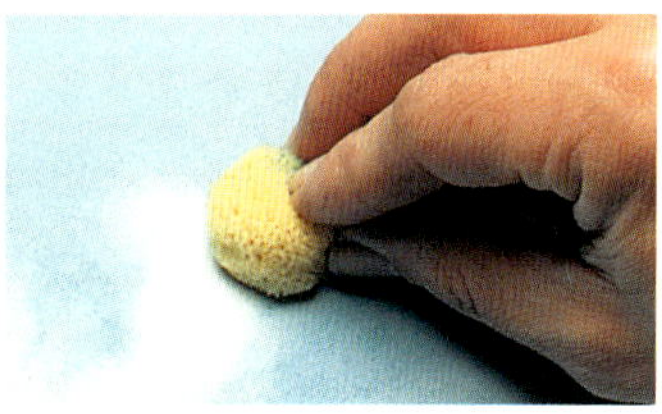

Fertiges Bild
Die doppelte Lavierung mit jeweiligem Abtupfen gibt den Wolken eine plastische Form.

Gummiarabikum

Der Zusatz von Gummiarabikum zu Aquarellfarbmischungen hat zwei Haupteffekte. Erstens wirkt damit die Farbe firnisartig, sodass sie Tiefe und Glanz bekommt, was jedoch nach Ansicht mancher Leute dem Charakter der matten Aquarellfarben widerspricht. Zweitens wird die trockene Farbschicht erheblich löslicher. Das erschwert das Übermalen und führt bei Schwamm- und sonstigen Tupftechniken dazu, dass die ganze Farbschicht aufgesaugt wird. Dies kann ein Vorteil sein, wenn eine Form aus einer bereits trockenen Farbe herausgehoben werden soll. Man malt dann die Form einfach mit klarem Wasser auf, wartet ein oder zwei Minuten (um die Farbe zu lösen) und tupft ab. An den trockenen Stellen bleibt die Farbe intakt, doch die Form wird fast so hell wie das ursprüngliche Papier. Man erzielt also fast denselben Effekt wie mit Abdeckflüssigkeit (siehe S. 151).

Die starke Zunahme der Löslichkeit der Farben gefährdet allerdings deren Beständigkeit. Außerdem macht zu viel Gummiarabikum die Farben spröde.

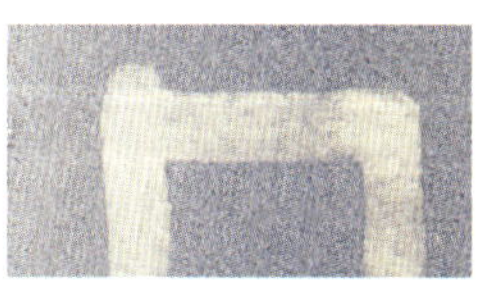

Lavierung pur und mit Gummiarabikum getrocknet, dann übermalt
Die Linien wurden mit klarem Wasser aufgemalt und abgetupft. Rechts zeigt sich die Löslichkeit des Gummifilms.

Wasser, auf nasse pure und nasse gummierte Lavierung getröpfelt
Der »Blutungseffekt« in der puren Farbe (links) fehlt in der mit Gummiarabikum versetzten (rechts).

Herausschaben

Vor Erfindung der Abdeckflüssigkeit erzeugte man völlig weiße Flächen oder Lichter in einem »transparenten« Aquarell in der Regel durch Abschaben der Farbschicht mit einem scharfen Messer, sodass das weiße Papier wieder sichtbar wurde.

Eine Alternative bietet die Verwendung von Deckweiß, obwohl das eigentlich nicht zum Grundgedanken der Aquarellmalerei passt. Abdeckflüssigkeit kann man natürlich nur dann verwenden, wenn man vorher genau weiß, wo die Lichter stehen bleiben sollen, oder wenn man die Farbschicht nicht durch nachträgliche Bearbeitung aufbrechen will. Deshalb ist das Herausschaben noch immer recht verbreitet.

Material

Schabewerkzeug

Wenn die herauszuhebende Fläche sehr klein ist, eignet sich ein Skalpellmesser am besten dazu. Will man zum Beispiel eine dünne vertikale Linie neben einem Ast wegnehmen, so schabt man behutsam an der Kontur vorbei, bis das weiße Papier sichtbar wird. Dabei muss sehr vorsichtig gearbeitet werden, bis das Papier ganz allmählich hervorkommt. Bei dickerem Papier ist diese Technik weniger riskant. Wenn die auszuschabende Fläche größer ist und es nötig ist, die Körnung des Papiers zu ebnen, so eignet sich eher ein Taschenmesser mit abgerundeter Klinge, doch kann man auch feines Schmirgelpapier benutzen.

Skalpell

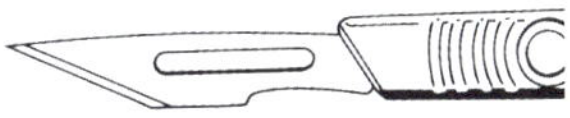

Taschenmesser

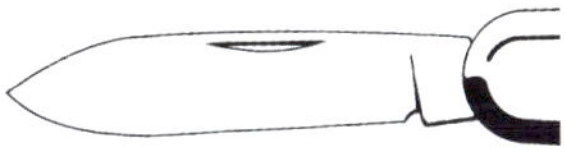

William Turner

Herausschaben einzelner Linien

Die Farbe wurde bei vielen Baumstämmen dort weggeschabt, wo das von links oben einfallende Licht Glanzlichter notwendig machte. Das Blattwerk des Farns im Vordergrund und die beiden Wasserfälle wurden herausgehoben, was den Eindruck des im Sonnenlicht spritzenden Wassers deutlich verstärkt. Der Gischteffekt wurde durch kombiniertes Schaben und Reiben erzielt, wobei die feinsten, mit der Messerspitze herausgehobenen Linien die Wassertropfen andeuten.

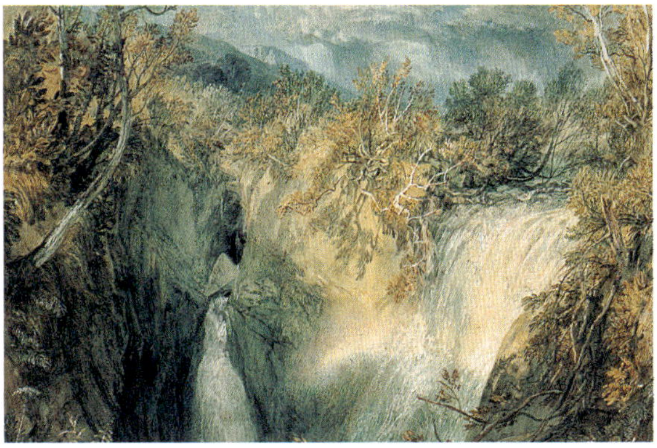

Schlucht bei Ingleton *(um 1816)*, WILLIAM TURNER

Technik

Herausschaben von scharfen Konturen

Dazu schneidet man die Umrisse mit einem Skalpell in (aber nicht durch) das Papier, um anschließend alle Farben bis zum Rand der Umrisse herauszuschaben. Die einzelne Möwe über einem See (rechts), die sich vor dem dunklen Berg abzeichnet, ist ein gutes Beispiel für diese Technik (ganz rechts).

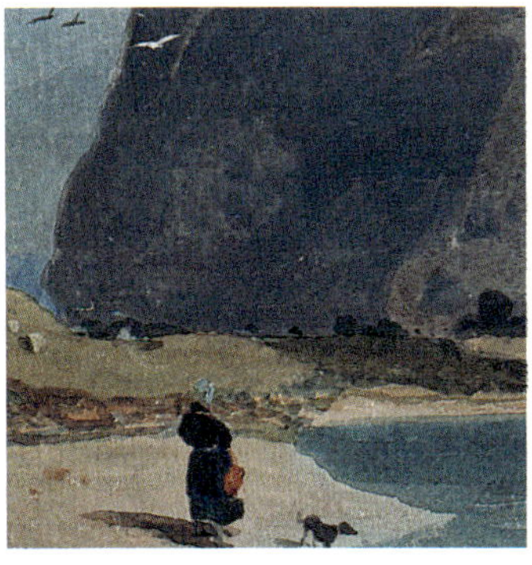

Gebirgsszene in Wales *(Ausschnitt, 1810)*, JOHN SELL COTMAN.

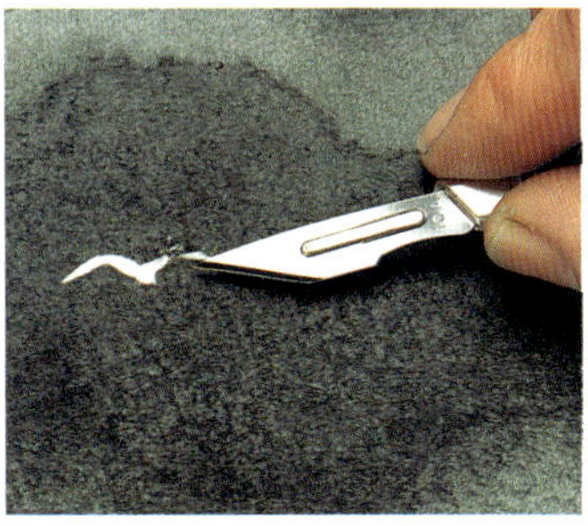

Ein Schneidemesser verwenden Die Form wird mit dem Messer angeritzt und die Farben innerhalb der Formen mit dem Messer ausgekratzt.

Aufweichen der Ränder

Viele Aquarellmaler haben Schwierigkeiten mit den »harten« Linien, die beim Trocknen am Rand von Farbflächen entstehen. Das geschieht am häufigsten, wenn eine Kontur ziemlich nass auf trockenes Papier gemalt wird. Wünscht man den harten Rand, bildet das kein Problem; wenn der Maler einen weniger abrupten Übergang anstrebt, gibt es zum Aufweichen der Ränder verschiedene Techniken, die letztlich alle auf dem Auftragen von Wasser basieren.

Technik Methoden zum Aufweichen der Ränder

Es gibt so viele Möglichkeiten des Aufweichens der Ränder wie es Pinsel und Feuchtigkeitsgrade des Papiers gibt. Die Beispiele unten wurden alle auf dem gleichen Papier ausgeführt. Man kann aber mit diesen Effekten auf Papieren verschiedener Absorption und Textur experimentieren.

Stutzen eines Pinsels

Ein verschlissener Borstenpinsel eignet sich gut zum Aufweichen harter Ränder von trockenen Aquarellfarben. Er wird so weit gestutzt, bis er richtig kratzig ist.

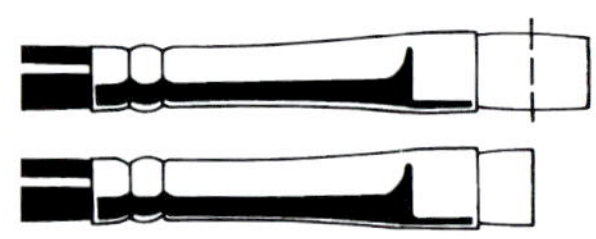

1 Ohne Aufweichen sammelt sich das Pigment am äußeren Rand.

2 Aufweichen des Randes bei noch nasser Farbe mit weichem Pinsel, der in sauberem Wasser angefeuchtet wird. Das Papier wird unmittelbar neben der Farbe mit dem Pinsel befeuchtet, wobei dieser den Farbrand berührt. Die Farbe verläuft in das feuchte Papier.

3 Befeuchtet man so eine größere Fläche mit etwas mehr Wasser, verläuft die Farbe freier und stärker.

4 Der Auftrag eines sehr nassen schmalen Wasserstreifens neben dem Farbrand ergibt einen völlig anderen Effekt: Das Wasser verläuft eher in das Pigment statt umgekehrt. Man sollte die Farbe nach dem Auftrag einige Minuten lang stehen lassen.

5 Ein langhaariger Borstenpinsel kann die Ränder einer nassen Farbfläche aufweichen. Hier wurde ein feuchter Katzenzungenpinsel Nr. 4 zweimal zügig am Rand entlang gestrichen.

6 Ränder einer trockenen Fläche kann man mit einem feuchten Borstenpinsel aufweichen.

7 Ein dünner, aber sehr nasser Wasserstreifen wird während des Trocknens um den Farbrand aufgetragen. Die Pigmentpartikel sammeln sich in winzigen »Schlammpfützen«.

8 Hier lässt man die Farbe in einen breiten Streifen klaren Wassers, neben dem Farbrand aufgetragen, verlaufen.

1

2

3

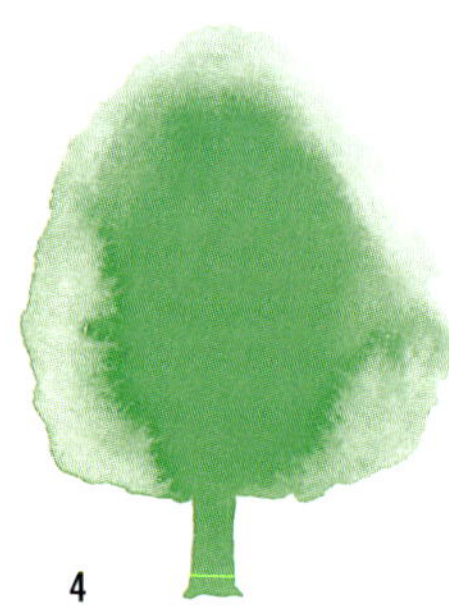
4

5

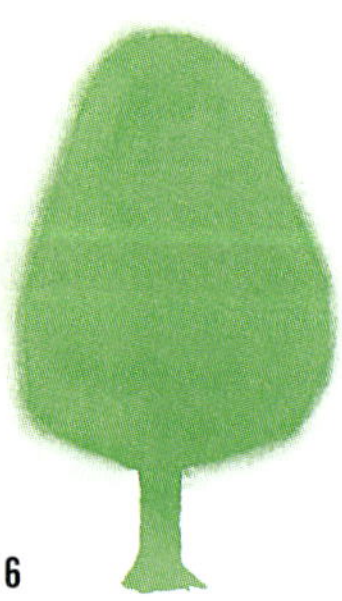
6

7

8

Textureffekte

Die Effekte durch die Papierkörnung wurden bereits beschrieben, doch eignen sich Aquarellfarben auch zum Erzeugen anderer Effekte. Diese erzielt man im Allgemeinen durch Beeinflussung der nassen Farbschicht, z. B. durch Tupfen, oder der trockenen Farbe, z. B. durch Schmirgeln, oder durch Abdeckflüssigkeit oder Wachs, wodurch die Farbe nicht mit dem Malgrund in Berührung kommt.

Technik

Schmirgeleffekte

Die Verwendung von Schmirgelpapier ist ein übliches Verfahren zum Erhalt von Texturen. Das Resultat hängt weitgehend von der Körnung des Sandpapiers ab, aber auch vom Papier, das den Malgrund bildet.

Feines Schmirgelpapier kann auf feinkörnigem Papier dazu dienen, aus einer trockenen Lavierung weiche, wolkenartige Formen herauszuheben. Auf rauem Aquarellpapier legt das abgeschabte Pigment das weiße Papier nur auf den erhabenen Teilen frei. Wenn also die raue Fläche nicht völlig geglättet wird, sticht die Papierkörnung deutlich ab.

1 Phthaloblau mit Phthalogrün, abgeschmirgelt

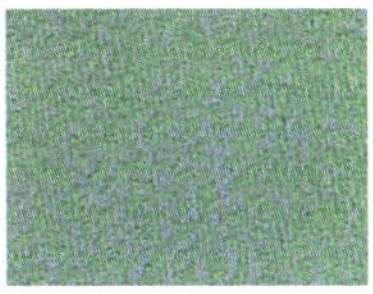

2 Dunklere Lavierung in Phthaloblau zugefügt

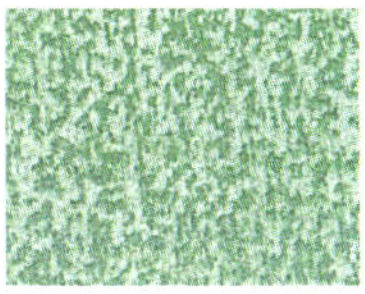

3 Abschmirgeln; helle Phthaloblau-Lavierung dazu

1 Phthalogrün mit Kadmiumrot, abgeschmirgelt

2 Lavierung in Phthalogrün mit Kadmiumrot

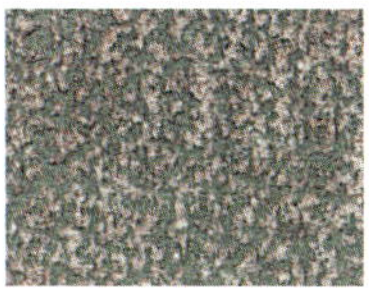

3 Nach dem Trocknen abschmirgeln

Kombinierte Schmirgeleffekte

Schmirgeln wird meist mit anderen Techniken kombiniert. Am häufigsten wendet man es zusammen mit Schab-, Schwamm- oder Tupftechniken an, die eine gewisse Relation zu den Textureffekten des Schmirgelpapiers haben. In der Landschaftsstudie (rechts) kamen das Licht des Himmels und der »weiße« Wassernebel durch Abschmirgeln der Papierfläche zustande. Das Schmirgeln auf grobkörnigem Papier erzeugt eine besonders stark gesprenkelte oder körnige Textur. Das würde neben den dünnen und gleichmäßigen Aquarelllavierungen sonderbar wirken, und deshalb wurden hier auch noch Tupf- und Schabtechniken angewandt, um eine gleichmäßige Textur zu erhalten.

Schmirgeln gerader Säume

Um präziser schmirgeln zu können, wurden kleine Sandpapierstreifen gefaltet, sodass gerade Ränder oder Ecken entstanden; in kleinen Kreisbewegungen wurden entlang den Konturen genau umrissene Flächen herausgehoben wie hier zwischen den fernen Hügeln. Schaum und Gischt des Wasserfalls wurden herausgeschmirgelt, aber dann entlang der Horizontalen mit Borstenpinsel und klarem Wasser in Kreisbewegungen gerieben sowie anschließend mit einem Papiertaschentuch abgetupft. Über der geschmirgelten Fläche wurde eine noch nasse Lavierung aus Alizarinkarmesin abgetupft. Die so entstandene gesprenkelte Fläche leitet über zur Schmirgeltextur.

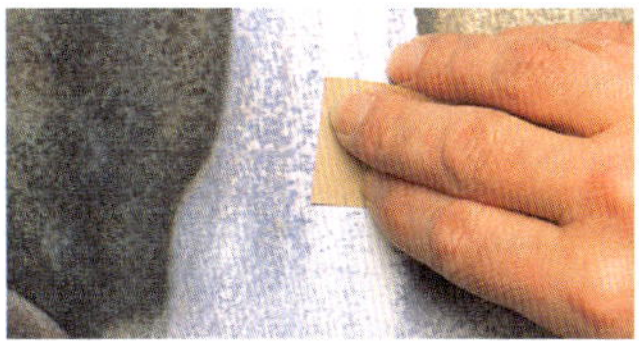

Schmirgeln gerader Säume (Detail) Gefaltetes Sandpapier erzeugte oben einen geraden Saum.

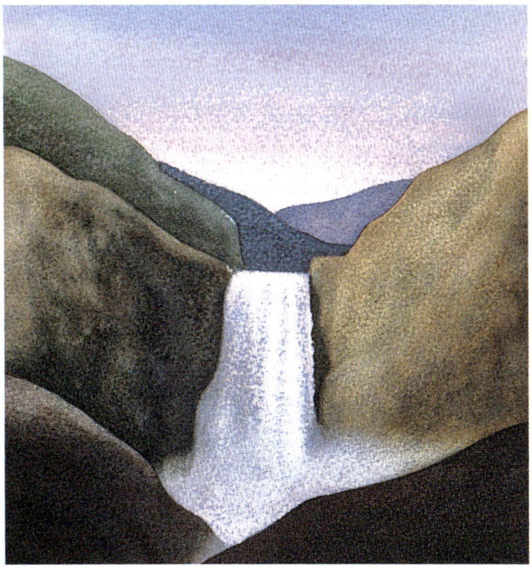

Fertiges Bild Das Bild zeigt einen aufgerauten Effekt, der gut zur Landschaft passt.

Technik

Fließpapiereffekte

»Herausheben« oder »Auswischen« mit Schwämmen oder absorbierendem Papier wurde als Mittel zum Erhalt spezieller Effekte wie Wolken (siehe S. 146) beschrieben. Für gleichmäßige Texturen, besonders auf grobkörnigem Papier, kann man auch Fließpapier verwenden. Bei dieser Technik wird Farbe aufgetragen, auf die – solange sie noch nass ist – Fließpapier gelegt wird, das mit der Handkante leicht gerieben wird. Wird das Fließpapier dann entfernt, so zeigt sich, dass es gleichmäßig Farbe von der erhabenen Körnung des Papiers abgesaugt hat, was einen Sprenkeleffekt ergibt. Ferner kann man Fließpapier auch auf spezielle Formen zurechtreißen und auf die nasse Farbe legen. Die faserigen Papierränder sorgen für leicht verwischte Konturen.

Bildaufbau mit aufgesaugten Lavierungen
Diese stimmungsvolle Landschaft wurde in einzelnen Lavierungen von oben nach unten aufgebaut. Dabei wurde jede Lavierung mit Fließpapier abgesaugt und vor dem Auftrag der nächsten trocknen gelassen. Das Fließpapier wurde in unregelmäßige Formen zu Recht gerissen, um die Baumlinien, Sträucher und Landkonturen zu formen. Mit einem dünnen Pinsel und Wasser wurden ungleichmäßige Linien oder Tönungen vorhergegangener Lavierungen aufgeweicht.

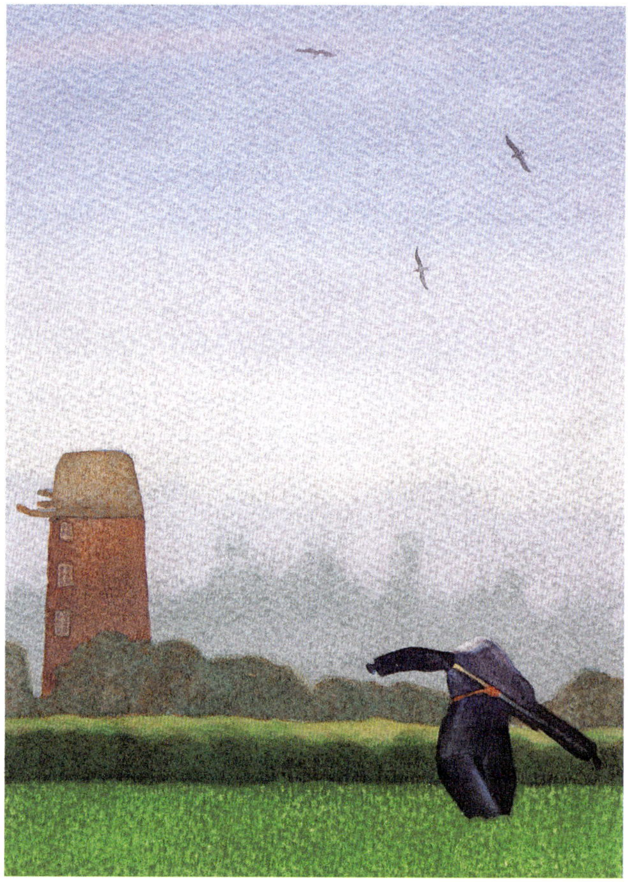

Landschaftsstudie Das Fließpapier half dabei die dunstige Atmosphäre des frühen Morgens entstehen zu lassen, und verstärkte die Luftperspektive. Die fernen Baumlinien erhielten ihre verwischten Umrisse durch zurechtgerissenes Fließpapier.

Technik

»Drucken« einer Textur

Die Standardmethode zum Erhalten des Effekts einer abgeschwächten Farbe ist die, den Pinsel schräg zur Fläche grobkörnigen Aquarellpapiers zu halten und mit sehr schwachem Pinseldruck zu malen, sodass die Farbe nur auf der erhabenen Papierkörnung haften bleibt. Nach dem Trocknen kann eine weitere Farbe aufgetragen werden, sodass eine Zweifarbentextur entsteht. Dieses Verfahren eignet sich vornehmlich für pastosere Farben wie Öl- oder Acrylfarben; bei Aquarellfarben verliert man leicht die Kontrolle über ihre Gleichmäßigkeit. Alternativ kann man die Farbe auch auf ein Stück Papier malen. Das wird dann umgekehrt nass auf das Aquarellpapier gelegt und mit einem Roller oder der Handkante »aufgedruckt«. Nach dem Abheben des Papierstücks zeigt sich eine sehr gleichmäßige Farbfläche.

Probieren Sie dies mit unterschiedlicher Konsistenz und variablen Tonwerten der aufgetragenen Farbe aus.

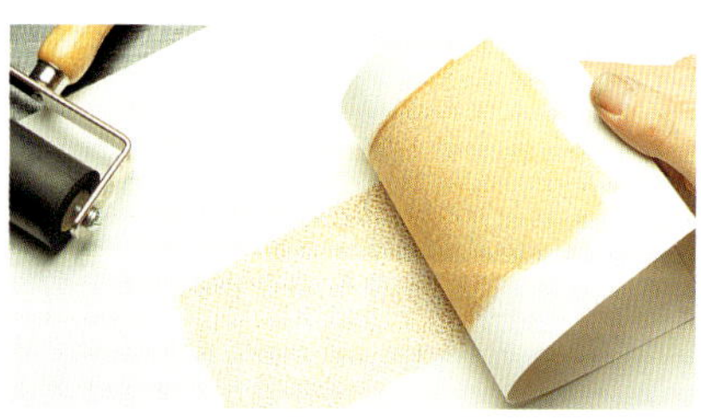

»Aufdrucken« Farbe auf ein Stück Papier auftragen, dieses auf das Aquarellpapier legen und dann mit Roller oder Handkante »andrucken«.

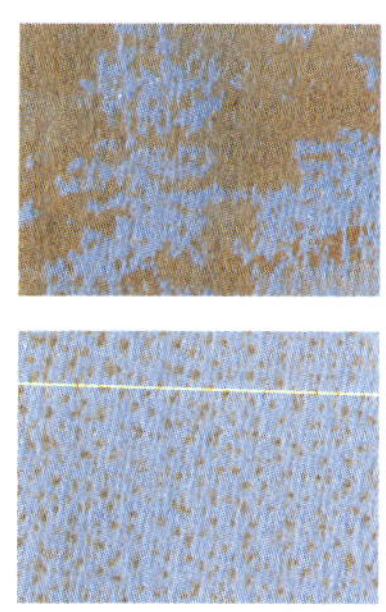

Aufgestrichen und »gedruckt« Das Pinselbeispiel oben ist von unregelmäßiger Textur. Unten wurde die Texturfarbe durch »Drucken« weitaus gleichmäßiger.

Technik Abdeckflüssigkeit

Bei dieser Flüssigkeit handelt es sich um eine Latexlösung, mit der man jene Papierstellen maskiert, die keine Farbe aufnehmen sollen. Ist das Bild fertig, wird die Flüssigkeit entfernt, sodass dort weißes Papier sichtbar wird. Eine Schicht reicht meist aus. Abdeckflüssigkeit kann man bereits vor dem Malen auftragen, um sicher zu sein, dass vorgesehene Lichter absolut weiß bleiben. Man kann sie aber auch noch während des Malens auftragen. Im Allgemeinen wird sie als klare oder leicht gelbliche Flüssigkeit geliefert. Letztere eignet sich besser zur Arbeit auf weißem Papier, da man leichter erkennen kann, wo sie aufgetragen wurde. Wird sie auf stark absorbierendem Papier aufgetragen, kann sie einen hellgelben Fleck hinterlassen. Mithilfe der Flüssigkeit lassen sich auch komplizierte oder scharf umrissene Formen gestalten. Diese werden mit einem relativ harten Bleistift dünn vorgezeichnet, bevor man die Abdeckflüssigkeit aufträgt. Die Bleistiftlinien sollten nur schwach sichtbar sein. Übermalt man sie geringfügig mit der Flüssigkeit, dann können sie nach deren Beseitigung ausradiert werden.

1 Die Form wird mit Abdeckflüssigkeit aufgemalt.

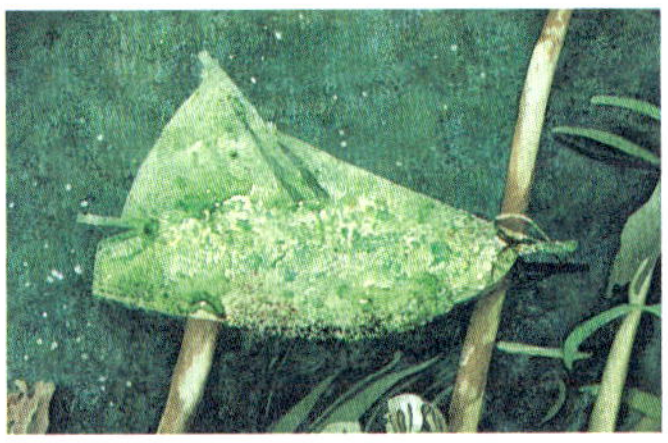

2 Die Lavierungen werden aufgetragen.

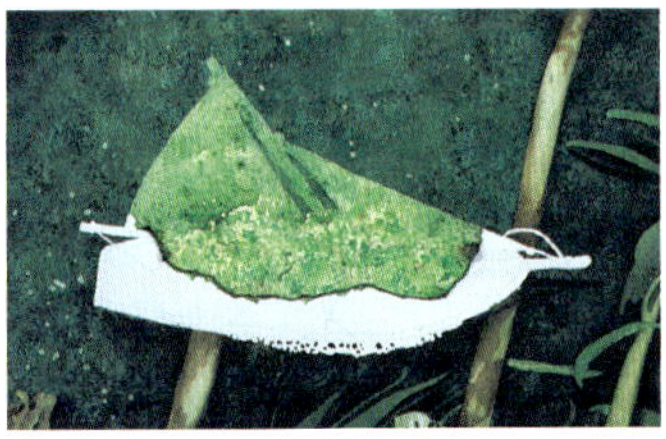

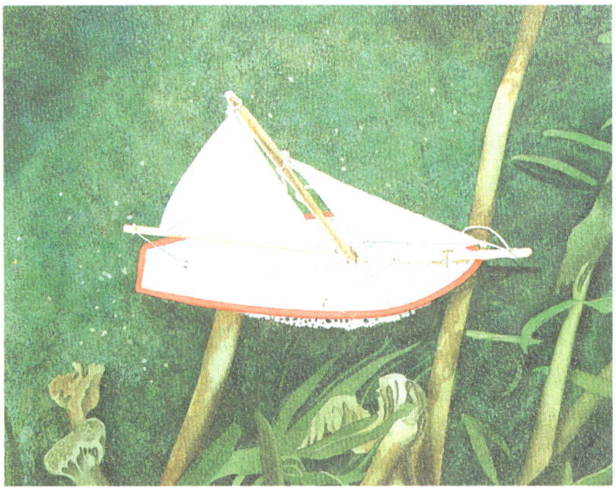

Fertiges Bild Der Einsatz von Abdeckflüssigkeit in den ersten Phasen des Bildes lässt das Boot plastisch hervortreten.

Aussparen negativer Formen

Vielleicht wollen Sie statt der Form selbst den Hintergrund aussparen, der um eine komplizierte Form liegt. Diese Technik wird am Beispiel unten gezeigt.

1 Nachdem die Form des Fuchses festgelegt wurde, wird die Abdeckflüssigkeit locker um die Form aufgetragen. Nach dem Trocknen wird die Farbe innerhalb des Umrisses aufgetragen.

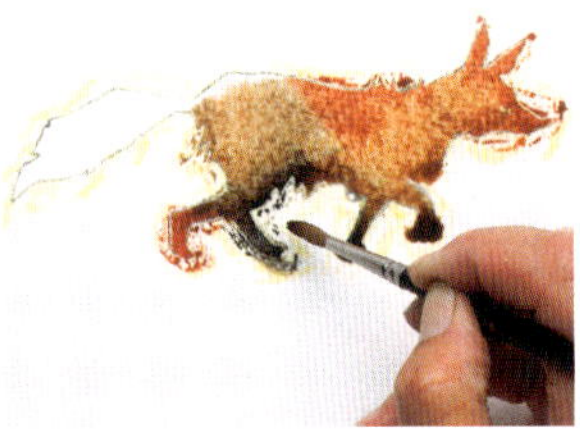

2 Nach dem Trocknen kann die Abdeckflüssigkeit abgerubbelt werden. Die freien Stellen um den Fuchs können mit Farbtupfen bemalt werden und geben dem Werk mehr Bewegung.

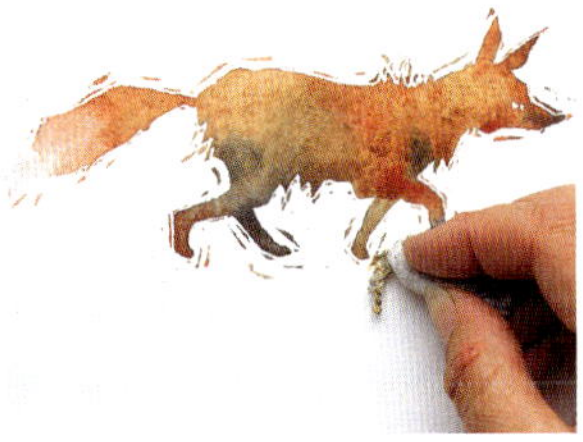

Tipps zum Gebrauch von Abdeckflüssigkeit

- Das verwendete Papier sollte fest genug sein, um ein Zerreißen beim Abrubbeln der Abdeckflüssigkeit zu vermeiden. Man sollte nur Papier mit Oberflächenleimung nehmen und vorher einige Tests machen.
- Flüssigkeit vor dem Übermalen gründlich trocknen lassen.
- Die Flüssigkeit mit einem alten weichen Pinsel auftragen. Diesen in warmem Seifenwasser auswaschen.
- Überschüssige Farbe von der abgedeckten Fläche abtupfen, damit keine Farbpfützen auf die Lavierung zurücklaufen können. Zu viel trockenes Pigment auf dem Latexfilm könnte das weiße Papier beim Abrubbeln verschmutzen.

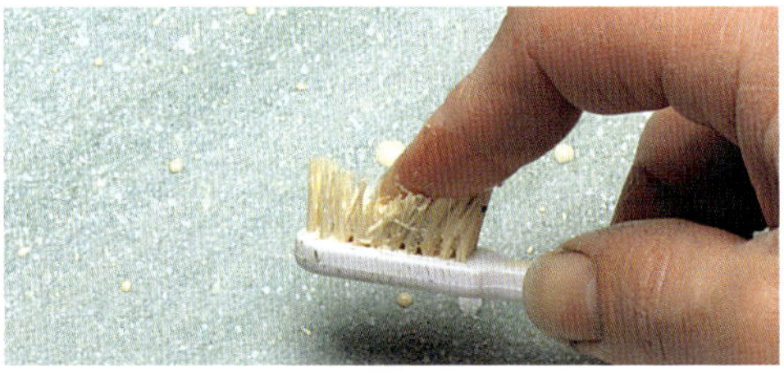

Aufgesprenkelte Abdeckflüssigkeit Hier wurde die Maskierflüssigkeit aufgesprenkelt und dann trocknen gelassen, ehe die einzelnen Lavierungen darüber kamen.

Technik Absprengtechnik

Diese Technik beruht auf dem Umstand, dass Wachs Wasser abstößt. Trägt man Wachs auf und danach eine Lavierung, so haftet die Farbe nur dort, wo kein Wachs ist. Wachsfarbstifte können ebenso verwendet werden wie weißes Kerzenwachs. Kerzen werden im Allgemeinen aus Stearin hergestellt, das so lange beständig ist, wie es keiner großen Wärme ausgesetzt wird (z. B. direkten Sonnenstrahlen).

Bei der konkreten Malerei werden die üblichen Prozeduren durch das Wachs umgekehrt, indem man mit den Lichtern beginnen und auf die dunklen Schatten hinarbeiten muss. Zu Texturzwecken bietet Wachs eine Vielzahl von Körnungseffekten, die von der Art des Papiers abhängen.

Modellieren einer Form in Wachstechnik

Mit diesem Verfahren kann man in konkreter und plastischer Weise malen. Die Technik eignet sich gut für Objekte wie diesen Apfel. Vor allem muss dabei systematisch von den Lichtern auf die dunklen Tönungen hingearbeitet werden. Im Grunde wurde der ganze Apfel, außer in den dunkelsten Schatten unten und am Stiel, in Flächenlavierungen gemalt; die plastische Wirkung beruht auf der Verwendung des Wachses.

1 Lichter gewachst. Aureolin-Lavierung nach Auftrag trocknen gelassen.

2 Stellen, die gelb bleiben sollen, werden gewachst. Hellrot laviert.

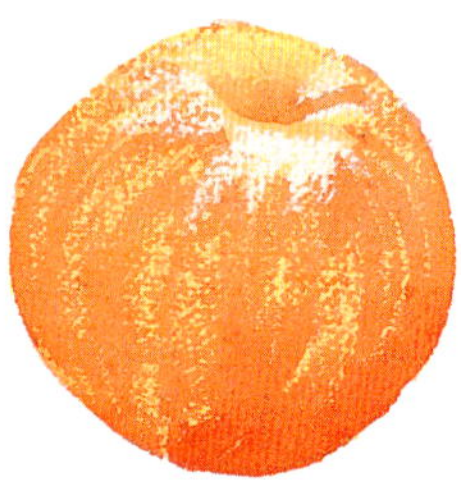

3 Flächen, die hellrot bleiben, werden gewachst und Chinacridonrosa-Lavierung aufgetragen.

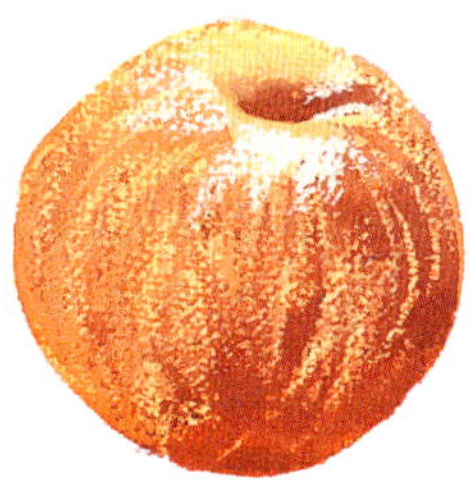

4 Flächen, die Chinacridonrosa bleiben, werden gewachst. Purpurlavierung wird aufgetragen.

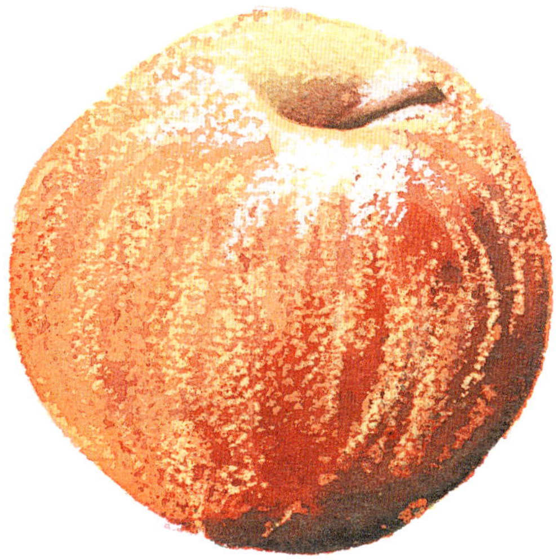

Fertiges Bild Letzte Lavierung trocknen lassen. Zuletzt werden die dunklen Schatten am Stiel und unten rechts mit Chromoxidgrün feurig gemalt.

Technik

Beispiele für die Absprengtechnik

Hier gibt die Absprengtechnik den verschiedenen Teilen des Bilds Substanz und Textur, wie dem Land, dem Wasser und der Seite des Bootes, wo die feinen Linien des Wachses im Kontrast zu den dickeren, kräftigeren im Vordergrund stehen.

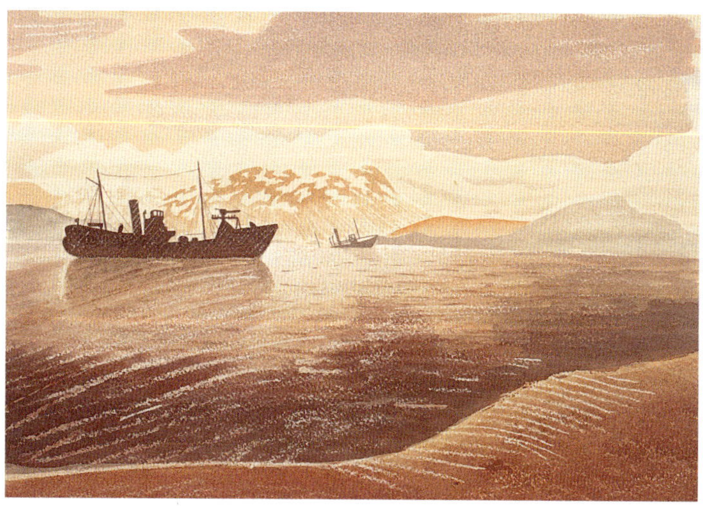

Eine Studie nach Ravilious Die Absprengtechnik kann eine Mischung aus Zeichnung und Malerei ergeben.

Brillante und gedämpfte Farben

Mit Aquarellfarben kann man sehr detaillierte und räumliche Arbeiten, aber auch ganz spontane und leuchtende Bilder schaffen. Mit gedämpften Farbtönen lassen sich Motive in voller Tonwertskala wiedergeben, während die modernen synthetischen Pigmente leuchtende Farben bieten.

Technik

Tonwerte überlagerter Lavierungen

Einige der subtilsten Effekte kommen dadurch zustande, dass Farben in dünnen reinen Lavierungen übereinander aufgetragen werden. Bei diesem Gemälde wurde die Brücke mit dünner gelber Lavierung gemalt – wohl Siena natur. Wo sie im Schatten liegt, wurde eine dünne Blaulavierung überlagert. Der gleichmäßige Farbton bildet einen idealen Hintergrund für das sich davor abzeichnende Pferd. Ähnlich spiegeln sich unter dem Brückenbogen die rosabraunen Farben des Ufers im Wasser, die anschließend mit Blau überlagert wurden. Der allgemeine Übergang von Dunkel nach Hell über das ganze Bild kam durch Überlagern von Schattenlavierungen zustande. Seine Ausgewogenheit erhält das Bild durch den großen Baum und die schattierten Felsbrocken darunter. Auch hier kamen die Tonwertunterschiede nicht durch Mischen der endgültigen Farbe für einen Farbauftrag zustande, sondern durch wiederholtes Übermalen.

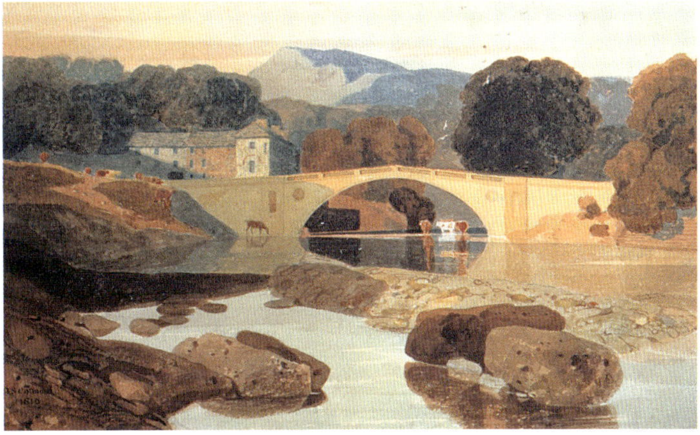

Brücke bei Greta *(1810)*, JOHN SELL COTMAN

Technik

Optisches Mischen mit reinen Farben

Die modernen synthetischen organischen Pigmente bieten eine große Auswahl an reinen kräftigen helltonigen Farben. Die Landschaft unten wurde mit nur vier dieser Pigmente gemalt: Phthalocyaninblau, Phthalocyaningrün, Chinacridon (Rosa) und Azogelb.

Das Malverfahren wurde durch den Anblick der Landschaft auf einem Fernsehbildschirm inspiriert, der durch seine winzigen Punkte reiner Farben an den Stil der impressionistischen Pointillisten denken lässt. Striche oder Punkte in reinen Farben wurden ohne Aufweichen oder Vermischen aufgetragen. Tonwerte wurden durch Strichüberlagerungen aufgebaut und Lichter durch Abdeckflüssigkeit ausgespart. Das fertige Gemälde ist reich an Tiefe und Textur, besonders im Vordergrund.

Das Bild entstand unter Verwendung von Punkten und Tupfern von Gelb, Rot, Blau und Grün mit einer rotblauen Mischung – die einzige direkte Farbmischung im Gemälde –, was ein Violett für die dunklen Schatten und eine Grundfarbe für die Felsen an der Küste ergab. Lichter wurden mit Abdeckflüssigkeit ausgespart.

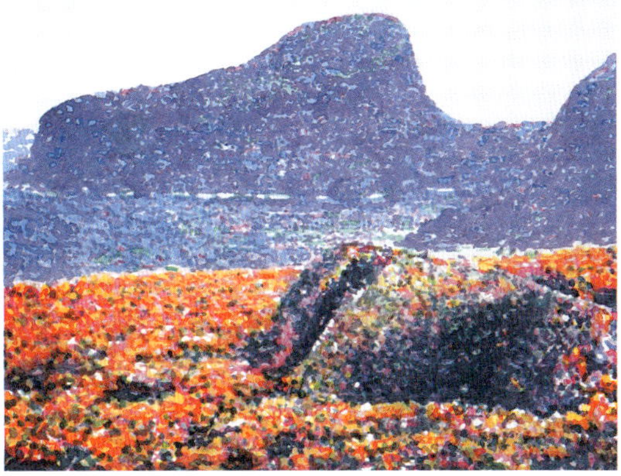

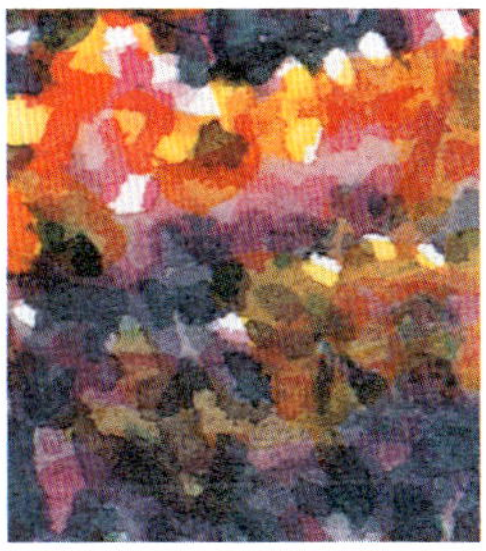

Vordergrundausschnitt Die Detailvergrößerung zeigt die Tupfer in reinen Farben, nebeneinander oder überlappend. Aus einiger Entfernung erkennt das Auge die Farben nicht mehr einzeln; sie werden zu ganzen Farbflächen optisch vermischt.

Monochrome Untermalung

Sehr eindringlich wirkt ein Bild, das zunächst nur in Tonwerten einer einzelnen Farbe gemalt wird, wobei zugleich verschiedene Techniken zum Einsatz kommen wie aufgeweichte Ränder und abgestufte Lavierungen; erst nachdem die Untermalung trocken ist, werden die übrigen Farben aufgetragen.

Technik

Monochrome Untermalung

Diese Studie nach Frances Towne, einer Aquarellistin des späten 18. und frühen 19. Jahrhunderts, zeigt die Vorstufen einer monochromen Untermalung. Die Landschaft wurde zuerst mit einem harten Bleistift aufgezeichnet. Man nimmt dazu besser keinen weichen Bleistift, um die Farbe nicht zu beeinträchtigen. Dann wurden nacheinander die verschiedenen Tonwerte des Motivs mit nur einer Farbe, hier Paynes Grau, eingetragen. Wenn man noch farbige Lavierungen auflegen möchte, sollte man die Tonwertskala der Grautöne sehr hell halten.

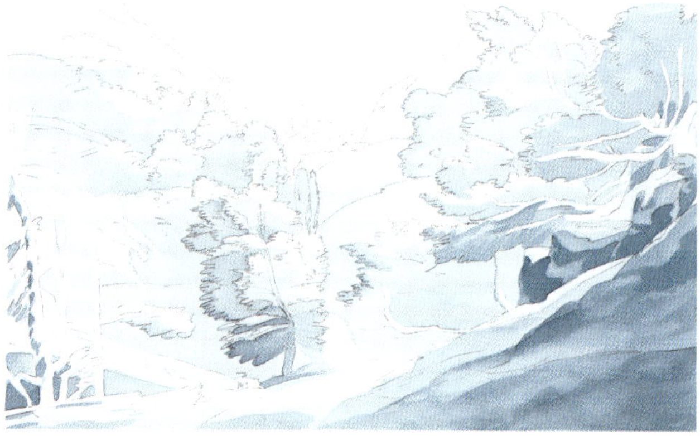

Tonwerte aufbauen Helle, getrocknete und wieder übermalte Lavierungen bauen rasch die dunkleren Tonwerte auf.

Auf getöntem Papier malen

Das getönte Papier verleiht einem Aquarell einen einheitlichen Ton. Das Papier darf allerdings nicht zu dunkel getönt sein, weil man sonst nicht mit den normalen transparenten Aquarelltechniken arbeiten kann. Lichter müssen jedoch mit Deckweiß aufgesetzt werden.

Technik

Aquarell auf Aquarellpapier

Ein beigefarbenes oder hellblaues Aquarellpapier gibt dem Werk eine besondere Note. Einige intensivere Pigmente, wie die deckenden Kadmiumtöne, werden von der Farbe des Papiers kaum verändert werden. Aber selbst diese Farben sehen dann in verdünnten Lagen ganz anders aus. In dieser Skizze (rechts) wird das üppige Laub von dem mittelblauen Ton des Papiers absorbiert und schafft einen weichen gedämpften Hintergrund für den Tempel, der in weißer Gouachefarbe herausgehoben wurde.

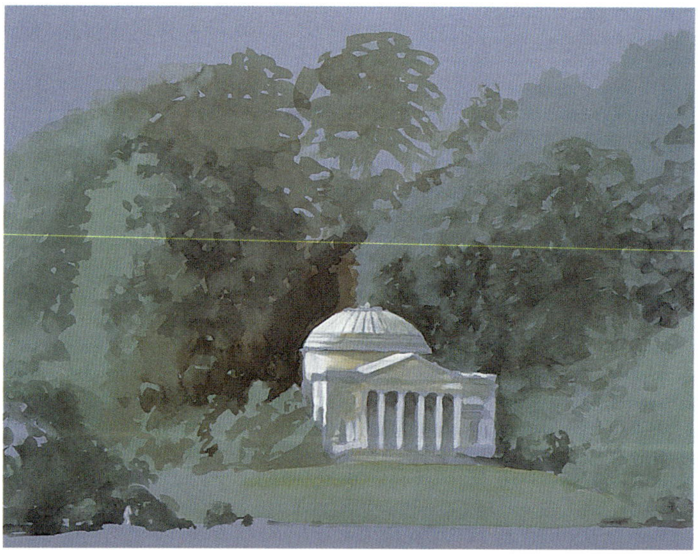

Malerei auf farbigem Papier Die Vegetation verschmilzt mit der Hintergrundfarbe, aber die Architektur steht deutlich in Deckfarbe davor.

Gemischte Aquarelltechniken

Die diversen Aquarelltechniken werden nur selten allein angewandt, sondern häufiger miteinander. Das Bild rechts unten enthält eine Kombination von Malverfahren, die in diesem Kapitel behandelt wurden, die Vogelscheuche ist ein Beispiel für monochrome Untermalung mit aufgelegten Lavierungen.

Beispiel Vogelscheuchenstudie

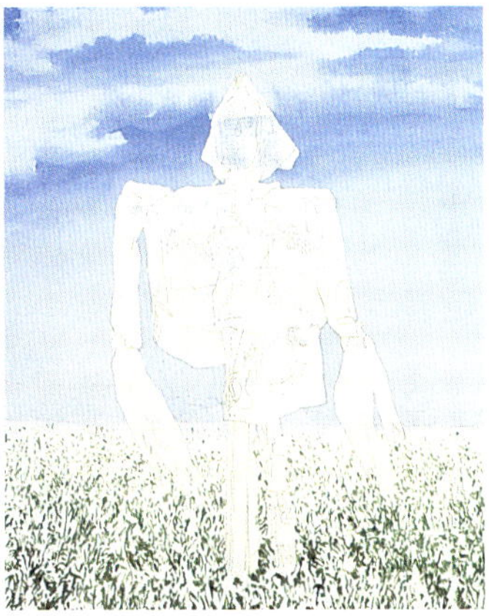

1 Himmel malen. Wolkenrundungen abwaschen, Himmel dunkler machen, Pflanzenschatten zufügen.

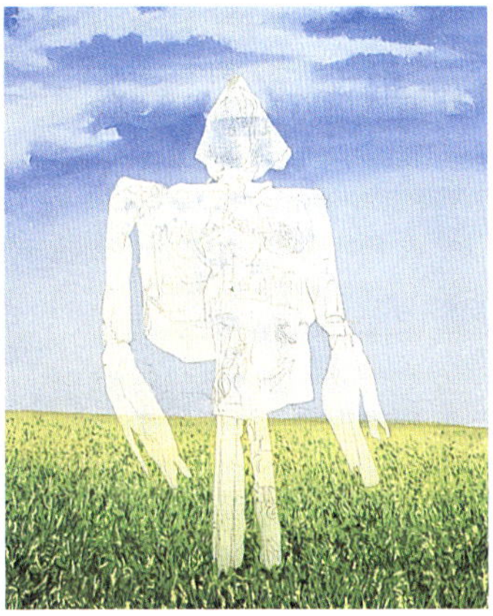

2 Gelbgrüne Lavierung des Feldes und Abdeckflüssigkeit für die Lichter kommen hinzu.

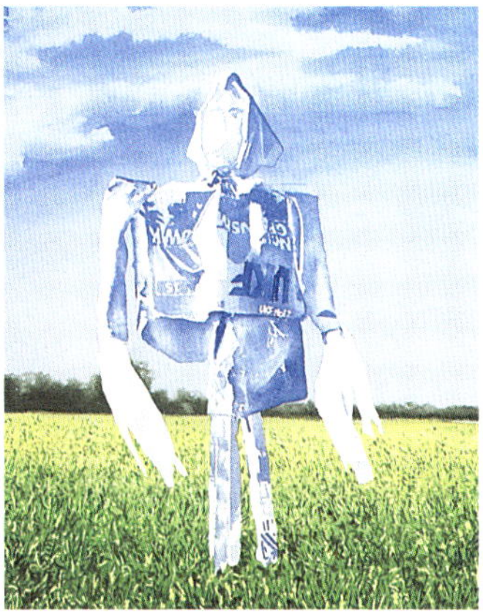

3 Abdeckflüssigkeit entfernen und Gebüsch malen. Gestalt in blauen Tönungen untermalen.

Hier wurde die monochrome Untermalung bei der Gestalt angewandt. Das Bild wurde mit Bleistift vorgezeichnet und leicht fixiert. Die Vogelscheuche wurde mit Abdeckflüssigkeit (siehe S. 151) ausgespart, damit sie weiß blieb, während der Himmel gemalt wurde.

Eine Grundlavierung für den Himmel wurde dann mit anderen Lavierungen (siehe S. 139f.) übermalt. Teilweises Abwaschen (siehe S. 145) mit dem Pinsel weichte die Wolkenränder auf. Man ließ blaues Pigment einfließen, um den Himmel zu verstärken und die Wolken neu zu präzisieren.

Schatten im Getreide wurden mit winzigen Farbtupfern aufgesetzt; hellere Tupfer deuten die Gräser an. Eine blasse gelbgrüne Lavierung kam über das ganze Feld; Abdeckflüssigkeit schützte die Lichter. Nach dem Trocknen wurde eine hell- bis dunkelgrüne Lavierung vom Horizont bis unter den Fuß der Vogelscheuche aufgelegt. Danach wurde die Abdeckflüssigkeit entfernt. Das Gebüsch wurde gemalt und seine Ränder mit feuchtem Pinsel aufgeweicht (siehe S. 148).

Die Vogelscheuche selbst wurde in mehreren Tonwerten von Phthalocyaninblau – mittel bis hell – gemalt, sodass die zum Bild passenden überlagernden Farben ihm ihre volle Tiefe geben konnten.

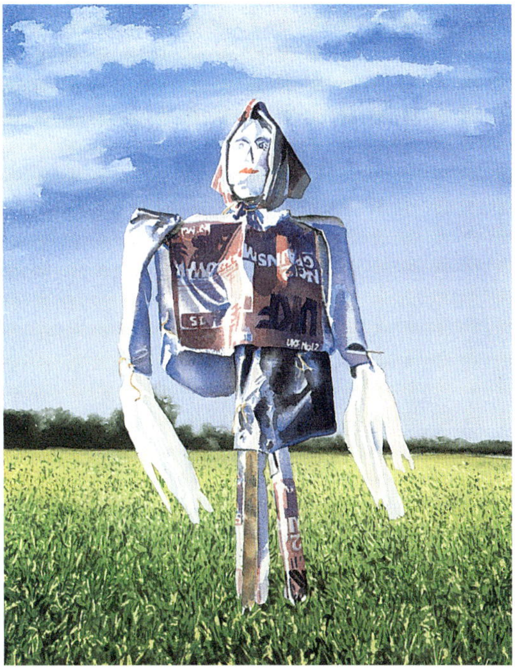

Fertiges Bild Nach dem Trocknen der Untermalung werden die leuchtenden Farben der Kunststoffsäcke aufgetragen, die den Körper bilden; schließlich wird das Holzgestell gemalt.

Gouache

Gouachefarben sind bei vielen Designern und Illustratoren sehr beliebt, weil sie für glatte, gleichmäßige Flächen sorgen. Ebenso zweckmäßig sind sie für Kunstmaler, die in der Tradition der indischen und persischen Miniaturmalerei auf kleinen Flächen malen, bei denen einzelne Stellen ein »Ausfüllen« mit glatten, deckenden Farben erforderlich machen. Man kann Gouache jedoch auch zu sehr diffizilen großflächigen Arbeiten verwenden.

Herstellung der Farben

Gouache- oder Deckfarben werden mit den gleichen Verfahren wie Aquarellfarben und unter Verwendung ähnlicher Zutaten hergestellt. Die Farbschicht muss dicker und flexibler als die von Aquarellfarben sein, die ja hauchdünn ist. Daher bekommen Gouachefarben einen Zusatz von Glyzerin, das sie löslicher als Aquarellfarben macht.

Ein wesentlicher Aspekt dieser Farben ist ihre Deckkraft. Bei den besten Markenprodukten erzielt man diese durch größere Pigmentanteile. Von Natur aus transparenten Pigmenten wird ein deckendes Streckmittel wie Bariumsulfat oder Zinkweiß hinzugefügt. Schlämmkreide verwendet man als Streckmittel für die billigeren Deckfarben; die Kreide wird mit dem Pigment gefärbt, um den gewünschten Farbton zu erhalten. Man kann mit Schlämmkreide auch selbst Gouachefarben herstellen. Ein weiterer wesentlicher Aspekt der Gouache ist ihre Fließeigenschaft. Wenn sie sich bei Verwendung von Gummiarabikum als Malmittel nicht glatt auftragen lässt, benutzt man Dextrin. Die Farben sind manchmal noch feiner zermahlen als Aquarellpigmente.

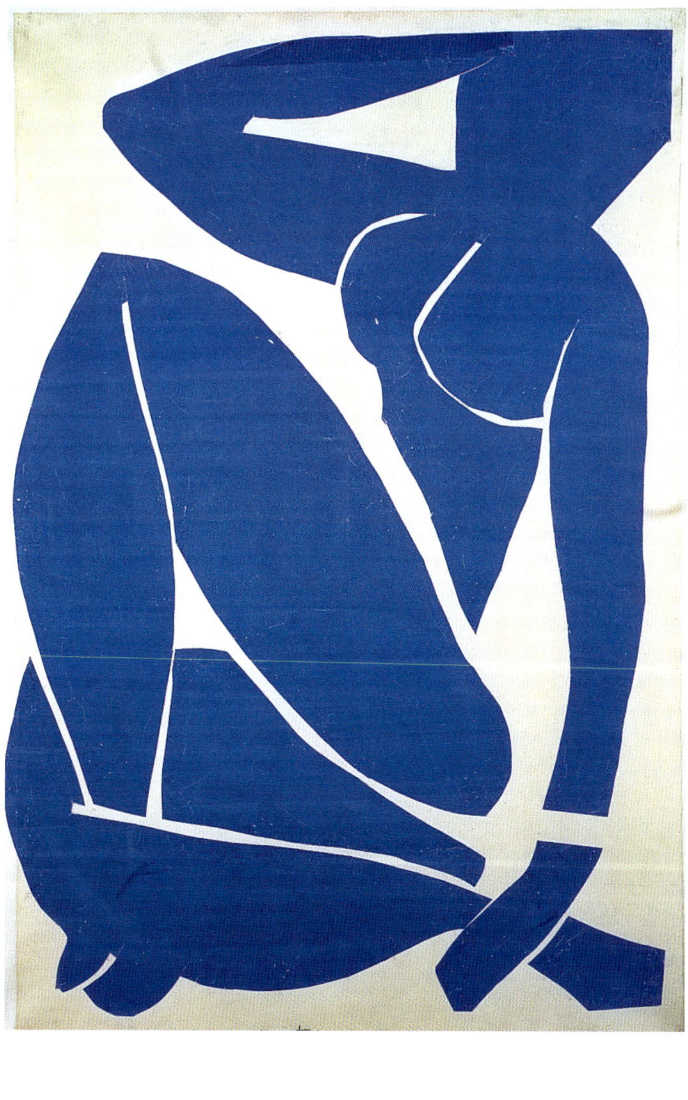

Blauer Akt *(1952),* Henri Matisse
Matisse verwendete für seine Papierschnitte mit Gouache bemalte Papiere, weil er den besonderen Charakter dieser Farbe schätzte. Die matte, opake Gouachefarbe gibt den Formen dieser skulpturalen Figur Kraft und Festigkeit.

Material Die Eigenart der Gouachefarben

Wenn man die Gouachefarbe mit dicker Konsistenz in deckenden Mischungen verwendet, hat sie eine einzigartige Qualität. Die matte Oberfläche der Farbe hat eine Wirkung wie »trockene Erde«, und ist ähnlich dem Pastell, allerdings ohne dessen staubigen, kreideartigen Charakter. Diese Mattheit gibt der Gouachefarbe eine Präsenz, die die transparente Aquarellfarbe nicht hat und den Betrachter direkt mit der Farbkraft des Pigments konfrontiert.

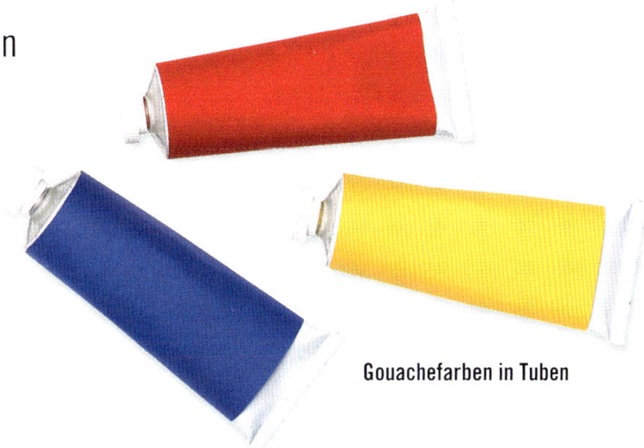

Gouachefarben in Tuben

Malen mit Gouachefarben

Trotz ihrer Deckkraft können Gouachefarben auch dünn in transparenten oder halbtransparenten Lavierungen aufgetragen werden. Werden sie so verwendet, sind sie im Allgemeinen weniger brillant als Aquarellfarben; wenn man wirklich gute Markenprodukte kauft, besonders mit transparenten Pigmenten wie Phthalocyaninblau oder Siena gebrannt, ist der Unterschied nur geringfügig.

Technik

Weiß zufügen

Man mischt der Gouachefarbe Weiß zu, um ihre Deckkraft zu erhöhen. Dies hilft beim Anlegen einer gleichmäßig deckenden Farbschicht. Man kann die Mischung mit Weiß für halb-transparente Lavierungen verdünnen, doch zeigen die Beispiele, wie sehr das die Farbe verändert.

Deckende Lavierung Das zur Erhöhung der Deckkraft hinzugefügte Weiß verändert das Aussehen der Farbe.

Transparente Lavierung Die abgestufte Lavierung ergibt einen hellen Effekt.

Technik

Löslichkeit der Farben

Da Gouachefarben mehr Glyzerin enthalten, lösen sie sich beim Übermalen leichter auf als Aquarellfarben. Aufweich- und Mischmanipulationen erzielt man mit einem feuchten sauberen Pinsel.

Überlagert man eine dünne Farbschicht mit einer anderen, ebenso dünnen, wird sich die untere Schicht langsamer lösen als eine dickere. Eine recht dicke Schicht können Sie über eine Farbe ähnlicher Konsistenz legen ohne diese nennenswert zu beeinflussen, wenn Sie sehr schnell arbeiten. Die Deckkraft der Farben kann entsprechend ihrer Verdünnung und der zugefügten Menge von Weiß variiert werden. So lässt sich eine Reihe von halbdeckenden Überlagerungseffekten erzielen, die bei den transparenten Aquarellfarben nicht möglich sind.

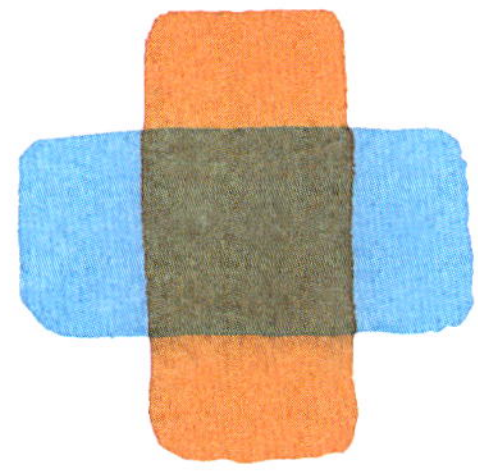

Dünne halbdeckende Lavierung über halbdeckender.

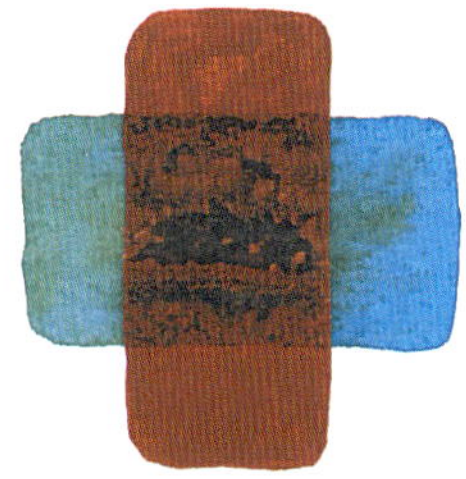

Dünne halbdeckende Lavierung über dicker unverdünnter Farbe.

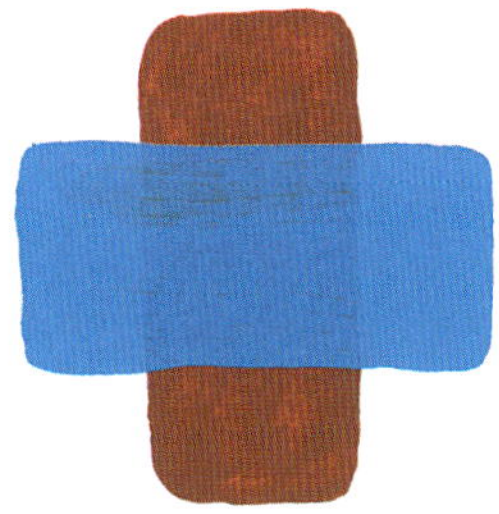

Dicke deckende Farbe über dicker unverdünnter Farbe.

Auf getöntem Papier

Da Gouachefarben deckende Farben sind, kann man sie effektvoll auf mittelgetöntem Papier verwenden. Die Deckkraft ist je nach Farbkonsistenz und Pigment unterschiedlich; die Papierfarbe beeinflusst das Aussehen der Gouache, indem sie entweder schwach durchscheint oder aber zu ihr einen Kontrast bildet. Auf einem getönten Grund verliert eine Farbe im Vergleich zu einem weißen Grund an Leuchtkraft.

Technik

Gouache auf weißem und auf getöntem Papier

Der Krug links wurde auf weißem Papier gemalt, der Krug rechts auf einem Papier in einer gleichmäßigen Acryl-Lavierung von Siena gebrannt. So weit wie möglich wurden die Bilder identisch ausgeführt. Jedes Bild hat seine Vorzüge. Auf dem weißen Papier stehen die Farben rein und leuchtend, sind aber nicht so tief und satt wie in dem Bild auf dem getönten Papier. Die Untermalung gibt den Grün-, Blau- und Gelbtönen der bemalten Vase einen warmen Ton.

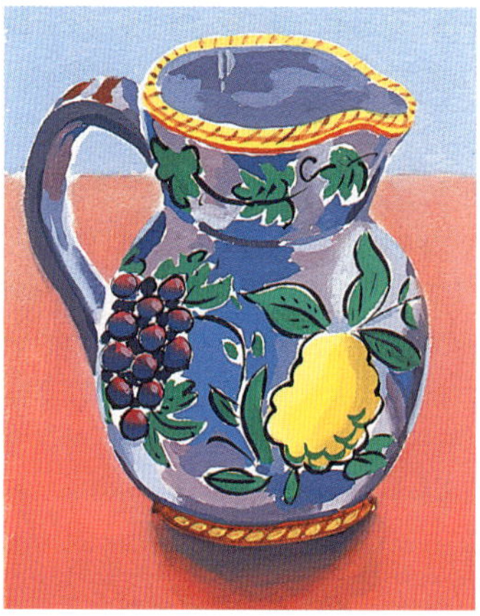

Auf weißem Papier gemalter Krug Diese Darstellung zeigt klare, reine Farben.

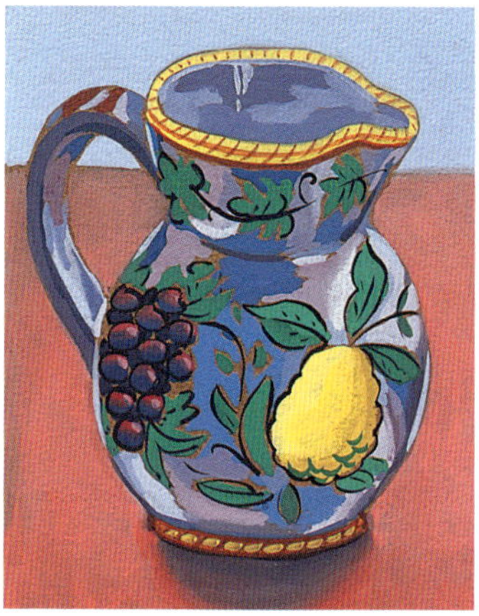

Auf getöntem Papier gemalter Krug Man erhält einen weicheren, runderen Farbton.

Die Effekte der Hintergrundfarbe

Die nebenstehenden Beispiele zeigen die gleichen Gouache-Mischungen, einmal auf weißem und dann auf orange-braunem Papier. In jedem Fall sind die Farben in der oberen Reihe identisch mit den Farben in der unteren Reihe. Doch der Einfluss der Hintergrundfarbe ist bemerkenswert. In den dünnen Lavierungen von Nr. 2 und 6, und 4 und 8, beeinflusst das braun getönte Papier die Farben im Unterschied zu den Farben auf weißem Grund erheblich. In den Mischungen von Nr. 2 und Nr. 6 ist Weiß in den Lavierungen zugemischt und hebt sich gut vom Braun ab. In Nr. 4 und Nr.8 befindet sich kein Weiß in den Mischungen und die Farbe der transparenten Lavierung wird vom Braun modifiziert. Aber selbst in den deckenden Mischungen von Nr. 1, 5, 3 und 7, gibt es große Unterschiede in den Farbtönen. In der kreidigen Variante von Nr. 5 sieht die gleiche Farbe ganz anders aus als bei Nr. 1.

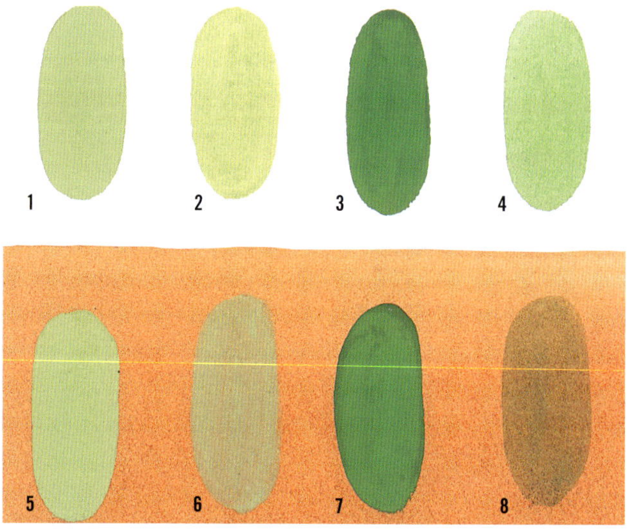

Gouache-Mischungen auf weißem und auf getöntem Papier

1 & 5 Lichter Ocker plus Titanweiß mit etwas Phthalogrün – deckende Mischung

2 & 6 Lichter Ocker plus Titanweiß mit etwas Phthalogrün – verdünnte Mischung

3 & 7 Phthalogrün mit etwas Titanweiß und Lichtem Ocker – deckende Mischung

4 & 8 Phthalogrün mit etwas Titanweiß und Lichtem Ocker – verdünnte Mischung

Beispiel Apfelbaumstudie

Dieses moderne Gouachegemälde zeigt eine Version einer klassischen Technik der Landschaftsmalerei. Die Himmelsfarbe ist deckend gemalt, und die Papierfarbe agiert durchweg als verbindende und unterlegte Farbe. Die dunklen Tonwerte von Laub und Zweigen sind dünne blaubraune Lavierungen, während die Stellen im Licht halbdeckende und deckende Gelbgrün- und Gelbweißmischungen sind.

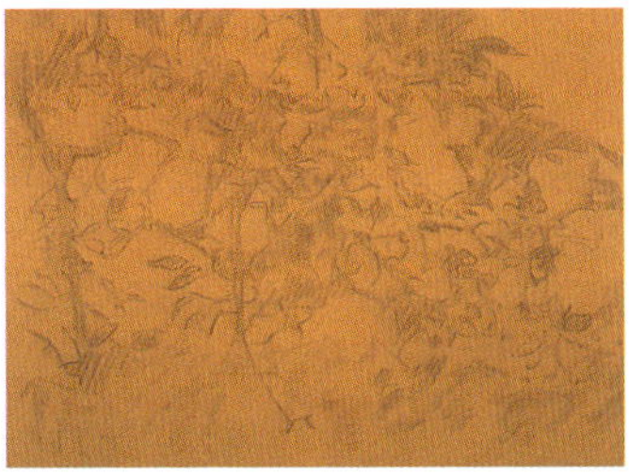

1 Vorzeichnung mit Zeichenkohle. Die Kohle abstauben, damit sie die Farbe nicht verschmutzt. Eine schwache Restzeichnung bleibt.

2 Den Himmel zweimal mit einer Mischung aus Titanweiß und Phthalocyaninblau malen.

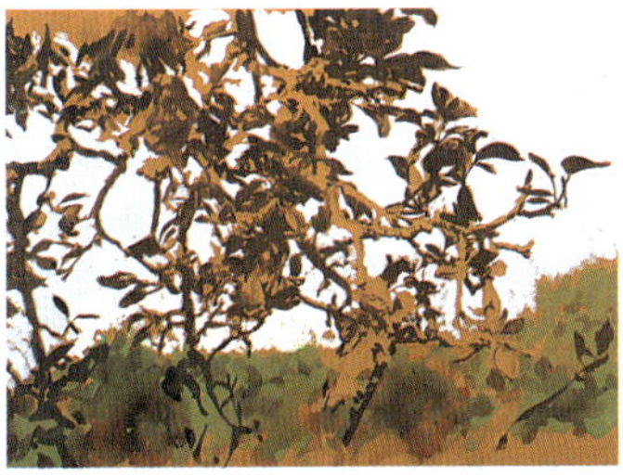

3 Lichter Ocker und Phthalocyaningrün für die Sträucher, Umbra gebrannt für die dunklen Töne.

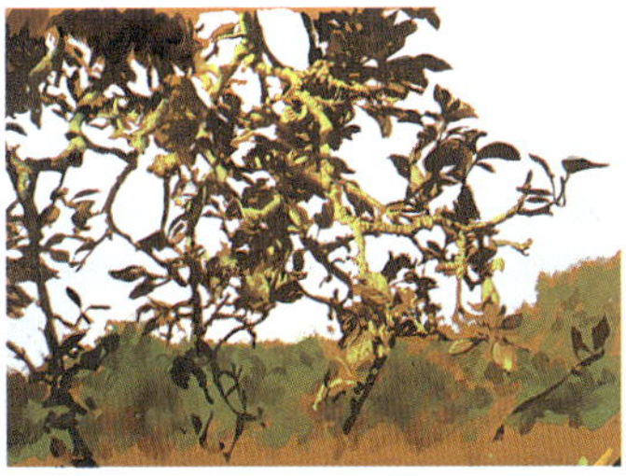

4 Die dunkelsten Zweige in blaubrauner Mischung. Nach dem Trocknen Himmel nochmals übermalen.

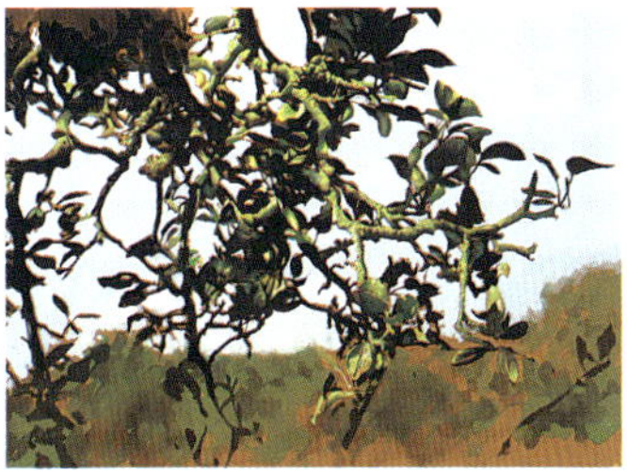

5 Die helleren Töne der Zweige werden in Mischungen von Gelb, Grün und Weiß gemalt.

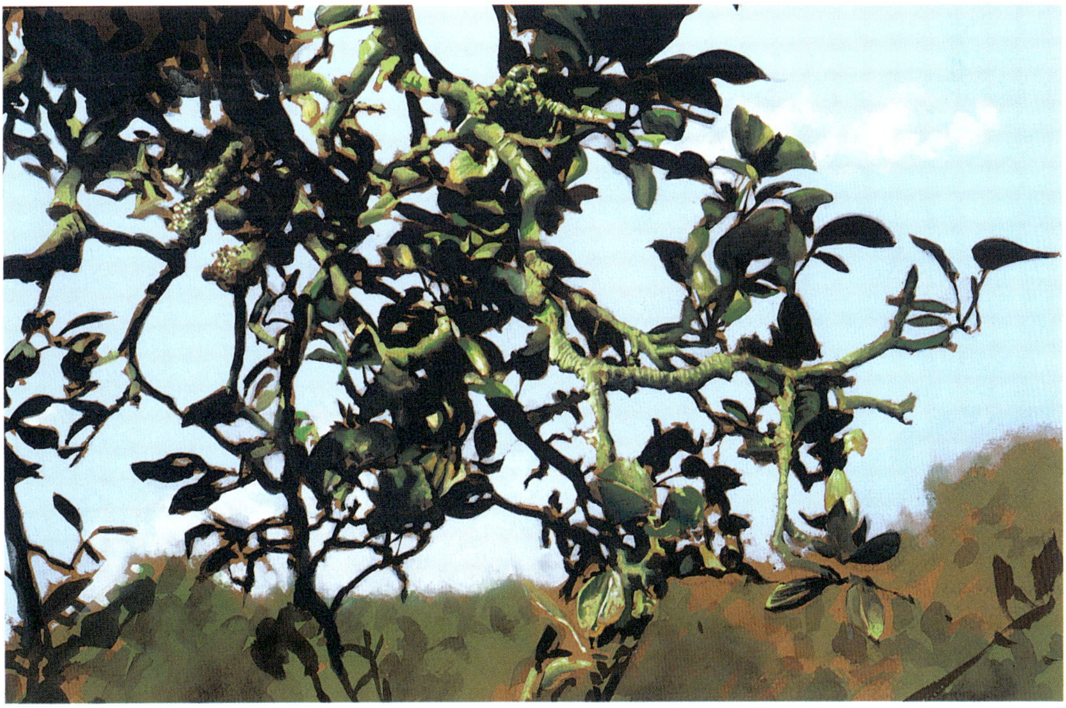

Fertiges Bild Die kreidigen, grünen Zweige erhalten durch die Verwendung von Gouachefarbe eine größere Präsenz.

Tempera

Bei Temperafarben dient eine natürliche Emulsion wie Eidotter oder eine künstliche wie Gummiarabikum- oder Leimemulsion als Pigmentträger. Wesentliches Merkmal der Emulsion ist, dass sie eine stabile Mischung oder Suspension zweier Flüssigkeiten enthält, die sich normalerweise nicht vermischen – wie z. B. Öl und Wasser. Die für Temperafarben verwendeten Emulsionen sind im Allgemeinen wasserlösliche oder Öl-in-Wasser-Emulsionen, bei denen die Ölbestandteile in winzigen Tröpfchen in der wässrigen Flüssigkeit suspendiert sind.

Die bekannteste Art von Tempera ist die Eitempera, die wasserlöslich ist. Das Eigelb liefert eine natürliche Emulsion, die – vermischt mit Pigmenten und destilliertem oder abgekochtem Wasser – ein schnelltrocknendes und sehr charakteristisches Malmedium ergibt. Seit alters her wird Tempera für Gemälde verwendet, die sehr langsam und sorgfältig aufgebaut werden. Sie eignet sich nicht für direkte Malverfahren, bei denen die Farben dick auf den Malgrund aufgetragen werden. Eitempera wird dünn aufgetragen und systematisch übermalt. Ihre Besonderheit beruht zum Teil darauf, dass viel mehr Pinselstriche übermalt werden können, ohne dass das Gemälde dadurch etwas von seiner Frische verliert, als dies bei anderen Malmedien möglich ist. Farbe und Form der ersten aufgetragenen Farbschicht behalten ihren Einfluss auf die nachfolgenden Schichten.

Eitempera war bis zum 15. Jahrhundert das Standardmedium der europäischen Tafelmalerei und ihre charakteristischen feinen Farbstriche kann man auf den meisten Gemälden erkennen, die vor dem Aufkommen der leichter zu handhabenden Ölfarben entstanden.

Das Wilton-Diptychon

Das Wilton-Diptychon wurde für König Richard II. als tragbare Altartafel gemalt. Sein kleines Format, die meisterliche Technik und die Sensibilität, mit der es gemalt wurde, machen es zu einem herausragenden Beispiel für die Eitempera-Malerei. Der minuziöse Aufbau des Bildes, den diese Technik erfordert, gibt jeder Figur eine ruhige und würdevolle Ausstrahlung. Dennoch wirkt das Bild durch die Anordnung der Hände, das scheinbare Rauschen der Flügel und das flatternde Banner frisch und lebendig. Die Verbindung von Ultramarinblau und Blattgold in den Vergoldungen wird von dem Tupfen Rot auf dem Banner lebendig gemacht.

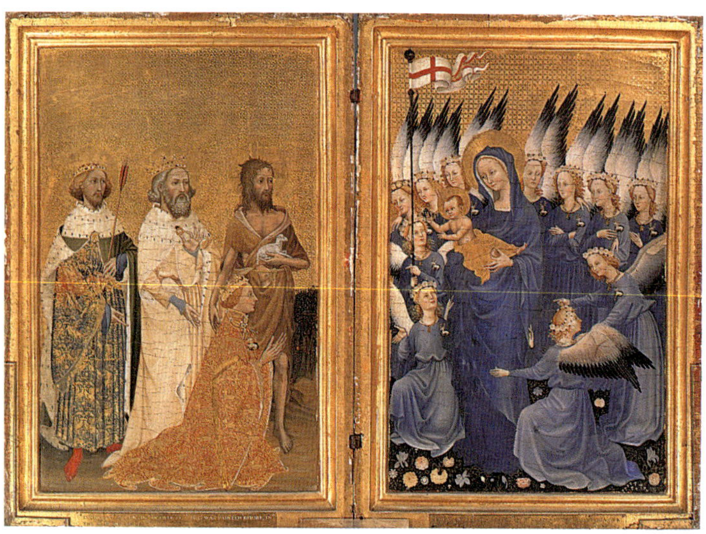

Das Wilton-Diptychon *(um 1395–1399)*, Französische Schule
Richard II. tritt mit seinem Schutzheiligen Johannes dem Täufer und den Heiligen Edward und Edmund der Jungfrau Maria mit Kind gegenüber.

Eigenschaften der Eitempera

Eitemperafarben werden direkt vor dem Malen angerieben. Die klaren und durchscheinenden Effekte dieses Mediums sind ohne Beispiel. Die Farben werden im Allgemeinen mit runden Marderhaar- oder Nylonpinseln schraffurartig auf weißem Gipsgrund aufgetragen. Die Pinseltechnik ähnelt hierin der des Zeichnens und lässt sich in gewisser Hinsicht auch mit der von Farbstiften vergleichen, mit denen man die Tonwert- und Farbeffekte durch überlagerte Farbstriche aufbaut. Bei der Malerei mit Eitempera behält jeder Pinselstrich seine eigenständige Gestalt, weil er Sekunden nach dem Auftrag trocknet.

Eitempera unterscheidet sich jedoch grundsätzlich von den Farbstiften durch die leuchtende Klarheit, die jeder Pinselstrich bewahrt. Da das Bild allmählich in Kreuzschraffuren aufgebaut wird, sorgen die optischen Effekte der Überlagerung von halbtransparenten Farben für die Fülle und Feinheit, welche die besten Temperagemälde kennzeichnen. Malt man mit Eitempera auf starren Paneelen, so ist sie besonders beständig. Die Farbschicht ist nach dem ersten Trocknen durch Verdunsten von Wasser zunächst noch weich und kann leicht durch Druck oder Feuchtigkeit beschädigt werden. Allmählich beginnt sich das darin enthaltene Öl zu härten, und schließlich wird die Farbschicht zu einer zähen, fast wasserbeständigen Fläche, die man ohne Weiteres mit einem weichen Tuch polieren, aber auch firnissen kann, um ihr Glanz zu verleihen.

Früher verwendete man Eitempera zum Untermalen von Bildern, die dann mit Ölfarben lasiert wurden. Die Untermalung war häufig monochrom, während die Farben in transparenten Öllasuren aufgelegt wurden. Dieses Verfahren bot den Vorteil, dass die Untermalung rasch trocknete, sodass man sie schon bald übermalen konnte; die »Haut«, die durch die Öllasur über die kreuzschraffierte Struktur des Bildes gelegt wurde, hatte einen vereinheitlichenden Effekt. Solche Methoden sind technisch sinnvoll, aber man kann Tempera auch noch anders einsetzen.

Technik Bestandteile der Temperafarben

Da Temperafarben häufig vom Maler selbst hergestellt werden, überrascht es kaum, dass es für Tempera-Emulsionen mehr Rezepte als für jeden anderen Farbträger gibt. Ich finde, dass Eigelb eine sehr gute Tempera-Emulsion liefert, doch man kann auch das ganze Ei verwenden. Viele Maler haben zudem Öl oder Öl-/Harz-Mischungen in die ursprüngliche Eigelb-/Wasser-Mischung eingeführt, um spezielle Arbeiten zu erleichtern und pastosere Farben zu erhalten. Mischungen, die Gummiarabikum und Öl oder Gummiarabikum, Öl und Harzemulsionen enthalten, trocknen langsamer und können daher länger verarbeitet werden. Sie sind auch durch überlagerte Farben leichter löslich. Andere Emulsionen enthalten Leime wie Kasein.

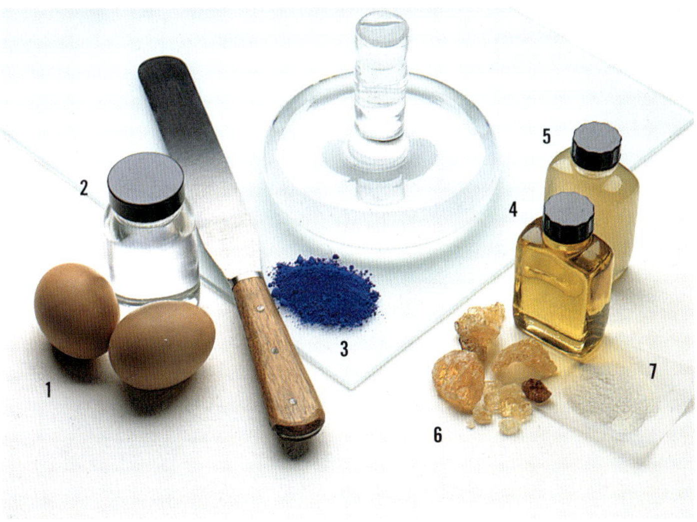

Einige Zutaten für Temperafarben und -Emulsionen
1 Eigelb
2 Destilliertes Wasser
3 Pigmentpulver
4 Standöl
5 Dammarfirnis
6 Gummiarabikum
7 Kasein

Material Malgründe und Grundierungen für Tempera

Der traditionelle Gipsgrund ist für Tempera ideal, aber er kann nur auf einen starren Untergrund wie Holzpaneel oder Pressspanplatte (siehe S. 43–46) aufgetragen werden. Die trockene Temperaschicht wäre zu wenig flexibel, um den Bewegungen der Leinwand standzuhalten. Der Gipsgrund hat die richtige Absorption zur Aufnahme der Farbe, ohne zugleich das ganze Bindemittel zu absorbieren. (Man kann die Absorption auch durch Auftrag einer dünnen Leimschicht modifizieren.) Obwohl die völlig glatte Malfläche traditionell ist, kann man auch eine texturierte Version herstellen, indem man den noch nassen Gipsgrund bearbeitet oder ihm z. B. Sand beifügt.

Vorbereitung der Gipsgrundierung

Gipsgrundierungen wurden auf den S. 58ff. beschrieben. Zur Temperamalerei verwende ich eine mit Kaninchenleim (75 g je Liter Wasser) hergestellte. Alle Paneelflächen werden mit einer dünnen Vorschicht bestrichen, die nach dem Trocknen noch mit einer unverdünnten überzogen wird. Ob man das Paneel mit dünner, lose gewebter Leinwand oder Musselin überzieht, bleibt dem persönlichen Geschmack überlassen. Ist das Paneel gipsgrundiert, so ist es mit oder ohne Stoffbezug, der nur für bessere Haftung sorgt, gleichermaßen glatt. Das Tuch kommt auf das Paneel, und dann wird warmer Leim über das Gewebe gestrichen, ebenso auf die Seiten und auf die Rückseite. Nachdem der Leim völlig trocken ist, kommt die Gipsgrundierung darauf. Ich verwende gebrannten Gips mit Titanweißpigment im Verhältnis von etwa 9:1. Das sorgt für eine besonders glatte weiße Fläche. Traditionell wird warmer Leim in Gips und Pigment gerührt, bis die Konsistenz cremig ist; vor dem Auftrag wird die Mischung durch ein Sieb gedrückt. Man kann sie auch mit dem Mixer herstellen. Der Gips und das Pigmentpulver werden hineingegeben, der Mixer wird auf niedrigste Drehzahl geschaltet, dann wird der warme Leim hinzugegeben.

Die erste Schicht wird gründlich in das Paneel gerieben, eventuelle Bläschen werden mit dem Finger herausgerieben. Die nächsten Schichten werden mit flachem Borstenpinsel aufgetragen, bis eine gleichmäßige Dicke erreicht ist. Nun muss das Paneel gründlich trocknen. Dann mit Sandpapier glätten. Zuletzt gleichmäßig mit einem feuchten Lappen polieren, ohne dieselbe Fläche ein zweites Mal zu überarbeiten.

Material Die Tempera-Palette

Zu den Pigmenten, die sich leicht suspendieren lassen und beständig sind, gehören viele synthetische anorganische, wie:

- Kobaltblau (gut anzureiben)
- Indischrot (grob anzureiben)
- Venezianischrot (sehr grob anzureiben)
- Marsfarben (saugfähig und gut anzureiben, werden aber sehr schnell klebrig)

Die natürlichen und kalzinierten Erden lassen sich im Allgemeinen gut anreiben. Siena natur und gebrannt neigen zu grober Körnung und sind beim Anreiben seidenweich, ebenso wie Grüne Erde. Gelber Ocker und Umbra natur sind beim ersten Anreiben sehr grob.

Weitere nützliche Ergänzungen der Palette, die keine großen Benetzungs- oder Anreibprobleme bieten, sind:

- Französisch-Ultramarin
- Chromoxidgrün feurig (anfangs grob, aber nicht schwer anzureiben)
- Titanweiß (direkt zu benetzen und anzureiben)
- Elfenbeinschwarz

Für ein akzeptabel beständiges Rot im Violettbereich muss ein Chinacridonpigment verwendet werden.

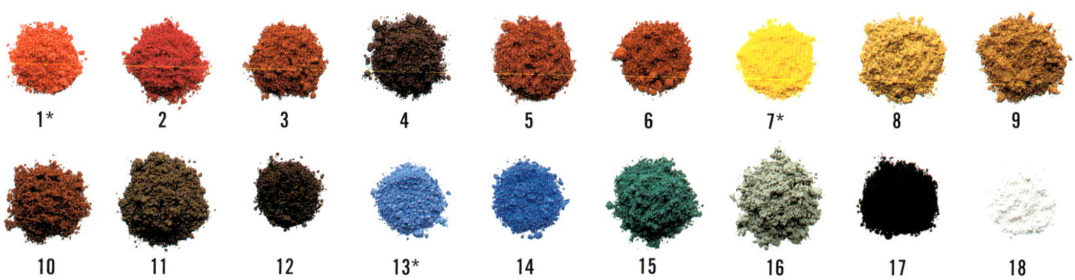

Empfohlene Pigmente
1 Kadmiumrot*
2 Chinacridonrot
3 Marsrot
4 Indischrot
5 Venezianischrot
6 Marsorange
7 Kadmiumgelb*
8 Gelber Ocker
9 Siena natur
10 Siena gebrannt
11 Umbra natur
12 Umbra gebrannt
13 Kobaltblau*
14 Ultramarin
15 Chromoxidgrün feurig
16 Grüne Erde
17 Elfenbeinschwarz
18 Titanweiß

Achtung

* Mit Vorsicht handhaben. Siehe S. 370.

Vorbereitung

Pigment-Vorbereitung

Um einen gebrauchsfertigen Vorrat an Pigmenten zu haben, sollten Sie diese in destilliertem Wasser anreiben und in gut verschlossenen Flaschen aufbewahren. Zur Arbeit im kleinen Format, wie bei der Temperamalerei üblich, brauchen Sie sehr wenig Pigment. Deshalb genügt es, wenn man von jeder Farbe nur ein kleines Fläschchen mit 60 ml Inhalt vorbereitet. Das reicht für mehrere Gemälde. Zum Malen entnehmen Sie der Flasche ein wenig Pigment und mischen es mit derselben Menge Tempera-Emulsion (sofern diese wasserlöslich ist). Zur Öltempera reiben Sie das Pigment direkt mit dem Emulsionsmalmittel an.

Herstellung der Pigmentpaste

Vor dem Anreiben wird das Pigment mit destilliertem Wasser pastenförmig gemacht (siehe unten). Das Anreiben kann je nach Pigment leicht oder schwer sein (siehe unten). Mit einiger Erfahrung werden Sie spüren, wann das Pigment im destillierten Wasser dispergiert ist. Die Mischung unterscheidet sich stark von der groben Paste, die man durch einfaches Mischen mit dem Spachtel erhält. Das vorbereitete Pigment wird unter einer dünnen Schicht destillierten Wassers gelagert, das es feucht hält, damit es nicht nochmals angerieben werden muss.

Sicherheitshinweise finden Sie auf S. 370f.

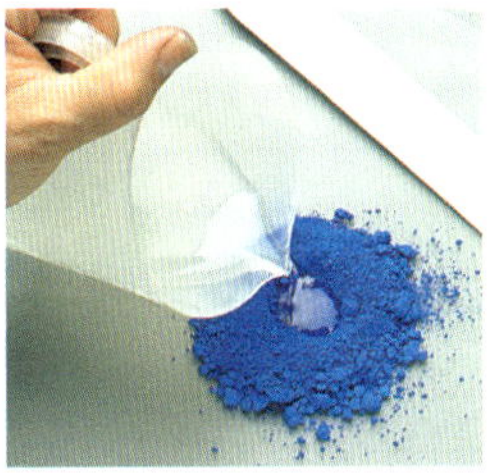

1 Ein Häufchen Pigment auf die Glasplatte schütten. In eine Vertiefung destilliertes Wasser gießen.

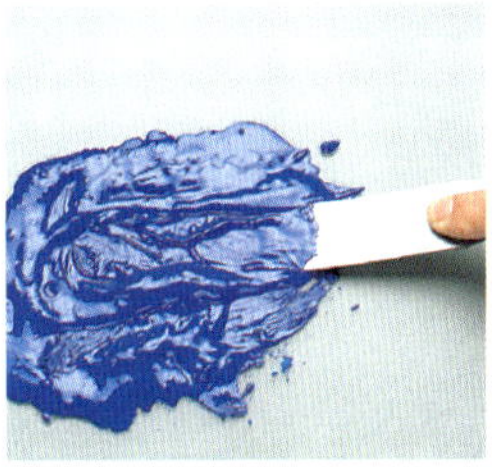

2 Mit dem Spachtel Pigment und Wasser gründlich vermischen.

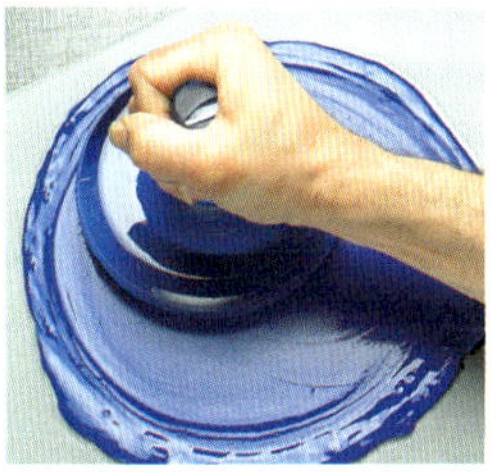

3 Jetzt das Pigment mit gleichmäßigen Kreisbewegungen des Reibsteins anreiben.

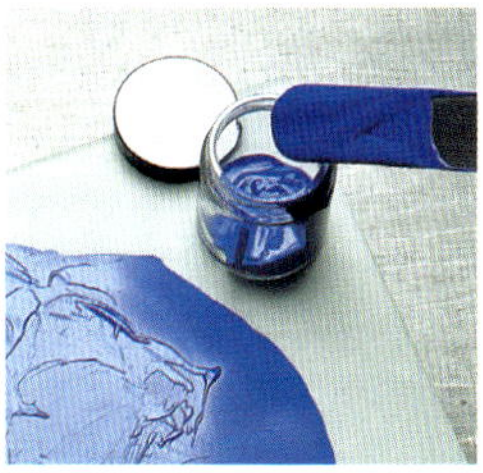

4 Das fertige Pigment in ein Fläschchen füllen. Mit destilliertem Wasser auffüllen und Deckel verschließen.

»Schwierige Pigmente«

Manche Pigmente lassen sich nur schwer benetzen – vor allem die synthetischen organischen wie Alizarin, die Phthalocyanine und die azogelben, die überdies so leicht und flockig sind, dass das Wasser kaum an ihnen haften will. Diese Pigmente lassen sich auch nur schwer anreiben – nicht um die Partikel zu zermahlen, sondern um eine gleichmäßige Befeuchtung zu erzielen. Zusatz von Alkohol kann das Benetzen beschleunigen.

Man erhält auch wässrige Dispersionen von modernen organischen Pigmenten, die von Pigmentherstellern gefertigt werden, um den Farbenherstellern das Dispergieren in Vinyl-Emulsionen zu erleichtern. Ich habe sie erfolgreich mit Ei-Emulsionen ausprobiert.

Material

Tempera-Pinsel

Die bestgeeigneten Pinsel für die schraffurartigen Effekte, welche die Temperamalerei kennzeichnen, sind langhaarige runde Marderhaarpinsel oder deren synthetische Gegenstücke. Da es zur Technik gehört, die Tempera mit Wasser anzumischen, die Farbe mit dem Pinsel aufzunehmen und sie dann teilweise wieder abzustreifen, um hässliche Farbkleckser am Ende des Strichs zu vermeiden, sollte man langhaarige Pinsel wählen. Deren Haare nehmen mehr Farbe auf, sodass man mit einer Pinselladung länger malen kann als bei kurzhaarigen Pinseln. Auch wenn man den Pinsel leicht abgestreift hat, kann man mit einer Pinselfüllung überraschend lange malen. Weitere brauchbare Pinsel sind Bambusrohr-Marderhaarpinsel und die besonders langhaarigen spitzen oder flachen Schriftpinsel, doch sind auch andere einsetzbar.

Pinseltechniken

Wichtig ist es, den Farbauftrag auf jeweils nur einen Pinselstrich zu beschränken, gleich ob man einen spitzen Marderhaar- oder einen breiten Borstenpinsel benutzt. Wenn Sie einen Pinselstrich sofort wiederholen oder darüber streichen, verklumpt und spaltet sich die Farbschicht. Untere Schichten können zerstört werden, und selbst die Gipsgrundierung kann aufweichen. Da der einmalige Pinselstrich also Voraussetzung zur Temperamalerei ist, müssen die Pinsel immer in bestem Zustand sein.

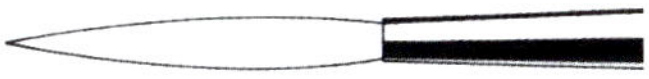

Spitzer Langhaarpinsel

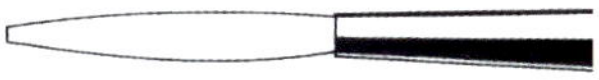

Langhaarpinsel abgeflacht

Malen mit Eitempera

Eine reine Eigelb-Emulsion dürfte das beste Bindemittel zur Temperamalerei sein. Sie ist beständig, leicht herzustellen und verleiht dem Gemälde ein einzigartiges Aussehen. Wenn Sie Ihre Bilder sorgfältig bis zum letzten Pinselstrich aufbauen, die Farben zu außergewöhnlichen optischen Effekten neben- und übereinander setzen und sie frisch und durchleuchtend wirken lassen wollen, dann ist Eitempera ideal.

Technik Vorbereiten der Eitempera-Farben

Vorbereitung und Aufbewahrung wurden bereits auf S. 163 beschrieben. Grundsätzlich eignen sich die deckenden Pigmente, wie die auf Kadmiumbasis und künstliche mineralische, sehr gut. Da sie nur in geringen Mengen verwendet werden, sind sie hier nicht völlig deckend, sondern eher halbdeckend oder -transparent. Sie geben dem Bild Kraft, obwohl sie durchscheinend bleiben.

Transparente Farben können auch zu Lasuren dienen, doch darf man nicht vergessen, dass die Farbe in einem einzigen Strich aufgetragen wird (auch mit dem Flachpinsel).

Mischen von Eigelb und Pigment
Nur frische Eier verwenden. Die Farbe des Dotters ist unwesentlich, da sie keinen bleibenden Einfluss auf das Pigment hat. Ein Eigelb reicht meist für die Arbeit eines Tages aus. Es wird mit der Pigmentpaste und etwas mehr Wasser, als unten beschrieben, angemischt, und zwar auf einer vertieften Kunststoffpalette oder bei größeren Mengen auf Porzellantellerchen. Alle benötigten Farben werden derart vorbereitet. Auch wenn die Mischung gründlich verrührt wurde, muss sie unmittelbar vor dem Auftrag nochmals umgerührt werden.

Während des Malens kann die Farbe auf der Palette quellen oder eine Haut bilden, da sie zu trocknen beginnt. Kein Problem. Allerdings sollten Sie nichts von dieser »Haut« auf das Bild bringen.

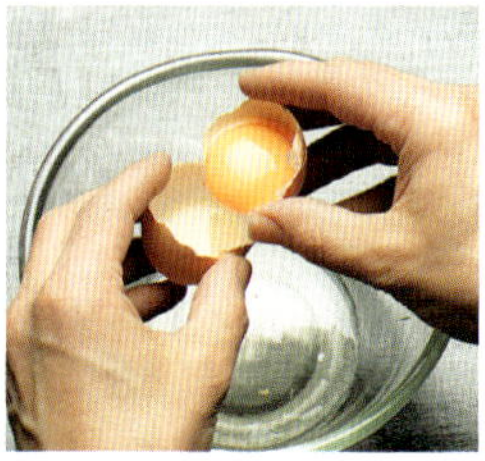

1 Das Ei wird aufgeschlagen, Eiweiß ablaufen lassen. Vorsicht, dass der Dotter dabei nicht beschädigt wird.

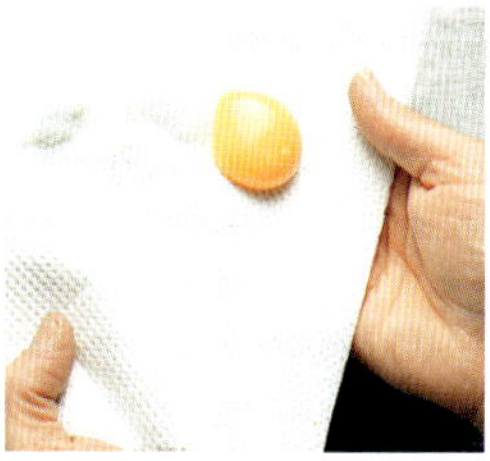

2 Dotter auf absorbierendes Papier legen und darin vorsichtig auf der Handfläche rollen. Das restliche Eiweiß bleibt auf dem Papier kleben.

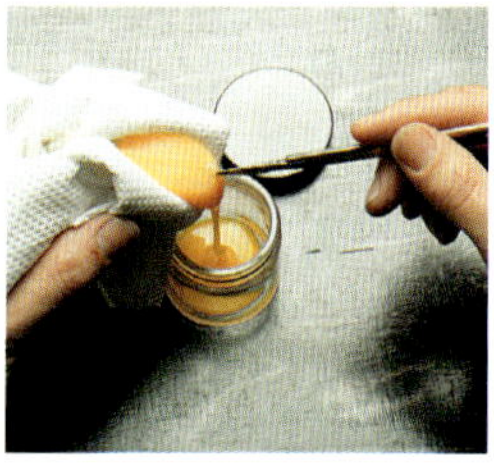

3 Dottersack mit dem Papier festhalten und mit einer Messerspitze anstechen. Das Eigelb fließt in ein Glas mit Schraubdeckel.

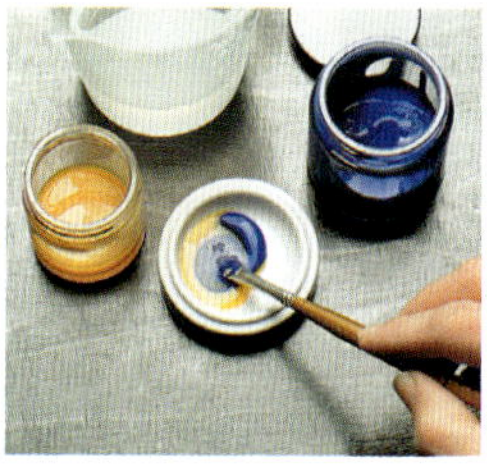

4 Etwas Pigmentpaste wird mit der gleichen Menge Eigelb und etwas destilliertem Wasser vermischt. Mit reinem Borstenpinsel verrühren.

Technik Malverfahren mit Eitempera

Etwas von der wie zuvor beschriebenen angemischten Farbe wird mit noch etwas mehr destilliertem Wasser vermischt, damit sie nicht zu klebrig ist. Der Pinsel wird eingetaucht und dann leicht über einen Lappen gewischt, damit er nicht übersättigt ist, denn sonst könnten am Ende eines Pinselstrichs hässliche Kleckse entstehen.

Wenn die Farbe die richtige Konsistenz hat und der Pinsel nicht überladen ist, ist jeder Strich klar und gleichmäßig getönt. Sie trocknet schnell, sodass sie schon bald übermalt werden kann.

Mischen von Farben
Vermischen der Farben auf der Bildfläche ist nicht möglich; Ton- und Farbabstufungen erzielt man vielmehr durch Nebeneinanderstellen und Kreuzschraffieren. Farben werden grundsätzlich auf der Palette vermischt. Der Aufbau von Tonwerten und Farben eines Eitemperagemäldes erfolgt allmählich, und die Flächen müssen immer wieder übermalt werden. Das Ergebnis ist dann besonders schön; die Farben behalten ihre Frische und Kraft, auch nach mehrfachem Übermalen.

Weitere Pinseltechniken
Der Umstand, dass Eitempera jeweils in nur einem Pinselstrich aufgetragen werden muss, schließt andere Pinseltechniken nicht aus. So können Sie die Farbe z. B. stärker verdünnen und große Flächen mit einem großen Pinsel lavieren. Aus bereits erwähnten Gründen (siehe S. 163) ist es nicht möglich, gleichmäßige oder gleichförmig abgestufte Lavierungen in derselben Weise wie z. B. bei Aquarellfarben zu machen. Zuweilen ist es praktisch, eine ganze Fläche mit einer dünnen Farbe zu untermalen, was eine Gesamtstruktur unterhalb der traditionell aufgetragenen Striche ergibt.

Falls die Untermalung Strichspuren zeigt, sieht man sie nach dem Übermalen nicht mehr. Das Weiß des Gipsgrundes leuchtet noch immer durch die Farbüberlagerungen.

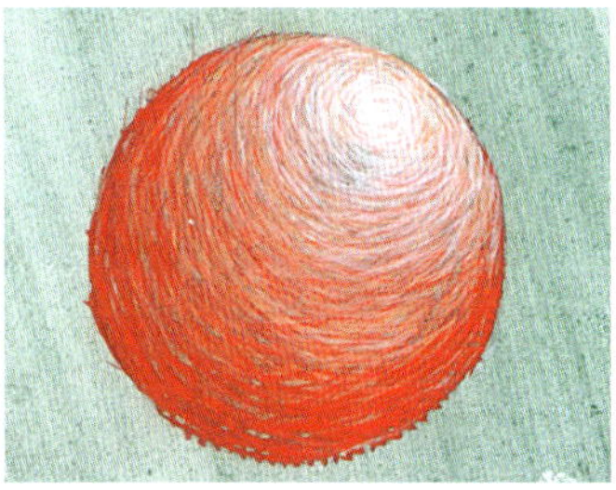

Plastischer Tempera-Auftrag Die Brillanz einer Farbe bleibt erhalten, wenn man genug Striche aufträgt.

Beispiel Studie in Kreuzschraffur

Die kleine Heufeldstudie auf kreidegrundiertem Sperrholz stellt eine visuelle Verbindung zwischen der traditionellen Eitempera-Kreuzschraffur und den Farbsträhnen der Heuballen und Stoppeln her. Hauptsächlich wurde mit einem kleinen runden Weichhaarpinsel gemalt, nachdem die Untergrundfarben zuvor mit flachem Borstenpinsel aufgelegt wurden. Verwendet wurden Französisch-Ultramarin, Chromoxidgrün feurig, Kadmiumrot, Kadmiumgelb dunkel, Umbra gebrannt und Titanweiß. Ein modernes synthetisches organisches Pigment (PY109), bereits als wässrige Paste dispergiert, wurde mit Eidotter vermischt und als leuchtendes Gelb verwendet.

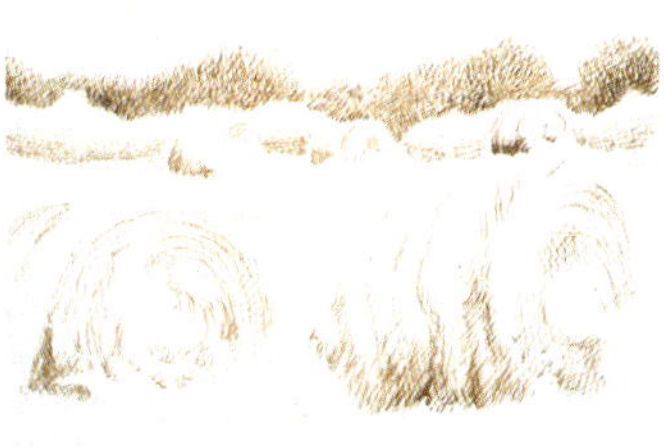

1 Formen und Tonwerte werden mit einer Umbra-gebrannt-Mischung grob skizziert. Ist die Untermalung zu dunkel, so hellen die überlagerten Farben sie auf.

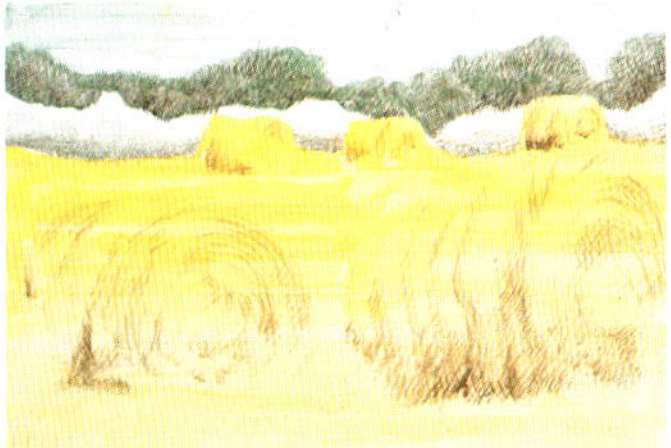

2 Dünne Grünlavierung über die obere Fläche und Büsche, gleichen Farbton, aber dunkler, über die fernen Büsche und dünne Gelblavierung über den Rest des Bildes malen.

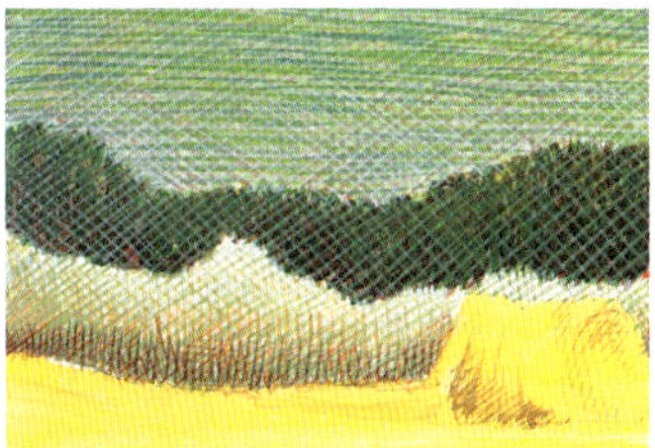

3 Büsche und Himmel werden mit dünnen Strichen in blassen und dunklen Grün-, Blau-, Rosa- und Rottönen überlagert. Ein feines Netzwerk aus Titanweiß kommt hinzu.

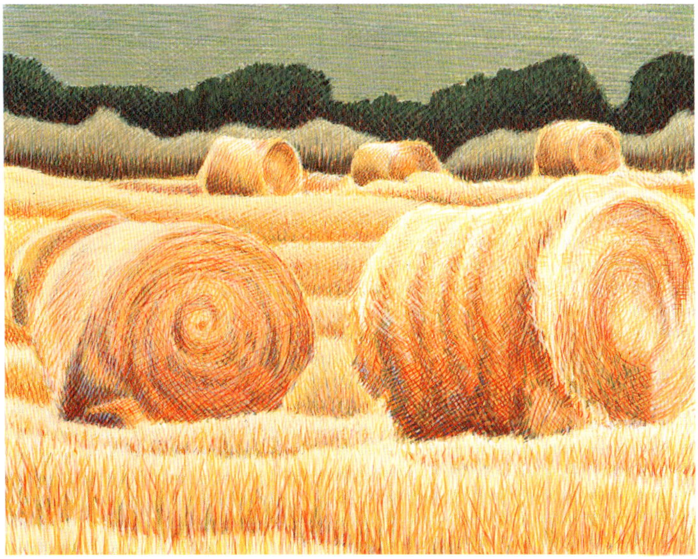

Fertiges Bild Mittel- und Vordergrund werden mit ähnlichen Strichen überlagert, die im Vordergrund größer werden, um die Perspektive hervorzuheben. Die dunkleren Flächen werden schraffiert. Die Lichter kommen durch weiße Striche zustande.

Kreuzschraffuren kommen hinzu (Orange, Blau und helles sowie dunkles Gelbgrün). Die Stoppeln im Vordergrund werden mit mehr oder weniger senkrechten Strichen herausgearbeitet. Zuletzt wird das ganze Bild nochmals überarbeitet, damit der Gesamteindruck gleichmäßig wird.

Technik Traditionelle Eitempera-Techniken

Cenninis Traktat über die Malerei beschreibt ausführlich, wie man zu Beginn des 15. Jahrhunderts mit Eitempera auf Paneelen malte. Es enthält auch sehr brauchbare Hinweise für die heutige Temperamalerei.

Auf dem gipsgrundierten Paneel sollte man eine Vorzeichnung mit Zeichenkohle machen; nachdem diese mit einer Feder abgewischt wurde, bleibt ein zartes Bild zurück. Dies wird mit verdünnter Tusche und einem feinen Pinsel verstärkt. Die letzten Kohlespuren werden beseitigt, und mit einem stumpfen Weichhaarpinsel werden Kleiderfalten und Gesichtsschatten mit ähnlich verdünnter Tusche schattiert. Cennini empfiehlt, Stoffe und Hintergrund früher als die Gesichter zu malen, die Farben immer mit der gleichen Menge Eigelb zu mischen und sie »wie Wasser« zu verarbeiten.

Malen von Kleidern

Cenninis Verfahren, Stoffe zu malen, ist genau auf das Medium abgestimmt. Am Anfang bereitet er die »dunklen, mittleren und hellen« Farbtöne vor. Die dunklen Töne werden zuerst aufgetragen, dann die mittleren und zuletzt die hellen. Cennini betont, dass diese Prozedur jeweils so oft wiederholt werden muss, bis die Farbtöne einwandfrei vermischt sind. Als Nächstes werden zwei noch hellere Töne angemischt, dann die Lichter mit reinem Weiß aufgesetzt; ähnlich verfährt man bei den dunkelsten Tönen: zuletzt das stärkste Dunkel.

Malen von Hautfarben

Die Technik ähnelt der des Kleidermalens, außer dass zuerst eine Flächenlasur aus Grüner Erde mit etwas Weiß unter die zu malenden Körperteile gelegt wird. Das ist ein Unterschied zu einem ähnlichen Prozess der Wandmalerei, wo das Gesicht zuerst mit einer Verdaccio-Mischung aus Weiß, dunklem Ocker, Schwarz und Rot gezeichnet und dann mit Grüner Erde getönt wird, ehe die warmen Farben aufgetragen werden.

Jetzt werden drei Hauttöne in ähnlicher Weise aufgetragen wie beim Kleidermalen. Schließlich werden die helleren Töne und zuletzt dunkle Akzente aufgesetzt.

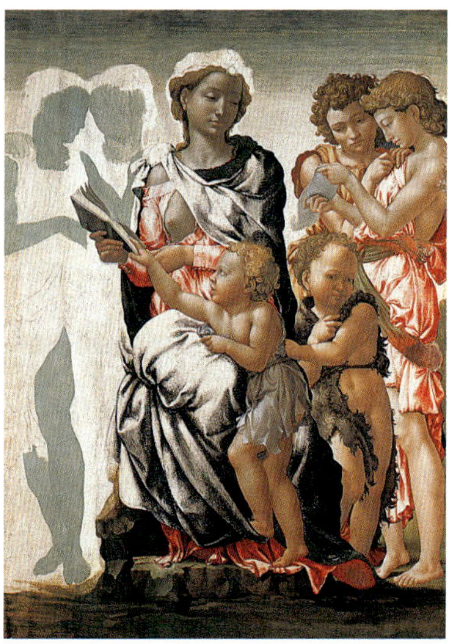

Michelangelo

Arbeitsschritte in der Temperamalerei

Diese Madonnendarstellung macht einige der im 15. Jahrhundert üblichen Arbeitsschritte bei der Untermalung sichtbar. An den Figuren links im Bild erkennt man die Untermalung der Hautfarben mit Grüner Erde. Das blaue Gewand der Madonna wurde schwarz untermalt, wobei eine Kreuzschraffur den Falten des Stoffs Plastizität verleiht.
Eine ganz ähnliche Methode zur Untermalung von Madonnengewändern wird von Cennini beschrieben. Er rät dem Künstler, das Gewand mit einer 2:1-Mischung aus Rot und Schwarz zu modellieren, dann zwei oder drei Schichten Ultramarin zu überlagern und zuletzt mit der Pinselspitze unter Verwendung einer Mischung aus Indigo und Schwarz die Schatten der Falten anzulegen.

Jungfrau mit Kind und dem hl. Johannes und Engeln
(1475–1564), MICHELANGELO

Technik Untermalen und Überlagern von Farben

Cennini empfiehlt, die Verdaccio (s. oben) zum Tönen des Kopfes bei der Eitempera-Malerei mit etwas Weiß zu vermischen. Da Tempera selbst bei den deckendsten Pigmenten etwas durchscheint, hat eine starke untere Tönung oder Farbe deutlichen Einfluss auf überlagernde Farben. Daher würde ein z. B. monochrom schwarz untermalter Kopf »kalt« wirken, selbst wenn warme Hautfarben aufgetragen werden.

Das Prinzip kann vorteilhaft genutzt werden, wenn man beispielsweise mittelgetönte Farben mit dunkleren Komplementärfarben überlagert. Die Verwendung etwas dunklerer über helleren Farben lässt die weiße Grundierung zur durchscheinenden Eigenschaft der Farben beitragen. Die Unterscheidung zwischen Untermalung und Übermalung kann bei Tempera ziemlich willkürlich sein, vor allem bei feiner Kreuzschraffierung, da keine einheitliche Farbschicht auf einer anderen liegt. Die Technik lässt so viele »Übermalungen« zu, dass man kaum unterscheiden kann, wo die Untermalung aufhört und die Übermalung beginnt.

Monochrome Untermalung

Betrachtet man die Untermalung grob als ein Zwischenstadium, so kann sie vielerlei Formen annehmen. Sie kann völlig monochrom sein (gemalt in mehreren Tönen einer einzigen Farbe). Unterschiedliche Tonwerte erhält man durch zunehmende Verdünnung der Farbe bis zu dem Punkt, an dem das Wasser gerade noch mit Farbe getönt ist. Oder man bekommt sie durch fortschreitenden Zusatz von Weiß, was eine dickere, schwerere Untermalung ergibt. Die gewählte Farbe hat einen wesentlichen Einfluss auf die einzelnen Farben der Übermalung und liefert einen verbindenden Beitrag zum fertigen Bild. Der Tonwertumfang eines solchen Gemäldes sollte mittel bis hell sein, wenn die darüber aufgetragenen Farben ihre Brillanz behalten sollen.

Es lohnt sich nur dann, eine sehr detaillierte monochrome Untermalung anzulegen, wenn ihre Eigenschaften im fertigen Bild noch erkennbar sind. Das wird nur dann der Fall sein, wenn zum Übermalen transparente oder halbtransparente Farben verwendet werden – etwa wie beim Tönen eines Schwarzweißfotos. Eine weniger detaillierte Untermalung, die aber alle Hauptformen und Tonwerte enthält, ermöglicht ein sehr detailliertes Übermalen. Die Untermalung braucht nicht monochrom zu sein; jede Form oder jeder Tonwert kann in der entsprechenden Farbe gemalt sein, dies im Kontrast zu oder ähnlich den darüber aufgetragenen Farben.

Untermalung zu einem sehr detaillierten Bild

Bei dieser Kinderstudie wurde eine »Kreuzschraffur-Zeichentechnik« angewandt, um einen Tonwertbereich in der Untermalung zu erhalten. Die einzelnen Linien sind relativ gleichmäßig getönt, doch die Farbe wurde zum Erhalt hellerer Grautöne weiter verdünnt.

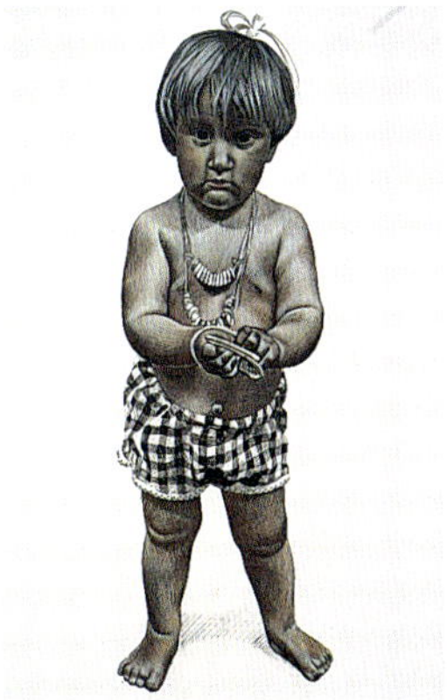

Untermalt wurde mit elfenbeinschwarzer Eitempera in Kreuzschraffurtechnik und mit Tüpfeln.

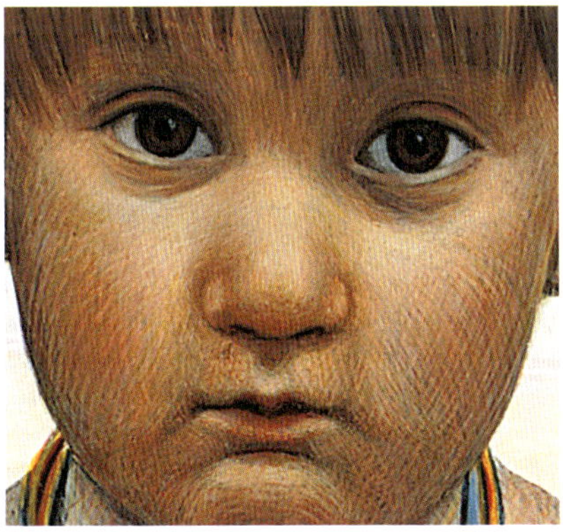

Detail des fertigen Bildes Man erkennt das farbige Flechtwerk feiner Linienübergänge, welche die Konturen der Gesichtszüge erleichtern. Beim Malen von Porträts in Eitempera machen gekrümmte statt gerade Linien die Konturen weicher.

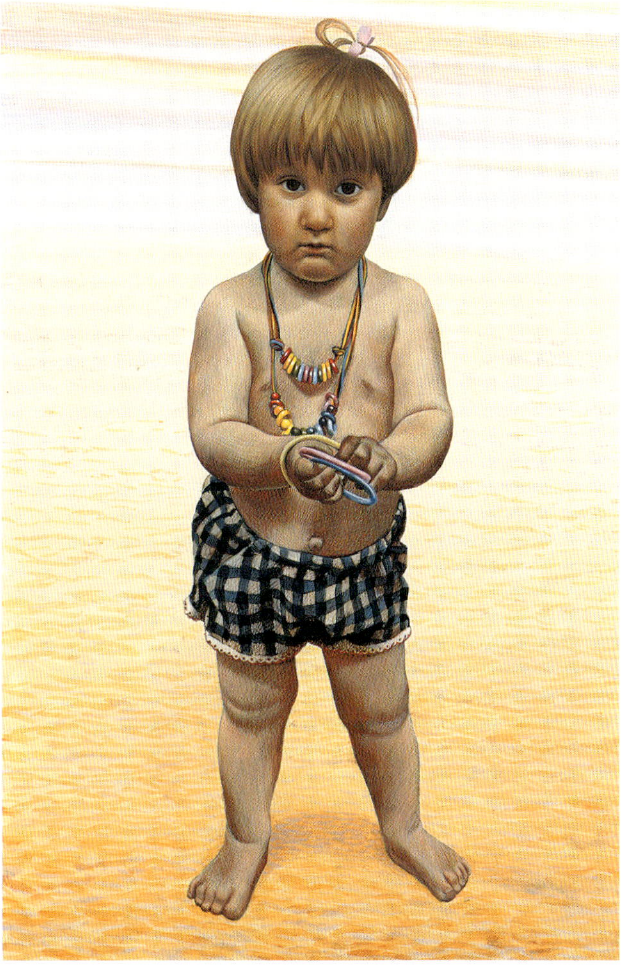

Fertiges Bild Eine Flächenlasur mit Grüner Erde wurde in einzelnen vertikalen Strichen nebeneinander aufgetragen.Das Bild wurde mit Farbe übermalt. Durch die zu dunklen Töne der elfenbeinschwarzen Untermalung wirkt es noch kalt.

Technik

Aufbau in Stufen

Ein Temperabild wird sorgfältig in Schichten aufgebaut, wofür Ghirlandaios *Porträt einer jungen Frau* (rechts) ein schönes Beispiel ist. Die Behandlung des weißen, gazeartigen Überwurfs, der am Hals ein V bildet und als transparenter Schleier das rote Kleid des Mädchens bedeckt, ist von besonderem Interesse. In Öl wäre dies eine halbtransparente Lasur, aber in Eitempera wurde dieser Teil des Bildes mit einer Reihe feiner, halbdeckender, weißer Linien gemalt, die die Konturen des roten Kleides modellieren. Die folgenden Schritte zeigen, wie Ghirlandaio die Farbtiefe und die Details im Bild vermutlich aufgebaut hat.

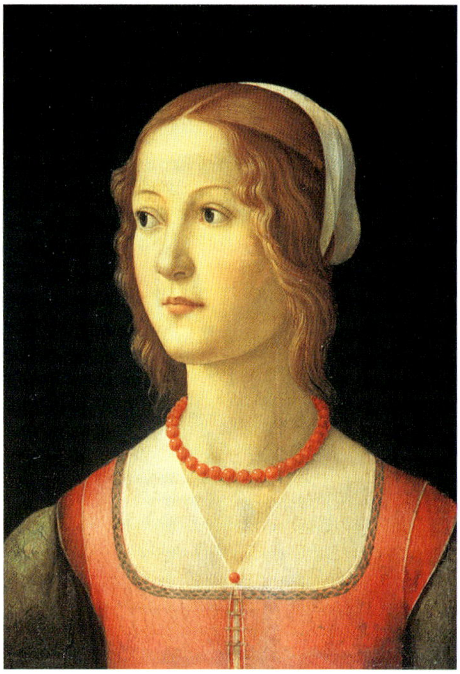

Porträt einer jungen Frau
(um 1490), GHIRLANDAIO
Dieses Bild trägt alle Vorzüge einer Eitempera-Malerei in sich und zeigt die subtile Schönheit dieses transparenten Mediums. Die Feinheit der Technik in der Ausführung feiner, schattierter Pinselstriche, die die Form modellieren, unterstreicht die Sensibilität der Porträtierten.

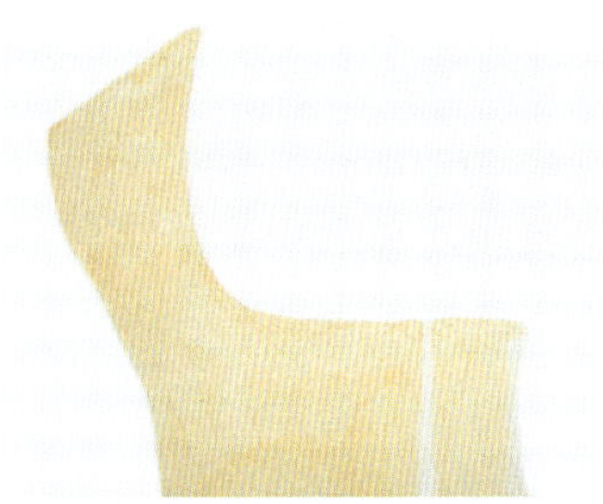

1 Ein gleichmäßiger mittelheller Ton aus Lichtem Ocker, Titanweiß (Ersatz für Bleiweiß) und etwas Kadmiumrot (Ersatz für Zinnober) wird rasch mit einem Borstenpinsel auf die Form des Kleides aufgetragen.

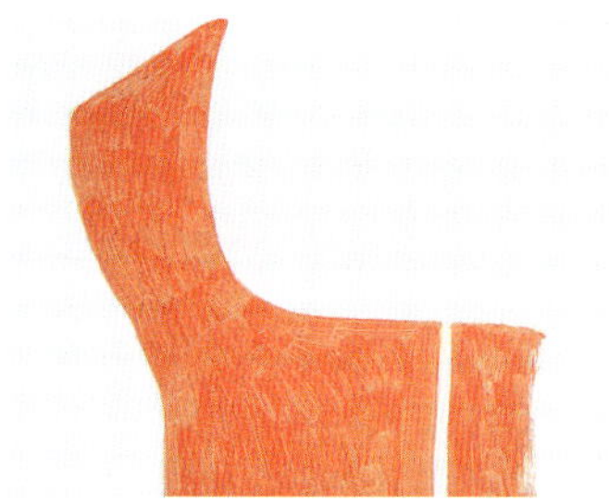

2 Ein dunklerer Farbton aus Kadmiumrot und Titanweiß wird ebenfalls schnell aufgetragen. Diese beiden Schichten sollen eine intensive Untermalung für das Rot des Kleides ergeben.

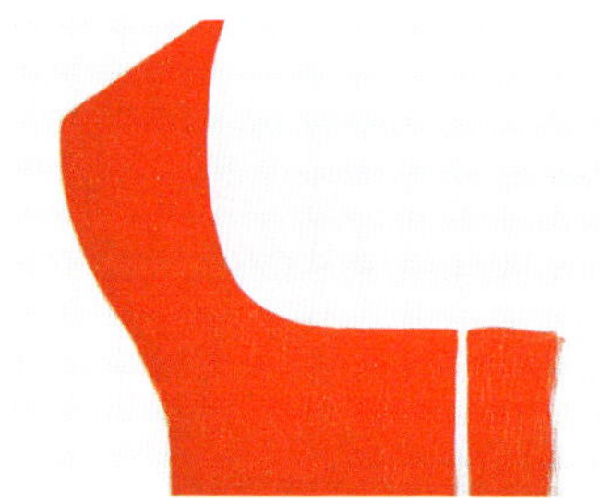

3 Eine »Lasur« aus Kadmiumrot wird mit reichlich Eitemperamittel und einem weichen, langhaarigen Rundpinsel aufgetragen. Man trägt dabei die Farbe in langen, dünnen, angrenzenden Strichen auf, bis die ganze Fläche bedeckt ist.

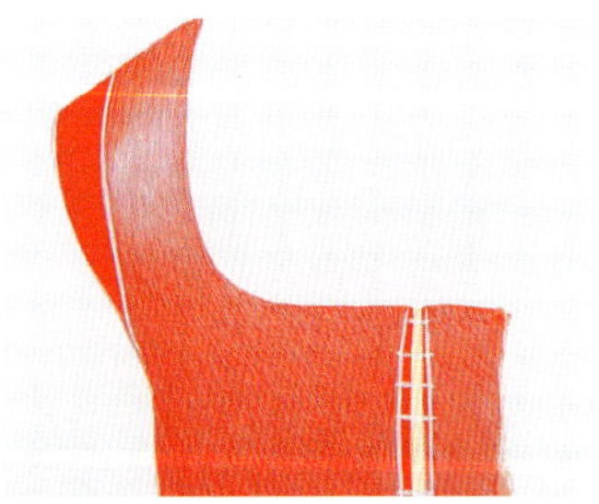

4 Der weiße Überwurf wird in kleinen Strichen mit einem kleinen Rundhaarpinsel ausgeführt. Die Deckkraft des Weiß hängt ganz von der Menge des weißen Pigments in der Eitempera und der mit dem Pinsel aufgenommenen Farbe ab.

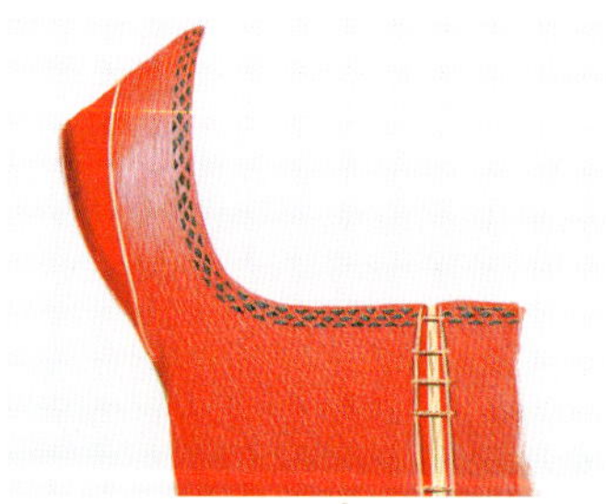

5 Der grüne Brokat wird mit Grüner Erde und Titanweiß aufgebaut. Das ist der am stärksten betonte Teil des Originalgemäldes.

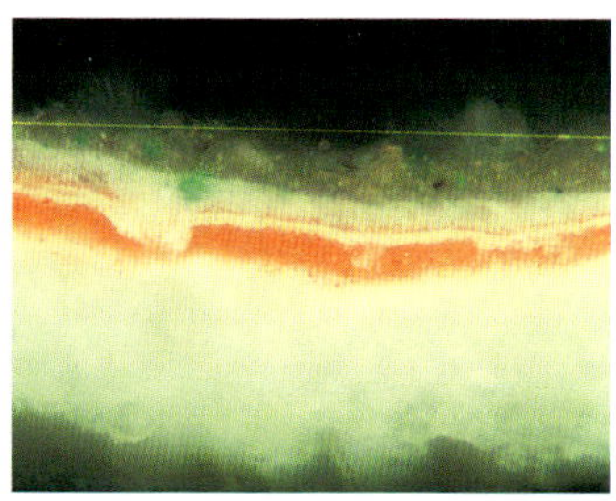

Querschnitt Alle Schichten des Bildes werden in diesem Querschnitt sichtbar, von der dicken Schicht Gesso unten, über die gelben und roten Schichten zu der Grünen Erde in der oberen Schicht.

Andere Tempera-Emulsionen

Neben der reinen Eigelb-Emulsion gibt es zahllose Rezepte – so viele, wie es Temperamaler gibt –, die aus verschiedensten Gründen weitere Zutaten enthalten. Dazu gehören Öle, Harze, Gummiarabikum, Glyzerin und Klebstoffe. Jedes Rezept sorgt für geringfügige Unterschiede in den Farbschichten.

Material Ei-/Öl-/Harz-Emulsionen

Der Hauptgrund für den Zusatz von Ölen und Harzen zur Tempera ist die längere Trocknungszeit, sodass man länger mit ihr arbeiten kann. Sie ermöglichen durch ihre Flexibilität und Viskosität auch Impasto-Effekte. Die Eidotterfarbe reißt bei zu dickem Auftrag. Außerdem lassen Ei-/Öl-Emulsionen die aufgetragene Ölfarbe besser haften.

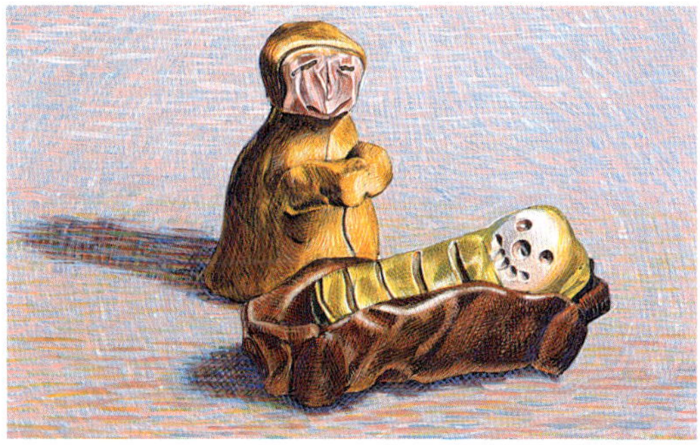

Stilllebenstudie in Ei-/Öl-/Harz-Tempera Dieses Lehmfiguren-Stillleben wurde mit Eigelb-/Standöl-/Dammarfirnis plus Wasseremulsion gemalt. Die dünnen Farblavierungen wurden über die kreuzschraffierte Untermalung gelegt, die die kreuzschraffierten Farben zu einer einheitlichen Fläche verband.

Material

Ei-/Gummiarabikum-Emulsion

Eigelb und Gummiarabikum wurden bereits im Mittelalter als Bindemittel bei der Pergamentmalerei verwendet. Das Straßburger Manuskript – ein altes Malhandbuch – enthält viele Hinweise zur Farbvorbereitung mit ähnlicher Emulsion, wobei etwas Honig als Weichmacher und Essig als Konservierungsmittel dienten.

Das Bindemittel wird in gleicher Weise wie Eitempera mit Pigment vermischt und ähnlich verarbeitet. Das Gummiarabikum führt zu einem aquarellähnlichen Verhalten der Farbe. Die trockene Farbe ist beim Übermalen wieder löslich, was bei manchen Techniken vorteilhaft genutzt werden kann. Versehen Sie z. B. ein deckendes Gelb mit dünner Rotlavierung, so kann ein längeres Übermalen mit feuchtem Pinsel die Farben zu Orange vermischen. Täte man dasselbe bei Eitempera, würde die untere Farbschicht zerstört.

In Lavierungen lässt Gummiarabikum die Farbe leicht glänzend und granuliert aussehen. Zusammen mit der plastischen Mattheit der Eischicht in dicken Lagen sorgt dies für eine interessante Kombination. Nasse mehrfarbige Tempera kann zu Farbmischungen und -abstufungen auf den Malgrund aufgetragen werden. Die Farbe kann auch in lockerer, gewissermaßen »saftartiger« Weise zum freien Verlaufen in benachbarte Farben aufgetragen werden, allerdings nicht ganz so frei wie beim Aquarell.

Material

Gummitempera

Die zuvor beschriebene Gummiarabikumlösung kann mit Öl oder Öl und Harz zu einem Substrat emulgiert werden, das der Eitempera weder im Aussehen noch in der Art gleicht. Sie eignet sich am besten für Papier, auf dem sie gut verteilt werden kann. Auf Gipsgrund hat sie nicht die milchige Glätte der Eitempera. Die trockene harte Schicht kann mit dem Fingernagel zwar nicht zerkratzt werden, ist aber mit einem feuchten Pinsel ohne Weiteres wieder lösbar. Solche Emulsionen mit Öl und Harz sind bei richtiger Zubereitung wasserlöslich, doch bleibt die Klebrigkeit von Öl und Harz spürbar, auch bei guter Emulsion. Bei lockerem direktem Auftrag mit Borstenpinseln auf Papier hat man eine durchaus brauchbare Farbe.

Leimtempera

Mehrere Klebstoffe eignen sich zur Herstellung von Tempera, am beliebtesten ist Kasein. Der chemische Trocknungsprozess macht die Farbe nach dem Trocknen absolut unlösbar. Mit dem Aufkommen der Vinyl- und Acrylfarben haben Kasein-Emulsionen an Beliebtheit verloren.

Ölfarben

Ölfarben bestehen aus Pigment, das in einem trocknenden (oder halbtrocknenden) Öl wie Lein-, Nuss-, Mohn- oder Safloröl angerieben ist. Diese Öle als Bindemittel verleihen der Ölfarbe ihr charakteristisches Aussehen und ihre Vermalbarkeit.

Die im Öl angeriebenen Pigmente haben eine typische Tiefe und Farbresonanz; sie eignen sich zu vielerlei Techniken. Dazu gehören transparentes und deckendes Malen, man kann Nass-in-Nass malen oder ein Gemälde sorgfältig Schicht um Schicht aufbauen. Ölfarbe kann in dünnen transparenten Lasuren oder in dicken pastosen Strichen aufgetragen werden. Man kann sie erheblich länger als andere Farben nass auf dem Malgrund verarbeiten, was spezielle Mischeffekte und unbedenklichen Auftrag neuer Farben ermöglicht. Die nass aufgetragene Farbe sieht trocken genauso aus, sodass man das Bild von vornherein besser beurteilen kann, als dies bei der Gouache- oder Acrylmalerei möglich ist.

Die Geschichte der Ölmalerei

Ölmalerei gab es eigentlich schon vor den van Eycks, denen man die Entdeckung dieser Technik gemeinhin zuschreibt. Das Straßburger Manuskript – eine mittelalterliche Malanleitung – gibt detaillierte Anweisungen zur Herstellung eines gekochten und sonnengebleichten trocknenden Öls, mit dem man Pigmente anreiben und mischen kann, und auch zu einem gekochten Öl und Harzfirnis, von denen jeder Farbe drei Tropfen hinzugefügt werden – vermutlich um das Malen zu erleichtern. Cennini, der ausführlicher über Eitemperatechniken schreibt, schließt auch Anweisungen zur Vorbereitung eines trocknenden Öls ein. Trocknende Öle als Malmittel waren zunächst im Norden Europas beliebter als im Süden. Im 15. Jahrhundert setzten sich die Ölfarben in Venedig durch, und Anfang des 16. Jahrhunderts waren sie ein anerkanntes Medium zur Ateliermalerei in ganz Italien und im restlichen Europa.

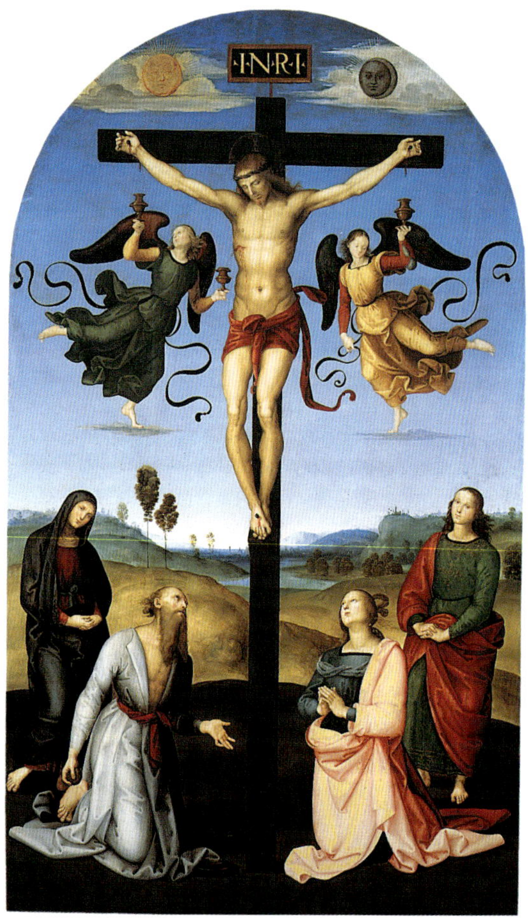

Altarstück: Der Gekreuzigte mit der Jungfrau Maria, Heiligen und Engeln *(vermutl. 1502/1503)*, RAFFAEL
Analysen von Farbmustern dreier Stellen dieser frühen Kreuzigung von Raffael ergaben, dass für die Erde und das grüne Gewand Leinöl und für den Himmel Nussöl verwendet wurden. Das blasse Nussöl wurde für Farben gebraucht, die sich durch das gelbere Leinöl verändern könnten.

Beständigkeit der Ölfarben

Ölfarben sind nicht beständiger als andere traditionelle Malfarben. Es können sich sogar Probleme ergeben, wenn der Maler nicht die richtigen Verfahren anwendet. Die Farbe kann reißen, weil eine zu »magere« Schicht auf einer »fetten« aufgetragen wurde. Weitere Probleme ergeben sich durch Schichten von Farben mit geringer Ölabsorption auf solchen mit hoher oder durch eine zu starke Verleimung der Leinwand vor dem Grundieren. Übergebundenes Pigment mit einem Ölüberschuss verursacht Runzeln und starkes Gilben, zu schwach gebundenes Pigment ergibt eine trockene, bröckelige Farbe, die von der Leinwand abblättern kann.

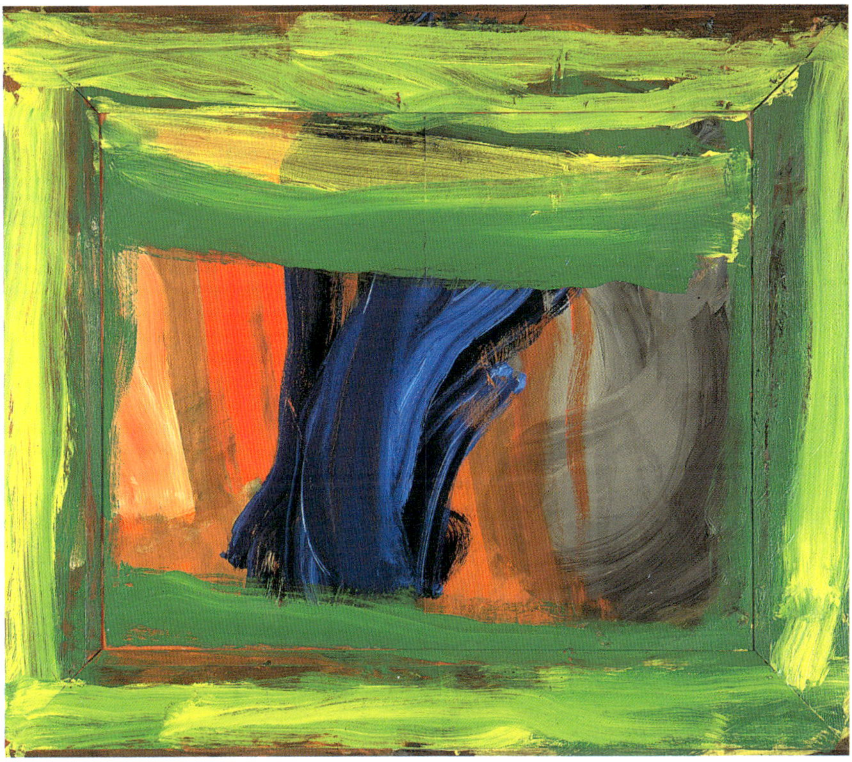

Night and Day (1979–1982), Howard Hodgkin
Der Maler Howard Hodgkin verwendet in seiner Malerei oft einen »Proszeniumsbogen«. Durch ihn wird der Betrachter ins Bild hineingezogen. Die Farbflächen beginnen bereits an den äußeren Rändern des Rahmens, der in die Bildtafel integriert ist. Die für Hodgkins Stil typischen gestischen Pinselhiebe werden mit ruhigeren Passagen im Inneren des Bildraums verknüpft.

Verfahren und Malmittel früher und heute

Die Ölmalerei ist nicht unbedingt ein so schwieriges Unterfangen wie es die zahllosen Rezepte für Malmittel und Firnisse suggerieren könnten. Man kann hervorragende Ergebnisse erzielen, indem man einfach nur reine, mit Öl angeriebene Pigmente verwendet und diese, soweit erforderlich, mit Terpentinöl verdünnt; dabei übermalt man eine Farbschicht nur, solange diese noch nass oder nachdem sie trocken ist.

Manche Techniken und Effekte erfordern eine Modifizierung der fertig gelieferten Ölfarben, aber überwiegend lässt sich mit ganz einfachen Malverfahren arbeiten. Manche Theoretiker behaupten, dass sie die von einem Maler verwendeten Materialien genau identifizieren können, weil sie imstande seien, einen Effekt zu kopieren. In Wirklichkeit ist es jedoch sehr schwierig, mithilfe kleiner Farbmuster die genaue Art des verwendeten Mal- oder Lasurmittels zu identifizieren. Deshalb wird hier zwar gezeigt, wie spezielle Effekte erzielt werden können, aber es soll nicht behauptet werden, dass man früher dieselben Verfahren anwandte. In vielen Fällen dürfte die Methode allerdings ähnlich sein.

Ölfarben

Ölfarben werden durch Mischen und anschließendes Anreiben von Pigmentpulver mit einem trocknenden Öl hergestellt (trocknende Öle sind auf den S. 30f. und 174 beschrieben). Leinöl war jahrhundertelang sehr beliebt. Das weniger gilbende Nussöl hat eine ebenso lange Tradition, besonders zum Anreiben weißer Pigmente. Mohn- und Safloröl wurden dazu ebenfalls verwendet. Dies sind halbtrocknende Öle – von Farbenherstellern oft zum Verkürzen der Trocknungsdauer mancher Pigmente oder zum Erzielen einer besseren Konsistenz bei anderen verwendet. Sie können allein oder zusammen mit trocknenden Ölen eingesetzt werden. Die verschiedenen Öle lassen sich somit bedenkenlos vermischen, weil sie alle dieselben Triglyceride enthalten (siehe S. 30).

Bei gut angeriebenen Pigmenten ist jedes Partikel von Öl umgeben; die Farbmischung ist plastisch genug zum Vermalen, aber dennoch so zäh, dass Pinselstrich- oder Malmesserspuren erhalten bleiben. Bei der gewerblichen Farbenherstellung versucht man, Ölfarben mit gleichmäßiger Konsistenz zu erhalten, die innerhalb von etwa zwei bis 14 Tagen trocknen.

Vorbereitung Ölabsorption

Jedes Pigment benötigt zum Erhalt der gewünschten Konsistenz ein spezifisches Volumen an Öl. Die Ölabsorption der Pigmente schwankt erheblich, sodass ein Pigment wie z. B. Alizarin fast doppelt so viel Öl braucht wie Bleiweiß. Ich erwähne dies, weil man den Malern oft zu Recht empfiehlt, keine Ölfarben mit niedriger Ölabsorption über solche mit hoher Ölabsorption zu malen, da dies zu strukturgeschädigten Farbschichten führt, deren untere Lagen flexibler als die oberen sind, was Risse zur Folge haben kann.

Streck- und Verdickungsmittel

Bei selbstangeriebener Farbe ist der Absorptionshinweis zu berücksichtigen. Bei Tubenfarben ändern die Hersteller das Verhalten ihrer Farben nicht nur durch Beimischen von trocknenden und halbtrocknenden Ölen sowie Zusetzen von Trocknungsmitteln, sondern auch durch Zufügen gewisser Pigmente (die in Ölen transparent sind) als Streckmittel. So vermittelt z. B. Aluminiumhydrat gewissen Farben gute Fließeigenschaften. Barytweiß ist ein häufig verwendetes Streckmittel für starke organische Pigmente, die ohne dieses viel zu kräftig wären, um sich problemlos in die Pigmentserie des Herstellers einfügen zu lassen. Auch Kaolin (Porzellanerde) dient zur Beeinflussung der Farbkonsistenz. Solche Pigmente haben eigene Ölabsorptionswerte, welche den Gesamtölgehalt der Tube bestimmen. Das hat zur Folge, dass der Ölabsorptionswert eines bestimmten Pigments möglicherweise in keiner Beziehung zum Ölgehalt derselben Farbe in Tubenform steht. Auch Inhaltsstoffe wie z. B. Verdickungsmittel können die Ölabsorption beeinflussen.

Wie man auf die Ölabsorption reagiert

Da Tubenfarben innerhalb bestimmter Grenzen immer gleichmäßige Ergebnisse erbringen sollen, werden die Effekte der unterschiedlichen Ölabsorptionen zum Teil abgeschwächt. Der Künstler kann sich selbst unnötige Beschränkungen in der Maltechnik auferlegen, wenn er grundsätzlich keine gering absorbierenden Pigmente auf stärker absorbierende auftragen will. In der Praxis sollte man aber schnelltrocknende Farben mit hohem Volumengehalt an Öl (wie Umbra, Siena und Kobaltblau) zur Untermalung vermeiden, da Risse in den oberen Lagen auftreten können, wenn diese nicht relativ ölhaltiger sind. Doch selbst diese Farben kann man bei sehr dünnem Auftrag zum Untermalen benutzen.

Ungefähre Trocknungszeiten von Tubenfarben

- Schnell trocknend (etwa zwei Tage): Aureolin, Manganviolett, Kobaltblau, Preußischblau, Siena natur, Umbra natur, Umbra gebrannt, Bleiweiß.
- Mittel trocknend (etwa fünf Tage): Phthalocyanine, Siena gebrannt (mittel bis schnell); Chromfarben, Kobaltviolett, Manganblau, Ultramarin, synthetische Eisenoxide (mittel); Kadmiumfarben, Titanweiß, Zinkweiß, Lampenschwarz, Elfenbeinschwarz (mittel bis langsam).
- Langsam trocknend (länger als fünf Tage): Azofarben, Chinacridone, Alizarin.

Ungefährer Ölgehalt von Tubenfarben

Leider ist es nicht möglich, genauere Angaben zu machen.

- Hoch (mehr als 70 %): Umbra gebrannt, Siena natur und gebrannt, Phthalocyanine, Alizarin, Kobalt, Chinacridone, Lampenschwarz.
- Mittel (55–70 %): Kadmiumfarben, synthetische Eisenoxide, Elfenbeinschwarz (kann hoch sein), Chromoxid, Umbra natur, Chromfarben, die meisten Azofarben.
- Langsam trocknend (länger als fünf Tage): Azofarben, Chinacridone, Alizarin.

Material

Empfohlene Palette

Die folgenden Pigmente werden zur Ölmalerei empfohlen. Weitere Informationen S. 16–29.

Rot
1 Kadmiumrot
2 Hellrot
3 Indischrot
4 Venezianischrot
5 Naphtholrot
6 Permanentrot FGR
7 Chinacridonrot
8 Azokondensrot

Gelb
9 Arylidgelb
10 Arylamidgelb 10G
11 Arylamidgelb GX
12 Diarylidgelb
13 Azokondensgelb 128
14 Nickeltitangelb
15 Isoindolinongelb
16 Kadmiumgelb
17 Gelber Ocker
18 Siena natur
19 Goldocker transparent
20 Marsgelb
21 Neapelgelb

Blau
22 Phthalocyaninblau
23 Kobaltblau
24 Ultramarinblau
25 Coelinblau
26 Indanthrenblau

Violett
27 Chinacridonviolett
28 Marsviolett
29 Dioxazinviolett

Grün
30 Phthalocyaningrün
31 Chromoxidgrün stumpf
32 Chromoxidgrün feurig
33 Kobaltgrün
34 Grüne Erde

Braun
35 Umbra natur
36 Umbra gebrannt
37 Siena gebrannt
38 Marsbraun

Schwarz
39 Lampenschwarz
40 Elfenbeinschwarz

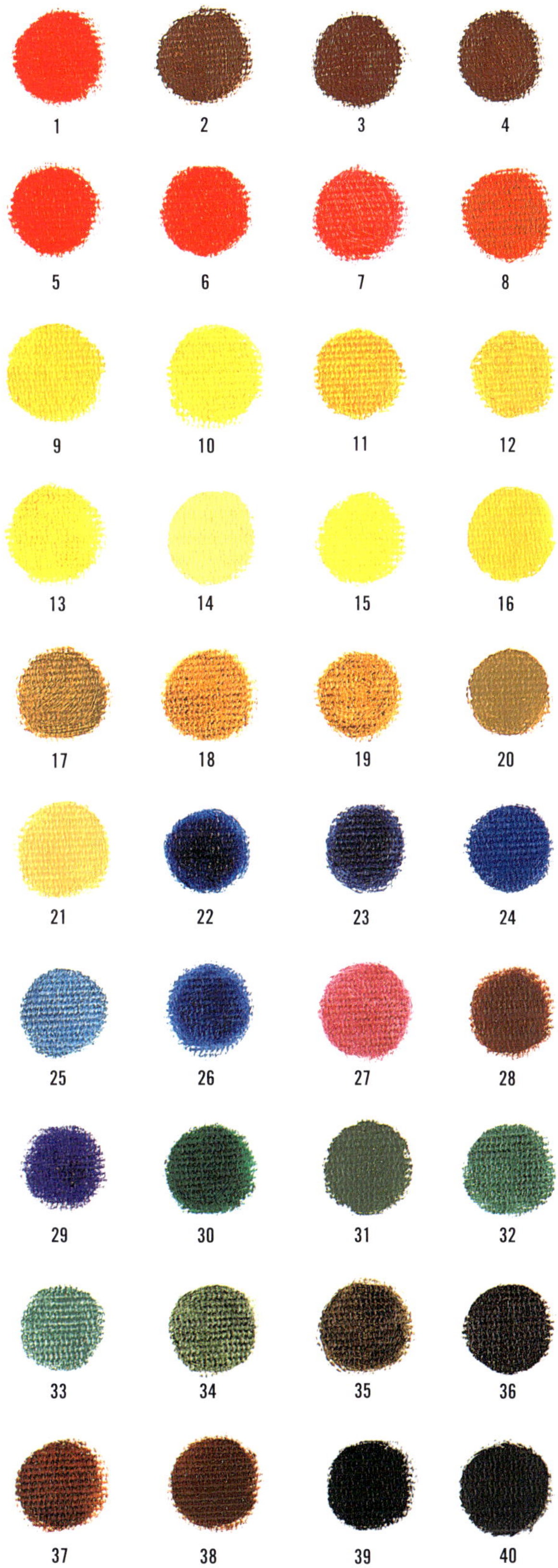

Weiße Pigmente (nicht abgebildet)
Bleiweiß (siehe Anmerkung zur Giftigkeit auf S.29, in Europa nur in Dosen mit kindersicheren Verschlüssen erhältlich)
Kremser Weiß (in Europa nur in Dosen mit kindersicheren Verschlüssen erhältlich)
Titanweiß
Zinkweiß

Lichtechtheit

Alizarinkarmin fehlt auf der *Empfohlenen Palette* (S. 173), weil es weniger lichtecht ist als die übrigen Pigmente. Alizarinkarmin wird im Allgemeinen unvermischt zum Lasieren verwendet; in Weißmischungen ist es nur wenig lichtecht. Daher sollte Permanent-Alizarinkarmesin auf der Basis beständigerer, synthetischer organischer Pigmente (z. B. Chinacridone) verwendet werden. Kobaltfarben können allergische Hautreaktionen hervorrufen.

Aufgrund des Bleigehalts von Schieferweiß, Kremserweiß und Neapelgelb sollte man diese vorsichtig handhaben (siehe Sicherheitshinweise auf S. 371).

Tubenfarben-Namen

Die Namen der Tubenfarben haben oft kaum eine Beziehung zu den darin enthaltenen Pigmenten, und so kann man sich nur auf das Fachwissen des Händlers verlassen. Wenn Künstlerfarben zum Beispiel als »Kobaltblau« oder »Siena gebrannt« bezeichnet werden, sollte man annehmen, dass diese Pigmente auch darin enthalten sind, aber dem ist nicht immer so. Was eine reine Pigmentfarbe zu sein scheint, ist oft nur eine Mischung. Die eine ist zuverlässig, die andere kann instabile Farben enthalten.

Zum Glück beginnen die namhaften Hersteller mittlerweile damit, die Pigmente auf den Tuben zu identifizieren.

Material

Transparente Pigmente

Die Chinacridon- und Phthalocyaninpigmente eignen sich hervorragend zur Lasur, weil sie besonders »rein« und transparent sind. Sie ergeben reine Farben, die zu fast allen Tönungen mischbar sind. Das Azokondenspigment Yellow 128 ist ähnlich. Siena gebrannt ist ein besonders gutes Orangebraun, während Siena natur und Goldocker transparent ein schwächer lasierendes Gelb ergeben. Ihre große Tönungskraft macht diese Farben auch zu deckenden Malverfahren brauchbar, wenn man sie in Tönungen mit Weiß oder anderen deckenden Farben verwendet.

Vorbereitung Herstellung eigener Farben

Die Herstellung ist recht einfach. Dazu gehören das Anreiben von Pigmenten und das Vorbereiten der Farben, wie zur Temperamalerei beschrieben (siehe S. 163). Statt Wasser verwendet man ein trocknendes Öl (meist Leinöl).

Es stellt sich allerdings die Frage, ob es heutzutage noch notwendig ist, seine Farben selbst herzustellen, da viele renommierte Hersteller zuverlässige Ölfarben produzieren, die den Ansprüchen von Künstlern genügen. Sollten Sie dennoch Ihre eigenen Farben zubereiten wollen, beachten Sie bitte unbedingt die auf S. 371 beschriebenen Vorsichtsmaßnahmen beim Umgang mit Pigmentpulver und reiben Sie keine giftigen Pigmente an.

Probleme wie die Absonderung von Öl und Pigment bei langer Lagerung gibt es im Allgemeinen nicht, und deshalb bedarf es auch keiner speziellen Zusätze. Pigmente wie Ultramarin, die sich ohne Zusatz von Stabilisierungs- oder Verdickungsmitteln nur schwer zu einer vermalbaren Konsistenz anreiben lassen, sollte man möglichst vermeiden. Zusatz von etwas Mohnöl kann die Konsistenz verbessern. Pigmente, von denen behauptet wird, sie seien in Öl nur schwer anzureiben, wie Chromoxid, braucht man nach meiner Erfahrung nur etwas länger als normal zu zermahlen.

Der einzige eventuelle Zusatz ist Wachs (in kleinen Mengen bis zu 4 %). Es fungiert als Stabilisierungsmittel und fördert die Dicke und Ölabsorption. Das Wachs wird dem Öl in kleinen Bröckchen beigegeben, das dann bis zu deren Schmelzen erwärmt wird.

Verwendung von Leinöl

Im Allgemeinen wird kalt gepresstes Leinöl zum Anreiben empfohlen, obwohl man auch ein gutes alkaliraffiniertes verwenden kann, wie es die meisten Hersteller tun.

Verwendung anderer Öle

Das langsam trocknende Mohnöl kann mit schnell trocknenden Pigmenten verrieben werden, um eine gleichmäßigere Trocknungszeit aller Farben zu erhalten; die Hauptrolle aber spielt es beim Anreiben weißer Pigmente, da es heller ist und weniger gilbt als Leinöl. Nussöl ist eine gute Alternative zum Leinöl.

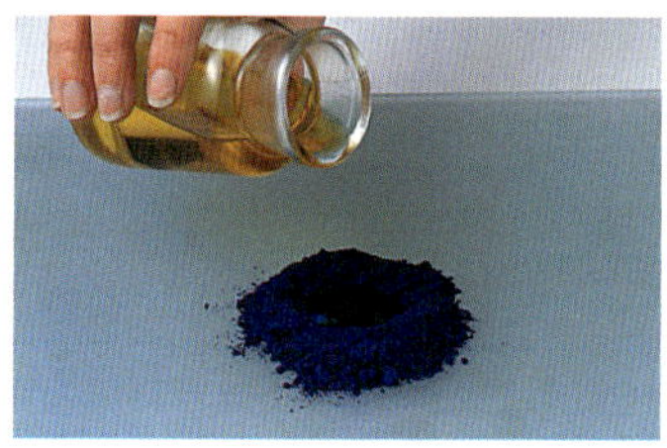

1 Man schüttet Pigmentpulver auf eine Glasplatte, macht eine kleine Vertiefung und gibt Öl hinein.

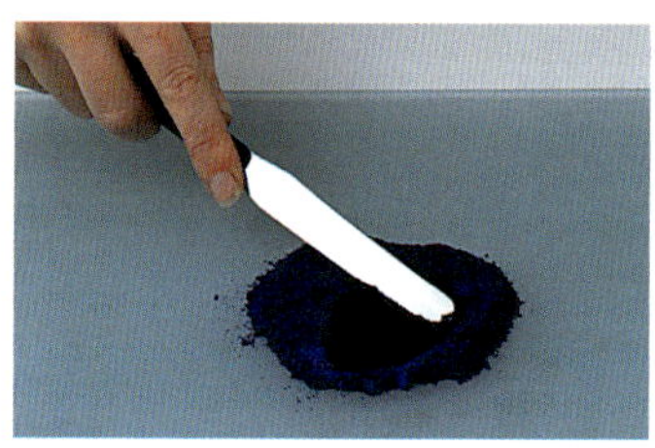

2 Pigment und Öl werden vorsichtig mit einem Palettmesser vermischt.

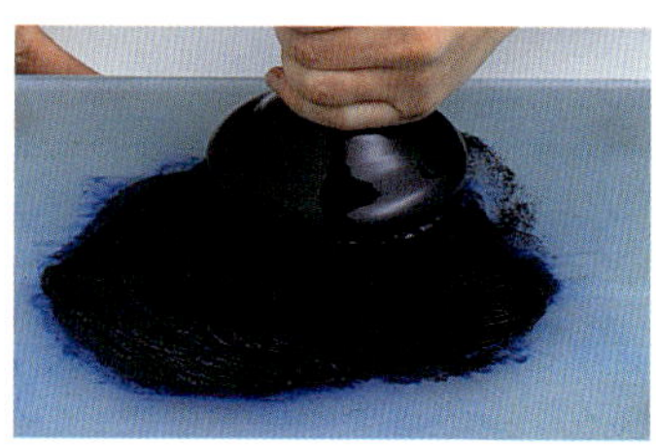

3 Man verreibt das Pigment mit dem Glasläufer durch Kreisbewegungen zu pastoser Konsistenz.

Binde-, Mal- und Verdünnungsmittel

Das Bindemittel hält das Pigment in der Suspension und lässt es auf dem Malgrund haften. Ein »Malmittel« wird der Farbe oft beigefügt, um ihre Eigenschaften für transparente Lasuren zu verbessern. Ein Malmittel ist entweder dieselbe Mischung oder eine, die zum Beispiel Öl, Terpentin und Harzfirnis enthält. Man kann es vor dem Malen zur Tuben- oder selbstangeriebenen Farbe hinzufügen; man kann aber auch ein Lösungsmittel verwenden wie Terpentinöl, Lavendelöl oder gereinigten Spiritus.

Material Öle als Bindemittel

Das Ölbindemittel ist im Allgemeinen entweder Leinöl, Nussöl, Mohnöl oder Safloröl. Nuss- und Leinöl wurden seit dem 15. Jahrhundert viel verwendet, aber das Leinöl setzte sich wegen der besseren Trocknungseigenschaften stärker durch. Mohnöl wurde im 19. Jahrhundert in Frankreich bevorzugt.

Leinöl

Dieses beliebte trocknende Öl fungiert als Bindemittel zum Anreiben von Pigmenten sowie als Bestandteil von Malmitteln. Zuweilen wird behauptet, dass der »Wildledereffekt« (bei dem in einer Richtung gemachte Pinselstriche anders aussehen als die entgegengesetzten) durch die Verwendung von kalt gepresstem Öl verloren ginge. Dieser Effekt hat aber nichts mit dem Öl zu tun, sondern mit den Stabilisatoren in der Farbe.

Andere Arten des Leinöls wie Standöl (siehe S. 31), sonneneingedicktes oder sonnengebleichtes Öl werden selbstständig als Mal- oder Lasurmittel oder in Verbindung mit anderen Materialien verwendet. Selbstständig verarbeitet sind sie zuverlässiger; man kann sie mit einem flüchtigen Öl wie Terpentinöl oder zu langsamerem Trocknen mit Lavendelöl auf eine brauchbare Konsistenz verdünnen. Standöl trocknet etwas langsamer als sonneneingedicktes oder -gebleichtes Öl, doch gilbt es nicht und behält beim Altern eine gewisse Flexibilität.

Nussöl

Das aus Walnüssen gewonnene Öl ist heller als Leinöl und wird für helle Pigmente bevorzugt. Schon im 17. Jahrhundert empfahl es Henry Peachum für Weißfarben zum Malen von Halskrausen und Leinen: »Reibe alle Farben mit Leinöl an, außer Weißfarben für Halskrausen und Leinen; dazu nimm Walnussöl, denn Leinöl wird mit der Zeit gelb.«

Mohnöl

Ein langsam trocknendes Malmittel, geeignet zum direkten Nass-in-Nass-Malen; es sollte aber nicht gebraucht werden, wenn man in Lagen malt.

Safloröl

Dieses dient speziell zum Anreiben weißer Pigmente. Beim Übermalen ist dieselbe Vorsicht geboten wie beim Mohnöl. Eine Farbschicht mit saflorweißer Untermalung und überlagerten Leinölfarben kann sich nachteilig auswirken.

Gekochte Öle

Obwohl gekochte Öle früher beliebt waren, gelten sie jetzt als unzuverlässig und zu gelb, sodass man sie zum Malen nicht mehr benutzt.

Material

Ölmalmittel

Es gibt vielerlei Rezepte für Ölmalmittel, die zu verschiedenen Zeiten populär waren. Alle haben unterschiedliche Eigenschaften, aber die sicherste Malmethode ist noch immer die, Tubenfarben so zu gebrauchen, wie man sie bekommt, oder sie mit Terpentinöl, gereinigtem Spiritus oder Lavendelöl zu verdünnen. Wenn nötig, kann man etwas mit Terpentin oder Terpentinersatz verdünntes Standöl als Malmittel für Lasuren verwenden. Viele Rezepte für Malmittel, darunter auch die gekochten Öl/Harz-Firnisse, existieren schon seit dem 15. Jahrhundert, als die Ölmalerei bevorzugt von den Künstlern eingesetzt wurde.

Ölfirnisse

Früher waren Firnisse aus gekochtem Öl und Harz beliebt. Zur Herstellung erhitzte man ein hartes fossiles Harz (wie Bernstein oder Kopal) in einem trocknenden Öl etwa im Verhältnis drei zu eins, wodurch ein honigartiger dicker Firnis entstand. Er bildete einen starken, dauerhaften und glänzenden Film. Die sogenannte *vernice liquida* war von sehr dunkler rötlicher Farbe.

Weichharze und Balsame

Andere Ölfirnisse umfassten Weichharze wie Mastix oder Pinienharz in Nussöl, die einen helleren Firnis (*vernice chiara*) ergaben, der vorteilhaft bei grünen und blauen Farben eingesetzt werden konnte, die von dem rötlichen Ton des *vernice liquida* angegriffen wurden.

Weiche Harzfirnisse, erzeugt durch Lösen eines Harzes wie Mastix oder später Dammar in Edelterpentin, waren im 17. Jahrhundert sehr beliebt. Sie wurden oft mit trocknenden Ölen gemischt, um ein schneller trocknendes Malmittel zu erhalten, als es allein mit trocknenden Ölen möglich gewesen wäre. Balsame wie Venezianisches Terpentin, Straßburger Terpentin oder Kopaivabalsam wurden vielfach in Mischungen mit trocknenden Ölen oder Harz-/Öl-Malmitteln verwendet. Die harzigen Bestandteile verhelfen dem Bild durch ihre stark brechende Transparenz zum illustren und plastischen Aussehen, und man kann mit ihnen manche Effekte bequemer erzielen, da sie die Lasiertechnik erleichtern.

Venezianisch Terpentin wurde oft verwendet (Kanadabalsam ist ein möglicher Ersatz). Kopaiva-Balsam wurde früher verwendet, ist aber sehr dunkel und neigt zu Rissbildung. Aus diesem Grund kann man keinen dieser Balsame empfehlen. Dammarfirnis hat vielleicht noch die besten Eigenschaften.

Vorbereitung Herstellen von Dammarfirnis

Das vom Handel angebotene Dammarharz kommt aus Singapur und besteht aus kleinen, transparenten, strohfarbenen Brocken, meist mit weißem Harzpulver bedeckt.

Zur Herstellung von Dammarfirnis (oder Mastix) gibt man das Harz in einen alten Strumpf oder Stoffbeutel und hängt diesen mehrere Stunden lang in Terpentin. Das Harz löst sich allmählich auf und Verschmutzungen bleiben im Beutel. Der Firnis wird nochmals durch einen sauberen Baumwoll- oder Musselinlappen gefiltert und ist dann gebrauchsfertig. Man verwendet 200–300 g Dammar je 500 ml Terpentinöl.

Wenn Sie Dammarfirnis einem Malmittel aus Standöl und Terpentin zugeben möchten, sollten Sie nur wenige Tropfen hinzufügen, um das Problem der oben beschriebenen Lösbarkeit zu vermeiden.

Material

Alkydharz-Malmittel

Mehrere Hersteller liefern Malmittel auf der Basis synthetischer Alkydharze. Sie sollen ebenso gut, wenn nicht besser als solche mit natürlichen Harzen sein. Obwohl es sie schon seit über 30 Jahren gibt, wurde ihre Beständigkeit noch nicht längerfristig geprüft.

Der Alkydharzfilm trocknet härter als der eines trocknenden Öls. Ob er flexibler ist als der Ölfilm, mag dahingestellt sein. Der Trocknungsprozess einer Farbe auf Alkydbasis verläuft viel schneller als einer auf Ölbasis: Nach sechs Monaten ist sie so spröde wie die Ölfarbschicht nach fünf Jahren. Es gibt Grund zur Annahme, dass die Sprödigkeit danach nicht mehr zunimmt. Was das Gilben betrifft, so ist das Alkyd an sich dunkler als raffiniertes Öl, und der unvermeidliche Zusatz von Sikkativen durch die Hersteller entfärbt den Malfilm nicht. Aber offenbar unterliegt er nicht dem fortschreitenden Nachdunkeln der Naturharze.

Diese Malmittel sollten gleichmäßig verwendet werden und gemäß der Regel »fett über mager«, was bedeutet, dass jede neu aufgetragene Farbschicht etwas mehr Malmittel als die darunter befindliche enthalten muss. Man würde Probleme heraufbeschwören, wollte man traditionelle Malmittel innerhalb der einzelnen Farbschichten eines Gemäldes mit synthetischen kombinieren.

Probleme bei der Verwendung von Harzen

Bei der zwischen dem 17. und 19. Jahrhundert zunehmenden Verwendung von Harzbestandteilen tauchten Probleme mit dem Nachdunkeln, Reißen und der Wiederlöslichkeit der Farbschicht auf, mit denen sich die Restauratoren seitdem herumplagen. Gemälde aus diesen Perioden, in denen Harze wahrscheinlich in größerem Umfang verarbeitet wurden, sind noch keiner gründlichen wissenschaftlichen Analyse unterzogen, durch welche die Auswirkung von Harzen auf Technik und Beständigkeit geklärt werden könnte. Die Oxidation der Harze kann ein übles, fortschreitendes Nachdunkeln verursachen, das bei trocknenden Ölen im Allgemeinen nicht so ausgeprägt ist. (Einige Harze – meist Dammarharze – dunkeln nicht.) Die Sprödigkeit trockener Harzschichten ist ein weiterer Grund, übermäßigen Harzgebrauch zu vermeiden. Hinzu kommt die Empfindlichkeit weicher Harze gegenüber Reinigungsmitteln. Von einem Bild, das mit trocknendem Öl als Malmittel gemalt und nach dem Trocknen mit Weichharzfirnis versehen wurde, kann dieser später ohne Beschädigung der Farbschicht wieder entfernt werden. Wenn jedoch ein Malmittel mit hohem Weichharzgehalt verwendet wurde, besteht die Gefahr, dass die Farben beim Reinigen beschädigt oder entfernt werden. Diese Probleme sind noch immer nicht ganz gelöst. Manche Künstler beharren darauf, dass ihre Maltechniken und Farbeffekte nur durch Beigabe von Harzen erzielt werden können, andere behaupten, es ginge auch ohne.

Wasserlösliche Ölfarben

Es gibt bei vielen Künstlern zweifellos ein starkes Bedürfnis, die Flexibilität der Ölfarbe auszunutzen, ohne dabei den gesundheitsschädlichen organischen Lösungsmitteln ausgesetzt zu sein. Dies hat in den letzten Jahren zur Einführung der »wasserlöslichen« Ölfarben geführt. Sie werden mit modifiziertem Leinöl und Rapsöl hergestellt, wobei die Öle jetzt wassermischbar statt wasserabweisend sind. Man weiß aber immer noch nicht genau, wie sich diese Farben über ein längeren Zeitraum verhalten, ob sie je vollständig durchtrocknen und ob sie stabil und lichtecht bleiben.

Eine der Fragen, die diese wasserlöslichen Farben aufwerfen, ist die nach dem Verbleib des Wassers. Wird es in den Malfilm eingebaut oder entweicht es in die Luft? Die Hersteller halten sich bei den Fragen nach der Zusammensetzung ihrer Produkte noch sehr bedeckt. Es ist jedoch klar, dass dieses Konzept weiter ausgebaut wird. Für Künstler, die auf Lösemittel allergisch reagieren, könnten diese Farben eine echte Alternative sein.

Starre Malgründe und Grundierungen

Wenngleich die Leinwand heutzutage der beliebteste Malgrund zur Ölmalerei ist, haben starre Malgründe im Allgemeinen eine viel längere Lebensdauer und ermöglichen eine großzügigere Materialverwendung. Mit der richtigen Vorbereitung bieten sie eine erheblich beständigere Basis als die flexible Leinwand, doch die meisten Maler kümmern sich nicht darum und malen mit Ölfarben weiterhin auf Leinwand.

Technik

Gipsgrundierung

Die Gips- oder Kreidegrundierung (siehe S. 58), auch Gesso genannt, ist die traditionelle Leim-/Kreide-Schicht, die man zur Öl- oder Temperamalerei auf das Paneel aufträgt. Ihre Geschmeidigkeit und Weißfärbung lassen sich nutzen, wenn man mit dünnen Ölfarben malt oder Öllasuren auf einer Tempera-Untermalung anbringt (siehe S. 161). Ob man auf glatter oder strukturierter Grundierung malt – sie muss immer vor dem Auftrag der Ölfarben isoliert werden. Die Kreidegrundierung absorbiert besonders stark. Ohne Isolierung saugt sie das Öl aus der Farbe auf, wodurch diese zu mager wird und andererseits die Grundierung vergilbt. Das Isoliermittel soll die Ölfarbe aber nicht völlig von der Grundierung trennen, sondern nur deren Absorption vermindern.

Isoliermittel für Kreidegrund

Auf der Kreidegrundierung können diverse Isoliermittel benutzt werden (siehe S. 60). Es gibt auch Isoliermittel zu kaufen, doch am einfachsten in der Anwendung ist eine Leimschicht als Abschluss zum Versiegeln des Paneels. Der Leim wird mit Wasser auf etwa halbe Stärke verdünnt; eine Schicht reicht meist aus. Es gibt spürbare Unterschiede, wenn Ölfarben auf isolierter oder auf nichtisolierter Grundierung aufgetragen werden. Auf der isolierten Grundierung sind die Striche flüssig, und die Farbe lässt sich leicht verteilen.

Ein Isoliermittel, das nur auf starrem Malgrund verwendet werden kann, ist mit Wasser verdünntes Acrylmalmittel. Es muss stark genug verdünnt werden, damit es keinen glänzenden Film bildet.

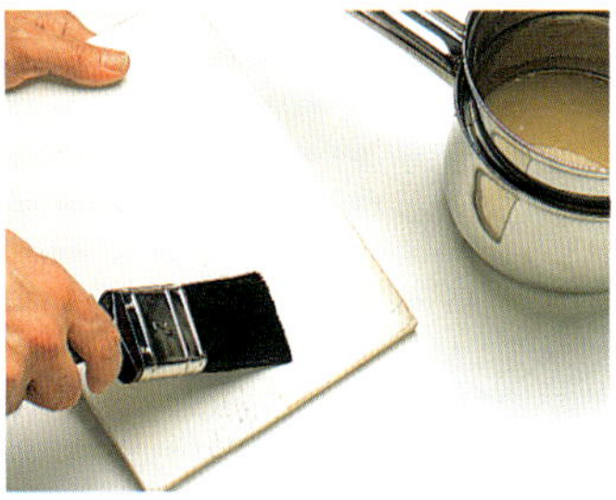

Gesso versiegeln Mit einem breiten Haushaltspinsel wird eine Schicht Leim auf die Fläche gestrichen.

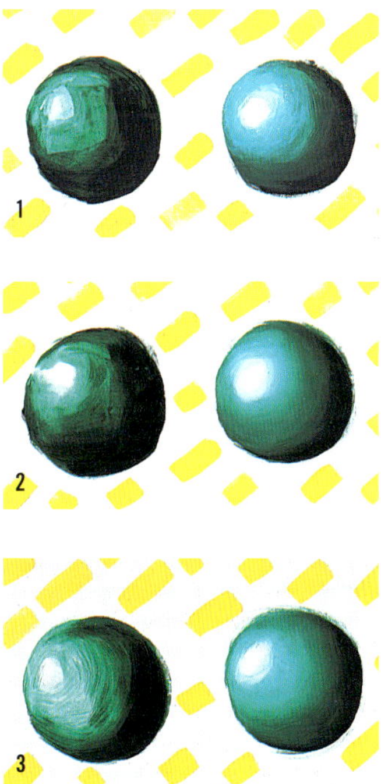

Wirkung der Isoliermittel auf Kreidegrund Die linke Kugel wurde jeweils transparent in Phthalocyaningrün gemalt, die rechte deckend mit Titanweiß-Zusatz zum Grün.

1 Nicht isolierte Grundierung
2 Leim
3 Verdünntes Acrylglanz-Malmittel

Vorbereitung Grundierung anpassen

Eine weiße Grundierung mit dicker Struktur zur Ölmalerei erhält man durch Einrühren gründlich gewaschenen Sandes in die Grundiermasse vor dem Auftragen auf das Paneel. Die Struktur ermöglicht sparsamen Farbverbrauch, weil es aussieht, als sei die Farbe dick auf glattem Untergrund aufgetragen.

Sandstrukturierte Kreidegrundierung, leimisoliert

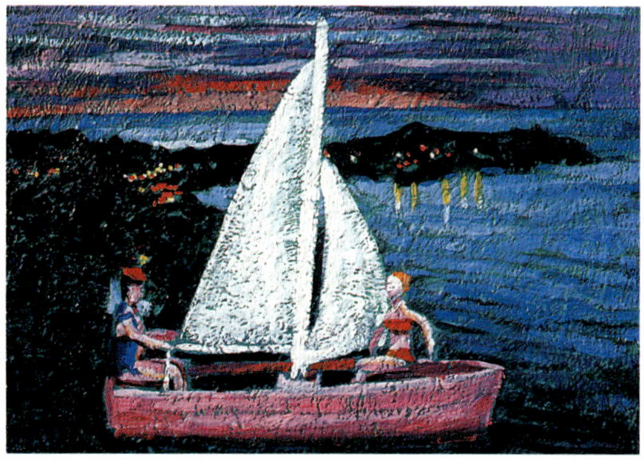

Ölfarben auf dieser Grundierung Die grüne Grundfarbe scheint als durchgehende Textur zwischen den Pinselstrichen durch.

Relief-Grundierung

Bearbeitet man eine dicke Kreidegrundierung mit dem Malmesser und trägt dann die Farbschicht auf, so erhält man ein Bild mit starkem Relief. In verschiedenen Richtungen aufgetragene Pinselstriche lassen das Pigment auf den »Hügeln« haften, was dort zu interessanten Farbeffekten führt, wo verschiedene Farben rein bleiben, aber zu optischen Mischungen zusammenwirken.

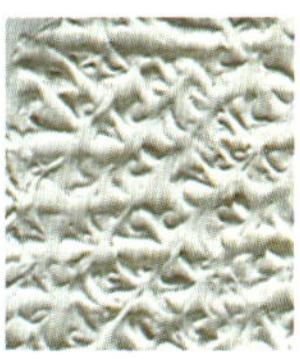

Mit dem Malmesser bearbeitete Kreidegrundierung.

Gipszeichnung auf Gips

Flüssiger Gips, auf glatte Gipsgrundierung gegossen, ergibt bereits ein Reliefbild. Der Gips ist, einige Minuten ehe er zur »Paste« wird, gießbereit. Ist er noch zu flüssig, kann er keine Linien bilden. Zwecks Farbeffekten kann man der Flüssigkeit Pigment beimischen. Vor dem Bemalen isolieren.

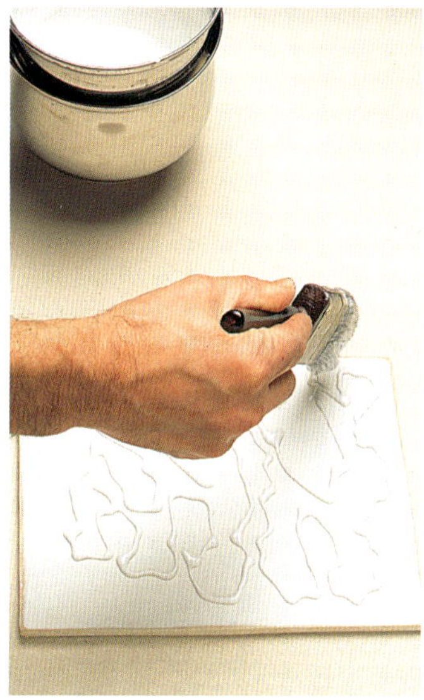

Mit Gesso spritzen Füllen Sie den Pinsel mit Gesso und spritzen Sie ihn über die Fläche, um eine flüssige, aber dicke Linie zu erhalten.

Vorbereitung Grundierungen für starre Malgründe

Zu den weiteren Grundierungen von festen Malgründen für Ölmalerei gehören sogenannte Primer wie die mit Titanweiß pigmentierte, ölmodifizierte Alkydharzgrundierung. In mancher Hinsicht ist sie der alten Bleiweiß-/Leinöl-Grundierung überlegen, die gilben kann und bei der man mit dem Bemalen eine Weile warten muss. Die sogenannten Acrylgessogrundierungen (die gar keinen Gips enthalten, sondern pigmentierte Acrylemulsionen sind) können auch als Grundierung für Ölmalerei dienen.

Vorbereitung Nicht grundierte starre Malgründe

Einige Maler arbeiten mit Ölfarben auf starren Malgründen ohne die übliche Grundierung, wobei die Farbe des Malgrundes als eine Art getönter Grundierung dient. Die Ölfarbe kann mit leichtem Pinselstrich aufgetragen werden, und der farbige Untergrund bleibt teilweise sichtbar. Will man den natürlichen Farbton der Ölfarbe erhalten, so muss deckend gemalt werden. Damit die Farben beständig sind, muss der nicht grundierte Bildträger isoliert werden. Die erforderliche Menge des Isoliermittels richtet sich nach der Absorption des Untergrunds – eine mitteldichte, teilweise absorbierende Spanplatte braucht viel mehr als zum Beispiel normales Sperrholz. Leim, Gelatine, Schellack oder Acrylmalmittel sind brauchbar (siehe S. 180).

Technik

Glas als Malgrund

Glas ist einer der stabilsten Malgründe. Bei richtiger Handhabung ist ein Ölgemälde auf Glas beständiger als eines auf Leinwand. Am besten eignet sich einseitig gesandstrahltes Glas mit einer matten, angerauten Fläche, auf der die Ölfarbe gut haftet. Das Sandstrahlen beeinflusst die Transparenz des Glases nicht.

Obwohl man Glas wie jeden anderen Malgrund bemalen kann, ist die Hinterglasmalerei ein einzigartiges Verfahren. Im Gegensatz zur normalen Methode beginnt man hier mit den Lichtern und arbeitet umgekehrt über Lasuren und Untermalung bis zur Grundierung, die zuletzt angebracht wird. Ebenso wie bei der normalen Maltechnik fungiert die Grundierung als lichtreflektierender Untergrund, und das Gemälde wird durch das Glas von der unbemalten Seite aus betrachtet.

Man verwende 4–6 mm dickes Glas, das nicht so leicht zerbricht. Vor dem Bemalen mit Spiritus reinigen und entfetten. Auf sandgestrahltem Glas kann man mit Borsten- oder Weichhaarpinseln malen. Beim Malen in mehreren Lagen müssen die Farben vor dem Übermalen Zeit zum Trocknen bekommen (manche Maler verwenden Sikkative zur Trocknungsbeschleunigung). Denken Sie daran, dass deckende Farben auf dem Glas alle weiteren Pinselstriche darüber unsichtbar machen. Damit Sie nicht auf der Malfläche (Glasrückseite) zeichnen müssen, skizzieren Sie das Bild auf ein Blatt Papier, das Sie während des Malens unter das Glas legen. Oder Sie zeichnen mit einem Allzweckstift, der später wieder abgewischt werden kann, auf die Vorderseite (»Betrachterseite«) des Glases.

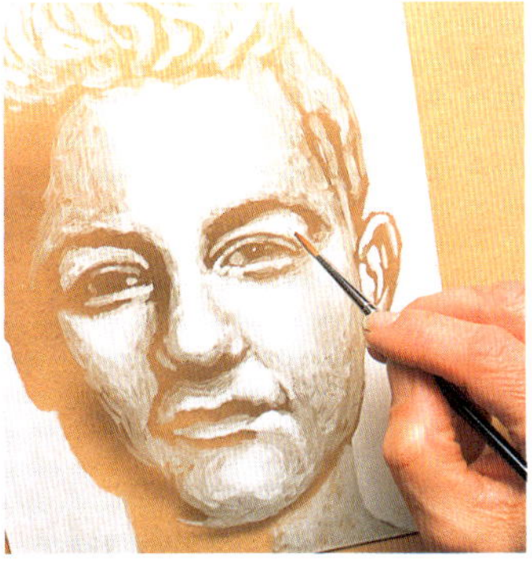

1 Das Gesicht wird ganz in Weißtönen gemalt. Die dichteste Farbe befindet sich an den beleuchteten Stellen, in der Mitte der Stirn oder an der Nasenspitze.

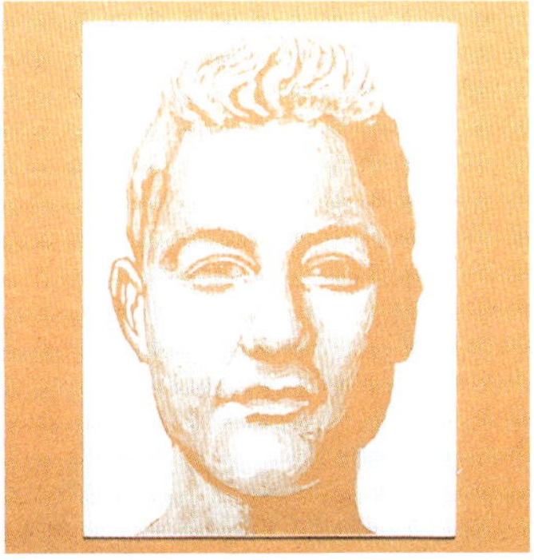

2 Man kann den Fortschritt der Arbeit sehen, wenn man die Scheibe umdreht und vor einen dunklen Hintergrund hält.

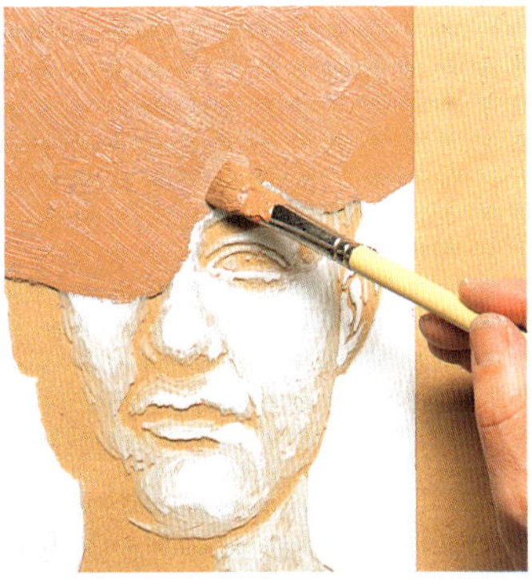

3 Sobald das Gesicht durchmodelliert wurde, wird eine Trockenpause eingelegt. Dann wird ein Mischung aus Siena gebrannt und etwas Titanweiß über das ganze Bild gemalt.

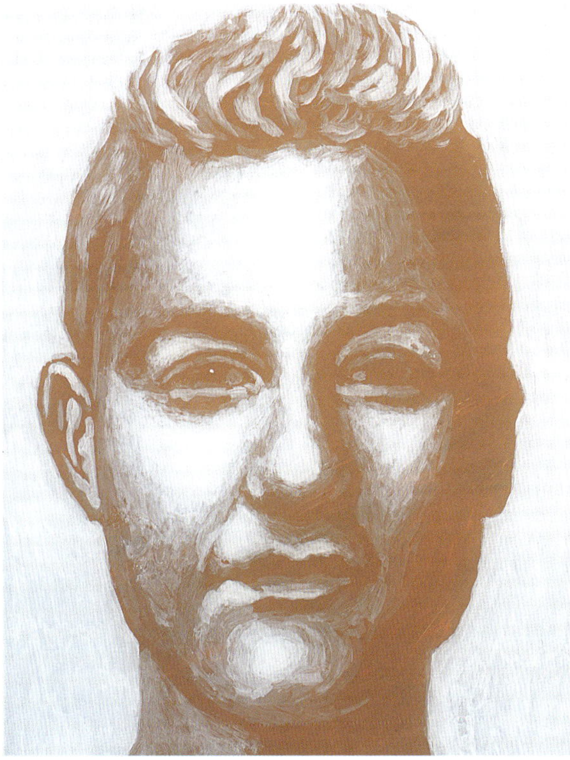

Fertiges Bild Nach dem Trocknen der Schicht in Siena gebrannt, dreht man das Bild um und sieht den vollständig modellierten Kopf.

Flexible Malgründe und Grundierungen

Leinwand ist der traditionelle Bildträger für Ölgemälde, obwohl die Maler auch viele andere Gewebe ausprobiert haben, sowohl mit als auch ohne Grundierung. Über Leinwand wurde bereits auf S. 52ff. gesprochen. Die Gewebefestigkeit hat einen entscheidenden Einfluss auf das Aussehen des Gemäldes. Bei Leinengeweben ist die Auswahl größer als bei Baumwollstoffen – es gibt feine oder strukturierte Flächen, je nach Bedarf. Dagegen muss man sich bei Polyester, das beständiger als Leinen oder Baumwolle ist, auf eine gleichförmigere Struktur beschränken.

Vorbereitung

Malen auf ungrundiertem flexiblen Malgrund

Wenn Sie schon auf nicht grundierter Leinwand malen wollen, dann sollten Sie die Fasern wenigstens durch eine Vorleimung vor der Ölfarbe schützen. Eine schwache, warm aufgetragene Leimlösung sorgt für die nötige Sperre zwischen dem Öl und den Fasern. Eine andere Möglichkeit bietet eine Lösung von Carboximethylcellulose, die nicht mit den Dehnungsproblemen tierischer Leime behaftet ist. Schellack ist zu spröde und Acrylmalmittel zu flexibel für flexible Malgründe.

Viele flexible Materialien wurden bereits ungrundiert verwendet. Ihre Festigkeit und Haltbarkeit hängt von den verwendeten Fasern ab. Polyester-Segeltuch braucht nicht grundiert zu werden, aber es ist durchscheinend und absorbiert Öle sowie Verdünnungsmittel schnell. Obwohl die Farbe leicht verteilt und vermischt werden kann, sollte sie dünn aufgetragen werden, da sonst auf der absorbierenden Fläche eine trockene Pigmentablagerung zurückbleibt.

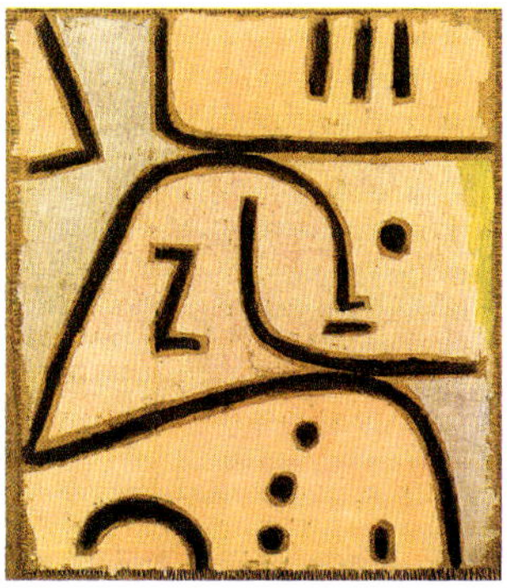

Paul Klee

Gemälde auf ungrundierter Leinwand
Es gibt dafür viele moderne Beispiele. In diesem Gemälde auf Jute überspannen die Farbe und die grobe Textur der Jute den Raum zwischen Schwarz und Weiß, was für ein ausdrucksvolles Bild sorgt.

W I (In Memoriam) (1938), Paul Klee

Technik

Grundierungen für flexible Malgründe

Die Grundierung flexibler Malgründe wurde auf S. 55ff. besprochen. Für Ölfarben muss die Grundierung so flexibel sein, dass sie die Bewegungen der Leinwand aushält, aber sie darf nicht flexibler als die Farbschicht sein. Die Ölgrundierung muss durch eine schwache Leimlösung vor den Gewebefasern geschützt sein. Obwohl es nicht vernünftig wäre, die Leinwand mit einer traditionellen Gipsgrundierung zu bedecken, kann man davon eine sehr dünne Lage in die Maschen der vorgeleimten Leinwand einschaben oder -streichen. Das reicht als Beschichtung des Gewebes aus und sorgt bei Leinen für eine fast weiße Grundierung. Sie ist erheblich absorbierender als eine Ölgrundierung. Heutzutage ist die Ölgrundierung im Allgemeinen eine mit Titanweiß pigmentierte, ölmodifizierte Alkydharzgrundierung, die in etwa 24 Stunden trocknet. Zwei dünne Lagen sorgen für eine gleichmäßig weiße Fläche. Manche Maler verwenden zum Grundieren Anstrichfarben, die man aber in der Regel tunlichst vermeiden sollte, da sie keinesfalls speziell für künstlerische Zwecke ausgelegt sind.

Dünne Gipslage auf feinem Leinen

Ölgrundierung auf feinem Leinen (links: 2 Lagen; rechts: 1 Lage)

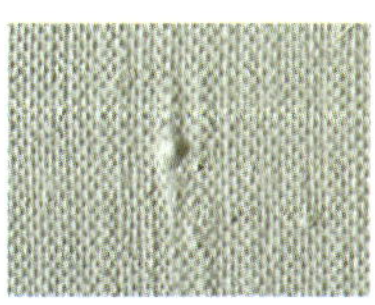

Ölgrundierung auf grobem Leinen

Ölgrundierung auf Wollgewebe

Ölgrundierung auf Polyestergewebe (links: keine Lage, rechts: 2 Lagen)

Malen auf weißer Grundierung

Als Anfänger meint man vielleicht, dass ein Bild immer auf einem weißen Grund entsteht. Industriell gefertigte Leinwände kommen meist mit einer weißen Grundierung in den Handel, und es scheint kaum einen Anlass zu geben, über eine andere Farbe für den Malgrund nachzudenken. Überraschenderweise kehrten mit dem Impressionismus weiße Grundierungen zur Ölmalerei zurück. Etwa vom frühen 17. Jahrhundert an hatten die meisten Maler eine Grundierung bevorzugt, die selbst gefärbt war oder vor dem Malen getönt wurde. Die weiße Grundierung zeigt die aufgetragenen Ölfarben rein, vor allem wenn sie nur dünn aufliegen. Der Maler glaubt häufig, die ganze Grundierung mit Farbe überdecken zu müssen, was zu einem größeren Farbzusammenhang führt als das Malen auf mittelgetönter Grundierung. Dies war für den Stil der Pointillisten maßgeblich (siehe S. 191). Traditionell wurde die weiße Grundierung dazu genutzt, auf ihr aufgetragene dünne Lagen transparenter Ölfarben zu illuminieren. Mit im Lauf der Jahre unvermeidlich zunehmender Transparenz selbst der deckenden Ölfarben tun die Maler gut daran, das unterlegte Weiß der Grundierung zum Bestandteil ihres Bildes zu machen.

Es gibt zahllose Varianten der Lasurtechniken, welche die weiße Grundierung der Malerei einverleiben. Sie reichen von ausschließlicher Arbeit mit dünner transparenter oder halbtransparenter Farbe, direkt auf die Grundierung aufgetragen, bis hin zur Lasur über verschiedene Arten der Untermalung. Zu den weiteren Techniken gehört das Verfahren, einen Teil der Grundierung weiß zu lassen und den Rest zu tönen (siehe S. 186).

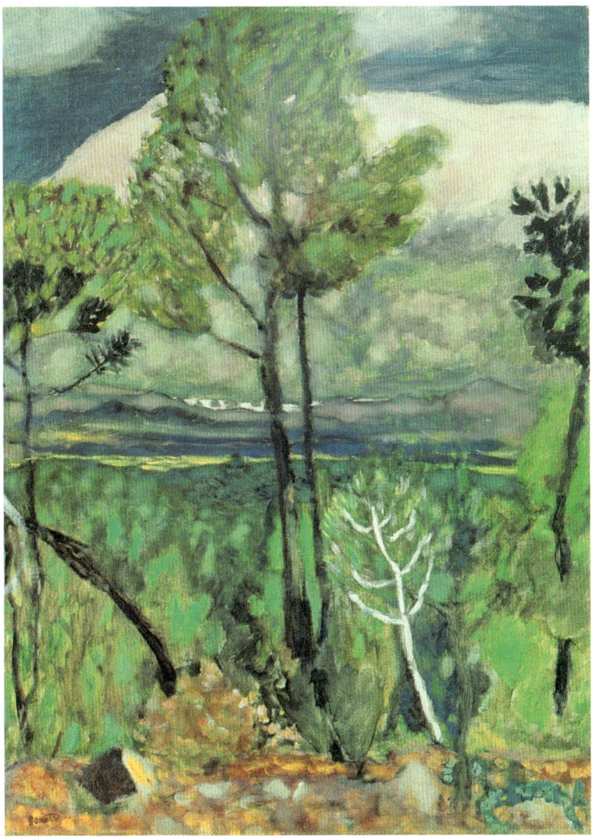

Pierre Bonnard

Farbe auf weißer Grundierung

Die zweckmäßige Nutzung einer weißen Grundierung wird durch die lockere, klecksende und subtile Pinseltechnik von Pierre Bonnard belegt. Hier ist erheblich mehr an echter Malarbeit geschehen, als dies auf einem farbigen Untergrund notwendig gewesen wäre, bei dem der Maler es sich leisten kann, größere Lücken zwischen den einzelnen Farbtupfern offen zu lassen. Bonnard nutzte das Nebeneinander von Farben wie Violett und Blassgrün, Blau und Rosa, die man in reinen Tönen auf der weißen Grundierung erkennt. Bonnard hat hier verwandte Farbharmonien, vor allem gelbgrüne und blaugrüne Farbtöne, verwendet. Die Pinselstriche selbst sind nicht sehr expressiv gesetzt, bilden aber kräftige Formen, die die Komposition des Bildes unterstützen.

Landschaft PIERRE BONNARD

Imprimituren und getönte Grundierungen

Auf einem getönten Grund lässt sich rasch und ökonomisch eine komplette Tonwertreihe von Hell nach Dunkel anlegen. Die helleren Töne können deckend in Mischungen mit Titanweiß ausgeführt werden, während die dunkleren Töne oft dünn mit dunklen transparenten Farben, wie Umbra natur, angelegt werden. Unter einer »getönten Grundierung« verstehe ich hier eine solche, in deren Material farbige Pigmente enthalten sind – eine deckend getönte Grundierung also. Die »Imprimitur« ist eine ähnlich gefärbte Unterschicht, bei der aber eine dünne transparente Farbschicht über der weißen Grundierung liegt, sodass deren durchscheinende reflektierende Eigenschaft erhalten bleibt.

Vorbereitung Getönte Grundierung

Heutzutage braucht man zur Herstellung einer getönten Grundierung nur etwas Ölfarbe mit der (weißen) Ölgrundierung zu vermischen. Wenn Ihre Leinwand bereits weiß grundiert ist, so mischen Sie die Farbe mit weißer Farbe und übermalen die Grundierung mit einer dünnen Schicht. Verdünnen Sie die Farbe mit Terpentin, aber nicht mit zusätzlichem Öl oder Malmittel. Vor dem Bemalen trocknen lassen.

Vorbereitung Imprimituren

Es gibt drei sichere Verfahren zum Auftrag von Imprimituren:

- Sie mischen die gewählte Ölfarbe mit Terpentin, übermalen den Malgrund damit und reiben die Farbe einige Minuten später mit einem sauberen Lappen wieder ab. Es verbleibt ein Hauch von transparenter Farbe auf der Grundierung. Das Verfahren ist selbst mit einer deckenden Farbe wie Gelbem Ocker möglich, weil sie so dünn aufgetragen ist. Sie trocknet schnell, und meist kann man sie schon am nächsten Tag bemalen.
- Sie verwenden eine sehr dünne Acryllasur, die mit dem Schwamm aufgetragen werden kann. Obwohl das Malen mit Ölfarben über Acryl nicht empfohlen wird, ist die Menge der Imprimitur so gering, dass hinsichtlich der Flexibilität und Haftung keine Probleme entstehen.
- Sie tragen eine dünne Aquarellschicht auf. Sie hat keine nachteiligen Effekte. Wie Acryl trocknet sie sehr schnell, sodass gleich mit der Ölmalerei begonnen werden kann.

Zu den weiteren möglichen Bindemitteln für Imprimituren gehören gefärbte Gelatine oder Leime, stark verdünnter Schellack, Ei/Wasser, ein weicher Harzfirnis oder ein Lasiermittel. Ich sehe darin aber keinen großen Vorteil; sie enthalten Harze und können überflüssige Probleme verursachen.

Weshalb getönte Grundierung oder Imprimitur?
Deckend getönte Grundierungen werden meist zusammen mit deckenden Malverfahren angewandt, bei denen es nicht so sehr auf die Reflexeigenschaften der weißen Grundierung ankommt. Die Imprimitur spielt eine Rolle, wenn die Transparenz einzelner Farben genutzt werden soll.

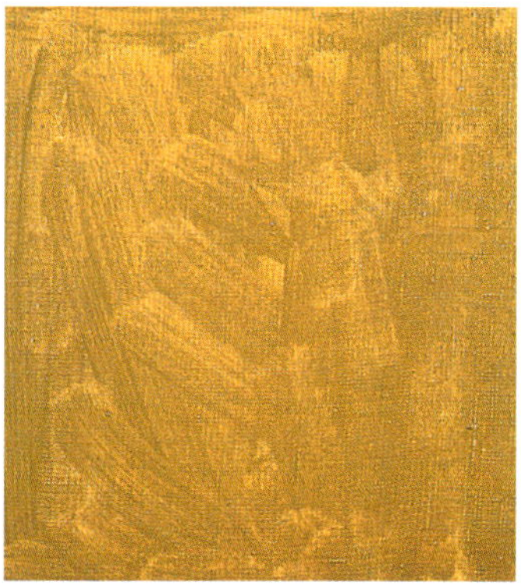

Vor dem Abwischen Die weiß grundierte Leinwand wurde hier vollständig mit in Terpentin verdünnter Siena natur bemalt.

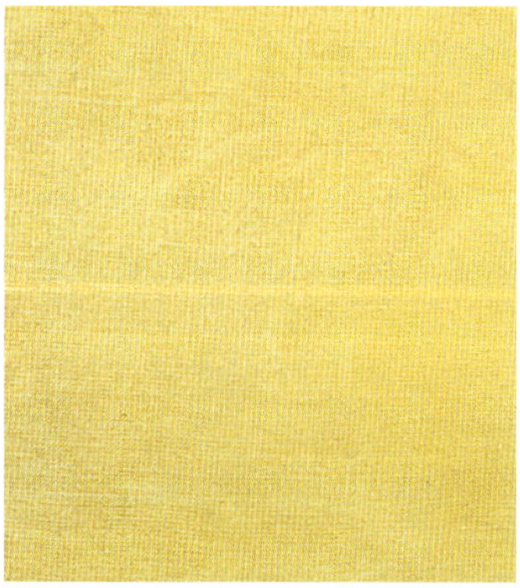

Nach dem Abwischen Die gleiche Leinwand wurde mit einem Lappen abgewischt, der eine leicht getönte Fläche zurücklässt, die für die Imprimitur typisch ist.

Technik

Malerei auf einem weißen und auf einem getönten Grund

Im Vergleich hat der auf dem getönten Grund mit Titanweiß für die Lichter und einer Mischung aus Siena gebrannt/Phthaloblau für die Schatten gemalte Krug mehr Kraft als der auf einem weißen Grund gemalte Krug.

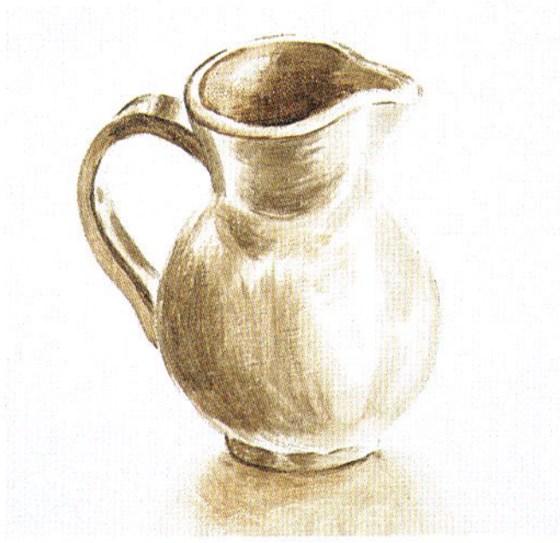

Weißer Grund Auf einem weißen Grund kann man keine Lichter hinzufügen.

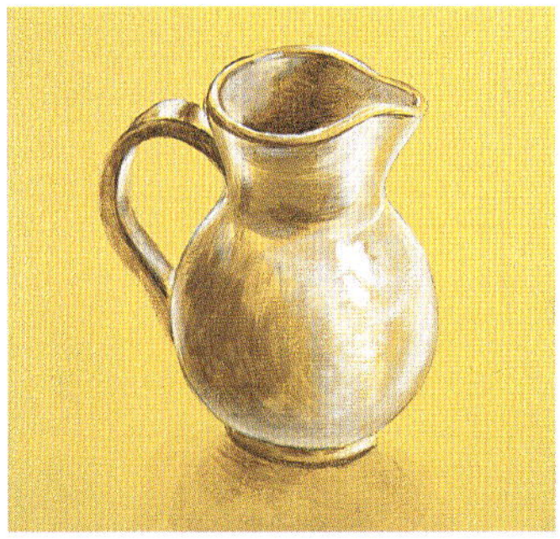

Farbiger Grund Das deckende Weiß gibt Plastizität und Lichter an.

Technik

Vorstufen auf einem farbigen Grund malen

Die folgenden Bilder zeigen die ersten Stufen eines Bildes auf farbigem Grund. Als Imprimitur wurde hier Siena gebrannt (wie oben) auf die weiße Grundierung aufgetragen und trocknen gelassen. Dann folgt eine optionale Vorzeichnung in Kohle, die danach abgebürstet wird und eine schwache Spur der Formen hinterlässt. Das Bild wird dann entweder mit den hellsten Tönen in deckendem Weiß oder durch Skizzieren der dunkleren Töne in dünnen, transparenten Farben aufgebaut. Einige Künstler skizzieren lieber das ganze Bild in dünnen, dunklen Tönen vor und fügen erst später die helleren Töne hinzu. Wie man auch beginnt, man wird nach diesen beiden Vorstufen bereits ein plastisches Bild sehen können.

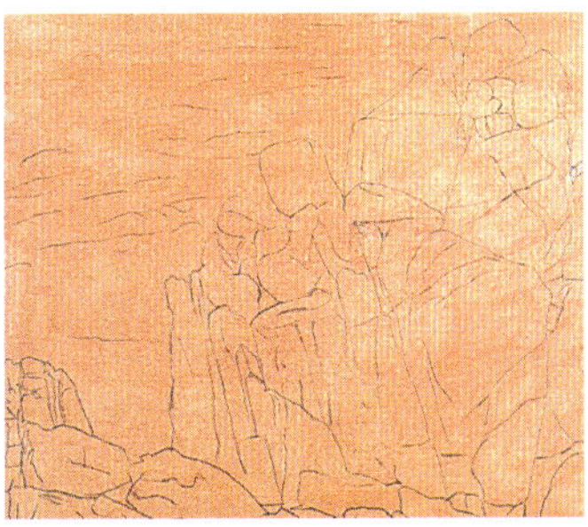

1 Die groben Umrisse werden in Kohle vorskizziert und dann weggewischt, sodass nur die Linien sichtbar bleiben. Wenn man die Kohlezeichnung wegbürstet, verdirbt sie die Ölfarbe nicht.

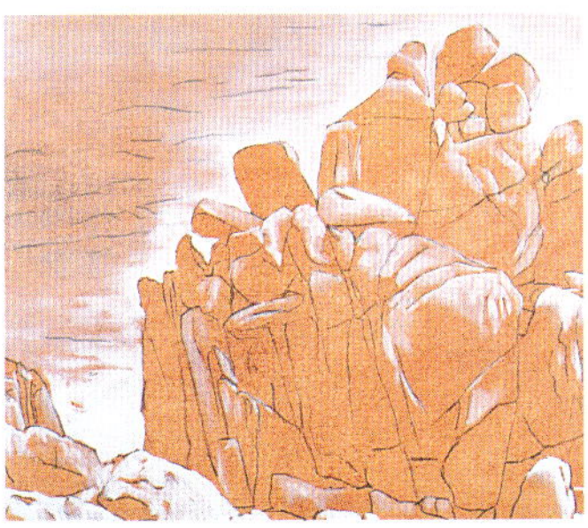

2 Die Stellen im Sonnenlicht oder in hellem Tonwert werden mit Titanweiß deckend oder halb-deckend angelegt.

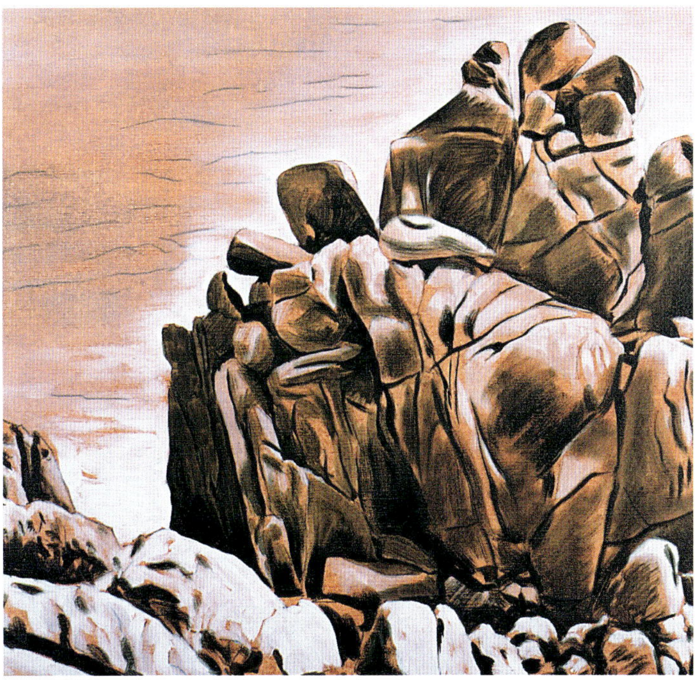

Fertige Skizze Die Schattenflächen werden mit einer verdünnten Mischung Siena gebrannt/Phthaloblau angelegt. Nach diesen drei Vorstufen hat sich ein dreidimensionales Motiv ergeben, das nun mit Farbe und Detail weiter ausgearbeitet werden kann.

Technik Malen auf mittel- bis hellgetönter Grundierung

Obwohl das Malen auf mittel- bis hellgetönter Grundierung die Farben im Vergleich zur weißen Grundierung etwas schwächer wirken lassen kann, überwiegen die Vorteile, nämlich zügiges und plastisches Herausarbeiten sowie Erleichterung der Farbbeurteilung. Mit einer Imprimitur, einem Hauch von transparenter Farbe, kann der Durchscheineffekt der weißen Grundierung noch immer vorteilhaft genutzt werden. Die durchmodellierten Formen in reicher Farbpalette und dichter Atmosphäre zeigen die Meisterschaft von Rubens in dieser Technik.

Auf einer mitteltonigen Imprimitur malen

Rubens' Maltechnik auf einem getönten Kreidegrund folgt dem oben beschriebenen Muster. Sein Gemälde *Samson und Delilah* in der National Gallery, London, ist ein gutes Beispiel für dünne, transparente Schattentöne und helle, deckende Farben in den Lichtern. Rubens legte eine warme, braun-gelbe Imprimitur über die Grundierung seines Bildes. Hinter den transparenten mittleren und dunklen Tönen kann man noch die raschen, streifigen Pinselspuren erkennen, mit denen der Grund getönt wurde.

Ich habe fünf Stufen nachempfunden, mit denen Rubens die große Draperie in der Mitte des unteren Bildteils gemalt haben könnte.

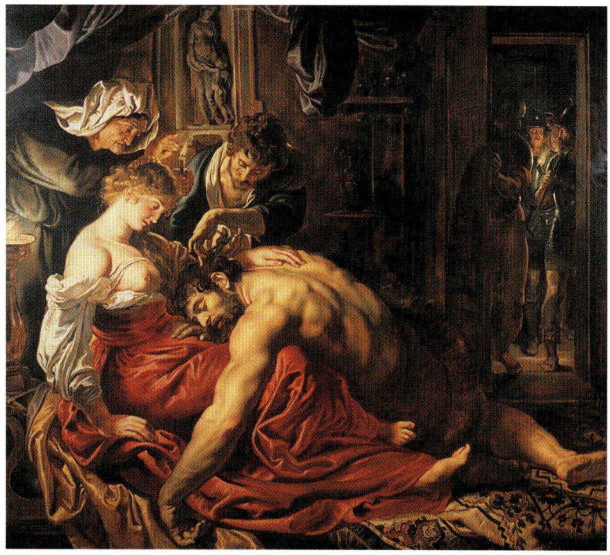

Samson und Delilah *(um 1609)*, PETER PAUL RUBENS
Rubens' Maltechnik auf einer getönten Imprimitur zeigt eine außergewöhnliche Eleganz.

1 Die Imprimitur wird aus Umbra natur, Siena natur und Siena gebrannt angemischt und mit einem breiten Borstenpinsel gestisch aufgetragen. Sie muss gut trocknen.

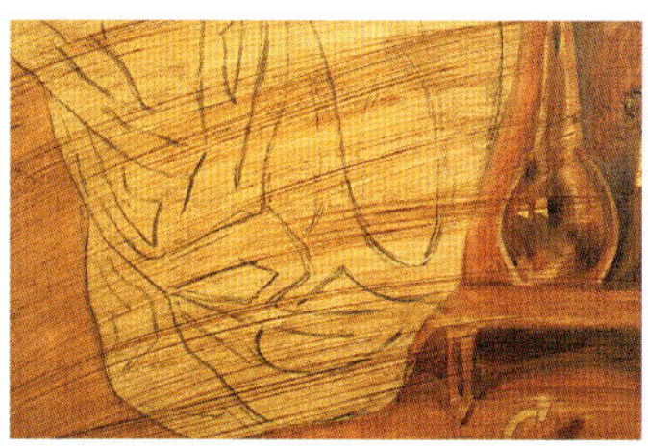

2 Dann wird das Motiv in Kohle skizziert. Nach dem Abstauben sind nur noch schwache Spuren zu sehen. Hintergrund wird in transparenter Erdpigment-Mischung bemalt.

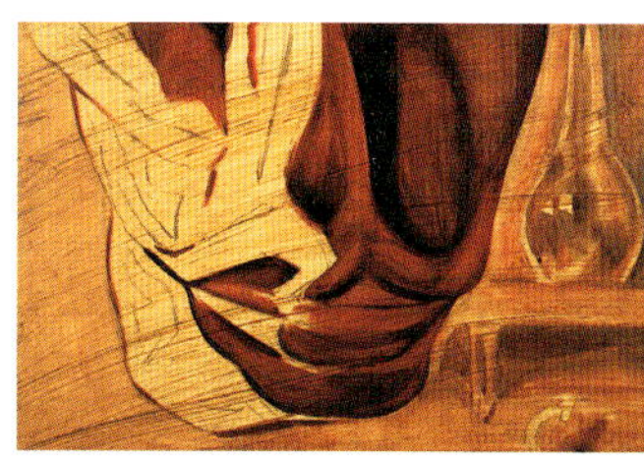

3 Mittlere bis dunkle Töne der Draperie werden in dünner, transparenter Farbe gemalt. In den dunkelsten Tönen wird die Mischung dicker, in den mittleren dünner angelegt.

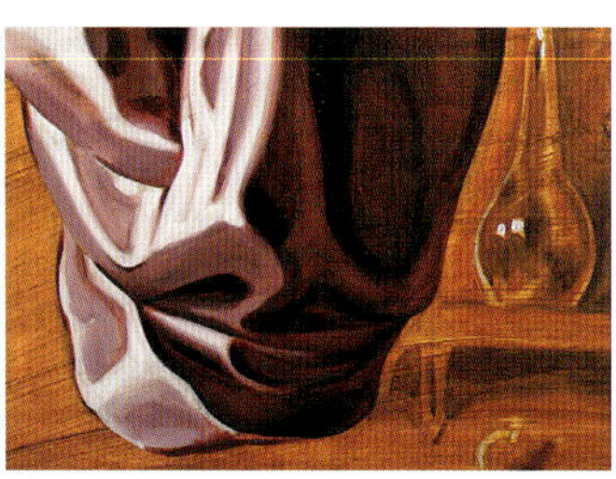

4 Die mittelhellen und hellsten Töne werden mit reinem Titanweiß wie oben oder mit etwas Purpurviolett abgemischt gemalt. Mit trockenen Pinseln werden diese Stellen geglättet und vermalt.

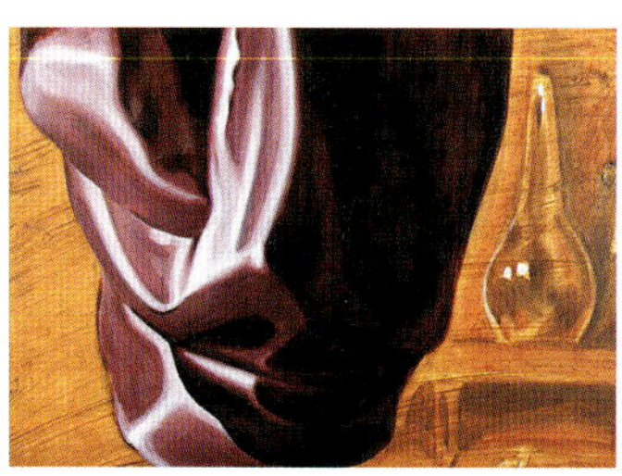

5 Nach dem Trocknen wird die Draperie mit dünnen, transparenten Lasuren und opaken Lichtern überarbeitet.

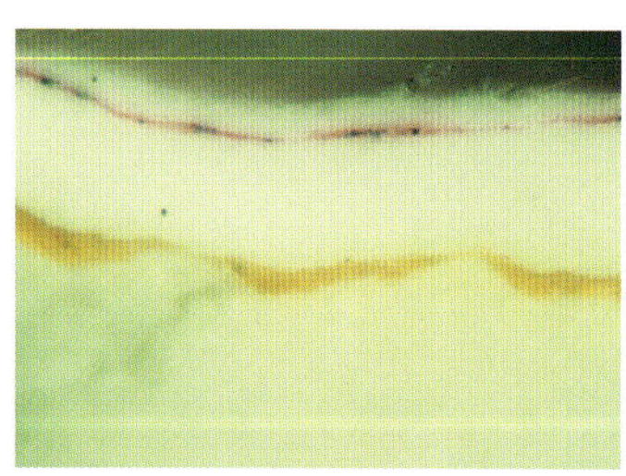

Querschnitt In diesem Querschnitt erkennt man den Kreidegrund mit der braun-gelben Imprimitur, der weißen Lichthöhung und der dünnen Lasur mit Spuren von blau-schwarzer Zeichenkohle.

Technik Malen auf mittel- bis dunkelgetönter Grundierung

Traditionell dienen diese Grundierungen für *Chiaroscuro*-Effekte, bei denen der Kontrast zwischen hell oder teilweise beleuchteten Objekten und dem dunklen Hintergrund hervorgehoben wird. Die beste Malmethode ist, mit hellem, deckendem Pigment von einer dunklen Grundierung aus zu arbeiten. Die dunkle Hintergrundfarbe wird möglichst dünn gehalten, übermäßige Öl- oder Harzbestandteile sollten vermieden werden. Wegen der mit dem Altern zunehmenden Transparenz von Ölfarben sollten sie deckend und dick aufgetragen werden.

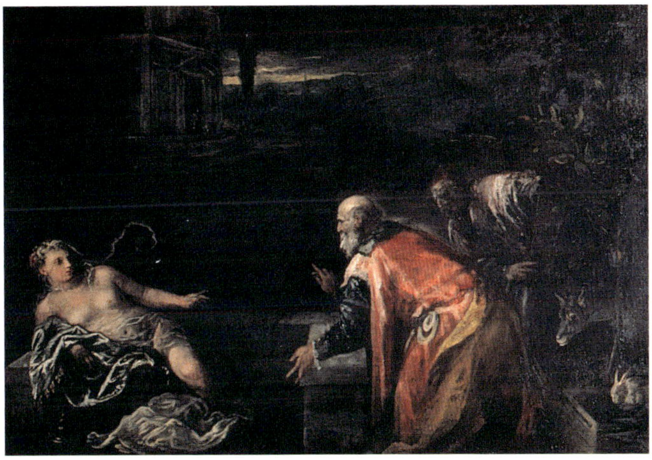

Jacopo Bassano

Helle Ölfarben auf dunkler Grundierung

Dieses Gemälde illustriert die Verwendung heller Pigmente auf dunklem Untergrund, demonstriert Leichtigkeit und dennoch eine Sparsamkeit in der Ausführung, womit ein kurzer Augenblick eingefangen wurde. Es ist die Arbeit eines älteren Künstlers, der nur das Wesentliche der Handlung festhalten wollte, dies aber mit Feingefühl und Sicherheit verstand.

Susanna mit den beiden Alten
(1585), Jacopo Bassano

Technik

Malen auf farbiger Grundierung

Mit der Verwendung farbiger Grundierungen eröffnen sich so viele Möglichkeiten, dass man sich wundert, wie wenige Maler diese nutzen. Obwohl Ocker oder Umbra im stumpfen Gelb- bis Braunbereich die üblichsten Farben sind (mit stumpfen Grüntönen zur Komplementierung der warmen Hauttönungen bei Porträts), gibt es keinerlei Farb- oder Tönungsbeschränkungen.

Generell lässt eine Grün- oder Blaugrundierung das Bild kalt erscheinen, während Orangegelb oder Rot es wärmer macht. Solche positiven Farben haben zwangsläufig einen starken Einfluss auf das Bild, weshalb man oft neutralere Farben vorzieht, die in einem frühen Stadium noch keine Farbentscheidungen diktieren.

Farbige Grundierungen kann man aus einem breiten Tonwertbereich wählen. Wenn Sie sehr helle Tonwerte oder transparente Pigmente wünschen, eignet sich eine helle Grundierung wie heller Ocker oder Grau am besten. Sie erlaubt eine dünne Verwendung transparenter Pigmente, während der individuelle Farbcharakter erhalten bleibt. Zugleich kann man Weiß zum Aufhellen oder zur Perspektive benutzen.

Sir Peter Lely

Porträt auf roter Grundierung

Vom 16. bis 19. Jahrhundert waren farbige Grundierungen in fast ganz Europa üblich. Die bevorzugte Grundierungsfarbe variierte. Diese unvollendete Studie zeigt einen Kopf und einen Teil des Haares, gemalt auf einer deckenden stumpforangeroten Grundierung, auf der sich Varianten der blassen Hauttönungen leichter herausholen lassen. Bei solch einer deckenden Grundierung verlässt sich der Maler weitgehend auf die Deckkraft des überlagernden Pigments für die helleren Tonwerte.

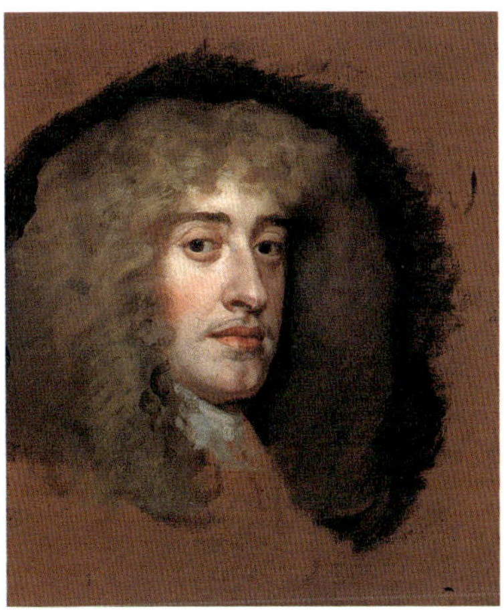

Jakob II. als Herzog von York
(nach 1660), Sir Peter Lely

Technik

Transparente und deckende Farben auf farbiger Grundierung

Die beiden Studienreihen zeigen verschiedene Möglichkeiten, auf einem farbigen Grund zu arbeiten. In der ersten Reihe wurden die Motive über eine transparente Imprimitur in Siena gebrannt gemalt. In der zweiten Reihe sind die Stillleben auf einem getönten Grund in Siena gebrannt, mit Titanweiß gemischt, ausgeführt.

In jeder der beiden Serien ist die Fruchtschale oben in Weiß modelliert und nach dem Trocknen mit dünnen, transparenten Farben lasiert, während die Schalen darunter mit vorgemischten deckenden Farben gemalt sind.

Die Lasur über einer weißen Untermalung in den beiden oberen Bildern ergibt eine hellere, leuchtendere Qualität als die deckend gemalten Fassungen darunter. Die deckend gemalten Stillleben wirken aber weicher und dichter. Die Techniken schließen sich nicht aus, sondern werden oft miteinander kombiniert.

Diego Velázquez

Teilweise Tönung der Grundierung

Es ist nur ein kleiner Schritt von der vollständig getönten Leinwand bis zu einem Gemälde, in dem nur bestimmte Teile in jeweils anderen Farben abgetönt sind. Die Venus mit Spiegel ist ein hervorragendes Beispiel für eine teilweise Tönung der Grundierung. Nachdem das Gemälde von einer Suffragette zerschnitten worden war, zeigte sich, dass die Bleiweißgrundierung mit einer Lage dunkelroter Farbe bedeckt war, außer unter der Gestalt der Venus, wo sie weiß geblieben war. Das verleiht dem Körper eine starke Ausstrahlung und zwingt zugleich zu einer anderen Malmethode für Körper und Untergrund. Der letztere ist mit dünnen Lasurfarben auf monochromer Untermalung gemalt, während die Gestalt der Venus in deckenden Farben üppig gemalt ist.

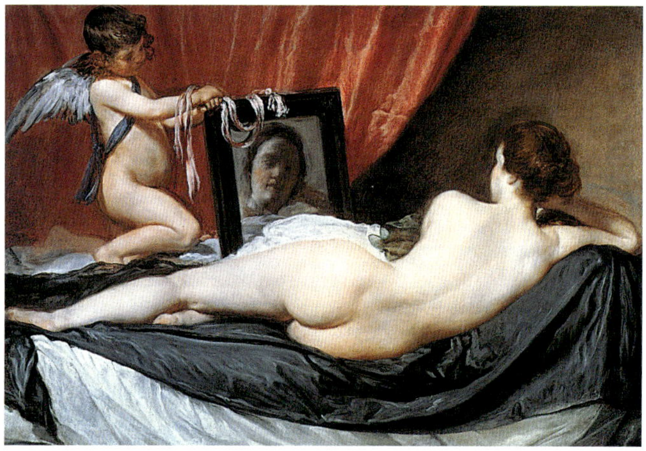

Venus mit Spiegel (Rokeby Venus),
(1648 oder 1649–1651), DIEGO VELÁZQUEZ

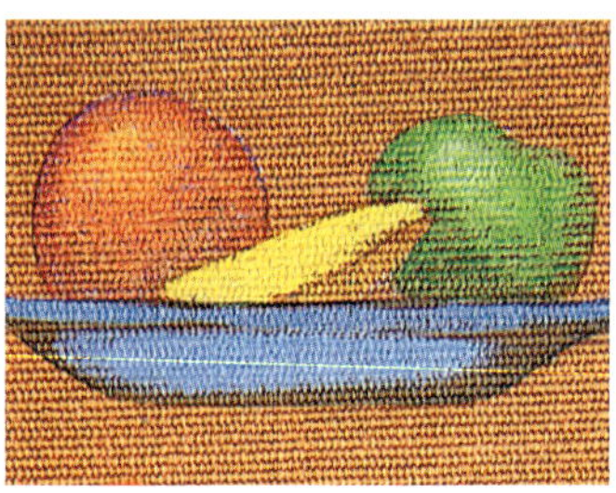

Lasierte Fassung 1
Auf der Imprimitur wird das Stillleben in Weiß gemalt und nach dem Trocknen mit transparenten Farben lasiert.

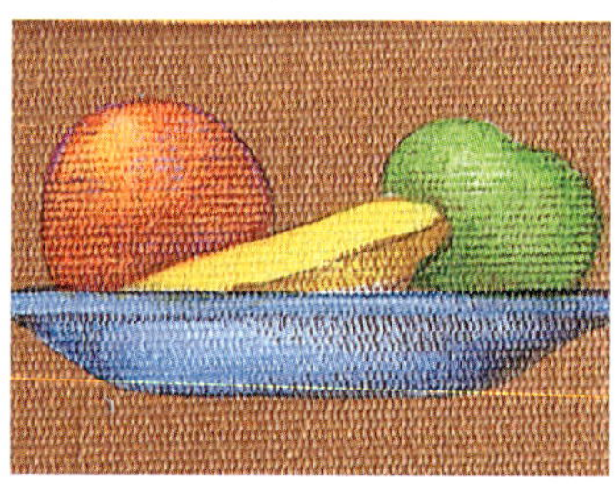

Lasierte Fassung 2
Die gleiche Technik wie im Bild links wurde hier auf einem getönten Grund angewandt.

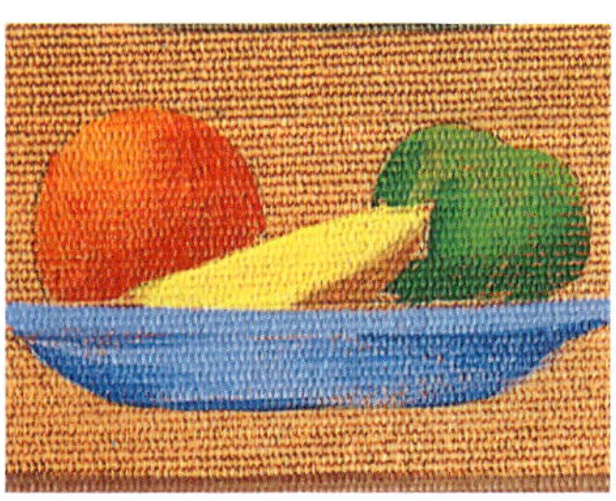

Deckende Fassung 1
Die Farben werden hier mit Weiß gemischt und dann aufgetragen.

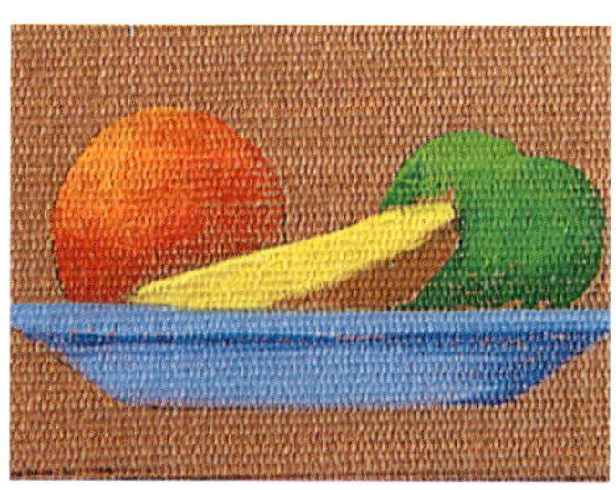

Deckende Fassung 2
Vergleichen Sie den Unterschied zwischen der deckenden Fassung auf getöntem Grund und der auf eine Imprimitur gemalten Fassung links.

Pinsel und Pinseltechnik

Ölfarben sind wohl die manipulierbarsten aller Farben. Aus diesem Grunde ermöglichen sie zahllose Effekte – von glatten, emailleartigen Flächen bis zum dick aufgetragenen Impasto –, die großenteils auf der Pinseltechnik beruhen. Echte oder synthetische Weichhaar- und Borstenpinsel können zum Erzielen ein- oder mehrfarbiger Effekte verwendet werden. Die Pinseltechnik ist eine Art Künstler-Handschrift: Sie offenbart einen Teil seines Charakters. Die in diesem Abschnitt gezeigten Beispiele verdeutlichen die Verschiedenheit der möglichen Effekte und der Charaktere, die sie inspirierten.

Material Wahl der Pinsel zur Ölmalerei

Die Art des benötigten Pinsels hängt, grob gesehen, ab von:
- der Viskosität der Farbe,
- der Art des Malgrundes,
- der gewünschten Farboberfläche,
- dem Umfang der Arbeit,
- dem beabsichtigten Stil.

Siehe auch S. 119–122.

Borstenpinsel

Zähflüssige Farben direkt aus der Tube sollte man mit Borstenpinseln auftragen, die man mit kräftigem Griff handhaben kann – zum »Aufklecksen« und Einreiben dicker Farben, für Wischeffekte oder zum Auftrag von dicken Farbtupfern. Sie eignen sich auch zum Überstreichen großer Farbflächen, wenn man eine glatte, dünne und gleichmäßige Tönung wünscht. Ebenso kann man damit in breiten getönten Flächen malen. Sie eignen sich auch für breite flächige Untermalungen. In großformatigen Arbeiten sind sie wesentlich schneller zu handhaben als Weichhaarpinsel.

Weichhaarpinsel

Am besten bewähren sie sich bei flüssigerer Farbe, die sanft aufgemalt werden kann. Man verwendet sie zu feineren Arbeiten, insbesondere zum Erhalt einer glatten Farbfläche und wenn man Details hervorheben will. Bei einer Feinarbeit können die Spitzenhaare eines dünnen Marderhaarpinsels zwischen den Fingern »breit gepresst« und entlang der Grenze zweier Farben gezogen werden, um feine Mischeffekte zu bewirken. Weichhaarpinsel, insbesondere Marderhaarpinsel, haben jedoch auch eine gewisse Spannkraft, und so kann man z. B. Katzenzungenpinsel (auf kleiner Fläche) gut zum Verteilen von Ölfarben verwenden. Größere Weichhaarpinsel dienen zum Lasieren (siehe S. 198).

Technik

Mischtechniken

Manche Ölfarbeneffekte beruhen auf kräftiger Pinselführung, aber zu den typischen Merkmalen der Ölfarben gehört auch, dass man den Pinselstrich durch »Mischen« oder »Glätten« unsichtbar machen kann. Ebenso wie man die Spuren des Meißels von einer Plastik beseitigen kann, können die scharfen Kanten der Ölfarbe abgeflacht und benachbarte Tönungen sowie Farben vermischt werden.

Glatte Tönungs- oder Farbübergänge erzielt man bei Ölfarben leichter als bei anderen Farben. Das liegt daran, dass die Farbe lange genug nass bleibt, um noch eine Vielzahl anderer Farben aufzutragen, ehe diese auf dem Malgrund endgültig bearbeitet werden.

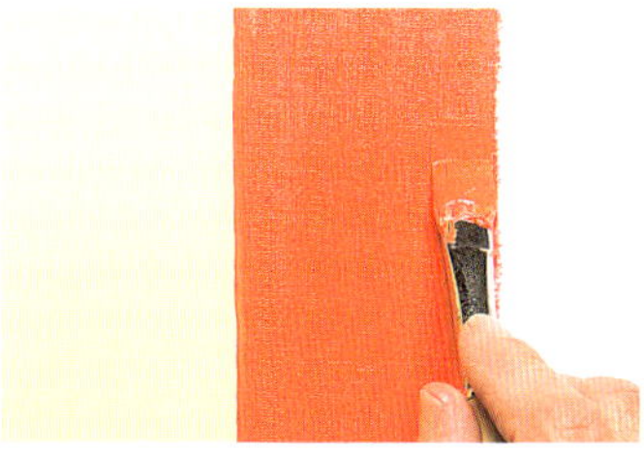

1 Die beiden zu vermalenden Farben werden auf der Leinwand angelegt.

Mischen benachbarter Farben

Zum Mischen zweier Farben oder Farbwerte braucht man einen sauberen trockenen Borstenpinsel (meist Katzenzungen- oder Flachpinsel), den man über die Grenzen der Farben streicht, um diese beiderseits zu vermischen. Zwischendurch muss der Pinsel immer wieder mit einem sauberen Lappen abgewischt werden.

2 Mit weichem Katzenzungenpinsel Nahtstelle der Farben übergehen. Pinsel mehrmals abwischen.

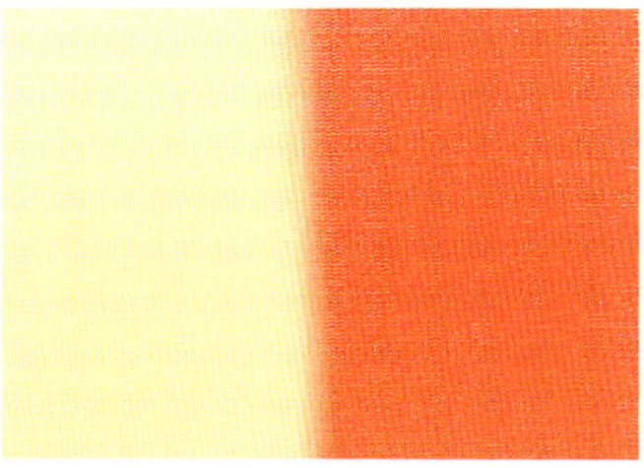

3 Die Ränder sind weich verschmolzen und zeigen einen nahtlosen Übergang.

Feine Abstufungen durch behutsames Mischen
Wenn man eine sauber abgestufte Farbreihe haben möchte, mischt man sich jede Farbe aus und legt Streifen für Streifen untereinander (oder nebeneinander) an. Dann werden die Übergänge mit einem trockenen Pinsel glatt vermalt.

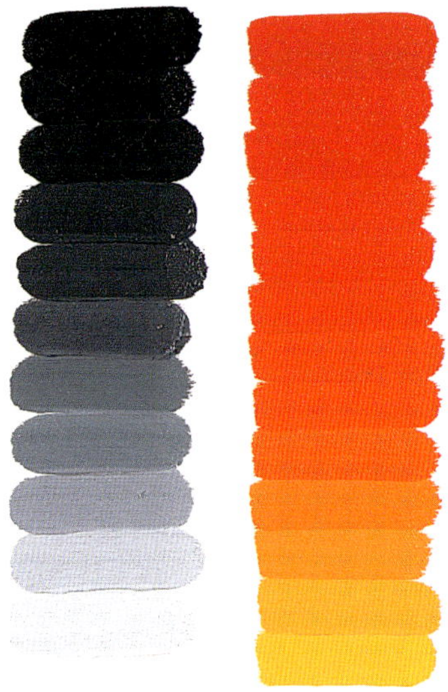

Separate Töne Zwei Reihen paralleler benachbarter Pinselstriche in verschiedenen Tönungen von Weiß über Grau nach Schwarz und von Gelb über Orange nach Rot.

Vermischte Töne Ähnliche Reihen, aber hier wurden die Striche behutsam mit den angrenzenden vermischt.

> **Farben sauber halten**
>
> Nach jeder Handhabung muss der Pinsel gesäubert werden, damit er die Farben auf der Leinwand nicht verschmutzt. Früher hielten die Maler deshalb immer einen Vorrat an sauberen, trockenen Pinseln bereit. Dies ist besonders wichtig bei der Porträtmalerei, um die Gesichtsfarben nicht zu entstellen.

Technik

Aufweichen von Konturen

Mit Ölfarben kann man die Form eines Motivs sehr leicht fixieren und dennoch durch Vermischen mit einer benachbarten Farbe aufweichen. Schon das leichteste Mischen hat eine starke Wirkung (siehe unten). Diese Technik wird in der Ölmalerei oft angewandt; wo zum Beispiel Profile von Objekten Kontrastfarben gegenüberstehen, kann ein leichtes Aufweichen gut sein.

Der Vermischungsgrad zweier Farben kann das Aussehen eines Bildes stark beeinflussen. Das erkennt man bei der gelben Figur mit violettem Schatten vor grauem Hintergrund.

Das Ausmaß des erforderlichen Aufweichens bestimmt, welchen Pinsel man dazu verwendet. Für eine sehr geringfügige Anpassung kann ein feiner, runder, spitzer Marderhaarpinsel richtig sein.

Seine Spitze sollte leicht mit Terpentinöl angefeuchtet sein, gerade so viel, dass die Haare zwischen zwei Fingern breit gedrückt werden können. Damit fährt man dann über die Grenze der zu vermischenden Farben. Ein Katzenzungen-Weichhaarpinsel kann die Ränder etwas stärker aufweichen (seine Schmalseite kann auch für feinere Arbeiten dienen). Zum starken Vermischen verwendet man einen Borstenpinsel, ebenfalls in Katzenzungenform.

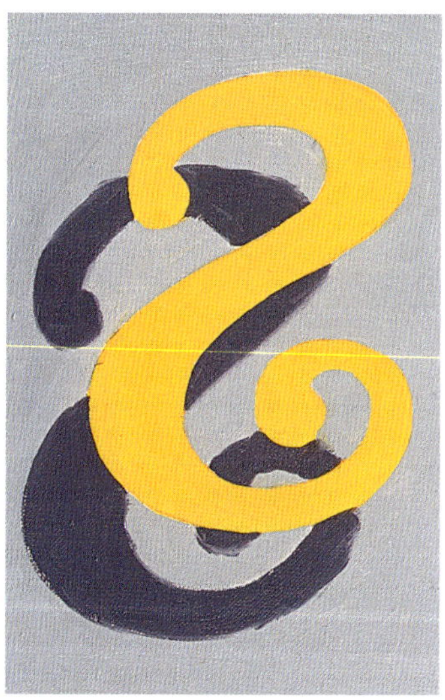

Vor dem Mischen Die Farben wurden in den jeweiligen Flächen in Grau, Violett und Gelb sorgfältig aufgetragen.

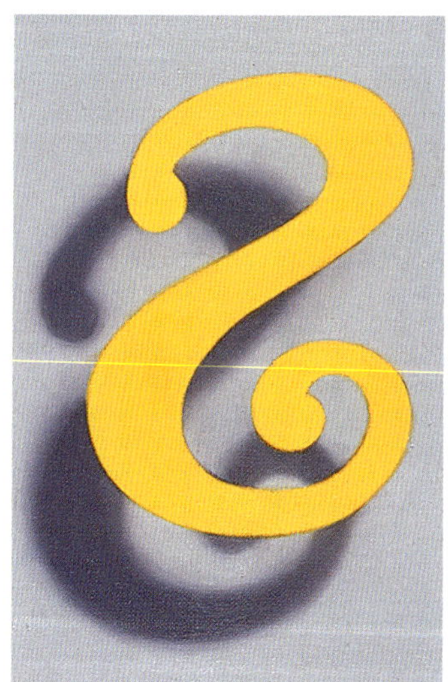

Abstufungen Die Ränder der gelben Form wurden geglättet. Die violette Form wurde stärker mit dem grauen Hintergrund verbunden.

Technik

Mischen auf dreidimensionalem Objekt

Selbst verhältnismäßig plumpe graphische Darstellungen können durch Mischen oder Aufweichen plastischer wirken. Dadurch werden auch die groben Pinselstriche abgeschwächt und wirken milder. Das erkennt man an den beiden Zylindern rechts, deren aufgeweichte Version verdeutlicht, wie das Mischen generell Farbkontraste mildert. Mehrere Pinsel, vom feinen spitzen Marderhaarpinsel bis zum Borstenpinsel, wurden verwendet. Das Bild wurde in diesem Fall nur aufgeweicht; üblich ist, die dunkelsten und hellsten Farbtöne später nochmals zu übermalen.

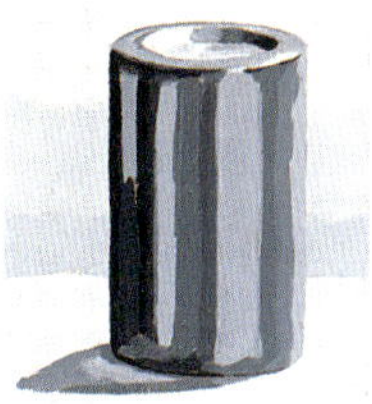

Vor dem Mischen Die Hauptfarben wurden grob skizziert.

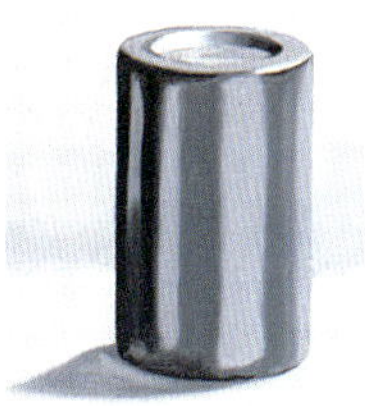

Nach dem Mischen Angrenzende Farben wurden mittels verschiedener Pinsel vermischt.

Technik Vermalen im Bildzusammenhang

Die Vermaltechnik kann auch in kleinen, detailreichen Partien des Bildes angewandt werden. Sie kann immer dann eingesetzt werden, wenn zwei Farben aneinandergrenzen oder eine ganze Farbreihe vorkommt. Die beiden Beispiele unten geben einen Hinweis auf diese vielfältigen Möglichkeiten.

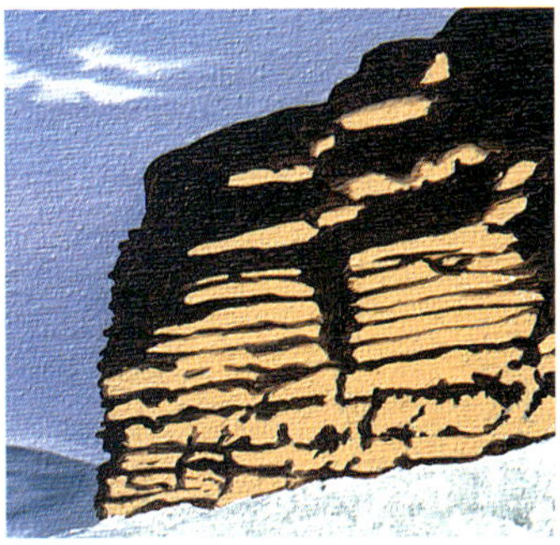

Erste Fassung Die hellen und dunklen Flächen sind in zwei Tönen gemalt worden, einer Mischung aus Lichtem Ocker/Titanweiß und einer Mischung aus Umbra gebrannt/Siena gebrannt.

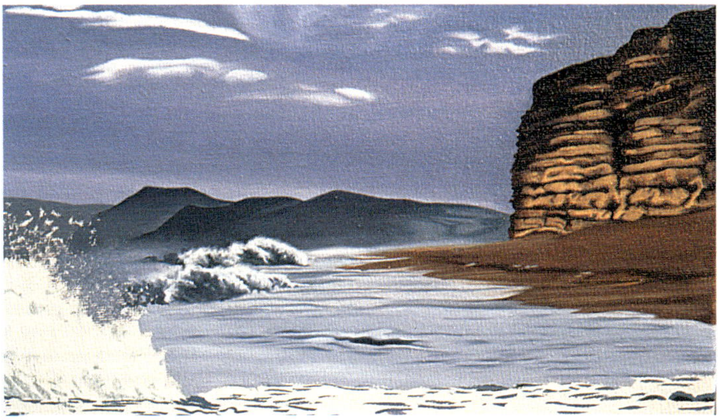

Weich vermalte Fassung Diese Fassung wurde mit kleinen Marderhaarpinseln überarbeitet und ergibt sofort eine weichere, realistischere Ansicht der Klippen.

Blätter auf einem Teich

Der Vorteil der Ölfarbe ist ihre langsame Trockenzeit, sodass sie über Stunden oder Tage bearbeitet werden kann. Daher kann man in Ruhe Farben anlegen und sich das Vermalen bis zum Schluss aufheben.

Gebrauch des Fächerpinsels

Ein Marderhaar-Fächerpinsel (siehe S. 122) dient zum Glätten oder Vermischen der aufgetragenen nassen Farben. Man gebraucht ihn so, als wolle man »abstauben«, um das Vermischen der Farben zu vollenden.

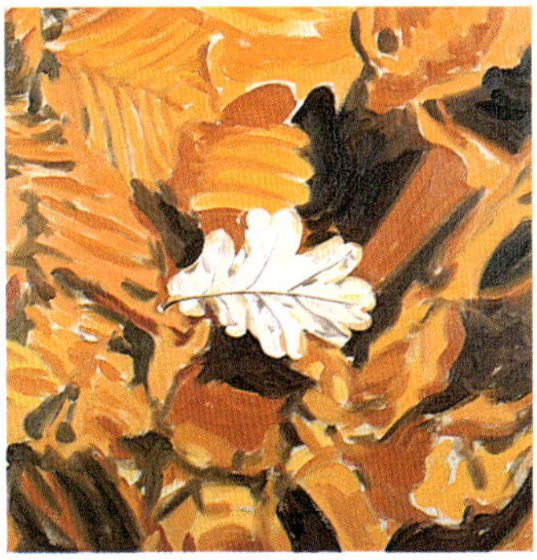

Erste Fassung Unterschiedliche Farbflächen werden locker auf der ganzen Fläche der Leinwand verteilt.

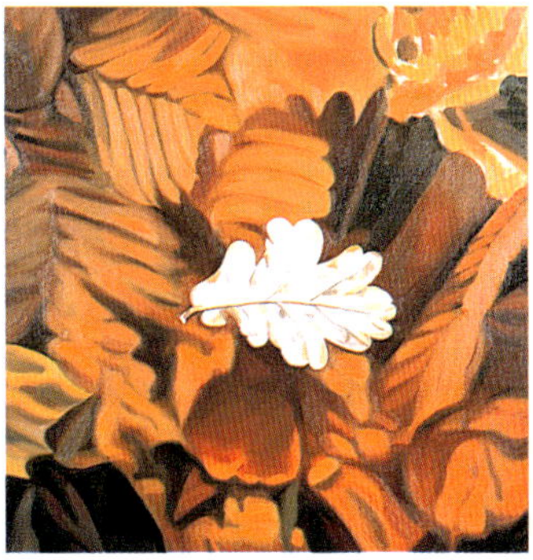

Weich vermalte Fassung Das Bild hat nun mehr Tiefe und eine einheitliche Bildoberfläche.

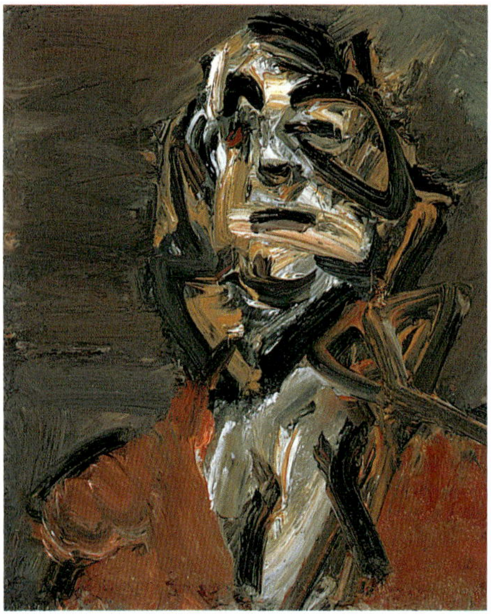

Frank Auerbach

Ausdrucksstarke Impasto-Pinseltechnik
Dieses Gemälde veranschaulicht die drei Impasto-Techniken. Hier sorgt auf der Palette leicht vorgemischte Farbe durch den Pinselstrich für unterschiedliche Streifenmuster. Die dunklen Umrisslinien wurden besonders entschieden gemalt. Das Nass-in-Nass-Malen ist nicht nur technisch schwierig, sondern der Strich akzentuiert auch jede Unsicherheit des Malers. Doch kann man selbst das nutzen wie hier bei der Mundlinie, die eine Spur von Zögern andeutet.
Im Hintergrund links wurden mit einem Borstenpinsel Zickzacklinien in die nasse Farbe gezeichnet. Sie haben ihre eigene Aussagekraft. Schließlich erkennt man im unteren Bildsaum noch den angewandten Tupfeffekt.

JYM.I. *(1981),* FRANK AUERBACH

Technik Impasto-Techniken

Von Impasto spricht man, wenn die Farbe so pastos aufgetragen wird, dass die Pinselstriche klar sichtbar sind und einen Textureffekt erzeugen.

Farbmischung auf dem Pinsel

Es besteht ein großer Unterschied zwischen der Farbmischung auf der Palette und dem lockeren Mischen zweier oder dreier Farben auf dem Pinsel. Beim Mischen auf der Palette entsteht trotz des dicken Auftrags ein völlig gleichmäßiger Farbton, während die Farben beim Mischen auf dem Pinsel ihren Einzelton teilweise behalten. Das Streifenmuster akzentuiert den Pinselstrich.

Nass-in-Nass-Malen

Malt man mit Ölfarbe dick Nass-in-Nass, muss der Borstenpinsel gut mit Farbe gesättigt sein. Damit keine Schmutzfarbe entsteht, wird die Farbe auf der Pinselspitze gehäuft und dann im flachen Winkel zur Leinwand zügig, aber locker in die nasse Farbe gemalt. Dabei kann man die untere Farbe teilweise mit der oberen vermischen, um weitere Streifeneffekte zu erzielen.

Tupfeffekt

Mit dem Borstenpinsel und dicker, zähflüssiger Ölfarbe kann man auch »Tupfeffekte« erzeugen. Man drückt den Pinsel in dicke Farbe (oder drückt dicke Farbe auf die Leinwand) und zieht ihn dann fort.

Technik

Andere Arten des Pinselstrichs

Fluss, Gewandtheit oder Kraft einzelner Pinselstriche können einem Gemälde besondere Frische oder Spontaneität vermitteln. Die Pinseltechnik kann an den Grenzen des Nassen oder Trocknen verlaufen, die dem Bild je ein charakteristisches Aussehen verleihen. Der Umfang der möglichen Manipulationen reicht von der Kräuselung einer nassen Emaillierung mit senkrecht gehaltenem Pinsel bis hin zum trockenen Auftrag pastoser Farbe auf grobkörniger Leinwand mit allen möglichen Zwischenstufen.

Eine Variante ist durch kurze, klobige Farbstriche gekennzeichnet, die ohne jegliches Mischen oder sonstige Nachbearbeitung aufgetragen sind; jeder Strich hat seine eigene, unmittelbare Aussage. Solche Striche sind nur gerade so lang, wie es brauchte, um die dick auf dem Pinsel sitzende Farbe abzuladen; sie sind direkt und abrupt. Viele Gemälde von van Gogh verdanken dieser Art Strich ihr typisches Aussehen.

Der Ausdruck von Bewegung, verbunden mit der Richtung und der Kraft des Pinselstrichs, kann zu speziellen Effekten genutzt werden. Straffe, ineinander verschlungene Striche können eine Schraffur wiedergeben. Eine Reihe starker, diagonaler Striche kann mit der natürlichen Armbewegung aufgetragen werden.

Ein weniger kraftvolles Verfahren besteht darin, einzelne kleine Farbtupfer aufzusetzen, die sich optisch vermischen (siehe Pointillismus, S. 191). Die kurzen, flachen Borstenpinsel sollen eigens für diese Technik entwickelt worden sein, für die Seurats Spätwerk ein Musterbeispiel ist.

Pointillismus

Das Malverfahren der Pointillisten beruht auf dem Nebeneinander kleiner Tupfer relativ reiner Farben. Theoretisch braucht man hierfür nur Grundfarben zu verwenden, da deren Mischung Sekundär- und Tertiärfarben ergibt.

Die meisten Neo-Impressionisten, die diese Technik anwandten, waren jedoch in ihrer Farbwahl pragmatischer. Solche Farben kombinieren sich optisch, wenn man sie aus einiger Entfernung betrachtet, wobei sie feine Tönungs- und Farbabstufungen erzeugen, die das Bild bestimmen (siehe auch S. 193).

Die Technik ist nicht auf Ölfarben beschränkt, doch schufen die berühmten Pointillisten Seurat und Signac mit diesen ihre Werke. Größtenteils wurden dabei deckende Farben verwendet; transparente Pigmente wurden als Tönungen mit Weiß gebraucht. Andere Künstler, wie van Gogh in seinen späten Bildern, wurden zwar von der Tüpfeltechnik der Pointillisten beeinflusst, entwickelten daraus aber einen freieren, expressiveren Malstil.

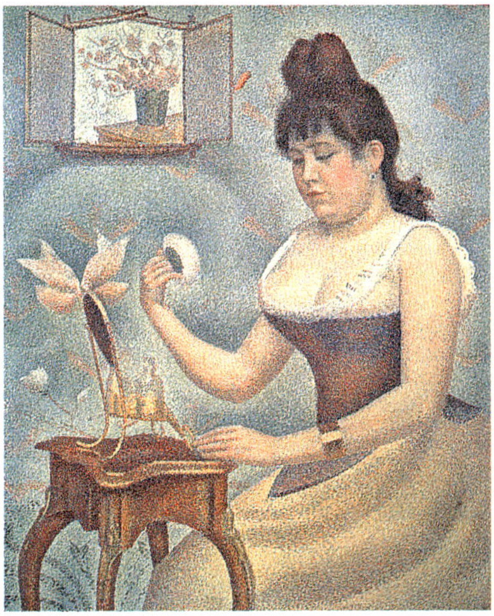

Georges-Pierre Seurat

Komplementärfarben im Pointillismus

Dies ist ein charakteristisches Beispiel dafür, wie man mit kleinen Farbtupfern ein ganzes Gemälde aufbaut. Aus einiger Entfernung hat man den Eindruck, es bestünde aus mittleren Farbtönen. Die Dimensionalität ist flach.
Dem Bild ist durchweg ein Komplementärfarbenkontrast zugrunde gelegt zwischen Blau und Orangerot. In den dunkelsten Flächen, wie am Mieder beim Arm, haben die Farben ihre volle Kraft. In den helleren Zonen sind sie mit Weiß gemischt. Tönungsvarianten, z. B. im Mieder, werden mit jeweils drei Farbtönen von Blau und Orangerot bewirkt.

Sich pudernde junge Frau *(1889–1890),*
Georges-Pierre Seurat

Technik Sgraffito-Effekte

Diese Technik (auch Kratzmalerei genannt, weil man in eine nasse Farbschicht kratzt) kann mit dem Pinselstiel, einem angespitzten Holzstab, dem Malmesser oder Ähnlichem ausgeführt werden. Sie verschafft Konturen oder Details ausdrucksvolle Effekte. Wenn zwischen der oberen nassen und der unteren Farbschicht ein Farb- oder Tonwertkontrast besteht, wird der Umriss hervorgehoben. Sgraffito eignet sich gut für nassen Untergrund.

In diesem Rembrandt nachempfundenen Detail ist die dunkle Farbe der Jacke unter der Halskrause zuerst gemalt worden. Nach dem Trocknen wurde eine Schicht Bleiweiß über die dunkle Farbe in Form der Halskrause gemalt.

Dann wurde das Spitzenmuster mit dem zugespitzten Ende eines Pinselstiels hineingekratzt. Nach jedem Auskratzen wurde der Stiel sauber gewischt. So lassen sich auf effektive Weise komplexe Details schaffen, ohne dass man jede weiße Stelle extra malen muss.

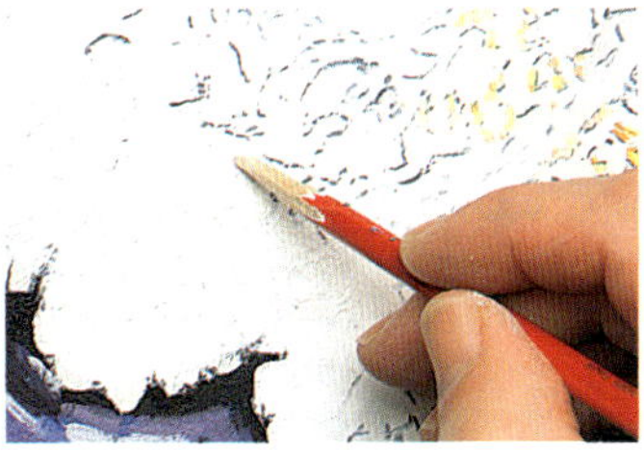

1 Mit zugespitztem Pinselstiel wird die noch feuchte weiße Fläche bis auf den Grund eingekratzt.

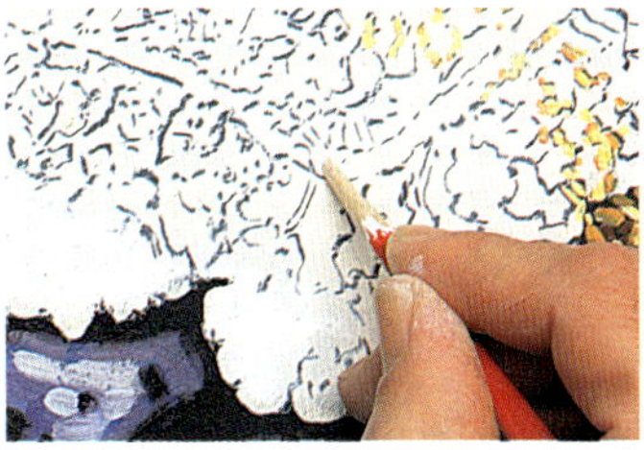

2 Allmählich schält sich das Muster heraus.

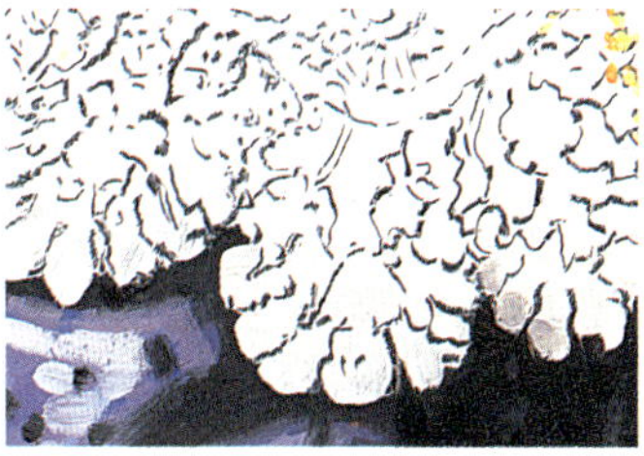

3 Die Abbildung zeigt ein Detail der fertigen Halskrause.

Arbeit mit dem Malmesser

Malmesser sind zweckmäßig zum Auflegen von Farbflecken auf nasse Ölfarben, ohne die aufgelegte Farbe zu verschmutzen. Sie geben überdies der Farbe eine spezielle Form entsprechend jener der Klinge sowie der Art des Auftragens. In sogenannter »Spachteltechnik« kann man ganze Gemälde aufbauen; sie wirken im Allgemeinen klecksig und impasto-artig bei relativ geometrischem Aussehen der Spachtelstriche, entsprechend der Fläche des Malmessers. Die Spitze der flexiblen Klinge kann ebenfalls recht präzise genutzt werden, um kleine Farbpunkte für Details, Lichter oder Texturen aufzulegen.

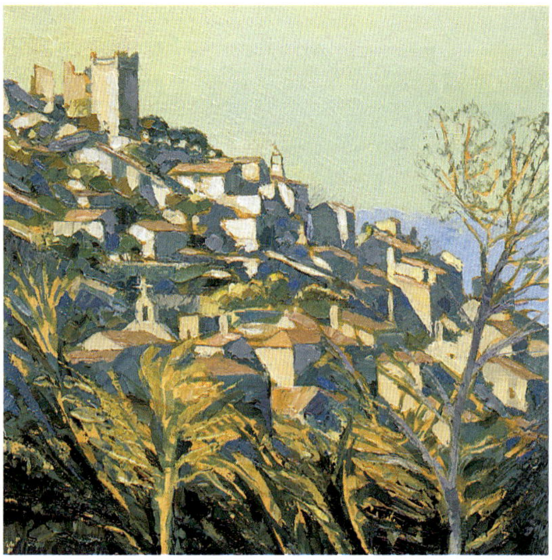

Alan Cotton

Bild in Spachteltechnik

Dieses kleine Bild (30×30 cm) ist ein schönes Beispiel für die Spachteltechnik. Das Sonnenlicht wirft graublaue Schatten gegen die ockergoldenen Hauswände und setzt die Formen der Häuser in geometrische Körper um. Der Künstler hat diese Flächen mit pastoser Ölfarbe und dem Malmesser geschickt eingesetzt. Die Spachteltechnik erfordert bei einem solchen Format eine sichere Hand, und doch wirkt das Bild ruhig und hell. Die horizontalen und diagonalen Flächen der Architektur auf dem Hügel sind mit langen, kräftigen Strichen der Klinge aufgesetzt und geben der ruhigen Landschaft etwas Bewegung.

Provence – Das Dorf Lacoste *(1998),* ALAN COTTON

Technik Arten von Malmessern

Ebenso wie es eine Vielzahl verschiedener Pinselarten gibt, sind auch die Malmesser recht unterschiedlich in Form und Aussehen. Die meisten sind rauten-, birnen- oder kellenförmig, doch gibt es sie auch in rechteckiger oder gezackter Form (siehe S. 124). Malmesser sind nicht mit Spachteln zu verwechseln, die man hauptsächlich zum Kneten und Mischen von Farben auf der Palette verwendet. Gelegentlich benutzt man Spachtel auch zum Auftragen großer Flächen nasser Farben auf die Leinwand, während Malmesser für die Feinarbeit vorgesehen sind. Sie haben einen gekröpften Schaft, sodass die sie führende Hand über dem Malgrund schwebt.

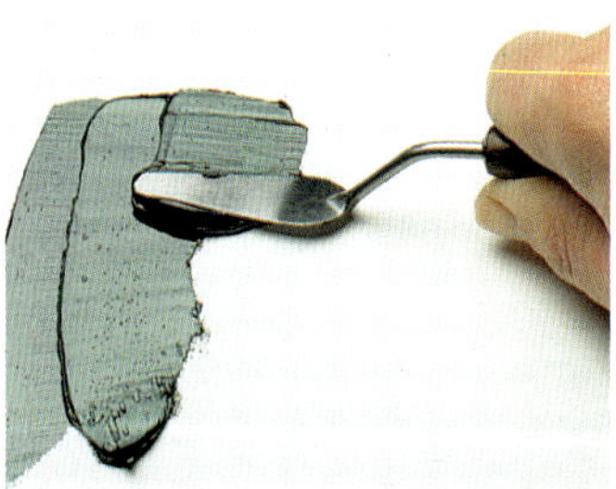

Für starke Effekte Es gibt viele Möglichkeiten, ein Malmesser zu halten. Zu kräftiger Führung umfassen Sie den Griff wie den einer Maurerkelle.

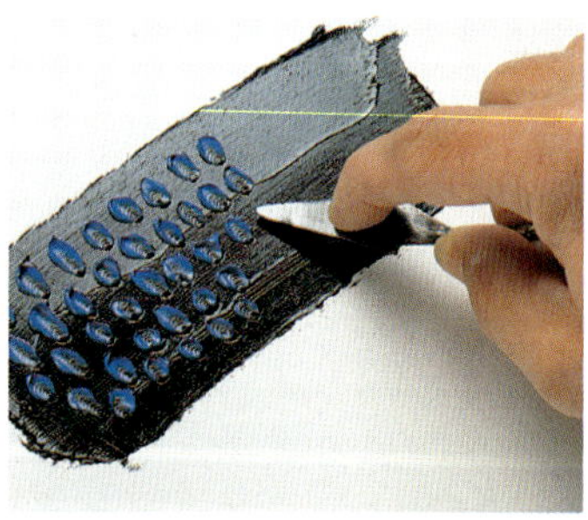

Für subtile Effekte Halten Sie das Messer wie einen Geigenbogen. Mit dem Zeigefinger auf der Klinge kann man deren Spitze gut innerhalb der Farbe dirigieren.

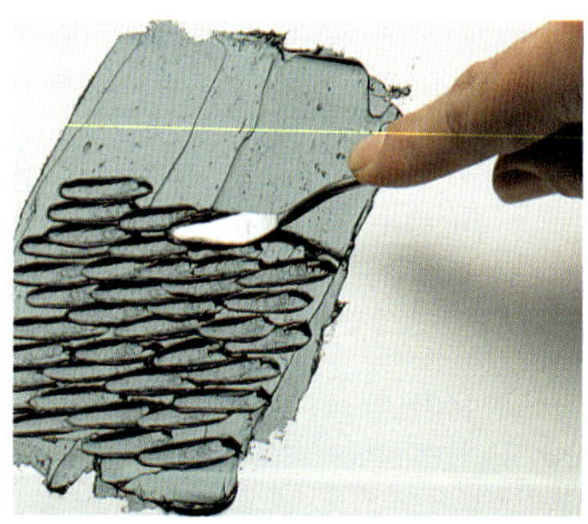

Normale Haltung Meist ruht der Holzgriff in der Hand, während der Zeigefinger auf den stählernen Schaft drückt.

Farbmischen bei Ölfarben

Es gibt bei der Ölmalerei drei Grundmethoden des Farbmischens. Die erste ist das konkrete Mischen von zwei oder mehr Farben auf der Palette zum Erhalt einer anderen Farbe. Die zweite Methode ist das optische Mischen, bei dem sich zwei oder mehr aufgetragene Farben visuell zu einer neuen Farbe vermischen. Beim Lasieren, der dritten Methode, wird mit transparenten Farbschichten gearbeitet.

Technik

Konkrete Farbmischung

Zwei deckende Farben können zu einer dritten vermischt werden. Ist eine der Farben heller, sollte man ihr nur jeweils kleine Mengen der dunkleren beimischen und nicht die helle in die dunkle geben. Eine deckende und eine transparente Farbe ergeben eine deckende, während zwei miteinander vermischte transparente Farben wieder eine transparente Farbe ergeben. Beachten Sie, dass das konkrete Farbmischen zu einer unvermeidlichen Schwächung von Tönung und Reinheit führt. So erscheint ein durch Mischen von Rot und Gelb entstandenes Orange etwas stumpfer als das natürliche Orange-Pigment. Je mehr Farben vermischt werden, desto deutlicher ist diese Konsequenz.

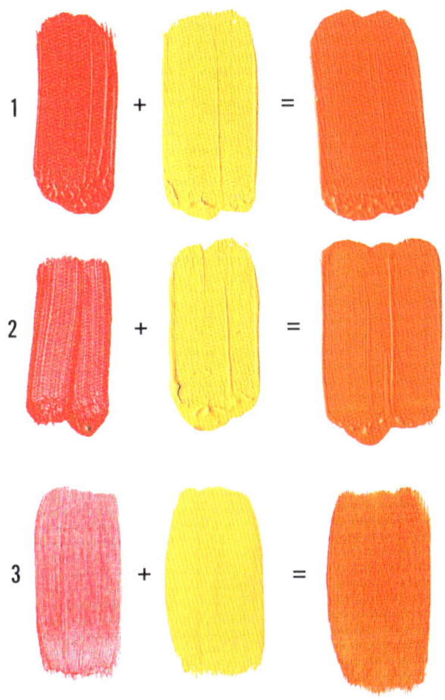

Konkrete Mischungen
1 Kadmiumrot vermischt mit Kadmiumgelb hell ergibt deckendes Orange.
2 Chinacridonrosa vermischt mit Kadmiumgelb hell ergibt ein ähnliches deckendes Orange.
3 Pigment Yellow 128 vermischt mit Chinacridonrosa ergibt ein transparentes Orange.

Technik Farben überlagern

Lasieren
Beim Lasieren entsteht die dritte Farbe mittels Überlagerung einer Farbe durch einen transparenten Malfilm. Ein Orange, das durch eine transparente Rotlasur über Gelb entsteht, sieht völlig anders aus als das durch konkrete oder optische Farbmischung entstandene.

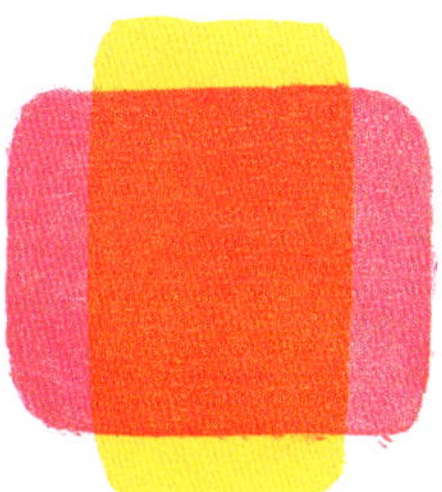

Lasur Permanent Rosa-Lasur über Kadmiumgelb

Abdämpfen
Einen dem Lasieren ähnlichen Effekt erzielt man, wenn man einen hauchdünnen Malfilm deckender oder halbdeckender Farbe leicht über eine andere Farbe aufträgt, die stellenweise durchscheinen kann und dadurch die Wirkung der Farboberfläche beeinflusst.

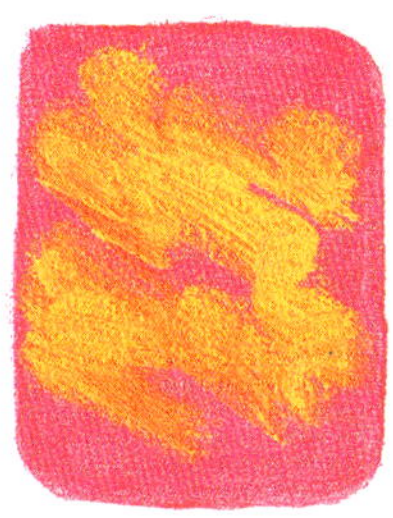

Abdämpfen Permanent Rosa mit Kadmiumgelb abgedämpft

Technik Optische Farbmischung

Tupfer von zwei oder mehr Farben ähnlicher Stärke vereinigen sich im Auge des Betrachters zu einer neuen Farbe.

Optische Mischung
Aus der Ferne nimmt das Auge diese Farben als Orange wahr.

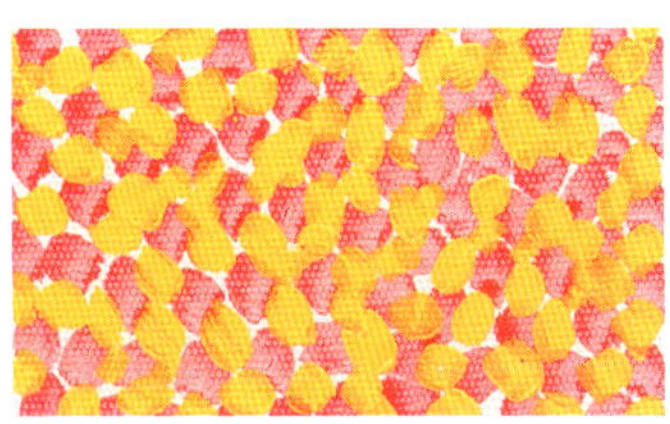

Technik

Farbton

Der Begriff Farbton hat etwas mit der Leuchtkraft und Sättigung der Farben zu tun. In Gemälden, die durch wenig intensive Farben gekennzeichnet sind, ist die Farbe in Tonwerten und Abstufungen in ungesättigter Form verwendet. Solche Bilder wirken eher gedämpft als leuchtend, können aber auch außergewöhnlich subtil sein. Gemälde in intensiven Farben haben leuchtende gesättigte Farben.

Die Farben eines Bildes mit intensiven reinen Farben werden durchweg unvermischt als reine Primär- oder Sekundärfarben aufgetragen und zeichnen sich durch eine lockere frische Brillanz aus. Diese kann man noch durch das Nebeneinandersetzen von Komplementärfarben verstärken. Ab der Mitte des 19. Jahrhunderts, als man die Farbtheorien von Chevreul modifizierte, wurde die Einverleibung derartiger Farbkontraste zu einem bewussten Aspekt der Bildgestaltung (siehe S. 348). Solche Effekte passen insbesondere zur Ölmalerei, die den Farben eine satte und verspielte Leuchtkraft verleiht.

Bild in intensiven Farbtönen

Die moderne Farbenindustrie hat eine Reihe von brillanten Farben hervorgebracht, die Auge und Geist stimulieren. Die Quelle für das unten gezeigte Bild war das Foto einer Veranstaltung mit lateinamerikanischen Tänzern in leuchtenden Kostümen und heller Bühnenbeleuchtung, deren ohnehin schon intensive Farben über die digitale Bildbearbeitung noch verstärkt wurden. Mit den brillanten, modernen Pigmenten wurde versucht, den Farben auf dem Bildschirm zu entsprechen.

Gwen John

Farben geringer Intensität

Zu den Künstlern, deren Stärke und Absicht sich in Bildern offenbart, die ihre introvertierte Natur reflektieren, gehört Gwen John. Ihre Porträts mit Farben geringer Intensität wirken ruhig und basieren auf sensibler Beobachtung. Der besinnliche Charakter der Arbeit wird durch eine gedämpfte Farbenwahl verstärkt.

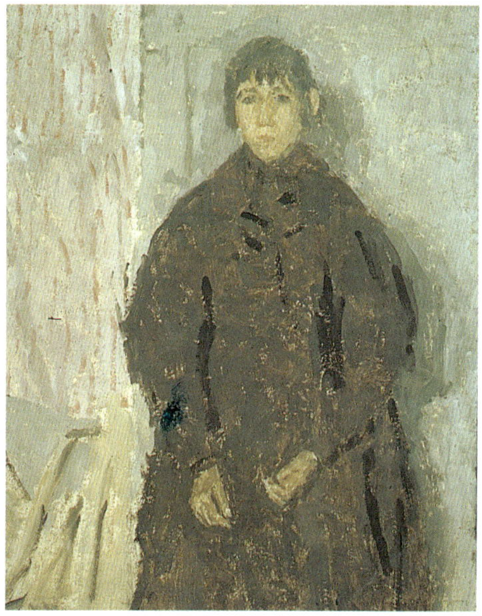

***Mädchen in violettem Kleid** (um 1920–1923),* GWEN JOHN

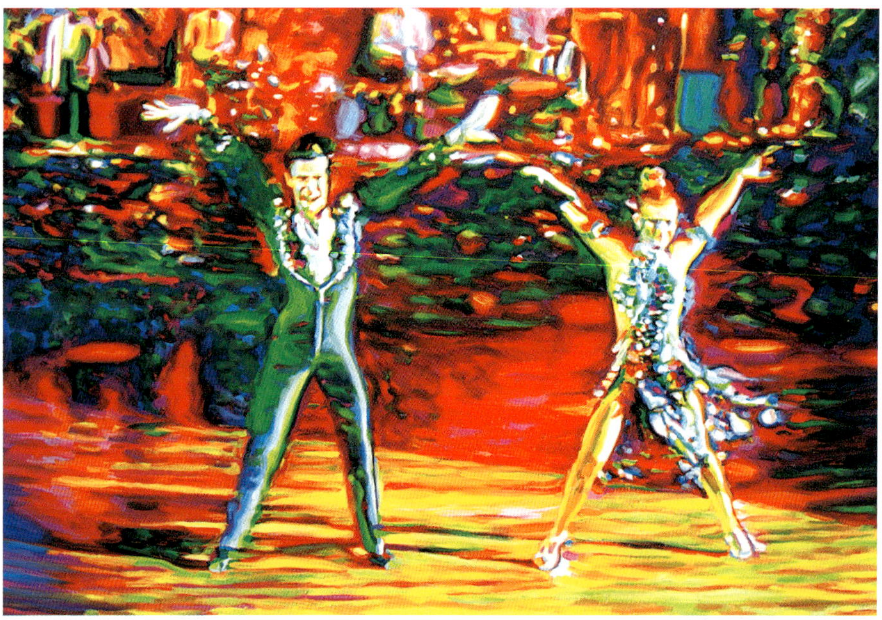

Intensive Farbe
Gerade die Ölfarbe kann einem Gemälde eine tiefe und brillante Farbigkeit geben. Das Öl gibt den Farben Glanz und tiefe Leuchtkraft. Die Komplementärfarben Rot und Grün verstärken in diesem Fall noch die Wirkung der Ölfarbe.

Primamalerei

Dieses direkte Malverfahren ist in technischer Hinsicht praktisch und rationell. Man trägt dabei alle Farben in einem einzigen Arbeitsgang auf bzw. solange die Farben noch nass sind. Somit hat man keine Probleme mit unterschiedlichen Mengen von Öl oder Harz bzw. der Trocknungsdauer zwischen den Farbschichten, da es im Grunde ja nur eine einzige Schicht gibt. Das Verfahren war besonders bei den Impressionisten beliebt, die möglichst lange Nass-in-Nass arbeiten wollten und deshalb das halbtrocknende Mohnöl als Bindemittel gebrauchten. Es funktioniert aber auch mit anderen Ölen.

Technik Die Prinzipien der Primamalerei

In anderer Hinsicht ist das *alla-prima*-Malen das schwierigste Ölmalverfahren, weil es hier darauf ankommt, dass jeder Pinselstrich sofort stimmt, nicht nur als Strich, sondern auch bezüglich der Farben und Tonwerte, aber auch im Bezug auf die benachbarten Farben, Tonwerte und Pinselstriche. Natürlich kann man eine misslungene Stelle wieder abkratzen, solange die Farbe noch nass ist, und sie neu malen. Viele Künstler machen das dann, doch richtig gelingen will es zuweilen erst beim sechsten oder siebten Versuch. Soweit dabei das gewünschte Resultat zustande kommt, ist dagegen nichts einzuwenden.

Die Fähigkeit, ein Motiv zu betrachten, um es gleich danach mit Farben auf der Leinwand wiederzugeben, setzt viel Übung voraus, die man sich im Allgemeinen in systematischeren Malmethoden aneignen muss. Dieses Üben verhilft Ihnen bei der Anwendung der Farben zu einer »persönlichen Sprache«, die sich bei jedem Motiv zur Geltung bringen lässt. Beherrschen Sie diese Sprache »fließend«, so können Sie bereits auf der Palette intuitiv genau die richtigen Farben und Tonwerte für jede Fläche bestimmen, die geeigneten Pinsel und das passende Malverfahren wählen. Auch die Fähigkeit, Entscheidungen zu treffen und Risiken einzugehen, gehört dazu.

Aus mehreren Gründen eignet sich die Primamalerei am besten für kleinere Bilder, die man an einem Tag fertig stellen kann. Sie ist auch zu empfehlen, wenn man Ölstudien machen will, die später zu größeren Ateliergemälden genutzt und ausgearbeitet werden.

»Systematische« Primamalerei

Nicht jede Primamalerei hat expressiven Schwung. Manche Maler arbeiten zwar direkt, aber langsam und methodisch, bis die ganze Leinwand mit Farbe bedeckt ist, möglicherweise über einer sorgfältig ausgearbeiteten Vorzeichnung. Bei einer solchen Praxis geht der Grundgedanke der Primamalerei irgendwie verloren. Aber ungeachtet des gehandhabten Verfahrens oder des Stils wirken Gemälde, die direkt und ohne Übermalen aufgebaut sind, auf den Betrachter frisch und überzeugend.

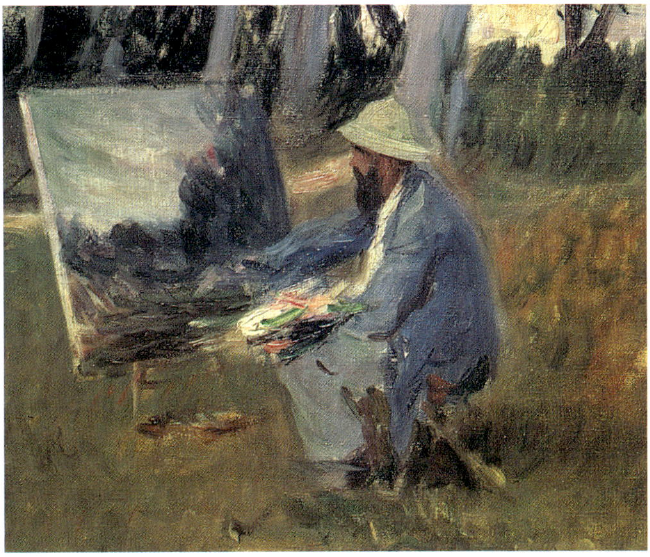

John Singer Sargent

Alla prima als expressive Maltechnik
Dieser Bildausschnitt zeigt Claude Monet an seiner Staffelei und gibt zugleich einen Eindruck von der Primamalerei im Freien wieder. Die Pinselstriche sind expressiv gesetzt, und die Farbe sieht aus wie frisch aus der Tube.

Monet malt in einer Waldlichtung *(1888)*,
JOHN SINGER SARGENT

Technik Primamalerei auf farbigem Grund

Primamalerei muss nicht auf weißem Grund ausgeführt werden. Diese kleine Stilllebenstudie wurde mit deckenden Farben direkt auf einen getönten Grund gemalt. Der warme braune Grund scheint überall durch die Lücken des Farbauftrags und gibt dem Bild einen einheitlichen Ton. Das Bild kann mit großer Ökonomie in *alla-prima*-Technik gemalt werden.

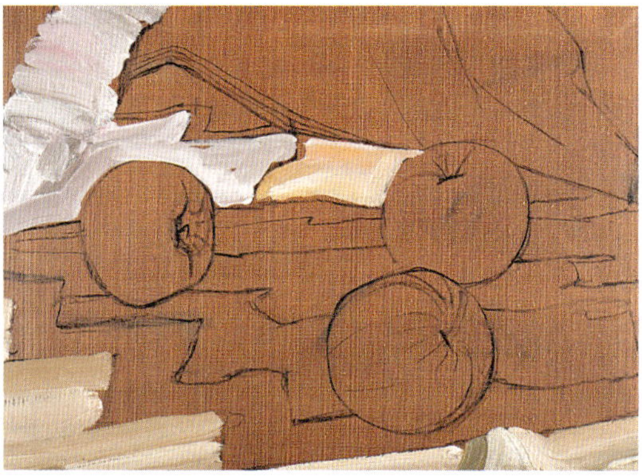

1 Die hellsten Töne im Hintergrund werden in deckender Ölfarbe eingesetzt.

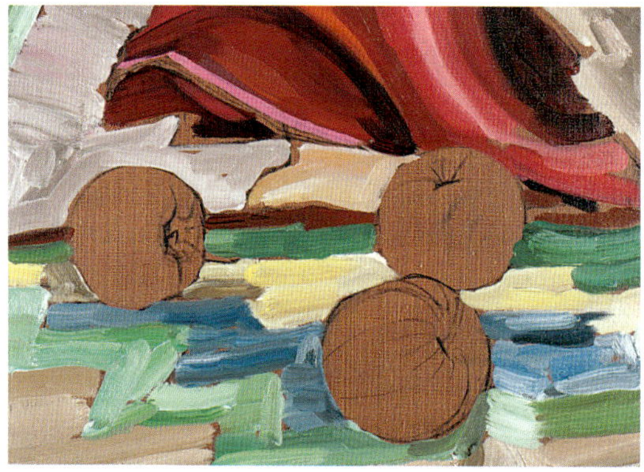

2 Die Hintergrundfarben werden einzeln mit jeweils einem neuen, sauberen Pinsel gemalt.

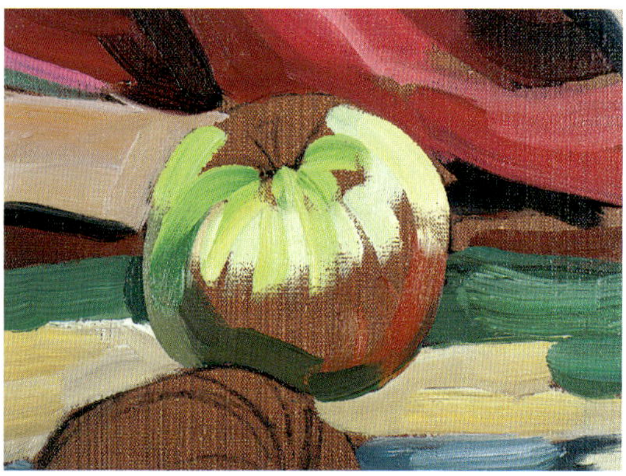

3 Dann werden die Äpfel gemalt, wobei man von den hellsten zu den dunkelsten Stellen übergeht.

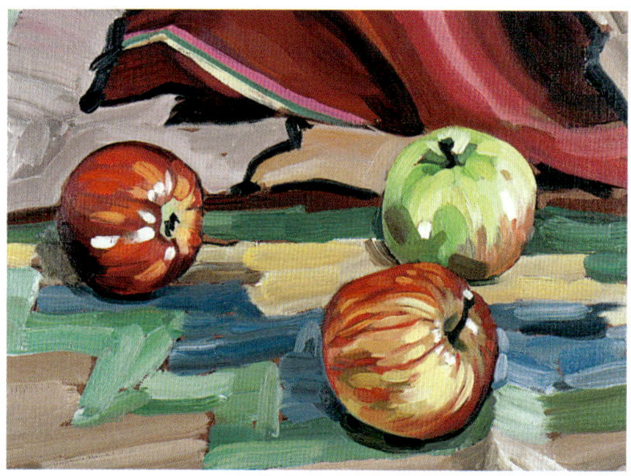

Fertige Studie Die Studie hat die Frische der *alla-prima*-Technik behalten und wurde nicht mehr übermalt.

Technik

Von *alla prima* zu Mehr-Schicht-Technik

Zwischen der Primamalerei und der Malerei in mehreren Schichten gibt es keine exakten Grenzen. Eine grobe Untermalung kann die Basis zu einem *alla prima* gemalten Bild sein. Hier könnten die großen Flächen der Landschaft in verschiedenen Tönungen und Farben grob untermalt und danach direkt mit den entsprechenden Farben übermalt worden sein. Die Untermalung hätte dann zwar einen wesentlichen verbindenden Einfluss, aber das Bild selbst hätte dennoch einen *alla-prima*-Charakter. Oder aber eine sorgfältigere Untermalung könnte die formale Basis des Bildes darstellen, die dann im direkten Verfahren übermalt wurde.

Tipps zum erfolgreichen Primamalen

Palette auf etwa acht Farben begrenzen. Zu viele lassen sich schwer koordinieren, die meisten benötigten Farben können aus dieser Palette gemischt werden.

- Mehrere Pinsel verwenden, damit die Farben nicht verschmutzen. Für ähnliche Farben immer denselben Pinsel benutzen. Einige Pinsel für Weiß und helle Farbtöne reservieren, andere für dunkle Farben.
- Pinsel immer gut mit Farbe beladen. Dadurch bleiben die Farben, die auf nasse Farben aufgelegt werden, sauber. Pinsel schräg zur Leinwand halten.
- Komplizierte Malmittel vermeiden – nur Farbe aus der Tube oder mit Terpentin verdünnt verwenden. Terpentin im Freien sollte wegen der hohen Verdunstung im Freien am besten in verschließbaren Palettsteckern aufbewahrt werden.

Ölfarben in Schichten

Ölfarben lassen sich mit gutem Erfolg zu systematischen Maltechniken verwenden, bei denen transparente, halbdeckende und deckende Farben in verschiedenen Kombinationen überlagert werden, um Malfilme besonderer Feinheit und Tiefe zu ergeben. Diese Techniken können direkt – wie einfaches monochromes Untermalen, stellenweise farbig mit einer einzelnen farbigen Lasur – oder komplex sein, wobei sich viele Lasur- und Farblagen zu einer Einheit verbinden. Auf jeden Fall sind gewisse Grundregeln zu berücksichtigen, um die Beständigkeit des Malfilms zu gewährleisten.

Technik

Untermaltechniken

Die untere Farbschicht muss entweder absolut trocken oder noch nass sein, wenn sie übermalt wird. Wird nur ein langsam trocknendes Öl als Malmittel verwendet, so muss man einige Tage warten, ehe die nächsten Farbschichten aufgetragen werden. Das erklärt, weshalb Künstler wie Tizian gleichzeitig an mehreren Gemälden arbeiteten. (Von den Alternativen – übermäßig viel Harz und/oder Trocknungsmittel zu gebrauchen – wird abgeraten, siehe S. 176).

Die »Fett-auf-Mager«-Regel
Aufgemalte Farblagen sollten möglichst etwas flexibler als die untere Schicht sein. Jede folgende Malschicht muss also etwas mehr Öl enthalten (fetter sein). Grundsätzlich sollten schnell trocknende, sehr ölhaltige Farben nicht zur Untermalung verwendet werden.

Tipps zum Übermalen

- Nur dann übermalen, wenn die Farbschicht noch nass oder völlig trocken ist.
- »Fett-auf-Mager«-Regel beachten.
- Harze oder Balsame möglichst sparsam verwenden.
- Aufpassen, dass die Oberfläche nicht zu stark glänzt und vor dem Übermalen nicht verschmutzt ist. Notfalls Untermalung mit Brotklumpen oder mit speichelnasser Watte reinigen.
- Keine Malfilme aus sehr dicker Farbe auftragen.

Technik

Untermaltechniken

Die Wahl der Untermalmethode ist abhängig vom Objekt, der Methode des Untermalens und der Tönung sowie Farbe der Grundierung.

Monochrome Untermalung
Traditionell malt man häufig das Objekt in nur einem Farbton auf die weiße Grundierung. Dadurch kann man sich auf Form und Tönungswerte des Objekts konzentrieren, ehe Farbentscheidungen getroffen werden. Man nennt dies auch die Grisaille-Methode, was eigentlich »graue Untermalung« bedeutet, obwohl die Maler dazu oft ganz andere Farben verwenden, wie Braun (üblich), Blau oder Rot.

Grob gesehen gibt es zwei Methoden der monochromen Untermalung auf weißem Untergrund. Die erste ist eine Art transparenten Malens, wobei die Farbe zum Erhalt der schwächeren Töne einfach stärker verdünnt wird. Beim zweiten Verfahren malt man deckend, und die schwächeren Töne werden durch Zusatz von Weiß erzielt. Hinsichtlich des Aussehens verleiht die transparente Methode einen weniger »fleischigen« Eindruck als die deckende und eignet sich nicht so gut zum direkten Lasieren mit transparenten Farben. Wenn man auf einem farbigen Grund malt, kann man die transparente Technik für die mitteldunklen Töne und die deckende Technik für die mittelhellen Töne einsetzen. Wenn man auf monochromem Grund Lasuren anlegt (siehe S. 198), sollte man das Bild in mittleren Tonwerten halten, sodass die transparenten Lasuren die dunkelsten und die letzten deckende Lichter die hellsten Töne ergeben.

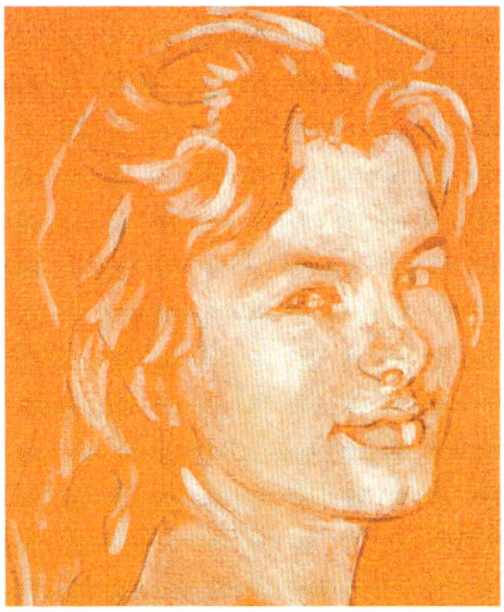

Deckende/Halbdeckende Untermalung Mit weißer Farbe wurde das Gesicht auf einem warmen, braunen Grund modelliert.

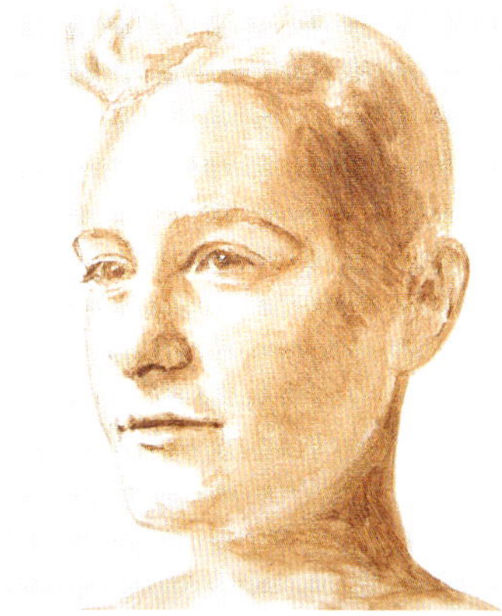

Transparente Untermalung Dünne Lavierungen in Siena gebrannt modellieren das Gesicht auf einem weißen Grund.

Technik

Monochrome Porträtstudie

Auch eine monochrome Studie kann ein fertiges Bild sein. Man kann es, wie in diesem Beispiel, als Vorstudie für ein größeres Porträt nehmen. Der Künstler kann sich dabei ganz auf die wesentlichen Elemente von Form und Tonwert konzentrieren.

Der abwechselnde Prozess von dunklen Lasuren für die tiefen Töne und pastosen deckenden Lichtern für die hellen Töne ist arbeitsaufwendig, weil man immer wieder warten muss, bis eine Malschicht trocken ist.

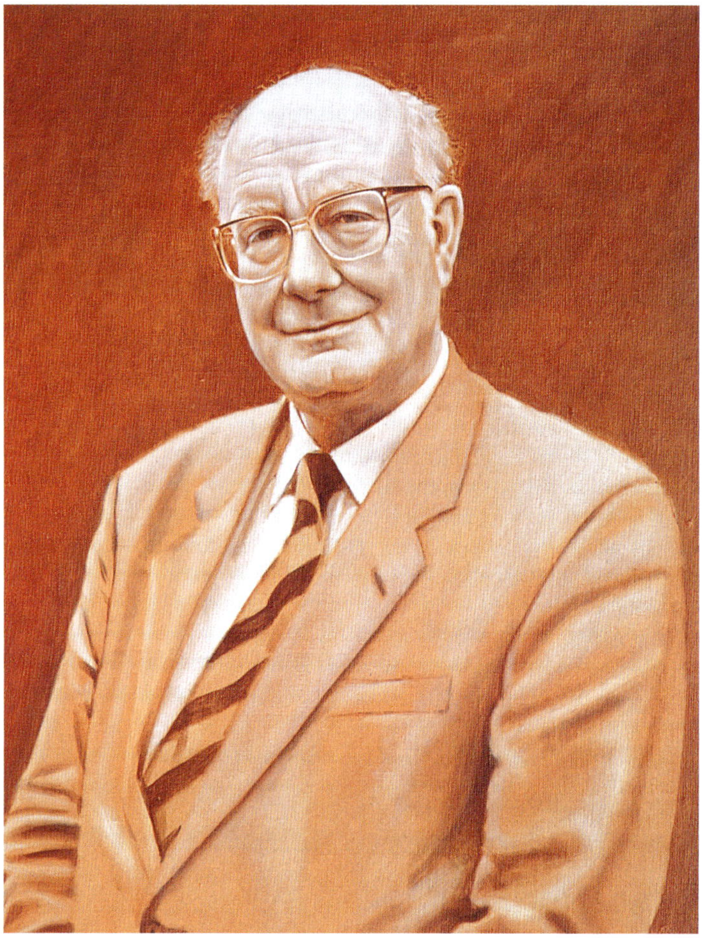

Töne modellieren Auf dem orange-braunen Grund wurde mit relativ dünnen Schichten von Titanweiß die Form modelliert. Hier muss man mit der Trockenpinseltechnik und Farbe in Tubenkonsistenz arbeiten, die in die trockenen Pinselhaare verrieben und dann leicht über die Leinwandkörnung gestreift wurde.

Technik Transparente Öllasuren

Bei Lasuren verwendet man transparente Farben. Beim Mischen einer Lasur nimmt man einen sauberen, frischen Pinsel. Verwendet man einen mit Farbresten gefüllten Pinsel, verdirbt man die Lasurfarbe.

Der Auftrag transparenter Öllasuren ist relativ einfach, solange diese nicht gerade wie Firnis aufgestrichen werden. Im Allgemeinen müssen sie auf dem Malgrund noch etwas überarbeitet werden, damit die richtige Farbsättigung und ein gleichmäßiger Tonwert entstehen.

Zum Lasieren wird die Farbe mit einem Mal- oder Lasiermittel vermischt, zum Beispiel mit Standöl oder sonneneingedicktem Leinöl, mit Terpentinöl verdünnt. Verwenden Sie viel Farbe bei der Mixtur, denn ein leichtes Tönen des Malmittels reicht nicht aus. Die Farbdichte wird durch wiederholtes Überarbeiten gesteuert, wobei eine dicke Lasur bis zu einem leichten Hauch reduziert werden kann.

Die Untermalung muss trocken sein, bevor die Lasur aufgetragen wird. Denken Sie dabei an die Regel »Fett auf Mager« (siehe S. 197). Verschiedenfarbige Lasuren können nebeneinander aufgetragen, geglättet und an der Berührungsstelle miteinander verschmolzen werden. Für sehr kleine Flächen eignet sich ein kleiner Rund- oder ein Katzenzungenpinsel. Sie sollten für ausreichende Belüftung beim Lasieren sorgen und während der Arbeit eine Filtermaske tragen, erst recht, wenn Sie große Flächen lasieren.

Überarbeiten der Lasur

Nach dem Auftragen lässt man die Lasur einige Minuten lang antrocknen. Danach kann sie mit sauberen trockenen Pinseln überarbeitet werden. Dazu kann ein Rasier- oder sonst ein dicker bauschiger Pinsel dienen. Auch ein sauberer fester Wattebausch oder ein Knäuel aus absorbierendem Küchenpapier kann benutzt werden. Kleinere Flächen können mit einem Borstenpinsel in Katzenzungenform überstrichen werden. Auf sehr kleinen Flächen können Sie einen kleinen Weichhaarpinsel benutzen, z. B. einen Katzenzungenpinsel aus Nylon.

Die Lasur wird, wie unten gezeigt, mit dem Fächerpinsel überstrichen. Sollte sich an den Haaren Farbe ansammeln, so wird diese auf einem sauberen Lappen abgestreift. Der Pinsel darf nicht nass werden; geschieht dies doch, so wird er durch einen sauberen trockenen ersetzt. Müssen gleichmäßig lasierte Flächen noch geändert werden, z. B. durch Aufhellen, so wird die Fläche mit kleineren Pinseln überarbeitet (siehe unten). Muss ein Teil einer Lasur ganz entfernt werden, z. B. für Lichter, so verwendet man den Zipfel eines Lappens, notfalls ganz leicht mit Terpentinöl befeuchtet.

Technik Deckende monochrome Untermalung

Diese Art der Untermalung eignet sich sehr gut zum direkten Auftrag transparenter Lasuren. Die Tönungen der Untermalung können auf volle Stärke herausgearbeitet werden oder innerhalb des mittleren Bereichs gehalten bleiben. Hält man die Töne relativ hell, so kann die echte Tönungstiefe durch lasierte oder verteilte Farben bewirkt werden. Dadurch kommt die übermalte Farbe (vor allem, wenn sie transparent ist) besser zur Geltung als über tiefen Tönungen.

Dieses Bild wurde mit deckenden Mischungen von Schwarz und Weiß in vielen Nuancen von Weiß bis Dunkelgrau gemalt.

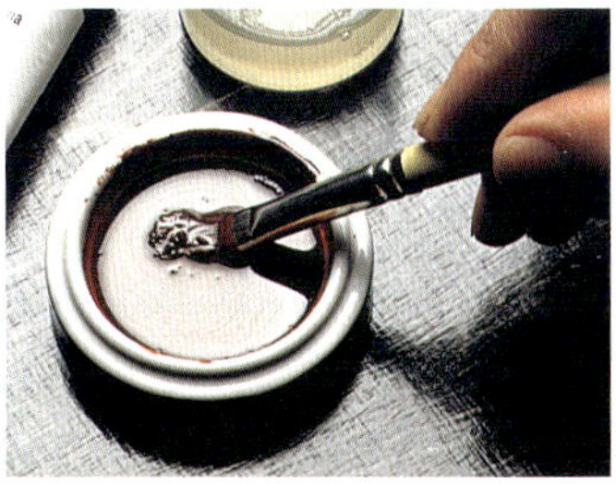

1 Die Farbe wird mit dem Lasiermittel zu einem dünnen Brei angemischt. Nicht nur einfach das Lasiermittel tönen.

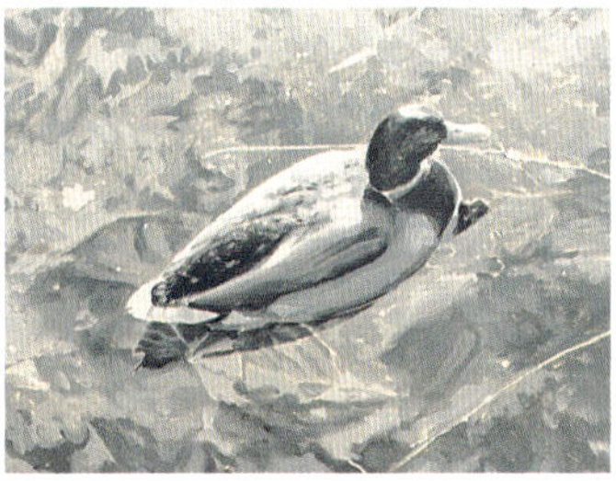

2 Die deckend gemalte Untermalung muss vor dem Lasieren gut trocknen.

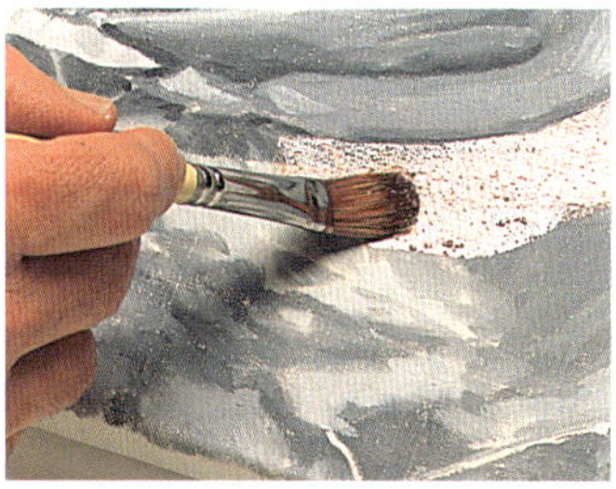

3 Mit einem großen Weichhaar- oder Borstenpinsel wird die Lasur auf der trockenen Untermalung angebracht.

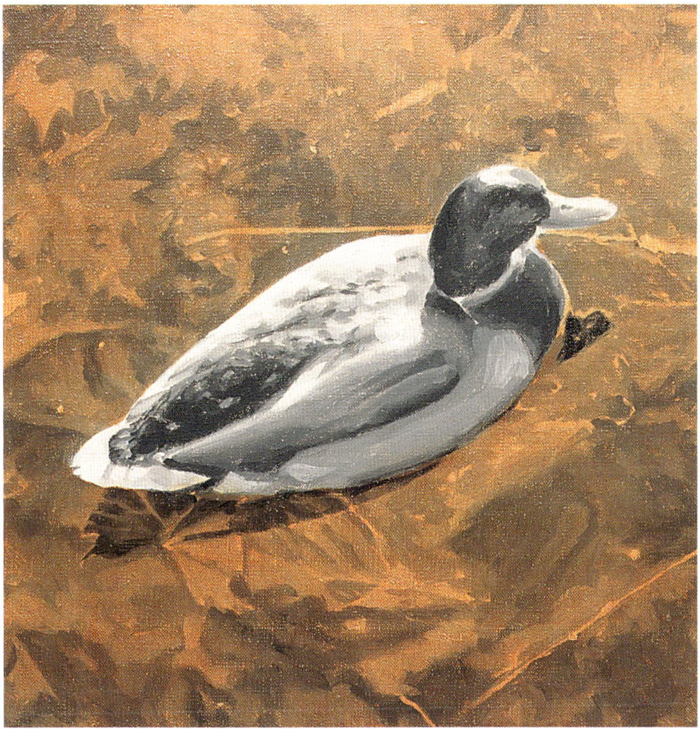

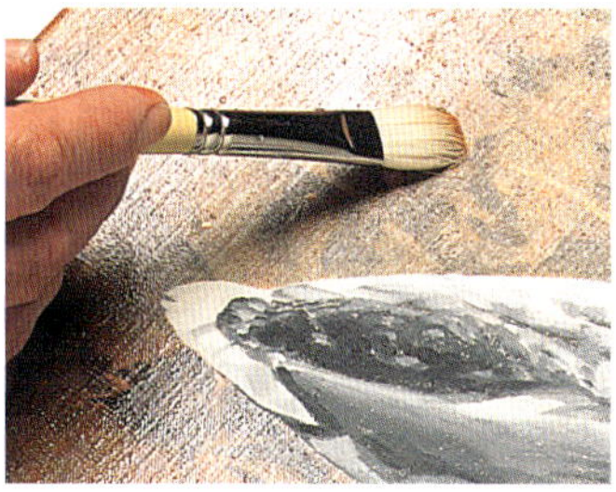

4 Nach wenigen Minuten beginnt das Überarbeiten mit kurzen Strichen eines sauberen, trockenen Fächerpinsels. Wischen Sie ihn nach jedem Strich an einem Lappen oder Küchentuch ab.

Fertige Lasurmalerei Die warme orangebraune Lasur hat die Herbstblätter auf der Teichoberfläche gefärbt, ohne die Modellierung selbst anzugreifen.

Technik

Farbige Untermalung

Untermalungen sind auf vielerlei Weise möglich, je nach erwünschtem Effekt.

Untermalen in hellen Tönungen der Übermalung

Tiefe, gesättigte Farbeffekte erhält man durch Untermalen mit heller getönten Versionen der Farben, die darüber gemalt werden. Z. B. kann ein blauer Vorhang mit einem blassblauen Pigment untermalt und dann mit einem anderen tiefen, transparenten oder halbtransparenten Blau lasiert werden. Die Nutzung dieses Effekts wurde durch Pigmentanalysen bei Gemälden aus dem 15. Jahrhundert festgestellt. Durch diese Technik bekommen die Farben eine Leuchtkraft und Tiefe, die anders nicht zu erreichen ist.

Malerei in Schichten

Dieses nachempfundene Detail aus einem Bild des 15. Jahrhunderts von Dieric Bouts (rechts) basiert auf Erkenntnissen der Restaurierungsabteilung der National Gallery in London zu einem ähnlichen Bild des Künstlers *(Jungfrau mit Kind)*. Die Abbildungen zeigen, wie die Farben der Stoffe durch sorgfältiges Aufbauen der Untermalung in Schichten an Reichtum und Glanz gewinnen können. Die optische Wirkung dieser verschiedenen farbigen Malschichten ist wesentlich stärker als in einer einzigen Farbschicht. Unter dem Rot hat der Künstler ein kühles Gelb und anschließend ein warmes Braun auf die weiße Grundierung gelegt. Auf diesem warmen, mitteltonigen Grund wurden dann die hellen und dunklen Partien modelliert. Das Ganze wurde dann mit einer hellen, halbdeckenden Fassung der eigentlichen Farbe der Draperie übermalt. Nach dem Trocknen wurde eine transparente, dunklere Schicht aufgetragen. Die Formen wurden durch Vermalen der noch feuchten Ölfarbe auf der Leinwand modelliert.

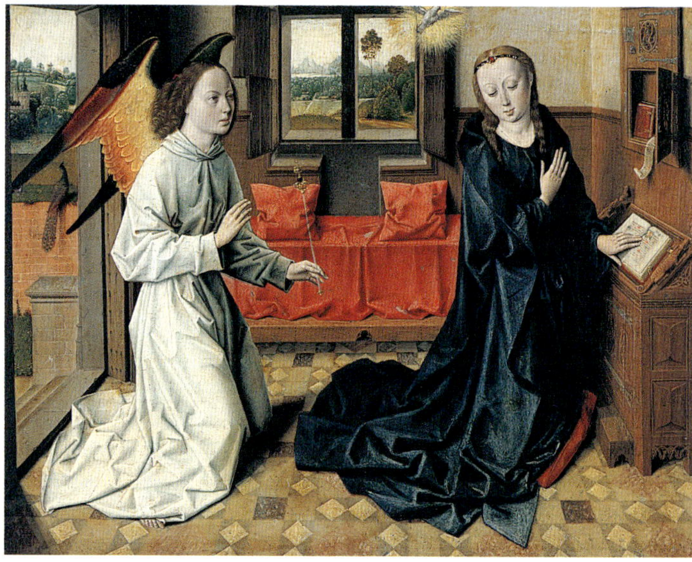

Verkündigung *(um 1465)*, Dieric Bouts

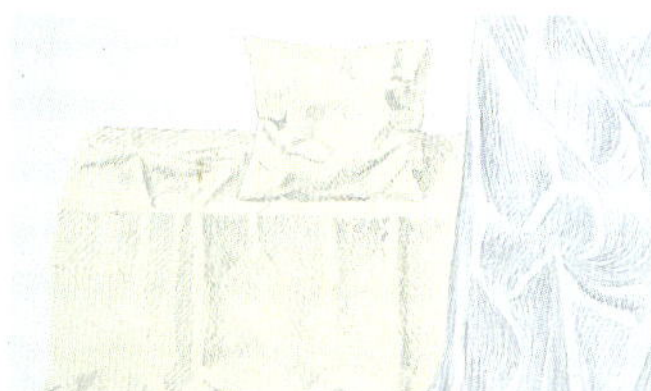

1 Auf die später rot erscheinende Fläche wird ein kühles Gelb untermalt.

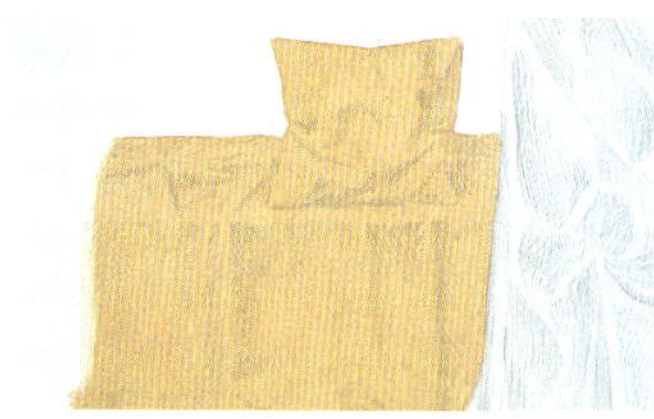

2 Gleichmäßiges Braun, nach dem Trocken über Gelb gemalt, erzeugt warmen Grund für das Rot.

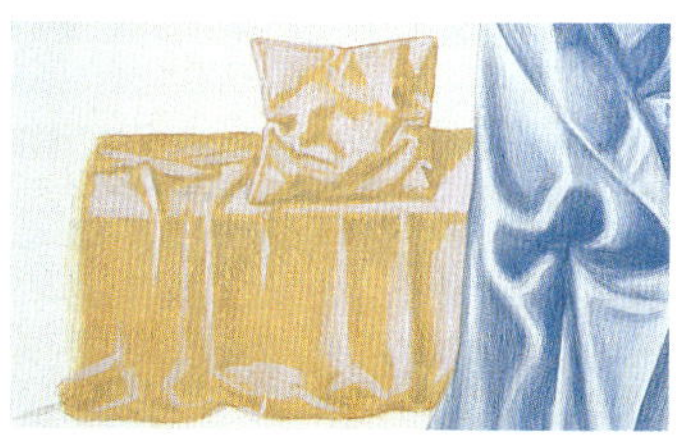

3 Die blaue Draperie wird in blauen und weißen Tönen modelliert. Bouts verwendete Azurit für die blaue Untermalung, sparte das teure Ultramarin für die Lasuren auf.

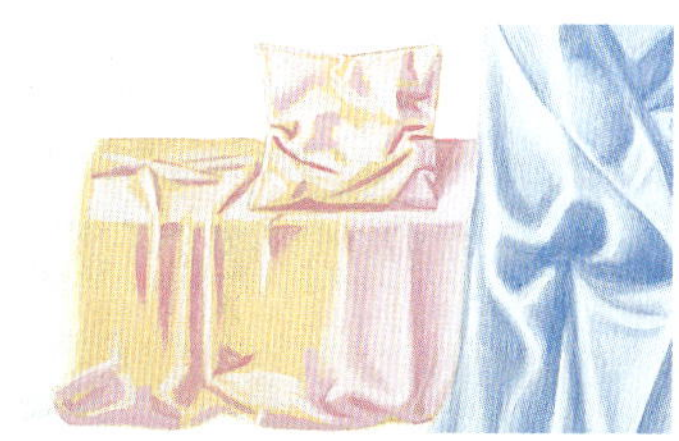

4 Die rote Draperie und das Kissen werden mit vier verschiedenen Rottönen, von einem hellen Rosa zu einem mittleren Rot, gemalt.

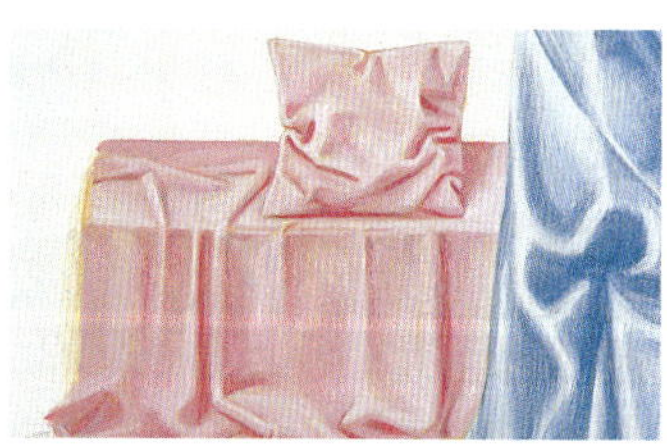

5 Diese Farbtöne werden weich vermalt (siehe S. 187), um die Form ganz heraus zu modellieren. Die Untermalung ist nun fertig.

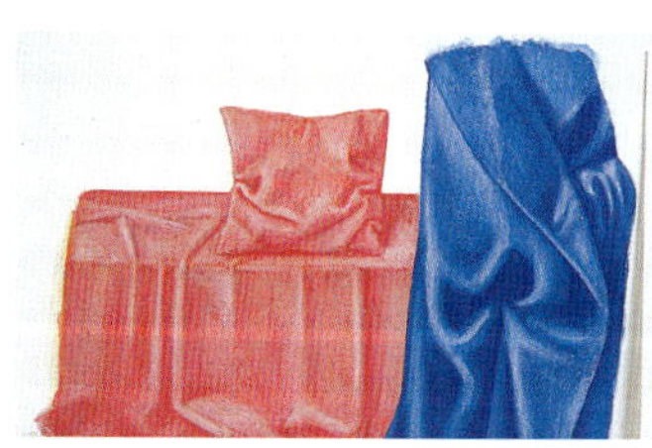

6 Die Lasuren werden mit transparentem Ultramarin über der blauen Draperie und mit Alizarinkrapplack über dem Rot aufgetragen.

Technik Bild in deckenden und transparenten Schichten

Beide Porträts wurden auf einem grünen Grund (Grüne Erde) gemalt. Das war in der Frührenaissance üblich, da man so die warmen Hauttöne mit den kühleren Grüntönen der Schattierungen kontrastieren konnte.

In diesem Beispiel wurden das Gesicht und die Haare des jungen Mannes mit deckenden Weißtönen über der grünen Hintergrundfarbe modelliert. Dann wurden die Farben mit nachträglichen transparenten Lasuren eingesetzt. Diese Technik gibt dem Porträt einen besonderen Charakter und wirkt ganz anders als die im zweiten Porträt.

In dem zweiten Bild wurde der etwas weichere, grüne Grund mit aus Weiß deckend gemischten Hautfarben übermalt. Die Farbe wurde deckend aufgetragen und hat keinen transparenten Schimmer wie im ersten Bild. Am Schluss der Malerei wurden auch hier Lasuren sparsam eingesetzt, um das Bild abzurunden. Dieses Porträt wurde nach dem Leben gemalt, während das erste auf einer Fotografie basiert.

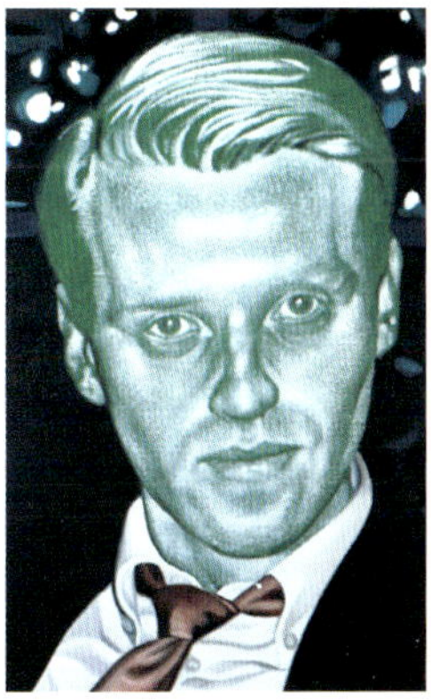

1 Das Gesicht wurde mit der »Trockenpinseltechnik« auf grünem Grund modelliert. Weiße Farben wurde in kleinen Mengen direkt aus der Tube genommen und leicht auf die Leinwand gestrichen, sodass die Textur der Leinwand einen gebrochenen Effekt erzeugt. Damit kann man sehr gut eine Reihe von Halbtönen aufbauen.

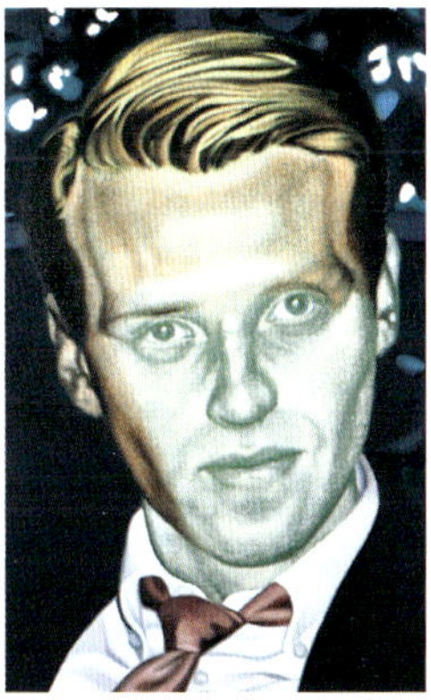

2 In dieser Phase kann man sehr gut die Wirkung der transparenten Lasurfarben erkennen. Hier handelt es sich nicht um eine Lasur der ganzen Bildfläche, sondern um teilweises Lasieren kleiner Flächen. Man muss anschließend aber einige Zeit warten, bis die Flächen trocken sind, um weitere Lasuren aufzulegen.

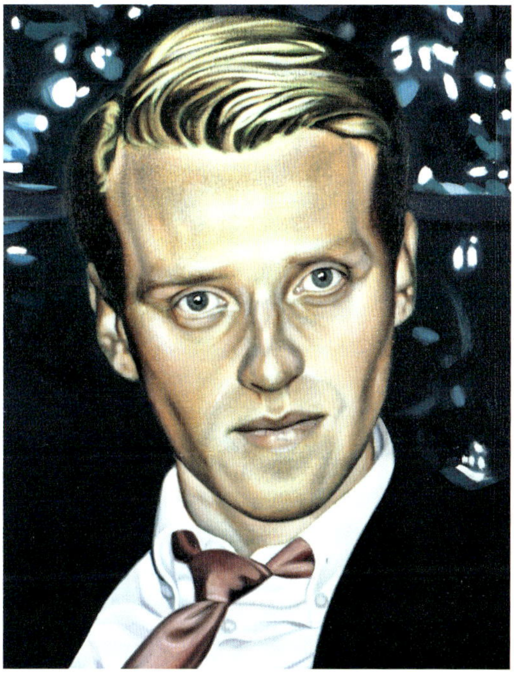

Fertiges Bild Das Bild hat einen langen Weg hinter sich. Aber alle Elemente der ersten Studie tragen immer noch zur Wirkung des fertigen Porträts bei.

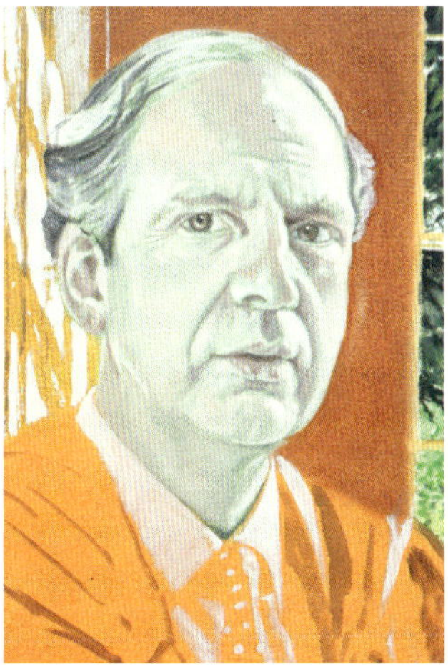

1 Die grüne Untermalung ist noch sichtbar, und die warmen Hauttöne in diesem Zwischenstadium des Bildes bringen das Porträt bereits zum Leben.

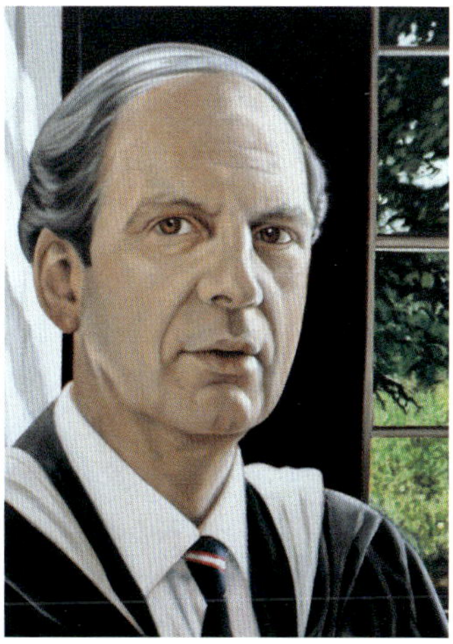

Fertiges Bild Der Kopf ist nun voll modelliert, was man nur in der Schichten-Malerei erreichen kann. Der sympathische Charakter des Modells wird im fertigen Bild vollends deutlich.

Acryl

Acrylfarben, seit den fünfziger Jahren des 20. Jahrhunderts entwickelt und kultiviert, stellen eine bemerkenswerte Erweiterung des Repertoires an beständigen Malfarben dar. Man könnte behaupten, dass sie in der Maltechnik ein ebenso bedeutsames Umdenken herbeiführten wie im 15. Jahrhundert der Übergang von Eitempera auf Ölfarben.

Die wichtigsten Aspekte der Acrylfarben sind ihre Vielseitigkeit – man kann sie in sehr dünnen Verwaschungen oder Lasuren, aber ebenso als dickes Impasto mit reichen Textureffekten auftragen –, verbunden mit ihrer Beständigkeit – die modernen Acrylemulsionen unterliegen nicht den fortwährenden chemischen Veränderungen wie Ölfarben, sie gilben und verhärten nicht im Lauf der Zeit. Es bedarf beim Überlagern von Farben keiner speziellen Techniken, um sicher zu sein, dass der trockene Malfilm nicht reißt, in dieser Hinsicht sind Acrylfarben unkomplizierter als Ölfarben. Da die Farben schnell trocknen, können sie schon bald übermalt werden. Andererseits hat man weniger Zeit zum Malen – in dieser Hinsicht ist die Arbeit mit Ölfarben bequemer. Ferner wirken dick aufgetragene Ölfarben etwas lebendiger als Acrylfarben, doch sind diese dafür wieder stabiler und flexibler. Neben den traditionellen transparenten, deckenden und kombinierten Maltechniken können Acrylfarben geschabt, aufgedrückt, aufgekleckst, gespritzt, zu Textureffekten verdickt und sogar verwebt werden.

Rasches Trocknen

Da Acrylfarben rasch trocknen und dann nicht mehr löslich sind, sollte man Pinsel sofort nach Gebrauch auswaschen. Das ist besonders bei Pinseln guter Qualität wichtig, da sich sonst Farbreste an der Zwinge ansammeln können, die die Haare des Pinsels verderben. Bei Weichhaarpinseln sollte man besser auf Kunsthaarpinsel statt auf Marderhaarpinsel zurückgreifen.

Acrylfarben eignen sich für die Freilichtmalerei, zumal an sonnigen Tagen, nicht besonders gut, denn sobald die Farbe auf der Palette ist, beginnt sie schon zu trocknen und bildet eine kaum zu verhindernde Plastikhaut an ihrer Oberfläche.

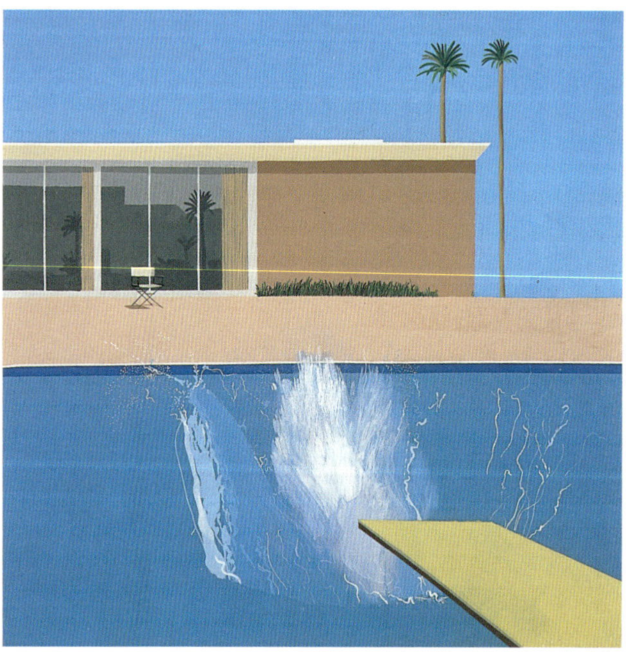

A Bigger Splash *(1967)*, DAVID HOCKNEY
In Hockneys sonnendurchfluteter Pool-Szene gibt es keine Menschen. Aber der Wasserspritzer deutet auf einen unsichtbaren Schwimmer unter der blauen Wasseroberfläche hin.

Material Acryl und weitere Farben auf Harzbasis

Acrylfarben

Die bekanntesten Formen der Künstler-Acrylfarben basieren auf Polyacrylaten und Polymethacrylaten. Diese werden in der Dispersion als Bindemittel gebraucht, mit dem die Pigmente vermischt werden. Die Acrylpolymer-Emulsion ist im trockenen Zustand wasserlöslich, nach dem Trocknen ergibt sie einen wasserbeständigen, nicht gilbenden Film. An sich bildet sie einen recht weichen Film, der aber durch Pigmentzusatz etwas härter wird.

Pigmente in Acrylfarben

Die Farbpalette der industriell gefertigten Künstler-Acrylfarben ist nicht so umfangreich wie die der Aquarell- oder Ölfarben. Die Hersteller neigen zur Verwendung der neueren synthetischen oder anorganischen Pigmente, während einige der herkömmlichen unberücksichtigt bleiben. Das hat zur Folge, dass Acrylfarben in dünnen Lasuren nicht die gleichen Pigment-Partikeleigenschaften wie Aquarellfarben aufweisen (siehe »Transparente Acryltechniken«, S. 206). Die neueren Pigmente bewirken aber, dass die Acrylfarben insgesamt einen höheren Beständigkeitsgrad aufweisen.

Flüchtige organische Komponenten

Man meint immer, dass es bei den wasserlöslichen Acrylfarben keine Lösemittelprobleme wie bei Ölfarben gäbe. Doch einige der Acrylfarben zugefügten Verlaufmittel können flüchtige organische Komponenten freigeben. Diese können die Umwelt beeinträchtigen oder sogar gesundheitsschädlich wirken. Viele renommierte Acrylfarben-Hersteller geben ihren Produkten diese Stoffe daher nicht bei. Wenn man dies genauer wissen will, sollte man sich auf jeden Fall mit dem Hersteller in Verbindung setzen.

Übliche permanente Pigmente in Acrylfarben

1 Kadmiumrot
2 Chinacridonrot
3 Naphtholkarmin
4 Eisenoxidrot
5 Azogelb
6 Kadmiumgelb
7 Ockergelb
8 Siena natur
9 Siena gebrannt
10 Umbra natur
11 Umbra gebrannt
12 Phthalocyaninblau
13 Ultramarinblau
14 Dioxazin Purpur
15 Phthalocyaningrün
16 Chromoxidgrün
17 Titanweiß
18 Elfenbeinschwarz

PVA-Farben

PVA-Farben basieren auf Polyvinylacetat-Harzen und sind meist bei den billigeren polymeren Farben zu finden. Die meisten der PVA-Harze sind einfache Harze, die am unteren Ende der immer weiter expandierenden Produktpalette der Künstlerfarbenhersteller rangieren. Als Ersatz für die Acrylharze wären Vinylidenchlorid-Copolymere oder Äthylen-Vinyl-Copolymere die besseren Austauschstoffe. Die meisten Pigmente erfordern die Zugabe eines Weichmachers, um die Flexibilität des trockenen Malfilms zu erhalten. Der Weichmacher kann sich jedoch im Lauf der Zeit auflösen, sodass der Malfilm spröde wird. Ein PVA-Film neigt bei niedrigen Temperaturen zum Reißen. Daher für PVA-Farben besser einen starren Malgrund verwenden.

Die geringwertigen PVA-Farben sollten nicht für Außenarbeiten verwendet werden, da sie infolge der UV-Strahlung »abpudern« können. Man sollte zudem die Beständigkeit der Pigmente überprüfen. Die sogenannten »abwaschbaren« PVA-Farben in Schulen können ein PVA (Polyvinylacetat) mit Dextrinbeigabe sein oder ein Polyvinylalkohol, der nach dem Trocknen löslich ist. Ein Polyvinylacetat ist nach dem Trocknen nicht mehr löslich.

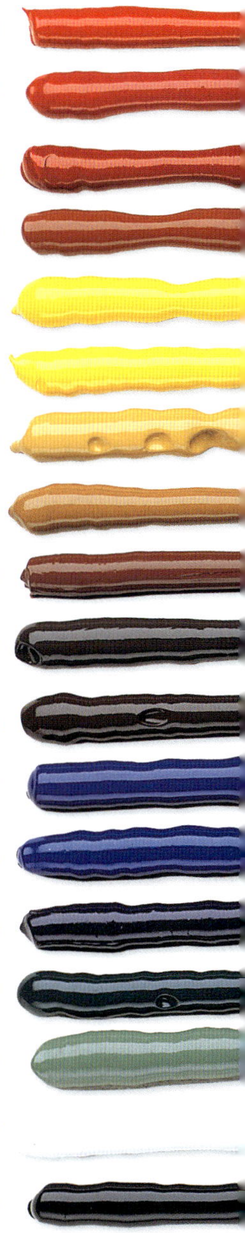

1
2
3
4
5
6
7
8
9
10
11
12
13
14
15
16
17
18

Material Iridisierende Farben

Zu den neuen Entwicklungen bei den Acrylfarben gehören die Perl- bzw. irisierenden Farben, die auch in metallischen Farben erhältlich sind. Sie werden aus Glimmer, der mit Titandioxid- und Eisenoxid-Farben beschichtet ist, hergestellt. Sie sind sehr lichtecht und zeigen bei richtiger Beleuchtung einen glitzernden Schimmer. Man kann sie wirkungsvoll auf passend getönten Gründen verwenden. Die Farbe für den Grund (rechts) besteht aus Siena gebrannt und Kadmiumrot.

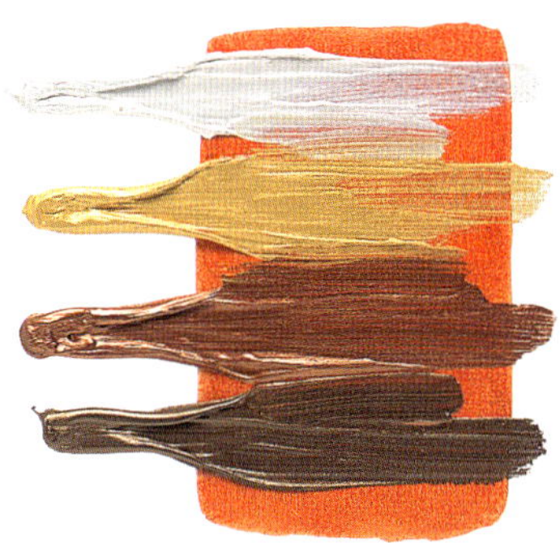

Perlweiß
Gold
Kupfer
Bronze

Material Acrylmalmittel

Es gibt einige Malmittel zur Verwendung mit Acrylfarben, um bestimmte Effekte wie Impasto und Lasuren zu erzeugen. Die meisten dieser Malmittel sind abgewandelte Versionen derselben Emulsion, die auch bei der Herstellung der eigentlichen Acrylfarben selbst Verwendung findet.

Glanzmalmittel

In der einfachsten Form ist dies die Emulsion, auf der auch die Acrylfarben basieren. Zum Erhalt optimaler Resultate sollte sie alle Zusätze enthalten, die für eine gute Malfilmbildung notwendig sind (siehe S. 40f.). Die acryle Polymeremulsion enthält im Allgemeinen einen Weichmacher zum Erhalt möglichst großer Flexibilität; dadurch wird der Malfilm so weich, dass er staub- und schmutzempfindlich sein kann. In der pigmentierten Farbe sorgt das Pigment selbst für eine Minderung dieser Gefahr, sodass keine weitere Modifizierung notwendig ist. Das Malmittel jedoch, das in transparenten Lasuren nur sehr wenig Pigment enthält, braucht ein härteres Harz. Die Bezeichnung »Glanz« ist relativ, da Acryl-Glanzmalmittel niemals den Glanz der Ölmalmittel vermitteln können.

Mattmalmittel

Wenn geringe Mengen von Acrylfarben zum Mattmalmittel hinzugefügt werden, z. B. für transparente Lasuren, bleibt die Mattheit der Farbe erhalten. Das Mattmalmittel ist im Grunde ein Glanzmalmittel mit Zusatz eines Mattiermittels. Das kann eine Wachsemulsion oder ein anorganisches Mattiermittel wie Kieselerde sein. Zu optimalen Resultaten können beide hinzugefügt werden. Durch Mattiermittel wird das Mattmalmittel dicker als das Glanzmalmittel.

Gelmalmittel

Dies ist ein Glanzmalmittel, das durch Cellulose- oder Polyacrylverdicker eingedickt wurde. Dadurch kann die Farbe ohne Strukturverlust gestreckt oder transparenter gemacht werden.

Verlaufmittel

Dabei handelt es sich um konzentrierte Lösungen von Netzmitteln. Sie unterstützen das Verdünnen von Acrylfarben zu Lasuren ohne Herabsetzung der Farbintensität durch übermäßigen Wasserzusatz. Da Acrylfarben Gele enthalten, lassen sie sich nur schwer mit Wasser verdünnen, ohne an Intensität zu verlieren. Der Zusatz eines Netzmittels hilft, die Gelstruktur aufzubrechen.

Verzögerer

Verzögerungsmittel dienen zum Verlangsamen der Trocknungszeit von Farben. Sie werden meist aus Propylenglykol hergestellt und sind als Gel oder Flüssigkeit erhältlich. Gel ist besser, weil seine Struktur mehr Wasser bindet, das den Acrylfilm länger offen hält. Die Benutzung eines Verzögerers verlängert die »Nassdauer« und erleichtert das Vermischen (siehe S. 209). Nicht im Übermaß nutzen.

Technik

Tönen

Oftmals muss ein Acrylmalmittel zwecks Lasuren oder transparenter Impasto-Effekte getönt werden. Die Farbe wird dem Malmittel beigemischt, nicht umgekehrt.

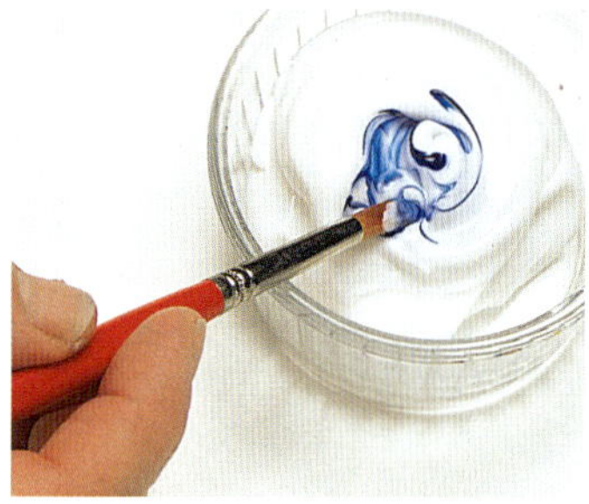

1 Dem Malmittel eine winzige Menge Farbe beimischen.

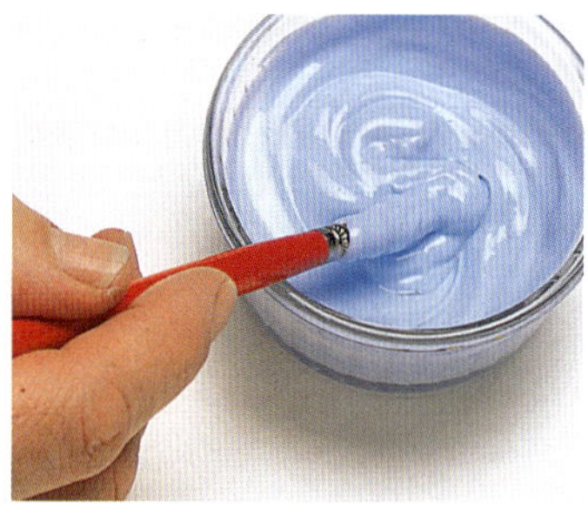

2 Mischung umrühren, um konsistente Tönung zu erhalten.

Material Spachtelmassen

Die meisten Acrylfarben-Hersteller bieten in ihren Sortimenten auch sogenannte Spachtelmassen für verschiedene Modelliereffekte an. Diese Massen bestehen aus Marmorstaub in einer Acrylemulsion. Manchmal werden auch Sand, Feuerstein oder Plastikflocken bzw. Granulate hinzugefügt. Sie sind säurefest und beständig. In der Textur ähneln sie den Füllstoffen, mit denen man im Haushalt Risse in der Wand füllt. Man sollte sie aber nur auf starren Malgründen verwenden, auf denen es möglich ist, mit Spachteln und Kratzwerkzeugen zu arbeiten. Man kann dieses Material als plastischen Grund für eine Acrylmalerei verwenden oder mit Acrylfarben mischen.

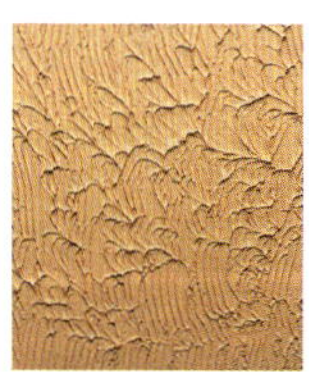

Raue Struktur Ein Karton wird auf Spachtelmasse gelegt und wieder abgezogen.

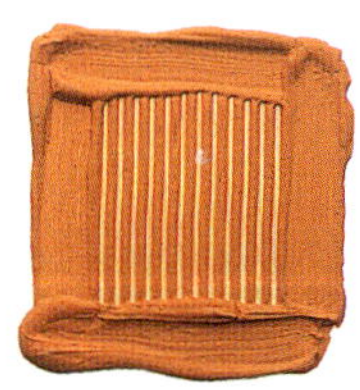

Kammstruktur Mit Acrylfarbe und Kamm strukturierte Spachtelmasse

Malgründe und Grundierungen für Acrylfarbe

Die meisten Oberflächen eignen sich zur Acrylmalerei, sofern sie sauber, fett- und staubfrei sind und ein gutes Haften gewährleisten. Auf Leinwand wird die Beständigkeit des Acrylmalfilms noch durch den Umstand gefördert, dass keine Vorleimung erforderlich ist (siehe S. 58f.). Werden dieselben Farbsorten verwendet, so ist das Bindemittel von der Grundierung bis zur letzten Schicht identisch, was zu einem geschlossenen Malfilm führt im Gegensatz zu den »Fett-auf-Mager«-Schichten der Ölfarben.

Vorbereitung

Grundierungen für Acrylfarben

Zu transparenten Maltechniken auf Leinwand oder Paneel, bei denen das Weiß der Grundierung entscheidend ist, sollte man eine Acrylgrundierung verwenden. Manche Hersteller bezeichnen diese als »Acryl-Gessogrundierung«, obwohl es sich dabei nicht um eine Gipsgrundierung im traditionellen Sinn handelt. Eigentlich sind dies Mischungen derselben Acryl-Polymeremulsionen, die als Bindemittel für die Farbe selbst dienen, mit Titandioxid für das Weiß und einem groben Verschnittmittel (Extender) wie Baryt mit Magnesiumkalziumkarbonat zur Verbesserung der Haftung. Das Verhältnis Pigment zu Extender liegt im Allgemeinen bei etwa 1:1.

Die Grundierung einer Leinwand erübrigt sich, wenn die Farbe deckend aufgetragen wird und ein kontinuierlicher Malfilm die ganze Fläche bedeckt. Aber es gibt auch Beispiele der Leinwandmalerei, bei denen eine dunkle Acrylfarbe über das Gewebe geschabt wurde, um den Untergrund für deckende Maltechniken abzugeben.

Grundieren der Leinwand

Beim Malen auf Leinwand kann die Grundierung in ein oder zwei Schichten aufgestrichen werden. Ein anderes Verfahren, das sich bei besonders großen Leinwänden gut bewährt, besteht im Aufschaben der Grundierung auf den Bildträger. Dazu kann man die Leinwand vorübergehend mit Klebeband oder Nieten entweder auf dem Fußboden oder an der Wand aufspannen. Bei flach liegender Leinwand wird die Grundierung aufgegossen und dann mittels eines flachen Gegenstandes, z. B. eines Fensterwischers, dünn aufgeschabt. Keine schwarzen Gummischaber benutzen, die Spuren hinterlassen können! Ich verwende ein 30 cm langes Kunststofflineal mit abgerundeter Kante, das ich in einen Gummischrubberstiel einklemme. Damit kann man kräftig aufdrücken, sodass man eine glatte, gleichmäßige Grundierung erhält.

Grundieren starrer Malgründe

Auf starre Malgründe kann die Grundierung aufgestrichen werden, meist in zwei Schichten. Die erste Schicht kann notfalls leicht mit Wasser verdünnt werden. Bei großen Flächen kann man die Grundierung per Spritzpistole auftragen.

Grundieren stark absorbierender Flächen

Auf stark absorbierendem Untergrund, z. B. auf Holzfaserplatten, wird eine Schicht Acryl-Glanzmalmittel, mit Wasser verdünnt und vor der Grundierung aufgetragen, die Saugfähigkeit des Bildträgers auf ein akzeptables Maß reduzieren. Würde man das Material ohne diese vorherige Isolierung grundieren, könnte das Bindemittel eindringen und eine pulvrige Fläche zurücklassen. Die folgenden Acrylfarbschichten könnten darauf nicht haften.

Technik Grundierung auftragen

Man kann eine Leinwand entweder mit einem breiten Haushaltspinsel oder einem Plastikspachtel grundieren.

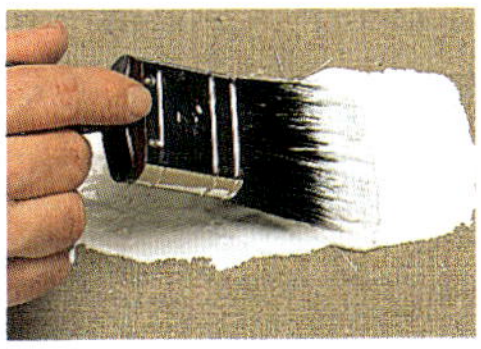

Pinsel Mit breitem Anstreicherpinsel kurze horizontale Striche dick auftragen.

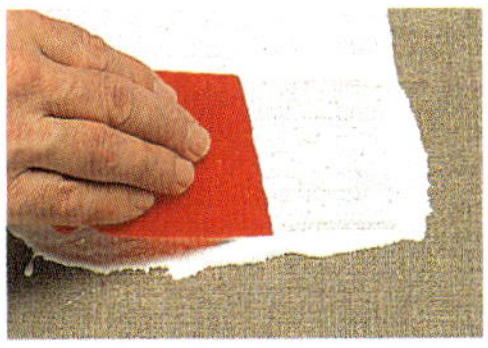

Schaber Grundierung mit Schaber oder flachem Werkzeug in Leinwand schaben.

Technik Dunkle Grundierung

Wenn dunkle Acrylfarbe als Grundierung zu deckender Maltechnik auf das bloße Gewebe aufgetragen wird, ist die Farbe erheblich zähflüssiger als eine Grundierung und deshalb auf senkrechter Leinwand leichter anzubringen. Man kann dazu einen dünnen, flexiblen Plastikschaber verwenden, z. B. eine alte Scheckkarte.

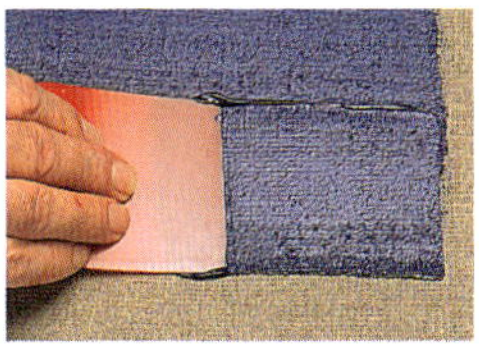

Schaber verwenden Mit der gleichen Technik wie links kann man auch einen dunklen Grund aufstreichen.

Transparente Acryltechniken

Acrylfarben eignen sich speziell für die transparenten Techniken, die normalerweise mit Aquarellfarben assoziiert sind. Sie haben den Vorteil, dass man eine beliebige Zahl dünner Verwaschungen überlagern kann, ohne dass die unteren Farben verschmutzen, denn einmal getrocknet, sind Acrylfarben nicht mehr wasserlöslich. Dem steht der Nachteil gegenüber, dass sie aus demselben Grund nicht mehr durch Tupfen oder Schaben angepasst werden können. Acrylfarben trocknen schnell, und wenn die Farbränder nicht rasch mit einem sauberen feuchten Pinsel aufgeweicht werden oder der Untergrund vor dem Malen nicht angefeuchtet wurde, trocknen sie mit scharfer Randlinie auf. Diese Linie ist oft nur schwer mit Wasser aufzuweichen und kann nur mit einer deckenden Farbe unsichtbar gemacht werden.

Technik Aquarelleffekte mit Acrylfarben

Wie bei Aquarellfarben entsteht durch Überlagern zweier transparenter Lavierungen verschiedener reiner Farben eine dritte andere Farbe. Diese neue Farbe ist intensiver, als sie es wäre, wenn die beiden Farben auf der Palette gemischt worden wären. Weiche Übergangseffekte sind möglich, wenn Sie dazu eine der unten beschriebenen Techniken anwenden. Ähnliche Effekte erzielt man mit der Airbrush (siehe S. 214), mit der man deckende oder transparente Farben spritzen kann.

Mit Acrylfarben kann man recht gut Nass-in-Nass malen. Um die Farben besser verteilbar und Aquarellfarben ähnlicher zu machen, kann man ihnen ein Netzmittel beigeben oder man trägt sie auf eine Fläche auf, die bereits mit einer Netzmittellösung bestrichen ist.

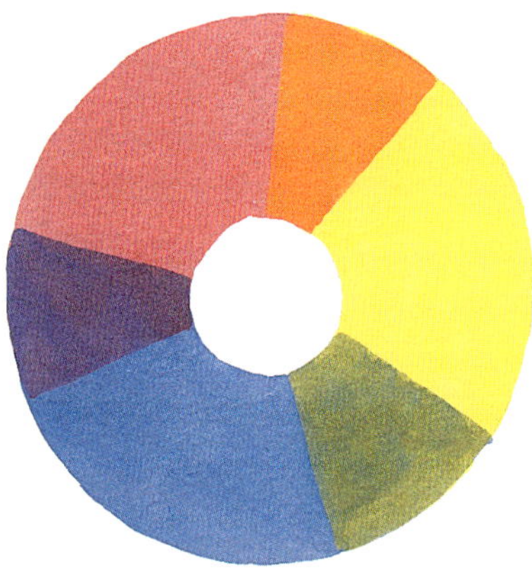

Überlagern transparenter Lavierungen Auf diesem Farbkreis überlappen sich die drei transparent aufgetragenen Primärfarben zu den Sekundärfarben. Dies würde auch bei einem Aquarell so aussehen. Jede Farbe muss trocknen, bevor die andere aufgemalt wird.

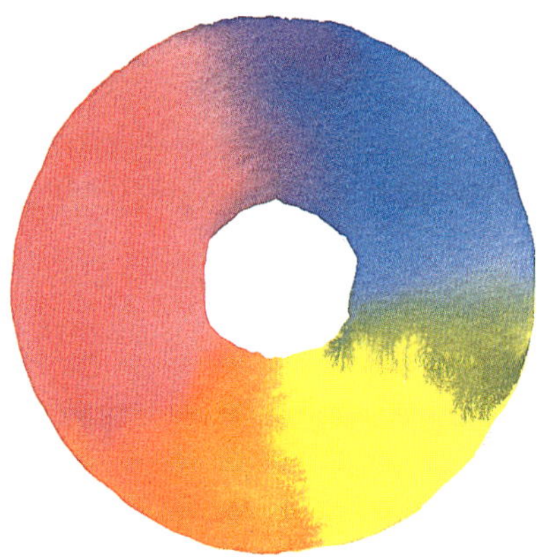

Nass-in-Nass-Effekte In diesem Farbkreis wurden die gleichen Primärfarben in transparenten Lavierungen aufgetragen, aber zusammenlaufen gelassen. Die Sekundärfarben ergeben sich dort, wo die Primärfarben ähnlich einem Aquarelleffekt zusammenfließen.

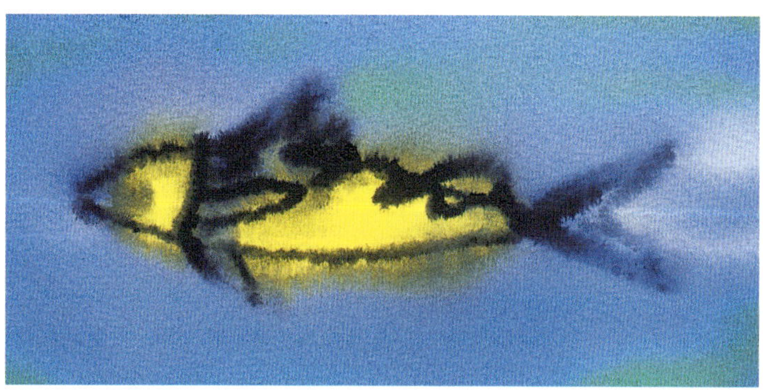

Nass-in-Nass zeichnen In dieser Studie wurden die Farben Nass-in-Nass aufgetragen, angefangen mit dem Gelb zu den blauen und grünen Lavierungen wieder zum Gelb zurück. Dann wurde der Umriss rasch in die noch nasse Farbe gezogen.

Technik Ränder aufweichen

Unerwünschte scharfe Ränder einer trockenen Lavierung können bei Transparenttechniken mit Acryl problematisch sein. Sie lassen sich auf zweierlei Weise vermeiden: durch Befeuchten des Papiers vor dem Farbauftrag oder durch Verwendung eines zweiten, wassergetränkten Pinsels.

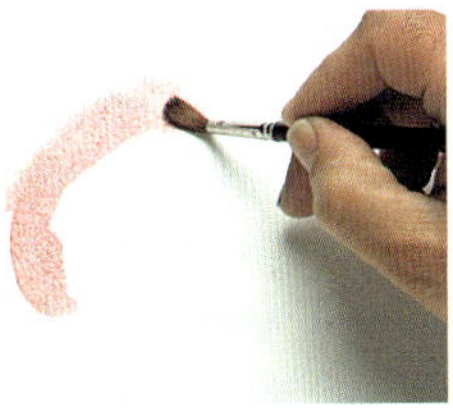

Anfeuchten des Papiers Entlang dem Rand vor dem Malen klares Wasser auftragen, dass das Papier feucht wird und die Farbe in die feuchte Zone verläuft. Rand mit sauberem Marderhaarpinsel überarbeiten, um Überschuss an Farbe oder Wasser zu beseitigen.

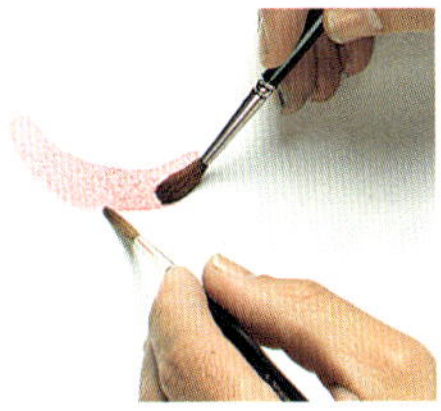

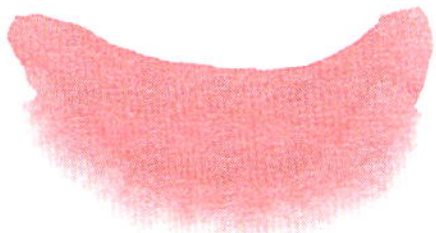

Arbeit mit zwei Pinseln Alternativ arbeitet man mit zwei Pinseln, einen mit Farbe, den anderen mit Wasser getränkt. Nach dem Farbauftrag wird der Rand sofort (!) mit dem sauberen feuchten Pinsel überstrichen, denn dünne Acryllavierungen trocknen schnell auf.

Technik Bild in transparenten Farben auf Papier

Wenn man Acrylfarbe in dünnen, transparenten Lavierungen aufträgt, wirkt sie wie Aquarellfarbe. Viele Aquarelltechniken können auch mit Acrylfarben ausgeführt werden, vor allem das sorgfältige Aufbauen eines Bildes in transparenten Schichten. Der Vorteil der Acrylfarbe ist, dass sie nach dem Trocknen wasserunlöslich ist und man neue Farbschichten auflegen kann. Mit Aquarellfarben würde man diese Schichten wieder auflösen.

Allerdings muss man in einer Acryllavierung wegen der gegenüber Aquarell schnelleren Trockenzeit die Ränder der Gesichtszüge unverzüglich weich vermalen. Ein scharfer Rand kann die Gesichtszüge verderben.

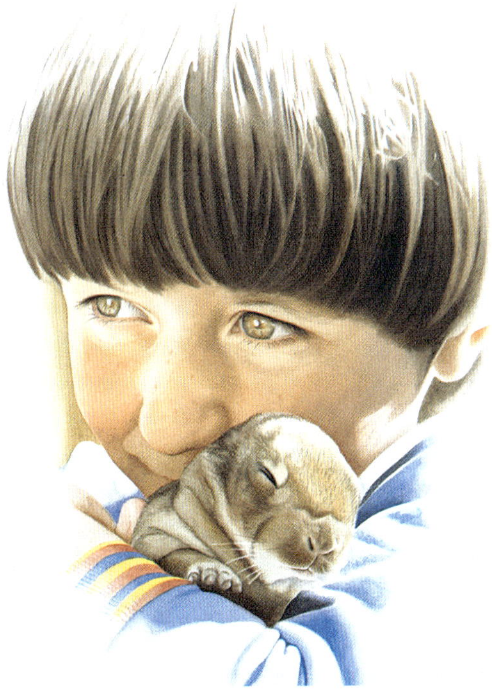

Ränder in Porträts weich vermalen Dieses Bild wurde in dünnen, transparenten Acryl-Lavierungen auf einem NOT-Aquarellpapier 300 g/m² aufgebaut. Das Weiß des Papiers und die hellsten Lavierungen ergeben die Lichter und hellsten Töne, während die dunkleren Töne von diversen Farblavierungen hervorgerufen wurden. Die Ränder der Lavierungen wurden weich übermalt, damit die Gesichtszüge glatt verlaufen. Wenn, wie hier, das weiße Papier die Farben durchleuchtet, sollte man nur mit hellen Lavierungen arbeiten und die Töne langsam aufbauen. Wenn man zu dunkle Farben aufträgt, ist es fast unmöglich, das Motiv wiederherzustellen.

1 Die Augenstruktur wird in sehr heller grauer Lavierung gemalt.

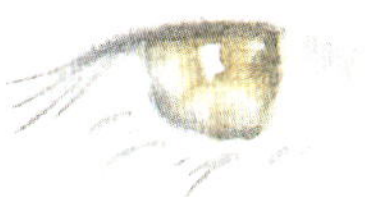

2 Eine folgende Lavierung in Gelb-Braun bringt Farbe in die Iris.

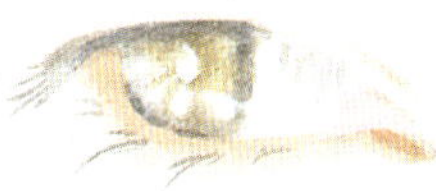

3 Das Modellieren der Hauttöne gibt den Augen Plastizität.

Technik

Transparente Malerei auf Leinwand

Auf einer grundierten Leinwand ohne Untermalung können transparente Acrylfarben im Unterschied zu Papier etwas dünn wirken.

Abhilfe bringt die farbige Grundierung oder die farbige Untermalung auf der Grundierung vor dem Anlegen der transparenten Lavierungen. Das ist besonders dann nützlich, wenn es in dem Motiv eine dominierende Farbe geben soll. In diesem Ausschnitt aus einem Bild mit Vegetation ist die vorherrschende Farbe Grün. Daher erhielt die Leinwand zwei Schichten intensiver deckender Farbe in Gelb-Grün. Nach dem Trocknen wurden die Blätter und Farne mit dünnen, transparenten Farben und weichen Kunsthaarpinseln modelliert. Einzelne Blätter wurden mit verdünnten Farben leicht abgedunkelt. Andere Stellen der Blätter und Stiele, die heller im Ton waren, wurden mit etwas deckender Farbe gemalt. Mit dieser Technik lässt sich ein Bild sehr schnell aufbauen. Bei einem Porträt malt man die Gesichtszüge und größeren Flächen am besten mit transparenten Lavierungen und anschließend mit halbdeckenden oder deckenden Lavierungen im Wechsel oder in Kombination mit transparenten Effekten. Man sollte »all over« arbeiten, obwohl die deckenden Farben meist in den hellen Stellen des Gesichts konzentriert sind und die transparenten Lavierungen die dunkleren Stellen ergeben. Das fertige Bild kann dann noch mit einer Lasur oder einer Lavierung in einem sehr dünnen Hautton übermalt werden. Nach dem Trocknen werden die Lichter eingesetzt. Das ist eine langsame Aufbautechnik, die sehr viel Übermalen erfordert. Daher sind hier die Acrylfarben besonders gut geeignet, weil sie schnell trocknen und auch in Schichten stabil und dauerhaft bleiben.

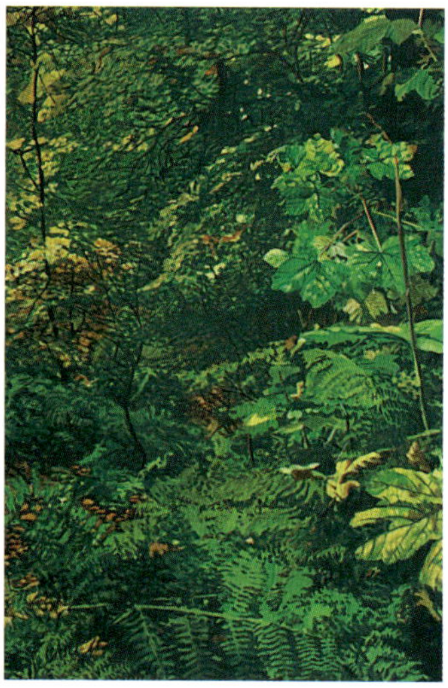

Dunkles Laub Die Farne wurden in dunklen, transparenten Farben über einem deckenden grünen Grund modelliert.

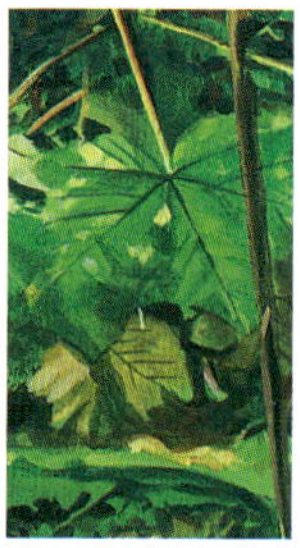

Lichter Deckende Farben werden an den gelben lichtfangenden Stellen eingesetzt. Dadurch kommen die Lichter nach vorne und die dunklen Töne der Schatten weichen zurück.

Technik

Transparente Techniken auf Holzpaneelen

Im Vergleich zur Absorption von Papier und Leinwand kann es schwierig sein, sich auf das nicht absorbierende Holzpaneel einzustellen. Mit dickflüssigen deckenden Farben ist das Problem nicht so groß, doch kann es bei dünnen Lavierungen schwierig sein, eine Fläche gleichmäßig zu tönen, da jede Fettspur auf der grundierten Fläche zu Farbperlen führt. Man sollte den ersten Farbauftrag mit Airbrush oder Spritzpistole machen. Bei Verwendung eines (mit Farbe angefeuchteten, aber nicht nassen) Pinsels sollte man immer nur kleine Flächen gleichzeitig malen, wobei man nach außen streicht.

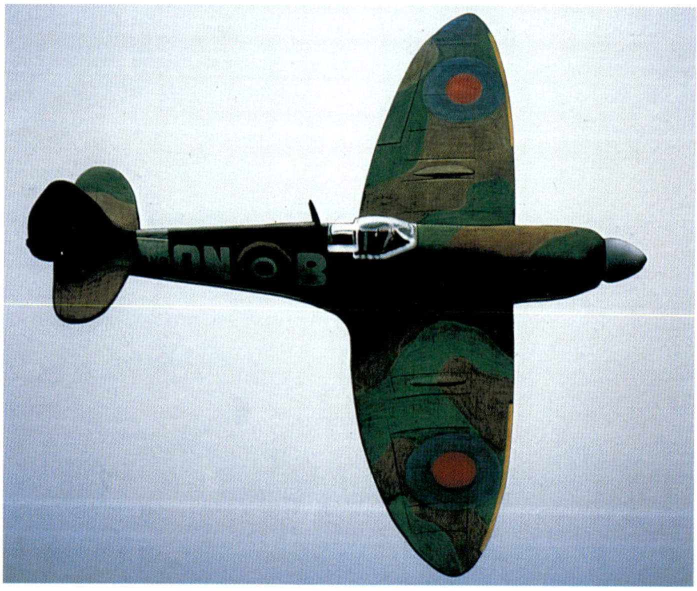

Flugzeug Das Flugzeug wurde mit dem Pinsel in dünnen Lavierungen gemalt. Eine Airbrush diente zum Verstärken der dunkelsten Töne und zum Hervorheben der weißen Lichter.

Deckende Acryltechniken

Außer zu transparenten Effekten eignet sich Acrylfarbe sehr gut zu Deckfarbentechniken, bei denen das Deckvermögen des Pigments, die Dicke der Farbpaste oder der Zusatz von weißem Pigment für Farben sorgen, die untere Schichten der Sicht entziehen können. Diese Techniken eignen sich besonders gut zur Malerei auf einer in mittleren Tönen gefärbten Grundierung, bei denen ein aufgelegtes Weiß (besser als das Weiß der Grundierung) für die Lichter sorgt.

Im Vergleich zu ähnlichen Ölmaltechniken liegt der Hauptvorteil darin, dass die Farbe sehr schnell trocknet, sodass sie risikolos übermalt werden kann. Das ist besonders praktisch, wenn man mit trockenem Pinsel oder mit dem Schwamm dünne Schichten auftupfen will. Als Nachteil steht dem gegenüber, dass nur wenig Zeit bleibt, durch nasses Farbmischen auf der Malfläche für geschmeidige Übergänge zu sorgen, wie das bei Ölfarben üblich ist. Außerdem sehen Ölfarben nach dem Trocknen genauso aus wie in nassem Zustand. Acrylfarben sehen nach dem Trocknen dunkler aus, und das kann es schwierig machen, gleich die richtigen Farbtöne zu treffen, vor allem bei der Porträtmalerei. In gewissem Umfang werden diese Nachteile noch verschlimmert, wenn man sich zu sehr an die Ölmaltechniken gewöhnt hat.

Technik Deckender Farbkreis

Vergleichen Sie diesen Farbkreis mit den Farbkreisen in transparenten Farben auf S. 206. Hier sind die Farben nicht spontan vermalt.

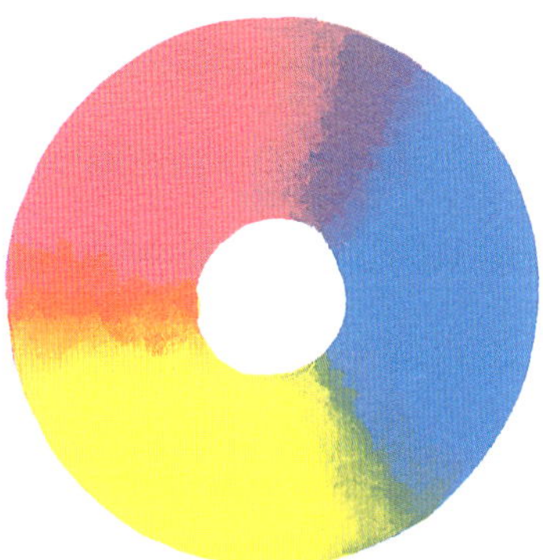

Direktes Mischen In diesem Farbkreis wurden die Primärfarben mit Weiß gemischt und deckend aufgetragen. Die Sekundärfarben mussten hier aus den jeweiligen Nachbarfarben zusammengemischt werden.

Technik Deckende Farben vermalen

Denken Sie immer daran, dass die Acrylfarben schnell trocknen! Tragen Sie daher nur die Farben auf, die Sie noch feucht auf dem Malgrund vermalen können.

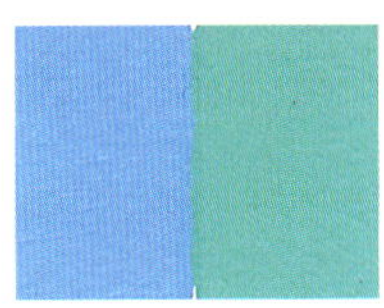

1. Malen Sie bis zu der Linie, an der die Farben vermalt werden sollen. Die beiden Farben bilden hier einen harten Rand.

2. Streichen Sie mit einem sauberen feuchten Pinsel entlang dieses Randes, um die Linie zwischen beiden Farben aufzuweichen.

3. Um die Farben noch mehr zu verbinden, bewegen Sie den Pinsel stärker hin und her, sodass die Farben sich auch materiell mischen. Dies lässt sich leicht kontrollieren.

Technik Übermalen in deckenden Farben

In dieser deckenden Fassung der transparenten Studie von S. 206 wurden die blauen und grünen Farbtöne des Wassers in deckender Farbe angelegt und wie oben beschrieben vermalt. Nach dem Trocknen wurde dieser Hintergrund mit der Form des Fisches in Deckweiß aufgemalt. Nach dem Trocknen wurde diese Form mit Gelb und etwas Orange bemalt. Der Umriss des Fisches wurde nach Trocknen der Farben gezogen. Dieser Ablauf ist für die Deckfarbentechnik charakteristisch.

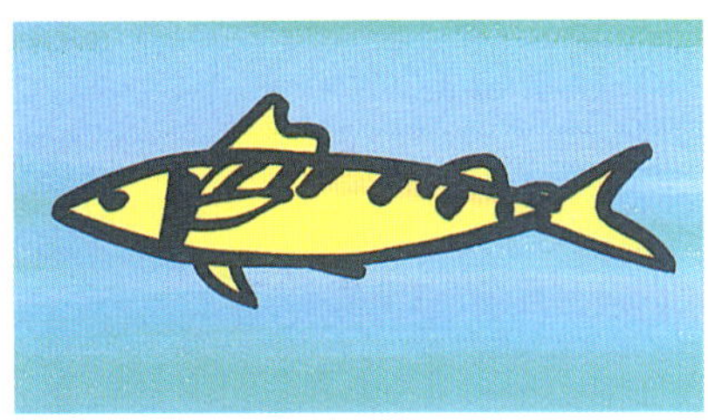

Fisch Der deckend vermalte Hintergrund hebt die gelbe Farbe des Fisches deutlich hervor.

Transparente und deckende Techniken

Manch einer meint, dass ein dunkler Gegenstand auch mit dunklen Farben auf einem hellen Grund gemalt werden sollte. Es kann aber viel wirkungsvoller sein, die hellen Töne in und um den Gegenstand in hellen, deckenden Farben auf einem dunklen Grund zu malen.

Technik Monochrome Studien

Diese beiden Bilder zeigen zwei verschiedene Vorgehensweisen, einmal mit transparenter blauer Acrylfarbe auf weißem Papier, und einmal mit deckender weißer Acrylfarbe auf blau getöntem Papier. Beim ersten Bild werden die dunkleren Töne des Motivs direkt gemalt; beim zweiten werden die hellen Töne in den Zwischenräumen um das Motiv gemalt. Hätten wir es zum Beispiel mit einem Porträt vor einem dunklen Hintergrund zu tun, würde sich dies genau umgekehrt verhalten. Für beide Ansätze ist die Acrylfarbe gut geeignet.

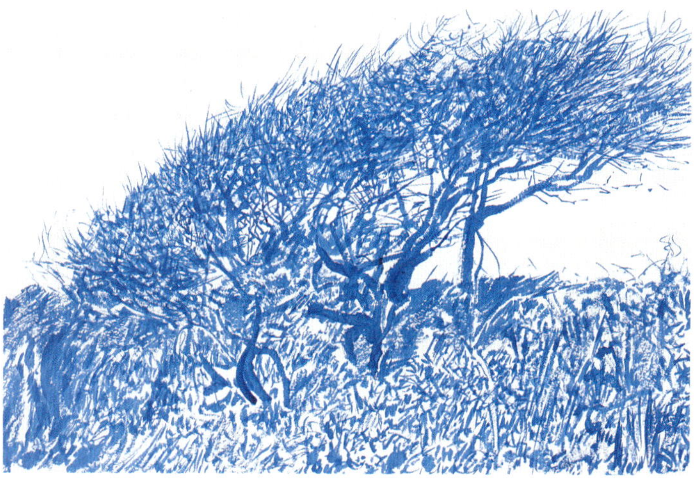

Blau auf Weiß Acrylfarbe ist das geeignete Medium für solche monochromen Pinselskizzen. Man kann frei mit einem spitzen Marderhaarpinsel oder einem Kunsthaarpinsel und dunklen, transparenten Farben arbeiten. An einigen Stellen, wie den Zweigen, kann die Farbe flüssiger sein, an anderen Stellen hingegen trockener, wie für die Trockenpinseltechnik im Vordergrund, wo die Textur des Papiers mitwirkt.

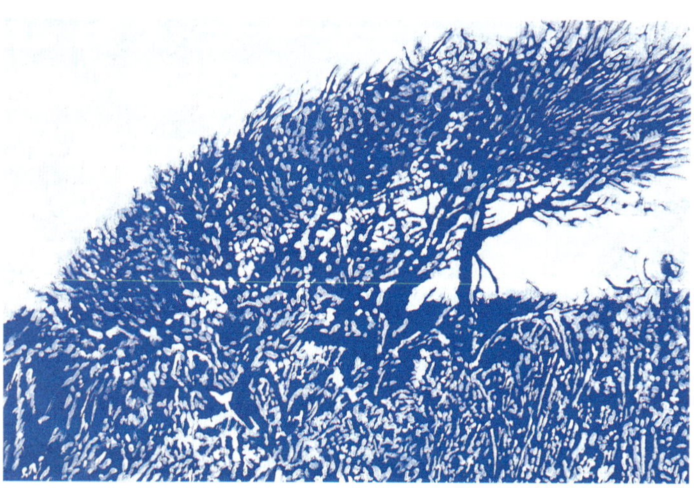

Weiß auf Blau Dies ist die Umkehrung des ersten Bildes. Hier wurde weiße Acrylfarbe deckend für die Lichter und die hellsten Töne im Bild verwendet. Die Skizze hat einen anderen, weniger flüssigen Ausdruck. Die Farbe sitzt dicker und kräftiger auf der Oberfläche als in der ersten Fassung. Diese Technik kann aber genauso komplexe Tonwertkontraste schaffen wie auf dem ersten Bild.

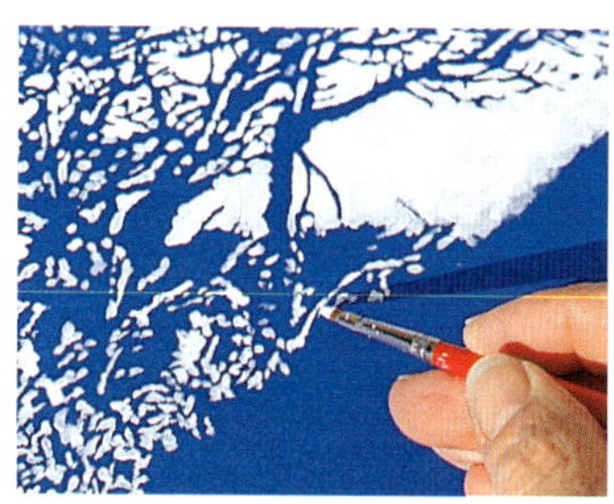

Deckendes Weiß anlegen Die deckende weiße Acrylfarbe wird pastos auf den dunkelblauen Grund gemalt.

Beispiel Feuerwerk

Eine deckende monochrome Untermalung in Acryl gibt eine gute Basis für ein oder mehrere transparente Acrylfarblasuren. Vor dem Lasieren muss die Untermalung trocken sein. Die Lasur kann man entweder mit einem Pinsel, mit Airbrush oder einer Spritzpistole auftragen (siehe S. 214). Beim Sprühen von Acrylfarben sollte man unbedingt eine Schutzmaske und schützende Kleidung tragen. Man kann auch Acrylemulsion färben und die zähflüssigere Lasur mit einem alten Plastikkratzer (oder einer ausgedienten Scheckkarte) auftragen. Eine Lasur lässt sich sowohl auf der gesamten Bildfläche wie an einigen kleineren Stellen auftragen.

Dieses Beispiel ist in ähnlicher Weise wie der zweite Baum auf der gegenüberliegenden Seite monochrom in weißer Acrylfarbe über einem blauschwarzen Grund angelegt, aber mit etwas mehr Modellierung. Die weiße Acrylfarbe bildet die Basis für den Rauch und die Lichter des Feuerwerks vor dem dunklen Himmel.

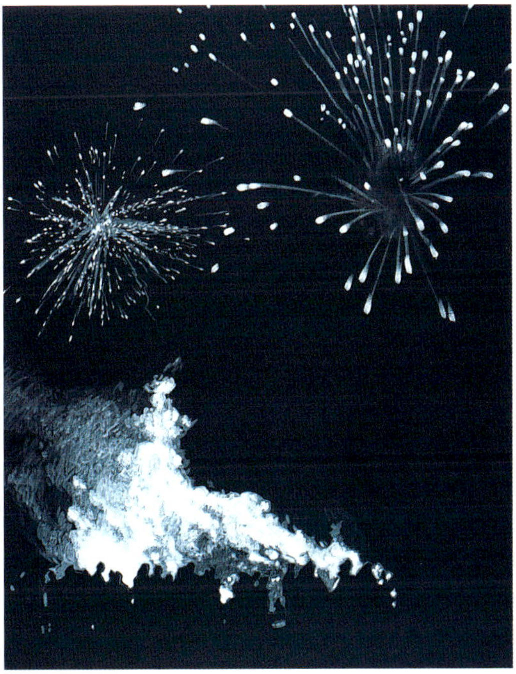

1 Rauch und Feuer werden mit Titanweiß und einem kleinen Marderhaarpinsel oder Katzenzungenpinsel gemalt. Die hellen Töne werden pastoser gehalten als die dunkleren Stellen, wo die Farbe mit Wasser verdünnt wird.

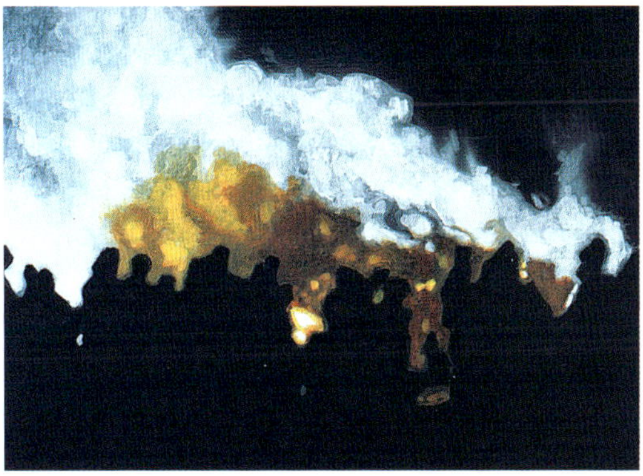

2 Die weiße Untermalung wird mit dünnen Lavierungen in Azogelb in Mischung mit Chinacridonrot bemalt.

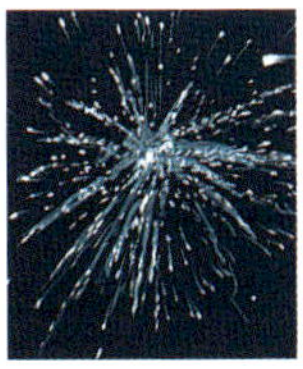

3 Das Feuerwerk am Himmel folgt dem gleichen Prozess wie die Wiedergabe des Feuers. Die weiße Untermalung ist die erste Phase.

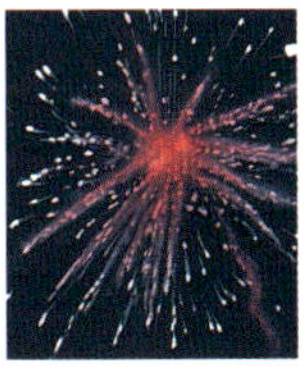

4 Dann wird ein transparentes Rot über das Zentrum gemalt. Nach dem Trocknen werden Tupfen deckender weißer Acrylfarbe über das Rot getupft.

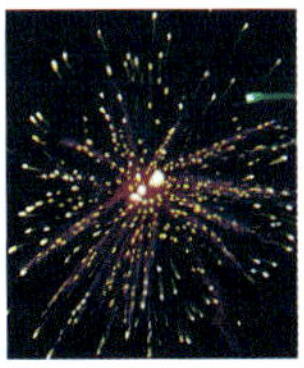

5 Die weißen Tupfen werden mit Gelb lasiert. Das Feuerwerk erhält nun seine volle Farbigkeit.

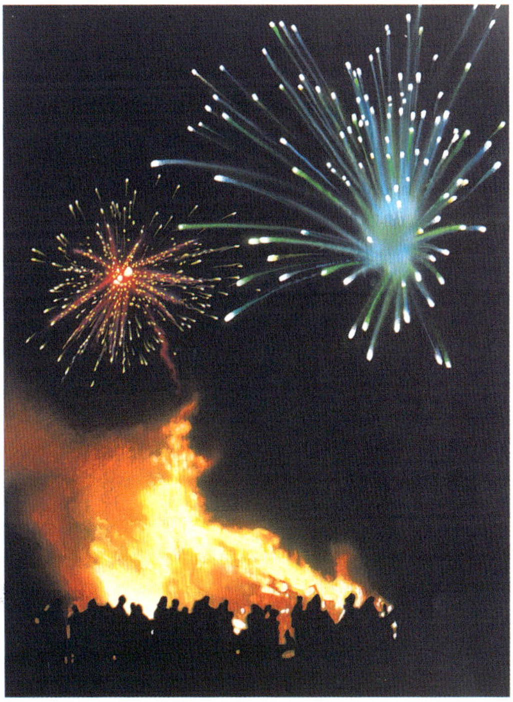

Fertiges Bild Durch die weiße Untermalung leuchten die transparenten Farben mit brillantem Effekt.

Technik Großflächige monochrome Lasur

Dieses vierteilige Bild *Nach dem Feuer* von 1987 ist eine Acrylfassung der Ölmaltechnik mit monochromer Untermalung und anschließender Lasur. Jede Tafel misst 240 × 170 cm, sodass die zu lasierenden Flächen recht groß sind. Für einige Lasuren, wie die in Schritt 3 und 4 unten, wurde einfach Acrylfarbe mit Wasser verdünnt und mit dem Pinsel aufgetragen. Für andere Flächen, wie für die Tafeln ganz links und ganz rechts im fertigen Bild (unten), wurde die Farbe mit einem Glanzmittel gemischt und mit einem Plastikkratzer (alte Kreditkarte) aufgetragen. Die schnell trocknende Acrylfarbe kann spontaner als die langsam trocknende Ölfarbe vermalt werden.

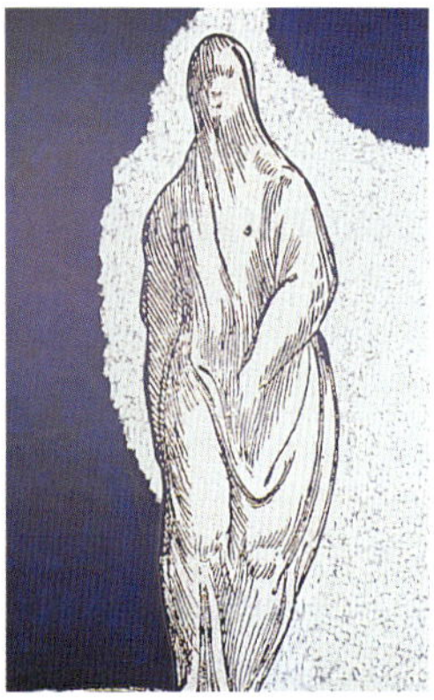

1 Die Figur wird in weißer Farbe auf einem dunklen Grund gemalt – hier dunkelblau für den Hintergrund und dunkelrot für die Figur. Das Weiß wird in kleinen getrennten Pinselstrichen aufgetragen und schafft eine Textur. Der farbige Grund bleibt teilweise sichtbar.

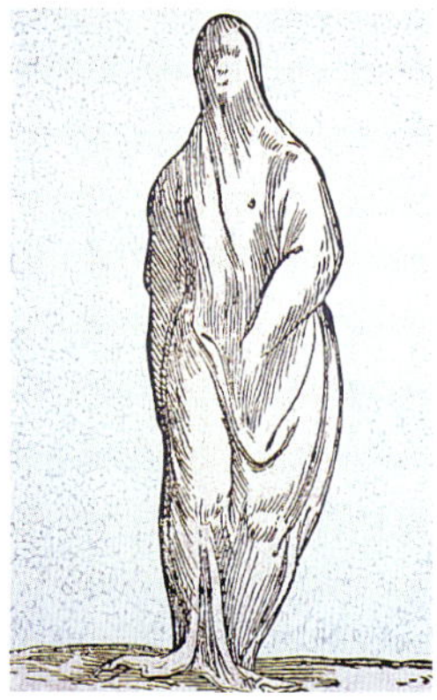

2 Nach dem Trocknen der weißen Farbe ist die monochrome Untermalung fertig. Nun kann mit dem Lasieren begonnen werden.

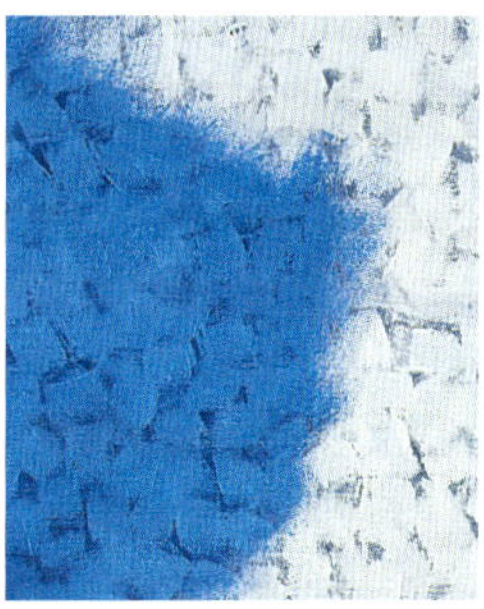

3 Die Lasur in Phthaloblau wird immer nur auf eine kleine Fläche aufgetragen und mit einem trockenen runden Borstenpinsel oder einem alten Rasierpinsel verteilt.

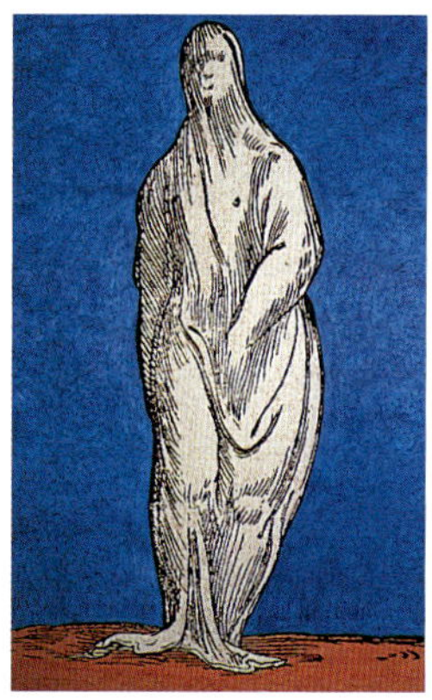

4 Die blaue Lasur um die weiße Figur hebt sie gut von dem texturierten Hintergrund ab. Eine ähnliche rote Lasur wird auf den Grund aufgetragen, um die drei Flächen der Komposition zu trennen.

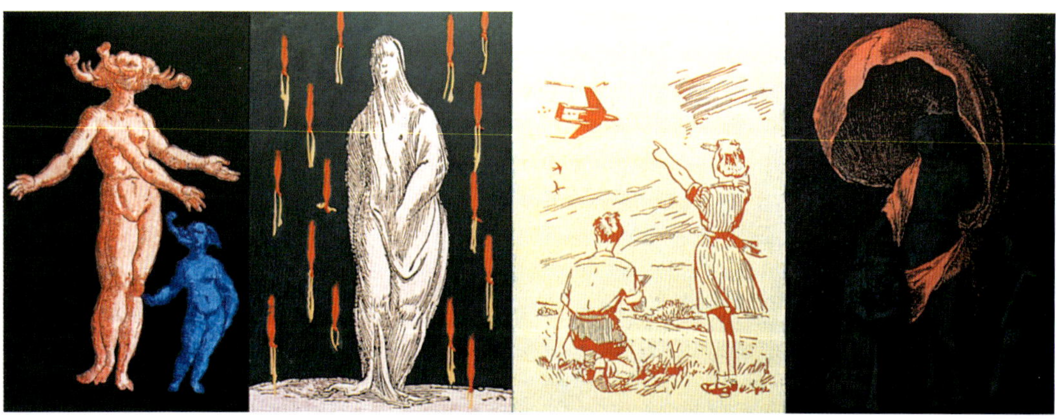

Fertiges Bild Das Bild entstand aus einer deckenden monochromen Untermalung und transparenten Lasuren. Man sieht diesen Prozess in den Schritt-für-Schritt-Anleitungen für die große Figur (zweite von links).

Technik Schichtenmalerei in Acryl

Die Acrylfarbe ist auch besonders gut für die Schichtenmalerei geeignet. Acrylfarbe kann wie Ölfarbe sowohl in pastosen deckenden Schichten wie in transparenten Lasuren angelegt werden, trocknet aber wesentlich schneller als Ölfarbe, sodass man Schichten sehr schnell aufbauen kann. Das folgende Beispiel zeigt mehrere Phasen eines Bildes, das auf den ersten Blick sehr komplex aussieht. Der Malprozess ist jedoch wesentlich einfacher als man denkt. Die Malschichten werden von vorne nach hinten aufgebaut. Zuerst wird der Hintergrund gemalt, dann einige Fischformen in Weiß und Farbe. Als Nächstes werden der Bogen und die beiden Pflanzen in weißer Acrylfarbe bemalt und dann farbig lasiert.

So fährt man fort, bis alle Gegenstände und Fische vollständig ausgemalt sind. Nach jeder Phase wird eine dünne Acryllasur über das ganze Bild gemalt. Die Farben müssen sauber und leuchtend gehalten werden, damit das Bild in seiner ganzen Komplexität und Tiefe entstehen kann.

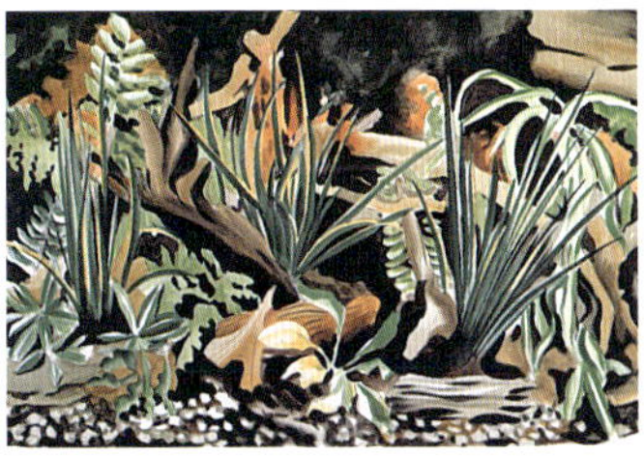

1 Der Hintergrund wird in Aquarellmanier in transparenten Farben angelegt.

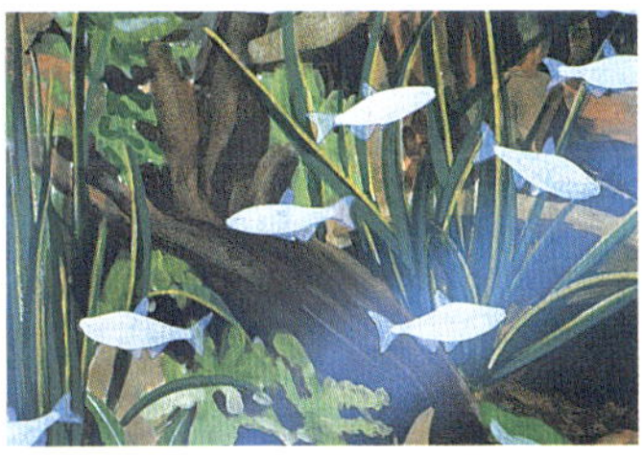

2 Die ersten Fische werden in deckender weißer Acrylfarbe gemalt. Die Körper erhalten drei Farbschichten, die transparenteren Flossen und Schwänze ein oder zwei.

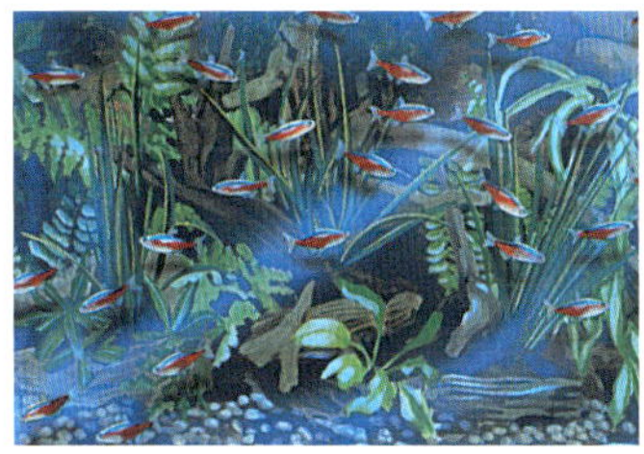

3 Dann werden die Fische in ihren blauen und roten Lokalfarben bemalt.

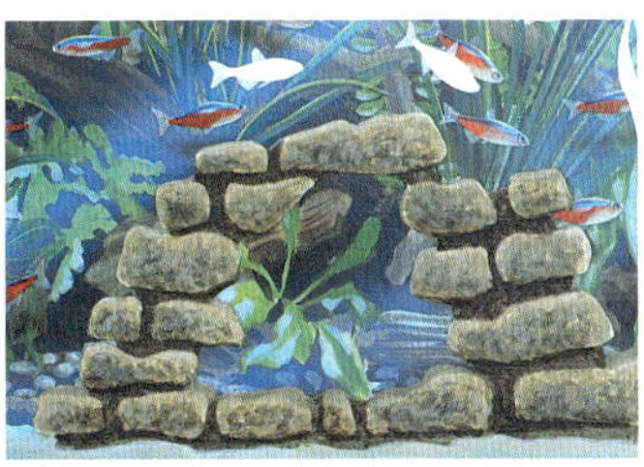

4 Der Steinbogen wird mit weißer Acrylfarbe übermalt und dann mit den Lokalfarben in tupfendem Auftrag bearbeitet.

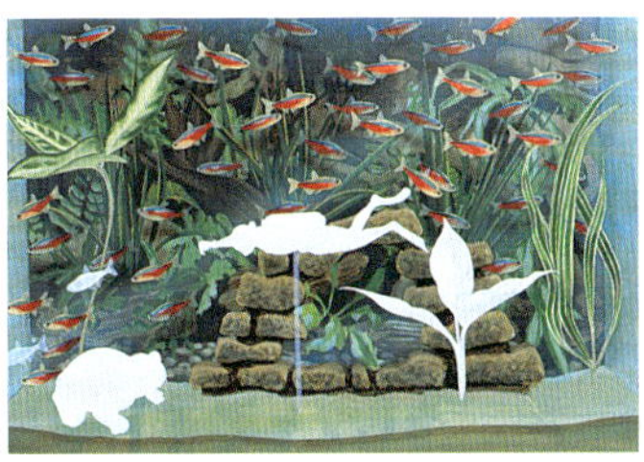

5 Die beiden Pflanzen auf jeder Seite des Bogens wurden ebenfalls weiß untermalt und farbig abgesetzt, darauf die Figuren gemalt.

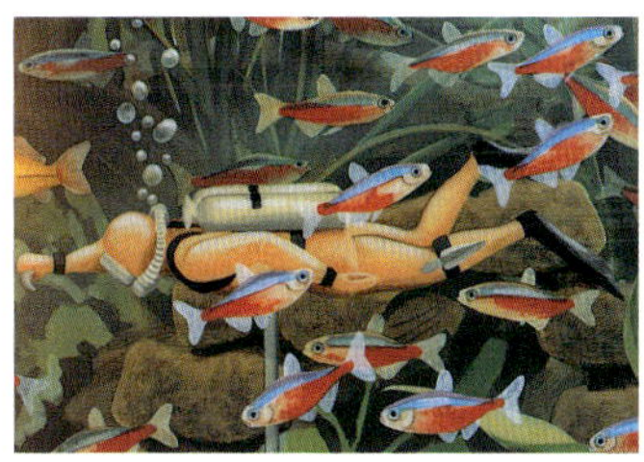

6 Ein Ausschnitt zeigt das Orange des Tauchers sauber und hell über der weißen Untermalung.

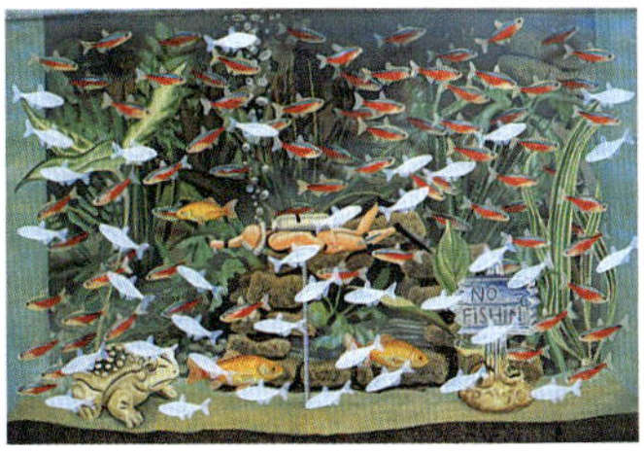

7 Die letzte Reihe der Fische im Vordergrund wird in Weiß untermalt und farbig ausgeführt.

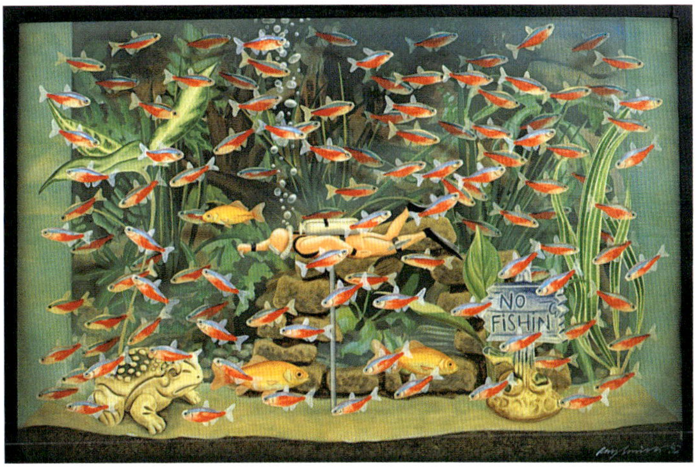

Fertiges Bild Die Studie mit dem Titel *Neonlichter* sieht kompliziert aus, wurde aber in einfachen Maltechniken ausgeführt.

Airbrushtechniken mit Acrylfarben

Acrylfarbe kann mit der Airbrush oder Spritzpistole gespritzt werden, um die unterschiedlichsten Effekte zu erzielen: von gleichmäßigen oder abgestuften Flächen auf sehr großen Leinwänden bis hin zu Lichtern auf sehr detaillierten Illustrationen. Einmal getrocknete Acrylfarbe wird zu einer unlöslichen Kunststoffhaut. Deshalb muss die Airbrush oder Spritzpistole nach jedem Spritzen unverzüglich gereinigt werden.

Technik Spritzen mit deckenden Farben

Farben, die zum Spritzen mit Wasser oder Malmittel verdünnt werden, müssen völlig klumpenfrei sein, da Verdickungen die Düse der Airbrush oder Spritzpistole verstopfen und zu ungleichmäßiger Farbverteilung führen.

Zur optimalen Beschichtung mit deckender Farbe ist die Dicke einer dünnflüssigen Creme etwa richtig. Die Airbrush wird näher an den Bildträger gehalten als bei transparenter Farbe. Dadurch hat man die erzeugten Effekte und die Sprühbewegung besser unter Kontrolle. Man zieht den Sprühhebel und beginnt mit dem Spritzen außerhalb der Bildfläche. Jeder Streifen sollte zwecks gleichmäßiger Färbung den vorherigen leicht überlappen. Wer häufig spritzt, wird den Sprühhebel bald so bedienen können, dass er den Druck je nach der gewünschten Farbmenge steigert oder senkt. Mit einiger Erfahrung kann man die Airbrush so verwenden wie einen Pinsel.

Technik Spritzen mit transparenter Farbe

Man kann auch sehr »wässrige« Farbe aufspritzen. Dünne Farbe kann z. B. zum Auftrag einer sehr hellen Flächenlasur dienen. Das ist schwieriger als der Auftrag einer dickeren Farbe, und der Luftdruck muss hier schwächer sein. Halten Sie das Spritzgerät nicht zu nahe an den Malgrund – etwa 45 bis 60 cm – und sprühen Sie in Stufen, sodass sich der »Farbnebel« auf der Malfläche absetzen und trocknen kann, ehe die nächste Schicht aufgespritzt wird. Zu viel nasse Farbe läuft die Leinwand hinunter und bildet »Rotznasen« oder Tropfen.

Technik Basistechniken

Man kann zum Airbrushen Behälter mit komprimierter Luft verwenden. Billiger ist auf längere Sicht ein elektrischer Kompressor, der je nach Material auf einen gleichmäßigen Druck eingestellt werden kann. Vor dem Airbrushen sollte man Luft durch die Düse blasen, um Staub zu entfernen. Man legt den Finger auf den Sprühhebel, um das Luftventil zu öffnen, und stellt ihn dann für einen gleichmäßigen Sprühnebel zurück. Je weiter man den Hebel zurückzieht, desto größer ist die versprühte Farbmenge. Nach Abschluss der Arbeit wird der Vorgang in umgekehrter Reihenfolge wiederholt.

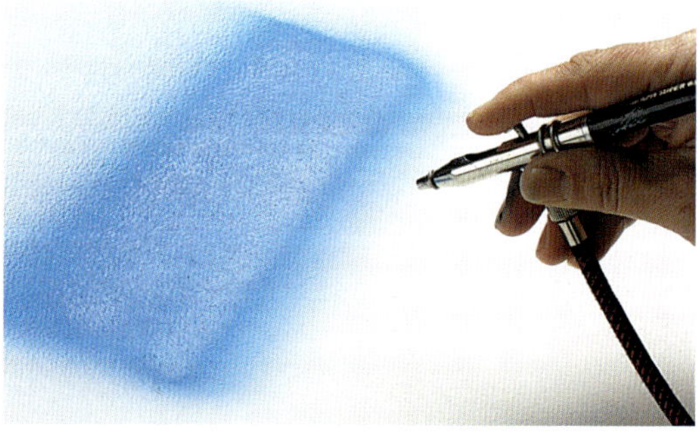

Auftragen einer gleichmäßigen Färbung Bei deckender Farbe hält man das Gerät etwa 15–25 cm vom Malgrund entfernt.

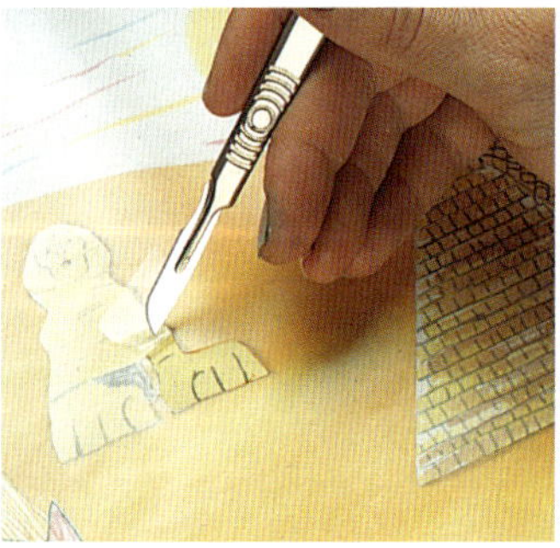

Eine Schablone schneiden Abdeckfolie auf die Bildfläche legen und gewünschte Form mit einem Skalpell ausschneiden.

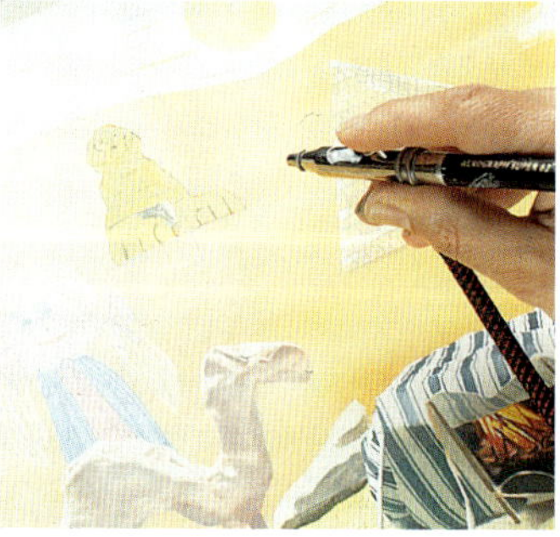

Spritzen durch eine Maske Die ausgeschnittene Fläche mit der Airbrush gleichmäßig besprühen.

Technik Abdecktechniken

Mithilfe von Schablonen kann man bestimmte Bildteile vor dem Aufspritzen von Farbe abdecken. Schablonen kann man aus Papier oder Abdeckfolie herstellen (letztere eignet sich besser für Papier als für Leinwand). Stärkerer Kunststoff mit unterer Klebeschicht ist für Leinwand brauchbar. Abdeckstreifen sorgen für gerade Ränder. Latex-Abdeckflüssigkeit ist auf acrylgrundierter Leinwand ideal, vor allem zum Abdecken zusammenhängender Flächen, sofern die Farbe nicht zu dick aufgetragen wird. Sicherheitshinweise finden Sie auf S. 371.

Abdecken und Spritzen

Beim unten abgebildeten Beispiel wurden die Farben dünn aufgespritzt, wobei jeweils verschiedene Bildteile durch Abdecken isoliert wurden. Das Abdecken geschah mit Zeitungspapier (Zelluloid wäre auch möglich), das mit Klebestreifen befestigt wurde.

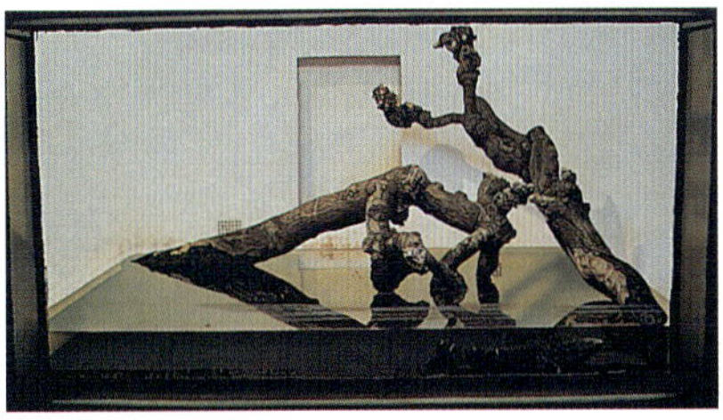

Aufbau eines Gemäldes mit dünn aufgespritzter Farbe Hier beschränkte sich die Pinselarbeit auf die Äste und das Reptil. Das übrige Bild wurde mithilfe von Airbrush und Spritzpistole vollendet.

Gemäldeteile spritzen

Trotz der Neigung, Pinsel- und Airbrushtechniken voneinander zu trennen, kann das teilweise Spritzen innerhalb eines »konventionell« gemalten Bildes das einzige Mittel zum Kreieren spezieller Effekte sein. Zum Beispiel das Problem, brennende farbige Lampen wiederzugeben (rechts). Die Lampenformen wurden in Weiß mit einem Pinsel gemalt, dann wurde weiße Acrylfarbe mit der Airbrush um jede Lampe herum aufgespritzt, um den diffusen Lampeneffekt zu erzeugen. Danach wurden die einzelnen Lampenfarben aufgespritzt.

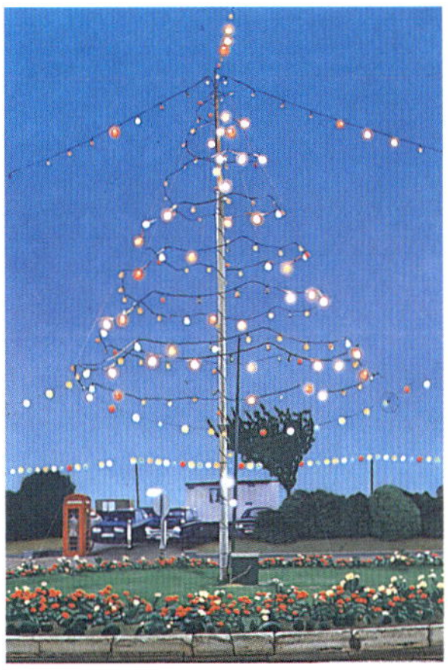

Gezielter Einsatz Bestimmte Teile (Himmel und Lampen) des sonst mit Pinseln gemalten Bildes wurden gespritzt.

Kombinieren transparenter und deckender Spritztechniken

Spritz- und Pinseltechnik lassen sich beide mit transparenter und deckender Acrylfarbe zum Erhalt des gewünschten Effekts kombinieren. Beim Gemälde unten wurde die deckende Hintergrundfarbe auf die Leinwand gespritzt, während das »Tapetenmuster« mit Pinsel und transparenten Farben aufgemalt wurde.

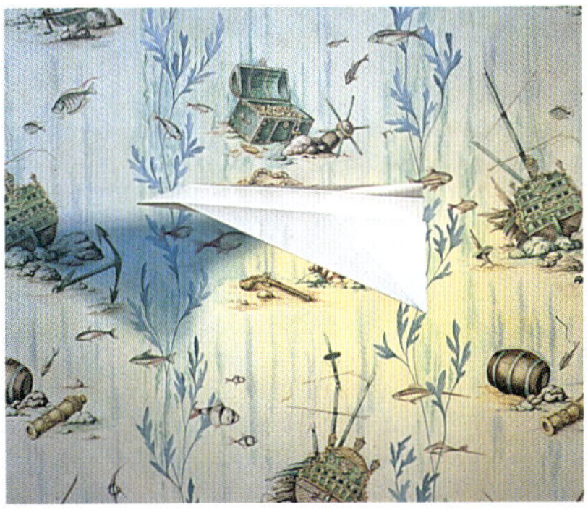

Mischtechnik Der Papierflieger wurde deckend mit dem Pinsel gemalt; sein Schatten wurde mit der Airbrush aufgespritzt.

Ein ganzes Bild besprühen

Dieses Bild wurde von einem nebligen Tag auf dem Londoner Flughafen Heathrow inspiriert, als bei geringer Sicht immer wieder Flugzeuge aufstiegen und landeten. Es wurde ausschließlich in Airbrush geschaffen. Der Malgrund wurde gestupft, um der aufgesprühten Farbe eine Textur zu verleihen. Man kann diese Textur von verschiedenen Seiten ansprühen und dadurch deutlich sichtbar machen. So wird die haptische Qualität des Bildes betont. Bei Bildern dieser Art ist die Anzahl der aufgesprühten Farbschichten in verschiedenen Tönen entscheidend für die Wirkung des Bildes.

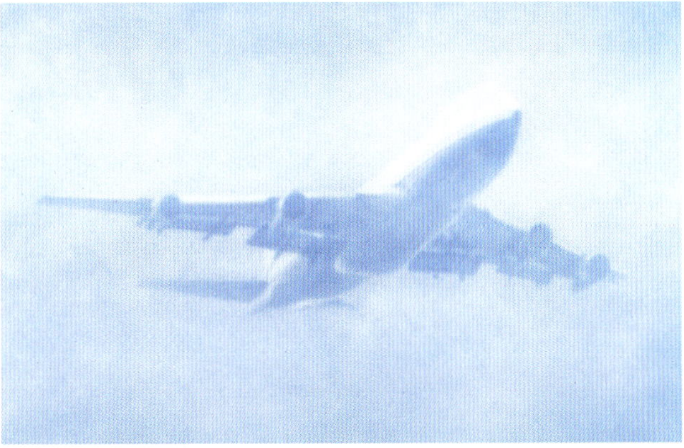

Nur Spritztechnik In diesem Gemälde wurde keine andere Technik verwendet.

Technik

Abschwächen von Tonwerttiefe oder Farbintensität

Eine dünne Mischung halbdeckender weißer Acrylfarbe kann zum Abschwächen der Tonwerttiefe oder Farbintensität aufgespritzt werden. Die Entscheidung dazu trifft man im Allgemeinen erst, wenn die Arbeit schon fortgeschritten ist. Meist müssen die Vordergrundflächen dazu abgedeckt werden. In dem Beispiel unten war der Hintergrund mit Himmel, Zug und Auto zu dunkel; die Farben standen mit denen des Vordergrundes im Konflikt. Deshalb wurden Figur, Flugzeug und Tier mit Abdeckflüssigkeit übermalt, ehe die übrige Fläche mit halbdeckendem Weiß überspritzt wurde. Um eine so große Fläche gleichmäßig zu tönen (siehe rechts), muss die Spritzpistole in gleichem Abstand, etwa 25 cm, rechtwinklig zur Bildfläche geführt werden. Sie wird dabei horizontal hin- und herbewegt, wobei die Hand ihre Kehrtwendung außerhalb der Spritzfläche macht. Dies alles erscheint zwar recht einfach, aber man sollte es besser vorher üben.

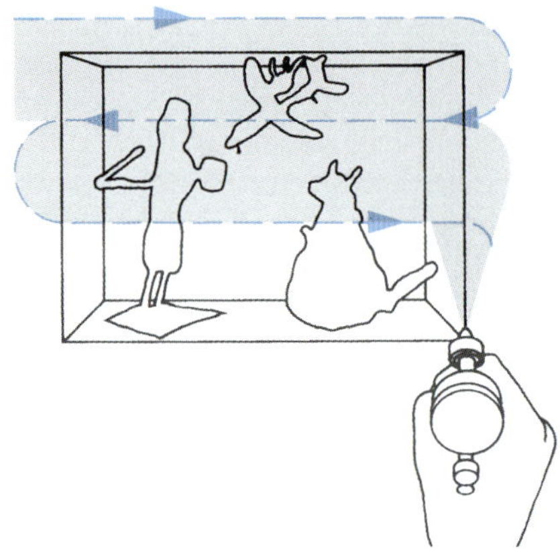

Gleichmäßiges Aufspritzen Die Spritzpistole wird in etwa 25 cm Abstand rechtwinklig zum Bild gehalten. Dann wird sie zu gleichen horizontalen Streifen hin- und hergeführt.

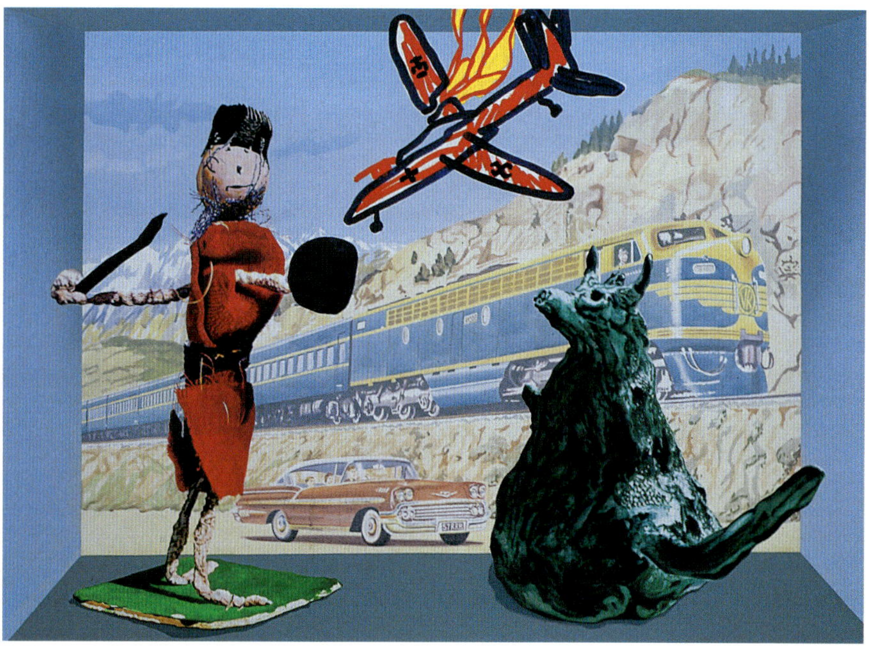

Aufgespritztes Weiß Nach dem Aufspritzen der halbdeckenden Weißschicht zum Abschwächen der Hintergrundfarbe wurde die Abdeckung von den Vordergrundfiguren abgerieben (siehe Kästchen unten).

Reinigen von Airbrush oder Spritzpistole

Man reinigt diese Geräte in zwei Schritten.

- Nach Gebrauch sauberes Wasser durchspritzen, bis keine Spur von Acryl mehr erkennbar ist. Erfolgt das Reinigen nicht jedes Mal gründlich, so werden Rückstände trockener Acrylfarben das Gerät schließlich verschmutzen.
- Um die Nadel von Farbe zu säubern, wird die Düsenöffnung mit einem Tuch oder der Handfläche bedeckt, sodass die Luft in den Farbbehälter zurückgedrückt wird.

Tipps zum Gebrauch von Abdeckflüssigkeit

- Die Papier- oder Leinwandfläche muss grundiert oder einigermaßen mit Farbe bedeckt sein.
- Die aufgelegte Farbe sollte nicht zu dick sein, da die Abdeckung sonst schwer zu entfernen ist.
- Die mit einem dünnen Malfilm versehene Abdeckung wird mit der Fingerspitze abgeschabt.
- Mit dickerer Farbe versehene Abdeckung wird mit einem Radierer kräftig abgerieben.

Schabtechniken mit Acrylfarben

Die charakteristische Viskosität von unmittelbar aus der Tube aufgedrückten Acrylfarben macht diese besonders gut geeignet für »Schabeffekte«, die man mithilfe von Karton- oder Kunststoffflächen oder sonstigen spachtelähnlichen Malwerkzeugen erzielt. Die Acrylfarbe kann damit gleichmäßig dünn auf der Malfläche verteilt werden. Schaben kann auch zu mehrfarbigen Grundierungseffekten angewandt werden, wobei man die Farben direkt aus der Tube oder verdünnt mit Wasser bzw. Acrylmalmittel verwendet.

Zu weiteren Arten der Technik gehören das Vermalen des Motivs mit der Hintergrundfarbe und die Farbstrang-Technik (siehe S. 221).

Technik Sgraffito-Effekte

Man kann Bilder aufbauen, indem man eine helle Farbe über einen dunklen Untergrund legt und die Formen mit einem scharfen Werkzeug in die nasse Farbe kratzt. Auf Leinwand, die leicht nachgibt, eignet sich z. B. ein Schraubenzieher. Auf einem Paneel müsste etwas weniger Hartes verwendet werden, z.B. ein angespitzter Pinselstiel (siehe S. 191). Die Studie rechts entstand mittels Schaben durch eine Schicht nasser weißer Farbe.

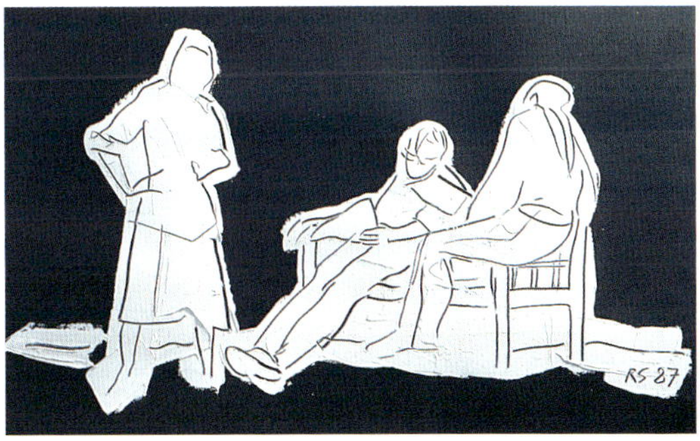

Sgraffito-Bild Nach dem Trocknen des dunklen Untergrundes wurde mit einem flexiblen Stück Plastik eine 1–2 mm dicke weiße Acrylschicht aufgetragen. Danach wurde das Bild mit einem kleinen Schraubenzieher »gezeichnet«.

Technik Sgraffito in einem großen Bild

Die Motive in diesem breiten Bild auf Leinwand wurden mithilfe der Sgraffito-Technik geschaffen. Weiße Acrylfarbe wurde in Abständen auf einen schwarzen Grund (wie oben) gestrichen und das Motiv mit einem Schraubenzieher herausgekratzt. Die Technik ruft eine Schwarzweiß-Zeichnung hervor, die durch die weiße Acrylschicht sichtbar wird. Nach dem Trocknen wird das Bild mit gefärbtem Gelmittel in den betreffenden Stellen eingefärbt. Der Hintergrund wurde mit deckendem Kadmiumrot gemalt.

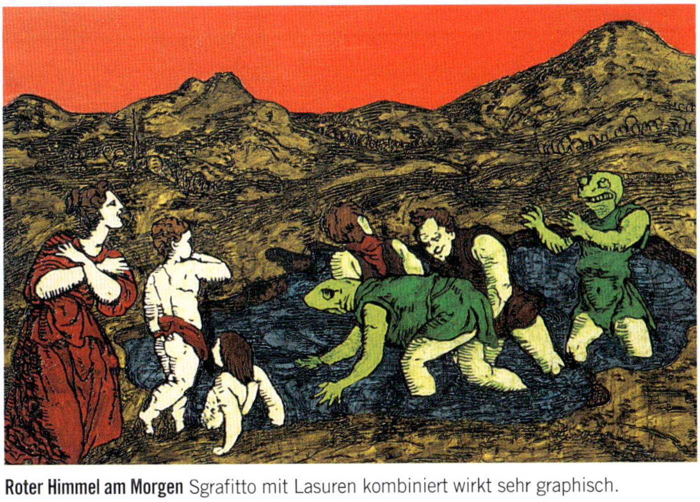

Roter Himmel am Morgen Sgrafitto mit Lasuren kombiniert wirkt sehr graphisch.

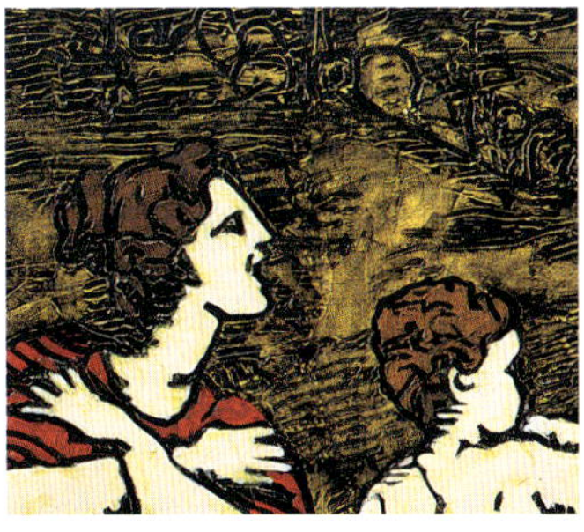

Stark texturierte Oberfläche Der Ausschnitt zeigt die mit dieser Technik erzielte reiche Textur.

Technik

Geschabte Effekte in Acryl

Ein besonders spontanes Bild entsteht, wenn man eine Reihe von Acrylfarben am Rand der Bildfläche aufträgt und mit einem Fensterwischer oder Schaber über die Fläche zieht. Mit Pinseln würde dies kaum so gelingen.

Man kann die Farben entweder direkt aus der Tube auftragen, um einen leuchtenden Farbeffekt zu erzielen oder vor dem Abziehen mit etwas Weiß mischen. Dies ergibt einen helleren, weniger intensiven Hintergrund, auf dem in jeder Technik weiter gemalt werden kann. Die Beispiele hier sind kleine Gemälde, die mithilfe eines 30-cm-Plastiklineals, das in einen Fensterwischer geschraubt wurde, entstanden. Dieses Verfahren lässt sich auch auf viel größere Flächen anwenden, indem man nacheinander kleinere Abschnitte der Leinwand bearbeitet. Meistens wurden die Farben nur einmal geschabt, und zwar dünn, sodass das Weiß des Untergrundes ihnen Glanz und Tiefe gibt. Bei deckenden Farben ist die Grundierungsfarbe nicht so wichtig, da man das Verfahren auf jenen Flächen wiederholen kann, auf denen es beim ersten Versuch nicht so recht gelang. Getöntes Gel-Malmittel kann über ein Bild geschabt werden, um den Farben mehr Glanz und der Fläche mehr Tiefe zu geben.

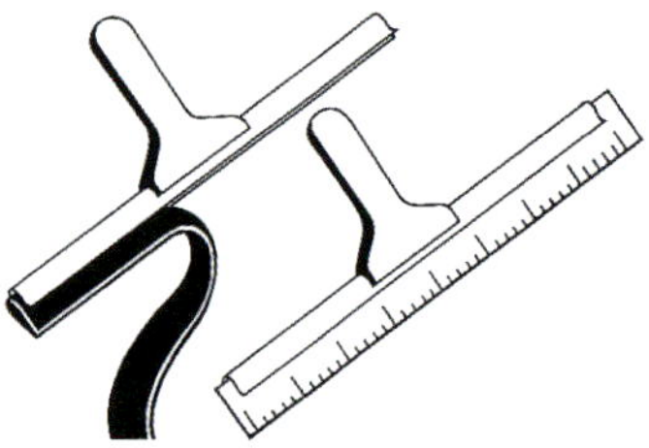

In die Halterung eines Fensterwischers geklemmtes Lineal als Schaber

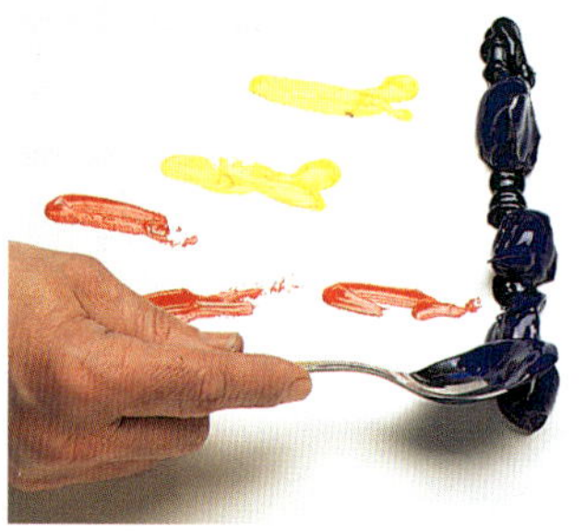

1 Drücken Sie die Farbe am Bildrand auf.

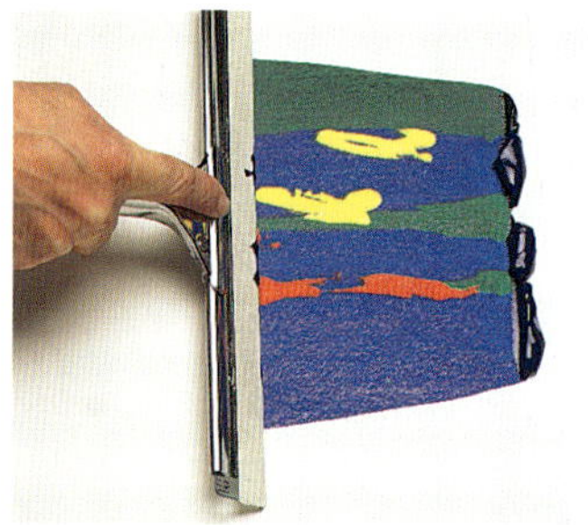

2 Ziehen Sie den Schaber in einer fließenden Bewegung darüber.

Farbauftrag auf dem Bildrand

Der strahlend reine Pigmentfarbton von direkt aus der Tube aufgedrückten Farben bleibt im geschabten Bild erhalten. Streicht man mit dem Schaber über die Farben, so ergibt sich bei Farbüberlappungen ein Mischeffekt, aber in der Mitte der Bänder bleibt die Farbreinheit gewahrt. Damit die ganze Fläche mit einem Zug des Schabers bedeckt wird, muss am Rand genug Farbe aufgetragen werden. Der ziemlich hohe Farbverbrauch dürfte durch die Vielzahl dadurch ermöglichter Effekte gerechtfertigt sein.

Farbauftrag an verschiedenen Stellen des Malgrundes

Nicht alle Farben müssen auf dem Bildrand aufgetragen werden. Eine einzelne Farbe kann am Bildrand aufgedrückt werden, um die verbindende Hintergrundfarbe darzustellen, aus der Formen in verschiedenen Farben heraustreten. Wie man aus den klaren Farben rechts erkennt, werden sie durch den Schabvorgang nicht vermischt, sofern mit nur einem einzigen fließenden kräftigen Strich geschabt.

Da sich der Vorgang nicht wiederholen lässt, darf Ihnen nicht auf halbem Weg die Farbe ausgehen. Achten Sie deshalb darauf, auf dem Bildrand, von dem Sie zu schaben beginnen, genug von der Hintergrundfarbe (in diesem Fall Siena gebrannt) aufzutragen. Der Schaber sollte vor dem Strich absolut sauber und völlig glatt sein. Schaber mit Kerben erzielen einen völlig anderen Effekt.

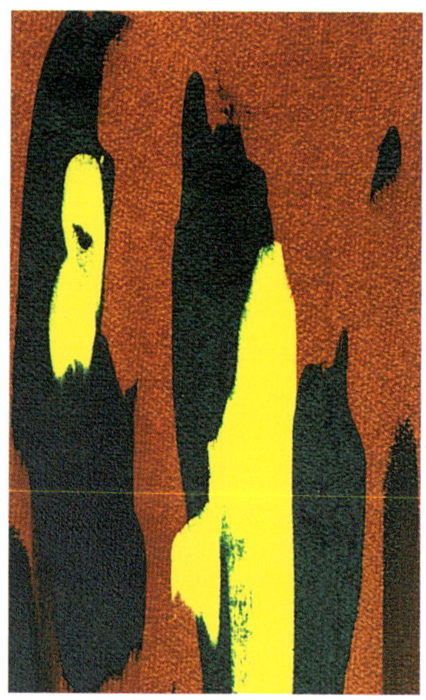

Farbauftrag innerhalb des Bildes In diesem Beispiel wurden die phthalocyaningrünen und arylamidgelben Farbkleckse auf einzelne Stellen des Malgrundes aufgesetzt.

Technik

Gegenständlich schaben

Die Möglichkeiten des Schabens lassen sich bis zur gegenständlichen Malerei erweitern, wenn die Farben des Bildes recht dick aufgetragen werden, ehe die »Hintergrundfarbe« über den Malgrund geschabt wird. Die Zahlen entstanden auf diese Weise. Bei der »3« wurde rote, bei der »5« gelbe Farbe mit einem Malmesser aufgetragen; man hätte sie auch mit einer Sahnedüse auftragen können. Solange die ersten Farben noch nass waren, wurden das Hell- und Dunkelgrün für die »3« und das Hell- und Dunkelrot für die »5« am oberen Bildrand aufgetragen und über das ganze Bild geschabt.

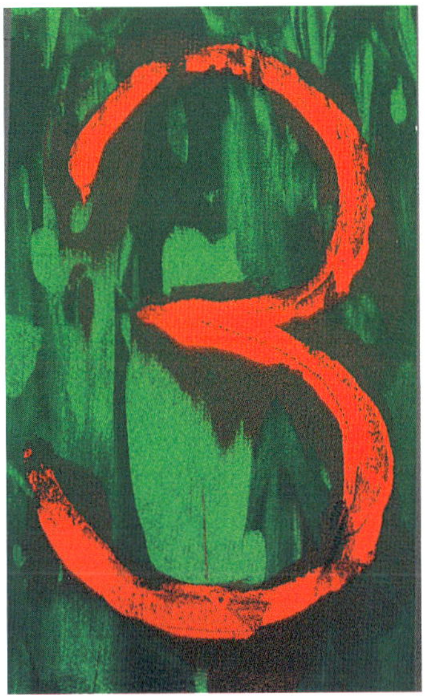

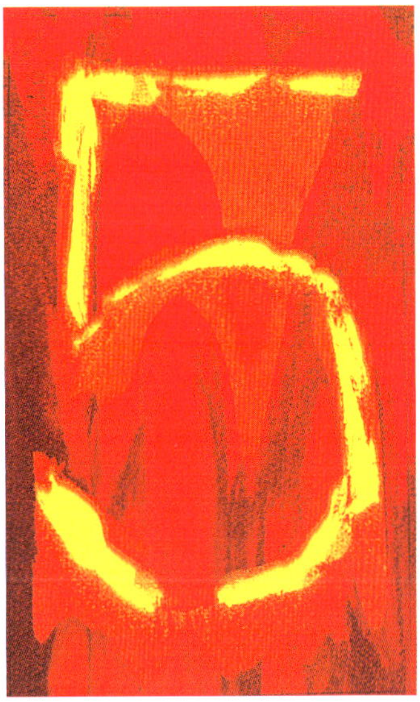

Gemalte Zahlen Diese kleinen Bilder auf weißem, säurefreiem, rauem Hadernpapier verdeutlichen verschiedene Effekte, die man durch Schablonen erzielen kann.

Eine komplexere Arbeit
Die Schabtechnik kann auch auf komplexere Art und Weise angewandt werden. In dem Bild rechts wurde die drei sichtbaren Seiten jedes Würfels durch Schablonen geschabt, um einen dreidimensionalen Effekt zu erreichen, der noch von den in Airbrush ausgeführten Schatten unterstrichen wird. In jeder Phase müssen die geschabten Flächen erst trocknen, bevor man weiterarbeiten kann. Die Würfel wurden abgedeckt, bevor die Schatten aufgesprüht werden konnten.

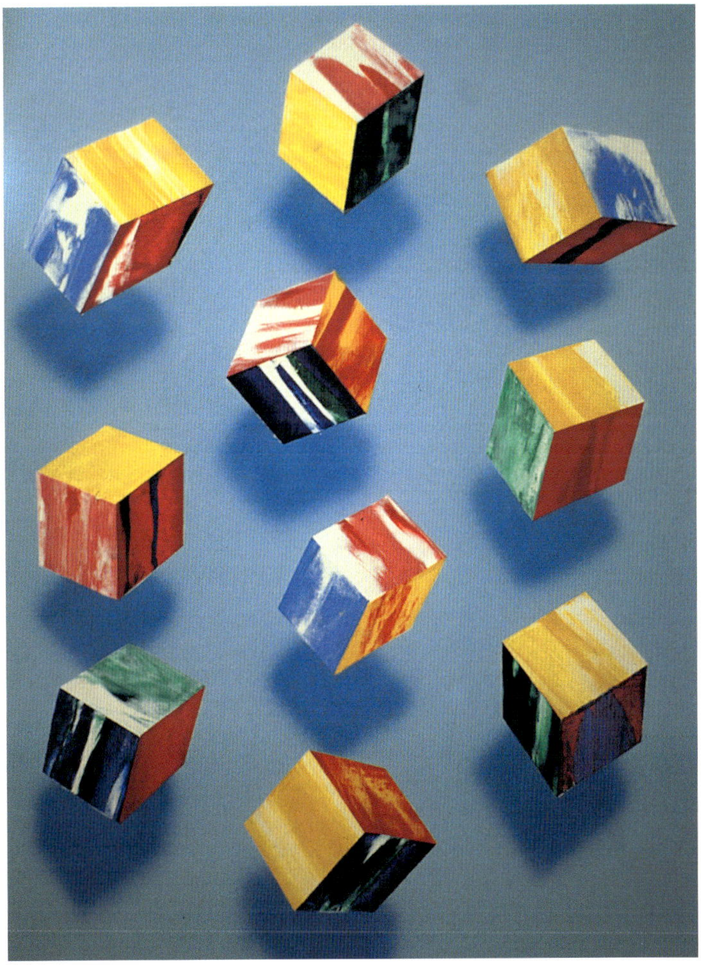

Illusionistisches Motiv Die Seiten der Würfel wurden in Schabtechnik geschaffen. Die Illusion des Schwebens auf der Oberfläche des Bildes entstand jedoch durch die mit Airbrush ausgeführten Schatten.

Technik Schablonen- und Abdecktechniken

Masken und Schablonen kann man auf verschiedene Weise herstellen, um Formen mit dicker geschabter Acrylfarbe zu erzeugen. Einfache Formen kann man aus Karton oder Folie ausschneiden. Zu komplizierteren Formen, die über eine große Fläche geschabt werden sollen, kann Klebeband zugeschnitten werden.

Schaben durch eine Schablone

Die vorbereitete Schablone wird auf die vorgesehene Stelle gelegt und, falls erforderlich, mit Klebeband gesichert. Die Acrylfarbe wird direkt aus der Tube auf den Rand der Schablone aufgedrückt und dann mit einem flexiblen Spachtel aufgeschabt. Dann wird die Schablone behutsam an einer Ecke angehoben und abgenommen, während das Bild in der dicken Farbe eingeprägt zurückbleibt. Schablonen können nur kurzfristig benutzt werden, bis die Farbe über die Fläche hinaus dringt, die überschabt werden soll. Dann muss die Schablone gesäubert und getrocknet werden.

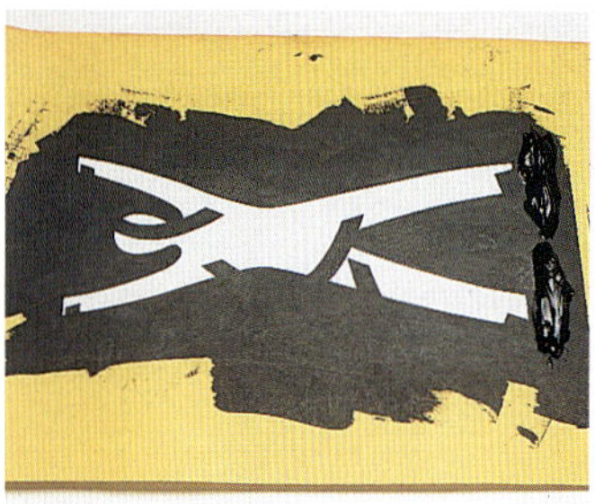

1 Man schneidet die Schablone aus und trägt an einem Ende pastose Farbe auf.

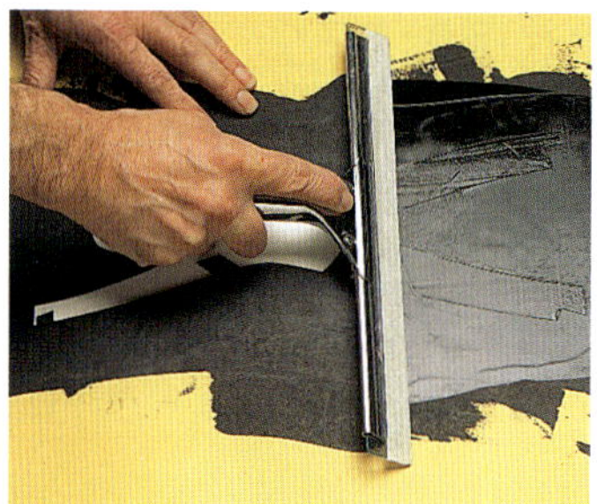

2 Dann wird die Farbe mit dem Schaber leicht in eine Richtung über die Schablone gezogen.

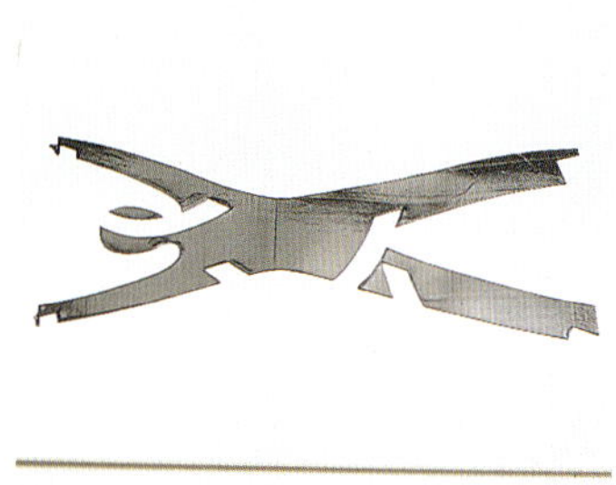

3 Nach dem Trocknen kann eine weitere Schablone angelegt und durchgeschabt werden.

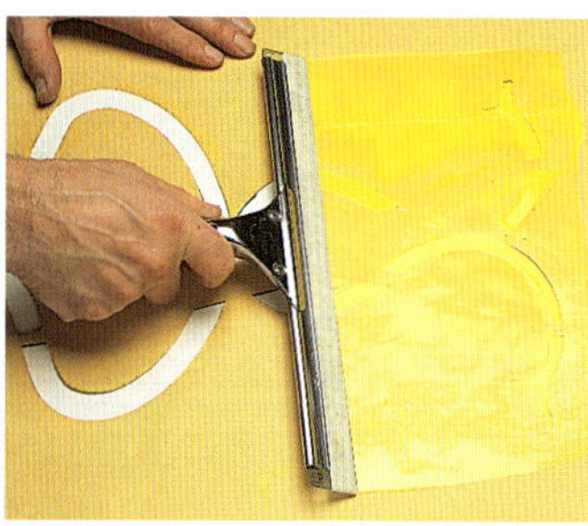

4 Die zweite Schablone wird auf das Motiv ausgerichtet und mit der zweiten Farbe schabloniert.

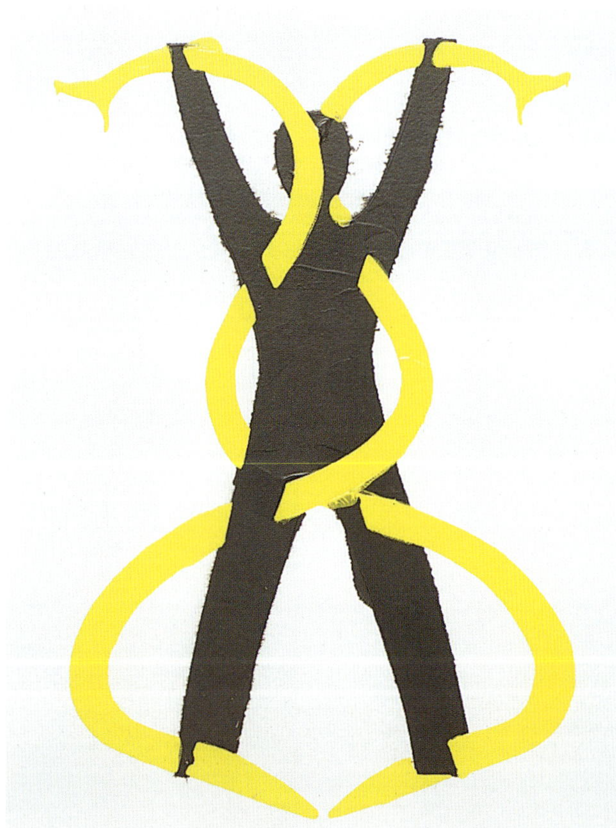

Fertiges Bild Man kann das Papier vor dem Schablonieren auch befeuchten, sodass die Farbe etwas verläuft und Nass-in-Nass-Effekte schafft, die mit der dickeren, geschabten Farbe gut kontrastieren.

Farbstrang-Techniken

Acrylfarbe hat bemerkenswerte plastische Eigenschaften, welche Anwendungen ermöglichen, die den traditionellen Farben verschlossen sind. So kann sie durch die Tubenöffnung in »Bändern« aufgedrückt werden, die nach dem Trocknen von der Leinwand gelöst und verknotet, verflochten oder in sonstiger unkonventioneller Weise gehandhabt werden können. Die Farbe kann in der Art direkter Malerei einfach durch eine Düse auf die Leinwand gepresst oder, während sie noch nass ist, weiterbearbeitet werden, zum Beispiel durch Besprühen mit Wasser oder Aufdrücken auf einen nassen bzw. texturierten Untergrund. Sie kann aufgepresst werden, während die Tubenöffnung die Leinwand in horizontaler oder vertikaler Haltung berührt, wobei verschiedene Bewegungen die Farbe wellig oder verschlungen wirken lassen. Diese Techniken können mit anderen wie Schaben oder Spritzen kombiniert werden. Nach dem Trocknen können die Farbrücken übermalt, abgeschabt oder durchschnitten werden.

Technik Zeichnen mit Sahnedüse

Eine große Sahne-Garnierdüse aus Nirosta, auf einer Farbtube befestigt, eignet sich hervorragend zum direkten Zeichnen mit Farben auf Leinwand. Die Kunst dieser Technik ist, dass man die herausgedrückte Farbmenge genau im Griff haben muss, während man die Arbeit zügig ausführt.

Aufgepasst, dass in der Farbe keine Luftbläschen eingeschlossen sind, sonst könnte die Farblinie »platzen«! Beim Einfüllen der Farbe in das offene Tubenende muss die Tube vor dem Aufsetzen der Düse kräftig aufgeklopft werden, damit eingeschlossene Luft entweichen kann. Dasselbe gilt, wenn Sie statt einer alten Tube einen Sahnebeutel benutzen. Sahnebeutel können mehr Farbe aufnehmen und gleichmäßiger gedrückt werden als Kunststofftuben. Tortenspritzen aus Kunststoff eignen sich weniger gut, da sie meist zu klein und nicht gut abgedichtet sind.

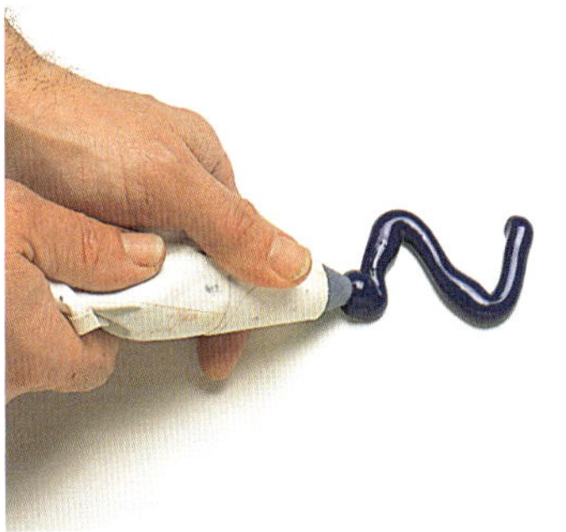

Malen mit der Sahnedüse Der Sahnebeutel wird gleichmäßig gedrückt, während die Farbe durch die Düse gepresst wird.

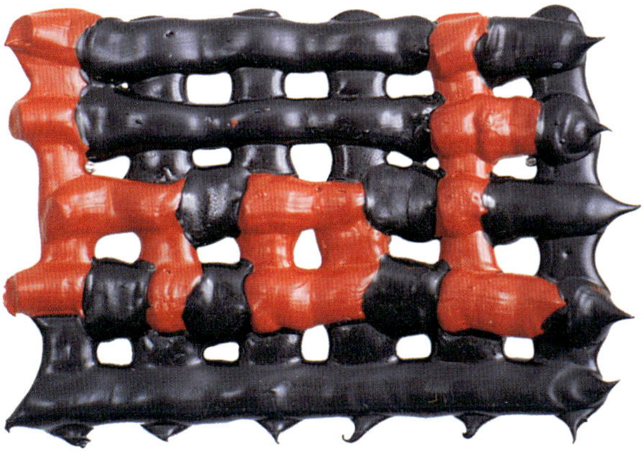

Bilder ohne Malgrund Mit gleichzeitig ausgedrückten Farbsträngen in Rot und Schwarz wurde ein Acrylbild ganz ohne Leinwand oder Tafel als Untergrund geschaffen.

Große Farbstrang-Arbeit

Man muss schon einige Erfahrung in dieser Technik haben, um sich auch an größere Flächen wagen zu können. Die Farbe wird in einer gleichmäßigen Linie ausgedrückt. Dies ist auf einer aufgespannten Leinwand einfacher, weil die Fläche dann etwas nachgibt. Diese 1,8 m hohe Nachschöpfung einer Kinderzeichnung erforderte großes Geschick. Nur eine einzige rot-orange Farbe wurde auf den schwarzen Grund gesetzt. Die Dicke der Acrylfarbe lässt das Rot aber kräftig leuchten. Eine so pastos eingesetzte Farbe gibt dem Motiv eine satte Farbigkeit.

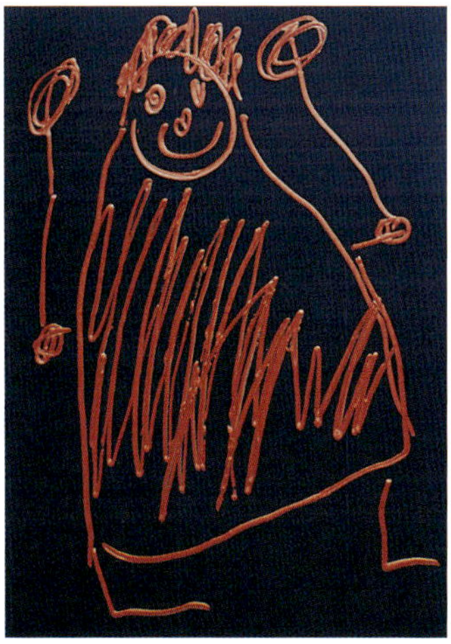

Mit Farbsträngen zeichnen Eine weiße Kinderzeichnung mit Kreide auf mattschwarzem Grund diente als Vorlage für diese Kopie mit roten Farbsträngen in einem größeren Maßstab.

Technik Verknoten und weben

Ein Acrylfarbenstrang kann auf die Leinwand aufgedrückt, trocknen gelassen, abgehoben und dann wie flexibles Kunststoffband verknotet oder geflochten werden. Wird er mit dem einen Ende in die Leinwand gedrückt, so haftet er und trägt das frei herunterhängende Ende, das dann verknotet werden kann. Auch weben kann man mit kurzen parallelen »Schnüren«, die an beiden Enden aufgeschabt sind. Nach dem Trocknen wird der Mittelteil jeder »Schnur« vom Malgrund gelöst und ein separat getrockneter Strang hindurchgewebt. Zu diesen Techniken gibt es zahllose Varianten. Verschiedene Farben können zum Erhalt mehrfarbiger Stränge nass überlagert werden, oder man gibt unterschiedliche Farben in die Farbpresse, um sie teilweise gemischt aufzudrücken. Die Farbe kann in noch feuchtem Zustand manipuliert werden, obwohl es vielleicht einfacher ist, wenn sie trocken und etwas warm ist.

Gewebte und schablonierte Acrylfarbe auf feuchtem Grund Das dritte Bild in der Reihe rechts wurde mithilfe einer Schablone auf einem deckenden warm-braunen Grund geschaffen. Der Grund musste zuerst gut trocknen. Dann wurde er wieder etwas angefeuchtet und die zusammengeflochtene Acrylfarbe durch die Schablone gedrückt. Nach dem Entfernen der Schablone zerflossen die Farbstränge an den Rändern und schufen Nass-in-Nass-Effekte auf dem braunen Grund. Links sieht man eine andere Möglichkeit des gleichen Effekts, wobei die rote Farbe etwas in den warmen gelben Grund geflossen ist. Die vertikalen Streifen in der mittleren Arbeit wurden mit drei unterschiedlichen Farben in feuchtem Zustand ausgeführt.

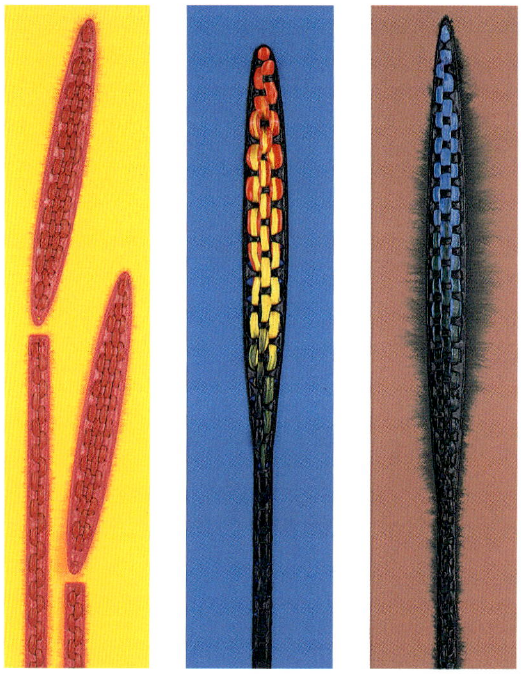

Gewebte Acrylfarbe Die Acrylfarbe bleibt auch in Strängen weich und formbar. In diesen Flechtarbeiten ist sie noch anfälliger für Staub und Schmutz. Daher wurden die obigen Arbeiten in verglasten Holzkästen untergebracht. Man sollte ähnliche Arbeiten immer unter Glas aufbewahren.

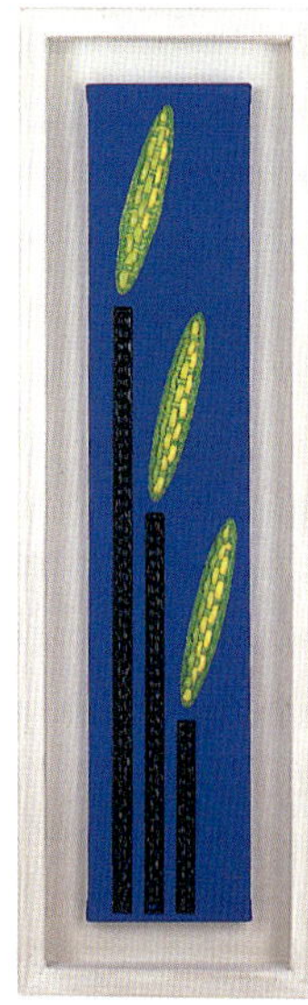

Versiegelter Holzkasten Die Bilder wurden in Holzkästen versiegelt.

Technik

Konventionelle und unkonventionelle Methoden kombinieren

Bei diesem großen Bild auf Leinwand zeigt der Hintergrund eine ornamental verzierte Decke in einem verlassenen Landhaus. Das Bild wurde zunächst konventionell auf einem blau-grau getönten Grund mit deckenden Weißtönen für die Lichter und transparenten Farben für die dunkleren Töne gemalt. Diese Technik wird seit Jahrhunderten angewandt, um Volumen und Tiefe in einem flächigen Bild zu schaffen. Die schwebende Figur entstand, indem dicke Acrylfarbstränge durch Kartonschablonen auf die Leinwand gedrückt wurden.

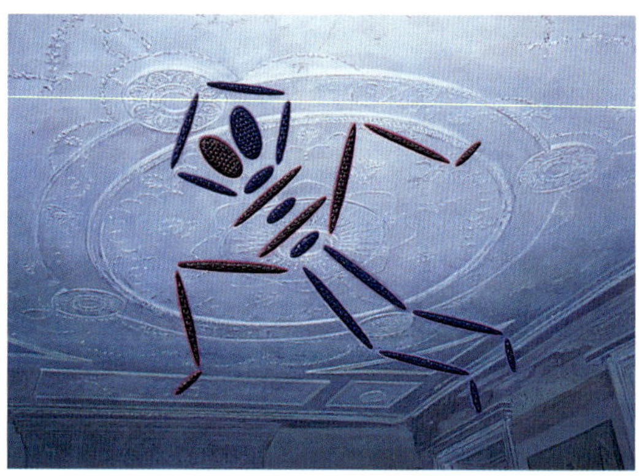

***Poltimore Poltergeist*, 2001** Wegen des illusionistischen Hintergrunds scheint die »geflochtene« Figur zu schweben.

Enkaustik

Bei der enkaustischen Malerei werden Pigmente mit geschmolzenem Bienenwachs vermischt und dann heiß auf den Malgrund aufgetragen. Die Enkaustik gehört zu den haltbarsten aller Maltechniken, sofern beständige Pigmente verwendet und die Gemälde keinen hohen Temperaturen ausgesetzt werden, welche die gehärteten Wachsflächen zum Schmelzen bringen. Enkaustische Gemälde bieten den Vorteil, dass normale atmosphärische Veränderungen sie nicht beeinflussen und dass sie weder schrumpfen noch sich dehnen. Das Wachs reagiert nicht chemisch mit den Pigmenten oder der Grundierung. Seine Lichtbrechungseigenschaften sind gut, und nach dem Polieren mit einem Tuch hat es einen reizvollen Glanz.

Die Enkaustik sorgt für zahlreiche Effekte und kann mit Unterbrechungen betrieben werden, ohne dass der Malfilm dabei irgendwelche Gefahr läuft. Die Oberfläche eines enkaustischen Gemäldes sollte so wenig wie möglich berührt werden. Sicherheitshinweise finden Sie auf Seite 371.

Geschichte der Wachsmalerei

Die Geschichte der Enkaustik reicht wenigstens bis in die Zeit der griechischen Antike zurück, obwohl uns aus dieser Epoche keine Werke erhalten sind. Die meisten erhaltenen Beispiele früher enkaustischer Malerei sind römisch-ägyptische Paneele, bekannt als die Faijum-Porträts von Hawara (siehe Beispiel, unten). Diese kleinen Mumienbildnisse sind auf leimfarbengrundierte Holzpaneele gemalt. Es handelt sich um überaus faszinierende Bilder, deren Lebendigkeit im direkten Zusammenhang mit der enkaustischen Maltechnik steht. Die enkaustische Malerei behauptete sich bis zum Mittelalter. Danach wurde sie nur noch zeitweilig praktiziert, bis sie gegen Ende des 19. Jahrhunderts eine Renaissance erfuhr.

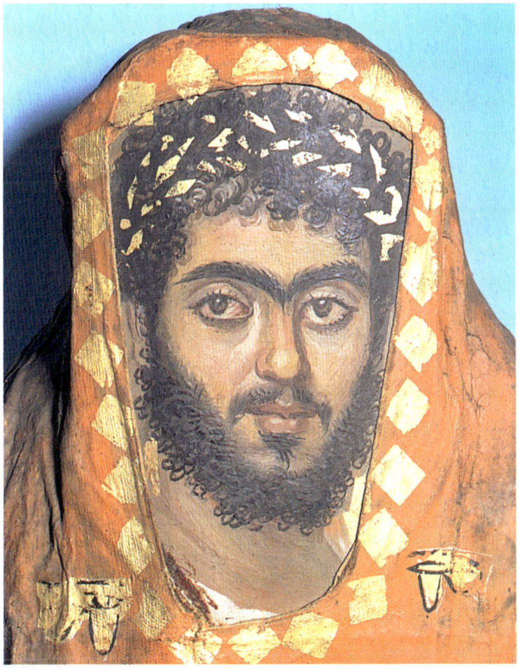

Mumienporträt eines jungen Mannes, Gesichtsdetail
(2.–3. Jahrhundert), Ägypten
Der bärtige junge Mann dieses Porträts auf einer Mumienhülle sieht den Betrachter so lebensecht an, wie es nur ein enkaustisches Bild vermitteln kann. Die dunklen Schatten sind in typischem trübem Braunrot gehalten, und die helleren Hautfarben sind abwechselnd rosa, orange oder braune Töne. An den Schläfen ist ein Hauch von Grün wahrnehmbar, doch wurden solche kalten Farben im Gesicht offenbar weitgehend vermieden. Die Maler jener Zeit korrigierten und vermischten die Farbe möglicherweise mit einem Kauterium, einem langen Spachtel mit kleinem löffelförmigen Ende. Dieses wurde vor der Verwendung über einer Holzkohlenflamme angewärmt.
In diesem Porträt könnte die Schnurrbartspitze so in die Fleischtönungen hineingemischt worden sein.
Der Wunsch, dem Bild ein naturalistisches Aussehen zu verleihen, geht deutlich aus der Modellierung hervor. Unterhalb jeder Stirnlocke ist ein sorgfältig gemalter Schatten sichtbar. Die enkaustische Technik eignet sich hervorragend zu diesem spontanen, aber sorgfältig ausgeführten Malverfahren.

Ausrüstung zur enkaustischen Malerei

Die Natur der Wachsmalerei bedingt bestimmte Spezialwerkzeuge und -ausrüstungsteile. Damit die Wachsfarben zum Auftrag mit dem Pinsel warm bleiben, hält man sie auf einer beheizten Platte oder Palette bereit. Beim Auftrag der Farbe auf dem kalten Malgrund wird das geschmolzene Wachs hart und kann sofort übermalt werden.

Da die Farbe meist heiß auf einen Malgrund mit Zimmertemperatur aufgetragen wird, sollte dieser während des Arbeitens warm gehalten werden, sodass das Wachs flüssig bleibt und auf dem Malgrund noch weiter bearbeitet werden kann. Doch auch die hartgewordene Wachsschicht lässt sich später noch mit angewärmten Metallwerkzeugen überarbeiten; ferner kann man die Farbschicht mit einem Heizstrahler oder Föhn behutsam anwärmen. Daneben kann man das erkaltete Wachs auch mit einer Klinge durch Schaben oder Einschneiden nachbearbeiten.

Material

Warmhalten der Farben

Die früher erhältlichen speziellen Heizpaletten gibt es heute nicht mehr. Man kann aber zu Hause improvisieren, indem man eine 6 mm dicke rechteckige Metallplatte über einen Gasbrenner oder auf eine elektrische Kochplatte legt. Die Platte sollte etwa 2,5 cm über der Wärmequelle angebracht sein, die man auf eine niedrige Stufe stellt.

In Spezialgeschäften für Catering kann man die teureren Warmhalteplatten kaufen, die eine gleichmäßig heizbare Fläche haben. Da man bei Enkaustikfarben keine hohen Temperaturen benötigt, sollte man beim Kauf auf ein leicht einzustellendes Thermostat achten.

Mischnäpfchen

Die Wachsmalfarben können in einzelnen Metallnäpfchen gemischt werden, zum Beispiel in sehr kleinen Kuchenformen. Dabei muss der flache Boden dieser Förmchen einen engen Kontakt zur heißen Metallplatte haben. Eine große Einzelform mit mehreren Vertiefungen eignet sich nicht, weil die Hitze der Platte leicht zum Verbiegen der Form führen kann, sodass sich der mittlere Abschnitt anhebt und keinen Kontakt mehr zur Platte hat.

Material

Geheizte Werkzeuge

Weitere Elektrogeräte zur enkaustischen Malerei können zur späteren Bearbeitung der Wachsmalfarbenschichten dienen. Ein elektrischer Spachtel mit regelbarer Temperatur, dessen Spitze mit verschieden geformten Metalleinsätzen zum Glätten oder Mischen von Farben versehen werden kann, erweist sich als sehr zweckmäßig. Ein Föhn kann zum abschließenden Aufweichen und Mischen des Malfilms dienen. Die Farbe kann sowohl mit Borsten- als auch mit Weichhaarpinseln aufgetragen werden. Die billigeren Weichhaarpinsel aus Nylon könnten »schmelzen«; lassen Sie sie deshalb nicht in den Mischnäpfchen stehen. (Das Wachs muss heiß genug gehalten werden, damit es beim Auftrag nicht »schleppt«.)

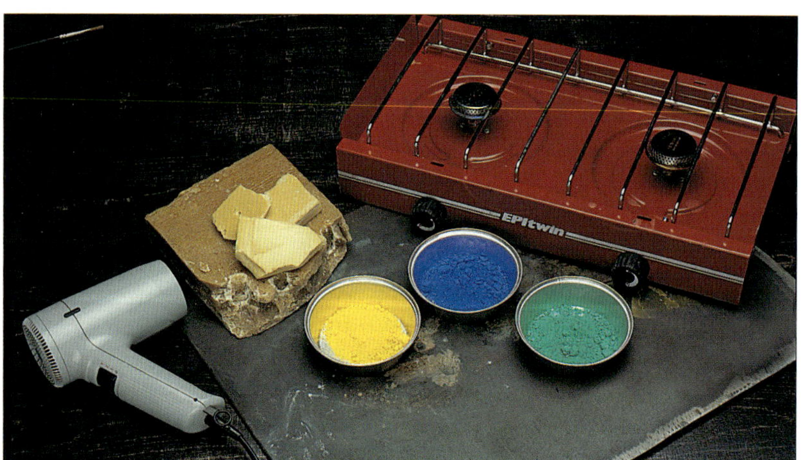

Zubehör für enkaustische Malerei
Da die Farbe im warmen Zustand aufgetragen werden muss, sind ein Föhn und ein Gasbrenner nützliche Werkzeuge. In den Behältern sind Bienenwachs, Karnaubawachs und Pigmentpulver zu sehen.

Vorbereitung

Herstellen von Enkaustik-Farben

Zur Herstellung dieser Farben wird die erforderliche Menge eines geeigneten Wachses geschmolzen und danach Pigmentpulver in einzelnen Näpfchen mit dem Wachs gemischt.

Über die Qualität von Bienenwachssorten gibt es unterschiedliche Ansichten. Ich empfehle natürliches, ungebleichtes Bienenwachs, das die Farben der Pigmente kaum beeinflusst, selbst bei Weiß. Wünschen Sie aber eine härtere Malschicht, als Bienenwachs sie liefern kann, so fügen Sie etwa 10 % Karnaubawachs hinzu.

Es gibt keine allgemein gültigen Regeln für das Mischungsverhältnis; nur muss genug Wachs vorhanden sein, um die Pigmentpartikel zu beschichten. Jeder Maler hat da seine eigenen Ansichten. Die Menge des verwendeten Pigments richtet sich nach der erwünschten Deckkraft der Mischung. Durch Zusatz von nur wenig Pigment kann man eine Farbe herstellen, die einer transparenten Lasur ähnlich ist – besonders wenn das Pigment selbst schon transparent ist (siehe Kästchen S. 226). Gibt man zu viel Pigment hinzu, ist die Farbe schwerer zu verteilen; möglicherweise erhärtet sie bereits auf dem Weg von der Palette zum Malgrund. Pigmente unterscheiden sich durch ihre Dispersionsfähigkeit im Wachs, aber im Allgemeinen vereinigen sich die beiden recht schnell und leicht.

Anwendung der Farben

Man wählt etwa sieben bis acht Farben zum Malen, einige Näpfchen lässt man leer für spezielle Farbmischungen. Ferner ermöglicht ein kleines flaches Schälchen auf einer Seite der heißen Platte das Mischen noch kleinerer Mengen spezieller Farben. Die Pigmente neigen zum Absetzen am Boden der Näpfchen, wenn man sie eine Weile auf der Heizplatte stehen lässt. Einfaches Umrühren genügt in diesem Fall.

Die Farbe kann auf warmem oder kaltem Malgrund aufgetragen werden. Auf kaltem erhärtet sie sofort, auf warmem kann man sie mit Nachbarfarben vermischen.

Enkaustische Maltechniken

Der Farbauftrag auf kalten Malgrund ist bei der enkaustischen Malerei das übliche Verfahren. Die Farbe wird meist in kurzen Strichen aufgelegt. Die Natur dieses Mediums schließt lange, fließende Pinselstriche aus, sofern man nicht einen sehr langhaarigen Pinsel senkrecht hält und ganz schnell arbeitet. Bilder wie dieses Porträt sind durch sehr gleichmäßige Flächenbehandlung gekennzeichnet.

Technik

Porträtstudie

Diese Kopie eines ägyptischen Mumienporträts aus dem 2./3. Jahrhundert wurde auf Hartfaserplatte gemalt mit weißer, mit lichtem Ocker getönter Acrylgrundierung. Als Pinsel dienten Nylon-Katzenzungenpinsel. Eine relativ begrenzte Farbenauswahl, passend zum Motiv und etwa der des Originals entsprechend, wurde gemischt und auf einer geheizten Metallplatte warm gehalten.

Der kumulative Effekt der kurzen, direkten Pinselstriche, welche die Form deutlich wiedergeben, sorgt für ein ansprechendes Bild. Der Kopf sieht den Betrachter so offen und natürlich an, wie dies für enkaustische Gemälde der römisch-ägyptischen Periode bezeichnend ist (siehe S. 223).

Aufbau des Porträts

Die Gesichtszüge wurden eingezeichnet und der ganze Kopf grob modelliert, ehe das Bild mit einem Föhn zum Verschmelzen der Farben erwärmt wurde. Bei der Handhabung des Föhns aufpassen, damit die Farben nicht schmelzen und verlaufen!

Grüne und blaue Farben wurden in den Schatten verwendet. Ähnliche Mumienporträts haben zuweilen eine Spur von Grün in den Schatten, doch meist werden diese durch eine stumpfe rote oder braune Farbe angedeutet.

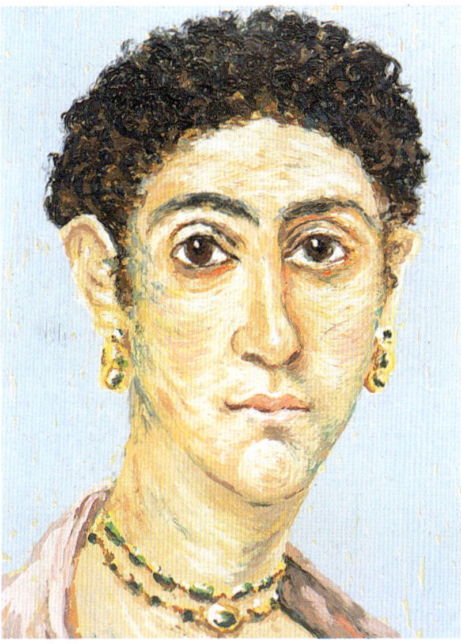

Ägyptisches Mumienporträt Nachdem die ganze Fläche erwärmt war, wurde der Kopf plastischer geformt; einzelne Stellen wurden mit der Lötkolbenspitze verschmolzen.

Beispiel Baumstudie

Bei dieser Studie wurden heiße Farben auf einen kalten Malgrund aus Sperrholz aufgetragen, der eine mittelgetönte Acrylgrundierung hatte – obwohl der direkte Farbauftrag aufs Holz ebenso einfach wie beständig gewesen wäre. Die getönte Grundierung gibt dem Bild mehr Zusammenhalt.

Lasieren in Enkaustik

Um in Enkaustik Lasureffekte zu erzielen, rührt man ein paar Pigmentkörnchen in geschmolzenes Bienenwachs – gerade genug zum Tönen. Die enkaustische »Lasur« ist im Grunde eine fast ebenso dicke Farbschicht wie in anderen Sparten der Malerei. Sie kann nachträglich nicht in konventioneller Weise wie Ölfarbe angepasst werden, doch kann man sie durch Schaben abschwächen.

Aufbau der Studie

Die mittel- bis hellgetönten Farben wurden in kurzen Farbtupfern aufgesetzt, dann folgten die Lichter. Einige Stellen des Laubes wurden mit einem Föhn geschmolzen, was den lockeren Effekt ergab. Der Kontrast zwischen den weißen Lichtern und den dunklen Schatten war zu krass, und deshalb wurde das enkaustische Äquivalent an Lasuren aufgetragen(siehe Kästchen), um die Farben des Laubes an bestimmten Stellen zu dämpfen – Hellgelb, Orange und Grün. Stellenweise wurde mit einer Klinge geschabt. Danach wurden die dunklen Tonwerte erneut definiert und dann die ganze Fläche wieder erwärmt. Nun wurden noch einige Tupfer Orange, Rot, Grün, Blau und Grün hinzugefügt. Am Boden kamen Dunkelgrün und Blau als Komplement zu Purpur und Orange hinzu. Kleine Wachsflächen über den Lichtern wurden weggeschabt und schließlich das Ganze gleichmäßig zum »Einbrennen« erwärmt.

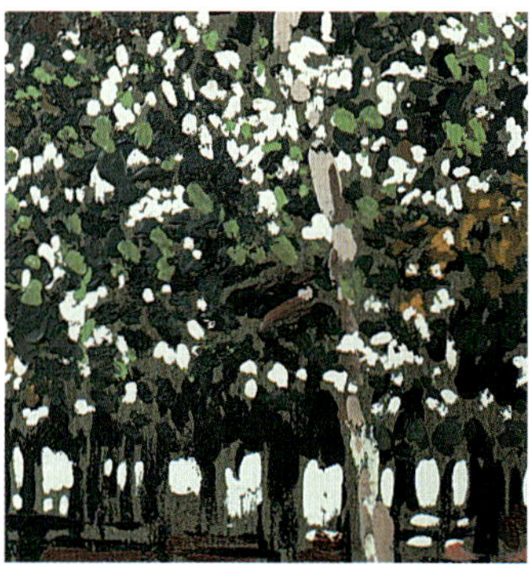

1 Die Blätter wurden im »pointillistischen« Stil mit dicken Farbtupfern angedeutet.

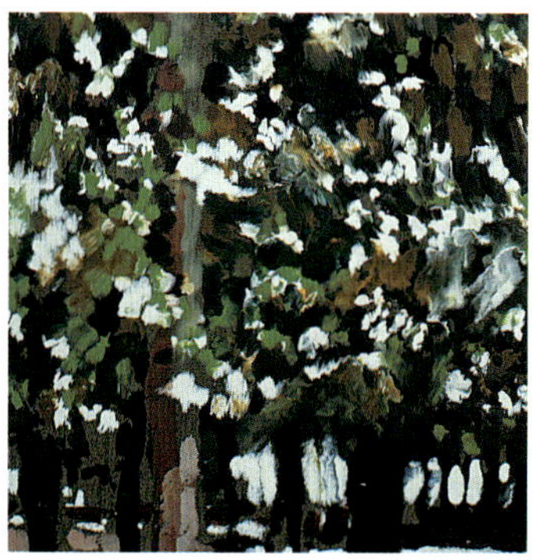

2 Bestimmte Stellen wurden mit einem Föhn stark angewärmt, sodass die Farben verliefen.

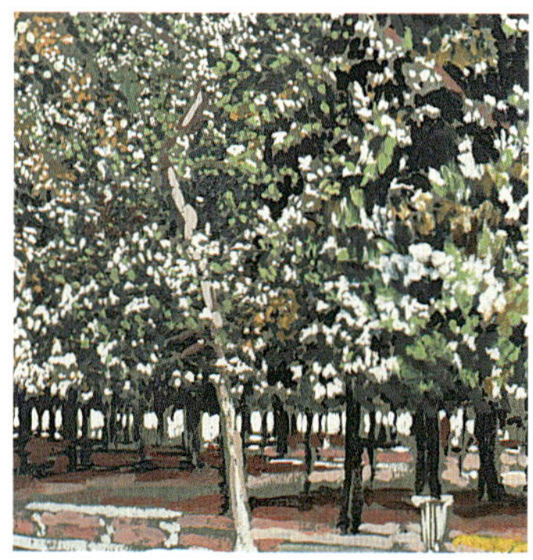

3 Das Bild wurde dann im Detail mit der Schabtechnik weiter bearbeitet.

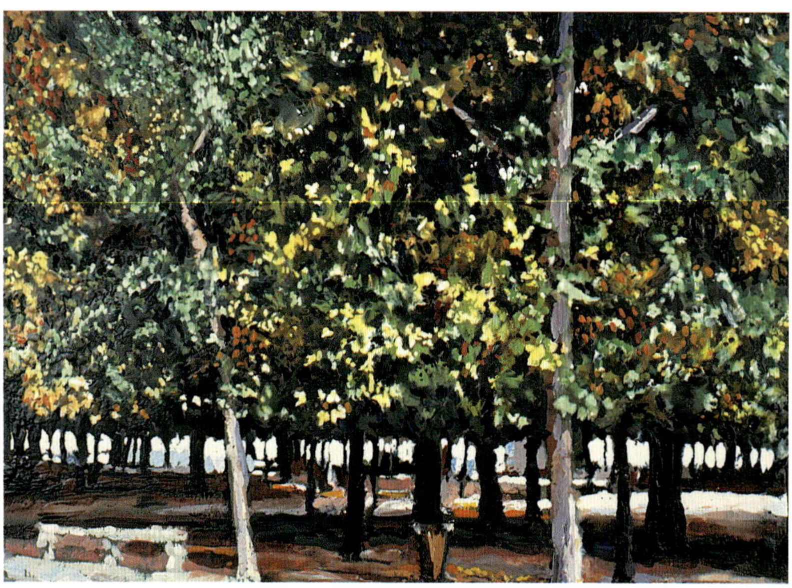

Fertige Studie Nach Zugabe einer großflächigen gelben Lasur und dem »Einbrennen« mit dem Föhn zeigt das Bild eine einheitliche, harmonische Wirkung.

Mehrschichtige Enkaustik-Techniken

Wachsmalfarben eignen sich auch zur Überlagerung von Farbschichten. Deckende und transparente Pigmente können neben- und übereinander aufgetragen werden, um Malfilme von großer Transparenz und Tiefe zu erzeugen. Kompliziert wirkende Bilder lassen sich so mit einfachen Mitteln aufbauen.

Beispiel Unterwasserstudie

Diese Fischstudie zeigt, wie man mit Enkaustik eine scheinbar komplizierte Bildfläche schnell und einfach aufbauen kann. Der ganze Malprozess erfolgte äußerst rasch, nicht nur der Skizzenhaftigkeit wegen, sondern weil die Farbe fast sofort erhärtet und gleich danach überarbeitet werden kann.

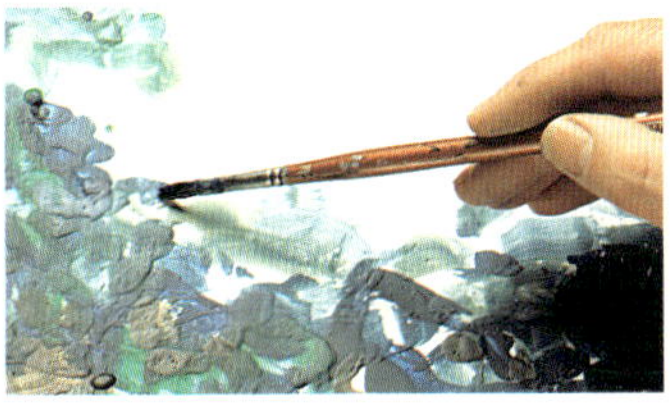

1 Der Hintergrund wurde links und unten in mittleren bis dunklen Tönen von Blau, Braun, Rot und Ocker gemalt.

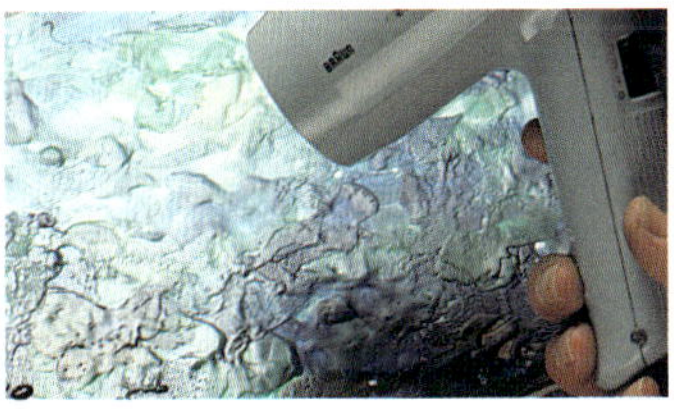

2 Die Farben wurden locker und willkürlich mit langhaarigen flachen Nylonpinseln aufgetragen. Dann wurde der Malfilm erwärmt, sodass die verflüssigten Farben zusammenflossen.

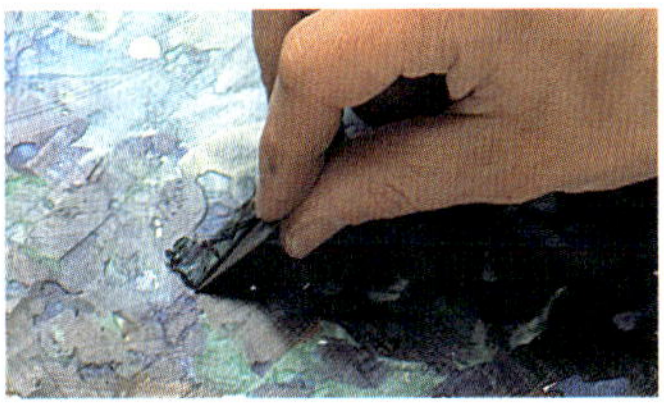

3 Nach dem Trocknen wurde die ganze Oberfläche behutsam mit dem flachen Rand eines Rasiermessers geschabt.

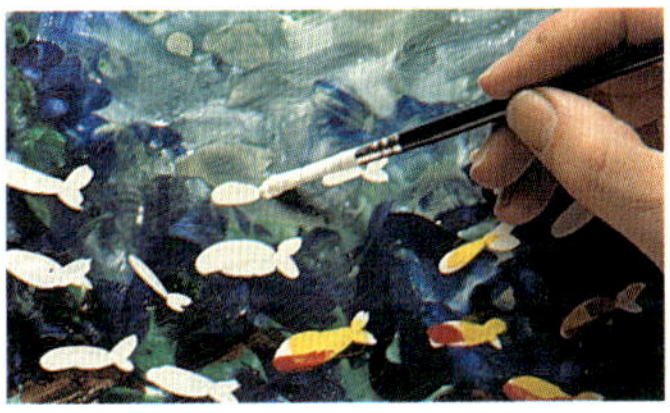

4 Die ersten Fischbilder wurden mit einem spitzen flachen Nylonpinsel in Titanweiß aufgemalt. Das Weiß wurde mit »Lasuren« von Gelb und etwas Rot übermalt.

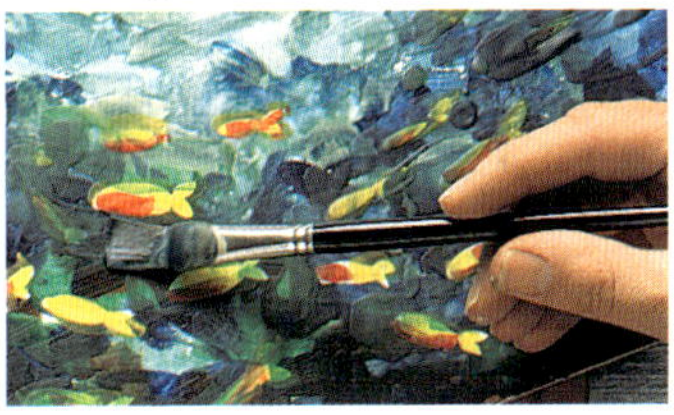

5 Die Oberfläche wurde mit Bienenwachs beschichtet, das mit Phthalocyaninblau und -grün getönt war. Gleich darauf wurde die Oberfläche wieder geschabt, um die Töne anzupassen.

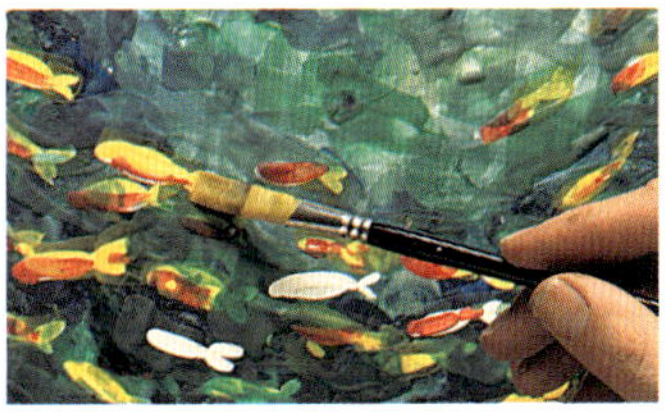

6 Vorgänge 4 und 5 wurden noch zweimal mit zwischenzeitlichem »Einbrennen« wiederholt, wobei die Oberfläche nur so weit erwärmt wurde, dass die Farben sich vermischten (aber nicht verliefen).

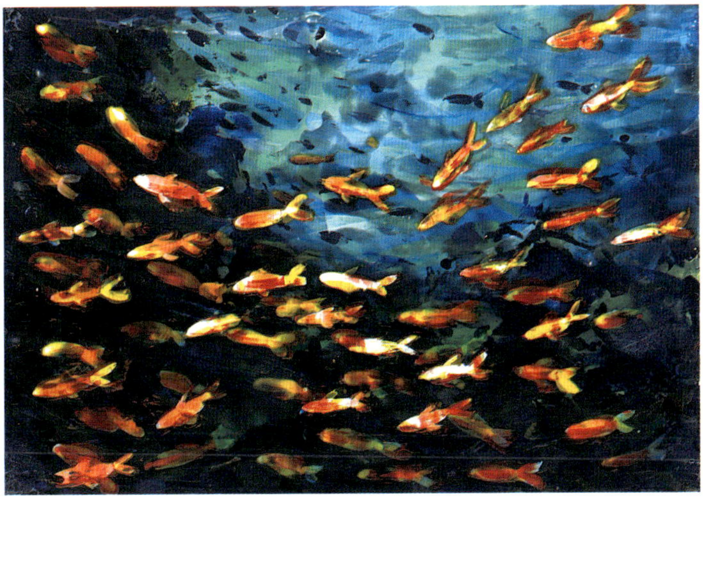

Fertige Studie Die vielschichtige Technik gibt dem Bild Tiefe und Farbenvielfalt. Die Oberfläche mit den darunter schwebenden üppigen Farben und Formen hat eine faszinierende Wirkung.

Digitales Malen

Über Jahrhunderte bedienten sich Maler fast ausschließlich Pinsel, Farbe und Leinwand. Doch inzwischen hat die digitale Welt auch in diesem Bereich Einzug gehalten und die kreativen Möglichkeiten grundlegend erweitert. Man muss sie nur zu nutzen wissen. So ist es heute kein Problem mehr, schon mit relativ einfachen Mitteln gemalte Bilder auf einem Screen entstehen zu lassen. Wer allerdings ein echtes digitales Kunstwerk hervorbringen möchte, muss sich auf eine völlig neue Arbeitsweise einlassen, denn mit einem digitalen Stift oder der Maus auf dem Bildschirm zu malen, funktioniert deutlich anders als bei den traditionellen Maltechniken. Einzig die künstlerische Kreativität ist gleich geblieben.

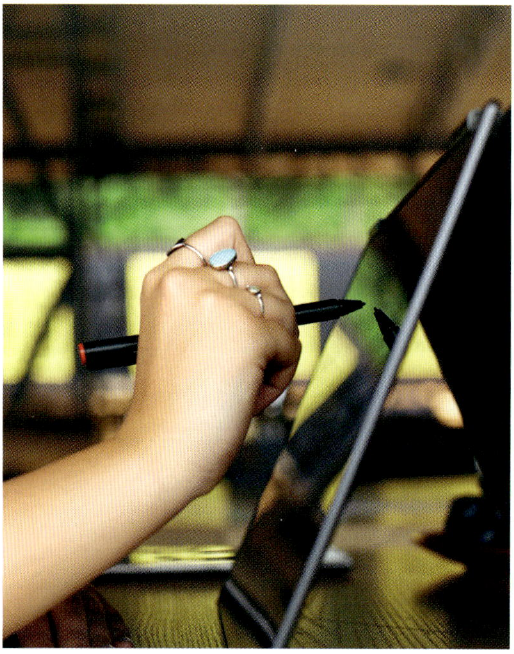

Werkzeuge Die Software

Spätestens seit dem Malprogramm Paint ist es möglich, am Computer tatsächlich kreativ zu arbeiten. Echte Kunstwerke lassen sich damit allerdings schwer hervorbringen. Professionelle Digitalkünstler nutzen eher hochwertigere Software verschiedener Anbieter zur Bilderzeugung und -bearbeitung. Dazu zählen die in Abo-Paketen angebotenen Programme Photoshop, Photoshop Elements oder Illustrator von Adobe, Corel Painter und Painter Essentials des kanadischen Software-Entwicklers Corel oder Programme wie ArtRage sowie SketchBook. Im Bereich der Apps für Tablets und Smartphones ist eine Vielzahl von Anwendungen unterschiedlicher Ausrichtung zu finden.

Mit einiger Übung, den entsprechenden Stiftspitzen und einem hochwertigen Malprogramm lassen sich fast alle klassischen Maltechniken auch digital interpretieren.

Ausrüstung Die Hardware

Die Vorteile des digitalen Malens sind nicht von der Hand zu weisen. Eine immer ausgefeiltere Hardware hat viele Kreative inzwischen von den Vorzügen überzeugt. Wichtigstes Hilfsmittel für ein echtes »Malgefühl« ist das Grafiktablett, das sich zusammen mit einem Tablettstift sowie einem hochauflösenden Echtfarbmonitor wie Papier und Pinsel oder sogar Leinwand benutzen lässt. Hand und Augen müssen sich dabei jedoch auf unterschiedlichen Flächen bewegen. Bei einem interaktiven Pen Display entfällt diese Trennung, da hier der Screen gleichzeitig das Grafiktablett ist. Genauso einfach ist das Malen mit einem Tablet PC oder iPad. Bei beiden Gerätetypen sieht man, wo man malt. Kleinere Tablets oder Convertibles mit den passenden Stiften eignen sich perfekt für das Skizzieren oder Malen unterwegs.

Ein Pen Display lässt sich wie ein normaler TFT-Monitor aufrecht stehend benutzen. Man kann ihn zum Malen aber auch flach auf den Tisch legen. Mit dem dazugehörigen Stift lässt sich dann unmittelbar auf dem Bildschirm malen.

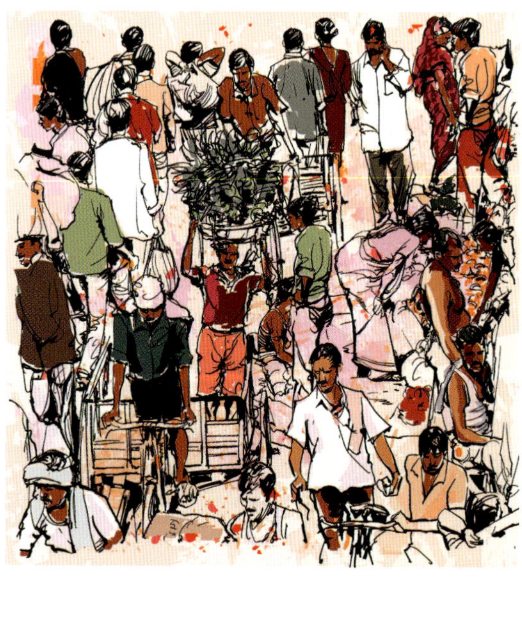

DRUCKEN

Zwischen Malerei und Zeichnung auf der einen Seite und Drucktechniken auf der anderen gibt es natürlich viele Überschneidungen. Die Materialien und Techniken der Malerei und Zeichnung finden auch bei den Drucktechniken Anwendung. Doch gibt es im Druck auch eine Anzahl spezieller Techniken, wie Tiefdruck, Lithografie, Siebdruck oder digitales Drucken mit besonderen Materialien und Werkzeugen.

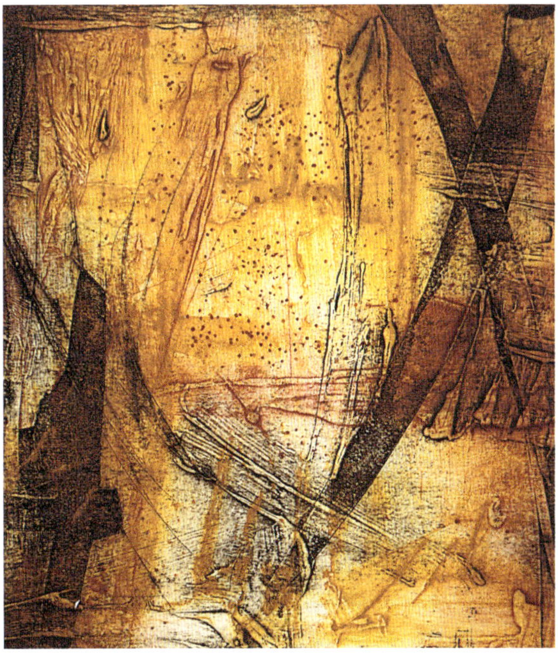

Bild 1 *(2000), (Collagrafie)* Mohammed Fakruzzaman

Eine Collagrafie gibt dem Künstler die Freiheit, eine einmalige und komplexe Oberfläche für den Druck zu gestalten. Die vielfältigen Texturen auf den drei Druckplatten wurden mit Sandpapier und PVA auf Hartfaser geschaffen, wobei Trockenpinseltechnik mit Messerschnitten kombiniert wurde. Die Verwendung von drei Platten, in Siena natur, Alizarinkarmesin und Rußschwarz, die eine breite Tonwertskala von mittelhell bis dunkel umfassen, schaffen eine offene und zugleich raumhaltige Wirkung. Das Auge wird durch die gestischen schwarzen Formen rechts und links im Vordergrund zum Mittel- und Hintergrund durch eine leicht geschwungene karminrote Horizontale geführt.

Hochdruck

Der **Hochdruck** ist das älteste aller Druckverfahren. Das Prinzip ist einfach: Farbe wird auf eine Platte gerollt und haftet nur an den erhabenen Stellen. Jene, die der Künstler weggeschnitten hat oder die aus anderen Gründen tiefer liegen, erscheinen beim Abdruck auf dem Papier ausgespart. Zur Herstellung eines Druckstocks eignen sich viele Materialien: Holz, Linoleum, Metall, ja sogar Pappe, Kartoffeln und Textilien. Die gebräuchlichsten Gestaltungstechniken sind jedoch Holzschnitt, Holzstich und Linolschnitt. Der Hochdruck wird eng mit dem Zeitungs- und Buchdruck assoziiert, da man Holzschnitte oder Holzstiche in der gleiche Höhe wie eine Schrifttype ausführen konnte. Er wird heute, außer für kleine Auflagen von Künstlerbüchern und Drucken, nicht mehr für diese Zwecke verwendet.

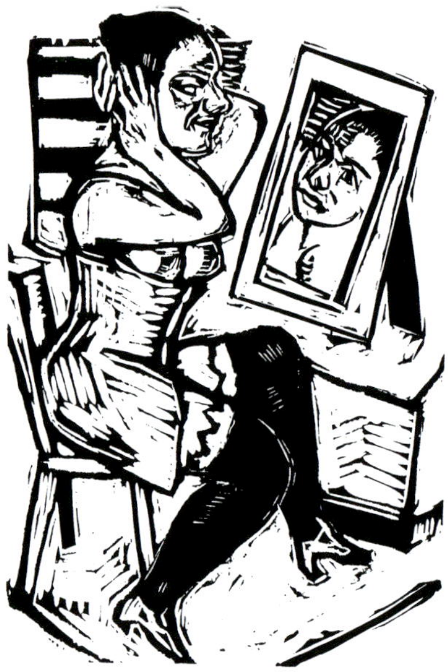

Bei der Toilette *(1923)*, Max Beckmann
Die Grafik Max Beckmanns verdeutlicht die enorme Ausdruckskraft roh belassener Holzschnittlinien. Das Bild wirkt grob und zugleich vibrierend. Am Mieder und dem ganzen Frauenkörper lässt sich nachvollziehen, wie die Schneidemesser geführt wurden. Beachten Sie die beiden schrägen Grundlinien: Auf ihnen kippt das Bild wie ein Schaukelstuhl hin und her.

Holzschnitt

Die alten Ägypter, Inder und Araber verwendeten bereits Platten mit eingeschnittenen Reliefs, um Textilien mit Mustern zu bedrucken bzw. zu stempeln. Im 7. Jahrhundert n. Chr. erweiterten chinesische Künstler diese Technik, indem sie auf Papier druckten. Die Druckstöcke enthielten kombinierte Bildmotive und Textelemente.

In Europa setzte sich der Holzschnitt erst gegen Ende des 14. Jahrhunderts stärker durch, hundert Jahre nachdem hier das Material Papier bekannt geworden war. Albrecht Dürer erforschte und entwickelte den Holzschnitt in großartiger Weise. Durch ihn wurde diese Technik zum eigenständigen künstlerischen Ausdrucksmittel. Auch Hans Burgkmair d.Ä. und Hans Baldung Grien leisteten hierzu einen wichtigen Beitrag. Sie verfeinerten vor allem die Technik des Clair-obscur, die von Jost van Negker und Ugo da Carpi angebahnt worden war. In China und Japan kam der Holzschnitt im 18. und 19. Jahrhundert zu seiner größten Blüte. Einige französische Künstler des späten 19. Jahrhunderts, wie etwa Gauguin, wurden von dieser Grafik sehr beeinflusst. Anfang unseres Jahrhunderts griff die deutsche Künstlergruppe »Die Brücke« den Holzschnitt als Medium auf. Die 1905 in Dresden gegründete Gruppe begeisterte sich für die bildnerische Urkraft und Expressivität sogenannter »primitiver« Kulturen. Den Holzschnitt verwendeten die Künstler als Medium, um sich ähnlich »ursprünglich« und direkt auszudrücken. Gleichzeitig bezogen sie sich dabei auf alte Traditionen der deutschen Kunst. Ihr Einfluss auf eine Reihe heutiger deutscher Maler wie Baselitz, Penck und Immendorf ist unverkennbar.

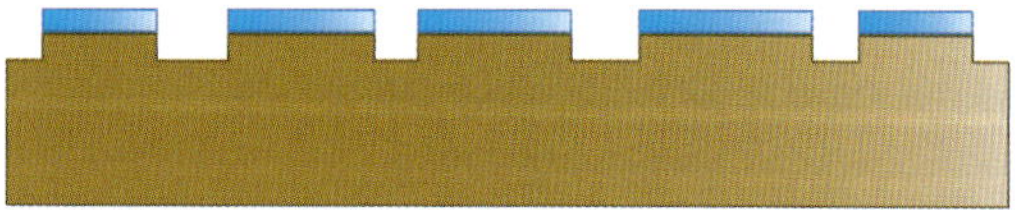

Das Prinzip des Hochdrucks Diese Querschnitt-Zeichnung zeigt das Prinzip des Hochdrucks. Die erhabenen Stellen des Holzblocks nehmen die Druckfarbe auf (in Blau gezeigt) und drucken, während die weggeschnittenen Stellen weiß bleiben.

Material Die Auswahl des richtigen Holzes

Als Material für den Druckstock verwendet man Langholzplatten, die der Länge nach aus dem Stamm geschnitten wurden (vgl. Seite 234). Da das Holz frei von Astlöchern und harzarm sein soll, kommen vor allem Obstbaumhölzer infrage. Gut geeignet sind Kirschbaumholz (traditionell von den Japanern bevorzugt) sowie Birn-, Apfel- und Pflaumenbaumholz. Aber auch Weide, Ahorn und Buche ergeben hervorragende Druckstöcke. Das Holz muss hart genug sein, um bei feinen Schnitten nicht auszubrechen oder zu splittern. Wenn überwiegend große Flächen geschnitten werden sollen, sind auch weichere Hölzer wie Pappel, Pinie oder Linde verwendbar. Man kann diese Weichhölzer mit Schellack imprägnieren und mit Sandpapier vor dem Schneiden abschleifen.

Größere Druckplatten werden aus mehreren Holzteilen zusammengeleimt, ähnlich wie bei der Herstellung von Holzmalgründen (siehe S. 44). Manche Künstler verstärken die Wirkung der stets leicht mitdruckenden Maserung, indem sie sie vor dem Bildschnitt kräftig mit einer Drahtbürste, mit Säuren oder mit Sandstrahlgebläsen bearbeiten. Tischlerplatten und Hartfaserplatten sind ebenfalls gut geeignet.

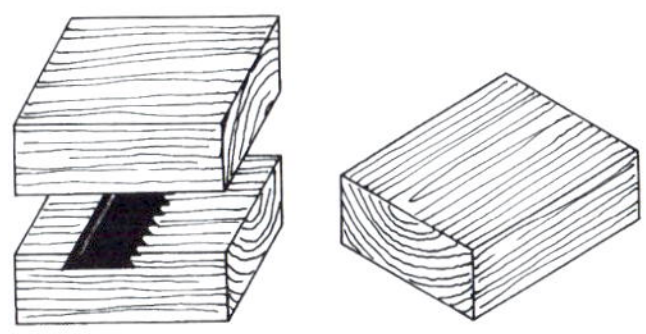

Der Holzschnitt-Block Druckplatten schneidet man in Faserrichtung aus dem Stamm.

Technik Übertragung des Entwurfs

Welches Verfahren Sie auch wählen: Bedenken Sie schon beim Entwurf, dass das Motiv im Druck seitenverkehrt erscheint.

1 Die einfachste Methode besteht darin, den Entwurf mit Tusche direkt auf die Platte zu malen.
2 Die Vorzeichnung wird mithilfe von Kohlepapier auf die Platte durchgepaust.
3 Ein Foto der Vorlage wird auf die Platte projiziert und mit Bleistift nachgezeichnet.

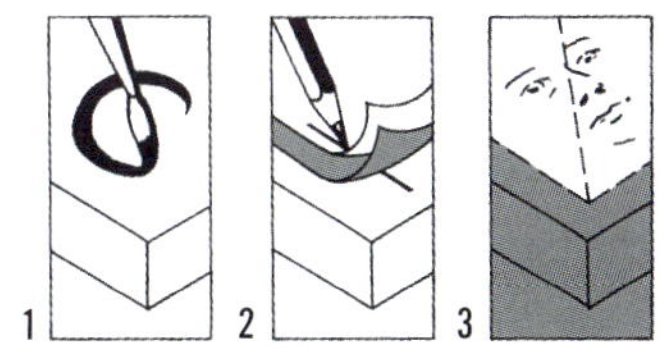

Material Holzschnitt-Werkzeuge

Die drei wichtigsten Werkzeuge für den Holzschnitt sind das Kerbschnittmesser, der Geißfuß und das Hohleisen. Mit dem Kerbschnittmesser schneidet man die Formumrisse, während man mit den beiden anderen Werkzeugen die Holzspäne aus der Platte heraushebt. Größere Flächen kann man auch mit einem flachen Beitel, dem Balleisen, aus dem Holz schneiden. Wer gern experimentiert, wird noch andere Werkzeuge zur Bearbeitung des Druckstocks entdecken, z. B. Metallpunzen.

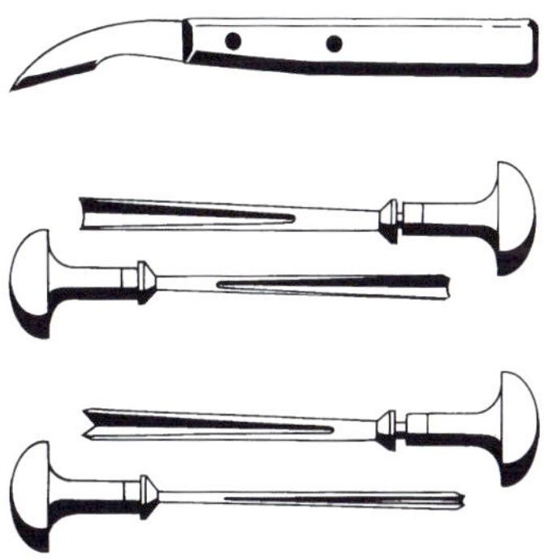

Kerbschnitt-messer

Hohleisen

Geißfuß-Typen

Schärfen der Werkzeuge

Man kann nicht genug betonen, wie wichtig scharfes Werkzeug für ein gutes Arbeiten ist. Nimmt man dies ernst, wird man beinahe ebenso viel Zeit zum Schärfen der Klingen wie zum eigentlichen Schneiden aufwenden. Man benötigt dazu einen guten Ölstein mit feiner Körnung. Ein Tropfen Haushaltsöl erleichtert eine exakte, gleichmäßige Schleifbewegung. An den Innenkanten der Klingen entsteht beim Schleifen ein Grat, den man durch Abziehen mit dem U- oder V-förmigen Hohlmeißelstein entfernt.

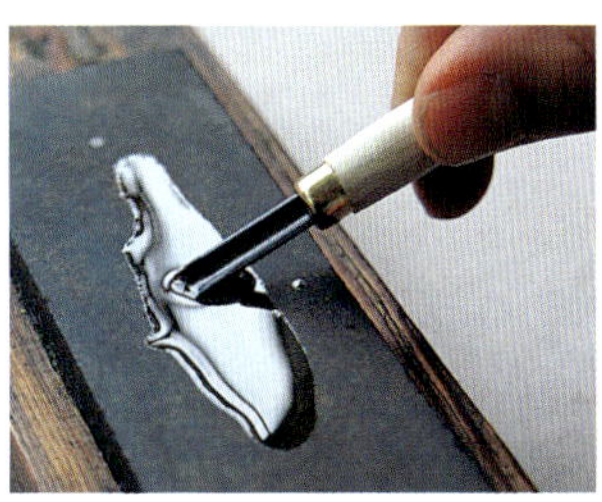

Hohleisen schleifen Drehen Sie die Klinge unablässig nach links und rechts, während Sie sie mit leichtem Druck auf dem Ölstein entlang ziehen.

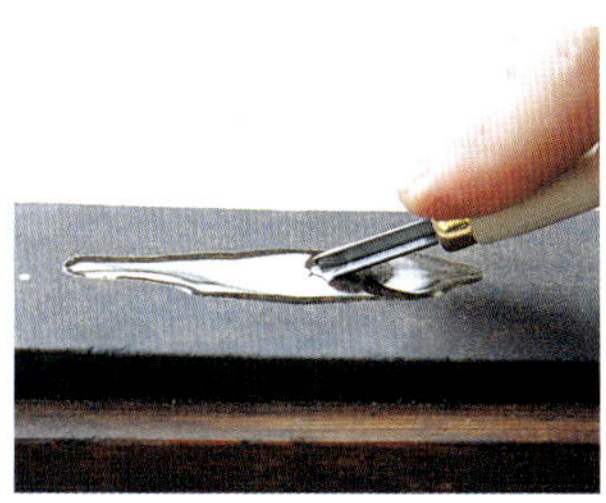

Geißfuß schärfen Ziehen Sie nacheinander beide Außenseiten der Klinge auf dem Ölstein ab, in gleich bleibendem Winkel immer auf sich zu.

Technik Die Anwendung von Messer, Geißfuß und Hohleisen

Eine Form, die später drucken soll, umschneidet man mit dem Kerbschnittmesser. Man hält das Messer leicht verkantet, sodass der entstehende Schnitt etwas von der Form weg weist. Das ist wichtig, damit die druckende Partie ausreichend abgestützt ist und nicht etwa beim Druck abplatzt. In einer unterschnittenen Flanke würde sich außerdem Farbe ansammeln und unsaubere Drucke verursachen.

In ca. zwei Millimeter Abstand und 60°-Winkel zum ersten wird ein zweiter Schnitt ausgeführt (siehe unten), sodass sich ein V-förmiger Span herauslöst. So ist es wesentlich leichter, angrenzende Partien mit dem Hohlmesser abzutragen, ohne die Konturlinie zu beschädigen.

Mit Hohlmesser und Geißfuß sollte man vor allem in Faserrichtung arbeiten. Das Hohleisen nimmt relativ breite Späne aus dem Holz und folgt dem Druck der Hand sanfter als der Geißfuß mit seiner scharfen, aggressiveren Schneidweise. Im Druckbild erkennt man die Schnitte mit dem Hohleisen an dem gerundeten Beginn der Linien. Sie haben eine gewisse Weichheit. Der Geißfuß-Schnitt setzt dagegen schärfer ein, ist schmaler und spitzer.

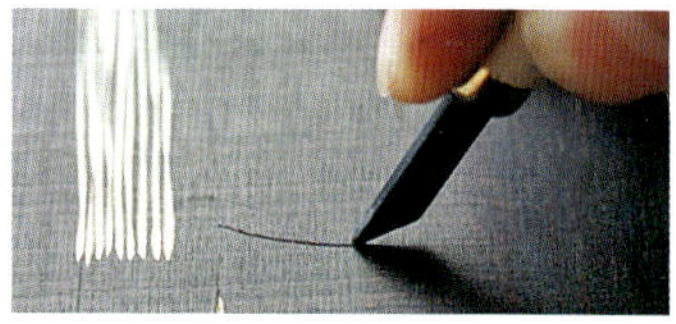

Messer Quer zur Faser einschneiden

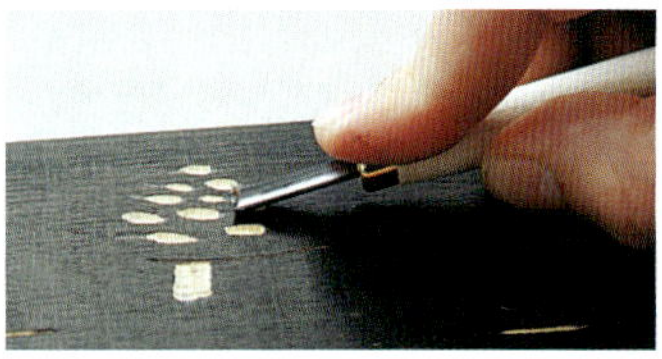

Das Hohleisen Führen Sie das Hohleisen vom Körper weg in flachem Winkel durchs Holz. Der Schnitt wird U-förmig.

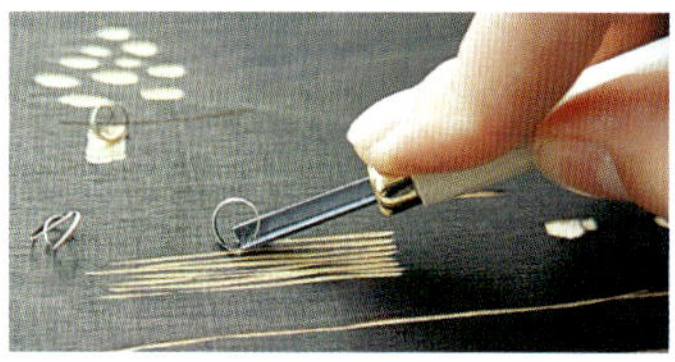

Der Geißfuß Führen Sie die Klinge, indem Sie mit dem Handballen Druck ausüben. Der Schnitt ist schmaler und V-förmig.

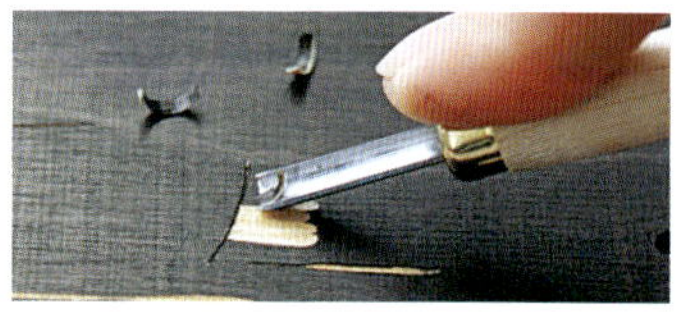

Hohleisen Zum Einschnitt hin arbeiten

Technik Sperrholz als Medium

Sperrholz verhält sich grundlegend anders als die üblichen Langhölzer. Während diese eine befriedigende Festigkeit haben, neigt das leichte Sperrholz beim Schneiden zum Splittern. Andererseits setzt es dem Künstler weniger Widerstand entgegen und spricht stärker auf Hohleisen und Geißfuß an, sodass man diese Werkzeuge zügig und fast skizzierend einsetzen kann.

Das Selbstporträt rechts entstand auf diese Weise ganz ohne Vorzeichnung. Beim Schneiden warfen die Messer Unmengen von Splittern auf, die überall festhingen und es unmöglich gemacht hätten, den Druckstock ausreichend einzufärben. Ein leichter Schliff mit feinem Sandpapier stellte die glatte Oberfläche wieder her, und die vertieften Linien wurden sichtbar.

Der Holzschnitt verlangt ein »umgekehrtes« Denken, da gerade die eingeschnittenen Partien nicht drucken. Beim Schneiden vorwiegend dunkler Motive hilft daher die Vorstellung, man zeichne mit weißer Kreide auf schwarzem Karton. Der Künstler des sparsam gestalteten Porträts ging auf diese Weise vor.

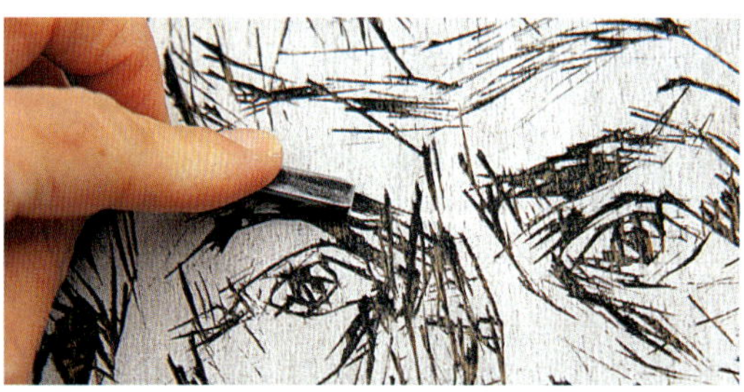

Die Lichter wiedergeben Der Künstler konzentrierte sich auf jene Gesichtspartien, die Licht auffangen und schnitt diese ins Holz.

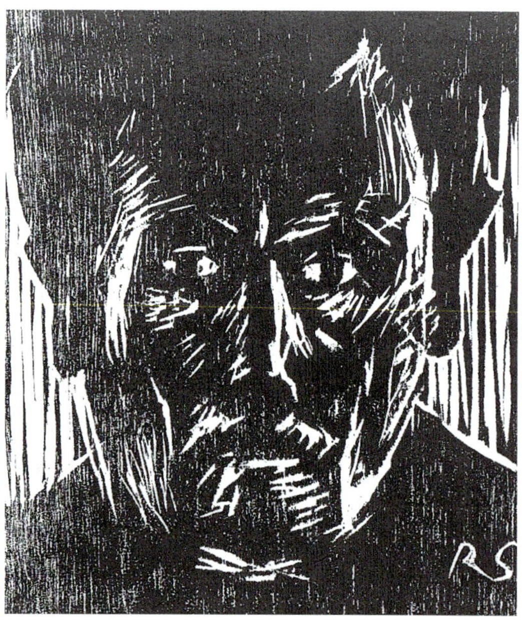

Fertiger Druck Im Druck erscheint stellenweise die mitdruckende Holzmaserung.

Technik Ungewöhnliche Holzschnitt-Werkzeuge

Nahezu jedes Werkzeug, das Vertiefungen hinterlässt, kann zur Bearbeitung des Holz-Druckstocks eingesetzt werden. Klopfen Sie einmal mit Metallpunzen Texturen in die Oberfläche oder experimentieren Sie mit kleineren Schleif- und Fräswerkzeugen in der Elektrobohrmaschine.

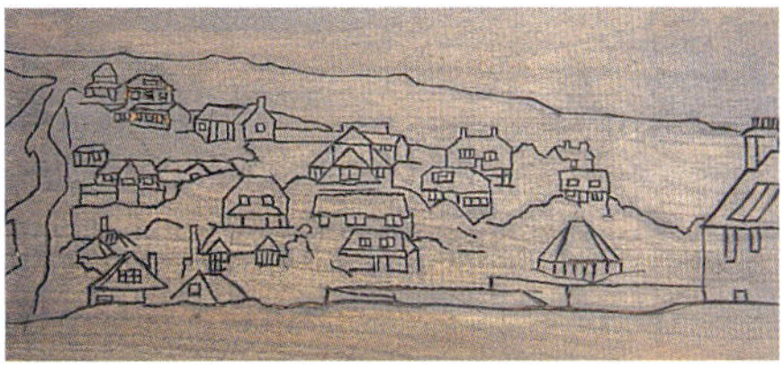

»Schneidbrennen« mit dem Lötkolben Mit einem elektrischen Lötkolben wurde dieses Motiv in eine Platte aus Pflaumenbaumholz gebrannt.

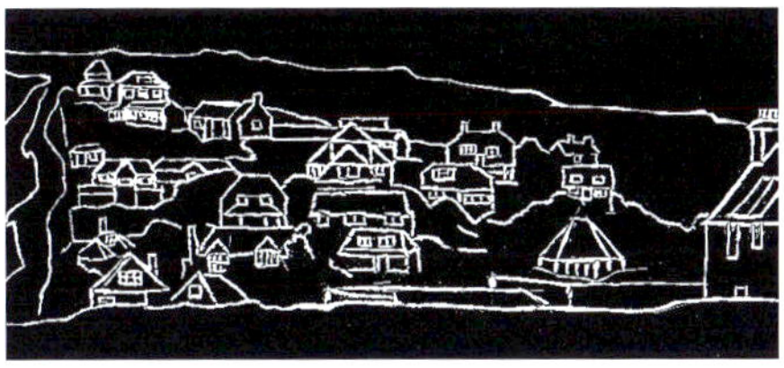

Fertiger Druck Der Druck ergibt ein Negativbild der Umrisse der Gebäude auf dem Hügel. Die Linien wirken wie von Neonlicht vor dunklem Himmel beleuchtet.

Heliogravur

Diese alte Hochdruck-Technik verwendet eine lichtempfindliche Filmschicht auf einer Plastikunterlage. Ein Negativfilm wird auf die Druckunterlage belichtet. Der Film wird ausgewaschen und bleibt nur dort haften, wo er drucken soll. Die Druckschablone wird mit einem Spezialleim auf ein Stück Holz montiert. Je nach Porosität werden bis zu drei Leimschichten aufgetragen. Die Schablone wird auf den noch feuchten Leim gelegt und von der Rückseite her fest aufgerieben. Man lässt sie 24 Stunden trocknen. Dann wird die Plastikfolie abgezogen und das Holz sandgestrahlt, wobei die eigentliche Druckform entsteht. Man kann die Schutzschicht entweder mitdrucken oder entfernen, um die natürliche Maserung im Druck zur Wirkung kommen zu lassen. Das Plastikmaterial für die Heliogravur wurde ursprünglich für Glas entwickelt und wie viele Drucktechniken zunächst nur kommerziell eingesetzt. Das Plastikmaterial kann aber auf verschiedene Oberflächen aufgebracht werden.

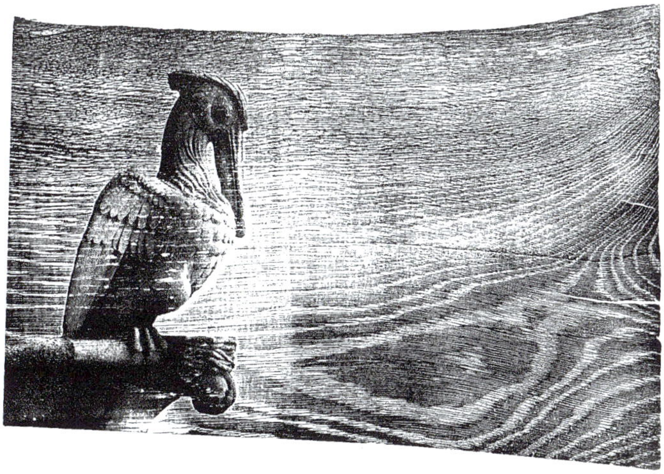

Richard Anderton

Heliogravur

Richard Anderton bezieht hier die besondere Oberflächenstruktur des Holzes, die bei Sandstrahlen entsteht, in seinen Druck ein. Er lässt aber auch die narrativen Elemente mitwirken. Wie der Pelikan schaut der Betrachter auf die Oberfläche des Meeres in einen illusionistischen Tiefenraum. Die Tiefenwirkung wird von der Anordnung des Pelikans, der wirkt, als ob er hoch auf einer Klippe sitzt, verstärkt.

Pelikan *(2001)*, RICHARD ANDERTON

Holzstich

Die Idee, Werkzeuge für den Kupferstich auf Hirnholzplatten anzuwenden, wird Thomas Bewick, einem Kupferstecher des späten 18. Jahrhunderts, zugeschrieben. Seine Erfindung, der Holzstich (auch Xylographie genannt), wurde zur Standardtechnik, um Illustrationen im Buchdruck zu reproduzieren. So wurden beispielsweise Entwürfe der Präraffaeliten von professionellen Holzstechern umgesetzt. Fotografische Verfahren lösten gegen Ende des 19. Jahrhunderts den Holzstich als reine Reproduktionstechnik ab. Seitdem erst liegt der Akzent auf einer künstlerischen Anwendung dieses Mediums.

Im 20. Jahrhundert haben sich einzelne Künstler wie der Bildhauer Eric Gill und der Maler Eric Ravilious intensiv mit dem Holzstich beschäftigt und seine Ausdrucksmöglichkeiten erforscht. Sie veröffentlichten ihre Werke als Originalgrafik in limitierter Auflage wie Radierungen oder Lithografien.

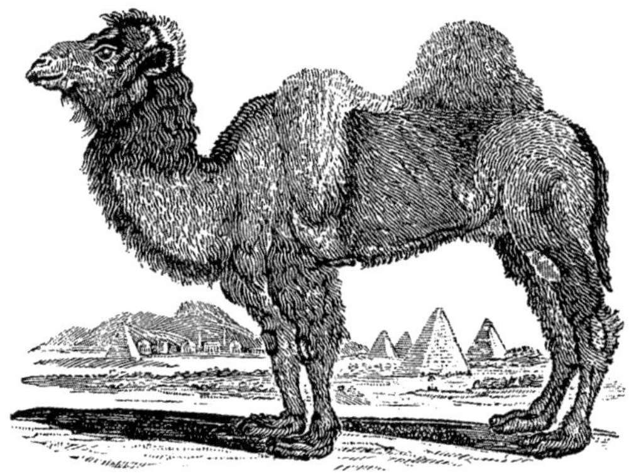

Das Baktrische Kamel *(um 1785),* Thomas Bewick
Thomas Bewicks präziser Stil erlaubte ihm die Wiedergabe kleinster Details und eines weiten Tonwertspektrums. Der abgebildete Stich ist ein hübsches Beispiel für sein Können und seinen versteckten Humor. Die zottelige Silhouette des Kamels gefiel ihm offenbar, und er setzte sie, hoch aufgerichtet, gegen einen hellen Himmel ab.

Material

Auswahl des Holzes

Für den Holzstich wird beinahe ausschließlich Buchsbaumholz verwendet. Anders als beim Holzschnitt sägt man das Holz quer zur Faser, da man in solchem »Hirnholz« das Schneidwerkzeug genauer kontrollieren kann. Buchsbaumholz ist hart und kompakt. Mit dem scharfen Stichel lässt es sich schneiden, ohne den geringsten Grat zu bilden. Daneben kommt auch das Holz des Zitronenbaums, der Stechpalme oder des Ahorns als Material infrage.

Die speziellen Holzstichwerkzeuge erlauben dem Künstler, feinste Linien in die Druckplatte zu schneiden. Als besondere Anmutungsqualitäten des Holzstichs gelten daher die detailreiche Zeichnung sowie der durch Kreuz- und Parallelschraffuren erzielte Tonwertreichtum.

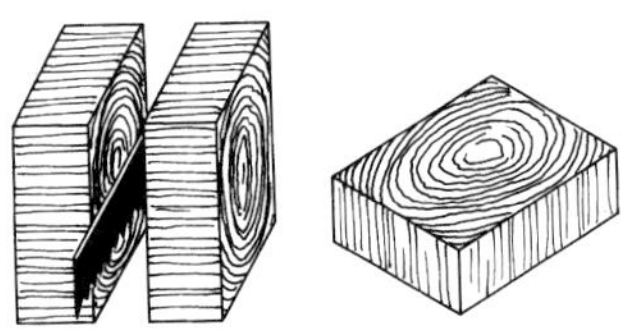

Die Druckplatte Die Platten für den Holzstich werden quer zur Faser aus Buchsbaumholz gesägt.

Technik

Die Vorzeichnung

Zeichnen Sie den Entwurf mit einem spitzen weichen Bleistift direkt auf die Platte. Sprühen Sie ein Bleistift-Fixativ auf, damit er nicht verschmiert. Zuvor schwärzt man das Holz mit Tusche. Die geschnittenen Linien erscheinen dann hell – wie später im Druck. Man kann auch mit weißer Tusche entwerfen oder das Bild mit weißem bzw. schwarzem Pauspapier auftragen.

Material

Die Holzstich-Werkzeuge

Die Werkzeuge für den Holzstich sind aus hochwertigem gehärtetem Stahl. Die Stichel sind jeweils in einem pilzförmigen, einseitig abgeflachten Heft gefasst. Sie sind sehr scharf.

Der Grabstichel
Das gebräuchlichste Werkzeug ist der Grabstichel. Er ist weitgehend mit dem des Kupferstechers identisch (siehe S. 238). Der Stahl ist im Querschnitt quadratisch oder rautenförmig und sitzt so im Heft, dass eine Kante nach unten weist. Die Spitze ist in einem Winkel von 30° bis 60° angeschliffen. Zusammen mit den beiden unteren Flanken des Stahls bildet sie den Schneidepunkt. Der rautenförmige Grabstichel schneidet eine etwas schmalere Linie als der quadratische, weshalb er sich für feine Arbeiten anbietet.

Um stumpfe Stichel zu schärfen, zieht man sie auf einem feinen Ölstein mit einem Tropfen Öl in kreisförmiger Bewegung ab.

Der Bollstichel
Der Bollstichel hat einen unten gerundeten Querschnitt und ist in verschiedenen Breiten erhältlich. Durch seine Rundung ist er gut für Kurvenschnitte zu verwenden.

Der Spitzstichel
Der Spitzstichel hat einen schmalen dreieckigen Querschnitt. Er eignet sich vor allem für dünne Linien.

Weitere Stichel
Der Flachstichel ist an der Unterseite abgeflacht und ergibt breitere Linien. Daneben gibt es noch den Säbelstichel für Punkte und kurze Linien sowie den Fadenstichel, der zwei bzw. fünf Linien gleichzeitig sticht.

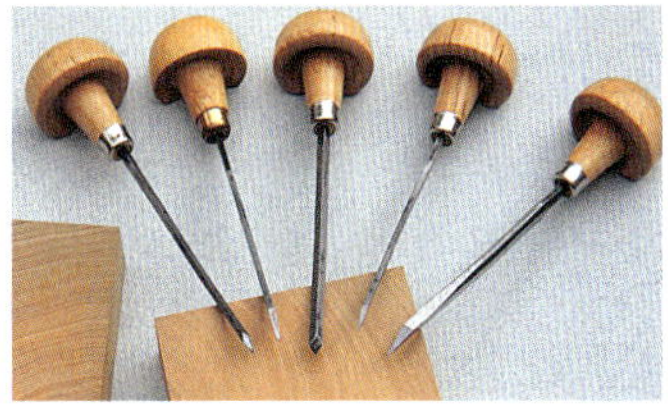

Holzstich-Werkzeug (v.l.n.r.) Rautenförmiger Grabstichel, Flachstichel, quadratischer Grabstichel, Bollstichel, Spitzstichel

Technik Handhabung des Stichels

Jeder Künstler entwickelt seine eigene Technik, doch empfiehlt sich folgende Grundhaltung des Stichels: Der Griff wird fest in die Hand genommen, indem man den kleinen Finger und den Ringfinger unter die Abflachung legt und ihn damit gegen die Handfläche presst. Der Daumen drückt seitlich gegen den Stahlschaft, der von Zeige- und Mittelfinger gegengehalten wird. Diese drei Finger führen den Stichel. Beim Stechen ruht der Daumen auf der Platte und kontrolliert den richtigen Schnittwinkel.

Kleine Platten werden auf einem sandgefüllten Lederkissen gehalten bzw. gedreht. Kurven schneidet man eher durch Drehen der Platte als durch Drehen des Werkzeugs.

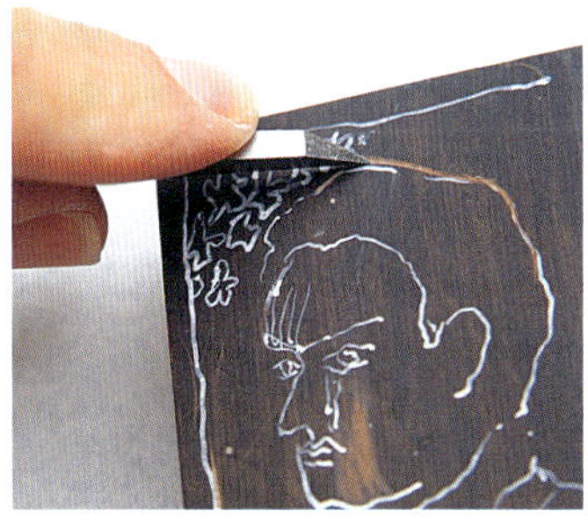

Gebrauch des Grabstichels Drücken Sie den Stichel in flachem Winkel zur Schneidfläche vorwärts.

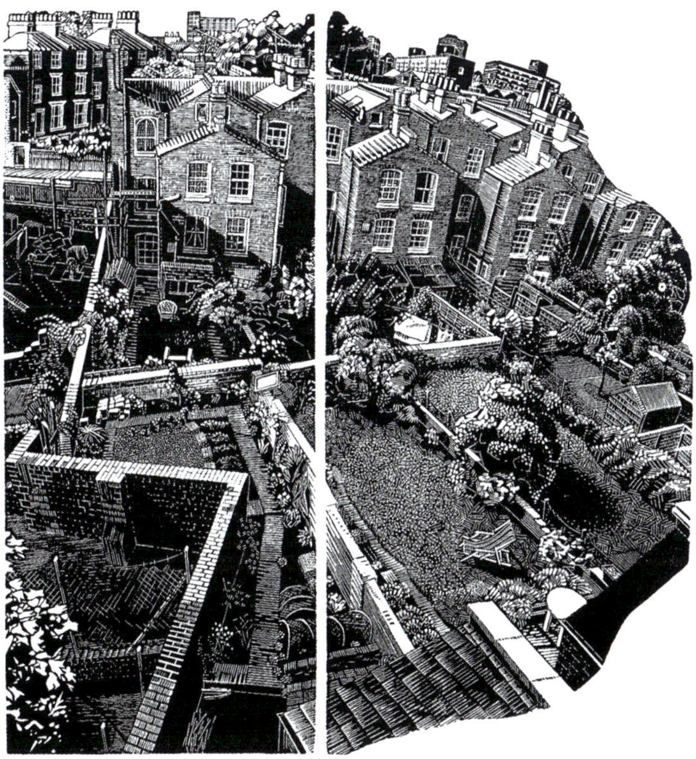

Anne Desmet

Feine Liniengravur
Anne Desmet hat die Aussicht aus dem dritten Stock ihres Hauses im Osten Londons in zwei einzelnen, quer zur Faser gesägten Buchsbaumhölzern gestochen. Das Motiv des Drucks entspricht der ruhigen Konzentriertheit des Stechens. Es wirkt wie das Anhalten des Atems an einem stillen, hellen Morgen. Die geometrische Architektur der Wände und Häuser schafft diagonale Wege ins Bild. Dieser perspektivische Effekt führt den Betrachter direkt in das Bildzentrum. Es ist erstaunlich, wie ein kleiner Holzstich eine ganze Welt in dieser Dichte und Atmosphäre einfangen kann.

London Gardens – Diptychon
(1997), ANNE DESMET

Linolschnitt

Aufgrund seiner weichen Oberfläche ist Linoleum leichter zu bearbeiten, doch vermittelt es im Vergleich zum deutlich spürbaren Widerstand des Holzes ein vageres Schneidegefühl. Die in Linoleum geschnittenen Linien haben aber durchaus die gleiche Klarheit. Durch den Sandanteil des Materials stumpfen allerdings die Messer schnell ab und können dann rissige Konturen verursachen.

Material

Werkzeug und Material

Für diese Technik braucht man geeignetes Linoleum und besondere Schneidemesser. Die Standardmesser sind aus dünnem Stahl gepresst. Zum Gebrauch steckt man sie in ein birnenförmiges Heft aus Holz oder Kunststoff. Sie können auf einem feinen Ölstein immer wieder nachgeschärft werden.

Das Linoleum

Ein kräftiges, zwei bis drei Millimeter dickes Linoleum mit Geweberückseite und dunkler Vorderseite ist zum Schneiden am besten geeignet. Man kann die Platte, um ihr mehr Stabilität zu verleihen oder um sie der Norm von Buchdruckpressen anzugleichen, auf eine etwa 20 mm dicke Holztafel aufkleben. Man kann auch von ebenen Linoleumstücken auf einer Plattenpresse Abzüge machen oder sie bei angepasstem Druck durch eine Radierpresse ziehen.

Linoleum bietet sich ideal für Mehrfarbdrucke an. Die gekörnte Oberfläche mit leicht saugfähiger Mikrostruktur bewirkt, dass auch größere Farbflächen gleichmäßig drucken.

Alternativen zum Linoleum

Es gibt heute auch weichere Materialien, die sich leichter schneiden lassen, aber ähnliche Effekte liefern.

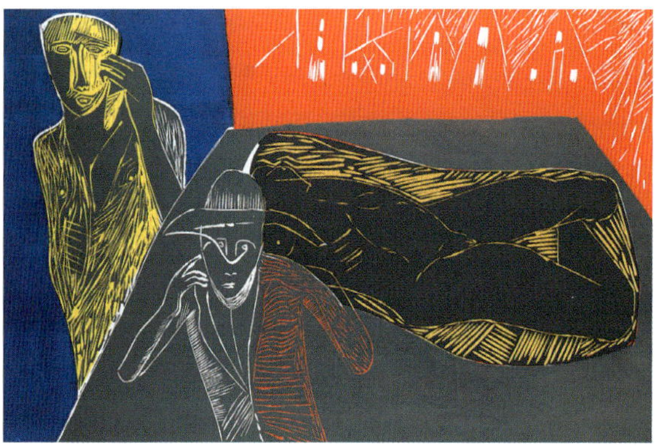

Mimmo Paladino

Flüssige Linienführung

Dies ist ein schönes Beispiel für eine lineare Arbeit, in der die Konturen und Linienzüge der Zeichnung direkt ins Linoleum geschnitten wurden und als weiße Linien auf der dunklen Hintergrundfarbe erscheinen. In Paladinos Druck wird ein psychischer Raum angedeutet, in dem sich geheimnisvolle Dinge abspielen.

***Ulysses* (Folge von vier Linolschnitten)**
(1984), Mimmo Paladino

Collagrafie

Bei dieser Technik bereitet der Künstler eine dünne Druckplatte in der Größe des beabsichtigten Drucks vor. Es kann ein beliebiges dünnes Material sein, ein Stück Aluminium, dünnes Sperrholz, Plastik oder Karton. Die Ränder müssen abgeschliffen und die Ecken abgerundet sein. Auf der Druckplatte wird dann ein Original mittels Texturen geschaffen. Dies kann auf vielerlei Weise geschehen: durch Aufschaben und Einkratzen von Acryl-Spachtelmasse und Karborundum, durch Aufkleben von Stoffen und anderen Materialien oder durch Aufbringen von kleinen Objekten mit Gips oder PVA. Die fertige Druckplatte sieht schon wie eine interessante Reliefcollage aus. Man kann sie dann für einen Reliefdruck einschwärzen, indem man die Druckfarbe über die Fläche walzt (siehe nächste Seite) oder sie als Tiefdruck (siehe S. 238) vorbereiten, indem man die Druckfarbe nach dem Einfärben wieder abwischt. So werden nur die Falten und Rillen der Texturfläche eingefärbt und gedruckt.

Monotypie

Eine der direktesten Druckmethoden ist die Monotypie. Man fertigt dabei eine Zeichnung oder ein Gemälde in Öl, Druckfarbe oder in einer anderen Farbe, die lange genug feucht bleibt, auf einem glatten nicht-saugenden Grund. Als Druckform kann ein festes Stück Laminat oder ein Stück Acryl dienen, das dann in einer Druckpresse gedruckt wird. Man kann aber auch einen Handabzug machen.

Handdrucke

Auch wenn man keine Druckpresse zur Verfügung hat, kann man kleine Handdrucke mit einem Farbroller und einem Polierstahl herstellen. Zum Abreiben genügt auch der Rücken eines Löffels. Wenn man auf einer Presse drucken kann, hat man natürlich wesentlich mehr Kontrolle über den Druck.

Technik Handdruck

Kleine Druckstöcke mit feinen Linien rollt man mit einer Gummi- oder Plastikfarbwalze und relativ dickflüssiger Farbe ein. Zu dünne Farbe neigt dazu, in die Vertiefungen zu laufen. Bei größeren Druckstöcken mit breiteren Linien können Sie weichere Walzen verwenden. Diese gleichen auch leichte Höhenunterschiede im Druckstock aus (wichtig beim Druck mit Texturelementen). Wenn keine Farbwalze zur Verfügung steht, kann die Farbe auch mit einem Ledertampon oder Pinsel aufgetragen werden. Gedruckt wird normalerweise auf dünnem, saugfähigem Papier. Lagert man es einen Tag lang zwischen feuchtem Zeitungspapier, wird der Druck tiefer.

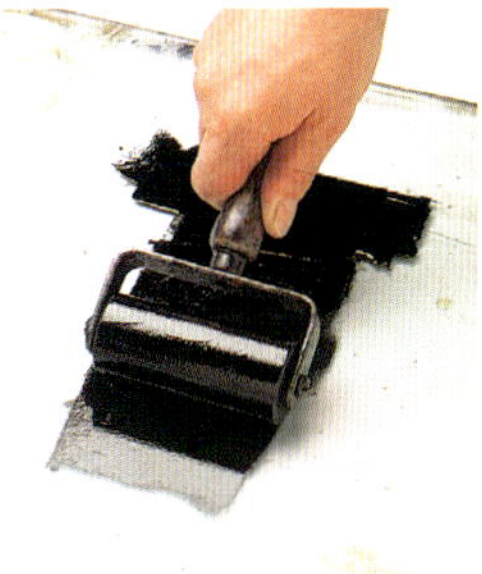

1 Rollen Sie die Farbe auf einer Glasplatte zu einem gleichmäßigen Film aus.

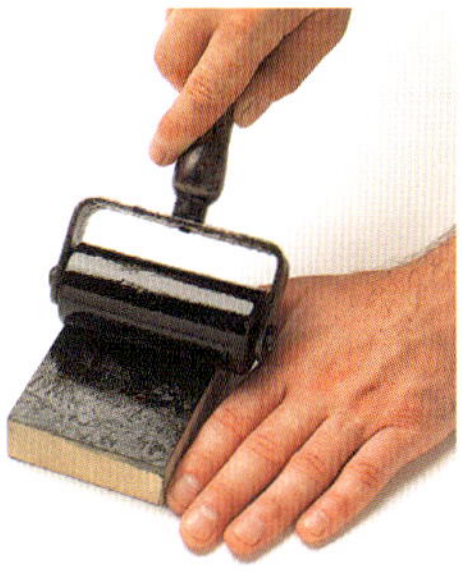

2 Färben Sie den Druckstock mit der Walze, einem Ledertampon oder einem Pinsel ein.

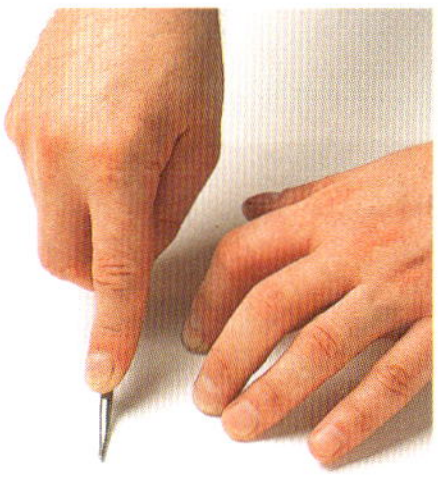

3 Legen Sie ein Papier auf den Druckstock und drücken Sie es mit der Hand an. Legen Sie ein dickeres Schutzpapier auf.

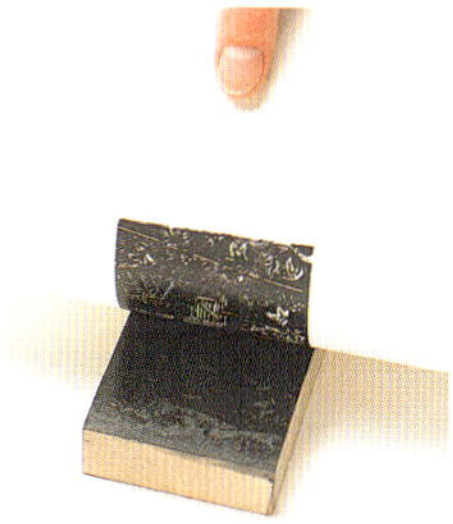

4 Fahren Sie mit einem Anreiber in regelmäßig kreisenden Bewegungen von der Mitte nach außen. Ziehen Sie dann den Druck von einer Ecke aus ab.

Technik Der Druck auf der Presse

Der Druckstock wird genauso wie beim Handdruck eingefärbt (siehe oben). Unter den Druckstock wird ein fester, 2 mm dicker Karton oder ein Gummituch gelegt. Nach dem Auflegen des Druckpapiers geschieht das Gleiche auch von oben. Diese »Packung« garantiert eine gleichmäßige Pressung und schützt den Druckstock. Die besten Ergebnisse liefert eine Kniehebelpresse, wie sie in allen größeren Druckwerkstätten steht. Bildnerischer Hochdruck ist aber auch auf Radier- oder Buchdruckpressen möglich. Vor dem Einfärben sollte man den richtigen Pressdruck erproben, indem man den Druckstock mit beidseitiger »Packung« in die Presse legt und einmal »trocken« druckt. Lässt sich der Handhebel zu leicht durchziehen, müssen mehr Kartons zwischengelegt werden. Wenn er nicht von selbst zurückschwingt, ist der Druck zu stark. Die Einstellung des Drucks ist sehr wichtig für die Qualität der Abzüge. Sogar das Material der »Packung« hat darauf Einfluss: Härtere Kartons ergeben ein flacheres Druckbild.

Tiefdruck

Hier werden Linien oder Tonflächen in die Oberfläche der Metallplatte gestochen (graviert) oder geätzt. Die Platte wird dann eingeschwärzt und abgewischt, wobei nur die Vertiefungen mit Druckfarbe gefüllt werden. Dann wird weiches, angefeuchtetes Papier auf die Platte gelegt und diese mit dem Papier durch eine Radierpresse gezogen. Der Druck der Rollen presst das Papier in die Rillen, sodass die Druckfarbe aufgenommen wird und einen deutlichen Abdruck der ganzen Platte hinterlässt (Plattendruck). Die wichtigsten Tiefdruckverfahren sind der Kupferstich und die Radierung.

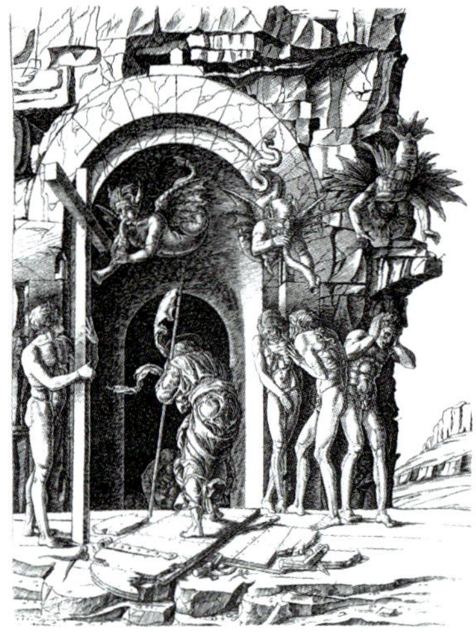

Der Abstieg in die Vorhölle *(um 1490),* ANDREA MANTEGNA
In diesem kraftvollen Kupferstich von Mantegna entdeckt man an den Felsen und in den Schattierungen den für ihn typischen Einsatz diagonaler Schraffuren. Das Motiv erscheint in grellem Licht. Für diese Verdammten gibt es kein Entkommen.

Kupferstich

Der Ursprung des Gravierens und Stechens findet sich bereits bei den Urmenschen, die Linienzeichnungen in Stein und Felsen einritzten, welche die Zeit überdauert haben. Unmittelbare Vorgänger der Kupferstecher waren die Waffen- und Goldschmiede, die ihre Erzeugnisse mit Ornamentgravuren verzierten. Die wunderbaren italienischen Schmuckstücke in »Niello«-Technik aus der ersten Hälfte des 15. Jahrhunderts sind ein Beispiel dafür.

Einer der ersten datierbaren Kupferstiche ist die *Geißelung Christi* (1446) von einem unbekannten deutschen Meister. Ein bedeutender Kupferstecher des späten 15. Jahrhunderts war der Italiener Andrea Mantegna (1431–1506). In seinen kühn ausgeführten Grafiken beeindruckt unter anderem der Einsatz von Diagonalschraffuren. Dürers (1471–1528) Kupferstiche wirken straffer im Stil und tiefer in den Tonwerten. Der Kupferstich wurde häufig dazu benutzt, bedeutende Gemälde und Zeichnungen zu reproduzieren und damit breiteren Kreisen zugänglich zu machen. Nur wenige Künstler machten sich jedoch selbst die anspruchsvolle Technik zu eigen.

Material Die Druckplatte

Beim Kupferstich werden die Linien und Punkte mit einem Grabstichel gestochen. Kupfer ist das gängigste Material für den Bildstich. Wegen der notwendigen Härte muss es gehämmert sein, doch weich genug, um darin schneiden zu können. Das manchmal (eher für Kaltnadel- und Ätzradierungen) benutzte Zinkblech ist weniger gut als das Kupfer. Große Platten (70 cm Seitenlänge) sollten etwa 3 mm, kleinere 1 mm stark sein.

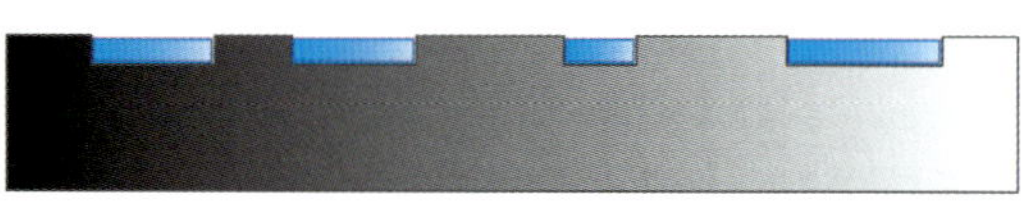

Gestochene Platte Beim Tiefdruck werden in die Platte gestochene Vertiefungen mit Druckfarbe (hier blau) gefüllt.

Material Grabstichel und Polierstahl

Das wichtigste Werkzeug für den Kupferstich, der Grabstichel, hat einen pilzförmigen Knauf, der leicht von der Klinge abgewinkelt ist. So kann man die Platte auch in einem flachen Winkel stechen. Die Klinge muss zum Stechen immer absolut scharf sein. Der Polierstahl mit Schaber wird verwendet, um die Grate entlang des Stichs zu beseitigen und die Ränder zu glätten.

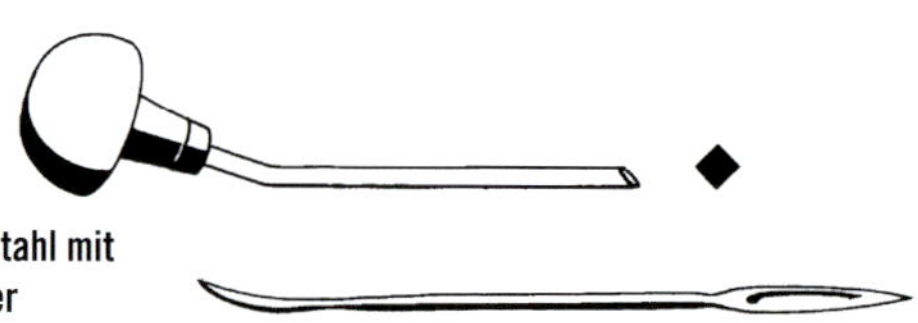

Grabstichel

Polierstahl mit Schaber

Material

Weitere Werkzeuge

Eine Reihe weiterer Werkzeuge, die auch beim Holzstich vorkommen, können ebenso beim Kupferstich verwendet werden. Mit dem Flachstichel schneidet man breitere Linien und trägt größere Partien ab. Der Bollstichel und der Spitzstichel finden ebenfalls Verwendung.

Punktierwerkzeuge

Bei der Punktiertechnik werden die Tonwerte aus vielen kleinen Punkten aufgebaut statt aus dicht gesetzten Linien und Schraffuren. Diese Punkte sticht man mit dem normalen Grabstichel, dem Säbelstichel oder der sechskantigen Radiernadel. Darüber hinaus bieten sich Rouletten an, kleine Stahlwalzen mit Zähnen, die an einem Heft drehbar gelagert sind. Sie prägen beim Abrollen Muster in die Platte. Mit kleinen Punzen wie dem Mattoir punktiert man durch Eindrücken.

Kupferstich in Crayon-Manier

Rouletten und Mattoirs werden vor allem in der Crayon-Technik verwendet, wobei man versucht, die Wirkung einer Kreidezeichnung nachzuahmen. Die genannten Werkzeuge werden für Kupferstich und Ätztechnik benutzt (siehe S. 244f.).

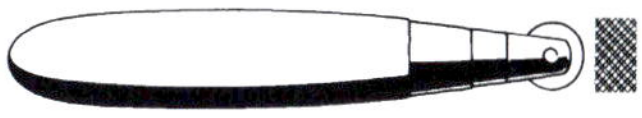

Roulette

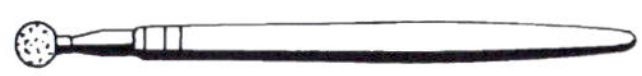

Mattoir

Technik

Die Vorzeichnung auf der Druckplatte

Die Ausführung der Vorzeichnung richtet sich nach den künstlerischen Absichten. Manche Künstler zeichnen nur die wichtigsten Elemente ihres Motivs auf die Platte, um sich beim Stechen eine größtmögliche Gestaltungsfreiheit zu bewahren. Zum Vorzeichnen kann man Tusche, Bleistift, Filzstift oder Lithokreide verwenden. In jedem Fall sollte man die Platte vorher mattieren, damit das Zeichenmedium gut darauf haftet. Das lässt sich mit einem Metallpoliermittel machen. Denken Sie daran, dass der Druck das gestochene Motiv seitenverkehrt zeigt.

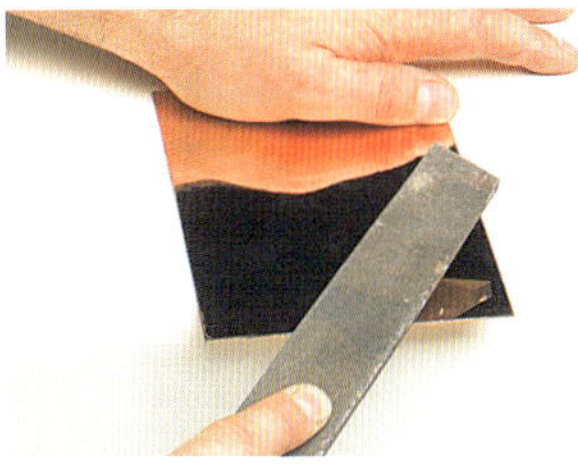

1 Feilen Sie alle Kanten der Palette schräg ab und glätten Sie sie mit Schleifpapier.

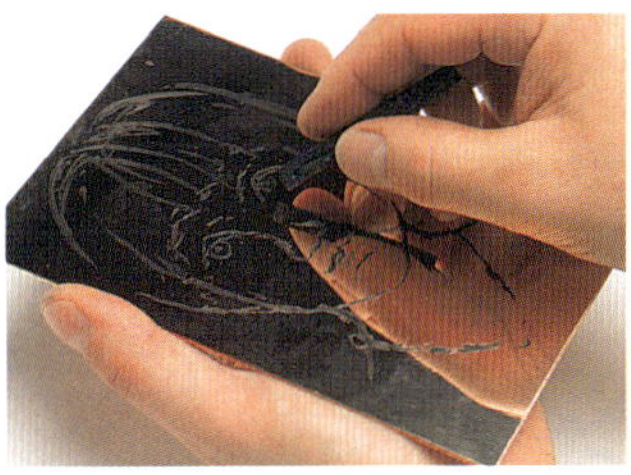

2 Mattieren Sie die Oberfläche durch kräftiges Abreiben mit Bimsstein- oder Scheuerpulver und Wasser. Zeichnen Sie das Motiv mit dem gewählten Medium auf die Platte.

Technik Arbeiten mit dem Grabstichel

Halten Sie den Stichel genauso wie schon beim Holzstich beschrieben (siehe S. 235). Er wird ausschließlich vorwärts geschoben. Falls Sie mit der rechten Hand stechen, hält und dreht die linke Hand die Platte. Bei kleineren Formaten bewährt sich auch hier das sandgefüllte Lederkissen. Am besten ist ein gleichmäßiges entspanntes Arbeiten ohne Kraftanstrengung oder großen Druck. Wenn Sie den Stichel zu steil halten, dringt er nicht durch das Kupfer, sondern bleibt stecken. Wenn Sie ihn zu flach halten, wird der Schnitt nicht tief genug.

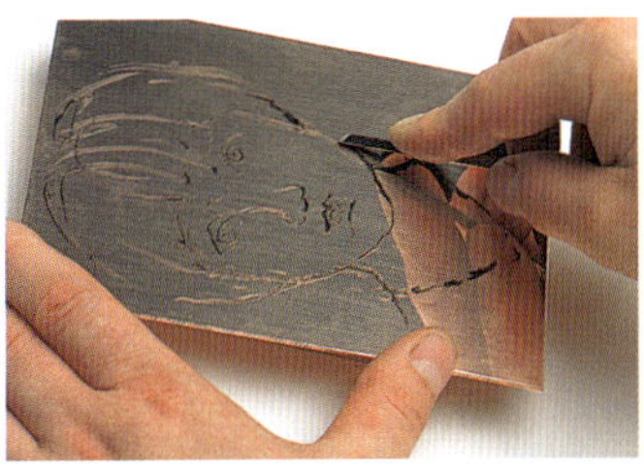

1 Halten Sie das Stichelheft fest in der Hand, den Daumen an der Seite des Stahls und gleichzeitig auf der Platte. Vorwärts schneiden.

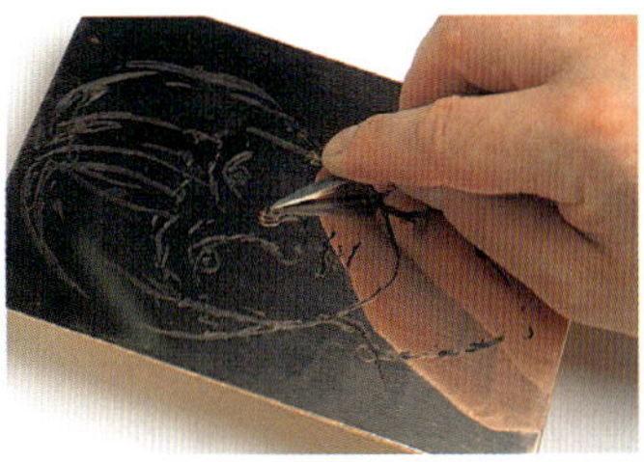

2 Entfernen Sie mit der scharfen Kante eines Schabers die kleinen Spiralen am Ende des Schnitts.

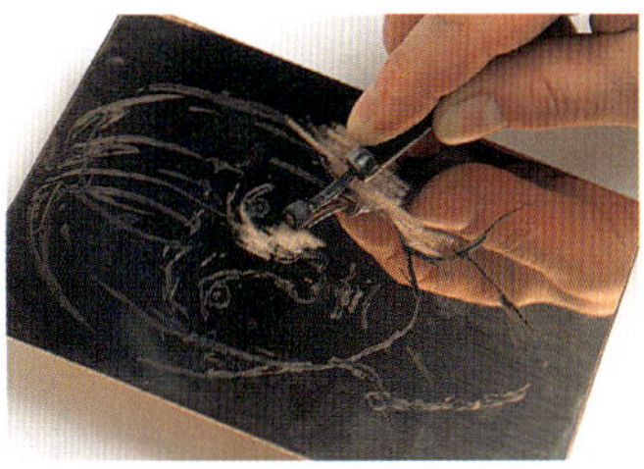

3 Mit einer Roulette, die eine gezahnte Stahlwalze hat, kann man Tonwert und Plastizität hervorrufen.

Technik Mezzotinto (Schabkunst)

Bei der Mezzotinto-Technik wird die Druckplatte in der ganzen Fläche mit winzigen Pünktchen angeraut, die einen gleichmäßigen samtschwarzen Abdruck ergeben würden. Der Künstler arbeitet nun vom Dunklen zum Hellen, indem er Stellen, die heller drucken sollen, mit Schaber und Polierstahl glättet.

Werkzeuge und Techniken

Die Schabkunst erfordert als Vorarbeit das gleichmäßige Aufrauen der Platte mit dem Wiegestahl. Die Seitenfläche ist gerillt und die gekrümmte Unterkante so geschliffen, dass sich viele kleine Zähne ergeben. Der Wiegestahl wird in gleichmäßig wiegenden, parallelen Bewegungen über die Platte bewegt. Aus wechselnden Richtungen geht man wieder und wieder über die Oberfläche, bis auch der kleinste glänzende Fleck verschwunden ist. Das Körnen dauert je nach Plattengröße Stunden bzw. Tage.

Nach einem Probeabzug macht der Künstler mit dem Bleistift eine Vorzeichnung oder paust sie mit blauem Kohlepapier auf. Durch Schaben und Polieren arbeitet er nun die Halbtöne heraus. Um Weiß zu erreichen, müssen die rauen Pünktchen vollständig weggeschabt und geglättet werden. Mit der Roulette kann man Partien erneut aufrauen, um zu korrigieren. Die Platte färbt man nicht mit der Walze, sondern mit dem Ledertampon.

Weitere Methoden

Das Mezzotinto ist aufwendig in der Vorbereitung. Alternativen hierzu bietet das Sandstrahlen oder die Aquatinta-Technik (siehe S. 244). Bei der Ätzradierung ist es möglich, eine abgedeckte Platte mehrmals mit Schleifpapier durch die Presse zu drehen und dadurch zu körnen.

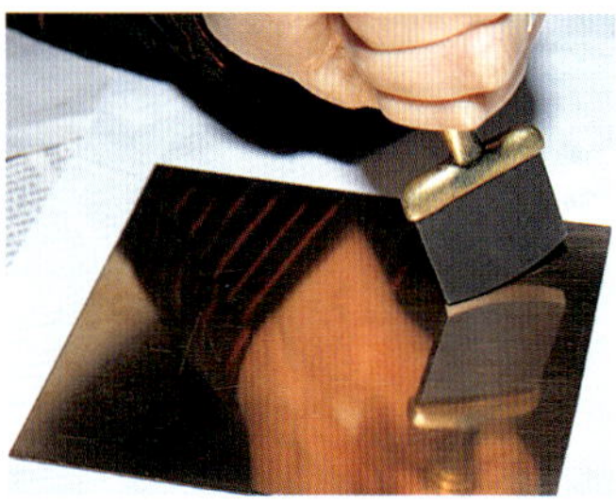

Aufrauen der Platte Arbeiten Sie mit dem Wiegestahl eine gleichmäßige Punktstruktur in die Metallplatte.

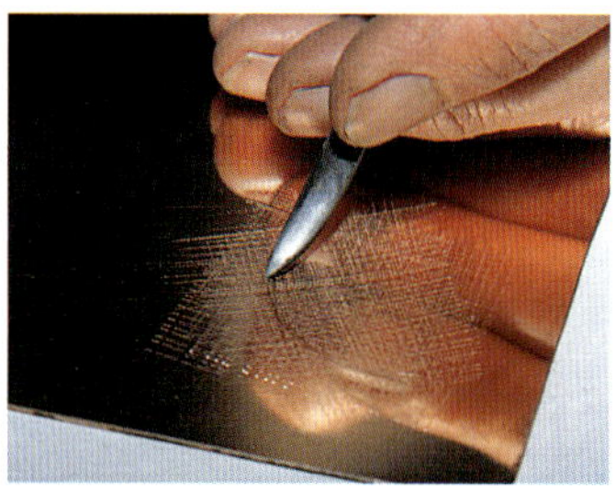

Schaben der Platte Um Partien einzuebnen, bewegen Sie den Schaber sehr flach über die Platte, sodass er nur den Grat der Vertiefungen angreift.

Ray Dennis

Mezzotinto

Die mühevolle Vorbereitung der Mezzotinto-Platte wird durch die große Breite der Tonwerte belohnt, die von tiefstem Schwarz bis zu Weiß reichen. Die verblüffende Intensität im Gesicht des Mädchens, das sich vor dem Abendhimmel abhebt und die expressive Pose in der dunklen Landschaft demonstrieren die Vielfalt der Effekte eines Mezzotinto-Drucks.

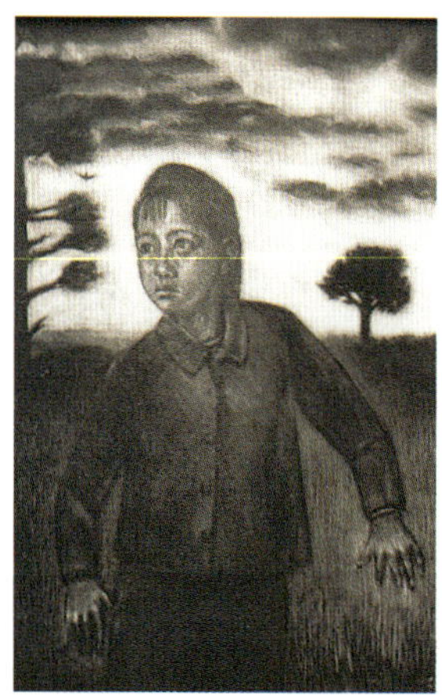

***Gott spielen* (Ausschnitt) *(2000)*,**
Ray Dennis

Technik Kaltnadelradierung

Beim Kaltnadelverfahren wird mit einer Stahlnadel, gelegentlich auch mit einer gefassten Diamantspitze, das Motiv direkt in die Kupfer- oder Zinkplatte eingeritzt. Die Vertiefung, die hierbei entsteht, ist flacher als der Linienschnitt mit dem Grabstichel. Eine Besonderheit liegt darin, dass die Nadel auf beiden Seiten der Rille einen Grat aufwirft, der das Druckbild sehr beeinflusst. Er hält zusätzlich Farbe fest und gibt der Kaltnadelradierung eine spezifische Linienqualität. Leider ist der Grat nicht dauerhaft, sondern wird beim Drucken schnell abgetragen, sodass die Kaltnadelradierung im Verlauf von 30 Abzügen ihre volle Schärfe verliert. Dies lässt sich jedoch verhindern, indem die Platte vor dem Druck »verstählt« wird. Unter den »kalten« Gravierverfahren steht diese Technik dem freien Zeichnen am nächsten. Wegen ihrer Unkompliziertheit und Direktheit war sie bei vielen Malern beliebt.

Werkzeuge der »kalten« Radierung

Mit einer gefassten Diamantspitze schneidet man besonders fließend. Sie scheint eher durch das Kupfer zu gleiten als zu ritzen. Mit hochwertigen Radiernadeln arbeitet man jedoch ebenfalls sehr gut. Tiefer gewünschte Linien ergänzt man mit dem Grabstichel. Die Roulette zeichnet tonige, beinahe »kreidige« Linien, die Echoppe-Nadel dagegen breite dunkle Linien.

Ätzradierung

Die ersten Ätzradierungen tauchten zu Beginn des 16. Jahrhunderts auf. Künstler wie Albrecht Dürer und Albrecht Altdorfer gaben der neuen Technik entscheidende Impulse. Im 17. Jahrhundert waren die Möglichkeiten dieses Mediums bereits weit entwickelt. Das spiegelt sich u.a. im reifen graphischen Werk Rembrandts wider. Im 18. Jahrhundert veröffentlichte Giovanni Battista Piranesi eine Serie kraftvoller Radierungen, die *Carceri d'Invenzione*. Goya führte die relativ junge Technik der Tonflächenätzung (Aquatinta) in Zyklen wie den *Caprichos* zu künstlerischen Meisterleistungen.

Technik des Ätzens

Im Gegensatz zum Stich und der »kalten« Radierung, bei denen die Vertiefungen in der Platte durch unmittelbares mechanisches Einwirken entstehen, frisst bei der Ätzradierung eine Säure den Strich in die Platte hinein. Zunächst wird die Kupfer- oder Zinkplatte auf der Oberseite mit einer dünnen, säurefesten Beschichtung versehen. Dieser Ätzgrund besteht aus einer harzartigen Masse, die (je nach der gewählten Technik und dem angestrebten Ergebnis) hart oder weich sein kann. Kanten und Rückseite der Platte schützt man mit Asphaltlack. Durch den Grund zeichnet man mit Radiernadeln oder anderen geeigneten Instrumenten, sodass an den gezeichneten Stellen die Metallfläche freigelegt wird. Anschließend legt man die Platte in das Ätzbad. Die Säure greift das Metall an den freigelegten Stellen an. Längere Einwirkzeiten haben tiefere und breitere Linien zur Folge. Das Ätzen gilt als entscheidende Gestaltungsphase: Man kann es jederzeit unterbrechen, einzelne Partien abdecken und andere stärker ausätzen. Nach Abspülen der Säure und Entfernung der Abdeckschichten macht man einen ersten Probedruck: Die Platte wird eingefärbt, feuchtes Papier aufgelegt und beides durch die Radierpresse gedreht. Radierungen durchlaufen oft mehrere Stadien von Ätzen, Probedrucken, Überarbeiten und erneutem Ätzen.

Vorbereitung Vorbereitung der Platte

Kupfer und Zink sind die üblichen Metalle zum Ätzen. Zink ist rauer und weicher, fester Ätzgrund haftet darauf schlechter als auf Kupfer. Der Ätzvorgang ist bei Zink etwas schwieriger zu steuern. Trotzdem wird es, vor allem für tiefe Ätzungen und kräftige Motive, gelegentlich bevorzugt. Kupfer ist das vielseitigste Material, auch Eisen, Stahl, Messing, Alu und Magnesium kommen vor. Stahl nutzt sich kaum ab, die Ätzung verläuft langsam, und die Platte verfremdet die Farben nicht (was bei Zink vorkommen kann). Die Plattenstärken liegen bei 1–2 mm. Die Kanten müssen mit einer Feile abgeschrägt werden, damit sie das Drucktuch und das Papier beim Durchrollen zwischen den Walzen nicht beschädigen.

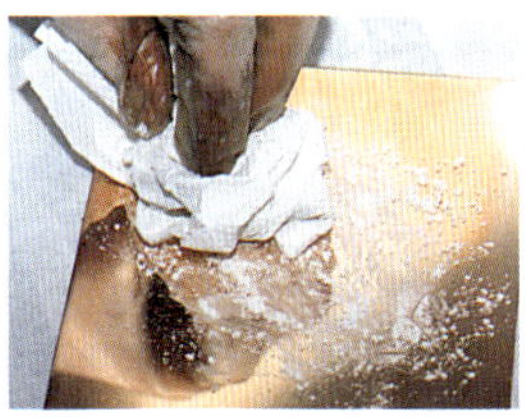

1 Reinigen Sie die Platte zunächst mit Metallpolitur und reiben oder bürsten Sie sie dann mit einer Paste aus Schlämmkreide, Wasser und einem Tropfen Ammoniak ab.

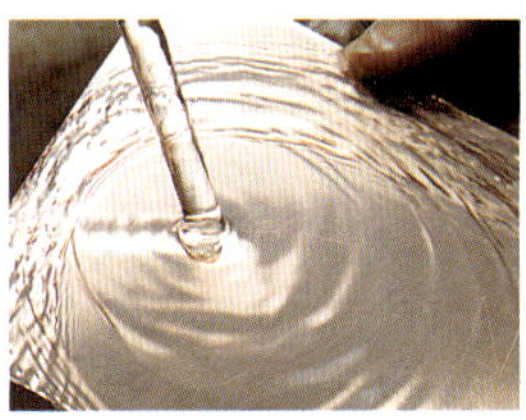

2 Spülen Sie das Entfettungsmittel restlos ab. Das Wasser sollte in einem geschlossenen Film von der Platte ablaufen.

Technik Ätzen in festen Grund

Als Ätzgrund bezeichnet man die säureresistente Abdeckschicht auf der Radierplatte, durch die hindurch man zeichnet. Festen Grund kann man nur mit harten Zeicheninstrumenten durchdringen. Man kauft ihn entweder als feste Masse (Asphalthütchen) oder als Flüssigkeit (Abdecklack). Letzterer ist als Beschichtung beliebt, weil man sich das Erwärmen der Druckplatte spart. Sein gleichmäßiger Auftrag ist jedoch etwas schwierig. Er eignet sich gut für partielles Abdecken und für spezielle Techniken wie das Aussprengverfahren (siehe S. 245). Die drei wichtigsten Bestandteile eines festen Grundes sind Bienenwachs, Asphalt und Harz.

- Bienenwachs bildet eine säureabweisende Schicht, die weich genug ist, um hindurchzuzeichnen. Die beiden anderen Zusätze modifizieren diese Eigenschaften.
- Asphalt ist ebenfalls von Natur aus säurefest. Er färbt die Mischung, macht sie widerstandsfähig, flexibel oder (in zu hoher Dosierung) brüchig.
- Naturharz (Mastix, Dammar oder Kolophonium) härtet die Mischung und erhöht ihren Schmelzpunkt.

Auftrag des festen Grundes

Man erwärmt die Druckplatte auf einer elektrischen Heizplatte oder auf einem Gasbrenner, über dessen niedrig brennendem Flammenring eine Eisenplatte liegt. Man tupft das Asphalthütchen auf die Druckplatte, wo es unter dem Einfluss der Wärme schmilzt. Mit einer Lederwalze werden die Flecken gleichmäßig verteilt. Die Platte wird weiter erhitzt, sodass sich der Grund recht dünn auswalzen lässt. Er darf aber keinesfalls ansengen. Die meisten Künstler verarbeiten die Grundiermasse direkt. Will man es aber besonders gut machen, wickelt man den Klumpen oder das Hütchen vor dem Abschmelzen in Seide ein, um feinste Verunreinigungen zurückzuhalten. Die fertige Schicht hat eine halbtransparente braune Färbung.

Einfluss der Platte

Kleine Wachskerzen oder ein Petroleumlicht werden entzündet und die grundierte Platte umgekehrt darüber gehalten. Man verwendet einen Feilkloben als Halter. Der Grund wird gleichmäßig eingerußt.

Der Radiervorgang

Man zeichnet mit einer Stahlnadel auf der grundierten Platte. Die Spitze sollte etwas rund sein, damit möglichst nur die Grundierung und nicht die Metalloberfläche geritzt wird. Ritzt man zu sehr ins Metall, wird die spätere Ätzung unregelmäßig. Legen Sie Ihre Hand möglichst nicht auf die Platte, denn die Wärme beeinträchtigt eventuell die Grundierung oder die bereits freigelegten Partien. Zeichnet man zu breite Linien, besteht die Gefahr, dass sie in der Mitte später grau drucken. Der beste Weg, kräftige Linien zu entwickeln, ist mehrfaches oder längeres Ätzen.

Wenn Sie mit Kreuz- oder Parallelschraffuren Tonwerte entwickeln, sollten Sie sich immer bewusst machen, dass alle Linien schwarz drucken – auch wenn sie beim Zeichnen als hell glänzende Linien auf dunklem Grund erscheinen. Beachten Sie auch, dass sich die Säure zwischen eng gesetzten Kreuzschraffuren eventuell »durchbeißt« und Striche zusammenzieht. Solche Stellen drucken dann als unschöne Graupartien.

Abdecklack

Dieser Lack hat zwei Hauptfunktionen. Zum einen hindert er die Säure, bereits geätzte und dann abgedeckte Partien weiter zu vertiefen. Zum anderen hält er die Säure von den Kanten und der Rückseite der Metallplatte fern. Abdecklack ist in verschiedenen Zusammensetzungen erhältlich. Man kann ihn sich aber auch selber anmischen. Es gibt zwei Haupttypen:

- Asphaltdecklack (Asphalt in organischem Lösungsmittel)
- Schellack-Abdeckung (Schellack gelöst in Methylalkohol).

Asphaltdecklack enthält oft Anteile von Wachs und Harz. Er ist dunkelbraun und dickt schnell ein, wenn das Lösungsmittel verdunstet. Für sehr feinen Auftrag mit dem Pinsel oder der Feder kann man ihn stärker verdünnen. Er trocknet rasch. Die Schellack-Abdeckung ist ebenfalls schnelltrocknend. Sie ist getönt oder transparent. Zum Hineinradieren eignet sie sich schlecht, da sie leicht splittert und gezackte Linien erzeugt.

Der Vorteil eines fast transparenten Abdecklacks besteht in der leichten Kontrollierbarkeit der Ätzung.

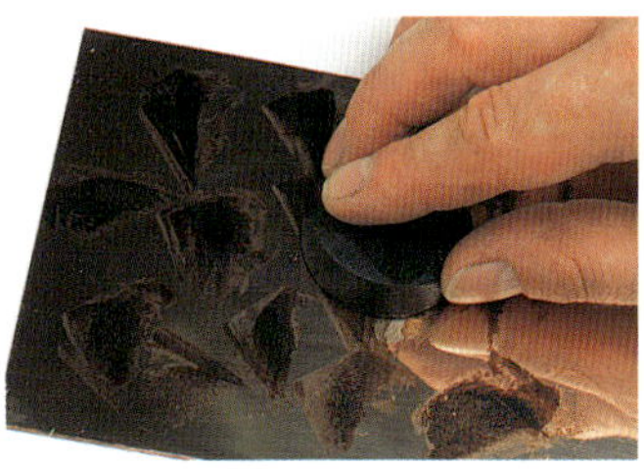

1 Tupfen Sie den Asphaltklumpen oder das -hütchen überall auf die erwärmte Platte, sodass es in Flecken aufschmilzt.

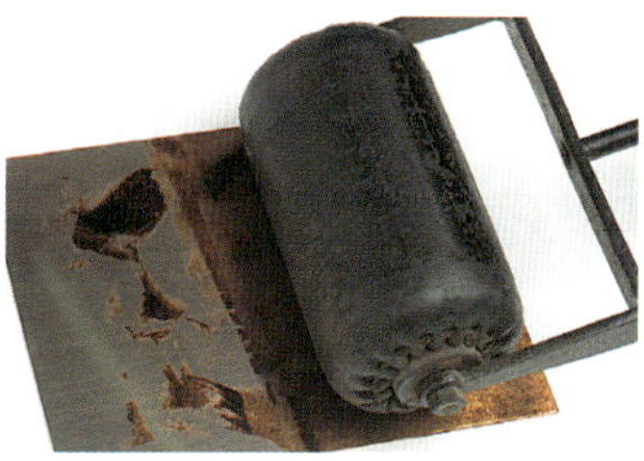

2 Walzen Sie die Masse zu einem dünnen Film aus.

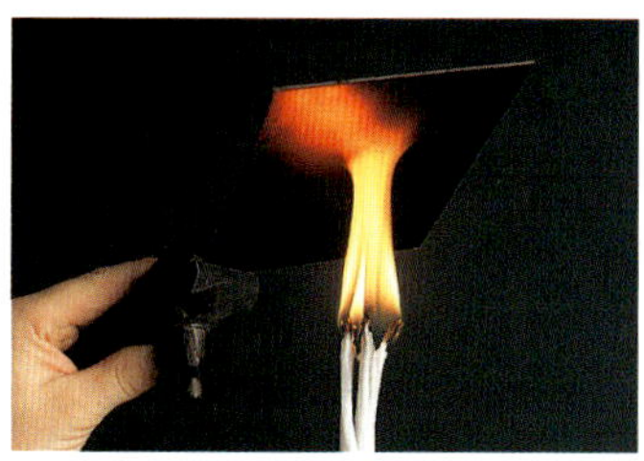

3 Halten Sie die noch heiße Platte mit einem Fellkloben umgedreht über brennende Wachskerzen. Es soll sich eine gleichmäßige Rußschicht darauf niederschlagen.

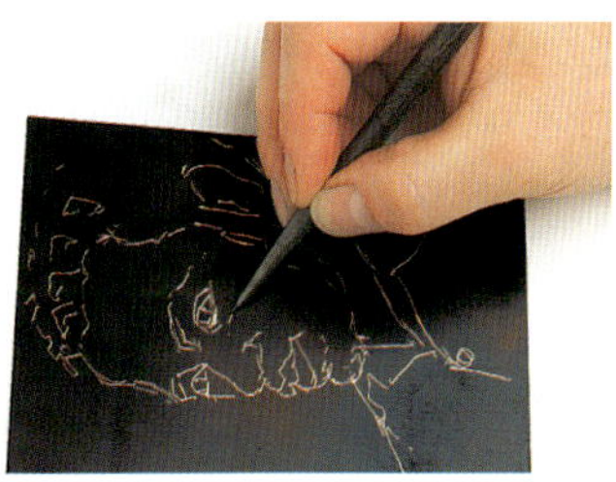

4 Zeichnen Sie mit einer Radiernadel in den festen Grund.

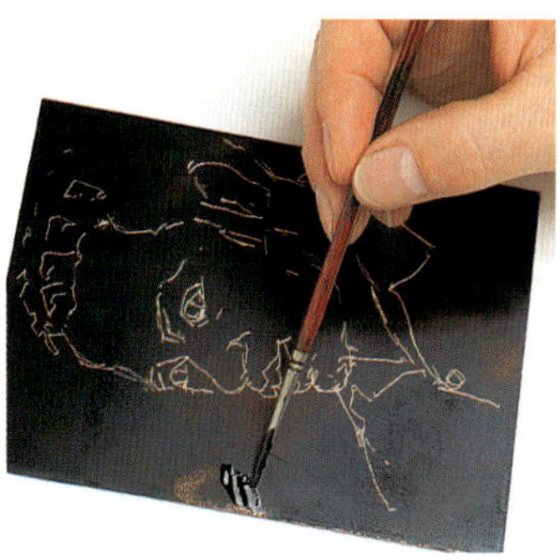

5 Tragen Sie mit einem Haarpinsel verdünnten Asphaltlack auf die Kanten und die Rückseite der radierten Platte auf.

Technik Die Weichgrundätzung

Die Ätzung auf weichem Grund, ist ein Verfahren, die Wirkung von Kreide- oder Bleistiftstrichen nachzuahmen. Weichen Ätzgrund stellt man her, indem man der Mixtur für den festen Grund bis zu 50 % Rinder- oder Hammeltalg beimengt. Der Auftrag erfolgt ebenso wie beim festen Grund, nur mit dem Unterschied, dass man die leicht erwärmte Platte zuerst mit einem Hauch von Talg überzieht. Man rußt den Grund an und kühlt die Platte von der Rückseite her schnell ab. Man legt vorsichtig ein dünnes, feingekörntes Papier darüber. Nun zeichnet man mit einem mittelharten Bleistift unter nicht zu starkem Druck. Wenn man das Papier abzieht, bleibt die Grundierung dort, wo man zeichnete, daran haften. Man ätzt mit einer schwächeren Säure als beim festen Grund (siehe dazu S. 245). Dieses sehr direkte Radierverfahren lässt sich gut mit anderen Techniken kombinieren, etwa um Grauwerte einzubauen. Die Dicke und Struktur des aufgelegten Papiers sowie das verwendete Zeichenmedium beeinflussen den Charakter der Linien. Eine Fülle interessanter Effekte ist möglich. Man kann Abdrücke von Stoffmustern, Draht, der Hand oder von Blättern, eben alles, was sich reliefhaft abhebt, auf die Platte übertragen, entweder als Hintergrundtexturen oder nur an einer bestimmten Stelle.

Der Weichgrund kann auch direkt mit einer runden Radiernadel oder einem angespitzten Stock bezeichnet werden, sodass er dicke schwarze Linien produziert.

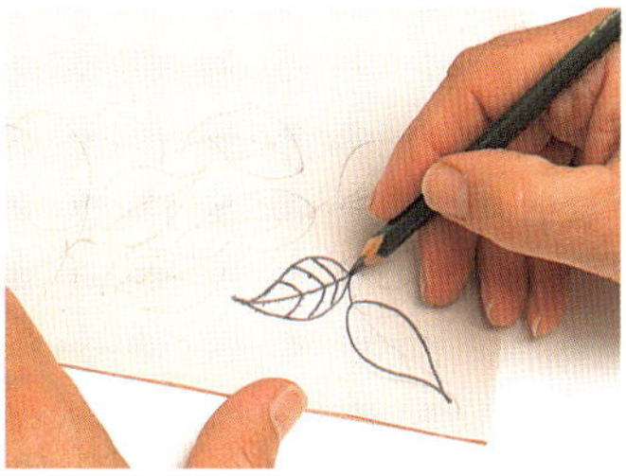

1 Fotokopie einer Zeichnung über die grundierte Platte legen. Mit Bleistift Linien durchzeichnen.

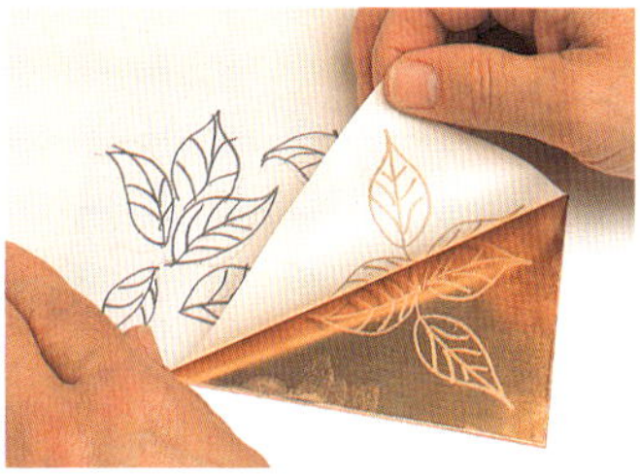

2 Nach Entfernen des Papiers: Linien auf dem Weichgrund.

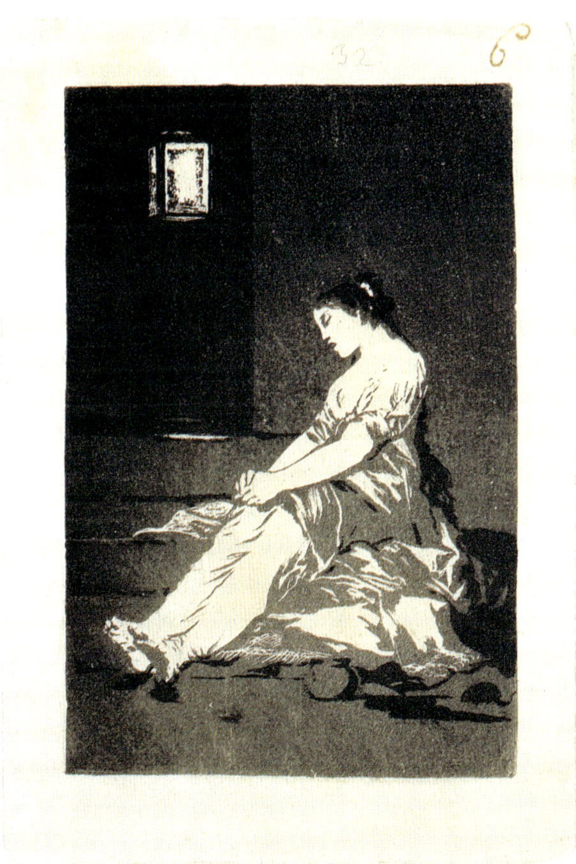

Goya

Ein dramatisches Blatt

In Goyas Radierungen kann man den kühnen Einsatz der Aquatinta-Technik studieren. Sämtliche Blätter zeigen eine vorbildlich sparsame Verwendung der Mittel. Hier spielte Goya den Kontrast von nur drei Tonwerten – Schwarz, Grau und Weiß – gegeneinander aus. Sie wachsen dennoch zu einer Ganzheit zusammen. Das starke Chiaroscuro hebt die Figur in kaltem Licht gegen einen geheimnisvoll dunklen Innenraum ab.

Por Que Fue Sensible*, Blatt Nr. 32 aus dem Zyklus *Los Caprichos
(1799), Francisco José de Goya y Lucientes

Technik Aquatinta

Mit der Aquatinta-Technik gestaltet man fein gestufte Halbtöne bis hin zum satten Schwarz. Die Druckplatte wird mit einer gleichmäßigen Schicht eines Abdeckpulvers bestäubt, normalerweise Kolophonium (siehe S. 32) oder Asphalt. Dann wird die Platte von unten vorsichtig erwärmt. Das Harz schmilzt und bildet winzige, säureabweisende Inseln auf der Metalloberfläche. Später frisst sich die Säure zwischen diesen Inseln in die Platte und erzeugt kleine »Näpfchen«, die die Farbe festhalten. Im Druck bilden sie einen einheitlichen Halbton, eine Tonfläche. In einem Prozess fortlaufenden Ätzens, Abdeckens und erneuten Ätzens baut man das Motiv aus differenzierten Halbtonpartien auf.

Die gleichmäßige Verteilung der Staubpartikel gelingt am besten im Staubkasten. Eine Aquatinta-Ätzung muss häufiger als eine Strichätzung aus der Säure genommen und überprüft werden. In den großen Oberflächen entsteht mehr Prozesswärme, die das Ätzen beschleunigt.

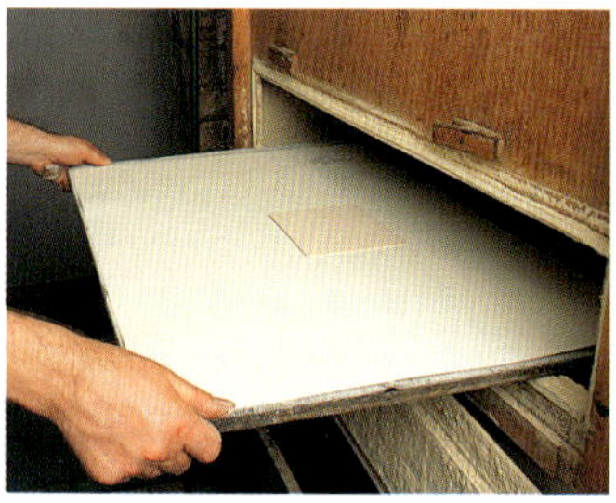

1 Wirbeln Sie das Harz- oder Asphaltpulver im Staubkasten auf. Geben Sie den Partikeln Zeit, sich etwas abzusetzen. Legen Sie die Druckplatte ein, sodass sich ein feiner Staub niederschlägt.

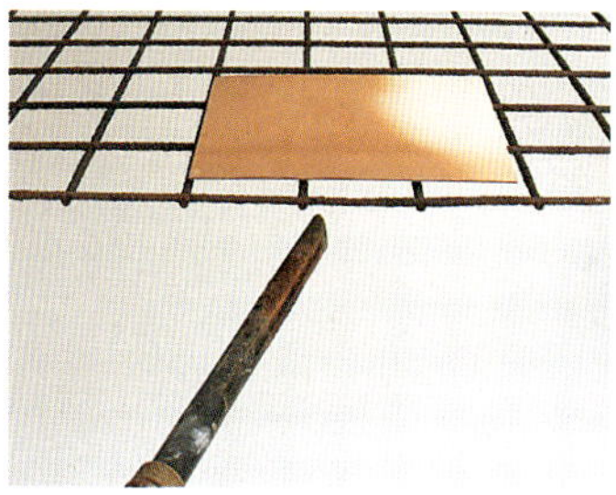

2 Erwärmen Sie die Platte vorsichtig von unten mit einem Gasbrenner. Steuern Sie die Wärme so, dass die Staubpartikel gerade aufschmelzen, aber nicht ineinander laufen.

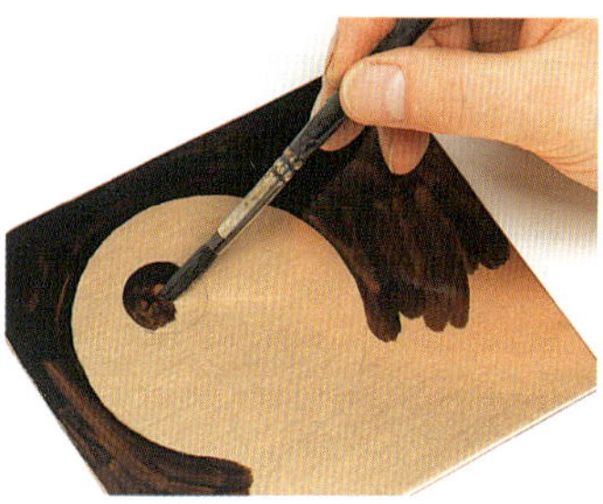

3 Decken Sie alle Partien, die im Druck weiß bleiben sollen, schon vor dem ersten Ätzgang ab. Legen Sie die Platte in die Säure. Sie greift rund um die winzigen »Inseln« das Metall an.

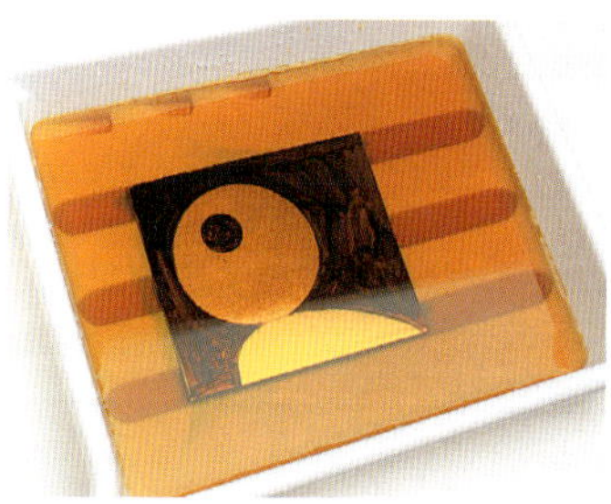

4 Decken Sie nun alle Flächen ab, die später im Druck hellgrau erscheinen sollen. Danach ätzen Sie weiter. Wiederholen Sie den Vorgang entsprechend der Anzahl gewünschter Halbtonstufen.

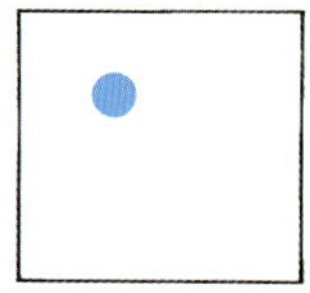

1

2

3

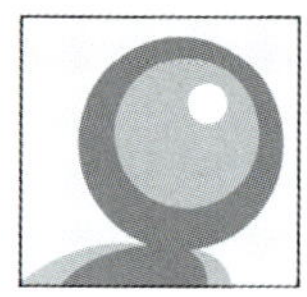

4

Tonwerte mit Aquatinta

1 Auf eine mit Kolophonium präparierte Platte malt man eine kleine Abdeckung und ätzt für kurze Zeit.
2 Die äußere Fläche wird nun zusätzlich mit Asphaltlack abgedeckt, die Platte wird weiter geätzt.
3 Der innere große Kreis wird abgedeckt, die Platte weiter geätzt.
4 Der Abdruck: Man erkennt, dass die am längsten geätzte Partie am dunkelsten druckt.

Andere Methoden für körnige Effekte

Die Platte wird mit festem Ätzgrund versehen und Sandpapier mit der Körnung nach unten darauf gelegt. Beides dreht man durch die Presse hindurch, wobei die Körnung des Sandpapiers kleine Löcher im Ätzgrund erzeugt. Wiederholt man dies mehrmals mit frischem Sandpapier, bildet sich auf der Platte eine Körnung, die eingeätzt werden kann. Ähnliches erzielt man mit Salz: Erwärmt man die Platte, sinkt es in den Ätzgrund ein. Legt man sie in Wasser, löst es sich auf und hinterlässt Löcher in der Abdeckung, durch die die Säure dringt.

Sicherheitsregeln beim Umgang mit Säuren

- Tragen Sie beim Umgang mit Säuren oder säurehaltigen Lösungen Schutzkleidung, Schutzhandschuhe und eine Atemschutzmaske.
- Sorgen Sie dafür, dass die Säurebäder stabil stehen.
- Gießen Sie stets die Säure in das Wasser, nie umgekehrt!
- Verwenden Sie in dem Ätzraum eine Absaugvorrichtung, um die giftigen Dämpfe abzuleiten.
- Gießen Sie die Säuren nach Gebrauch sofort in die Flaschen zurück.
- Waschen Sie sofort Säurespritzer auf der Haut ab und tupfen Sie die Stelle mit Alkalilösung ab.

Technik Aussprengtechnik mit Zucker

Mit dieser Technik lassen sich positive Pinsel- oder Stifteffekte auf der Platte herstellen. Das Motiv wird mit einer gesättigten Lösung von Zucker und Farbe direkt auf die Platte gezeichnet. Man löst dazu so viel Zucker wie möglich in kochendem Wasser auf und fügt etwas Gouache oder Indische Tusche hinzu. Nach dem Trocknen der Zeichnung wird flüssiger Ätzgrund oder verdünnter Abdecklack auf die ganze Platte gestrichen und trocknen gelassen. Wenn die Platte in warmes Wasser gelegt wird, schmilzt der Zucker, und die gezeichneten oder gemalten Stellen erscheinen auf dem Grund. Bei dünnen Linien kann man die Platte direkt radieren.

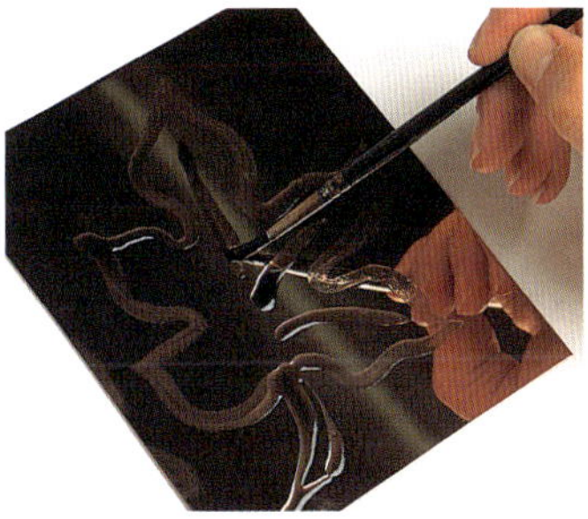

1 Zeichnen Sie das Motiv mit Feder oder Pinsel unmittelbar auf die Platte.

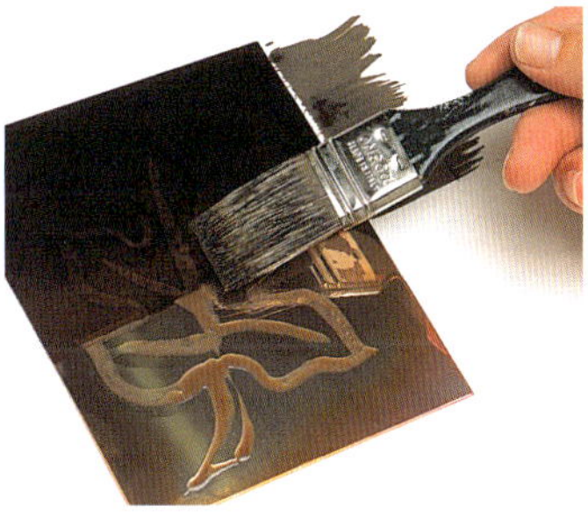

2 Tragen Sie dünnen Abdecklack auf.

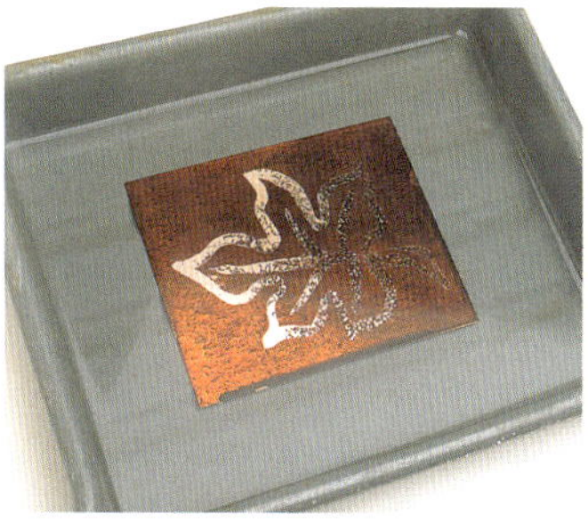

3 Im Wasserbad löst sich der Zucker und legt in den Linien die Platte frei.

Technik Die Säuren

Es gibt zwei Grundsäuren zum Ätzen: Eisenchlorid, das sehr rasch ätzt, und Salpetersäure. Salzsäure kann man – mit sehr großer Vorsicht! – auf Stahl anwenden.

Eisenchlorid

Ätzwasser von Eisenchlorid lässt sich universell für Kupfer, Zink, Stahl und Eisen verwenden. Es arbeitet ruhig und gleichmäßig und entwickelt dabei wenig Dämpfe. Die frische Lösung kann mit Salmiakwasser im Verhältnis 1:1 etwas gemildert werden. 15 Minuten umrühren, wegstellen und den Niederschlag in das Bad schütten. Bei der Anwendung bildet sich bald ein bräunlicher, undurchsichtiger Niederschlag, der es unmöglich macht, den Grad der Ätzung in der Schale zu beurteilen. Man muss die Platte dazu öfter herausnehmen und abspülen.

Salpetersäure

Dies ist die aggressivste Säure. Sie greift die Linienkanten stärker als die anderen Ätzwasser an und neigt dazu, sie zu unterhöhlen. Beim Ätzen von Kupferplatten sollte man sie zwischen 1:1 und 1:3 mit Wasser verdünnen. Verbrauchte Lösung wird blau. Man kann einer frischen Lösung etwas von ihrer Schärfe nehmen, indem man von der verbrauchten zugießt oder einige Kupferspäne in ihr auflöst. Im Salpeterätzwasser bilden sich Blasen auf der Platte, die ungleichmäßige Linienätzungen verursachen. Man streicht sie mit einer Vogelfeder fort oder bewegt die Schale, damit sie aufsteigen. Zinkplatten ätzt man in einer schwächeren Lösung: Wasser/Säure im Verhältnis 6:1 bis 3:1. Zink wird vom Salpeter etwas gröber geätzt als Kupfer. Für Eisen liegt das Verhältnis bei 5:1. Lösungen, in denen man ein bestimmtes Metall geätzt hat, verwendet man für kein anderes.

Der Ätzvorgang

Bei Kälte muss das Ätzwasser gewärmt werden. Es gibt nur wenige Regeln über die Ätzdauer, da alle Faktoren außer Temperatur und Säurestärke stark variieren. Nehmen Sie daher die Platte jederzeit aus dem Bad, spülen Sie sie ab und kontrollieren Sie ihren Zustand. Eine alte Nadel leistet beim Ertasten der Strichtiefe gute Dienste. Hat man einmal zu viel geätzt, treten Fehlstellen auf: Die Säure hat die Grenzen zwischen einzelnen Strichen durchgefressen oder Linien zu stark verbreitert. Sie bilden Mulden, in denen sich die Farbe nicht hält. Abhilfe verschafft eine Nachbehandlung mit Aquatinta, es sei denn, man baut die »weich« druckenden Partien als Stilelement ein. Man kann die Stellen auch neu abdecken, feine Linien einzeichnen und nachätzen. Ein anderes Problem sind unterhöhlte Strichkanten: Dort setzt sich zu viel Farbe fest, die schmiert oder Kanten unschön betont. Diesem Fehler beugt man durch sanftes Ätzen oder mehrmaliges Nachgrundieren vor. Zink ist das am besten geeignete Metall. Es ist ferner möglich, selektiv zu ätzen, indem man Säure mit dem Pinsel aufträgt oder auf die Platte Plastilinwulste legt, sodass die Säure einzelne Partien bearbeitet. Eine »schleichende Ätzung« bedeutet, das Säurebad leicht zu kippen, um Teile der Platte zu reinigen. Bewegt man das Bad, vermeidet man harte Ränder und erhält einen abgestuften Effekt. Mit Löschpapier kann man die Säure in den Übergängen absorbieren.

Radierungen und Stiche drucken

In jedem Stadium des Entstehens einer Radierung oder eines Stichs können Probedrucke notwendig sein. Dafür sollte man stets gutes, rechtzeitig angefeuchtetes Papier in Reserve haben. Stark geleimtes Papier muss mit Wasser getränkt, abgetupft und dann zwischen zwei Glasscheiben oder Zeichenbretter gelegt werden. Ungeleimtes wird einfach zwischen feuchten Löschpapierbögen gelagert.

Material Druckfarbe und Papier für den Tiefdruck

Druckfarbe wird aus in Öl angeriebenem schwarzen Pigment hergestellt. Die Viskosität hängt von der Menge des Pigments und der Ölsorte ab, sollte aber im Allgemeinen eine cremeartige Konsistenz haben. Für den Tiefdruck nimmt man meist mittelschweres, feinkörniges, säurefreies Papier. Tief geätzte Linien erfordern dickeres Papier, während feine Linien und Aquatinta leichteres Papier erfordern.

Technik Einfärben und Drucken der Platte

Die Druckplatte wird zunächst gründlich von Abdecklack oder festem Ätzgrund gereinigt. Vor dem Einfärben erwärmt man sie auf einer Heizplatte. Tragen Sie die Farbe gleichmäßig auf. Alle vertieften Linien, Flächen und Punkte sollen mit Farbe gefüllt sein. Nun wird die überschüssige Farbe mit einem Stück gestärkter Gaze abgewischt. Größere Farbmengen kann man auch mit einem Stück Karton abziehen. Möchte man einen reinen Liniendruck, gibt man zum Schluss Schlämmkreide auf den Handballen und putzt so die Plattenoberfläche sauber.

Man klebt auf das Laufbett der Radierpresse ein Blatt Papier in der gleichen Größe des anzufertigenden Drucks und versieht es mit genauen Passermarken. Dann legt man die eingefärbte Druckplatte in die Marken und das Druckpapier darüber. Filzmatten werden aufgelegt und die Platte durch die Presse gezogen. Das Druckpapier wird meist mit zwei Kartonstücken aufgelegt und entfernt, um ein Verschmutzen zu vermeiden.

Nach dem Druck legt man die Blätter zunächst in Trockenständer, später dann zwischen Holzpappen, damit sie flach auftrocknen. Man kann sie auch mit gummiertem Papierband auf einen festen Untergrund kleben. Es entsteht eine hervorragende Planlage, doch kann der reliefartige Abdruck der Druckplatte verloren gehen, darum legt man frisch gezogene Drucke am besten zwischen Löschpapier, damit Farbe und Papier gut trocknen können. Später kann man durch Anfeuchten geglättetes Papier zwischen Löschpapier und Glasscheiben lagern.

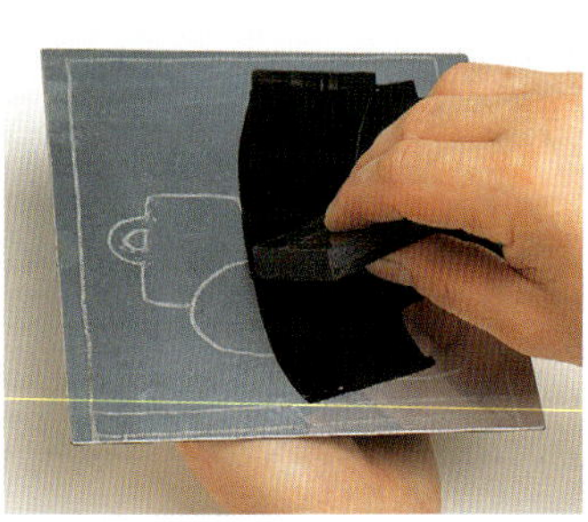

1 Druckfarbe wird auf die Platte aufgetragen und mit einem Gummischwamm verteilt.

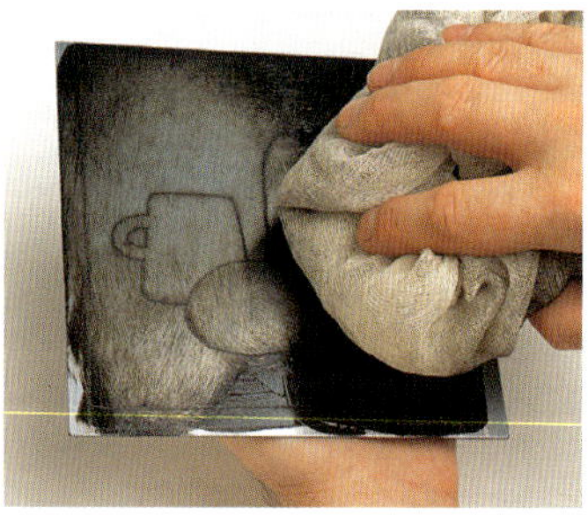

2 Die Farbe wird mit einem Gazetuch und kreisförmigen Bewegungen vorsichtig abgewischt.

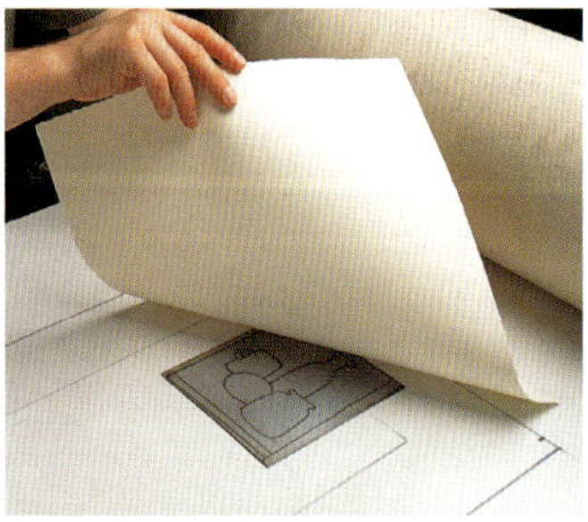

3 Die Platte wird genau in die Passermarken des in der Druckpresse aufgeklebten Papiers gelegt. Darüber wird das Druckpapier an den Passermarken ausgerichtet aufgelegt.

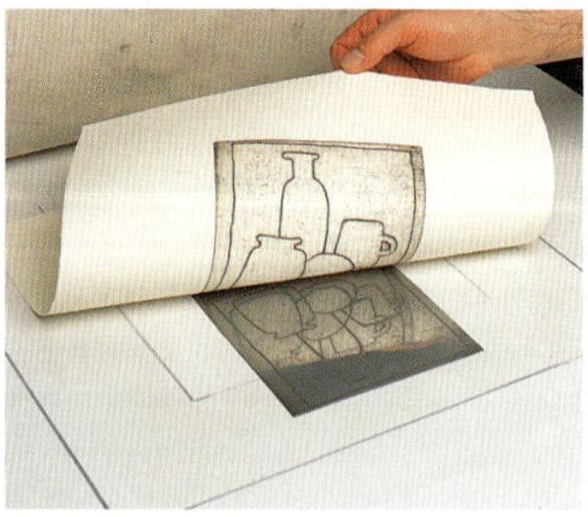

4 Nach dem Druck wird das Papier vorsichtig von der Platte abgehoben und getrocknet.

Flexografie

Obwohl die Flexografie eine kommerzielle Drucktechnik ist, etwa zum Bedrucken von Verpackungskartons, wurde sie auch von Künstlern aufgegriffen. Auf eine Plastik- oder Metallunterlage wird ein lichtempfindlicher Polymerfilm aufgebracht, der als Relief oder Intaglio gedruckt werden kann. Das Material ist leicht erhältlich und ebenso leicht zu verwenden. Die Platte wird samt Vorlage mit Quarz- oder UV-Licht belichtet und mit warmem Wasser ausgewaschen. Das Ergebnis ist eine fotografische Reliefdruckplatte. Wenn man einen sehr feinen Halbton erzielt hat, kann man sie als Tiefdruckplatte einfärben. Als Reliefdruck eignet sich eher eine negative Bearbeitung, als Tiefdruck eine positive.

Technik Die Technik der Flexografie

Im kommerziellen Bereich wird die Flexografie im Rotationsverfahren eingesetzt, also um einen Druckzylinder gelegt. Bei künstlerischen Druckverfahren wird das Material in flachen Bögen und in einer Druckpresse gedruckt.

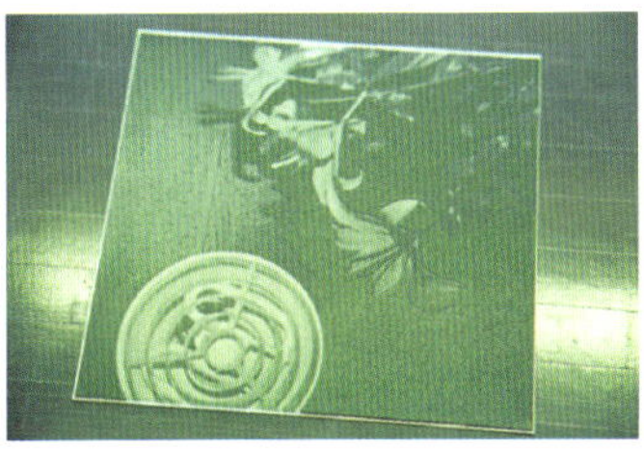

1 Die dünne, flexografische Metallplatte wird mit der Fotovorlage belichtet. So sieht die Platte nach der Belichtung und Entwicklung aus.

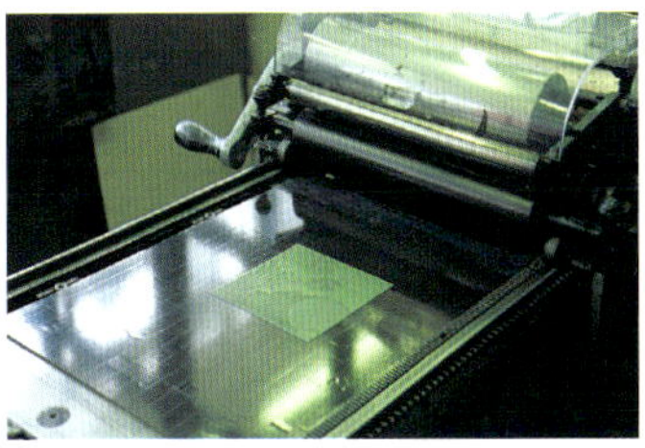

2 Die Platte wird auf die Druckpresse gelegt, in die ein Holzbrett mit Magnetstreifen eingelassen ist, sodass die Druckplatte nicht verrutschen kann.

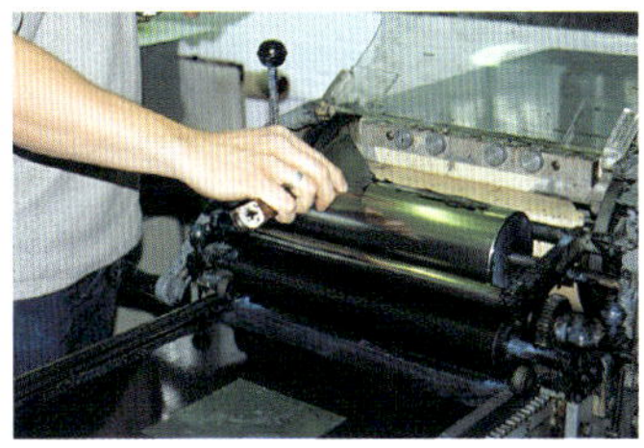

3 Druckfarbe wird auf die großen Walzen aufgetragen und die Maschine in Gang gesetzt, die nun die Farbe verteilt.

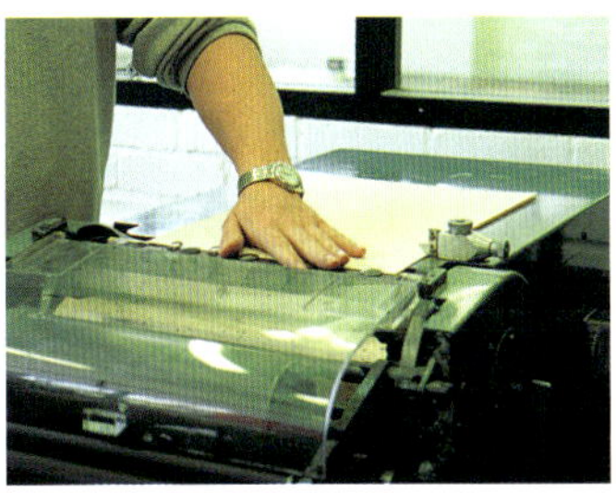

4 Das Papier wird auf die Presse gelegt, die Maschine eingeschaltet und der Druck abgenommen.

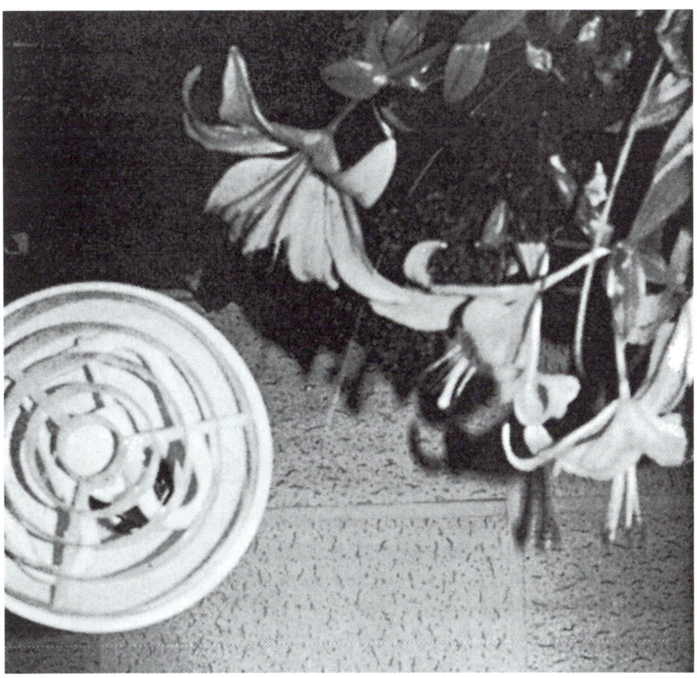

Fertiger Druck *Acht-Stunden-Ansicht,* Flexografie-Druck von Tom Sowden. Der Druck basiert auf einer Fotografie des Künstlers, die während eines Krankenhausaufenthalts entstand.

Lithografie

Das lithografische Druckverfahren wurde Ende des 18. Jahrhunderts von Alois Senefelder (1771–1834) entwickelt. Er gründete in München ein Institut, in dem er neue Drucktechnologien erforschte. Sein 1818 herausgegebenes *Vollständiges Lehrbuch der Steindruckerey* ist bis heute das Standardwerk aller Lithografen geblieben. Senefelder war selbst kein Künstler, aber schon bald machten sich Maler wie Goya, Ingres und Delacroix das neue Medium zu eigen. Die Direktheit der lithografischen Technik und ihre Affinität zum Zeichnen machte sie bei vielen Künstlern beliebt, auch bei so bekannten wie Manet, Degas, Seurat und Toulouse-Lautrec. Letzterer hat der Lithografie mit seinen Farbplakaten ein besonderes Denkmal gesetzt. Die Lithografie spielt auch in der heutigen Kunst eine wichtige Rolle.

Werkzeuge und Techniken

Die Lithografie, auch Stein- oder Flachdruck genannt, beruht im Prinzip auf dem gegenseitigen Abstoßen von Fett und Wasser. Die druckenden Partien auf dem Lithostein oder der lithografischen Metallplatte liegen auf derselben Höhe wie die nicht druckenden. Sie ziehen aber fetthaltige Stoffe an, und deshalb auch die (fette) Druckfarbe. Die nicht druckenden Stellen sind so präpariert, dass sie Wasser aufnehmen und daher die Druckfarbe abstoßen. Auf eine fertig angefeuchtete Steinplatte wird Farbe gewalzt und das Papier aufgelegt. Beim Durchlaufen der speziellen Lithopresse wird das Papier von einem hölzernen Reiber mit hohem Druck gegen den Stein gepresst – der Abzug entsteht. Die Lithografie wurde ursprünglich nur auf Kalkstein ausgeführt, heute auch auf Zink und Aluminium.

Die chemischen Grundlagen des Steindrucks

Der verwendete Kalkstein kann Fett abweisen oder durch Adsorption anziehen. Die Adsorption ist ein molekularspezifisches Anhaften (siehe S. 372). Fetthaltige Moleküle (Bestandteile der fetten lithografischen Zeichenmedien) werden von dem Stein aufgesogen und machen die bezeichneten Stellen haftend für fette Druckmedien.

Die gesamte Steinoberfläche wird dann mit angesäuertem Gummiarabikum bestrichen. Die nicht fetthaltigen Partien machen dabei einen chemischen Prozess durch, der sie dauerhaft Fett abweisend macht. Die vom Stein aufgenommenen Schichten sind so dünn und die chemischen Reaktionen so fein, dass sie seine ebenmäßige Oberfläche nicht verändern und kaum wahrnehmbar bleiben.

Material Die Lithoplatte

Es gibt eine Reihe gravierender Unterschiede beim Umgang mit der Stein- und der Metallplatte. Charakteristisch für den Stein ist seine poröse Struktur und die daraus resultierende Saugfähigkeit. Flüssige Tuschaufträge wirken daher auf dem Stein oft blass, drucken aber dunkler. Feine Tonwertabstufungen sind insofern schwieriger zu beurteilen als auf der Metallplatte. Auf dem Stein sind dagegen leichter Korrekturen anzubringen, da er partiell abgeschabt und neu geätzt werden kann. Für Lithoplatten wird fast ausschließlich ein bayerischer Kalkstein (»Solnhofener Schiefer«) verwendet. Er wird nach seiner Farbe unterschieden. Hellgelber Stein ist poröser und weicher als der graue Kalkstein. Ein hellgrauer Stein erfordert etwas mehr Säure in der Gummiätzung als ein gelber Stein, ein dunkelgrauer Stein noch ein wenig mehr. Die Steine werden in verschiedenen Größen und Stärken geliefert.

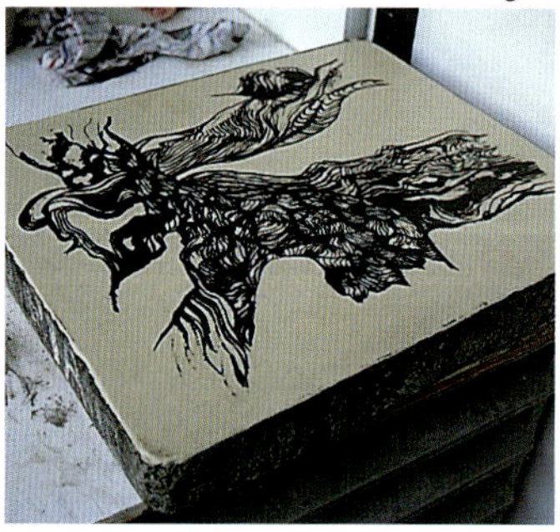

Lithostein
Das Motiv wird durch Einfärben, Aufzeichnen mit Lithokreide und Gummiätzung auf den Stein gebracht.

Material Kreiden und Tuschen für die Lithografie

Gleichgültig, in welcher Farbe eine Lithografie später gedruckt wird – die Arbeit auf dem Original vollzieht sich zunächst einmal in Schwarzweiß. Und welches Zeichenmedium man immer verwendet: Es muss zumindest Spuren von Fett enthalten, um den Stein oder die Platte für die Druckfarbe zu sensibilisieren. Es gibt unzählige Rezepte für die Herstellung von Lithokreiden und -tuschen; sie bestehen fast alle aus Wachs, Tierfett, Seife und Ruß. Sehr gut bewährt hat sich Stangentusche, angerieben und verdünnt mit destilliertem Wasser. Sie enthält meist auch Schellack-Anteile als Härtungsmittel. Es gibt ein feingestuftes Sortiment handelsüblicher Lithokreiden in den verschiedensten Gradationen von »weich« bis »hart«. Daneben gibt es fertige Lithotusche für Pinsel oder Stift. Viele andere Stoffe bieten sich für Litho-Experimente an: Schuhcreme, Seife, Vaseline, Fettstifte, Ölpastell- und Wachskreiden. Sogar gewöhnliche Graphitbleistifte hinterlassen ein schwaches Bild.

Technik Vorbereitung des Steins

Die Oberfläche des Steins muss vollkommen fettfrei und eben sein. Dies erreicht man mit Hilfe des Sandläufers, einer dicken Eisenscheibe mit einer exzentrisch angebrachten Kurbel und mehreren Löchern im Boden. Man verwendet sie zusammen mit Sand und Wasser, um die Steinplatte einige Millimeter abzuschleifen. Den Schleifsand gibt es in groben, mittleren und feinen Körnungen.

Wird eine recht körnige Oberfläche gewünscht (z. B. für Kreidezeichnungen), arbeitet man allein mit den groben Sänden (80er bis 120er Körnung). Achten Sie auf gleichmäßigen Druck. Wenn der Sand breiig wird, wird er abgewaschen und durch neuen ersetzt. Überprüfen Sie mit der Kante eines Stahllineals die Ebenmäßigkeit des Steins. Achtung: Steinkanten abfeilen (Rissgefahr).

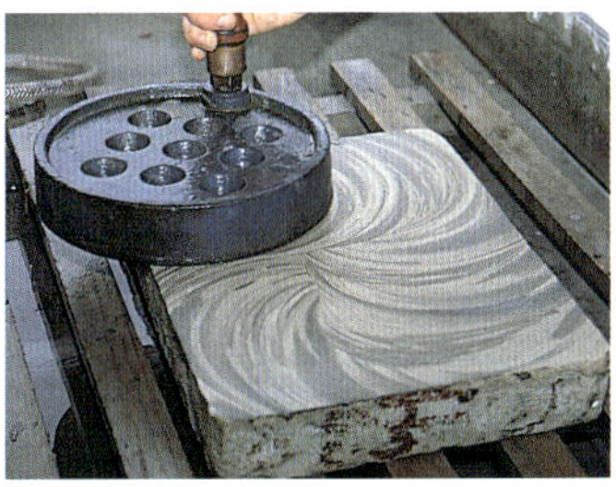

Gebrauch des Sandläufers Man bewegt ihn auf Sand und Wasser in achtförmiger rotierender Bewegung über den Stein, einschließlich der Kanten und Ecken.

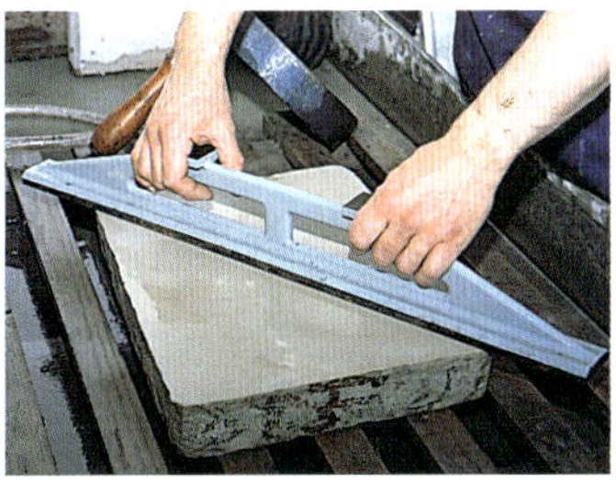

Überprüfen der Oberfläche Waschen Sie den Schleifsand von Zeit zu Zeit ab und prüfen Sie mit dem Stahllineal, ob die Oberfläche eben wird.

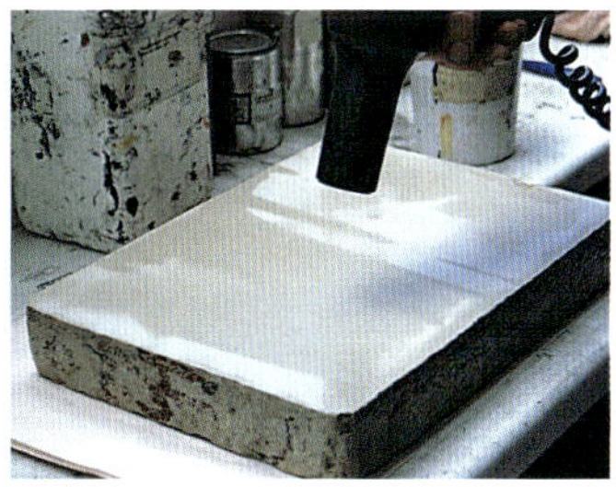

Trocknen des Steins Trocknen Sie den Lithostein mit einem Föhn, bevor Sie anfangen zu zeichnen.

Technik Metall-Lithografien

Zink- und Aluminiumplatten sind ebenfalls für die Litho-Technik verwendbar. Zuvor müssen sie mit einer besonderen Körnung versehen und entfettet werden. Das geschieht in Schüttelmaschinen – großen, elektrisch bewegten Schleifkästen. Dort wird die Platte eingelegt, mit Sand bestreut, angefeuchtet und mit Marmorkugeln bedeckt. Die Kugeln vibrieren auf dem Sand und auf der Platte und erzeugen jene aufgeraute Textur, die sowohl Wasser als auch Lithokreide binden kann. Das Oberflächenkorn beeinflusst man durch die Wahl des Schleifsandes.

Eine Platte, die lange geruht und dabei Fett sowie Staub aufgenommen hat, kann auf chemischem Wege wieder nutzbar gemacht werden. Man wäscht sie mit Alaunlösung (bei Zink) oder mit einer schwachen Oxalsäurelösung (bei Aluminium) ab.

Technik Weißfläche abdecken

Oft möchte man den Druck mit einem weißen Rand umgeben oder Partien des Bildes vollkommen weiß aussparen. Dazu malen Sie mit einem weichen Haarpinsel eine Gummilösung auf. Die Stellen werden sofort fettabweisend, sodass auch Berührungen mit der Hand sie nicht mehr versehentlich verderben können. Für Metall-Lithografien gibt es spezielle Gummilösungen. Auf Stein benutzt man Gummiarabikum, eventuell mit leichtem Säurezusatz.

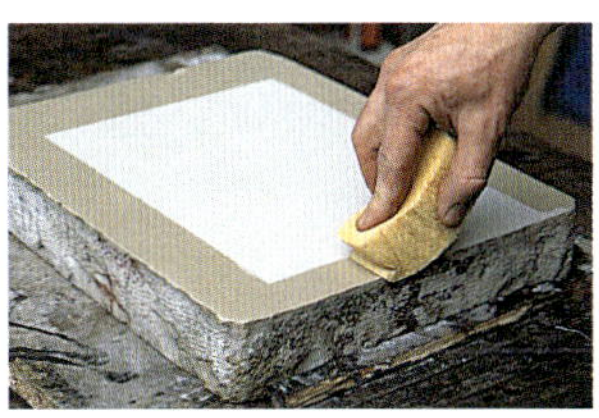

Abdecken Weiß bleibende Flächen werden mit Gummiarabikum oder Gummiätzung und einem weichen Pinsel abgedeckt.

Technik Übertragung eines Motivs auf Stein oder Platte

Der lithografische Stein druckt seitenverkehrt. Falls Sie also nach einer vorhandenen Vorlage frei auf den Stein zeichnen, sollten Sie dieses Motiv im Spiegel betrachten. Eine Papiervorlage kann man auch umgedreht auf einem Lichtkasten befestigen und so von hinten abzeichnen. Druckt man die Zink- oder Aluminiumplatte auf einer Offsetmaschine, ist es nicht nötig, seitenverkehrt zu arbeiten. Diese Maschinen übertragen das Bild zuerst auf einen Gummizylinder und von dort auf das Papier, sodass keine Umkehrung auftritt. Man kann das Motiv auch direkt auf den Stein durchzeichnen, indem man das Papier unten mit abgeschabter Rötelkreide einreibt oder Pauspapier verwendet (siehe unten). Nur sie ist verwendbar, weil sie fettfrei ist.

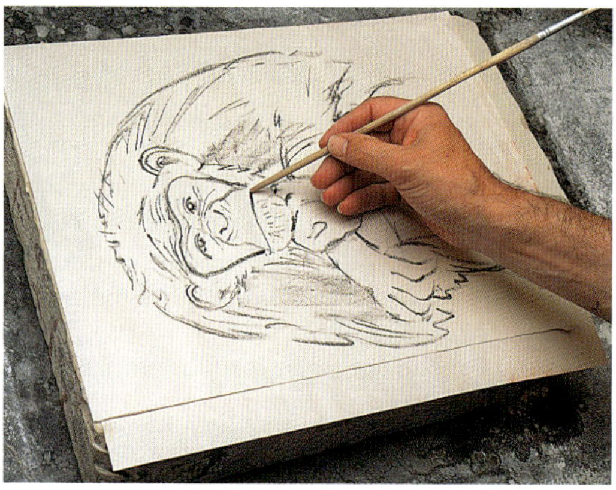

1 Legen Sie das Pauspapier mit der Kreideschicht nach unten auf den Stein. Legen Sie das Original auf das Papier und bedecken Sie es zum Schutz mit einer dünnen Plastikfolie. Nun können Sie die Konturen mit dem zugespitzten Ende eines alten Pinselstiels durchdrücken.

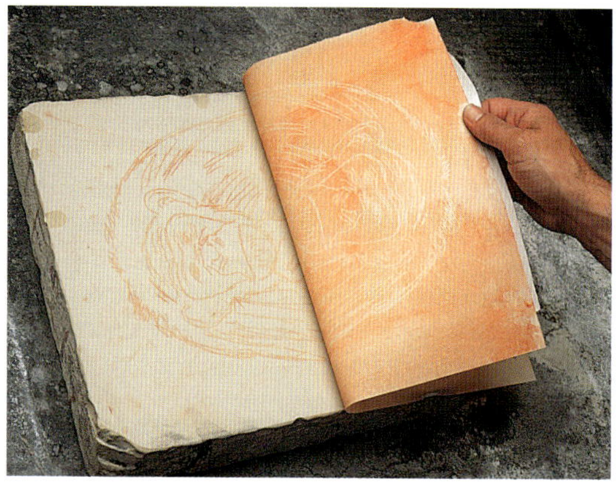

2 Heben Sie das Pauspapier ab, um das durchgepauste Motiv auf dem Stein freizulegen. Die Pause lässt die wichtigsten Linien für die folgende Zeichnung mit Lithokreiden oder flüssiger Tusche gut erkennen.

Technik Lithografische Linienzeichnungen

Bei der bildnerischen Gestaltung von Lithografien, ob zeichnerisch oder malerisch, sollte man immer im Auge behalten, dass Fett druckt und Gummi nicht. Jede Stelle, an die nur eine Spur Fett gelangt ist, wird im Druck Farbe annehmen, es sei denn, man bessert sie aus. Einer der spontansten Zugänge zur Lithografie besteht darin, mit der Kreide direkt auf der Platte zu zeichnen wie auf einem Blatt Papier. Bedenken Sie, dass härtere Kreide im Abdruck einen helleren Ton bewirkt als weiche. Um zu vermeiden, dass die Kreiden in der Hand warm und klebrig werden, sollte man einen Kreidehalter verwenden. Ebenso direkt wie mit Kreide kann man auch mit Tusche arbeiten. Sie wird im Handel in Versionen für den Pinsel oder die Feder angeboten. Die Tusche bildet scharf umgrenzte Linien, die normalerweise tief dunkel drucken.

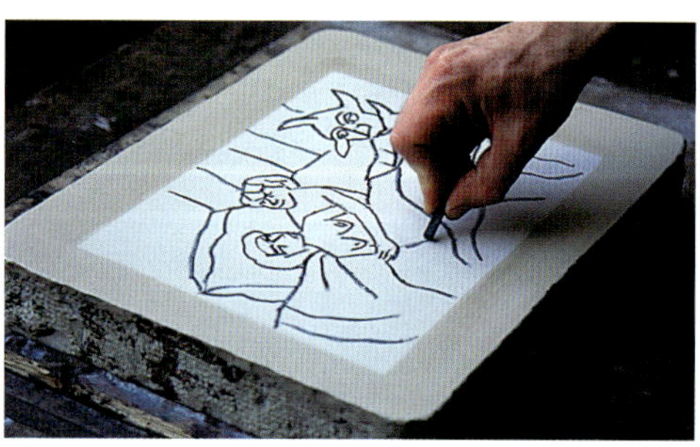

Linienzeichnung Um Schmierstellen auf dem Druck zu vermeiden, darf man die Oberfläche von Stein oder Platte nicht mit der Hand berühren.

Direktes Zeichnen auf Stein oder Platte
Dies ist dem Medium Lithografie besonders angemessen. Die einzelne Linie hat einen subtilen Ausdruck und feinste Tonwertveränderungen.

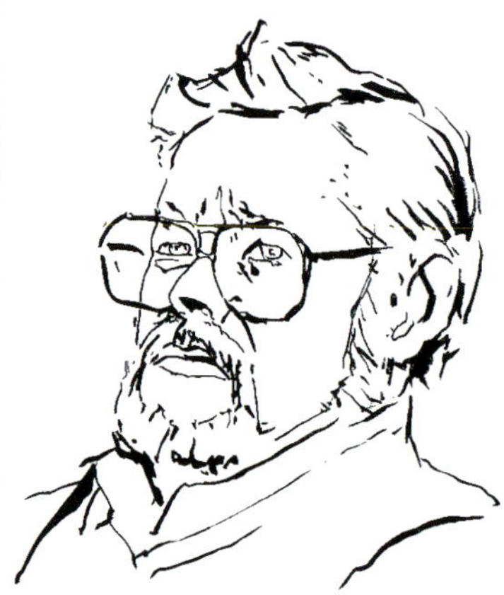

Lithografisches Porträt Diese Grafik entstand mit einem weichen Haarpinsel und Lithotusche auf einer Metallplatte.

Technik

Tonwerte gestalten

Das natürliche Korn des Steins hilft dabei, fein gestufte Halbtöne aufzubauen. Schraffieren Sie leicht mit einem Lithostift über die Oberfläche des Steins. In den entstehenden Tonflächen »antwortet« der Stein auf den Kreidestrich. Die Wirkung ist ähnlich wie bei Zeichnungen mit Wachsstift auf einem mittelrauen Zeichenpapier (siehe S. 71f.). Dunklere Tonwerte erzeugen Sie durch kräftigeren Auftrag oder mit einem weicheren Stift. Halbtöne erzielt man außerdem mit der Siebspritztechnik oder im lavierenden Pinselauftrag mit verdünnter Tusche.

Kreidestriche vermalen
Man kann Lithokreidestriche auch nass vermalen, indem man einfach mit einem wasser- oder terpentingetränkten Pinsel darüber fährt. Terpentin führt manchmal zu verschmierten Ergebnissen. Mit der Vermaltechnik ist es möglich, malerische Halbtonflächen zu gestalten. Es ist allerdings ratsam, zunächst die Strichlithografie und die Handhabung der Gummiätzung voll zu beherrschen, da solche Halbtöne sonst allzu leicht ins volle Schwarz abrutschen. Achtung: Die auf dem Stein sichtbaren Tonwerte erscheinen im Druck viel kontrastreicher.

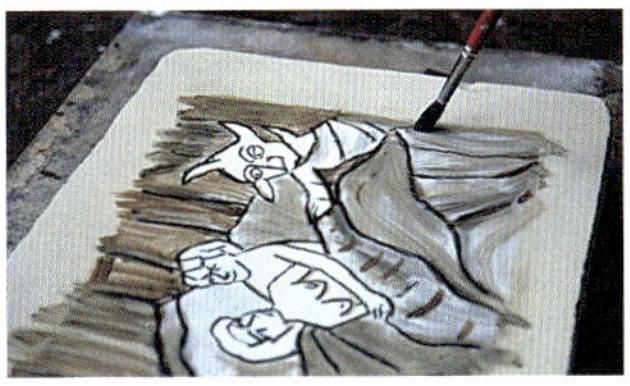

Halbtöne gestalten Durch Vermalen der Lithokreidestriche mit Pinsel und Terpentin bzw. Wasser erreicht man Halbtonflächen.

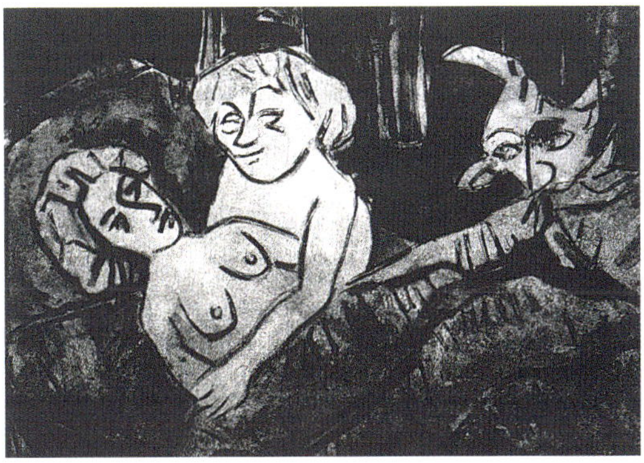

Strich und Ton Das Motiv wurde zunächst als reine Strichzeichnung mit der Lithokreide angelegt. Danach entwickelte der Künstler kräftige Tonflächen, indem er Kreidestriche mit Pinsel und Terpentinöl weich vermalte und Flächen mit verdünnter Lithotusche lavierte. Einige Kreidestriche wurden vor der Ätzung zusätzlich mit Pinsel und Tusche verstärkt.

Technik »Mezzotinto« in der Lithografie

Mit den Mezzotinto der Radierung hat diese Technik lediglich gemeinsam, dass aus dem Dunkel heraus gearbeitet und zum Teil geschabt wird. Man überzieht zunächst den Stein mit fetter Lithotusche oder Asphaltlösung, in die man das Motiv ritzt oder schabt. Mit Drahtbürste und Sandpapier gestaltet man Strukturen.

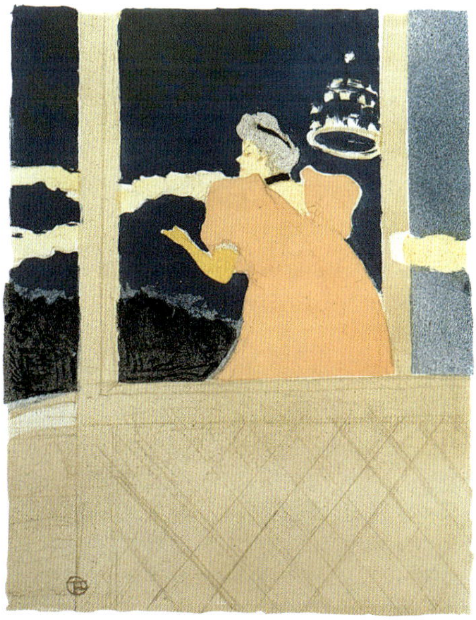

Toulouse-Lautrec

Die Lithografien Toulouse-Lautrecs
Toulouse-Lautrecs Lithografien sind durch ihre Leichtigkeit, ihren fließenden Strich und ihren adäquaten Gebrauch des Mediums einzigartig in der Kunst des späten 19. Jahrhunderts. Seine besondere zeichnerische Gabe fand auf dem sensibel ansprechenden Stein ihren unmittelbaren Ausdruck. Die Weichheit der Kreidestriche und der kühne Schwung der gemalten Flächen haben sich in diesen Blättern bewahrt. Man verbindet mit Lautrecs Kunst oft die Wiedergabe eines flüchtigen Moments. Zugleich unterliegen diese Arbeiten aber auch ausgefeilten Kompositionsprinzipien. In dieser Grafik wird die Gestalt der Frau von den umgebenden Tonflächen geschickt umfangen und optisch nach vorne gedrängt.

***Aux Ambassadeurs** (1894),*
TOULOUSE-LAUTREC

Abklatschverfahren

Bei diesem indirekten Verfahren der Lithografie stellt man die Zeichnung auf einem separaten Träger her. Die Zeichnung mit fetthaltigen Medien überträgt man später unter Druck auf den Stein. Als Träger eignet sich Papier unterschiedlicher Dicke und Struktur. Man streicht es dünn mit wasserlöslichem Leim oder mit gummihaltiger weißer Farbe ein. Nach dem Trocknen zeichnet man darauf wie gewohnt mit Lithokreide. Die Leimschicht gibt der Zeichnung einerseits genug Haftung, andererseits bewirkt sie, dass sie sich gut »abklatschen« lässt. Man muss auch hierbei fettige Fingerabdrücke vermeiden, weil sie mitübertragen werden. Nach dem Übertragen des Motivs kann der Stein vorbereitet und gedruckt werden. Man kann auch auf dem Stein weiterarbeiten.

Technik

Übertragen des Motivs auf den Stein

Bei einer Pause sollte man die Tonwerte tiefer halten, da sie in der Pause etwas schwächer erscheinen können. Wenn die Pause nicht ganz gelungen ist, kann man sie direkt auf dem Stein überarbeiten.

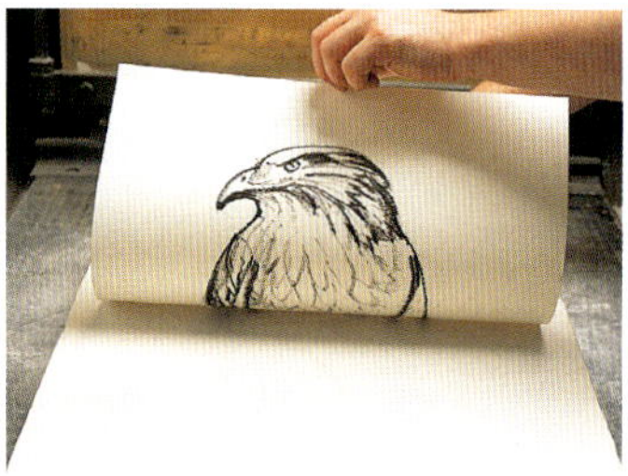

1 Legen Sie das Motiv mit dem Gesicht nach unten auf den präparierten, trockenen Lithostein.

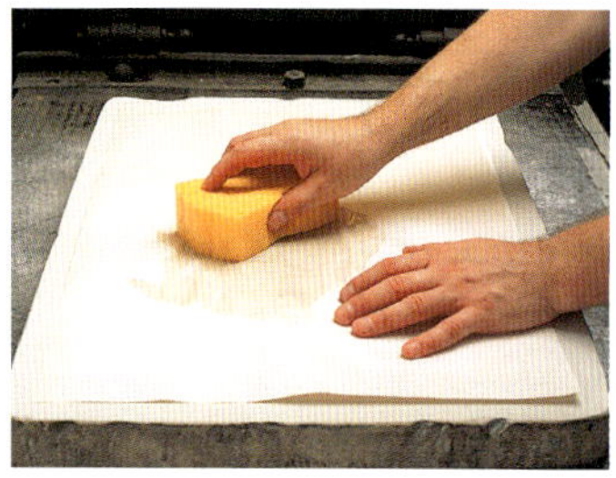

2 Ein Blatt Papier auf das Pauspapier legen und die Rückseite mit einem Schwamm befeuchten.

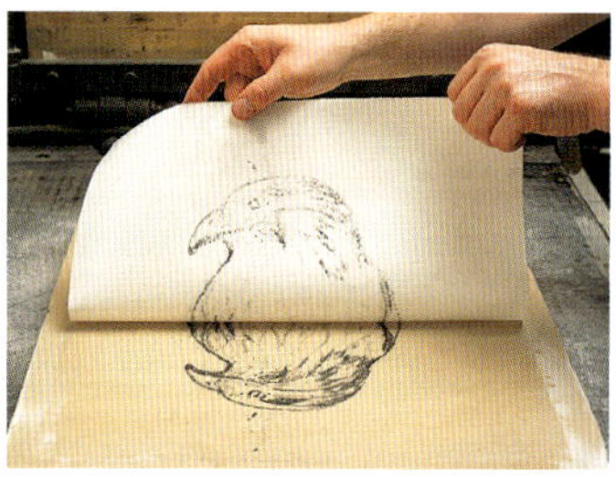

3 Ziehen Sie Stein und Papier durch die Druckpresse, um das Motiv zu übertragen. Entfernen Sie das Schutz- und dann das Pauspapier.

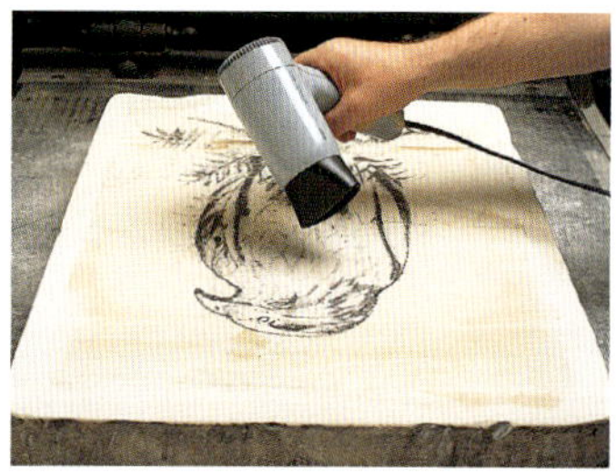

4 Das Motiv ist auf den Stein übertragen worden. Man kann es nun mit einem Föhn trocknen und den Stein dann in der gewohnten Weise weiter behandeln.

Vorbereitung und Druck des Steins

Falls man ihn nicht schon vorher mit Gummilösung geschützt hatte, kann man den Stein mit Bimsstein und Wasser reinigen. Danach muss der Stein wieder trocknen. Vor der Ätzung des Steins bestäubt man ihn mit Kolophoniumpulver, um die gezeichneten fetthaltigen Partien vor der Gummiätze zu schützen.

Die erste Ätzung

Die Gummiätze besteht aus einer Gummiarabikum-Lösung, der einige Tropfen Salpetersäure hinzugefügt wurden. Es kann auch etwas Phosphor- oder Gerbsäure benutzt werden. Der Säureanteil hängt von der Art der Zeichnung und des Steins ab (siehe S. 254). Nach dieser Ätzung ist der Stein in den nichtdruckenden Stellen für Fett desensibilisiert worden. Die Haftung der fettigen Stellen auf dem Stein wird durch den neutralisierenden Effekt der alkalischen Seife verstärkt.

Auswaschen und Einfärben

Im nächsten Stadium wird die Zeichnung vorsichtig ausgewaschen. Dazu dient eine Lösung aus Asphalt, Wachs, Talg und Terpentin. Der Asphaltanteil lagert sich den druckenden Bildteilen an, sodass man das Motiv in hellbrauner Färbung sehen kann. Der Asphalt hilft, dass sich die im nächsten Schritt aufzutragende Farbe gut festsetzen kann. Im Prinzip wäre jetzt schon ein Abdruck möglich, doch ist das Bild noch nicht voll im Stein aufgenommen und entwickelt. Deshalb färbt man es nach dem Auswaschen mit einer speziellen, langsam trocknenden Farbe ein, ehe man es ein zweites Mal ätzt. Diese »Federfarbe« wird gleichmäßig ausgewalzt und in einer leichten Rollbewegung in mehreren Durchgängen auf den Stein gebracht. Währenddem feuchtet man den Stein immer wieder mit einem Schwamm an. Es braucht einige Zeit, bis das Bild im vollen Tonwertumfang erscheint.

Die zweite Ätzung

Trocknen Sie den Farbauftrag mit einem Föhn in Stellung »Kalt«. Stäuben Sie die Platte mit Kolophonium und mit Talkum ein. Nun kann der Stein ein zweites Mal geätzt werden. Man benutzt Gummiätze oder eine wässrige Ätzlösung, die man mit einer »Fahne« aus weichem Stoff aufträgt. Danach wäscht man den Stein vorsichtig ab und überzieht ihn mit reinem Gummiarabikum. Lassen Sie ihn einen Tag ruhen.

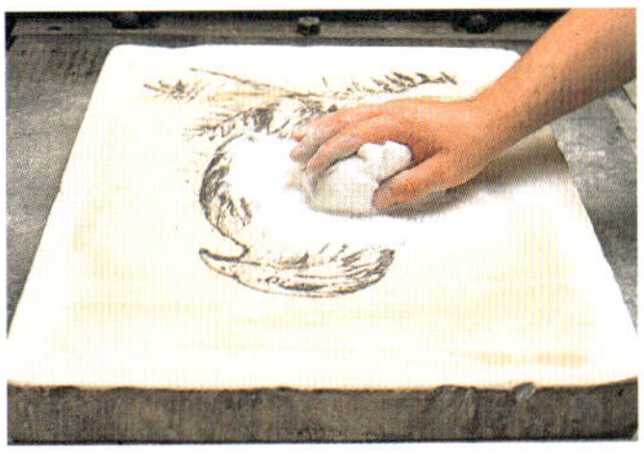

1 Bestäuben Sie die Oberfläche des Steins mit Talkum oder pulverisierter Schlämmkreide und eventuell Kolophonium. Verreiben Sie alles mit einem Baumwolllappen, sodass keine Reste bleiben.

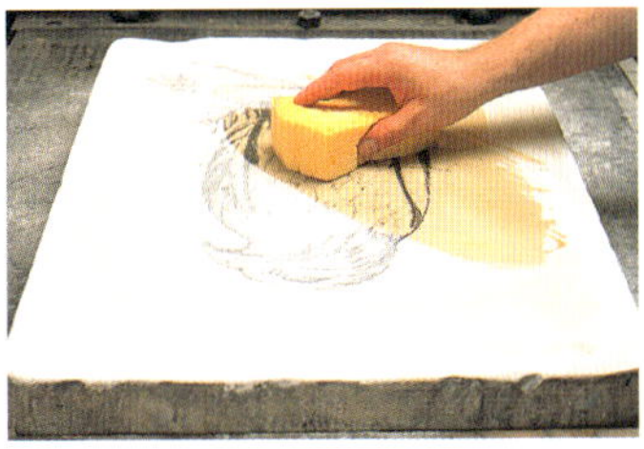

2 Tragen Sie auf der gesamten Fläche saure Gummilösung auf. Sie können Gummiarabikum mit einem Zusatz von Salpetersäure verwenden. Lassen Sie den Stein zwölf Stunden ruhen.

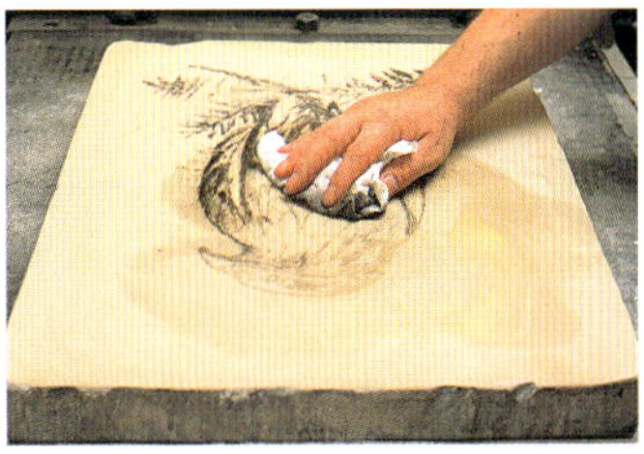

3 Waschen Sie mit Spiritus die Fettpartikel ab und mit Wasser die Gummilösung aus dem Stein.

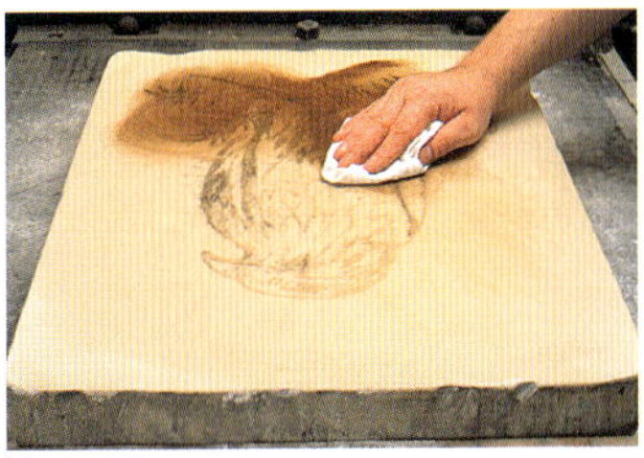

4 Gießen Sie etwas Asphaltlösung auf und verreiben Sie sie gleichmäßig und behutsam mit Wasser.

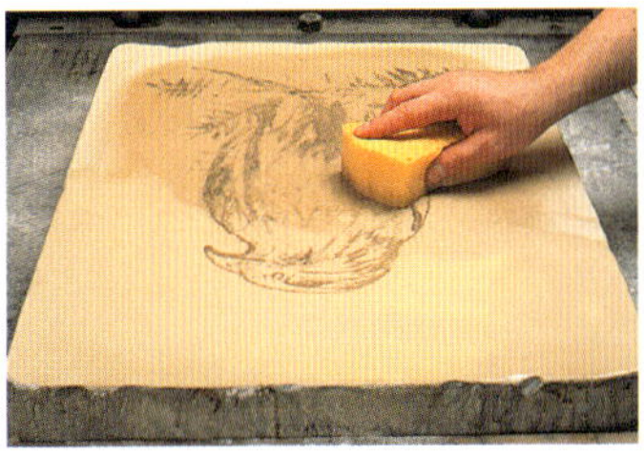

5 Waschen Sie die Gummierung mit Wasser aus.

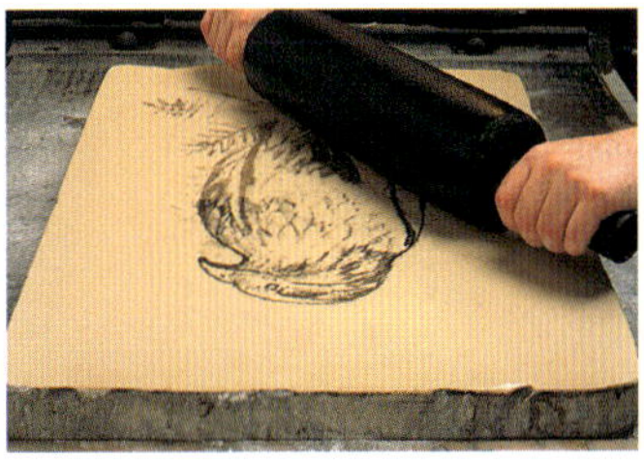

6 Halten Sie den Stein feucht und walzen Sie ihn leicht mit Druckfarbe ein. Trocknen Sie die Farbe mit dem Föhn. Legen Sie angefeuchtetes Druckpapier und Schutzpapier auf.

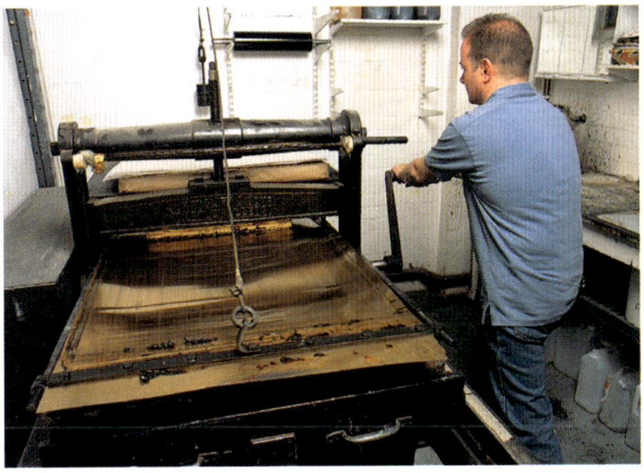

7 Legen Sie die Schutzplatte auf das Papier. Fetten Sie sie oben etwas ein und senken Sie den Reiber ab. Kurbeln Sie den Stein durch die Presse.

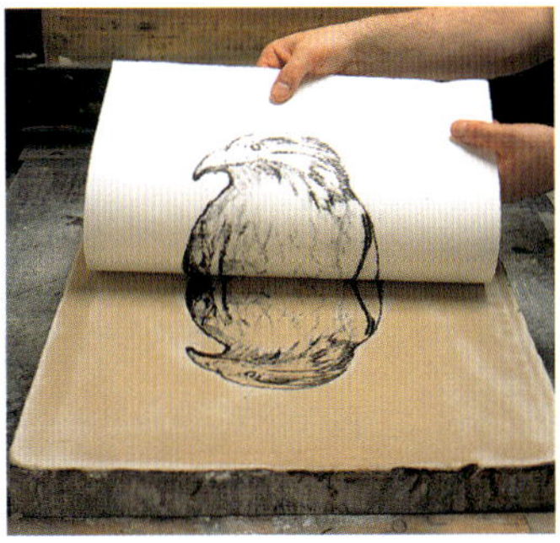

8 Heben Sie den fertigen Druck vorsichtig vom Stein.

Technik Präparieren einer Metall-Lithoplatte

Die Vorgänge sind sehr ähnlich wie beim Präparieren des Steins. Die Hauptunterschiede bestehen in den Ätzmaterialien.

Der erste Ätzgang

Die Platte wird mit Talkum bestäubt. Danach wird mit einem Schwamm Gummiätze aufgetragen. Man verwendet ein handelsübliches Ätzmittel für Metall-Lithos. Die notwendige Einwirkzeit der Gummiätze variiert sehr. Bei Kreidezeichnungen genügt gewöhnlich eine halbe Stunde, doch bei sehr feinen Motiven können auch erheblich längere Zeiten notwendig sein. Die aggressive Wirkung der schwachen Gummiätzung kommt nach einer Weile zum Stillstand, sodass Platten, die man tagelang damit liegen lässt, nicht etwa zersetzt werden. Zuerst wäscht man dann mit Spiritus vorsichtig die fetthaltige Zeichnung aus und anschließend mit Wasser die Gummischicht. Wenn sich die Zeichnung nicht leicht löst, benetzt man die Platte mit einer Mischung aus Wasser und Terpentin. Nachdem die Zeichnung ausgewaschen ist, wird die Asphaltlösung eingerieben und die Federfarbe auf die angefeuchtete Platte gewalzt.

Der zweite Ätzgang

Vor dem zweiten Ätzgang trocknet man die Platte mit dem Föhn und bestäubt sie mit Kolophonium und Talkum. Man nimmt fertige Gummiätze oder auch reines Gummiarabikum, eine Mischung aus Pottasche, Alaun, Salpetersäure und Wasser oder wässrige Gerbsäurelösung. Letztere ist sehr scharf und darf nie länger als zwei Minuten auf der Platte bleiben. Tragen Sie sie mit einem weichen Borstenpinsel auf und halten Sie die Flüssigkeit ständig in Bewegung. Dann wird sie abgewaschen. Man föhnt die Platte und überzieht sie, falls man nicht gleich drucken will, mit Gummilösung.

Technik Das Drucken

Beim Druck vom Stein feuchtet man das Papier im Allgemeinen vorher an. Metall-Lithos druckt man meist auf trockenem Papier. Wenn Sie eine Handpresse benutzen, legen Sie das Papier vorsichtig auf den eingefärbten Stein oder die Platte. Darüber legen Sie einige Bogen Packpapier und eine oben eingefettete Schutzplatte aus Metall oder Kunststoff. Mit einem Handhebel senkt man den Reiber ab und kurbelt den Steinkarren durch die Presse. Der Reiber gleitet auf der eingefetteten Schutzplatte und übt dabei gleichmäßigen Druck aus.

Nach dem Drucken

Nach dem Drucken soll der Stein oder die Platte eventuell für spätere Drucke präpariert werden. Man wäscht die Druckfarbe mit Terpentinöl aus. Dann färbt man den Lithoträger mit nichttrocknender Federfarbe ein und überzieht ihn mit Gummilösung.

Wenn von einem Stein nicht mehr gedruckt werden soll, schleift man ihn ab. Die Lithoplatte behandelt man mit einer ätzenden Sodalösung, die alle Fettspuren entfernt. Sie kann auf mechanischem oder auf chemischem Wege wieder verwendungsfähig gemacht werden.

Ätztabelle

Gibt die Stärke der Gummiätze an, die je nach Stein für bestimmte Effekte benötigt wird. Alle Angaben pro 25 ml Gummiarabikum.

	Kräftige Zeichnung	Mittlere Zeichnung	Feine Zeichnung	Zarte Zeichnung	Sehr zarte Zeichnung
Gelber Stein					
Salpetersäure (Tropfen)	15	12	6	4	0
Phosphorsäure (Tropfen)	5	5	4	3	0
Gerbsäure (Körner)	6	6	6	5	6
Hellgrauer Stein					
Salpetersäure (Tropfen)	18	15	10	5	0
Phosphorsäure (Tropfen)	5	5	4	3	0
Gerbsäure (Körner)	6	6	6	5	6
Dunkelgrauer Stein					
Salpetersäure (Tropfen)	20	18	13	8	3
Phosphorsäure (Tropfen)	5	5	5	4	2
Gerbsäure (Körner)	6	6	6	6	8

Tabelle wurde vom Handdruck-Pionier Lynton R. Kistler, Los Angeles, entwickelt. Aus: *The Tamarind Book of Lithography*, Abrams, New York (1971)

Fotolithografie

Immer mehr Künstler wenden sich der Fotolithografie zu. Man kann auf einem Spezialfilm sehr leicht mit malerischen und zeichnerischen Mitteln in Halbton arbeiten. Es gibt auch die Möglichkeit, das Motiv digital zu bearbeiten und per Laserausdruck auf einen Film zu übertragen.

Technik

Fotolithografie auf einer Platte

Es gibt heute lichtempfindliche Offsetdruck-Platten, die mit UV-Licht auf dem Vakuumtisch belichtet werden können. Das Motiv wird in schwarzer Filmtusche auf eine Rasterfolie aufgezeichnet. Der Film wird mit dem Gesicht nach oben auf die Belichtungsplatte gelegt, der Deckel geschlossen und ein Vakuum erzeugt. Der Rahmen wird gedreht und das UV-Licht für ca. 70–80 Sekunden angeschaltet. Die Belichtungszeit variiert je nach Empfindlichkeit des Motivs. Dann wird die Platte in ein Entwicklerbad mit Natriummetasilikat gelegt und mit einem Schwamm abgerieben. Dann wird die Platte ausgewaschen, mit Gummiätzlösung behandelt und zum Druck vorbereitet.

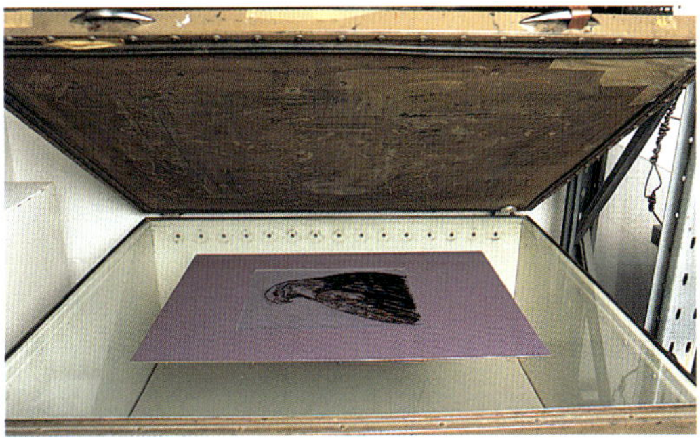

1 Die Platte wird mit dem Gesicht nach oben auf den Vakuumtisch angelegt. Der Film wird darüber gelegt, der Deckel zugeklappt und ein Vakuum erzeugt. Der Rahmen wird gekippt, sodass Film und Platte durch UV-Licht in der entsprechenden Zeit belichtet werden können.

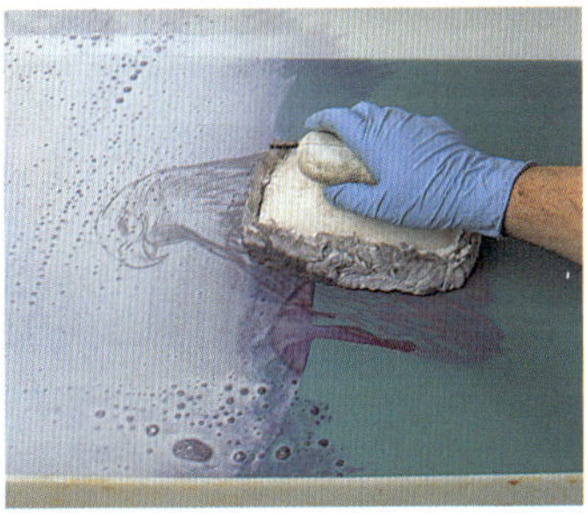

2 Die Platte wird in einem Entwicklerbad (Natriummetasilikat) mit einem Schwamm abgerieben.

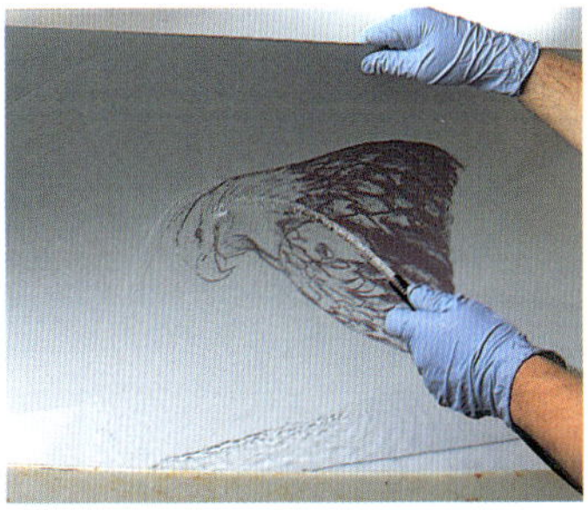

3 Nachdem der Entwickler abgespült worden ist, erscheint das Motiv auf der belichteten und entwickelten Platte.

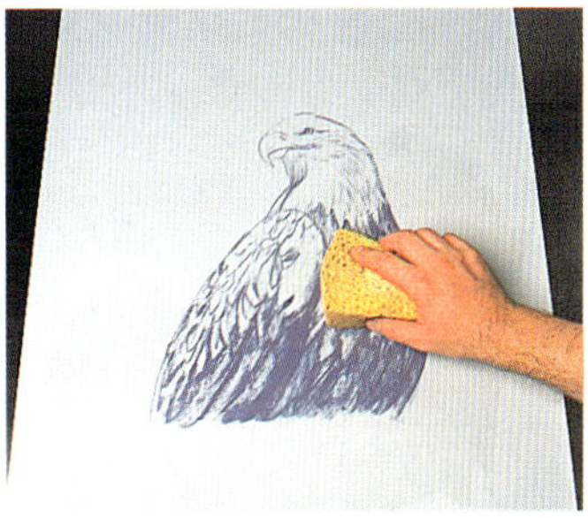

4 Die Platte wird mit Gummiätzlösung beschichtet und in der bekannten Weise weiter behandelt.

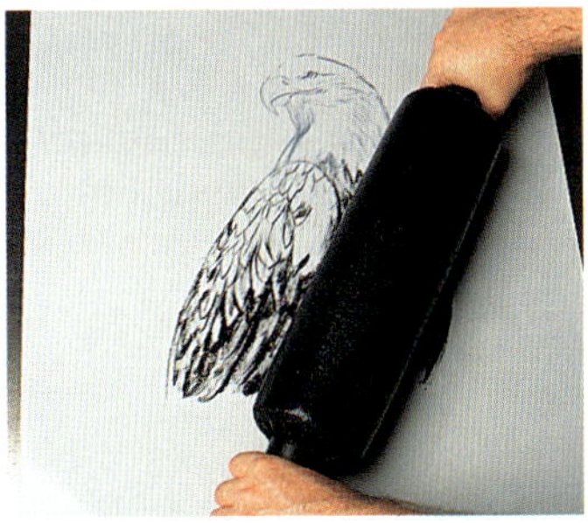

5 Nach der Vorbereitung wird die Platte mit einer Walze eingefärbt und in einer Offset-Lithopresse gedruckt.

Technik

Fotolithografie auf einem Lithostein

Ben Gamble hat eine Technik ohne Lösemittel entwickelt, bei der über einen Siebdruck eine negative Halbtonzeichnung direkt auf den Stein mit Gummiarabikum in zäher Konsistenz übertragen wird. Das Motiv wird dann mit einer fetthaltigen Komponente, etwa einer Asphaltlösung, beschichtet. Diese Stellen werden dann für den Druck empfindlich.

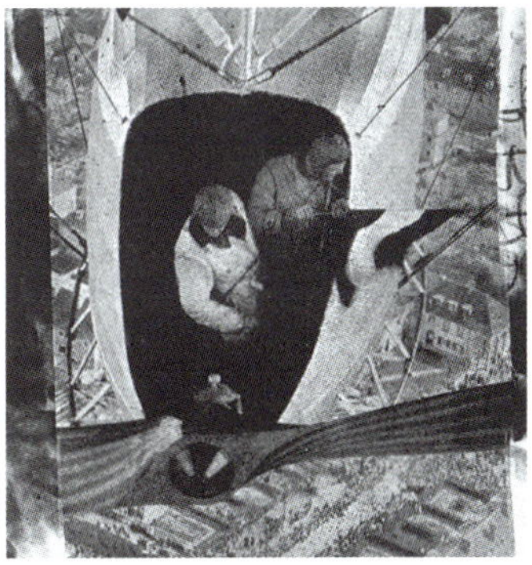

***Fluchtwege* (Ausschnitt)** *(2002)*, BEN GAMBLE
Das große Siebdruckraster gibt dem Bild eine gewisse nostalgische Wirkung.

Siebdruck

Der Siebdruck ist aus dem Schablonendruck entstanden, bei dem man Formen in dünnen Karton schneidet, sodass eine Schablone entsteht. Mit einem flach abgeschnittenen Pinsel stupft man dann senkrecht durch die Schablone auf das darunter liegende Papier (oder ein anderes Material). Ein positiver »Abdruck« entsteht.

Historische Schablonenschnitte aus dem Orient sind teilweise so kompliziert, dass die Elemente mit Menschenhaaren untereinander verknüpft wurden. Der Siebdruck, der sich zu Beginn des 20. Jahrhunderts entwickelte, beruht auf einem ähnlichen Prinzip: Ein feines, aber durchlässiges Gewebe wird auf einen Rahmen gespannt. Auf dem Stoff werden Schablonierungen angebracht. Dann streicht man Farbe auf, die alle offenen Partien durchdringt und auf dem Untergrund das Bild ergibt. Heute umfasst der Siebdruck auch kompliziertere fotografische Techniken. Raffinierte Bildwirkungen sind so möglich. Andererseits kann man ihn immer noch als sehr direkte Drucktechnik betreiben.

In den letzten Jahren hat man sich zunehmend von den alten Siebdrucktechniken entfernt, die gesundheitsschädliche und entflammbare organische Lösemittel verwendeten. Die neuen Siebdrucktechniken basieren fast ausschließlich auf Wasser.

Die Siebdruckausrüstung

Die Grundausrüstung besteht aus einem planen Arbeitstisch mit einer Leiste, an die das Sieb mit zwei Scharnieren befestigt ist. Mit einer speziellen Vorrichtung wird das Sieb auf das Papier abgesenkt oder wieder hochgeklappt. Man kann jede Siebgröße in diese Vorrichtung einspannen.

Material

Sieb und Rahmen

Das Sieb besteht aus einem durchlässigen, auf einen Rahmen aus Holz oder Metall gespanntem Gewebe. Man kann sich solche Rahmen aus gut abgelagertem Holz auch selbst herstellen.

Das Gewebe

Das Gewebe bestand ursprünglich aus Seide, ist aber durch Kunststofffasern (Nylon) ersetzt worden. Das Gewebe muss weitmaschig und fest sein, um die Farbe gleichmäßig übertragen zu können. Es muss flexibel sein, darf sich aber während des Druckens nicht verziehen.

Man verwendet im Allgemeinen einfädiges Polyester, aber auch Nylon kommt vor allem für flexiblere Siebe infrage. Für die meisten auf Wasser basierenden Druckverfahren reicht ein 120-t-Gewebe aus. 120 bedeutet die Zahl der Fäden pro Zentimeter und t bedeutet die Standardgröße des Fadendurchmessers. Ein 120-hd-Gewebe hätte dagegen dickere Fäden. Heute wird der Durchmesser des Fadens auch oft in Mikrometer angegeben, sodass ein 120-t-Gewebe etwa 120,34 Mikrometer entspräche.
Je feiner das Gewebe, desto feiner die reproduzierten Halbtöne. Feines Gewebe wird für detailreiche Arbeiten eingesetzt, gröberes für einfache, direkte Arbeiten, die eine dickere Farbschicht erfordern.

Bespannen des Siebes

Man kann das Gewebe auf das Sieb ähnlich einer Leinwand selbst aufspannen (siehe S. 56). Es gibt aber auch mechanische Aufspannhilfen, die das Gewebe auf den richtigen Zug spannen und auf einen daruntergelegten starren Rahmen mit Kontakt- oder Zweikomponentenkleber kleben. Es gibt auch selbstspannende Patentrahmen aus Metall und Holz sowie pneumatische Spanngeräte.

Das Sieb entfetten

Man trägt ein spezielles Siebdruck-Entfettungsmittel auf das nasse Sieb auf, schrubbt es gründlich ab und spült es mit einem Duschkopf ab. Dann wird das Sieb trockengeföhnt.

Material

Papiere und Farben

Für den Siebdruck braucht man reißfestes Papier, um es mehrmals überdrucken zu können. Das Papier darf sich nach dem Drucken nicht wellen. Für künstlerische Siebdrucke verwendet man meist wasserlösliche Tuschen. Man sollte also ein schweres Papier, etwa 200 g/m² oder darüber, verwenden, da sich zu dünnes Papier leicht verziehen kann. Im Siebdruck hat man eine Vielfalt an Möglichkeiten und kann verschiedene Papiere verwenden. Man sollte jedoch vor einer größeren Auflage das Papier testen.

Farben

Künstler mischen sich meist Acrylfarben mit einem Siebdruckmittel aus. Das Mittel verzögert die Trockenzeit und reduziert die Viskosität der Farbe. Es gibt auch eine Reihe wasserlöslicher Siebdruckfarben auf dem Markt.

Probleme mit der Siebdruckfarbe

- Wenn die Farbe zu dünn ist, kann sie »ausbluten« und in Stellen verlaufen, die eigentlich abgedeckt sein sollten.
- Wenn dic Farbe zu zähflüssig ist, druckt sie an den kleinen Stellen nicht oder trocknet zu schnell und verstopft das Sieb.

Kratzen Sie nach dem Druck alle Farbreste gründlich vom Sieb und spritzen Sie es sofort aus. Fest angetrocknete Farbe lässt sich schwer entfernen.

Schablonen für wasserlösliches Siebdrucken

Mit Ausnahme der Papierschablone, die direkt auf dem Sieb angebracht wird, werden die meisten Schablonen heute auf die folgende Weise hergestellt.

Die Vorlage befindet sich auf einem transparenten Film in Form eines gezeichneten oder gemalten Motivs, einer ausgeschnittenen Folie oder eines Fotos (siehe unten). Das Sieb wird mit einer fotosensiblen Schicht beschichtet. Nach dem Trocknen wird die Vorlage auf das Sieb gelegt und im Vakumtisch mit UV- oder Quarz-Licht belichtet. Nach der Belichtung werden die von der Vorlage verdeckten Stellen mit kaltem Wasser ausgewaschen. Durch diese Stellen druckt die Farbe durch das Sieb und schafft ein positives Bild der Vorlage.

Technik Papierschablonen

Die einfachste Methode des Siebdruckens ist das Drucken mit einer Papierschablone. Man klebt die Schablone unter das Sieb mit etwas Druckfarbe fest oder legt sie auf das Druckpapier in der richtigen Position und rakelt mit der Farbe darüber, sodass sie festklebt.

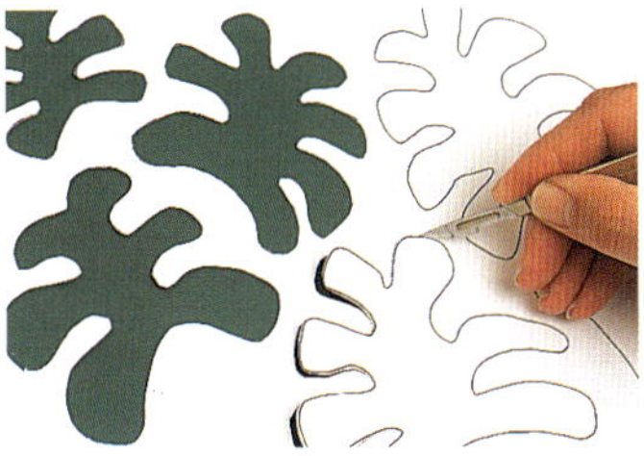

Blatt-Schablonen
Man erkennt, wie die Blätter nach dem Ausschneiden drucken.

Technik Schnittschablone

Die spezielle Folie besteht aus der eigentlichen roten Schablonenfolie und einer transparenten Trägerschicht. Man legt die Folie auf die Vorlage und schneidet mit einem Schneidmesser den roten Film von der Trägerschicht entlang der Formen, die drucken sollen. Man kann mit dieser Folie sehr saubere Ränder schaffen.

Schnittschablone
Schnittschablonen erzeugen saubere Ränder bei einfachen oder komplexeren Formen.

Technik Vorlagen für Schablonen durch Zeichnen oder Malen auf einer Folie

Man kann Druckvorlagen durch Zeichnen oder Malen auf einer geeigneten Unterlage selbst herstellen. Dazu eignen sich Pauspapier, Zeichenfolie oder Rasterfolie. Auf der matten Fläche kann man deckende schwarze Tuschen, Retuschiertuschen oder Gouache- und Acrylfarben auftragen. Mit einem schwarzen Allzweckstift kann man deckende Zeichnungen in hervorragender Qualität schaffen. Diese Vorlagen können dann später auf sehr exakte Weise in Form von Siebdrucken reproduziert werden.

Technik Bildnerische Gestaltung von Mehrfarbdruck

Der Einsatz von Zeichenfolie ist dann besonders sinnvoll, wenn die Vorlage nur aus einer einfachen Handzeichnung bestehen soll, die man mit einem Marker oder mit einfachen flachen Formen für mehrere Farbauszüge herstellen kann. Die Vorlage jedes einzelnen Druckganges beim Vielfarb-Siebdruck wird als lichtundurchlässige Zeichnung auf einem transparenten Träger vorbereitet. Bei der Gestaltung eines Mehrfarbdrucks beginnt man mit der Farbe, die im Bild flächenmäßig vorherrscht. Legen Sie auf diese Teilzeichnung eine neue Folie und zeichnen Sie darauf alle Partien, die in der zweiten Farbe drucken sollen. Fahren Sie entsprechend mit den anderen Farbauszügen fort. Die zweite Farbe sollte die erste in den Konturen leicht überlappen, um sicherzugehen, dass im Druck keine Leerstellen entstehen. Der Hauptteil des Bildes wird zuletzt gedruckt.

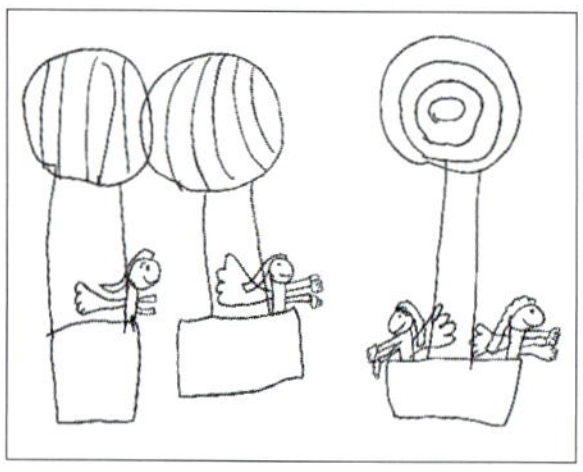

1 Alle Farbauszüge werden mit Tusche auf Folie gezeichnet, zuerst mit Füller die Umrisse und Binnenformen der Engel und Ballons. Sie sollen schwarz drucken.

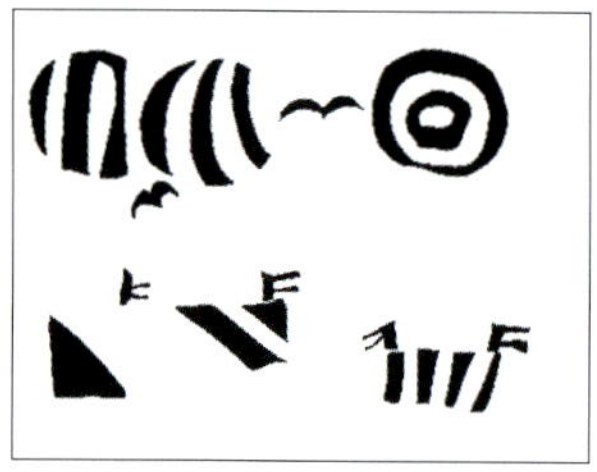

2 Auf einen zweiten Film kommen die blau druckenden Partien: Konturen mit dem Tuschefüller und Flächen mit einem kräftigen Haarpinsel.

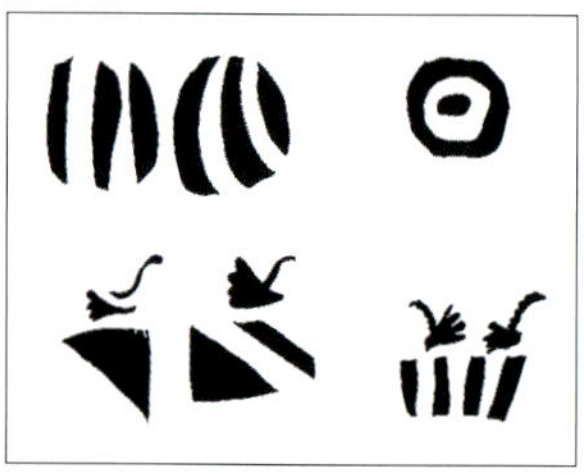

3 Die gelb druckenden Partien wurden in gleicher Weise auf eine dritte Folie gezeichnet.

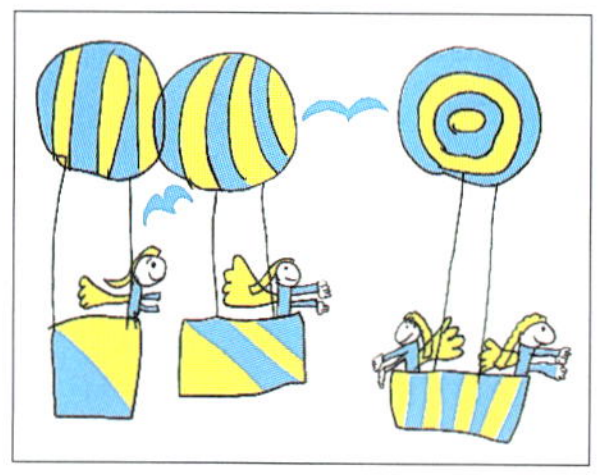

Fertiger Druck Die drei Auszüge wurden als Fotoschablonen belichtet und die Grafik in Schwarz, Blau und Gelb gedruckt.

Technik Rasterfolie

Normale Zeichenfolie hat eine glatte Oberfläche, mit der man keine feinen Halbtöne erzeugen kann. Man nimmt dazu Rasterfolien mit matter Oberfläche. Solche Folien verwandeln einen darauf gesetzten Strich, je nach Textur der Folie, in eine Reihe feiner Punkte. Der Druck wird dadurch sehr sauber. Diese Folie erspart bei Handzeichnungen den Einsatz fotografischer Halbtonverfahren.

Man kann auf diesen Oberflächen viele Zeichen- und Malmittel verwenden, darunter weiche Bleistifte oder Graphitstifte, Zeichenkohle, gepresste Zeichenkohle, Conté-Kreide, Lithokreiden, Allzweckstifte, wasserlösliche Farbstifte und Marker. Ebenso lassen sich verschiedene schwarze Tuschen und Farben in Gouache und Acryl einsetzen.

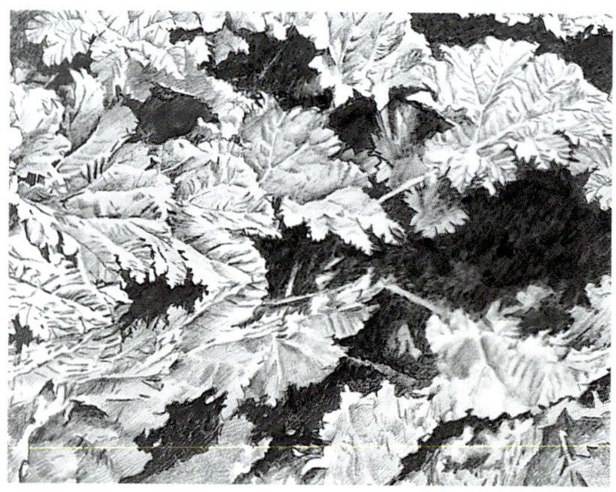

Halbtoneffekte Rasterfolie ergibt feine Halbtoneffekte für den Siebdruck.

Technik Mehrfache Auszüge

Man kann viele oder alle der oben beschriebenen Methoden bei einem einzigen Druck anwenden. Eine einfarbige flächige Form, die entweder durch Malen auf Zeichenfolie oder als Schnittschablone geschaffen wurde, lässt sich mit einem Bild überdrucken, das auf einer Rasterfolie entstand. Wichtig dabei ist, dass man jede neue Vorlage genau anpasst, damit sie in der richtigen Position druckt. Die einfachste Methode ist, in jede Ecke der Vorlage Passerkreuze zu zeichnen, die später wieder entfernt werden. Eine andere Anlegehilfe besteht aus einem Einstichsystem, das am Sieb angebracht wird. Dabei werden in jede Ecke der Vorlage feine Löcher gestochen und sie so in Position gebracht.

Fotografische oder digitale Siebdruckvorlage

Während man früher vor allem fotochemische Techniken für fotografische Siebdruckschablonen verwendete, erzeugt man die Druckvorlagen heute meist auf digitalem Weg (siehe S. 271).

Technik Der Gebrauch von Lith-Film

Verschiedene Techniken des Foto-Siebdrucks beruhen auf dem Einsatz von Reprofilm. Wenn man z. B. ein kontrastreiches normales Fotonegativ auf sogenannten »Lith-Film« umkopiert, werden alle Halbtöne zu massiven Weiß- und Schwarzpartien reduziert. Dies ist eine radikale Veränderung, und doch bleibt viel von der Bildinformation erhalten.

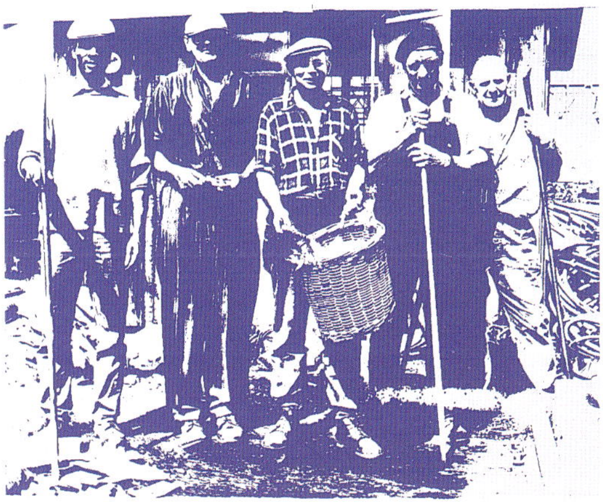

Lith-Film-Druck Ein Schwarzweißfoto wurde hier auf Lith-Film umkopiert. Die kontrastreichen Bildteile werden besonders gut wiedergegeben.

Technik

Tontrennung

Bei dieser Methode macht man von einem Halbton-Fotonegativ mehrere Positivkopien auf Lith-Film, wobei man die Belichtung jedes Mal ein wenig verlängert. Die Ergebnisse reichen von unter- bis zu überbelichteten Kopien und können in verschiedenen Tönen gedruckt werden.

Technik

Fotografische Halbtoneffekte

Um differenzierte Halbtöne abzubilden, muss man das Motiv in ein System winziger Punkte zerlegen, die dichter oder weiter voneinander entfernt gedruckt werden. Man nennt diese Technik Rasterung. Man rastert ein Bild, indem man das Halbton-Negativ durch eine Spezialfolie hindurch auf Lith-Film kopiert.

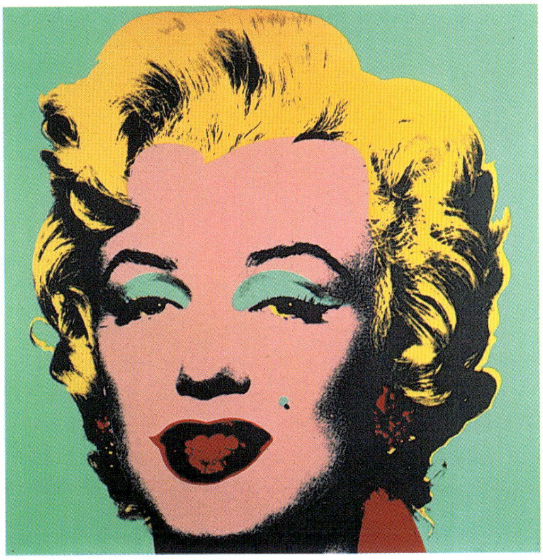

Andy Warhol

Warhols Siebdrucke

Andy Warhols Porträts von Marilyn Monroe gehören zu den bedeutendsten Bildwerken der 1960er-Jahre. Mit der für Warhol typischen Klarheit, Direktheit und Frische sind diese Grafiken zugleich ein Beleg für die visuelle Kraft des Siebdrucks als Medium unserer Zeit. Sie ermöglichen aber auch den Blick hinter die brüchige Fassade eines Idols und offenbaren eine jenseits von oberflächlicher Verwandlung und Manipulation liegende Persönlichkeit.

Marilyn *(1967)*, ANDY WARHOL

Technik Der Druckvorgang

Die Farbe wird mit einer Rakel über das Sieb gezogen, wobei sie die offenen Gewebemaschen durchdringt und auf das Papier »druckt«. Die Rakel besteht aus einem geschlitzten Holzgriff mit einem festen oder flexiblen Kunststoff- oder Gummistreifen darin. Der Gummistreifen sollte eine scharfe gerade Kante und eine Härte von ungefähr 70–75 Durometer haben. Die größeren Drucktische besitzen eine Vakuumvorrichtung, die das Druckpapier mit Unterdruck festhält, sodass es keinesfalls am Sieb kleben bleibt, wenn dieses hoch geschwenkt wird. Vor dem Drucken muss man die Löcher der Vakuumvorrichtung außerhalb des Papiers abdichten. Viele Siebhalterungen haben auch Anlegehilfen und eine Höhenverstellung, mit der man die Position des Siebes so justieren kann, dass es nur beim Rakeln das Papier berührt und danach zurückfedert. Um Halbtöne zu erzielen, justiert man das Sieb bei 2–4 mm. Für deckende Flächen wird es höher eingestellt, zwischen 5–10 mm.

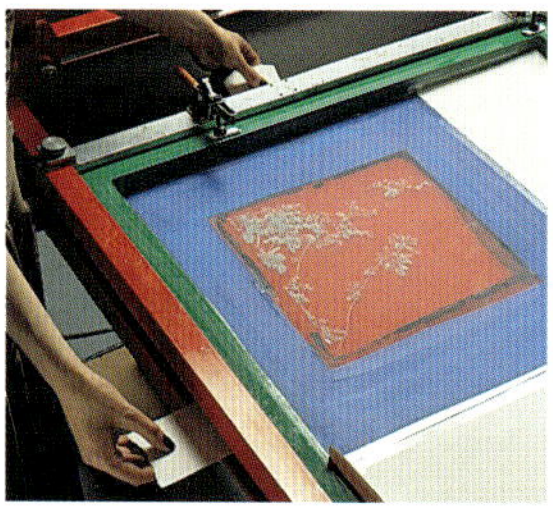

1 Positionieren Sie den Positivfilm auf einem der Druckbögen und fixieren Sie ihn mit Klebeband. Legen Sie das Papier so, dass das Motiv unter dem Abbild im Sieb liegt. Fixieren Sie es mit Klebeband.

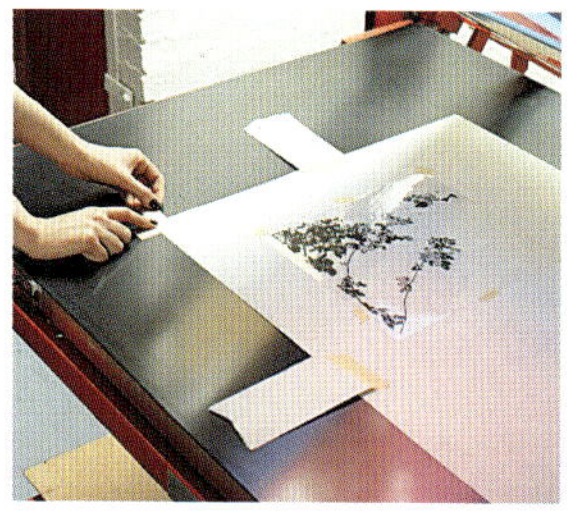

2 Kleben Sie auf die Druckbasis drei Anlegemarken aus Karton. Zwei Markierungen kommen an die Längsseite und eine an die linke Seite des Druckbogens.

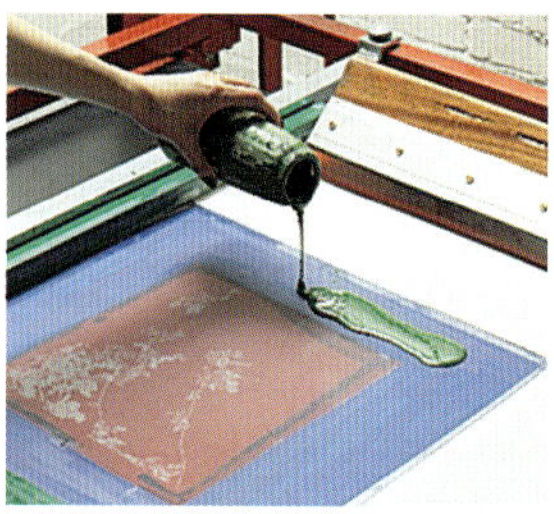

3 Senken Sie das Sieb etwas; gießen Sie Farbe auf die abgedeckte Partie, doch nicht zu nah ans Motiv. Sieb auf Abstand zum Papier halten; ziehen Sie die Farbe einmal mit der Rakel über das Gewebe.

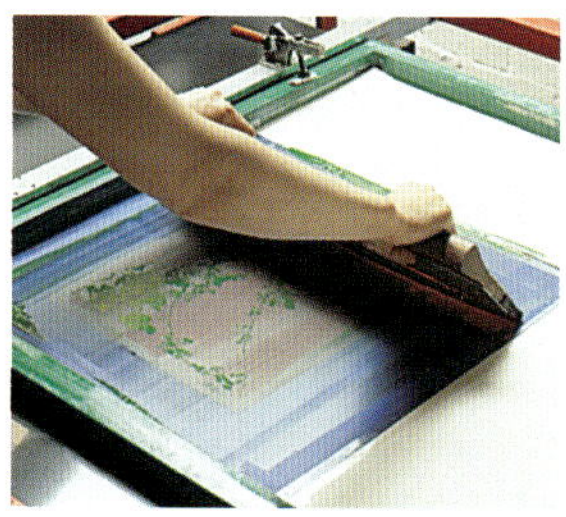

4 Senken Sie dann das Sieb ganz ab und machen Sie den ersten Druck, indem Sie die Farbe fest und gleichmäßig mit der Rakel in einem Winkel von etwa 60° über die Schablone ziehen.

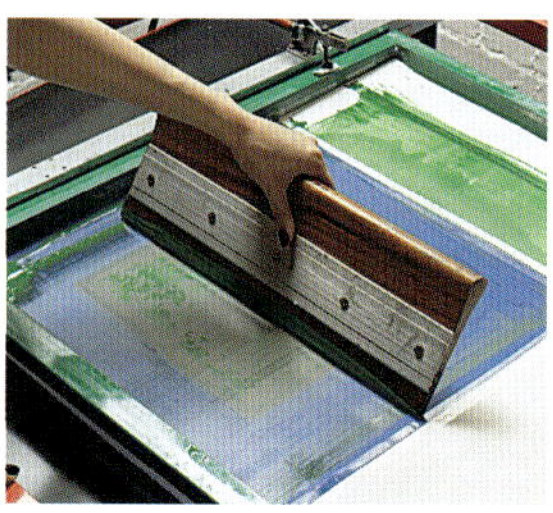

5 Vor jedem Abzug füllen Sie das Sieb erneut mit Farbe, indem Sie die Rakel leicht von sich weggewinkelt zurückschieben. Dadurch wird vermieden, dass die Farbe zu schnell auf dem Sieb antrocknet.

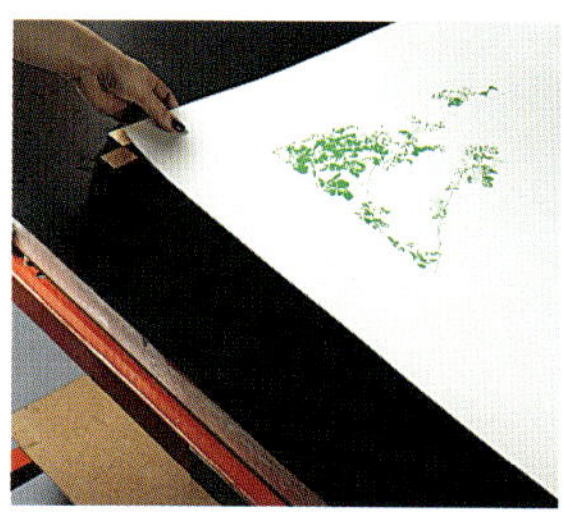

6 Heben Sie den Siebrahmen an. Nehmen Sie den Druck heraus und legen Sie ihn in ein Trockengestell.

Technik

Acetatfolie als Anlegehilfe

Zunächst kleben Sie das Original (die Folie mit dem Motiv) in der gewünschten Position auf einen Druckbogen. Kleben Sie nun einen Bogen Acetatfolie in Druckgröße auf dem Drucktisch fest. Senken Sie das Sieb ab und machen Sie einen Abdruck auf der Folie. Verschieben Sie nun das Muster unter dem Abdruck, bis beides genau übereinstimmt (siehe Schritt 2).

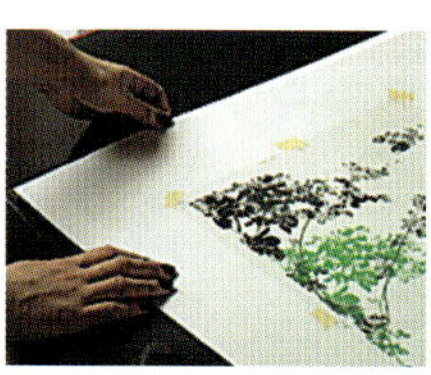

Technik Monotypien mit Siebdruck

Man kann im Siebdruck auch Monotypien schaffen, indem man mit einer Mischung aus Acrylfarbe und Siebdruckmittel, Acryl-Siebdruckfarben oder Wasserfarbe (Gouache) direkt auf das Sieb malt. Bei den ersten beiden Farbsorten muss man wegen der kürzeren Trockenzeit schnell arbeiten. Nach Fertigstellung des Bildes gießt man transparentes Siebdruckmittel auf und druckt wie gewohnt weiter.

Wasserfarben lässt man erst gut auf dem Sieb trocknen, übergießt dann das Sieb mit Siebdruckmittel und lässt die Wasserfarbe vor dem Druck gut mit dem Mittel durchsetzen.

DIGITALE MEDIEN UND FOTOGRAFIE

Die digitale Bildbearbeitung ist zu einem festen Bestandteil der graphischen Industrie geworden. Für die einen ist sie ein unverzichtbares Werkzeug in der Druckvorstufe geworden, für die anderen ein eigenständiges künstlerisches Medium. Digitale Kameras haben das Gesicht der Fotografie nachhaltig verändert.

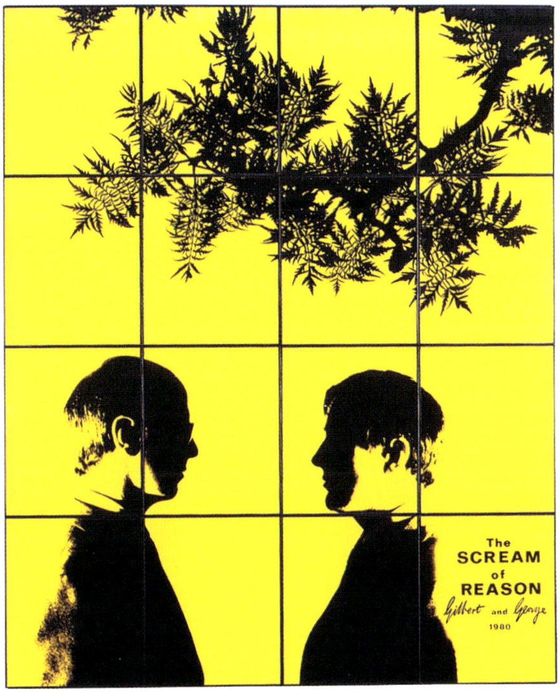

Der Schrei der Vernunft *(1980)*, GILBERT UND GEORGE

Gilberts und Georges fotografische Erkundung der Welt besteht aus Fotomontagen, in denen gleich große rechteckige Bildausschnitte mosaikartig zusammengefügt werden. Neben anderen Themen, die von Naturmotiven mit teilweise graphischen Makrostrukturen bis zu Sujets mit sozialem und kulturellem Inhalt reichen, stellen sich die beiden Künstler in ihren Werken häufig selbst dar. Auf diesem suggestiv betitelten Bild starren sich die beiden unter einem Dornenzweig gegenseitig ins Gesicht.

Digitale Bildbearbeitung

Das Universum der modernen digitalen Gestaltungsmittel eröffnet heutigen Künstlern ungeahnt viele kreative Möglichkeiten, um die Welt ganz anders zu erforschen und in ihren Kunstwerken ganz individuell darzustellen.

Nutzung von Computern

Unabhängig vom verwendeten kreativen Medium bietet Computersoftware allen Künstlern spannende Möglichkeiten zur Umsetzung ihrer Ideen. Die Bildbearbeitung, um die es in diesem Kapitel geht, verschafft den Nutzern einen großen kreativen Spielraum: Visualisierung von Ideen und Experimente mit Farben, Größen und Materialien zur Schaffung von faszinierenden Bildwelten.

Bilder können an modernen Computern bis zur Unkenntlichkeit verändert oder verfremdet werden, sodass nahezu jedes Bild oder Objekt als Ausgangspunkt für ein neues, eigenständiges Kunstwerk dienen kann, aus dem später dann entweder ein Gemälde, ein Linolschnitt, ein Siebdruck oder sogar eine Skulptur entsteht. Diese Arbeitsweise wird sich vermutlich in den nächsten Jahren noch verstärken.

Andreas Gursky

Entstehung eines Digitalfotos

Die Zentralperspektive und eine hohe Horizontlinie betonen die gesättigten Farben der präsentierten Waren. Aufgrund der Farbenvielfalt entsteht der Eindruck von unruhiger Bewegung, aber die Bildelemente wirken dennoch geordnet. Dieser Effekt wurde durch die separate Aufnahme aller Waren und ihre digitale Neuanordnung erreicht, sodass selbst Details auf der Verpackung zum Vorschein kommen. Die Bildbearbeitung geschah hier so professionell, dass wir das Foto als geschlossenes Ganzes akzeptieren, obwohl es mit einer einzigen Aufnahme nicht möglich gewesen wäre.

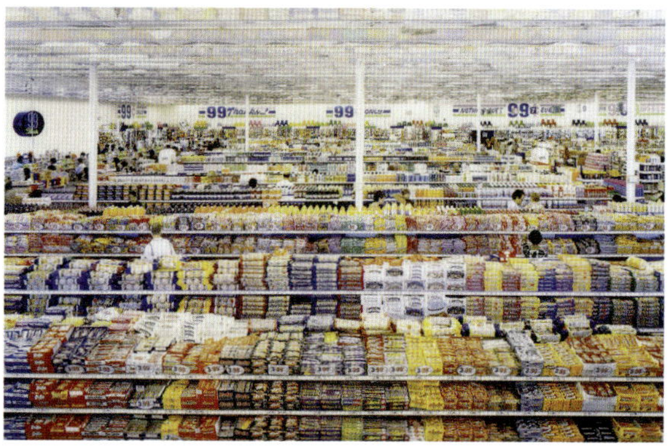

99 Cent *(1999)*, ANDREAS GURSKY

Material Die Grundausstattung für die digitale Bildbearbeitung

Zur Grundausrüstung gehört ein Computer mit Dual-Core-Prozessor, interner Festplatte mit genügend Speicherkapazität und ein ausreichend großer Arbeitsspeicher zur schnellen Verarbeitung der Daten. Auch ein DVD+/-RW-Laufwerk und eine hochwertige Grafik-/Videokarte sind notwendig. Hinzu kommen ein Modem zur schnellen Verbindung mit dem Internet, eine Maus und eine Tastatur, ein Farbmonitor mit hoher Auflösung und Echtfarbdarstellung, ein Tintenstrahl- oder Laserdrucker und eine hochwertige Bildbearbeitungssoftware wie etwa Adobe Photoshop® sowie optional ein Grafiktablett und eine Digitalkamera (siehe S. 272). Auch ein Scanner sollte nicht fehlen. Die beste Qualität bieten hochauflösende Trommelscanner, aber gängiger zum Scannen von flachen Vorlagen und auch von Dia- und Negativfilmen sind Flachbettscanner. Nach dem Auflegen der Vorlage auf die horizontale Glasplatte mit der Bildseite nach unten wird der Gerätedeckel geschlossen und der »Pre-Scan« erstellt. Nach der Überprüfung dieser Vorschau und der Anpassung von Auflösung, Kontrast, Größe usw. erstellen Sie den eigentlichen Scan. Am Computer lässt sich das eingescannte Bild weiter bearbeiten. Zum Scannen von Dias oder Filmnegativen sind allerdings auch spezielle Filmscanner erhältlich.

Digitales Drucken

In den Abschnitten über die klassischen Drucktechniken habe ich ausführlich erläutert, in welchem Maß die digitale Revolution im Druckgewerbe Einzug gehalten hat. So konnten zeitraubende und oft problematische Arbeitsschritte plötzlich sehr rationell gestaltet und erheblich verkürzt werden, besonders während jener Phase der Druckvorstufe, in der Bildvorlagen bearbeitet und aufbereitet werden. Aus der Kombination traditioneller und digitaler Techniken ergab sich ein völlig neuer »tradigitaler« Arbeitsbereich. Sie hat sich jedoch inzwischen zu einem unabhängigen Zweig der Druckindustrie entwickelt. So lässt sich ein vollwertiger Computer-Arbeitsplatz für die Erstellung und Bearbeitung hochwertiger Kunstdrucke mit einem Minimum an Geräten problemlos in der eigenen Wohnung einrichten. Am anderen Ende der Skala stehen professionelle Entwicklungsstudios als »Kreativschmieden« und Zulieferer für die Druckindustrie, ausgerüstet mit der neuesten Software, archivfähigem Druckmaterial und Großformatprintern, wo drucktechnische Großprojekte in Angriff genommen werden können.

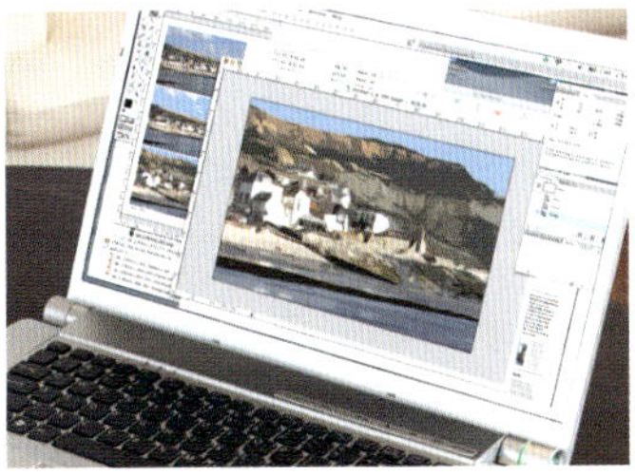

Die digitale Bilderstellung Das zu druckende Bild wurde am Computer erstellt und erscheint auf dem Bildschirm.

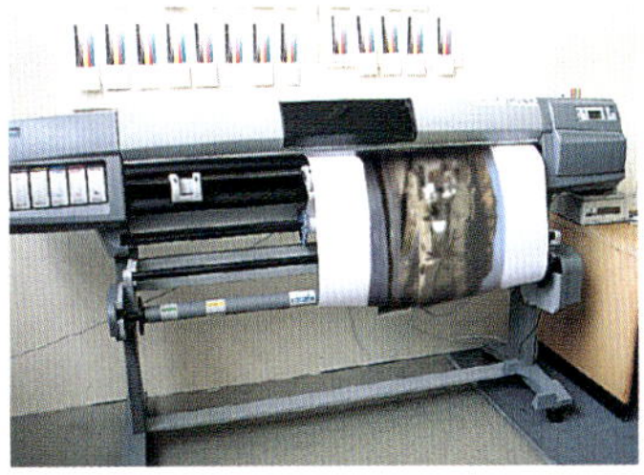

Ein digitaler Großformatprinter Diese Maschine erstellt Großformatdrucke mit lichtechten Druckfarben auf archivfähigem Papier.

Technik Digitales Drucken mit computererzeugten Vorlagen

Die Digitalisierung hat dem modernen Druckgewerbe eine ganze Reihe neuer Möglichkeiten eröffnet und dem Künstler damit zusätzliche Formen der visuellen Kommunikation zur Verfügung gestellt. Der Software-Entwickler George Whale schrieb über seine Serie *Evolution of a Mark:* »Ich wollte wissen, ob man mit dem Computer ganze Zeichenfamilien erstellen kann, die einerseits künstlerisch anspruchsvoll sind, andererseits in nichts den festen Pinselmustern entsprechen, die man von den üblichen Malprogrammen her kennt. Indem ich mich an die von Richard Dawkins, Karl Sims u. a. formulierten Prinzipien der ›Entwicklung durch ästhetische Selektion‹ hielt, schrieb ich ein Programm, mit dem die Datenstruktur, die der geometrischen Charakteristik eines Zeichens zugrunde liegt, so beeinflusst werden kann, dass immer neue, verwandte Zeichen entstehen, von denen jedes als Ursprung einer neuen Zeichenfamilie dienen kann. Oben links beginnend und dann mit wechselnder Richtung durch die Zeilen gehend, stellt jedes der Bilder die Evolution eines Zeichens in hundert Schritten dar.«

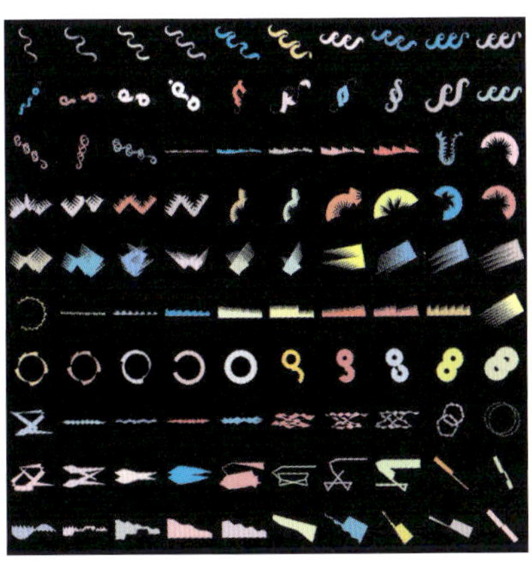

George Whale

Eine neue Sprache

Mit George Whales Programmen lassen sich algorithmische Formenfolgen erstellen. Dabei werden Zeichen von exakter, klarer Geometrie geschaffen, die sich trotzdem von allem je Dagewesenen unterscheiden. Man meint die Buchstaben eines neuen Alphabets zu sehen, Symbole, die völlig neue Wege eröffnen. Sie laden den Betrachter dazu ein, sie zu entschlüsseln und in einer bestimmten Weise zu interpretieren. Doch sobald wir glauben, auf dem richtigen Weg zu sein, ändern sie die Gestalt und damit ihre scheinbare Bedeutung, und am Ende steht eine immense Fülle an Formen und Inhalten.

Evolution of a Mark (Tintenstrahlausdruck) *(1996)*, GEORGE WHALE

Computer und Malerei

Mit Software wie Adobe Photoshop® kann ein Künstler seine Bilder fast ohne jegliche Einschränkung bearbeiten. So lässt sich beispielsweise heute ein Originalfoto oder eine Zeichnung am Computer kreativ so umgestalten, dass verschiedene Malstile und -techniken am Monitor ausprobiert und durchgespielt werden können, bevor man anschließend zu Pinsel und Farbe greift. Nicht nur Komposition, Farben, Strukturen, Größen und Bildschwerpunkt können in verschiedener Weise verändert oder betont werden, sondern zur Vereinfachung, Änderung oder völligen Verfremdung des Bildinhalts lassen sich auch Bildelemente hinzufügen oder beseitigen. Das Ergebnis kann dann digital auf eine neue Leinwand projiziert und ausgeführt werden.

Beispiel Studie: Blaue Boote

Die folgende Bildserie veranschaulicht die Transformation einer digitalisierten Fotografie zur Vorbereitung eines Gemäldes. Die Beispiele zeigen die Beseitigung unnötiger Details, die Veränderung von Tonwert, und Farbe, und die Wahl des Ausschnitts, die hilft, das Bildformat festzulegen. Die Originalaufnahme der Fischerboote wurde mit einer Digitalkamera gemacht, und konnte direkt in den Computer geladen werden. Drucke, Zeichnungen und Dias können gescannt werden und liegen dann auch als Bilddateien vor (siehe S. 267).

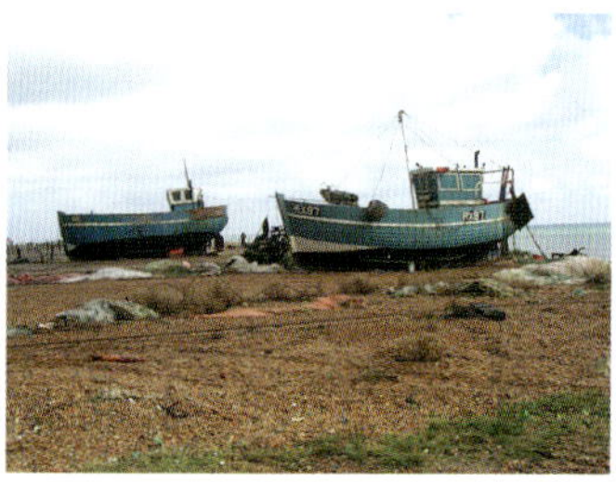

Vom Foto zum Gemälde
Auf diesem Foto ist der Himmel nicht gut definiert und der Vordergrund zu groß. Die Boote reichen zwar in den Vordergrund, aber es gibt zu viele überflüssige Details. Mit dem Filter »Farbpapier-Collage« wurde eine Reihe von Tonwerten und Farben erzeugt, die als Ausgangspunkt für ein Aquarell dienten. Nach der Aufhellung des Fotos wurden mit dem Sättigungsfilter klarere Blau- und Orangetöne geschaffen.

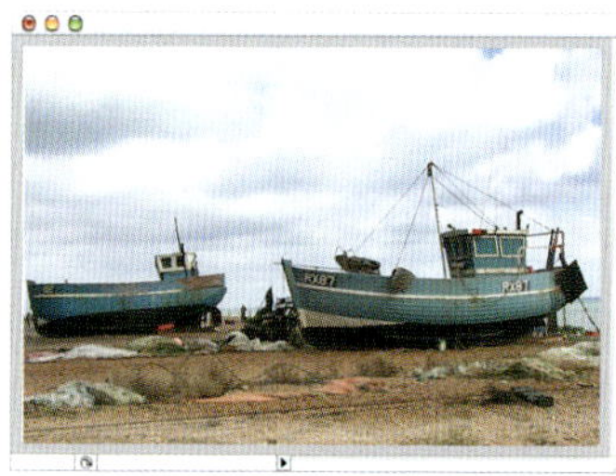

- Erstellen Sie eine Auswahl; ordnen Sie die Boote im Vordergrund an.
- Verbessern Sie die Zeichnung am Himmel mit dem Nachbelichter, (Pinselgröße von 200, Mitteltöne und eine Belichtung von 50%).
- Hellen Sie mit dem Abwedler und einer ähnlichen Einstellung den Vordergrund auf.

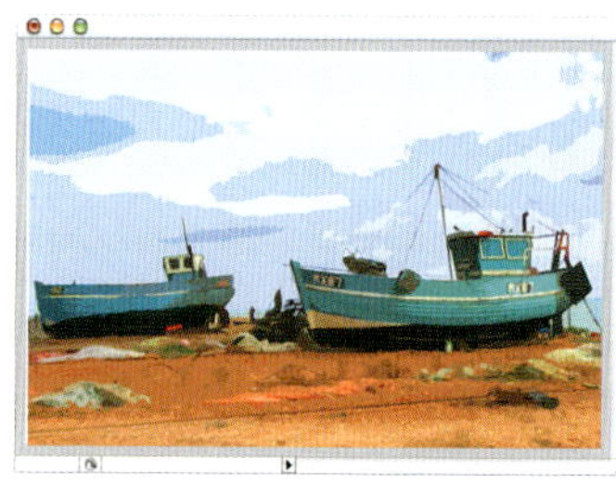

- Vereinfachen Sie die Komposition mit dem Filter »Farbpapier-Collage« (Stufenanzahl 8, Abstraktionsgrad 2, Umsetzungsgenauigkeit 2)
- Stellen Sie über Bild/Einstellen/Farbton/Sättigung die Sättigung auf +38 ein.
- Drucken Sie das Bild aus oder projizieren Sie es digital.

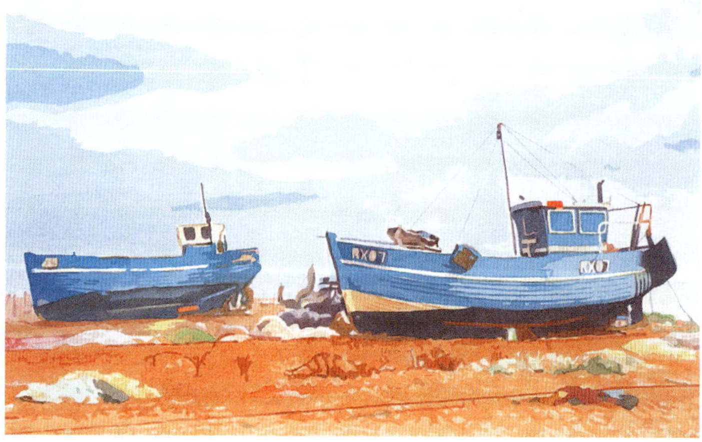

Fertiges Bild An den gemalten Details der größeren Boote sieht man, wie nützlich die Bearbeitung des Originals war. Störende Einzelheiten sind verschwunden, und das Auftragen dünner Farbschichten auf die einfachen Farbflächen des Computerausdrucks fiel relativ leicht.

Beispiel Flugzeug

Dieses Beispiel macht die Vorteile der digitalen Arbeit an der Komposition eines Gemäldes deutlich. Das melancholisch wirkende Bild vom Meer mit einem bis zum Horizont reichenden Pier wurde bereits zum größten Teil auf die Leinwand gemalt. Da die Atmosphäre eine große Rolle spielt, war das Hinzufügen des Modell-Segelflugzeugs in passender Größe und Richtung nicht einfach, sodass verschiedene Varianten ausprobiert werden mussten. Nach der digitalen Aufnahme des Flugzeugs aus mehreren Blickwinkeln wurde das Objekt in verschiedenen Größen in das Digitalfoto des Gemäldes eingefügt. Der Schatten des Segelflugszeugs hätte als gemalter Hintergrund verwendet werden können, worauf jedoch verzichtet wurde.

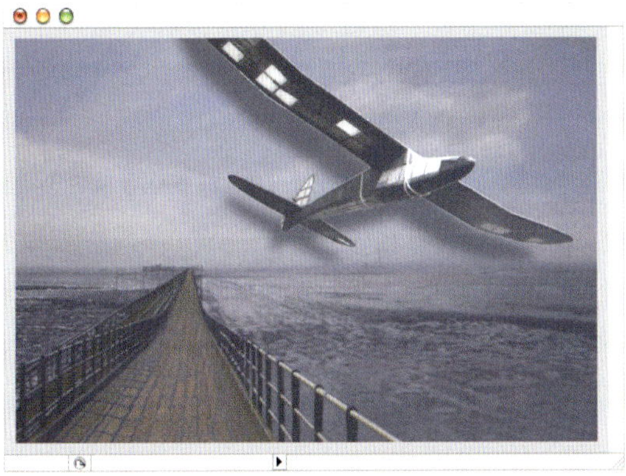

1 In dieser Version scheint das Flugzeug entlang des Piers nach rechts in Richtung des Betrachters zu fliegen. Durch die Größe des Flugzeugs wirkt die Komposition unausgewogen, zumal einer der Flügel über den oberen Bildrand hinausragt.

- Das Aussehen der Ausgangsfotos spielt keine Rolle, solange die gewünschten Informationen geliefert werden.
- Der Blickwinkel der Aufnahme des Bezugsobjekts muss mit der Perspektive des Gemäldes übereinstimmen.
- Die Richtung der Lichtquelle des Fotos muss dem Beleuchtungswinkel auf dem Bild entsprechen.

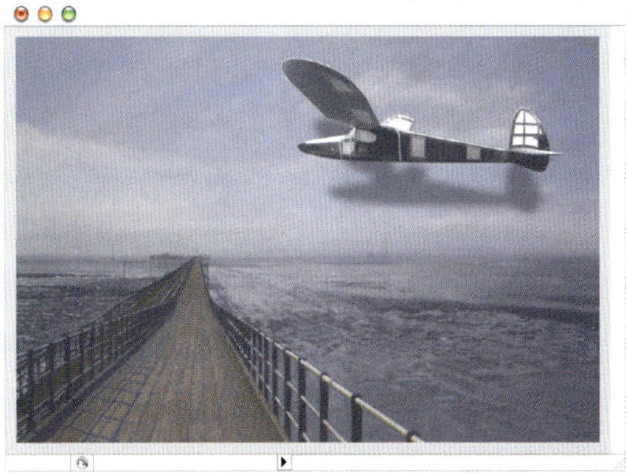

2 Das verwendete Modellflugzeug hat zwar schon bessere Tage gesehen, kann jedoch auf dem Bild wie neu wirken. Hier fliegt es in einem Winkel von 90° zum Pier von rechts nach links und scheint so über dem Pier zu schweben.

- Eine seitliche Position des Flugzeugs eröffnet neue Interpretationsmöglichkeiten.
- Die Anpassung von Größe und Position des Flugzeugs verleiht dem Kunstwerk den letzten Schliff.
- Prüfen Sie das Gemälde während des kreativen Prozesses immer wieder und versuchen Sie verschiedene Varianten.

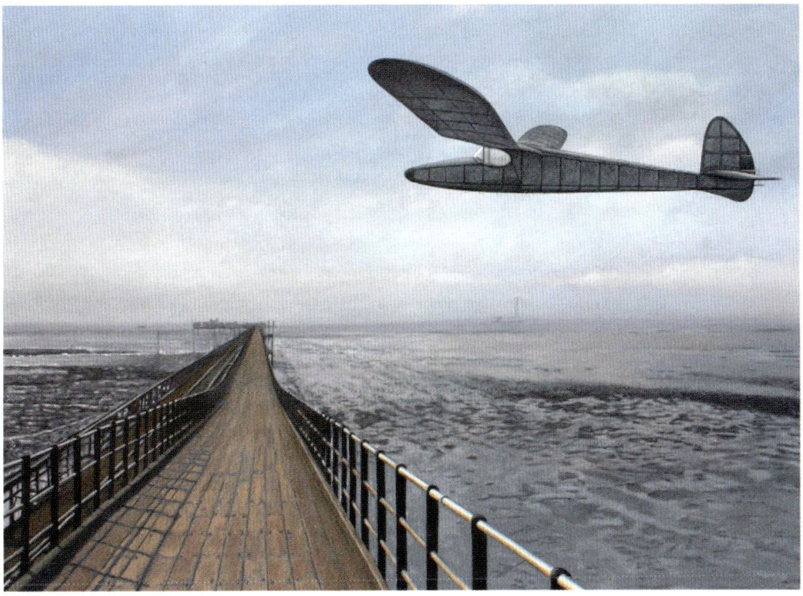

Fertiges Bild Die Einzigartigkeit des fertigen Bildes gibt keinen Hinweis mehr auf die vielen Versionen, die am Computer ausprobiert wurden. Während des Entstehungsprozesses kann der Künstler sein kritisches Urteil fällen, das in das fertige Bild einfließt.

Technik Fernsehbilder bearbeiten

Für dieses Beispiel habe ich, mit Genehmigung der TV-Anstalt, absichtlich qualitativ »minderwertige« Aufnahmen gewählt, die mit der Digitalkamera während der Übertragung eines Marathonlaufs direkt vom Fernsehbildschirm abfotografiert wurden. Diese Originalaufnahmen stellen natürlich an sich schon Abstraktionen des tatsächlichen Geschehens dar. Nach herkömmlichen Maßstäben sind sie unscharf, farbverfälscht und von bedeutungslosem Inhalt, doch im Computer werden die Bilder zu perfektem Ausgangsmaterial für eine Reihe von einfachen Bildbearbeitungsschritten, die sie zu eigenständigen Werken werden lassen.

Ausschnitt und Filter »Farbpapier-Collage«

Das Originalfoto der Läufer, umrahmt von den gelben Jacken der Streckenhelfer und den Ballons, erzielt eine recht gute Wirkung. Die Läufer und ihre Schatten sollen jedoch verändert werden, um ein abstrakteres, klareres Foto zu erreichen. Ändern Sie zunächst den Ausschnitt, und speichern Sie anschließend das Ergebnis als neue Datei ab.

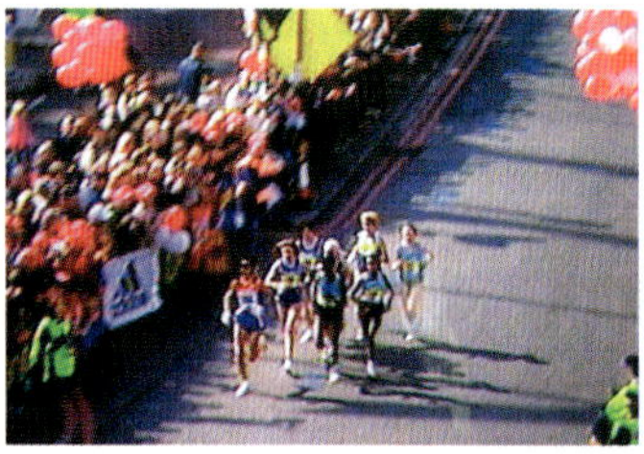

Originalbild Befehlsfolge:
- Filter/Kunstfilter/Farbpapier-Collage: Stufen 7, Abstraktion 5, Umsetzung 2
- Bild/Einstellen/Farbton/Sättigung (Sättigung +40), Scharfzeichnung

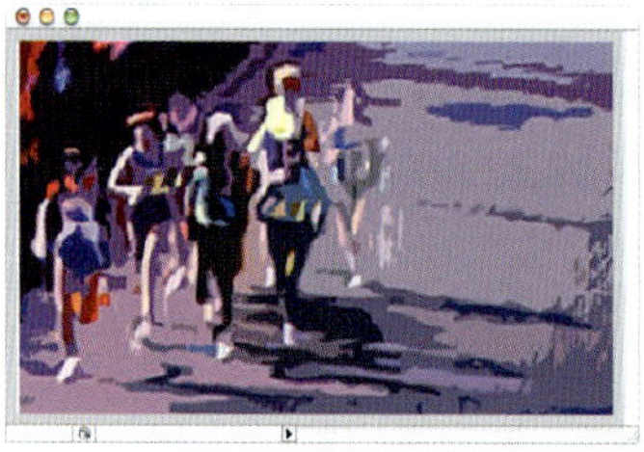

Fertiges Bild

Experimente mit Abstraktionen

Das Originalbild selbst wirkt durch die Isolierung seiner Bildelemente bereits recht abstrakt. Die hellen Konturen der einzelnen Läuferin und ihr dunkler Schatten scheinen nicht zusammenzugehören. Die verwischten rot-weißen Straßenmarkierungen schaffen den Eindruck von fließender Bewegung; der unscharfe Schatten eines Baums spendet nur vorübergehend Schatten. Mit nur ein bis zwei Filtern pro Bild kann ein völlig anderes Ergebnis erreicht werden. Die Komposition des Bildes orientiert sich immer an der einzelnen Figur der Läuferin in der Bildmitte.

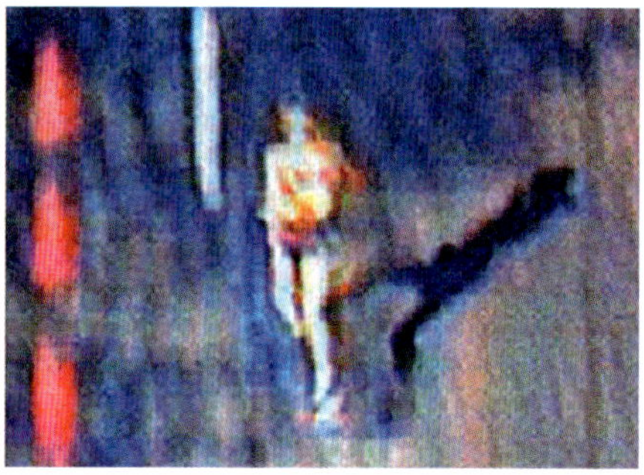

Originalbild

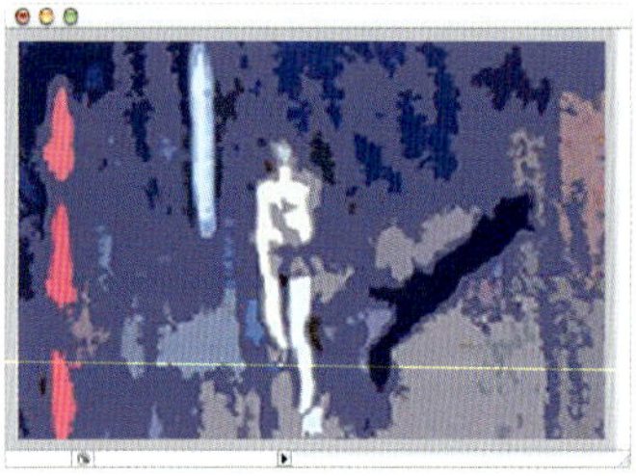

Der Filter »Farbpapier-Collage« bringt unterschiedliche farbige Konturen zur Geltung und eröffnet viele Interpretationsmöglichkeiten. Dadurch wirkt das Foto geheimnisvoller.

Originalbild Befehlsfolge:
- Filter/Kunstfilter/Farbpapier-Collage: Stufenanzahl 4, Abstraktionsgrad 4, Umsetzungsgenauigkeit 2

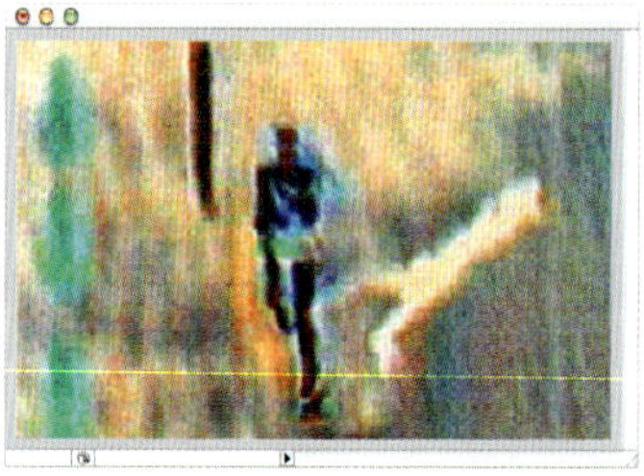

Der Befehl »Umkehren« bewirkt eine dramatische Farbverschiebung. Hell wird dunkel, Rot wird zu Grün. Die Läuferin erwacht zum Leben, und die dunkle vertikale Form wirkt rätselhaft.

Originalbild Befehlsfolge:
- Bild/Einstellen/Umkehren
- Bild/Einstellen/Farbton/Sättigung (Sättigung +53)

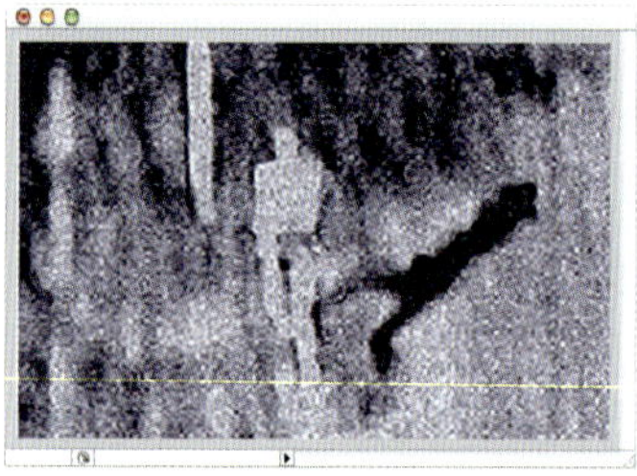

Hier wirken die Bereiche in den dunkleren Flächen wie ein Mezzotinto. Auf diesem faszinierenden Foto scheinen sich Konturen zu sinnvollen Einheiten zu verbinden und wieder aufzulösen.

Originalbild Befehlsfolge:
- Filter/Zeichenfilter/Punktierstich:
- Dichte 35, Vordergrund 27, Hintergrund 35
- Bild/Einstellen/Helligkeit/Kontrast (Kontrast +50)

Kunstwerke digital bearbeiten

Es ist heute allgemein akzeptierte Praxis von Künstlern, Originalskizzen, -zeichnungen oder Gemälde per Scanner zu digitalisieren und mit Bildbearbeitungsprogrammen zu verändern. Diese Methode ist besonders für jene geeignet, die nicht auf den Umgang mit traditionellen Mal- und Zeichengeräten verzichten möchten, sich aber auch die Vorteile des Computers zunutze machen und ihre Werke digital veröffentlichen wollen. Auch bietet sie die Möglichkeit, mit Inhalt, Farbe und Stil uneingeschränkt zu experimentieren, was auf Leinwand oder Papier mit immensem Zeit- und Materialaufwand verbunden wäre. Nachdem Sie auf dem Bildschirm verschiedene Möglichkeiten begutachtet haben, können Sie leichten Herzens an die Staffelei treten und Ihre Arbeit entsprechend verändern.

Technik Das Scannen von Zeichnungen und Gemälden

Bevor Sie mit der Arbeit an Ihrer Zeichnung beginnen können, muss sie eingescannt werden, und dazu gibt es verschiedene Methoden (siehe S. 262). Zuerst müssen Sie allerdings das Bildbearbeitungsprogramm starten, in das Sie den Scan importieren wollen.

Der Import aus der Digitalkamera

Manche Vorlagen sind größer als der größte Flachbettscanner. Sie müssen per Digitalkamera oder Smartphone reproduziert und mithilfe entsprechender Apps für den Computer aufbereitet werden. Filmbasierte Papierbilder oder Dias können mit den auf S. 262 erwähnten Geräten eingescannt werden.

Bearbeitungsbeispiele für Bildvorlagen

Alle folgenden Beispiele beruhen auf Bildern, die bereits in diesem Handbuch vorgestellt wurden, wobei die Originale jeweils am Computer bearbeitet wurden.

Pinsel und Tusche Pflanzen (S. 113)

In der digitalen Version wurden die Tonwerte des Originals umgekehrt. Auf dem so entstandenen Bild erscheinen die Pflanzen als dunkle Silhouetten vor einem Hintergrund, der nun wie eine alte Steinmauer aussieht. Bildstruktur und Sepia-Ton erinnern an ein altes Foto. Das neue Bild ist mindestens so reizvoll wie seine Vorlage.

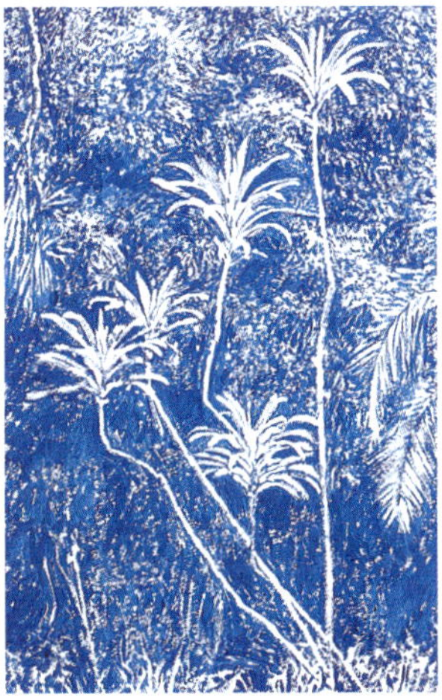

Originalbild

- Einscannen des Bildes
- Bild/Einstellen/Farbton/Sättigung (Sättigung verringern)
- Bild/Einstellen/Helligkeit/Kontrast (Kontrast leicht erhöhen)
- Bild/Einstellen/Umkehren (Kontrast leicht erhöhen)
- Speichern unter: Wählen Sie das gewünschte Dateiformat

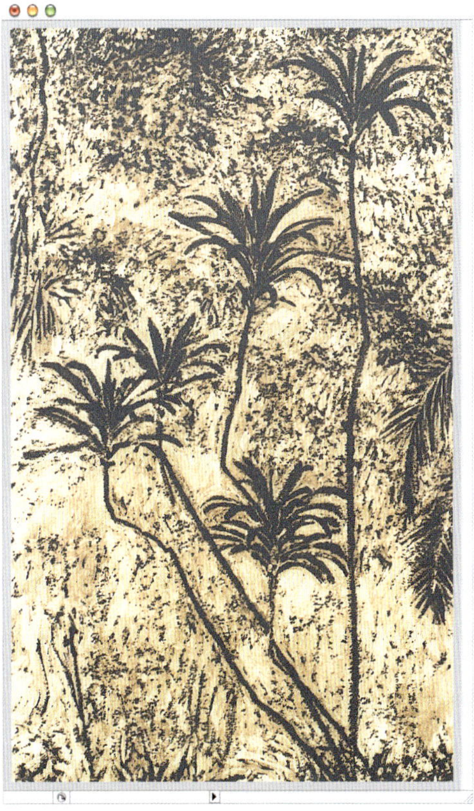

Digitales Bild

Ölpastell: Nashorn (S.85)

Das Original, das dieser Serie von digitalen Verfremdungen zugrunde liegt und viel Raum für digitale Experimente bietet, wurde in dunklen Pastellfarben auf grobem Papier gezeichnet und dann mit mehreren Schichten von Ölpastellfarben bearbeitet. Diese Farben wurden mit einer Klinge winklig zum Papier wieder abgekratzt, was zu einer rissigen, strukturierten Oberfläche geführt hat.

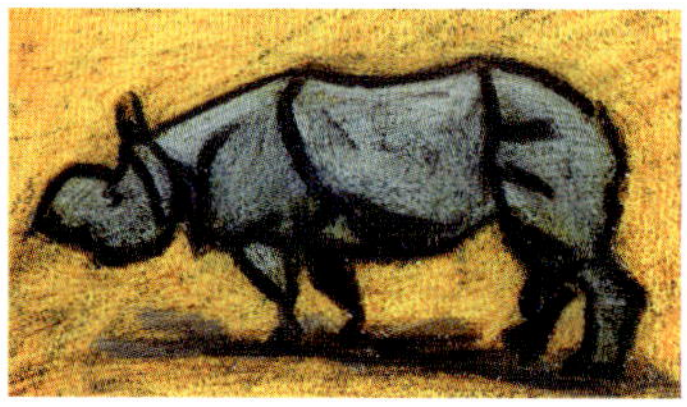

Originalbild

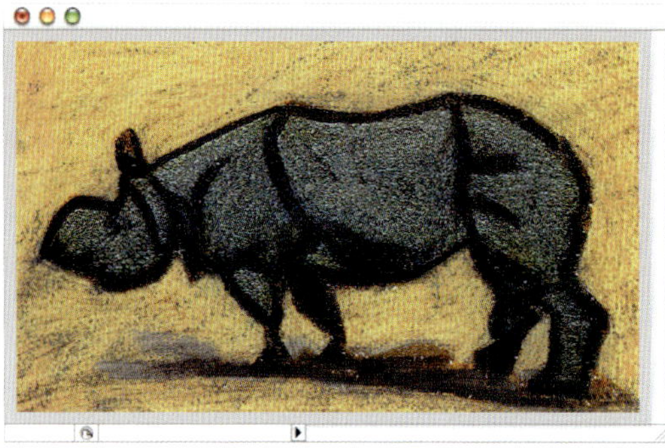

Eine größere Raumwirkung entsteht durch die Isolierung des Tiers vom Hintergrund; diese Isolierung wurde durch die separate Betonung der Strukturen des Körpers mit dem Filter »Risse« und die Aufhellung und Verringerung der Sättigung des Hintergrunds erreicht. Mit dem Polygonlasso wurde das Nashornprofil und dann der Hintergrund erfasst.

Originalbild Befehlsfolge:

- Körper: Filter/Strukturierungsfilter/Risse: Abstand 11, Tiefe 8, Helligkeit 5
- Hintergrund: Bild/Einstellen/Farbton/Sättigung: Sättigung -34, Helligkeit +14

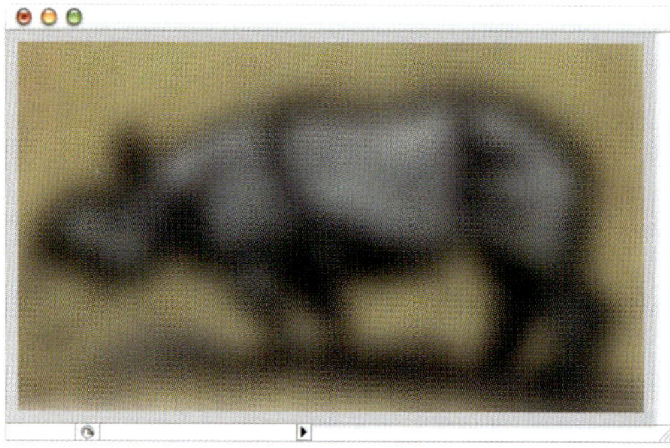

Mit dem Gaußschen Weichzeichner erzielt man besonders stimmungsvolle Effekte. Hier scheint sich das in Nebel gehüllte Nashorn langsam zu bewegen. Der Filter ist auch bei der Arbeit mit Schatten nützlich und verstärkt den Eindruck von Entfernung. Mit dem Polygonlasso wurde das Profil des Nashorns und dann der Hintergrund erfasst.

Originalbild Befehlsfolge:

- Filter/Gaußscher Weichzeichner (Radius 50 Pixel)

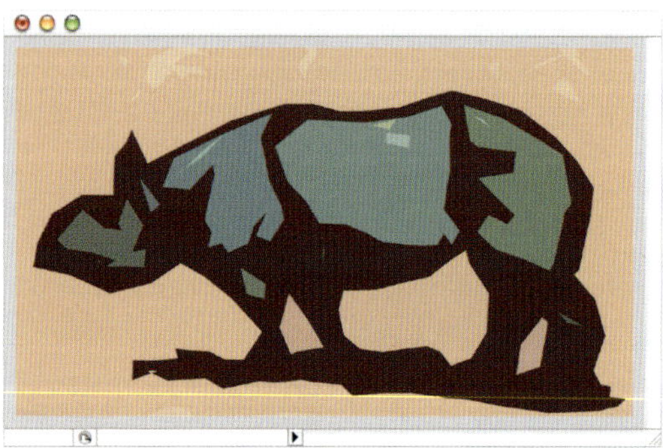

Der Filter »Farbpapier-Collage« bringt die Konturen zum Vorschein und lässt Details verschwinden, sodass ein ausdrucksstarkes Bild entsteht, das an eine Prägung auf einem Stahlblech erinnert. Nach der Anwendung des Filters werden Helligkeit und Farben des Hintergrunds angepasst.

Originalbild Befehlsfolge:

- Filter/Kunstfilter/Farbpapier-Collage: Stufenanzahl 4, Abstraktionsgrad 7, Umsetzungsgenauigkeit 2
- Nur Hintergrund: Hintergrund auswählen mit dem Zauberstab/Bild (Einstellen/Farbton/Sättigung (Farbton -14, Sättigung -34, Helligkeit +42)

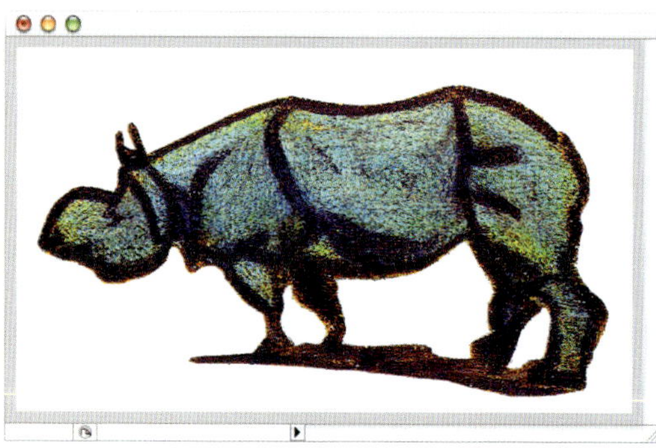

Das vollständige Freistellen des Nashorns bringt die Konturen und Strukturen des Körpers ausdrucksstark zur Geltung. Hier wurde wie in Bild 1 der Filter »Risse« eingesetzt, aber danach wurden mit dem Sättigungsfilter die Farben verstärkt.

Originalbild Befehlsfolge:

- Beseitigen Sie den Hintergrund mithilfe des Polygonlassos oder des magnetischen Lassos.
- Filter/Strukturierungsfilter/Risse: Abstand 11, Tiefe 8, Helligkeit 5
- Bild/Einstellen/Farbton/Sättigung (Sättigung -40)

Federzeichnung: Fisch (S. 106)
Die Original-Federzeichnung wurde auf feuchtem Papier ausgeführt, das schräg gehalten wurde, sodass die Tusche an Seiten und Rücken des Motivs verlaufen konnte. Vielleicht erscheint es übertrieben, die »Ozeanwellen « aus der Verzerrungsfiltergruppe einzusetzen, doch manchmal ist das Naheliegende auch das Effektivste, und hier verleiht der Filter dem Bild Bewegung und Glaubwürdigkeit.

- Einscannen des Bildes
- Darauf achten, dass der RGB-Modus gewählt ist
- Filter/Verzerrungsfilter/Ozeanwellen (Wellenabstand: 12, Wellenhöhe: 15)
- Speichern

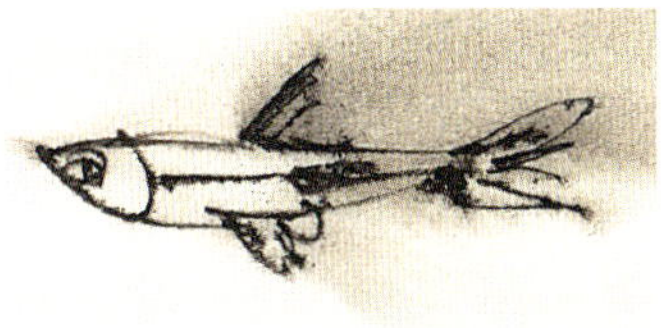
Originalbild

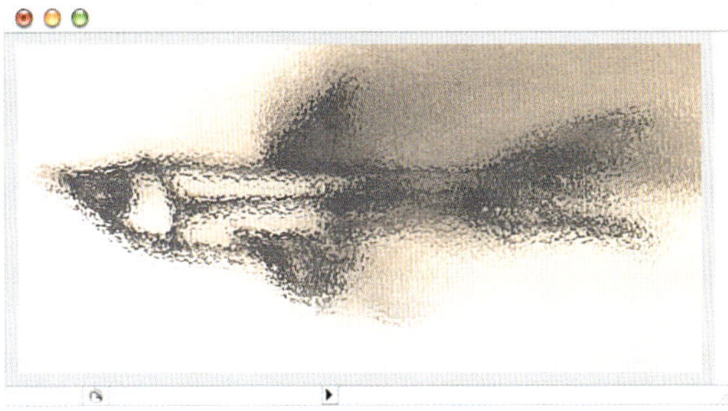
Digitales Bild

Digitale Separationen für den Druck

Da immer mehr künstlerische Arbeiten direkt am Bildschirm entstehen bzw. gezeichnete, gemalte oder fotografierte Vorlagen gescannt und digital bearbeitet werden, ist es viel einfacher geworden, Strich-, Raster- und Halbtonarbeiten in Schwarzweiß sowie Farbseparationen von entsprechenden Vorlagen auf Film auszugeben, um daraus Siebdruckschablonen, Matrizen und Druckplatten herzustellen.

Technik Die Herstellung einer Siebdruckschablone für den Druck

Dieses Digitalbild eines Bonsai-Bäumchens wurde mit Adobe Photoshop in mehreren Arbeitsschritten so verändert, dass daraus ein Schwarzweißbild entstand, das auf Film kopiert als Vorlage für druckfähige Siebdruckschablonen oder Matrizen dienen kann. Die Vorlage muss in Schwarzweiß ausgeführt sein, die eigentliche Druckfarbe kann später frei gewählt werden.

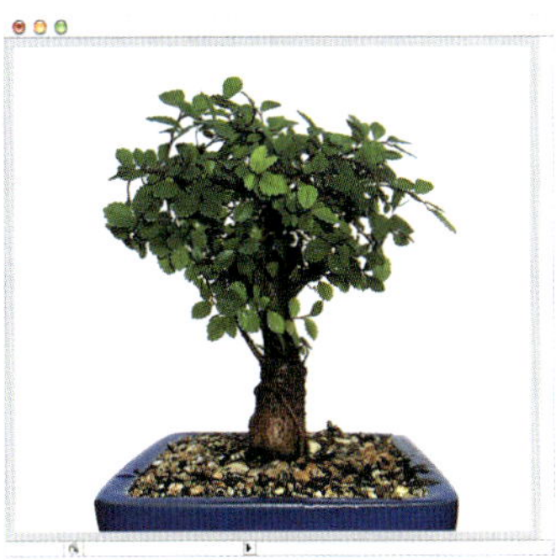

Originalbild Das Originalfoto dieser chinesischen Bonsai-Ulme ist ein Farbbild. Die Leichtigkeit, mit der ein Computer Farboriginale in Schwarzweiß-Druckvorlagen umwandeln kann, erlaubt es dem Künstler, verschiedene Methoden auf dem Computer auszuprobieren, bevor er seine Wahl trifft. Dadurch eröffnet sich ihm eine ganze Palette kreativer Gestaltungsmöglichkeiten.

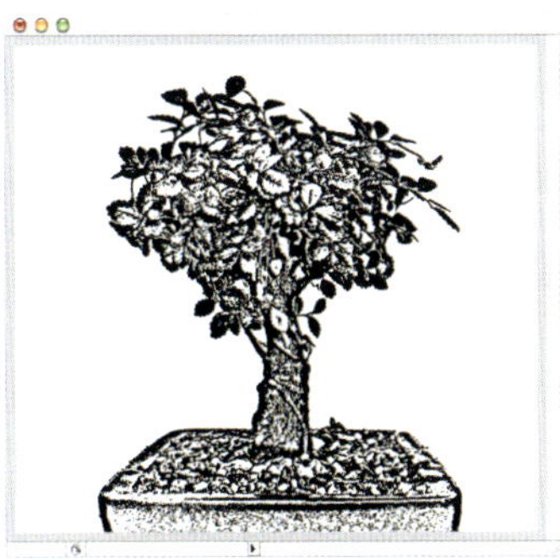

Schwarzweißbild mit dem Fotokopie-Filter
Das Farbbild wird in Schwarzweiß umgewandelt, die strukturelle Vielfalt des Originals bleibt dabei jedoch erhalten.

- Filter/Sonstige Filter/Fotokopie (Details: 24, Farbverhältnis: 50)
- Bild/Einstellen/Schwellenwert (128)

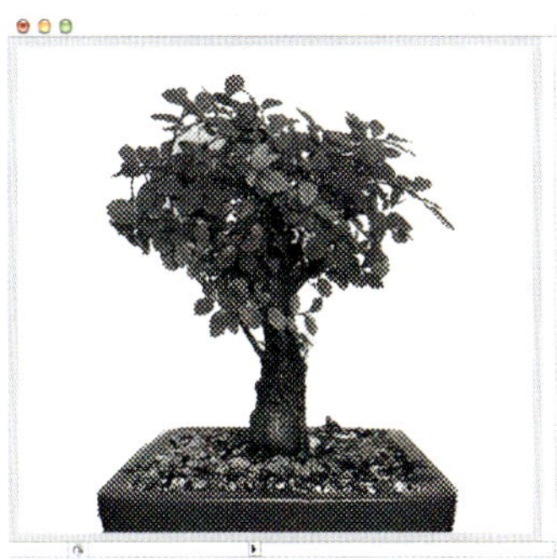

Schwarzweißbild mit Rastereinstellung
Durch Vergrößerung werden die Rasterpunkte zu Gestaltungselementen.

- Bild/Modus/Graustufen
- Bild/Modus/Bitmap (Ausgabe: 300 dpi, Methode: Rastereinstellung, Rasterweite: 15 Linien pro Zoll, Rasterwinkelung: 45°, Form: Raute)
- Bild/Modus/Graustufen

Die Reduktion der Bildfarben auf einheitliche Farbflächen

Der Siebdruck ist die ideale Technik für den Druck vollfarbiger Flächen. Im vorliegenden Beispiel entsteht aus einem farbigen Halbton-Porträt ein dreifarbiger Siebdruck ohne Tonwertabstufungen. Dazu rechnet das Bildbearbeitungsprogramm die Vorlage zuerst in drei Zonen um, die jeweils einheitlich gefärbt sind. Diese drei Zonen werden nun einzeln kopiert, in je eine neue Datei eingesetzt und in reines Schwarz umgefärbt. Anschließend werden sie auf Film übertragen, um als Vorlagen für Siebdruckschablonen zu dienen, die für je eine Druckfarbe verwendet werden.

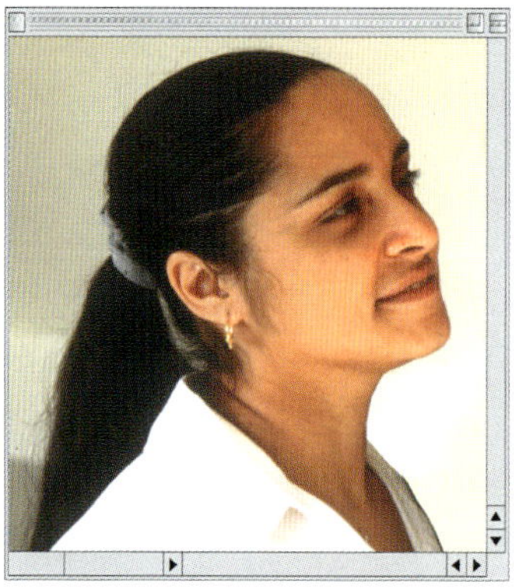

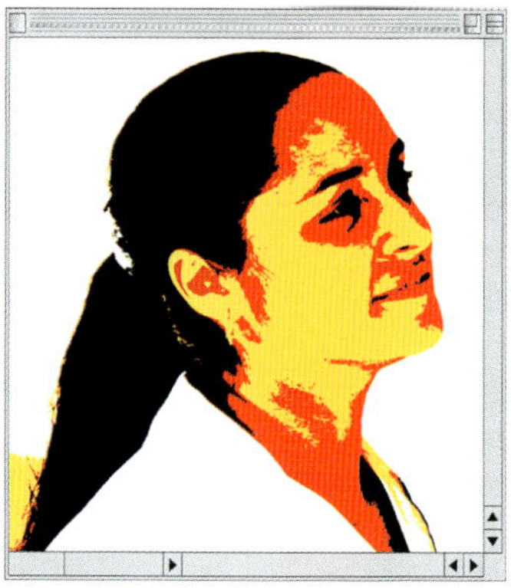

1 Scannen Sie die Farbvorlage ein.

- Wählen Sie Bild/Modus/Indizierte Farben, Palette: Lokal (Adaptiv), Farben: 9, Erzwungen: Primärfarben, Optionen Dither: Ohne
- Wechseln Sie wieder zu RGB-Farben mit der Befehlsfolge Bild/Modus/RGB-Farbe

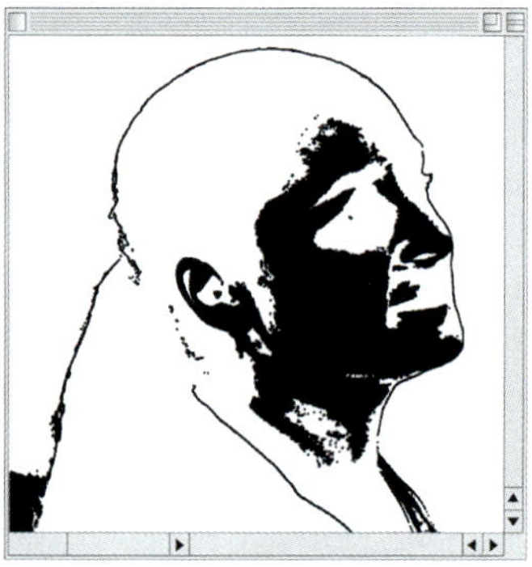

Farbe 1

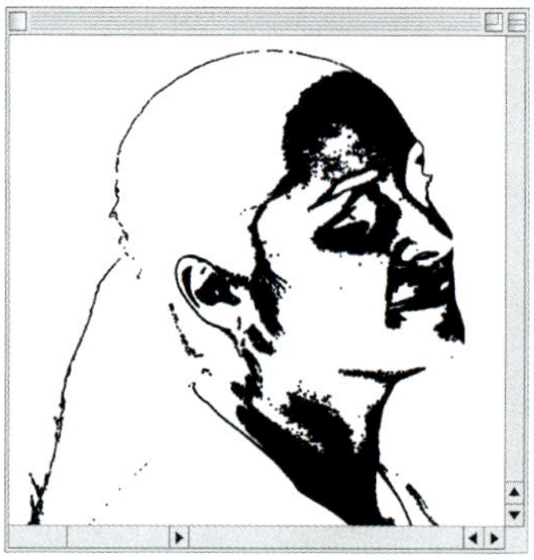

Farbe 2

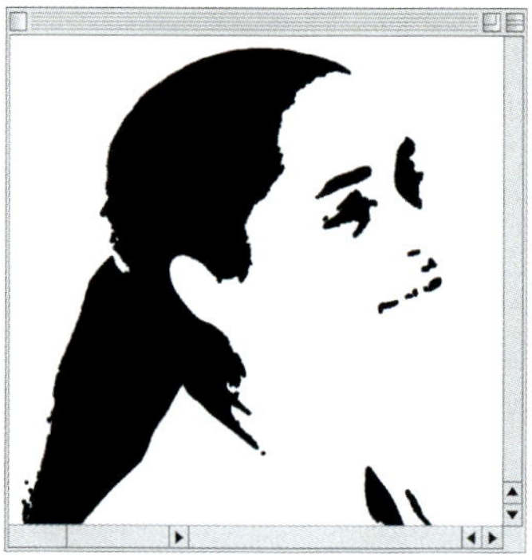

Farbe 3

2 Wählen Sie nacheinander eine der drei Farben, kopieren Sie sie in eine neue Datei und färben Sie sie schwarz. Vergrößern Sie die Flächen ein wenig, sodass sie sich im Druck leicht überlappen. Folgendes mit jeder Farbe durchführen:

- Wählen Sie mit der Pipette die erste der drei Farben als Vordergrundfarbe aus.
- Wählen Sie in der Werkzeugleiste Schwarz als Hintergrundfarbe.
- Auswahl/Farbbereich auswählen (Aufgenommene Farben).
- Bearbeiten/Fläche füllen (Hintergrundfarbe), dann Bearbeiten/Kopieren.
- Dann Datei/Neu und Bearbeiten/Einsetzen.
- Bearbeiten/Kontur füllen, Breite: 4 Pixel, Position: Mitte, Füllmethode Modus: Normal.
- Speichern Sie diese neue Datei und kehren Sie zur Ausgangsdatei zurück, wo Sie den Befehl »Fläche füllen« zurücknehmen, damit das Schwarz in der Auswahl wieder die ehemalige Farbe annimmt.

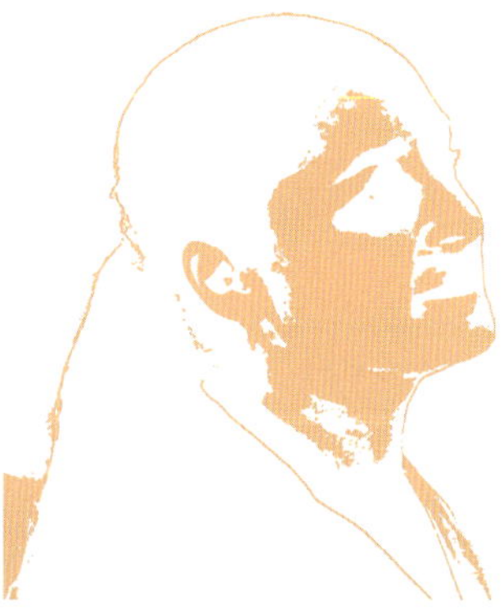

3 Die Schablone von Farbe 1 wird in der gewünschten Farbe gedruckt.

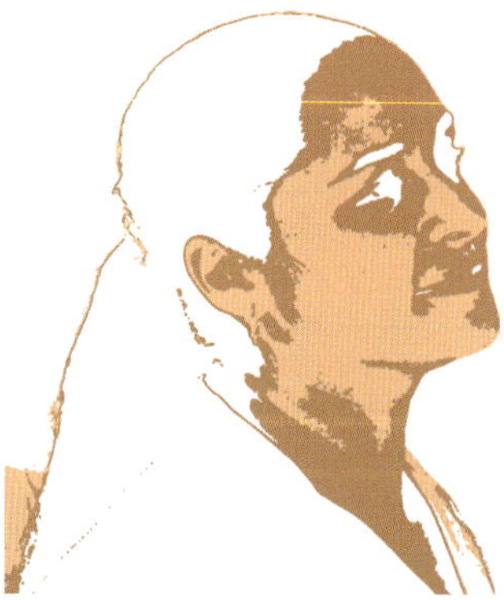

4 Die Schablone von Farbe 2 wird in einem dunkleren Ton gedruckt.

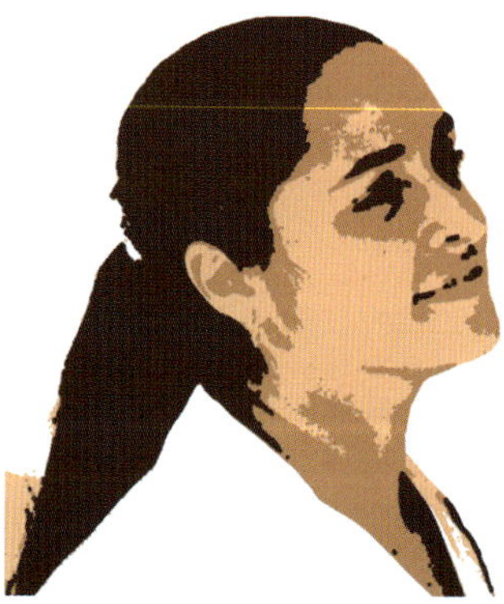

5 Mit dem tiefsten Ton für Schablone 3 ist der Druck fertig.

Vierfarbdruck

Im Standard-Vierfarbdruck werden die drei subtraktiven Primärfarben plus Schwarz verwendet. Als Erstes wird Gelb gedruckt, dann Magenta, Cyan und schließlich Schwarz. Überall dort, wo diese in wechselnder Stärke übereinander gedruckt werden, erscheinen sämtliche aus ihrer Mischung entstehenden Sekundär- und Tertiärfarben, sodass eine farbgetreue Wiedergabe des Originals entsteht. Mit Photoshop oder einem anderen gleichwertigen Programm kann man aus dem Originalbild die vier Farbauszüge erstellen und auf Film ausgeben. Für den Siebdruck sollte Ihr Bild mit einer Auflösung von 150 dpi in der gewünschten Ausgabegröße eingescannt werden.

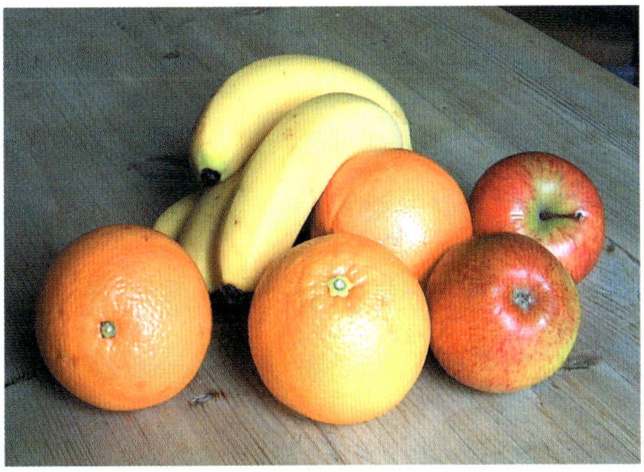

Originalbild

Der Arbeitsgang beginnt mit der Umrechnung des Bildes in CMYK-Farben (Cyan, Magenta, Gelb, Schwarz), um anschließend die einzelnen Farbauszüge zu erstellen.

- Wählen Sie Datei/Drucken mit Vorschau (Rastereinstellungen).
- Entfernen Sie das Häkchen aus der Optionsbox »Rastereinstellungen des Druckers verwenden«.
- Als Rasterweite geben Sie 47 lpi (Linien pro Inch) ein.
- Geben Sie für jede Farbe eine andere Rasterwinkelung ein. Dadurch werden Moiré-Muster auf dem Ausdruck vermieden.
- Für Cyan geben Sie 67° ein, für Magenta 37°, für Gelb 97° und für Schwarz 7°.
- Wählen Sie für jede Farbe als Form: Ellipse.
- Klicken Sie anschließend für jede Farbe auf OK.
- Wählen Sie im selben Dialogfeld »weitere Optionen einblenden«, dann Ausgabe/Passermarken« (wichtig für die Passung der Einzelfarben beim Druck).
- Wählen Sie weiterhin »Auszugsbeschriftungen« (um die Farbe jedes Auszugs anzuzeigen).
- Drucken Sie jeden Farbauszug in Schwarz auf transparenten oder transluzenten Film, mit dem anschließend Druckplatten belichtet werden. Dazu können Sie polyesterbasierte Transparentfolien für Laserdrucker verwenden. Auch hochwertiger Positivfilm ist im Handel erhältlich.

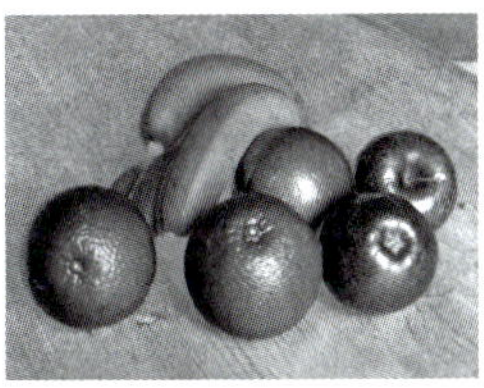

Gelb-Auszug in Schwarz

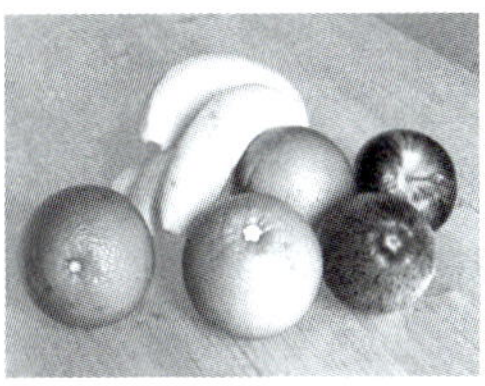

Magenta-Auszug in Schwarz

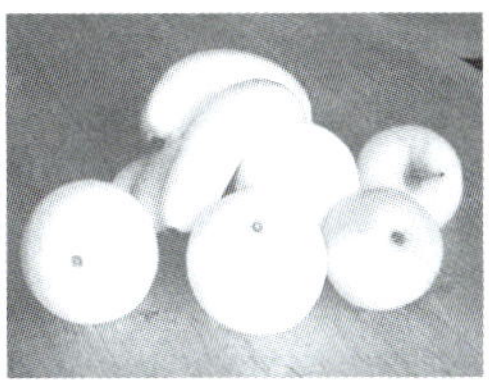

Cyan-Auszug in Schwarz

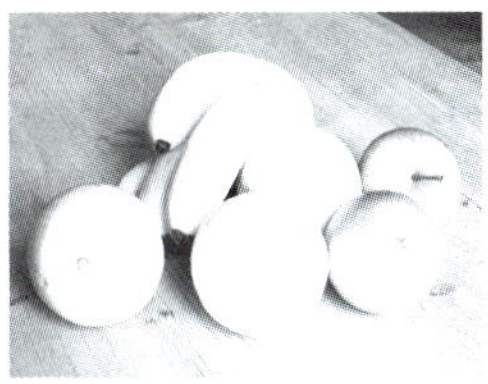

Schwarz-Auszug in Schwarz

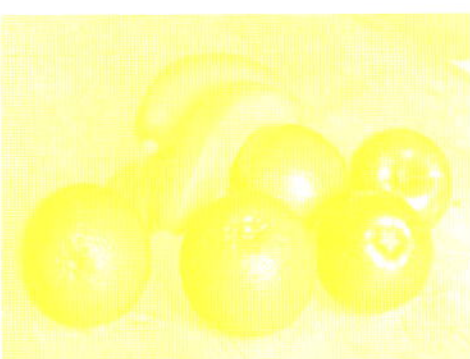

Gelb-Auszug in Farbe

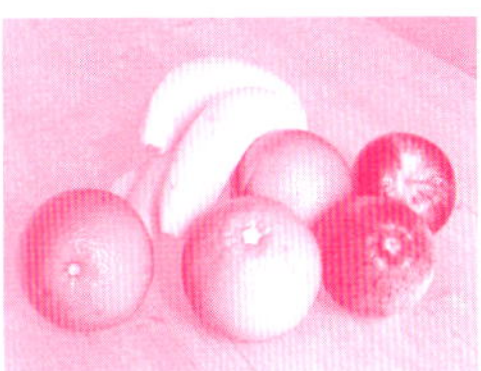

Magenta-Auszug in Farbe

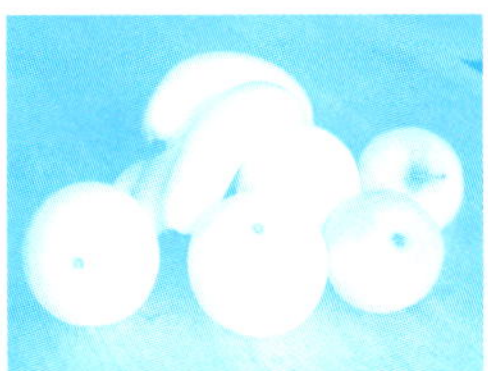

Cyan-Auszug in Farbe

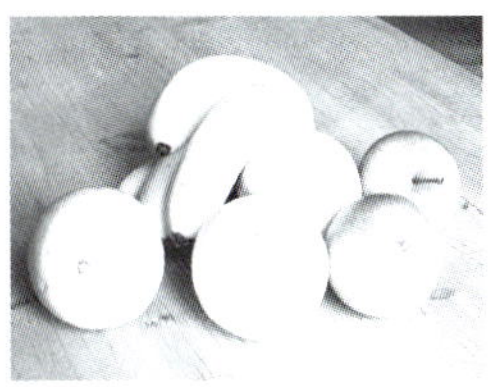

Schwarz-Auszug in Farbe

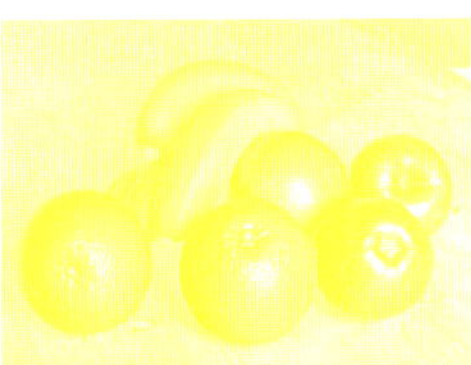

1 Gelb wird zuerst gedruckt.

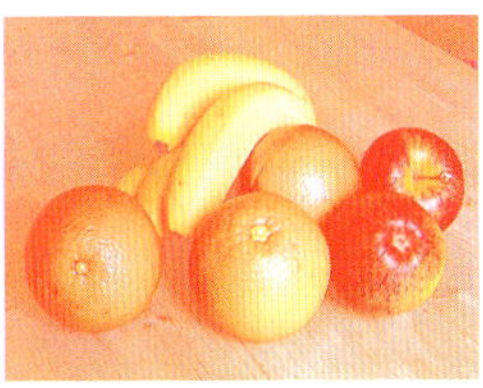

2 Magenta wird anschließend über Gelb gedruckt.

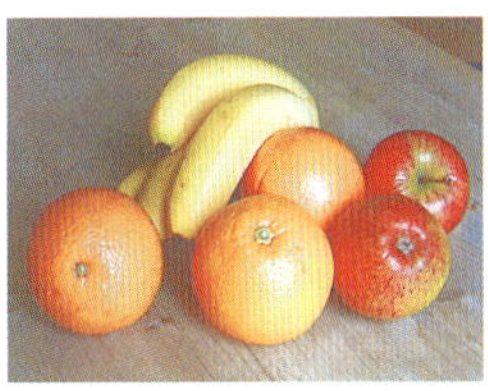

3 Es folgt Cyan über Gelb und Magenta.

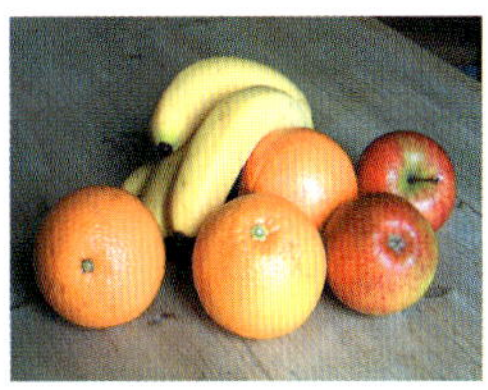

4 Schwarz vervollständigt das gedruckte Bild.

Fotografie

Für einige Künstler ist die Fotografie das vorrangige künstlerische Ausdrucksmittel, was sicher auch an den technischen Möglichkeiten liegt, wie sie heute zum Beispiel die hochauflösenden Digitalkameras bieten. Für andere Künstler hat die Fotografie nur sekundären Stellenwert als Hilfsmittel zum Dokumentieren ihrer Arbeiten oder zum »Skizzieren«.

Fotografie als Kunst

In der Frühzeit der Fotografie wurde sie nicht unbedingt als künstlerisches Ausdrucksmittel angesehen, obwohl die atmosphärisch dichten Fotos von Lady Clementina Hawarden aus den Jahren nach 1860 heute so gesehen würden. Auch das fotografische Werk von Man Ray, das in den 1920er-Jahren, oder die ausdrucksvollen Pflanzenfotos von Karl Blossfeldt, die zu Beginn des 20. Jahrhunderts entstanden, konnten sich gegenüber den traditionellen künstlerischen Medien ihrer Zeit behaupten und führten zur zeitgenössischen Fotografie von Meistern wie Robert Mapplethorpe.

Die Rezeption der Fotografie als künstlerisches Medium ist relativ neu, hat aber zu erstaunlich kreativen und originellen Arbeiten geführt.

Stile und Motive

Die fotografischen Arbeiten unterscheiden sich natürlich genauso vielfältig in ihren Stilrichtungen wie andere künstlerische Arbeiten. Da gibt es Mehrfachdruck-Assemblagen in den Arbeiten von David Mach, Fotomontagen von Gilbert and George, großformatige Fotoarbeiten in Lichtkästen von Jeff Wall, Selbstinszenierungen von Cindy Sherman, wie in ihrer Serie *Untitled Film Stills* von 1977–1980, Fototableaus von Boyd Webb und Reisedokumentationen von Richard Long oder Hamish Fulton.

Die Foto-Arbeiten von Richard Billingham und Nan Goldin fallen eher in die lange Tradition persönlicher Fotos von Familie und Freunden, haben aber ebenfalls einen hohen künstlerischen Anspruch.

Mit der Entwicklung der elektronischen Medien verbreitete sich immer mehr auch die digitale Bearbeitung von filmbasierten Bildern oder digitalen Fotos in der Weise, wie man ein Gemälde bearbeitet und verändert, nur eben mithilfe von Computer-Software. In diesem Bereich hat sich also die Fotografie in gewisser Weise der Malerei angenähert.

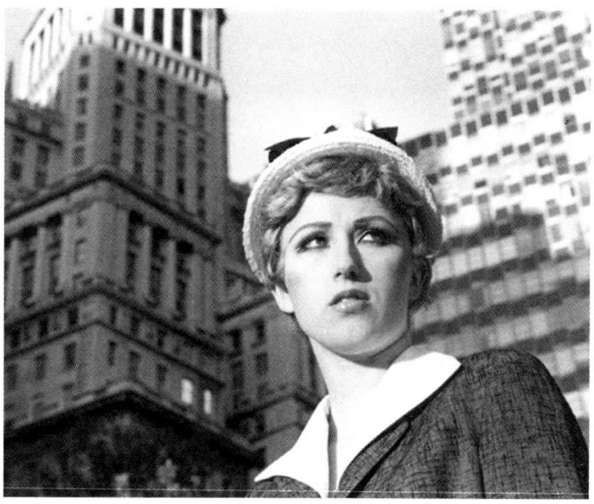

Untitled Film Still # 21 *(1978)*, CINDY SHERMAN

Material Ausrüstung und Techniken

Die fotografischen Techniken für die oben genannten Arbeiten sind äußerst unterschiedlich.

Einige Künstler verwenden Smartphones für den spontanen Einsatz. Andere ziehen eine traditionelle Spiegelreflexkamera vor, wieder andere halten sich an die große Auswahl von Digitalkameras. Im Atelier oder vor Ort sind auch große Plattenkameras mit einer hohen Auflösung in Gebrauch. Heute existiert eine Vielfalt von Bearbeitungstechniken wie Montage und Abdeckeffekte, Vielfachbelichtungen und Bildverzerrungen.

Kameras

Die von Künstlern am meisten verwendeten Kameras sind heute Digitalkameras. Aber auch Smartphones und Tablets sind sehr vielseitig einsetzbar und können für alle fotografischen Arbeiten verwendet werden. Bei

Digitalkameras und Smartphones gilt: je höher die Zahlt der Pixel (Bildzellen) des in der Kamera verbauten Bildsensors, desto besser die Bildauflösung. Die Größe des Bildsensors bestimmt zudem die ISO-Empfindlichkeit (Lichtempfindlichkeit), den Kontrastumfang und den Formatfaktor des Objektivs. Die üblichen Standardobjektive ergeben in der Regel ausreichend scharfe Fotos. Die meisten der Kameras sind automatisch gesteuert und regeln so die Belichtung und Tiefenschärfe. Für die teureren Systemkameras oder DSLR-Modelle gibt es gute Wechselobjektive für Weitwinkelaufnahmen bis 25 mm oder für Aufnahmen von weiter entfernt liegenden Objekten zwischen 200 und 400 mm, mit vielen Zwischenstufen. Für extreme Nahaufnahmen benötigt man eventuell ein spezielles Makroobjektiv.

Viele Spiegelreflexkameras verfügen über ein Autofocus-System sowie eine Reihe von Programmen für verschiedene Motive und Einstellungen. Man sollte aber darauf achten, dass man diese Funktionen auch manuell bedienen kann. Manuell einzustellende Digitalkameras überlassen dem Fotografen die Kontrolle über die Bildeinstellungen, verfügen aber auch über Programme, die die richtige Verschlusszeit und Blende selbsttätig einstellen.

Speicherkarten

Der gebräuchlichste Speicherkarten-Typ ist derzeit die SD-Karte, die mit verschiedenen Speicherkapazitäten und Lese-Schreib-Geschwindigkeiten erhältlich ist. Je mehr Speicherkapazität eine solche Karte hat, desto mehr Fotos können darauf abgespeichert werden.

Die Entwicklung der Digitalfotografie

In den letzten Jahren hat die Entwicklung der Digitalkameras und der digitalen Bildverarbeitung dem Künstler große Freiheit für die Aufnahme von Fotos und ihrer anschließenden Weiterbearbeitung gebracht.

Im Vergleich zu der lange dominierenden filmbasierten Fotografie ist die Digitalfotografie sehr effizient. Man kann Fotos machen, diese speichern und sie dann mühelos in den Computer laden, wo sie auf vielfältige Weise bearbeitet und dann gedruckt werden können.

Digitalkameras verwenden Bildsensoren. Dies sind integrierte Schaltkreise, die einfallendes Licht in digitale Daten umwandeln. Die Oberfläche der Bildsensoren ist mit Fotozellen bestückt, deren Anzahl die Pixelauflösung der Kamera bestimmt.

Für Fotos hoher Qualität braucht man eine hochauflösende Kamera, die Bilder mit mehreren Megapixeln machen kann. Die Bilder können in verschiedenen Formaten gespeichert werden. Eine JPEG-Datei speichert zum Beispiel ein Foto mit relativ wenig Speicherplatz bei hoher Fotoqualität, die aber beim Komprimieren wieder verloren gehen kann. Andere Speicherformate wie TIFF unterstützen Kompression ohne Datenverlust. RAW-Dateien enthalten alle bei der Aufnahme empfangenen Daten und werden vor dem Speichern weniger stark berechnet.

Haltbarkeit

Wenn man eine Fotografie als Kunstwerk verkaufen will, wird die Haltbarkeit ein wichtiger Faktor. Einen Fotodruck, vor allem in Farbe, sollte man in einem relativ schattigen Raum aufhängen und nicht direkter Sonneneinstrahlung aussetzen. Die Haltbarkeit von Fotos verbessert sich fortwährend durch neue Techniken und Materialien. Digitale Aufnahmen können zum Beispiel heute mit lichtechten Pigmenten und auf speziellem säurefreiem Papier gedruckt werden.

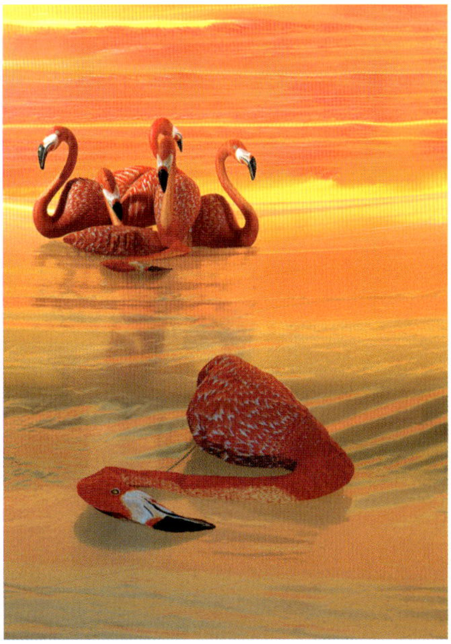

Boyd Webb

Neue Welten

Die Welten des Boyd Webb entstehen im Atelier. In dem Bild mit dem Titel *Lagune* versucht Webb erst gar nicht, die aufblasbaren Plastik-Flamingos zu kaschieren. Diese Kitsch-Objekte wurden durch ihn in eine sensible künstlerische Arbeit verwandelt, die fundmentale Fragen über unser Verhältnis zur Natur aufwirft.

Lagune *(1988)*,
BOYD WEBB

Fotos als Motivrepertoire

Viele Künstler schätzen neben ihrem Skizzenbuch auch die Kamera oder das Smartphone, um Motive zur Weiterverarbeitung zu sammeln. Natürlich kann die Kamera das Skizzenbuch nicht ersetzen, denn es sind zu verschiedene Medien. Das Foto erfordert die künstlerische Weiterbearbeitung und behält trotzdem seinen autonomen Charakter. Eine Skizze, selbst wenn sie nur aus wenigen flüchtigen Strichen besteht, besitzt immer eine Vitalität und Spontaneität, die aus intensiver Beobachtung resultiert.

Technik Motivfotografie

Die Skizze ist zwar immer noch eine lebendige Inspirations- und Motivquelle, doch kann Fotografieren die mögliche Vielfalt der Motive beträchtlich erweitern.

»Sofort«-Motiv
Die Motivfotografie ist die einzige Möglichkeit, ganz spontan Motive festzuhalten, die später in einem Bild Verwendung finden könnten. Ein durch das Zug- oder Flugzeugfenster erblicktes Motiv ist zum Beispiel nicht einfach zu skizzieren, aber sehr leicht zu fotografieren. Eine Wolkenformation oder eine Menschenmenge kann aufgenommen werden, bevor sich die Szene ändert.

Motivsammlung zusammenstellen

Viele moderne Künstler haben in ihre Werke eine populäre Bildsprache aus sehr unterschiedlichen kurzlebigen Quellen eingefügt. Man kann solche visuellen Informationen fotografieren und als Daten auf einem Datenspeicher oder in einer Cloud archivieren. Denken Sie dabei an die Veröffentlichungsrechte! Es ist sinnvoll, eine Abbildung aus einem gedruckten Medium so schnell wie möglich aufzunehmen, solange der Druck noch frisch ist.

Zweidimensionales Motivmaterial ist nicht auf das gedruckte Medium beschränkt. Es ist auch möglich, Fernseh- oder Videobilder abzufotografieren oder Bilder aus dem Internet oder anderen digitalen Medien zu kopieren. Solche Bilder erweitern das dem Maler normal zugängliche Motivrepertoire erheblich.

Technik

Bewegung wiedergeben

Die Kamera ermöglicht es, Bruchteile von Sekunden einer Bewegung einzufangen. Der Künstler kann nun Bewegungsabläufe mit einer Genauigkeit wiedergeben, wie sie vor Erfindung der Kurzzeitfotografie nicht möglich war. Jetzt können Vögel im Flug oder rennende, springende oder tauchende Figuren im Detail studiert werden.

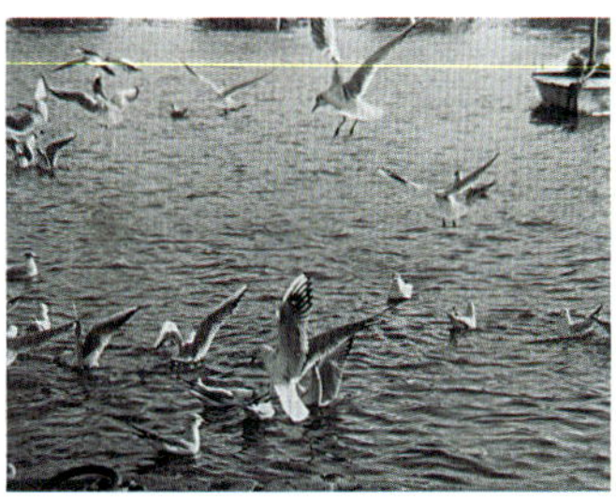

1 Solche Situationen sind eine gute Gelegenheit, um Aufnahmen zu machen, die nicht von hoher Qualität, aber doch gut für eine Motivvorlage geeignet sind.

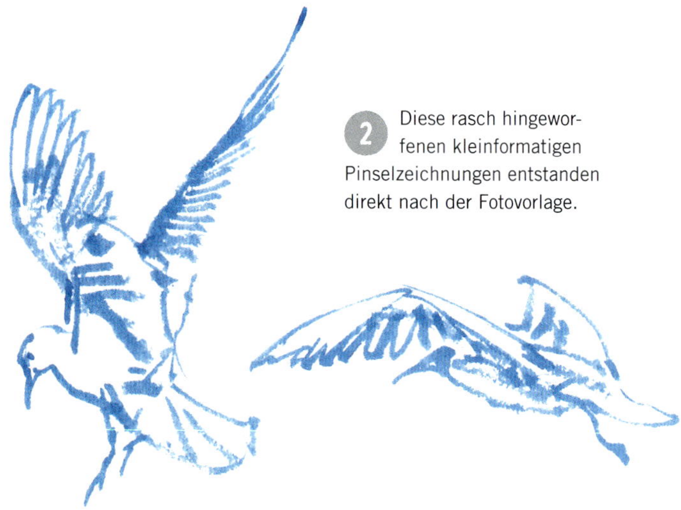

2 Diese rasch hingeworfenen kleinformatigen Pinselzeichnungen entstanden direkt nach der Fotovorlage.

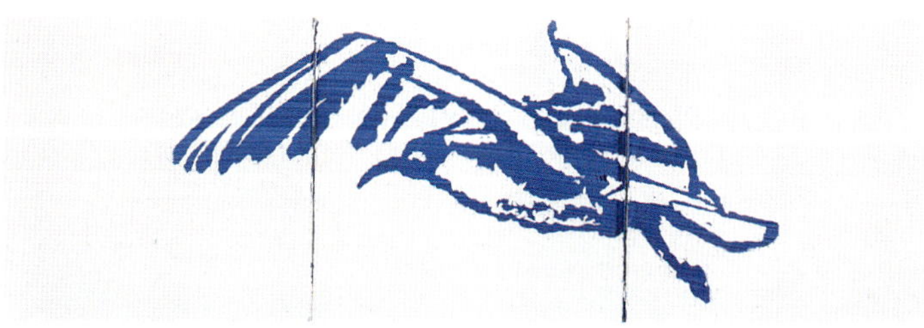

Fertiges Bild Motiv auf einer Keramikwand

Technik Nach einem Fotomotiv arbeiten

Fotomotive kann man verschiedenartigst nutzen. Eine Zeichnung oder ein Gemälde kann ganz oder zum Teil auf einem Foto basieren, dass zudem noch schicht- und seitenverkehrt oder auf vielfältige andere Weise modifiziert werden kann.

Bewegung einfrieren

Dieses »Spritz«-Bild zeigt, wie wirkungsvoll eine Kamera den Sekundenbruchteil einer Bewegung einfangen kann, sodass man genau sieht, was passiert, und dies in einem anderen künstlerischen Medium nachgestalten kann. Mit anderen Mitteln der Motivsuche wäre das unmöglich. Natürlich wusste man beim Aufnehmen des Spritzers nicht genau, wie er ausfallen würde. Die Schwarzweißfotografie wurde mit weichem Bleistift in eine Zeichnung umgesetzt. Durch Veränderungen im Inneren des Spritzers und den Ausschluss unnötiger Details wurde das Motivvorbild völlig umgestaltet.

Farbige Bleistiftzeichnung des Spritzers Steine wurden in einen Fluss geworfen und dies mit einem kompletten Schwarzweißfilm (36 Aufnahmen) durchfotografiert. Das schließlich verwendete Foto war mit seiner kreisförmigen Krone hochspritzenden Wassers am besten zur Umgestaltung geeignet.

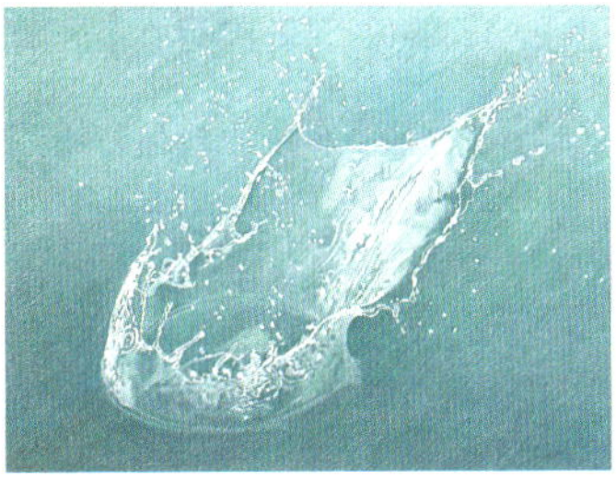

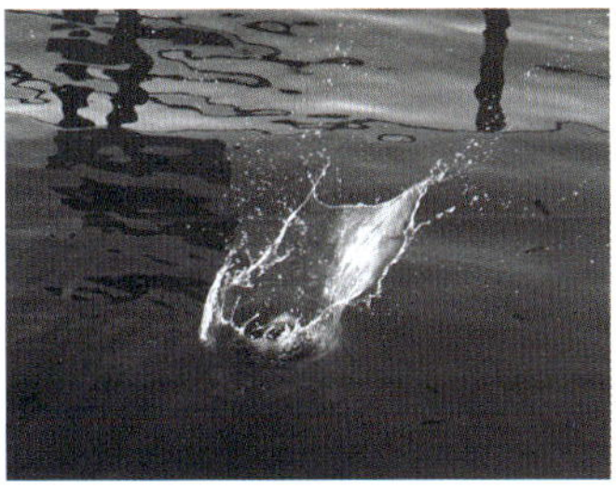

Technik

Fotomotiv plus Malerei nach Modell

Dieses Porträt ist Beispiel für ein Gemälde, das teils nach Modell und teils nach Fotomotiven entstanden ist. Das Gemälde der Figur wurde nach dem lebenden Modell geschaffen, wobei die meiste Zeit für die Ausarbeitung des Kopfes verwendet wurde. Der Hintergrund wurde einem anderen Raum entnommen, der teilweise vor Ort gemalt, dann aber nach einem Foto vollendet wurde. Bei einer solchen Kombination von Fotomotiven und Gemälde nach Modell (oder vor Ort) muss man besonders auf eine gute Integration der verschiedenen Bildteile achten, außer man wünscht eine disparate Darstellung.

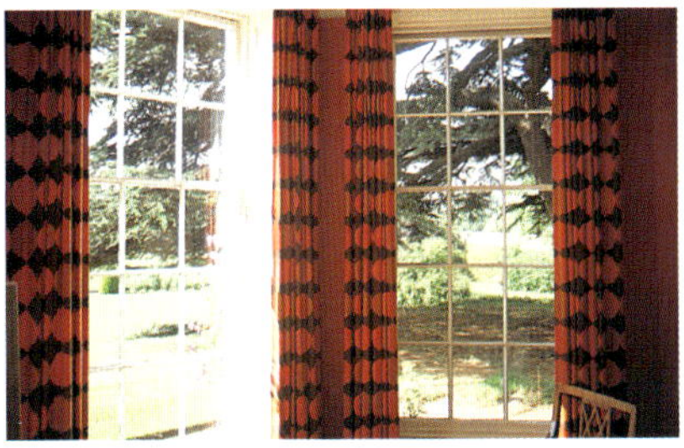

Hintergrundbild Dieses Foto diente als Vorlage für den Hintergrund des Gemäldes.

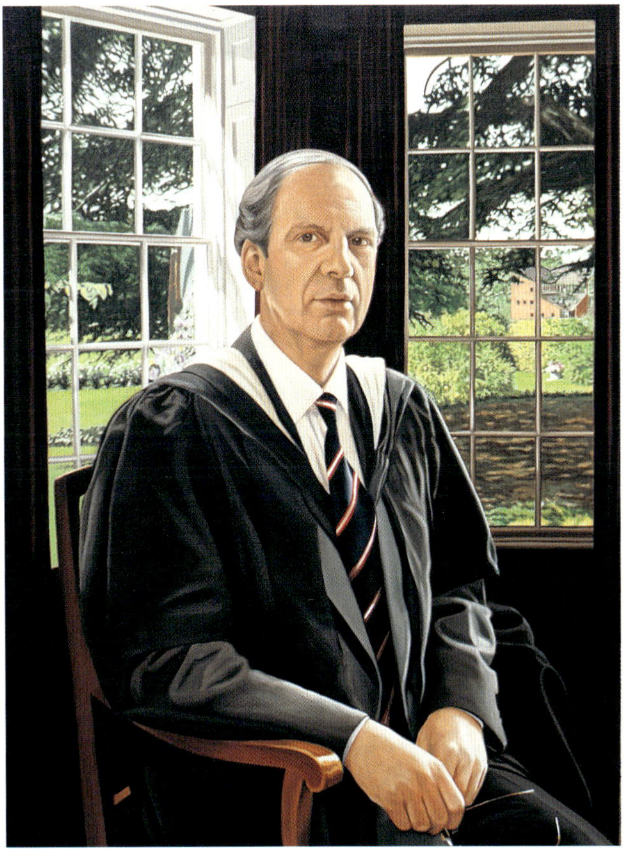

Porträt mittels Fotomotiv In diesem Gemälde wurde jedes Bildelement sorgfältig angelegt, um einen einheitlichen Ausdruck zu erzielen. Zwischen den nach dem Modell und den nach dem Fotomotiv gemalten Teilen darf es keinen Bruch geben.

Technik Arbeiten dokumentieren und präsentieren

Ein professioneller Künstler wird in vielen Situationen eine fotografische Dokumentation seiner Arbeit benötigen. Je bekannter er ist, desto häufiger werden Fotos seiner Werke von Kunstbuch- und Kunstzeitschriftenverlagen oder Internetportalen angefordert. Für jeden professionellen Künstler ist es darum dringend notwendig, hochauflösende Digitalbilder (für den Druck mindestens 300 dpi) seiner Arbeiten zu besitzen. Eine gute Fotopräsentation auf dem Tablet oder dem Smartphone hat schon manchen Galeristen ins Atelier des Künstlers gelockt. Eine adäquate Präsentation der Arbeiten kann ebenso bei künstlerischen Wettbewerben von ausschlaggebender Bedeutung sein. Auch Ausstellungsorganisatoren benötigen gutes Fotomaterial des ausgewählten Künstlers, um beispielsweise die Presse zu informieren oder den Katalog zu gestalten.

Falls man nicht von vornherein gutes Fotomaterial zur Hand hat, bleibt im Bedarfsfall kaum genügend Zeit, um neue Aufnahmen zu machen. Daher ist es vernünftiger, die künstlerische Arbeit gleich nach ihrem Abschluss aufzunehmen. Das Fotografieren von Gemälden muss nicht aufwendig und teuer sein (siehe unten).

Entwürfe vorstellen

Die Fotografie spielt eine wichtige Rolle beim Vorlegen von künstlerischen Entwürfen für Ausstellungen oder öffentliche Aufträge (siehe auch S. 364–369). Es ist üblich, zunächst einmal den Ort (oder den Galerieraum) zu fotografieren, dann die Zeichnung/das Gemälde/den plastischen Entwurf aufzunehmen und beide Fotos in einer digitalen Montage zusammenzufügen.

Vorbereitung einer Skulptur

Bei dieser Idee (unten) für eine freistehende Skulptur auf dem Platz vor einer Baustelle wurde das Modell der Skulptur mit einer Digitalkamera fotografiert und in eine Digitalaufnahme des Ortes kopiert. Das freie Stück Land war noch nicht bepflanzt. Daher erhielt der Kunde einen Eindruck von der Bepflanzung mittels digitaler Bildbearbeitung etwa in Adobe Photoshop.

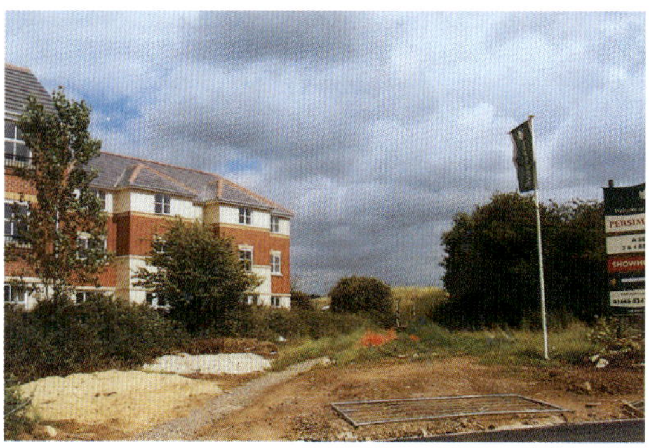

Ansicht des Platzes vor der digitalen Bearbeitung

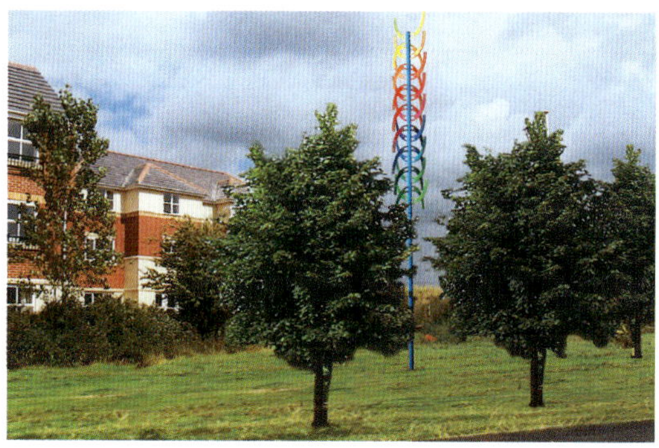

Digitale Montage mit Modell und dazu gesetzter Begrünung

Technik Gemälde und Zeichnungen fotografieren

- Befestigen Sie die Kamera auf einem Dreifußstativ. Hängen Sie das Bild an die Wand oder stellen Sie es absolut vertikal auf eine Staffelei.
- Stellen Sie zu beiden Seiten der Kamera im Winkel von 45 Grad zur Bildebene je zwei Teleskopständer auf.
- Befestigen Sie an jedem Ständer ein Blitzlicht mit der Rückseite zum Kunstwerk. Die Blitzlichtgeräte sollten mit Lichtsensoren ausgestattet sein, die auf das Kunstwerk gerichtet sind, um die Belichtung zu messen.
- Befestigen Sie einen Schirmreflektor am Blitzlicht, der den Blitz indirekt auf das Kunstwerk lenkt.
- Verbinden Sie ein Blitzlicht über ein Verlängerungskabel mit dem Batterieanschluss der Kamera. Mehr Flexibilität erreichen Sie aber mit einem Infrarotauslöser. Er wird über den Blitzschuh angeschlossen und kann mehr als ein Blitzgerät koordinieren bzw. auslösen.
- Stellen Sie die Verschlusszeit der Kamera auf elektronischen Blitz ein, normalerweise 1/125 Sek., und schätzen Sie die Blendeneinstellung anhand des Messgeräts am Blitzlicht ein.
- Machen Sie ein Foto in der richtigen Belichtungszeit mit einer größeren und einer geringeren Blendenöffnung.

ANGEWANDTE KUNST

In diesem Kapitel werden einige der traditionellen Techniken in größerem Maßstab und in anderem Kontext erprobt, wie zum Beispiel in der Wandmalerei. Es werden auch neuere Materialien vorgestellt, die wesentlich robuster zu verarbeiten sind, wie etwa handbemalte oder bedruckte Laminate.

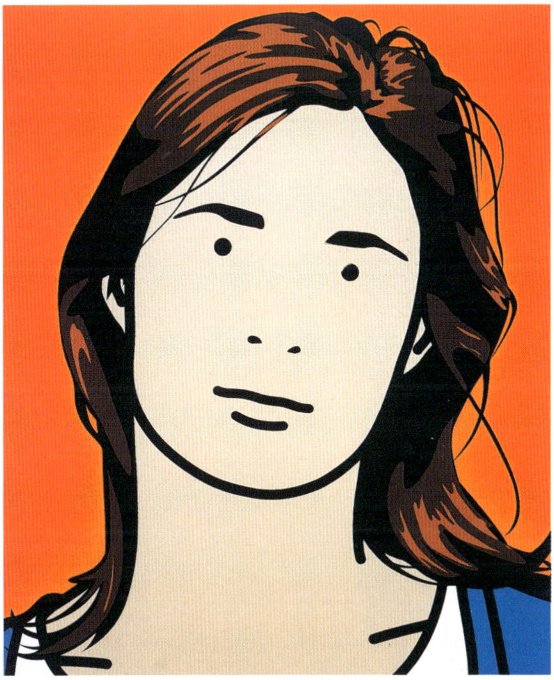

***Ginny Housewife** (2000),* JULIAN OPIE

Julian Opie hat die Möglichkeiten neuer Materialien und Techniken mit Begeisterung ausprobiert. Dieses Bild hat seine Vorläufer in der Pop-Art, wo ein großes, flächiges zeichenhaftes Motiv genau ausgemalt wurde. Opie hat dagegen das computerbearbeitete Motiv ausgeschnitten und unter eine Plastikfolie gelegt. Dadurch erhält es eine große Klarheit. Es ist erstaunlich, dass ein Gesicht mit diesen zeichenhaften Kürzeln, zwei schwarze Punkte als Auge und zwei als Nase, dennoch so ansprechend und menschlich wirkt. Der leicht geneigte Kopf unterstreicht die Sensibilität des Modells.

Fresko

Die reine Freskotechnik *(buon fresco)* wurde bereits in frühen Zivilisationen praktiziert, so in der spätminoischen, der etruskischen und der römischen Epoche. Die Römer wandten die Technik vielfach und sehr wirkungsvoll an, wie die Wandgemälde von Pompeji aus der Mitte des 1. Jahrhunderts offenbaren.

Ihren künstlerischen Höhepunkt erreichte die Freskomalerei aber zwischen dem späten 13. und der Mitte des 16. Jahrhunderts in Italien, als die bedeutendsten Künstler jener Zeit – von Cimabue bis Michelangelo – diese Technik in ihren unvergleichlichen Werken anwendeten. Bemerkenswerte Beispiele sind die Fresken der Cappella degli Scrovegni in Padua von Giotto, die florentinischen Meisterwerke von Masaccio, darunter die *Dreifaltigkeit* in Santa Maria Novella und die Dekorationen für die Brancaccikapelle in Santa Maria del Carmine, die außergewöhnlich schönen Fresken von Fra Angelico in den Zellen des Konvents von San Marco in Florenz sowie viele weitere gleichermaßen inspirierte Werke großer italienischer Künstler wie Ambrogio, Lorenzetti, Uccello, Piero della Francesca, Mantegna, Ghirlandaio, Botticelli und Raffael.

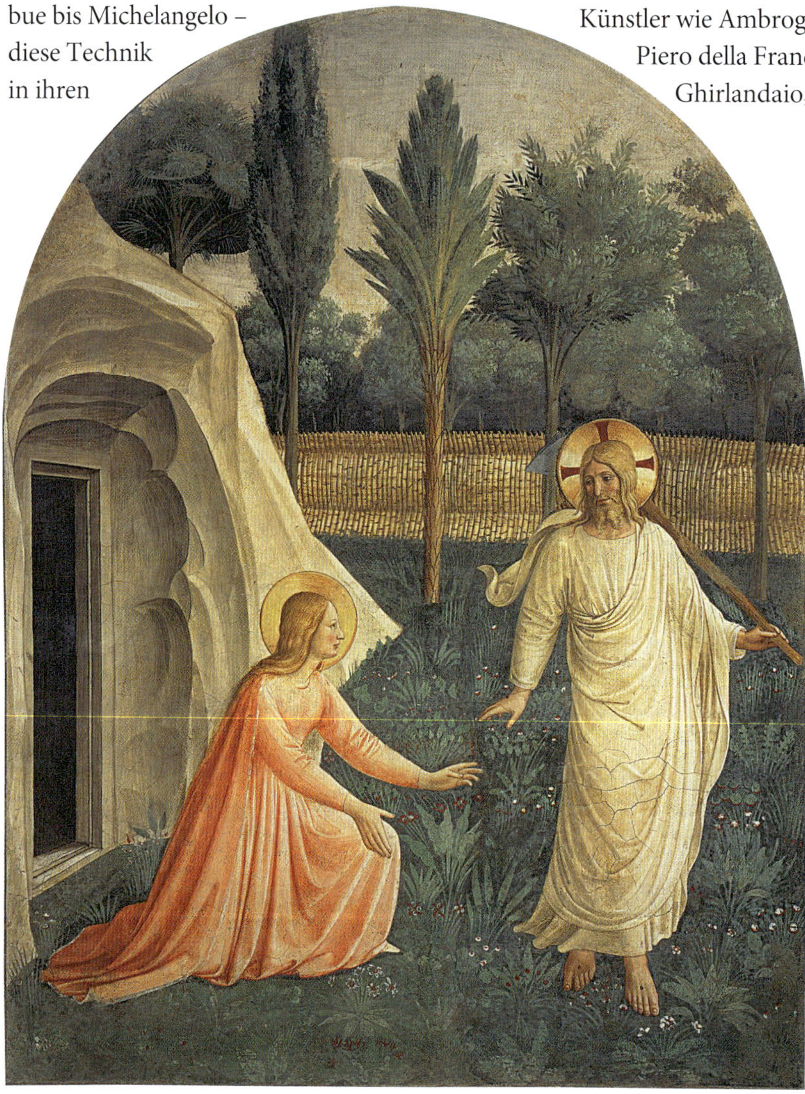

Noli me tangere
(1442), Fra Angelico
Fra Angelico hat in seinen Fresken für das Kloster San Marco in Florenz in sich abgeschlossene Welten geschaffen, in denen jeder einzelne Teil der Komposition Leben und Hingabe ausstrahlt. Das hier gezeigte Fresko hat eine außergewöhnliche Zartheit und Klarheit, die die vom Maler geschaffene Szene umso bedeutender und realer wirken lässt.

Traditionelle Freskoverfahren

Bei der Freskomalerei werden in Wasser oder Leimwasser angeriebene Pigmente auf eine frisch verputzte Wand aufgetragen. Die verwendeten Pigmente müssen lichtecht, dauerhaft und alkalibeständig sein. Sie werden durch die dünne Lage des noch nassen Kalks absorbiert und verschmelzen mit ihm zu einer beständigen harten Einheit. Der Umstand, dass sie nicht auf einem Untergrund haften, sondern zu dessen Bestandteil werden, macht das Fresko zu einer der beständigsten Techniken der Wandmalerei. Heute ist die Methode nicht mehr so gängig, da Löschkalk oft schwer zu bekommen ist.

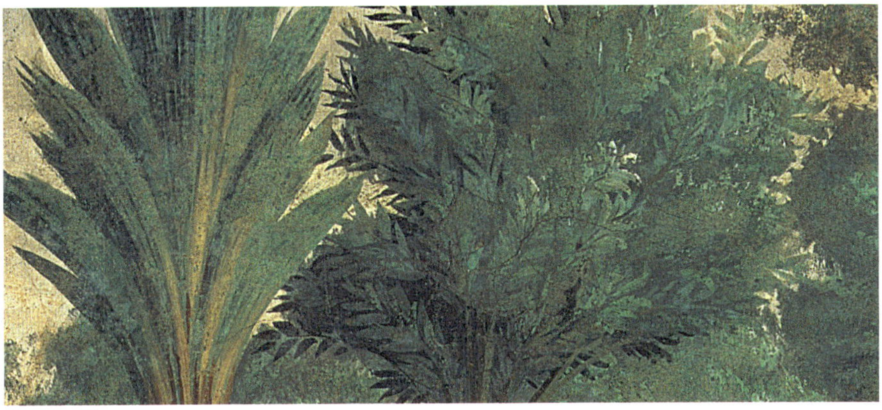

Fresko – Detail der Baumkronen Jeder Pinselstrich wird vom feuchten Gips aufgenommen und absorbiert.

Material Pigmente und Malverfahren

Nur die beständigsten Pigmente eignen sich zur Freskomalerei, vor allem bei Außenarbeiten. Sie müssen nicht nur lichtecht, sondern auch alkalibeständig sein, da der Putz stark basisch ist. Ferner müssen sie auch resistent gegenüber Säuren und sonstigen atmosphärischen Giftstoffen sein. Keinesfalls darf man Pigmente verwenden, die lösliche Salze enthalten, da diese einen weißen Ausschlag, sogenannte Ausblühungen, auf der Oberfläche verursachen können (siehe S. 284).

Die künstlichen Eisenoxidfarben (die Marsfarben) – darunter Rot, Violett, Gelb und Schwarz – eignen sich hervorragend zur Freskomalerei. Die blauen und grünen Kobaltfarben sind ebenfalls permanent, ebenso wie Coelin- und Manganblau. Von den Grünpigmenten sind Chromoxid und dessen hydrierte Form Viridian empfehlenswert. Der Löschkalk selbst wird im Allgemeinen für Weiß verwendet.

Die Pigmente sollten möglichst fein in Wasser angerieben und ohne weitere Bindemittelzusätze auf den nassen Putz aufgetragen werden. Destilliertes Wasser enthält keine Verunreinigungen, die im Leitungswasser sein könnten. Kalkwasser kann ebenfalls zum Anreiben der Pigmente dienen, könnte aber die Deckkraft verstärken. Wünscht man einen deckenden, jedoch etwas helleren Effekt, so kann man im Grunde alle Pigmente in einer Mischung von Löschkalk und Wasser anreiben.

Vorbereitung Die Wand

Vor dem Verputzen muss die Wand absolut frei von Feuchtigkeit, Fett und Staub sein. Alle früheren Beschichtungen müssen abgewaschen, alle Mörtelbröckchen entfernt und jede Unebenheit geglättet sein. Die Fläche kann aufgeraut werden, damit der Putz besser haftet, aber das ist im Allgemeinen nicht nötig. Hat die Wand einmal Schimmel- oder Algenspuren gezeigt (sogenannter Hausschwamm), sollte sie vor dem Freskoauftrag vorschriftsgemäß mit einem Schutzmittel behandelt werden.

Der Mörtel

Traditionell mischt man Löschkalk mit Sand und/oder Marmorstaub in unterschiedlicher Partikelgröße, je nachdem, welche der drei Lagen aufgetragen wird. Der Sand muss trocken und frei von effloreszierenden Salzen oder anderen Verunreinigungen sein. Der Sand ist nur inaktives Füllmittel; die chemische Veränderung beim Trocknen besteht im Übergang des Putzes von Kalziumhydrat und Kohlendioxid in Kalziumkarbonat und Wasser.

Vorbereitung Der Putz

Das Verputzen der Wand zur Freskomalerei besteht aus drei Grundstufen: Trusilar, Aricciato und Intonaco.

Die Trusilar-Schicht

Die Wand wird gründlich nass gemacht und der erste Rohbewurf – Trusilar genannt – aufgetragen. Diese Putzschicht ist eine Mischung aus gelöschtem Kalk und grobem Sand/Kies im Verhältnis von etwa 1:3 (mögliches Verhältnis Sand zu Kies etwa 1:5).

Für Interieurarbeiten auf Holzputzträgern oder – heutzutage üblicher – auf Streckmetall enthält die Mischung weniger Sand oder Kies. Die erste Schicht wird so aufgetragen, dass der Putz nicht aufgestrichen, sondern kräftig aufgeschleudert wird.

Die Aricciato-Schicht

Die zweite Schicht – die Ausgleichs- oder Aricciato-Schicht – ist weniger rau als die erste, aber nicht so fein wie die Schlussschicht. Das Verhältnis Kalk zu Sand ist etwa 1:2 oder 1:2½, und der Sand kann eine Mischung von groben und feinen Partikeln enthalten (wobei die groben dominieren). Auch diese Schicht wird kräftig auf den nassen Untergrund geschleudert und nur so weit geglättet, dass sie gemalte oder gezeichnete Umrisse aufnehmen kann. Diese Vorzeichnung nannte man »Sinopia« nach der Stadt Sinop am Schwarzen Meer, deren roten Ocker man ursprünglich für die Zeichnung verwendete.

Die Intonaco-Schicht

Die endgültige Malschicht ist eine Mischung aus gelöschtem Kalk und Sand im Verhältnis 1:1; der Sand enthält oft etwas Marmorstaub, um die Wandfläche ein wenig glitzern zu lassen. Der Intonaco-Putz muss glatt aufgetragen werden, damit die Fläche bemalt werden kann. Er sollte aber nicht so glatt sein, dass die Poren der Fläche verschlossen werden.

Die Intonaco-Schicht wird nacheinander auf Wandabschnitte solcher Größe aufgetragen, wie sie innerhalb weniger Stunden nach dem Antrocknen bemalt werden können. Zunächst wird der Putz hart, ist aber noch nass; danach beginnt das Karbonisieren, wobei die Pigmente nicht mehr von der Wand absorbiert werden. Unbemalte oder zu trockene Intonaco-Schichten müssen noch am selben Tag abgeklopft und am nächsten Arbeitstag durch neue ersetzt werden.

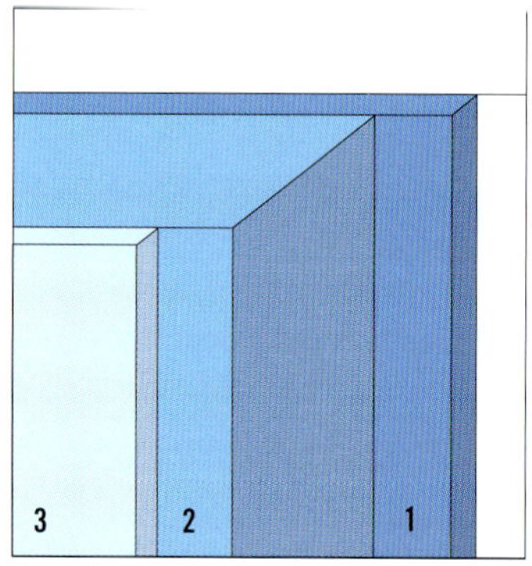

Vorbereitung der Wand für Fresko
1 Trusilar gelöschter Kalk und grober Sand/Kies im Verhältnis von etwa 1:3 (etwa 3 mm dick).
2 Aricciato gelöschter Kalk und grob/ feine Sandmischung im Verhältnis von etwa 1:2 oder 1:2½ (durchschn. Dicke etwa 1,8 cm).
3 Intonaco gelöschter Kalk und Sand mit Marmorstaub im Verhältnis 1:1 (durchschn. Dicke 1,5–3 mm).

Technik Übertragen des Entwurfs auf die Wand

Der Entwurf für das ganze Fresko sollte auf der zweiten Schicht, dem Aricciato, aufgezeichnet werden. Es ist wichtig, wenigstens die Hauptumrisse des ganzen Bildes auf die vorletzte Putzschicht zu setzen, da man sonst bei den kleinen Intonaco-Flächen leicht die Übersicht verliert.

Die Zeichnung kann freihändig gemacht werden – z. B. mit verlängerten Pinseln –, aber meist kopiert man sie von einer Zeichnung auf dickem Papier. Sie ist ebenso groß wie das Fresko, wird aber praktischerweise meist in großen Bildteilen angefertigt. Von einem kleineren Original überträgt man die Zeichnung mithilfe eines Gitters (siehe S. 358). Wichtig ist, die horizontalen und vertikalen Linien sowohl auf der Zeichnung als auch auf der Wand zu markieren, damit keine Verzerrungen entstehen.

Mit Metallstiften kann man die Enden einer dünnen Nylonschnur befestigen. Dann reibt man die Schnur mit Kreide oder Zeichenkohle ein und lässt den gespannten Faden gegen die Wand schnellen, sodass eine dünne Linie eingedrückt wird.

Durchpausen oder Bestauben

Ein traditionelles Verfahren, die Zeichnung vom Papier auf die Wand zu übertragen, ist das Durchpausen; dazu sticht man entlang den Linien kleine Löcher, durch die man dann Pigmentpulver tupft. Der Fachhandel bietet dazu Perforierrädchen an. Wenn die Zeichnung abgenommen ist, deuten die Pigmenttupfer auf der Wand die Umrisse an. Diese Technik kann man auf der Aricciato-Schicht und später bei den einzelnen Intonaco-Abschnitten anwenden, wo das Bild deutlicher wird.

Eindrücken der Umrisse

Eine alternative und sauberere Methode zum Übertragen der wesentlichen Linien auf die Intonaco-Schicht ist das Eindrücken der Umrisse mit einem scharfen Gegenstand durch das Zeichenpapier in den feuchten Putz.

Freihändiges Zeichnen im Gitter

Ein weiteres Verfahren zum Auftrag einer weniger präzisen Zeichnung auf die Aricciato-Schicht besteht im Anlegen eines Gitters an der Wand, in das man die Zeichnung dann freihändig quadratweise überträgt. Auf der Intonaco-Schicht zeichnet man dann detaillierter vor.

Projektion des Bildes

Heutzutage kann man sich die zeitraubenden alten Übertragungsmethoden ersparen, indem man ein Foto der Zeichnung oder relevanter Teile davon auf die Wand projiziert.

Falls die Wand so groß ist, dass der Entwurf in Segmenten fotografiert werden muss, wird das Gitter der Zeichnung maßstabsgerecht auf der Wand reproduziert. Natürlich muss für jedes Foto dasselbe Objektiv auf der Kamera sitzen, und die Kameraebene muss parallel zur Bildebene liegen. Was für die Kamera gilt, trifft auch für den Beamer zu, d. h. beide müssen jeweils mittels Stativ oder Tisch auf derselben Ebene stehen.

Technik *Buon fresco*

Die nasse Wand nimmt die Pigmente in ähnlicher Weise auf wie ein absorbierender Gipsgrund bei der Eitemperamalerei. Auch die Pinselstriche sind ähnlich endgültig: Einmal angebracht, können sie nicht mehr gelöscht werden, es sei denn, man entfernt einen Teil des Putzes und erneuert ihn. In beiden Techniken können Farben überlagert sowie Tonwert- und Farbtiefen aufgebaut werden. Beim Freskoverfahren gibt es sogar größere Klarheit in den Pinselstrichen oder Lavierungen, da diese genau auf der Stelle bleiben, ohne zu verlaufen.

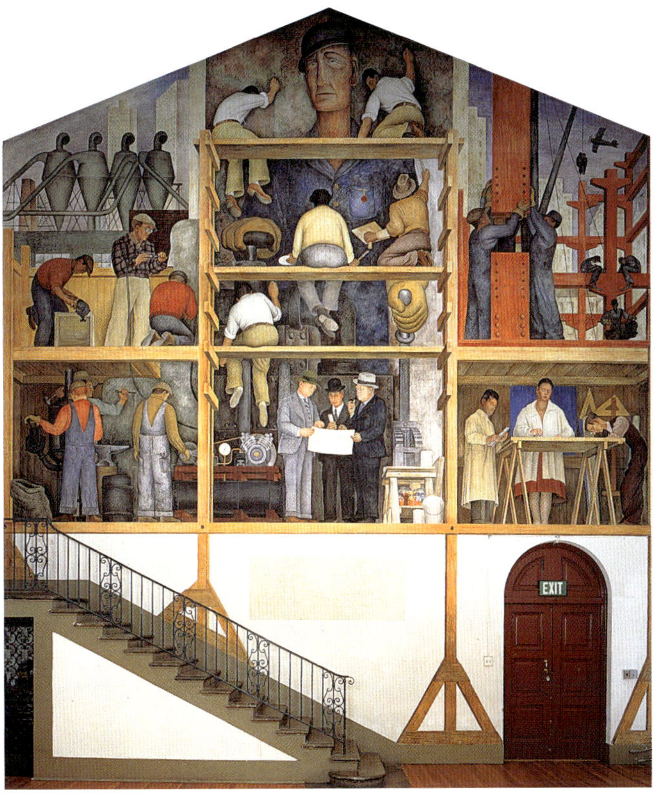

Diego Rivera

Modernes Fresko

Der mexikanische Künstler Diego Rivera (1886–1957) war einer der gefragtesten und produktivsten Freskenmaler des 20. Jahrhunderts. Er verwendete die Monumentalität und Direktheit der Wandmalerei, um politische und soziale Botschaften zu vermitteln. In dem Fresko für das San Francisco Art Institute spielt er eher mit den illusionistischen Aspekten dieser Technik. Von einer Einpunkt-Perspektive aus kontrastiert er die Figuren im Fresko mit den Figuren, die das »Werk innerhalb des Werkes« soeben malen.

Die Entstehung eines Freskos *(1931)*,
Diego Rivera

Fresko *al secco*

Während man unter *buon fresco* das Malen auf nassen Wänden versteht, geht es nunmehr um das Malen auf trockenen Wänden. Die traditionellste Form heißt Fresko *al secco;* dabei malt man auf eine verputzte Wand, die am Vortag gründlich mit Kalkwasser benetzt wurde und am Morgen vor Malbeginn nochmals. Der Farbe wird meist ein Bindemittel wie Kasein, Leim oder Ei beigemischt, obwohl man bei der Innenmalerei darauf verzichten kann.

Die Seccomalerei wird heute kaum noch angewandt, weil das moderne Verputzmaterial sich nicht mehr zu den früheren Techniken eignet, bei denen Löschkalk verwendet wurde.

Malen auf Außenwänden

Die größten Probleme der Außenmalerei sind Feuchtigkeit, Staub und das sich daraus ergebende schlechte Haften der Farben, die Einflüsse des Wetters sowie der Säuren und Giftstoffe in der Atmosphäre. Alle nichtbeständigen Pigmente verblassen schon bald.

Außenwände können auf unterschiedliche Weise bemalt werden. Die beständigste Methode ist wohl die Mineralmalerei. Bei dieser Technik werden in destilliertem Wasser angeriebene permanente und lichtechte mineralische Pigmente auf eine mit Mörtel beworfene Wand aufgetragen, die danach mit einem Fixativ besprüht wird. Die Pigmente werden mit der Mauer in ähnlicher Weise chemisch verbunden wie bei der Karbonisierung des *buon fresco.*

Technik »Keim«-Mineralfarben

Das »Keim«-Mineralmalsystem unterscheidet sich von anderen Malverfahren (außer der *Buon-fresco*-Methode) dadurch, dass es nicht filmbildend ist. Es wurde 1877 von Adolph Wilhelm Keim (1851–1913) erfunden, der entdeckte, dass Farben für Putzwände nur beständig sind, wenn sie mit der Wand chemisch vereinbar sind. Die Hauptbestandteile von Sand, Stein und Kies, die den Putz bilden, sind Silikate, und deshalb empfiehlt sich die Verwendung reiner fein zermahlener alkalibeständiger mineralischer Pigmente in destilliertem Wasser zu einem stark basischen Verputz, der auf eine wässrige Lösung von Kaliumsilikat aufgesprüht wird. Er erhärtet mit dem Verdunsten des Wassers zu einer starken und beständigen Bindung mit dem Putz, wobei dieser aber porös bleibt, sodass die Feuchtigkeit weiterhin durch die Putzschicht dringen kann. Die auf diesem System basierenden Farben findet man als »KEIM Künstlerfarben« im Fachhandel.

Das Keim-Verfahren in der Praxis

Eine normale Zwischenschicht aus Sand und Zement wird auf die Mauer aufgetragen, ihr folgt eine kalzinierte Kiesputzschicht. Diese kann von der Farbe leichter durchdrungen werden als eine entsprechende Schicht aus Sand und Zement, obwohl die letztere (vor allem, wenn sie auf Holz aufgetragen würde und eine offenere Oberfläche hätte) verwendet werden könnte, sofern die Mischung keine Wasser abstoßenden Elemente wie PVA enthielte. Die »offene« Oberfläche des Putzes ist beim Keim-System ein entscheidender Aspekt. Das Mischungsverhältnis der Oberschicht ist fünf Teile kalzinierter Kies, zwei bis drei Teile weißer Zement und ein Teil Kalk.

Als Nächstes wird die Mauer mit einer Keim-Silikatgrundierung behandelt, die für einen gleichmäßig weißen Malgrund sorgt. Das ist nicht unbedingt notwendig, weil dieser ebenso gut mit der kalzinierten Kiesputzschicht erstellt wird. Danach wird der Putz noch mit zwei Lagen einer mit Wasser verdünnten Ätzflüssigkeit behandelt, die anschließend abgewaschen wird. Dies hat den Zweck, die mineralischen Partikel an der Oberfläche der

Putzschicht freizulegen, damit eine gute Bindung mit dem Fixiermittel zustande kommt. Vor dem Bemalen wird die Mauer mit destilliertem Wasser benetzt. Die fein zermahlenen mineralischen Pigmente, die in destilliertem Wasser dispergiert sind, werden vom Hersteller geliefert. Sie werden in dünnen transparenten Lagen direkt auf die nasse Mauer gemalt. Sie können mit Weiß gemischt und deckend aufgetragen werden, doch sollte die Farbschicht nicht zu dick sein, da sie sonst nicht vom Fixativ durchdrungen und an den Putz gebunden wird. Das Pigment ist so fein zermahlen, dass es wie ein löslicher Farbstoff wirkt.

Mischen der Farben

Werden zwei Pigmente direkt zum Erhalt einer dritten Farbe gemischt, erfolgt aufgrund der unterschiedlichen Pigmentgewichte, und weil sie nicht in einem zähflüssigen Bindemittel gebunden sind, eine fast unvermeidliche Trennung. Deshalb ist es besser, eine dritte Farbe durch gesonderten Auftrag zweier transparenter Farbschichten herzustellen (vgl. S. 132–135).

Fixieren der Farben

Das Silikatfixativ, das man im Fachhandel erhält, sollte niemals in konzentrierter Form verwendet werden, denn dann würde es nur auf der Oberfläche der Mauer »kleben«. Man verdünnt es im Verhältnis von einem Teil Fixativ zu drei oder vier Teilen destillierten Wassers. Das verdünnte Fixativ wird immer nur auf jenen Teil aufgesprüht, der an diesem Tag gemalt wurde.

Verwenden Sie lediglich so viel Fixativ, wie zur Stabilisierung erforderlich ist, aber nicht so viel, dass die Wand übersättigt ist. Am besten tupft man die Wand nach dem Aufsprühen mit einem Knäuel absorbierenden Papiers oder einem Lappen ab, denn das Fixativ sollte nicht auf der Malfläche trocknen. Brillenträger sollten ihre Brille beim Sprühen absetzen, weil das Fixativ die Brillengläser angreift.

Es können mehrere zunehmend konzentrierte Fixativschichten aufgetragen werden, aber die Wand muss sie noch aufsaugen können, sonst wird das Gemälde überfixiert. Das Abschätzen der richtigen Menge ist Erfahrungssache.

Das Fixativ verwandelt das mineralische Pigment in ein hartes Silikat. Es bindet die Silikatfarben chemisch an das Silikat der Wand. Diese bleibt dabei mit einem pH-Wert von etwa 1,2 stark basisch, sodass sie – bis zu einem gewissen Grad – vor den Säuren der Atmosphäre geschützt ist. Außerdem bleibt die Wand porös, sodass sie atmen kann.

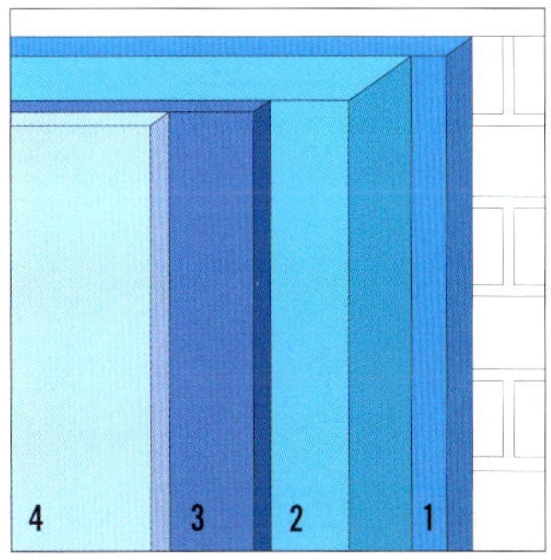

Mauervorbereitung zum Bemalen nach dem »Keim«-Verfahren

1 Sand-und-Zement-Zwischenschicht
2 Kalzinierte Kiesputzschicht (5 Teile kalzinierter Kies, 2–3 Teile weißer Zement, 1 Teil Kalk)
3 Keim-Silikatgrundierung
4 Zwei Lagen Ätzflüssigkeit

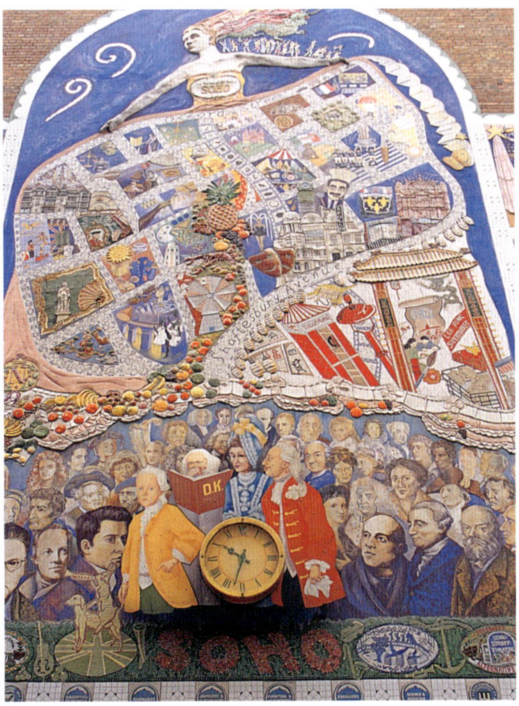

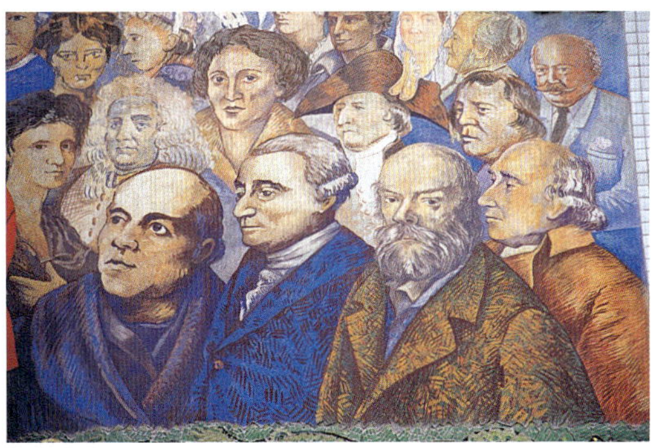

Detail des Freskos Die Porträts wurden in Keimfarben-Technik gemalt und stellen eine Reihe berühmter Persönlichkeiten aus der Geschichte des Stadtteils dar.

***Der Geist von Soho* (1991), Free Form Arts Trust in Zusammenarbeit mit Alternative Arts** Das Wandbild im Londoner West End ist ein Kombination aus Mosaik, Keramik und Beton in Verbindung mit Flächen ausgeführt in Keimfarben-Technik.

Vorbereitung

Verputz einer Backsteinmauer

Die Mauer muss frei von Mörtelbröckchen und Staub sein, weshalb sie zuerst mit einer Stahlbürste und dann mit einem Besen abgebürstet wird. Schwamm- oder Algenbefall muss zuvor mit einem entsprechenden Mittel bekämpft werden, das 24 Stunden lang einwirkt, bevor es wieder abgewaschen und die Mauer trocknen gelassen wird.

Ein Bindemittel auf PVA-Basis kann das Haften des Putzes verbessern. Am Tag vor dem Verputzen wird die Mauer mit einer verdünnten Schicht gestrichen. Das Verhältnis PVA:Wasser sollte 1:5 oder 1:6 sein. Eine weitere Schicht wird unmittelbar vor dem Verputzen aufgestrichen, sodass die Mauer beim Verputzen klebrig ist. Gewaschener Grubensand wird mit Zement vermischt. Für die erste Schicht verwendet man groben Sand im Verhältnis von vier oder fünf Teilen auf ein Teil Portland-Zement. Statt mit Wasser kann man auf Wunsch auch mit verdünntem PVA mischen.

Die erste Schicht

Diese dünne Schicht zum Ausgleich der Unebenheiten saugt auch die zweite Schicht an. Die erste wird glatt gestrichen, um der zweiten, die am nächsten Tag aufgetragen wird, eine gute Basis zu geben. Die Kraft einer Putzschicht liegt eher in der Masse als im Zement.

Die zweite Schicht

Die nächste Schicht enthält feineren Sand, ist aber meist eine mittlere bis grobe Mischung (Verhältnis Sand zu Zement etwa 3½:1 oder 4:1). Feiner Sand, wie er zum Mauern benutzt wird, hat nicht die nötige Masse. Die zweite Schicht wird so aufgestrichen und geglättet, dass sie die gewünschte Malfläche bietet. Die Fläche sollte nicht zu glatt sein. Vor dem Bemalen muss die Wand gründlich (d. h. einige Wochen) austrocknen.

Ausblühungen

Ausblühung oder Effloreszenz ist das Erscheinen löslicher Salze in Form einer pulvrigen weißen Substanz auf der Maueroberfläche. Sie ist im Allgemeinen entweder auf Verunreinigungen in der Sand-/Zement-Mischung zurückzuführen oder ist eine Reaktion zwischen den Verputzmaterialien und der Mauer. Frisch aufgetragener Putz wird meistens irgendwelche Ausblühungen hervorbringen, vor allem, wenn das Mauerwerk ebenfalls frisch ist. Bei altem Mauerwerk sind die Verunreinigungen bereits ausgetreten und die Salze verwittert.

Ausblühungen werden durch Feuchtigkeit hervorgerufen. Wenn eine Mauer völlig ausgetrocknet ist, wird sie inaktiv, sodass Ablagerungen abgebürstet werden können, bevor die Fläche bemalt wird. Bemalt man die Fläche dagegen vor dem Austrocknen, so wird die Effloreszenz den Malfilm zerstören. Mauern enthalten jedoch immer einige Feuchtigkeit, weshalb der Malfilm stets einen gewissen Grad von Porosität haben sollte.

Sonstige Flächen

Glatte Beton- oder Fliesenflächen hätte man früher mit einem Schlamm aus reinem Zement und grobem Sand haftend gemacht, den man aufgestrichen und dann 24 Stunden lang trocknen gelassen hätte; danach wäre die Fläche normal verputzt worden. Heutzutage verwendet man PVA-Klebemittel.

Hinweis zum Benetzen der Wand vor dem Verputzen

Wendet man ein traditionelleres Verfahren zum Verputzen an (ohne PVA), dann sollte eine normale Backstein- oder Isoliermauer nur leicht mit Wasser bespritzt werden. Sie sollte nicht nass, sondern nur feucht sein. Überhaupt kein Wasser verwendet man für Kunststoffsteine oder Marmor, denn es würde nur herunterlaufen, weil diese Materialien Wasser abstoßen.

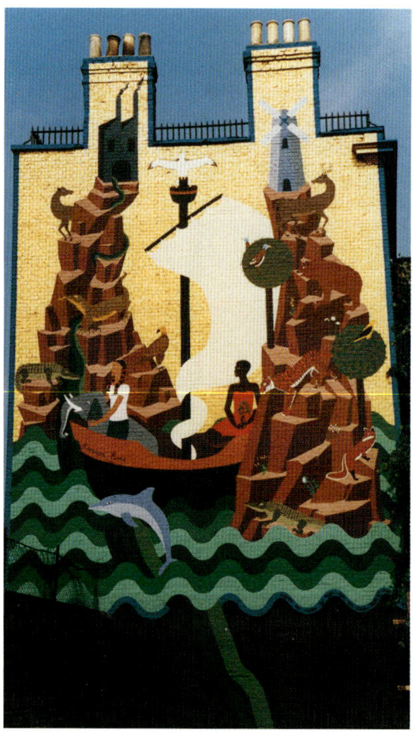

Großformatiges Wandbild

Einheitlicher Stil

Bei einer Kooperation mit anderen Künstlern muss man auf einen einheitlichen Stil achten. Eine Möglichkeit besteht darin, die Komposition in »ausgeschnittene« flächige Formen aufzuteilen. Das macht die Arbeit überschaubar und hilft, Konflikte in Stilfragen zu vermeiden.

***Reunion Rose Conservation Mural, Brixton** (1986)*, Maggie Clyde und Susan Elliott

Technik Bemalen der Wand

Die Wand erhält vor dem Bemalen zwei oder drei Schichten der gewählten Grundfarbe. Es gibt heute dauerhafte, lichtechte Wandfarben in vielen Farben, die man auch für einen speziellen Farbton ausmischen lassen kann. Man sollte sich dann aber die Farbe in ausreichender Menge bereitstellen lassen, da Farbtöne von verschiedenen Herstellern variieren können.

Die meisten für den kommerziellen Außenanstrich hergestellten Farben guter Qualität basieren auf Vinyl- oder Acryl-Copolymeren oder Terpolymeren. Im letzteren Fall verbinden sich drei unterschiedliche Polymere zu einem Malfilm von großer Haltbarkeit, Stärke, Flexibiliät und Porosität, die ein Wandbild für ein langes Leben im Freien benötigt. Die wasserverdünnten Farben haben Füllstoffe, wie Quarzsand, um der Farbe Körper und Intensität zu geben, sowie lichtechte, alkalibeständige Pigmente. Sie erzeugen beim Auftrag einen mikroporösen Malfilm, der bis zu einem gewissen Grad für Kondenswasser durchlässig ist. Ein Außen-Wandbild auf Basis von Acrylfarben hat dennoch eine begrenzte Lebensdauer, die von der Wand, der Farbqualität und dem Wetter abhängt.

Malen mit Farben auf Ölbasis

Farben auf Ölbasis sind für Außenmauern nicht zu empfehlen: Diese müssen nämlich atmen können, damit ein Austausch zwischen der atmosphärischen relativen Luftfeuchtigkeit und dem Feuchtigkeitsgehalt der Mauer erfolgen kann. Ein Ölfilm ist weitgehend undurchlässig, und der darunter befindliche Mörtel kann sein Abblättern verursachen. Überdies sind solche Mauern meist stark alkalisch, und das passt zu den basischen Acrylfarben, während die Ölfarbenschicht eher sauer ist.

Technik

Herstellung eines Wandbilds

Der Entwurf für dieses Wandbild, das sich auf eine bestimmte Phase der lokalen Geschichte einer kleinen englischen Küstenstadt bezieht, vereint unterschiedliche bildnerische Elemente, einschließlich solcher, die das Wandbild wie einen Kupferstich oder eine Zeichnung aus dem 19. Jahrhundert wirken lassen. Um einen einheitlichen Stil zu gewährleisten, wurden diese verschiedenen visuellen Elemente mithilfe von Adobe Photoshop bearbeitet und zu einem Entwurf vereinheitlicht.

Der Entwurf sollte in diesem Stil von vier Künstlern ebenso einheitlich auf die Wand übertragen werden. Der Entwurf wurde daher mithilfe eines Rasters in bestimmte Abschnitte aufgeteilt, die dann als Dia auf die Wand projiziert wurden. Für das Wandbild einigte man sich auf eine Farbe. Dann wurde das Motiv Abschnitt für Abschnitt mit kleinen Kunsthaar-Rundpinseln auf die Wand übertragen. Das Gerüst, auf dem die Künstler an der hohen Wand arbeiteten, musste stellenweise mit Segeltuch abgedeckt werden, damit sie das projizierte Teilstück sehen konnten.

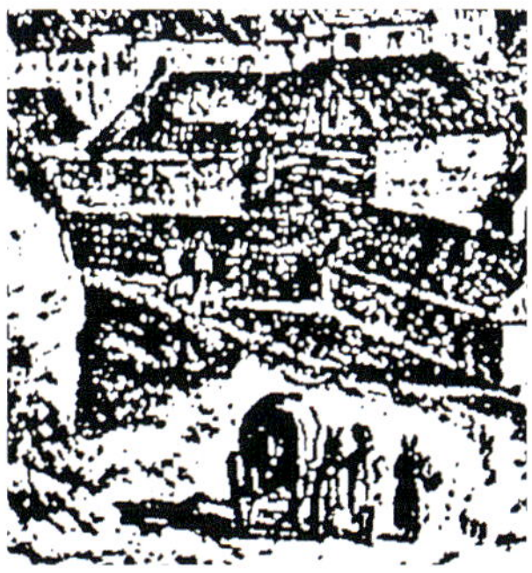

1 Der Entwurf wird in einzelne Abschnitte aufgeteilt und so auf die Wand projiziert.

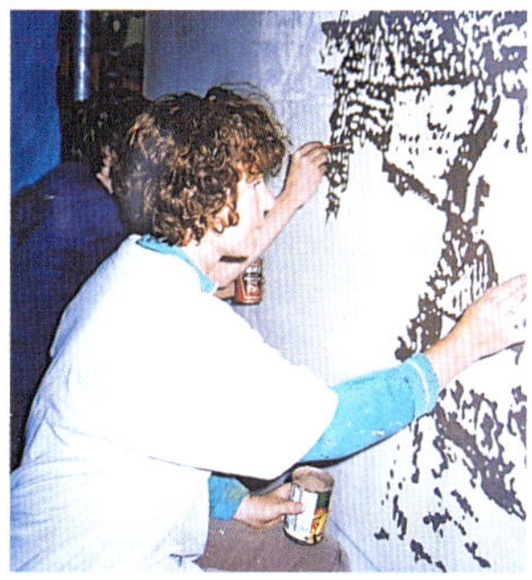

2 Die Künstler arbeiten auf dem abgedeckten Gerüst, um das Bild besser zu sehen.

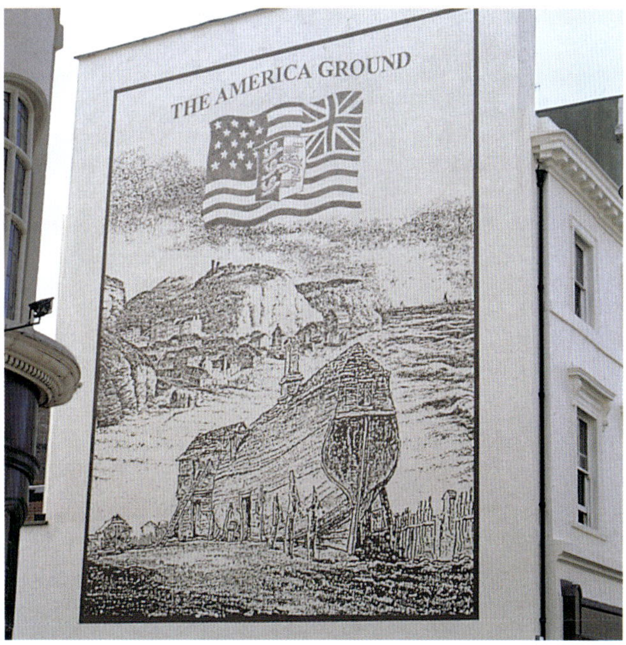

***The America Ground,* Hastings, 2001** Das einfarbige Wandbild sieht aus wie ein Kupferstich aus dem 19. Jahrhundert, obwohl es am Computer mit Photoshop entworfen wurde.

Bemalen von Innenwänden

Bei der Wahl des Mediums zum Bemalen von Innenwänden hat man mehr Spielraum, da die meisten Farben dazu verwendet werden können. Acrylfarben sind wohl die besten zum Malen auf Putz, obwohl man auch mit Ölfarben arbeiten kann, wenn ein Isoliermittel für den Putz verwendet wird. Leimfarben, Cellulosefarben, Eitempera und Enkaustik sind brauchbar. Die beiden ersten Malmittel sind für größere Figurengruppen geeignet, die beiden letzteren für kleinformatige Arbeiten.

Vorbereitung Vorbereiten des Malgrundes

Die folgenden Wandverputze sind für die Wandmalerei geeignet. In der Praxis findet man jedoch oft eine Wand vor, die bereits verputzt wurde, bevor der Auftraggeber sie auswählte. Man kann in diesem Fall nur hoffen, dass die Wandfläche nicht zu dicht beworfen oder mit einem ungeeigneten Grundierungsmittel gestrichen wurde.

Malgründe

Viele Maler ziehen dem Gipsputz die leicht körnige Oberfläche eines Verputzes aus Sand und Zement als Malgrund für ein Innenwandgemälde vor. Dieser enthält meist ein PVA-Bindemittel und sollte nicht zu dünnflüssig gemacht werden. Bei einem Streckmetallträger wird eine dünne erste Schicht aufgetragen, dann folgen die Zwischen- und die Oberschicht. Weißer Zement und weißer Sand können für letztere benutzt werden, wenn der Malgrund weiß sein soll. Andernfalls kann man den getrockeneten Mörtel mit zwei Lagen weißer Acrylgrundierung beschichten.

Gipsputz

Die modernen Verfahren verwenden eine Zusammensetzung von Hemihydraten wie die Gips-/Vermiculit-Mischungen (lieferbar als Binde- und Oberschicht). Das Vermiculit, eine leichte Art von Glimmer, das den Sand ersetzt, aber leichter und zuverlässiger ist, quillt im Wasser. Es gibt zwei Sorten für unterschiedliche Arten von Trägern. Beim Auftrag auf Streckmetall wird eine geschlossene Schicht von ungefähr 1–2 mm Dicke zum Überdecken des Metalls angebracht. Bevor sie abbindet, wird sie beschabt und dann eine weitere Schicht desselben Materials in gleicher Dicke glatt aufgestrichen. Diese erhärtet innerhalb von 1½–2 Stunden und wird vor dem Auftrag der Oberschicht glatt geschabt. Ein ähnliches Produkt zur Verwendung auf absorbierenden Wänden, z. B. aus Backstein, kann direkt bis zu 1 cm dick aufgetragen werden, ehe es eine 1–2 mm dicke Oberschicht erhält. Auf Beton oder nichtporösen Flächen trägt man eine andere Sorte des gleichen Putzes in einer festen, 1–2 mm dicken Unterschicht und dann in einer 3–4 mm dicken Zwischenschicht auf. Darüber kommt dann die 1–2 mm dicke Oberschicht. Zu den übrigen Arten von Putz gehören die einschichtigen, die in einem Arbeitsgang direkt auf den Träger aufgetragen, eingestrichen und geglättet werden können. Der Putz ist ein geeigneter Malgrund für Innengemälde, doch sind zwei Faktoren zu berücksichtigen. Erstens muss der Putz völlig trocken sein. Enthält der Untergrund oder der Putz Feuchtigkeit und werden Farben auf Lösungsmittelbasis verwendet, so wird die Feuchtigkeit eingeschlossen, und die Farbe wird abblättern. Zweitens darf der Putz nicht zu glatt aufgetragen sein, sonst ist die Haftung zwischen Putz und Farbe unzulänglich.

Die zum Malgrund passende Farbe

Farben auf Acryl- oder Vinylbasis eignen sich am besten für Mörtel- oder Gipsputz. Ihre basischen Eigenschaften passen zu denen der Acrylfarben, aber nicht zu den säurehaltigeren auf Ölbasis. Zwar kann man Putz mit Farben auf Ölbasis bemalen, doch ist dann eine laugenbeständige Grundierung erforderlich. Auch ist der Ölfilm zu undurchlässig, um sicher auf einen porösen Träger aufgetragen zu werden, der feuchtigkeitsdurchlässig sein muss. Der mikroporöse Acrylfilm eignet sich daher viel besser als ein Ölfilm.

Technik Malen auf großen Flächen

Die meisten der bislang in diesem Buch beschriebenen Maltechniken können auch für großflächige Wandmalereien verwendet werden, wozu man lediglich größerer Pinsel und Werkzeuge bedarf. Natürlich eignen sich nur relativ harte Borstenpinsel für eine so raue Fläche wie Mörtel, und selbst diese verschleißen verhältnismäßig schnell. Maler, die großflächig arbeiten, sind sich des unterschiedlichen Eindrucks bewusst, den ein kleinformatig gemaltes Bild nach der Vergrößerung zu einem Wandgemälde bietet. Deshalb verzichtet man heutzutage gern auf die Gittermethode zum Übertragen des kleinen Formats auf ein großes, wobei man kaum Änderungen vornehmen kann, zugunsten des Projektionssystems (siehe S. 281). Damit kann man die Maße, die Position und die Perspektive des vorgesehenen Bildes rasch ändern und hat so viel mehr Möglichkeiten zum Experimentieren. Zum Beispiel kann man ein Bild auf einer großen Wand aus einer Vielzahl von möglichen Blickpunkten im Verhältnis zur Architektur und zum Raum bewerten. Man kann Bilder in mehreren Ebenen malen, in denen z. B. ein Teil des Bildes von vorn gesehen als verzerrte Figur erscheint, sich aber in ein normal wahrgenommenes Bild auflöst, wenn man es aus einem bestimmten Winkel betrachtet (siehe *Anamorphismus*, S. 357). Die Wirkung solcher Ideen lässt sich mithilfe von Projektionsverfahren leicht testen, zumal sich der Maler so vergewissern kann, dass seine Absicht auch in jeder Hinsicht zum Raum passt. Das Wandgemälde rechts wurde mithilfe von Projektoren geschaffen, wobei verschiedene Bildgrößen von mehreren Blick- und Projektionswinkeln aus geprüft wurden, bis die beste Lösung gefunden war.

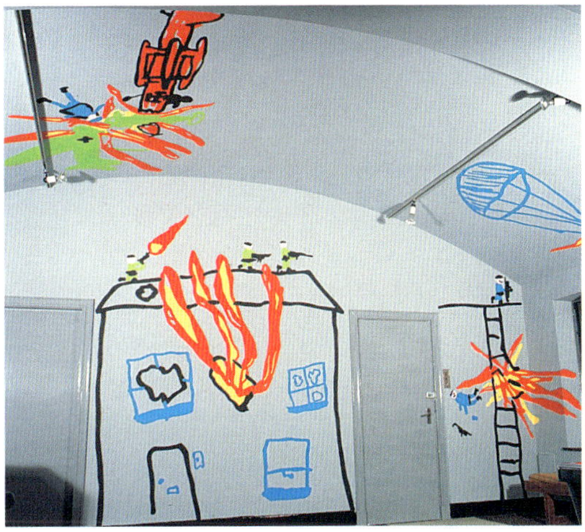

Wandbild nach einer Kinderzeichnung Bei diesem Wandbild für das Spielzimmer einer Universität wurden die Motive vergrößert und auf der vergipsten Wand und Decke mit Acrylfarbe gemalt.

Technik Deckenmalerei

Dieses Deckenbild wurde für den Anästhesieraum eines Kinderkrankenhauses gemalt. Bei einer solchen Arbeit in flächigen Farben und großer Klarheit muss die Übertragung des Entwurfs möglichst genau sein. Der Entwurf wurde mit einem Projektor und Spiegeln im 45°-Winkel auf die Decke projiziert. Das ersparte die Vorzeichnung in Bleistift oder Kreide, die vielleicht die Decke verschmutzt hätte.

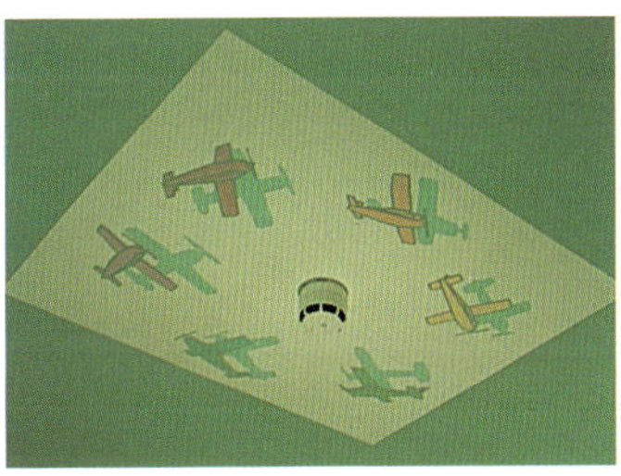

1 Das projizierte Motiv auf der Decke.

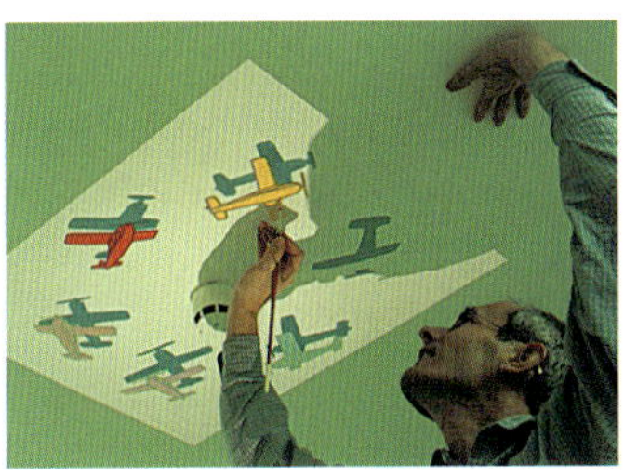

2 Die linke Hand liegt flach auf der Decke, um das Gleichgewicht zu halten, und mit der rechten wird die Arbeit ausgeführt.

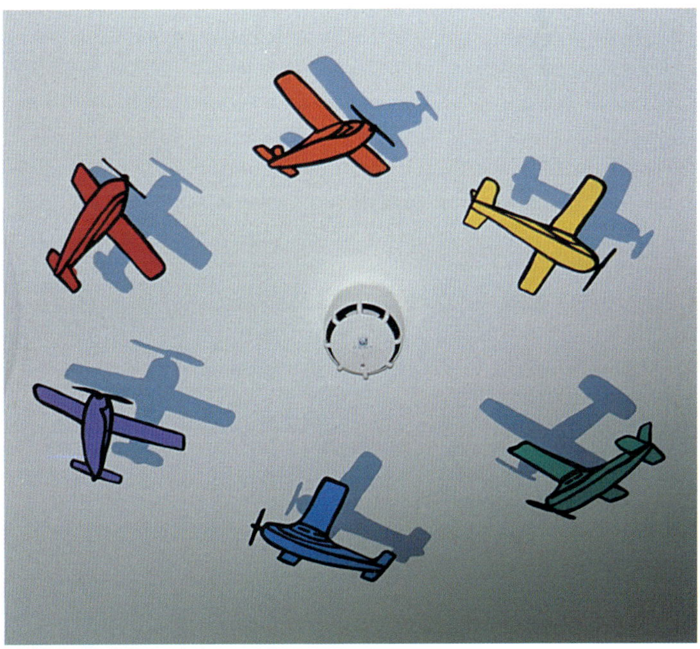

Fertiges Bild Das ausgeführte Bild wirkt illusionistisch und entspricht dem Entwurf. Die im Entwurf verwendeten Primär- und Sekundärfarben wurden mit etwas Weiß ausgemischt, um die Deckkraft zu erhöhen und die Leuchtkraft der Farbe zu dämpfen.

Laminierte Malerei

Laminierte (beschichtete) Bilder werden seit Mitte der dreißiger Jahre des 20. Jahrhunderts immer häufiger als Wandschmuck verwendet, und es gibt viele Farben und Muster dafür. Die beschichtete Oberfläche bietet den Vorteil, dass sie robust, beständig und abwaschbar ist. Es gibt viele Sorten beschichteter Papiere und Kartons, von glänzend über matt bis hin zur gleichmäßig geprägten Textur. In der Vergangenheit waren die im Handel erhältlichen Sorten meist einfarbig oder Imitationen von Holzmaserung bzw. Materialtexturen. In jüngerer Zeit haben die Hersteller aber auch »Designermuster« in ihr Lieferprogramm aufgenommen, sodass die Arbeit damit interessanter ist und zu größerer Kreativität anregt.

Leider wissen viele Maler noch nicht, dass man eigene Originalwerke im Siebdruckverfahren oder von Hand mit Acrylfarben auf mit Melaminharz imprägniertes Papier auftragen kann, um die laminierte Fläche mit Farben oder Mustern zu schmücken. Dies geschieht vor dem Bindeprozess mit der Laminierpresse, durch welche die Bogen aus harzimprägniertem Papier zu laminierten Bogen werden (siehe nachfolgende Beschreibung).

Der Laminierprozess

Ein Querschnitt durch laminierten Karton zeigt einen braunen Kern mit einer dünnen weißen oder farbigen Ober- und Unterschicht. Das Deckblatt zeigt die Farbe, das Muster oder die bemalte laminierte Oberfläche. Ein ähnlicher Belag auf der Rückseite beugt dem Wellen vor. Ober- und Unterbelag bestehen aus absorbierendem Papier, das mit Melaminharz beschichtet ist. Die Mittelschicht, der Kern, besteht aus braunem, mit Phenolharz imprägniertem Papier.

Nachdem das Papier mit Harz imprägniert und getrocknet wurde, wird ein »Sandwich« hergestellt, das einen schützenden transparenten Belag hat. Es besteht aus dem Deckblatt, so vielen Lagen braunen Papiers, wie zu einer bestimmten Dicke erforderlich sind (bis zu 12 mm), und dem Unterblatt. Diese Bogen werden zwischen die Metallplatten einer Presse gelegt, wobei die Fläche der oberen Platte über das Aussehen der Oberfläche entscheidet (matt oder glänzend), die das laminierte Material schließlich haben wird. Die Platten werden in einer Laminierpresse bei einer Temperatur von etwa 150 °C zusammengepresst. Die Harze schmelzen und verbinden sich, um nach dem Abkühlen die feste Laminierschicht zu bilden. Die Ränder werden beschnitten, und das Laminiermaterial ist gebrauchsfertig.

Das laminierte Material wird zum Gebrauch als Innenwandbekleidung meist mit Spanplatten verbunden, aber es kann als 3 mm starker Bogen auch direkt auf Putz oder eine Holzwand geklebt werden.

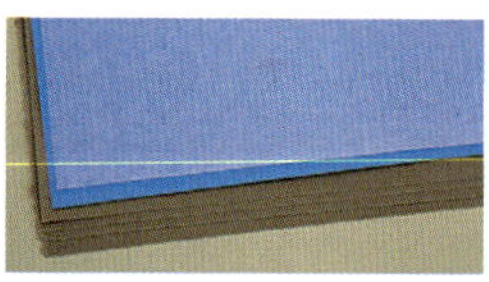

Das »Sandwich« Eine Nahaufnahme vor der Laminierung zeigt die obere Schutzschicht, blaues Deckpapier und den braunen Papierkern.

Material Handgemalte Laminierung

Zur Herstellung eigener Laminierungen muss man im Allgemeinen mit Spezialfirmen zusammenarbeiten, aber es gibt auch schon recht preisgünstige kleine Laminierpressen, die von Designern verwendet werden. Bogen melaminharzimprägnierten Papiers in der Größe 3 × 1,25 m kann man direkt vom Hersteller beziehen. Nachdem Ihr handgemalter Entwurf fertig ist, geht das Papier in der Fabrik über dieselbe Produktionsbahn wie die Abertausende Bogen von einfarbigen oder gemusterten Papieren, die zum normalen Fertigungsprogramm gehören. Daher ist mit diesem Verfahren ein gewisses Risiko verbunden, obwohl die Industrie mit handgemalten Laminaten besonders vorsichtig umgeht.

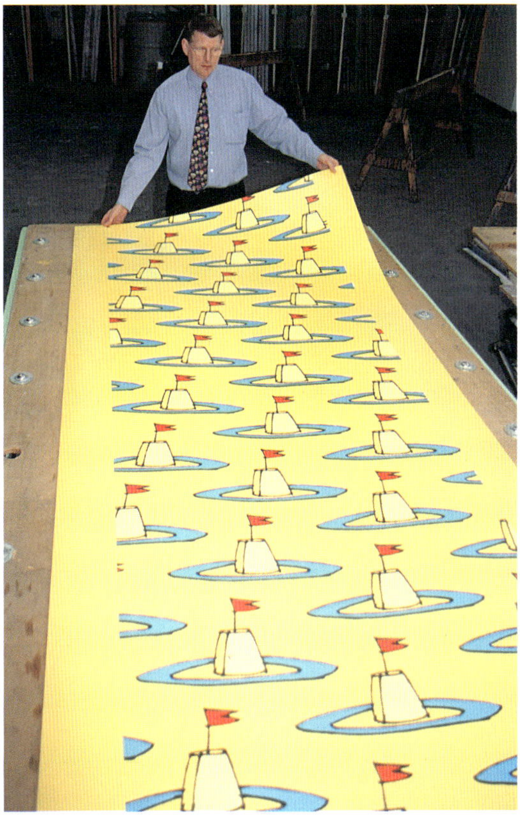

Ein Laminat in voller Größe Laminate in Standardgröße kann eine Person handhaben, aber falls Sie das harzimprägnierte Papier während des Bemalens bewegen müssen, sollten Sie jemanden um Hilfe bitten, weil das Papier in dieser Phase extrem empfindlich ist.

Ein weiteres Risiko besteht darin, dass die Laminierung an Spezialisten weitergeleitet wird, die jedoch Originalarbeiten nur dann bearbeiten, wenn der Künstler das Risiko von möglichen Fehlern beim Schneiden oder Laminieren übernimmt.

Es kann sehr selten vorkommen, dass sich kleine Luftblasen auf der Oberfläche des handgemalten Laminats bilden. Der Grund dafür ist nicht ganz klar. Vielleicht liegt es an Fettspuren oder Staubpartikeln, der vor dem Pressen auf die Oberfläche des handgemalten Papiers gelangt sind. Das Papier sollte während des Malens so sauber wie möglich gehalten werden, denn man möchte einen Entwurf eigentlich nicht zweimal ausführen, obwohl man damit wie bei der Keramik rechnen muss.

Beschaffung von harzimprägniertem Papier

Man kann auf jede Papierfarbe malen, die der Hersteller liefert. Das Papier ist jedoch extrem spröde, besonders wenn es kalt ist, sodass es behutsam behandelt werden muss. Sie sollten es nur mit Handschuhen anfassen, weil Fingerabdrücke die Oberfläche leicht verschmutzen und sich kaum mehr beseitigen lassen. Ich habe mir einen flachen Karton hergestellt, den ich ausschließlich zum Transport dieses Papiers verwende, doch ist er recht unhandlich. Man kann das Papier auch in Kunststoffrollen mit wenigstens 20 cm Durchmesser – möglichst aber größer – befördern. Zwischen die einzelnen Bogen legt man dünnes Papier, die Rolle sollte um einiges größer sein, als das Papier breit ist. Während des Transports wird die Rolle durch eine Außenverpackung und Styroporflocken geschützt; im Atelier werden Bogen dann flach gelagert.

Man umgeht das Risiko einer Beschädigung beim Versand, wenn man das Papier gleich in der Fabrik bemalt. Dies muss jedoch vorher vereinbart werden.

Abmessungen des harzimprägnierten Papiers

Grundsätzlich arbeitet man auf dem ganzen 3 × 1,25 m großen Bogen, wie er vom Hersteller geliefert wird. Vor Beginn des Zeichnens oder Malens wird der Bogen mit Klebeband an einer glatten Wand oder auf dem Atelierboden befestigt. Damit man es nach dem Laminieren noch zuschneiden kann, ist das Papier größer als die laminierte Fläche; der Rand ist also recht nützlich – nicht nur zur Befestigung an der Atelierwand, sondern auch zum Ausprobieren von Farbkombinationen vor dem Auftrag. Wenn man das Bild an der Atelierwand fertiggestellt hat, sollte man sich Hilfe suchen, um es von einem Ende her aufzurollen.

Technik Großflächiges Arbeiten

Wenn die Malfläche innerhalb des Formats 3 × 1,25 m liegt, gibt es mit den Rändern keine Probleme. Zu größerem Format können zwei Bogen zusammengefügt und übermalt werden.

Wenn Sie das Papier zum Laminieren geben, müssen Sie unbedingt darauf hinweisen, dass nur drei Ränder eines jeden Bogens zugeschnitten werden dürfen. Dann passen die beiden Bildhälften genau zusammen, wenn das Bild zusammengesetzt wird. Bei einem noch größeren Wandgemälde ist das quadratische Gittersystem die einzige Möglichkeit, auf der großen Fläche mehrerer Bogen ein unverzerrtes Bild zu erhalten. Wenn Sie wissen, wo die Anschlussstellen liegen werden, können Sie das Bild so anlegen, dass zum Beispiel nicht eine Gesichtshälfte auf dem einen und die andere auf dem anderen Bogen liegt. Das ist wichtig, da die Dimensionsstabilität des Papiers eventuell ein Problem darstellt; es kann sich beim Trocknen eine Verzerrung der Papierbreite von bis zu 3 mm ergeben. Natürlich kann der laminierte Bogen nach dem Trocknen zugeschnitten werden.

Zeichen- und Maltechniken

Das harzimprägnierte Papier nimmt Bleistift, Pastell und Zeichenkohle gut auf und bewahrt sie auch beim Laminieren. Pastell und Zeichenkohle können durch Aufsprühen einer unpigmentierten Acrylemulsion fixiert werden. Die beste Universalfarbe ist Acryl, das auf verschiedene Weisen eingesetzt werden kann (siehe S. 202–222).

Das Papier unterscheidet sich von anderen Malgründen durch eine spezielle Eigenschaft – seine Absorptionsfähigkeit. Wenn man also z. B. dünne Acrylverwaschungen aufträgt, wird der Pinselstrich sofort vom Papier aufgesaugt, und man hat keine Zeit mehr zum Aufweichen oder Vermischen, wie es bei normal verleimtem Papier möglich ist. Diese Eigenschaft kann der Maler aber auch bewusst ausnutzen (siehe unten). Die Saugfähigkeit des Papiers schwankt je nach dessen Farbe und ist besonders auffällig bei Weiß.

Technik

Malen in dünnen Farblavierungen

Wenn Acrylfarbe zu aquarellartiger Konsistenz verdünnt wird, hinterlässt jeder Pinselstrich auf dem absorbierenden Papier eine Spur. Überlagert man mehrere Farbschichten, entsteht eine farbige Textur.

Die Studie der römischen Porträtköpfe (rechts) zeigt die Verwendung dünner Acrylfarbe auf weißem Papier. Das weiße Papier ist zu absorbierend, um Abdeckflüssigkeit einzusetzen. Man muss das weiße Papier also für helle Stellen stehen lassen. Bei der Aquarelltechnik auf stark absorbierendem Papier ist jeder Strich deutlich zu sehen. Bei diesem Beispiel wurden sehr dünne Lavierungen von Phthaloblau, Chinacridonrot und Siena gebrannt jeweils getrennt für den Hintergrund angelegt. Dies schafft ein vielfarbiges Grau, das lebendiger aussieht, als die Mischung aller drei Farben vor ihrem Auftrag. Nach dem Laminieren ist dieses Aquarell wesentlich haltbarer als ein normales Aquarell.

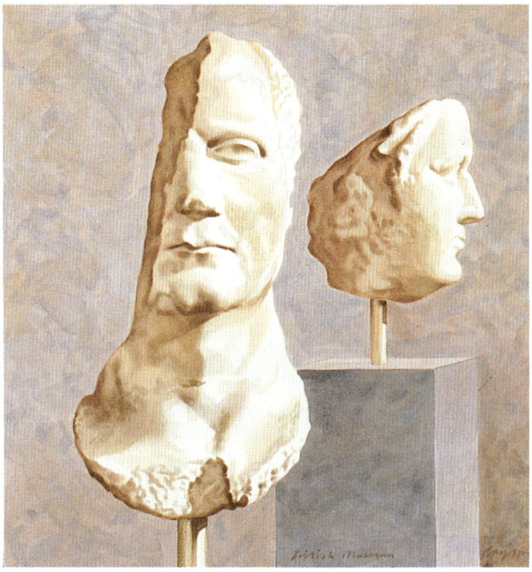

Gemälde in dünnen Acrylfarben Wo die Köpfe im Schatten sind, entstanden die Tonwerte durch Überlagern mehrerer dünner Lasuren, die mit dem Föhn getrocknet wurden. Drei Farben dienten für den Hintergrund: Phthalocyaninblau, Chinacridonrot und Siena gebrannt (siehe Detail).

Technik

Malen mit dicker Acrylfarbe

Farbe kann ebenso gut dick auf harzimprägniertes Papier aufgetragen werden. So eignet sich z. B. auch die Schabetechnik für Acrylfarben sehr gut zum Laminieren. Auch Sgraffito-Techniken können Bestandteil eines Entwurfs sein. Wo Farben sehr dick aufgetragen werden, kann sich die Auswirkung der Heißpressung beim Laminieren bemerkbar machen.

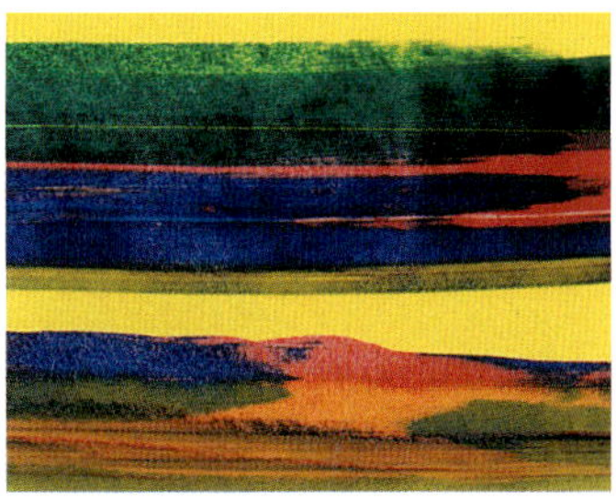

Schabetechnik Hier wurde die Farbe mit einem flachen Stück Kunststoff etwa 1 mm dick aufgeschabt. Die Laminiertemperatur hat keinen sichtbaren Einfluss.

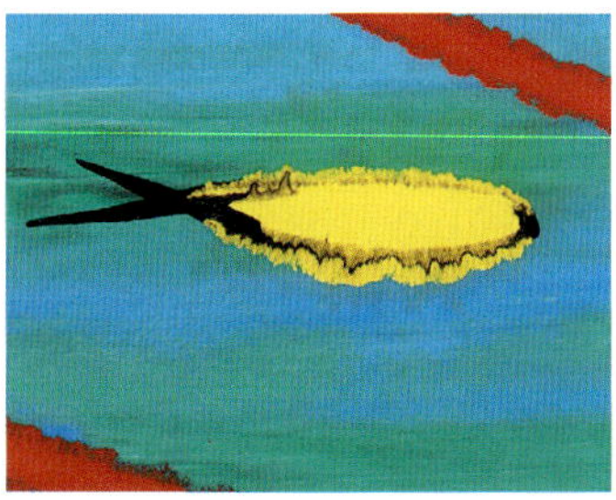

Dicker aufgeschabte Farbe Hier wurde Farbe dicker (etwa 2–3 mm) durch eine Schablone aufgeschabt. Die Laminierpresse verursacht ein »Schmelzen« der Farbe; die Ränder des Fisches »bluten«.

Technik Bilder für öffentliche Räume

Öffentliche Räume sind besonders gut geeignet, um Laminatbilder auszustellen, da ihre Oberfläche robust und leicht zu reinigen ist. Die folgenden Beispiele wurden für die Unfallabteilung eines Krankenhauses angefertigt. Hierbei war es natürlich besonders wichtig, dass die Oberflächen leicht zu reinigen sind.

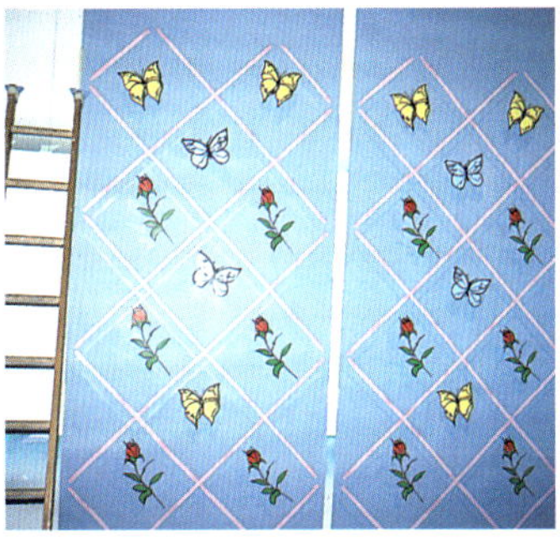

Im Atelier Man sieht hier die Rollen mit dem harzimprägnierten Papier während des Malens an der Atelierwand hängen.

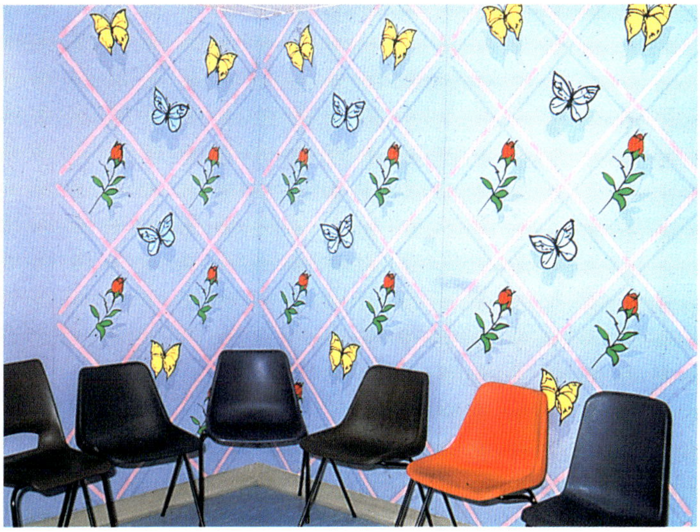

Wandinstallation Dieses dekorative Muster mit Schmetterlingen und Blumen wurde für ein Wartezimmer eines Krankenhauses gemalt. Es wäre auch für ein Laminat im Siebdruck geeignet. Da aber nur drei Schichten Laminat erforderlich waren, erwies sich die Bemalung per Hand als ökonomischer. Die Leuchtkraft der Farben wurde mit einer Untermalung in Weiß auf dem blauen, harzimprägnierten Papier erzielt.

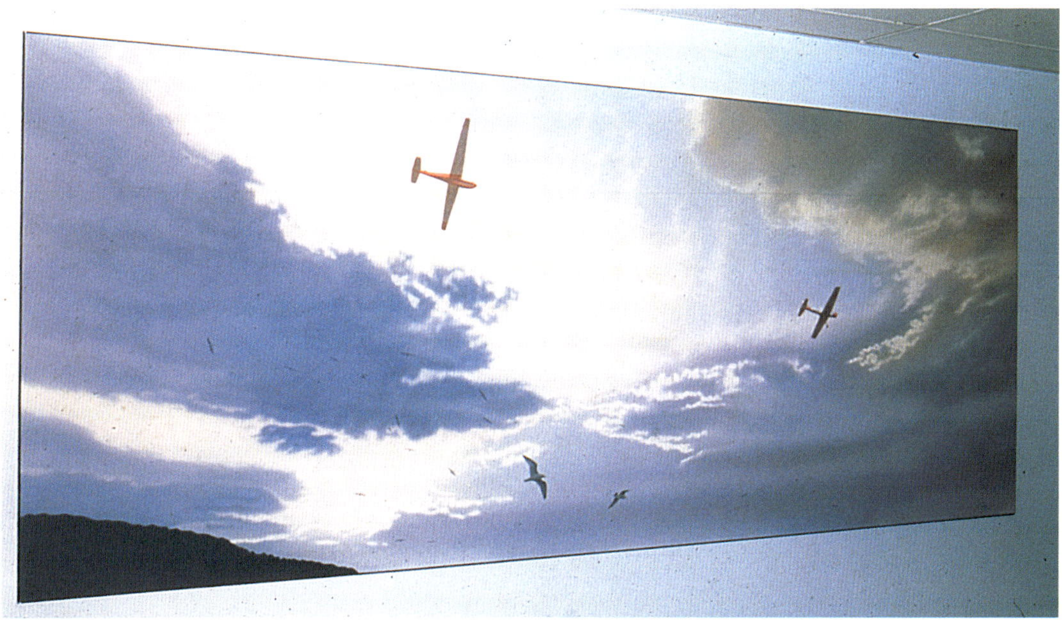

Mit Spritzpistole und Airbrush Dieses handgemalte Laminat-Wandbild wurde mit Spritz- und Airbrushtechniken und Acrylfarbe geschaffen, um mittels Luftperspektive ein Gefühl der Weite zu schaffen. Die Tonflächen wurden zuerst mit der Hand gemalt, bevor dann die Sprühtechnik zum Einsatz kam. So erzielte man den Eindruck eines weiten Raums. Die Spritztechnik diente dazu, die Ränder weicher zu machen und die Wolken realistischer zu gestalten.

Beispiel Laminat-Wandbild

Für den Hauptdurchgang eines Krankenhauses sollte ein gewölbter Sichtschutz im Korridor geschaffen werden. Die Arbeit war insofern auch noch funktional, als man in einem oben angebrachten Spiegel heranrollende Krankenhausliegen in der Kurve erkennen kann. Die Malerei belebte aber auch einen ansonsten kargen Ort. Die Grundidee bestand in einer fächerartigen Anordnung des Wandbilds, das von beiden Seiten ein jeweils anderes Motiv zeigt. Von der einen Seite sieht man Blätter, von der anderen Seite Blumen. Dies wurde durch eine Reihe von dünnen, senkrechten Dreiecksplatten erreicht, die auf einer Seite das Blattmotiv, auf der anderen das Blumenmotiv zeigen und mit der dritten Seite flach an der Wand anliegen.

Als normale Malerei auf Holz wäre diese Arbeit in einem so betriebsamen Bereich nicht sinnvoll gewesen. Aber als handgemaltes Laminatbild ist es beständig und kann leicht gereinigt werden. Die Hintergrundfarbe der Arbeit ist blau. Das harzimprägnierte Papier für das Laminat gibt es in vielen Farben und es wäre absurd gewesen, eine blaue Hintergrundfarbe auf weißes Papier zu malen. Daher wurde ein blaues Papier als Basisfarbe gewählt. Wenn man aber die Buntfarben direkt auf das Papier gemalt hätte, wäre die Brillanz der Farben selbst in deckendem Auftrag verloren gegangen. Daher wurden zwei Schichten weißer Grundierfarbe auf das blaue Papier aufgetragen. Nach dem Trocknen wurden die Blatt- und Blumenfarben ausgemalt und erhielten ihre volle Farbkraft.

Bei dieser Arbeit wurden etwa acht vorgemischte Farben verwendet, und es war wichtig, die nötige Menge bereitzuhalten, um die Arbeit vollenden zu können. Es musste auch darauf geachtet werden, dass Acrylfarben dunkler auftrocknen.

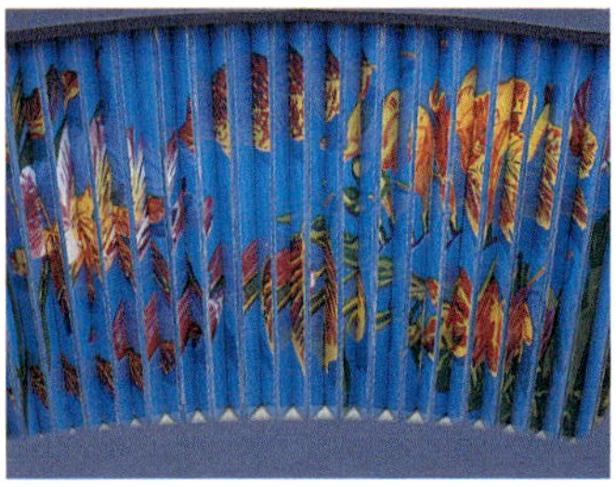

1 Die Struktur der Arbeit im Modell: Von einer Seite sieht man Blumen, von der anderen Blätter.

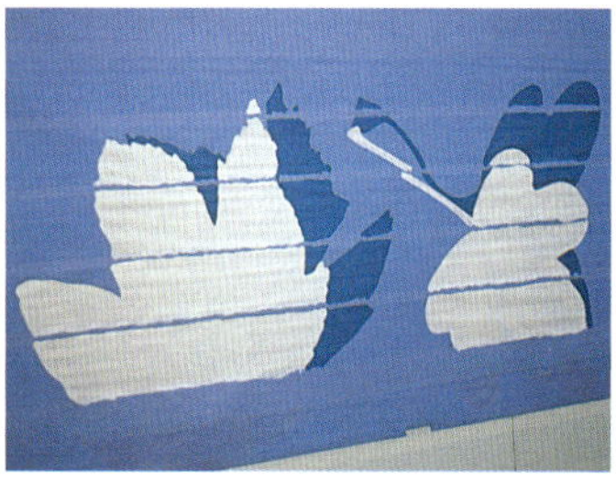

2 Das Motiv wird projiziert und der weiße Grund aufgetragen. Auch die Schatten werden gemalt.

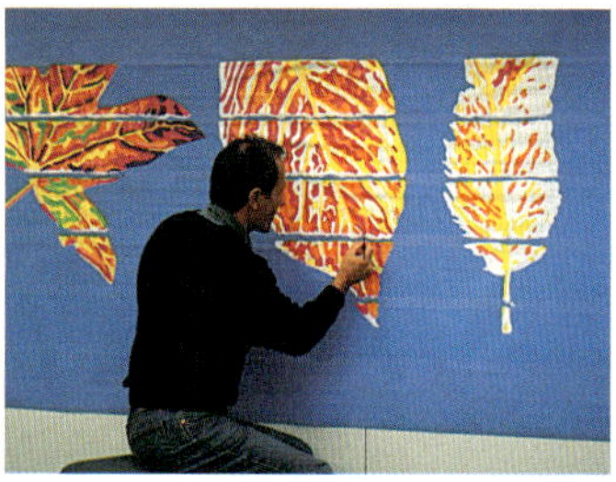

3 Dann werden die Farben in die Konturen des projizierten Motivs eingesetzt.

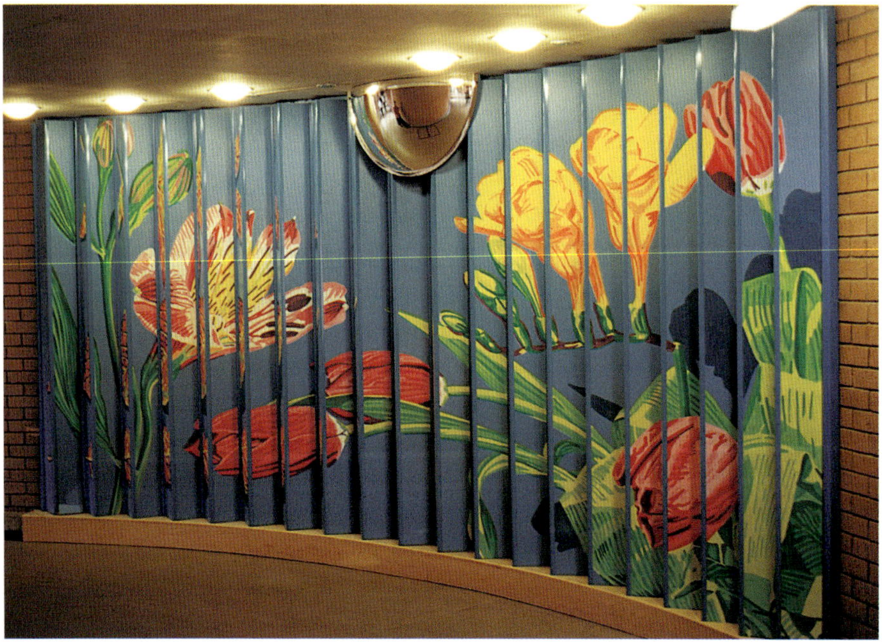

Fertige Arbeit
Das Wandpaneel von einer Seite des Durchgangs aus gesehen.

Technik Laminatbilder in Siebdrucktechnik

Der Vorteil der gedruckten Laminatbilder besteht in der immer wiederholbaren Reproduktion des Motivs, sodass sich keine der weiter vorn angesprochenen Probleme wie bei den handgemalten Laminaten ergeben.

Das hier gezeigte Beispiel, ein Entwurf für Schlafzimmertüren, zeigt die Möglichkeiten dieser Technik. Mit einer einfachen Linienzeichnung und einer kleinen Farbskala wurde ein frischer und lebendiger Eindruck geschaffen.

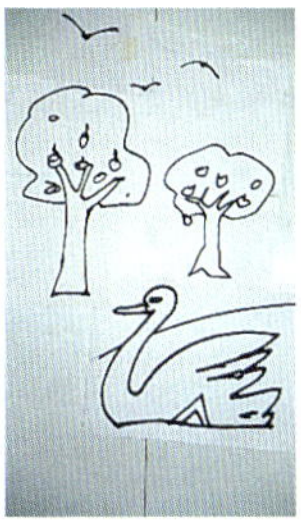

1 Die Skizze des Schwans diente als Vorlage.

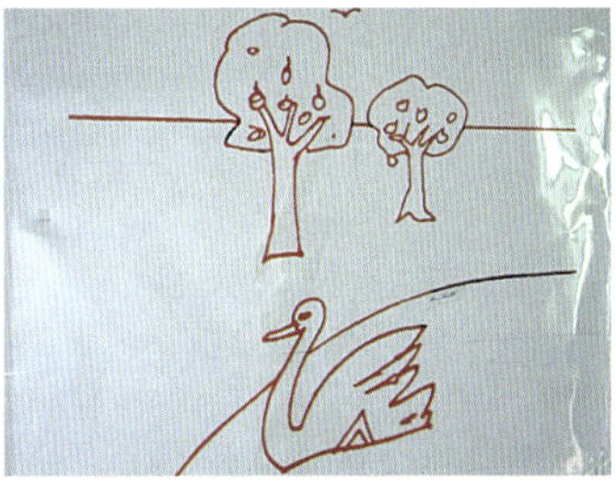

2 Schablonen in selbstklebender Folie wurden ausgeschnitten und auf das Laminatpapier geheftet. Für jede Farbe gibt es einen Bogen, der im Siebdruck aufgedruckt werden soll.

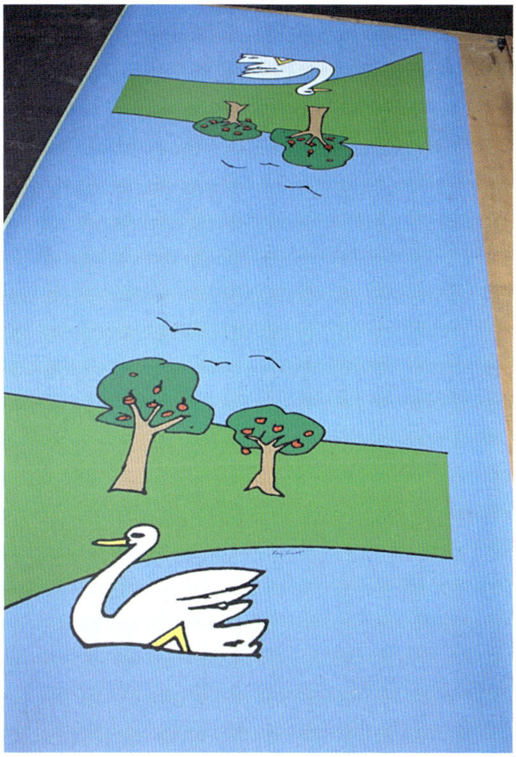

3 Jedes Laminat trägt zwei in Siebdrucktechnik ausgeführte Türdekors.

Technik Digital hergestellte Laminate

Es ist heute möglich, ein Kunstwerk im Computer zu schaffen, es digital auf harzimprägniertem Papier zu drucken und als Laminat zu pressen. Man muss nur darauf achten, dass die digital gedruckten Farben ausreichend hitzebeständig für den Laminierungsprozess und zudem lichtecht genug sind.

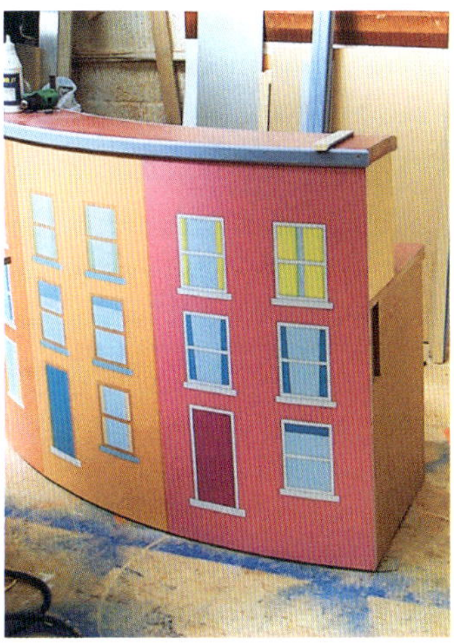

Digital gedrucktes Laminat Die noch im Bau befindliche Schwesternstation einer Kinderklinik erhält die digital hergestellten Laminate.

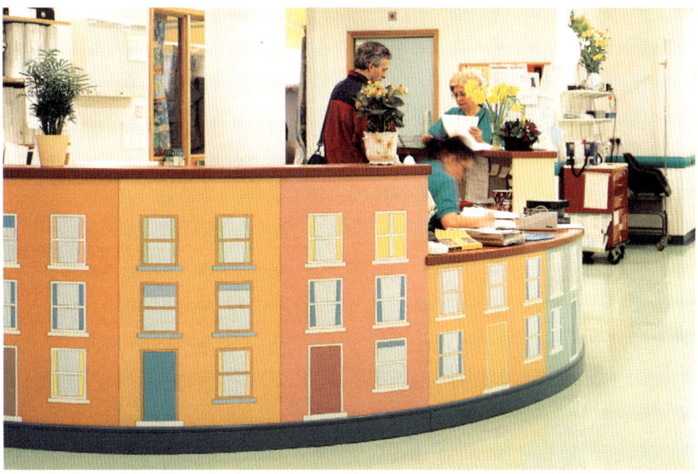

Installation Man hätte die Häusermotive auch im Siebdruck ausführen können. Dazu wären jedoch zu viele Siebe für alle Farben und Texturen nötig gewesen. Die digitale Methode, bei der die Farbwerte und Tonwerte genau kontrolliert werden können, ist hier wesentlich effektiver.

Keramikfliesen

Keramikfliesen können auf vielfältige Weise und in verschiedenen Stadien des Fertigungsprozesses bemalt, bedruckt, geprägt und mit Einlagen versehen werden. Man kann extrem komplexe Bilder herstellen, die mehrfach eingebrannt werden müssen, oder auch spontane Bilder in einem Arbeitsgang. Gleich, welche Techniken angewendet werden – die fertige Arbeit hat die einzigartige Qualität des Fliesenmediums und ist zudem sehr beständig.

Die Fliesenherstellung

Fliesen können in Handarbeit hergestellt werden, meist aus rotem oder weißem Ton. Kommerziell gefertigte Fliesen werden auf unterschiedliche Weise hergestellt: durch Pressen von plastischem Ton, durch Gießen von Schlamm (Ton und Wasser) in Formen und – heute üblich – im Trockenpressverfahren. Das letztere Verfahren ermöglicht eine gute Kontrolle der Konsistenz, und deshalb wendet man es besonders für Wandfliesen an, die aus einer Mischung von Ton, Kaolin, Quarz und Feldspat hergestellt werden. Für das Pressen werden dann noch Gleit- und Bindemittel hinzugefügt. Trocken gepresste Fliesen sind weiß.

Material

Fliesen selber herstellen

Ton kann man in Blöcken kaufen, die in Kunststofffolie verpackt sind, um die nötige Feuchtigkeit von etwa 25 % zu wahren. Bei jedem Verfahren muss der Ton zuerst »gespalten« werden. Danach wird er wie Teig geknetet, um eventuell vorhandene Luftbläschen zu beseitigen.

Man kann eine Fliesenstanze verwenden, aber das Abschneiden um eine feste Metallplatte ergibt im Allgemeinen das beste Resultat. Will man Fliesen für eine größere Fläche herstellen, rollt man eine entsprechend große Tonfläche aus und schneidet die Fliesen um die Schablone aus. Fliesen können auch in einer Handpresse hergestellt werden. Das ergibt gleichmäßige Resultate; eventuell eingeschlossene Luftbläschen werden durch Druck herausgepresst.

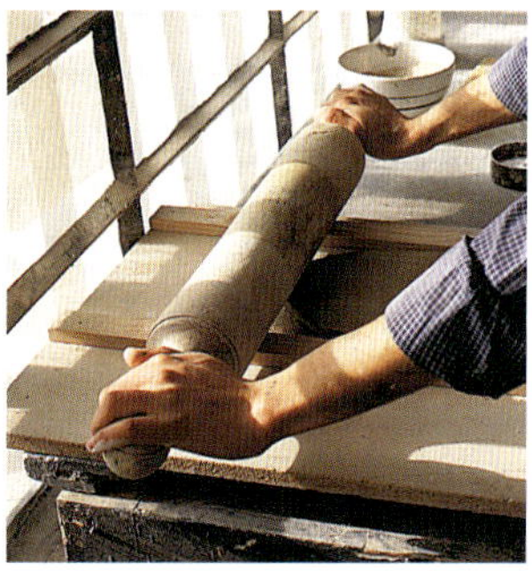

1 Der Ton wird mit einem Nudelholz auf Jute (oder ähnlichem Gewebe, damit der Ton nicht anklebt) zwischen zwei hölzernen Begrenzungsleisten ausgewalzt. Statt Jute kann man auch groben Sand aufstreuen.

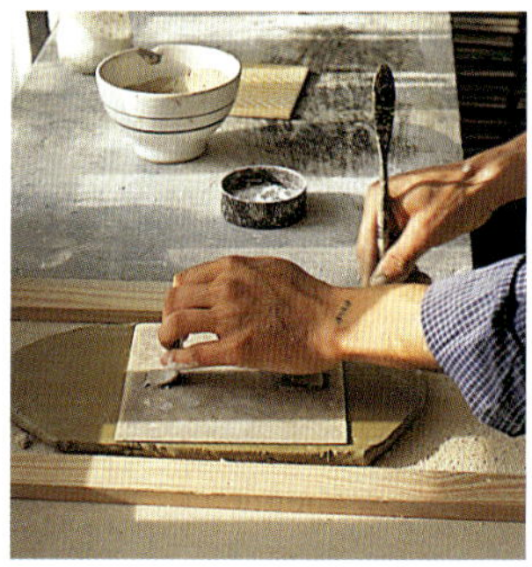

2 Der Ton wird mithilfe einer Schablone oder eines Lineals quadratisch ausgeschnitten; dann lässt man ihn unter mehrmaligem Wenden gleichmäßig trocknen. Nach zwei bis zehn Tagen wird er gebrannt.

Technik Prägen von Reliefmustern

Das geschieht während der Herstellung, indem man Stempelformen auf die Fliesen drückt, die zuvor aus Holz oder Harz geschnitten wurden. Mit einer Handpresse kann man für gleichmäßige Prägungen sorgen. Der Ton wird in die Presse gelegt und geprägt. Dann wird der Stempel mit einem Fußhebel angehoben und die Fliese aus der Presse herausgenommen. Auch ohne Presse kann man jeden beliebigen Gegenstand in den Ton drücken, um ein Reliefmuster zu erhalten. Zum Beispiel kann man ein Muster in Holz oder Linoleum schneiden und durch Walzen eine Negativprägung herstellen.

Das Prägen von Mustern wird meist mit anderen Techniken kombiniert, bei denen geschlämmter Ton und Glasuren zum Einsatz kommen.

Schrumpfen

Beim Herstellen von Fliesen aus plastischem Ton ist das beim Brennen unvermeidliche Schrumpfen zu berücksichtigen. Als Faustregel muss man mit 10 % Schwund rechnen (siehe unten). Der Umfang des Schrumpfens kann durch einen Zusatz zum Ton gemindert werden. Dabei handelt es sich um ein Streckmittel – meist vorgebrannten zermahlenen Ton. Es kann dasselbe Material wie das der Fliesen sein und wird meist dem nassen Ton während des Knetens beigemischt.

Roter Ton, rein		Roter Ton mit Streckmittel	
Temp. °C	Schrumpfung %	Temp. °C	Schrumpfung %
1000	8	1000	6
1050	10	1050	9
1100	12	1100	10
1150	13	1150	10

Technik Färben von Fliesen

Ein Verfahren, die Fliesen farbig zu machen, besteht im Färben des Tons vor dem Formen der Fliesen. Dazu verwendet man veredelte Oxide, die normalerweise beim Färben von Tonschlamm zum Überziehen gebraucht werden. Wenn die Fliese gleichmäßig durchgefärbt werden soll, vermischt man trockenen, pulverisierten und ungebrannten Ton im entsprechenden Verhältnis mit dem Farbpulver und macht das Ganze dann durch Wasserzusatz wieder zu nassem Ton.

Alternativ können Sie den Farbstoff mit Wasser durchtränken, dann sieben und mithilfe eines elektrischen Rührgeräts mit Tonschlamm vermischen. Diese Mischung wird nochmals durchgesiebt, ehe sie auf die Oberfläche der Fliese aufgetragen wird. Ein Überzug aus weißem oder farbigem Tonschlamm ist in Verbindung mit einigen dekorativen Techniken üblich.

Dekorative Keramiktechniken

Es gibt viele Möglichkeiten, Keramikfliesen zu dekorieren. Mit Sgraffito-Techniken, bei denen man den Entwurf einkratzt, kann man direkt in den Tonschlamm oder die Glasur der Fliese zeichnen. Man kann den Tonschlamm auch durch eine feine Düse spritzen oder durch Schablonen aufbringen. Die dekorativen Entwürfe können entweder flach oder in leichtem Relief aufgetragen werden.

Material Oxidfarben zur Keramikmalerei

Die Oxidfarben werden mit Wasser und Gummiarabikum oder Öl zu brauchbarer Malkonsistenz vermischt und dann auf ungebrannte, gebrannte, aber unglasierte oder glasierte Majolika aufgetragen. Die natürlichen Oxide liefern die kräftigsten Farben, während die Karbonate heller sind. Die wichtigsten Oxide oder natürlichen Pigmente zur Keramikmalerei sind folgende:

- Kobaltoxid liefert viele Blaufarben.
- Kupferoxid ergibt Grünfarben bei dünnem Auftrag, bei dickem Schwarz. Es kann unter gewissen alkalischen oder reduzierenden Bedingungen auch ein Grünblau oder ein Kupferrot liefern.
- Chromoxid ergibt eine kräftige Grünfarbe, kann aber in speziellen Kombinationen mit Blei, Zink oder Zinn auch Rot-, Gelb-, Braun- und Rotfarben liefern.
- Eisenoxid liefert Farben von Gelb bis Dunkelbraun.
- Mangandioxid liefert einen Bereich von Rosa bis Braun; Purpur entsteht in Alkali- oder Zinnglasuren.

Technik Sgraffito-Technik auf geschlämmten Fliesen

Dabei zeichnet man direkt in den weißen oder farbigen Tonschlammüberzug, der gleichmäßig auf die Fliese aufgetragen wurde. Der Schlamm kann als dünner Film aufgestrichen oder mit der Spritzpistole und passender Düse aufgespritzt sein. Das Auftragen geschieht, wenn der ungebrannte Ton »lederhart« ausgetrocknet ist, also viel Feuchtigkeit verloren hat, aber noch nicht zu hart ist.

Der Tonschlamm glänzt nach dem Auftrag. In diesem Stadium ist er noch zu nass zum Durchzeichnen. Wenn der Wassergehalt verdunstet oder vom unteren Ton aufgesaugt ist, sieht der Schlamm matt aus, jetzt kann man darin zeichnen.

Jedes geeignete Werkzeug, z. B. das gespitzte Ende eines alten Pinselstiels, kann zum Durchschneiden der Oberschicht dienen, um den Fliesenton freizulegen. Wenn der Tonschlamm noch trockener ist, können genauere Details eingekratzt werden. Ein weißer Tonschlammüberzug auf einer Terrakottafliese führt zu einer dunkelroten oder braunen Linienzeichnung im Weiß, aber auch jede andere Kombination ist möglich – der Tonschlamm kann z. B. dunkelblau oder schwarz auf einer weißen Fliese sein, sodass ein »Schabkarton«-Effekt entsteht. Leichte Veränderungen in der Dicke des Tonschlamms ergeben unterschiedliche Effekte.

Technik Schablonen

Tonschlamm kann man in ebenen glatten Farbflächen durch Papierschablonen auftragen. Zeitungspapier eignet sich gut. Man kann den Tonschlamm auch durch Kartonschablonen auftupfen oder im Siebdruckverfahren durch ein grobes Gewebe pressen. Achtung: Dabei entstehen keine glatten Ränder.

Technik Tonschlamm in Streifen

Man kann den Tonschlamm durch eine feine Düse auf einer Plastikflasche auf die Fliesen drücken. Die Flasche wird zusammengedrückt, sodass der Schlamm in einer dünnen Linie herausfließt.

In ähnlicher Weise kann man dünne Linien auf die Umrisse eines Bildes aufzeichnen. Die einzelnen Bildsegmente werden durch die erhabenen Umrisslinien miteinander verbunden; dazwischen kann man dann noch verschiedene Unterlasurfarben einlegen.

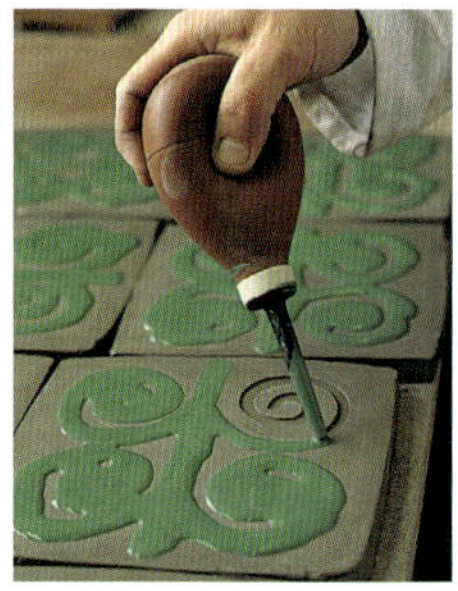

Vertiefungen füllen Mit feinem Schlamm enkaustische Muster schaffen.

Technik Enkaustische Fliese

Für diese Technik – die nichts mit enkaustischen Malverfahren zu tun hat – benötigt man Fliesen mit einer Einlage, die durch Gießen von Tonschlamm in ein in die Fliese geprägtes Linienmuster entsteht. Traditionell wird das Muster in Weiß auf eine rote Terrakottafliese gesetzt, aber man kann ebenso gut andere Farbkombinationen verwenden. Wenn Sie wollen, können Sie die fertige Fliese auch noch mit Unter- oder Aufglasurfarben bearbeiten (siehe S. 297).

Nachdem der Prägestempel für das voraufgehende Prägen angefertigt wurde, wird die Enkaustikfliese von Hand hergestellt. Passt der Stempel in eine handbetätigte Fliesenpresse, kann die Fliese darin vor dem Anbringen der Einlage gepresst werden. Hat man keine solche Presse, macht man sich eine quadratische offene Form, deren Boden den Stempel für die Einlage bildet. In diesem Fall wird eine dünne Lage Gießschlamm über den Stempel gegossen und trocknen gelassen, bis der Zustand »lederhart« ist. Dann wird plastischer Ton von Hand in die Form gedrückt und flach geschnitten. Danach wird die Fliese aus der Form herausgenommen, und der andersfarbige Tonschlamm wird eingelegt.

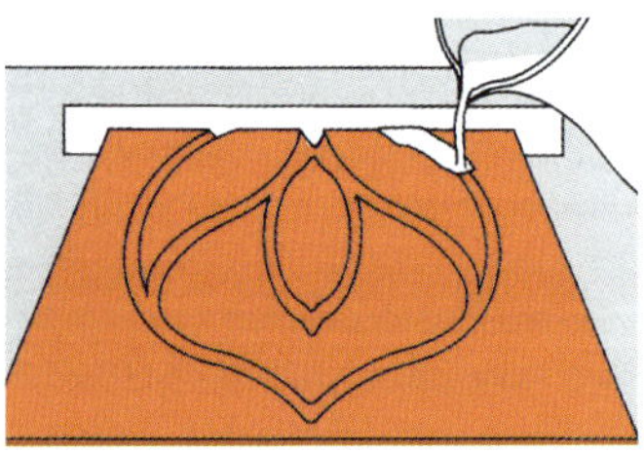

1 Nach außen hin offene Teile des Musters mit Klebeband verschließen. Tonschlamm auf die Vorderseite der Fliese gießen.

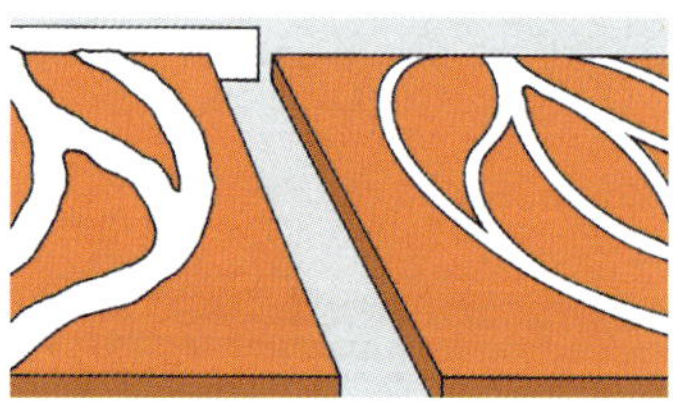

2 Schlamm trocknen lassen und dann so überschaben, dass er mit der Fliesenfläche eine Ebene bildet.

Robert Manners

Kleine enkaustische Fliesen

Die Enkaustik-Technik eignet sich für einfache, stilisierte Motive und klare Kombinationen in nicht mehr als zwei Farben. Bei dieser Serie von neun 50 mm-Fliesen hat Robert Manners kleine halbabstrakte Motive entworfen. Die abwechselnd Hell auf Dunkel und Dunkel auf Hell gehaltenen Motive wirken frisch und klar. Die dunkelbraune Farbe wurde durch Einfärben des Tons erzielt.

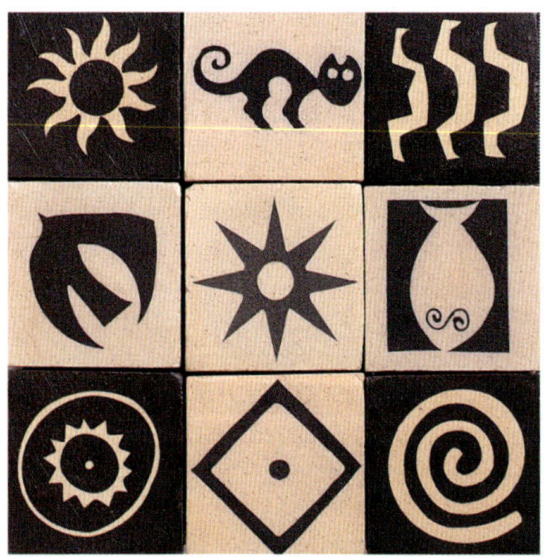

***Zeichen und Symbole** (1989),* ROBERT MANNERS

Technik Auftrag von Unterglasurfarben

Unterglasurfarben sind spezielle Pulverfarben, die mit einem Bindemittel vermischt auf ungebrannten Ton oder auf poröse gebrannte, aber nicht glasierte Fliesen aufgetragen werden können. Sie enthalten Ton, der das Haften auf der Fliese ermöglicht. Wenn Aufglasurfarben (siehe S. 299) auf eine unglasierte Fliese gebracht und gebrannt werden, blättern sie ab, da sie nicht genügend flussfördernde oder glasbildende Elemente enthalten, die sie haften lassen. Unterglasurfarben können direkt auf die Fliese gespritzt oder gedruckt werden (siehe S. 299).

Um mit Unterglasurfarben auf eine gebrannte, nicht glasierte Fliese zu malen, werden sie mit einem Bindemittel angerieben oder vermischt. Das übliche Bindemittel ist eine Lösung aus Gummiarabikum und Wasser, die eine Verarbeitung und Verdünnung wie bei Farben ermöglicht. Die Unterglasur-Pulverfarben können auch in mit Terpentin verdünntem Leinöl angerieben werden. Die Farbe kann dann ähnlich wie Ölfarbe verwendet werden. Das Bindemittel ist nicht beständig und muss vor dem Glasieren durch Brennen in einem entlüfteten Brennofen bei etwa 600–650 °C ausgetrieben werden. Unterglasurfarben sollte man nicht zu dick auftragen, sonst schwächen sie die Bindung zwischen Glasur und Fliesenfläche.

Technik Glasur

Eine Glasur ist eine glasähnliche Deckschicht, welche die Leuchtkraft der Fliese verstärkt und ihre Porosität durch Versiegelung der Fliesenfläche mindert. Die Glasur kann transparent (klar oder farbig) oder deckend (weiß oder farbig) sein. Transparente Glasuren über Unterglasurmalerei oder -druck sowie auf Tonschlamm können viele Effekte bewirken. Die Glasur wird aufgespritzt oder aufgegossen, doch kann die Fliese auch darin eingetaucht werden. Man kann sie auch nur auf bestimmten Fliesenteilen anbringen.

Technik Malen auf ungebrannten Glasuren

Diese Technik, auch Majolika genannt, wurde in Spanien entwickelt. Eine deckende warme weiße Glasur wird auf die gebrannte Fliese aufgetragen. Nach dem Trocknen wird das Bild mit Oxidfarben auf die ungebrannte Glasur gemalt (Kobaltoxid erzeugt auf weißen Fliesen das charakteristische Blau). Die Farbe wird mit Wasser gemischt und mit einem weichen Pinsel aufgetragen.

Feine Pinselarbeit ist bei dieser Technik nicht möglich, aber es ist dennoch ein hervorragendes Verfahren, direkt mit dem Pinsel auf große Fliesenflächen zu malen. Nach dem Brennen ergibt sich eine befriedigende Verschmelzung von Bild und Untergrund, die der Aufglasurtechnik oft fehlt (siehe S. 299).

Die ungebrannte Glasur bekommt eine härtere, besser zu bemalende Oberfläche, wenn man etwas Gummiarabikum der Glasurlösung hinzufügt oder auf die Glasur sprüht.

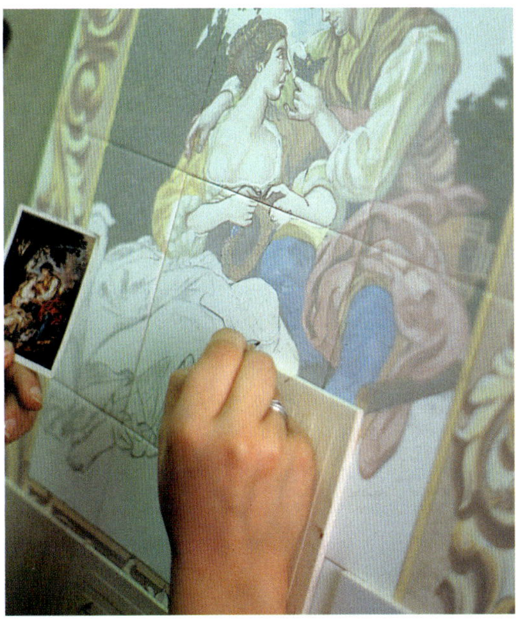

Mehrere Farben auf einer ungebrannten Glasur Auf eine ungebrannte Fliese kann eine breite Palette von Farben aufgetragen werden. Bis zum Brennen haben die Farben eine matte pastellartige Wirkung. In dieser Phase ist die Oberfläche der Fliesen noch sehr empfindlich. Größere Platten werden meist, wie hier gezeigt, leicht angewinkelt bemalt.

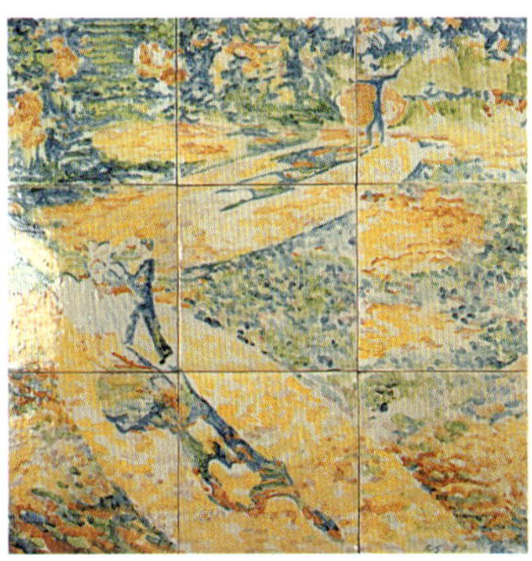

Mehrere Farben Die Tänzer wurden mit Katzenzungen-Borstenpinseln in mehreren Keramikfarben getupft.

Technik

Gebrannte und ungebrannte Farben

Man braucht einige Erfahrung im Umgang mit Glasuren, um zu wissen, wie sich die Farben beim Brennen verändern. Das Kobaltoxid ist vor dem Brennen hell und grau und erhält erst im Brennofen den dunkelblauen Glanz. Um einen tiefen Ton zu erhalten, muss man die Farbe sehr dick auftragen.

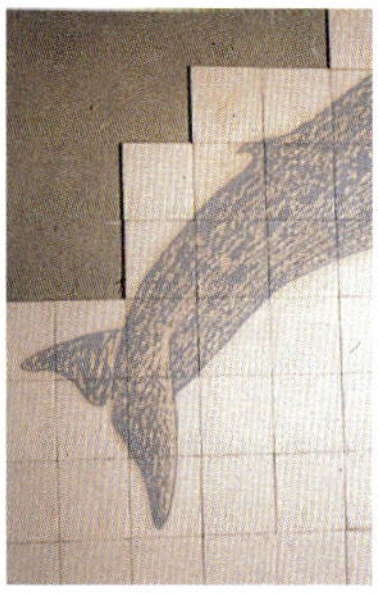

1 Der Schwanz des Wals ist vor dem Brennen noch grau.

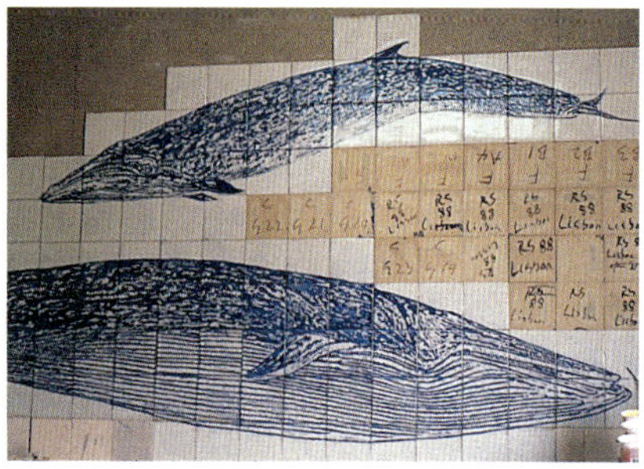

2 Nach dem Brennen wird die hellgraue Farbe zu einem dunklen Kobaltblau. Man legt die gebrannten Fliesen in der Werkstatt aus, um zu sehen, ob Nachbesserungen nötig sind.

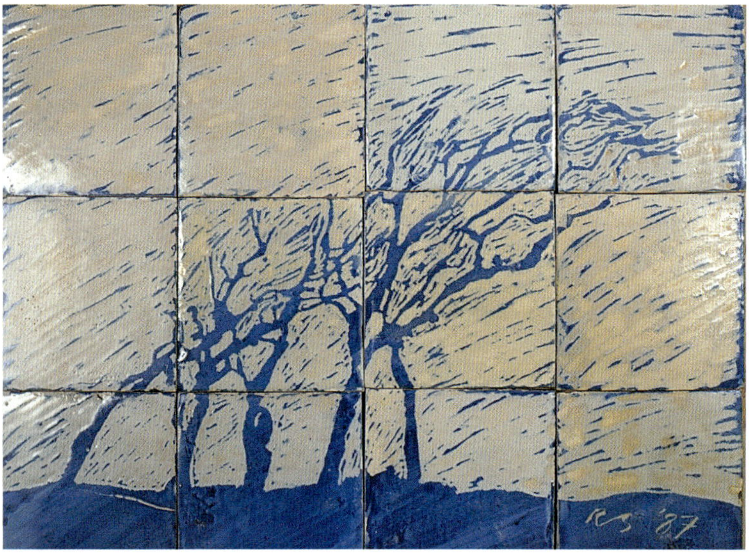

Schabkarton-Bild Die Bäume basieren auf einer Ölpastellzeichnung: Ein Dia vom Original wurde auf die Fliesenfläche projiziert, die zuvor auf der ungebrannten Glasur eine dunkle Kobaltoxidlasur bekommen hatte. Die weißen Flächen wurden herausgeschabt, sodass die Bäume stehen blieben. Danach wurden die Fliesen gebrannt.

Technik

Malerei auf einer Fliesenwand

Es ist recht einfach, einen mit einem Raster versehenen Entwurf auf eine Fliesenwand zu übertragen, da die quadratischen Fliesen ein solches Raster bereits vorgeben. Wenn man an einer sehr großen Wand arbeitet, teilt man sie sich am besten in kleinere Arbeitsabschnitte ein. Mit auf diese Abschnitte projizierten Dias oder Digitalbildern lässt sich der jeweilige Teil des Entwurfs leicht kontrollieren. So wurde auch dieses große Keramikwandbild im Treppenaufgang eines Krankenhauses ausgeführt. Die Motive wurden mit einem Schattenwurf gemalt, sodass sie auf dem Grund zu schweben scheinen.

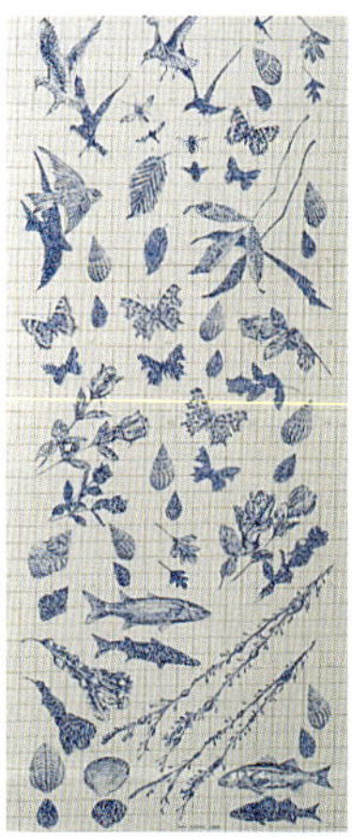

Vorstudie Der Entwurf ist in ein Raster zum Übertragen auf die Wand eingeteilt.

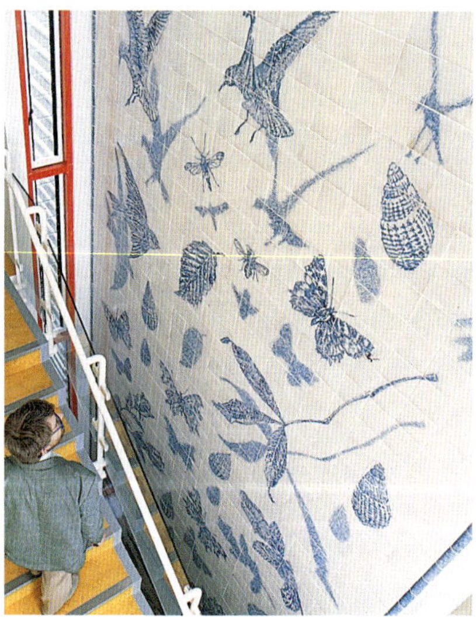

Fertiges Keramikwandbild Die fertige Wand entspricht genau der Vorlage.

Technik Auftrag von Aufglasurfarben

Aufglasurfarben werden auf gebrannte glasierte Fliesen aufgetragen. Wird die Fliese erneut gebrannt, verschmelzen Pigmente und Glasur. Die Aufglasurfarben sind als feine Pulver erhältlich. Sie werden mit einem Bindemittel vermischt – Gummiarabikum, Harz oder Malmittel auf Ölbasis sind üblich – und dann mit Malgeräten auf die Fliesen aufgetragen. Das Angebot dieser Farben ist recht umfangreich. Werden Aufglasurfarben mit dem Pinsel aufgetragen, gibt die glatte glänzende Fliesenfläche den Pinselstrich mit all seinen Borstenlinien genau wieder. Wer das Malen auf absorbierendem oder halbabsorbierendem Malgrund gewöhnt ist, wird diese Malfläche zunächst etwas widerspenstig finden.

Aufglasurfarbe kann auch durch Schablonen aufgespritzt oder durch ein feinmaschiges Sieb auf eine Fliese aufgestaubt werden, die zuvor mit Öl beschichtet wurde. Die Farbe haftet auf den mit Öl benetzten Stellen. Auch Siebdruck auf Fliesen ist möglich (siehe unten).

Technik Fliesen bedrucken

Zum Bedrucken von Fliesen gibt es zwei Hauptverfahren: die direkte und die indirekte (oder Umdruck-) Methode. Bedrucken kann man den ungebrannten Ton, die gebrannte unglasierte Fliese (Unterglasurdruck) oder die glasierte (Aufglasurdruck). Im letzteren Fall kann eine weitere Glasur aufgetragen werden; dann ist es eigentlich ein »Innenglasurdruck«.

Direktes Drucken

Siebdruck ist das Standardverfahren des direkten Druckens (siehe S. 256f.). Zum Erhalt guter Resultate verwendet man ein grobmaschiges Gewebe. Jedes der vorgenannten Bindemittel kann man mit den Farben verwenden, um sie durch das Sieb zu streichen. Sie werden zusammen mit dem Bindemittel zu einer gleichmäßigen Konsistenz vermischt. Vor dem Brennen können mehrere Farben überdruckt werden, sofern ein schnelltrocknendes Bindemittel benutzt wird, das die Farben relativ hart werden lässt.

Die meisten Verfahren zur Schablonenherstellung sind geeignet (siehe S. 257), doch wenn ein Muster zu kompliziert ist, eignet sich ein indirektes Umdruckverfahren besser.

Beim direkten Bedrucken von Fliesen mit abgerundetem Rand bleibt das Muster innerhalb der ebenen Fläche.

Umdruckverfahren

Beim indirekten Bedrucken, das sich für Aufglasuren am besten eignet, wird ein Bild auf ein speziell beschichtetes Umdruckpapier gedruckt. Die Beschichtung ist eine wasserbeständige Haut, auf die das Bild gedruckt wird – meist im Siebdruckverfahren, obwohl auch andere Drucktechniken geeignet sind.

Für Einzelexemplare kann eine Monotypie dienen, zu der man die Keramikfarben wie Druckfarben auf Kunststoff oder Glas aufträgt. Dann wird ein Abdruck auf das Umdruckpapier gemacht. Wenn das Bild auf dem Umdruckpapier trocken ist, wird es im Siebdruckverfahren mit einer Versiegelung überzogen. Ist diese trocken, wird das Umdruckpapier in eine Schale mit warmem Wasser gelegt. Das Papier saugt das Wasser auf und sinkt zu Boden, während der Umdruck schwimmen bleibt. Man nimmt ihn vorsichtig an den oberen Ecken heraus, legt ihn auf die glasierte Fliesenfläche und schiebt ihn in die richtige Position. Mit einem Schwamm werden Luftbläschen und Wasser herausgedrückt. Bis zu drei Umdrucke können auf derselben Fliese überlagert werden.

Unterglasur-Umdruck

Zur Unterglasurarbeit ist es besser, einen Druck von Seidenpapier durch Ätzen oder lithografisch abzuziehen. Beim Ätzen wird die Platte mit Oxiden eingefärbt, die in fettem Öl angerieben sind. Das Seidenpapier wird angefeuchtet und in der üblichen Weise bedruckt. Der Druck wird dann auf die gebrannte Fliese gelegt und mit Seifenwasser übertupft. Das Bild haftet auf der Fliese, und das Seidenpapier wird abgezogen.

Technik Brennen

Das Brennen beginnt langsam, damit die Fliese trocknen und chemisch gebundenes Wasser entweichen kann. Dieses Vorbrennen erfolgt bis zu 600 °C bei starker Ventilierung. Von da an wird schnell auf die richtige Temperatur gesteigert. Es darf weder plötzliche Zugluft noch starke Temperaturschwankungen geben, und der Brennofen muss ebenso langsam abkühlen, wie er erwärmt wurde. Denken Sie daran, dass die einzelnen Schichten der Fliese – von der Tonmasse selbst über den gefärbten Tonschlamm bis zu den Unterglasurfarben, Glasuren, Aufglasurfarben und dem Glanzüberzug – unterschiedlicher Brenntemperaturen bedürfen. Der Ton selbst muss bis zu 1200 °C gebrannt werden, während die einzelnen Lagen schon bei niedrigeren Temperaturen gebrannt werden.

Emaillieren

Emaillieren ist ein Verfahren zur Herstellung gemalter oder gedruckter Bilder auf Metall. Die Metallplatte wird gebrannt – oft mehrmals mit verschiedenen Farben –, wobei das Bild mit dem Metall verschmilzt. Das Werkstück ist danach beständig und wetterfest, sodass es auch auf Außenmauern angebracht werden kann. Emaillierte Platten sind heute äußerst beliebte Schmuckstücke für Räume mit regem Publikumsverkehr, in denen es auf »Pfleglichkeit« des Kunstwerks ankommt.

Kleine Emailarbeiten können leicht im Atelier hergestellt werden, man verwendet dazu dieselben Öfen wie zum Brennen von Fliesen (siehe S. 302). Großflächige Arbeiten stellt man in Zusammenarbeit mit Industriebetrieben her.

Ausrüstung und Materialien

Das beliebteste Metall zum Emaillieren ist kohlenstofffreier Stahl, den man in spezifizierten Emailliergradationen bekommt. Der Stahl muss frei von Kohlenstoff sein, weil die Emailfarbe sonst reißt und abblättert.

Man kann auch auf Kupfer emaillieren. Dies wird oft zur Schmuckemaillierung genutzt, bei der das Metall durchscheinen kann. Dieser Effekt ist aber auch bei Nirosta und Edelmetallen möglich.

Aluminium kommt auch infrage. Es ist extrem leicht, hat aber einen niedrigen Schmelzpunkt, weshalb man entsprechende Emailfarben verwenden muss. Die Aluminiumemaillierung für industrielle Zwecke wird derzeit intensiv erforscht.

Material Emailarten

Emailfarben kauft man zermahlen als Pulver. Es wird mit einem Bindemittel gemischt, bevor es aufgestrichen, gespritzt, gegossen oder aufgedruckt wird. Es kann auch in trockener Form auf das präparierte Metall aufgesiebt werden.

Industrielle Emailfarben

Diese herkömmlichen Emailfarben sind sehr hitzebeständig und stark deckend, sodass man mit ihnen keine transparenten oder durchscheinenden Glasureffekte erzielen kann. Es gibt sie in vielen Farbtönen; sie sind ungefährlich und relativ preisgünstig.

Schmuck-Emailfarben

Diese basieren auf Blei und sind deshalb gesundheitsgefährdend. Die Industrie muss bei ihrer Verarbeitung strenge gesetzliche Vorschriften berücksichtigen. Außerdem sind sie sehr teuer. Schmuck-Emailfarben können drei- bis viermal so teuer sein wie industrielle Emailfarben. Zum Erzielen transparenter und durchscheinender Effekte auf Metall sind sie jedoch unumgänglich: Die glänzende glasähnliche Oberfläche der gebrannten Platte ist unübertrefflich reizvoll.

Material Bindemittel

Das Bindemittel muss genug Kraft haben, um die Emailfarben zusammenzuhalten und (zeitweilig) auf der Platte haften zu lassen. Außerdem muss es erforderlichenfalls ein Übermalen ermöglichen. Im Brennofen sollte es rückstandslos verbrennen, ohne die Farben oder die strukturelle Stabilität zu beeinflussen. Es gibt zahlreiche Bindemittel auf Wasserbasis, die sich für Emailfarben eignen.

Gummen

Eine Mischung von etwas hochwertigem Tragant bzw. Gummiarabikum, Wasser und Emailfarbe hat reichlich Bindekraft für viele künstlerische Anwendungen. Tragant beeinflusst die Farben beim Brennen weniger als Gummiarabikum, obwohl es dafür keinen erkennbaren chemikalischen Grund gibt.

Cellulosepaste

Cellulose, wie man sie für hochwertigen Tapetenkleister verwendet, ist ebenfalls ein Bindemittel, das beim Emaillieren gut verbrennt und erheblich weniger kostet als Naturgummi. Sie eignet sich zum Streichen der Farbe, aber nicht zum Spritzen. Das Aufsieben trockener Farbe auf Cellulosepaste funktioniert sehr gut.

Flüchtige Pflanzenöle

Pinien- und Nelkenöl (siehe S. 33) werden oft als Bindemittel für Emailfarben verwendet, da sie ein freies Verteilen der Farben ermöglichen. Leider verbrennen sie bei schnellem Brennen nicht ganz und bedingen daher längere Brennzeiten.

Acrylbindemittel

Acrylharze des Methylmethacrylat-Typs sind hervorragende Bindemittel für Emailfarben. Die Farbe wird einfach mit dem Bindemittel verrührt. Emulsionen auf Wasserbasis können ebenfalls verwendet werden, trocknen aber sehr schnell aus, sodass man rasch arbeiten muss.

Acryle werden immer mehr bevorzugt, weil sie bei etwa 300 °C im Nu depolymerisieren. Danach ist das Bindemittel rückstandslos verschwunden. PVA-Bindemittel werden nicht gern benutzt, da sie dürftige Brenneigenschaften haben.

George Stubbs

Emailbild auf Kupfer

Das Beispiel zeigt, wie ein kompletter Tönungsumfang – vom dunkelsten Schatten bis zu gleißendsten Lichtern – subtil und präzise eingesetzt werden kann. Das aus dem 18. ahrhundert stammende, akribisch gearbeitete Bild ist ein Beweis für die Beständigkeit des Mediums. Der Grund für die angewandte Tüpfeltechnik ist, dass sie fast die einzige Möglichkeit zum Erzielen solch feiner Abstufungen auf dem glatten, nicht absorbierenden Untergrund bietet.

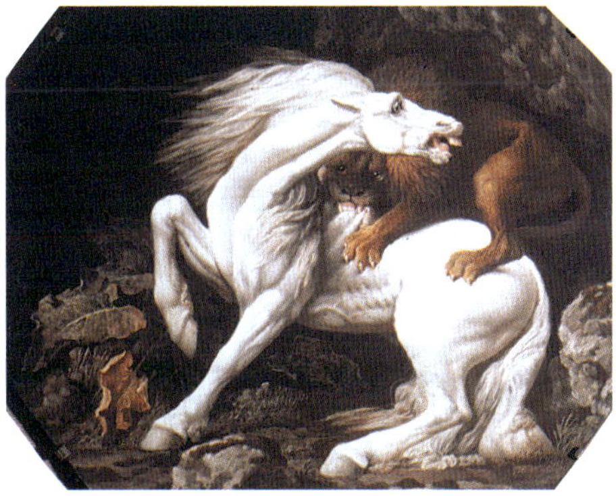

Pferd, von einem Löwen angegriffen *(1769)*, GEORGE STUBBS

Vorbereitung Die Metallplatte

Bereitet man eine großflächige Arbeit vor – zum Beispiel für öffentlich zugängliche Räume –, so verwendet man hauptsächlich Emaillierstahl, dessen Grundemaillierung (siehe unten) in der Fabrik vorgenommen wird. Der Stahl sollte wenigstens 0,5 mm dick sein. Die Abmessungen hängen davon ab, was der Industriebrennofen fassen kann. Das größte verfügbare Format beträgt etwa 2400 × 1800 mm, aber handlicher ist 1600 × 900 mm.

Platten, die an der Wand befestigt werden, sind meist rundum gebördelt. In die Bördelung kann man Löcher zum Aufhängen bohren. Eine gebördelte Platte braucht lediglich eine Grundemaillierung (siehe unten), während eine flache Platte auf der Rückseite derselben Emailmenge bedarf wie auf der Vorderseite, damit sie sich nicht wölbt. Die ganze strukturelle oder Schweißarbeit muss ausgeführt werden, bevor das Metall zum Emaillieren vorbereitet wird.

Für eine künstlerische oder dekorative Platte sollte die Fabrik das herkömmliche Vorbereitungsverfahren anwenden. Zuerst wird die Stahlplatte geglüht, um jegliches Fett oder angesammelten Schmutz auszubrennen. Dann kommt sie etwa 15 Minuten lang in ein Bad mit 10%iger Salzsäurelösung. Dadurch wird die Platte so weit geätzt, dass die Grundemaillierung haftet. Danach wird die Platte durch 30 Sekunden langes Eintauchen in Sodawasser gespült und neutralisiert. Schließlich wird sie weitere 30 Sekunden lang in Borax gewässert, um Rost vorzubeugen, und zuletzt wird sie in Warmluft getrocknet.

Die Grundemaillierung

Sobald die Metallplatte trocken ist, bekommt sie die Grundemaillierung, die in einem Spritzraum direkt auf das bloße Metall aufgetragen wird. Sie ist nach dem Brennen im Allgemeinen dunkelblau, braun, grau oder schwarz, je nach der Rezeptur des Herstellers. Im Allgemeinen enthält sie Zutaten wie Feldspat, Kieselerde, Quarz, Emailgradationen von Ton, Bentonit und weitere Zusätze. Der Ton sorgt für das Haften auf dem Metall. Die präparierte Platte kommt in den Brennofen und wird bei 860 °C gebrannt. Danach wird sie beschichtet.

Die Deckemaillierung

Die Bezeichnung »Deckemaillierung« gilt für jede Emaillierung, die auf die Grundemaillierung aufgetragen wird – z. B. auf eine Schicht Weiß oder eine andere zur Grundierung geeignete Farbe. Als deckendes Weiß wird von der Fabrik unter Verwendung von Titan eine Fritte (siehe S. 373) hergestellt. Für Pastellfarben wird ein weniger deckendes Weiß wie Antimon zusammen mit industriellen Emailfarben verwendet.

Emailliertechniken

Viele der dekorativen Techniken, die im Kapitel »Keramikfliesen« (siehe S. 294–299) beschrieben wurden, sind auch beim Emaillieren anwendbar. Farben können in herkömmlicher Weise deckend oder transparent aufgetragen werden, man muss nur den nichtabsorbierenden Untergrund berücksichtigen.

Ferner kann man den Entwurf auch ausschließlich mit dem Bindemittel malen und dann das trockene Farbpulver aufsieben, das nur auf dem Bindemittel kleben bleibt. Weiter kann man die Farben durch Schablonen auftragen oder sie auf die trockene Metallplatte aufsieben und dann das Bindemittel darüber in die Luft sprühen, sodass es (ohne Luftzug) darauf herabsinkt. Siebdrucken mit Emailfarben ist ebenfalls üblich und kann mit dem Malen von Hand kombiniert werden. Der Dreifarben-Siebdruck mit Emailfarben steckt noch in den Kinderschuhen. Umdrucken mit Emailfarben ist ebenso beliebt wie dieselbe Technik bei Fliesen.

Technik Auftragen der Emailfarben

Wird zu wenig Farbe aufgetragen, können weiße Flecke aus der Grundemaillierung durchdringen. Diese Gefahr besteht vor allem bei hohen Einbrenntemperaturen. Ist die Farbe zu dick, wird das Verbrennen des Bindemittels beeinträchtigt, was zu Rissen und Abblättern führt.

Man kann mehrere Lagen übereinander drucken, wobei jede vor dem erneuten Druck trocknen muss, ehe sie eingebrannt wird. Möglichst nie mehr als zwei oder drei Farben gleichzeitig auftragen! Manche Künstler brennen jeweils nur eine Lage ein. Bei einer Arbeit, die aus mehreren Platten besteht, ist daran zu denken, dass sich die Farben bei jedem Einbrennen leicht verändern. Selbst wenn die Platte also keine Farbe enthält, über die später eine andere aufgetragen wird, sollte sie dennoch zusammen mit der zweiten eingebrannt werden, damit die Farben insgesamt nachher stimmen.

Technik Einbrennen

Es gibt zwei Typen industrieller Emaillieröfen: die kastenförmigen, in denen die Platten flach liegen, und die Durchlauföfen, in denen das Einbrennen hängend erfolgt. Erstere verursachen leichte Temperaturunterschiede an der Vorder-, Mittel- und Hinterseite der Platte, während die Hitzeverteilung bei den Durchlauföfen gleichmäßiger ist. Die Resultate beider Ofenarten sind aber gleichermaßen befriedigend.

Für kleinere Arbeiten gibt es elektrische Brennöfen mit unterschiedlich großen Brennkammern.

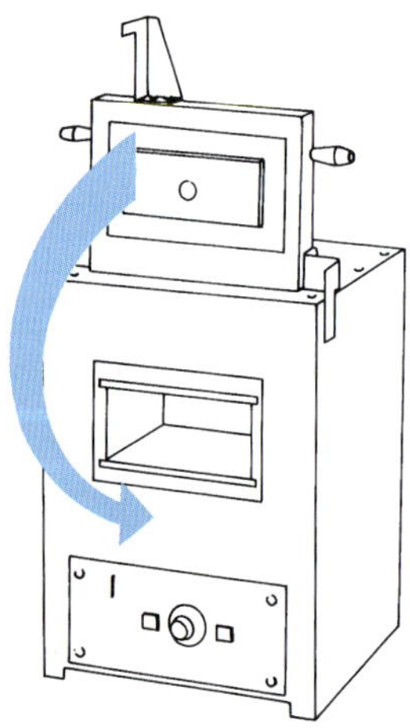

Einbrennofen für kleinere Arbeiten Der kleine Elektroofen links eignet sich für Metall- und Schmuckemaillierung. Mit solchen Öfen kann man Temperaturen bis zu 1000 °C erreichen; sie haben eine elektronische Temperatursteuerung.

Elizabeth Turrell

Auskratzen linearer Details
Bei dieser Arbeit wurden Emailelemente auf perforiertem, voremailliertem Industriestahl mit zusätzlichen Teilen aus Email, Goldfolie und Graphit kombiniert. Diese Arbeit zeigt den großen Reichtum an Oberflächeneffekten, die in dieser Technik möglich sind.

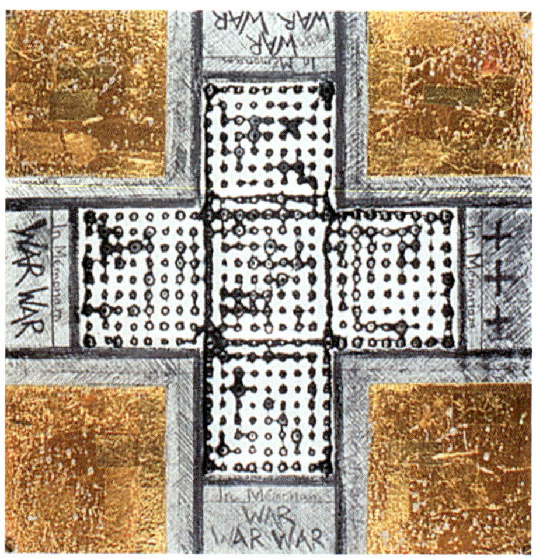

***W is for War** (1999),* ELIZABETH TURRELL

Technik Sgraffito

Die bereits vorgestellte Sgraffito-Technik ist für ein Emailbild besonders gut geeignet, wie man hier an der Arbeit von Kindern sieht.

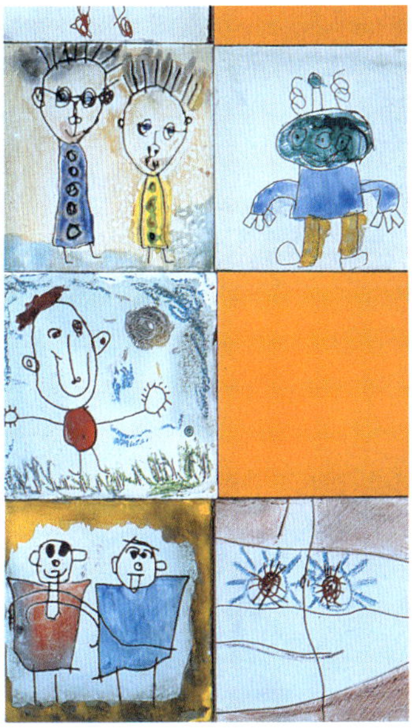

Sgraffito-Technik (Kinderzeichnungen)
Diese Emailfliesen wurden von Kindern durch Einkratzen des Motivs in den weißen Grund geschaffen.

Technik Schablonieren

Dieses Detail einer Emailwand für ein Kinderkrankenhaus wurde mit Hilfe von Schnittschablonen bemalt. Die Motive basieren auf Kinderzeichnungen. Die Arbeit hat eine frische, zeichenhafte Qualität und ist dennoch voller Leben.

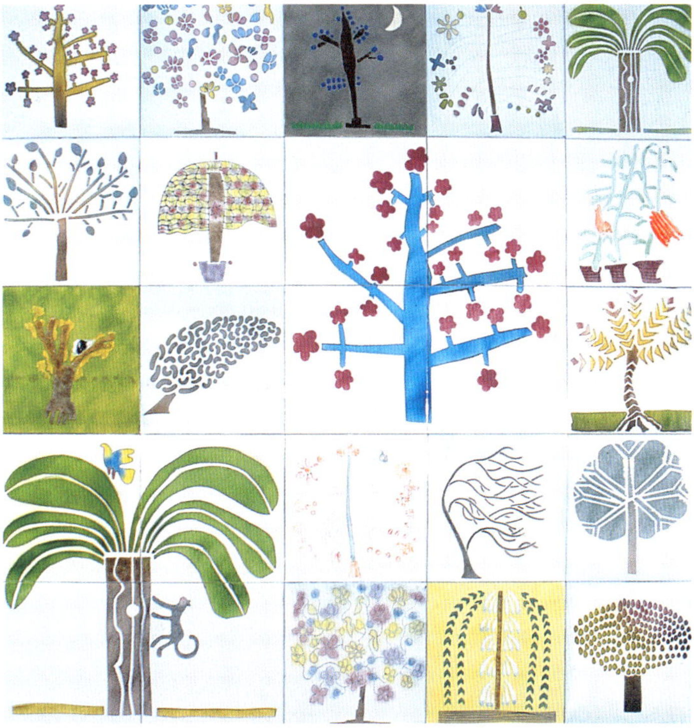

Schablonierte Baumformen Mit Schablonen lassen sich klare, deutliche Formen schaffen.

Technik
Schablonieren und Collage

Die von einer Papiercollage inspirierten halbabstrakten Formen in diesem Emailbild entstanden aus Kupferblech und Kupferdraht-Cloisonné. Die sich farbig abhebenden Formen haben eine ausgeprägt taktile Qualität mit intensiven Farben und großer Tonwertbreite.

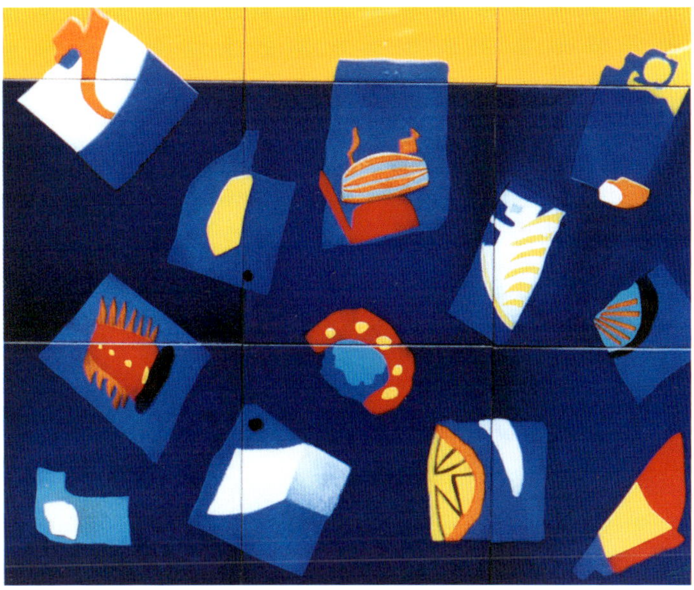

Emailtafel aus verschiedenen Materialien
Das Detail zeigt die Farbtiefe, die man mit Email erreichen kann. Die Motive wurden durch mehrmaliges Schablonieren aufgebaut.

Farbiges Glas

Man kann Glas mit Bildern schmücken, indem man es bemalt, mit Pigmenten färbt oder Ätztechniken anwendet. Glas wird hergestellt durch Erhitzen einer Mischung aus Glasbildnern (z. B. Quarzsand oder Bergkristall), Fließmitteln (wie Soda) zum Unterstützen des Verschmelzens und einem Stabilisator. Die geschmolzene Glasmischung wird geformt.

Glasmalerei

Bei der Glasmalerei werden die Bildkonturen im Allgemeinen durch Bleistege festgelegt. Diese umschließen einzelne Glasscherben, die bemalt werden, um die Bildelemente zu formen. Traditionell werden die Grundzüge mit deckenden schwarzen Linien bestimmt und die Halbtonwerte sowie Schatten durch »Mattieren« (siehe rechts). Im Ofen wird die aufgetragene Farbe mit dem Glas verschmolzen.

Material Das Glas

Das beste Glas zur Glasmalerei wird von Hand hergestellt. Man nimmt dazu einen Klumpen geschmolzenen Glases, der zu einem langen, zeppelinförmigen Ballon geblasen wird. Geschmolzenes Glas wird durch Zusatz von Metalloxiden gefärbt. Die Enden des Zylinders werden abgeschnitten, und das verbleibende Glasrohr wird der Länge nach aufgeschnitten. Nach Abkühlen auf eine bestimmte Temperatur wird das Glas zu einer Platte abgeflacht.

Glasfarben

Die Pulverfarben für Glasmalerei sind im Allgemeinen eine Mischung aus Glaspulver und Eisenoxid mit einem Fließmittel. Moderne »Kathedralfarben«, die es in Schwarz- und Brauntönen gibt, sind fein zermahlen und brauchen im Allgemeinen nur mit einem Spachtel sowie destilliertem Wasser einige Minuten lang auf einer Platte verrührt zu werden, bis sie gebrauchsfertig sind.

Transparente Emailfarben

Sie werden ebenso aufgetragen wie die Glasfarben, doch bei niedrigerer Temperatur (ca. 550 °C) gebrannt. Emailfarben sehen meist eher so aus, als seien sie auf die Glasoberfläche gemalt, und wirken nicht wie ein integraler Bestandteil des Glases. Werden sie bei höheren Temperaturen gebrannt, so entsteht ein »Verschmelzungseffekt«; die Farben werden um einiges heller und können sich selbst verfärben. Wenn man sie mit Gummiarabikum und Wasser vermischt, können sie auch im Siebdruckverfahren auf die Glasfläche aufgetragen werden. In jüngster Zeit wurden transparente Emailfarben mit intensiven Farben entwickelt.

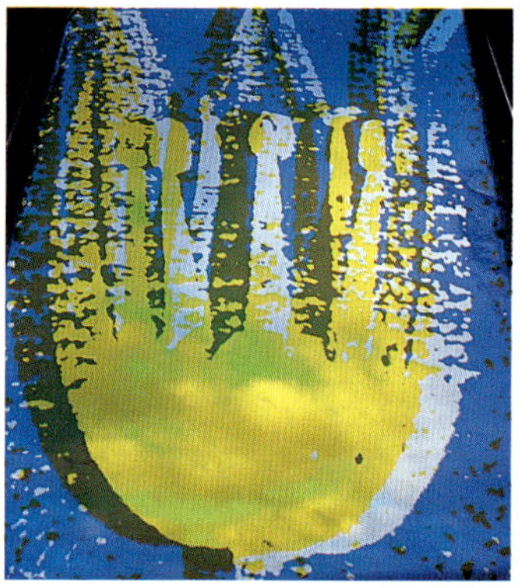

Im Siebdruck bedrucktes Glas Das Beispiel zeigt ein im Siebdruck mit blauen und gelben Farben bedrucktes klares Glas.

Material Bindemittel

Das Bindemittel zur Glasmalerei verbrennt in der Hitze des Ofens vollständig. Es dient lediglich zum Zusammenhalten der Farbe und um sie vorübergehend auf dem Glas haften zu lassen. Sie kann die Löslichkeit hemmen.

Gummiarabikum

Das beliebteste Bindemittel zur Glasmalerei ist Gummiarabikum. Es kann als Pulver oder in gelöster Form mit Hilfe eines Spachtels mit dem Pigmentpulver sowie destilliertem Wasser vermischt werden. Pigmentpulver ergibt, in Öl angerieben, eine zähflüssigere Mischung, z. B. für kompliziertere Arbeitsgänge, bei denen die wässrige Mischung zu rasch auftrocknet.

Essigsäure

Essigsäure in 40%iger Lösung wird ebenfalls zur Farbmischung hinzugefügt. Alternativ kann auch Essig verwendet werden. Beide härten die Farbschicht, sodass weitere Farben vor dem Brennen aufgetragen werden können, ohne die untere Farbschicht zu beeinflussen.

Technik Glasmaltechniken

Zunächst wird ein Grundentwurf des Bildes gemacht, wobei alle Formen maßstabgerecht gezeichnet werden, ehe man zu malen, färben, emaillieren oder ätzen beginnt. Schnittlinien zeigen jede Glasscherbe innerhalb des Gesamtentwurfs auf; zwischen ihnen ist eine Lücke vorgesehen, die ebenso dick ist wie der Bleisteg, der die Teile später miteinander verbindet. Jede Glasscherbe wird genau innerhalb der Linien des Musters geschnitten. Würde man daneben schneiden, könnte sich die ganze Form ändern, was katastrophale Folgen hätte, falls man sich z. B. nach den Maßen eines bestimmten Fensterrahmens richten muss. Wenn das Glas präzise zugeschnitten ist, wird die Verbleiung ebenfalls genau stimmen. Zum Auftrag der Farben legt man das Glas auf einen Lichtkasten.

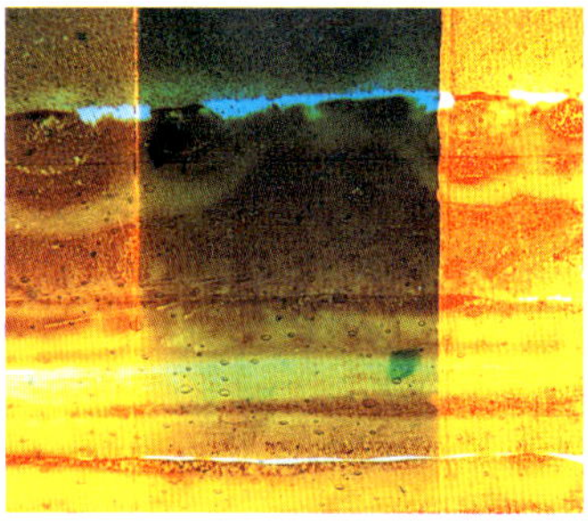

Glasmalerei Gestreiftes Gelb und Orange aus gebranntem Silbernitrat.

Malen von deckenden Linien

Der beste Pinsel zum Malen einfacher klarer Linien ist ein runder Langhaarpinsel (siehe S. 120). Die Farbe sollte recht flüssig, aber reich an Pigment sein, ähnlich flüssiger Plakatfarbe. Der Pinsel wird gut gefüllt, und die Farbe wird satt aufgetragen. Streicht man zu schnell, wird die Farbe zu hell und kann beim Brennen ihre Deckkraft verlieren. Mischt man Glasfarbe mit einem trocknenden Öl, das mit Terpentinersatz verdünnt wurde, erhält man eine satte, dunkle Farbe für Linien. Nach dem Trocknen kann man mit einem wasserlöslichen Medium mattieren (siehe unten), ohne die Linie zu beeinträchtigen.

Mattieren

Das Verfahren zum Erzielen von Halbtönen oder Farbabstufungen bezeichnet man als Mattieren, wobei eine schwächere Farbtönung aufgetragen wird. Wenn das Glas sowohl Linien als auch Tönungen zeigen soll, werden die Linien im Allgemeinen zuerst gemalt, wobei Essigsäure zum Härten verwendet werden kann. Danach wird die mattierte Farbschicht aufgetragen. Dazu kann man praktisch jeden beliebigen Pinsel verwenden, da die Farbe recht flüssig ist.

Egal wie sorgsam die Farben aufgetragen werden – sie werden immer ungleichmäßig aussehen, weil das Glas keine Poren oder Textur hat, um die Pigmentpartikel festzuhalten. Ist eine abgestufte Tönung erwünscht, können die dunkler getönten Flächen mehr Pigment bekommen. Zu gleichmäßiger Tönung muss die Farbe nach dem Auftrag in gleicher Weise angepasst werden, wie Ölfarben mit trockenem Pinsel vermischt oder angeglichen werden. Der nächste Schritt ist also das Verwischen der Mattierung, wobei man einen trockenen Dachshaarpinsel in leichten Wischbewegungen über das Glas streicht. Der Pinsel berührt die Oberfläche kaum, sorgt aber für schöne glatte Abstufungen bzw. Tönungen.

Tüpfeln

Im warmen Atelier verdunstet das Wasser in der Farbe rasch, sodass der Malfilm austrocknet. Wenn die Farbe noch nicht gleichmäßig ausgetrocknet oder wenn ein anderer Tönungseffekt erwünscht ist, kann man mit dem Dachshaarpinsel leicht tupfende Striche in vertikaler Richtung machen.

Sgraffito

Die zuvor beschriebene Mattierungstechnik kann bei etwas dickerer Farbmischung auch zum Erzielen einer gleichmäßig deckenden Farbschicht auf der Glasfläche dienen, in die man Bilder schaben oder kratzen kann. Jedes Werkzeug ist dafür brauchbar, einschließlich Nadel, Nagel, Schraubenzieher, Stielkamm, Pinsel, Stahlwolle und Fingernagel. Mit den Fingerspitzen kann man die aufgetragene Farbe auch behutsam abwischen. Solange die Farbschicht noch nass ist, können verschieden texturierte Materialien hineingedrückt werden, sodass die Druckspuren im Glas sichtbar werden.

Spritzen auf Glas

Die Pigmente zur Glasmalerei sind fein genug zerkleinert, um sie mit den üblichen Geräten aufzuspritzen. Man kann die Airbrush verwenden, obwohl man mit einer Spritzpistole mit stehendem Farbbehälter gleichmäßigere Effekte erzielt; mit ihr kann man sowohl gleichmäßige als auch abgestufte Mattierungen in fast allen Tonwerten erzielen.

Glasfärben

Das einzige echte Glasfärbemittel ist Silbernitrat. Es durchdringt das Glas in einer Weise, wie Glasfarben es nicht können. Es ist gelb und färbt, wenn es auf über 620 °C erhitzt wird. Je höher die Brenntemperatur ist, desto mehr wird es orange und rot. Man erhält es in Pulverform, es wird mit Wasser gemischt.

Sandstrahlen

Sandstrahlen ist eine schnelle und relativ zuverlässige Methode, Flächen mithilfe eines speziellen Gerätes bleibend matt oder milchig zu machen.

Ein Typ von Sandstrahlgeräten ähnelt dem Staubsauger; es hat eine Innendüse, die den Sand herausbläst, und eine Außendüse, die ihn wieder einsaugt. Diese Düse ist von einem bürstenartigen Schutz umgeben. Man drückt ihn gegen die zu bearbeitende Glasfläche oder gleitet damit in horizontalen Bewegungen über größere Flächen. Für Glas verwendet man meist ein feines Schmirgelmittel, wie z. B. Korund. Zum Abdecken von Flächen liefert der Fachhandel entsprechende Klebebänder.

Technik Brennen des Glases

Die zu brennenden Glasscherben werden auf Metallteller gelegt, die eine 1 cm dicke gleichmäßige Schicht trockenes Gipspulver enthalten. Dadurch kann sich das Glas im Brennofen risikolos dehnen. Die Teller werden im Brennraum auf wenigstens 620 °C vorgewärmt. Falls gleichzeitig mehrere Teller zum Brennen von Glas verwendet werden, sollten sie so schnell, aber zugleich auch so behutsam wie möglich in den Ofen geschoben werden. Wenn der Brennofen die gewünschte Temperatur erreicht hat, dauert das Brennen selbst nur wenige Minuten. Falls die Temperatur 700 °C übersteigt, kann das Glas an den Rändern zu schmelzen beginnen, und die Deckkraft der Farben könnte ausbrennen, doch wird die Farbe allmählich so auszusehen beginnen, als sei sie Bestandteil des Glases. Nach dem Brennen kommen die Teller so schnell wie möglich in den Abkühlraum. Das Glas darf nur sehr langsam abgekühlt werden, möglichst über Nacht. Würde es zu rasch abkühlen, könnte ein »Kälteschock« Risse verursachen. Diese Methode eignet sich für kleine Glasscherben. Für größere Glasarbeiten gibt es Schnellfeueröfen, in denen man das ganze Glasstück auf einmal brennen kann. Diese Öfen eignen sich zum Brennen von bemaltem wie auch aufgeschmolzenem Glas (siehe S. 309).

Ätzen von Glas

Außer durch Bemalen von Glas kann man Bilder auch durch Ätzen der Glasfläche mit Säure herstellen. Es handelt sich dabei um klares oder um gefärbtes Glas, das auf einer oder beiden Seiten mit einer anderen Farbe beschichtet ist. Hergestellt wird es durch Eintauchen eines Klumpens von geschmolzenem Glas in einen Tiegel, der geschmolzenes Glas einer anderen Farbe enthält. Das Glas wird in einer Lösung von Flusssäure geätzt, um die gefärbte obere Lage ganz oder teilweise zu entfernen.

Material Die Säure

Zum Ätzen von Glas verwendet man im Allgemeinen eine Lösung von zwischen 33 % und 47 % Flusssäure in destilliertem Wasser (die Säure wird dem Wasser zugefügt, nicht umgekehrt). Bei überzogenem Glas zeigt die Bildung eines farbigen Schaums auf der Oberfläche an, dass die Säure angreift. Das Glas kann zwischenzeitlich immer wieder aus der Säure herausgenommen und geprüft werden. Nach Beendigung des Ätzens wird es gründlich abgewaschen. Für Float-Glas ist eine Mischung von einem Teil Säure auf drei Teile Wasser geeignet. Eine stärkere Ätzmischung ist nötig, wenn einige Farben, zum Beispiel Grün und Türkis, härter sind. Die richtige Ätzmischung hängt auch davon ab, wo das Glas hergestellt wurde. Französisches Glas hat einen relativ dünnen Überzug, und eine 1:3-Mischung reicht vollkommen aus. Das deutsche Glas ist härter und dicker, und man braucht eventuell eine 1:1-Mischung. Wenn die Ätzmischung warm ist, ätzt sie besser.

Material Abdeckmittel

Um ein geätztes Bild zu definieren, müssen Teile des Glases mit einem säureresistenten Abdeckmittel überzogen werden. Dies ist ein Lack oder eine Paste, die von der Säure nicht angegriffen wird, sodass das Glas darunter im alten Zustand bleibt. Mithilfe solcher Mittel kann man unterschiedliche Effekte erzielen.

Schablonen

Platten von selbstklebendem Kunststoff (dicke Sorte) können zur Herstellung von Schablonen für überzogenes Glas verwendet werden. Der Kunststoff kann auf das Glas geklebt werden, das dann auf ein mit schwarzer Tusche auf weißes Papier gezeichnetes Muster gelegt wird. Durch das Glas hindurch kann man es leicht erkennen, den Kunststoff mit dem Skalpell zuschneiden und überflüssige Teile abziehen. Selbstklebender Kunststoff auf entfettetem Glas verhindert das Eindringen von Säure. Man erhält aber nur scharfe Ränder.

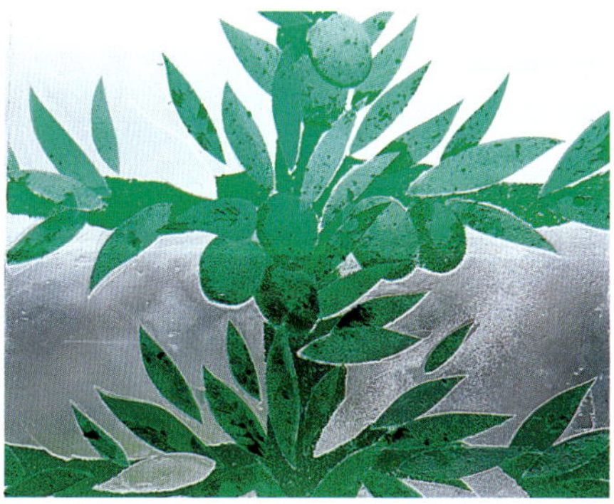

Tonwerte in geätztem Glas
Dieses Beispiel von geätztem Float-Glas zeigt die Vielfalt der Tonwerte, die stufenweise in das Glas geätzt wurden.

Abdeckfirnis

Im Fachhandel erhältliche Abdeckfirnisse können auf entfettetes Glas aufgetragen werden, um mehr Tönungseffekte zu erzielen, als sie mit Kunststoffschablonen möglich sind.

Ein einzelner Strich mit einem steifen Borstenpinsel kann ein Streifenmuster im Glas entstehen lassen, da nur die Teile geätzt werden, die durch den harten Pinsel firnisfrei blieben. Auch kann man den Firnis auftupfen, um einen Tüpfeleffekt zu erzielen.

Eine Abdeckmischung aus je einem Drittel Bienenwachs, Talg und Paraffinwachs eignet sich gut zu vielen Techniken, darunter feinen Linienzeichnungen, Texturen und Tüpfeln. Auch Abdeckflüssigkeiten aus Latexpaste können verwendet werden, sind aber im Allgemeinen nicht so zuverlässig, vor allem wenn das Ätzen längere Zeit in Anspruch nimmt.

Siebdruckätzen

Ein weiteres Verfahren besteht darin, eine gerasterte Siebdruckschablone aufzulegen und das Abdeckmittel durch die Löcher auf das Glas aufzutragen (siehe S. 260).

Technik Ätztechniken

Die Standardmethode des Ätzens besteht darin, bestimmte Stellen des farbigen Glases durch ein Abdeckmittel zu schützen. Zu den Varianten dieser Technik gehört die Verwendung von Flusssäure auf weißem Glas zum Erzielen eines subtilen Effekts. Wird in den geätzten Flächen ein Milchglaseffekt gewünscht, kann man Ammoniak verwenden. Direkter geschieht dies aber durch Sandstrahlen (siehe S. 305).

Eine lavierungsähnliche Abstufung der Tonwerte von einem Teil des Glases zum anderen kann man erhalten, wenn man das Säurebad schräg anwendet, sodass am einen Ende mehr Säure ist; die Glasplatte wird mit Zangen in der Säure gehalten und leicht geschaukelt, sodass die Säure sie nur zeitweilig benetzt. Das sollte aber unter einer verglasten Absaugkappe geschehen, sodass nur der behandschuhte Arm dem Säuredunst ausgesetzt ist.

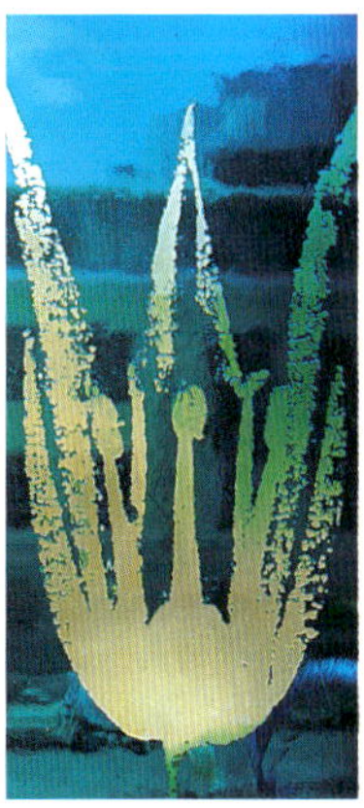

1 Das Glasbild wurde mit Türkis auf reinem Float-Glas geschaffen. Das Motiv wurde vor dem Hintergrund abgedeckt, sodass das Türkis in der Ätzmischung verfließen konnte, die Blumenform aber nicht angreift. Diese Form wurde dann mit Silbernitrat bemalt und zu der gelben Farbe gebrannt.

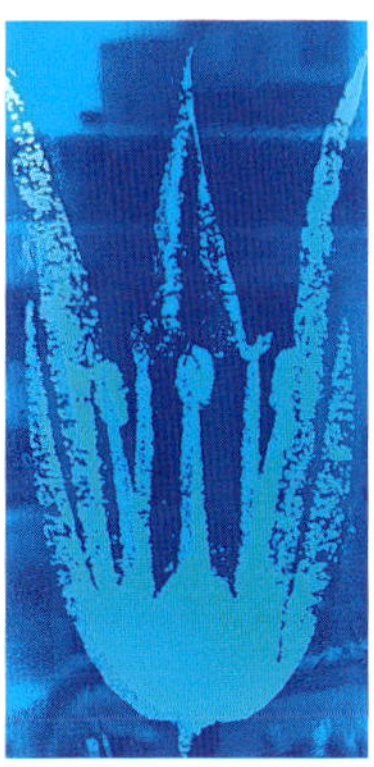

2 Der gleiche Prozess wurde auf einem Float-Glas in Blau auf Türkis angewandt. Wenn sich das Blau auflöst, bleibt die türkisfarbene Blume zurück. Es gibt keine gelbe Färbung.

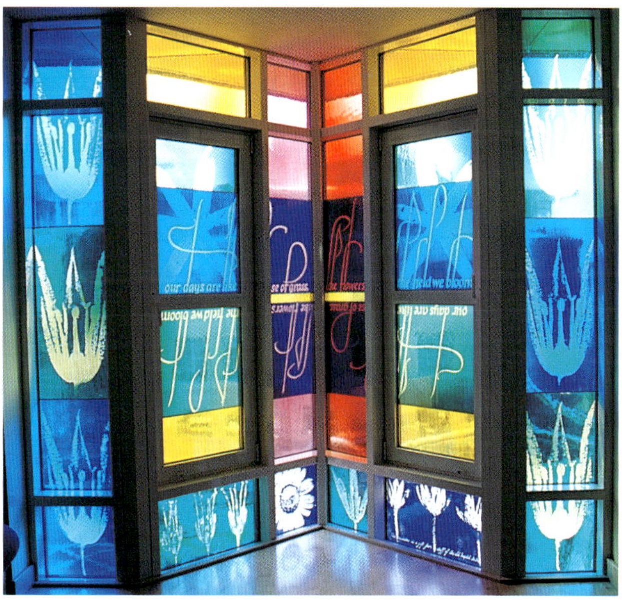

Geätztes Float-Glas (von Catrin Jones) Diese Arbeit wurde für einen überkonfessionellen Andachtsraum in einem Kinderkrankenhaus geschaffen. Die großen Formen der Blumen und die linearen Züge der Buchstaben wirken sehr ausgewogen. Zwei Blauwerte dominieren, einer auf der blauen, der andere auf der roten Seite. Gelbe Scheiben sind dem Blau auf dieser Seite des Spektrums gegenübergestellt und rotes Glas dem dunkleren Rot/Blau. Aus dieser Balance heraus entstand eine intensive Farbigkeit, die die Poesie der Arbeit jedoch nicht stört.

Technik

Verbleien

Die gebrannten Glasscherben werden mit Bleistegen zusammengefügt. Man nennt das »verbleien«.

Das gezeichnete Muster wird mit Klebeband auf eine hölzerne Werkbank geklebt, an einer Ecke des Entwurfs wird ein hölzerner rechter Winkel aufgenagelt. Das Blei wird mit einem Bleimesser in Streifen passender Länge geschnitten und den Rändern der Glasscherben angepasst. Das Eckstück des Entwurfs wird kräftig in den rechten Winkel auf der Werkbank gedrückt. Die übrigen Glasscherben werden verbleit, und das ganze Glasbild wird von dieser einen Ecke aus aufgebaut.

Löten und Kitten

Nach dem Verbleien muss das Glas durch Zusammenlöten der einzelnen Bleistreifen und durch Kitten gesichert werden. Das Blei wird mit Stahlbürste oder Stahlwolle gereinigt, ehe das Verlöten mithilfe eines Gasbrenners oder eines regulierbaren elektrischen Lötkolbens erfolgt. Ein Talg-Fließmittel wird im Allgemeinen zusammen mit einem Schweißzusatz verwendet – normale Lötpaste eignet sich nicht.

Wenn die eine Seite verlötet ist, wird das Ganze gewendet und die andere Seite verarbeitet. Danach kann gekittet werden. Der Kitt wird aus Schlämmkreide, etwas Gips und Leinöl gemischt. Wenn er weicher sein soll, kann ein wenig Terpentinersatz beigemischt werden.

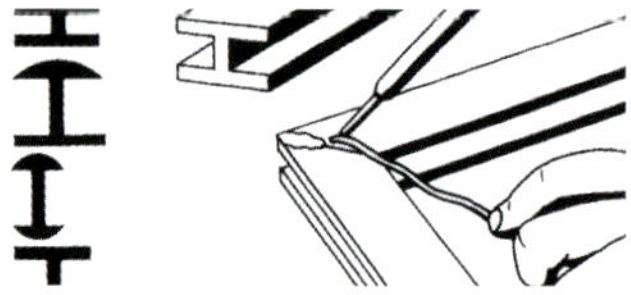

Verbleien und Löten Die Bleistege sind im Querschnitt H-förmig. Es gibt verschiedene Abmessungen für unterschiedliche Glasstärken (links). Die Verbindungsstellen zwischen den Bleistegen werden zusammengelötet (rechts).

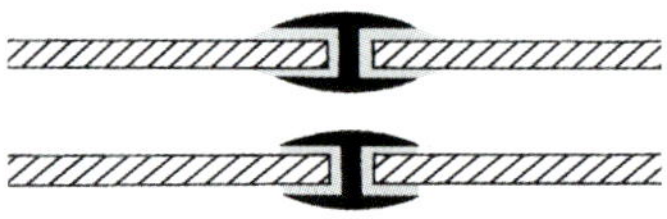

Sichern des verbleiten Glases Die Kittmischung wird mit einer Bürste in die Fugen der Bleistege gedrückt, sodass das Ganze zu einer festen Einheit wird. Der überschüssige Kitt wird abgewischt, nach dem Trocknen abgekratzt und gereinigt.

Technik Kombinierte Techniken

Dieses moderne Buntglasmuster illustriert einige der vorbeschriebenen Techniken. Die klaren Formen und Tonwertkontraste des Entwurfs sorgen für ein harmonisches Zusammenspiel.

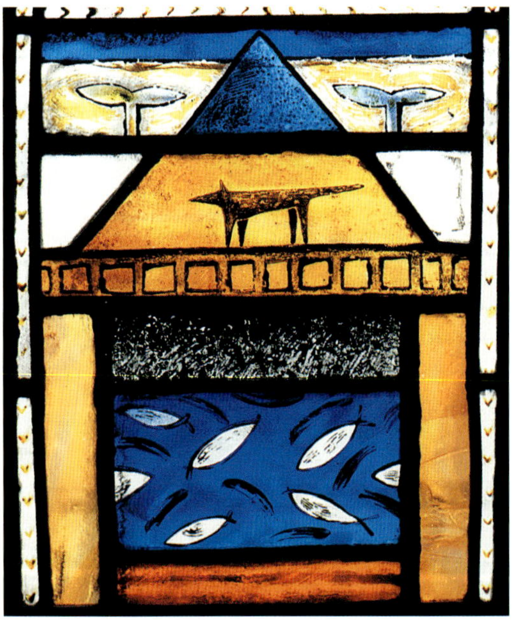

Entwurf aus farbigem Glas Die oberen Muster wurden auf geätztes, blau überzogenes Glas gemalt. Die gelbe Schattierung ist mit Silbernitrat durchfärbt. Das Wasser wurde maskiert und dann geätzt, sodass die Fische stehen blieben. Auf dem Blau wurde Glasfarbe verteilt und verrieben.

Technik Andere Möglichkeiten der Verbindung von Glas

Es gibt heute außer dem Verbleien auch andere Möglichkeiten, Glas zu verbinden. Man kann zum Beispiel verschiedene Stücke farbigen Glases auf eine große gehärtete Glasscheibe kleben. Die Größe jedes Abschnitts ist allerdings durch das Gewicht des Glases begrenzt. Man sollte sich hier bei Glasherstellern oder anderen Fachleuten Rat holen.

Zum Kleben verwendet man Silikonharz, das eine gewisse Flexibilität zwischen den Glasschichten gewährleistet.

Das horizontal gelagerte Float-Glas, auf das die farbigen Scherben geklebt werden sollen, erhält ringsum einen Steg aus Glasstreifen und Plastilin, der das Abtropfen des Harzes verhindern soll.

Die farbigen Glasscherben werden inzwischen auf der Oberseite mit einer Gummilösung wie Copydex bestrichen und trocknen gelassen. Das Harz wird in eine Ecke der Trägerschicht gegossen und die erste Scherbe auf den Kleber gelegt. Wenn die Scherbe auf den Kleber gelegt wird, entstehen an den Rändern Luftblasen. Dann wird das nächste Stück aufgelegt. An den Kontaktstellen der einzelnen Scherben wird das Harz hoch gedrückt. Deshalb müssen die einzelnen Scherben mit der Gummilösung geschützt werden. Nach dem Trocknen des Klebers kann die Gummilösung abgerieben werden, und die Glasoberfläche ist wieder sauber. Man muss bei diesem Klebeverfahren sehr sauber arbeiten. Daher überlassen viele Künstler diese Arbeit lieber Spezialwerkstätten. Wenn man bei kleineren Formaten sehr kleine Scherben auf eine größere Glasfläche kleben möchte, verwendet man am besten farbloses Silikon, das man sonst zum Abdichten von Fugen verwendet. Dieses Material ist zu dick, um Blasen zu werfen.

Will man große Glasflächen aufeinander kleben, verwendet man einen dünnen Flüssigkleber, der unter UV-Licht aushärtet und fast unsichtbar wird. Für antikes Glas ist er jedoch nicht geeignet.

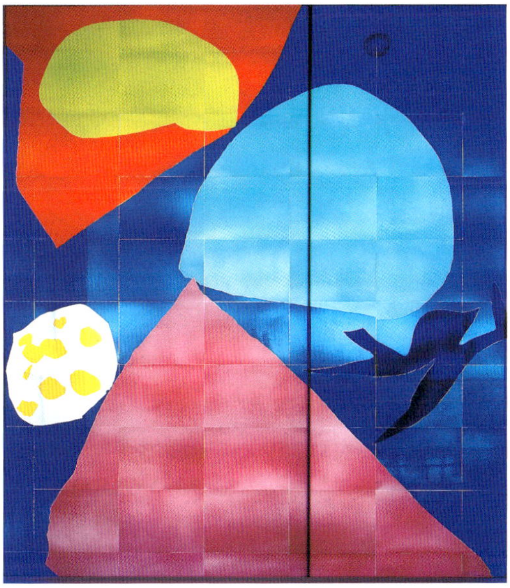

Patrick Heron

Große Glasarbeit

Betritt man die Tate Gallery in St. Ives, stößt man auf die kühnen, einfachen Formen und intensiven Farben der dort installierten Glasarbeit von Patrick Heron. Die Arbeit spielt mit den Farbkontrasten, aber auch mit der orange-roten Form, die von oben links ins Bild schwebt, sowie der blau-roten Dreiecksform, die vom Boden her aufsteigt. Zwischen diesen Formen entfaltet sich der dunkelrot-blaue Hintergrund mit der kontrastierenden Form in Gelb und Blau.

Fenster der Tate Gallery St. Ives
(1992–1993), PATRICK HERON

Technik Glasmalerei in Doppelfenster-Einheiten

Es ist heute fast schon üblich, dass Künstler für Aufträge in Neubauten ihre Glasarbeiten in Doppelglasfenstern liefern. Die Energiesparvorschriften fordern auch für die Kunst am Bau entsprechende Maßnahmen.

Es ist relativ einfach, ein »Sandwich« aus zwei Scheiben klaren Glases mit einer Glasmalerei in der Mitte herzustellen. Die Größe jeder Einheit entspricht der Scheibengröße der Fenster im Gebäude.

Für jede Scheibe wird ein Alu-Innenverglasungsrahmen im Abstand von 7 mm zum Glasrand gefertigt. Dieser wird mit dem Glas durch Doppelklebeband verbunden. Die Glasmalerei wird in den Rahmen gelegt, die obere Glasscheibe kommt darüber und wird mit Doppelklebeband befestigt. Die Lücke von 7 mm zwischen der Innenverglasung und dem Rand der Glasscheibe wird mit Füllstoff versiegelt. Nun ist die Glasmalerei sicher in der Doppelfenstereinheit befestigt und kann dem Glaser zum Einsetzen in die Fensterrahmen übergeben werden.

Technik Schmelzglas

Man kann vielfältige Textureffekte auf einer Scheibe klaren Float-Glases hervorrufen, wenn man eine glatte 2–3 mm dicke Schicht Gips auf den Boden des Brennofens aufträgt, darin eine Textur erzeugt und darüber eine Glasscheibe von 10 mm Stärke legt.

Der Brennofen wird auf 800 °C angeheizt und ganz langsam abgekühlt. Das Glas nimmt die Form der Textur an.

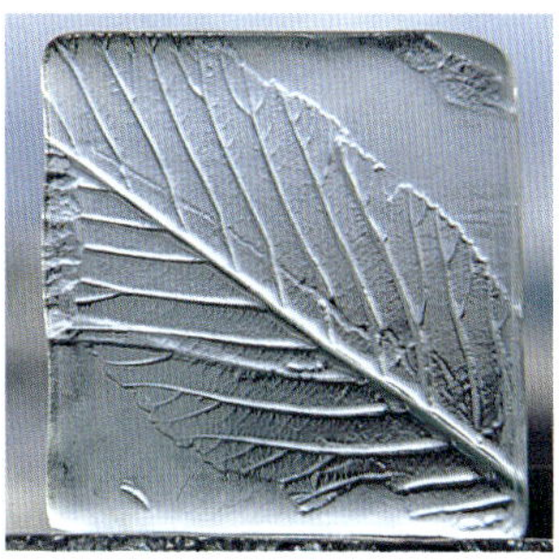

Textureffekte Bei diesem Beispiel wurde eine in Gips modellierte Blattform in der Klarglasscheibe abgeformt.

Laser und Waterjet

Die fortschreitende technologische Entwicklung gibt auch dem Künstler völlig neue Möglichkeiten an die Hand. Früher musste man komplizierte Formen mit der Hand aus dem jeweiligen Material schneiden. Dies war sehr zeitaufwendig und anstrengend. Heute lässt sich ein Profil digital per DXF- oder DWG- Format erstellen und dann mit Laser oder unter Verwendung der Waterjet-Technologie zuschneiden.

Technik

Mit einem Laser schneiden

Eine Laserschneidanlage wird kaum ein Künstler im Atelier stehen haben. Mit einem solchen Industrielaser lassen sich feinste Ornamente oder Profile in größerem Maßstab schneiden. Der Laserstrahl besteht aus einem hochgebündelten Licht unter Zugabe von Stickstoff oder Sauerstoff sowie Helium zum Kühlen der Anlage. Das Licht wird mithilfe von Spiegeln und Linsen so stark bebündelt, dass es beim Austritt aus der Schneidedüse so heiß wie die Sonne ist und mühelos durch Stahl schneidet. Mit einem anderen Gas wird das geschmolzene Material vom Schnitt weggeblasen. Man schneidet auf einem Flachbett unter einer Schutzvorrichtung. Die ganze Apparatur hat eine leistungsfähige Absaugvorrichtung. In den letzten 20 Jahren hat die Energie des Laserstrahls um ein Vielfaches zugenommen.

Stahl bis zu einer Dicke von bis zu 50 mm kann mit relativ glatter Kante, die jedoch abhängig vom verwendeten Material und seiner Dicke ist, in jeder Form zugeschnitten werden. MDF-Platten können bis zu einer Dicke von 30 mm und Acryl-Platten bis zu einer Dicke von 30 mm geschnitten werden. Bestimmte Materialien, wie Polykarbonate oder Nylon können nicht mit Laser geschnitten werden, da sie giftige Dämpfe entwickeln. Sie werden daher mit dem kalt schneidenden Waterstrahl-Verfahren (siehe unten) geschnitten.

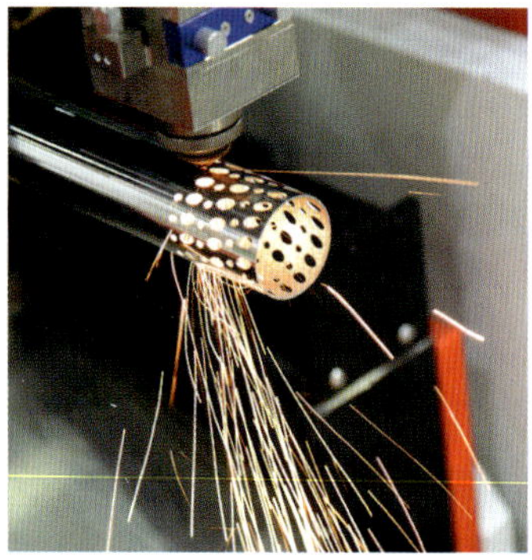

Laserschneiden Der Laserstrahl erzeugt einen sauberen, schnellen Schnitt.

Die Schnittdicke des Schneidstrahls beträgt rund 0,3 mm. Sie kann den Abmessungen einer Form, die in eine andere gesetzt werden soll, angepasst werden, sodass dann beide Formen perfekt zusammenpassen.

Technik Mit Waterjet schneiden

Das Schneiden mit einem Wasserstrahl ist meist teurer als das Schneiden mit einem Laser. Man kann damit aber harte Materialien in größerer Stärke, wie etwa Stahlplatten von bis zu 300 mm Stärke, schneiden. Man kann aber auch weiches Material wie Gummi oder Schaumstoff schneiden. Der Prozess läuft kalt ab, sodass die chemischen Eigenschaften des Materials nicht verändert werden. Daher kann man mit der Wasserstrahl-Technologie viele Dinge schneiden, die wegen der entstehenden Hitze für eine Laserbearbeitung ungeeignet sind. Die Schnittgenauigkeit ist die Gleiche wie bei einem Laser.

Beim Wasserstrahl-Schneiden wird ein Wasserstrahl auf einen Druck von 4000 bis 6000 bar gebracht. Das Wasser wird durch eine schmale Leitung zum Schneidkopf geleitet, wo es durch ein 0,8 mm kleine Öffnung in einem Saphir am Ende der Düse mit einer Geschwindigkeit von 3 Mach austritt. Weicheres Material, wie

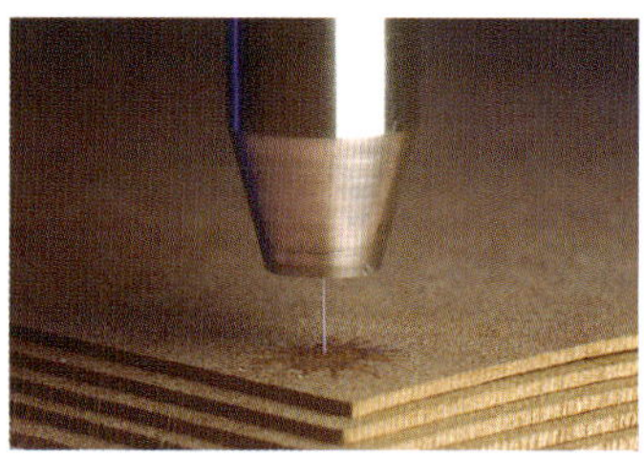

Mit Waterjet schneiden Das »Wasser-Messer« schneidet leicht durch die meisten Materialien.

Schaumstoff oder Gummi wird nur mit Wasser geschnitten, während bei Stahl oder Stein dem Wasserstrahl Granatsand zugemischt wird. Der Wasserstrahl dient nur als Medium für den eigentlich schneidenden Granatsand.

Mit der Waterstrahl-Technologie eröffnen sich neue künstlerische Möglichkeiten. Man kann damit sehr hartes Material wie einige Glassorten, Marmor und Stein zu feinen Ornamenten in ausreichender Dicke schneiden. Sie ist die beste Technologie, um Einlagen für mit Marmor verkleidete Wände zu schneiden.

Technik Serielle Elemente

Das Schneiden mit Laser oder Wasserstrahl ist besonders für serielle Bestandteile eines Kunstwerks geeignet, da sich so die Kosten erheblich senken lassen.

Vorzeichnung

Als Vorlagen für das Schneiden mit Laser oder Wasserstrahl können einfache, mit CAD entworfene Profilzeichnungen oder komplexe, freihändig gezeichnete Tuschezeichnungen dienen, die eingescannt und bestmöglich in eine DXF- oder DWG-Datei gewandelt werden, um den Herstelleraufwand möglichst gering und somit kostengünstig zu halten.

Die Firma, bei der man die Vorlagen zuschneiden lässt, wird sie dann so ökonomisch wie möglich aus dem Material schneiden. Falls man keinen Computer zur Verfügung hat, kann die ausführende Firma wahrscheinlich die Vorlage digitalisieren, was sehr aufwendig und daher teuer ist. In diesem Fall muss man eine genaue schwarze Linienzeichnung im richtigen Maßstab liefern, die das komplette Profil mit den richtigen Maßangaben zeigt. Wie bei jeder ausgeschnittenen Arbeit muss man darauf achten, dass alle Teile durch Stege verbunden sind.

Auf dieser und den folgenden Seiten werden Beispiele für die Anwendung auf der Wand, einem Fenster und als Bodendekoration gezeigt.

Profilarbeiten für Wände

Diese rasch entworfene Pinseltuschzeichnung wurde in eine Profilzeichnung umgewandelt, digitalisiert und per Laser aus poliertem, rostfreiem Stahl für eine Wandarbeit geschnitten. In diesem Fall wurden noch rostfreie Stahlstifte angeschweißt, die etwas Distanz zwischen der Wand schufen. So konnte die Profilarbeit Schatten auf die Wand werfen

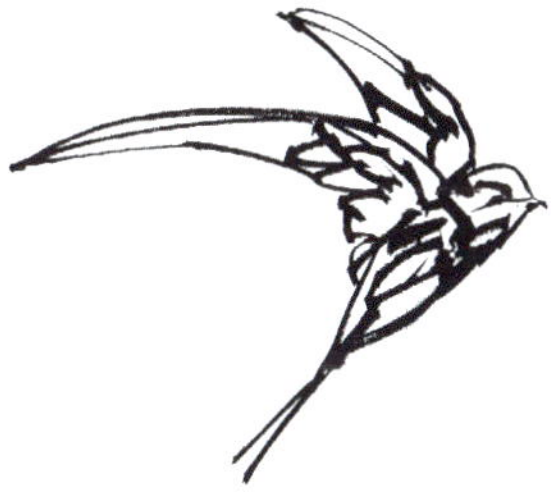

1 Eine Vorzeichnung wird auf weißem Papier in schwarzer Tusche angefertigt.

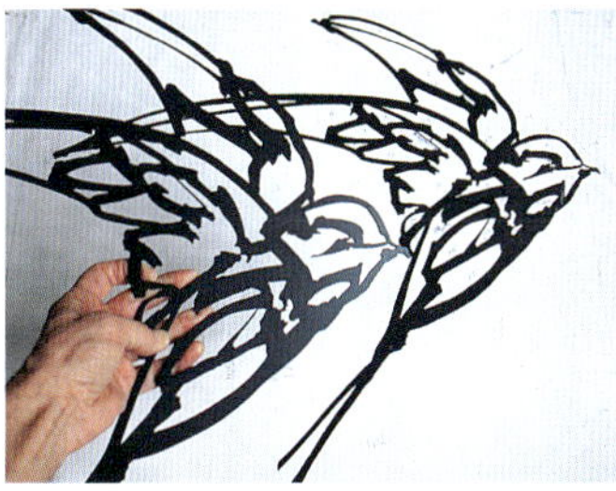

2 Dann wurde sie per Laser maßstabsgetreu in 3 mm starken ungehärteten Stahl reproduziert und mit einer schwarzen Polyesterschicht versehen.

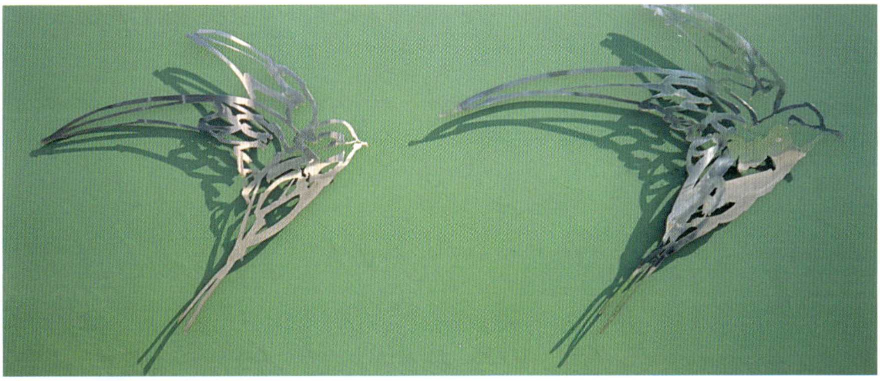

Fertige Arbeit Die Vögel wurden per Laser aus poliertem rostfreiem Stahl geschnitten.

Profilarbeiten als Fensterschutz

Sicherheitsgitter müssen nicht wie Gefängnisstäbe wirken. Das mit einem Laser ausgeschnittene Gitter hat hier die Form einer Blume. Das Gitter bleibt funktional, ist aber sicher attraktiver als einfache Gitterstäbe. Die Kraft der Originalzeichnung hat sich in der Stahlarbeit erhalten. Die intensiven Farben betonen die Flächigkeit der Stahlplatte.

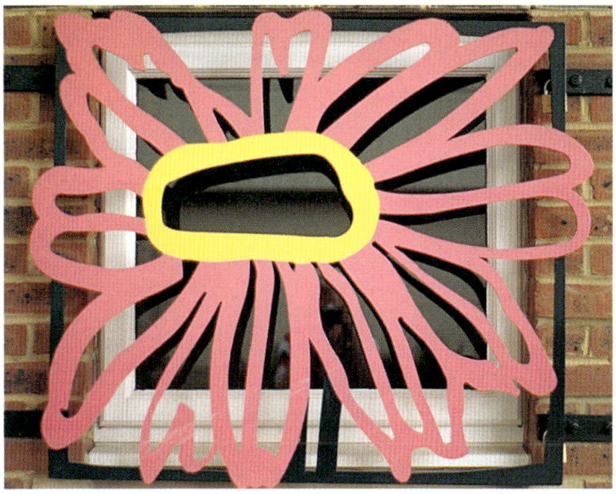

Mit dem Laser geschnittenes Metallgitter Eine zweilagige Polyurethanschicht gibt einen dauerhaften Schutz.

Profilarbeiten für Böden

Diese schnell hingeworfenen Kinderzeichnungen von Tieren und Insekten wurden für das Profilschneiden nochmals überarbeitet.

Die neu entstandenen Zeichnungen wurden dann digitalisiert und aus einer Agglomarmorplatte geschnitten. Die Profile wurden in den Boden zementiert und mit Terrazzo ausgefüllt. Zum Schluss wurde die Oberfläche geschliffen und poliert.

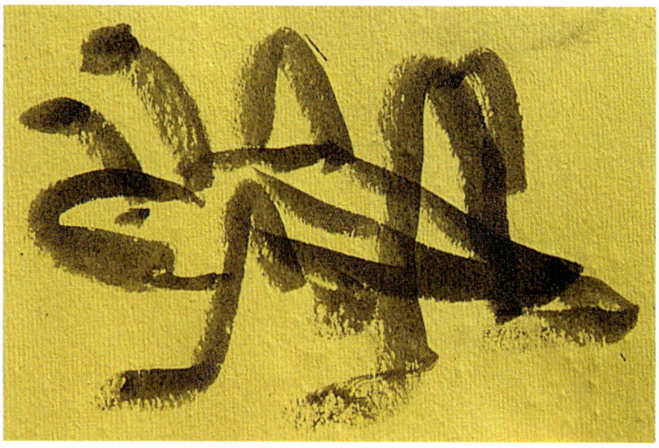

1 Die Entwürfe wurden von Kinderzeichnungen inspiriert.

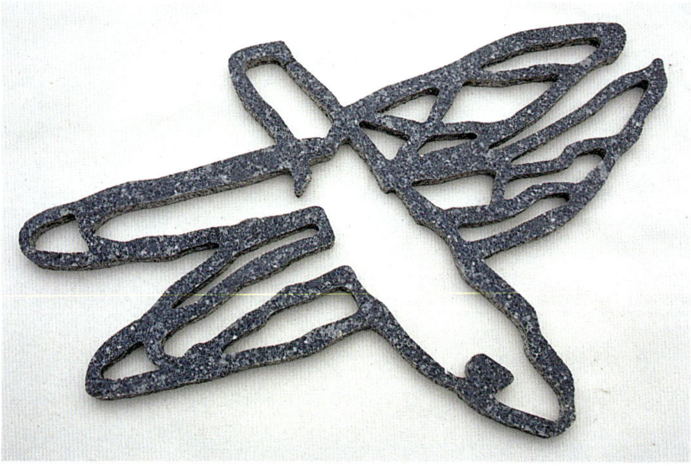

2 Die Zeichnungen wurden vereinfacht, digitalisiert und per Wasserstrahl aus Agglomarmorplatten geschnitten. Oben sieht man das Marmorprofil, bevor es in den Boden zementiert wurde (unten mit Schwanz).

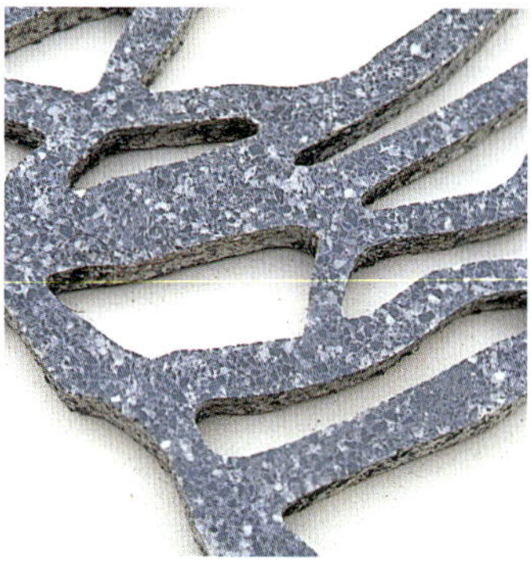

Detail der Marmorprofilfigur

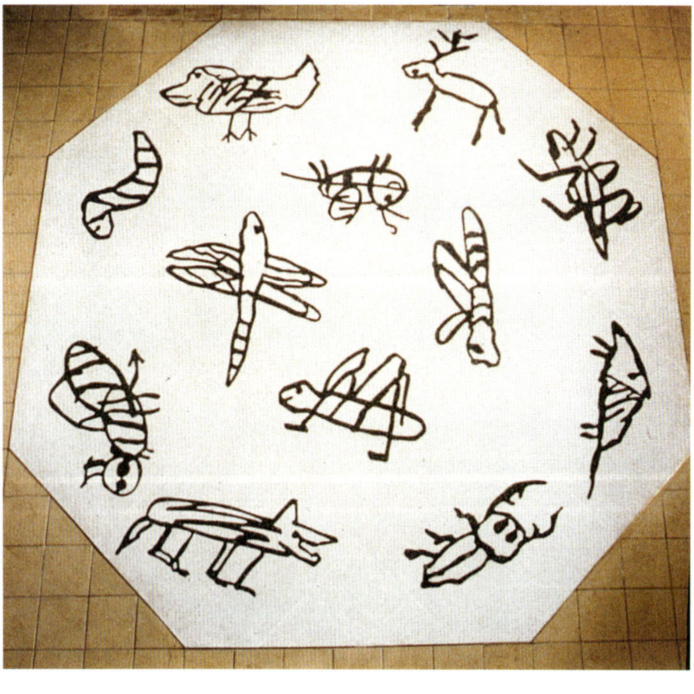

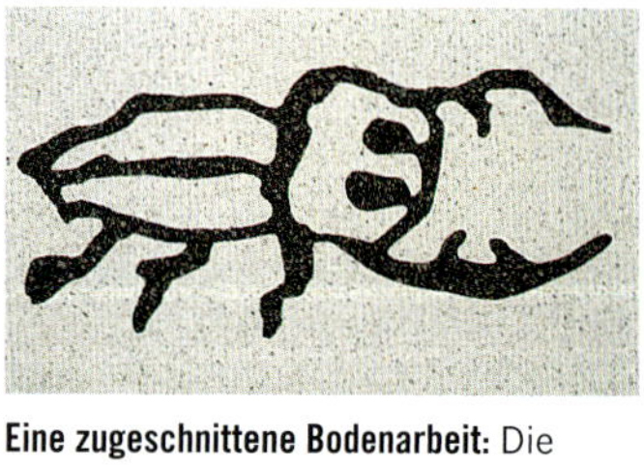

Eine zugeschnittene Bodenarbeit: Die Draufsicht zeigt die Bodenarbeit nach dem Einfüllen des Terrazzo, dem Schleifen und dem Polieren. Oben sieht man eine einzelne Figur.

Technik Modelle und kleine Auflagen

Das Zuschneiden von Profilen mithilfe eines Lasers ist eine nützliche und kostengünstige Methode, um Modelle oder kleine limitierte Auflagen zu schaffen. Eine rasche Skizze war hier der Ausgangspunkt für eine große Skulptur im städtischen Raum. Die Skizze wurde überarbeitet und als Maquette in 70 cm hohem, bemaltem, per Laser geschnittenem Stahl in kleiner Auflage hergestellt. So konnte sich der Auftraggeber vorstellen, wie die Figur dann in der 7 m hohen Ausführung aus einer 60 mm starken, bemalten Stahlplatte wirkt.

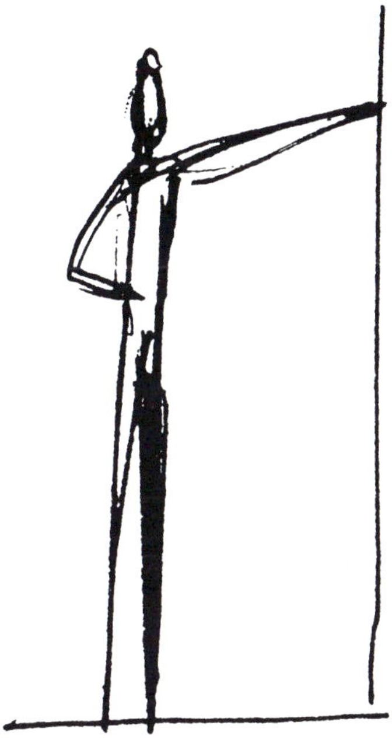

1 Die Originalzeichnung ist ungefähr 5 cm groß.

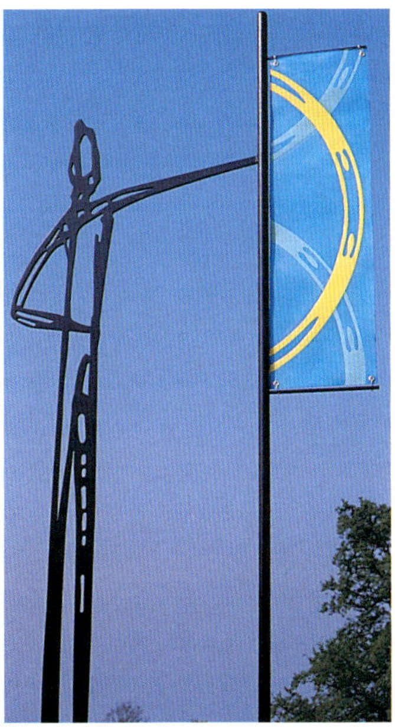

2 Die mit einem Laser zugeschnittene Maquette ist 70 cm hoch.

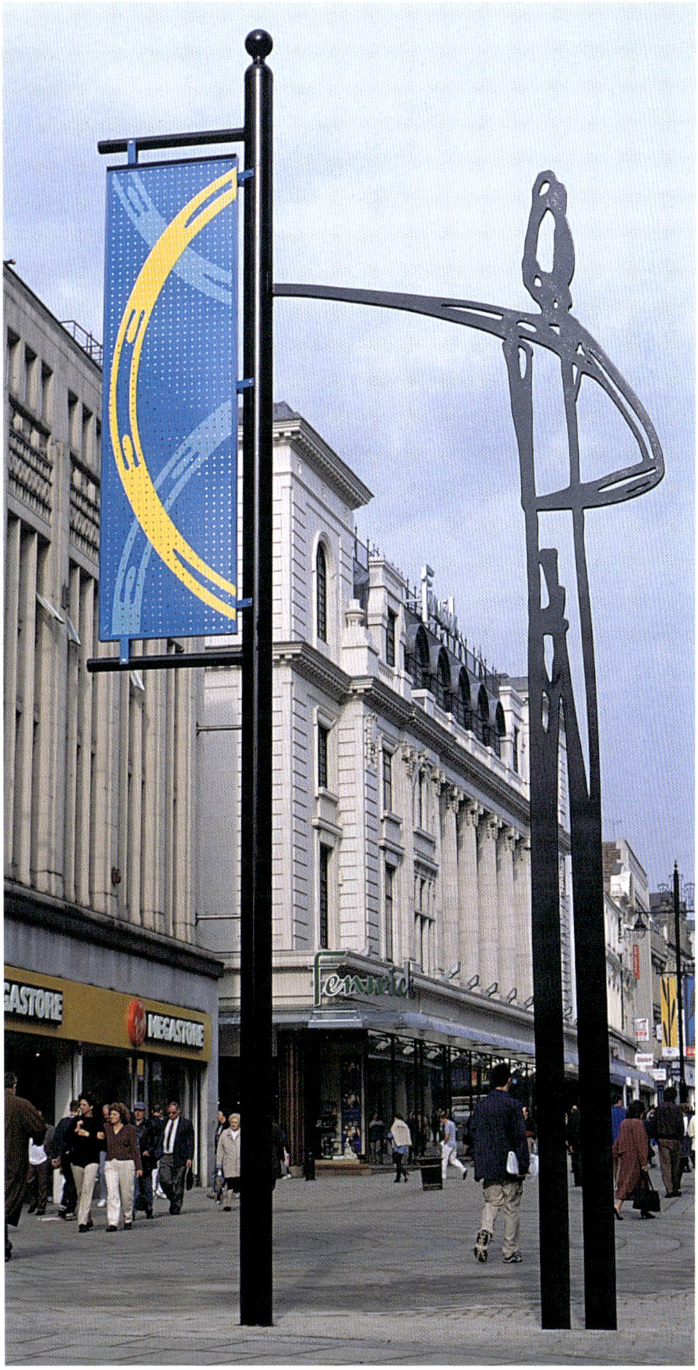

Fertige Arbeit in Newcastle-upon-Tyne Die ausgeführte Skulptur ist 7 m hoch.

Vinyl und Linoleum

Künstler halten immer Ausschau nach neuen Materialien und Techniken, um ihre Arbeit weiterzubringen. Die meisten neuen Materialien sind natürlich für kommerzielle Zwecke entwickelt worden, können aber auch die künstlerischen Möglichkeiten erweitern.

Zu den neuen, auch für Künstler interessanten Materialien gehört Vinyl, das heute überall für Werbezwecke eingesetzt wird.

Es war nur eine Frage der Zeit, bis Künstler dieses Material in ihr Repertoire aufgenommen haben. Einige Künstler, wie zum Beispiel Julian Opie, haben mit diesem Material eine Reihe wichtiger Arbeiten geschaffen. Seine gezeichneten und auf dem Computer bearbeiteten Porträts und Stillleben werden in Vinyl auf Aluminium oder auf Keilrahmen ausgeführt.

Opie ist von der Umsetzung des Computerbildes in Vinyl begeistert: »Vinyl gibt eine vollständig flächige, gleichmäßige Farbe, die das am Computer geschaffene Bild direkt umsetzt. Ich verwendete es zuerst im Leuchtkasten, fand aber, dass das unbeleuchtete Vinyl noch schöner aussieht. Es gibt Vinyl schon eine ganze Weile, es hat aber für mich eine supermoderne Qualität, in der meine traditionellen Motive ganz frisch erscheinen.«

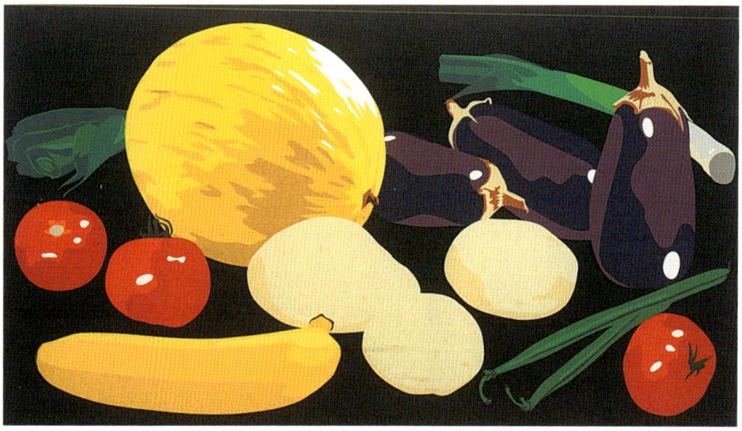

***Stillleben** (2000),* Julian Opie
Die Größe dieser fast 4 m breiten Arbeit mit der perfekten Umrisslinie des Vinyls und seiner eigenständigen Oberflächenqualität setzt das Stillleben völlig neu um, so als habe es einen Frühjahrsputz erhalten. Die Arbeit wirkt wie eine Reklametafel mit einer kraftvollen, aber geheimnisvollen Botschaft.

Werkzeuge und Techniken

Alles was man zur Arbeit mit diesem Material benötigt, ist eine farbige, selbstklebende Vinylfolie, eine saubere Fläche zum Aufziehen der Folie, etwas Verstärkungsfolie und eine Schere. Komplexere Arbeiten lassen sich am Computer bearbeiten, mit dessen Hilfe man auch die Schnitte exakt steuern kann.

Material Selbstklebende Vinylfolie

Früher führten Reklamezeichner erst nach längerer Praxis ihre Entwürfe in mühevoller Handarbeit aus. Heute wird diese Arbeit am Computer erledigt, und die Bilder und Texte werden von Plottern aus farbiger selbstklebender Vinylfolie geschnitten. Das ist unkompliziert, und die Resultate sind lichtecht und beständig. Für künstlerische Arbeiten sollte man Vinyl in guter Qualität und nicht das billige Polymer-Vinyl verwenden, da letzteres über Walzen ausgerollt wird und sich deswegen leicht wieder einrollt, während das bessere Material auf einer Glasplatte hergestellt wird und deshalb immer in einer stabilen Form bleibt.

Technik Vinylfolie verwenden

Wenn Vinylfolie kommerziell zugeschnitten wurde, wird sie zwischen zwei Deckfolien geliefert (und kann von beiden Seiten her gelesen werden). Bevor man die Vinylfolie auflegt, wird die rückseitige Schutzfolie abgezogen. Man kann die Folie angefeuchtet auf einen geeigneten Träger aufziehen. Dazu gibt man einen Tropfen enzymfreie Waschflüssigkeit oder Babyshampoo in eine mit Wasser gefüllte Sprühflasche und sprüht die zu beklebende Fläche ein. Das erleichtert die Positionierung der Folie und das Herausdrücken von Luftblasen. Man drückt Wasserreste und Luftblasen von der Mitte her raus. Nach 15 Minuten Wartezeit zieht man das Trägerpapier ab.

Man kann die Folie auch trocken aufziehen, wenn das Trägermaterial kein Wasser verträgt oder die Zeit eilt. Der einzige Nachteil dabei ist, dass die Positionierung sofort richtig sein muss und es weniger leicht ist, Luftblasen herauszudrücken.

Technik Per Hand schneiden und aufziehen

Die Folie kann entweder per Computer über einen Plotter, wie oben erwähnt, oder aber mit der Hand zugeschnitten werden. Dazu kann man ein Schneidemesser oder eine Schere verwenden.

Zuerst schneidet man die Formen aus der farbigen Vinylfolie, lässt dabei das Deckpapier aber noch auf der Folie. Dann werden die Formen ausgelegt und eine leicht klebende Trägerfolie darüber gelegt, um die Formen in der Position zu halten. Dann zieht man das Deckpapier ab.

Die Trägerfolie mit den farbigen Vinylformen wird auf eine Platte oder einen Karton gelegt und fest aufgerieben. Die Trägerfolie wird abgezogen und lässt die farbigen Vinylformen fest auf dem Untergrund haften.

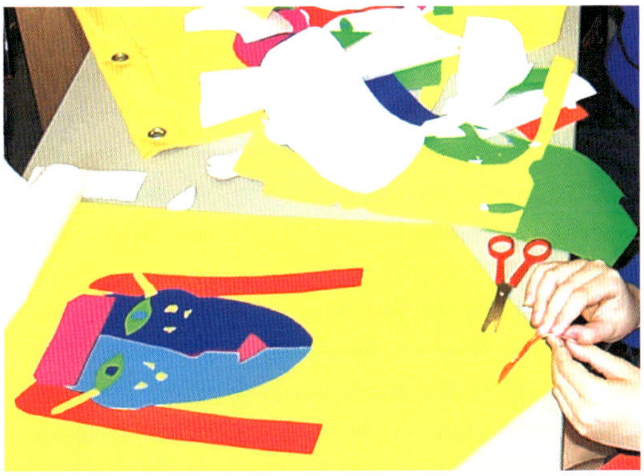

1 Kinder schaffen Selbstporträts aus verschiedenen Vinylfolieformen. Nach dem Ausschneiden legt jedes Kind sein Motiv auf eine Fahne.

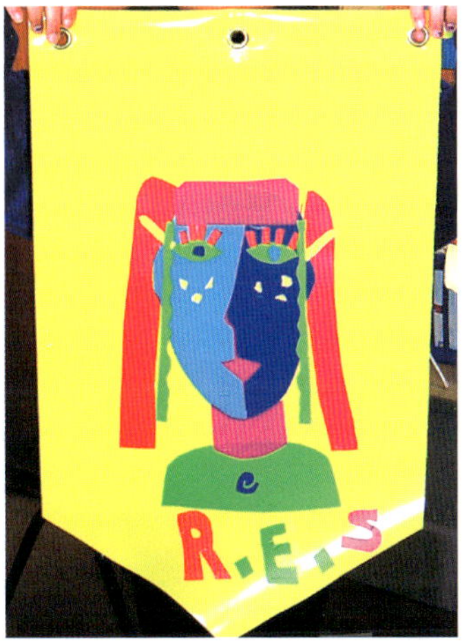

2 Die klaren Farben und Formen der Folie vermitteln die Frische und Spontaneität des Entwurfs.

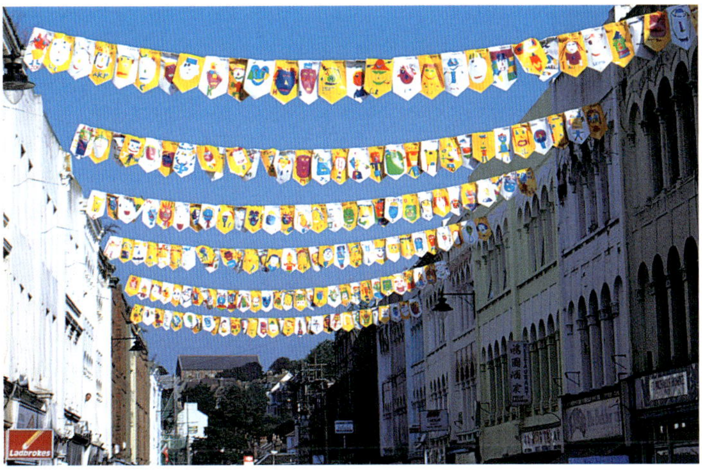

Fertiges Projekt Die Fahnen wurden über einer Straße aufgehängt.

Technik

Vinylschnitte

Diese Arbeit für ein Kinderkrankenhaus entstand in Zusammenarbeit mit Kindern. Einige der Zeichnungen wurden am Computer überarbeitet und vergrößert. Die Motive wurden per Laser aus MDF-Platten ausgeschnitten. Die Farben wurden mit selbstklebender Vinylfolie aufgezogen und einige Partien schwarz lackiert, was ihre Klarheit erhöht.

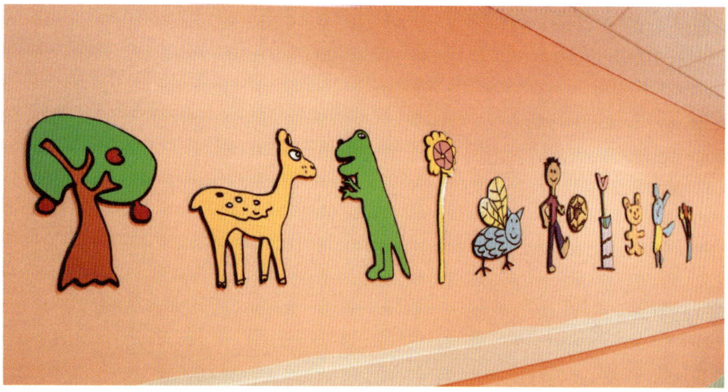

Vinylschnitte Die matten Vinylfarben kontrastieren mit dem glänzenden schwarzen Lack.

Technik Bilder in Vinyl und Linoleum

Durch die Entwicklung strapazierfähiger Vinyl-Fußbodenbeläge und spezieller Zuschnittmöglichkeiten mithilfe von Water-Jet lassen sich heute komplexe Bilder im Fußbodenbelag selbst schaffen. Man kann sie auch in Linoleum ausführen. Wenn alle Teile sauber geschnitten und verlegt wurden, sind sie genauso haltbar wie der Rest des Fußbodenbelags.

Es gibt nur zwei Einschränkungen: Die Farbpalette ist auf die lieferbaren Farben des Herstellers beschränkt, die aber in der Regel ausreichen sollte. Bei dieser Arbeit für das Royal Children's Hospital in Bristol konnte die Firma überzeugt werden, vier Farben neu zu entwickeln. Zweitens muss der Entwurf so beschaffen sein, dass er in kleine, flächig zusammensetzbare Teile der ausgesuchten Farben geschnitten werden kann. Der Hersteller muss dazu den Computer für die Schneidemaschine programmieren. Meist ist er mit einer digitalen oder Handzeichnung des Künstlers zufrieden. Der Maßstab muss jedoch korrekt sein und je genauer die Linie ist, desto besser wird das Ergebnis.

Der Hersteller macht eine Kopie vom Original, die der Künstler prüfen und notfalls korrigieren muss. Dann schneidet der Hersteller das Material zu und liefert es an die Firma, die den Boden verlegt.

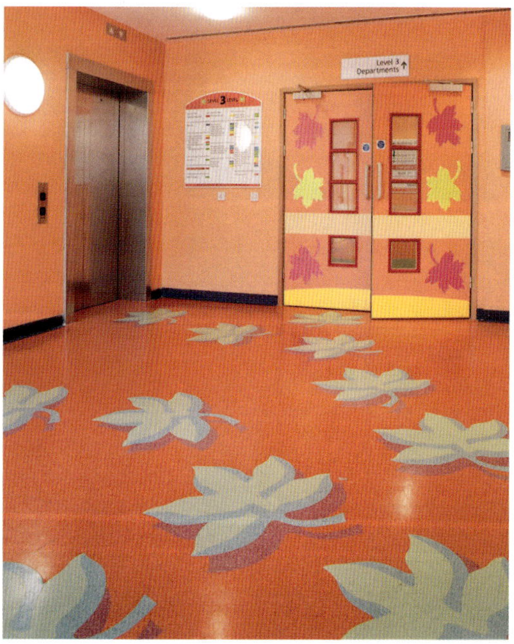

Rote Ebene Die Blätter dienen als »Fußstapfen« im Empfangsbereich des Kinderkrankenhauses.

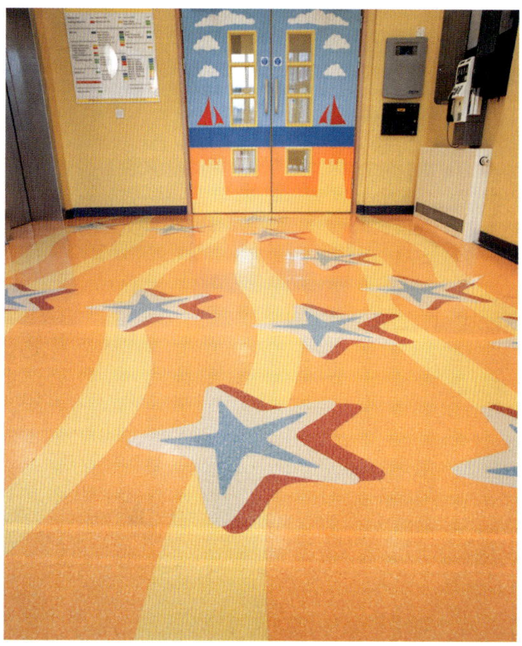

Gelbe Ebene Dieser Vinylboden mit Seesternen und ihren Schatten imitiert eine Sandtextur.

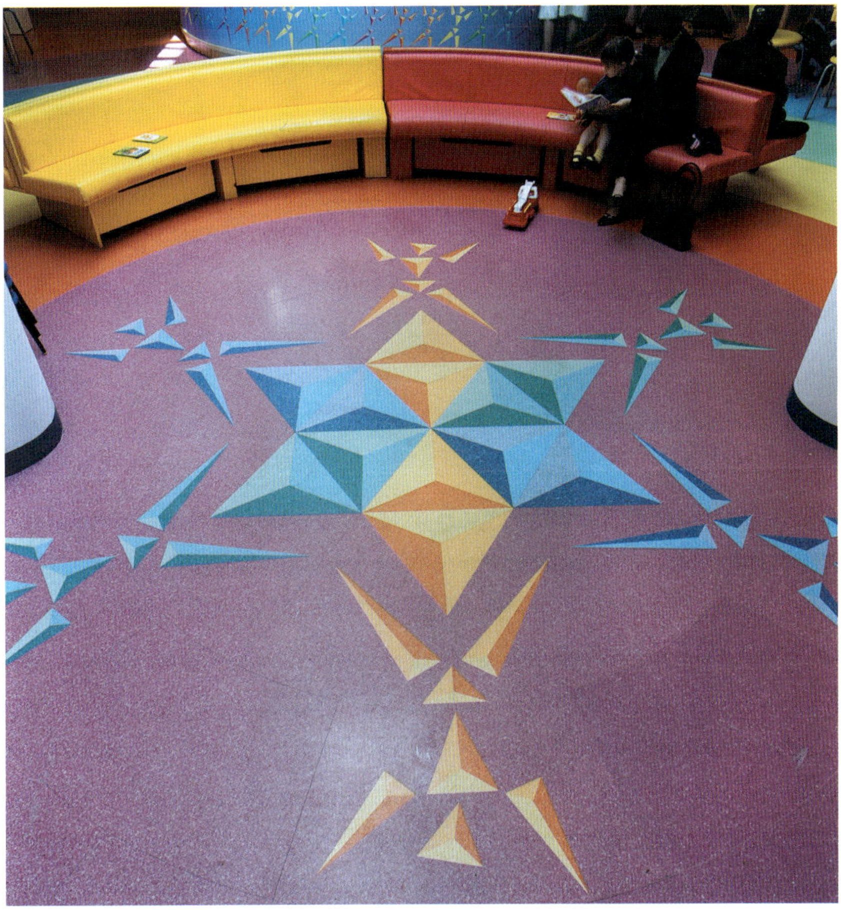

Geometrische Muster
Dieser Entwurf entstand aus einfachen Dreiecken in helleren und dunkleren Farben. Die Figuren im Boden sind auch am Empfangstisch im oberen Teil der Abbildung zu sehen.

Technik Subtile Verbindungen

Vinyl lässt sich auf sehr subtile Weise verwenden. Das in Wellenform zugeschnittene Vinyl schafft in diesem Krankenhausflur einen weichen Übergang zwischen Boden und Wand. Der Entwurf durchbricht die rechtwinklige Geometrie, die man sonst an solchen Orten findet, und gibt dem Raum eine andere Atmosphäre. So eine Arbeit muss allerdings von speziellen Handwerkern ausgeführt werden.

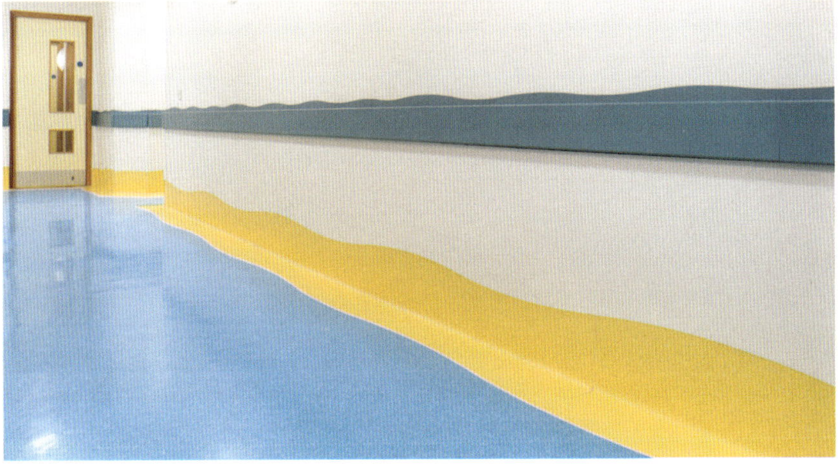

Fließende Linien
Das wellenförmige Vinyl scheint den Boden entlang zu fließen.

Mosaik

Man kann die Vorläufer des Mosaiks bis in das 3. Jahrtausend v. Chr. zu den dekorativen Terracotta-Verkleidungen der sumerischen Architektur zurückverfolgen. Die frühesten Beispiele echter Mosaiktechnik sind jedoch die Bodendekorationen aus Kieselsteinen in verschiedenen Farben und geometrischen Mustern, die man in der Türkei gefunden hat und die aus dem 8. Jahrhundert v. Chr. stammen. Die vielleicht erstaunlichsten Beispiele früher Mosaikkunst sind die mazedonischen Mosaiken aus dem 5. Jahrhundert v. Chr. in Olynthos. Sie wurden ebenfalls aus Kieselsteinen geschaffen und zeigen mythologische Szenen in ausgefallener geometrischer Musterung.

Seit dem späten 4. Jahrhundert v. Chr. haben sich Materialien wie auch die Entwürfe weiter entfaltet. In Pella, der Hauptstadt von Mazedonien, wurden Mosaiken großer Schönheit gefunden, bei denen Materialien wie Glassteine und Halbedelsteine verwendet wurden.

Die Römer vervollkommneten die Mosaiktechnik auf den Böden und Wänden ihrer Villen und Paläste sowohl im Entwurf als auch in der Funktion. Ihre Mosaiken reichten von dekorativen, einfarbigen Bodenmosaiken in Schwarz und Weiß bis hin zu komplexeren polychromatischen Arbeiten mit mythologischen und religiösen Darstellungen aus dem 4. Jahrhundert n. Chr. Zu dieser Zeit nahm auch die byzantinische Mosaikkunst ihren Anfang, die dem christlichen Glauben für das nächste Jahrtausend seinen Ausdruck verleihen wird. Die Mosaiktechnik breitete sich immer mehr aus und wurde zu Arbeiten erweitert, die ganze Innenwände von Kirchen, wie in der Hagia Sophia in Istanbul, schmücken. Der Einfluss der byzantinischen Mosaikkunst findet sich auch in dem verschwenderischen Mosaikschmuck von San Marco in Venedig wieder.

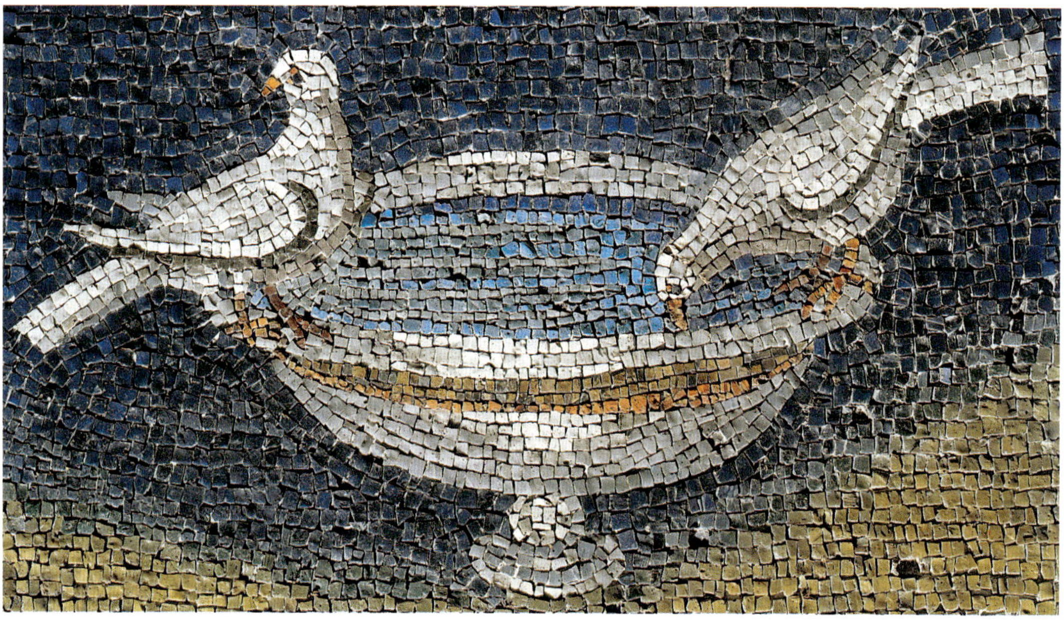

Tauben auf einer Trinkschale *(5. Jahrhundert n.Chr.)*
Dieses aus dem Mausoleum der Galla Placida in Ravenna stammende Mosaik zitiert eine frühere Arbeit des berühmten Mosaizisten Soros, der außergewöhnliche Mosaike in Trompe-l'œil in Pergamon im 2. Jahrhundert v. Chr. schuf.

Materialien und Techniken

Bei einem Mosaik wird mit großer Geduld und Aufmerksamkeit in kleinen Teilabschnitten über einen langen Zeitraum gearbeitet. Die Haltbarkeit eines Mosaiks übertrifft alle anderen künstlerischen Materialien und ist für den Künstler natürlich außerordentlich befriedigend.

Material Grundmaterialien für das Mosaik

Mosaiken lassen sich aus einer Reihe von Materialien herstellen, angefangen von emaillierten oder glasierten Mosaiksteinchen, über unglasierte Keramik, Marmor bis zu Smalteglassteinen in unterschiedlicher Größe. Farbige Steine und Kiesel können in Mosaikbildern direkt eingesetzt werden.

Mosaiksteinchen

Mosaiksteinchen sind das gebräuchlichste Mosaikmaterial. Sie werden in einer großen Vielfalt von Farben geliefert. Es gibt Steinchen, die mit Goldadern gestreift sind oder Blattgoldeinlagen haben. Die Glasoberfläche ist glatt, die Rückseite rau. Die Größe der Steinchen variiert. Die Standardgröße eines Mosaiksteinchens für künstlerische Arbeiten ist ungefähr 20 × 20 mm (je nach Hersteller). Sie sind 4 mm dick. Früher wurden sie lose in Säcken oder Kisten geliefert. Heute werden sie auf große Papierbögen von 31,5 × 31,5 cm geklebt.

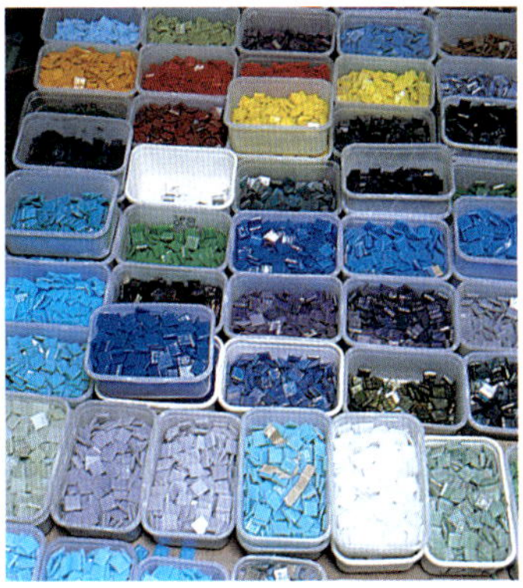

Mosaiksteinchen Es gibt diese Steinchen in einer großen Farbenvielfalt.

Marmor

Marmor wird mit verschiedenen Oberflächen geliefert, von poliert, flach und glänzend bis hin zu aufgebrochen mit matter, rauer Oberfläche. Man kombiniert Marmor oft mit Smaltesteinen (siehe rechts).

Unglasierte Keramik

Diese flachen, opaken Steinchen können am leichtesten geschnitten werden. Man verwendet sie, wenn der genaue Schnitt für den Entwurf wichtig ist. Ein rhythmisch gelegtes Muster wirkt beispielsweise in unglasierter Keramik besser als mit Glasursteinchen, wo die glänzende Oberfläche die Linienführung verschleiert. Die matten, unglasierten Keramikksteinchen zeigen das Muster der Schnittflächen genauer. Man stellt mit diesem Material vor allem Bodenarbeiten im Außenbereich her. Oft werden aber auch glasierte und unglasierte Steinchen in einer Arbeit verwendet.

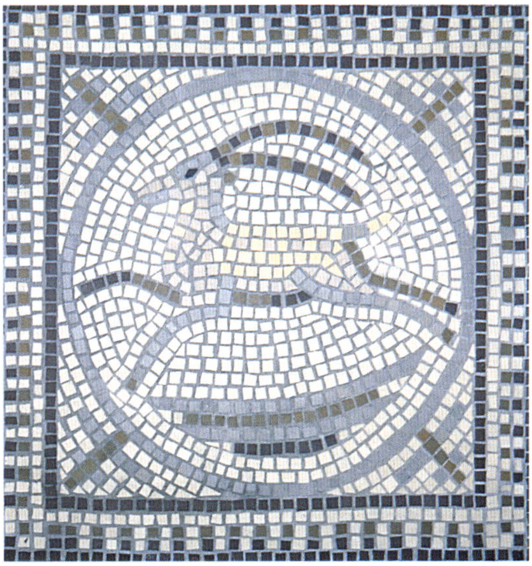

Keramikmosaik Unglasierte Mosaiksteinchen haben eine zurückhaltende und farbig dezente Wirkung, die sehr attraktiv sein kann.

Smaltesteinchen

Smaltesteinchen sind dicker und unregelmäßiger als die normalen Mosaiksteinchen (links). Sie werden meist in Zement ohne Mörtel eingelassen. Es gibt sie in großen, dicken, runden Platten, die vom Hersteller in bestimmten Größen zugeschnitten werden können. Der Künstler kann diese Stücke je nach Bedarf weiter zuschneiden.

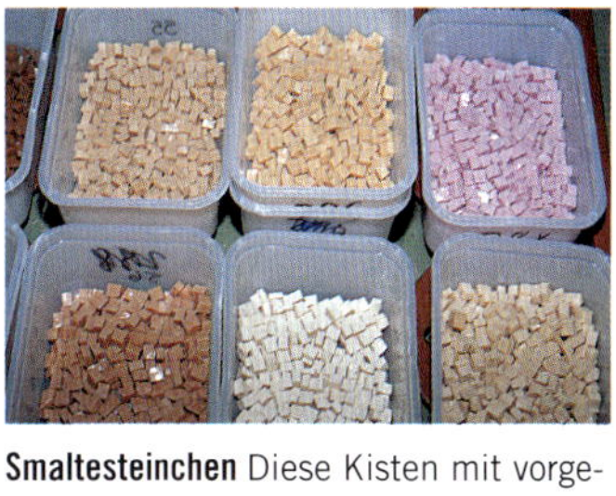

Smaltesteinchen Diese Kisten mit vorgeschnittenen Smaltesteinchen zeigen ihre charakteristische Mattglaswirkung.

Technik Die Herstellung eines Mosaiks

Es gibt zwei Haupttechniken zur Herstellung eines Mosaiks: die direkte und die indirekte Methode. Bei der direkten Methode werden die Mosaikteile direkt in die Trägersubstanz gesetzt. Bei der indirekten Methode werden die Mosaiksteinchen mit ihrer Vorderseite auf Papierbögen geklebt und auf eine vorbereitete Oberfläche gebracht. Das Papier wird dann abgewaschen. Die indirekte Methode ist die üblichere professionelle Methode.

Die direkte Methode

Diese Methode eignet sich für kleine tragbare Formate, wobei hier eine Tischlerplatte als Untergrund dient und die Mosaiksteinchen mit einem Kleber einzeln befestigt werden. Man könnte als Unterlage aber auch eine Steinplatte verwenden und diese in den Boden einsetzen.

Die indirekte Methode

Wenn man ein Mosaik mit einem bestimmten Grundmuster *(Opus regulatum)* einsetzen will, bedient man sich meist eines Setzsiebs. Damit kann man das Mosaik Stück für Stück aufbauen. Ein Setzsieb ist ein Plastiknetz in der Größe von 31,5 × 31,5 cm, auf dem die einzelnen Steinchen platziert werden. Ist das Sieb voll, wird ein Bogen starken braunen Papiers auf die Vorderseite des Mosaiks gelegt. Nach dem Trocknen des Leims wird das Mosaik auf die vorgesehene Stelle der Wand oder des Bodens gebracht und das Papier abgewaschen.

Heute werden meist fertig vorgeklebte Mosaikbögen geliefert und es ist zunehmend schwerer, Setzsiebe zu erhalten. Für das *Opus regulatum* bereiten die Mosaikstein-Hersteller das Wandbild entsprechend den Entwürfen des Künstlers vor. Wenn man ein Mosaik mit unregelmäßigen Mosaiksteinchen vorbereiten möchte *(Opus vermiculatum)*, bei dem die Konturen in (wurmartigen) Linien verlaufen oder ein *Opus palladianum*, bei dem alle Mosaiksteine verschieden sind, muss man den Entwurf zunächst auf Packpapier vorzeichnen. Dieses starke braune Papier hält das Gewicht des Mosaiks aus, ohne zu zerreißen. Das Mosaikbild entsteht durch Schneiden und Kleben der Steinchen auf dem Papier, wobei die Vorderseite nach unten mit einem wasserlöslichen PVA-Kleber befestigt wird. Das Papier mit den Mosaiksteinchen wird in handliche Stücke geschnitten und auf der Wand oder dem Boden befestigt.

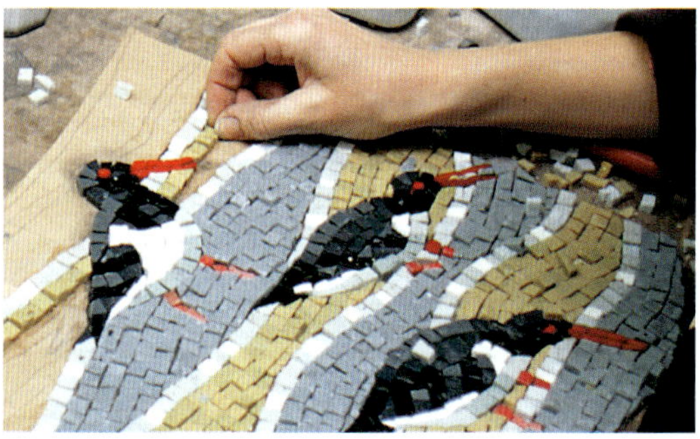

1 Das Mosaik wird in kleinen Stücken zusammengesetzt. Die Linien des Entwurfs werden auf Packpapier gezeichnet. Der Künstler baut das Mosaik auf, indem er die Steinchen schneidet und jedes einzelne auf das Papier klebt.

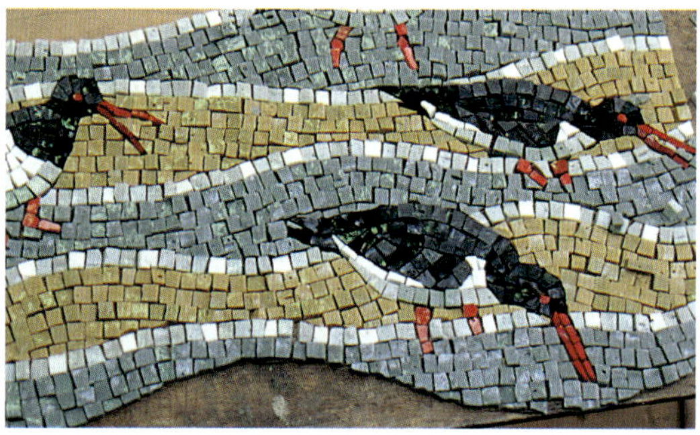

2 Dies ist ein kleiner Ausschnitt der Arbeit, aber die Bewegung des Mosaiks wird schon in den flüssigen Linien des Hintergrunds und der Haltung der Köpfe und Schnäbel der Vögel deutlich.

Technik Das Mosaik befestigen

Vor dem Befestigen sollte man sich eine Planzeichnung, wie bei einem Puzzle, angefertigt haben, um zu sehen, wo die einzelnen Teile des Mosaiks eingesetzt werden müssen. Das Mosaik wird von oben nach unten auf der Tafel angebracht. Damit geht man sicher, dass das Mosaik selbst tragend ist, dass der Kleber hält und dass es keine Luftblasen gibt. Der erste Teil des Mosaiks wird vorgemörtelt, sodass der Haltemörtel auch in die Zwischenräume der Steinchen dringt. Dann wird die Rückseite mit einem Schwamm sauber abgewaschen. Ein Kleber, wie Ardurit 5000 oder X7 wird auf die vorbereitete Wand mit einer Kelle aufgetragen und der erste Teil des Mosaiks auf den Kleber gedrückt. Dieser Teil wird dann mehrmals mit einem Gummischrubber oder einer Gummikelle angedrückt, um einen festen Halt zu gewährleisten. Dann wird das Papier angefeuchtet und nach 10 Minuten abgezogen. Dieser Vorgang wird für jeden Teil des Mosaiks wiederholt. Nachdem der Kleber trocken ist, wird die Oberfläche des Mosaiks gereinigt und die ganze Mosaiktafel eingemörtelt.

Für ein Mosaik in Smalte wird ein dickerer Kleber auf die Wand gebracht, da ein Smaltemosaik nicht gemörtelt wird.

Emma Biggs

Mosaiktafel

Die Künstlerin hat ihr Mosaik aus glasierten Steinchen als ein Experiment in Tonwert und Farbe beschrieben. Es wurde in seiner geometrischen Unterteilung, die Ausgewogenheit mit überraschenden Änderungen verbindet, von den Wandteppichen des Bauhauses inspiriert. Die mittleren horizontalen Bänder weiten sich zwischen den vertikalen Bändern auf jeder Seite aus. Die Bewegung von Ton und Farbe in den Vertikalen zeigt eine räumliche Wirkung. Der Künstlerin ging es bei dieser Arbeit um den Kontrast zwischen Oberfläche und räumlicher Tiefendimension.

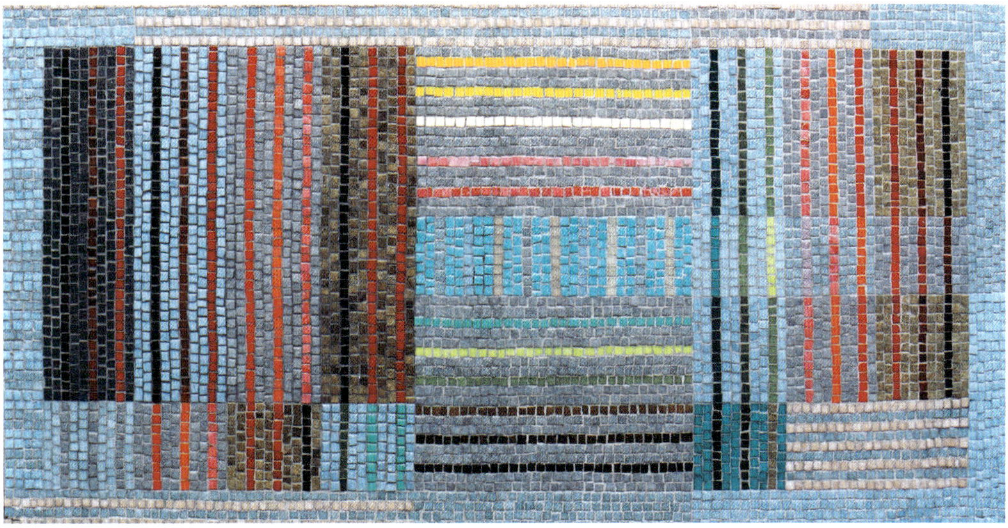

***Nummer 1** (2001),* EMMA BIGGS

Technik Verwendung von Naturstein

Eine Mosaikarbeit ist nicht auf die herkömmlichen Mosaiksteinchen beschränkt. Viele Künstler führen Mosaiken auch in Naturstein aus. Bei diesem Beispiel wurden die dunklen Innenseiten aufgespaltener Feuersteine verwendet, um die Konturen der Vögel auf der Außenwand zu betonen, während die helleren schottischen Strandkiesel als Zwischenräume dienen. Der Schwung der Flügel diente als Orientierung für die Anlage der Kiesel. Um die Steine richtig einzusetzen, wurde der Entwurf als Dia auf die Wand geworfen. Das Bild wurde dann mit Farbe vorgemalt, um dem ausführenden Steinmetz einen Anhaltspunkt zu geben.

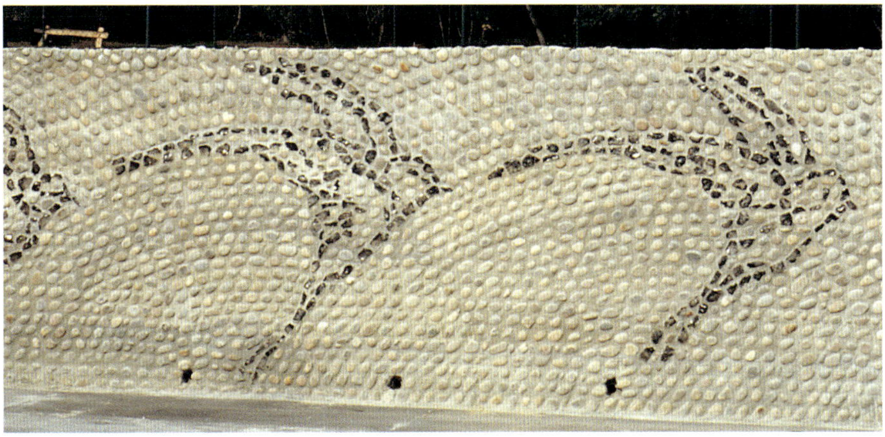

Feuersteine und Kiesel verwenden Steine unterschiedlicher Art und Farbe ergaben dieses Mosaikbild an einer Wand.

Land Art

Es gibt heute künstlerische Arbeiten mit natürlichen Materialien im Freiraum der Stadt oder in der Landschaft, die meist als »Land Art« bezeichnet werden. Künstlerische Ideen werden in kleinen Formaten entwickelt und dann in einem anderen Material und Größenmaßstab in einen anderen Kontext gebracht. Das hier gezeigte Blatt-Beispiel lässt sich als Anregung zum »Malen« mit Blumen verstehen. Es ist eine Möglichkeit, mit neuen Materialien zu arbeiten, und auch immer wieder ein Schritt in künstlerisches Neuland.

David Nash

Eschen-Kuppel *(1977)*, DAVID NASH
Die *Eschen-Kuppel* von David Nash wurde im März 1977 auf seinem Grundstück in Cae'n-y-Coed (Feld in den Bäumen) in Nord-Wales gepflanzt. Die Arbeit hat sich über ein Vierteljahrhundert entwickeln können. Das Konzept war klar und einfach: 22 Eschenbäume sollten in einem Kreis gepflanzt, beschnitten und zusammengebunden werden, bis sie eine natürliche Kuppel bilden. Der Künstler machte eigenständige Zeichnungen von der Kuppel, wie er sie sich in naher Zukunft vorstellte. Besonders wichtig an der *Eschen-Kuppel* ist aber, wie die Natur selbst das Kunstwerk vollendet und dem Konzept greifbare Präsenz gibt.

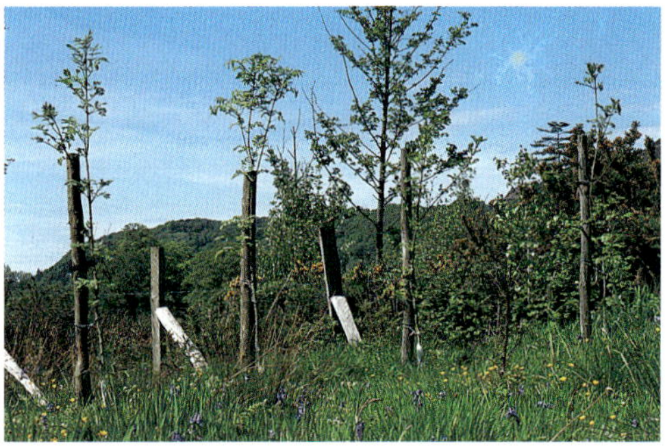

Beginn der Aktion Dieses Foto zeigt die jungen Bäume im Jahre 1980, als sie gepflanzt und mit Pflöcken gesichert wurden.

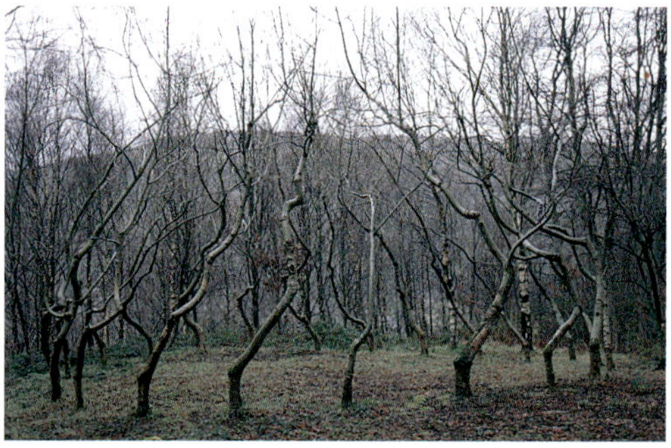

Wachstum Zwanzig Jahre später sind die Bäume nach Schneiden und Binden in eine bestimmte Richtung gewachsen.

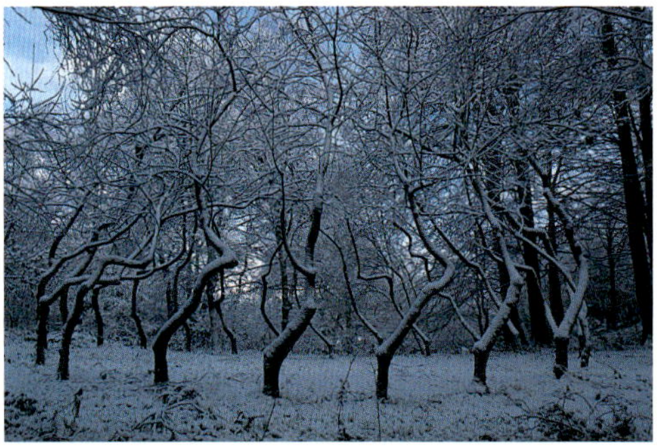

Winter Durch die wechselnden Jahreszeiten sieht die Baumgruppe im Jahreslauf immer wieder anders aus. Im Schnee haben die Zweige eine besondere Klarheit.

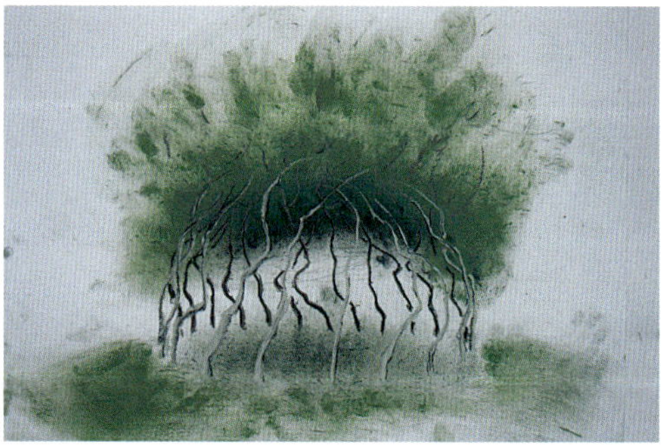

Zeichnungen Die Arbeit ist das Ergebnis zahlreicher Zeichnungen, in denen der Künstler den Fortgang und die Wirkung seiner Idee verfolgen konnte.

Beispiel Herbstblätter pflanzen

Ich wurde zu diesem Projekt eingeladen und sollte eine Arbeit mit Pflanzen an mehreren Plätzen gestalten. Diese Pflanzenarbeit war von den umliegenden Bürogebäuden während des Sommers über zu sehen. Bei solchen Projekten trägt die Idee den Künstler von einer Skizze zur anderen und er langt schließlich an einem Ergebnis an, das trotz aller Veränderungen doch mit der Ausgangsidee übereinstimmt. Ein Durcharbeiten der Idee in diesem Sinne gibt der fertigen Arbeit die nötige Klarheit und Kraft. Beim Blick auf die verschiedenen Plätze sollte man jeweils ein anderes großes Herbstblatt sehen können. Ein wesentlicher Teil der Grundidee war der zum Blatt dazugehörige Schatten. Dadurch erhielt das Blatt zusätzliches Gewicht und Tiefenwirkung.

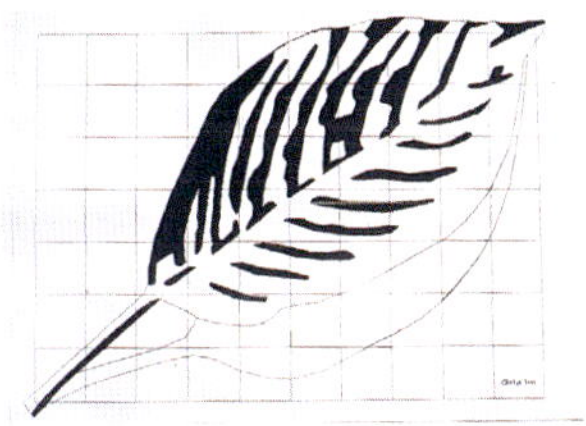

1 Der Umriss des Entwurfs wurde auf Rasterpapier gezeichnet, wobei jedes Quadrat einem Meter in der fertigen Arbeit entspricht.

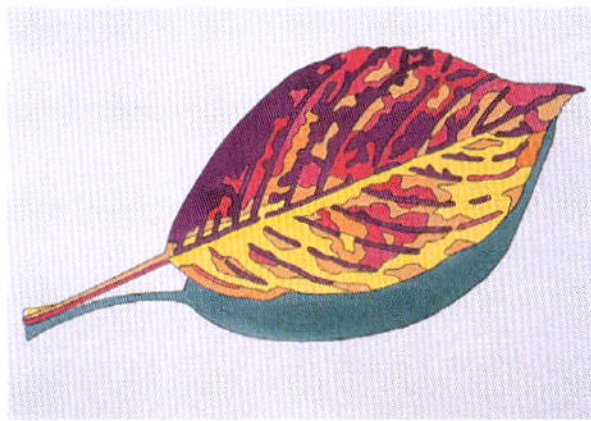

2 Die Gärtner mussten die Blumen an bestimmten Stellen pflanzen. Daher durfte der Entwurf nur Farben enthalten, die man auch mit Blumen anlegen konnte.

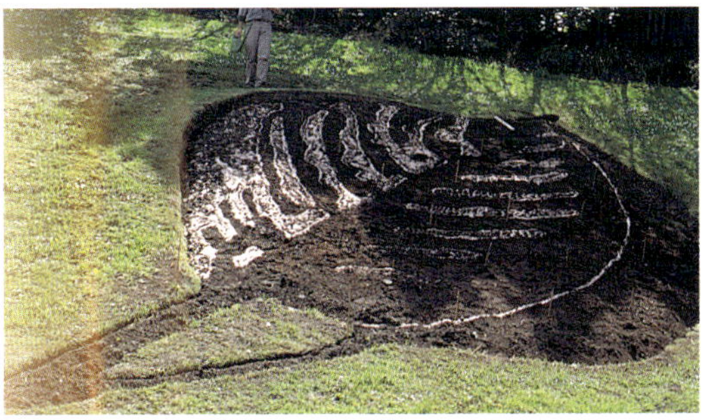

3 Die Blattform wurde im Boden als großes Blumenbeet angelegt. Ich hatte dabei ein neues System ausprobiert, um die Formen für die verschiedenen Blumenbepflanzungen vorzugeben: Mit einer Gießkanne mit veränderter Tülle zeichnete ich Linien aus Sand auf den Boden.

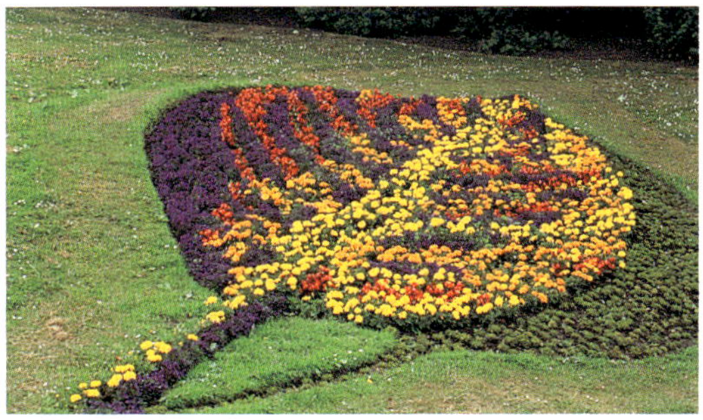

4 Die Gärtner benutzten diese Sandformen als Orientierungshilfe bei der Bepflanzung. Die Blumen wurden eng nebeneinander gepflanzt, sodass die verschiedenen Farbzonen gut zu erkennen waren.

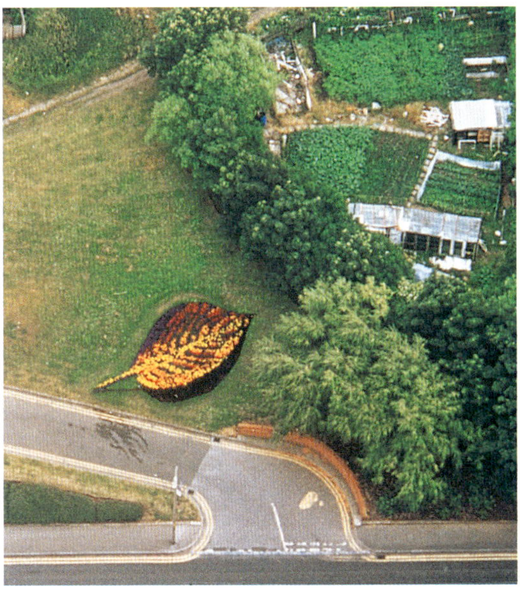

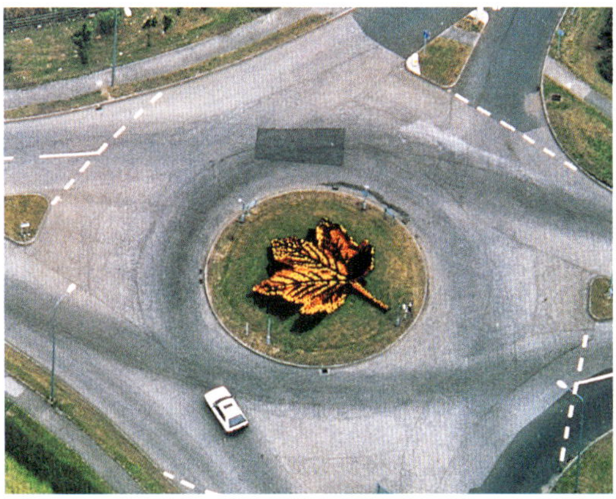

Fertige Arbeiten Jedes Blatt ist dem Entwurf bemerkenswert ähnlich. Das Konzept wurde in einem größeren Maßstab mit neuen Materialien umgesetzt. Es erfüllte mich mit einer gewissen Zufriedenheit, dass dies nur eine temporäre Arbeit war, die noch vor dem Herbst verblassen würde.

Licht-Kunst

In den vergangenen Jahrzehnten hat die Kunst Gebiete und Techniken erobert, die man früher nicht mit ihr verbunden hätte oder die für die Kunst nicht zugänglich waren. Ein solches Gebiet ist die Verwendung von Licht als künstlerisches Medium. James Turrell hat in seinen Installationen mit natürlichem Licht gearbeitet, indem er zum Beispiel Sonnenlicht durch Öffnungen im Dach oder andere Öffnungen in Räume einließ. Diese Arbeiten muss man allerdings selbst gesehen haben, um ihre Wirkung zu verstehen. Man fühlt sich, als ob man die Welt neu betrachtet. Im Bereich des künstlichen Lichts gibt es zahlreiche Technologien, die von Künstlern aufgegriffen wurden. So setzten Dan Flavin und Bruce Nauman in ihren Lichtinstallationen Neonlicht ein. Aber auch Video-Mapping oder Glasfaseroptik gehören zu den kreativen Möglichkeiten der Lichtkunst.

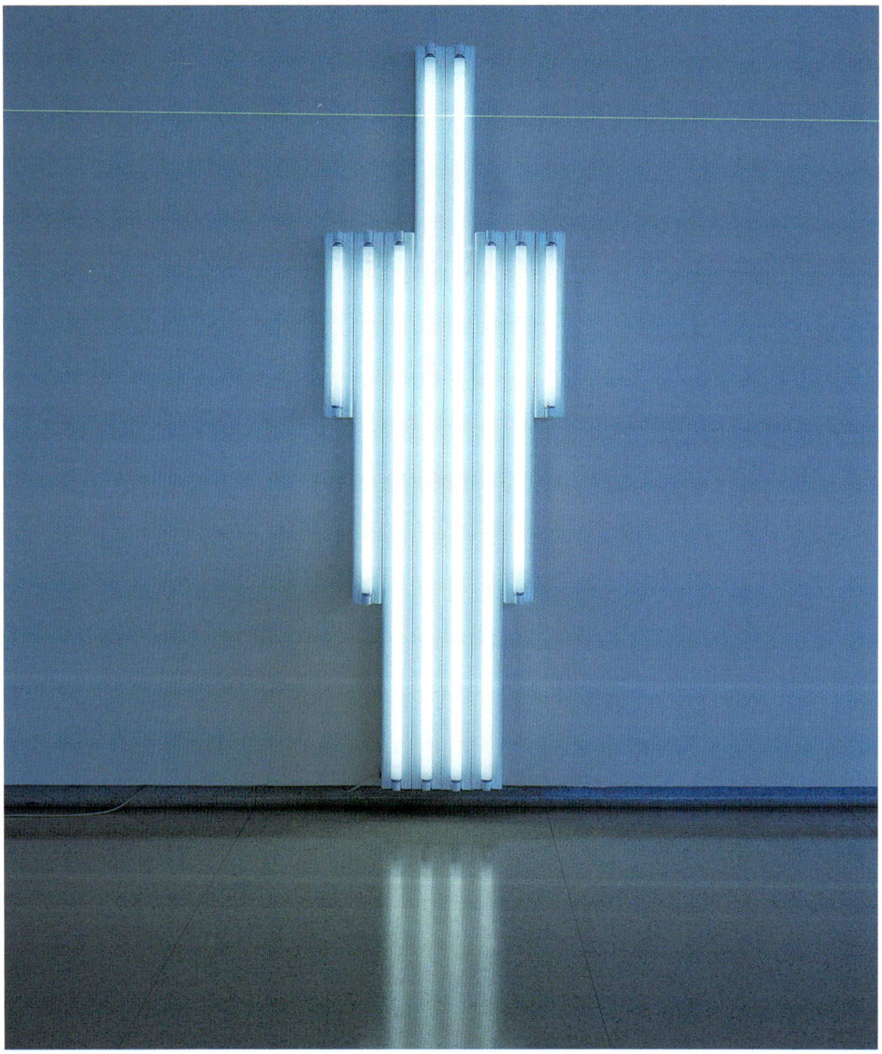

Monument für Wladimir Tatlin *(1969)*, DAN FLAVIN

Lichtinstallation im städtischen Raum

Die städtische Architektur bietet auch für künstlerische Projekte zunehmenden Spielraum. Dies reicht von akzentuierten Veränderungen der Architektur eines Bauwerks durch künstliche Beleuchtung aller Art bis hin zu Video-Mapping auf den Außenwänden oder im Inneren des Gebäudes. Es gibt dafür lichtstarke Projektionsgeräte wie etwa Gobo-Projektoren mit Glaslinsen, die helle und brillante Gobos (Motive) auf Gebäude oder Ähnliches projizieren können.

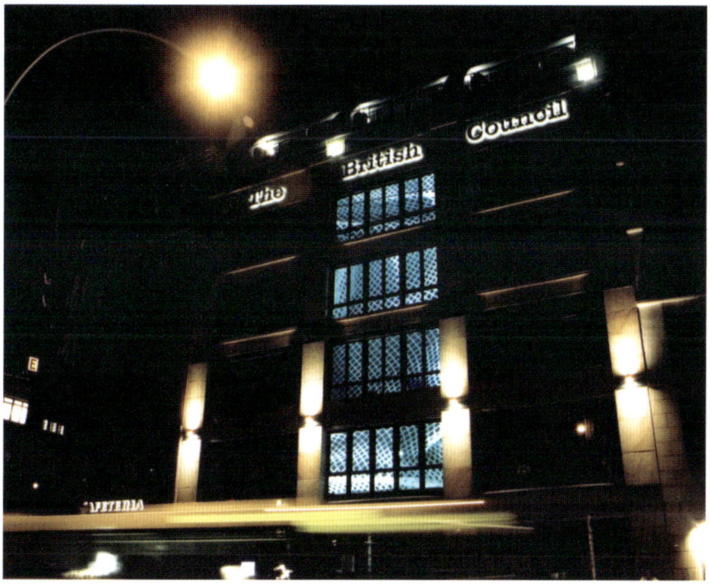

Esther Rolinson

Videoprojektion
Die Abbildung zeigt eine temporäre Video-Installation des British Council in Berlin vom Juni 2002. Während der sechsminütigen Dauer projizierte ein digital bearbeitetes Video der britischen Künstlerin eine abstrakte Bildsequenz durch die transparente Fassade des Gebäudes und ließ Schichten korrodierten Eisens, verbogenen Draht, Eisenträger, Staub und verschmutzte Luft erkennen.

Supple Solid *(2002),*
Esther Rolinson

Technik Halogenlicht

Halogenlicht verbindet eine hohe Leuchtkraft mit einer langen Haltbarkeit der Strahler. Es wird sehr häufig zur Außenbeleuchtung eingesetzt, wo es kälteres Licht als die warmen orange-gelben Natriumleuchten erzeugt. Inzwischen wird anstelle der Halogenstrahler aus Gründen der Energieeffizienz oft die LED-Technologie eingesetzt. Die unten gezeigte Arbeit war nur für einen kurzen Zeitraum geplant, funktionierte aber nach Jahren immer noch.

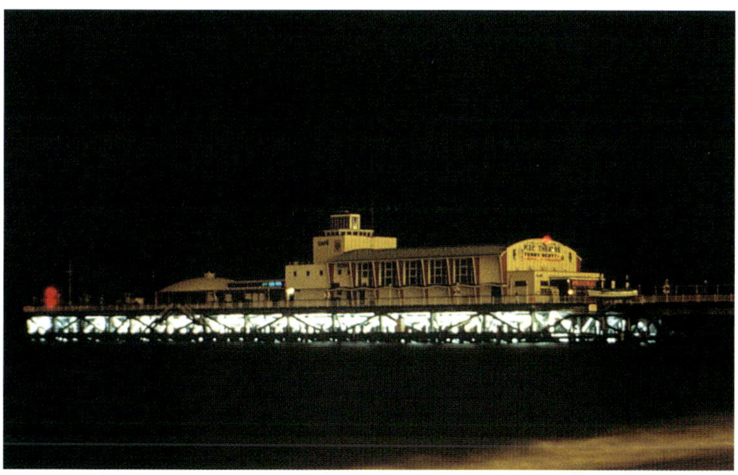

Inside Out
Für diese Lichtinstallation wurden rund 30 Halogen-Strahler unter dem Pier installiert, um bei einer Annäherung die mit Seetang bewachsene und braun-ocker oxidierte Stahl- und Betonstruktur zu zeigen. Die Beleuchtung schuf eine einzigartige Atmosphäre, die je nach Seegang wechselte. Aus der Ferne betrachtet erzeugte das Halogenlicht ein kühles, bläulich schimmerndes Licht. Bei Arbeiten wie dieser müssen jedoch strenge Gesundheits- und Sicherheitsbestimmungen genauestens beachtet werden.

Technik Glasfaseroptik

Mit der Entwicklung der Glasfaseroptik hat der Künstler ein neues Medium zur Lichtgestaltung in die Hand bekommen. Die Technologie ist sehr fortschrittlich und es gibt viele Möglichkeiten, sie zu nutzen.

Das Prinzip der Glasfaseroptik besteht in der Durchleitung von Lichtwellen durch ein Glasfaserkabel. Das in der Breite variierende Kabel kann aus einem Stück oder aus einem Bündel von kleineren transparenten Plastikfasern in einer Schutzummantelung bestehen. Dieses Kabel strahlt der gesamten Länge nach Licht aus *(side glow)* und kann verwendet werden, um Lichtstrukturen in Innen- wie Außenräumen, aber auch unter Wasser, zu erzeugen. Solange man die Lichtquelle geschützt hält, kann das Kabel, das nur aus einfachem Plastikmaterial besteht, überall platziert werden.

Das stärkere Licht am Kabelende wird *end glow* genannt. Einige Glasfaserkabel werden nur für diese Endlicht-Effekte eingesetzt. Daher werden diese Kabel mit einem opaken schwarzen Plastikschlauch ummantelt. *End-glow*-Kabel können dort verwendet werden, wo die normale elektrische Leitung für die konventionellen Spotlights schwierig zu installieren ist.

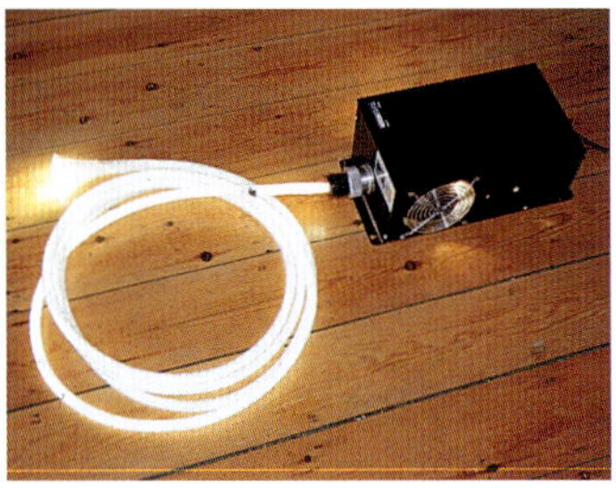

Projektor mit Glasfaserkabel: Weißes Licht

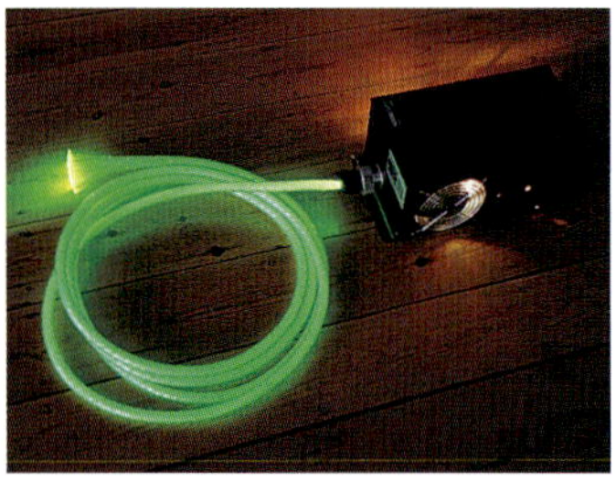

Projektor mit Glasfaserkabel: Grüner Filter

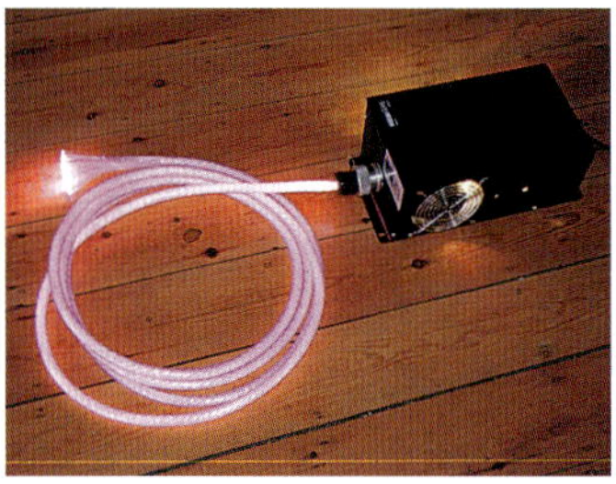

Projektor mit Glasfaserkabel: Rosa Filter

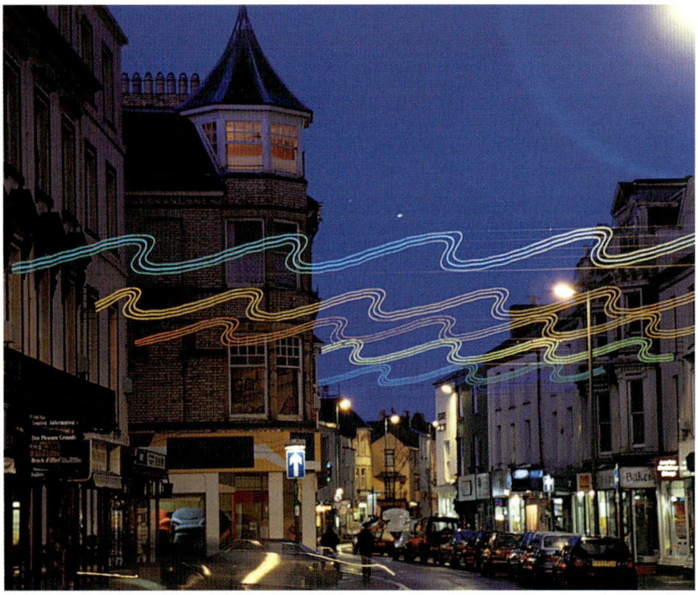

Licht-Wellen

Diese große Glasfaser-Lichtskulptur wurde in 22 Reihen von Wellenform über vier Hauptstraßen im Zentrum einer Küstenstadt in Devon installiert.

Jedes Wellen-Set besteht aus 16 mm breiten Glasfaser-Kabeln, die in einem Rahmen aus rostfreiem Stahl über der Straße befestigt wurden. Die Kabel wurden von zwei Projektoren von beiden Straßenseiten her beleuchtet. Jeder Projektor verfügte über ein rotierendes Vierfarbfilter, sodass eine Kabelreihe mit bis zu acht verschiedenen Farben pulsieren konnte. Die Farbwechsel liefen nicht synchron ab, aber in jeder Reihe liefen sie in verwandten Farbharmonien des gesamten Farbspektrums ab.

Der langsame pulsierende Farbwechsel sollte sowohl auf die Wellenbewegung der See verweisen, sich aber auch auf die Wellenlängen der Farben beziehen.

KONSERVIERUNG UND RAHMUNG

Künstler können vieles von der Arbeit in den Restauratorenwerkstätten der großen Museen und Galerien lernen. Dies betrifft beispielsweise den Aufbau der Farbschichten, aber auch die Mischung von Farben zur Erzielung eines bestimmten Effekts. Aus den maltechnischen Fehlern beim Bildaufbau älterer Bilder kann man zudem lernen, sie zu vermeiden.

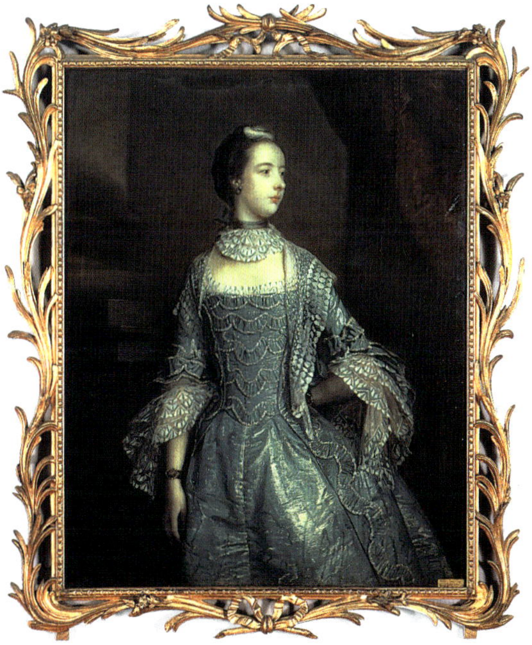

Suzanna Beckford *(1756),* Sir Joshua Reynolds

Der Zierrahmen stammt nicht aus der Entstehungszeit des Porträts, passt aber vor allem in Verbindung mit dem Pendant des Gatten der Suzanna Beckford hervorragend. Das Porträt ist sehr ausdrucksstark und wird von der Rahmung in keiner Weise beeinträchtigt. Die Haltung der Porträtierten ist aufrecht und stolz und ihr perfekt sitzendes Kleid funkelt auf der Leinwand. Der dunkle Hintergrund bildet einen Raum, der die Figur betont. Reynolds verwendete experimentelle Techniken und nicht dauerhafte Materialien in seinen Bildern, darunter auch nicht trocknenden Asphalt. Daher haben viele seiner Bilder Schaden erlitten.

Pflege und Restaurierung

Auf dem Gebiet der Restaurierung und Konservierung hat man eine Vielzahl von Ursachen für den Verfall alter Gemälde erforscht. Auch über die Prozesse, die dabei ablaufen, ist inzwischen vieles bekannt. Gemälderestauratoren verfügen heute über wirksame Methoden, um den Verfall von Kunstwerken im Zuge ihres Alterungsprozesses aufzuhalten. Zugleich bilden diese Erkenntnisse einen praktischen Wissensschatz für die heutigen Künstler. Aus den Forschungen lässt sich ableiten, welche Techniken und Materialien der Maler anwenden und welche er meiden sollte, wenn ihm die Beständigkeit seiner Werke wichtig ist. In diesem Kapitel werden einige Konservierungstechniken beschrieben, wie das Säubern von Ölgemälden mit Wattestäbchen sowie Vorsorgemaßnahmen, z. B. die Verwendung einer Rückwand zum Schutz von Gemälden. Man muss für diese Dinge keine Ausbildung als Restaurator haben. Die speziellen Techniken sollte man aber doch besser Fachleuten überlassen.

Ursachen für Altersschäden

Zum einen können sich die Malmaterialien selbst verändern, indem die Leuchtkraft von Pigmenten nachlässt oder Firnisse vergilben, zum anderen kann sich die Struktur eines Gemäldes verändern. Hierbei werden Bindungen zwischen Farbschichten oder zwischen Farbe und Malgrund schwächer, meist aufgrund unterschiedlicher Dehnung oder Spannungen innerhalb der Schichten.

Licht

Die wesentlichste Ursache, warum Farbstoffe ihre Leuchtkraft verlieren und Firnisse gilben, ist der Einfluss des Lichts. Je mehr ihm ein Gemälde ausgesetzt ist, desto größer sind die schädlichen Folgen. In starkem Sonnenlicht beschleunigen sich die negativen Auswirkungen wegen des hohen Ultraviolett-Anteils erheblich. Künstler und Kunstsammler sollten daher Gemälde unbedingt an lichtgeschützten Orten aufhängen bzw. lagern. Bei Arbeiten auf Papier ist das besonders wichtig. Sie sind noch empfindlicher, weil die Pigmente nicht oder nur in geringem Maße von einem schützenden Medium umgeben sind. Papier ist zudem relativ unbeständig, sofern es fortwährend Licht ausgesetzt wird. In Museen wird aus besagten Gründen die Raumhelligkeit genau kontrolliert; auch werden UV-Filter verwendet, um diese Strahlen von den Gemälden fernzuhalten.

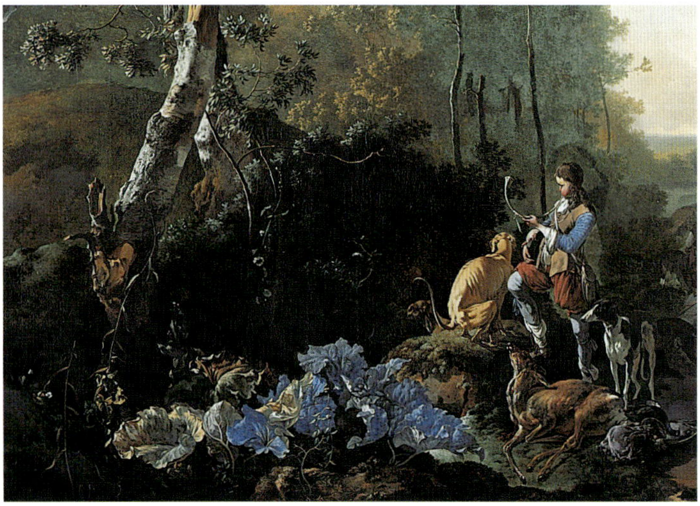

***Jäger in einer Landschaft* (Ausschnitt)** *(1665)*,
ADAM PYNACKER
Dieses Detail zeigt ein Beispiel für die Wirkung von Licht auf ein Bild. Ursprünglich waren die Blätter im Vordergrund grün, doch der Künstler hat ein flüchtiges gelbes Pigment mit Blau zu Grün gemischt. Das Gelb ist im Laufe der Zeit verblasst, sodass nur das Blau sichtbar blieb.

Feuchtigkeit

Hauptverantwortlich für die Entstehung gefährlicher Spannungen in einem Gemälde ist die relative Luftfeuchtigkeit, d. h. der Prozentsatz von Wasserpartikeln in der Atmosphäre. Je trockener die Luft, desto größer werden die Spannungen in der Farbe sowie zwischen Farbe und Malgrund (bezüglich der Auswirkungen auf den Vorleim siehe S. 43 und S. 58).

Die ungünstigsten Bedingungen treten im Winter auf, wenn kalte trockene Luft von außen einströmt und durch Zentralheizungssysteme zusätzlich ausgetrocknet wird. Dabei sinkt die Luftfeuchtigkeit bis auf 30 % ab, was starke Spannungen im Bildgefüge hervorruft.

In Museen ist ein Luftfeuchtegehalt von 50 bis 60 % für den Erhalt der Bilder angemessen. Künstler wie Galeristen sollten also ihre Werke mit Luftbefeuchtern in gutem Zustand zu erhalten suchen. Die preiswerten Ultraschall-Luftbefeuchter sind für diesen Zweck bestens geeignet.

In sehr feuchtem Klima kann Kondenswasser zu einem Problem werden. In gemäßigten Klimazonen ist dies jedoch weniger schlimm, da Gemälde leicht feuchte bis trockene klimatische Bedingungen brauchen.

Wärme

Ähnlich schädliche Auswirkungen wie Licht hat Wärme. Wenn ein Gemälde in direktem Sonnenlicht hängt, kann es sehr heiß werden: Unter Glas erreicht die Gemäldeoberfläche dann unter Umständen Temperaturen von 40 bis 50 °C. Wärme beschleunigt den Oxidationsprozess von Farbe und Firnis sowie der Cellulosefasern der Leinwand. Insofern beeinträchtigt starke Erwärmung auf Dauer den Zusammenhalt des Bildträgers. Eine möglichst kühle Umgebung verlängert die Lebensdauer von Gemälden erheblich. Da man Museumsbesuchern unangenehm kalte Räume jedoch nicht zumuten kann, muss man Kompromisse schließen. In den meisten Museen werden die Räume daher auf 20 °C gehalten.

Der Aufbau eines Bildes

Der Aufbau der Malschichten ist auf Holz und Leinwand recht ähnlich. Der Bildträger erhält eine oder mehrere Schichten einer Grundierung. Dann folgen die Vorzeichnung und mehrere Malschichten. Zum Schluss kann ein Firnis zum Schutz des Bildes aufgetragen werden.

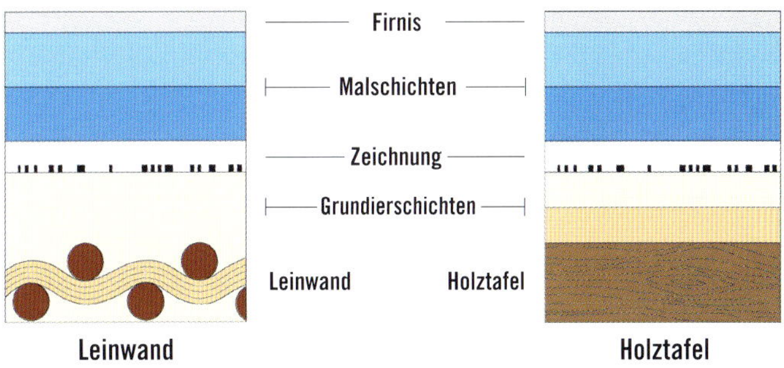

Probleme mit Gemälden auf Holztafeln

Die Hauptprobleme bei Gemälden auf traditionellen Holztafeln sind Verziehen, Reißen und Abblättern der Farbe.

Das Verziehen kann eine unterschiedliche Ausdehnung der Vorder- und Rückseite der Tafel als Ursache haben. Die Vorderseite ist von den Malschichten versiegelt, doch die Rückseite ist stärker der Feuchtigkeit ausgesetzt. Dieses ungleichmäßige Ausdehnen und Zusammenziehen des Holzes auf der Rückseite verursacht das Verziehen der Tafel. Es ist aber sinnvoller, eine leicht verzogene Tafel zu belassen, als sie maschinell zu glätten, was schon oft zu irreparablen Schäden in den Malschichten geführt hat. Mitunter werden solche Tafeln mit einer rückseitigen Schutzpolsterung versehen. Wenn eine alte Tafel ausgetrocknet ist und sich beträchtlich verzogen hat, wird sie in überwachten Feuchtigkeitsräumen neu befeuchtet.

Beim Vorbereiten einer Holztafel kann der Künstler die Stabilität erhöhen, indem er auch die Rückseite und die Ränder der Tafel grundiert. Risse und Brüche werden geleimt.

Restaurierungsabteilungen in den Museen haben spezielle Maschinen, um gerissene Tafeln mit gleichmäßigem Druck von oben und von der Seite zusammenzufügen.

Reparieren des Malfilms
Abblätternde Malschichten werden mittels leichter Klebemittel zwischen Malfilm und Grund unter Einsatz von Heizspachteln, die die Farbteile hinunterdrücken, repariert. Bei der Auswahl des richtigen Klebstoffs für Malfilm-Reparaturen sind folgende Gesichtspunkte zu berücksichtigen: Wie leicht dringt der Kleber in Risse und Spalten ein? Wie ausgeprägt sind die auszubessernden Deformierungen? Können womöglich einzelne Bestandteile des Klebemittels die Farben des Gemäldes beeinträchtigen? Einige Farben werden z. B. von wässrigen Anteilen gebleicht oder von bestimmten Lösungsmitteln angegriffen. Primär stellt sich die Aufgabe, die Farbe wieder enger an den Untergrund zu binden und zu glätten, ohne die Oberfläche weiter zu manipulieren. In der traditionellen Technik verwendet man hierfür gern schwache Gelatinelösungen. Wasserhaltige Kleber wie diese erweichen im weiteren Prozess den Untergrund und helfen das Bild zu ebnen. Auch Wachs wurde dazu verwendet, da es sich gut unter den Farbteilchen verteilt.

Probleme mit Gemälden auf Leinwand

Gemälde auf Leinwand neigen zu größeren und schneller einsetzenden Schäden als solche auf Holztafeln. Leinwand reagiert empfindlich auf Schwankungen der Luftfeuchtigkeit und auf Stöße. Der Zug der Leinwand an den Ecken des Keilrahmens und an den Klammern, die zudem noch rosten können, kann zum Reißen und Ablösen des Gewebes führen.

Der Zug des Gewebes beim Aufziehen beschränkt sich nicht nur auf die Ecken, sondern beeinträchtigt die gesamte Leinwand. Dies kann über die Jahre zu schweren Faltenbildungen auf der Oberfläche führen. Die Fasern der vor dem 19. Jahrhundert hergestellten Leinwände können durch Oxidation ausbleichen, aber das Gewebe wird relativ stabil bleiben. Die maschinell hergestellten Leinwände des 19. Jahrhunderts sind jedoch so dicht gewoben und haben eine so dicke Leimschicht, dass sie durch Feuchtigkeitseinwirkung zu schrumpfen beginnen und sich die Farbschichten dabei vom Grund lösen.

Kleinere Schäden, wie Einbeulungen oder kleine Löcher in der Leinwand, können vom Künstler selbst behoben werden. Ernstere alterungsbedingte Schäden können nur von ausgebildeten Restauratoren mit Spezialausrüstung repariert werden.

Kleine Löcher reparieren

Gelegentlich erleiden auch neue Bilder Beschädigungen, wie zum Beispiel Löcher in der Leinwand. Solche Schäden sollte man besser dem Restaurator überlassen. Viele Künstler werden aber versuchen, einen solchen Schaden selbst zu beheben.

Dazu sollte die Leinwand auf der Rückseite an der beschädigten Stelle befeuchtet und mit Gewichten beschwert werden. So wird der Schaden besser zugänglich. Lose Leinwandfäden oder ausgefranste Stellen müssen sauber ausgeschnitten werden. Dann wird ein neues Stück Leinwand zugeschnitten, das etwas größer als die beschädigte Stelle ist. Die Ränder des Flickens werden eingeschnitten, um den Übergang zur alten Leinwand möglichst nicht auffallen zu lassen. Mit einem Plastikklebstoff (BEVA), der entweder als pastose dicke Flüssigkeit oder als dünner Klebefilm erhältlich ist, wird der Flicken dann auf die Rückseite der beschädigten Stelle geklebt.

Größere und von vorn deutlich sichtbare Löcher müssen zusätzlich mit einem Füllstoff auf PVA-Basis ausgebessert werden, der dann in Übereinstimmung mit dem übrigen Gemälde modelliert, grundiert und bemalt wird.

Beseitigen von Leinwandverformungen
Mitunter ist es nötig, Vertiefungen im Malfilm oder andere Einbeulungen auszubessern, die auftreten, wenn eine große Leinwand an ein kleinere gelehnt wurde.

Unter Künstlern ist es recht verbreitet, diese Stellen mit einem nassen Schwamm abzutupfen. Beim Trocknen spannt sich die Leinwand wieder und die Beule ist verschwunden. Für die modernen, maschinengewebten Leinwände ist dies ungünstig. Das Gewebe ist so kompakt, dass es viel stärker schrumpft als andere Leinwände. Es kann dabei zu so großen Spannungen kommen, dass sich Farbschichten ablösen. Der richtige Weg besteht darin, so sparsam wie möglich Wasser aufzutragen. Die Leinwand sollte nur mit einem feuchten, ausgedrückten Schwamm betupft werden. Abhilfe können auch zwei Bücher schaffen, die man jeweils unter und auf die Einbeulung legt und sie damit glatt presst. Den Malfilm sollte man allerdings mit einer Klarsichtfolie schützen. Eine Niederdruck-Aufziehpresse ist ein Metalltisch mit vielen kleinen Öffnungen, durch die Luft abgesaugt wird und so ein Vakuum entsteht. Sie wird häufig von Restauratoren benutzt, um deformierte Leinwände glattzuziehen (siehe auch S. 331).

Verwendung eines Rückbretts
Eine rückseitig auf einem Keilrahmen oder einer Holztafel angebrachte dünne Holzplatte oder ein säurefreier Karton schützt ein Bild nachhaltig vor Schäden (siehe S. 57). Es bildet eine Barriere gegen Stöße und Wasserspritzer, mit denen man

immer rechnen muss und reduziert die Schmutzansammlung auf der Rückseite, die erheblich zum Verfall von Gemälden beiträgt. Darüber hinaus gleicht ein Rückbrett Feuchtigkeitsschwankungen aus, sodass schädliche Wirkung auf den Malfilm reduziert werden können. Ein Rückbrett schützt also vor größeren Reparaturen und hält das Bild sauber. Vor dem Befestigen des Rückbretts sollte man die Rückseite des Bildes mit Druckluft oder einem Staubsauger, an dessen Düse eine weiche Bürste befestigt ist, reinigen.

Technik Reparieren des Malfilms

Der Niederdrucktisch ist beim Festkleben loser oder abblätternder Farbschichten auf der Leinwand sehr hilfreich. Die Vorgehensweise wurde für Tafelbilder auf Seite 330 beschrieben *(siehe Reparieren des Malfilms).*

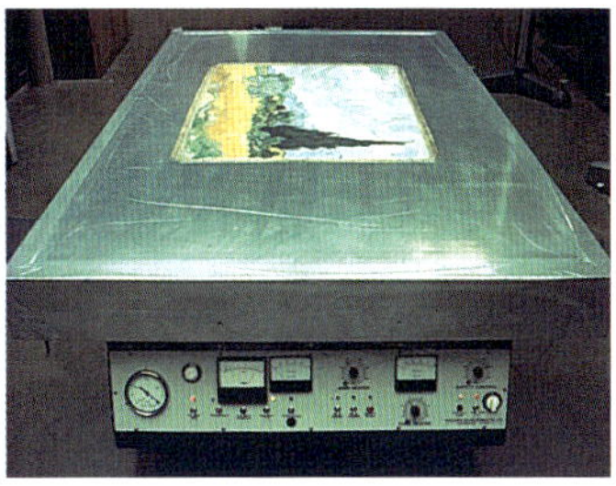

Ein van Gogh wird repariert Mit kleinen Mengen Fischleim werden abblätternde Farbschichten in van Goghs *Ein Weizenfeld mit Zypressen* stabilisiert. Das Bild liegt hier auf einem Niederdrucktisch, der während des Reparaturvorgangs Luft absaugt, sowie Feuchtigkeit und Wärme erzeugt.

Rentoilieren

Die häufigste Maßnahme bei einer stark geschädigten Leinwand ist das teilweise oder gesamte Rentoilieren. Dabei klebt man ein neues Stück auf die schadhafte Stelle. Bei gleichmäßig gealterten Geweben kann man auch die Malschicht von der alten Leinwand nehmen und auf eine neue aufbringen.

Traditionelle Methoden

Die traditionellen Methoden des Rentoilierens sind darauf ausgerichtet, drei Schadensbereiche in einem Vorgang zu bearbeiten:

- Den Ersatz eines schwach gewordenen Bilduntergrunds
- Die Einebnung von Beulen und anderen Oberflächenschäden. Hierzu gehören auch Abplatzungen innerhalb eines Netzes von Haarrissen (Krakelee).
- Die generelle Konsolidierung der Grundierung und der Farbschichten.

Die früher für diese Methoden verwendeten Leim/Mehl- oder Wachs/Harz-Mischungen werden heute nicht mehr empfohlen. Man bearbeitet diese Probleme heute besser separat.

Moderne Rentoilierungsmethoden

Bei den neueren Rentoilierungstechniken konzentriert man sich auf einzelne Aspekte des Reparaturprozesses. Klaffende oder unebene Partien repariert man soweit wie möglich vor dem Rentoilieren. Während man früher die ganze Leinwand neu aufzog, beschränkt man sich heute auf die Ecken und Ränder, wo der Zug der Keilrahmen am stärksten ist.

Das Aufziehen selbst geschieht mit Kunstharzklebern, die nur wenig in das Gewebe eindringen und daher imprägnierend wirken. Die gebräuchlichste Methode wird unten beschrieben.

Rentoilieren mit Heißklebern

Man verwendet einen Kleber auf Äthylvinylacetat-Polymerbasis mit eingebetteten mikrokristallinen Wachsen, wie BEVA 371. Das Aufziehen mit diesen Substanzen geschieht normalerweise auf einem speziellen heizbaren Metalltisch unter Wärmeeinwirkung. Das Gemälde und die Trägerleinwand, entweder Leinwand, ein Glasfasergewebe oder ein Polyestersegeltuch, werden separat vorgespannt. Inzwischen wird der BEVA-Kleber auch als dünner Film auf einer Trägerschicht angeboten. Man zieht ihn ab und bringt ihn zwischen den Untergrund und die Gemälderückseite. Der Heiztisch aktiviert den Klebstoff, und ein Vakuum zieht die beiden Oberflächen zusammen.

Früher wurde hierbei oft zu viel Unterdruck erzeugt, sodass die Leinwand eine gerunzelte Oberfläche bekam. Deshalb wurde der erzeugte Unterdruck erheblich reduziert.

Erneuerung einer Rentoilierung

Die Vorderseite des Bildes wird mit Seidenpapier und Leim abgedeckt. Bei einer Erneuerung der Rentoilierung ist dieser Schutz ganz wesentlich. Dadurch wird auch die Farbschicht beim Abziehen geschützt.

Eine alte Rentoilierung wird mit der Hand in einzelne Streifen abgezogen. Durch vorsichtiges Abwaschen mit warmem Wasser oder Abkratzen mithilfe eines Schneidmessers werden alle Leimpartikel der alten Leinwand entfernt.

Reinigen und Restaurieren

Das Reinigen eines Bildes ist ein stufenweiser Prozess. In der einfachsten Form ist es das Entfernen von Staub von der Oberfläche des Bildes. Es umfasst aber auch das Entfernen von alten Firnissen und übermalten Stellen vorheriger Restaurierungen.

Das vorsichtige Abreiben der Oberfläche mit destilliertem Wasser oder Speichel auf weißen Wattebäuschen ist normalerweise die beste Methode. Man sollte dabei immer nur jeweils kleine Partien bearbeiten, damit man sofort bemerkt, wenn sich mit dem Schmutz auch Farbe löst. Dann ist das Reinigen natürlich abzubrechen.

Die an den gebrauchten Wattebäuschen anhaftenden Partikel dürfen nicht in den Mund geraten. Man sollte sie gleich in den Abfall werfen und nicht mehr benutzen.

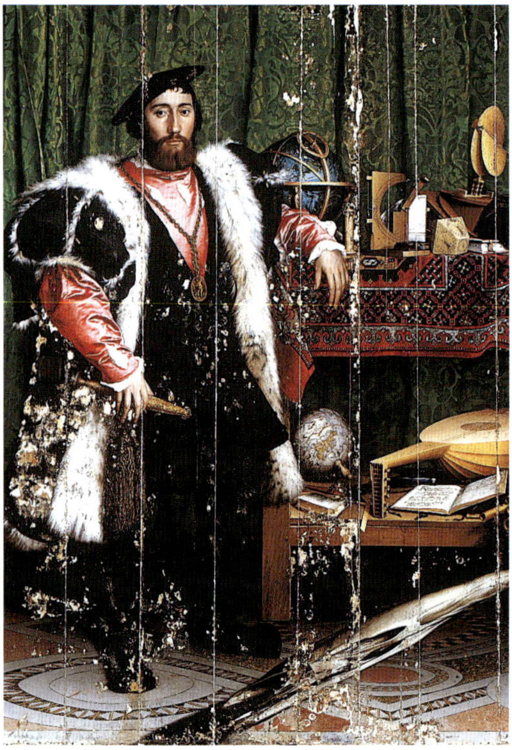

Nach dem Reinigen Ein Detail aus dem Bild *Die Gesandten* von Hans Holbein d. J. zeigt die abgenommene Farbe entlang der Kanten, an denen die Bretter der Holztafel zusammenstoßen.

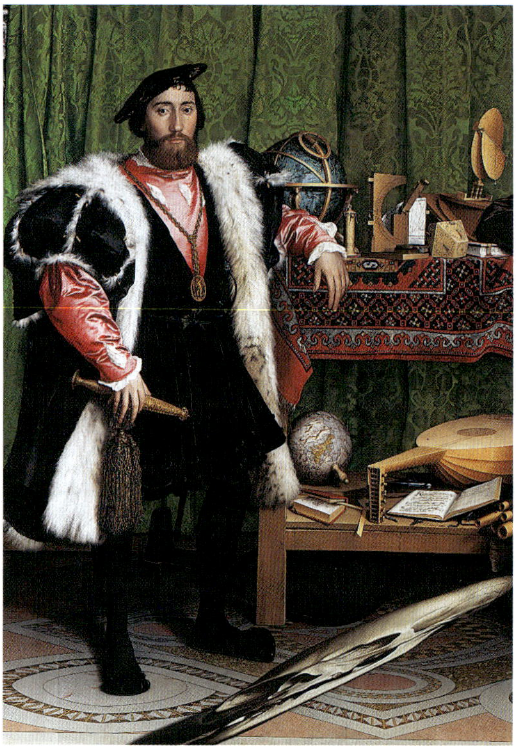

Reversible Restaurierung Farbverluste und Risse wurden zugekittet und mit einer Schicht Dammarharz versehen, und dann mit Paraloid B72 und Pulverpigmenten retuschiert.

Reinigen von Ölgemälden

Oberflächenschmutz auf Ölgemälden lässt sich größtenteils durch Abreiben mit speichelbefeuchteter Watte entfernen. In winzigen Mengen darf auch Terpentinersatz benutzt werden, vor allem dort, wo sich fettiger Schmutz abgesetzt hat. Dabei ist große Vorsicht geboten, damit nicht ungewollt der Firnis mit entfernt wird. Dieses Risiko besteht allerdings eher bei »jungen« Gemälden. Alte Werke, die mit Dammar- oder Mastixfirnis überzogen sind, werden durch Terpentinersatz normalerweise nicht beeinträchtigt. Die Watte sollte in jedem Fall nur leicht befeuchtet und zunächst Proben auf dem Gemälderand gemacht werden.

Reinigen von Eitempera- und Enkaustikgemälden

Ein Eitemperafilm ist sehr stabil, wenn er ausgehärtet ist, und äußerst widerstandsfähig gegen Schmutz. Er ist einer der dauerhaftesten Farbaufträge überhaupt. Enkaustikgemälde bieten dem Staub eine stärkere Anhaftung, wenn ausschließlich Bienenwachs verwendet wurde. Weniger empfindlich sind sie, wenn ein härteres Wachs, z. B. Karnaubawachs, beigemischt wurde. Eitempera- und Enkaustikgemälde können mit leicht angefeuchteter Watte abgerieben und mit einem Seidentuch poliert werden.

Reinigen von Acrylgemälden

Die Oberfläche getrockneter Acrylfarben bildet einen recht weichen Film, der Schmutzpartikeln leider eine gute Anhaftung erlaubt. Der Grund für die Weichheit sind winzige Polymertröpfchen, die nach dem Verdunsten der Wasseranteile zurückbleiben. Um sich untereinander zu verbinden und einen Film zu bilden, müssen diese Partikel relativ weich sein. Die Vorteile der Wasserlöslichkeit von Acrylfarbe erkauft man also mit dem Nachteil einer relativ schmutzanfälligen Oberfläche. Am besten ist es, das Bild zu verglasen.

Restauratorische Reinigungsmethoden

Der Gebrauch von Speichel oder destilliertem Wasser auf Wattebäuschen und von Lösungsmittel zum Entfernen fettiger Schmutzpartikel wurde bereits besprochen. Für Konservatoren beinhaltet ein gründlicher Reinigungsprozess auch die Entfernung alter, vergilbter Firnisschichten. Als Begründung wird angeführt, dass nur so die volle Pracht alter Gemälde erschlossen wird und man die Farben sehen kann, die der Maler wirklich benutzt hat und zeigen wollte. In manchen Fällen haben sich einzelne Farben im Laufe der Zeit (z. B. durch Ausbleichen) verändert; andere mit lichtbeständigeren Pigmenten blieben relativ konstant. Solch ungleichmäßige Farbveränderungen im selben Gemälde lassen sich nur schwer regulieren.

Aufgrund dieser Problematik haben Konservatoren unterschiedliche Einstellungen zur Firnisentfernung. Die Konservatoren der National Gallery in London ziehen es zum Beispiel vor, den ganzen Firnis und alle späteren Bemalungen bis zum ursprünglichen Malfilm abzunehmen. Die Konservatoren des Louvre lassen dagegen eine dünne Schicht des Originalfirnisses auf dem Bild stehen. Im Metropolitan Museum New York hängt die entfernte Firnismenge von der Vorstellung des Konservators über die Farbharmonie des Bildes ab.

Lösungsmittel

Die Löslichkeit alten, vergilbten Firnisses wird mit der Zeit immer geringer. Dadurch wird der Unterschied zum ohnehin schwerer löslichen Malfilm in dieser Hinsicht kleiner. Das Problem liegt darin, die richtige Mischung für die sogenannte »Löslichkeitskluft« zwischen den beiden Gemäldesubstanzen zu finden; sie muss den Firnis sicher auflösen, ohne dass die Farbe darunter angegriffen wird.

Nehmen wir einmal an, dass ein Gemälde mit einem hundert Jahre alten Dammarharz-Firnis überzogen ist, der bis ins Extrem oxidiert ist. Nehmen wir weiter an, die Farbe sei mit Leinöl oder Nussöl ohne weitere Harzanteile gebunden. In einem solchen Fall wäre die Löslichkeitskluft zwischen Firnis und Malfilm groß. Es könnte dann eine ganze Reihe von Lösungsmitteln eingesetzt werden, einschließlich Isopropanol und Isopropan-2-ol, die zur Gruppe der alkoholhaltigen Lösungsmittel gehören. Dazu zählen auch Methanol, Äthanol und Butanol. Je mehr Kohlenstoff-Atome in einem Lösungsmittel enthalten sind, desto stärker greift es den Malfilm an. Der Konservator muss sich daher bei der Auswahl sorgfältig auf sein Wissen und seine Erfahrung stützen. Ebenso muss er auch ihre Giftigkeit einschätzen können.

Spezielle Reinigungsmittel

»Lösungsgele« und »Harzseifen« werden heute vorwiegend zum Reinigen von Gemälden verwendet. Sie sind sehr effektiv, weil sie auf das bestimmte Material, das von einem Bild entfernt werden soll, abgestimmt sind. Ein hundert Jahre alter Dammarfirnis wird zum Beispiel mit einer speziell dafür geschaffenen Harzseife abgenommen. Das Lösungsgel enthält genau den richtigen Anteil an Lösungsmittel, um das vorher mikrochemisch analysierte Material zu entfernen. Diese Gele werden aufgetragen, wirken ein oder zwei Minuten ein und werden dann abgewaschen.

Entfernen von Übermalungen

Sehr oft entfernt das Lösungsmittel für Firnisse auch alte Retuschen. Das kann alte Schäden in der Malschicht wieder sichtbar machen. Alte Übermalungen werden mit der Zeit hart und unlöslich. Man kann sie dann nur noch mit dem Skalpell abkratzen. Der Reinigungsprozess lässt die Leinwand trocken und etwas kreidig zurück. Daher wird zunächst eine Schicht Isolierfirnis aufgetragen, bevor die Löcher in der Leinwand gefüllt und mit dem gleichen Firnis versiegelt werden.

Füllen und Retuschieren

Traditionell benutzte man eine Schlämmkreide-/Gelatine-Mischung, um Fehlstellen im Malfilm auszufüllen. Dies ist bei Werken auf Holztafeln noch sehr verbreitet. Bei Leinwandgemälden verwendet man heute meist Feinspachtel mit Polyvinylacetat-Anteilen. Die Spachtelmasse wird mit einem Spatel aufgetragen. Überschüssiges Material entfernt man mit einem befeuchteten Lappen. Nachdem ein schadhaftes Gemälde gereinigt wurde, die Fehlstellen freigelegt und die Löcher repariert sind, überzieht man es mit einem Isolierfirnis. Die malerische Retusche der Fehlstellen wird stets über einer Firnisschicht ausgeführt, falls man etwas wieder entfernen muss. Die modernen Kunstharze, die von Restauratoren als Firnisse eingesetzt werden, sind auch nach langer Zeit entfernbar und hervorragend resistent gegen molekulare Kreuzbindungen.

Im Courtauld-Institut und in der National Gallery in London wird eine illusionistische Retusche praktiziert, bei der neu gemalte Partien selbst aus größter Nähe kaum vom Original zu unterscheiden sind. In Italien gibt es wiederum eine Reihe von Retuschiermethoden, die von Weitem nicht sichtbar sind, bei näherer Betrachtung aber durchaus. Nach der Retusche mit Aquarellfarben oder Farben auf Kunstharzbasis wird das Gemälde gefirnisst. Die ganze Arbeit wird dokumentiert und ist reversibel.

Firnissen

Der Firnis ist eine dünne Schutzschicht zwischen dem Malfilm und seiner Umgebung. Er sollte hochtransparent und farblos sein sowie gut auf dem getrockneten Malfilm haften. Andererseits muss er entfernbar sein, ohne dass dabei die Farbe angegriffen wird. Klassischer Firnis besteht aus flüssig gelöstem Naturharz.

Anforderungen an einen guten Firnis

Der Firnis hat die Aufgabe, den Malfilm vor Staub und Schmutz zu schützen. Wenn ein Firnis zu weich bleibt (siehe »Acrylgemälde firnissen«, S. 335), nimmt er leider selbst Schmutz an. Einige thermoplastische Harze haben niedrige Erstarrungstemperaturen, was bedeutet, dass sie bei relativ niedrigen Temperaturen weich zu werden beginnen und dann Schmutz aufnehmen können.

Der Firnis schützt ein Gemälde in gewissem Umfang vor den Einwirkungen von Sauerstoff und Feuchtigkeit. Der Schutzgrad hängt von seiner physikalischen Durchlässigkeit ab. Firnis muss ausreichend elastisch sein, damit er keine Risse bildet, wenn sich eine Leinwand ausdehnt oder zusammenzieht. Auch darf er die Farbschicht möglichst wenig spannen.

Firnisverfall

Physischer Verfall trifft als Rissbildung, Verkreidung, Schrumpfung und Runzelung in Erscheinung. Der chemische Verfall hingegen ist die Folge der allmählichen Oxidation vor allem des Harzes, zum Teil aber auch des Lösungsmittels. Lineare Polymere verfallen, indem ihre Molekülketten brechen und indem sie Kreuzbindungen eingehen, was zu Unlöslichkeit führt.

Firnislösungsmittel

Firnisse auf Basis flüchtiger Lösungsmittel trocknen, indem das Lösungsmittel verdunstet. Bereits ehe alles Lösungsmittel verdunsten kann, wird Firnis »handtrocken«. Unter dieser äußeren Schicht bildet er über gewisse Zeit ein Gel mit recht hohem Lösungsmittelgehalt, das sich langsam in alle Vertiefungen der Farbschicht bewegt. Wenn die Farbe noch nicht ganz trocken war, besteht die Gefahr chemischer Verbindungen mit den Lösungsmittelresten. Diese neigen zur Verfärbung und verfälschen dann die Farben des Bildes. Darüber hinaus wird der Verfall des Malfilms beschleunigt. Hieraus wird deutlich, wie wichtig die vollständige Durchtrocknung der Farbe vor dem Firnisauftrag ist. Die Lösungsmittel in einem Firnis müssen gut ausbalanciert sein, damit er nicht zu sehr glänzt und im richtigen Tempo auftrocknet.

Firnisharze

Das verwendete Natur- oder Kunstharz beeinflusst Beständigkeit, Lichtechtheit und Glanzeigenschaften des jeweiligen Firnisses.

Dammar In Terpentinöl gelöstes Dammarharz ist relativ gering viskos, was bedeutet, dass es sich leicht aufstreichen lässt und gut in die Farbstruktur hineinläuft. Das Gemälde erhält durch diesen Firnis einen ausgeprägten Glanz, und alle Farben gewinnen an Leuchtkraft. Vor allem die dunklen Töne erscheinen tiefer. Alkoholische und ketonische Anteile im Dammar bewirken eine allmähliche Oxidation und Dunkelung des Firnisses. Unreines Harz verfärbt sich schneller.

Kunstharze Bei den synthetischen Alternativstoffen, die in heutigen guten Künstlermalfirnissen enthalten sind, handelt es sich um Polyzyklohexanone oder ketonische Harze. Sie haben eine Viskosität wie Dammar, eine vergleichbar gute Haftung auf der Farbfläche, einen schönen »Nasseffekt« und sind leicht verstreichbar.

Firnissen in der Konservierung

Die meisten restaurierten Bilder erhalten einen Firnis, einige jedoch nicht. Dazu gehören einige impressionistische und kubistische Bilder, wo der Künstler keine glänzende Schutzschicht haben wollte. Bei einigen Gemälden des spanischen Kubisten Juan Gris gibt es zum Beispiel einige besonders glänzende und einige matte Stellen.

Es gibt keinen idealen Firnis. Ein Museum kann nur hoffen, dass die Oberflächenqualität des Firnisse ästhetisch angemessen ist, und dass er sich in den nächsten 40 Jahren nicht verfärben wird und reversibel bleibt.

Polycyclohexanone sind gut zu handhaben und bilden eine leicht glänzende Oberfläche. Sie enthalten jedoch kurzkettige Harze, die altern. Sie sind also sehr spröde, obwohl sie reversibel sind.

Der stabilste Firnis aus der Reihe der Kunstharzpolymere ist B 72. Dieser acrylpolymere Firnis wird häufig in der Restaurierung verwendet, ist aber im Künstlerbedarf nicht erhältlich. Solche Polymere sind »langkettige« Harze hoher Viskosität. Ihre langen Polymerketten hemmen die Beweglichkeit des Firnis. Daher durchtränken sie auch nicht die Oberfläche, auf die sie aufgetragen werden, und erzeugen weniger Glanz. B 72 gilbt nicht und bleibt wieder löslich. Er schafft eine leicht plastikähnliche Oberfläche. Wegen seiner sirupartigen Konsistenz kann man ihn nicht mit dem Pinsel auftragen, sondern versprüht ihn in einer Lösung 2:100. Da das Lösemittel giftig ist, müssen die nötigen Sicherheitsbestimmungen beachtet werden. Dammarfirnis wird immer noch für Restaurierungszwecke eingesetzt. Er hat eine gute Oberflächenqualität, ist leicht aufzutragen und ausreichend reversibel. Man verwendet nur das beste Dammar und nimmt in Kauf, dass es nach einigen Jahrzehnten wieder erneuert werden muss.

Technik Ölgemälde firnissen

Im Kapitel über die Ölmalerei wurde bereits auf die Gefahren hingewiesen, die eine übermäßige Beimischung von Harzfirnis zum Ölmalmittel nach sich zieht. Ein Künstler, der dies aus Unwissenheit getan hat, wird z. B. schmerzlich feststellen, dass sich beim Firnissen einzelne feine Malpartien auflösen und verwischen. Die Harzanteile in der Farbe werden dann von dem Lösungsmittel des Firnisses wieder angelöst. Diese unangenehme Erscheinung kann noch Jahre später auftreten, wenn ein alter, vergilbter Firnis entfernt wird und die verwendeten Lösungsmittel das Gemälde eventuell im Nu zerstören.

Konsequenterweise sollte man daher nur die empfohlenen Malmittel und Verdünner auf Ölbasis verwenden, wenn man mit Ölfarben malt. Dies sorgt für eine große (und daher sichere) Löslichkeitskluft zwischen dem getrockneten Farbauftrag und dem Firnis (siehe oben). Jeder der bereits vorgestellten Harzfirnisse ist für Ölgemälde geeignet.

Technik Acrylgemälde firnissen

Es liegt in der Natur der handelsüblichen Acrylfirnisse, dass die Löslichkeitskluft zwischen Farbschicht und Firnis oft sehr gering ist, sodass das Entfernen eines alten Firnisses schwierig werden kann. Die Verwendung von Firnis auf Lösungsmittelbasis kommt kaum infrage, weil er die Acrylfarbe aufquellen lassen würde. Darüber hinaus sind diese Firnisse auch nicht stabil. Sie gilben, werden immer schwerer löslich und erfordern nach Jahren so starke Lösungsmittel, dass man mit einiger Sicherheit den Acrylmalfilm mitzerstören würde.

Die gängigen wasserlöslichen Acrylfirnisse sind meist Abwandlungen der Acryldispersion, die als Bindemittel in der Farbmasse selbst enthalten ist. Die »hydrophilen« Bestandteile, die es ermöglichen, den Acrylfirnis mit Wasser zu verdünnen, bleiben aber auch nach der Trocknung in der Firnisschicht und geben ihr oft eine leicht milchige Trübung. Da der weiche Acrylfilm recht schmutzanfällig ist, empfiehlt es sich, das Bild hinter Glas zu rahmen.

Technik Firnis auftragen

Firnissen sollte man in einer sauberen, warmen, trockenen und gut belüfteten Umgebung. Das Gemälde muss sauber, fett- und staubfrei sowie völlig durchgetrocknet sein. Normalerweise legt man es flach hin und streicht die erste Firnisschicht mit einem breiten weichen Borstenpinsel auf. Ein Firnispinsel sollte besonders sauber sein und ausschließlich für diesen Zweck benutzt werden. Man trägt den Firnis gleichmäßig auf und arbeitet ihn in mehreren Pinselgängen durch. Die zweite Schicht sollte man eventuell aufsprühen, weil sie dann besonders ebenmäßig wird. Grundsätzlich ist dies schon bei der ersten Schicht möglich, doch garantiert der Auftrag mit dem Pinsel eine bessere Verbindung zwischen der Firnisschicht und dem Malfilm.

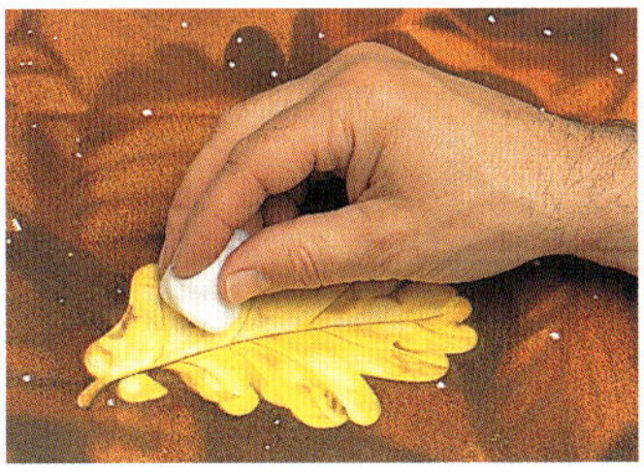

1 Reinigen Sie das Bild, falls unbedingt erforderlich, vorsichtig mit Watte, die Sie mit Speichel befeuchten.

2 Tragen Sie die erste Firnisschicht mit einem breiten weichen Pinsel immer in einer Richtung parallel zu den Bildkanten auf.

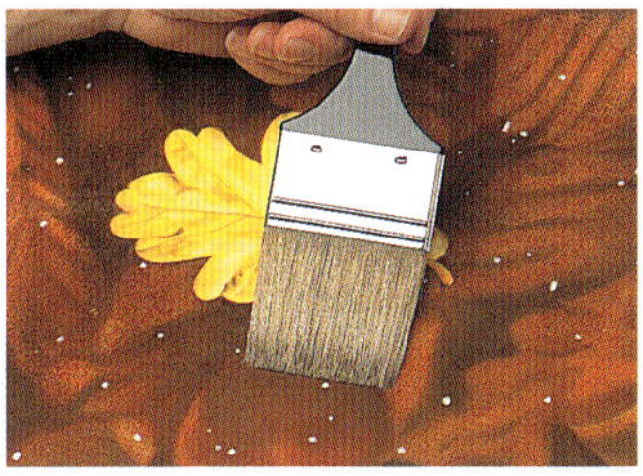

3 Nachdem der Firnis trocken ist, tragen Sie im rechten Winkel zu den Strichen der ersten eine gleichmäßige zweite Schicht dünn auf.

Gemäldeuntersuchungen

In einem Museum gibt es einige Standarduntersuchungen, um herauszufinden, wie ein Gemälde gemalt wurde und was mit ihm seitdem passiert ist. Solche Informationen sind für Künstler von besonderem Interesse, da man hier praktische Informationen über den Bildaufbau erhalten kann, und man lernt sehr viel über die Setzung und Überlagerung von Farben und das Verhalten spezieller Pigmente in bestimmten Bindematerialien. Man erfährt etwas über den genauen Bildaufbau in jeder einzelnen Stufe, sodass etwas ganz normal und leicht umzusetzen ist, was aus einem anderen Blickwinkel her unmöglich erscheint.

Solches Wissen über alte Techniken kann auch dann nützlich sein, wenn man neuere, zur Entstehungszeit des Bildes noch nicht erhältliche Materialien verwendet. Einige der neuen lichtechten, synthetischen organischen Pigmente, die für die Automobilindustrie entwickelt wurden, sind zum Beispiel so rein, dass sie bei einem gleichen Schichtaufbau, wie man ihn von Gemälden des 15. und 16. Jahrhunderts kennt, vollkommen andere Resultate zeigen.

Untersuchungsmethoden

Mithilfe moderner Technologie kann man Bilder untersuchen, ohne sie zu beschädigen, um zu erfahren, wie sie gemalt wurden und was mit ihnen seither geschehen ist. Von den sechs hier vorgestellten Untersuchungsmethoden sind fünf nicht-invasiv, d. h. sie verletzen die Malschicht nicht.

Untersuchung unter dem Mikroskop
Die Untersuchung eines Gemäldes unter dem Mikroskop ist eine nichtinvasive Methode und gibt Information über den Schichtaufbau und über vorgenommene Restaurierungen oder Übermalungen. Fotomikrografien geben sehr deutliche Informationen über den Farbauftrag.

Elektronenmikroskope machen riesige Vergrößerungen der Oberfläche, sodass Pigmentteilchen so groß wie Tennisbälle erscheinen.

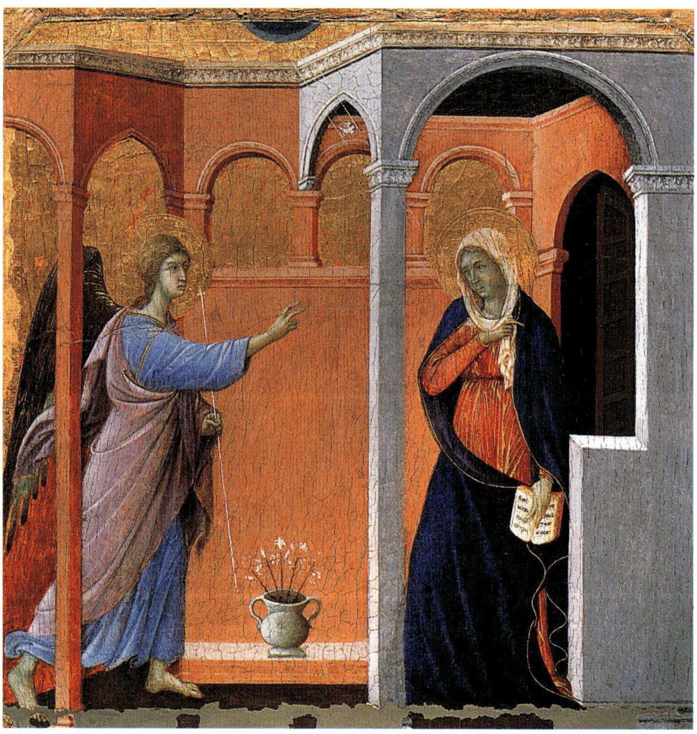

Verkündigung *(um 1278)*, Duccio

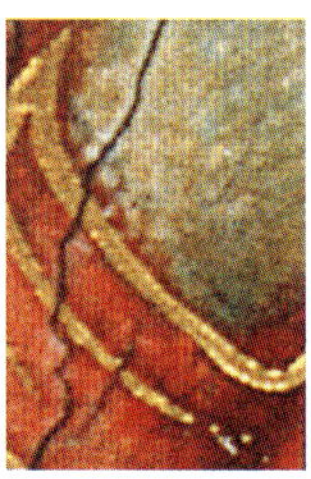

Oberflächendetail
Eine Makroaufnahme zeigt, wie die Farbe in einem Streifen unterhalb der Vergoldung aufgebaut wurde.

Querschnitte durch Farbschichten
Kleine Farbfragmente werden aus den beschädigten Stellen einer Tafel oder einer Leinwand entnommen, in klarem Kunstharz eingelegt und in Schichten geschnitten unter dem Mikroskop betrachtet. Diese Querschnitte geben ein deutliches Bild über den Bildaufbau.

Diese Proben können dann weiter mit mikrochemischen Analysen untersucht werden, indem man Gas-Chromatografie, Massen-Spektrometrie und Infrarot-Mikrospektrofotometrie einsetzt. So lassen sich bestimmte Pigmente und die Zusammensetzung von Malmitteln analysieren. Man könnte zum Beispiel die Art des trocknenden Öls herausfinden oder analysieren, ob ein Ei- oder Kaseinbindemittel verwendet wurde.

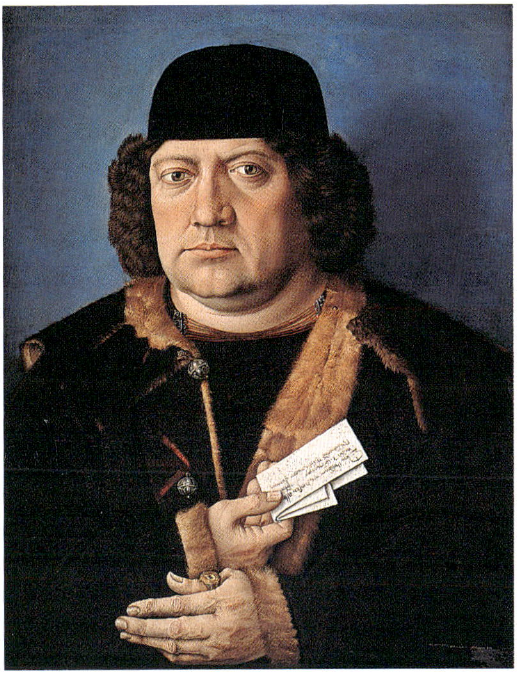

Porträt Alexander Mornauer *(um 1464–1488),* MEISTER DES MORNAUER-PORTRÄTS Vor der technischen Untersuchung nahm man an, dass der blaue Hintergrund und die Größe des Hutes zur Originalkonzeption des unbekannten Künstlers gehörten.

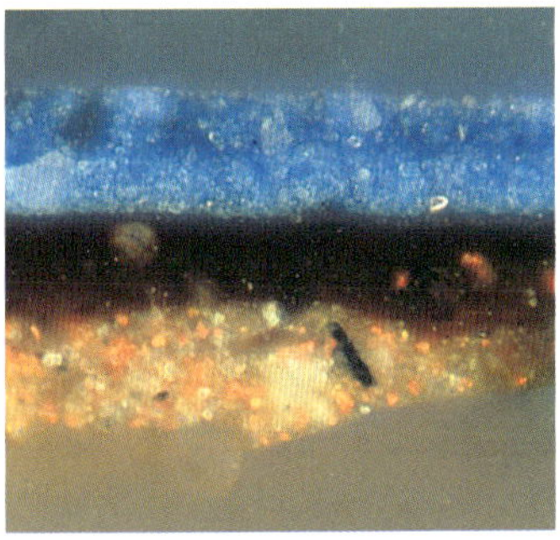

Querschnitt Die Untersuchung zeigt eine Schicht Preußischblau, das erst 200 Jahre später nach Entstehung des Gemäldes erhältlich war.

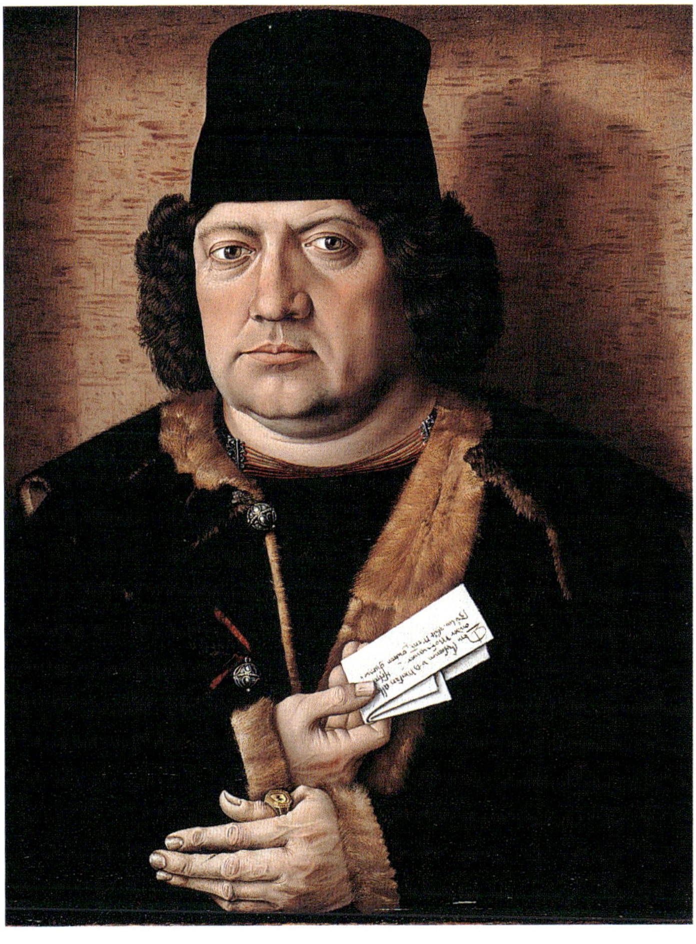

Nach der Restaurierung Das Gemälde wurde in den Originalzustand zurückversetzt, als man entdeckte, dass der blaue Hintergrund später gemalt wurde. So wirkt das Bild einheitlicher und dem Motiv angemessener.

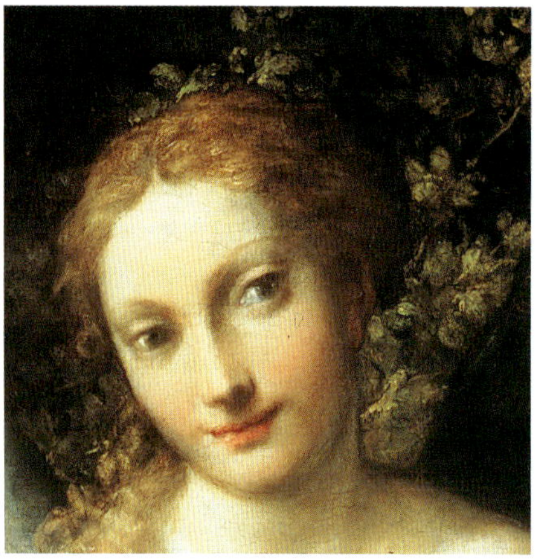

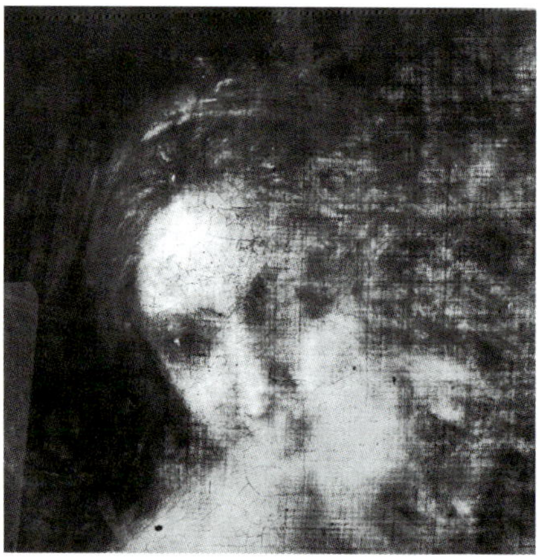

Röntgendetail Im Röntgendetail erkennt man deutlich, wie der Künstler seine Venus zuerst auf Cupido schauen ließ, sie dann aber aus dem Bild auf den Betrachter richtete, um ihn ins Bild zu ziehen.

Röntgenanalyse
Röntgenstrahlen durchdringen die ganze Bildstruktur und machen alle Einzelheiten deutlich. Bei einer Leinwand zeigen sie die Keilrahmen, einschließlich der Spannnägel. Röntgenstrahlen heben auch die dichten Pigmente hervor, vor allem Bleiweiß, aber auch Zinnober und Bleizinngelb. Da die Gesichtszüge meist mit Bleiweiß aufgebaut wurden, sieht man deutlich die Veränderungen während des Malens (pentimenti). Mit Röntgenstrahlen kann man auch Schäden durch unsachgemäße Restaurierungen entdecken.

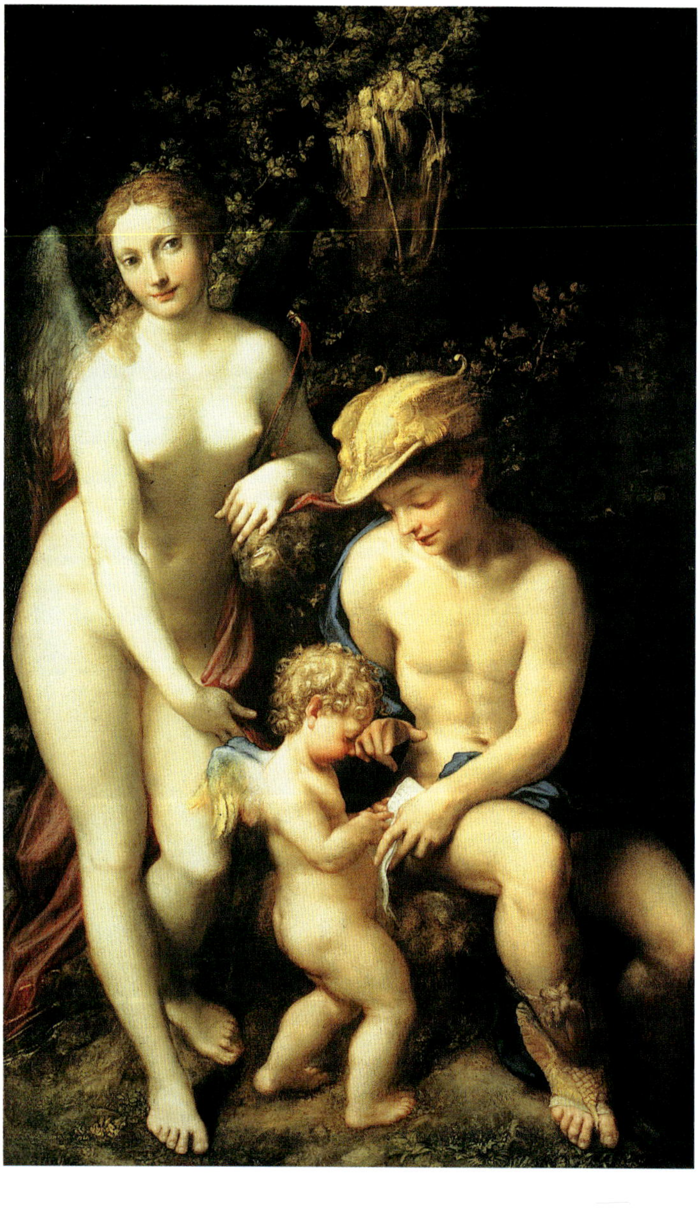

Venus mit Merkur und Cupido (Die Schule der Liebe)
(1494), Correggio

Infrarot-Fotografie

Hierbei wird ein Infrarot-Film in einer normalen Kamera verwendet. Infrarot-Strahlen durchdringen die oberen Schichten eines Bildes und zeigen die Schicht direkt unter der sichtbaren Oberfläche. So lässt sich feststellen, ob es unter den Malschichten eine Vorzeichnung gegeben hat. Man sieht damit oft, wie ein Künstler verschiedene Möglichkeiten der Komposition verwarf, bis er sich für eine Variante entschied.

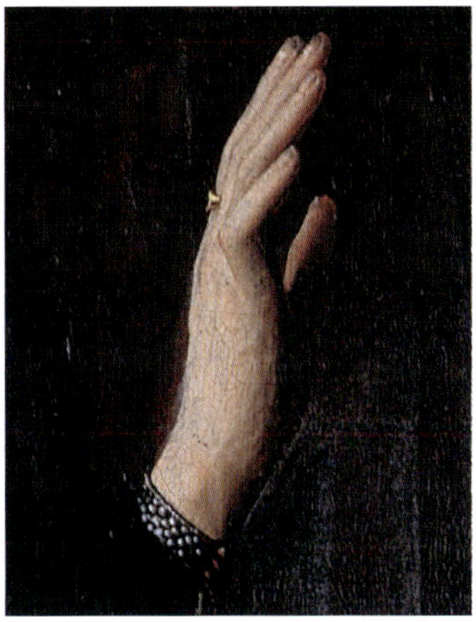

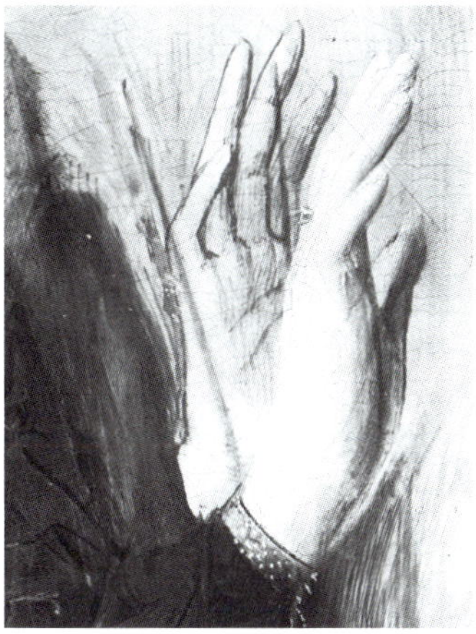

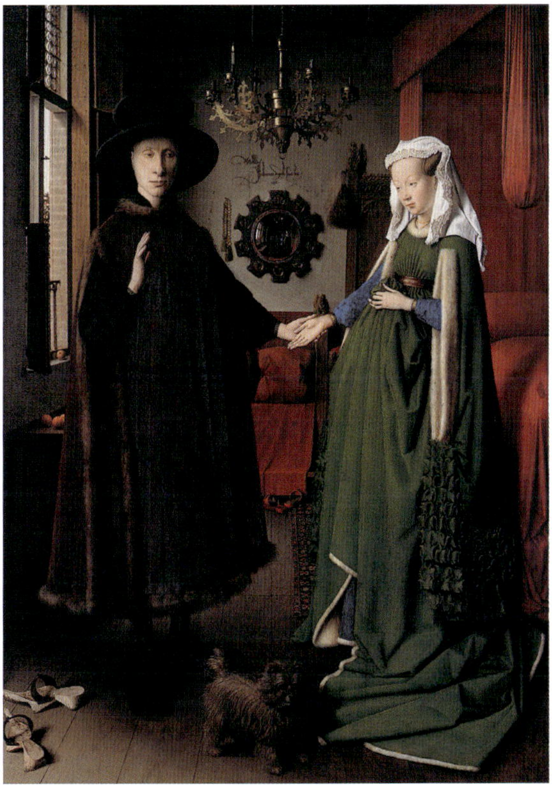

Röntgendetail Die verschiedenen Positionen der Hände des Giovanni Arnolfini in der Unterzeichnung zeigen, wie wichtig es für van Eyck war, die richtige Haltung für sein Bild zu finden. In der seitlichen Ansicht der Hand liegt mehr Ruhe und Gelassenheit als in der früheren Unterzeichnung, wo man mehr von der Handfläche sieht. Bei vielen anderen Stellen der Unterzeichnung sieht man van Eycks Suche nach Lösungen für bestimmte Bildteile.

Die Hochzeit der Arnolfini
(1422), Jan van Eyck

Infrarot-Reflektografie

Die Infrarot-Reflektografie ist eine Erweiterung der Röntgenfotografie. Man benutzt nur statt des Röntgenfilms einen lichtempfindlichen Infrarot-Detektor in einer TV-Kamera. Die Kamera ist direkt mit einem Monitor verbunden, und das System arbeitet in Realzeit. Das Spektrum der Infrarot-Reflektografie ist größer als das der Infrarot-Fotografie, denn mit ihr kann man sogar blaue und grüne Farben durchdringen. Die Methode hat die Infrarot-Fotografie in den Museen größtenteils ersetzt.

UV-Analyse

Fotografiert man ein Bild unter UV-Licht, beginnen die verschiedenen Stoffe auf der Malschicht zu fluoreszieren. Damit erhält man einen Zustandsbericht über das Bild, denn der später aufgetragene Firnis hat einen anderen Tonwert als der Originalfirnis. Dies gilt auch für spätere Retuschen im Vergleich zur ursprünglichen Malschicht. Diese Analyse ist also für den Konservator ein sehr nützliches Hilfsmittel.

Rahmung

Wenn ein Gemälde fertig gestellt ist, muss es aufgezogen und/oder gerahmt werden. Der handwerkliche Vorgang ist recht einfach, allerdings muss man sich darüber im Klaren sein, wie stark die Art der Rahmung die Wirkung des Bildes beeinflusst. Die Wahl und die Gestaltung des Rahmens sind wichtige Faktoren für die Präsentation des Werkes.

Funktionale Aspekte der Rahmung

Die Rahmung ist für empfindliche künstlerische Arbeiten ein unerlässlicher Teil des Schutzes. Je schneller eine Pastellzeichnung unter Glas kommt, desto besser sind die Aussichten auf eine lange Haltbarkeit. Das Gleiche gilt für Acrylbilder, die eine weiche Oberfläche haben können, die Staub anzieht.

Die Geschichte der Bildrahmung

In der frühen Renaissance malte man meist auf kreidegrundierten Holztafeln. Die Formgebung und Vergoldung des Rahmens war damals ein integraler Bestandteil des Gemäldes. Mit der Verbreitung der Leinwandgründe wurde der Rahmen zu einer separaten Komponente, die dem Gemälde nach seiner Fertigstellung hinzugefügt wurde. Der Rahmen war ein wichtiges und teures Dekorationsteil, das die Wirkung des Gemäldes unterstreichen sollte. Zugleich war er ein kunstvolles Handwerksstück, mit dem der Holzschnitzer und der Vergolder ihr hohes Können demonstrierten. Die damalige aufwendige und kostbare Bildpräsentation brachte zwar eine Fülle überaus künstlerischer und schöner Bilderrahmen hervor, die jedoch zum Inhalt der Bilder häufig keinen Bezug hatten.

Zeitgenössische Trends

Vom späten 19. Jahrhundert bis heute ist bei den meisten Malern die Tendenz zu beobachten, zu dem früheren Konzept zurückzukehren und Bild und Rahmen wieder stärker ineinander zu integrieren. Manche Künstler wie van Gogh und Seurat gingen so weit, ihre Rahmen in einem dem Bild ähnlichen Stil zu bemalen. Eine Alternative war, den Rahmen ganz wegzulassen oder die Leinwand lediglich rundum mit einer aufgenagelten rohen oder lackierten Leiste zu schützen.

Unter den heutigen Künstlern, die den Rahmen als unverzichtbares integrales Element des Gemäldes begriffen und erforscht haben, sind Howard Hodgkin und Mimmo Paladino zu nennen. Hodgkin verbindet Rahmen und Bild beinahe unmerklich, während Paladino den Rahmen mit neuen Motiven bemalt und so das Bildmotiv erweitert.

Howard Hodgkin verwendet oft alte Holzplatten, die bereits in irgendeiner Weise gerahmt sind, als Bildträger. In einigen Bildern wird der Rahmen sogar zu einer Art Proszeniumsbogen, der den Betrachter in die schillernde Welt dahinter führt. In anderen Bildern scheint der Maler den Rahmen zu ignorieren und übermalt ihn, als ob es ihn nicht gäbe. Dazwischen liegen zahlreiche Übergänge, die eine besondere Aufmerksamkeit des Künstlers gegenüber der Rahmung deutlich machen.

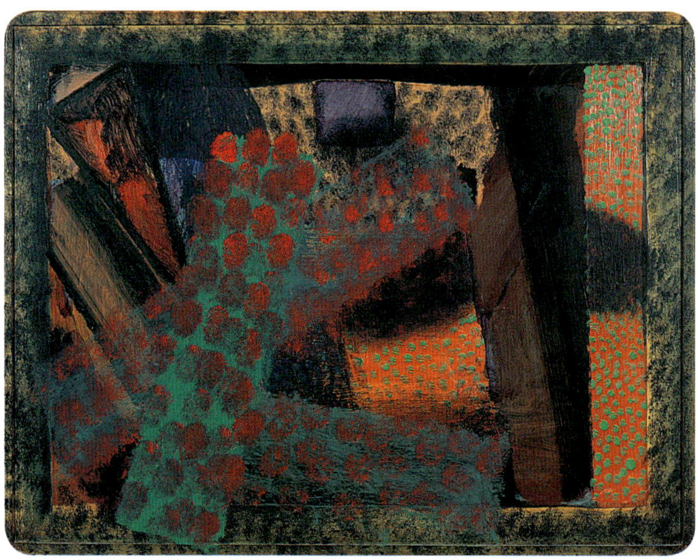

Dinner at Smith Square *(1975–1979)*, HOWARD HODGKIN
Der Rahmen wurde hier integraler Bestandteil des Kunstwerks. Ohne ihn würde das Bild keinen Sinn ergeben.

Rahmenherstellung

Die Herstellung eines rechtwinkligen Rahmens ist im Prinzip einfach. Man schneidet vier Leistenstücke zu, mit exakten 45°-Winkeln an beiden Enden, und leimt bzw. nagelt sie zusammen. Künstler, die dies lediglich mit Säge, Hammer, Leim und Nägeln versuchen, stellen fest, dass es praktisch unmöglich ist, die Winkel exakt zu sägen. Wenn Sie beabsichtigen, viele Rahmen zu bauen, lohnt es sich, einige Grundwerkzeuge anzuschaffen. Eine Gehrungslade oder -säge ist auf jeden Fall notwendig.

Material Die Wahl des Rahmenprofils

Spezielle Bilderrahmenleisten werden in einer Vielzahl von Größen, Stilarten, Farben und Formen im Handel angeboten. Viele dieser Rahmentypen zielen aber auf den Massengeschmack oder Billiglösungen ab und sind für den Künstler meist uninteressant. Hinzu kommt, dass sie oft nur für kleine Formate gedacht und entworfen sind – für Aquarelle, Stiche oder Fotografien – und daher für größere Gemälde nicht infrage kommen. Wenn Sie aber dennoch im normalen Angebot befriedigende Rahmenprofile entdecken, können Sie Geld sparen, indem Sie gleich einen 30-Meter-Posten kaufen, den Sie in 2,5- bis 3-Meter-Stücke zuschneiden lassen. Für besonders große Bildfortmate gibt es eine begrenzte Auswahl von Profilen in roher Pinie oder in Raminholz.

Unbehandelte Hölzer wie diese können in jeder Weise grundiert, lackiert oder gebeizt werden, um sie dem Charakter des Gemäldes optimal anzupassen. Im Übrigen ist das der einzige Weg, um die Farbbeständigkeit des Rahmens sicherzustellen. Fabrikmäßig lackierte Rahmenprofile gilben und dunkeln oft. Gesso wird oft als die beste Grundierung auf einem Holzrahmen angesehen. Die deckende, mattweiße Oberfläche rundet die scharfen Kanten des Rahmens ab. Darauf lassen sich dann roter Bolus und eine anschließende Vergoldung, aber auch eine einfache Bemalung problemlos anlegen.

Rahmenprofile herstellen

Wenn ein Künstler kein angemessenes Rahmenprofil im Handel findet, bleibt ihm die Möglichkeit, es nach seinen eigenen Entwürfen fräsen zu lassen. Falls das gewünschte Profil nicht »aus dem Rahmen« fällt, muss diese Alternative durchaus nicht besonders teuer sein, erst recht, wenn man gleich einen größeren Posten abnimmt.

Technik Der Gehrungsschnitt

Beim normalen rechteckigen Rahmen müssen die Ecken im Winkel von 45° gesägt werden. Die preiswerteste Hilfsvorrichtung hierfür ist eine Gehrungslade aus Hartholz. Man legt das Rahmenteil hinein, hält es gut fest und bewegt die Feinsäge in den senkrechten Führungsschlitzen der Lade. Auf diese Weise wird das Rahmenteil genau im richtigen Winkel abgesägt. In der Praxis zeigt sich, dass die Gehrungslade nur kurze Zeit exakt arbeitet, weil die hin- und hergehende Säge unvermeidlich die Führungsschlitze erweitert. Eine Lade aus Metall ist etwas dauerhafter. Für Künstler, die regelmäßig selber Rahmen bauen wollen, lohnt sich auf jeden Fall die Anschaffung einer guten Gehrungssäge. Diese besteht aus einem Gusseisensockel mit geschliffener Anlage und einer verstellbaren Führung, in die eine Säge fest eingebaut ist. Die Führung rastet bei einer Reihe gebräuchlicher Winkel ein. Gute Fabrikate sind extrem dauerhaft und zuverlässig. Die einzige notwendige Pflege besteht im gelegentlichen Schärfen oder Auswechseln des Sägeblatts. Eine ebenfalls hochwertige, aber ungleich teurere Vorrichtung ist der Guillotine-Gehrungsschneider. Er besteht aus zwei schweren scharfen Messern, die beide im 45°-Winkel zum Rahmenteil stehen, sodass beide Enden gleichzeitig geschnitten werden können. Dieses Gerät wird meist mit Luftdruck oder einem Fußpedal betrieben. Es steht in vielen Rahmungsbetrieben. Meist ist es damit nicht möglich, Profilleisten zu schneiden, die breiter als 8 cm sind. Der Hauptvorteil liegt darin, dass kein Sägestaub entsteht. Bei gesägten Rahmenleisten muss der Staub vor dem Leimen sehr gründlich entfernt werden.

Unabhängig davon, welche Schneidemethode man anwendet, müssen die Leisten sehr genau abgemessen werden, damit der Rahmen und das Bild gut ineinander passen. Messen Sie die Höhe und Breite des Bildes und addieren Sie zu beidem genug »Luft«, sodass sich rundum zwischen der Leinwandkante und dem Rahmenabsatz ein Spalt von 3–6 mm ergibt, je nach Größe des Gemäldes. Diese Bemaßung ergibt die Längen für die (abgesetzten) Innenseiten des Bilderrahmens.

Technik Leimen und nageln

Die bewährte Methode besteht darin, schnelltrocknenden Weißleim auf die Schnittkanten der zu verbindenden Rahmenteile zu streichen, sie in Winkelklammern zusammenzudrücken und festzuspannen. Es sollte an der Verbindungsstelle möglichst kein Leim herausquellen. Wenn dies dennoch geschieht, muss man ihn mit einem feuchten Tuch abwischen. Noch in eingespanntem Zustand werden dünne Senkkopfnägel als zusätzliche Verbindung eingeschlagen. Mit einem Versenkstift treibt man sie ganz ins Holz, sodass nur kleine Löcher sichtbar bleiben. Diese werden später zugekittet und übermalt. In zwei Klammern fügt man jeweils zwei Rahmenteile zusammen und lässt diese Paare einzeln trocknen. Später vervollständigt man den Rahmen, indem man die verbleibenden Schnittkanten beider Paare in gleicher Weise wie vorher zusammenleimt und nagelt. Wenn der Rahmen getrocknet ist, nimmt man ihn aus den Klammern und schließt die Nagellöcher mit einem Feinspachtel oder mit »flüssigem Holz«. Abschließend gleicht man diese Stellen der Rahmenfarbe an.

Etwas professioneller ist das Rahmen mit einem Spezialgerät. Die Schnittkanten zweier Rahmenteile erhalten wie zuvor einen Leimklecks und werden auf das Gerät gelegt. Ein scharfer Metallwinkel wird von unten in den Rahmen »geschossen«. Schon während der Trocknung des Leims hält er die Rahmenstücke fest zusammen. Dadurch kann man den kompletten Rahmen in kurzer Zeit zusammenfügen und erspart sich die seitlichen Nagellöcher mit den notwendigen Nacharbeiten.

Technik Das Einsetzen des Gemäldes in den Rahmen

Ein Gemälde, das ohne Verglasung oder Trägerkarton gerahmt wird, fixiert man meist mit seitlich eingeklemmten Kork- oder Balsastücken in der richtigen Position. Die innere Auflagekante des Rahmens wird oft mit einem weichen Material wie etwa Samtband ausgeschlagen, um das Gemälde entlang dieser Berührfläche vor Abrieb zu schützen. Von hinten muss das Gemälde gegen Herausfallen gesichert werden. Es hat sich eingebürgert, Nägel in die Rückseite des Rahmens zu schlagen und sie über den Spannrahmen zu biegen. Dies ist aber nicht optimal, weil Nägel rosten können und dort Spannung auf die Leinwand ausüben, wo sie sie berühren. Eine schonendere Sicherung der Leinwand besteht darin, Nylon- oder Blechplättchen hinten auf den Bilderrahmen zu schrauben, sodass sie den Spannrahmen überlappen und fixieren. Das Bild kann dann hinten mit Klebeband festgehalten werden. Um ein Leinwandgemälde in einem Spannrahmen so lange wie möglich in gutem Zustand zu erhalten, empfiehlt es sich, den Rahmen von hinten mit einem Rückbrett zu verschließen. Eine Platte aus Hartfaser, Sperrholz oder selbst aus Pappe bildet einen wirksamen Schutz gegen Staub und Schmutz und wirkt darüber hinaus als Puffer gegen atmosphärische Veränderungen. Zwei Schrauböseen werden hinten in den Rahmen gedreht und mit Bilderschnur verbunden. Ein größeres Bild erfordert feste Haken und ein Stahlseil zum Aufhängen. Man kann es auch auf eine Spiegelplatte montieren und an der Wand mit Dübeln befestigen (siehe S. 343).

Technik Das Rahmen von Zeichnungen, Drucken und Papiergemälden

Zeichnungen, Drucke und Papiergemälde werden in gleicher Weise gerahmt. Man schützt sie normalerweise mit Glas, doch zugleich müssen sie auch vor einem schädlichen Kontakt mit der Glasplatte bewahrt werden. Deswegen rahmt man sie meist mit einem Passepartout, das entweder aus einem guten Karton oder aus dickerer Passepartoutpappe gefertigt wird. Das Passepartout wird zwischen die Glasscheibe und das Bild gelegt. Über das Bild legt man einen Trägerkarton und ein »Rückbrett« als Staubschutz, dazwischen ggf. isolierende Kunststofffolie.

Das Glas

Bilderglas wählt man im Allgemeinen so dünn, wie es die Rahmengröße erlaubt. Das Bild soll möglichst klar und ohne die kleinste Verzerrung oder Farbverfälschung, die vom Glas ausgehen könnte, zu sehen sein. Das Glas schneidet man mit einem gewöhnlichen Diamant- oder Rollrädchenschneider zu. Es sollte ziemlich genau in den Rahmenabsatz passen, damit möglichst wenig Staub oder Schmutz von vorne eindringen kann. Zügig und ohne abzusetzen, ritzt man die Bruchlinie entlang einem stabilen Lineal, das man fest auf die Glasoberfläche presst. Dann legt man das Lineal entlang der Bruchlinie unter das Glas. Während man die eine Seite des Glases festhält, drückt man die andere herunter, bis es an

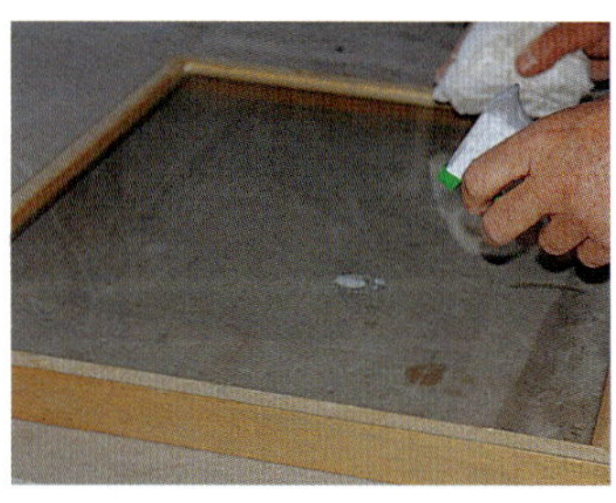

Reinigen Die Innenseite der Verglasung muss vollkommen sauber sein.

der Linie bricht. Vor dem Einlegen in den Rahmen sollte das Glas mit Sprühreiniger oder etwas Methylalkohol gereinigt und entfettet werden. Man poliert es mit einem nichtfusselnden Staubtuch.

Der Passepartoutkarton

Die einfachste Methode, ein Passepartout mit schrägen Kanten zu schneiden, erfordert nur ein Teppichmesser und ein Metalllineal. Man führt das Messer mit festem Druck entlang der schrägen Seite des Lineals, während man das Lineal ebenso fest auf den Karton presst. Da es extrem schwierig ist, den richtigen Winkel einzuhalten, schaffen sich die meisten Künstler ein spezielles Passepartoutmesser an. Durch eine Führung bewahrt es den Winkel, während man es am Lineal entlang zieht. Ein professioneller Passepartoutschneider hat demgegenüber noch den zusätzlichen Vorteil, dass der Anfangs- und Endpunkt des Schnittes vorher eingestellt werden können. Damit sind perfekte Schnitte möglich.

Das Bild auf dem Trägerkarton befestigen

Papierarbeiten klebt man nach der traditionellen Methode mit zwei Gelenkbändern aus dünnem Japanpapier von hinten gegen das Passepartout. Verwenden Sie hierfür Celluloseleim oder eine Mehl-/Wasser-Lösung. Transparentes Klebeband ist weniger geeignet, weil es das Kunstwerk verfärben kann. Das Passepartout kann man in gleicher Weise mit dem Trägerkarton verbinden, sodass die Arbeit sicher in einer Art »Sandwich« ruht. Handelt es sich um eine Grafik oder ein Gemälde auf handgeschöpftem Papier, ist das Passepartoutprinzip unbefriedigend, weil man den Bildträger wegen seiner Textur gern vollständig zeigen möchte. Auch hierbei benutzt man Papierbänder als Befestigung. Man klebt jeweils eines über die Ecken des Blattes auf den Untergrundkarton. Zusätzlich legt man ein Kartonfenster mit ein, welches das Bild freilässt, aber für einen Sicherheitsabstand zur Glasscheibe sorgt.

Das Rückbrett

Zwischen Trägerkarton und Rückbrett kann man eine chemisch neutrale Kunststofffolie lose einlegen.

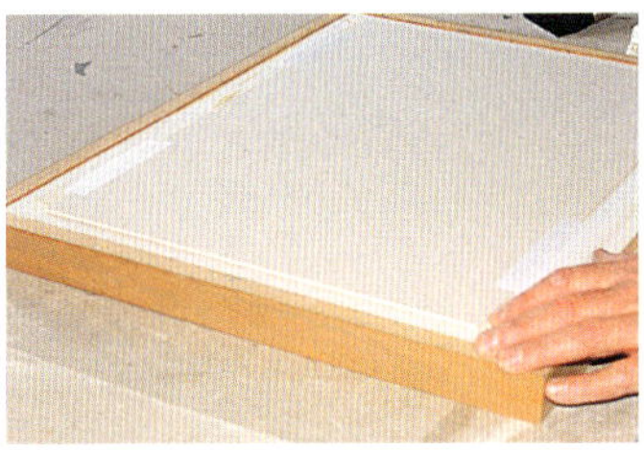

Im Rahmen Legen Sie das Passepartout in die Rückseite des Rahmens.

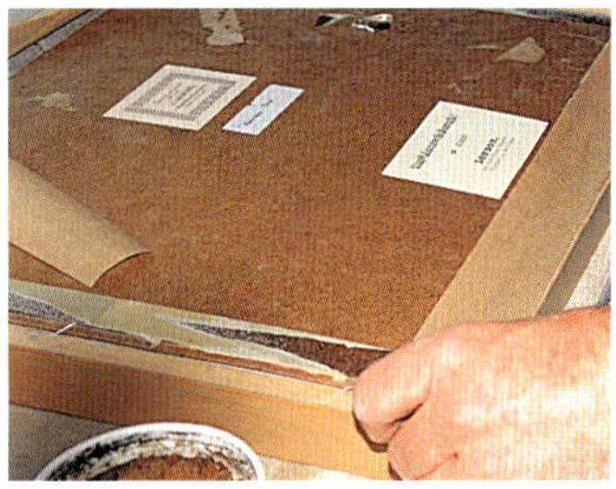

Verkleben Versiegeln Sie den Rahmen mit festem Klebeband.

Sie verhindert, dass aggressive Substanzen von hinten in den Trägerkarton und von dort ins Bild gelangen. Diese Zusatzmaßnahme ist aber nicht unbedingt nötig. Das Rückbrett sollte knapp auf den Rahmen zugeschnitten sein. Man fixiert es mit kleinen Nägeln, die von innen quer in den Rahmen geschlagen werden. Als Schutz gegen Staub und Schmutz klebt man rundherum Papierklebeband über die Rahmenrückseite und das Rückbrett. Schließlich schraubt man noch zwei Ösenschrauben in die Rahmenrückseite. Sie müssen im oberen Drittel oder Viertel der seitlichen Rahmenteile sitzen. Dadurch ist sichergestellt, dass sich das aufgehängte Bild oben etwas von der Wand wegneigt. Man verbindet die Ösen mit Nylon- oder Stahlschnur, sodass der Aufhängepunkt knapp unter der Rahmenoberkante liegt. Bei sehr großen Rahmen ist es sicherer, sie mit Aufhängbeschlägen an die Wand zu schrauben.

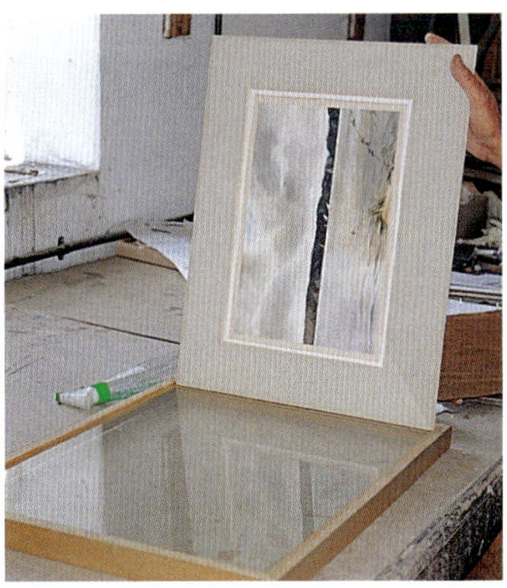

Die Arbeit aufziehen Markieren Sie die richtige Position der Arbeit mit Bleistift auf dem Rücken des Passepartouts und befestigen Sie das Bild dann mit doppelseitigem Klebeband.

Das Hängen sehr großer Gemälde

Sehr große Gemälde sind mitunter zu schwer und sperrig, um sie noch sicher mit Ösen und Bilderschnur aufhängen zu können. In solchen Fällen schraubt man besser Metallaufhänger in die vertikalen Rahmenteile, sodass sie seitlich herausstehen. Durch die vorgestanzten Löcher kann man das Bild an die Wand schrauben.

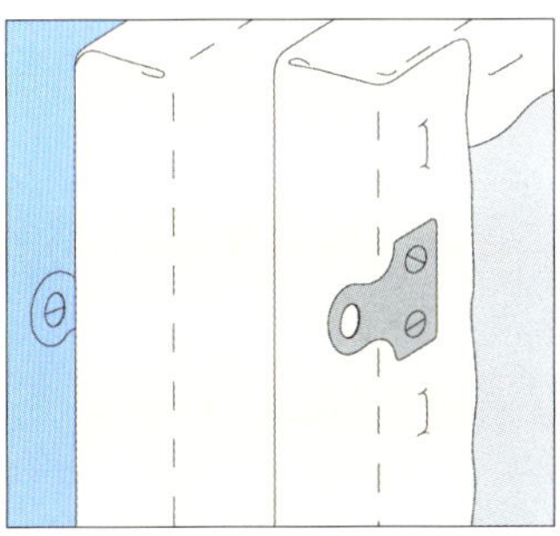

Die Befestigung verstecken Man kann die Aufhängeplättchen optisch etwas zurücktreten lassen, indem man sie in der Wandfarbe überstreicht.

ANHANG

Bisher benannten die Überschriften der einzelnen Kapitel die dort behandelten Materialien und künstlerischen Techniken, wie Zeichnen, Malen oder angewandte Künste. Der Anhang enthält Informationen zur Farbe und Perspektive, die für alle künstlerischen Bereiche wichtig sind. Dann folgen allgemeine Informationen zur Ausstellungspraxis und zu öffentlichen Aufträgen im Bereich Kunst am Bau.

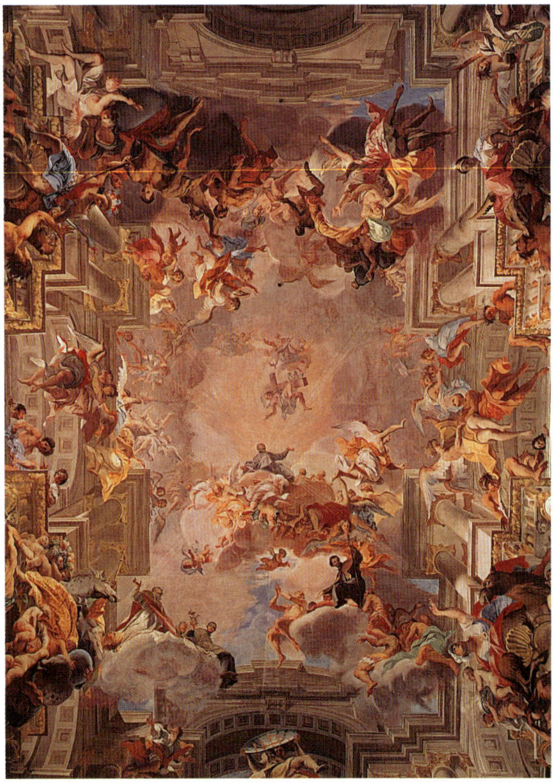

Die Aussendung des göttlichen Lichts *(1691–1694)*, ANDREA POZZO

Um den perspektivischen Entwurf richtig anzulegen, musste Pozzo ein Rasternetz in der Kuppel der Kirche Sant' Ignazio in Rom anfertigen. Zunächst konstruierte er ein horizontales Netz aus Bindfäden auf der Höhe der Kämpferlinie. Dann zog er eine Fadenlinie vom Blickpunkt am Boden des Mittelschiffs durch die Überschneidungen des Rasters zu einem korrespondierenden Punkt an der Decke der Kuppel. Die Punkte an der Decke wurden dann zu einem Raster verbunden, in das die Vorzeichnung des Wandbildes exakt übertragen werden konnte.

Farbe

Unsere Wahrnehmung von Farbe hängt ganz vom Einfall des Lichts auf die betrachteten Gegenstände ab. Im späten 17. Jahrhundert konnte der englische Physiker Sir Isaac Newton nachweisen, dass alle Farben Bestandteile des weißen Lichts sind.

Zu diesem Zweck ließ er einen weißen Lichtstrahl durch ein Glasprisma fallen. Das Licht wurde in ein Band verschiedener Farben zerlegt, die von Rot über Orange, Gelb, Grün, Blau und Indigo zu Violett reichten. Diese Farbstrahlen wurden in einer Sammellinse gebündelt und durch ein zweites Prisma geschickt, das die Farben wieder zu weißem Licht zusammensetzte.

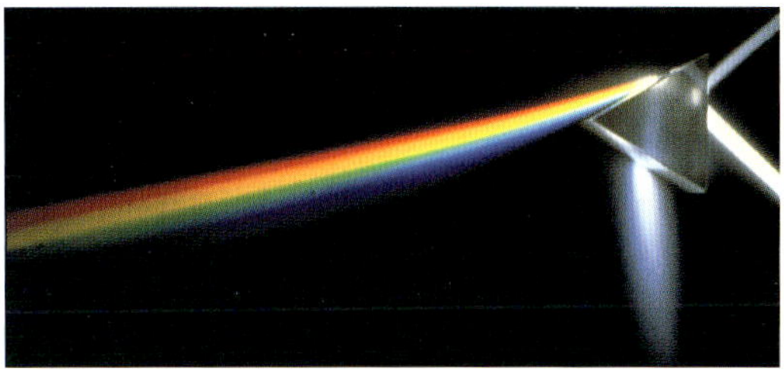

Brechung des weißen Lichts Wenn weißes Licht durch ein Prisma fällt, wird es in die Farben des Spektrums zerlegt.

Die Farben des Lichts

Die Farben des Lichts wurden von Newton infolge der Tatsache entdeckt, dass Licht verschiedener Wellenlängen mehr oder weniger gebrochen wird, wenn es aus einem transparenten Medium (Luft) in ein dichtes (Glas) dringt. Die rot-orangenen Lichtstrahlen gehen schneller durch das dichtere Medium und werden daher weniger gebrochen als die blauen oder violetten Strahlen. Darum sehen wir das Sonnenlicht bei Sonnenauf- und -untergang in Rot-Orange: Durch den dann schrägeren Einfallswinkel bedingt, müssen die Lichtstrahlen mehr Atmosphäre durchdringen. Der Wellenlängenbereich des sichtbaren Lichts umfasst nur einen winzigen Teil des elektromagnetischen Spektrums – von ungefähr 390 nm für Violett bis zu 670 nm für Rot. Jenseits der roten Wellen befinden sich infrarote Strahlen, darüber Radiowellen. Unterhalb des Violetts gibt es ultraviolette, Röntgen- und Gammastrahlen.

Additive Farbmischung

Newtons Experimente zeigten, dass sich weißes Licht in farbige Strahlen zerlegen und sich wieder zu weißem Licht zusammensetzen lässt. Das ist die »additive« Farbmischung, bei der mit jeder neuen Farbe mehr Licht hinzugefügt wird.

Die additiven Grundfarben Um farbige Lichter zu weißem Licht zu ergänzen, sind nur die drei Grundfarben des Lichts nötig:

- Blau (Blau-Violett) für die kürzeren Wellenlängen
- Grün für die mittleren Wellenlängen
- Rot (-Orange) für die längeren Wellenlängen.

Die additiven Grundfarben entsprechen lichtempfindlichen Stoffen in den Zapfen der Retina. Es gibt dort drei Zapfentypen, die jeweils auf blaues, grünes oder rotes Licht ansprechen.

Wenn man vor drei weiße Lichter jeweils einen roten, grünen und blauen Filter setzt und sie dann so auf eine weiße Fläche richtet, dass sie sich überschneiden, sieht man an der Stelle, wo sich alle drei Lichter überlagern, Weiß (siehe rechts). Wo Grün und Rot überblendet sind, erhält man gelbes Licht. Wo sich grüne und blaue Lichter treffen, ergibt sich Cyanblau, und wo Blau und Rot überlagert sind, sehen wir Magenta.

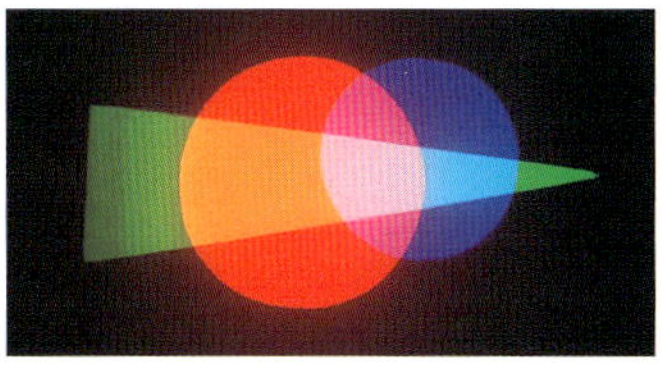

Die additiven Primärfarben Die Projektion der drei primären Lichtfarben Rot (großer Kreis), Blau (kleiner Kreis) und Grün (Dreieck) auf eine weiße Fläche ergibt weißes Licht bzw. aus je zwei Farben die sekundären Lichtfarben Cyan, Magenta und Gelb (bzw. die Primärfarben der subtraktiven Mischung).

Selektive Absorption

Wir haben gesehen, wie weißes Licht in die drei Grundfarben aufgespalten werden kann (Rot-Orange, Grün und Blau-Violett), die wiederum fotochemisch reagierenden Stoffen in den Zapfen der Netzhaut entsprechen.

Ob Licht von einer farbigen Oberfläche reflektiert oder durch diese geschickt wird, ist dabei nebensächlich. Nur die wahrgenommene Farbe wird reflektiert oder durchgestrahlt. Die anderen Farben werden von dem jeweiligen Material absorbiert und in Wärme umgewandelt. Eine weiße Oberfläche reflektiert alle drei Grundfarben, die dann zusammen gesehen Weiß ergeben. Eine mattschwarze Oberfläche wie Rußschwarz absorbiert alle Farben. Ein Gegenstand, den wir als blau-violett wahrnehmen, hat die grünen und orange-roten Lichtwellen absorbiert.

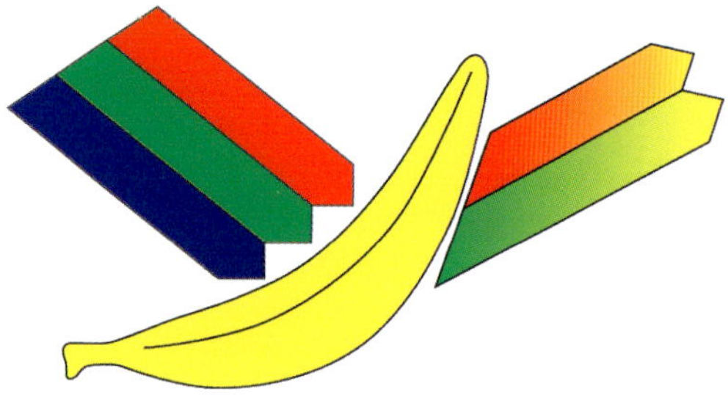

Ein gelbes Objekt Es absorbiert blau-violettes Licht. Die grünen und orange-roten Strahlen dagegen reflektiert es, weil Gelb die additive Mischung aus diesen beiden Farben ist.

Subtraktive Farbmischung

Diese Farbmischung betrifft Pigmente, Farbstoffe oder übereinander gelegte Farbfilme unter einer einheitlichen Lichtquelle. Die Wirkungsweise beruht auf der Subtraktion von Licht bei jeder weiteren zugefügten Farbe. Das lässt sich beobachten, wenn man zum Beispiel einen transparenten farbigen Filter auf eine weiße Lichtquelle setzt. Ein roter Filter absorbiert das grüne und blaue Licht und lässt nur das Rot durch. Weitere Farbfilter subtrahieren noch mehr Licht. Die subtraktiven Grundfarben sind Rot (Magenta), Blau (Cyan) und Gelb.

Subtraktive Farbmischung für Künstler Wenn man Farben für die Malerei mischt, macht jede neue zugefügte Farbe die Mischung etwas dunkler und den Farbton weniger rein. Kadmiumgelb zum Beispiel, eine Farbe, die viel Orange enthält, ergibt in Mischungen mit rötlichem Ultramarinblau ein schmutziges Graugrün, weil beide Farben fast komplementär zueinander sind. (Diese Farben ergeben in subtraktiven Mischungen Dunkelgrau oder Schwarz.) Mit den überaus reinen Farben aus synthetischen organischen Pigmenten (siehe S. 12–15) ist es heute aber möglich, sekundäre und tertiäre Farben von bemerkenswerter Reinheit zu mischen, obwohl das subtraktive Prinzip noch zutrifft. Ein leuchtendes Grün lässt sich zum Beispiel aus einem Azo-Gelb (Zitrongelb) und einem Phthalocyaninblau ermischen. Dies gilt auch für Lasuren, d. h. der transparenten Überlagerung von Farben. Beim Lasieren vertiefen sich die Farbtöne und weniger Licht kann von der weißen Grundierung oder dem weißen Papier reflektiert werden. Die nachstehenden Farbproben zeigen, wie man Primärfarben ausmischt, um reine Sekundärfarben zu erhalten.

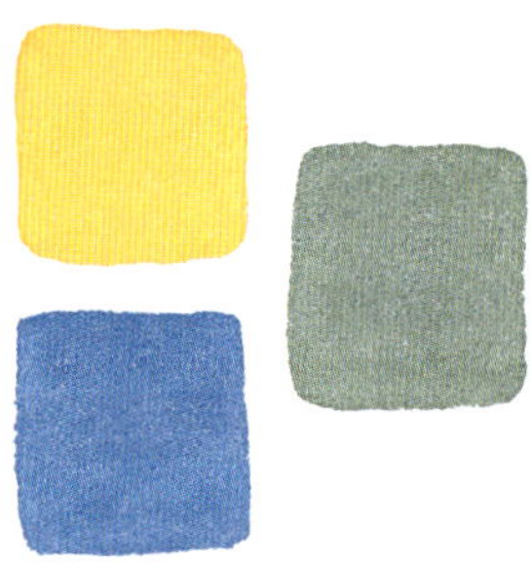

Graugrün Kadmiumgelb mit Ultramarinblau gemischt ergibt ein graues Grün.

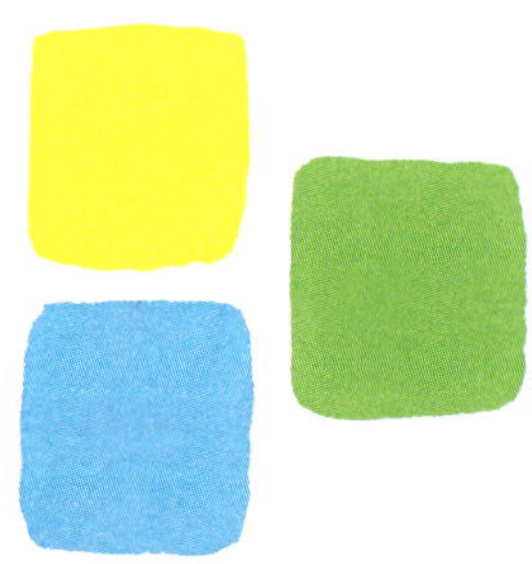

Helles Grün Kadmium Zitron mit Phthaloblau gemischt ergibt ein reines, helles Grün.

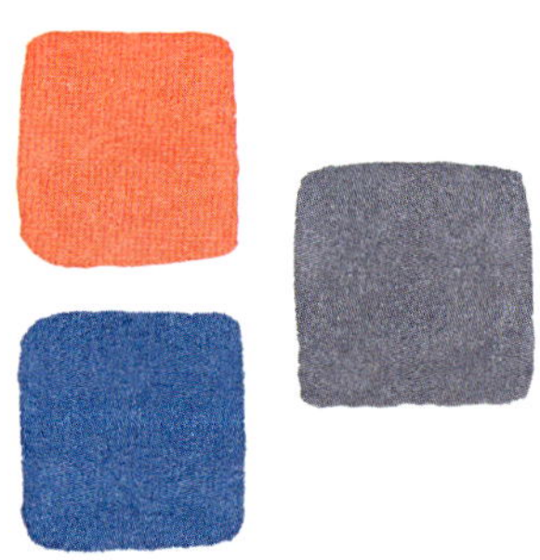

Grau-Violett Kadmiumrot mit Ultramarinblau gemischt ergibt ein gedämpftes Violett.

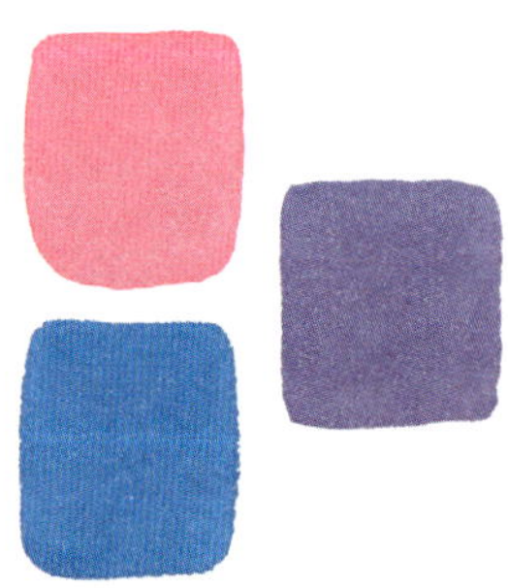

Helles Violett Permanent Rosa (Chinacridon) mit Phthaloblau gemischt ergibt ein reines, klares Violett.

Dreifarbendruck Das Prinzip der subtraktiven Farbmischung ist die Grundlage des Dreifarbendrucks. Die Druckplatten werden in den transparenten Farbtönen Gelb, Magenta und Cyan auf das weiße Papier gedruckt. Die Verbindung des Gelb mit dem Rot ergibt die Farbskala von Gelb über Orange/Rot zu Magenta. Die nachfolgende Überlagerung mit Cyan ergibt den Rest des Farbspektrums. Mit einer zusätzlichen Platte in Schwarz wird dem Druck Tiefe und Plastizität gegeben. Dies ist dann ein Vierfarbendruck.

Die Bildfolge im Abschnitt *Digitale Bildbearbeitung* auf S. 271 zeigt den subtraktiven Effekt der Überlagerung transparenter Farbschichten.

Farben testen

Die Reinheit eines Farbpigments kann mit einem Spektrophotometer bestimmt werden. Dieses Gerät misst die Lichtmenge, die vom Pigment innerhalb des sichtbaren Spektrums absorbiert wird und stellt sie grafisch dar. Dies geschieht, indem man weißes Licht durch eine dünne Schicht des Pigments schickt und misst, welches Spektrum auf der anderen Seite austritt, d. h. weißes Licht minus der absorbierten Wellenlänge der Farbe. Man kann auch das Licht messen, das von der Oberfläche einer Farbprobe reflektiert wird. Eine sehr reine Farbe hat einen sehr engen Absorptions-Bereich innerhalb einer bestimmten Wellenlänge. Je höher der Kurvenausschlag, desto leuchtender die Farbe. Eine breite Kurve signalisiert, dass das Pigment Wellenlängen von beiden Seiten absorbiert und die Farbe daher weniger rein wirkt.

Komplementärfarben

Aus der obigen Erklärung sieht man, dass die Farbwahrnehmung aus der Reflektion bzw. der Absorption der auf einen Gegenstand auftreffenden Lichtstrahlen herrührt. Ein gelber Gegenstand absorbiert das blau-violette Licht und reflektiert Grün und Rot.

Man kann also sagen, dass sich Gelb (eine Kombination von grünem und rotem Licht) und Blau-Violett ausbalancieren oder ergänzen, da eine Mischung von beiden im Licht (additive Mischung) Weiß ergeben würde und in Pigmenten (subtraktive Mischung) Schwarz. Das sind sogenannte Komplementärfarben.

Die grundlegenden Komplementärfarben sind für den Maler:

- Grün und Magenta
- Blau-Violett und Gelb
- Rot-Orange und Cyanblau. (Die Bezeichnung der genauen Farbnamen komplementärer Farben wechselt von einem Farbtheoretiker zum anderen.)

Die Komplementärfarben sind in der Malerei von einiger Bedeutung, da sie die Farben größter Kontraststärke sind. Sie können auf vielfältige Weise verwendet werden, um die Bildwirkung zu verstärken, zu beleben oder zu dämpfen. Darauf basieren auch Chevreuls Theorien des Simultan-, Sukzessiv- und Mischkontrasts (siehe S. 348).

Umgang mit Komplementärfarben
Wenn man sich näher mit den Komplementärfarben beschäftigt, wird man als Erstes lernen, wie man eine Farbe sehr wirkungsvoll durch Mischen mit einem Tupfer ihrer Komplementärfarbe brechen oder dämpfen kann, ohne Schwarz zu gebrauchen. Auch die Helligkeit einer Farblasur kann mit einer sehr dünnen Malschicht aus ihrer Komplementärfarbe gedämpft werden, was bereits Cima im 15. Jahrhundert in seiner Malerei anwendete. Derartige Effekte wird man selbst auf den vollständigsten Farbkreisen nicht vorfinden, da sich diese immer nur auf einen einzigen opaken Farbton bestimmter Helligkeit und Sättigung beziehen können.

Farben mischen
Mischt man die jeweiligen Farbenpaare zusammen, ergibt sich ein Dunkelgrau, wie man es in der Mitte der Farbenproben erkennen kann.

Cyanblau ist die Komplementärfarbe zu Orange-Rot.

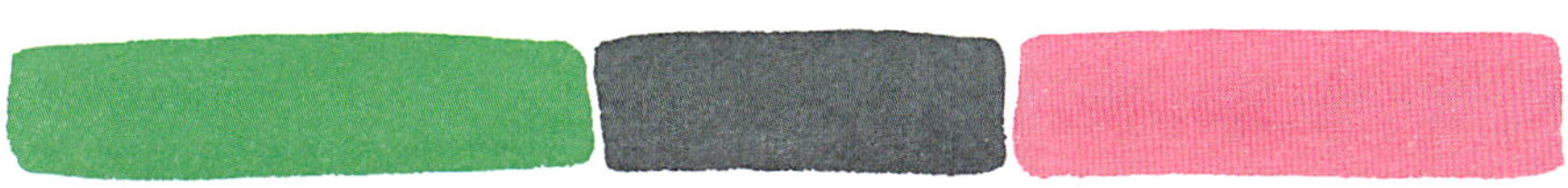

Grün ist die Komplementärfarbe zu Magenta.

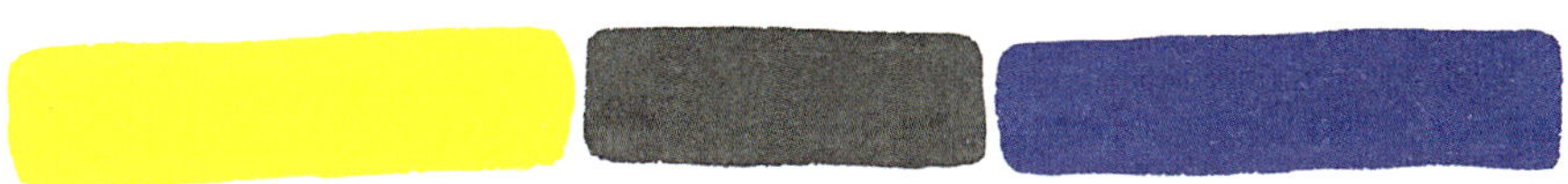

Gelb ist die Komplementärfarbe zu Blau-Violett.

Die Theorien von Chevreul

Den bewussten Einsatz von Komplementärfarben kann man in der europäischen Malerei zwar schon am Beispiel der frühen Eitempera-Tafelbilder erkennen, wo rosafarbene und grüne Farbtöne im Inkarnat gegenübergestellt sind. Doch wurden erst im 18. und 19. Jahrhundert Theorien über die Art und Anwendung komplementärer Farben aufgestellt.

Wohl der wichtigste Farbtheoretiker war Michel-Eugene Chevreul. Im Jahr 1839 veröffentlichte er sein Hauptwerk über die Regeln von Harmonie und Kontrast der Farben, *De la loi du contraste simultané des couleurs* (»Über das Gesetz des simultanen Farbenkontrastes«). Chevreuls Ansichten zur Farbe beeinflussten mit Sicherheit die gesamte europäische Malerei, und zwar deshalb, weil sie in klarer Sprache und aus der praktischen Anwendung heraus einige Grundregeln der Farbe erklärten, die bis dahin von den Künstlern wohl nur vage vermutet worden waren. Chevreul erläuterte in seinem Buch die drei einfachen Gesetze des Simultan- und Sukzessivkontrastes sowie des Mischkontrastes.

Simultankontrast

Das Gesetz des Simultankontrastes besagt folgendes: Zwei unterschiedliche Tonwerte derselben Farbe erscheinen dem Auge in unmittelbarer Nachbarschaft wesentlich intensiver als in separater Betrachtung.

Chevreul bemerkte an den Rändern zweier benachbarter Farben sowohl einen Tonwert- wie auch einen Farbwechsel: »Sieht man auf einmal zwei gleichfarbige Zonen von verschiedenem Dunkelheitsgrad oder zwei verschiedenfarbige Zonen von gleichem Dunkelheitsgrad so dicht benachbart, dass ihre Ränder zusammenstoßen, so nimmt das Auge Veränderungen in der Intensität wie auch im Farbton wahr.« Er zeigte auf, dass eine starke Farbe wie Rot ihr Umfeld mit ihrer Komplementärfarbe Grün überflutet und dadurch das Aussehen der nächstliegenden Farbe beeinflusst. Für den Simultankontrast bedeutet diese Farbwirkung, dass das Auge die Helligkeits- und Farbtonunterschiede sofort und auf einmal (simultan) wahrnimmt. Ein ausgeprägtes Bewusstsein für diese Aspekte der Farbzusammenstellung kann in der künstlerischen Praxis Entscheidungen bezüglich der Farbgestaltung enorm erleichtern, weil es einem oft zu verstehen hilft, warum bestimmte Effekte funktionieren und andere nicht.

Simultankontrast von zwei Tonwerten einer Farbe Zwei verschiedene Tonwerte einer Farbe, der eine heller, der andere dunkler, erscheinen dem Auge separat nicht so deutlich wie in unmittelbarer Nachbarschaft. Der Grund: An der Stelle, wo sie sich berühren – also der Stelle mit maximalem Kontrast – , wirkt der dunklere Ton sogar noch dunkler.

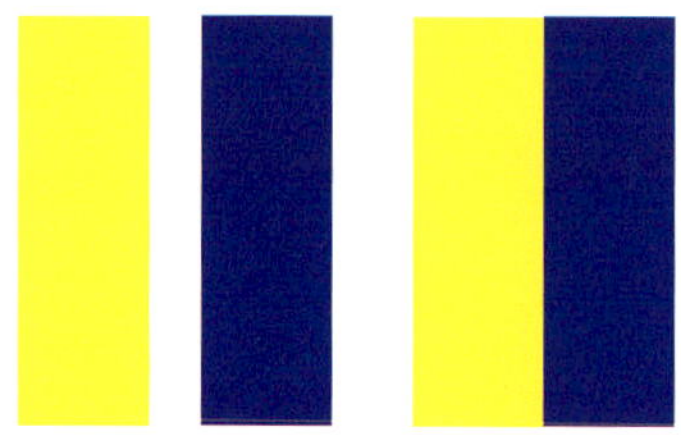

Simultankontrast von Komplementärfarben Zwei benachbarte Komplementärfarben wie Gelb und Violett beeinflussen sich gegenseitig so, dass die jeweilige Farbintensität gesteigert wird. In diesem Fall erscheinen Violett und Gelb intensiver und gesättigter. Der Simultankontrast verstärkt also die unter schiedliche Wahrnehmung von Komplementärfarben.

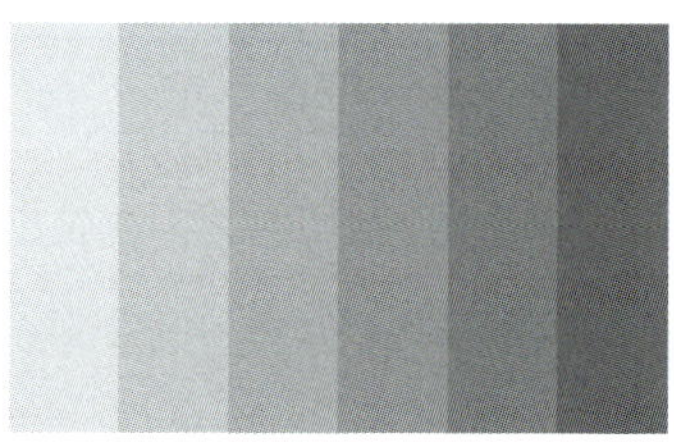

Simultankontrast einer Tonwertskala Eine allmählich in den dunklen Tönen zunehmende Tonwertskala erscheint dem Auge als konkav ausgeformtes Kannelurenband. Um diesen Effekt zu vermeiden, empfiehlt Chevreul dem Maler, den Rand des jeweils folgenden dunkleren Farbtons etwas aufzuhellen. Nur dann ergibt sich in der Wahrnehmung ein gleichmäßig verlaufendes Band.

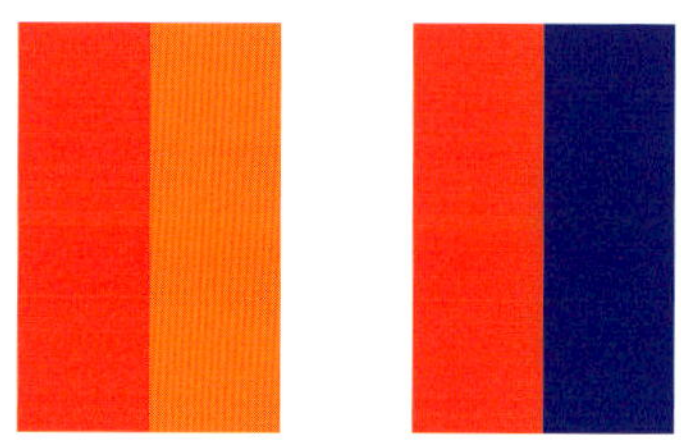

Simultankontrast ähnlicher Farbtöne Zwei nebeneinander liegende ähnliche Farbtöne beeinflussen sich in der gleichen Weise wie Komplementärfarben, jedoch mit anderer Auswirkung. Wenn man Rot neben Orange setzt, sieht es mehr Violett-Rot aus, und zwar durch das vom Orange ausgelöste Blau. Wenn dasselbe Rot neben Violett gesetzt wird, sieht es mehr Orange aus wegen der vom Violett erzeugten Komplementärfarbe Gelb, die mit dem Rot zusammen gesehen wird. Unterschiedlich große Farbflächen verstärken dies.

Sukzessivkontrast

Das Gesetz des Sukzessivkontrastes ähnelt dem des Simultankontrastes mit dem Unterschied, dass es sich hier um sog. »Nachbildeffekte« handelt. Wenn man eine Farbe eine Zeit lang intensiv anschaut und dann auf eine weiße Fläche blickt, entsteht ein Nachbild in der Komplementärfarbe der ursprünglichen. Diese Effekte sind für den Maler vor allem im Zusammenhang mit dem dritten Gesetz von Chevreul, dem Mischkontrast, von Interesse.

Mischkontrast

Dieses Phänomen bezieht sich auf den gerade beschriebenen Nachbildeffekt mit dem Unterschied, dass zwei unterschiedliche Farbtöne betrachtet werden.

Blickt man zum Beispiel auf eine Fläche in Rot-Orange und sofort danach auf ein gelbes Feld, wird das Gelb grünlich aussehen, da es sich im Auge mit dem blauen Nachbild des Rot-Orange vermischt.

Dieser Effekt macht sich besonders bei großformatigen Gemälden oder Wandbildern bemerkbar, die Teil für Teil betrachtet werden.

Chevreuls Erkenntnisse über die Komplementärfarbe

Chevreuls Kontrastgesetze beziehen sich vor allem auf die Verwendung komplementärer Farben. In seiner »Harmoniekontrastlehre« weist er auf die vorrangige Bedeutung der Komplementärfarben vor allen anderen Farbgesetzen hin und stellt fest, dass sich die drei wichtigsten Komplementärfarben jedoch beträchtlich in ihren Tonwerten unterscheiden.

»Rot und Grün sind die Komplementärfarben, die in der Helligkeitsstufe fast ebenbürtig sind: Rot bezieht hinsichtlich seiner Intensität einen Platz zwischen Gelb und Blau, und im Grün sind diese beiden Farben kombiniert.«

»Blau und Orange differieren stärker als Rot und Grün. Die weniger intensive Farbe Blau steht für sich, während die beiden intensivsten Farben Rot und Gelb im Orange vereint sind.«

»Gelb und Violett bilden den stärksten Gegensatz hinsichtlich des Tonwertes, da die hellste der intensivsten Farben, Gelb, von den anderen isoliert erscheint.«

Die Folgerungen daraus sind für den Maler klar. Da z. B. Gelb im Unterschied zu Violett von großer Reinheit und Helligkeit ist, wird er sehr bewusst Gelb für Lichter und Violett eher für Schatten einsetzen.

Farbordnungssysteme

Da jede Farbe grundsätzlich ihre Komplementärfarbe hat, kann man Farbordnungssysteme aufstellen. Ausgangspunkt solcher Systeme ist der Farbkreis, auf dem die komplementären Farben jeweils gegenüberliegen. Der einfachste Farbkreis zeigt Magenta gegenüber Grün, Violett gegenüber Gelb und Rot-Orange gegenüber Cyanblau. Vollständigere Kreise zeigen viele andere Farbtöne.

Chevreul konstruierte seinen chromatischen Kreis aus zweiundsiebzig verschiedenen Farbtönen, die alle aus den drei Grundfarben Rot, Gelb und Blau ermischt werden können. Zusätzlich wird jeder Farbton in Weißaufhellungen und Schwarztrübungen auf einer Stufenleiter von einundzwanzig Tonwerten zwischen Weiß und Schwarz gezeigt. Die von Chevreul entwickelte Farbhemisphäre ähnelt dem dreidimensionalen System von Philipp Otto Runge, das er Anfang des 19. Jahrhunderts in einer Kugelform erstellte. An dieser Kugel konnte man die drei Haupteigenschaften von Farben leicht ablesen:

- Farbton – die Farbe selbst (Rot, Blau, Grün);
- Sättigung – die Intensität der Farbe. Der Sättigungsgrad hängt von der Menge Weiß (Aufhellung) oder Schwarz (Trübung) ab, mit der die Farbe eventuell gemischt worden ist. Eine sehr dünne Malschicht über einer weißen oder abgetönten Fläche kann in der Malpraxis weniger gesättigt erscheinen;
- Tonwert oder relative Helligkeit – der Grad von Helligkeit oder Dunkelheit (meistens im Vgl. zu einer festgelegten Graustufenleiter).

Der Deutsche Ostwald und der Amerikaner Munsell entwickelten Ende des 19. bzw. Anfang des 20. Jahrhunderts unabhängig voneinander Systeme, mit deren Hilfe Farbton, Sättigung und Helligkeit exakt bestimmt werden konnten.

Die Anwendung von Chevreuls Theorie

Chevreul erkannte sehr genau, dass Komplementärfarben dazu verwendet werden können, sich gegenseitig im Simultankontrast zu steigern, aber auch, um die jeweilig enthaltenen Farben zu brechen. Er warnte sogar vor der Verwendung von Komplementärfarben bei der Herstellung farbiger Webfäden für Teppiche, die besonders leuchtend herauskommen sollten. Aufgrund der optischen Farbenmischung ergeben nämlich nebeneinander liegende Flecken von Rot und Grün, Blau und Orange oder Gelb und Violett nur eine neutrale graue Farbwirkung. Entscheidend ist hier die Größe der Farbmenge im Verhältnis zum Ganzen.

Der Maler kann diese Farben in einer homogenen Mischung der Pigmente verwenden, in der die einzelnen Farben nicht mehr erkennbar sind, oder in kleinen nebeneinander liegenden Flecken reiner Farbe, die aus einiger Entfernung neutral aussehen. Er kann aber auch größere Flächen von Farben aneinandergrenzen lassen, sodass sie entweder einen starken Kontrast zeigen oder Harmonie und Balance, je nachdem, wie die Farben verwendet sind. Auch die Intensität oder Sättigung der Farbe kommt hier ins Spiel. Während gleiche Mengen von Rot und Grün, die ja im Tonwert ähnlich sind, eine harmonische Farbwirkung ergeben, müsste man unterschiedliche Mengen von Gelb und Violett nehmen, um einen ähnlich ausgewogenen Effekt zu erzielen, da reines Gelb von größerer Helligkeit ist als Violett.

Gegenüberstellung Wenn man mittels optischer Mischung aus zwei eng benachbarten Farben eine neue dritte erzielen möchte, verwendet man am besten einander ähnliche Farben, um den Vergrauungseffekt zu vermeiden. Chevreul empfiehlt zum Beispiel, zur Mischung von Orange aus roten und gelben Webfäden ein Rot zu nehmen, das nach Orange tendiert, und ebenso ein Gelb, das nach Orange geht. Eine seiner »Regeln der Harmonie« lautet, dass unterschiedliche, aber ähnliche Farben nebeneinander einen »angenehmen« Kontrast ergeben. In bestimmten Fällen kann das Nebeneinanderstellen zweier Farben zur optischen Erzeugung einer dritten eine lebhaftere Wirkung ergeben als die tatsächliche Mischung dieser Farben. Bei der Gegenüberstellung ähnlicher Farben empfiehlt Chevreul, den Tonwert der einen herabzusetzen, um die andere leuchtender erscheinen zu lassen.

Die Farbwirkung auf unterschiedlichen Gründen

Chevreul führt aus, dass »jedes Rezept für eine Farbkomposition, die auf einem Untergrund von einer anderen Farbe angelegt werden soll, die Wirkung dieses Grundes auf die Farbe der Komposition berücksichtigen muss«. Das weiß heute jeder Maler. Schon Leonardo hatte Jahrhunderte vorher darauf hingewiesen, doch Chevreul hat als Erster diese Farbwirkungen im Zusammenhang mit seiner Kontrastlehre thematisiert, die besagt: Eine rote Fläche färbt das umliegende Feld grün, Gelb macht es violett, Blau färbt es orange, und umgekehrt. Diese Interaktion der Farben betrifft den Tonwert und die Fläche wie die Farbe selbst.

Auf weißem Grund erscheint eine Farbe leuchtender; durch komplementäre Färbung des weißen Grundes wird ihr Tonwert gedämpft.

Auf einem schwarzen Grund kann die komplementäre Färbung den Farbton aufhellen, vorausgesetzt, es handelt sich um eine leuchtende und gesättigte Farbe (siehe unten).

Nach Chevreul werden alle Grundfarben durch Grau in ihrer Leuchtkraft und Reinheit gesteigert. Ein graues Motiv auf einem leuchtenden Farbgrund wird dessen Komplementärfarbe annehmen und damit die Farbe des Grundes noch intensivieren.

Farben mit Schwarz oder Weiß isolieren

Jede deckende Farbe, die man auf einen andersfarbigen Grund legt, wird durch den Effekt der simultanen Überflutung in Richtung auf ihre Komplementärfarbe optisch verändert. Dieser Effekt kann durch Isolierung der deckenden Farbe mit Schwarz oder Weiß vermieden werden. Chevreul führte aus, dass farbige Glasfenster deshalb so prächtig wirken, weil sie ein einfaches Motiv in genau abgegrenzten Teilen darstellen, das selbst aus weiter Entfernung deutlich gesehen werden kann. Noch wichtiger erschien ihm aber, dass die Abgrenzung der farbigen Glasflächen mit schwarzem Bleilot erfolgte, da erst durch diese schwarze Umrandung jede Farbe in ihrer Reinheit und Leuchtkraft gesteigert würde. Auch für die Bilder von Georges Rouault (1871–1958) und Fernand Léger (1881–1955) ist die schwarze Umrandung der Farben charakteristisch. Beide Maler erkannten die satten und tiefen Farbwirkungen, die man dadurch besonders bei den Grundfarben erreichen kann.

Eine alternative Technik ist die Verwendung einer weißen Kontur.

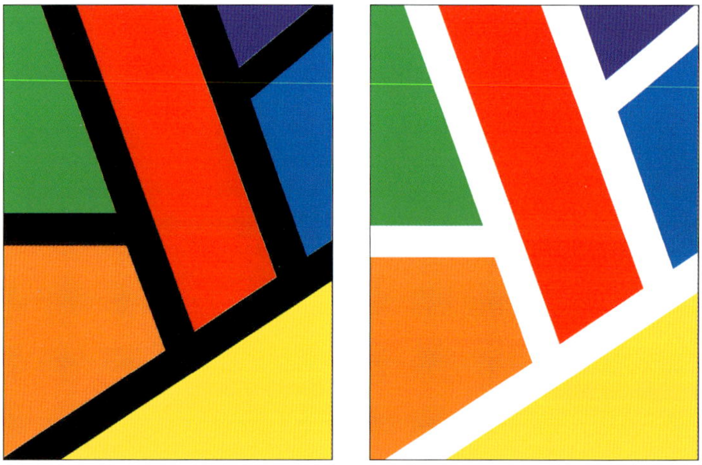

Mit Schwarz oder Weiß Farben abgrenzen Zwischen den schwarzen Stegen beginnen die Farben zu leuchten, während sie zwischen den weißen Stegen dunkler im Tonwert erscheinen. Beides wirkt am besten mit flächigen Farbfeldern.

Farbiges Licht auf farbigen Oberflächen

Ein anderes Harmoniegesetz von Chevreul betrifft den vereinheitlichenden Effekt, wenn man unterschiedliche Farben durch ein farbiges Glas betrachtet. Ausführlich diskutierte er den Effekt farbiger Lichtstrahlen auf farbigen Gegenständen und wies darauf hin, dass rote Strahlen einen weißen Gegenstand rot aussehen lassen, einen schwarzen Purpur-Schwarz, einen tiefgrünen Rot-Schwarz und einen hellgrünen Rot-Grau (komplementäre Wirkungen). Rot auf Rot erscheint tiefer und gesättigter als unter weißem Licht.

Obige Erkenntnisse sind auch für den Maler interessant, denn sie offenbaren nicht nur die Farbveränderungen unter verschiedenfarbigem Licht, sondern auch solche, die bei einer farbigen Lasur mit ähnlichem Farbton wie das Bild entstehen würden. Eine Lasur in der Malerei entspricht einem farbigen Filter über weißem Beleuchtungslicht.

Perspektive

Perspektive kann man als die natürliche Wahrnehmung der räumlichen Beziehungen zwischen den sichtbaren Gegenständen verstehen. Diese Wahrnehmung läuft sehr komplex ab, da wir ständig in Bewegung sind und daher unseren Blickwinkel immer neu einstellen müssen. Wenn wir uns zum Beispiel in einem Raum bewegen, liefern wir unterschiedliche Ansichten desselben Gegenstandes an das Sehzentrum im Gehirn. Daraus wird dann ein dreidimensionales Bild des Gegenstandes in seiner dreidimensionalen Umgebung entwickelt. Selbst wenn wir unsere Augen auf einen einzigen Punkt fixieren, haben wir ein weit umfassenderes Gesichtsfeld vor uns, das uns viel mehr vom umgebenden Raum zeigt, als wir auf Gemälden sehen.

Zur Geschichte der Perspektive

Die alten Ägypter konnten ihre Welt ohne Bezug zur Perspektive auf einer Bildfläche darstellen. Die Figuren wechselten in der Größe je nach ihrer Bedeutung in der dargestellten Szene ab. Sie wurden entweder von vorn oder im Profil oder sogar in Verbindung beider Möglichkeiten dargestellt. Es gab keine Probleme der Verzerrung, wie sie später in komplizierteren Systemen auftauchten. Der Zusammenhang zwischen Abbildgröße und Ausdruckssuche zieht sich durch die Jahrhunderte. Auch in der byzantinischen Kunst drückt er sich in den flächigen, antiillusionistischen Bildern aus.

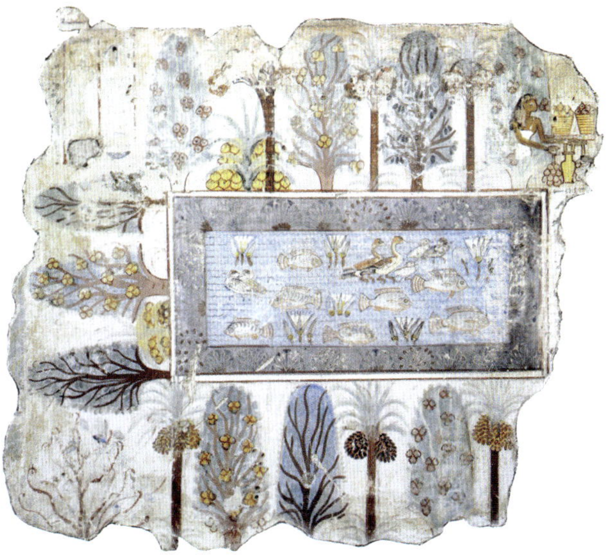

Das Wasserbecken in Nebanums Garten *(um 1400 v. Chr.)*, ÄGYPTEN
Bei räumlichen Darstellungen der alten Ägypter erschien eine Szene gleichzeitig von oben, von der Seite und von vorn. Diese Öffnung und Verflachung des Bildraums ermöglicht eine sehr umfassende Ansicht der Szene. Alle verschiedenen Blickwinkel sind auf einer Bildfläche vereint dargestellt.

Griechische und römische Entwicklungen

Die Griechen erforschten als erste die Projektion von Gegenständen und Figuren im Raum. Vitruv schrieb in seinem Buch *De Architectura* um 25 v. Chr., dass das Konzept der Strahlenprojektion von einem festen Fluchtpunkt aus, um Gebäude in einer gemalten Bühnendekoration illusionistisch darstellen zu können, bereits hundert Jahre vorher von Demokrit und Anaxagoras entwickelt worden wäre.

Die Abhandlung *De Optica* von Euklid (um 300 v. Chr.) hatte den wohl bedeutendsten Einfluss auf die Entwicklung der Linearperspektive. Darin wurden die Gesetze der Geometrie in einer Untersuchung über den Sehprozess angewandt. Euklid führte die Vorstellung gerade verlaufender Sehstrahlen ein, die in das Auge in Form eines visuellen Kegels treffen. Diese und weitere theoretische Arbeiten führten dann zur ersten praktischen Anwendung durch Alberti in seiner Abhandlung über die Malerei (1435). Nun konnten Künstler Bilder in linearer Perspektive konstruieren.

Einer der Theoretiker, die auf Euklid aufbauten, war der in Alexandria wirkende Ptolemäus. In seiner Optica (140 n. Chr.) führte er die Vorstellung des zentralen Sehstrahls ein (siehe S. 355). Seine Geographia war die erste Darstellung der Perspektive in der Kartographie, gelangte aber erst 1250 Jahre später in das Abendland.

Raumillusion In der Zwischenzeit lässt sich die weitere Entwicklung der Perspektive an Beispielen griechischer und römischer Kunst ablesen. Bei ihnen wurde eine Art axonometrische Projektion verwendet, bei der die Seiten des räumlich wahrgenommenen Gegenstandes leicht abgewinkelt werden, aber nicht in einem Fluchtpunkt konvergieren. Daneben gab es noch eine empirische Parallelperspektive, um räumliche Tiefe anzudeuten.

Der Raum der *Masken* auf dem Palatin in Rom ist ein ausgezeichnetes Beispiel für den Versuch, auf einer zweidimensionalen Wand eine überzeugende Architekturszene zu schaffen. In den meisten Beispielen dieser Art scheint die Darstellung einer Raumillusion eine eigene Kunstform zu sein anstatt nur Hilfsmittel für eine realistische Szenerie. Im Rahmen seiner Abhandlung über die Perspektive führt John White aus, dass die weitere Entwicklung bis zur Renaissance nicht nur auf weltliche Dekorationszwecke konzentriert blieb, wie in Pompeji, sondern vor allem der überzeugenden Darstellung der religiösen Geschichte gewidmet war. Der Gebrauch der Perspektive verschwand dann nach der römischen Zeit für fast tausend Jahre aus der Kunst.

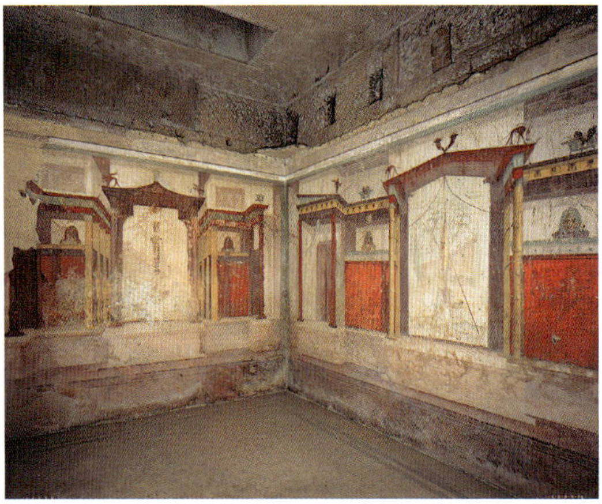

Der Raum der Masken *(Mitte bis spätes 1. Jahrhundert v.Chr.)* Der flache Bildraum der gemalten Architekturelemente macht den illusionistischen Effekt noch verblüffender.

Die Wiedergeburt der Perspektive
Das »Verschwinden« der Perspektive in der Kunst geht einher mit einer ähnlichen Lücke in den Theorien. Das arabische Werk zur Optik, *Perspectiva* von Alhazan (um 1000 n. Chr.), das Europa erst im 12. Jahrhundert erreichte, fasste vieles aus den frühen Schriften zusammen. Neue Ideen betrafen den Eintritt der Lichtstrahlen ins Auge und die gebogene Form der Hornhaut des Auges. Ein wiedererwachendes Interesse an der Optik drückt sich im 13. Jahrhundert im *Opus maius* von Roger Bacon aus. Seine Ideen wurden in der populären *Perspectiva communis* von John Pecham verbreitet und ungefähr ein Jahrhundert später in Italien durch Blasius von Parma.

Auf einen zentralen Fluchtpunkt zu
In der Kunst verlief die Entwicklung zur Zentralperspektive nur langsam. Giotto (1266–1337) war einer der ersten Maler mit einem Gefühl für räumliche Einheit in der Komposition, die von seinen Zeitgenossen als völlig innovativ angesehen wurde. Etwa zur Zeit seines Todes zeigten auch andere Werke einen sich entwickelnden Sinn für die Perspektive, besonders zur Darstellung der Architektur. Ungefähr zur selben Zeit konnte man mithilfe der Fluchtachsenperspektive, bei der verschiedene Fluchtpunkte zur Darstellung einer symmetrischen Anordnung paralleler Kanten verwendet wurden, die von einer zentralen Vertikalen oder Horizontalen ausgehen, den »Innenraum« eines Bildes leicht abgeflacht oder geöffnet darstellen, sodass die Seiten, der Boden oder die Decke der Szene betrachtet werden konnten.

Ambrogio Lorenzetti

Ein neuer Sinn für die Perspektive
Diese Stadtansicht ist Teil eines Freskos aus der Sala della Pace im Palazzo Pubblico in Siena und zeigt einen zutiefst empirischen Sinn für den Einsatz der Perspektive in einer Architekturdarstellung.

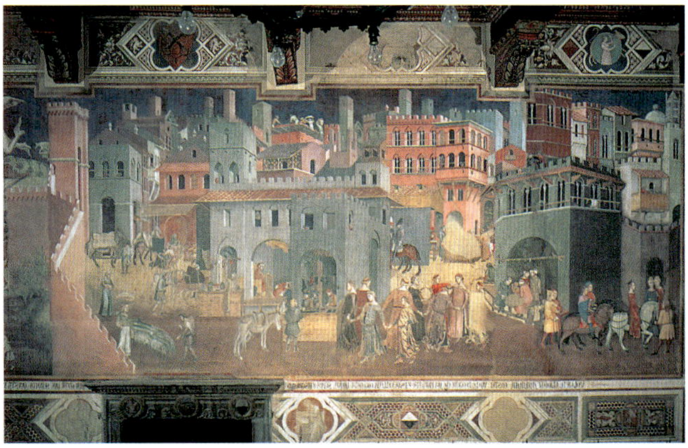

Allegorie der Guten Regierung in der Stadt (Ausschnitt), *(1337–1339),* Ambrogio Lorenzetti

Brunelleschis Experimente mit der Zentralperspektive Frühestens 1425 demonstrierte Filippo Brunelleschi ein System der Zentralperspektive, in dem alle orthogonalen Linien auf einen zentralen Fluchtpunkt zuliefen, der von dem fixierten Blickpunkt des Betrachters abhing. Seine verloren gegangenen Tafelbilder, die das Baptisterium und den Palazzo Vecchio in Florenz zeigten, sollten durch ein kleines Loch im Holz des Tafelbildes in einem gegenüberhängenden Spiegel betrachtet werden, wobei das Loch dem Fluchtpunkt im Gemälde entsprach.

Masaccios Trinitätsfresko in der Kirche S. Maria Novella in Florenz (um 1425–1428) ist eines der ersten und schönsten Beispiele einer Arbeit, die völlig auf der Linearperspektive aufgebaut ist. Doch stehen die Figuren nicht in strenger Übereinstimmung mit der Perspektive der Architektur, die von einem einzelnen Blickpunkt ausgeht. Dies ist ein Problem vieler Arbeiten aus dieser Zeit, als es leichter war, die geometrische Perspektive in der Architekturdarstellung anzuwenden als bei der menschlichen Figur.

Um 1436 wurde die Linearperspektive für die Malerei in einem Traktat des Florentiner Architekten Leon Battista Alberti niedergelegt. Seine Konstruktionsmethode wird auf Seite 354 beschrieben.

Die Regeln der Zentralperspektive Bei einem einzigen zentralen Fluchtpunkt stellt sich das Problem der Lage des Blickpunkts. Wenn man die Szene zum Beispiel innerhalb eines viereckigen Bildraums zu nahe betrachtet, werden die Dimensionen der »Wände«, der »Decke« und des »Bodens« zu dominant. Aus zu großer Entfernung sind sie im Bild kaum noch wahrzunehmen. Der allgemein verbindliche Durchschnittsabstand zur Bildebene beträgt etwa das Anderthalbfache der Breite des Motivs.

Das etwa ein Jahrzehnt nach Brunelleschis Experimenten wieder entdeckte System von Alberti erlaubte den Künstlern der Renaissance die Darstellung der Raumillusion auf einer zweidimensionalen Fläche in weitaus höherem, perfekterem Grade als je zuvor. Da das Auge des Betrachters von den Fluchtlinien unweigerlich in den Bildraum gezogen wird, lässt sich diese Blickbewegung durch nicht verzerrte frontale Flächen subtil abfangen und verlängern. Der Fluchtpunkt kann versteckt hinter einem Gegenstand vorn oder hinten im Bild liegen. Er kann sich z. B. hinter dem Gesicht einer Figur befinden, die den Betrachter anblickt. Er kann aber auch auf der fernen Horizontlinie liegen, die durch den architektonischen Rahmen des Bildes sichtbar wird.

Die Regeln der Zentralperspektive waren zugleich befreiend und teilweise einschränkend. Befreiend waren sie deshalb, weil die Maler zum ersten Mal einen völlig überzeugenden illusionistischen Raum konstruieren konnten, in dem eine religiöse Szenerie glaubhaft als »reale Handlung« inszeniert werden konnte. Dies war insofern aber auch einschränkend, als das System einen fixierten Blickpunkt erforderte, der in der Praxis oft nicht mit dem möglichen Blickwinkel auf die Arbeit übereinstimmte. Außerdem gab es in einem solchen System, das vertikale oder laterale Konvergenz unberücksichtigt ließ, gewisse Anomalien, wie später Leonardo feststellte.

Das neue Wertsystem der Renaissance setzte jedoch den Menschen in den Mittelpunkt einer neuen Welt objektiver Wahrheit, die nun exakt mit einem einfachen System der Maße und der Proportion dargestellt werden konnte.

Wie Künstler sich der Zentralperspektive annahmen Die meisten Künstler näherten sich seinerzeit der Zentralperspektive mit einem gewissen Pragmatismus. Sie brachten sie immer dann ins Bild ein, wenn es nützlich schien, waren aber auch so frei, ohne sie auszukommen. Bei Paolo Uccello kann man zum Beispiel feststellen, dass er noch lange nach Beherrschung der Zentralperspektive wechselnde Fluchtpunkte gebrauchte. Uccello setzte sich ebenso wie Piero della Francesca sehr mit der Theorie der Perspektive auseinander und schuf trotzdem Werke wie das Fresko für *Sir John Hawkwood* und die *Sintflut* in der Kirche S. Maria Novella (Florenz), die zwar auf einer sorgfältig genau gezeichneten Perspektive beruhen, aber doch einige Bildelemente enthalten, die nicht mit dem perspektivischen Schema übereinstimmen.

Masaccio

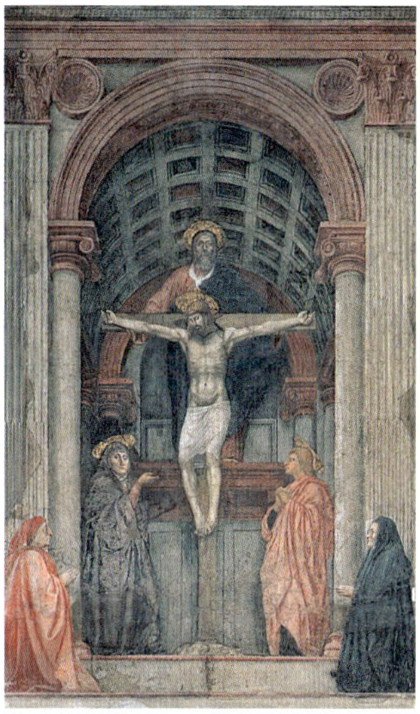

Linearperspektive

Dies ist ein berühmtes Beispiel für die frühe Anwendung der Linearperspektive, bei der Masaccio einen zentralen Fluchtpunkt in Augenhöhe verwendet, um eine gewölbte Architektur hinter der Christusfigur zu öffnen.

Trinitätsfresko in Santa Maria Novella, Florenz *(um 1425),*
MASACCIO

Das Traktat von Alberti

Alberti nahm eine Sehstrahlpyramide vom Gegenstand zum Auge an. Der zentrale Sehstrahl sollte aus einer gegebenen Entfernung durch die Mitte der Pyramide in das Auge eintreten. Was in der Überschneidung als Abbild projiziert wurde, sollte genau den gesehenen Gegenständen entsprechen gemäß Theorem 21 aus Euklids *Optica:* Wenn eine gerade Linie zwei Seiten eines Dreiecks (an irgendeinem Punkt) schneidet und parallel zur dritten Seite liegt, stehen beide Dreiecke in einem direkten proportionalen Verhältnis zueinander. Infolge dessen bleiben alle parallel zur Bildebene liegenden Formen unverzerrt.

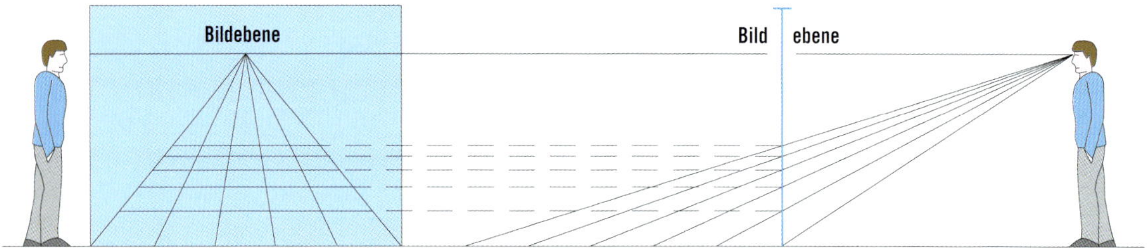

Albertis Prinzip 1 Zur Konstruktion der Perspektive in einem Gemälde muss ein Rechteck für die Bildfläche gezeichnet werden. Dann muss man die Größe einer Figur an einem bestimmten Punkt in der Bildfläche festlegen und die Figur in drei Teile zu je einem »braccio« (ca. 57 cm) teilen.

2 Nachdem die Größe der Figur entsprechend dem »braccio« dreigeteilt ist, wird die untere Seite der Bildfläche in demselben Maß markiert. Auf deren Mittelachse wird ein zentraler Fluchtpunkt in Höhe des Scheitelpunkts der Figur angelegt (also drei »braccio« hoch). Von der unterteilten Grundlinie aus werden nun gerade Linien zum Fluchtpunkt gezogen.

3 Nun können perspektivisch verjüngende Querlinien gezogen werden, indem man auf der linken Seite des Rechtecks einen Punkt in Höhe der drei »braccio« markiert. Von diesem Punkt wird eine Diagonale zum entgegengesetzten unteren Winkel des Rechtecks gezogen. In den Schnittpunkten der Diagonalen mit den orthogonalen Linien des Dreiecks werden dann parallel zur Grundlinie verlaufende Querlinien eingezeichnet.

Perspektivisch zeichnen

Das erste Buch, das die praktische Konstruktion der Zeichenperspektive vorführte, war *De Artificiali Perspectiva* von Jean Pelerin (auch Viator genannt), veröffentlicht im Jahre 1505. Er vereinte zentrale und diagonale Fluchtpunkte, wobei die letzteren die Position von Gegenständen in einem bestimmten Winkel zur Bildebene genau darstellen konnten. Dieses System wurde von Guido Ubaldo del Monte im Jahre 1600 noch erweitert. Danach sollte jeder Fluchtpunkt einer Linie auf einer Fläche durch die Zeichnung einer Linie dargestellt werden, die parallel zu ihr vom Auge zur Bildebene verläuft. So sollte man jede beliebige Zahl von Fluchtpunkten erhalten. Im Jahre 1636 führte Girard Desargues in seiner *Manière Universelle* eine Fluchtachse ein, von der aus Fluchtpunkte für die verschiedenen Seiten einer schrägen Fläche auf einer einzigen Ebene bestimmt werden konnten. Mitte des 17. Jahrhunderts wurde ein Dreipunkt-Perspektivensystem entwickelt, das die Darstellung eines Gegenstandes mit ebenen Flächen in jedem Winkel zur Bildebene von einem fixierten Blickpunkt aus ermöglichte. Es wurde noch eine Reihe anderer Zeichenmethoden entwickelt. Ende des 17. Jahrhunderts konnte ein Künstler wie Andrea Pozzo mithilfe der Perspektive bereits erstaunliche Deckenbilder malen (siehe S. 344).

Die Regeln der Linearperspektive

Aufschlussreich ist der Vergleich der natürlichen Perspektive mit der eingeschränkten Raumwahrnehmung, wie sie zum Beispiel bei der Anwendung der Linearperspektive auftritt. Deren Regeln begrenzen den Blickwinkel auf den eines fixierten Auges. Sie basieren darauf, dass Gegenstände ähnlicher Größe im selben Verhältnis zueinander kleiner werden, je weiter entfernt sie vom Auge sind. In den Fluchtpunkten wären die Gegenstände schließlich unsichtbar. Das Abbild des Gegenstandes entsteht als Projektion der Fluchtlinien auf der Bildebene, die sich als Glasscheibe zwischen Künstler und Motiv verstehen lässt.

Die Vorstellung einer zwar unsichtbaren, aber psychologisch wirksamen Barriere bringt in die Regeln der Linearperspektive eine Art Betrachterdistanz ein. Der Betrachter blickt in den projizierten Raum hinein, statt tatsächlich in ihm zu sein. Außerdem beschränken die zugrunde liegenden geometrischen Konstruktionen die Darstellung aller parallel zur Bildebene verlaufenden horizontalen und vertikalen Linien auf gerade Linien. In der optischen Realität werden diese Linien aber in unterschiedlich gebogener Verzerrung gesehen.

Besonders interessant ist das synthetische oder kurvilineare System, das einige Künstler noch vor Leonardo da Vinci benutzten (siehe S. 356). Eine Reihe orthogonaler und einplanimetrischer Projektionsmethoden, einschließlich der isometrischen Projektion, wird heute von Architekten angewandt. In etwas primitiverer Form kann man sie bereits in der Kunst vor der Entwicklung der Linearperspektive erkennen. Im strengen Sinne sind das keine perspektivischen Systeme, da sie die Motive nicht in einen unendlich fortsetzbaren räumlichen Zusammenhang setzen. Sie versuchen lediglich, so viel Information wie möglich über einen dreidimensionalen Gegenstand auf einer einzigen Bildebene zu geben. Diese eher konzeptuelle Methode der Raumorganisation hat bei vielen modernen Malern Anklang gefunden. Der Computer hat den wohl wichtigsten Fortschritt gebracht, da nun auch ohne spezielle Kenntnisse hochkomplizierte perspektivische Zeichnungen entworfen werden können.

Die Konstruktion der Linearperspektive Es gibt eine einfache Möglichkeit, sich die Grundlage der Linearperspektive vorzustellen. Nehmen Sie an, dass ein Betrachter von einer festgelegten Stelle aus durch ein rechtwinkliges Fenster auf einen unbeweglichen Gegenstand blickt. Die Fensterscheibe entspricht der Fläche der Zeichnung oder des Gemäldes. Lichtstrahlen vom Gegenstand konvergieren im Auge und passieren dabei Punkte in der Fensterscheibe, die man graphisch festhalten könnte. Wenn man diese Punkte verbindet, würde man ein genaues Abbild des Gegenstandes erhalten. Auf dieser Grundlage basieren die folgenden Prinzipien.

Grundbegriffe Die untere Linie der Bildebene ist die Grundlinie. Sie markiert die Vorderkante der Grundebene, die bis zur Horizontlinie reicht. Die Lage der Horizontlinie korrespondiert mit dem Blickpunkt. Wenn man auf einer Klippe stehen würde, wäre die Horizontlinie höher als die Bildebene, als wenn man auf gleicher Höhe stehen würde.

Die Position des Auges nennt man Standpunkt. Von ihm aus bildet der zentrale Sehstrahl eine imaginäre Linie im Winkel von 90° zur Bildebene. Sie schneidet die Horizontlinie auf der Bildebene im Sehzentrum.

Die Darstellungen links zeigen das Prinzip der Lichtstrahlen, die in geraden Linien von einem Objekt zum Auges des Betrachters verlaufen. Der Punkt, an dem die Lichtstrahlen die Bildebene passieren, markiert die Position des Motivs auf einer Zeichnung oder einem Bild.

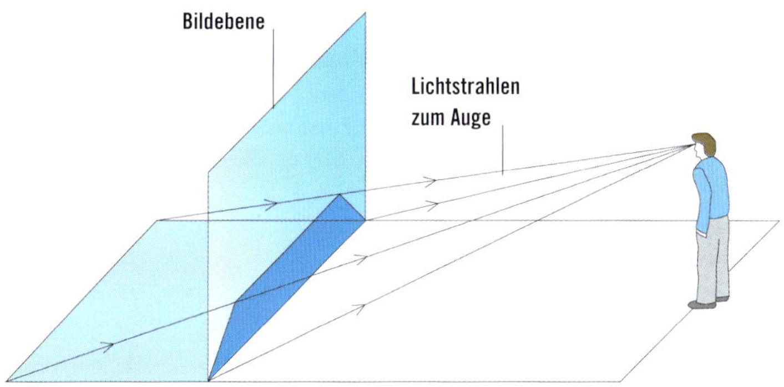

Boden in Perspektive Diese Zeichnung demonstriert die Konvergenz der Orthogonalen auf der Bildebene.

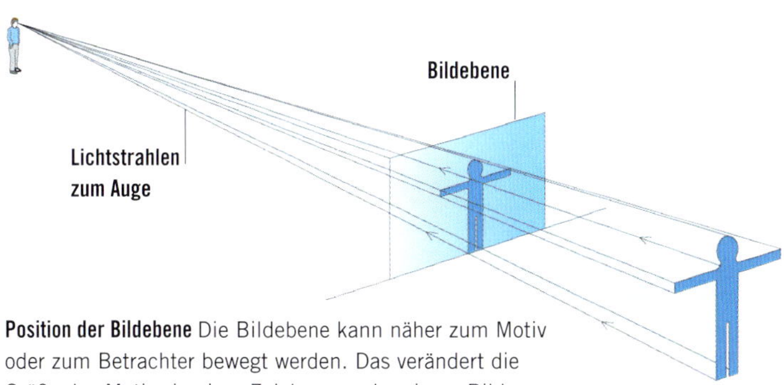

Position der Bildebene Die Bildebene kann näher zum Motiv oder zum Betrachter bewegt werden. Das verändert die Größe des Motivs in einer Zeichnung oder einem Bild.

Die Regeln der Linearperspektive

- Jede Ebene parallel zur Bildebene behält ihre Form ohne Verzerrung und verringert nur ihre Größe. Vertikale Linien bleiben also vertikal und horizontale Linien horizontal.
- Alle parallelen horizontalen Linien konvergieren in Fluchtpunkten auf der Horizontlinie; die im rechten Winkel zur Bildebene konvergieren im Sehzentrum.
- Eine vom Auge oder Standpunkt aus gezogene Linie parallel zu irgendeiner anderen Linie im Motiv legt den Fluchtpunkt für diese Linie an dem Punkt ihrer Überschneidung mit der Bildebene fest.

Fluchtpunkte festlegen

Die Linearperspektive beruht auf der simplen Tatsache, dass Gegenstände ihre Größe in Proportion zur zunehmenden Entfernung von der Bildebene zu verringern scheinen. Bei einem einfachen Gegenstand, wie einer Kiste, die mit zwei Seiten parallel zur Bildebene steht und wo zwei Seiten im rechten Winkel zu ihr verlaufen, scheinen die beiden Seiten im rechten Winkel auf einen Punkt am Horizont zuzulaufen, den man Fluchtpunkt nennt. Jede Linie, die in irgendeine Richtung und auf irgendeiner Ebene zurückgeht, kann einen bestimmten Fluchtpunkt haben.

Ein Fluchtpunkt kann verwendet werden, um die relative Größe eines Gegenstands, der sich irgendwo hinter der Bildebene befindet, zu bestimmen. Er kann auch verwendet werden, um die Längen der Linien zu messen, die auf ihn zulaufen. Um solche Entfernungen an einer bestimmten Fluchtlinie zu bestimmen, kann ein Messpunkt markiert werden, indem man einen Bogen vom Fluchtpunkt als Zentrum mit dem Radius der Entfernung zum Standpunkt (dem Auge) schlägt. Dieser schneidet die Horizontlinie auf einer Seite des Sehzentrums. Eine Linie von diesem Punkt aus zu markierten Punkten auf der Grundlinie (oder Bildebene) schneidet die Fluchtlinie an den vorgesehenen Punkten. Wenn ein Gegenstand Ebenen in rechtem Winkel zur Bildebene mit auf- oder absteigenden Achsen aufweist, kann man deren Fluchtpunkte nicht nur auf der Horizontlinie, sondern auch auf den Fluchtachsen festlegen.

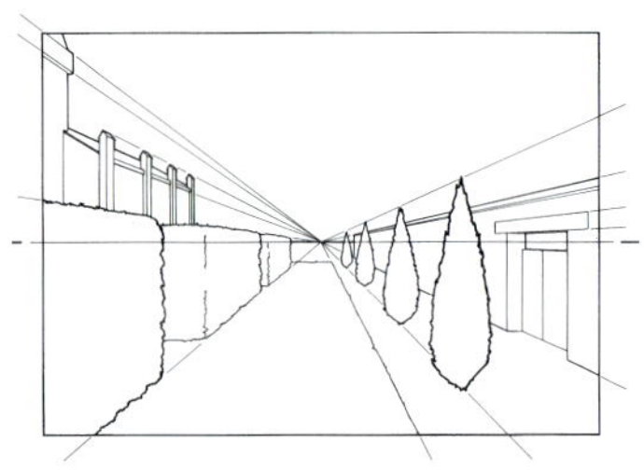

Ein-Punkt-Perspektive Mit ihr lässt sich ein Würfel perspektivisch darstellen, wenn eine seiner Seiten parallel zur Bildebene verläuft. Alle Linien konvergieren in einem zentralen Fluchtpunkt.

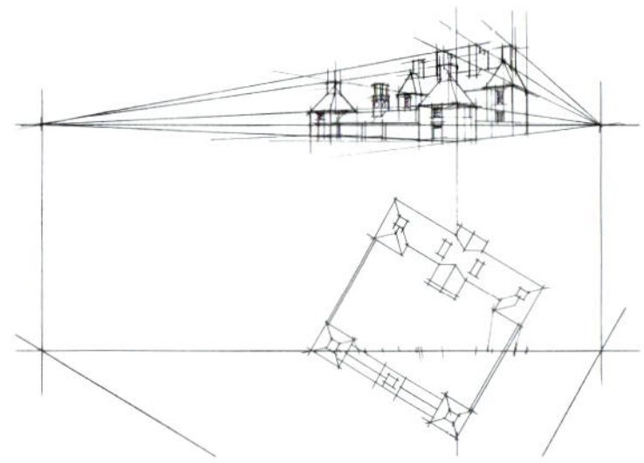

Zwei-Punkt-Perspektive Hier verlaufen zwei Seiten eines Würfels in einem Winkel zur Bildfläche.

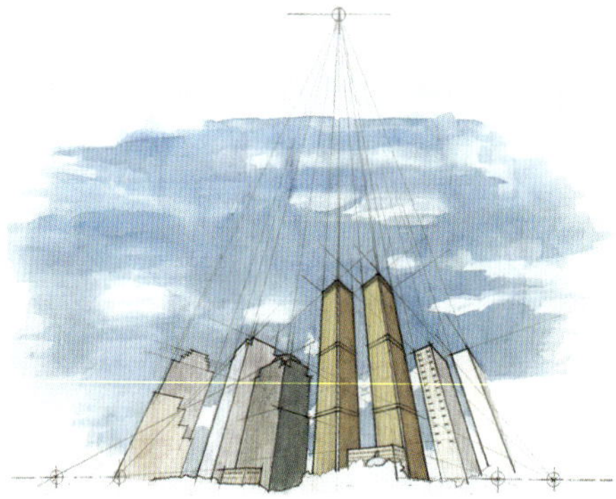

Drei-Punkt-Perspektive Hier verlaufen drei Seiten des Würfels in einem Winkel zur Bildfläche.

Leonardo da Vincis kurvilineares System

Leonardo da Vinci bemerkte als erster die Anomalien des Gittersystems zur Perspektivenkonstruktion (der *Costruzione Legittima*, wie Alberti sie aufgezeigt hatte). Er zeichnete ein einfaches Diagramm mit drei zylindrischen Säulen entlang einer geraden, zur Bildebene parallel verlaufenden Linie. Dann zeigte er die Verzerrungen, die sich ergeben, wenn man Linien von den Säulenkanten zum Blickpunkt auf der Bildebene zieht. Die beiden äußeren Säulen erscheinen so breiter als die mittlere.

Leonardo entwickelte darauf ein Perspektivensystem, das diese Verzerrungen bei der Wahrnehmung berücksichtigen sollte. Sein synthetisches Perspektivensystem stellt auf vielerlei Weise einen Ausbruch aus den Grenzen der Linearperspektive dar. Danach sollte eine natürliche Perspektive genauer dargestellt werden, wenn man sie kurvilinear in allen Richtungen vom nächsten Augenpunkt auf der Bildfläche anlegt. Die Größe der Gegenstände nimmt dann nicht mit größerer Entfernung in direkter Proportion ab, sondern hängt allein vom Blickwinkel ab – je weiter er ist, desto größer die Verzerrung. Wie bei dem früheren System laufen alle orthogonalen Linien geradlinig in einem Fluchtpunkt zusammen.

Leonardo scheint sein System nie praktisch umgesetzt zu haben. Es bleibt jedoch eine der interessantesten Alternativen zu den meisten Systemen, die auf Geraden beruhen.

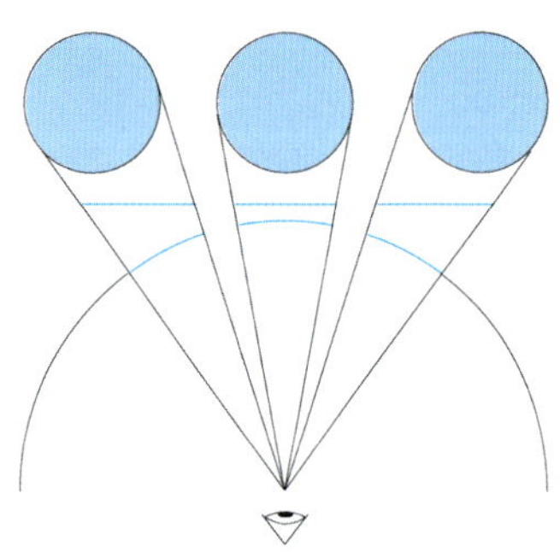

Leonardos Darstellung der kurvilinearen Perspektive Die Darstellung zeigt gerade Linien, die von den Säulenrändern zum Auge führen. Sie vermitteln den Eindruck, dass die beiden äußeren Säulen breiter sind als die zentrale. Wenn aber die von den Säulen ausgehenden Strahlen auf einen Bogen treffen, der um das Augenzentrum gelegt wurde, hat jede Säule dieselbe Breite.

Die Anwendung von Leonardos System
Versuchen Sie einmal, alle Dinge innerhalb Ihres Gesichtsfeldes zu zeichnen, selbst die Bereiche in den äußersten Winkeln und eingeschlossen Ihre Hände sowie das Zeichenbrett. Was im Allgemeinen dabei herauskommt, ist eine Zeichnung, die aussieht wie ein Foto, das mit Weitwinkel oder Fischauge aufgenommen ist. Die vertikale und seitliche Konvergenz sieht verzerrt aus und nicht geradlinig, wie wir uns das abstrakt vorstellen. Mehr als jede andere Darstellungsmethode vermittelt die Zeichnung den Eindruck, als ob der Betrachter hineingezeichnet wurde oder sogar Bestandteil der Szene ist.

Es gibt natürlich auch hier Probleme, hauptsächlich darum, weil Sie mit einem normalen rechteckigen Format arbeiten. Es wird dann schon schwierig, die Szene in den Rahmen zu passen. Einige Künstler, die eine eher kurvilineare Perspektive verwenden, haben das Problem mit besonderen Leinwandformaten gelöst.

In der natürlichen Perspektive sind die Verzerrungen der wahrgenommenen Gegenstände nur sehr gering, sodass Betrachter sie nur bei einem ungewöhnlichen Motiv bemerken. Laurence Wright gibt dafür ein ausgezeichnetes Beispiel: Seine von unten gesehenen Kondensstreifen von Düsenjägern wirken wie ein »gewölbter Vogelkäfig«.

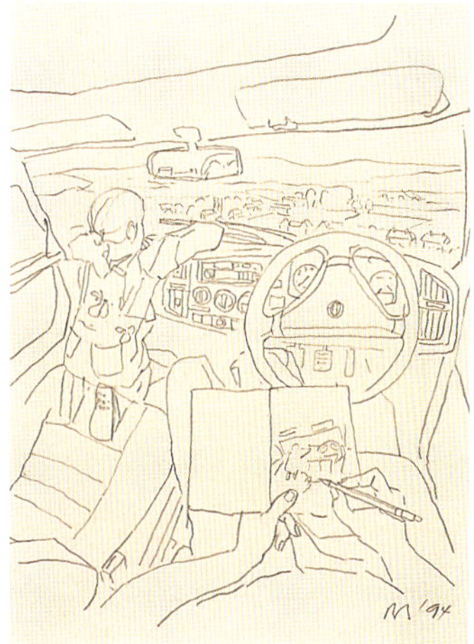

Weitwinkel-Ansicht Diese einfache Skizze gibt eine extreme Weitwinkel-Ansicht wieder. Dadurch entsteht eine Raumwirkung, die den Betrachter einbezieht.

Andere Formen der Perspektive

Unter den vielen anderen Formen der Perspektive sind für Künstler v.a. die Veränderungen in Ton und Farbe durch die Luftperspektive interessant. Die Umkehrperspektive wird wichtig, wenn man große Wandbilder schafft. Anamorphismus ist eine Perspektivenform für extrem schräge Blickwinkel.

Luftperspektive
Die Luftperspektive beschreibt die Aufhellung der Töne und Abkühlung der Farben bei entfernt liegenden Objekten. An einem leicht nebligen Morgen erscheint dem Betrachter eine Landschaft in einer Folge von Ebenen, die im Ton immer heller und in der Farbe bläulicher werden. Diese atmosphärische Erscheinung muss der Künstler berücksichtigen, um seinen Landschaften Tiefe zu geben.

Umkehrperspektive
Für Künstler, die auf großen vertikalen Wänden zu arbeiten haben, wird die Umkehrperspektive von besonderem Interesse sein. Sie kommt ins Spiel, um der Tatsache entgegenzuwirken, dass auf eine vertikale Wand gemalte Bilder nach oben zunehmend kleiner wirken. Von einem fixierten Blickpunkt aus wird nämlich mehr vom Motiv im Blickfeld erscheinen, je stärker der Blick nach oben gerichtet wird.

Das berühmteste und oft zitierte Beispiel einer Umkehrperspektive in der Architektur ist der Campanile des Doms S. Maria del Fiore in Florenz, der von Giotto entworfen wurde. Jeder Teil des Turms ist der Höhe zu länger gebaut als der Teil darunter. Von einem fixierten tiefen Blickpunkt aus erscheint der Turm ausgewogen und symmetrisch, anstatt sich nach oben zu verjüngen.

Je weiter allerdings der Betrachter von seinem Motiv entfernt steht, desto weniger perspektivische Korrektur ist nötig. Aber von Nahem betrachtet wird aber eine sehr deutliche Korrektur notwendig sein.

Vexierperspektive
Sie ist das Gegenteil der Umkehrperspektive. Diese Art verstärkt die fluchtende Bewegung der Perspektive, anstatt ihr entgegenzuwirken. Sie wird oft im Theater eingesetzt, wo man bei relativ engem Platz eine sehr tiefe Raumillusion erzeugen muss. Die Kombination einer aufwärtsgeneigten Bühne und eines nach innen geneigten Bühnenbildes, das in virtuoser Weise nach allen Regeln der Vexierperspektive illusionistisch gestaltet wurde, gaukelt dem Publikum überzeugend Raumtiefe vor.

Anamorphismus
Wenn man ein Bild, das in einem extrem schrägen Blickwinkel gezeichnet wurde, aus einer zentralen Position betrachtet, sieht man nur eine lang gezogene, verzerrte Darstellung des Motivs. Eines der berühmtesten Beispiele dafür ist das Bild *Die Gesandten* (1533) von Hans Holbein d.J., in dem eine merkwürdige Form unten im Bild sich erst dann als Totenschädel zu erkennen gibt, wenn man das Bild schräg von der Seite betrachtet (siehe S. 332).

Ein Motiv übertragen

Die meisten Künstler kennen die einfache Methode, Längenmaße und Winkel von einem Motiv abzunehmen. Dazu hält man einen Bleistift in Armeslänge in Kongruenz zu dem Motiv und nimmt daran mit dem Daumen die Länge und den richtigen Winkel ab. Diese »Daumen-Methode« ergibt erstaunlich korrekte Ergebnisse. Es gibt viele andere Methoden zur Umsetzung des Motivs, die sich im Lauf der Jahrhunderte herausgebildet haben, von einfachen Motivsuchern aus Karton bis zu digitalen Projektionssystemen.

Mal- und Zeichenhilfen

Genau beobachtendes Zeichen nach dem Leben ist für die meisten Künstler wichtiger Bestandteil ihrer Arbeit. Manchmal möchte man aber nur die Konturen eines Motivs, sei es die Übertragung einer bereits existierenden Zeichnung oder ein Motiv nach dem Leben, so einfach wie möglich auf die Malfläche bannen. Dazu gibt es viele Möglichkeiten, angefangen mit dem direkten Abpausen oder Übertragen mit einem Raster bis zu komplizierten mechanischen oder elektronischen Methoden.

Kopieren

Wenn man ein Motiv von einer Zeichnung auf eine Leinwand derselben Größe übertragen möchte, kann man sie einfach durchpausen. Wenn die Originalzeichnung eine empfindliche Oberfläche hat (wenn sie zum Beispiel in Kreide oder Kohle gemacht wurde), sollte man eine Folie darüber legen.

Matte Zeichenfolie ist um vieles fester als Pauspapier, aber auch viel teurer. Auf Zeichenfolie kann ein härterer Bleistift als auf Pauspapier verwendet werden, weil sie auf Graphit vorzüglich reagiert.

Um das Motiv seitenrichtig erscheinen zu lassen, muss es auf der Rückseite des Pauspapiers noch einmal nachgezeichnet werden. Dann kann es auf die Leinwand übertragen werden. Wenn das Originalbild auf dünnem Papier steht, kann man zur Schonung auch einen Lichtkasten verwenden.

Wenn man die Pause auf eine Holztafel oder eine starre Unterlage überträgt, sind die Linien gut zu sehen. Bei Leinwand ist dies etwas schwieriger. Man kann entweder die Leinwand zum Abpausen auf einer ebenen Wand aufspannen oder, wenn sie schon auf Keilrahmen aufgezogen ist, mit einem Stück festen Karton die Rückseite stützen.

Auf einem Leuchtkasten durchpausen

Legen Sie das Original mit dem Gesicht nach unten auf den Leuchtkasten. Das Motiv scheint seitenverkehrt durch. Legen Sie das Pauspapier darüber und zeichnen Sie die Umrisse ab. Da die Zeichnung umgekehrt abgepaust wurde, kann sie direkt auf den neuen Bildträger durchgerieben werden. Man kann bei einigen Fotokopierern eine umgekehrte Kopie des Originals machen oder die Zeichnung einscannen und im Computer kontern.

Ein Maßgitter verwenden

Bei dieser Methode werden Quadratgitter sowohl auf die Originalzeichnung als auch auf die Malunterlage, auf die kopiert werden soll, aufgetragen. Die Gitternetze sind identisch, können aber größer oder kleiner angelegt werden, falls die Studie vergrößert oder verkleinert werden soll.

Wenn man das Raster nicht direkt auf das Original zeichnen möchte, kann man es mit Filzstift auf eine Transparentfolie zeichnen und die Folie über dem Original befestigen.

Der Künstler geht vom Maßgitter der Originalzeichnung aus und überträgt sie Quadrat für Quadrat auf die Leinwand. Um das Kopieren zu erleichtern, kann man die Quadrate am einen Rand mit Buchstaben und am anderen mit Zahlen versehen.

Um Details zu übertragen, kann man das Raster an diesen Stellen noch feiner unterteilen.

Technik Hilfsmittel zur Motivsuche

Ein Suchrahmen legt die Grenzen des Motivs fest. Es ist erstaunlich, was es für einen Unterschied machen kann, wenn man das bereits sehen kann, was man auf die Leinwand bannen möchte. Solche Motivsucher sind rechtwinklig und entsprechen damit der Form der Leinwand.

Motivsucher aus Karton

Die einfachste Methode der Motivsuche besteht aus einem Stück Karton, aus dem man in der Mitte ein Rechteck in den Proportionen der Leinwand ausgeschnitten hat. Dieser Karton wird in geeignetem Abstand zum Auge gehalten und so ein Motiv ausgewählt. Die Proportionen des Motivs können an der Seite des Suchers markiert und auf die Ränder des Bildes übertragen werden, wodurch sich das Motiv leichter vorzeichnen lässt. Indem man durch den Sucher auf das Bild blickt, kann man den Zeichenprozess kontrollieren.

Solche kleinen Hilfsmittel sind einfach selbst herzustellen. Früher wurden sie als »Blickmesser« mit einer verstellbaren Kante verkauft, um die richtigen Proportionen der Leinwand oder des Papiers einstellen zu können.

Tragbare Gitter

Das tragbare Gitter oder der »Rahmenschirm« besteht aus einem offenen Rahmen, in den ein dünnes Netzwerk aus schwarzem Draht eingespannt ist. Der Rahmen wird mit zwei festen Ständern in den Boden gerammt. Der Künstler arbeitet auf einer Malunterlage mit den gleichen Proportionen wie der Rahmen und mit einem identischen Gitternetz von aufgezeichneten Linien. Das Motiv wird durch den Rahmen betrachtet, und seine Elemente können in das jeweils entsprechende Feld auf der Zeichnung eingetragen werden. Albrecht Dürer und van Gogh benutzten solche Geräte. Letzterer ließ sich den Rahmenschirm von einem Schmied anfertigen und beschrieb seine Verwendung in einem Brief an seinen Bruder.

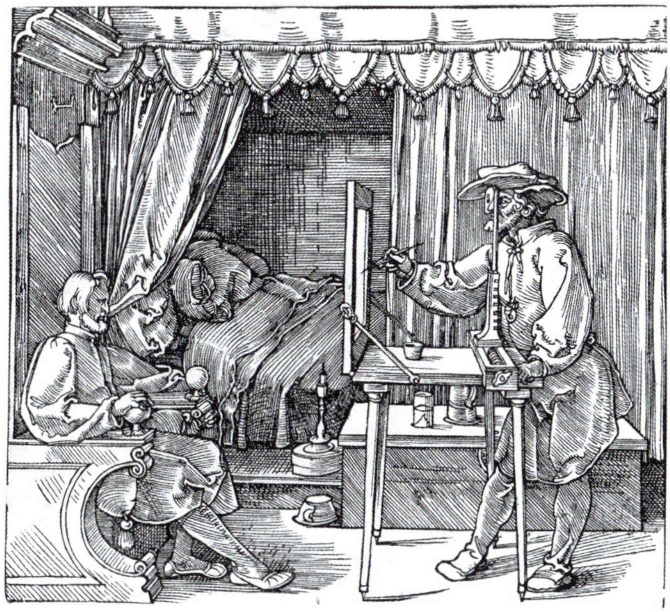

Dürers Rastersystem Dürer hat sein Rastersystem selbst dargestellt. Mit einem senkrechten Stab wurde der Blickpunkt fixiert. Von diesem Punkt aus sah der Künstler durch das Raster auf das Motiv und übertrug es auf die Zeichnung.

Durchpausrahmen

In Abwandlung der oben beschriebenen Vorrichtung wird eine Glasscheibe vor das Motiv gesetzt. Unter Beibehaltung des gleichen, fixierten, einäugigen Blickwinkels kann der Künstler das Motiv direkt auf die Scheibe zeichnen, und zwar mit einer Fett- oder Wachskreide, die auf dem Glas haftet. Das Motiv auf dem Glas kann auf Leinwand oder Papier durch Pausen, die Rastermethode oder durch Abnahme mit einem feuchten Papier übertragen werden.

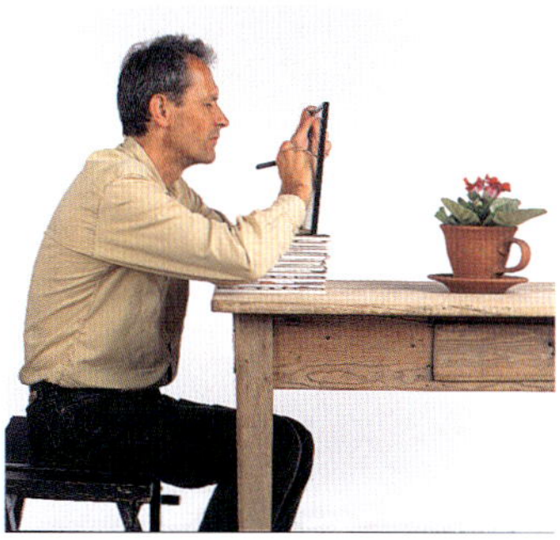

1 Halten Sie das gerahmte Glas fest. Es darf sich beim Zeichnen nicht bewegen. Betrachten Sie das Motiv nur mit einem Auge.

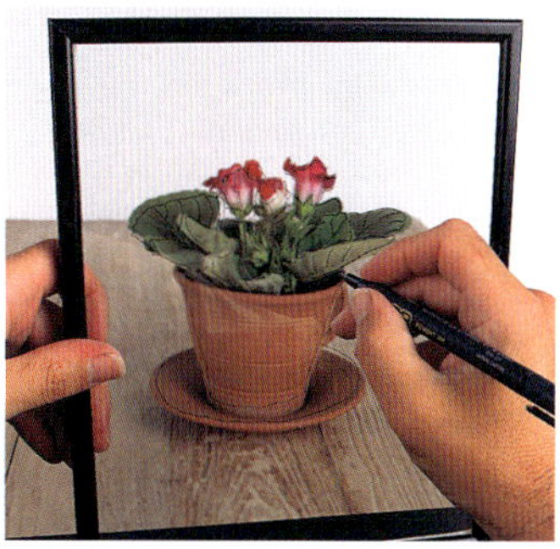

2 Übertragen Sie die Umrisse des Motivs mit einer Wachskreide auf das Glas. Dann übertragen Sie es auf Papier oder Leinwand.

Das Claude-Glas oder Reduktionsglas
Im 18. und 19. Jahrhundert war das Claude-Glas, benannt nach dem Maler Claude Lorrain, ein bekanntes Hilfsmittel, um ein Motiv zu rahmen oder eine passende Komposition zu finden. Es war ein kleiner, getönter konvexer Spiegel, der ein reduziertes Bild der Landschaft zeigte. Der Spiegel konnte in der Hand gehalten werden, von einem Baum herabhängen oder auf einem Stab in den Boden gesteckt werden. Das in ihm reflektierte Bild konnte anschließend gezeichnet werden. Landschaftsmaler malten so mit dem Rücken zum Motiv. Das Claude-Glas hat eine große, aber nicht unbedingt gute Wirkung auf die Landschaftsmalerei dieser Zeit. John Ruskin kritisierte das vorherrschende Braun in der französischen Landschaftsmalerei um 1850, was, wie er sagte, den gefährlichen Einfluss des Claude-Glases zeige.

Das Claude-Glas ist heute nicht mehr in Gebrauch, obwohl es noch Spiegel in den Ateliers gibt. Man kann in einem Spiegel den Prozess des Bildaufbaus von Zeit zu Zeit beobachten. Leonardo da Vinci hat dies auch für die Porträtmalerei empfohlen.

Es ist erstaunlich, wie sehr man sich an ein Bild während des Malens gewöhnt und wie frisch es im Spiegel wieder wirkt. Man erkennt plötzlich auf einen Blick, welche Stellen noch übermalt werden müssen.

Technik Nach projizierten Bildern zeichnen

Es gibt verschiedene Methoden, Bilder zu projizieren, um sie direkt auf Papier oder Leinwand zu übertragen. Solche Hilfsmittel, wie die Camera obscura, die Camera lucida und das grafische Teleskop waren besonders bei den Künstlern des 19. Jahrhunderts beliebt, obwohl sie ziemlich schwer zu bedienen waren. Heute benutzt man optische oder digitale Hilfsmittel zur Projektion, wie Diaprojektoren oder digitale Projektoren.

Die Camera obscura
In seinem Buch über die Geschichte der Camera obscura weist John H. Hammond darauf hin, dass über das Hervorbringen eines auf dem Kopf stehenden Motivs mithilfe eines Lochs in einem Schirm bereits im 5. Jahrhundert v. Chr. von dem chinesischen Philosophen Mo Ti berichtet wurde. Im 4. Jahrhundert v. Chr. bemerkte Aristoteles während einer Sonnenfinsternis, wie Bilder umgedreht wurden, wenn Licht durch kleine Öffnungen fiel, in diesem Fall durch die Zwischenräume von Blättern an einem Baum. Aber erst im 16. Jahrhundert n. Chr. wurden kopfstehende Bilder, die in dunklen Räumen mithilfe einer Lochkamera produziert wurden, von Astronomen genutzt. Das erste überlieferte Bild einer Camera obscura stammt von dem holländischen Astronomen Reinerns Gemma Frisius, der damit eine Sonnenfinsternis, die am 1. 1. 1544 in Löwen zu beobachten war, in seinem Buch *De radio astronomico et geometrico* (1545) illustrierte. Nicht viel später wurden Linsen und tragbare Schirme verwendet, die direkt vor das Motiv gebracht werden konnten. Mithilfe von Spiegeln konnte man das Motiv dann auch drehen. Im 17. Jahrhundert gab es viele tragbare Camerae obscurae und im 18. Jahrhundert wurden sie vor allem von Künstlern verwendet. Sir Joshua Reynolds besaß eine tragbare Camera obscura in Form eines Buches und meinte, dass die Betrachtung eines holländischen Bildes wie ein Blick durch eine Camera obscura sei.

Spätere Versionen Im ausgehenden 18. und 19. Jahrhundert gab es eine große Nachfrage nach solchen Geräten, und kistenartige Instrumente für den Hausgebrauch nach dem Prinzip des Klappstuhls wurden konstruiert. Auch die zeltartigen Varianten waren wegen ihrer Tragbarkeit beliebt. Die Künstler konnten die Camera obscura an jedem Ort aufstellen und, vorausgesetzt das Innere des Geräts konnte abgedunkelt werden, ein genaues Bild des Motivs auf Papier oder Leinwand projizieren. Bis ins 19. Jahrhundert sah man die Camera obscura als Hilfsmittel, um Erkenntnisse über den Sehprozess des Menschen zu gewinnen. Natürlich waren sie auch den Künstlern sehr nützlich. Allerdings war sehr viel Licht erforderlich, um damit arbeiten zu können, zudem war die Größe des Papiers beschränkt. Ende des 18. Jahrhunderts wurde die erste Camera obscura mit einer Linse entwickelt, die das Licht auf das projizierte Bild fokussierte. Der englische Schriftsteller Horace Walpole berichtete mit großer Begeisterung über eine Camera obscura des englischen Instrumentenbauers William Storer, die sowohl bei Kerzenlicht als auch bei hellem Sonnenlicht funktionierte.

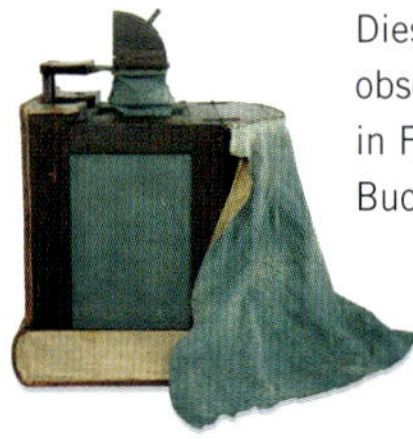

Camera obscura
Diese Camera obscura wurde in Form eines Buches entworfen.

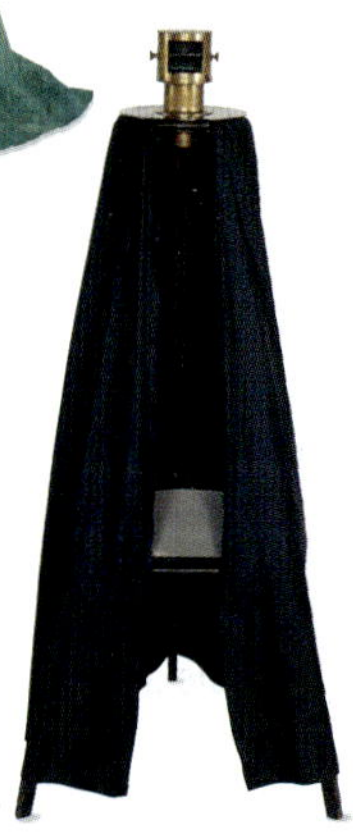

Camera obscura
Der Künstler konnte sich in das Zelt stellen.

Camera lucida

Die Camera lucida war das verbreiteste Zeichenhilfsmittel im 19. Jahrhundert und wurde von dem englischen Wissenschaftler Dr. H. W. Wollaston im Jahre 1806 erfunden. Die lästige Verdunklung fiel bei diesem Instrument weg. Es handelte sich um ein einfaches Prisma auf einem Ständer mit Zusatzlinsen zur Korrektur von Kurz- oder Weitsichtigkeit. Man blickte durch ein kleines Loch in einer Augenmaske und konnte das Motiv direkt auf ein Stück Papier zeichnen. Der Umgang mit der Camera lucida war nicht ganz einfach, denn man verlor das Motiv leicht aus den Augen und der Bleistift gab oft nur unsichere Linien wieder. Der Marineoffizier Basil Hall bereiste Ende der 20er-Jahre des 19. Jahrhunderts Nordamerika und benutzte eine Camera lucida. Die damit gefertigten Zeichnungen dienten als Vorlage für 1830 veröffentlichte Radierungen. Sie wirken sehr realistisch, aber auch etwas langweilig. Basil Hall bemerkte mit Recht, dass dieses Instrument nicht über mangelndes Zeichentalent hinweghelfen könne.

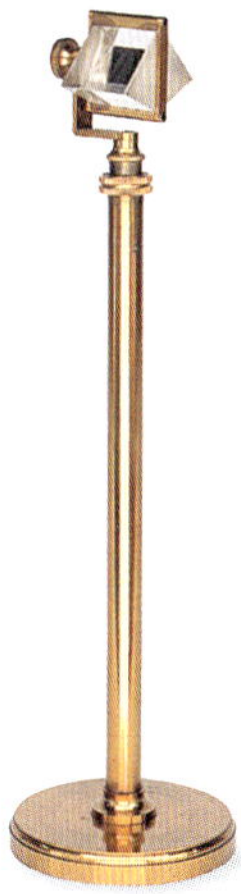

Camera lucida Die Camera lucida sah elegant aus, war aber nicht einfach zu bedienen.

Das grafische Teleskop

1811 erfand der englische Künstler Cornelius Varley dieses System der Motivübertragung. Wie bei der Camera lucida projiziert eine Linse das Motiv auf die Zeichenfläche. Aber durch den Einsatz guter Linsen gab dieses Hilfsmittel ein weitaus schärferes Bild als die Vorgängermodelle wieder und hatte zudem eine größere Reichweite. Durch Verwendung von Linsen unterschiedlicher Schärfe konnte »jede Person, die eine Linie ziehen kann, alle Arten von Objekten, so weit sie auch entfernt seien, auf jede Größe gebracht, von fünfmal bis zu zwanzig-, vierzig- oder sechzigmal vergrößert, richtig zeichnen«.

Man konnte auch Porträts zeichnen oder eine Zeichnung für den Stecher verkleinern, vergrößern und kontern.

Durch die Erfindung der Fotografie kamen solche optischen Hilfen aus der Mode und wurden durch Fotovorlagen, sofern man sie brauchte, ersetzt. Heute gibt es eine Reihe von Geräten, mit denen man Bilder auf die Leinwand projizieren kann.

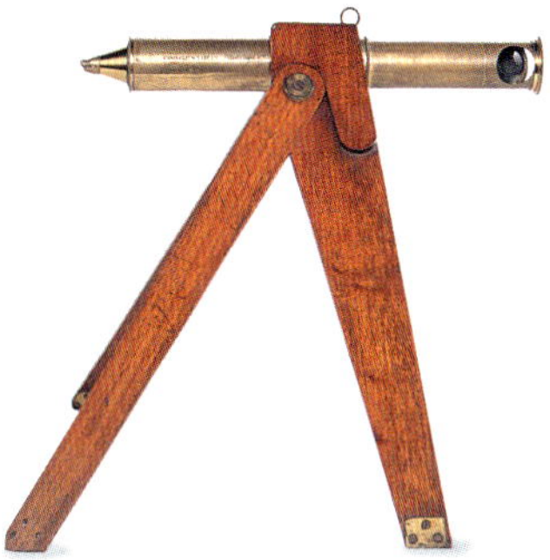

Grafisches Teleskop Varleys Instrument stellte eine enorme Verbesserung der Camera lucida dar, da der Künstler die Größe seines Motivs verändern konnte.

Episkop und Epidiaskop

Mit diesem modernen Hilfsmittel kann man beliebiges flaches Abbildungsmaterial unter ein Glas legen und in jeder Größe projizieren, je nach Abstand des Projektors zur Leinwand (die Instrumente haben meist fest eingestellte Objektive). Wie die Camera obscura, von der sie abstammen, haben sie keine starke Lichtquelle und müssen daher in einem völlig abgedunkelten Raum benutzt werden: Außerdem können auch die besten Geräte nur kleine Formate projizieren. Selbst eine mittelgroße DIN-A3-Zeichnung muss daher in vier Teilen projiziert werden.

Diaprojektor

Ein guter Diaprojektor mit Gebläse, der einige Zeit laufen kann, ist das beste und vielseitigste Hilfsmittel, um ein Dia oder eine Originalstudie für ein Gemälde auf die Leinwand zu projizieren. Die große Lichtstärke des Projektors ermöglicht die Vorführung in einem nur leicht abgedunkelten Raum. Der Projektor sollte auf einer festen Unterlage stehen, damit er während der Vorführung nicht verrutschen kann, denn wenn sich das Bild bewegt hat, ist es schwierig, die richtige Position wiederzufinden. Auch die Leinwand sollte gut befestigt sein. Wenn man ein Motiv auf diese Weise kopieren möchte, muss man sich rechts oder links vom projizierten Bild hinstellen, um es nicht abzudecken.

Digitaler Projektor

Mit einem digitalen Projektor kann man ein Bild direkt vom Computer aus projizieren. Wenn man also ein Motiv eingescannt oder es digital entworfen hat, muss man nicht mehr ein Dia für die Projektion anfertigen. Digitale Projektoren sind recht teuer, aber vielseitig einsetzbar. Für Künstler, die mit den neuen Medien arbeiten, sind sie unerlässlich. Es gibt unterschiedliche Technologien, die gebräuchlichste basiert auf Flüssigkristallen (LCD).

Die neueste Technologie ist das Digital Light Processing (DLP). Sie ergibt ein schärferes und helleres Bild. Die Qualität oder Auflösung des Bildes ist von der Zahl der Pixel (Bildzellen) abhängig.

Das Atelier

Das ideale Künstleratelier ist groß, warm und von Nordlicht aus einem hohen Fenster durchflutet. Eine hoch liegende Lichtquelle verhindert unerwünschte Schatten, und die nördliche Ausrichtung verhindert direkte Sonneneinstrahlung, die störend auf das Bild fällt. Große Bilder können bequem herein- und herausgetragen und separat gelagert werden.

Die Bedingungen optimal nutzen

In der Realität können die meisten Künstler nur unter weit weniger perfekten Bedingungen arbeiten. Trotzdem müssen einige Kriterien im Hinblick auf Licht, Temperatur und Belüftung unbedingt berücksichtigt werden, damit erfolgreiches künstlerisches Arbeiten überhaupt möglich ist.

Licht

Die Lichtart, unter der ein Bild betrachtet wird, beeinflusst seinen Ausdruck sehr und muss daher von vornherein berücksichtigt werden. Natürliches Tageslicht lässt die Farben deutlich und in ihrem richtigen Farbton hervortreten. Wenn das Bild jedoch zum Verkauf ansteht, wird es eventuell unter künstlichem Licht ausgestellt, das seine Erscheinung vollkommen verändert.

Leider weiß man vorher kaum, unter welchen Bedingungen ein Bild später ausgestellt wird. Letztlich müssen Sie also selbst die Beleuchtung festlegen, unter der Sie arbeiten möchten, wobei diese meist von äußeren Umständen bestimmt wird. Viele Künstler, die gern bis spät in die Nacht arbeiten, haben keine andere Wahl, als sich auf künstliches Licht zu verlassen.

Wenn starkes Sonnenlicht ins Atelier fällt, lässt es sich am besten durch dünne weiße transparente Rollos dämpfen, die sich nach Belieben herunterziehen lassen. Eine weniger teure Alternative ist transparente Zeichenfolie, die man über das Fenster klebt. Auch Paus- oder Zellstoffpapier kann auf diese Weise verwendet werden. Eine Netzgardine wird das Licht nur teilweise dämpfen.

Eine normale Leuchtstoffröhre sorgt wohl am ehesten für eine konstante und gleichmäßige künstliche Beleuchtung. Die »Farbtemperatur« wird in Kelvingraden (K) gemessen und bezeichnet die Wärme oder Kälte des Lichts. »Künstliche Tageslichtlampen« sind in einer Farbtemperatur von 6500 K erhältlich, was zwar dem natürlichen Licht entspricht; in Wirklichkeit geben diese Lampen jedoch eher ein kaltes, graues Licht im Atelier und auch im Museum. Daher haben sich Konservatoren für eine Lampe mit mittlerer Farbtemperatur von ungefähr 4000 K ausgesprochen, die zwischen Tages- und Wolframröhren-Licht liegt.

Die neuen Phosphorleuchtröhren sind besonders wirkungsvoll. Die in verschiedenen Wellenlängen abgegebene Lichtmenge bleibt bis zu 6000 Stunden konstant. Außerdem ist die abgestrahlte Lichtmenge pro Watt sehr hoch, was bedeutet, dass diese Lichtquelle sehr sparsam arbeitet. Die Phosphorleuchtröhren sind besonders für Ateliers geeignet, in denen großformatige Arbeiten entstehen, die eine gleichmäßige Beleuchtung brauchen.

Für kleinformatige Arbeiten wie Holzschnitte oder Miniaturmalerei kann ein kleines Spotlight mit verstellbarem Arm eine ausreichend große Arbeitsfläche beleuchten. Eine solche Beleuchtung kann die Konzentration sehr fördern, wenn der Rest des Ateliers relativ dunkel gehalten wird.

Heizung

Es ist nicht sehr angenehm, in kalten Räumen zu arbeiten. Ein großer, schlecht isolierter Raum ist im Ganzen jedoch oft nur schwer beheizbar. Dann ist es besser, die Heizung auf den Arbeitsplatz zu konzentrieren. Tragbare Paraffin- und Propangasöfen sind dafür eine gut regulierbare Heizquelle.

In Ateliers mit sehr hohen Decken verflüchtigt sich die Wärme schnell nach oben. Es empfiehlt sich die Installation eines Ventilators an der Decke, unter dem ein Plastikrohr befestigt ist, das fast bis zum Boden herunterreicht, wodurch die Wärme besser im Raum verteilt wird. Natürlich haben Isolierungen jeglicher Art ebenfalls eine positive Auswirkung.

Belüftung

Jeder Künstler, der mit organischen Lösungsmitteln wie Terpentin oder Petroleum arbeitet, muss sich der daraus resultierenden gesundheitlichen Risiken bewusst sein, die aus der Missachtung der Sicherheitsvorschriften entstehen können (siehe S. 370). Abgesehen von der prinzipiellen Verwendung möglichst kleiner Mengen und dem festen Verschließen der Behälter sollte der Raum, in dem die Lösungsmittel benutzt werden, immer gut gelüftet werden, damit angesammelte Dämpfe abziehen können.

Wände

Die meisten Künstler ziehen für ihr Atelier eine neutrale Wandfarbe vor, zum Beispiel Weiß oder Grau, also Farben, die nicht die Erscheinungsweise der Farben auf der Leinwand beeinträchtigen.

Sehr große Leinwände werden oft direkt an der Wand befestigt und dort bemalt, anstatt vorher auf Keilrahmen aufgezogen worden zu sein. Die meisten Ateliers haben eine »Malwand«, an der sich die Hauptarbeit abspielt. Man kann sich solch eine Malwand selbst zimmern, indem man einen Rahmen aus Bauholz an der Wand befestigt und 12-mm-Sperrholzbretter aufschraubt. Das ergibt eine gleichmäßige Arbeitsfläche, auf die man Leinwand aufspannen und tackern kann. Auf einer Gipswand muss die Leinwand mit Klebeband befestigt werden, was aber weniger gut funktioniert.

Fußboden

Der Fußboden im Atelier sollte sauber gewischt sein, damit bei Malen kein aufgewirbelter Staub an der nassen Farbe oder am Firnis hängen bleibt. Glatte Holzdielen sind ein ausgezeichneter Rückhalt, um Leinwand auf dem Fußboden aufzuspannen. Wenn Sie Leinwände auf dem Boden grundieren und bemalen, können sich aber die Dielenfugen als Linien im Bild abzeichnen.

Waschbecken und Abtropfgestell

Ein Waschbecken und ein Abtropfgestell sind wichtig, um Pinsel, Gläser und andere Dinge nach der Arbeit zu säubern. Farbreste sollten niemals in den Abfluss geraten, sondern getrennt entsorgt werden.

Lagerung

Ideal ist die Aufteilung des Ateliers in mehrere getrennte Bereiche: einen zum Lagern der Kunstwerke, einen zum Malen, einen zum Drucken, einen zum Rahmen usw. Das hat auch den Vorteil, jeden Bereich leicht aufräumen und sauber halten zu können.

Lagern von Gemälden, Drucken und Zeichnungen

Ein separater Teil des Ateliers oder sogar ein anderer Raum ist der beste Lagerplatz für Kunstwerke. Große Gemälde sollten gegen Staub mit Kunststofffolie abgedeckt werden – nicht nur die bemalte Fläche, sondern auch der Rücken des Bildes. Die Ecken sollten mit Wellpappe oder Kantenschonern geschützt werden.

Lagersysteme

Zur Lagerung von großen Bildern kann man aus Vierkant-Bauhölzern relativ einfach ein Gestell bauen. Wichtig ist, dass das Gestell auf Latten ruht, damit die Unterkanten der Bilder nicht den Boden berühren. Das erleichtert auch die Belüftung und verhindert Dampfbildung. Mit Querbalken kann man einen weiteren Stapelplatz für kleinere Bilder schaffen. Für Malereien, Zeichnungen und Drucke auf Papier ist ein Planschrank mit großen flachen Schubläden der ideale Aufbewahrungsplatz. Mit säurefreiem Zellstoffpapier kann man jede Zeichnung abdecken und schützen. Alternativ kann man sich aus Latten und Platten palettenartige Fächer bauen, die sich beliebig übereinander stapeln lassen.

Lagern von Material und Ausrüstung

Falls überhaupt möglich, sollte jedes einzelne Teil der Ausrüstung einen bestimmten Platz an der Wand, in einem Regal, auf einer Werkzeugbank oder in einem Schrank finden. Um die Pinselhaare zu schonen, sollte man die Pinsel am besten aufrecht in Marmeladengläser oder Pinseldosen stellen. Malmittel, besonders organische Lösemittel, sollten in einem hohen Schrank außer Reichweite von Kindern aufbewahrt werden. Alle Flaschen sollten immer gut verschlossen sein.

Staffeleien

Die Staffelei ist ein wichtiger Bestandteil der Grundausrüstung. Sie bietet während der Arbeit am Bild sicheren Halt. Staffeleien sind in zwei Grundtypen erhältlich: Atelier- und Feldstaffeleien. Die Atelierstaffeleien sind groß und schwer und dienen als Halt für große Leinwände. Die Feldstaffeleien sind leicht und zusammenklappbar. Sie können als Teil der Ausrüstung mitgetragen werden und dienen als Halt für kleinere Leinwände und Zeichenkartons, vor allem bei der Arbeit im Freien.

Neben diesen Grundtypen gibt es noch die Akademiestaffeleien, die relativ große Formate tragen können, aber nicht viel Platz wegnehmen und leicht zusammengeklappt werden können.

Arbeiten ausstellen

Sooft ein Künstler auch schon seine Arbeiten ausgestellt haben mag – das Erlebnis, sie in einem schönen Galerieraum optimal präsentiert zu sehen, ist immer wieder aufregend. Jetzt erkennt man vielleicht zum ersten Mal alle Stärken und Schwächen der Arbeit klar und deutlich. Die meisten Ausstellungen finden in Galerien statt, doch bieten vielfach auch andere Institutionen Gelegenheit zur Ausstellung und Kenntnisnahme des Werkes durch ein breites Publikum, z. B. auch durch öffentlich ausgeschriebene Kunstprojekte (siehe S. 366).

Galerieausstellungen

Das Hauptanliegen wohl jedes ambitionierten Künstlers ist die Einzelausstellung in einer angesehenen Galerie. Sobald sein Werk einmal gezeigt wurde, sind weitere Ausstellungen wahrscheinlich. Die Kunstwelt ist relativ überschaubar. Innerhalb dieses Insider-Kreises verbreiten sich Nachrichten über aufregende neue Arbeiten wie ein Lauffeuer, und andere Galerien interessieren sich ebenfalls dafür. Es gibt in den großen Städten immer wieder Galerien, die man als Künstler besuchen muss, um neue Arbeiten zu sehen, aber auch um gesehen zu werden. Vielleicht passt das eigene Werk nicht unbedingt in das Programm der Galerie. Dann sollte man sich nach einer anderen umsehen, die eher an den eigenen Arbeiten interessiert sein könnte. Galeristen haben ihre ganz eigenen Methoden, nach denen sie die Künstler, die sie zeigen wollen, auswählen.

Wie Arbeiten ausgesucht werden

In der Kunstwelt spielt plötzlich aufflackernde (und auch rasch wieder verfliegende) Begeisterung für Künstler und ihre Werke eine große Rolle. Galeristen werden oft von Empfehlungen durch Kollegen oder andere Künstler geleitet. Wesentlich seltener entscheiden sich Galeristen aufgrund von unaufgefordert eingesandten Fotos von Arbeiten eines Künstlers. Kommt man in Kontakt mit Galeristen, werden diese jedoch eventuell Abbildungen von Arbeiten sehen wollen. Daher sollte man immer eine Sammlung guter Reproduktionen parat haben (siehe S. 276). Wenn sie dann weiter an den Arbeiten interessiert sind, werden sie wahrscheinlich einen Atelierbesuch vorschlagen. Läuft auch dieser erfolgreich ab, kann eine Ausstellung ins Auge gefasst werden.

Auch die Präsenz in der Kunstszene, wo man andere Künstler, Kritiker, Kuratoren und Sammler kennenlernen kann, ist oft hilfreich, um auf die eigenen Arbeiten aufmerksam zu machen.

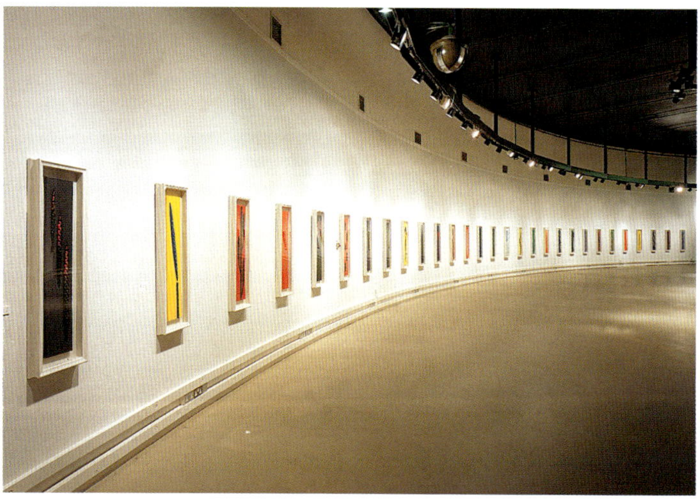

Den Raum füllen Eine Serie von 60 gleich großen Bildern, die identisch gerahmt und in gleichen Abständen gehängt sind, füllen die elegant gekrümmte Wand.

Eine andere Möglichkeit, seine Arbeiten zu präsentieren, besteht in der Teilnahme an öffentlichen Ausstellungswettbewerben. Statistisch gesehen besteht zwar nur eine geringe Chance, ausgewählt zu werden, doch eine wirklich gute Arbeit wird selten übersehen werden. Solche großen Kunstausstellungen (oft mit Katalog) werden von einem breiten Publikum besucht und in der Presse besprochen.

Galerietypen

Es gibt im Grunde zwei Hauptarten von Galerien: die privaten, kommerziellen und die staatlichen oder städtischen Galerien. Künstler können ihre Karriere in einer dieser beiden Galerietypen beginnen und später, wenn sie bekannter sind, durchaus auch in beiden ausstellen. Die Welt der zeitgenössischen Kunst ist international, und erfolgreiche Künstler stellen in der ganzen Welt aus.

Private Galerien

Manche Künstler binden sich an kommerzielle Galerien, die dann als ihr Agent fungieren. Solche Galerien beanspruchen zwar einen ziemlich großen Prozentsatz des Verkaufspreises der Arbeiten für sich, managen dafür aber den gesamten Geschäftsverkehr einschließlich Transport, Rahmung und Lagerung der Kunstwerke, Pressearbeit und Werbung, Verhandlungen mit möglichen Käufern, Briefwechsel und Buchhaltung. Ihre Inhaber sind (oft ausgebuffte) Profis, die die Marktstrukturen durchschauen, die wichtigen Sammler kennen und außerdem vor allem ein vitales finanzielles Interesse am Verkauf der Arbeiten haben. Solche Abmachungen sind für viele Künstler ideal, denn sie erleichtern es ihnen sehr, sich ganz auf ihre Arbeit zu konzentrieren. Andere wiederum möchten ihre Geschäfte lieber selber lenken.

Öffentliche Galerien/Museen

Etwas ganz anderes sind Ausstellungen in Museen oder sonstigen staatlichen oder städtischen Galerien bzw. Kunstvereinen. Diese Institute nehmen (wenn überhaupt) einen wesentlich geringeren Teil des Verkaufspreises als Provision und sorgen dennoch für den Transport der Arbeiten, für Versicherung und Werbung. Sie zeichnen für die Ausstellung verantwortlich und organisieren vielleicht eine Ausstellungstour durch andere Städte. Der Vertrag zwischen Künstler und Museum etc. endet allerdings nach Rücksenden der Arbeiten.

Sich selbst organisieren

Junge Künstler suchen sich am Anfang ihrer Karriere oft eigene Ausstellungsräume und organisieren ihre eigenen Ausstellungen. Das lässt sich in leeren Büroräumen oder Kaufhäusern realisieren, die für eine kurze Zeit Künstlern überlassen werden. Die gesamte Organisation der Ausstellung, die Werbung und der Kontakt zu den wichtigen Kunst- und Medienvertretern der Stadt wird von den Künstlern übernommen.

Eine Reihe von später bekannten Künstlern erhielt nach solchen Eigeninitiativen Ausstellungen in kommerziellen Galerien. Häufig bieten vor allem größere Städte solche Möglichkeiten der Selbstorganisation von Ausstellungen in verschiedenster Form an.

Die Ausstellung planen

Bei Gruppenausstellungen obliegt die Hängung der Werke meist den Organisatoren. Dies gilt für die Ausstellung von Gemälden und anderen transportablen Arbeiten. Sollen jedoch Installationen für bestimmte Galerieräume geschaffen werden, übernimmt der Künstler die Verantwortung für deren Aufbau, wobei ihn meist das Personal der Galerie unterstützt.

Bei einer Einzelausstellung dagegen überwacht der Künstler selbst die Hängung seiner Arbeiten in dem zur Verfügung stehenden Raum. Einzelausstellungen werden meist sehr frühzeitig geplant, mindestens ein Jahr oder noch länger vorher, sodass sich der Künstler intensiv mit den Räumen vertraut machen und seine Arbeiten entsprechend aussuchen kann. In dieser Phase sind viele ästhetische Entscheidungen zu treffen, weil es der Wirkung von Bildern durchaus abträglich sein kann, wenn man zwei Arbeiten von sehr unterschiedlicher Farbigkeit nebeneinander hängt. Oft konzipieren Künstler ein Bild oder eine ganze Serie von Bildern im Hinblick auf bestimmte Ausstellungsräume.

In jedem Fall ist es ferner üblich, dem Künstler einen maßstabsgerechten Grundriss der Galerie zur Verfügung zu stellen. Manchmal erhält er auch Maßstabzeichnungen der Wandhöhen in der Galerie. Der Künstler kann dann in die Pläne eine maßstabsgenaue Übersicht seiner geplanten Hängung eintragen. Dies kann einem zu einer sehr guten Vorstellung vom Gesamteindruck und der Wirkung einzelner Bilder verhelfen.

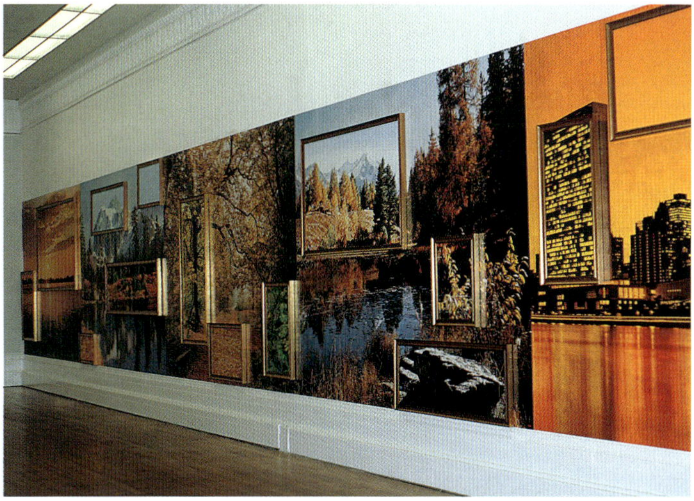

Auf Maß arbeiten Diese Arbeit besteht aus großen Fotodrucken, die mit Umsetzungen einiger Fotomotive in Acryl auf Leinwand kombiniert wurden. Die ganze Arbeit wurde genau auf den Platz an der Wand des Museums konzipiert.

Öffentliche Kunstaufträge

Der Bereich der Kunst, der sich mit öffentlichen Plätzen und der Architektur auseinandersetzt, wird als »Kunst im öffentlichen Raum« (oder Kunst am Bau) bezeichnet. Öffentliche Kunst steht meist im Verdacht, eine weniger ernst zu nehmende Kunstform zu sein, die zudem von den Zwängen der Bürokratie beeinflusst wird. Schlimmstenfalls wird diese Kunst als dekorative Zutat abgetan, die lediglich bestimmte Auflagen des Bauherrn erfüllt. Es gibt aber auch andere Fälle, in denen der Künstler eine ganz spezielle Idee in einem neuen Umfeld umsetzen kann. Er erhält ganz neue Möglichkeiten, kreativ zu sein, und seine Kunst hat die Gelegenheit, sich frei zu entfalten.

Die Auftragsbedingungen

Die Ideen und Entwürfe können zwar in einem gewissen Umfang im Atelier entwickelt werden, doch müssen vor allem die vorgegebenen Bedingungen des öffentlichen Auftrags berücksichtigt werden. Im Folgenden sollen einige Aspekte dieses Prozesses skizziert werden.

Orte

Es gibt unendlich viele Möglichkeiten, an öffentlichen Orten Kunst zu zeigen, und Künstler haben sich mit ganz unterschiedlichen Plätzen auseinandergesetzt. Das reicht von umfunktionierten Kapellen bis zu neu errichteten Krankenhäusern, von erloschenen Vulkanen bis hin zu sanierten Altbauten.

Der Künstler als Mitglied eines professionellen Teams

Die künstlerische Mitsprache ist mittlerweile als integraler Bestandteil öffentlicher Planungen weitgehend akzeptiert. Der Künstler ist heute zunehmend gleichberechtigtes Mitglied eines Teams von Architekten, Stadtplanern, Landschaftsarchitekten und Ingenieuren. Die Ideen des Künstlers können in solchen Arbeitssituationen von entscheidender Bedeutung sein. Auf dieser Ebene des Brainstormings können Künstler mit ihren Vorstellungen sehr viel zur Ausformung von Projekten beitragen. Der Künstler übernimmt Verantwortung in einem Arbeitsprozess, der zwar manchmal aufreibend und unproduktiv wirkt, aber auch dazu führt, dass eine kreative Idee ständig weiterentwickelt und diskutiert wird.

Jedes Mitglied eines solchen Teams hat dabei besondere Fähigkeiten und Erfahrungen, die zur Entwicklung des Projekts beitragen. Für einen Künstler, der gewohnt ist, allein zu arbeiten, kann das eine anregende und sehr positive Erfahrung sein.

Der Auswahlprozess

Die Einladung eines bestimmten Künstlers, einen öffentlichen Auftrag zu übernehmen, kann sehr unterschiedliche Formen haben. Es gibt vielleicht einen öffentlichen nationalen oder internationalen Wettbewerb, aus dem eine Auswahlliste hervorgeht. In vielen Fällen ist der Wettbewerb beschränkt. Der Auftraggeber sieht sich Werke der vorgeschlagenen Künstler an, die vorher oft von einer Kunstconsultingagentur zusammengestellt wurden, und wählt dann die Künstler, die in die engere Wahl kommen, aus. Wenn ein Künstler auf einer solchen Liste steht und zu einem Entwurf eingeladen wird, liegt es allein am Künstler, die Jury von seinen Ideen zu überzeugen.

Entwürfe einreichen

Es gibt viele Möglichkeiten, einen Entwurf einzureichen. Auf jeden Fall sollte eine Idee auch gut präsentiert werden. Wenn der Entwurf ein breiter angelegtes Konzept ist oder einen Vorschlag für eine größer dimensionierte Arbeit zeigen soll, ist es sehr hilfreich, einige Beispiele zu zeigen.

Bei einer dreidimensionalen Arbeit vermittelt eine Maquette oder ein Modell der Arbeit einen besseren Eindruck als einige Skizzen und Zeichnungen. Noch besser ist es, wenn die Maquette in dem Material ausgeführt wird, in dem auch das Kunstwerk entstehen soll. Einige Materialproben mögen anfangs auch genügen.

Man kann digitale Fotos des Aufstellungsortes machen, sie in den

Computer laden und mit der entsprechenden Software eine Präsentation der Arbeit vorbereiten, die einen Eindruck davon gibt, wie die fertige Arbeit nach der Aufstellung aussehen wird (siehe S. 276).

Viele Künstler sind es gewohnt, ihre Ideen in Skizzen und Bildern auszudrücken. Diese traditionellere Art der Präsentation wird vielleicht sogar bei vielen Mitgliedern der Auswahlkommission, die eine digitale Präsentation als zu unpersönlich empfinden, besser ankommen.

Die Gefahr bei einer fotografisch genauen Präsentation besteht zudem darin, dass man nur noch beschränkte Möglichkeiten der Modifikation hat. Dies hängt aber von der Art des Kunstwerks ab.

Wenn der Entwurf eine der Kommission unbekannte künstlerische Technik vorsieht, ist es besser, ein Arbeitsbeispiel zu zeigen, vorausgesetzt man kann es ohne größeren Aufwand und Zeitverlust vorbereiten.

Wie immer die Jury auch zusammengesetzt sein mag, es wird immer Befürworter und ablehnende Stimmen geben. Es versteht sich von selbst, dass man die Stärken seines Entwurfs herausstellen muss, vor allem dann, wenn man hart daran gearbeitet hat.

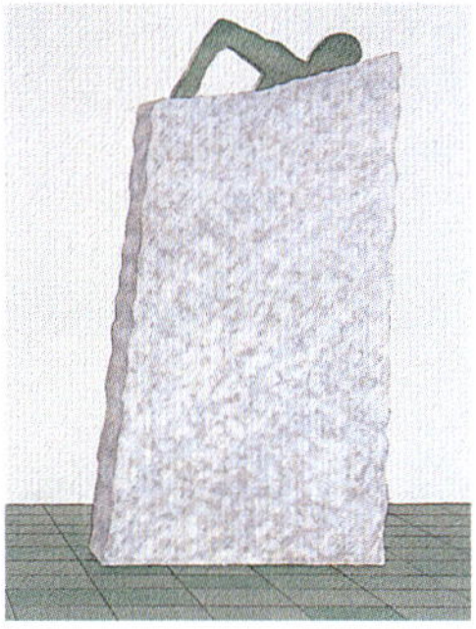

1 Gemalter oder gezeichneter Entwurf.

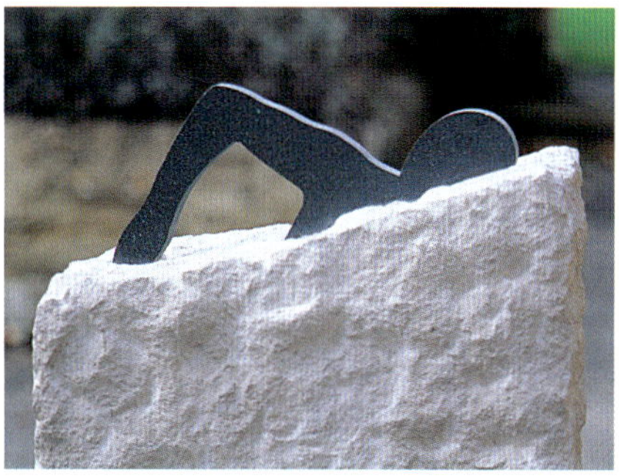

2 Ein Modell wird in den vorgeschlagenen Materialien ausgeführt.

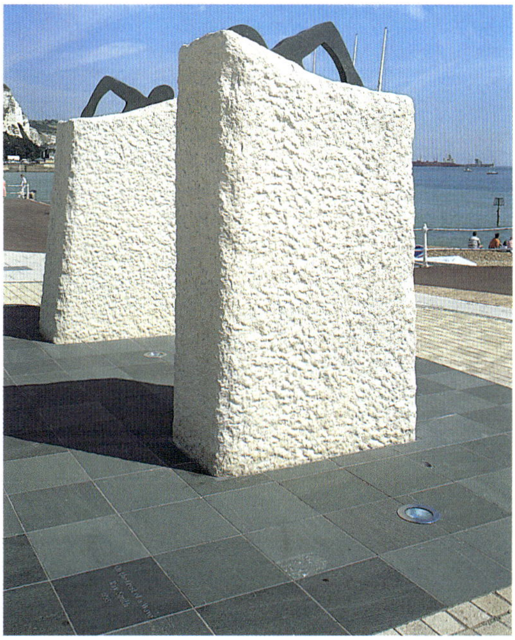

Auf der Krone der Welle Die fertige Skulptur in weißem und seegrünem Stein wurde im Hafen von Dover aufgestellt.

Verträge

Hier ist nur Platz für einige allgemeine Bemerkungen. Für detaillierte Auskünfte sollte man sich an seinen Anwalt wenden.

Nach der Auftragserteilung erhält man einen schriftlichen Vertrag, der alle Aspekte des Auftrags, einschließlich Honorar und Versicherung, berücksichtigen sollte. Man sollte aber mit Blick auf die erste Honorarrate nicht voreilig unterschreiben, denn Standardverträge, mit denen man meist konfrontiert wird, reichen für bestimmte künstlerische Arbeiten nicht immer aus. Deshalb ist es besser, vor dem Unterschreiben ein ausführliches Gespräch mit dem Auftraggeber über den Vertragsinhalt zu führen. Beim Formulieren der Vertragsbedingungen sollte man aber nicht nur die eigene Position im Auge haben, sondern auch die des Auftraggebers. Auf jeden Fall ist es wichtig, genau zu klären, was man voneinander erwartet. Die mit dem Projekt verbundenen finanziellen Risiken sollte man so gut wie möglich abschätzen, um sie vermeiden oder übertragen zu können.

Termine und Rechte

Der Vertrag muss die Aufgaben des Künstlers deutlich benennen und einen realistischen Termin setzen, an dem das Projekt abgeschlossen werden kann. Man sollte keine Aufträge annehmen, denen man professionell oder finanziell nicht gewachsen ist. Man sollte sich auf das konzentrieren, was man am besten realisieren kann und gleich zu Anfang seine Vorstellungen und Wünsche artikulieren.

Wenn man eine sehr große Arbeit ausführen möchte, kann es bedeuten, dass man eine Spezialfirma mit der Ausführung beauftragen muss. Hat man dies im Vorfeld mit dem Auftraggeber geklärt, kann er spezielle Teile des Auftrags gleich von dieser Firma abwickeln lassen. Während der Realisierung des Projekts ist natürlich der Künstler in allen künstlerischen Fragen weiter zuständig, auch wenn in einem Team von Architekten und Ingenieuren an einem neuen Gebäude gearbeitet wird.

Der Künstler muss auf gewisse Rechte achten. Er kann die Arbeit zwar verkaufen, aber die Urheberrechte daran sollte er behalten. Andernfalls könnte der Auftraggeber nach Belieben Kopien des Kunstwerks anfertigen lassen. Und kein Künstler möchte gern Klone des eigenen Kunstwerks an anderen Orten wiederfinden. Natürlich gilt dies auch umgekehrt für den Künstler, der ebenfalls versichern muss, keine Kopien des Werks zu verbreiten. Eine andere Klausel in Verträgen gibt dem Auftraggeber das Recht, Fotografien des Werks anzufertigen und zu Werbezwecken zu nutzen. Außerdem sollte man als Urheber des Werks ausgewiesen werden. Es kann nicht im Interesse des Künstlers sein, sein Werk verbreitet zu sehen und selbst anonym zu bleiben.

Das Werk

Es gibt zahlreiche Auflagen, die bei der Herstellung und Aufstellung eines Kunstwerks an öffentlichen Plätzen zu beachten sind und die der Künstler auch in Hinblick auf neue Aufträge berücksichtigen muss.

Erhaltung und Pflege Vor der Aufstellung des Werks muss man auch die Erhaltung und Pflege für die Zeit vertraglich festlegen, in der das Kunstwerk im öffentlichen Raum präsent sein soll. Diese Frage muss gleich zu Anfang geklärt werden, um sicherzugehen, dass die Ausführung qualitätvoll genug ist, um beispielsweise den herrschenden Witterungsbedingungen ausreichend standzuhalten.

Das Unerwartete vorhersehen
Im Bereich der öffentlichen Kunst schafft ein Künstler neue Original-Kunstwerke für ganz bestimmte Orte. Jedes Projekt bringt fast automatisch eine neue Kunstform hervor. In normalen Produktionsprozessen werden Prototypen hergestellt und getestet, bevor die eigentliche Serienproduktion beginnt. In der Kunst ist die fertige Arbeit der Protoyp selbst. Dies birgt natürlich auch Risiken in sich, die man bei der Erstellung eines Budgets für die Arbeit ins Kalkül ziehen sollte. Man muss das Unerwartete in gewisser Weise bereits bei der Vorbereitung einplanen. So kann es bei einem Auftrag für eine Skulptur beispielsweise einen Monat vor der Aufstellung so heftig regnen, dass der Boden vollkommen aufgeweicht ist und man einen teuren Metallsteg aufbauen muss, damit der Kran die Skulptur zum Aufstellungsort bringen kann. Mit einem solchen Mehraufwand muss also immer gerechnet werden.

Beratung und Entwicklung Es ist wichtig, das jeder Entwurf, der einen Eingriff in den öffentlichen Raum bedeutet, von den jeweils zuständigen Gremien der Stadt oder der Gemeinde sowie interessierten Bürgern diskutiert werden kann.

Das ist besonders bei moderner Kunst oft ein Problem. Es gibt zahlreiche Beispiele aus der Vergangenheit, wo künstlerische Entwürfe erst laut und heftig kritisiert wurden, mit der Zeit aber in das Herz genau jener Leute geschlossen wurden, die anfangs so kritisch reagiert hatten. Es gibt hier keine einfachen Lösungen, und es kann auch Künstler betreffen, die auf der Höhe ihrer Karriere sind und mit den besten Vorsätzen in den öffentlichen Bereich gegangen sind. Eigentlich gibt es auch keinen Grund, warum ein Künstler seinen Stil wegen eines öffentlichen Auftrags ändern sollte. Das Argument, Kunst brauche Zeit, um sich durchzusetzen, ist kein Freibrief für schlechte Kunst. Es gibt jedoch eine Sprache der Kunst, die seriöse Künstler aller Epochen weiterentwickeln, und die Zeit braucht, um Teil der öffentlichen Kultur zu werden. Das trifft in gewisser Weise für jeden Bereich menschlicher Tätigkeit zu. In der Kunst oder Architektur sind die Ergebnisse jedoch besonders deutlich sichtbar und können nicht ignoriert werden. Man kann jedoch nicht anderen über die Schulter blicken, wenn man Kunst schafft, sondern kann nur versuchen, aus den Bedingungen des Auftrags das Beste zu machen. Intuition, Erfahrung und Übung leiten das künstlerische Schaffen auch in solchen Fällen. Diese Fähigkeiten helfen auch dabei, künstlerische Ideen öffentlich durchzusetzen. Dies erfordert oft zahllose Diskussionen und große Geduld. Zum Schluss hat man eine Idee bis zur Reife gebracht, und es erfüllt den Künstler mit Stolz und gibt vielleicht auch der Gemeinde Anlass zu einer kleinen Feier.

Herstellung Bei vielen großen Projekten wird das Kunstwerk von anderen Firmen ausgeführt und aufgestellt. In solchen Fällen darf man nicht einfach nur ein paar Entwürfe abgeben und warten, bis das fertige Ergebnis vorliegt, sondern muss aktiv Anteil am Herstellungsprozess nehmen, um bei auftauchenden Problemen sofort einschreiten zu können. Das hier gezeigte Engagement entscheidet oft über Erfolg oder Misserfolg der Arbeit. Die mit der Herstellung betrauten Fachleute werden nicht viel von einem Künstler halten, der sich nur wichtig macht; sie werden aber durchaus bemerken, wenn die Arbeit dem Künstler am Herzen liegt und er eine klare Vorstellung von seiner Arbeit hat. In diesem Fall wird es sie möglicherweise sogar mit Stolz erfüllen, an der Realisiereng eines Kunstwerks mitgewirkt zu haben.

Installation Bei Aufträgen für eine Außenbepflasterung, einen Vinylbodenbelag oder für die Einfügung von Texten in eine Ziegelsteinfassade kann der Herstellungsprozess längere Zeit in Anspruch nehmen und Künstler wie Publikum können den Fortgang der Arbeit verfolgen. Bei großen Außenskulpturen wird die Arbeit dagegen an einem einzigen Tag installiert. Für den Künstler ist das ein aufregender Moment, da er jetzt sofort sieht, ob die Position, Größe und Fassung der Arbeit für den Ort geeignet sind. Man kann vorher noch so viele Computer-Simulationen gemacht haben, die Realität ist doch immer etwas anderes.

Feier Nach einem langen und schwierigen Prozess zur Herstellung des Kunstwerks, an dem vielleicht viele Menschen mitgewirkt haben, ist es gut, die Vollendung mit einer kleinen Feier zu begehen. Das kann ein lang geplantes Fest oder eine spontane Feier mit ein oder zwei kurzen Reden sein. Es ist möglich, dass man einen Zug von Gratulanten über sich ergehen lassen muss, und man sollte auf kritische Fragen der dem Kunstwerk gegenüber vielleicht nicht sehr freundlich eingestellten Medien gefasst sein.

Mit den Medien umgehen

Kunst im öffentlichen Raum hat es niemals leicht gehabt. Und dies aus vielerlei Gründen. Vielleicht braucht das Publikum Zeit, um sich mit der Idee anzufreunden, oder der Künstler ist in eine politische Auseinandersetzung zwischen zwei Lagern geraten. Was immer die Gründe sein mögen, man braucht schon etwas Abgeklärtheit, wenn man von Reportern am Telefon belagert wird, die dem Künstler gern etwas entlocken würden, was dem Projekt, anderen Beteiligten oder dem Künstler selbst schaden könnte. Man muss also immer aufmerksam sein. Man kann in den Medien sogar mit Äußerungen zitiert werden, die man nie getan hat. Solche Stürme muss man überstehen. Oft stellt sich dann heraus, das eine anfangs kritisierte Arbeit zum Schluss doch akzeptiert wird.

Einbeziehen lokaler Behörden

Probleme mit den lokalen Behörden tauchen immer dann auf, wenn sie sich bei Entscheidungen übergangen fühlen. Bei der Ausschreibung für eine Skulptur sollten zum Beispiel Vertreter der örtlichen Behörden Mitglied der Auswahlkommission sein. Wenn mehrere Künstler ausgewählt wurden und Vorschläge eingereicht haben, sollte man die Entwürfe öffentlich präsentieren, um die Bürger zu informieren und ihre Meinung einzuholen. Die endgültige Auswahl läuft zwar relativ unabhängig von den öffentlichen Stimmen. Aber es kann doch zu wichtigen Informationen von dieser Seite kommen. Man sollte auch ein Forum bilden, in dem die Gemeinde über den Fortgang der Arbeit in allen Phasen informiert wird.

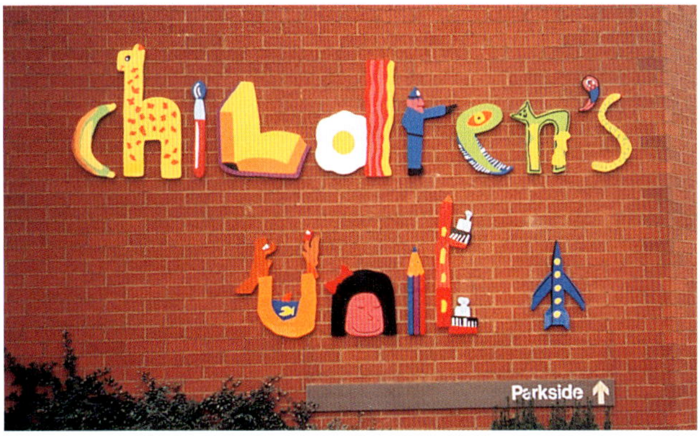

Mit Kindern zusammenarbeiten Für dieses Schild in einem Krankenhaus sollten Kinder Dinge zeichnen, die Ähnlichkeit mit Buchstaben haben. Eine Banane wurde zum »c«, eine gefleckte Giraffe zu einem »h«, ein Spiegelei mit einem Streifen Schinken an der rechten Seite zu einem »d« und so weiter. Da hier eine neue Technologie für diese Außenarbeit angewandt werden sollte, wurden die Kinder gebeten, ihre Entwürfe aus farbigem Papier auszuschneiden.

Gesundheit, Sicherheit und Umwelt

Künstlermaterialien von bekannten Herstellern stellen in der Regel kein Gesundheitsrisiko dar, wenn sie in der richtigen Weise gehandhabt werden. Gesundheit und Sicherheit erfordern jedoch eine umfassende Aufklärung. Künstlermaterialien sind teilweise chemische Substanzen, und daher wird ihre Herstellung, ihr Verkauf, ihre Verwendung und Entsorgung durch ständig veränderte Gesetze als Folge neu gewonnener Erkenntnisse geregelt. Leider gibt es keine weltweite Abstimmung in der Gesetzgebung, was zu Unklarheiten führen kann.

Gefahrstoffverordnung der EU

Die EU-Richtlinie 67/548/EEC wurde 1967 erlassen. Sie erfasst alle der Industrie oder der Öffentlichkeit zugänglichen Produkte in der EU in einer der folgenden Kategorien: *Giftig*, *Gesundheitsschädlich*, *Ätzend*, *Reizend*, *Brandfördernd*, *Explosiv*, *Entzündlich* oder *Umweltgefährlich*. Innerhalb jeder Kategorie gibt es mehrere Stufen, zum Beispiel *Sehr giftig* oder *Hochentzündlich*. Die meisten Kategorien haben ein bestimmtes Zeichen, etwa den Totenkopf mit gekreuzten Knochen für *Giftig*.

Zudem können diese Kategorien durch »Risikobestimmungen« und »Sicherheitsbestimmungen« ergänzt werden. Alle Künstlermaterialien, die unter eine der obigen Kategorien fallen, müssen entsprechend gekennzeichnet werden. Die häufigsten Kategorien für Künstlermaterialien sind *Gesundheitsschädlich* und *Entzündlich*. Die Kategorie *Gesundheitsschädlich* wird mit dem Andreaskreuz gekennzeichnet.

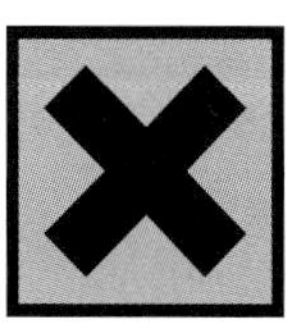

Das Symbol für *Hochentzündlich* sieht man auf Sprays, die Lösungsmittel mit einem Entzündungspunkt unter 21 °C enthalten. Terpentinersatz hat einen Entzündungspunkt von ungefähr 35 °C und ist daher nur *Leichtentzündlich*.

Das amerikanische System

Die USA haben ihre eigenen Gesundheits- und Sicherheitsbestimmungen für Künstlermaterialien, die aber in den EU-Ländern nicht gelten. Das EU-System zeichnet alle Produkte aus, die potenziell gefährlich sind. Das US-System kennzeichnet alle Produkte, ob sie gefährlich sind oder nicht. Das Gesetz verlangt für alle Künstlermaterialien eine Untersuchung durch den Toxikologen. Ein Branchenverband vergibt Gütesiegel, die die Übereinstimmung mit den gesetzlichen Bestimmungen garantieren. Die gebräuchlichsten sind:

Es gibt hierfür keine vergleichbaren Kennzeichnungen in der EU. Gefährliche Substanzen erhalten ein CL statt AP und entsprechende Warnhinweise.

Es gibt zwischen den Systemen der EU und der USA keine Übereinstimmungen, da diese mit unterschiedlichen Kategorisierungen und Grenzwerten arbeiten.

Immer die Etiketten lesen!

Im Zuge der Produktverbesserung ersetzen Hersteller mitunter gefährliche Materialien oder Substanzen, und man findet plötzlich Produkte ohne Warnhinweis, die vorher mit einem solchen gekennzeichnet waren. Da es bei Künstlern und Händlern üblich ist, Produkte eine bestimmte Zeit vorrätig zu halten, sollte man jedes Etikett aufmerksam lesen, ehe man eine bestimmte Farbe oder einen Produktnamen mit einem bestimmten Gefährdungspotenzial verbindet.

Es gibt nur sehr wenige Künstlerprodukte, die hochgiftig sind. Dazu gehört Bleiweiß in der Ölfarbe.

> **Gesundheitsschädliche Stoffe und ihr Weg in den Körper**
>
> Um ernste Probleme auszulösen, müssen solche Stoffe über einen der unten aufgeführten Wege in den Körper gelangen:
>
> - Schlucken
> - Einatmen
> - Hautkontakt
> - Augenkontakt

Spontane Entzündung von Ölfarben und Leinöl

In Verbindung mit bestimmten Pigmenten, wie Umbra natur oder Umbra gebrannt, oder in Verbindung mit Trockenmitteln, kann sich Leinöl selbst entzünden. Dies bedeutet eine mögliche Brandgefahr, wenn man Papiere, Lappen oder andere leicht entflammbare Materialien in einem engen, nicht ausreichend gelüfteten Raum liegen lässt. Beim Trocknen des Leinöls kann so viel Hitze entstehen, dass sich beispielsweise Mallappen selbst entzünden. Unter dem Stichwort *Aufbewahrung* und *Entsorgung* auf Seite 371 können Sie nachlesen, wie man ölige Paletten und Mallappen sicher und umweltgerecht entsorgt.

Künstlermaterialien und Umweltbestimmungen

Die Zerstörung der Umwelt wird zu einem immer größeren Problem. Auch als Künstler hat man hier eine besondere Verantwortung, besonders im Hinblick auf die verwendeten Materialien. Der Begriff »Umwelt« bezieht sich auf die gesamte Ökologie, aber auch auf die persönlichen Arbeitsbedingungen.

Ein Null-Risiko wäre für die Umwelt am besten. Das hieße für Künstlermaterialien, sie nicht zu verwenden! Man muss sich also entscheiden, was den wenigsten Schaden anrichtet bzw. wie man die Materialien am sorgsamsten verwendet. Ton ist zum Beispiel ein nicht erneuerbarer Rohstoff, sollte man also aufhören, ihn zu verbrauchen? Und wenn ja, welchen Ersatz sollte man nehmen – Holz? Plastik? Jedes Material und jede Technik haben ihr Für und Wider. Die Praxis eines Künstlers sollte Folgendes berücksichtigen:

1. Kenntnis und Anwendung der Gesetze, die zum Schutz der Umwelt und der Menschen gemacht sind.
2. Gesunden Menschenverstand in Fragen der persönlichen Entscheidung für oder gegen bestimmte Materialien.
3. Keine Materialverschwendung! Es muss immer mehr produziert werden, um das zu ersetzen, was verschwendet wurde.
4. Eine gesundheitsverträgliche Balance zwischen ungefährlichen Materialien und der künstlerischen Praxis wird immer schwieriger, je mehr man sich mit unkonventionellen Materialien beschäftigt.

Lösungsmittel
Lösungsmittel sind wohl das gefährlichste Material, mit dem ein Künstler in Berührung kommen kann. Lösungsmittel sind Chemikalien, die andere chemische Substanzen lösen. Auch Wasser ist in diesem Sinn ein Lösungsmittel, da die meisten anderen Lösungsmittel bis zu einem bestimmten Grad in Wasser löslich sind. Lösungsmittel kommen in verschiedenen Formen vor: Es gibt Mittel, die Harze lösen, andere lösen Malmittel und Firnisse, wieder andere verdünnen Farben und reinigen Pinsel. Außer für spezielle Farben sind die wichtigsten Lösungsmittel Terpentinersatz (oder weniger aromatische Ersatzstoffe) und Terpentin. Müsste man Ölfarben nicht mit Malmitteln vermalen, wären sie die lösungsfreiesten und sichersten Künstlermaterialien. Die schädlichen Effekte:

1 Gesundheitsschäden durch Einatmen, Schlucken oder Hautkontakt.
2 Umweltschäden durch Entsorgung oder Verdunstung in die Atmosphäre.

Nicht alle der oben genannten Gesundheitsrisiken gehen von jedem Lösungsmittel aus, und es gibt in jedem Fall Abstufungen.

Lösungsmittel sicher anwenden

- Fenster öffnen, um die Luftzirkulation zu verbessern
- Mit Ventilator gesundheitsschädliche Dämpfe beseitigen
- Schutzcreme für die Hände anwenden
- Bei besonders gefährlichen Lösungsmitteln immer eine Schutzmaske tragen

Der Gesetzgeber kann Bestimmungen zur Verbraucherinformation und zur Reduzierung der Emissionsmenge von Lösungsmitteln erlassen. Hersteller können weniger gefährliche Lösungsmittel herstellen. Aber es liegt im Endeffekt in der Hand des Verbrauchers, welche Maßnahmen getroffen werden. In der EU tragen Produkte, die gefährliche Substanzen enthalten, das Symbol *Umweltgefährlich* (»toter Fisch/toter Baum«).

Die Gesetzgebung kann auch das Freisetzen von Lösungsmitteln in die Atmosphäre regulieren. Einige flüchtige organische Lösungsmittel, die sich in der Atmosphäre konzentrieren und die Ozonschicht angreifen, dürfen nicht mehr hergestellt werden. Terpentinersatz und Terpentin sind derzeit als *Umweltgefährlich* eingestuft, was sich aber eher auf die Wasserverunreinigung als auf die Luftverunreinigung bezieht. Außer dem Terpentin stammen die meisten Lösungsmittel im künstlerischen Bereich vom Petroleum ab. Es können sehr reine Substanzen wie Xylol oder komplexere Mischungen wie Terpentinersatz sein. Diese Mischungen enthalten aromatische und alipathische Hydrokarbone. Erstere sind die gefährlicheren Substanzen, lösen jedoch auch am besten. Geruchsarme Lösungsmittel sind Petroleum-Hydrokarbon-Mischungen, aus denen fast alle aromatischen Bestandteile entfernt wurden. Sie sind sicherer anzuwenden und sind nicht als *Umweltgefährlich* eingestuft. Der Markt für wasserlösliche Farben, vor allem in den Bereichen der Industrie und des Kunsthandwerks, wurde von der Forderung beeinflusst, die flüchtigen organischen Lösungsmittel zu reduzieren. Dabei spielte aber auch die im Vergleich zu lösungsmittelhaltigen Farben geringe Viskosität eine Rolle. Hersteller wurden aufgefordert, Acrylfarben ohne flüchtige Lösungsmittel herzustellen.

Pigmente
Farben in Künstlerqualität oder zumindest solche, die die von Künstlern gewünschte Lichtechtheit haben, können wegen ihrer chemischen Substanzen niemals vollkommen umweltfreundlich sein. Man sollte also peinlich darauf achten, dass alle Reste fachgerecht entsorgt werden. Beim Airbrushen oder bei Verwendung von Pulverpigmenten muss man sich vor dem Pigmentstaub durch eine Atemschutzmaske und ausreichende Entlüftung schützen. Ein gutes Entlüftungssystem ist deshalb sehr wichtig. Zudem sollten Handschuhe und eine Schutzbrille getragen werden. Man darf nur mit kleinen Mengen an Pigmenten arbeiten, und es sollte sich kein offenes Feuer in der Nähe befinden, da das Pulver in der Luft Feuer fangen kann. Pigmente dürfen auch nicht in oder an den Mund gelangen und nicht im Ausguss entsorgt werden. Sie sollten in gut verschlossenen Gläsern in einiger Entfernung von der Heizung aufbewahrt werden.

Aufbewahrung und Entsorgung
Alle Materialien, vor allem Lösungsmittel, müssen nach Gebrauch in dicht verschlossenen Behältern aufbewahrt werden. Man sollte nie mehr Lösungsmittel ausgießen, als man für eine Sitzung benötigt, denn es entweicht nur unnötig in die Luft. Das Einatmen von Lösungsmitteldämpfen muss unbedingt vermieden werden. Falls Farbe oder Lösungsmittel in die Augen oder auf die Haut gelangen, müssen die Spritzer sofort mit klarem Wasser gründlich abgewaschen und anschließend alle Reste weggewischt werden. Lösungsmittelgetränkte Lappen sollte man nicht herumliegen lassen, da das Lösungsmittel im Atelier verdunstet. Am Ende einer Malsitzung müssen alle Reste von unbenutzten Lösungsmitteln sowie ölige oder farbverschmutzte Lappen in einen feuersicheren, luft- und lösungsmitteldichten Behälter entsorgt werden. Man kann die Lappen auch in Wasser tränken, sie in einen Plastikbeutel legen und diesen in einem Metallabfalleimer in einiger Entfernung von Gebäuden sicher deponieren, sodass Kinder nicht daran gelangen können. Dieser Abfall muss regelmäßig entsorgt werden. Die Hände einschließlich der Fingernägel sollten nach dem Malen gründlich mit einem Handwaschmittel gereinigt werden.

Mit Säuren arbeiten

- Handschuhe und Gesichtsschutz tragen.
- Atemschutzmaske tragen, um das Einatmen von säurehaltigen Dämpfen zu vermeiden.
- Schutzcreme auf die Hände auftragen.
- Mit einem Entlüfter die giftigen Dämpfe absaugen. Ist dies nicht möglich, im Freien arbeiten.
- Zangen verwenden, um Materialien in die Säure zu legen.

Gefahrenkennzeichnung für ätzende Materialien

Korrekte Arbeitspraxis

- Beachten Sie die Gefahrenhinweise auf den Etiketten. Seien Sie besonders vorsichtig bei Stoffen, die keine speziellen Künstlermaterialien sind. Man sollte im Zweifelsfall den Hersteller kontaktieren, um herauszufinden, ob das Produkt für die vorgesehene Verwendung geeignet ist.
- Halten Sie Künstlermaterialien von Kindern, Tieren und Nahrung fern.
- Sorgen Sie im Atelier für genügend frische Luft. Setzen Sie Künstlermaterialien nicht offenem Feuer aus.
- Essen, trinken oder rauchen Sie wegen der Gefahr des Verschluckens von gesundheitsschädlichen Stoffen nicht bei der Arbeit.
- Vermeiden Sie Hautkontakt, vor allem bei Lösungsmitteln.
- Nehmen Sie Pinsel nie in den Mund.
- Tragen Sie Farben nie direkt mit den Fingern auf. Verwenden Sie eine Hautschutzcreme und Handschuhe, wenn sie mit den Fingern arbeiten wollen.

Glossar

Abdämpfen Maltechnik, bei der eine halbdeckende oder dünne Farbschicht locker über eine untermalte Fläche gestrichen wird, sodass kleine Flecke der unteren Farbe durchschimmern.

Abdecken (Maskieren) Schutz von Malflächen gegen einen neuen Farbauftrag.

Absorption (Licht) Alle Substanzen absorbieren auftreffendes Licht verschiedener Wellenlängen. Ihre Farbe hängt von den reflektierten Wellenlängen ab.

Abtönung Mit Weiß gemischte Farbe.

Acryle Synthetische Harze, meist in einer Emulsion, zur Herstellung von Acrylfarben oder auf Lösungsmittelbasis für Firnisse und zur Restaurierung.

Additive Farbmischung Die Überlagerung farbiger Lichtstrahlen zur Erzeugung einer dritten (helleren) Farbe. Mischung von Orangerot und Blauviolett ergibt Magenta. Auf diesem Prinzip beruht das Farbfernsehen.

Adsorption Molekulare oder elektrostatische Anziehung zwischen zwei Molekülen.

Aggregation Lockere Zusammenlagerung von Pigmentpartikeln durch Anziehungskräfte.

Alipathische Verbindungen Organische Verbindungen ohne Ringstruktur.

Amorph Nicht zu Kristallgittern angeordnet.

Anhydrisch Ohne Kristallwasser.

Anreiben Pigmentpulver mit Wasser oder einem anderen Bindemittel mischen.

Aromaten Organische Verbindungen mit Benzolringstruktur.

Aufplatzen Zusammenbruch eines nassen Malfilms auf einer Oberfläche aufgrund zu geringer Feuchtigkeit oder Mangel an Adhäsion.

Ausblühen Wolkenbildung in einem Firnis nach dem Trocknen – meist aufgrund von Luftverunreinigungen.

Ausbluten Eindringen eines Farbstoffs oder eines Pigments durch die oberen Farbschichten, in denen sie teilweise löslich sind.

Ausflocken Klumpenbildung von Pigmentpartikeln in einer Suspension.

Ausgefällte Kreide Hochwertige, künstlich hergestellte Kreide.

Autoxidation Allmähliches Oxidieren durch atmosphärischen Sauerstoff.

Balsame Mischungen von flüchtigen Ölen und Kiefernharzen.

Bildgrundträger Die Struktur (Holz, Papier, Metall usw.), auf die das Bild gemalt wird.

Bindemittel Die Substanz, welche die Pigmentpartikel in der Farbmischung zusammenhält und die sie auf dem Malgrund haften lässt. Dazu gehören Leinöl, Eidotter, Acrylharzemulsion usw.

Bit (von engl. binary unit) Die kleinste digitale Informationseinheit.

Bitumen (oder Asphalt) Teerstoff, löslich in Öl oder Terpentinersatz. Wird heutzutage nicht mehr als Malpigment verwendet, dient aber noch vielfach zur Bearbeitung lithografischer Steine oder Platten.

Blue Wool Scale (Internationale Wollskala) Ein international anerkanntes Maß für Lichtechtheit einer Farbe, angegeben in Graden von 1 bis 8. Jede höhere Zahl bedeutet eine doppelt so hohe Lichtechtheit gegenüber der vorhergehenden.

Brechung Die Ablenkung von Lichtstrahlen durch eine Fläche.

Brechungsindex Ein Maß des Brechungsgrades.

Brennen Das Härten von Ton, Glas usw. in einem Brennofen.

Buntwert Farbe eines unverdünnten Pigments.

Büttenrand Der gefranste Rand eines handgeschöpften Papiers.

Byte Eine Informationseinheit aus 8 Bits.

CCD-Sensor (engl. charge-coupled device – ladungsgekoppeltes Halbleiterelement) Als Aufnahmeeinheit (Sensor) in Digitalkameras und Scannern eingesetzte zweidimensionale Anordnung lichtempfindlicher Elemente.

Chemisch rein (engl. Abk. C.P.) Ausdruck zur Bezeichnung eines reinen Pigments, wie z. B. Kadmiumsulfid (CdS), zur Unterscheidung von gestreckten Pigmenten, wie Kadmiumlithophon (CdS BaS04).

Chiaroscuro Hell-Dunkel-Übergänge bzw. -Kontraste.

Chromatische Pigmente Farbige Pigmente im Unterschied zu Weiß, Grau oder Schwarz (achromatisch).

CMYK Bezeichnung für das im Vierfarbendruck verwendete Farbmodell, bei dem die drei subtraktiven Primärfarben (Cyan, Magenta, Gelb) plus Schwarz Bilder in Vollfarbe drucken.

Deckendes Malen Der Gegensatz zum transparenten Malen. Hierbei werden die helleren Tönungen nicht durch Farbverdünnung, sondern durch Mischen mit Weiß erzeugt.

Deckfarben Deckende Aquarellfarben (Gouache-Farben). Die Deckkraft kann durch Mischen von Farbpigmenten mit Weiß verursacht werden.

Deckkraft Ein Maß für die Farbmenge, die dazu benötigt wird, eine bestimmte Fläche zu überdecken – ein Maß der Opazität.

Dextrin Ein Stoff, der durch Erhitzen trockener Stärke gewonnen wird. Preisgünstige Alternative zu Gummiarabikum, zuweilen als Bindemittel für Aquarellfarben verwendet.

Dichroismus Das Phänomen, dass ein farbiger Pigmentfilm unterschiedliche Farben zeigt, wenn er unter anderen Bedingungen betrachtet wird.

Diffraktion Die Beugung des Lichts durch eine Blende oder ein Prisma, wobei eine Reihe dunkler und heller Streifen oder ein Spektrum entsteht.

Direktmalerei Siehe Primamalerei.

Dispergieren Das homogene Verteilen von Feststoffpartikeln in einer Flüssigkeit.

DPI (engl. dots per inch) Standardmaßeinheit für die Auflösung eines Bildes. Je höher die Zahl der DPI, desto höher die Auflösung und die Detailschärfe.

Effloreszenz (oder Ausblühung) Kristalliner Überzug auf der Farboberfläche, hervorgerufen durch Wandern löslicher Bestandteile.

Email (1) Bezeichnung für eine Art von Hochglanzbeschichtung. (2) Farben, die auf Metallplatten, Keramik oder Glas gemalt oder gedruckt und anschließend eingebrannt werden.

Emaillierung Verfahren zum Schmücken präparierter Metallplatten durch Auftrag von Emailfarben, die anschließend bei hoher Temperatur eingebrannt werden.

Emulgator Netzmittel, das die Stabilisierung einer Emulsion unterstützt, indem es die Partikel durch elektrostatische Kräfte in der Schwebe hält.

Emulsion Stabile Mischung von normalerweise nicht mischbaren Flüssigkeiten wie Öl und Wasser. Eidotter ist eine natürliche Emulsion.

Enkaustik (1) Maltechnik, bei der in heißem Wachs gelöste Pigmente aufgetragen werden. (2) In der Keramik eine Form der Fliesendekoration unter Verwendung verschiedenfarbigen Tons.

Enzyme Hochmolekulare Eiweißverbindungen, die als Katalysatoren für bestimmte chemische Reaktionen dienen.

Epoxidharz Kräftiges synthetisches Harz, verwendet bei der Herstellung von Zweikomponentenklebern und -farben, die sich durch chemische Reaktion setzen statt durch Verdunsten eines Lösungsmittels.

Extender (Verschnittmittel) Pigmente mit nur beschränktem Einfluss auf die Farbe. Man kann sie zur Regelung der Eigenschaften einer Farbe oder zum Herabsetzen der Kosten hinzufügen. Beispiele sind Kreide und Kaolin.

Fällungsprodukt Feststoff, der sich durch chemische Reaktion in einer Lösung niederschlägt.

Färbevermögen (oder Färbekraft) Maß für die Fähigkeit eines Pigments, ein Weiß zu tönen.

Farbintensität Reinheits- oder Trübungsgrad einer bunten Farbe.

Farbmischen Man kann Farben auf der Palette mischen, aber auch nach Auftrag auf dem Malgrund. Dabei werden benachbarte Farben überstrichen, sodass sie allmählich ineinander übergehen.

Farbtemperatur Maßeinheit der Farbtemperatur ist das Grad Kelvin (°K); Kunstlicht mit einer Farbtemperatur von etwa 2700°K erscheint gelber als das Tageslicht mit einer Farbtemperatur von etwa 6500°K.

Farbtönung (Nuance) Die Intensitätsstufe einer Farbe. Bei einer Trübung von Rot erhält man eine rote Farbtönung oder Farbnuance.

Fett Eine fette Farbe enthält viel Öl.

Fett-auf-Mager Grundregel bei der Ölmalerei: Jede weitere aufgetragene Farbschicht muss im Malmittel etwas mehr Öl enthalten als die voraufgegangene Schicht.

Filmtrockenzeit Die Zeit, in der ein Malfilm durchtrocknet; entspricht meist der Zeit, in der das Lösungsmittel verdunstet, besonders in viskosen Filmen.

Fixativ Oberflächenbeschichtung, welche die Staubfarben wie Pastell und Kreide sowie Bleistift vor mechanischer Schädigung schützt.

Flammpunkt Temperatur, bei welcher sich der Dampf über einer Flüssigkeit entzündet, wenn eine Zündquelle in die Nähe kommt.

Flüchtige Farben Nicht lichtechte Farben, die ausbleichen und bei starkem Licht verschwinden.

Flüchtigkeit Verdampfungseigenschaft von Flüssigkeit.

Fluoreszenz Lichtemission, wenn ein Objekt einer Strahlung ausgesetzt wird (insbesondere UV-Strahlung).

Flussmittel Zusatz zum Rohmaterial von Glas, Ton und Glasuren zum Fördern des Schmelzprozesses.

Formalin Wässrige Lösung von Formaldehyd.

Format System zum Speichern digitaler Bildinformationen. Es existieren verschiedene Formate für unterschiedliche Arten von Bildern, z. B. JPEG für Pixel-Bilder oder EPS für Vektor-Bilder.

Fritten Mischungen von Blei oder anderen Metallkomponenten mit Quarz und anderen Materialien, die bei hoher Temperatur geschmolzen, in Wasser gekühlt und zermahlen werden, um einen Grundstoff für Glasuren bei Keramik und Glasemaillieren zu liefern.

Frottage Grafische Technik, bei der Oberflächenstrukturen mittels Durchreiben auf Papier übertragen werden.

Gebrochene Farbe Farbe, die durch Mischen mit einer anderen Farbe gedämpft wurde oder optisch durch Anfügen oder Übereinanderlegen einer anderen Farbe beeinflusst wurde.

Geripptes Papier Papiersorte, die durch Schöpfen des Papiers mit einem speziell gerippten Sieb entsteht.

Getönte Grundierung Eine deckende Imprimitur, in der die Farbe mit Weiß zu einem gleichmäßig deckenden Untergrund gemischt ist.

Gigabyte (GB) Maßeinheit für Computerdaten, entspricht 1024 Megabytes.

Gitternetz Verfahren zum Übertragen von Bildkonturen auf die Malfläche. Auf das zu übertragende Original wird ein Netz von gleichmäßigen Quadraten gezeichnet; ein gleiches, aber größeres Netz zeichnet man auf die Leinwand oder Wand. Danach wird das Bild quadratweise übertragen.

Glasur Film oder transparente Farbe über einer trockenen Untermalung. Glänzende undurchlässige Oberflächenbeschichtung für gebrannten Ton.

Gouache Deckende Wasserfarben (Deckfarben).

Grisaille (Graumalerei) Monochromes Malen in verschiedenen Grautönungen.

Grundfarben (Primärfarben) Licht: Rotorange, Blauviolett und Grün. Pigmente: Rot (Magenta), Blau (Cyan) und Gelb.

Grundiermasse Substanz, die in Bezug auf Haftung, und Farbe einen geeigneten Untergrund zum Bemalen liefert und die Farbe vom Bildträger isoliert.

Grundierung Die Beschichtung der Fläche, auf welche die Farbe aufgetragen wird.

Gummen Wasserlösliche Absonderungen gewisser Pflanzen, z. B. der Akazie. Am häufigsten wird Gummiarabikum verwendet.

Halbton (1) Beim fotografischen Film der Tonwert (Grauwert) eines Negativs oder Positivs vor der Zerlegung in Rasterpunkte. (2) Beim Druck ein Verfahren, Tönungen heller oder dunkler wirken zu lassen, wenn das Bild einfarbig (z. B. schwarz) ist. Das Originalbild wird in Punkte zerlegt (gerastert).

Hardware Sammelbegriff für alle materiellen Teile eines Computersystems.

Harze Harte, nichtkristalline Substanzen mit amorpher Struktur. Entweder natürlich als Baumsekrete gewonnen oder synthetisch hergestellt. Vielfach gebraucht in Firnissen und (in synthetischer Form) in Bindemitteln für Farben, wie bei Acrylfarben.

Heftrand Der Rand des Keilrahmens, an dem die aufgezogene Leinwand mit Nieten oder Nägeln befestigt wird. Im Allgemeinen heftet man die Leinwand heute nicht mehr an der Seite des Keilrahmens, sondern auf der Rückseite.

Hochdruck (Buchdruck) Bei diesem Druckverfahren wird die Druckerschwärze auf eine erhöhte Druckfläche aufgetragen. Weitere Druckverfahren sind Flach- und Tiefdruck.

Homogene Mischung Innige Vermischung wie bei der gründlich genetzten und dispergierten Pigmentmischung.

HP (heiß gepresst) Künstlerpapier mit einer glatten Oberfläche.

Hydrolyse Chemische Reaktion, die durch Zugabe von Wasser, meist in Verbindung mit einer Säure oder Lauge, einen Zerfall bewirkt.

Hygroskopisch Feuchtigkeit aus der Luft annehmend.

Impasto Maltechnik mit dick – oftmals mit dem Malmesser oder einem Borstenpinsel – aufgetragenen Farben, wobei die Farben neben der farblichen auch eine plastische Wirkung haben.

Imprimitur Eine erste durchsichtige Farbschicht auf weißem Untergrund, ehe das Malen selbst beginnt.

Infrarot Wärmestrahlung jenseits des roten Endes des sichtbaren Spektrums.

Innenverleimung Die Leimung der Papiermasse bei der Herstellung, wodurch die Absorption herabgesetzt wird. Die Oberflächenverleimung wird dagegen erst nachträglich angebracht.

Ion Atom mit negativer oder positiver elektrischer Elementarladung.

Ionisierung Abtrennung in Ionen, meist in Gasen.

Isotropie Richtungsunabhängigkeit der Eigenschaften von Stoffen; Flüssigkeiten sind isotropisch.

Jodzahl (Abk. JZ) Kennzahl für den Gehalt an ungesättigten Fettsäuren.

Kalt gepresstes Papier Künstlerpapier mit mittlerer Textur zwischen glatt (HP) und rau.

Kasein Klebe- oder Bindemittel, das aus geronnener Milch gewonnen wird.

Kilobyte (KB) Maßeinheit für Computerdaten, entspricht 1024 Bytes.

Klebemittel Substanzen wie Leim oder Gelatine, mit denen die Leinwand vor dem Grundieren vorgeleimt wird oder mit denen die Absorption von Papier verringert wird. Können auch als Bindemittel beim Malen verwendet werden.

Körnung (1) Textur von Papier (z. B. feinkörnig) oder Leinwand. (2) Leicht raue Oberfläche einer Grundierung oder einer Farbschicht, die die nachfolgende Schicht festhält.

Kolloid Feine Verteilung winziger Partikel eines Stoffes in einem anderen Stoff.

Komplementärfarben Im Farbkreis einander gegenüber liegende Farbenpaare. Die Komplementärfarbe einer Grundfarbe ist die Kombination der beiden übrigen Grundfarben. Bei subtraktiver Farbmischung ist die Komplementärfarbe von Blau somit Orange, die Mischung von Rot und Gelb.

Kondensation (I: Physik) Feuchtigkeitsniederschlag aus der Luft. (II: Chemie) Vereinigung zweier Chemikalien unter Abspaltung eines dritten Stoffs, oftmals Wasser.

Kreidegrund Stark absorbierender Bildgrund. Durch die Saugfähigkeit trocknen die Farben schneller als beim Halbkreide- oder Ölgrund.

Kreiden Abpudern der Maloberfläche aufgrund des Verfalls des Bindemittels, meist verursacht durch UV-Strahlung.

Lauge Ein Stoff, der negative Ionen freigibt – Merkmal des Lösungsmittels. In wässrigen Lösungen ist es das Hydroxid-Ion OH. Laugen werden auch als Basen bezeichnet; davon abgeleitet »basisch«.

Leinwand Die Sammelbezeichnung Leinwand wird für alle Gewebe zur Malerei verwendet, auch wenn sie kein Leinen enthalten.

Lichtechtheit (Lichtbeständigkeit) Lichtechte Pigmente verlieren ihre Farbintensität nicht, wenn sie dem Licht ausgesetzt werden.

Lichter Aufgesetzte helle Farbtupfer, meist in Weiß oder Hellgelb.

Lösung Eine Flüssigkeit, die eine gelöste Substanz enthält; zu unterscheiden von Suspension oder Kolloid.

Lösungsmittel Jede Flüssigkeit, in der eine Substanz zur Bildung einer Lösung dispergiert werden kann.

Lokalfarbe Die tatsächliche Farbe eines Gegenstandes in gleichmäßigem Streulicht. Unter anderen Beleuchtungsbedingungen kann sie ganz anders wirken.

Luftperspektive Hat etwas mit dem Einfluss der atmosphärischen Trübung der Farben von Objekten zu tun; je weiter das Objekt entfernt ist, desto heller erscheint uns seine Farbe.

Malmittel Zusatz zum Beeinflussen der Verteilungseigenschaften einer Farbe. Auch Bindemittel, in denen das Pigment dispergiert wird.

Malstock Ein langer Stock, dessen Ende mit einem weichen Stoffball umwickelt ist. Er dient zum Auflegen der malenden Hand, damit diese die (nasse) Farbschicht nicht berührt.

Maquette Entwurf oder kleines Modell für ein Kunstwerk (z. B. Architektur oder Bildhauerei).

Marouflage Methode, um eine bemalte Leinwand an einer Wand oder auf einer starren Unterlage zu befestigen.

Maschinengefertigtes Papier Künstlerpapier aus der Papiermaschine.

Medium Binder, in dem das Pigment angerieben wurde.

Megabyte (MB) Maßeinheit für Computerdaten, entspricht 1024 Kilobytes.

Metamerie Das Phänomen, dass spektral unterschiedliche Farbreize die gleiche Farbempfindung auslösen können.

Mikron Tausendstel Millimeter, Zeichen μ.

Minerale In der Natur vorkommende anorganische Verbindungen.

Mischbarkeit Maß für die Mischfähigkeit von Substanzen.

Mizellen Zusammenlagerung von Molekülen zu einer kolloidalen Lösung.

Modellieren Eine Maltechnik, die die dreidimensionale Form eines Gegenstands durch Verteilung verschiedener Tonwerte darstellt.

Molekül Die kleinste Einheit einer chemischen Verbindung. Das Molekül setzt sich aus Atomen zusammen.

Molekulargewicht Die Masse eines Moleküls eines Stoffs im Verhältnis zum Kohlenstoffnuklid mit der relativen Atommasse 12,0000.

Monochrome Untermalung Dem eigentlichen Malen vorangehendes Malen in Tonwerten nur einer Farbe.

Monomere Niedermolekulare Verbindungen, Bestandteile von Polymeren.

Nass-in-Nass Malverfahren, bei dem nasse Farbe auf andere bereits aufgelegte, noch nasse Farbe aufgetragen wird.

Netzmittel Zusatz, der das Benetzen des Pigments mit einem Bindemittel (oder Wasser) erleichtert.

Oberflächenspannung Die intermolekularen Kräfte, welche die Fläche einer Verbindung zusammenziehen. Den Effekt erkennt man bei der Tropfenbildung und bei Seifenblasen.

Oberflächenverleimung Verfahren zum Herabsetzen der Absorption eines Materials, z. B. Papier, durch Beschichten mit Leim.

Optische Farbmischung Wahrnehmung nebeneinander liegender Farben als Mischfarbe.

Organisch Chemische Kohlenstoffverbindungen, Bestandteile lebender Organismen.

Oxidation Verbindung mit Sauerstoff, z. B. durch Verbrennen.

Palette (1) Tragbare Fläche zum Farbmischen. (2) Der Bereich an Farben, die der Maler zur Arbeit auswählt.

Partikelgröße Durchmesser eines Pigmentpartikels, im Allgemeinen als Partikelgrößenverteilung beschrieben, da die Pigmente variable Durchmesser haben.

Perspektive Mathematisches Verfahren zur Wiedergabe der dreidimensionalen Welt auf zweidimensionaler Fläche.

pH-Wert Maß zum Bestimmen der Säurehaltigkeit im Verhältnis zur Wasserstoffionkonzentration in wässriger Lösung: pH 8–14 = basisch, pH 7 = neutral, pH 1–6 = sauer.

Pigmente Farbige Substanzen in Form kleiner loser Partikel.

Polymer Chemikalie, hergestellt durch Zusammenfügen monomerer Einheiten.

Porosität Grad der Absorptionsfähigkeit einer Substanz.

Primamalerei Direktes Malverfahren, Maltechnik in einer Schicht, wobei das Bild in einer Sitzung, oder solange die Farbe noch nass ist, fertig gestellt wird.

Proteine Grundbestandteile lebender Organismen; die Proteinstruktur basiert auf einem Polymer von Aminosäuren.

RAM (Random Access Memory) Arbeitsspeicher eines Computers.

Rau Die am stärksten texturierte Sorte von Künstlerpapieren.

Reduktion (von Farben) Mischung mit Weiß.

Rektifizieren Trennen der Teile von Flüssigkeitsgemischen durch wiederholtes Destillieren.

RGB-Farbsystem Additives Mischungssystem (aus Rot, Grün, Blau), das in der Fernseh- und Computertechnologie angewandt wird.

Sättigung (1) Intensität der Farbe. (2) Anwesenheit allein von Einzelbindungen in einem Molekül.

Säure Stoff, der positive Ionen des Lösungsmittels freisetzt. In wässriger Lösung ist dies das Wasserstoff-Ion $H+$.

Scanner Gerät, um Zeichnungen, Bilder oder Fotos in digitale Bilder für den Computer umzuwandeln.

Schattierung Mit Schwarz gemischte Farbe.

Schutzlack Schutzschicht, die auf ein Gemälde, Drucksieb oder eine Metallplatte aufgetragen wird, um zu verhindern, dass Farbe oder Säure bestimmte Teile berührt.

Sekundärfarben Licht: Rot (Magenta), Blau (Cyan) und Gelb. Pigmente: Grün, Rotorange, Blauviolett.

Sgraffito Verfahren zum Zeichnen oder Malen in verschiedenen Materialien mittels Durchschaben einer Farbschicht, um die untere freizulegen.

Sikkative Trockenstoffe. Auch ein herkömmliches schnelltrocknendes Malmittel auf Firnisbasis zur Trocknungsbeschleunigung.

Software Der nicht gegenständliche Teil eines Computers (Programme). Sie steuert den gegenständlichen Teil.

Stärke Substanz, die bei der Photosynthese in Pflanzenzellen aus Kohlendioxid und Wasser gebildet wird; Klebe-/Bindemittel.

Strukturformel Formel, für die räumliche Anordnung von Atomen in Molekülen.

Tempera Zur Temperamalerei verwendet man eine wasserlösliche Emulsion, die zu einem harten Malfilm auftrocknet.

Thermoplaste Kunststoffe, die beim Erwärmen weich und beim Abkühlen hart werden.

Tinktur Zum Färben verwendete Farblösung.

Tintenstrahl-Drucker Drucker, bei dem Tinte mit hoher Geschwindigkeit durch Mikrodüsen auf ein spezielles Papier gespritzt wird.

Tonschlamm Ein flüssiger Ton.

Toner Organisches Pigment, das auf einem Metallsalz basiert.

Tonwert Grad der Helligkeit oder Dunkelheit einer Farbe.

Tortillon Kleiner Papierstumpen, um die Zeichenfläche zu bearbeiten.

Transparente Malerei Verwendet transparente Farben und verdankt ihren Effekt der weißen Grundierung oder den Farbtönen der Untermalung.

Trockenpinseltechnik Malverfahren, bei dem Farbe in trockener oder steifer Konsistenz über die Leinwand gestrichen wird.

Trocknungsbeschleuniger Chemische Substanz (meist ein metallisches Salz), die den Trocknungsprozess eines Malfilms durch Sauerstoffabsorption beschleunigt.

Trocknungsverzögerer Hygroskopischer Zusatz (z. B. Glyzerin) zu Aquarellfarben, damit diese nicht zu schnell auftrocknen.

Trompe l'œil Illusionistische Malerei, die das Auge täuscht.

Ultraviolett (UV-Strahlen) Strahlen jenseits des violetten Endes des sichtbaren Spektrums.

Velin-Papier Papier, das auf einem »gewebten« Sieb geschöpft wurde und in der Struktur einer feinen Leinwand entspricht.

Verblassen Das Hellerwerden eines Emulsionsfilms nach dem Trocknen aufgrund von Feuchtigkeitsabsorption. Auch das Entfärben eines trockenen Malfilms oder Firnisses nach Auftrag eines Lösungsmittels.

Verdünnungsmittel Flüssigkeit zum Verdünnen der Konsistenz einer Farbe, z. B. Terpentin für Ölfarben.

Verschneiden Lösen eines Harzes in einem Lösungsmittel.

Viskosität Maß der Fließeigenschaften von Farbe und Malmittel.

Weichmacher Zusatz, der ein Bindemittel flexibel macht.

Werfen Bezeichnung für das Verziehen eines Papierbogens beim Befeuchten.

Wischer Fest zusammengerollter Papier- oder Lederstift zum Verwischen und Schattieren von gezeichneten Strichen.

Zug (Traktion) Bewegung einer Farbschicht über einer anderen Farbschicht; führt meist zu Rissen.

Zwinge Metallstück des Pinsels, das die Haare mit dem Holz verbindet.

Register

G

H

I

J

K

Dank und Bildnachweis

Dank des Autors

Neuausgabe 2009

Ich danke Christopher Davis und dem Team von DK, darunter Andrew Heritage, Mary Thompson, Maxine Lewis, Polly Powell, Carole Ash, Caroline Hunt, Heather McCarry, Mandy Earey, Caroline Hill, Barbara Dixon und Kelly Meyer.

Mein besonderer Dank gilt David Bomford von der National Gallery, Alun Foster von Winsor & Newton ColArt und Steve Hoskins von der UWE Bristol für ihre sachkundigen Ratschläge. Ebenso danke ich zahlreichen Kollegen und Freunden für ihre Beiträge zu dieser Ausgabe, darunter Barnaby und Ros Adams, Richard Anderton, Ian Barrington vom United Bristol Healthcare Trust, Matt Benton, Bronwen Bradshaw, Emma Biggs, Maggie Bolt, Stefania Bonelli, Phil Bowden, Nicola Cottell von P. H. Coate & Son, Alan Cotton, Maggie Clyde, Andy Crawford, Ray Dennis, Anne Desmet, David Downs von Formica, Susan Elliott, Andrew Evans, Glyn Forbes, Freeform Arts Trust, Ben Gamble, Jerry Hardman–Jones, Malcolm Hatcher, Thomas Jenkins, Catrin Jones, Herman Lelie, Richard Long, Jon Bewley von Locus+, Henry Lydiate, Robert Manners, Richard Mathers von Ciba Speciality Chemicals, Imi Maufe, David Nash, Christian Needs, Carol Ormsby, Lyndall Phelps von Compton Verney, Lord und Lady Renfrew, Esther Rolinson, Catriona Smith, Emily Smith, Jerry Sohn, Tom Sowden, Mick Taylor, David Tee von der Cumberland Pencil Company, Paul Thirkell, Faculty of Arts and Education, University of Plymouth, Dominic Trent von Armitage Venesta, Elizabeth Turrell, Boyd Webb, George Whale, Willamette Europe Ltd.

Originalausgabe

Ich bin den nachstehenden Personen und Institutionen, die ihr fachliches Wissen an mich weitergaben und mich bei den Vorbereitungen zu diesem Buch mit wertvollen Ratschlägen unterstützten, zu größtem Dank verpflichtet. Mein Dank gilt auch jenen, die ihre Reproduktionserlaubnis für bestimmte Werke gaben bzw. die für mich Modell saßen: Roger Ackling, Hugh Adams, Simeon Adams, Dr. Helena Albuquerque, George Warner Allen, Sr. Francisco d'Almeida, T.E. Anderson (Hercules Ltd.), Philip Bale (Hercules Ltd.), John Beardsley, Maria-Clara Pinto Beça (Aleluia), B.T. Bellis (The Leys School), Oliver Bevan, Ian Biggs (Conté U.K. Ltd.), Professor Lewis R. Binford, Constance Boggis-Rolfe, Robert Boyd (Russell and Chapple), Geoffrey Burnham (Burnham Ltd.), Les Caird, Dr. Colin Campbell (Ciba Geigy), David Carter (Blythe Colours Ltd.), Peter Chadwick, Michael Chaitow, P.H. Coate & Sons, L. Cornelissen & Son, Dr. John H. Coy (Ciba Geigy), John Dale, Jake Davies, Richard Dixon-Wright (St Cuthbert's Mill), Mike Dodd (Pittard Group plc), Simon Draper, Brenda Drayton, Geoff Eley, Brenda Fawcett (Perstorp Warerite), R.R. Franck (International Linen), Amal Ghosh, Mike Goodall (Southampton City Art Gallery), Mary Greaney, Simon B. Green (Barcham Green & Co.), A. Greenwood (Pecket Well Mill), Dr. E. Hartley (ICI), Richard Hayward & Co., Tim Head, Gerry Hedley (Courtauld Institute), Martin Hill (Thorn EMI), Sarah Hocombe, Chris Hollings (D. & J. Simons & Sons Ltd.), Dave Holt (Silvermans), Lisa Hughes, F. Hugh Howarth, Derek James (Chelsea Art School), Jason Jefferies (Faber Castell), Richard Jobson, Stephen Johnson (Norsk Hydro), John Keel (Rowney Artists' Brushes Ltd.), Ken Kellaway, Dr. Peter Laight (Pittard Group plc), Mark Lancaster, Bill Latham (Deancraft Fahey Ltd.), Dominic Lawson, Claude Libeert (Libeco S.A.), The Lisson Gallery, Richard Long, Henry Lydiate, Dr. J. McAllister (Ciba Geigy), Jane McAusland, Alan McWilliam (Chelsea Art School), Medite of Europe, Steve Meredith (Hoechst (UK) Ltd.), Louis P. Miles (International Institute for Cotton), John Mills (National Gallery, London), R. Murray (Blythe Colours Ltd.), David Nash, Sr. Eduardo Nono, John van Oosterom (Falkiner Fine Papers), Alan Oswald (Ciba Geigy Bonded Structures Division), Philip Preston, Dr. M. Pidgely, The Public Art Development Trust, Helen Reid (Rexel Ltd), Prof. Dr. A.C. Renfrew mit Familie, Robert Ritson (Chelsea Art School, Rechenzentrum), Sr. J. Rocha e Melo (Aleluia), Desmond Rochfort, Ashok Roy (National Gallery, London), Kirsten Salén, Richard Shone, Camilla Smith, Henry Smith, Dr. Peter Smith, Dr. Umberto Sozzi, Marianna Stamp, Sundeala Ltd, Richard Sweetman, David Tee (Rexel Ltd.), Steve Thorpe, Mr. Varkey (K.T. Textiles), M. Vickey (Rowney Artists' Brushes Ltd.), Caroline Villers (Courtauld Institute), Boyd Webb, Bernice Weston, Raymond White (National Gallery, London), Roger Whitney, Ron Wright (Perstorp Warerite).

Ein ganz besonderer Dank gilt Alun Foster, meinem wissenschaftlichen Berater, der mir einen großen Teil der Informationen für das Kapitel Material sowie für das Glossar lieferte und das Manuskript überprüfte. Ferner ist Jonathan Leslie für seine Hilfe bei den Nachforschungen zu danken. Barbara Thomas schulde ich Dank dafür, dass sie mein handgeschriebenes Manuskript überaus geduldig, exakt und rasch in Maschinenschrift übertrug. Schließlich gilt mein Dank der Verlagsleitung von Dorling Kindersley sowie dessen Mitarbeitern Caroline Ollard, Mark Richards, Tim Hammond und Joanna Martin.

Dank des Verlags

Dorling Kindersley dankt Andy Crawford für seine Fotos, Mike Taylor von Paupers Press für die Nutzung seines Ateliers und seine Sachkenntnis, Richard Bird für das Register, Julian Gray für redaktionelle Unterstützung, Jo Grey für Designassistenz, Jane Myers für das Korrektorat, Mike Grigoletti für die chemischen Diagramme auf den Seiten 16–29, Franziska Marking und Sarah Duncan für zusätzliche Bildrecherchen sowie Caroline Ollard, Mark Richards, Tim Hammond, Joanna Martin, Alan Buckingham, Peter Chadwick und Alun Foster für die Mitarbeit an der Originalausgabe.

Bildnachweis

o: oben, u: unten, m: Mitte, l: links, r: rechts

2: Robert Manners (ul); **5:** Oliver Bevan (m), Catrin Jones (om); **8:** Bridgeman Art Library, London/New York/Bibliothèque Nationale, Paris; **36:** Winsor & Newton (ur); **42:** Bridgeman Art Library, London/ New York/Diego Velázquez/Prado, Madrid; **62:** Bridgeman Art Library, London/New York/Jean-Baptiste-Siméon Chardin/Louvre, Paris; **64:** Derwent Cumberland Pencil Company; **87:** The Royal Collection © 2002 Her Majesty Queen Elizabeth II/Leonardo da Vinci (or); **90:** Bildarchiv Preußischer Kulturbesitz/Thomas Gainsborough (ul); **94:** The Baltimore Museum Of Art/Henri Matisse/© Succession H. Matisse/DACS (Designers And Artists Copyright Society) 2002. The Cone Collection, begründet von Dr. Clairibel Cone und Miss Etta Cone, Baltimore, Maryland BMA 1950.12.50/DACS (o), Magnum/ Robert Capa (m); **103:** Courtauld Institute Gallery, Somerset House, London/Rembrandt van Rijn/ Princes Gate Collection (or); **107:** The J. Paul Getty Museum, Los Angeles/Vincent van Gogh (ml); **108:** © The British Museum/Wang Dongling, (OA ref. 16461); **112:** Bridgeman Art Library, London/New York/Fitzwilliam Museum, University of Cambridge (om), Fitzwilliam Museum, University of Cambridge (or); **114:** Lisson Gallery, London/Sol LeWitt; **116:** Richard Long, Fotograf Walter Klein (m), Jerry Sohn (or); **117:** David Nash (m), (mr), im Auftrag von Compton Verney © Locus+ Archive www.locusplus.org.uk (u); iStockphoto.com: scyther5 (o) **118:** Corbis/Andrew W. Mellon Collection/Foto Francis G. Mayer; **119:** British Museum; **126:** Bridgeman Art Library, London/New York/Albrecht Dürer/British Museum, London; **127:** Courtauld Institute Gallery, Somerset House, London/John Robert Cozens; **137:** Gallery Oldham/Miles E Cotman/Charles Lees Collection; **143:** Bridgeman Art Library, London/New York/Emil Nolde/ Privatsammlung/© Nolde-Stiftung Seebüll (u); **147:** © The British Museum/Joseph Mallord William Turner (mr), Norwich Castle Museum and Art Gallery/John Sell Cotman (um); **153:** Bridgeman Art Library, London/New York/John Sell Cotman/ Norfolk Museums Service (Norwich Castle Museum) (mr); **156:** Bridgeman Art Library, London/New York/Henri Matisse/ Musée National d'Art Moderne, Paris/© Succession H. Matisse/DACS 2002; **160:** Bridgeman Art Library, London/New York/National Gallery, London; **166:** National Gallery, London/Michelangelo zugeschrieben; **168:** Museu Calouste Gulbenkian, Lissabon/ Domenico Ghirlandaio (om); **170:** National Gallery, London/Raffael/ Vermächtnis Mond, 1924; **171:** Anthony d'Offay Gallery/Howard Hodgkin; **180:** Galerie Beyeler Basel/Paul Klee/© DACS 2002 (m); **181:** Bridgeman Art Library, London/New York/Pierre Bonnard/Christie's Images, London/© ADAGP, Paris und DACS, London 2002; **184:** Bridgeman Art Library, London/New York/Peter Paul Rubens/National Gallery, London (or); **185:** Bridgeman Art Library, London/New York/ Jacopo Bassano/Musée des Beaux-Arts, Nîmes, France (ol), National Portrait Gallery, London/Sir Peter Lely (ur); **186:** Bridgeman Art Library, London/New York: Diego Velázquez/National Gallery, London (or); **190:** Bridgeman Art Library, London/New York/Frank Auerbach/ Southampton City Art Gallery, Hampshire/Mit Genehmigung des Künstlers und von Marlborough Fine Art; **191:** Bridgeman Art Library, London/New York/Georges-Pierre Seurat/Courtauld Institute Gallery, Somerset House, London (ml); **192:** Alan Cotton (ml); **194:** Bridgeman Art Library, London/New York/Gwen John/Southampton City Art Gallery, Hampshire/© Estate of Gwen John 2002. Alle Rechte vorbehalten, DACS; **195:** © Tate, London 2003/John Singer Sargent; **196:** Robert Manners; **200:** Museu Calouste Gulbenkian, Lissabon/Dieric Bouts (o); **202:** © Tate, London 2003/David Hockney; **223:** Bridgeman Art Library, London/New York/Fitzwilliam Museum, University of Cambridge; **228** iStockphoto.com: artiemedvedev (o); isaxar (u); **229:** Mohammed Fakruzzaman; **230:** DACS/Max Beckmann (or); **233:** Richard Anderton (ul); **234:** Dover Publications, Inc. New York/Thomas Bewick (or); **235:** Bridgeman Art Library, London/New York/Anne Desmet (ul); **236:** Alan Cristea Gallery/Mimmo Paladino; **238:** University of Michigan Museum of Art/Zoan Andrea nach Andrea Mantegna/ Ankauf ermöglicht durch The Friends of the Museum of Art 1979/1.159 (or); **240:** Ray Dennis (ur); **243:** Bridgeman Art Library, London/New York/Goya/Leihgabe an die Kunsthalle, Hamburg (ul); **251:** © Christie's Images Ltd/Toulouse-Lautrec (ul); **255:** Ben Gamble (ur); **259:** Bridgeman Art Library, London/New York/Andy Warhol/Phillips, The International Fine Art Auctioneers; **261:** Bridgeman Art Library, London/New York/Gilbert und George/Leeds Museums and Galleries (City Art Gallery); **262:** Andreas Gursky, Réunion des Musées Nationaux Agence Photographique: Photo CNAC/MNAM, Dist. RMN/ Philippe Migeat/DACS, London 2009; **263:** George Whale; **272:** Metro Pictures/Cindy Sherman/Mit Genehmigung der Künstlerin und von Metro Pictures; **273:** Boyd Webb; **277:** Lisson Gallery, London/Julian Opie; **278:** Bridgeman Art Library, London/New York/Fra Angelico/ Museo di San Marco dell'Angelico, Florenz; **279:** Bridgeman Art Library, London/New York/Fra Angelico/Museo di San Marco dell' Angelico, Florenz; **281:** San Francisco Art Institute/Diego Rivera/ © 2002 Bank of Mexico Diego Rivera & Frida Kahlo Museums Trust, Av. Cinco de Mayo No. 2, Col. Centro, Del. Cuauhtemoc 06059, Mexico, D.F. San Francisco Art Institute, Stiftung von William Gerstle, Foto: David Wakely; **284:** Maggie Clyde, Susan Elliot/London Wall; **296:** Robert Manners (or), (ur); **301:** © Tate, London 2003/George Stubbs; **302:** Elizabeth Turrell (ur); **304:** Catrin Jones; **305:** Sarah Hocombe © Chelsea School of Art; **306:** Catrin Jones; **307:** Catrin Jones; **309:** Tate, London 2003/© Estate of Patrick Heron. Alle Rechte vorbehalten, DACS 2002. Medium: Farbiges Glas 460 x 420 cm. Gestaltung: Feary and Heron Architects. Auftraggeber: Tate Gallery St. Ives/ Friends of the Tate/CCC. (o); **310:** iStockphoto.com: Phuchit (m); Mit Genehmigung von Jet Edge, www.jetedge.com, St Michael, MN, USA (or), (ur); **314:** Lisson Gallery, London/Julian Opie; **316–317:** Jerry Hardman-Jones; **318:** Scala Group S.p.A./Mausoleo di Galla Placida, Ravenna; **321:** Emma Biggs (o); **322:** David Nash; **323:** Air Fotos Ltd; **324:** Collection Walker Art Center, Minneapolis: Stiftung der Leo Castelli Gallery, 1981; **325:** Esther Rolinson, Fotografin Monika Schürle; **327:** © Tate, London 2003: Joshua Reynolds; **328:** Dulwich Picture Gallery/Adam Pynacker/Mit Genehmigung der Trustees of Dulwich Picture Gallery; **331:** National Gallery, London; **332:** National Gallery, London/Hans Holbein der Jüngere (l), (r); **336:** National Gallery, London/Duccio (ul), (ur); **337:** National Gallery, London (om), (ml), (ur); **338:** National Gallery, London/Correggio (ur), Correggio (Detail) (ol), (or); **339:** National Gallery, London/Jan van Eyck (ml), Jan van Eyck (Detail) (om), (or); **340:** © Tate, London 2003/Howard Hodgkin; **344:** Bridgeman Art Library, London/New York/Chiesa di San Ignazio, Rom; **345:** Oliver Bevan (u), Exploratorium, www.exploratorium.edu (o); **351:** © The British Museum; **352:** Bridgeman Art Library, London/ New York/Palazzo Pubblico, Siena (Detail) (u), Scala Group S.p.A./ Casa di Augusto (Palatino), Rom (o); **353:** Bridgeman Art Library, London/New York/Santa Maria Novella, Florenz; **359:** Warburg Institute/ University of London (o); **360:** Science Museum (u), (o); **361:** Science Museum (u), (o); **367:** Ian Pleeth; **370:** The Art & Creative Materials Institute, Inc (m), ACMI (m), International Labour Organization (ILO) (ml), (mlu), (ul); **371:** International Labour Organization (ILO)

DK-Bildmaterial: 4o; 9o; 11; 12; 30; 33; 36; 37; 51; 52; 53; 56; 57; 63; 65; 92; 97; 103u; 104ml; 119; 131; 157or; 174; 231, 232o; 235or, mr; 237; 239m, u; 240m; 241; 242; 243or; 244; 245; 246; 247m, ul; 248; 249; 250o, ul; 252; 253; 255o, m, ul; 260; 357ur; 359um, ur; 360; 361. Nähere Informationen finden Sie in englischer Sprache unter www.dkimages.com.

Alle anderen Abbildungen © Ray Smith

Umschlag: 123RF.com: roystudio (Hintergrund); 123RF.com: aimy27feb crb/ (Farbtube), Aleksei Butenkov t/ (Blaue Farbe)